学・高等学校

SAKAE HIGASHI
SCHOOL GUIDE
JUNIOR & SENIOR HIGH SCHOOL

競泳世界ジュニア大会→金メダル
背泳ぎ→ハワイ、ペルー大会２連覇

米スタンフォード大学合格
水泳インターハイ出場

最年少!! 15歳(中3)
行政書士試験合格

全国鉄道模型コンテスト
理事長特別賞

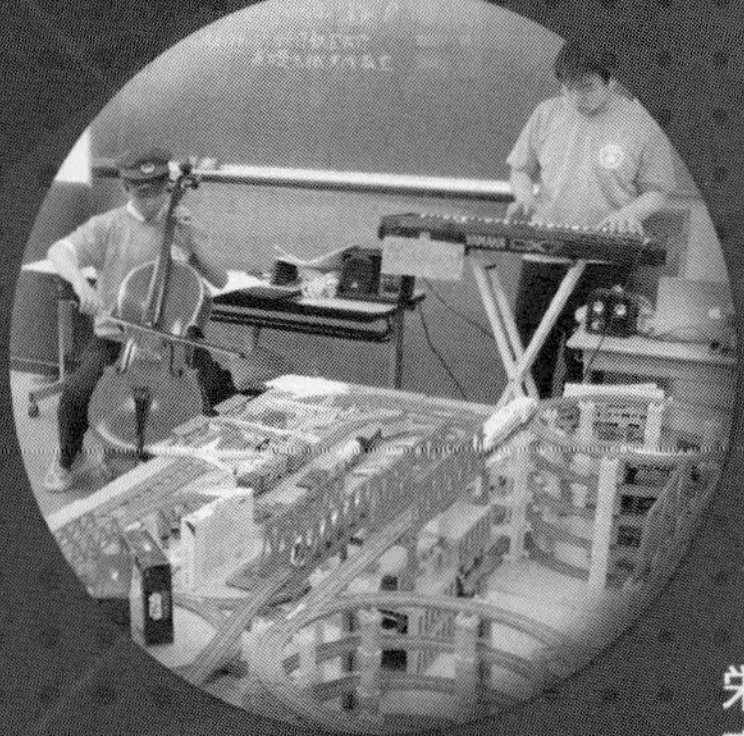

東京オリンピック第４位
アーティスティック スイミング

チアダンス
東日本大会優勝

栄東の誇るサメ博士
サンシャインでトークショー

栄東のクイズ王
東大王 全国大会 大活躍!!

産経国際書展 U23大賞

〒337-0054 埼玉県さいたま市見沼区砂町2-77（JR東大宮駅西口 徒歩８分）
◆アドミッションセンター TEL：048-666-9288 FAX：048-652-5811

22年春　新2号館完成
23年春　新1号館完成
23年入学生より制服・体操服リニューアル

神奈川学園中学・高等学校

〒221-0844　横浜市神奈川区沢渡18　TEL.045-311-2961（代）FAX.045-311-2474
URL.https://www.kanagawa-kgs.ac.jp　E-mail:kanagawa@kanagawa-kgs.ac.jp

詳しい情報は本校のウェブサイトをチェック！
神奈川学園　検索

2025年度入試 学校説明会

第1回	4/13	土 11:00～12:00	第2回	5/11	土 11:00～12:00	第3回	6/8	土 11:00～12:00
第4回	8/23	金 19:00～20:00	第5回	9/7	土 11:00～12:00	第6回	11/16	土 午前中
第7回	12/5	木 19:00～20:00	第8回	1/18	土 11:00～12:00			

帰国子女入試説明会

第1回	6/1	土 11:00～12:00	第2回	10/19	土 11:00～12:00

文化祭

9/21・22 土 日 9:00～16:00

オープンキャンパス

第1回	6/22	土 10:00～12:30	第2回	11/16	土 10:00～12:30

入試問題体験会（6年生対象）

12/14 土 8:30～12:00

入試説明会（6年生対象）

第1回	10/12	土 11:00～12:00	第2回	11/30	土 11:00～12:00

●本校の「学校説明会」「帰国子女入試説明会」「オープンキャンパス」「入試説明会」「入試問題体験会」は、すべて事前予約制となります。参加ご希望の方はお手数をお掛けいたしますが、本校ウェブサイトよりお申込みください。
●最新情報は本校ウェブサイトをご確認ください。

共立女子中学高等学校
2025年度入試

日程	12／1 帰国生	2／1	2／2	2／3 午後	
試験科目	国語+算数	4科型	4科型	英語＋算数	合科型＋算数

〒101-8433 東京都千代田区一ツ橋 2-2-1 TEL：03-3237-2744 FAX：03-3237-2782

栄冠 2025 年度受験用

中学入学試験問題集

国語編

男子・共学校

みくに出版

栄冠獲得を目指す皆さんへ

来春の栄冠獲得を目指して、日々努力をしている皆さん。

100％の学習効果を上げるには、他力本願ではなく自力で解決しようとする勇気を持つことが大切です。そして、自分自身を信じることです。多くの先輩がファイトを燃やして突破した入試の壁。皆さんも必ず乗り越えられるに違いありません。

本書は、本年度入試で実際に出題された入試問題を集めたものです。したがって、実践問題集としてこれほど確かなものはありません。また、入試問題には受験生の思考力や応用力を引き出す良問が数多くあるので、勉強を進める上での確かな指針にもなります。

ただ、やみくもに問題を解くだけでなく、志望校の出題傾向を知る、出題傾向の似ている学校の問題を数多くやってみる、一度だけでなく、二度、三度と問題に向かい、より正確に、速く解答できるようにするという気持ちで本書を手にとることこそが、合格への第一歩になるのです。

以上のことをふまえて、本書を効果的に利用して下さい。努力が実を結び、皆さん全員が志望校に合格されることをかたく信じています。

なお、編集にあたり多くの国立、私立の中学校から多大なるご援助をいただきましたことを厚くお礼申し上げます。

みくに出版編集部

本書の特色

最多、充実の収録校数

首都圏の国・私立中学校の入試問題を、
共学校、男子校にまとめました。
（女子校は『国語編女子・共学校』に収録しています。）

問題は省略なしの完全版

出題されたすべての問題を掲載してあるので、出題傾向や難度を知る上で万全です。
（なお、著作権上の都合により当年度の問題が掲載できない学校は、
過年度の問題を掲載しています。
複数回入試実施校は原則として１回目試験を掲載。一部の実技・放送問題を除く。）

実際の試験時間を明記

学校ごとの実際の試験時間を掲載してあるので、
問題を解いていくときのめやすとなります。
模擬テストや実力テストとしても最適です。

もくじ

（五十音順・過年度の問題掲載の場合は校名の後に記載・◆印学校広告掲載校）

共学校

男子校

青山学院中等部

—50分—

注意　・本文は、問題作成上、表記を変えたり省略したりしたところがあります。
　　　・句読点や「　」などの記号も一字とします。

一　次のカタカナを漢字に直しなさい。

(1)　先祖をクヨウする　　(2)　ヒダイ化した組織
(3)　期限をノばす　　(4)　ダイチョウに書く
(5)　オンコウな性格

二　次の詩を読み、あとの問いに答えなさい。

べんとうばこ　　山崎るり子

四すみが九〇度のごはんのかたまりとおかずらしきもの
型から逆さまにおとされたかたちで
Ⓐ田んぼの畔《あぜ》の端《はし》にあった
この大きさは男子高校生のお弁当だ
学校がえりにこっそり捨てたのだな
緑の草のなか　ななめの陽《ひ》を浴びて
ごはんが白くうかびあがっている
残された弁当箱をうけとって
母親は心配する
何かいやなことがあって
食事がのどをとおらなかったのだろうか
体のぐあいが悪くて食欲がでなかったのだろうか
いやいや　仲間とのつきあいで
購買《こうばい》でパンを買ったのかもしれない
女の子が息子《むすこ》のぶんのお弁当も
つくってきたとか？
それとも…
母親は思いきっていう
「何かあった？
ぐあいでも悪いの？」
「るっせえなあ　いちいちいちいち」と
Ⓑ彼《かれ》はいわずにすんだのだ
母親はからっぽの弁当箱を
いつものように洗い、布巾《ふきん》でふきながら
明日のおかずをかんがえている

【山崎るり子「べんとうばこ」（『地球の上でめだまやき』〈小さい書房〉所収）】

(1)　——Ⓐ「田んぼの畔の端にあった」とありますが、
①　それに気づいたのはいつですか。

ア　未明　　イ　昼間　　ウ　夕暮　　エ　深夜

② ①と考えた根拠を五字以内で書きぬきなさい。

(2) ――Ⓑ「彼はいわずにすんだのだ」とありますが、なぜですか。

ア　母親は息子の気持ちを考えて何も聞かないように配慮《はいりょ》したから。
イ　息子は母親へ乱暴な言葉を投げかけるのをぐっと我慢《がまん》したから。
ウ　弁当を食べず残したのはいやなことがあったからではないから。
エ　からっぽの弁当箱を母親に渡すことでいつも通りを装ったから。

(3) この詩に使われている表現技法について説明したものはどれですか。

ア　母親の言い表せない思いが体言止めを用いて描かれている。
イ　畔の端で弁当をみつけた時の色彩が対比を用いて描かれている。
ウ　男子高校生の素っ気ない様子が比喩《ひゆ》を用いて描かれている。
エ　学校帰りに偶然《ぐうぜん》目にした光景が反復法を用いて描かれている。

(4) 次の文章を読んで、あとの問いに答えなさい。

この詩の男子高校生は思春期を迎《むか》えている。きっと、学校のことを家で話さなくなったのだろう。ある日、何らかの理由で弁当に手をつけなかった。そのまま渡せば、母親はその理由を疑問に思い、ためらいをもちつつ、何かあったかを聞くだろう。Ⓒ親からの気遣《きづか》いを予想すると、家に向かう足取りは重くなる。実際には、Ⓓほとんど手をつけられることなく捨てられた弁当。互《たが》いの思いを重ねながら、親子の日々は続いていく。

① ――Ⓒ「親からの気遣いを予想」した結果が読み取れる行を数字で答えなさい。

② ――Ⓓ「ほとんど手をつけられることなく」とありますが、そのことがわかる行を数字で答えなさい。

三　次の文章を読み、あとの問いに答えなさい。

資源の枯渇《こかつ》、温暖化、天変地異など、これから人類が直面するであろう困難を科学技術で乗《の》り越《こ》えていけるとすれば、人類はもっと珍《めずら》しく希少価値の高い存在になれるはずです。

しかし、私は何となく物足りなさも感じています。結局のところ達成しているのは、自分を含《ふく》めた社会の存続で、すべての生物が今までやってきたことと方向性としては変わりません。アリでもハチでも自分たちの社会（コロニー）を存続させるために持てる能力を最大限に使っています。ハチが自身の存続に貢献《こうけん》する飛翔《ひしょう》能力や攻撃《こうげき》能力（針）を持っているように、私たち人間社会は自身の存続に貢献する科学技術を持っています。

社会の存続のために頑張《がんば》る姿は生物らしくはありますが、これが「人間らしい」と言えるかというと、少しためらいます。もっと自分や自分の属する社会の存続とは関係がなく、他の生物ではありえないような、Ⓐ人間にしかできないような方向性へ向かうことはできないでしょうか。【中略】

人間は増えて遺伝するものの末裔《まつえい》ですが、人間の存在は新しい「増えて遺伝するもの」を生み出しました。リチャード・ドーキンスはそれを「ミーム」と名付けました。「ミーム」とは人間の脳に広がる考え方やアイデアのことを指します。たとえばジョークもミームのひとつです。面白《おもしろ》いジョークを聞いたら覚えて他の人にも伝えたくなるでしょう。こうしてジョークはたくさんの人の脳のなかに増えていきます。もっと面白くなるように改良する人もいるでしょう。そうすればジョークは変異し、その変異したジョークがさらに広がっていきます。より面白くなったジョークはより速く広がっていくはずです。こうしてジョークも進化することになります。ここで起きているのは、生物進化と同じ現象です。ただ、生物進化と決定的に異なるのは、ミームは人間の脳のなかでしか存在できないところです。したがって、皆《みな》が忘れてしまえばミームは簡単に絶滅《ぜつめつ》してしまいます。

ほとんどのミームは長続きしません。すぐにその寿命《じゅみょう》を終えて、皆の脳のなかから消え去ってしまいます。10年前にどんなジョークが流行《はや》ったかなんてだれも覚えていないでしょう。しかし、稀《まれ》にですが長い間、世代を超えて伝わり、進化し続けるようなミームも存在します。そうしたミームは、「文化」や「芸術」と呼ばれるようになります。

すべての文化や芸術もジョークと同じようにミームとして人間の脳の中で進化しています。たとえば西洋の美術も、12～14世紀のゴシック美術、15～16世紀のルネサンス美術、17世紀のバロック美術といったように、時代を経るにしたがって新しい要素を追加しながら進化してきました。ジョークと異なるのは、その増える能力です。ジョークであれば何年も経《た》てば面白くなくなって、もうみんな忘れてしまいます。次世代に受《う》け渡《わた》そうとする人はいなくなるでしょう。しかし、絵画の場合は数百年以上も前から歴史がつながっています。その間ずっと絵画の歴史は(一部の人にだけかもしれませんが)世代を超えて受け渡され、進化し続けています。前の世代を参考にしつつも、そこにはない新しい要素が付け加えられ続けています。増える能力が極《きわ》めて高いミームだと言えます。

Ⓑ絵画以外でも音楽や演劇でも同じです。さらに映画でも、小説でも、ドラマでも、漫画《まんが》でもアニメでもビデオゲームでも、さらには科学でも同じです。単にミームとして進化してきた歴史の長さが違《ちが》うだけです。どの分野にも歴史があり、時代を超えて引《ひ》き継《つ》がれている増える能力の高いミームです。増える能力が高いということは、すなわち、大きな魅力《みりょく》があり、ファンが多いということを意味します。

Ⓒこうした芸術や文化の驚《おどろ》くべき点は、生物としての人間の生存に対して全く役に立たないところです。実際のところ、どんなに素晴《すば》らしい芸術作品でも、映画や小説でも、その作品を見る人の生存や子孫を残す可能性には、ほぼ何の影響《えいきょう》も与《あた》えないでしょう。むしろ、本来、生殖《せいしょく》に費《つい》やすべきだった時間や労力が取られてしまうので、子孫の数を減らしているかもしれません。しかし、それなのにこうした作品は受け取り手に大きな影響を及《およ》ぼし、[Ⓓ]となっていることもあるように思います。誰《だれ》しも寝食《しんしょく》を忘れて映画、小説、漫画、ゲームなどに夢中になったことがあるでしょう。生きてよかったと思うくらいに心を動かされることもあるのではないでしょうか。【中略】

ただ、ひとつの可能性として、こうした芸術や文化というミーム自体が私たちの脳に広がりやすいようにうまく進化したということはあるかもしれません。つまり、芸術や文化といった増える能力の高いミームは、人間の脳の中で生きのびやすく、かつ増えやすいように変化しているという可能性です。言《い》い換《か》えると、ミームは腸内細菌《さいきん》のように人間と共生しているということです。

　こう考えると、芸術や文化的な活動が私たちの生きがいにもなっていることも説明ができます。ミームは増えて遺伝するものなので、必ずより生きのびやすく広がりやすいものが進化します。ミームはただの情報なので、脳の構造に影響を与えることは難しいかもしれませんが、もともと人間が持っている脳の構造に一番よく適応した形へと進化することはできるはずです。つまり、人間が寝《ね》ても覚めてもそのことしか考えられないくらいに魅力を感じたり、他の人にも魅力を伝えたくなるように進化するはずです。まさに、私たちが夢中になっている文化や芸術（映画、小説、漫画、ゲームなど）に該《がい》当《とう》するのではないでしょうか。

　そして、こうしたミームたちが、私たちに生きがいをもたらしてくれるのもⒺ妥当《だとう》なことです。なぜなら、生きがいをもたらすようなミームほど、そのミームの宿主の人間はなんとか長生きして、そのミームをより魅力的にしたり、多くの人にそのミームを広めることに貢献《こうけん》してくれるはずだからです。ミームの側からすれば優秀《ゆうしゅう》な宿主となります。したがって、ミームはどんどん人間にとって、それなしでは生きていけないようなものとなっていくはずです。その意味で私たち人間はミームと共生しています。人間は脳というミームが存在する場所を提供し、ミームは私たちに生きがいを提供してくれています。相互《そうご》補完的な関係です。

　こうした文化や芸術というミームを維持《いじ》し発展させていくことは、人間にしかできません。文化や芸術は、人間の持つ複雑な情報処理が可能な脳という器官があることで、初めて生まれて増えることが可能になったものです。まさに人間らしい行為《こうい》だと言えるでしょう。こうした作品の制作に参加する、あるいは一人のファンとして作り出すサポートをすることによって、私たちは他の生物とは違う生き方ができるかもしれません。

　さらに、こうした芸術や文化が魅力的なのは、どうなっているのか予想もつかずワクワクできるところです。生物としての人間の未来は、だいたい予想ができます。ただ長生きになって地球外へ広がっていくだけです。しかし、芸術や文化は、どんな新しいものがでてくるのかは予想もつきません。Ⓕミームは私たちの脳のメモリをめぐって競争をしています。その競争に勝った最も増えやすい（つまり魅力的な）ミームが進化します。未来に出現する作品は、今私たちが知っているどの作品よりも魅力的なものとなるはずです。

　私たち人間は、増える有機物質が作り出したひとつの現象です。【中略】同じく増えるものであるミームとともに、予想もつかず、魅力的で、生きていてよかったと思えるような世界を作りだせるかもしれません。

（市橋伯一『増えるものたちの進化生物学』〈ちくまプリマー新書〉）

(1)　――Ⓐ「人間にしかできないような方向性」とは、何をすることですか。本文中から二十四字で探し、はじめの六字を書きぬきなさい。

(2)　――Ⓑ「絵画以外でも音楽や演劇でも同じです」とありますが、どのような点が同じですか。

ア　寿命を終えても、生殖のたびに新しい要素が加わって改良される点。
イ　生物の進化と同じように、人間の脳のなかのみで進化を続ける点。
ウ　時代を超えて引き継がれるほど魅力的で、人々を夢中にさせる点。
エ　まったく新しいものが生み出され、ファンを増やす能力が高い点。

(3)　――Ⓒ「こうした芸術や文化の驚くべき点は、生物としての人間の生存に対して全く役に立たないところです」とありますが、なぜですか。
ア　芸術や文化は人類を進化させるだけでなく、直面する困難を乗り越えるためのものだから。
イ　芸術や文化は歴史的な価値はあるものの、個人の生き方に影響を与えるものではないから。
ウ　芸術や文化は人々に感動などを与えるが、人類が子孫を残すことには影響を与えないから。
エ　芸術や文化は人間の心を動かすものだが、人間の寿命をちぢめてしまう性質のものだから。

(4)　Ⓓに入る語を本文中から四字で書きぬきなさい。

(5)　――Ⓔ「妥当」はどのような意味で使われていますか。
ア　適切なこと　　イ　常識的なこと
ウ　変わらないこと　　エ　価値あること

(6)　――Ⓕ「ミームは私たちの脳のメモリをめぐって競争をしています」とありますが、それはなぜですか。「から」に続くように、本文中から十六字で探し、はじめの六字を書きぬきなさい。

(7)　本文の内容と合っているものを二つ選びなさい。
ア　すべての生物が社会を存続するために能力を身につけているように、人間はミームを使って社会を維持している。
イ　複雑な情報処理が可能な脳という器官があったため、ミームは「増えて遺伝するもの」として生まれることができた。
ウ　小説や漫画、ゲーム、科学も前の世代を参考にして、新しい要素が付け加えられながら継承《けいしょう》され、進化してきた。
エ　ミームは人間の脳の構造に大きな影響を与え、人間はミームから感動を得るという相互に補い合う関係を築《きず》いてきた。
オ　未来に出現するミームは予測可能であり、新しい芸術や文化として人々に引き継がれていくことがわかっている。

四　次の文章を読み、あとの問いに答えなさい。

コミュニケーション能力、いわゆる「コミュ力」とは、弁が立つことだと考えている人が多いと思います。言葉で相手を納得《なっとく》させたり、時には言い負かす力がある、そういうイメージですね。

でも、それは間違《まちが》いです。

言葉巧《たく》みに相手を誘導《ゆうどう》する人を見ると、羨《うらや》ましいと思うかもしれませんが、この「言葉巧み」というのが曲者《くせもの》です。早口でまくし立てたり、相手の反論を徹底的《てっていてき》につぶしたりする人は、議論では勝てても、相手の信頼《しんらい》を得られないことがあります。なぜなら、自分の主張を押《お》しつけているだけだからです。

そもそもコミュニケーションとは、一方通行ではありません。自分と他者がⒶ意見を交換《こうかん》して、理解し合うことです。

Ⅰ、言いくるめられるのとは別次元の「納得」がなければ、コミュニケーションが成立したことにはなりません。

そのために重要なのは、話す力ではなく、実はⒷ聞く力なのです。

「聞き上手は、話し上手」と、昔から言われています。それには理由があります。

コミュニケーションの第一歩は、相手がどういう人かを知り、何を考えているのか探《さぐ》ることです。

自分の考えと同じ点、違《ちが》う点がわからなければ、双方《そうほう》が納得できるやりとりは成立しませんからね。

そのために、まず相手の話を聞きます。

相手が話し好きであれば、あなたは聞き手に回りましょう。相手がどういう考えや価値観を持っているのかをじっくり拾い、自分自身の考えや価値観と照らし合わせていきます。

Ⅱ、第一印象とは異なる相手の素顔《すがお》が見えてきます。それによって、コミュニケーションの方法も決まっていきます。

でも、引《ひ》っ込《こ》み思案《じあん》で積極的に話さない人もいますよね。その場合は、あなたから話を切り出してみましょう。

そのときに心がけるのは、相手を知るための質問です。自己紹介《しょうかい》から始めるのもいいでしょうが、それは相手が話しやすい雰《ふん》囲気《いき》をつくるためです。

Ⓒいきなり議論や意見交換を始めようとはしないでください。互《たが》いについて語り合い、相手を知ることに徹《てっ》します。

コミュニケーションを苦手だと感じるのは、この準備を怠《おこた》っている場合が多いようです。

自分を知ってもらいたい、意見を聞き入れてもらいたい、その気持ちはわかります。でも、Ⓓはやる心を少しこらえて、まずは相手を知る――。

コミュニケーションは、そこから始まります。

話を聞くだけでコミュニケーションが上手になるなら、誰《だれ》だってできそう。

そうなんですが、そうでもない。聞き方にコツがあるのです。

たいていの場合、初対面の人の話をすんなり理解するのは難しいものです。生きてきた環境《かんきょう》が違い、そもそもどんな人かもわからないわけですから。何げなく聞いていると、半分も理解できないことがあります。

ただ聞き流しているだけでは、面と向かっていても、相手を知るために聞いているとは言えません。

じゃあ、どうすればいい？

話を聞きながら、脳内で自分の言葉に「翻訳《ほんやく》する」んです。

Ⅲ、あなたは、スポーツはあまり得意ではなく、友人たちとのバンドでギターを弾《ひ》いているとしましょうか。

話の相手はバレーボールに夢中で、アタッカーとして頑張《がんば》っている人だとします。

仲間がレシーブしトスしたボールを、アタッカーとして打つ瞬間《しゅんかん》の緊張《きんちょう》と興奮を話してくれます。相手の口調から、アタックの瞬間をいかに素晴《すば》らしいと感じているかはわかりますが、漠然《ばくぜん》としたものです。

そこで、相手の興奮をギターを演奏している自分自身に置《お》き換《か》えてみてください。

アタックの瞬間とは、ライブ中にあなたがギターのソロ演奏を務めるとき、に近いのではないでしょうか。

そう考えると、その興奮が一気に「自分ごと」として感じ取れます。

相手の話を、自分が理解できる言葉や風景に置き換える、これを「自分語にする」と定義しましょう。その瞬間、あなたと相手は急接近します。

これこそが、私の言う「聞く」ことなのです。

そんなの難しそうだな、と思うかもしれませんね。自分語への翻訳が正しいかどうかもわからないし。

そんなときは、話の切れ目を見計らって、「私はバレーボールのことはよくわからないんだけど、ギターでソロ演奏するハイな気分みたいなものかな？」と尋《たず》ねればいいんです。

一瞬《いっしゅん》、意外そうな顔をされたとしても、あなたがバンド活動をしていると事前に伝えておけば、相手は「そうかも」と共感してくれるかもしれません。

もう一つピンとこないようなら、「それって、どんな感じ？」と尋ねてくるでしょう。今度はあなたが、自分の興奮を素直《すなお》に話せばいいんです。

このように少しずつ接点を見つけ、共感を探していくやりとりを重ねると、徐々《じょじょ》に相手への理解が深まっていきます。

相手を理解するというのは、相手と同じ考えを持つことではありません。また、理解しただけでは、わかり合えたことになりません。

「理解した」とは、ある分野で相手がどういう意見を持っているかがわかっただけです。

その結果、同意できる点とできない点が見つかるはずです。

まずは、双方が同じ考えだとわかった点について、相手に伝えましょう。

そのときに共感が生まれます。他人の考えと隅《すみ》から隅まで同じということは、ありえません。でも、すべての価値観が異なるというのも稀《まれ》なのです。

コミュニケーションを進めるためには、共感が基盤《きばん》となります。その共感を深めることで、互いにわかり合える部分ができる。それを支えに、異なる価値観について意見交換をしていくと、相手を敵視したり、「絶対にわかり合えない」と決めつけたりするのを避《さ》けることができます。

決めつけたり、相手の言葉や考えを遮断《しゃだん》したりする、その瞬間に、コミュニケーションは終わります。

可能な限り、そういう事態を避ける。最終的に理解し合えない点が多いという結論に至ったら、互いの関係をどうしようかと考えればいいのですから。

コミュニケーションを始めた段階で大切なのは、こういう人なんだと認められるだけの情報交換をすること。それで十分です。

話をしていると、徐々に相手のことがわかってきます。また、どのような関係になるかも見えてきます。**【中略】**

他人を理解したいとき、共通項《きょうつうこう》を探すことから入ると、親しみが湧《わ》くし、相手の理解も早い。

私はたいていそういう姿勢で初対面の人に接しますが、相手の素顔がなかなか見えてこない場合もあります。

一見同じだと思っていたのに実は根幹で違ったと気づいたときの衝撃《しょうげき》ときたら、もうお手上げですね。

そんなときは、とにかくその違いをすべて受け入れることです。「この人とは根本的にはわかり合えない」と納得すれば、そこから先は相手のことが「とてもよくわかる」ようになります。

なぜなら、根本的な価値観が違うから、その人の言動に共感できるわけがないという構えができるからです。

また、そういう発想をする人なら、こんな説明を受け入れてくれるかもしれないというアプローチ法も浮《う》かびます。

相手を説得しようとしても無駄《むだ》だから、双方は別物という前提で可能なことを考える。

この発想は、Ⓔ「不本意だけど相手の〝正しい〟に同調する」のとはずいぶん違うでしょう。

コミュニケーションとは、こういうものなんです。相手の話をしっかり聞いて、この人は自分と根本的に異なる哲学《てつがく》を持っていると知ることができたら、〝正しい〟を押しつけ合うなんて無益なことはせずにすみます。

相手を知るために話を聞き、自分が感じたことを相手にぶつけて、納得のいく関係を築きましょう。

人の話を聞くと、もう一つ大切なものを手に入れることができます。

それは、「自分自身の考え」です。

そんなバカな、と思わないでください。

自分の考えというのは、もともとはあいまいなものです。いろんな経験をしたり、人とあれこれ話したりすることで、徐々に形になっていきます。

あるテーマで他人の意見を聞き、それを「自分語」に翻訳しつつ、心の声に耳を澄《す》ます。

その通り！

それは違うな！

そういう繰《く》り返《かえ》しで、漠然としていた自分の考えに目鼻がついてくるのです。

最初は意見が異なっていたのに、話を聞いているうちに同調することだってあります。本当に納得できるのであれば、それもいい。

いずれにしても、コミュニケーションをしっかりと行っていれば、自分の考えが鮮明《せんめい》になります。鮮明になっていないようなら、まだまだコミュニケーション不足だということかもしれません。

でも、相手がどういう人なのかは、できるだけ早く知りたいものです。なので、話をしていて何かひらめくと、Ⓕ「そうか、この人はこういう人だな！」と決めつけがちです。

でも、よくよく相手と話をしても、理解できたのは、まだほんの一部です。

だから、間違っても「キミがどういう人かわかった」などと言わないように。たとえ友人であっても、そんなふうにまとめられたら嫌《いや》でしょ。

そんな簡単にわかられてたまるか！と言いたくなるでしょ。

だから、物事も人も簡単に決めつけない。それは、あなたの脳内で弾けた〝正しい〟を疑う理由でもあります。

（真山仁『〝正しい〟を疑え！』〈岩波ジュニア新書〉）

(1)　――Ⓐ「意見」を言いかえた表現を本文中から六字で探し、書きぬきなさい。

(2)　［Ⅰ］・［Ⅱ］・［Ⅲ］に適切な接続詞を次の中から選び、記号で答えなさい。ただし、同じ記号は二度使えません。

ア　すると　　イ　たとえば　　ウ　つまり

エ　さらに　　オ　ところで

(3)　――Ⓑ「聞く」をより詳《くわ》しく説明した表現を本文中から二十五字で探し、はじめの五字を書きぬきなさい。

(4)　――Ⓒ「いきなり議論や意見交換を始めようとはしないでください」と筆者が忠告する理由は何だと考えられますか。

ア　自分の主張を最初から強く相手へ伝えなければ、互いに共感できる可能性や機会を失ってしまうから。

イ　まず自分語に翻訳して、相手を尊重して理解を深めて初めて、議論をうまく誘導できるようになるから。

ウ　相手を知ろうとする態度を示さずに議論を始めると、巧みな相手の誘導に乗って議論に勝てないから。

エ　自分との共通点や違いを明確にし、それを受け入れて初めて、ようやく議論を始めることができるから。

(5)　――Ⓓ「はやる」を言い表す擬態語《ぎたいご》として、最も適切なものはどれですか。

ア　もやもや　　イ　はらはら　　ウ　うずうず　　エ　いらいら

(6)　――Ⓔ「不本意だけど相手の〝正しい〟に同調する」を説明するものとして、最も適切なものはどれですか。

ア　相手が自分の意見との相違点《そういてん》を認めるものの、相手の〝正しい〟意見に飲《の》み込《こ》まれてしまう。

イ　必ずしも自分と符合《ふごう》するわけではないが、言葉巧みな誘導により相手の〝正しい〟を信じる。

ウ　意見を聞かれぬまま、一方的に相手の〝正しい〟主張を聞き、その論調に気圧《けお》され賛同する。

エ　相手と違う意見だったが、相手の〝正しい〟意見を受け入れ、結果的に自分が折れてしまう。

(7)　――Ⓕ「『そうか、この人はこういう人だな！』と決めつけがちです」のように、一方的にその相手の人となりや能力に評価をつけることを慣用表現で何と言いますか。［　　］に当てはまるカタカナ四字を答えなさい。

［　　］を貼《は》る

(8)　この文章の内容として正しいものはどれですか。

ア　自分が相手との議論や意見交換を無益だと感じるのであれば、双方の間には望ましい関係が構築できていないということに等しい。

イ　まるっきり自分と考える方向性が違う人と出会ったとしても、話を聞くことによって、新たな関係性を構築することが可能である。

ウ　相手のことを極力知ろうと努め、議論の末に言葉で相手を納得させることができる人が、コミュニケーション能力の高い人である。

エ　互いに意見を何度も交《か》わす中で良好な関係を構築し、同じ意見を持つようになって初めて相手とわかり合えたということができる。

五　次の文章を読み、あとの問いに答えなさい。

「ぼく」こと、大久保慎吾《しんご》は中学一年の終わりにバスケ部を「ある理由」から退部した。そして二年生になり、クラスメイトの小宮山さんに誘《さそ》われて、吹奏楽《すいそうがく》部の見学をすることになる。見学中は部長の日置先輩《ひおきせんぱい》や同じクラスの高城君のおかげで、気持ちが少し吹奏楽部に傾き始めていた。

五時前に見学を切りあげて、ぼくは音楽室をあとにした。

吹奏楽部は練習中もなごやかなふんいきで、先輩と後輩《こうはい》の距離《きょり》も近くて、それがなんだかとても魅力的《みりょくてき》に見えた。二、三年生の演奏を聴《き》きながら、あんなふうに楽器を弾《ひ》けたらきっとたのしいだろうな、とも思った。けれど帰り際《ぎわ》、また見学にきてね、と声をかけてくれた日置先輩たちに、ぼくは曖昧《あいまい》な笑顔《えがお》をかえすことしかできなかった。

校舎の玄関《げんかん》を出たところで、ぼくはなんとなく足を止めた。そしてほとんど散ってしまった校舎前の桜並木をぼんやりながめていたら、「大久保」とだれかになまえを呼ばれた。

声をかけてきたのは、一年生のときの担任の辻井《つじい》先生だった。しょっちゅうしかめっつらをしていて、ぶっきらぼうなしゃべりかたをする女の先生だけど、しかめっつらでもべつに怒《おこ》っているわけじゃないことは、一年間のつきあいで知っている。

「ずいぶん帰るのが遅《おそ》いけど、委員会の仕事でもしてた？」

「いえ、小宮山さんに誘われて、吹奏楽部の見学に行っていて……」

「ああ、部活見学。吹奏楽部は部員不足だって聞いたから、入部してあげたら喜ばれるんじゃない？」

辻井先生はそうすすめてから、ぼくの脚《あし》を見おろした。

「ひざの具合は、その後どう？」

Ⓐ「激しい運動をしなければ痛まないからだいじょうぶです。ありがとうございます、心配してくれて」

「そうか、それならよかった。だけど、バスケットを続けられなかったのは残念だったね」

はい、とこたえながら、Ⓑぼくは辻井先生から視線をそらした。

バスケ部を辞《や》めてから、何人もの相手におなじようなことをいわれた。だけどぼく自身はほんとうに、残念に思っているんだろうか。

そのとき、五時を知らせるチャイムの音が聞こえた。それを耳にした瞬間《しゅんかん》、ぼくはふいに思いだした。バスケ部の練習は、たいていこのチャイムのあとで休憩《きゅうけい》時間になる。休憩中には、ここからも見える水飲み場にみんなでやってくることも多い。

「あのっ、これから病院に行かなくちゃいけないので、失礼します！」

ぼくはあたふたとお辞儀《じぎ》をしてその場を立ち去った。急に早足であるきだしたせいか、右ひざにズキッと痛みを感じた。

家に帰ると、ぼくはすぐに制服を着がえて病院に出かけた。ぐずぐずしていたら診察《しんさつ》が終わるころには部活も終わって、帰り道でバスケ部の仲間と顔を合わせてしまうかもしれない。

　バスケ部を辞めてから、ぼくは同級生の部員のみんなと会っていなかった。携帯《けいたい》電話を持っていないから、連絡《れんらく》を取りあってもいない。二年生になって、自分のクラスにバスケ部のメンバーがひとりもいないことを知ったときは、［Ⓒ］より［Ⓓ］っとする気持ちのほうがたぶん強かったと思う。

　バスケ部のみんなを避《さ》けているのは、部を辞めたことにうしろめたさがあるからだ。ぼくが退部したのは、脚の故障が原因だった。医者にも親にも部活を辞めることをすすめられた。だけど、絶対に辞めたくないと強く抵抗《ていこう》していれば、どうにかしてひざをかばいながら、まだ部活を続けられていたかもしれない。

　その道を選ばないで、まわりにすすめられるままに退部を決めてしまったのは、ぼくが心の底でバスケ部を辞めることを望んでいたからじゃないだろうか。退部をしてからずっと、ぼくはそんなふうに自分の心を疑い続けていた。

　仲のいい同級生のみんなといっしょの部活はたのしかった。けれどそのみんながどんどん上手になって、大会でも活躍《かつやく》しているのに、ぼくは試合中もほとんどベンチに座《すわ》ったままだった。

　みんなに追いつこうとして、ぼくなりに必死に練習に打ちこんでみたけど、もともとの体力のなさや運動神経の悪さをカバーすることはなかなかできなかった。仲間たちの中で、ぼくだけが取り残されていくように感じて、つらくなることも次第《しだい》に多くなっていった。

　だから退部をすすめられたとき、ぼくはあえて抵抗しなかったんじゃないだろうか。脚のことを理由にして、部活の苦しさから逃《に》げたんじゃないだろうか。自分の意志で退部を決めたわけじゃないから、自分があのときほんとうはどうしたかったのか、ぼくはいまだにわからないでいる。

【中略】

　翌週の放課後、教室で日直の仕事をしていたら、高城くんに話しかけられた。

「大久保、また吹奏楽部の見学にこないか？」

「あっ、きょうは用事があって……」

　ぼくは反射的に嘘《うそ》をついていた。高城くんは「そうか、じゃあしかたないな」と残念そうに教室を出ていった。

　結局ぼくが吹奏楽部の見学に行ったのは一回きりだ。何度も見学に行ったら、入部を断れなくなりそうな気がして不安だった。たのしそうな部だな、とは思ったから、去年のぼくだったら入部を決めていたかもしれない。けれどⒺいまのぼくにはもう、その勇気がなかった。

　書き終えた日誌を職員室に届けて廊下《ろうか》に出ると、そこでぼくはまた辻井先生に会った。あいさつだけしてすれ違《ちが》おうとすると、「そういえば」と辻井先生がぼくを呼び止めた。

「大久保、吹奏楽部には入部することにしたの？」

「いえ、まだ迷ってるんです。あんまり自信がなくて……」

　急に尋《たず》ねられたせいか、思わず本音がこぼれてしまった。ぼくのその返事に、辻井先生が首を傾《かし》げて聞きかえしてくる。

「未経験者だからってこと？　それなら新入生といっしょに丁寧《ていねい》に教えてくれるだろうから、心配はいらないと思うけど」

「未経験者っていうのもあるんですけど、それよりぼくは、バスケ部も辞めちゃったから」

「バスケ部はべつに辞めたくて辞めたわけじゃないでしょう」

「それは、そうだと思うんですけど……」

　ぼくは歯切れの悪い声でこたえてうつむいた。

　ほんとうにそうなんだろうか。もともと辞めたいと願っていたから、脚の故障を理由にして退部したんじゃないだろうか。

　それがわからないから、ぼくは自分を信じられなくなっていた。吹奏楽部に入部しても、思うようにうまくなれなかったら、ぼくはまた逃げだそうとするかもしれない。いや、きっとそうなる気がする。ぼくはたぶん、そういうやつだから……。

　自分に嫌気《いやけ》が差して、ぼくが制服のひざを見おろしていると、辻井先生がふいに尋ねてきた。

「退部してから、バスケ部の仲間には会った？」

「いや、なんとなく会いづらくて……」

「そういわずに、たまには顔を見せてやったら。きょうの六時間目、三年生は臨時の学年集会だったんだけど、それがまだ長引いてるみたいだから、いまなら先輩と顔を合わせずに部の仲間と話せるよ」

　そう告げるⒻ辻井先生の顔には、滅多《めった》に見せないやさしい笑《え》みが浮《う》かんでいた。けれどぼくが驚《おどろ》いていると、すぐにその笑顔を引っこめて、「それじゃあ」と職員室に入っていってしまう。

　職員室の戸が閉められたあとで、ぼくはバスケ部のみんなが練習をしている体育館のほうを振《ふ》りかえった。

　体育館の床《ゆか》で、バスケットボールが弾《はず》む音が聞こえてくる。部活を辞めてまだ半月ちょっとしかたっていないのに、ぼくにはその音がやけに懐《なつ》かしく聞こえた。【Ⅰ】

　放課後の体育館を訪《おとず》れるのは、退部のあいさつをしにいったとき以来だった。まだバスケ部のみんなと話をする決心がつかなくて、ぼくはこっそり体育館の中をのぞいてみた。

　体育館の中では、バスケ部がすでに練習を始めていた。雅人も、バリーも、もっさんもいる。残りの部員は全員新入生だ。すごい、八人もいるじゃないか。これなら三年生が引退しても、部員不足に悩《なや》むことはなさそうだ。

　雅人がおもしろいことをいったのか、一年生たちが笑いだした。雅人、愉快《ゆかい》ないい先輩をしてるみたいだな。ぼくが退部する前は、新入部員の指導なんてめんどくさいとかいってたのに。

　先輩らしく振《ふ》る舞《ま》っている仲間の姿をながめているうちに、ぼくはたまらなく寂《さび》しくなった。【Ⅱ】

　様子を見にきたりなんてしなければよかった。そう後悔《こうかい》しながら、ぼくはその場を立ち去ろうとした。ところがそのとき、姿の見えなかったもうひとりの二年生部員の満が、ちょうど体育館にやってきた。用事があって遅《おく》れたんだろうか。満はまだ制服姿で、ぼくを見て驚いた表情を浮かべていた。

「やっぱり慎吾か。こんなとこでのぞいてないで、中に入ればいいのに」

「いっ、いや、練習の邪魔《じゃま》をしちゃ悪いと思って……」

「そんな気を遣《つか》うことないだろ。おい、慎吾がきてるぞ！」

　満が体育館の中に向かって声をかけると、すぐに雅人が飛んできた。もっさんとバリーもそのあとから駆《か》けてくる。

「慎吾、この薄情者《はくじょうもの》！　たまには顔見せろよなあ。寂しいだろ！」

「ご、ごめん。けど、退部したのに練習に顔を出すのは気が引けて……」

Ⓖ「水くさいこというなよ。とにかく中入れって」

Ⓗ遠慮《えんりょ》する暇《ひま》もなく、ぼくは体育館の中に連れこまれてしまった。

【Ⅲ】

体育館のステージにみんなと輪になって座ったものの、どんな話をしたらいいかわからず、ぼくはミニゲームをしている一年生たちを見ていった。

「新入部員、たくさん入りそうでよかったね」

「おう、勧誘頑張《かんゆうがんば》ったからな。それより慎吾は最近どうなんだよ。おまえのクラス、担任チャラ井だろ。あの人ちゃんと担任とかやれんの？」

「まあ、思ったよりちゃんとやってくれてはいるんだけど、やっぱり辻井先生のほうがよかったなあ」

それからぼくたちは自分のクラスのことや最近のできごとについて話をした。ぼくがまだバスケ部にいたころの、練習前や休憩時間とおなじように。

なのにぼくは仲間たちとのあいだに、これまではなかった距離を感じていた。それはきっと、ぼくがみんなに隠《かく》していることがあるから。そしてみんながぼくに気を遣ってくれているからだ。その証《しょう》拠《こ》に、ぼくの脚や退部のことには、だれも触《ふ》れようとはしない。【Ⅳ】

しばらく話したところで、ふいに会話が途切《とぎ》れた。一年生がスリーポイントシュートを決めて歓声《かんせい》をあげた。ぼくがそっちに注目するふりをして、Ⓘ気まずさをまぎらわせていると、満が「慎吾」と話しかけてきた。不安をこらえるような、硬《かた》い表情で。

「おまえの脚のことを聞いたときから、謝《あやま》らないととずっと思ってたんだ。成長痛だろうなんて適当なことをいって、ほんとうに悪かった。あのときすぐに病院に行くようにすすめてれば、部を辞めなくてすんだかもしれないのに……」

「えっ、そんなの謝ることないよ。ぼくだって、自分の脚が退部しなきゃいけないほどひどい状態になってるなんて思ってもいなかったんだから」

慌《あわ》ててそういいかえしても、満の顔は晴れなかった。満だけじゃなくて、ほかのみんなもおなじように沈《しず》んだ顔をしていた。

バリーがおずおずとぼくにいった。

「けどよぉ、慎吾、最近ずっとおれらのことを避けてたろ。だからやっぱそのことで怒ってんじゃないかと思ってよぉ」

「誤解だよ！　ぼくがみんなと顔を合わせづらかったのは、ただ、バスケ部を辞めたことがうしろめたかったからなんだ」

口にした瞬間に、いってしまった、と思った。うろたえているぼくに、バリーが首を傾げて聞きかえしてきた。

「なんでだよ。退部は脚のせいなんだからしょうがないだろ。うしろめたさなんて感じる必要ないじゃん」

ほんとうのことを、正直に話さなくちゃいけない。たとえみんなに軽蔑《けいべつ》されたとしても。そうしなければ、きっとこれからもみんなに、ぼくのことで責任を感じさせてしまう。

仲間たちの視線から逃《のが》れてうつむくと、ぼくはおそるおそるそのことを明かした。

「たしかに、脚のせいなんだけどさ。親とか医者に退部をすすめられたとき、ぼくははっきり嫌《いや》だっていわなかったんだ。続けようとしていれば、続けられたかもしれないのに。だからもしかするとぼくは、心の底でバスケ部を辞めたがってたのかもしれないって、そう思ってるんだよ。いくら練習してもみんなみたいにうまくなれないから、それがつらくて部活から逃げたんじゃないか、って……」

言葉を終えたあとも、ぼくはⒿみんなの反応が怖《こわ》くてうつむいたままでいた。ぼくがびくびくしながら沈黙《ちんもく》に耐《た》えていると、満が最初に口を開いた。

「慎吾はそういうことはしないだろう」

それはまるで、ぼくがなにかおかしなことをいったかのような口調だった。驚いて顔を上げると、満は明らかに戸惑《とまど》った表情を浮かべていた。

雅人が「だよな」と相槌《あいづち》を打ってぼくの顔を見た。

「おまえ、本気でそんなこと気に病《や》んでたのかよ。おまえみたいに真面目で練習熱心なやつが、まだ頑張れるのに怪我《けが》のせいにしてあきらめたりするわけないだろ」

バリーともっさんもしきりにうなずいていた。その反応を目にしたとたん、胸の底から熱いものがこみあげてきた。

正直、ぼくはみんなのことを疑っていた。あいつは怪我を理由にしてバスケ部から逃げた。そう思われているんじゃないかと想像して怖かった。

だけど、そんなことはなかったんだ。ぼくはずっと自分の本心を疑い続けていたのに、みんなはいまでもぼくのことを信頼《しんらい》してくれていたんだ。

ありがとう、とぼくは心からみんなに感謝した。なにいってんだよ、と雅人が茶化《ちゃか》すようにぼくの肩《かた》を揺《ゆ》さぶってくる。

「……もっとみんなとバスケをしてたかったな」

みんなの顔を見ていたら泣いてしまいそうで、ぼくはステージの床を見つめてつぶやいた。

退部から半月以上がたってようやく、ぼくは自分のほんとうの気持ちに気がついた。

（如月かずさ『給食アンサンブル２』〈光村図書出版〉）

(1)　――Ⓐ「激しい運動をしなければ痛まないからだいじょうぶです。ありがとうございます、心配してくれて」に使われている表現技法をひらがなで答えなさい。

(2)　――Ⓑ「ぼくは辻井先生から視線をそらした」とありますが、次の文章はその理由を説明したものです。（　）に入る語句を――Ⓔより前の本文中から二十二字で探し、はじめの五字を書きぬきなさい。

（　）という「うしろめたさ」があったので辻井先生から視線をそらした。

(3)　Ⓒ・Ⓓについて以下の問いに答えなさい。

①　Ⓒに入る表現を答えなさい。

ア　戸惑い　　イ　寂しさ　　ウ　嬉《うれ》しさ　　エ　驚き

②　Ⓓに入るひらがな一字を答えなさい。

(4)　――Ⓔ「いまのぼくにはもう、その勇気がなかった」とありますが、そのことが具体的な言動となっている表現は本文中に何度も見られます。その中で最初に描かれている言動をふくむ一文を探し、はじめの五字を書きぬきなさい。

(5)　――Ⓕ「辻井先生の顔には、滅多に見せないやさしい笑みが浮かんでいた」とありますが、辻井先生の提案はどのような働きかけになりましたか。

ア　怪我が治ったらできるだけはやくバスケ部に復帰する決意を改めて固める。

イ　「ぼく」が先輩を避けている気持ちを優先して同級生を事前に集めておく。

ウ　バスケ部を辞めた理由が自分でもよく分からない「ぼく」の気持ちを整理する。

エ　どちらの道に進むか決めきれない「ぼく」の心の弱さにあきれ決断を催促《さいそく》する。

(6)　次の一文は、【Ⅰ】～【Ⅳ】のうち、どこに入りますか。

もうこの放課後の体育館に、ぼくの居場所はない。

(7)　――Ⓖ「水くさいこと」を次のように言いかえたとき、「○◇○◇」に当てはまるひらがな四字を答えなさい。ただし○と○、◇と◇はそれぞれ同じひらがなが入ります。

○◇○◇しいこと

(8)　――Ⓗ「遠慮する暇もなく、ぼくは体育館の中に連れこまれてしまった」とありますが、この時のバスケ部員たちの思いを答えなさい。

ア　なんとしても慎吾にバスケ部へもどってもらいたかった

イ　慎吾の退部の真相をなんとしても直接聞き出したかった

ウ　楽しんでいたこの場をどうにかしてごまかしたかった

エ　急に慎吾がバスケ部にいた昔に戻ったようで嬉しかった

(9)　――Ⓘ「気まずさをまぎらわせている」とありますが、それはなぜですか。

ア　本当は自分もバスケをしたいがここで無理をするとこれまでの苦労が水のあわになってしまうから

イ　せっかくバスケ部の仲間が輪の中に入れてくれたのに気が付くと話すことがなくなってしまったから

ウ　どのタイミングで体育館からぬけ出そうかと昔の仲間の様子を観察していることが見すかされるから

エ　昔の仲間が自分の足を気遣いながらこの機会に謝罪しようとしていることに気づいてしまったから

(10)　――Ⓙ「みんなの反応」とありますが、それに当てはまらないものはどれですか。

ア　慎吾のうそを受け入れるようによそおうこと

イ　慎吾のずるさを厳しく責めたてること

ウ　慎吾のすなおな気持ちを冷たくあしらうこと

エ　慎吾の行いに心からがっかりすること

(11)　この後、慎吾が吹奏楽部に入部するかどうかを決めるに当たって、本文での出来事から心に誓《ちか》ったことはどのようなことだと考えられますか。「信頼」「困難」という言葉を必ず使って、四十五字以上五十字以内で答えなさい。

青山学院横浜英和中学校（A）

—50分—

注意　字数制限のある問題では、や。や「」は字数にふくみます。

一　次の1~5の――部のカタカナは漢字に直し、漢字は読みをひらがなで書きなさい。

1　ケッピンのおわび。

2　最終バスを車庫にカイソウする。

3　山菜トりに行く。

4　ニュースを明解に説明する。

5　作品の構想を練る。

二　次の問いに答えなさい。

問一　次の――部にあてはまる漢字を次のア~エから一つ選び、記号で答えなさい。

不シンの念を抱《いだ》く。

ア　進　　イ　信　　ウ　真　　エ　心

問二　次の1、2のグループの中で、上下の二つのことばの関係が異なるものを次のア~エからそれぞれ一つ選び、記号で答えなさい。

1　ア　おびただしい　―　非常に多い
　　イ　あらかじめ　―　まえもって
　　ウ　ぎこちない　―　なめらかでない
　　エ　いぶかしい　―　じれったい

2　ア　落ちる　―　落とす　　イ　消える　―　消す
　　ウ　見つける　―　見つかる　　エ　閉まる　―　閉める

問三　次の1、2について、――部の表現と反対の意味を表すものを次のア~エからそれぞれ一つ選び、記号で答えなさい。

1　友人の冷たい反応に傷つく。
　　ア　姉は両親からの信頼《しんらい》があつい。
　　イ　今年の夏はどうしようもないほどあつい。
　　ウ　父親の財布《さいふ》はあつい。
　　エ　あつい声援を送る。

2　あの審査員《しんさいん》の評価は辛《から》い。
　　ア　あまい言葉で誘《さそ》う。　　イ　入会の基準があまい。
　　ウ　息子《むすこ》の考え方はあまい。　　エ　今日の煮物《にもの》はあまい。

問四　次の1、2について、(例)のように、空らんに入る漢字をつなげると四字熟語になります。【　】の意味を参考にして、その四字熟語をそれぞれ漢字で書きなさい。

(例)（　）流・（　）畑・（　）力・（　）車
【自分の都合のいいようにすること】→我田引水《がでんいんすい》

1　（　）車・（　）線・（　）頭・（　）花
【行動が非常にすばやいさま】

2　快（　）・農（　）・降（　）・音（　）
【田園できままに暮らすこと】

三　次の文章を読んで、後の問いに答えなさい。

すべての生物は進化をします。「進化」という言葉はいろいろな分野で少し違《ちが》った意味で使われていますが、ここでの「進化」は生物学的な進化を指します。すなわち、ダーウィンが述べた「多様性を持つ集団が自然選択《せんたく》を受けることによって起こる現象」のことです。

ア　この子孫を残しやすい性質が集団内で増えていく現象が「自然選択」と呼ばれます。多様性があってそこに自然選択が働くと、より子孫を残しやすい性質がその生物集団に自然に広がっていくことになります。

イ　この進化の原理はとても①単純です。まず、生物は同じ種であっても個体ごとに少しずつ遺伝子が違っていて、その能力にも少しだけ違いがあること、つまり能力に多様性があることを前提とします。

ウ　このように集団の性質がどんどん変わっていくことが生物学的な「進化」と呼ばれます。自然選択が起こると特定の性質が選ばれるので、一時的に多様性は小さくなってしまいますが、そのうち遺伝子に突然《とつぜん》変異が起きてまたいろいろ性質の違う個体が生まれると多様性は回復します。そしてまた自然選択が起こり、進化が続いていくことになります。

エ　たとえば、池の中にミジンコがたくさんいて、みんな少しずつ泳ぐ速さが違うといった状況《じょうきょう》をイメージしてください。泳ぐ②のが速いミジンコは、泳ぐのが遅《おそ》いミジンコよりもきっと餌《えさ》を多く手に入れることができるでしょうし、ヤゴなどの天敵から逃《に》げやすいので長く生き残ってたくさんの子孫を残すでしょう。そして次の世代のミジンコ集団では泳ぐのが速いミジンコの割合が増えていることでしょう。

(市橋伯一『増えるものたちの進化生物学』〈ちくまプリマー新書〉)

問一　この文章は、ア～エの部分の順序が入れかわっています。正しい順序になるように並べかえ、記号で答えなさい。

問二　①「単純」と反対の意味の熟語を漢字で書きなさい。

問三　②「の」と同じ意味、用法のものを次のア～エから一つ選び、記号で答えなさい。

ア　いったいどうしたの。　　イ　行くのはやめよう。

ウ　これはわたしの本だ。　　エ　冷たい雨の降る一日。

四　次の文章を読んで、後の問いに答えなさい。

ピーター・グリーナウエイというイギリス人の映画監督《かんとく》がいます。かなり凝《こ》った画面の〝芸術映画〟を作る人です。日本での知名度はそんなに［　①　］ないのかもしれませんが、世界的に有名な映画監督です。②この人が、日本の清少納言《せいしょうなごん》の『枕草子《まくらのそうし》』にほれこんで、『枕草子』という映画を作ってしまいました。日本でも公開された作品ですから、ごらんの方もあるかもしれません。私は、その映画の製作準備のために日本にやって来たピーター・グリーナウエイ監督と会って、話をしたことがあります。私は、『桃尻語訳《ももじりごやく》枕草子』(河出書房新社《かわでしょぼうしんしゃ》刊)という形で『枕草子』の現代語訳をしていましたから、「映画を作るうえで、日本のいろんな人と会って話を聞いて参考にしたい」という監督と会って、いろいろな話をしたのです。その時に監督の言ったことで印象に残っているのは、「なぜ『枕草子』がすばらしいか」ということです。

『枕草子』は、今から一千年ばかり前に書かれた随筆《ずいひつ》ですが、ピーター・グリーナウエイ監督は、そのことにびっくりしているのです。「今から一千年前といえば、我《わ》が英国がほとんど〝野蛮《やばん》人の国〟と同様だった時代なのに、どうしてこれだけ自由に文章を書ける女性がいたのか」ということです。『枕草子』は『ＰＩＬＬＯＷ　ＢＯＯＫ《まくらのそうし》』というタイトルで、英語に翻訳《ほんやく》されています。それを読んで清少納言という女性の存在を知って、その奔放《ほんぽう》自在な書き方に、彼《かれ》はびっくりしたのです。なにしろ彼《かの》女《じょ》は、今から一千年も前の女性で、今から一千年前のヨーロッパといったら、どこだって「野蛮人の国」とそんなに変わらないような時代です――あんまりはっきり言ったらきっと怒《おこ》られるでしょうが。

　この当時の世界の先進地域は中国やアラビアで、ヨーロッパに「文章を書く女性」を求めるのなんか酷《こく》です。でも、そんな時代に日本の清少納言という女性は、ずいぶん奔放に自由な文章を書いています。それを読めば、どれだけ高度で進んだ文化が日本にあったかは分かります。イギリス人のピーター・グリーナウエイ監督が感動したところはそこなのです。［　③　］、今の日本人は、あまりそんなことを考えません。「進んだ文化」といったら、あいかわらずヨーロッパやアメリカだと思っていて、自分たちの足もとにそういうすぐれた過去があることを忘れているのです。これは、とても残念なことじゃないでしょうか？　④私は、とても残念なことだと思います。

　日本の経済進出が盛《さか》んになって、日本が世界一の金持ち大国になってしまった時、「日本人はよくわからない」という声が外国のあちこちから起こりました。⑤「顔の見えない日本人」とか、「金儲《かねもう》けだけの日本人」とか。どうして外国の人が日本のことを「わからない」というのか？　理由はいろいろあるでしょうが、私には「もしかして」と思うことがあります。それは、「外国に行って外国の人とよくつきあう日本人が、あまり日本のことを知らないから」ということです。

　外国の人とつきあうのなら、外国語――とくに英語ができるという条件が必要になるでしょう。日本では、義務教育の中学段階から英語が必修になります。⑥高校や大学の入試で、受験科目に英語がないというところは、いたって珍《めずら》しい少数派でしょう。日本人は、とってもよく英語を勉強していて、町へ出れば英語の看板は氾濫《はんらん》しています。

「それだけ英語が氾濫していて、どうして日本人は英語が下手なのか」という話もありますが、でも、英語を熱心に勉強してちゃんと英語が話せるようになった日本人はいっぱいいます。英語が話せて、外国語にくわしくて、外国人とよくつきあう人たちです。でも、そういう人たちが、一転して「日本のこと」になったらどうでしょう？　日本の古典や日本の歴史や日本の伝統文化のことをきちんと理解している人たちは、どれくらいいるでしょう？　理解して知っている人たちよりも、ぜんぜん知らない人の方が、私は多いと思います。

「アメリカやヨーロッパの新しい文化こそが重要で、古い日本のことなんか昔のこと」と思いこんでいる人たちは、とても多いのです。「新しいアメリカやヨーロッパのことを知るためには、どうでもいい日本のことなんか切り捨てよう」です。それでいいと思って外国へ行った人たちが、「あなたのお国のことを教えてください」と言われて、どれくらい正確に日本のことを説明できるでしょうか？　外国に行ったり、あるいは外国に関する勉強ばかり続けて、その結果日本のことをぜんぜん知らないでいる自分に気がついた人たちは、とても多いのです。

　輸出大国の日本で、社会の関心は「先進国」であるようなアメリカやヨーロッパにだけ向いています。［　⑦　］、そこから一転した「アジア志向」とか。なんであれ、国際社会の中の経済大国日本の関心は、「外国語」を中心とする〝外〟へと向かいました。そういう日本社会の傾向《けいこう》を反映して、大学は「外国語重視」を言いますし、受験勉強は「英語重視」です。そういう傾向の中で、子供たちはあまり受験の中で比重の高くない「日本語」や「日本史」や「日本文化に関する常識」というものを、あっさりと欠落させています。どこの国の人だって、「自分たちの国の文化」というものをちゃんと学習しているのに、日本人は平気でそれを欠落させています。「自分の国のことを平気で［⑧］、自分の国の文化のことをちゃんと［⑨］、でも英語だけはちゃんと［⑩］」ということになったら、ずいぶんへんでしょう。

「オリジナリティー」という言葉があります。「自分の出てきたところ＝オリジン」に由来するものです。「オリジナリティー」とは、「［⑪］」なのです。日本人が、自分の足もとにある日本の歴史や文化や古典を軽視したらどうなるでしょう？　自分が生まれてきたところをなんにも知らないままでいる日本人に、「国際社会の中でのオリジナリティー」はないのです。「顔の見えない日本人」という悪口は、こういうところに由来しているのではないかと思います。

（橋本治『これで古典がよくわかる』〈ちくま文庫〉）

問一　本文には、次の文がぬけています。この文が入るところの、直前の六字をぬき出しなさい。

テレビでも新聞や雑誌でも、アメリカやヨーロッパ由来のカタカナ言葉がいっぱいです。

問二　［①］にあてはまることばとして適当なものを次のア〜エから一つ選び、記号で答えなさい。

ア　広く　　イ　大きく　　ウ　高く　　エ　深く

問三　②「この人が、日本の清少納言の『枕草子』にほれこんで」とありますが、その理由を筆者はどのように考えていますか。適当なものを次のア〜エから一つ選び、記号で答えなさい。

ア　一千年前の日本の女性が書いた随筆が英語に翻訳されたことで、当時の他国に存在しない自由奔放な内容を読むことができたから。

イ　ヨーロッパから〝野蛮な国の人〟とみなされていた一千年前の日本に、自由奔放な文章を書いていた女性がいたことを知ったから。

ウ　一千年前に書かれた随筆から、当時の先進国の中国やヨーロッパと、同じ程度の高度で進んだ文化が日本にあったことがわかるから。

エ　一千年も前に奔放自在な随筆を書ける女性が日本に存在したことから、高度で進んだ文化が当時の日本にあったことがわかるから。

問四　［③］・［⑦］にあてはまることばとして適当なものを次のア〜クからそれぞれ一つ選び、記号で答えなさい。

ア　ところで　　イ　しかも　　ウ　また　　エ　あるいは
オ　だから　　カ　そして　　キ　ところが　　ク　さらに

問五　④「私は、とても残念なことだと思います」とありますが、「残念なこと」とは何ですか。六十字以上七十字以内で説明しなさい。【記述問題】

問六　⑤「『顔の見えない日本人』とか、『金儲けだけの日本人』とか」とありますが、そのような声が外国のあちこちから起こった理由を、筆者はどのように考えていますか。適当なものを次のア〜エから一つ選び、記号で答えなさい。

ア　日本人は英語が話せて外国語にくわしくても、自分の意見や主張をはっきりと相手に伝えることが苦手だから。

イ　日本人は経済大国や輸出大国になることだけに関心を向け、他国の歴史や伝統文化などを学ぼうとしないから。

ウ　日本人は外国語にくわしくて、外国人とよくつきあうことができるのに、自国の文化をよく理解していないから。
エ　日本人は英語をよく勉強していて、カタカナ言葉もいっぱい使用しているのに、英語を話すのが下手だから。

問七　⑥「高校や大学の入試で、受験科目に英語がないというところは、いたって珍しい少数派でしょう」とありますが、なぜですか。その説明として適当なものを次のア～エから一つ選び、記号で答えなさい。
ア　経済大国であるために外国語を中心とする国外にだけ関心を向けている、日本の社会の傾向を反映しているから。
イ　外国に行って外国人とよりよくつきあうために、日本では義務教育の中学段階から、英語が必修となっているから。
ウ　外国に行く人たちが、日本の文化について聞かれたときに説明できるような英語力があるか試《ため》そうとしているから。
エ　日本の古い文化よりもアメリカやヨーロッパの古い文化こそが重要で、大学で英語を通して学ぶ必要があるから。

問八　［⑧］・［⑨］・［⑩］にあてはまることばの組み合わせとして適当なものを次のア～エから一つ選び、記号で答えなさい。
ア　⑧　わかっていて／⑨　説明できなくて／⑩　話せない
イ　⑧　わかっていて／⑨　説明できて／⑩　話せる
ウ　⑧　わからないで／⑨　説明できなくて／⑩　話せる
エ　⑧　わからないで／⑨　説明できて／⑩　話せない

問九　［⑪］にあてはまることばとして適当なものを次のア～エから一つ選び、記号で答えなさい。
ア　自分が本来もっているはずの独自性
イ　自分の経験によって養われた特有性
ウ　自分の周囲の状況に合わせた協調性
エ　自分がこれまで習得してきた固有性

［五］　次の文章を読んで、後の問いに答えなさい。

「ＪＢＫの高校生放送コンテストのドラマ部門は、テレビもラジオも、九分以内という規定があるんだ」

正也《まさや》は先輩《せんぱい》たちから教えられていないことを淡々《たんたん》と答えた。得意げな様子はどこにもない。僕《ぼく》が脚本《きゃくほん》に興味を示したことに、驚《おどろ》いたり、喜んだりする気配も。

「そうなんだ。てっきり一時間とか、短くても三〇分はあるのかと思ってたよ」

僕も真面目《まじめ》に答える。

「中途半端《ちゅうとはんぱ》だよな。作品上映前に、なんとか高校、タイトルはなになにです、っていう紹介《しょうかい》が一分で、あわせて一〇分になるようにしているらしいよ」

「なるほど」

「でも、俺《おれ》は九分を短いとは思っていない。ネットでコンテストの要項《ようこう》を調べたときは、これだけの時間で何が表現できるんだろうって驚いたけど、春休みに、実際に書いてみたら、長いなあ、って。ふうふう言いながら仕上げたよ」

「そうだな。①九分間、真剣《しんけん》に挑《いど》むのは、しんどいよ」

適当に同調したのではない。

へえ、と言うように、正也が足を止めて僕の顔を見た。

「圭祐《けいすけ》は九分を意識したことがあるのか？」

ある。それを正也に話すのは……。いや、今がそのタイミングなのかもしれない。

「三〇〇〇メートル走の目標タイムだ」

僕は中学生のあいだずっと、その時間を意識し続けていた。

だけど、三〇〇〇メートルを九分以内で走れたことは、一度もない。

僕のベストタイムは九分一七秒だ。

中学一年、陸上部に入って最初に計測したときの記録は一〇分二三秒。この記録で顧問《こもん》の村岡先生に長距離《ちょうきょり》部門の選手になることをすすめられ、以降、目指せ九分台、が最初の目標となった。

初めて九分台を出せたのが、一年生の秋の大会で、九分五五秒。次の目標は県大会の標準記録となる、九分四〇秒になった。地区大会で運よく三位までに入賞することができても、公式記録でこのタイムを突破《とっぱ》できていなければ、出場できないという大会もある。

それを突破できたのが、二年生の春の大会で、九分三八秒。そこからは、一秒でも多く削《けず》って、自己新記録を更新《こうしん》することが目標となった。

それと同時に、良太が九分を切ることを、僕を含《ふく》め、陸上部の皆《みな》が期待していた。僕の母さんも応援《おうえん》していたから、他にももっと多くの人たちが、良太の記録に注目していたはずだ。

入部時から標準記録を余裕《よゆう》で突破していた良太の、中学卒業時のベストタイムは、九分〇五秒だ。

二年生の夏の県大会で四位入賞を果たしたその記録は、膝《ひざ》の故障によって、中学のあいだに更新されることはなかったけれど、膝が完治し、青海学院の陸上部員となれば、時間の問題だろう。

そして、あの事故がなければ、僕は良太の背中を追いながら、自分も九分を切ることを目標にしていたに違《ちが》いない。

九分以内とは、良太にとっては、さほど高いハードルではない、過去の目標タイム。そして、僕にとっては……。

もう、目指すことのできない数字だ。

一〇分なら、これからも意識することはあるはずだ。いや、しなければならない。英語の授業では、毎回一〇分間テストがあり、五割できなければ、放課後の補習を受けなければならないらしい、と同じクラスのヤツが言っていた。

他にも一〇分はたくさんありそうだ。

だけど、九分以内、という数字を意識することは、二度とないと思っていた。

「圭祐、すごいよそれ」

時間についてぼんやりと考えていた僕を、正也が目をぱっちりと開いて見ている。正直なところ、まだ、何が正也の琴線《きんせん》にひっかかるのか、掴《つか》めない。

「何が？」

「九分っていう中途半端な時間が、おまえの体には刻みこまれてるってことだろ」

「走るペースとしてはね。でも、それがドラマと関係あるの？」

「大アリだよ。三〇〇〇メートルを九分で走るための、呼吸とか、ペース配分とか、スパートをかけるタイミングとか。全体の流れやリズム。トップクラスの選手のものなら、一つの分野として、研究を重ねて完成されたものだろうから、きっと、他の分野でも充分《じゅうぶん》に生かせると、俺は思う」

力説しすぎたせいか、正也がふうと大きく息をついた。おかげで、僕のため息がかき消される。

「トップクラスが必要なら、良太に教えてもらえばいいよ」

「教えてもらって理解できるものじゃないんだ。それに、圭祐だってトップクラスじゃないか。中学駅伝、県大会準優勝チームの主要メンバーで、地区大会では、区間賞だって獲《と》ってる」

「なんで、そんなこと?」

僕は目も口も開けたまま、正也を見返すことしかできない。

「本当は②愛の告白をする前に、相手のことをよく調べなきゃならないんだろうけど、ひと目ぼれの場合は、告白したあとでもいいだろ。三崎《みさき》中のホームページで、去年の部活動の表彰《ひょうしょう》記録を見たら、ちゃんと圭祐の名前が載《の》ってたよ」

中学校のホームページがあったことすら知らなかった。というか……。

「だから、」

言いかけたところで、正也は大きく息を吸った。まだ、話の途中だったようだ。

「圭祐がすごい選手だったことを知って、ケガの具合とかよく知らないのに、無神経に文化部に誘《さそ》ってしまってよかったのかな、って後悔《こうかい》したんだ。謝《あやま》ろうかな、とも思った。でも、そういうことされる方が嫌《いや》だろうなって思って、昨日と同じテンションのままでいることにしたんだ。って、こういう言い方も気に入らないかもしれないけど」

「いや……」

「だから、陸上のことを言われて驚いた。おまけに、九分がすぐに三〇〇〇メートルと結びついて、やっぱりすごいヤツなんだって感動したんだ」

「ありがとう」

ちゃんと声になって口から出ていたのかどうか、自信がない。愛の告白って言い方だけは勘弁《かんべん》してくれ、と言ってやろうと思っていたのに、そこは、今はもういい。

気を遣《つか》われて当然、だけど、あからさまに気を遣われるとムカつく。僕はそういう態度でいたはずだ。

高校生活に対しては、希望や期待を中学時代に置いたまま、時間だけが無意味に過ぎていくような三年間を送ることしか想像できなかった。それなのに、僕の事情をわかった上で、新しい世界を覗《のぞ》いてみようと誘ってくれているヤツがいる。興味が持てるかどうかは自信がないけれど、それを考えるのはあとでもいい。

今、返さなければならない言葉が最優先だ。

「そんな……」

正也が照れたように指先で鼻の頭をかいた。放送室でもやっていたし、これが、正也の困ったときの癖《くせ》なのかもしれない。

「③三〇〇〇メートル走の九分がドラマ作りにどう役に立つのか、もっと具体的に教えてくれよ」

走り続けた三年間が、この先、どこかに繋《つな》がる可能性が一パーセントでもあるのなら、それを知りたい。

「電車、何本か遅《おく》れていい?」

まだ陽《ひ》は高い。中学時代なら、部活の時間だ。

僕たちは駅の自動販売機《はんばいき》でペットボトルのスポーツドリンクを買い、

その隣《となり》にあるベンチに座《すわ》った。

正也はカバンから分厚いノートを取り出した。太いマジックで「創作ノート」と書いてある。多分、僕なら、遠目で見てもわかるような大きさでタイトルを書かないだろうし、書いたとしたら人前には出さない。恥《は》ずかしいからだ。

僕の心の中に、小説やマンガなどの創作活動をしている人たちを、オタク扱《あつか》いする気持ちがあるという証拠《しょうこ》でもある。その気持ちは申し訳ないけれど、放送部にも繋がっている。

要は、僕は放送部に入るのを恥ずかしいと思っている、ということだ。

中学時代、陸上部の後輩の中に、自主トレで、朝晩、家の周囲を走るのが恥ずかしい、と言うヤツがいたことを思い出す。何が恥ずかしいのかさっぱりわからなかった。自分の目標を達成するためにがんばることが、他人の目にどう映ろうが、知ったことではないではないか、と。

それと同じ。本気度の違いだ。

正也は本気でドラマを作りたいと思っている。

正也が開いたページには、数学の道のりや速さの問題を解くときに書くような線図が、二パターン書かれていた。

九センチの横線を「起、承、転、結」と四つに区切ったものと、「序、破、急」と三つに区切ったものだ。どちらも等分ではない。

「物語の基本構成。起承転結は聞いたことがあるよね」

正也が線図を指さしながら言う。

国語の時間に習った憶《おぼ》えがある。物語だけでなく作文にも生かせる、と言われても、決められた枚数の原稿《げんこう》用紙のマスを埋《う》めるだけで精いっぱいだった僕は、それを意識しながら文章を書いたことは一度もない。

「言葉だけ知ってる、って感じかな」

「俺も脚本家《きゃくほんか》を目指すまではそうだったよ。ちなみに、国語の成績は悪くないけど、作文が賞に選ばれたことは一度もないから」

正也は「へへっ」と笑った。

「で、起承転結だけど。圭祐はどんなジャンルの物語が好き?」

「僕はドラマをあまり見ないからなあ。映画にも行かないし、本もまったく読まないし」

言いながら、なんだか頭の悪そうな発言だな、と思ってしまう。だけど、怠《なま》けた生活を送っていたのではない。毎日走り、部活引退後は、受験勉強に励《はげ》んだ。

ヒマができたのは、入院中だ。

「マンガは読んだかな」

僕は入院中に良太が差し入れしてくれたマンガの中で一番おもしろいと思った作品のタイトルを挙げた。探偵部《たんていぶ》のある高校を舞台《ぶたい》にした話だ。

「へえ、ミステリが好きなんだ」

正也も読んだことがあるようだ。

「じゃあ、ミステリ作品を起承転結で表すとしたら」

正也はカバンから筆箱も取り出し、赤ペンで、ノートの空欄《くうらん》に、少しずつあいだを空けて「起、承、転、結」と書いていった。

「まず、起は、事件が起きる。そして、主役となる探偵なり、刑事《けいじ》なりが登場する」

言いながら、ノートに書き足していく。僕はそれを目で追った。

起　事件が起きる。

主役の探偵(または刑事)の登場。

承　謎《なぞ》解《と》き、捜査《そうさ》が始まる。
　数々の障害あり。
転　アリバイ崩《くず》しのヒントや有力な情報を得る。
　犯人逮捕《たいほ》。
結　めでたしめでたし（ハッピーエンド）。
　事件が解決するも、モヤモヤとした嫌な気分が残る（イヤミス）。

こうやってまとめられるとわかりやすい。

「なるほど……。でも、犯人逮捕は『結』じゃないの？」

「俺も最初はそう思ってたけど、こっちらしい。犯人はお前だって指さしたり、手錠《てじょう》をかけたりして、ハイ終わりって作品ないだろ」

言われてみれば、被害者《ひがいしゃ》たちのその後や、探偵役が日常生活に戻《もど》った場面が付いていたな、とマンガのラストを思い出す。

「『桃太郎《ももたろう》』なら、鬼《おに》を成敗するまでが『転』、仲間の犬、猿《さる》、キジと、宝を持っておじいさんおばあさんのところに帰るのが『結』」

正也は昔話の例も挙げた。いくら読書の習慣がないとはいえ、この辺りの物語なら僕もいくつかは知っている。

「じゃあ、『シンデレラ』なら、ガラスの靴《くつ》が足に合うところまでが『転』、結婚式《けっこんしき》をするところが『結』、ってこと？」

「そういうこと。っつか、圭祐の口から『シンデレラ』が出てくるとは」

正也がニヤニヤ顔を向けてくる。

本当は「浦島《うらしま》太郎」にしたかったけど、玉手箱を開けておじいさんになるところまでが「転」だとして、その後の「結」がどうなったのか、思い出せなかったからだ。

「まあ、『転』と『結』の区切りは、曖昧《あいまい》っちゃ曖昧で、その二つをくっつけて、三つに分けたのが、『序破急』なんだ」

正也がノートに書いてあった文字を指さした。

「へえ、こっちは今日初めて知った言葉だけど、今の説明でわかった。④、ってことだよな」

「そう。で、九分のドラマなら、単純に、三分割《ぶんかつ》しやすい『序破急』で構成を考えた方がいいだろうって思ったんだけど……。これが、きっちり三分ごとに区切ればいいってわけじゃないんだな」

正也は小さくため息をついた。

「なんで？」

「全九巻のミステリマンガで、探偵が登場するまでに三巻分かかるってどう思う？」

「退屈《たいくつ》」

「そういうこと。教本には『序破急』の割合目安は、一対八対一、とか、一対七対二、なんて書いてあるけど、師匠《ししょう》が言うには、物語の流れは意識して区切るものじゃない、らしいんだ」

「師匠？」

「まあ、そこは置いといて。いくら内容がおもしろくても、多くの人を引き付けられる物語になるかどうかは、流れやリズムが重要なんだ。つい、聴《き》き入ってしまう。見入ってしまう。本なら、閉じることができない、っていうような」

正也はスポーツドリンクをゴクゴクと飲み、キッと表情を引き締《し》めて僕の方を見た。

「俺は完成した九分間というのを経験したことがない。九分走れって言われたら、ぜいぜい言いながら、ただ走るだけだ。だけど、圭祐の九分間は、ベストパフォーマンスができるよう、極限まで削《けず》って完成した芸術作品のような時間だと思う」

良太の走る姿が頭に浮《う》かんだ。「サバンナの風」というイメージ。その姿を追いながら、初めは無意識に、そして、意識的に頭の中に焼き付けながら、僕は自分の走りを作っていった。こういうことなんだろうか。

「だから、俺の書いた脚本を圭祐に、三〇〇メートル走をイメージしながら読んでもらいたい。最初からとばしすぎて、後半、息切れしてるとか、スパートをかけるタイミングが遅《おそ》いとか、そういうことを教えてほしい。俺は書くことによって、自分の九分を体に覚えさせていきたいんだ」

やはり、正也は僕をかいかぶりすぎだ。⑤そもそも、走ることをイメージしながら本を読むことなど、僕にできるのだろうか。

「頼《たの》む、放送部に入ってくれ！」

正也が両手を合わせて頭を下げた。

声を褒《ほ》められた昨日よりも、今の方がなんだか嬉《うれ》しくて、無理だよ、とは言いたくなかった。

「上手《うま》くいくかどうかわからないけど……。他にやりたいこともないし」

どうやら、僕は本当に放送部に入ってしまいそうだ。

「本当に!?」

正也に抱《だ》き付かれるんじゃないかと、あわててベンチから立ち上がった。部活が終わる時間なのか、駅は青海学院の生徒たちで混み始めている。

（湊かなえ『ブロードキャスト』〈角川文庫〉）

問一　次の表は、「僕」と「良太」についてまとめたものです。（Ａ）～（Ｆ）にあてはまることばを後の指定に従って書きなさい。

	中学［（Ａ）中学校］	高校［青海学院］
僕	・陸上部の（Ｂ）部門の選手。 ・入部時から二年生の春の大会までで（Ｃ）秒タイムを縮めた。	・（Ｅ）によるケガのため、陸上で（Ｄ）は目指せない。
良太	・陸上部での「僕」の仲間。 ・（Ｄ）を期待された存在。 ・膝を痛める。	・膝が完治する見込み。 ・高校での記録（Ｆ）が待たれる。

【指定】Ａ　ぬき出し二字　Ｂ　ぬき出し三字
Ｃ　本文から読み取って漢数字で書く
Ｄ　ぬき出し七字　Ｅ　ぬき出し二字
Ｆ　ぬき出し二字

問二　①「九分間、真剣に挑むのは、しんどいよ」とありますが、「僕」はなぜ「しんどいよ」と言っているのですか。適当なものを次のア～エから一つ選び、記号で答えなさい。

ア　九分間という長さを、記録を目指して走り続けることは、ただ体力的にとても苦しいことを知っているから。

イ　九分間という時間は、陸上に打ちこみながら果たせなくなってしまったかつての事情を思い起こさせるから。

ウ　九分間という壁《かべ》を超《こ》えるために、日々のトレーニングに必死になって励んだ時のつらさを思い出したから。

エ　九分間という大きな目標に向かって努力を続けた経験から、その時間の感覚を身をもってわかっているから。

問三　②「愛の告白」とありますが、それにあたる一文を探し、ぬき出して書きなさい。

問四　③「三〇〇〇メートル走の九分がドラマ作りにどう役に立つのか」とありますが、「正也」は圭祐の「九分」をどのような時間とみていますか。二十一字でぬき出し初めと終わりの三字を書きなさい。

問五　④ にあてはまることばとして適当なものを次のア～カから一つ選び、記号で答えなさい。

ア　序破、急　　イ　序、破急　　ウ　序破、転結
エ　起、承、転結　　オ　起承、転結　　カ　起、承転、結

問六　⑤「かいかぶりすぎ」とありますが、「かいかぶる」ということばの使い方として誤っているものを次のア～エから一つ選び、記号で答えなさい。

ア　弟はかいかぶられると、プレッシャーを感じて失敗してしまう。
イ　優秀《ゆうしゅう》な発表を見て、私はこれまで以上に彼女をかいかぶっている。
ウ　そんなふうに自分のことをかいかぶっていると、いつか痛い目にあうぞ。
エ　私の剣道の腕前《うでまえ》について、あなたはなんとかいかぶっていたのか。

問七　この作品を通して、「正也」はどのような人物であることが読み取れますか。適当なものを次のア～エから一つ選び、記号で答えなさい。

ア　興味のあるドラマの制作のために意欲を見せつつ、相手の特長を知りそれを尊重することができる前向きな人物。
イ　ドラマ作りのためには手段を選ばない一方で、相手の過去を知ってそれを配慮《はいりょ》することができる、思いやりある人物。
ウ　相手の経験を知ってそれを生かす方法を考え、これからのドラマ制作に役立てようとしている効率重視の人物。
エ　ドラマ作りにかける思いが強く、そのために相手を立てようと自らをへりくだらせることのできる、調子のいい人物。

問八　「僕」にとって正也との出会いは何をもたらしましたか。「九分」の意義にふれて説明しなさい。【記述問題】

市川中学校（第一回）

―50分―

【注意事項《じこう》】解答の際には、句読点や記号は1字と数えること。

一　次の【文章Ⅰ】は、佐藤喜和《さとうよしかず》「となりのヒグマ――アーバン・ベア問題とはなにか」の全文である。これを読んで、後の問いに答えなさい。なお、出題に際して、本文には省略および一部表記を変えたところがある。

【文章Ⅰ】

人口一九五万人が暮らす札幌《さっぽろ》市の市街地中心部にヒグマが出没《しゅつぼつ》し四名に重軽傷を負わせた、という1衝撃《しょうげき》的なニュースが全国を駆《か》け巡《めぐ》ったのは二〇二一年六月一八日のことだった。大型ショッピングモールの中をのぞきこみ、住宅街を駆け抜《ぬ》け、そして人に襲《おそ》いかかるヒグマが、テレビカメラや、市民の撮影《さつえい》した動画を通じて拡散された。このヒグマが住宅街を抜けて丘珠《おかだま》空港の北東に広がる郊外《こうがい》農地の緑地に入り込《こ》んだところで駆除《くじょ》されたのは、最初の人身被害《ひがい》が発生してから約六時間後のこと、もっとも市街地中心部に接近した地点は札幌駅まで直線で約三キロメートルしかなかった。

…〈中略〉…

アーバン・ベアとは、市街地周辺に生息し、その行動圏《けん》の一部に市街地が含《ふく》まれる、または含まれる可能性のあるクマのことを指す。クマ類はその生存に広い行動圏を必要とするため、※アーバン・フォックスや一部のアーバン・ディアのように、その※生活史全体を市街地の中で完結することはないが、一時的であれ市街地に出没しただけで、市民の安心安全な生活を脅《おびや》かす問題となる。北海道では近年、札幌市だけでなく、旭《あさひ》川《かわ》市や帯広《おびひろ》市などの地方都市においても市街地中心部にまでヒグマが出没する事例が発生するようになった。本州においても、長野市や金沢《かなざわ》市の中心部にまでツキノワグマが出没する事例が発生しており、アーバン・ベア問題は北海道だけの問題にとどまらない。

札幌市の南西部に広がる広大な森林は今やそのどこにでもヒグマが※恒《こう》常《じょう》的に生息している。隣接《りんせつ》する郊外の農地や果樹園では毎年のようにヒグマが出没し、森林に接した住宅街でもヒグマの目撃《もくげき》がめずらしいことではなくなった。しかし冒頭《ぼうとう》に紹介《しょうかい》したこの個体は、まだ成獣《せいじゅう》になりきらない四歳《さい》の若いオスで、南西部の森からは遠く離《はな》れた北東部の石狩《いしかり》川河口に近い※河畔林《かはんりん》で最初に目撃された。隣接地域の痕跡《こんせき》発見状況《じょうきょう》から、石狩川を越《こ》えて北から侵入《しんにゅう》し、その後二〇日間ほど石狩川の治水事業でできた三日月湖である茨戸《ばらと》川の周辺緑地に滞在《たいざい》して、草本《そうほん》類のほか、フナなどの川魚を食べて過ごしていたと考えられている。これまでヒグマの目撃情報さえなかった場所であったが、なんらかの理由でヒグマがたどり着いてみれば、人目にもつかずにひっそりと、人由来ではなく自然のものを食べて長期滞在できる豊かな場所となっていたわけである。

また、その後このクマが市街地の中にまで侵入してしまうきっかけになにがあったのかは不明だが、その経路として、茨戸川につながる伏籠《ふしこ》川とその周辺の水路を辿《たど》ったと考えられた。これらの石狩川河口付近や茨戸川周辺、伏籠川など河川《かせん》沿いの緑地は、都市緑化の一環《いっかん》として「札幌市みどりの基本計画」において環状グリーンベルト、水を中心としたみどりのネットワーク※（コリドー）として「持続可能なグリーンシティさっぽろ」の実現に向け緑化や保全が進められている場所にあたる。

　同じく六月から旭川市の中心部の河畔林（旭川駅に接する忠別《ちゅうべつ》川、美《び》瑛《えい》川、および石狩川）にヒグマが一ケ月《いっかげつ》以上滞在し、人身被害こそ発生しなかったものの、歩行者が近距離《きんきょり》で目撃するなど不安な状況が続いたことも記憶《きおく》に新しい。ヒグマが滞在していた場所は恒常的な生息地からは少なくとも一〇キロメートル以上離れているが、河川沿いに発達した河畔林を伝って移動してきたと考えられる。こうした河畔林は、河川管理の分野で進められる多自然型の川づくり、河川を通じた生態系ネットワークの復元のために重要な場所と認識されている。

　クマ側の視点に立って2人の生活圏に出没する動機を考えると、まず多いのは従来の農村部への出没のように、郊外の緑の多い住宅地で山際《やまぎわ》に残る農地や果樹園、大規模な市民農園、家庭菜園などで栽培《さいばい》される野菜や果実を食べるため、晩夏（八月～九月）に出没して食害する場合、また※誘因《ゆういん》がないように見える住宅街に接した緑地や公園への出没では、サクラ類やオニグルミなどの樹木がつける木の実を食べるために出没する場合がある。しかし、市街地の内部にまで侵入するような事例は、例外はあるものの、多くは初夏の繁殖《はんしょく》期に発生しており、なにか食べ物を求めて出没するのではなく、ましてや人を襲うために出没するのでもない。親から独立した若いオスが出生地から離れて分散していく過程で、またはクマ社会の個体間関係から、新たな生息場所を求めて移動する途中《とちゅう》に、森林から市街地へと伸《の》びる河畔林などの緑地に入り込んでしまい、緑地の切れ目から横にそれたら突然《とつぜん》街中に現れてしまうというような事例が多い。市街地中心部に入りたいと思っているクマがいるのではなく、たまたま迷い込むと、人に気づかれないまま市街地中心部にまでたどり着いてしまうような河畔林や緑地が存在することに原因があるように思える。そしてそれはクマの恒常的生息地である大きな森林から街中まで河畔林や緑地のネットワークでつなぐことを目指した街づくり計画、河川管理計画により創出、保全、再生されている。その意味で、アーバン・ベア問題は、出没地域の住民にとっても深刻な問題であるが、出没するクマにとっても、意図せずに市街地中心部に出没してしまうという点で問題である。それは、緑豊かで生きもののにぎわいある街づくりという、3社会的に正義とされる施策《しさく》が進展した結果もたらされた負の側面ともいえるのではないか。

　これまで、クマによる※軋轢《あつれき》の代表であった山林内の人身被害や農作物の食害に関しては、クマが恒常的に暮らす森に立ち入る人、誘因となる農作物をつくる人の問題であり、十分な知識と対策、※未然防除なくして根本的な解決はないとしながらも、被害は入林者や農業者に限定された問題であり、※対症療法《たいしょうりょうほう》としての※有害駆除依存《いぞん》で被害意識が低減するのであれば、クマの地域個体群に絶滅《ぜつめつ》のおそれがない限りその対策を許容してきたという側面がある。しかし、4アーバン・ベア問題はこれとはまったく異なる。ある日突然街中に現れるクマに対し、街の中でクマとの接点なく日常を暮らす人の安全をどう守るか、という従来の鳥獣害対策の認識では対処しきれない問題に大きく変化した。しかもその問題は、たんにクマの生息数増加や分布拡大だけによるのではなく、都市計画や河川管理計画の中で進められてきた自然保護を根底とした街づくりの結果としてもたらされている。一度起こるとリスクが高いが、いつ発生するか予測はむずかしく、その発生頻度《ひんど》は今のところ低いという点からも、アーバン・ベア問題は従来の鳥獣害より、地震《じしん》や津波《つなみ》や台風、大雨などの自然災害に近い。国や地域をあげての防災としての取り組みが求められている。

　現在、クマ類をはじめとする野生鳥獣の問題は、行政の鳥獣担当者が対応している。森の中のヒグマをモニタリングし、出没や被害の発生状況を調べ、問題個体をつくらないように、また侵入を防ぐように未然防除、被害発生時に緊急《きんきゅう》対応するのは、そして人身事故を減らし食害を減らすために※普及啓発《ふきゅうけいはつ》するのは鳥獣担当部署の仕事だろう。しかし、従来の対症療法としての駆除を一つとってみても、市街地の中では確実に実行できる体制さえ確保されていないのに、未然防除として、市街地の内部にクマが出没しにくい街づくりを都市計画に含め、都市住民の安全な暮らし確保に備えるのは、鳥獣担当者の仕事としては重すぎる。同時に、都市における緑のネットワークや河川を通じた生態系ネットワークの復元は、生物多様性保全だけでなく、地域の魅力《みりょく》や活力、日常生活の豊かさにもつながる。さらにその豊かな自然環境が国内外の観光客から見ても魅力的な街であることも求められている。クマの市街地侵入は、つねに専門家や行政担当者の想像を超《こ》えたところで発生し続けているし、その頻度は、今のままでは増加することはあっても減ることはないのは確かだ。5まれな災害への備えと、日常生活の豊かさを両立するためにどのような選択《せんたく》が必要なのか、防災の取り組みを参考に、鳥獣や農林の部局だけでなく、都市計画や教育、観光など多様な部局横断で議論を始めるときがきたのではないだろうか。

　日本の自然災害の予測レベルは高く、発生時の対応も進んでいる。それは、まれではあるが、いつか確実に起こる自然災害の特性とそれに備える重要性を広く国民が理解し、その発生を予測すべく日常から精度の高い観測に予算と人員を割《さ》いているからだ。新型コロナウイルス対策にしても、医療従事者による緊急対応体制の確保だけでなく、感染者数の推移や感染経路、新たな変異株の出現がつねにモニタリングされているからこそ、大規模な感染爆発《ばくはつ》を抑《おさ》えることができる。

　翻《ひるがえ》って鳥獣害対策を見れば、クマに限らず、シカ、イノシシ、サル、いずれも発生頻度は右肩《みぎかた》上がり、発生地点も農村部から大都市の中心部にまで拡大中である。日常的な観測、変化の発見、予防対策、発生時の緊急対策、いずれをとっても予算と人員が必要である。環境省自然環境局長からの審議《しんぎ》依頼《いらい》を受けた日本学術会議6人口縮小社会における野生動物管理のあり方の検討に関する委員会の答申《とうしん》の中でも、高度専門職人材の配置が提言された。国、都道府県、市町村、さらに小さな地域単位で、防災と同様の組織づくりと、専門性の高い人材の配置がなければ、今後も発生し続ける市街地侵入に対し、なす術《すべ》のないまま、都市住民が危険にさらされていくだろう。次いつ起こるかわからないアーバン・ベア対策に、予算を割き、部局横断の組織づくりと専門人材配置を進めなければいけない時期にきている。

【佐藤喜和「となりのヒグマ　アーバン・ベア問題とはなにか」
（『UP　2022-1』〈東京大学出版会〉所収）】

※アーバン・フォックスや一部のアーバン・ディア…フォックスはキツネ、ディアはシカのこと。

※生活史…ある動物の一生。

※恒常的に…つねに。

※河畔林…川の周辺の森林。

※コリドー…通り道。

※誘因…ものごとが生じる原因。
※軋轢…仲が悪くなること。
※未然防除…事前に問題の原因を取りのぞくこと。
※対症療法…根本的な原因を解決せずに、生じている問題点だけを解消すること。
※有害駆除…人間にとって有害と判断された動物を駆除すること。
※普及啓発…人びとに専門的な知識を広めること。

問1　――線1「衝撃的なニュース」とあるが、このニュースで筆者が注目している点は何か。その説明として最も適当なものを次の中から選び、記号で答えなさい。

ア　札幌市中心部にクマが出没することは最近では多く発生しているが、負傷者が複数名も出てしまったということはまれであるという点。
イ　札幌市中心部にクマが出没し負傷者が出ただけでなく、その様子が市民の撮影した動画により人々の間で広く拡散されたという点。
ウ　北海道の地方都市や本州の各都市でクマが出没することはめずらしくはないが、札幌市でのクマの出没は今回が初めてだったという点。
エ　札幌市中心部にクマが出没し負傷者が出ただけでなく、クマが生息している森から遠く離れた市の北東部から侵入したという点。
オ　札幌市中心部にクマが出没することは最近では多く発生しているが、今回のような若いクマが出没することはめったにないという点。

問2　――線2「人の生活圏に出没する」とあるが、ヒグマが人の生活圏に出没する理由はどのようなものか。その説明として最も適当なものを次の中から選び、記号で答えなさい。

ア　住宅地の近くで栽培されている農作物を食べるためというものと、住宅街近くの緑地や公園に植えられている樹木がつける木の実を食べるためというもの。
イ　人間の住む場所の近くにある食べ物を得るためというものと、新たな生息場所を求めて移動するうちに緑地に隣接した市街地周辺にまで達してしまうためというもの。
ウ　人間の住む場所に存在する人間の食べ物を好むためというものと、森林よりも生態系が多様である市街地周辺の緑地を生息場所として好むためというもの。
エ　住宅地近くの緑地や公園の樹木がつける木の実を手に入れるためというものと、市街地の中心部に豊富に存在する人間の食べ物を得るためというもの。
オ　人間の住む場所の近くに存在する豊富な食べ物を得るためというものと、新たな生息場所として市街地周辺の緑地を選ばざるをえないためというもの。

問3　――線3「社会的に正義とされる施策」とあるが、それはどのようなものか。その説明として最も適当なものを次の中から選び、記号で答えなさい。

ア　都市開発や河川管理を進めるにあたって、都市と生きものの多い森を緑地でつなぐことで、市街地中心部でも動物にふれることができるように計画するという、多くの人びとが進めるべきだと思っている施策。
イ　都市開発や河川管理を進めるにあたって、市街地周辺の緑地を回復することで、生活の便利さよりも自然環境の豊かさを優先するように計画するという、多くの人びとが理想的だと思っている施策。

ウ　都市開発や河川管理を進めるにあたって、市街地中心部に緑地を整備することで、市街地の利便性と生物多様性に満ちた自然を両立するように計画するという、多くの人びとが適切だと思っている施策。

エ　都市開発や河川管理を進めるにあたって、市街地周辺に生きものの多い緑地を増やすことで、市街地に活気を取りもどすように計画するという、多くの人びとが必要だと思っている施策。

オ　都市開発や河川管理を進めるにあたって、都市と生きもののすむ森を緑地で結ぶことで、自然が多く多様な生態系を持つ環境となるように計画するという、多くの人びとが正しいと思っている施策。

問4　――線4「アーバン・ベア問題はこれとはまったく異なる」とあるが、従来のヒグマ問題とアーバン・ベア問題のちがいはどのようなものか。その説明として最も適当なものを次の中から選び、記号で答えなさい。

ア　従来のヒグマ問題はヒグマに慣れている山林や農村で活動する人たちに限定され、人身被害は起きにくいため、未然防除は必ずしも必要ではなかったのに対し、アーバン・ベア問題はヒグマに慣れていない都市生活者が対象となり、人身被害の危険性が高いため、未然防除が必要になるというちがい。

イ　従来のヒグマ問題はヒグマが多く生息する山林と農村で起きるため、現地の職員も専門的な対応に慣れており、対症療法的な手段を用いることができたのに対し、アーバン・ベア問題はめったにヒグマが出ない市街地で起きるため、職員が対応に慣れておらず、対症療法的な手段を用いるのが難しいというちがい。

ウ　従来のヒグマ問題は山林と農村に集中しており、ヒグマを引き寄せる農作物の対策に限定できるため、未然防除がしやすかったのに対し、アーバン・ベア問題はヒグマを引き寄せる原因となるものがない市街地で発生するため、未然防除に限らない対症療法的な解決が必要であるというちがい。

エ　従来のヒグマ問題は出現がある程度予想される山林と農村で発生し、被害を受ける人もその場所に関わる人に限られるため、対症療法的な対応をしてきたのに対し、アーバン・ベア問題は予測不可能な市街地で発生し、だれが被害を受けてもおかしくないため、対症療法的な対応だけでは解決できないというちがい。

オ　従来のヒグマ問題は人口の少ない山林と農村に限定され、生じる被害も大きくないため、未然防除がしやすかったのに対し、アーバン・ベア問題は大都市にヒグマが出現するものであり、自然災害のような大きな被害をもたらすものであるため、未然防除では対処しきれなくなったというちがい。

問5　――線5「まれな災害への備えと、日常生活の豊かさを両立する」とあるが、それはどういうことか。「両立する」ために必要となることを明らかにしながら、70字以内で説明しなさい。

問6　――線6「人口縮小社会における野生動物管理のあり方」とあるが、【文章Ⅰ】を読んだ市川さんは、「人口縮小社会」と「野生動物管理」がなぜ関連するのかということに疑問を持ち、図書館で次の【文章Ⅱ】と【図】を見つけた。市川さんは【文章Ⅱ】と【図】から、人口減少とアーバン・ベア問題の関係性に気がつき、それを文章にまとめた。市川さんのまとめとして最も適当なものを後のア～オの中から選び、記号で答えなさい。

【文章Ⅱ】

農村部では、都市に先行して人口減少、高齢《こうれい》化が進行し、人の勢いは今後必然的に衰《おとろ》えていく。農業や林業従事者、狩猟《しゅりょう》者も減少・高齢化していく。手入れされない森林、耕作されない農地が増え、山菜やキノコ採り、釣《つ》りや狩猟などを目的に森のなかで活動する人の数も減少していくだろう。農業経営はさらに大規模機械化・自動化が進み、農地ではますます人を見かけなくなっていくだろう。その結果、ヒグマは今よりさらに容易に農地に接近できるようになり、畑作地帯にあるビートやスイートコーンや小麦などはますますヒグマに利用されるようになっていくだろう。

（佐藤喜和『アーバン・ベア　となりのヒグマと向き合う』〈東京大学出版会〉）

【図】札幌市ヒグマ対策委員会事務局編『子ども版さっぽろヒグマ基本計画』

ア　市街地周辺ゾーンである農村部の高齢化と人口減少により、放置された農地の森林化が進むと、クマの生息地である森林ゾーンと人間が多く住む市街地ゾーンが直接つながることになり、クマが市街地ゾーンに入りこめるようになる。

イ　森林ゾーンと市街地ゾーンの間に位置する市街地周辺ゾーンである農村部は、市街地ゾーンに侵入しようとするクマを事前に駆除するための重要な場所であるが、狩猟者の高齢化や減少が進むと、駆除できるクマの数が減ってしまう。

ウ　市街地周辺ゾーンである農村部で人間の活動があると、森林ゾーンから市街地ゾーンへのクマの移動をおさえることができるが、農村部の高齢化と人口減少が進み人間の活動が減ると、クマが市街地ゾーンへ入りこみやすくなる。

エ　市街地周辺ゾーンである農村部の農地の作物が豊富だと、クマは市街地ゾーンまで出ようとはしないが、農村部の高齢化と人口減少により耕作されない農地が増えて作物が減ると、クマが食べ物を求めて市街地ゾーンへ出てくるようになる。

オ　市街地周辺ゾーンである農村部の高齢化と人口減少が進み、さらに農業の機械化や自動化により人が減ると、クマは人目につくことなく農村部に侵入できるようになり、市街地周辺ゾーンの農作物の被害が増えていくことになる。

二　次の【文章Ⅰ】・【文章Ⅱ】は、いずれも大島真寿美《おおしまますみ》「うまれたての星」の一部である。１９６０年代末、人類史上初の有人月面着陸を試みるアポロ11号に世界中の人々が注目していた。そんななか辰巳牧子《たつみまきこ》は、少女漫画《まんが》を作っている出版社《しゅっぱんしゃ》の編集部に、編集の仕事とは直接関係のない経理補助として配属されたばかりである。これを読んで、後の問いに答えなさい。なお、出題に際して、本文には省略および一部表記を変えたところがある。

【文章Ⅰ】　牧子はアポロ11号の月面着陸をテレビで見るために訪《おとず》れた定食屋で、漫画編集の中心となって忙《いそが》しく働く西口克子《にしぐちかつこ》に偶然《ぐうぜん》出会った。

「ねえ、誰《だれ》か、さがしてるの？　待ち合わせ？」

きかれて、うっかり口が滑《すべ》ってしまった。

「アポロを」

西口克子が、はあ？　と聞き返す。

「あ、いや。ちがった。テレビ。テレビを、さがしてました」

「テレビ？　テレビは、このお店にはないけど？」

「え。そうなんですか」

いかにもありそうな外観なのに、と牧子はがっかりする。するとまた克子が笑う。

「お。がっかりしてる！　いかにもがっかりしてる！　あなた、わかりやすいわねえ。いちいち漫画みたいに動くのね。辰巳さん、漫画好きでしょう」

1うーん、と牧子は考える。

どうなんだろう？

牧子はまだそんなに漫画を知らない。この部署へ配属されて、少女漫画の面白《おもしろ》さに目覚めたところではあるけれど、はたして、そんな程度で大きな顔して、好きです、なんていっていいものだろうか。いや、好きは好きだけど、それも、もしかしたらものすごーく好きなんじゃないかという気はしてきているけれど、こんな大先輩《だいせんぱい》を前に好きっていったら、いろいろきかれて、そんなに知らないことがばれちゃって恥《は》ずかしい思いをするかもしれない。うーん、どう答えるべきか、と考え込《こ》んでいたら、おすわんなさいよ、と向かい側の椅子《いす》をすすめられた。いいから早くおすわんなさいよ、どうせ相席になるんだから、あなたがすわってくれたほうがいいの、ほら、すわってすわって、おばちゃーん、ここ日替《ひが》わり定食もう一つ追加ね、と注文までしてくれた。

「即答《そくとう》できないってことは、辰巳さん、もしかして漫画、好きじゃないの？」

と克子がまたきいた。「いいから、正直にいっちゃいなさいよ」

「えっ、いや、ちがいますちがいます、好きです好きです。好きなんですけど、んー、でも、ええと、じつはわたし、まだ、あんまり知らなくて」

「え、なにを？　漫画を？」

「わたし、小さい頃《ころ》から本はふつうに読んでたんですけど、漫画はほとんど読んでこなくて。あと、弟がいるんで、少年漫画はたまーに読んでましたけど、少女漫画はお友達《ともだち》の家とかで、ほんとに少し読んだくらいで。それもけっこう小さい頃で。漫画は学校の図書室にもなかったし。だから《別冊デイジー》も《週刊デイジー》も知らなくて。名前はなんとなくきいたことがあったけど読んだことはなくて。ここで働くようになってはじめて読んだんです」

「あらー。で、どうだった」

「とてもおもしろいです。おもしろくて、おもしろすぎて、びっくりしました」

「お。うれしいこといってくれるじゃないの」

2 お世辞でもなんでもなく、牧子は本当にびっくりしたのだった。子供《こども》の頃、牧子が読んでいた少女漫画は、もっとずっと素朴《そぼく》で幼い感じがしていたし、ほのぼのとした地味なものが多かったように記憶《きおく》しているが、《別冊デイジー》や《週刊デイジー》に載《の》っている漫画は、現代的でおしゃれで、子供向きといえば子供向きだけど、絵も華《はな》やかだし、カラーページはきれいだし、お話も起伏《きふく》に富んでいておもしろく、すっかり夢中になってしまったのだった。子供向けどころか、牧子くらいの年齢《ねんれい》で読んでもじゅうぶんに楽しめる。というか、牧子の嗜好《しこう》にぴったり合っている。

いったい、いつの間に少女漫画はこんなふうになっていたんだろう？　くわしいことはわからないけれど、ここにはあたしをわくわくさせるものがある気がする、と牧子は思ったのだった。

【文章Ⅱ】　結局牧子はアポロ11号の月面着陸を見られなかった。母と弟の慎也《しんや》と三人で住む家に牧子が帰ると、叔母《おば》の和子《かずこ》と和子の娘《むすめ》である千秋《ちあき》が家を訪れており、一緒《いっしょ》にニュースで着陸場面を見ることになった。アポロを見せようと和子がいくら呼んでも、千秋は返事をしない。

さすがにアポロも月もじゅうぶんに見た気がして、牧子は立ち上がると、テレビを消した。居間から出ていくついでに襖《ふすま》をあけて隣室《りんしつ》を覗《のぞ》いたら、千秋が畳《たたみ》に寝《ね》そべってなにか読んでいた。

「なによんでんの」

　なんとなくきいてみた。

　こたえはない。

　きこえなかったのかと思って、

「千秋、なによんでんの」

　もう一度きいた。

　んー、と千秋が雑誌をちょっと上に持ち上げる。

　ちらりと表紙が見えた。

　大きな貝を持った、外国人の女の子。

「え、別デ？」

　あれは、夏休みおたのしみ号と銘《めい》打たれた最新号――八月号――だ。

「千秋、それって、別冊デイジーじゃない」

「んー」

　とA生返事がかえってくる。

「あんた、そんなの、読めるの？」

　千秋は四月に小学校へ上がったばかりの一年生。

　別冊デイジーの読者としては小さすぎる気がするが、そんなことないのだろうか。

「よめるー」

　と千秋がこたえる。

「へー、読めるんだ。……ねえ、それって、わたしの別デでしょ。わたしの部屋にあったやつでしょ」

「そうー」


　こたえつつも、千秋の目は別デからまったく離《はな》れない。小学一年生ながら千秋はたしかに別デが読めているようだった。それどころか夢中になって読んでいるようにも思われる。子供ならではの集中力で、いや、おそらく牧子なんかより遥《はる》かに集中して、千秋は別デに没頭《ぼっとう》している。

　aすいっとページをめくる。

　ときおり、ぱたんぱたんと足が不規則に動く。頭が少し傾《かたむ》いたり、また元に戻《もど》ったりする。

　そのすべてが千秋の心のうちを表しているようで、やけに楽しげにみえた。

　牧子は、ほー、と声を出してしまった。

　こんな小さな子供でも、別デの面白さがわかるんだ。

　それにしても、この雑誌をよくぞ見つけたものではないか、と牧子は感心する。

　別デは牧子の部屋の机に置いてはあったものの、他の本が上に無造作に重ねてあって、ちょっとみたくらいではわからないようになっていた、はずなのだ。

　いくら自分の働いている職場で作っているとはいえ、少女漫画をひそかに楽しむようになっているなんて、誰にも知られたくなかったし、漫画に時間を費《つい》やすなんて、あまり褒《ほ》められたものではない気がしたし、それになにより家族に職場のことを詮索《せんさく》されたくないという気持ちが強くて、だから、隠《かく》すというほどではないにせよ、なるべく目立《めだ》たないようにしていたのだが、まさか千秋にb嗅《か》ぎつけられるとは思わなかった。

　牧子は家で職場の話は滅多《めった》にしない。

なにかたずねられても、当たり障《さわ》りのないことしかいわない。

うまくやってるよ、楽しいよ、そんなふうに自分のことだけ強調して、てきとうにはぐらかしている。

出版社で働いているといったって、所詮《しょせん》、牧子は経理補助。仕事の内容について、くわしいことはなにもわからないし、それを認めるのも嫌《いや》だったし、かといって、知ったかぶりして、その挙句《あげく》、こたえに詰《つ》まって、みじめな気持ちになりたくなかった。

わたしは女中、わたしはお手伝いさん。

話せば話すだけ、その正体があからさまになってしまうのだから、3なるべく家では仕事の話をしたくなかったし、ましてや少女漫画の話など決してするものか、と思っていた。

それなのに。

牧子は、今、ふつふつと誇《ほこ》らしいような気持ちになっている。

その感情に抗《あらが》えなくなっている。

あれは別冊デイジー。

千秋があんなにも夢中になって読んでいるのは、わたしの職場で作っている雑誌。

c「ねえ、おもしろい？」

千秋にきいた。

「ねえ、千秋、それおもしろい？」

自分が作ったわけでもないのに、まるで自分が作ったかのような錯覚《さっかく》すら起きはじめている。

「ねえ、どうなのよ、千秋。それ、おもしろいの？」

千秋の姿をみればきかなくたってこたえはわかっている。それでも牧子はきかずにいられなかった。


「んー、おもしろいよー」

千秋の声がする。

うれしい。

なんともいえない喜ばしさが牧子の内から湧《わ》き上がってくる。

「ねえ、千秋、それさ、その別デさ、わたしが働いている会社で作ってるんだよ！」

ついにいってしまった。

千秋が牧子をみる。そして、また別デに目を落とす。そうしてまたすぐに牧子をみる。

「そうそう、それ、その本。わたしの会社で作ってんの。その別デはね、買ったんじゃないの。編集長さんからいただいたの！　わかる？　編集長さんっていうのはね、その雑誌を作っているところにいる、いちばん偉《えら》い人」

「へえ」

うすい反応、かと思ったが千秋がいきなり、ひょいと起き上がった。別デを膝《ひざ》に置き、牧子と別デを交互《こうご》にみる。

牧子がうなずくと、千秋もうなずいた。

「そうなんだ」

ひとことそういうと、じっと表紙をみつめ、しかしまたすぐに読みかけのページをさがして開く。わかっているのかいないのか、それ以上、なにもいわず、なにもきかず、dあっさりまた別デの世界に戻っていってしまった。

蛍光灯《けいこうとう》の笠《かさ》の真下で俯《うつむ》いて読んでいるから、手暗がりになって読みにくかろうと思うが、千秋はまったく気にしていない。目が悪くなるよ、と注意すべきかどうか。

迷いつつ、黙《だま》ったまま、牧子は心の中でつぶやいた。

うー、わかるよ、千秋、それ、読みだすと、止まんないんだよね。暗くたって、読めちゃうよね。読んじゃうよね。わたしも昨日、そうだったもの。もう寝なくちゃ、と思いながら、寝床《ねどこ》で読みつづけちゃったんだもの。

千秋とは十歳《さい》以上、年齢の開きがあるのに、なぜだか別デのことならすんなりわかりあえる気がしてしまう。

千秋ー、もう帰るわよー、と台所《だいどころ》から和子の声がした。

はーい、と千秋の代わりに牧子がこたえる。

千秋は顔をあげ、

「牧子ちゃん、これ、貸して」

といった。

「いいけど、持って帰って漫画なんか読んでると、お母さんに叱《しか》られるんじゃない?」

千秋が首を傾《かし》げる。

「じゃ、明日、ここで読むー」

と差し出してくる。

かがんで受け取りながら、

「明日も来るんだ」

ときくと、

「来るよ、だって夏休みだもん」

高らかに千秋がこたえた。

「あ、そうか、千秋は夏休みか。いいなー、夏休み。いいなー、子供はー」

千秋がぴょんと立ち上がる。

「慎ちゃんが、明日プールに連れてってくれるんだって」

「慎也がプール」

「泳ぐの教えてくれるんだって」

おいおい、あいつはそんなに暇《ひま》なのか、大学へ行くつもりなら高二の夏休みは大事なはずだが? と思うがどうなんだろう。

「牧子ちゃんも一緒にいこうよ」

「え、だめだよ、わたしは明日、仕事だもん」

「えー夏休みないのー」

「ないよー、ないない。あたしはもう学校を卒業したんだからさ。立派《りっぱ》な社会人なんだからさ。えへん」

e牧子が手にした別デをなでる。

「えへん」

千秋が真似《まね》る。「えへん、えへん」

「えへん、えへん。大人はね、プールなんていってらんないの。明日も仕事するんだかんね。えへん」

そういいながら、別デを千秋の目の前に掲《かか》げる。

わたしが明日行くのはこれを作っているところ。

そうか。

わたしはそういうところで働いていたんだ。

そうか。

そうだったんだ。

わたしは明日またそこへ行くんだ。

牧子は、それを楽しみにしている自分に気づいて驚《おどろ》いていた。わたしはプールへ行けなくてもぜんぜん残念に思っていない。それどころか仕事に行きたいと思っている！

いやー、なんかすごいや。

牧子は目をぱちくりさせ、ぶるっと頭を振《ふ》った。

ひょっとしたら、働きだしてから今までいちばんやる気がみなぎっているような気が……しないでもない。

つまりあれかな、４わたしは、アポロに乗って月に行くわけではないけれども、ヒューストンでそれを支える仕事をしている人たちみたいな仕事をしてるってことなんじゃないのかな、なんて調子いいことを思ってみたりして、ちょっとばかりにやついている。

千秋が、B怪訝《けげん》な顔で牧子をみる。

牧子はちょっとわざとらしいくらい、まじめな顔を作ってから、

「千秋、これ、わたしの部屋に置いとくからさ、明日、こっそり読みな。でも、ちゃんと宿題もするんだぞ」

とささやく。

千秋がにやつきながら、うなずいた。

（大島真寿美「うまれたての星」（『小説すばる　２０２２年』〈集英社〉所収））

【文章Ⅰ】・【文章Ⅱ】

問１　〰〰線A・Bの本文中の意味として最も適当なものを次の中から選び、記号で答えなさい。

A　生返事

ア　自然な返事　　イ　馬鹿《ばか》にした返事　　ウ　冷たい返事

エ　うちとけた返事　　オ　いい加減な返事

B　怪訝な

ア　信用できないというような　　イ　迷っているような

ウ　恐《おそ》れているような　　エ　気味悪がっているような

オ　わけがわからないというような

問２　――線１「うーん、と牧子は考える」とあるが、克子の「漫画好きでしょう」という問いかけに牧子がすぐに答えられなかったのはなぜか。その理由を60字以内で説明しなさい。

問３　――線２「お世辞でもなんでもなく、牧子は本当にびっくりしたのだった」とあるが、なぜ牧子は「びっくりした」のか。その説明として最も適当なものを次の中から選び、記号で答えなさい。

ア　牧子が幼い頃に読んだ少女漫画は子供じみた恥ずかしいものだという印象だったが、《別冊デイジー》や《週刊デイジー》の漫画は大人も気に入るような洗練された内容であり、牧子も夢中になってしまったから。

イ　牧子が幼い頃に読んだ少女漫画は子供向けで飾《かざ》りけのないものだったが、《別冊デイジー》や《週刊デイジー》の漫画は大人でも楽しめる色彩《しきさい》豊かなものであり、牧子も夢中になってしまったから。

ウ　牧子が子供の頃に読んだ少女漫画の内容は単純でつまらないものだったが、《別冊デイジー》や《週刊デイジー》の漫画は大人も興味を持つような複雑な内容であり、牧子も夢中になってしまったから。

エ　牧子は子供の頃に読んだ少女漫画を幼稚《ようち》で地味だったと記憶していたが、《別冊デイジー》や《週刊デイジー》の漫画は大人向けに

描かれた華やかなものであり、牧子も夢中になってしまったから。

オ　牧子が子供の頃と変わらず少女漫画は素朴で幼いものだが、《別冊デイジー》や《週刊デイジー》の漫画はその素朴さに懐かしさが感じられて大人でも楽しめる内容であり、牧子も夢中になってしまったから。

問4　――線3「なるべく家では仕事の話をしたくなかったし、まして や少女漫画の話など決してするものか、と思っていた」とあるが、牧子がこのように考えるのはなぜか。その理由を90字以内で説明しなさい。

問5　次のア～オは、――線4「わたしは、アポロに乗って月に行くわけではないけれども、ヒューストンでそれを支える仕事をしている人たちみたいな仕事をしてる」について生徒たちが話し合っている場面である。本文の内容に基づいた発言として**適当でないもの**をア～オの中から**すべて**選び、記号で答えなさい。

ア　生徒A　ぼくはヒューストンを訪れたことがあるよ。そこにはアメリカ航空宇宙局の施設《しせつ》があるんだ。牧子は、編集部で雑用をこなす自分と、月には行かずヒューストンで働いている人を重ねているんだね。どちらも仲間を支える大切な仕事というところが共通していると思う。

イ　生徒B　アポロに乗って月に行く人は、牧子にとっての編集部員ということになるね。直接月に行く宇宙飛行士と同じように、直接漫画と関わっている人たちだもの。

ウ　生徒C　牧子がヒューストンで宇宙飛行士を支える人たちと自分との共通点に気がついたのは、千秋が関係しているような気がするな。千秋と話すことで子供とは違《ちが》って夏休みのない自分は社会で必要とされているんだと自覚したことから、つらくても働くことの大切さに気がついたんだよね。それに、《別冊デイジー》を通じて二人がわかり合えていたことも関わっているんじゃないかな。

エ　生徒D　牧子は、漫画が大好きで夢中になってしまう千秋のような子供の気持ちも、漫画を作るために忙しく働く編集者の大変さもわかるという自分の立場が編集者を支えており、それが自分だけの強みだと理解したんだね。

オ　生徒E　《別冊デイジー》に集中している千秋とのやりとりで、自分の仕事が直接人を喜ばせるものでなかったとしても、多くの人を夢中にさせるものを作る場所に自分が所属しているという自覚が、牧子の仕事に対する見方を変えたということか。

問6　この文章の表現についての説明として**適当でないもの**を次の中から一つ選び、記号で答えなさい。

ア　═══線a「すいっとページをめくる」では、「すいっと」という擬態語《ぎたいご》によって千秋がページをめくる小気味よい様子が表現されている。

イ　═══線b「嗅ぎつけられる」からは、別デをできるだけ家族の目に触れさせたくないと考えている牧子の心情が読み取れる。

ウ　═══線c「ねえ、おもしろい?」とあるが、何度も「おもしろい?」と千秋に問う牧子の様子からは、千秋に直接「おもしろい」と言ってほしいという牧子の心情が読み取れる。

エ　═線d「あっさりまた別デの世界に戻っていってしまった」は、牧子の話に興味があるのに、それを素直に認めることができず、漫画に集中するふりをしている千秋の様子が比喩的《ひゆてき》に表現されている。

オ　═線e「牧子が手にした別デをなでる」は、仕事に対する誇りが牧子に芽生《めば》えはじめたということを象徴的《しょうちょうてき》に表現している。

三　次の各文の──線のカタカナを漢字に直しなさい。

1　浅学《せんがく》ヒサイの身ですが全力をつくします。
2　亡父のイシを継《つ》いで医者になった。
3　経済成長を金科ギョクジョウとしていた時代。
4　亀《かめ》の甲《こう》より年のコウ。
5　全国でも有数のケイショウ地。
6　次の種目は徒キョウソウだ。
7　中流カイキュウの家庭で育った。
8　環境《かんきょう》問題を標題とするコウエンを聞きにいく。

浦和実業学園中学校（第一回午前）

―50分―

【受験上の注意】　字数制限のある問題の場合は、句読点や符号《ふごう》、促音《そくおん》「っ」・拗音《ようおん》「ゃ」「ゅ」「ょ」なども一字分として字数に含《ふく》めます。

一　次の各問いに答えなさい。

問一　――部のカタカナを漢字に直しなさい。

(1)　学校と家をオウフクするだけの日々。
(2)　スポーツクラブの会費をオサめる。
(3)　彼ほどメイロウな少年はいない気がする。
(4)　来週までに病気はゼンカイするだろうか。
(5)　経済はシュウシのバランスが大切らしい。

問二　――部の漢字の読みをひらがなで答えなさい。

(1)　水を注ぐ手がふるえる。
(2)　質問がある人は挙手してください。
(3)　曲がったことのできない性分だ。
(4)　災害に便乗した商法は許せない。
(5)　お茶を飲んで気を和らげる。

問三　□にあてはまる言葉として最も適当なものを後からそれぞれ選び、記号で答えなさい。

(1)　**根も□もないうわさ**は一体どこから出てくるのか分からない。
　ア　花　　イ　実　　ウ　葉　　エ　草
(2)　**手に□を握《にぎ》る**接戦をものにしてわがチームは勝利をおさめた。
　ア　涙《なみだ》　　イ　汗《あせ》　　ウ　水　　エ　雨
(3)　**互《たが》いの腹を**□合った後、本当の信頼《しんらい》関係が生まれる。
　ア　探《さぐ》り　　イ　調《しら》べ　　ウ　計《はか》り　　エ　突《つ》き
(4)　一度失敗したからといって**羹《あつもの》に懲《こ》りて膾《なます》を**□ようでは進歩がない。
　ア　切《き》る　　イ　吐《は》く　　ウ　引《ひ》く　　エ　吹《ふ》く
(5)　受付で**取りつく**□**もなく**追い返されてしまった。
　ア　やま　　イ　しま　　ウ　ひま　　エ　たま

二　次の文章1と文章2をそれぞれ読んで、後の問いに答えなさい。

文章1

【第1段落】　私は人間ですから、人間を特別視しないことはできません。それは当然のことです。しかし生物学を学んできた者として言えば、ヒトを特徴《とくちょう》づける頭脳《ずのう》が優れているということは特別な能力であることは確かですが、それは一つの能力なのであって、ヒトよりも優れたさまざまな能力を持つ動物は無数にいます。A頭脳以外の能力は取るに足らないと、なぜ言えるのでしょうか。

しかし歴史的事実は、その一つの能力が※卓越《たくえつ》していたヒトが、地球の歴史からすればごく最近になって急激に増加して地球の自然を破壊《はかい》してきたということです。そのために絶滅《ぜつめつ》した動植物が無数にいます。その絶滅が20世紀の後半から急激に増えているのです。

私は生き物のつながりを研究してきましたから、ある生き物が減少したり、いなくなったりすることが、思いもかけない結果を生むことを学びました。そして東京に住んでいると、ある日突然《とつぜん》、前日まで空に向かって枝を伸《の》ばしていた立派なケヤキが根元から伐採《ばっさい》されているのを目《ま》の当たりにする場面をたくさん見てきました。

[A]、長く観察してきた玉川上水で樹木が伐採され、その結果、野草が消滅したり、野鳥が激減したりするのも見てきました。それどころか、新しい道路をつけるためとか、大きな建物を作るために林が伐採されることもしばしば目にしてきました。私たちが都市で生きるということは、そこにいた生き物を抹殺《まっさつ》したことにほかなりません。

人は不当に攻撃《こうげき》されれば、相手を非難します。非難するだけでなく敵に対して戦いを挑《いど》みます。しかし樹木は伐《き》られるまま、動物はただ消えていくだけです。それだけに①余計に心が痛みます。植物は痛みを感じないとか、動物は苦痛を感じないと言われます。そうであるかもしれません。しかし生き物のことを学び、そのつながりを調べてきた私には、伐採される木の痛みはわかるし、消えゆく動物の悲しみもわかります。いや、十分にわかったといえないかもしれません。それでも、B動物や植物の声を聞けるようになりたいと思います。

【第2段落】私はこの本を読んだみなさんが、生き物の命の尊さについて共感してくれたと信じます。そして、みなさんがお父さんやお母さんに「ダンゴムシって大事なんだって」とか「メダカがいなくなったらしいけど、守らなくちゃね」と言ったとします。想像されるのは「その気持ちはわかるけど、世の中はそんなもんじゃないんだよ」という大人の反応です。

つまり子供はサンタクロースを信じるように、非現実的なことをいうが、現実にはサンタクロースはいないし、メダカがいなくなっても人間の生活に困ることがあるわけではないというわけです。

それでもみなさんがさらに主張したら「メダカのような小魚と人の命のどっちが大事か、考えればわかるだろう」というような返事が返ってきておしまい、ということもあるでしょう。

しかし②これは二重の意味でまちがっています。一つは、人の命がメダカの命より価値があるのが正しいとは言えないからです。メダカは小さく人が大きいからでしょうか。では、ゾウは人より価値がありますか。人は知能があるからですか。

なぜ知能という、生物が持つ多くの性質の中のただ一つのものが特別の価値があるとされるのでしょう。ヒトは鳥のように空は飛べないし、モグラのようにトンネルを掘《ほ》れないし、イルカのように泳げません。人ができなくてほかの動物ができることは無数にあります。知能だけが価値があるとの根拠《こんきょ》は曖昧《あいまい》で、それは人間がそう考えているだけのことです。

もう一つのまちがいは、メダカだけをとりあげて比較することは適切ではないという意味においてです。メダカがいるということは汚染《おせん》されていない水があり、そこにプランクトンも生きているということですから、メダカがいなくなることはそのことが果たされていないことを意味します。それは人が住む環境《かんきょう》も、あるレベルを超えた汚染段階にあるということです。その意味で、人間中心に考えてもメダカのいないことは危険だということです。

[B]メダカがいる、いないだけでなく、メダカの環境を総合的にとらえれば、メダカがいないことの意味が理解されるのに、問題を「メダカか人か」というレベルにとどめるのは正しくないということです。それでは大切なことを見失ってしまいます。さらに言えば、子供より大人の方が正しいとは限らないということもしばしばあります。

このような例は無数にありますが、一つだけ具体的な例をあげて考えてみたいと思います。１章で玉川上水のタヌキのことを書きましたが、玉川上水は江戸時代に作られた水路で、上水、つまり人々の生活用水を確保する水路でした。その役割は１９６５年まで続き、部分的には今でも機能しています。

できたときの玉川上水は、西の羽村から江戸の四谷までの43キロメートルありましたが、１９６５年に杉並区の久我山《くがやま》よりも下流の13キロメートルは暗渠《あんきょ》になりました。暗渠とは、要するに蓋《ふた》をして水を地下で流すことです。その結果、ここから下流は道路になり、樹木はもちろん、野草もなくなり、昆虫も鳥も、もちろんタヌキも住めなくなりました。

なぜそんなひどいことをしたのでしょう。当時は日本が高度成長期で、東京は１９６４年のオリンピックを控《ひか》えて街中を工事で改修していました。当時の人たちにとっては、玉川上水があることはむしろ邪魔《じゃま》であり、当然のように、蓋をして道路をつけた方が都民にとって便利でプラスになると考えられたのです。ですから、杉並より上流も同じように暗渠にすると決められる可能性は十分にあったし、もしそうなっていれば多様な樹木やその下に咲く野草、昆虫、野鳥なども消滅していたはずです。

玉川上水の暗渠工事は一部だけで止まってよかった、なんとかこれからも残してほしいと思いますが、東京にはその高度成長期に計画された道路があり、今でもその拡張計画が進められています。そういう計画を進めるとき、動植物の調査もおこなわれて、計画の妥当性《だとうせい》が検討されますが、基本的には「希少な動植物はいないか」ということが基準になります。

都会の緑地でも希少な動植物はいるにはいますが、なんといっても都会のせまい緑地ですから、そういう動植物は少ない、あるいはほとんどないということも多くあります。そして、③それが工事をしてもいいという免罪符《めんざいふ》になります。

しかし、この本でくり返し述べたように、ありふれた普通の動植物がいることには、大きな価値があるのです。それらの生き物がつながりあって生きていることを知れば、そのことが私たち人間の生活にも大きな意味を持つことが理解されます。

【中略】

【第３段落】 動物や植物をそのような歴史的存在としてとらえたとき、私たちの心には自然にその存在に対する敬意に似た気持ちが湧《わ》いてきます。そしてそこには、日本でいえば、日本列島にともに生きる者として共感することができます。私たち人間の限界から、動植物を見る目はしばしば偏見《へんけん》でくもりがちになります。

でも生物学、とくに生態学の見方に立つことで、その偏見は小さくすることができます。そのことは『野生動物と共存できるか』でも『動物を守りたい君へ』でも書いたつもりですが、とくにこの本で伝えたかったのは、今の日本が都市化していることから生まれる心配です。

ここで私が言う「都市」とは、東京や大阪のような大都市だけではありません。それは自然から離れて、［　C　］として生活することです。つまり、都市生活とは、人口密度の高い空間で大量の物資とエネルギーを取り込んで、大量の廃棄物《はいきぶつ》を生み出す暮らしをすることです。その意味では、みなさんの大半が都市住民といえるでしょう。

都市生活をすると、どうしても自然が乏《とぼ》しいので動植物と接する機会が少なくなります。しかしヒトもまちがいなく自然の中で進化してきたのだから、私たちのＤＮＡの中にはサルの一種としての「血」が脈々と流れています。子供は年齢《ねんれい》の違《ちが》う子供同士が一緒《いっしょ》で遊ぶものだし、ケンカもし、仲直りをして育っていくものです。でこぼこの地面を歩いて、草を見たり昆虫を見つけたりします。痛い思いをしたり、危ないことを体験したりして、そのことを覚えていきます。それはどの時代のどこの社会でも同じです。

もちろん都市化に伴《ともな》うプラスの面は無数にあります。自給自足をしなくても効率的に物資が確保できるようになりました。水道や電源が確保されたりしてからは、生活が革命的に便利になりました。私たちはそうした利便性に大いに恩恵《おんけい》を受けています。

［　Ｄ　］、それと同時に、都市にはマイナス面もあります。自給自足でなくなったことは貧富の差をうみ、お金がなければ貧困生活を余儀《よぎ》なくされます。人口が集中したことは衛生上の問題をうみ、伝染病の感染などは都市生活において深刻なものとなりました。

それは医学の発展で大幅《おおはば》に改善されたとはいえ、21世紀の現在においても新型コロナウイルスの登場によって私たちの生活はおびやかされました。交通や物資の流通が発展したために、伝染病の感染が大幅に促進《そくしん》されました。

【第４段落】アメリカの生物学者ジャレド・ダイアモンドは、人類が、例えばイースター島のように自分たちの社会を崩壊《ほうかい》させた例や、マンモスやモアのような動物を捕《と》り尽《つ》くして絶滅させた悲劇は無数にあることを説明した後で、次のように書いています。

実は、過去において生態学上の悲劇的な失敗を犯した人と私たちのあいだには決定的な違いが二つある。こうした人たちに欠けていた科学的な知識が私たちにはあること、④その知識を伝えあい、共有できる手段が私たちにはあることだ。

（『若い読者のための　第三のチンパンジー』）

そう、私たちは文字を持たなかった時代の先祖とは違い、学びさえすれば正しい知識や考え方を知ることができるのです。このことは人類のかけがえのない遺産であり、誇《ほこ》るべきことです。そのことを思うことで、私は未来に生きるみなさんに前向きのエールを送り、明るい世界を期待することができます。

（高槻成紀《たかつきせいき》『都市のくらしと野生動物の未来』〈岩波ジュニア新書〉）

※注　・卓越…すぐれていること。

［文章２］

現在の私が最終的に到達《とうたつ》したのは、世界を人間の目、人間の立場からだけ見るのはもう止めようということ。人間もあくまでも地球上の生物の一種にしかすぎないのであり、動物と我々は仲間なのです。そういう観点に立って他の動物の目で人間を見るとどう見えることか。これがおそらく最高の自己客観化になるでしょう。

人類の中でも欧米人《おうべいじん》は、俺がこう思うということだけが正しい、と決め込む傾向《けいこう》が極端《きょくたん》に強いけど、それは間違い。そうじゃなくて、他の動物、羊やウサギの目、さらには人間によって切り倒《たお》される樹木や朝顔のつるなどから人間を見ると、お前ほどひどいものはないよということになるでしょう。これは欧米人には全く理解できない発想ですが、日本人であれば、まだ理解可能なはず。日本語と日本文化にはまだ古代性が生きているおかげで、世界を欧米人のように人間だけの独りよがりの高みから見る傲慢《ごうまん》な悪癖《あくへき》から比較的フリーになれるはずだからです。知能があるのは人間だけで、ことばがあるのも人間だけなどといった考え方はとんでもない間違いだとお互《たが》い分かり合えるからです。

　私の言語学では、鳥のコミュニケーションをうんと研究してきましたが、ヨーロッパの言語学ではそれは研究テーマにならなかった。なぜか。ヨーロッパ系の言語学者は言語を全て知能と関係づけるから、オランウータン、チンパンジー、ゴリラだけを研究してきたからです。これらの類人猿が人間に一番近い動物で知能レベルも人間以外では一番高いと思い込んできたからです。これに比べれば鳥なんて頭も脳も小さいし、人間と対比させて研究するなんてありえないと決めつけてきたからです。そういえば、birdbrainという英語は「バカ」という意味でしたね。※事ほどさように鳥をバカにし、見向きもしないでやってきたのです。そもそも言語を研究する上で、脳を第一義的に云々《うんぬん》するのは間違いで、一番大事なのは音声であるにもかかわらず、です。

（鈴木孝夫《すずきたかお》『世界を人間の目だけで見るのはもう止めよう』〈冨山房インターナショナル〉）

※注　・事ほどさように…それくらい、それほど。

問一　［A］・［B］・［D］に入る言葉の組み合わせとして最も適当なものを次の中から選び、記号で答えなさい。

ア　A　しかも　B　すると　D　なお

イ　A　しかし　B　そして　D　それとも

ウ　A　また　B　つまり　D　しかし

エ　A　だから　B　ところで　D　つまり

問二　――部①「余計に心が痛みます」とありますが、筆者はなぜこのように述べるのですか。その説明として最も適当なものを次の中から選び、記号で答えなさい。

ア　人間は消滅の危機にある生き物を見ても、自分たちの生活が一番重要と考えて、それらを守るための行動を取ろうとしないから。

イ　環境がどのように変化しても、人間はそれらに対応するための頭脳を持つが、その他の生き物はそのような能力を持たないから。

ウ　生き物やそのつながりを学んできた者として、消えて無くなる生き物の悲しみや痛みが、一般の人間よりも理解できてしまうから。

エ　生き物は自己の存在を危うくさせるものへの反撃どころか、非難の試みさえも果たせないまま、消滅の運命に置かれてしまうから。

問三　――部②「これは二重の意味でまちがっています」とありますが、筆者がこのように述べる理由を次のように説明したとき(i)〜(iii)の空らんに当てはまる言葉を**【第2段落】**から探し、抜き出して答えなさい。ただし□一つを一字分とします。(ii)は二つあります。

◎　「メダカのような小魚と人の命のどっちが大事か、考えればわかるだろう」という発言が問題なのは、一つには、存在の大小、(i)□□の有無などの人を中心とした曖昧な根拠に基づいて、(ii)□の軽重《けいちょう》が価値づけられているからである。また、もう一つの問題は、メダカの(ii)□を軽視し、その生育環境に目を向けないことは、人間の生活環境が、ある水準を超えた(iii)□□□に置かれているという状況を見落としてしまうことにつながるからである。

問四　――部③「それが工事をしてもいいという免罪符になります」とありますが、これはどういうことですか。その説明として最も適当なものを次の中から選び、記号で答えなさい。

ア　希少な動植物のほとんどいない緑地が道路拡張の予定地となっているが、そのような動植物がないと分かれば、工事は妥当なものとして許されてしまうということ。

イ　道路拡張予定地には多様な動植物が生息している場合が多いが、計画はすでに決められているので、生態系の保持を優先しながら工事を進めてもよいということ。

ウ　道路拡張計画は希少な動植物のいない所で進めなければならないが、住民が道路を必要なものと判断すれば、その有無にかかわらず工事が許されてしまうということ。

エ　道路の拡張計画はいつでも改められるものであるが、希少な動植物は一度消滅すると二度と再生しないので、工事を強引に進めることは認められないということ。

問五　[C]に入る言葉として最も適当なものを次の中から選び、記号で答えなさい。

ア　加害者　　イ　消費者　　ウ　事業者　　エ　愛用者

問六　――部④「その知識を伝えあい、共有できる手段」とありますが、これは具体的にどのようなものを指していますか。それを表す言葉を[文章1]の**【第4段落】**から**二字**で探し、抜き出して答えなさい。

問七　═══部Ａ「頭脳以外の能力は取るに足らない」とありますが、このような人間の見方について、同じ内容のことが[文章2]でも述べられています。その部分を[文章2]から「**という考え方**」に続くように**二十五字**で抜き出し、**最初の五字**を答えなさい。

◎　[　二十五字　]という考え方。

問八　═══部Ｂ「動物や植物の声を聞けるようになりたいと思います」とありますが、人間が「動物や植物の声」を聞けるようになるには、どのようなことが必要であると[文章2]では述べていますか。「**のを止めること**」に続くように**十九字**で抜き出し、**最初の五字**を答えなさい。

◎　[　十九字　]のを止めること。

問九　[文章1]と[文章2]を説明したものとして**適当でないもの**を次の中から一つ選び、記号で答えなさい。

ア　[文章1][文章2]はともに、知能を持つ人間が生物界全般のなかで、ひとりよがりになっていることを批判している。その上で、他の生物の痛みを理解できるような視点やものの見方を持つことの重要性を述べている。

イ　[文章1]では動植物への正しい感覚は人間の住む環境への正しい理解にもつながる大事な視点だと述べている。一方[文章2]では動植物の視点を人間が持つという発想は、日本文化だからこそ実現できると主張している。

ウ　[文章1][文章2]はともに、人間中心の世界観からぬけ出すことの重要性を述べている。しかも、それを実現するためのヒントは、自然に寄りそう感性を育んできた日本にあると指摘している。

エ　[文章1]では生物学的、生態学的な研究の積み重ねから、人間の自然観や世界観の問題点を示している。一方[文章2]では動物学的な視点から、知能を重視する言語学のあり方を批判している。

三　次の文章は庄野潤三《しょうのじゅんぞう》『ビニール水泳服実験』の一節です。高校の水泳部顧問《こもん》矢島《やじま》先生とコーチの鬼内《おにうち》先生の二人は、冬のプールでも泳ぎの練習をできるようにしたいという思いから、ビニール製水泳服の制作を思いつき、星子洋裁店の主人アヤ子の元を訪れます。アヤ子は二人の熱心な願いを聞き入れて、水泳服の制作を引き受けます。以下の文章はそれに続く場面です。よく読んで後の問に答えなさい。なお、設問の都合で本文の上に行数をつけてあります。また、一部表記を改めている部分もあります。

「分りましたわ」

アヤ子は、笑ってそう云《い》った。

「頼《たの》みますわ。ええのん、作って下さい」

鬼内先生は、ほっとしたように云った。

「それで、実験はどなたがやりますの？」

「鬼内さんが、やります。だから、これから寸法《すんぽう》取って下さい」

矢島先生がそう云った。

「無茶やなあ。わしにやれやれと云って、自分はやらんつもりかいな」

鬼内先生はうれしそうな顔をして、そんなことを云った。

この人は、専任コーチで、先生ではない。家はここから電車で二時間もかかる田舎のお寺だ。七人兄弟の一番末の息子である。

※陸軍士官学校を卒業したと思ったらすぐに終戦になって、それまでの苦労がA水の泡になったという経歴の持主だ。

名前は怖《おそろ》しいような名前だが、気だては優しく、おっとりしていていかにも育ちのよさを現わしているような人だ。

母校の中学の水泳のコーチをずっとやっていたが、前の年にここの学校にプールが新設されたので招かれたわけである。

自分が教えていた生徒も、いま何人かこの学校へ入っている。

「首のところは、どうしますの？」

アヤ子が尋《たず》ねた。

「そこが難しいんです。頭まで入ってしまうようにすれば、水は入らない代り、息が出来ない」

「そうですね」

「それで、※アノラック、ね。あんな具合に、首の一番上のところで、しぼれるようにしたらと考えているわけです」

「水は入りませんか？」

矢島先生と鬼内先生は、顔を見合せた。

「入らんように出来んやろか、いっているんです」

鬼内先生が云った。

「さあー、それはねえ」

アヤ子は、ちょっと考え込んだ。

「無理ですか」

矢島先生が尋ねた。

「首のところから身体を入れるのでしょう」

「ええ」

「それで、全部身体を入れてしまってから、首のところを紐《ひも》で締《し》めるようにするんですね」

「ええ、そうなんです」

「そうしたら、やっぱり少し入るわ」

「むろん、顔はつけないで泳ぐつもりなんですが」

「なるべく、首を伸《の》ばすようにして泳ぐのね」

「ええ、そうです。そういうつもりなんです」

アヤ子は、何ということなく溜息《ためいき》をついた。

矢島先生は、①考え込《こ》まれては大変と、膝《ひざ》を乗り出して云った。

「つまり、僕らはどの程度までやれるかということを知りたいんです。普通のように泳ぐのは無理だということは分っているんですが」

「頼みますわ。もう僕は、濡《ぬ》れてもいいと思っているんです」鬼内先生はそう云った。

「そうですか。それなら、とにかく、一回作ってみることにしましょう」

アヤ子はそう云って、椅子《いす》から立ち上った。

「では、寸法を取りますわ」

「有難《ありがた》い」

と鬼内先生は云った。

【中略】

矢島先生はこのプールの主である。プールで暮すことを生活の理想としている。

前の年の六月に矢島先生たちの年来の希望が実現して、校庭から道一つ隔《へだ》てたここにプールがつくられた時から、そうである。

シーズン中は、全くプールで暮しているようなものだ。暗くなってプールの上に張り渡した針金にぶら下げた電燈《でんとう》がともる頃までである。

コース・ロープを全部引き上げて、部員を帰してしまった後でも、すぐには帰る気がしないで、何ということなく、プールに留《とど》まっていたい気がする。

飛び込んで広い水の中をゆっくりと一人で泳いだり、潜《もぐ》って水の底のごみを拾ったり、すっかり暗闇《くらやみ》の中に沈んだまわりの世界を眺めている。

矢島先生はプールのまわりに薔薇《ばら》の苗《なえ》を植えた。冬になってからも、授業のない時には、何遍《なんべん》もやって来て、薔薇の様子を見る。時々もみがらを撒《ま》いたりする。

今のところはまだ薔薇に手いっぱいだが、追々《おいおい》、プラタナスやアカシヤやその他、自分の好きな木をいっぱい植えるつもりでいる。

そのような自然との深い※聯関《れんかん》の中で、生命感の※充溢《じゅういつ》した、美的生活を送りたいというのが、矢島先生の理想である。

ビニール水泳服の着想と実験も、その理想の一つの現われである。

ロッカー・ハウスから、トレーニング・パンツの上に焦茶《こげちゃ》の※スェーターを着た鬼内先生が現われた。

「ほんなら、そろそろ着てみましょうか」

「さあ、さあ」

コンクリートの上にひろげてあった水泳服を手《た》ぐり寄せて、鬼内先生は足から入れ始めた。矢島先生は、そばから手伝う。

「何や知らん、けったいな具合やなあ」

「そんなことない。よく合っている。アヤちゃん、うまいこと作ってくれている」

矢島先生はそう云って、急に道の方を見た。

「アヤちゃん、まだ来ないかなあ」

「え？　アヤちゃん、来るんですか」

鬼内先生が慌《あわ》てた。

ア「さっきこれ届けに来た時、プールへ入る時間教えて云ったから、大体二時ごろや云っておいた。見せてほしいわ云ってたから、もう来るやろ」

矢島先生は今まで隠していたことを云ったのである。

イ「わあ、矢島先生、※殺生《せっしょう》やなあ」

鬼内先生は悲鳴を上げたが、その時、矢島先生の手で首の紐を締められて、黙《だま》ってしまった。

ウ「そんなこと云って、よろこぶな。いやらしい」

矢島先生は、紐をもっと締めた。

エ「息つまる」

オ「鬼内さん、アヤちゃん好きなんやろ」

カ「無茶な。矢島さんのことですか」

キ「※ごまかしな。可哀《かわい》そうに、あんたが結婚してしまってから、あの子、元気がなくなった」

ク「うそです。そんな。あっ、息つまる」

ケ「水入ったら、いかんからなあ。よく締めておかんと」

コ「矢島先生、もうそれで大丈夫です。水入らしませんて」

矢島先生はやっと鬼内先生の身体から離れた。

ビニール水泳服の中に入った※五尺七寸《ごしゃくななすん》、十八貫《じゅうはちかん》五百《ごひゃく》の鬼内先生は、両方の腕《うで》を上げてみたり、ゆっくりしゃがんでみたりして、具合を試してみている。

破れるといけないからと云って、寸法はだぶだぶに作ってもらったのである。身体が透《す》いて見えるので、どうにも変な恰好《かっこう》である。

鬼内先生の靴下《くつした》の先に小さい穴が開いているのまで見える。

サ「アヤちゃん、まだ来んけど、そろそろ入水するか」

シ「いやもう、こんな恰好見られたらさっぱりや。ほんまに来る云うていましたか」

ス「ほんとだって。好きな鬼内さんがこの寒い時にプールへ入る云うのに、アヤちゃんが店でじっとしていられる筈《はず》がないよ」

セ「矢島先生、自分が好きなくせして、あんなことばっかりよう云えるわ」

ソ「あんたは独身、僕は子供が二人いる。僕はもう最初からアヤちゃんにそんな気はなかった。夕方なんか、アヤちゃんがちょいちょいこの前の道を通って、練習しているところを覗《のぞ》いて行くのは、あれはあんたがいるからや。そんなことぐらい、ちゃーんと知っているよ。それに可哀そうにアヤちゃんを放っといて結婚するなんて」

タ「放っといてて、わし、何も。矢島先生、ほんまに出まかせ云いはる。アヤちゃんは美人で、※ハイカラで、しっかりしているし、何でわしみたいな田舎もんのぼうっとした者にそんなこと思いますか。わしらほんとにあの人の前へ出たら、物も碌《ろく》によう云わんのに」

チ「そこがいいんや。アヤちゃんがあんたの顔を見る時の眼と、僕の顔を見る時の眼と、違う」

ツ「また、あんなことを云う。ほんとに矢島さんの口のうまいのにかかったら、何や知らん、②そんな気になって来ますが。しかし、アヤちゃん、来るんやったら早よ来たらええのに」

鬼内先生は道の方をちょっと眺めたが、思い直して、プールの端《はし》の鉄棒の段がついているところへ行った。

「さあ、歴史的な実験だぞ。英国探険隊のエヴェレスト征服《せいふく》みたいなもんだ」

矢島先生は、興奮してそんなことを口走った。

鬼内先生は足の先をまず水の中へつけた。

「冷たいか」

矢島先生が声をかけた。

「いや、大したことない」

鬼内先生はB割合無造作に水の中へ沈んで行った。ビニールの服は水の中へ入ると、※鈍色《にびいろ》に光って身体にへばりついた。

鬼内先生の身体が、胸のあたりまで水中に入った時である。

「入ったあ」

と叫《さけ》び声が起った。

矢島先生はプールのふちから身体を乗り出すようにして云った。

「どこが破れた」

「分りません。③ぱぱぱーと、稲妻《いなずま》みたいに入って来ました」

鬼内先生は、プールの中に立ったまま、その感じを報告した。

「ぱぱぱーと来たんか」

「早いこと！」

矢島先生はそれを聞くと、④溜息をついた。

「入水後、十秒にして浸水《しんすい》す。浸水箇所《かしょ》不明」

矢島先生は手帖《てちょう》を出して、そう記入した。

「いま、濡れているのか」

「胸から下、全部水が来ています」

「冷たいか」

「相当冷たいですな」

鬼内先生のトレーニング・パンツもスェーターも、その下に着ているシャツもパンツも、いま水づかりになっているのである。

「心臓《しんぞう》麻痺《まひ》、起すなよ」

矢島先生は心配そうな声を出した。

「大丈夫ですやろ」

「そうか。そんなら濡れついでに、ちょっと泳いでみるか」

「よっしゃ」

鬼内先生は、今では何の役にも立たない、かさばったビニールの水泳服を着けたまま、ゆっくり平泳ぎで泳ぎ始めた。

「どうや。行けるか」

「足が窮屈《きゅうくつ》ですわ。あっ、腋《わき》のところからも入って来ました。ちめた」

鬼内先生は情なそうな声を立てた。

「冷たいのは当り前だ。もっと泳げ」

プールのふちから矢島先生がどなった。

「腕はどうだ。窮屈か？」

「窮屈ですな。腕も股《また》も、もっとゆったり作らんといけませんわ」

「首はどうだ？」

「首はこれでよろしいな。首はこれくらいにして泳いでいたら、入りませんわ。ああ、冷めたい。よう冷える」

「何云うか。頑張《がんば》れ。アヤちゃんが祈ってる」

「もう、上りますわ。もう、無理です」

鬼内先生はそう云うと、方向を変えてプールのふちへ泳ぎついた。二十五米《メートル》プールの縦半分を泳いだわけである。

鬼内先生は唇の色が青くなっている。ビニール水泳服を脱ぐと、大きな足の先に水が※三合ほどたまっていた。

矢島先生と鬼内先生は、それを見て笑った。

鬼内先生がロッカー・ハウスの風呂《ふろ》に入って、着換《きが》えを終ってから二人でコンクリートの上にだらしなくのびたビニール服の上にかがみ込んで、浸水箇所を丹念《たんねん》に調べた。

その結果、右足の先と股のところと両方の腋の下と合計四ヵ所破れたことが分った。

二人が、これは※着物スリーブ式にしないといけないと話し合っている時、当の裁断者《さいだんしゃ》である星子アヤ子がプールの入口に姿を現わした。

それに気が附《つ》くと、二人とも何かひどく慌てて水に濡れているビニール水泳服を畳《たた》んでしまった。⑤それはアヤ子に見せてはならない物のような気がしたのである。

「やあ、いらっしゃい。惜《お》しいことをしましたねえ。たった今、実験を終ったところです」

矢島先生は、大きな声でそう云った。

「もう十分早くいらっしゃれば、水の中へ入っているところが見られたのに。惜しかったなあ」

アヤ子は、中へは入って来ないで、

「どうでしたの？　実験は」

と尋ねた。

「大成功です」

矢島先生が叫んだ。

「大いに有望です。水は入りましたが」

「え、それで、濡れました？」

「ちょっと濡れましたけど、大したことはないです。とにかく、大成功です」

鬼内先生は笑っている。

「見たかったわ」

アヤ子は、そう云った。

「また、すぐに第二回の実験をやります。今度は、着物スリーブ式にしようと思っています。その方が、よさそうです」

「じゃあ、また持って来て下さいね」

「ええ、お願いします。いろいろ、僕ら、研究してみましたから」

「この次は、きっと見せて下さいね」

「ええ、是非《ぜひ》。惜しかったなあ、今日は。とてもよかったですよ。僕ら、感激しましたねえ」

「ごめんなさい」

「ああ、さよなら。また来て下さい。どうも済《す》みませんでした」

アヤ子は行ってしまった。

「さあ、うどん屋へ行こう」

矢島先生は勢いよく云った。

鬼内先生は校舎の横を曲って行くアヤ子の姿を見送っていたが、

それを聞くと、さっき大急ぎで畳んだ、濡れたビニールの水泳服を持ち上げて、ロッカー・ハウスの方へ歩き出した。

（庄野潤三『ビニール水泳服実験』）

※注　・陸軍士官学校…兵士に対して作戦の指示を出す士官を教育する陸軍の学校。
・アノラック…登山やスキーなどで着るフードつきの防寒・防風用の上着。
・聯関…連関に同じ。
・充溢…満ちあふれること。
・スェーター…セーターのこと。
・殺生…思いやりがないこと。
・ごまかしな…ごまかしてはいけない。
・五尺七寸、十八貫五百…五尺七寸は長さ約一七二・七センチメートル、十八貫五百は重さ約六九・四キログラム。
・ハイカラ…洋風でしゃれていること。
・鈍色…濃い灰色。
・三合…五四〇ミリリットル。
・着物スリーブ…肩《かた》と袖《そで》の切れ目やぬい目がない袖の形。

問一　――部A「水の泡」――部B「無造作」とありますが、本文中での意味に最も近い表現を後の中からそれぞれ選び、記号で答えなさい。

A「水の泡」
ア　対岸《たいがん》の火事　　イ　寝耳《ねみみ》に水
ウ　元の木阿弥《もくあみ》　　エ　藪《やぶ》から棒

B「無造作」
ア　苦もなく　　イ　念入り　　ウ　軽はずみ　　エ　不慣れ

問二　――部①「考え込まれては大変と、膝を乗り出して云った」とありますが、「矢島先生」がこのような行動をとったのはなぜですか。「矢島先生」が考えていた内容にも注意して、その理由を六十～八十字で説明しなさい。

問三　――部②「そんな気になって来ますが」とありますが、これは「鬼内先生」にとってどのようなことを表していますか。その説明として最も適当なものを次の中から選び、記号で答えなさい。

ア　以前抱いていたアヤ子に対する感情を思い返してしまったということ。
イ　知らないうちにアヤ子への思いが強まってきた感じがするということ。
ウ　アヤ子の気持ちに寄り添えなかった自分にあきれてしまったということ。
エ　口車に乗せようとする矢島先生に対して腹を立ててしまったということ。

問四　――部③「ぱぱぱーと、稲妻みたいに入って来ました」とありますが、これはどのような様子を表していますか。その説明として最も適当なものを次の中から選び、記号で答えなさい。

ア　水泳服の破れ目から入り込んでくる水の量が多い様子。
イ　水泳服の破れ目から入り込んでくる水の動きがとても速い様子。
ウ　水泳服の破れ目から入り込んでくる水が非常に冷たい様子。
エ　水泳服の破れ目から入り込んでくる水が音を立てている様子。

問五　――部④「溜息をついた」とありますが、この時の「矢島先生」の心情を表す表現として**適当でないもの**を次の中から一つ選び、記号で答えなさい。

ア　罪悪感　　イ　失望感　　ウ　敗北感　　エ　無力感

問六　(i)(ii)の小問にそれぞれ答えなさい。

(i)　この文章『ビニール水泳服実験』をUJ中学校の授業で扱った時に、生徒から「アヤちゃんはモテるよね」という発言がありました。これをもとに、「アヤちゃんは人気者!?」というテーマを立ててグループ学習を進めました。登場人物の発言や様子などを参考にしながら考察した時の発言内容は次に示すようなものです。話し合いは、本文中に示されているア～ツの会話文が[A]～[F]の部分で引用されながら進められました。[A]～[F]に入る最も適当な会話文をア～ツの中から一つずつ選び、記号で答えなさい。

Aさん　ビニールで水泳服を作って欲しいという依頼《いらい》は、突拍《とっぴょう》子《し》がないものだけれど、星子洋裁店の主人であるアヤ子さんは、首部分の作り方を確認するなどして、とても前向きにビニール水泳服を作ろうとしています。「アヤちゃん」と呼ばれて慕《した》われているのは、そんな彼女の様子を見ても分かるんだけど、たとえば、93行目から137行目あたりを読むと、そんなアヤちゃんに二人の先生が「あこがれ」を抱いていることが分かると思うんだけど、どうかな？

Bさん　私もそう思うわ。アヤちゃんを巡《めぐ》る二人の先生のやり取りは笑っちゃう展開よね。まず鬼内先生の発言に注目すると[A]の部分で、自分のことを田舎者という鬼内先生にとって、アヤちゃんは、まさに「マドンナ」・「高嶺《たかね》の花《はな》」として映っていたのよね。鬼内先生が結婚した後も、そのように思っているかは分かんないけれど、矢島先生が[B]で言っていることがもし本当なら、今でも鬼内先生は、アヤちゃんのことを思っているのかもしれないわ。

Cさん　矢島先生の名前が出たけど、私は矢島先生のアヤちゃんに対する視線が気になるのよ。たとえば、[C]では、鬼内先生が結婚したあとのアヤちゃんの様子を、それに[D]の部分では、プールをちょくちょく見に来るアヤちゃんの様子を、さらに言えば[E]ではアヤちゃんの眼の動きにまで触れているよね。矢島先生のほうが、鬼内先生より、よっぽどアヤちゃんのことを意識しているんじゃない？

Dさん　なるほどね。そうだとすると、二人ともアヤちゃんを気にかけている点では同じかもしれないね。でも、今Bさんが触れた[E]の発言に注目すると、アヤちゃんは矢島先生に向けない視線を、どうして鬼内先生には向けるのか、といった意味が込められているようにも読めそうなんだけれど……。

Eさん　つまり、矢島先生の鬼内先生への嫉妬《しっと》ということかな？もしそう考えるなら、鬼内先生に水泳服を着せている時の[F]という一言は、鬼内先生へのあてつけであり、仕返しのような意味なのかもしれないね。

Fさん　そうだよね。とは言え、二人のやり取りは、ばかばかしくも、ほのぼのとした印象を伝えるね。ビニール水泳服の実験は結果的に失敗に終わるけど、191行目「矢島先生と鬼内先生は、それを見て笑った」とあることからも、もともと二人は仲が良いんだよ。

Aさん　これまでの話をまとめると、矢島先生は鬼内先生に少しやきもちを焼いているようだけど、それも含めて二人の男性から好意を持たれている点で、「アヤちゃんは人気者！」であると言って良いと思います。この点を踏まえると、ビニール水泳服の実験が失敗に終わった場面で、アヤ子に見せてはならない物のような気がしたのである」と述べられている部分がありますが、二人はなぜこのような「気がした」のでしょうか？　みなさんはどのように考えますか？

(ii)　(i)のグループ学習での発言内容をふまえて、――部⑤「それはアヤ子に見せてはならない物のような気がしたのである」という部分について、その理由を説明したものとして最も適当なものを次の中から選び、記号で答えなさい。

ア　ビニール水泳服で泳ぐ鬼内先生の姿を見せると、アヤちゃんが切ない気持ちになって気の毒であると考えたから。

イ　実験に失敗したビニール水泳服を見せて、せっかく作ってくれたアヤちゃんを失望させてはいけないと考えたから。

ウ　ビニール水泳服の破れた部分を見せると、これまで築いてきたアヤちゃんとの関係が悪くなってしまうと考えたから。

エ　水が入り込んでしまったビニール水泳服を見せると、アヤちゃんの次作への意気込みが強まってしまうと考えたから。

穎明館中学校（第一回）

—50分—

注意　字数制限の問題では、句読点も一字として数えます。

一　次の文章を読んで、あとの問いに答えなさい。

中学一年生の「マチ」は、自分の意見をはっきり言えない内気な性格を直したいと思っていた。夏休みが明けると、文化祭で発表する合唱の練習が始まった。「マチ」が所属するソプラノパートのリーダーは、「マチ」の小学校の頃《ころ》からの友人である「琴穂《ことほ》」が務めることになった。

文化祭で歌う『遠い日の歌』の、ソプラノのパート練習。

オルガンで音を取りながら、一度通して歌い、二度目の練習に入る。すると、途中《とちゅう》で、教室の後ろのドアが開いて、ソプラノのパートリーダーである琴穂が顔を出した。

「ごめん！　部活の片づけで遅《おく》れちゃった」

オルガンを囲んでいたソプラノの女子が一斉《いっせい》に歌うのをやめて、声の方向を見る。琴穂が顔の前で手を合わせて「ごめんごめん」と言いながら駆《か》け寄ってくる。

「本当にごめんね。今どこ歌ってた？」

①「——いいよ、もう一度最初からやろう」

すぐに練習が再開され、琴穂も加わったが、歌い始める前に、マチの後ろで「琴穂ちゃん、いつも遅れてくるよね」という小さな声が聞こえた。自分のことではないけど、ドキンとする。聞いてはいけない気がするのに、耳が勝手に声の続きを聞いてしまう。

「リーダーなのに、やる気あるのかな」

琴穂は、朝練習を遅刻《ちこく》することが多い。その上、放課後も部活を理由に早めに練習を切り上げ、他のみんなを残して先に教室を出て行ってしまうことがよくあった。

歌った後で、それぞれグループごと、自分たちの歌の悪い部分について話し合う。

教室の隅《すみ》から、アルトの女子の声が聞こえてくる。自分たちのソプラノより歌声がまとまっているように聞こえて、このままじゃ合わせて練習したときに声量が負けてしまうのではないか、つられてしまうのではないかと心配だ。アルトのリーダーであるみなみの声が一際《ひときわ》よく聞こえる。

マチがみなみの方を見ていると、琴穂が「ねえねえ」と話しかけてきた。てっきり合唱に関することだろうと振《ふ》り向くと、いきなり「聞いてみた？」と聞かれた。

「何を？」

「みなみと恒河《こうが》のことだよ。夏休み、自由研究一緒《いっしょ》にやったんでしょ？　あの二人、つきあってるの？」

小声になって関係のない話をしようとする。

その言葉を聞いた途端《とたん》、aふいに、マチの胸の中で②たくさんの感情が一度に揺《ゆ》れ動いた。

『リーダーなのに、やる気あるのかな』

さっき聞いたばかりの声を思い出したら、悲しくなった。本音を言えば、琴穂に真剣《しんけん》に練習して欲しいのはマチも同じだ。

「ちゃんと練習、しようよ」

とっさに飛び出した声が我ながら冷たく聞こえて、驚《おどろ》いた。③琴穂が「え」と短く声を出す。きょとんとしたその表情を見たら、もう一押《ひとお》し、声が止まらずに出てしまった。

「しっかりやろうよ。琴穂、遅れてきたのに、関係のない話したり、全然、みんなに悪いと思ってる様子がないよ」

琴穂が目を見開いた。ショックを受けたのだと、表情でわかった。わかった途端、喉元《のどもと》が苦しくなって、それから全身が熱くなる。顔を伏《ふ》せて、琴穂から離《はな》れた。

ややあって、背後から「わかった」と琴穂の声が答えた。思いがけず素直な声だったせいで、琴穂が沈《しず》んだ様子なのが、振り返らなくても伝わってくる。マチが返事をするより早く、「じゃ、もう一度ね」と他の子の声がして、歌の練習がまた始まってしまう。

④声がうまく出なかった。息が苦しかった。

練習が終わった後で様子を見ると、琴穂は顔を俯《うつむ》けながら席に戻《もど》るところだった。マチの胸を小さな痛みがちくりと刺《さ》した。

そのとき、「マチ」と呼びかけられた。さっき、琴穂の遅刻を責めていた子たちだ。

「琴穂のこと、ありがとう。マチみたいなまじめないい子が注意してくれると助かるよ」

こっそりと囁《ささや》くような声に「ううん」と首を振る。感謝されるようなことは何もない。黙《だま》って一人で席に着いた琴穂のことが気がかりだった。

(中略)

文化祭が終わると、教室内の空気は十二月の新人戦に向けて緊張感《きんちょうかん》を高めていくようだった。夏の大会ではまだ出場できなかった一年生の中にも、新人戦なら活躍《かつやく》できる子が出てくる。マチたちの科学部は関係ないが、運動部の子たちはみな、忙《いそが》しそうだった。

放課後の教室にも、部活の話題が増えていた。運動部の子たちの顔が X なしか興奮して見える。大変そうだけど、楽しそうだ。

そんな中、ジャージに着替《きが》えたみなみがすまなそうに話しかけてきた。

「マチ、今日のことなんだけど……」

科学部に行くしたくをしていたマチは、すぐにピンときた。夏休みに約束して以来、マチとみなみは(注1)高坂紙音《こうさかしおん》の家を一緒に訪ねる機会が多くなっていた。お互《たが》いに部活がある日を選んで待ち合わせるのが当たり前になっていたので、今日も紙音の家に一緒に行くつもりだった。

みなみが言った。

「紙音のところ、今日は私一人で行くよ。陸上部、新人戦前でみんな張りきってるから、科学部よりも終わるの、遅《おそ》くなると思う」

「そうなんだ」

「うん。――紙音の家に行くのも、今日はだいぶ遅くなっちゃうんだけど」

文化祭の合唱練習の間も、みなみとマチは紙音の家を何度も訪ねた。しかし、応対に出てくるのは最初の日と同じように、いつでも紙音のお母さんだけだった。

一学期の最初、マチの制服のしつけ糸を切ってくれたあの子は、今、一人きりの部屋で過ごしているのかもしれない。そう考えると、胸の奥《おく》がきゅっとなる。

「私、一人で行こうか」

マチが言うと、みなみがびっくりしたように「え」と呟《つぶや》いた。

「高坂さんの家なら、何度もみなみちゃんと一緒に行ったし、私一人でも大丈夫《だいじょうぶ》だよ。みなみちゃん、新人戦の準備で忙しそうだし、明日も朝練があって早いんでしょ？」

「そうだけど、マチを一人で行かせるのは悪いよ。遠回りになるし」

みなみが断りかけたとき、思いがけず、背後から「私、行くよ」という声がした。振り返って、驚く。

琴穂だった。

マチとみなみは⑤思わず顔を見合わせる。そんな二人に向け、琴穂がさらに続けた。

「私がマチと一緒に行く。今日はバスケ部、陸上部ほど遅くならないと思うから、ちょっと待っててくれれば大丈夫だよ。私にまかせて、みなみは部活に行って」

「助かるけど、でも」

みなみの声を遮《さえぎ》るように、琴穂がすばやく首を振り動かした。

「みなみってさ、しっかりしてるのはいいんだけど、一人でたくさんのことを抱《かか》えこんでがんばりすぎるんだよね。そんなんじゃ、いつか参っちゃうよ。――今年の新人戦、陸上部の他の子に聞いたけど選手になれそうなんでしょ？」

みなみの顔にはっとした表情が浮《う》かぶ。琴穂がふう、と小さなため息をついた後で笑った。

「だったら、今はそっちががんばり時だよ。もっと頼《たよ》ってよ。――これまで副委員長なのに全然頼りにならなかったのは、私が悪かったからさ」

言いながら、琴穂がマチを見た。「マチに仕事、だいぶ頼っちゃってたし」と決まり悪そうに告げる。

「マチも、これまで、いろいろごめんね。私、部活を言い訳にしすぎてた。そんなこと言い出せば、みなみだって陸上部が大変なのに、委員の仕事したり、高坂さんの家、行ったりしてたんだもんね」

謝った後で照れくさそうに目を伏せた琴穂を前に、みなみがとまどうような表情を浮かべる。ややあってから、bおずおずと「いいの？」と琴穂を見た。

「頼《たの》んでも、平気？」

「うん」

琴穂が［Y］を張って頷《うなず》いた。

一連のやりとりを驚きながら見ていたマチの頬《ほお》がゆるんでいく。「ありがとう」とためらいがちにお礼を言うみなみを、とてもいいと思った。いつもしっかりしているみなみが自分たちを頼ってくれたことが、嬉《うれ》しくなる。

琴穂と二人で紙音の家に向かう途中、マチは改めて琴穂に礼を言った。

「さっきはありがとう。みなみちゃん、嬉しかったと思う」

横を歩いていた琴穂が、「だって」と笑う。

「みなみ、完璧《かんぺき》すぎるんだもん。あれ、本人何でもないふうにやってるけど、結構大変なはずだよ」

「私も実はちょっとそう思ったことがあったけど、言い出せなかったんだ。琴穂が言ってくれてよかった」

「うーん。みなみ、たぶん、自分が無理してることにも気づいてないんじゃないかなあ。自分のことって、かえってなかなか気がつけないよね。

私もそうだったし」

琴穂が「ごめんね」と頭をかく。

「私も合唱の練習、リーダーなのにちゃんとやってなかった。マチに注意されてはっとしたの」

「私こそ、あのときはキツイこと言っちゃってごめん」

あわてて謝ると、琴穂が「そう？」と首を傾《かし》げた。

「全然キツくなかったよ。むしろ普段《ふだん》おとなしいマチから言われるなんて、私、よっぽどだったんだなって反省した。――なんか、ありがとね。陰《かげ》でこそこそ言うんじゃなくて、面と向かって言ってくれたから、かえって気分よかったよ」

「そんな……」

頬がかあっと熱くなった。

――はっきり自分の意見が言えない性格を直したい。

今年の四月、マチが中学校に入学するにあたって目標にしたことだ。その一歩が踏《ふ》み出せたようで⑥胸の奥がじん、とあたたかくなる。

（辻村深月《つじむらみづき》『サクラ咲《さ》く』〈光文社文庫〉による）

（注1）高坂紙音…不登校の同級生。マチとみなみは学校からの連絡事項《れんらくじこう》を伝えるために、ときおり紙音の家を訪れていた。マチは二学期になったらまた紙音の家に行こうとみなみと約束をしていた。

問一　波線部a・bの言葉の意味としてもっとも適当なものを次の中からそれぞれ選んで、記号で答えなさい。

a　ふいに
ア　だんだんと
イ　想像通りに
ウ　突然《とつぜん》
エ　無意識に
オ　すぐに

b　おずおずと
ア　かしこまって
イ　期待をこめて
ウ　無遠慮《ぶえんりょ》に
エ　図々しく
オ　ためらいながら

問二　傍線部《ぼうせん》①「――いいよ、もう一度最初からやろう」とありますが、このせりふから読み取れる心情の説明としてもっとも適当なものを次の中から選んで、記号で答えなさい。

ア　みんなから嫌《きら》われているのに、それに気づきながら改善しようとする様子が見られない琴穂を不快に思っている。

イ　一生懸命《いっしょうけんめい》みんなで合唱の練習をしていたところに、突然それを遮るように琴穂がやってきたことに驚いている。

ウ　練習にいつも遅刻してくる琴穂に対して、パートリーダーとしてどのような言葉で注意しようかと悩《なや》んでいる。

エ　パートリーダーであるにも関わらず、自覚が足りず練習に遅刻してくる琴穂の無責任さに対していら立っている。

オ　琴穂がようやく部活を終えて合唱の練習に来てくれたことに安堵《あんど》し、一緒に練習できることに喜びを感じている。

問三　傍線部②「たくさんの感情」とありますが、ここに含《ふく》まれる感情としてふさわしくないものを次の中から一つ選んで、記号で答えなさい。

ア　悲しみ　イ　嫉妬《しっと》　ウ　怒《いか》り　エ　失望　オ　不愉快《ふゆかい》

問四　傍線部③「琴穂が『え』と短く声を出す」とありますが、それはなぜですか。四十五字以内で説明しなさい。

問五　傍線部④「声がうまく出なかった。息が苦しかった」とありますが、それはなぜですか。六十字以内で説明しなさい。

問六　空欄《くうらん》X・Yに当てはまる漢字としてもっとも適当なものを次の中からそれぞれ選んで、記号で答えなさい。

ア　胸　イ　身　ウ　気　エ　心　オ　目　カ　顔

問七　傍線部⑤「思わず顔を見合わせる」とありますが、その理由としてもっとも適当なものを次の中から選んで、記号で答えなさい。

ア　今まで部活動を言い訳に無責任な言動をしていた琴穂が、自らみなみの代役を買って出たことに二人とも驚いたから。

イ　みなみが紙音の家に行くことができないために二人は困っていたが、代わりに琴穂にお願いするのは名案だと思ったから。

ウ　無責任な行動で信頼《しんらい》を失ったにもかかわらず無自覚な琴穂に気まずさを覚え、どのように断るべきかと二人で困惑《こんわく》したから。

エ　今さらパートリーダーとしての失敗に責任を感じ、誰《だれ》かのために行動しようとする琴穂に二人そろってあきれ果てたから。

オ　琴穂が気をきかせてくれたことは嬉しいが彼女《かのじょ》のことを信用できず、どちらが断ろうかとお互いに探《さぐ》り合っていたから。

問八　傍線部⑥「胸の奥がじん、とあたたかくなる」とありますが、このときのマチはどのような心情ですか。その心情に至った過程も含《ふく》めて七十字以内で説明しなさい。

問九　本文の特徴《とくちょう》の説明としてもっとも適当なものを次の中から選んで、記号で答えなさい。

ア　擬音語《ぎおんご》を多く用いることで、音楽というテーマを中心に展開する物語をいっそう豊かに表現している。

イ　登場人物同士の会話を中心に展開しており、その中でマチとみなみの関係性の変化を細やかに描《えが》いている。

ウ　マチの視点に沿った物語でありながら、マチだけでなく琴穂やみなみの心情をも鮮明《せんめい》に描写《びょうしゃ》している。

エ　「……」や「——」を使い会話に空白を作ることで、読者に登場人物の心情をより具体的に示している。

オ　「〜た」と過去を表す文末を用い、マチが目標を達成するまでの出来事をマチ自身が回想的に語っている。

二

次の文章を読んで、あとの問いに答えなさい。

人は国籍《こくせき》や文化、宗教などの違《ちが》い以上に、個性の差が大きい

人はそれぞれ生まれも育ちも違う。だからこそ、考え方も価値観も習慣も、あれこれ違ってくるのは当然だ。

これは至極《しごく》、当たり前のこととして理解しているつもりではあるけれど、当然であるがゆえによく忘れがちになることでもある。ときに人は、①この大前提を脇《わき》に置き、人間関係のなかで本来は無用であるはずの怒《いか》りや不安を相手に抱《いだ》いてしまうことがよくある。

私は、これまでさまざまな国の人たちとともに仕事をしてきた。とくに(注1)ISSの運用は15カ国が参加する国際協力プロジェクトだ。各国の科学技術政策に基づいて進められてきている計画であるから、当然そこには国策による利害関係も影響《えいきょう》してくる。各国の宇宙機関に属する宇宙飛行士たちは、それぞれの国の政策を背負ってISSのプロジェクトに参加しているという意識を強く持っている。

それゆえ、お互《たが》いの国の違いをまったく意識しなくなる、ということはあり得ない。これが完全に民間レベルの活動で多国籍企業《きぎょう》が参加するようなプロジェクトであったなら、国の違いよりも各企業の文化や利害の違いが支配的になるのだろう。

しかし、私がこれまで多国籍の人々と仕事をしてきた経験から言えば、人が誰《だれ》かと付き合うときに生じる相違《そうい》点には、国や企業、人種や文化、宗教などの違い以上に、個人のオリジナリティの差が圧倒的《あっとうてき》に影響している、と強く感じる。

[a]、人を「卵」として考えると、国籍や習慣、文化などの違いは②「殻《から》」の部分にしか相当せず、人の思考や行動パターンの大部分を占《し》めるのが卵の「中身」、つまり個性と私はとらえている。

そのように考えると、何か意見の相違があったときに、「この人はアメリカ人だから、こう考えるんだ」とか「この人はこの宗教だから、そう言うんだ」というような「殻」の部分だけでステレオタイプ(注2)に相手を判断しようとすると、本質的な状況分析《じょうきょうぶんせき》の妨《さまた》げになる。

これは日本人同士で仕事をする場合でも同様だ。会社ごとに企業文化は異なるし、同じ会社の人間同士でも部署や役職が違えば立場や役割も変わる。すると、その属性(注3)によって思考や行動パターンも異なってくる。

[b]、出身地、幼少期からの家族構成、学校生活、スポーツや音楽活動など、どのような集団活動に参加してきたかなども、その人の考え方や行動に少なからず影響を与《あた》える。とは言え、それらも「殻」の部分であって、最終的にその人の思考や行動パターンを形成するのは、個性によるところが大きいように感じる。

ただし当然、さまざまな国々の人と一緒《いっしょ》に仕事をしていくなかでは、相手の国の習慣、文化、言語、歴史などを知ることも大切だ。比較《ひかく》文化論ではないが、相手がどんな背景で育ったかを知ることで、相手を多少なりとも理解する助けになるからだ。

「違い」を認め、「違い」を生かす

コミュニケーションとは、異なる個性と個性が交流し、よりよい関係を築き、チームとしてうまく機能していくために必要なプロセスとも言える。自分の卵の殻を破って、自分自身を相手にさらけ出す。同時に、相手には先入観を排除《はいじょ》して心を開き、いわば腹を割って相手を理解しようと努める姿勢が不可欠だ。

「何を言っているんだろう?」「何でわかってくれないのだろう?」と、こちらが相手を責めるとき、得てして相手も同じように感じているものだ。いったん③自分の意見を横に置いて、相手の立場に立って、相手の考えや意図を理解するよう努めてみることから「相互《そうご》理解」はスタートする。相手が発信しているものをきちんと汲《く》み取る。いわば、相手が投げたボールを一度キャッチしたうえで、投げ返す。この繰《く》り返しだ。

それはもちろん、手放しで相手に賛同するということではない。考え方の相違があれば、自分の意見をきちんと伝えればいい。逆に、そこですぐに溝《みぞ》が埋《う》まらなくても、意見の相違を発展的にとらえることが大切だ。相違を知ることは、④自分が新たな視点を得られるいいチャンスと考えれば前向きにもなれる。そのような姿勢を通して、相手との違いを認識しながら、お互いの個性の違いを尊ぶ気持ちも生まれるのではないだろうか。

　コミュニケーションは、まず「相手と自分は違う」という認識が出発点である。また、組織においては、チームに存在するそれぞれの「違い」によって、作業の効率性の向上や、ときには大きな問題に直面した際に、突破口《とっぱこう》につながるさまざまなアイデアが生み出される可能性もある。「違い」は、チーム全体としての能力をより高めるための財産と考えるべきであろう。さらに言えば、何が違い、何が同じかという点を明確にしたうえで、メンバー全員の価値観のベクトル(注4)を、チームが目指すべき方向にまとめていくのがマネジメントに携《たずさ》わる者の役目だ。

　私がＩＳＳでコマンダー(注5)を務めたときも、クルーにはそれぞれさまざまな「違い」があった。［ c ］、ベクトルは「ミッションの成功のために全力を尽《つ》くす」という同じ方向を向いていた。機能的なチームの必要条件の1つは、お互いの違いを認識し、1つの目的のために結束できることである。

国境のない宇宙だから感じたこと

　私がコマンダーとしてＩＳＳに滞在《たいざい》していたときに、人間は個人の主義主張、国や文化、イデオロギー(注6)の違いを越えて協調できるものだと実感したことがあった。

　２０１４年2月末に、ロシア軍がウクライナ南部のクリミア半島を事実上、掌握《しょうあく》し、クリミア自治共和国を一方的に編入した。同年3月9日、私がコマンダーに就任する直前にウクライナ危機が勃発《ぼっぱつ》した。アメリカを中心とする国際社会が厳しい経済制裁を科すなか、ロシアも応酬《おうしゅう》する結果となった。

　欧米《おうべい》とロシアの緊張《きんちょう》状態はＩＳＳでも決して無縁《むえん》ではなく、とくにロシアとアメリカのクルーの間では問題に対する立場の違いがあり、わだかまりも生じていた。私は「今日は皆《みな》で一緒に夕食を食べよう」と声をかけ、食事をしながらこの状況について話し合った。

　結果、あることに私たちは気づくのだった。それは、クリミアを巡《めぐ》って緊張が高まっている地球上には、ＩＳＳにいる私たち6人はいない、ということだった。つまり、地上で緊張状態が続いているなかだからこそ、ＩＳＳにいる私たちがしっかり仕事をする義務がある。宇宙開発の発展だけでなく、平和のためにも、私たちが一致《いっち》協力して今の任務に集中してあたることが使命だ、という結論に達したのだ。そのため、私も含《ふく》め6人のクルーは、「明日からも頑張《がんば》ろう」という前向きな気持ちになれた。

　こんなときに、当事国であるアメリカやロシアではなく、⑤日本人である私がコマンダーを務めていることに、何かの縁を感じながら、「違い」を理解し合う大切さを実感した。

（若田光一『一瞬《いっしゅん》で判断する力——私が宇宙飛行士として磨《みが》いた7つのスキル』〈日本実業出版社〉による）

(注1)ＩＳＳ…国際宇宙ステーションの略称《りゃくしょう》。
(注2)ステレオタイプ…型にはまった考え方。
(注3)属性…そのものに備わっている性質。
(注4)ベクトル…ものの考え方の方向。
(注5)コマンダー…指揮をとる人。まとめる役目の人。

（注6）イデオロギー…人々の考え方や行動を根底で制限している信念や思想。

問一　空欄《くうらん》a～cに入る言葉として適当なものを次の中からそれぞれ選んで、記号で答えなさい。

ア　また　　イ　だが　　ウ　なぜなら

エ　ところで　　オ　たとえば

問二　傍線部《ぼうせん》①「この大前提」とありますが、どういうことを指していますか。本文中の言葉を使って四十字以内で答えなさい。

問三　傍線部②「『殻』の部分」とありますが、

(i)　本文中で説明される「殻」に当てはまらないものを次の中から一つ選んで、記号で答えなさい。

ア　個人として信じている宗教

イ　出身地や出身校

ウ　文化や習慣

エ　個人として持つ思考や行動

オ　個人に影響を与える集団

(ii)　筆者は「『殻』の部分」だけで相手を判断することに対してどのような危険があると考えていますか。本文中から十五字以内で抜き出して答えなさい。

問四　傍線部③「自分の意見を横に置いて」とありますが、これはどういう態度のことを言ったものですか。その説明としてもっとも適当なものを次の中から選んで、記号で答えなさい。

ア　自分の考えにこだわらずに、相手の考えを受け入れようとする態度。

イ　自分の考えに自信を持って、相手の言うことにも耳を傾《かたむ》けようとする態度。

ウ　自分の意見を捨てて、相手の考え方を新しく取り入れようとする態度。

エ　自分の意見の誤りに気づき、相手の正しさを認めようとする態度。

オ　自分の考えと相手の考えを比較して、両者の違いを見極めようとする態度。

問五　傍線部④「自分が新たな視点を得られるいいチャンス」とありますが、筆者はどのようなチャンスが得られると考えていますか。具体的に八十字以内で説明しなさい。

問六　傍線部⑤「日本人である私がコマンダーを務めていることに、何かの縁を感じながら」とありますが、ここで筆者が感じたこととしてもっとも適当なものを次の中から選んで、記号で答えなさい。

ア　本来持ちこむべきでない国家間の対立を持ちこんだロシアとアメリカのクルーに対して、両者を客観視できる日本人だからこそ、両者の過《あやま》ちを気づかせることができた。

イ　国家間の対立に影響を受けてわだかまりをもつロシアとアメリカのクルーに対して、異なる視点に立つことができる日本人だからこそ、クルーとしてすべきことを両者に問いかけることができた。

ウ　欧米とロシアの緊張状態の影響によって対立を深めたロシアとアメリカのクルーに対して、個人的な立場を優先できる日本人だからこそ、宇宙開発を優先すべきだと主張することができた。

エ　ウクライナ危機の影響によって互いを否定し合うロシアとアメリカのクルーに対して、当事国ではない日本人だからこそ、平和の重要性を伝えることができた。

オ　大国であるために自己主張が強いロシアとアメリカのクルーに対して、多様なものを認めざるをえない日本人だからこそ、組織として使命を優先すべきだと納得させることができた。

問七　本文の内容の説明として適当なものにはA、不適当なものにはBを、それぞれ答えなさい。

ア　宇宙飛行士はそれぞれの国の政策を最優先にして、プロジェクトに参加すべきである。

イ　相手の出身国の文化や歴史を知ることは、他者を理解する助けとなる。

ウ　国際協力プロジェクトを推進するためには、各人の持つ個性を優先した方がよい。

エ　コミュニケーションで大事なのは、相手と自分が異なる存在であるという認識を持つことだ。

オ　宇宙開発の発展だけを考えたからこそ、様々な国から参加するクルーが一致協力できた。

三　次の①～⑤の傍線《ぼうせん》部のカタカナを漢字に改めなさい。

①　古い道具もていねいにシュウリして使い続ける。

②　テスト問題はまず落ち着いてジュクドクしましょう。

③　政治家たちがザダンカイで意見を話す。

④　ごはんのおかわりはヤマモりが良い。

⑤　試合でヤブれたので対策を考えよう。

江戸川学園取手中学校（第一回）

―50分―

□ 次の文章を読んで、後の問いに答えなさい。（抜き出しの問題に答える場合、句読点・記号は全て一字とする）

（吉田千紗子は中学三年生。担任である加賀美先生との個人面談に臨んでいる場面である。）

「私、ずっと知りたかったんです。先生たちが若い頃に何を考えていたのか。先生はいつ教師になろうと思ったんですか？」

「そうですね。わりと小さい頃から教師という仕事は意識の中にあったと思いますよ」

「どうしてですか？」

「父も教師だったからですかね」

ああやっぱりそうか……と、千紗子は（１）思いがした。これまでも三人の先生に教師を志した理由を聞いたことがある。年齢も、性別もまちまちだった彼ら、彼女らは、みんな（２）ように同じことを言っていた。親が教師だったから――

わかるようで、わからない理由だ。

「親が教師だとどうして子どもも教師になろうとするんですか？」

「不思議なことですか？　その仕事に就いている人が同じ屋根の下にいるんです。イメージは湧きやすいでしょう」

「それでも不思議です。だって他の職業ではあんまり聞かない話じゃないですか。なんか教師って異様に多いと思うんです。親が教師だから自分もっていう人。先生の親はそんなに尊敬できる人だったんですか？」

①話しているうちに少しずつ気持ちが昂ぶっていく。千紗子の弱点だ。幼いころから気が強いとよく指摘されていた。千紗子が熱くなると、波が引くように周囲の空気は冷めていく。困惑したような笑みがいくつも並ぶ。

先生は笑いはしなかったが、難しそうな表情を浮かべていた。

「それは絶対数の問題じゃないですかね」

国語科準備室に足を踏み入れたのは、中一の冬以来だ。当時、クラスの中で小さなイジメが起きていた。周囲の人間はおろか、いじめを受けている本人さえ事を荒らげようとせず、嵐が過ぎるのを静かに待とうとする中で、千紗子はそれを許すことができなかった。

一年次の担任を訪ねて戸をノックしたあの日の国語科準備室にも他の教師の姿はなく、今日と同じように静まり返っていたのを覚えている。

「絶対数って？」

べつに自分が特別正義感が強い人間とは思っていない。友だち思いであるわけでもなく、周囲の人が言うように気が強いとさえ思わない。ただ、納得できない話を「そういうものだから」と受け流すことができないだけだ。ちゃんと納得したいだけ。その気持ちがたぶん人よりも強いから、クラスメイトと同じようにイジメをやり過ごそうとした当時の担任を許すことができなかった。

加賀美先生が千紗子の目を見つめている。はじめて直視する先生の瞳は子どものように澄んでいて、白目の部分がやけにキレイなことが印象的だった。

「たとえば野球選手やタレントの子がその職業に就く割合とそう変わ

らないのではないかと思うんです。何せ百万人いると言われていますから」

「百万人ってなんですか？」

「この国の幼稚園から、小、中、高、それに養護学校なども含めた教師の総計です。すごいですよね。日本人の百数十人に一人が教師なんですから。そのうちのどれほどの人が家庭を築き、子どもを持っているのかは知りませんが、やはり他の職業の方よりは目につくのではないでしょうか。ただ――」

先生は何かを言いかけてためらった。普段冷静な加賀美先生にしてはめずらしいことだ。

「ただ、なんですか？」

追及するように続きの言葉を求めると、先生はいたずらっぽく肩をすくめた。

「すみません。べつにたいした話ではないのですが、僕の場合は状況が少し違って、教師をしていた父の姿を見たことはないんです。というよりも、父そのものを知りません。僕が二歳のときにガンで亡くなっていますので。なので、きっと父の影響はあるだろうと思いつつ、具体的にどう影響しているのかというのはあまり考えたことがありませんね」

だったら、どうして先生になったのか？　その疑問は形を変えて胸の中に居残ったが、それ以上の質問は受けつけまいというふうに先生は首を横に振った。

「そうか。吉田さんのお父さんもたしか小学校の教師でしたね」

加賀美先生が手もとの資料を手に取った。「母もです」という言葉が、②自分でも驚くほど刺々《とげとげ》しく口をつく。

先生はやさしい笑みを崩さない。

「ご両親ともですか。それは、きっと大変だったでしょう」

「誰がですか？」

「もちろん、吉田さんがですよ。ご両親も大変でしょうけど、その煽りを受けている吉田さんはもっと大変だろうとお察しします」

③千紗子は不意を打たれた。誰にも明かしたことのなかった心の内だ。たいして広くもない家で、父も、母も、自分こそが世界で一番忙しいという顔をしている。小さい頃は教育に理想を抱くそんな両親を千紗子も誇りに思っていたが、いつの頃からか④違和感を抱くようになっていた。

そのきっかけも覚えている。帰宅の遅くなった母の代わりに夕飯を作り、三つ下の妹と二人でテーブルについたときだった。そんなの慣れっこだったし、むしろそうして両親が自分を信頼してくれることを得意に思っていたはずなのに、その日はなぜか心がささくれ立ち、苛立ちを抑えることができなかった。

どうして他の家の子どものために、自分の家の子どもが蔑《ないがし》ろにされなければいけないのだろう？

そんな疑問がはじめて芽生えた。いや、ずっと蓋をしていた不満や憤りが、はじめて堰《せき》を切ったように溢れ出たのだ。

それが千紗子の十一歳の誕生日だったのもきっかけの一つだったと思う。普段の母は自分の考えこそが正しく、ミスを認めず、決めつけるようなことばかり口にする。そんな人が、千紗子だけが持たされていたキッズ携帯に『本当にごめんね。誕生日なのに。日曜日にちゃんとみんなでお祝いしようね』と、妙にやさしいメッセージを送ってきた。

⑤いっそ妹の結花子のように忘れていてくれた方が気は楽だったかもし

れない。気づくと、千紗子は涙をこぼしていた。具体的な内容は知らなかったが、その時期、母が勤めている小学校で大変な問題に巻き込まれているのは気配でわかっていた。

だから帰れないのは当然だという気持ちと、許せないという思いとが胸の中に複雑に入り乱れた。『どうしたの、お姉ちゃん。大丈夫？』と心配する結花子の声までわずらわしくて、その夜は自分の部屋に引きこもった。

母という人間に対しても、⑥教師という仕事にも、愛憎が常に入り混ざっていた。どちらにしても、子どもはその煽りを受けている。少なくとも千紗子はそれをずっと感じていたが、こんなふうに誰かに認められた記憶はこれまでない。

そんなことを思う一方で、先生自身の家族の存在が言葉の端に見て取れた。始業式の日、最初のホームルームで、先生はたしか「娘が二人」「上の子はみんなと同じ今年中学三年生」と言っていた。

「先生も家族に迷惑をかけてるんですか？」

口にしてはじめて恩着せがましい言葉だと認識するが、訂正しようとは思わない。泣きたいのを堪えるのに必死だった。

先生は小さくうなずいた。

「間違いなくかけていますね」

「先生の娘さんは先生のことどんなふうに思っているんですか？」

「さあ、それはどうでしょう。頼りない父親と思われているのは間違いないと思いますが。幸いうちは妻と娘たちの関係は良好ですので」

「先生の――」

そこまで言ったところで言葉に詰まった。千紗子は唇を嚙みしめる。

先生は上目遣いに千紗子を見つめた。

「なんでしょう？」

気づかないフリもできたはずなのに、先生は逃してくれなかった。続きの言葉が気になったのだろう。

千紗子も先生の目を見つめ続けた。視線を逸らした瞬間、涙がこぼれそうでこわかった。

「先生の娘さんたちも、やっぱりいつか教師になろうとしているんですか？」

しばらくの沈黙のあと、千紗子はようやく切り出せた。それは自問に近かった。子供を蔑ろにしてまで生徒たちに情熱を注ぐ両親が許せない。その気持ちは間違いないのに、教師として働く二人を、とくに母親を尊敬してしまう自分もいる。

自分はどうせ教師を目指す。その確信があればこそ、尋ねなければならなかった。どうして自分はそれでも教師になろうとするのだろう。

「どうなんでしょうね。いまはそんな素振りをまったく見せていませんが」

千紗子は食らいつくように質問を続けた。

「仮に教師になろうとしていたら、いまの娘さんたちにどんな声をかけますか？」

「うーん、そうですね。学校の行事を楽しむ努力をしなさいって伝えるかもしれません」

「行事？」

「ええ。修学旅行も、体育祭も、文化祭も、合唱コンクールも。もちろん普段の学校生活も、すべてです。楽しめなくてもいいんです。苦しい経験も血肉になる。ですが、せめて学校を楽しもうとしなかった人間に、親としての僕は子どもを預けたいと思いませんから。最初から諦めている人に教師になってほしくありません」

心の内を見透かされた気がした。千紗子は学校が楽しい場所だなんて思ったことがない。気の合う友人もいないし、合唱部だって暇つぶしのために所属しているだけだ。

先週の修学旅行も観光地を巡っただけだった。ワクワクするようなドラマなんて一つも起きない。そんなものだと決めつけていたし、楽しもうなんて思えなかった。

「もし、娘さんたちが教師になるって言いだしたら、やっぱり先生はうれしいですか？」

なんとか落ち着こうと努めた。先生にこちらを気にする素振りは見られない。「それはわかりませんね。いまの自分にそんな気持ちはありませんが、いつかの自分は喜ぶのかも知れません」

「どうして？」

「やっぱり自分の生き方を肯定してもらえる気がするからじゃないですか。取り繕うことのできない、むき出しの父の姿を見ていますからね、あの子たちは。そんな父の姿を見て育った子たちが、いつか自分の頭で考えて教師という道を選択してくれたのなら、それはやっぱりうれしいことなのだと思います」

きっとその日のことを想像したのだろう。先生はふっと目を細めた。

⑦千紗子はその表情に見覚えがあった。『二十年後の私』というタイトルだけが与えられた小学校の卒業文集。悩みに悩み、先生に提出するクラスメイトが少しずつ出始めた頃、千紗子はようやくペンを執った。

そんな作文ですら納得がいかなければ書き始められない自分の不器用さは、間違いなく母譲りのものだ。

最後はその気づきがペンを走らせる力になった。

『二十年後の私は小学校の先生になっている。大学で知り合った先輩と結婚もしていて、二人の娘に恵まれている。

もちろん子どもはかわいくて仕方がないけれど、私は一つのことに集中すると他のことが手につかなくなる性格だ。子どもたちにうしろめたい気持ちを抱きながら、生徒たちと真剣に向き合う毎日を送っている。』

必死に母を想像した。すると、母を母としてでもなく、もちろん教師としてでもなく、一人の人間として捉え始めるという不思議な現象が起きた。

自分の将来にかこつけて、母という人間の物語を紡いだ気がする。そうして完成させた作文を読み、母は今の先生と同じように柔らかく目尻を下げたのだ。

最後の一文に、千紗子はこんな言葉を選び取った。

『それでも私は自分の信じた道を突き進むしかないのだ。教師になったことを、私は絶対に後悔しない。』

壁の時計が目に入った。面談が終わる時間まであとわずか。このあとも何人かの生徒の面談が控えている。

「先生は教師になって良かったと思っていますか？」

二十分間、ほとんど千紗子の方から質問していた。その自覚はあったが、ギリギリまで先生と話をしてみたかった。

【早見和真「春までのセンセイ」（『小説推理　二〇二三年三月号』〈双葉社〉掲載）　問題のため一部文章を改めた】

問一　空欄１・２に入れるのに適切な言葉を記号で答えなさい。

ア　火が消えた　イ　判で押した　ウ　口車に乗る
エ　舌を巻く　オ　腑に落ちる

問二　傍線①とあるが、自分の性格について、周囲からの評価とは別に自分でどう考えているかを述べた段落を探し、初めの三字を答えなさい。

問三　傍線②とあるが、なぜ「自分でも驚くほど刺々しく」なったかの理由として最も適切なものを本文全体を踏まえて次から選び、記号で答えなさい。

ア「いたずらっぽく肩をすくめた」先生の姿に、生徒の前に立つ教師としての資質に疑問を感じたから。
イ「たしか」という先生の言葉に、父の職業を意識せずに話をしていた先生に不信感を覚えたから。
ウ「父そのものを知りません」という先生の事情も考えずに、親の職業が子に影響する話をしている自分に腹が立ったから。
エ　先生の「吉田さんのお父さんも」という言葉に、母親の存在が軽く扱われたような気がしたから。

問四　傍線③とあるが、それはどのような事実があったからか。それを述べた部分を含む段落を探し、初めの三字を答えなさい。

問五　傍線④とあるが、その「違和感」を具体的に述べた一文を探し、初めの三字を答えなさい。

問六　傍線⑤とあるが、その理由として最も適切なものを次から選び、記号で答えなさい。

ア　母親に自分のミスを認めるメッセージを送らせずに済むから。
イ「忘れていたのなら仕方がない」と考えることができるから。
ウ　妹に自分の誕生日を知られてしまうのは気が重いから。
エ　大事なことを忘れるくらい嬉しいことがあったと思えるから。

問七　傍線⑥とあるが、「教師という仕事」に対する「愛憎」について具体的に述べた部分を含む段落を傍線部より後から探し、初めの三字を答えなさい。

問八　傍線⑦とあるが、その「見覚え」のある表情が書かれている部分を含む一文を探し、初めの三字を答えなさい。

問九　千紗子は母がどのような教師生活を送っていると考えているか。答えとして最も適切な一文を探し、初めの三字を答えなさい。

□二　次の文章を読んで、後の問いに答えなさい。（抜き出し、論述の問題に答える場合、句読点・記号は全て一字とする）

「え、それいつだよぉ！　何時何分何秒？」
「地球が何回まわったときぃ!?」

子どもの頃のこんな口げんかに身に覚えのある人も多いかもしれません。私は負けん気の強い子どもでした。幼馴染みの男の子たちとの言い合いがエスカレートすれば冒頭のセリフは常套句です。言われたほうは返事に困ってごにょごにょするので、先に「言ったモン勝ち」。

あれから約45年の今思うに、「　Ｘ　」の起点はいつなのか。そもそも「まわる」は公転なのか自転なのか……。起点が地球誕生時ならば、地球は46億歳だから、公転した回数はざっくり46億回ほどでしょうか。自転も割り切ってえいやっと公転を365倍してみれば、1兆6790億回。あるいは、起点を人ひとりの誕生の瞬間にするなら、私の場合は公転51回、自転1万8600回余り。

　地球に比べてわずかな回数の私は、5年前に天文学の研究機関を飛び出して①宇宙を届ける仕事を始めました。届け先は、保育園や児童センター、学校、公民館など、コンパクトな機材をもって、あるいは一緒に活動してくれる演奏家やボランティアの皆さんと一緒に、地域の方々に宇宙の話をしています。本稿は、読者の皆さんも一緒にどうでしょうか、というお誘いです。

　今、大きくジャンプして宇宙へ飛び出すとしましょう(ぜひ想像してください)。足元に輝く地球、その先の黒い空間に目をやれば、人がどれほど願っても触れることのできない領域が広がっています。宇宙空間にはもちろん空気がなく、そのため音もありません。足をつけるべき地面はなく、温度はマイナス270度の極寒。目には見えませんが、太陽や銀河系の彼方からやってきた高エネルギーの放射線(宇宙線)が飛び交います。

　宇宙空間を地球30個分ほど行くと、一番近い天体に到着します。地球のアエイセイ、月です。距離にして約38万km、大人の足で歩き続けて11年ほどのところです。

　さらに地球1万個分ぐんと離れれば、太陽に出会います。太陽は大きく、直径は地球の109倍、月の400倍もあります。

　もっと遠くから太陽系全体を俯瞰しましょう。太陽のまわりを公転する天体のうち、3番目の軌道にのる小さな岩の惑星が地球です。地球は誕生から46億年。物理法則にしたがって46億回まわった岩は、太陽がある限りこの先もまわり続けるでしょう。地上の私たちは皆、宇宙からは見分けることはおろか、見つけることすら難しい存在です。それでも悠久の時間の中で、②淡々とまわり続ける岩の表面に確かに存在していて、同じ時代の地上すべてと一緒に、命あるかぎり広大な宇宙空間を旅してゆく、ともいえます。

　人は日々、目の前のことに一生懸命です。気づけば③近視眼的になっているし、現代社会でひたむきに頑張るほど、情報に振り回されたり人と比べたりして心が疲弊することもあります。私の周りでは、学校になじめないことで苦しむ子どもも少なくありません。

　人生においてどうにも前に進めない時、大きく自分を俯瞰することで目の前の問題がちっぽけに思えたり、少しイレイセイになったり、心が軽くなったりした経験はないでしょうか。宇宙の話をしていてもそんな声をよく耳にします。時間空間ともに極端な値をとる宇宙の話題は、④マクロとミクロの視点を自然に行き来することになって、余裕をなくした私たちの心を癒し、ものごとを大きく俯瞰する良いツールになるのでしょう。巨大な宇宙空間と小さな自分。宇宙138億年の歴史と限りある命の時間。何者でもない自分とかけがえのない自分。同一性と多様性――。宇宙を知ることは、ウユウゲンの命をもつ自分を知り、時間をどう使うか、自分にとっての幸せや、本当に大切なもの、守るべきものは何なのかを捉え直すことにもつながります。

　【さて、⑤ロマンであり癒やしである宇宙は、同時に⑥無慈悲な現実世界でもあります。地球は宇宙空間を運動する岩の塊だからです。内部が活発な天体ですから、地表ではこれからも火山の噴火や大地震が起きていくでしょう。太陽の表面では太陽フレア(爆発現象)が起きていて、巨大なフレアは地球で[エ]シンコクな磁気嵐を引き起こし、あらゆる電子機器に甚大な被害を与える恐れがあります。（Ｙ）、あまり知られていませんが、地球には常に天体衝突の脅威(巨大隕石の落下)があります。これは太陽系内を運動する天体の宿命です。実際、２０２２年にも危険性の高い小惑星が新たに発見されています。

（Ｚ）、今日の暮らしは宇宙のできごとの上にあります。生命は運よく38億年にわたって地球表面でバトンをつないできましたが、だからといって明日の⑦□□はないのです。私たちが宇宙の現実に無頓着で、大きく手を組むことも渋っていれば、ささやかな日常はいつか全停止してしまうでしょう。

とはいえ、高度な知的生命体には選択肢があります。たとえば、天体衝突の問題では、２０２２年に小惑星の軌道を直接変える[オ]ヤシン的な実験がありました。世界的に天体衝突の問題に取り組むプラネタリー・ディフェンスの活動は、個人が支援することもできます。また、宇宙という「究極の共通テーマ」で各国の子どもや大人をオンラインでつなぐ実践もあります。これは、世界共通の天文現象を軸にそれぞれの文化や学びを紹介し合いながら、文化的背景をこえてつながろうとする取り組みです。ロマンと癒しがつまった宇宙の話題でより多くの人が大きな視点を鍛えれば、地球規模の課題に対する選択肢も増えそうです。】

宇宙から俯瞰する疑似体験は、自分の心に作用することも、人間存在を巨視的に問うこともあります。しかも、お金はかからず、時も場所も選びません。誰でも自分のために今すぐ実践できるし、身近な人はもちろん、その気になれば世界中で共有することもできます。宇宙の話題は全世界の共通項で、全員が当事者(主人公)です。

では、当事者の一人、これを読むあなたは何からチャレンジしてみますか？　参考までに、ある小学校で宇宙のお話をした後に子どもたちが書いたメッセージを紹介しましょう。大人も子どもも、まずはここが出発点です。

〝みんなこの小さい地球に住んでいると思うと、もっと世界は広がっているんだし、いろいろな見方をして生きていかなければいけないな、と思いました〟

〝ぼくは、プラネタリウムを見て、どうして自分がうまれたか考えました。このちきゅうでうまれてうれしいと思いました〟

さて、そんなわけで私は今日も言ってまわるとしましょう。

⑧「キミはいつ地球に生まれたの？　地球が何回まわったとき？」

ご一緒に、身近な人といかがですか。

【野田祥代「地球がまわるとき」(『群像　２０２３年２月号』〈講談社〉掲載)　問題のため一部文章を改めた】

問一　空欄Ｘに入れるのに適切な言葉を文中から五字で抜き出しなさい。

問二　傍線①とあるが、その内容として正しいものを次から選び、記号で答えなさい。

ア　幼い時から宇宙とつながる言葉を意識的に発することが、宇宙とつながりを持つ最大の方法であることを伝えること。

イ　全てを宇宙と関連付けて考えることが、人生を充実させる唯一の方法であり、常に宇宙を身近に感じる方法を伝えること。

ウ　宇宙のことを知ることによって、自分にとって本当に大切なものを捉え直すことができることを多くの人に伝えること。

エ　世界を戦争や災害から守るためには、人類がみな宇宙の知識を身につけ、理系の学力を向上させる必要があると世間に訴えること。

問三　傍線②とは何のことか。文中から抜き出しなさい。

問四　傍線③と対比となる言葉を文中から抜き出しなさい。

問五　傍線④とあるが、その内容を具体的に述べたひとかたまりの部分を探し、初めの三字を答えなさい。

問六　傍線⑤とあるが、困難な状況に置かれ精神的に疲れきってしまった人に対して、宇宙の話題がどのような効果をもたらすと筆者は考えているか。「～する。」に続くように、文中から二十六字で抜き出し、初めの三字を答えなさい。

問七　空欄Y・Zに入れる言葉の組み合わせとして正しいものを記号で選びなさい。

ア　Y　つまり　Z　ところが　　イ　Y　ところが　Z　ただし

ウ　Y　ただし　Z　また　　エ　Y　また　Z　つまり

問八　傍線⑦の空欄に入れるのに最も適切なものを記号で選びなさい。

ア　保証　　イ　保障　　ウ　補償

問九　傍線⑧は筆者が宇宙の話をするきっかけとして用いられているものである。こうした宇宙の話の特徴を表現した十四字の言葉を文中から探し、初めの三字を答えなさい。

問十　傍線ア～オのカタカナを漢字に直しなさい。

問十一　傍線⑥とあるが、宇宙が「無慈悲な現実世界」であることについての筆者の考えを【　】内の文章を要約する形で、八〇字以上百字以内で説明しなさい。ただし、「衝突」「日常」「選択肢」の三語を必ず用いること。

桜美林中学校（2月1日午前）

—50分—

＊　漢字で書くべきところは漢字で書いてください。
＊　解答に字数制限がある場合は、句読点なども字数として数えます。

一　次のそれぞれの問いに答えなさい。

問一　①～⑥の――線部のカタカナを漢字に直しなさい。

①　今日はからだのグアイが良い。　②　資金の不足をオギナう。
③　ものごとをアンイに考える。　④　図書のモクロクを整理する。
⑤　小数点以下をシシャ五入する。
⑥　ナイカク総理大臣に任命される。

問二　次の熟語と同じ成り立ちのものを一つ選び、記号で答えなさい。

「頭痛」
ア　作文　　イ　国営　　ウ　無害　　エ　作用

問三　次の四つの漢字は、ある共通する部首をつけると別の漢字を作ることができる。その部首名をひらがなで答えなさい。

先・由・酉・朝

問四　次の□に対《つい》になる漢字を入れて、四字熟語を完成させなさい。

空□絶□

問五　次のことばは慣用句である。（　）に入る漢字の総画数を漢数字で答えなさい。

足が（　　）になる。

二　次の文章を読んで、あとの問いに答えなさい。

近田《ちかだ》さんは顔を上げず、開いたままの歴史の教科書に目を落としていたが、しばらくして立ち上がった。話を聞く、ということだろうか。

僕《ぼく》たちは廊下《ろうか》に出た。

「近田さん、ごめん。①この前のは、ほんとじゃないんだ」

「……この前のって？」

近田さんと会話するのは二日ぶりだけど、一か月ぶりくらいの感じがした。

「ハセが近田さんを誘《さそ》って遊びたがるから、僕はしかたなく付き合ってるだけって言ったこと。僕が枝野《えだの》にそう言ってたの、聞いてたんだよね」

「うん」

近田さんは怒《おこ》ってるような、悲しんでいるような、その中間くらいの顔をした。

「あれはほんとじゃないんだ。べつに、ハセが誘うからしかたなく近田さんと遊んでいたわけじゃなくて……」

本当は近田さんと友達になれてうれしいし、もっと仲良くなりたいと思っている。そういうことを、僕は伝えた。でも近田さんは暗い顔をしたままだった。

「……ほんとに？」

②上目づかいで用心深げに僕のほうを見ている。

「うん」

「でも佐久田《さくた》君、わたしのこと一度もチカって呼んでくれなかったよ。やっぱりほんとはわたしと遊んだり、勉強教えたりなんかしたくなかったんだ。いつも少し、めんどくさそうな顔してたし」

「③それは……」

チカと呼ばないのには、ちゃんと理由がある。でも、それはちょっと言いにくい。

「友達ができたと思ったのに」

近田さんはなかなか僕のことを信用してくれなかった。やっぱり、すごく怒っているのだ。それだけ僕が彼女を傷つけたということでもある。

いったいどうすればいいのだろう？

近田さんを前にしてA途方《とほう》に暮れていると、

「チカ、そろそろ許してやってくれよ」

というハセの声がした。

ハセは、心配して僕と近田さんの様子を見に来たみたいだった。

「こいつ、かっこつけてクールなフリするところあるからなあ。おれはサクの性格知ってるからわかるけど、サクはチカと遊ぶの、ほんとはすごく楽しんでるんだ。勉強教えんのもさ。それはほんとだぜ」

まあ、勉強教えるのは、すごくいらいらするとき、あるけど。

ハセの説明にも、まだ近田さんはBいぶかしげな表情をくずさない。

「ハセ君はチカって呼んでくれるけど、佐久田君は近田さんとしか呼んでくれないよ」

「だーかーら、サクはシャイなんだって。照れちゃって、呼び方を変えられないだけなの。な、サク」

ハセは僕の肩《かた》を叩《たた》いた。

「そんなことより、④徳川埋蔵金《まいぞうきん》の暗号、新しい手がかりが見つかりそうなんだぜ、チカ」

「え、そうなの？」

と近田さんは言った。

「ハセ、昨日言っただろ、これ以上深追いは」

反射《はんしゃ》的に僕がそう言うと、ハセは［ 1 ］笑った。

「ほら出た。わかるかチカ。いまのがまさにそうだ。暗号のことだって本当は気になってるのに、いまみたいにクールなフリしてすぐかっこつけるんだ、サクは」

X（　）を指されて、たぶん赤くなっているであろう僕の顔を、近田さんはじーっと見つめた。

「……少し、わかった」

「お、わかった？」

少し、と近田さんはもう一度言った。

「サクも、いつまでも照れてないでチカって呼べよ。おれたちは、ハセとサクとチカの三人で長谷川調査隊だ」

「……うん。ごめん、近田さん」

「バカか、おまえは」

「――あっ、ごめん……チカ」

僕は慌《あわ》てて言い直した。

その二文字を口にする瞬間《しゅんかん》、胸から喉《のど》にかけて、バスケットボールくらいの大きさの緊張《きんちょう》がせりあがってくるような、［ 2 ］した苦しさを感じた。

近田さんは小さくうなずいた。許してくれたということだろうか？

本当は近田さんを前にすると、なぜかどきどきして、「チカ」と気安く呼べないなんてことは、僕の口からは絶対に言えるわけがないのだ。

それから、僕はまた彼女の勉強をみてあげるようになった。

僕は一度彼女を泣かせているので、どんなにいらいらしても、それを表に出さないようにすることに努めなければならなかった。

　彼女の理解力には限界があって、ひとりで教科書や参考書を読んでも、どうにも理解が追いつかないみたいだった。誰《だれ》かが横にいて解説をしてあげないと、書いてあることの意味がわからないのだ。学校の授業は近田さんのペースに合わせて進んではくれない。

　それにしても、彼女の、「勉強しなきゃ」という思いはどこから来ているのだろうか。

　僕は、教科書に書いてあることはすぐに理解できる。運動はできないけど、勉強に関しては要領がいい。勉強が苦手な人がいることはすごくよく理解しているつもりだけど、どうしても、僕の想像を超《こ》えて理解力のない様を見せつけられると、腹立ちを感じてしまう。そんな自分に、また腹が立つ。僕だって、すごく足の速い人に走りを教えられれば、どうしてそんなに［ 3 ］しか走れないのかと、腹を立てられるに決まっているのだ。それはとても傷つくことだろう。

　頭では、わかっているんだけどな、と思う。

　僕は、⑤近田さんが勉強に必死になっている理由を知りたい。

「あの、近田さん、そんなに無理しなくてもいいんじゃないかな」

「うん、でも、やらなきゃ」

　と近田さんは言う。

「前から気になってたんだけどさ」

　と僕は言う。「もしよかったら、近田さんが、どうしてそんなに勉強をがんばってるのか、聞かせてもらえないかな」

　僕は初めて、彼女が勉強に励《はげ》む理由をたずねた。

　近田さんは教科書に目を落として、静かになった。あれ、これじゃ、前と同じじゃないか。教科書に、ぽとんと涙《なみだ》が垂《た》れるんじゃないか。なんでだ？　怒ってないのに。ただ理由を聞いただけなのに。と焦《あせ》る僕に、

「お姉ちゃん、起きないんだ」

　と近田さんは言った。教科書に涙は垂れていなかった。

「お姉ちゃん、ずっと起きないんだ」

　近田さんは、泣いてはいないけど、何かにしがみつくみたいな必死な顔をしている。

　お姉ちゃん、病院にいて、もう、一年以上も起きなくて、いつ起きるかわからなくて、お姉ちゃんはすごく優《やさ》しくて、勉強ができて、フルートが上手で、お父さんにもお母さんにも、いつもたくさんほめられてて、だから、わたしはすごく勉強ができるようにならなきゃいけなくて、お父さんとお母さんが、違《ちが》う町に住もうっていうから、引っ越してきて、四葉のクローバーは願いが叶《かな》うから、百個集めようって思って――、

　近田さんの、ぐちゃぐちゃな話をまとめると、こんなことだった。

　近田さんには、四つ歳上《としうえ》のお姉さんがいる。

　お姉さんは明るく快活で、そのうえとても優秀《ゆうしゅう》で、中学では生徒会長を務めていた。その町で一番の進学校に進んだ。吹奏楽部《すいそうがくぶ》では、フルート奏者として一年生でレギュラーを取った。お姉さんはとても面倒見《めんどうみ》がよく、近田さんと連れ立ってよく出かけていた。近田さんはお姉さんのことが好きだった。近田さんには夏祭りに一緒《いっしょ》に遊びに行ってくれる友達がいなかったので、お姉さんに一緒に行ってもらった。これは僕の予想だけど、近田さんのお姉さんは、近田さんのことを心配して、すごくよく面倒を見てくれていたのではないか。少なくとも、もしも近田さ

んが僕の妹だったら過剰《かじょう》に目をかけずにはいられないだろう――ともかく、去年の夏、お姉さんは近田さんとともに夏祭りに行った。その帰り道に、飲酒運転のバイクがお姉さんをはね飛ばした。二人は歩道を歩いていたが、そこにバイクが突《つ》っ込《こ》んできたのだった。車道側を歩いていたのは、お姉さんだった。バイクに激突《げきとつ》され、お姉さんは宙を舞《ま》った。頭を打って意識を失い、救急車《きゅうきゅうしゃ》がやってきて、病院に運ばれ治療《ちりょう》を受けたが意識は戻《もど》らず、医者に、「一生このままかもしれません」とドラマのようなセリフを言われた。

　近田さん一家は環境を変えようと、近田さんの小学校卒業を待ち、近田さんのお父さんの実家がある町に引っ越《こ》してきた。それがここだ。

　近田さんは、お姉さんが宙を舞う瞬間を目の前で見ていた。自分がはねられたほうがよかったのじゃないかと彼女《かのじょ》は思った。どうしていろんなことがうまくできない自分ではなく、なんでもできる姉が寝《ね》たきりにならなければいけなかったのか。

　近田さんは、お姉さんの意識が戻るためにできることをなんでもした。四葉のクローバーを百枚集めたり、流れ星が消えないうちに三回、「お姉ちゃんが目を覚ましますように」と唱えたり、そういう、まったく、なんの根拠《こんきょ》もない迷信《めいしん》からくる行動を。近田さんの知識では、それくらいしかできることがなかった。

　お姉さんの意識はひと月たっても二月たっても、半年たっても戻らなかった。指が一ミリ動くことすらなかった。もしかしたら、医者の言っていたように、もう、このまま一生戻らないこともあるのではないか、と近田さんは思った。だから近田さんは、お姉さんができたことを自分ができるようにならなければいけないと思った。勉強もできて、フルートも吹けるようにならなければいけないのだと。

　でも近田さんには、その両方を姉と同じくらいできるようになることは無理だと、自分でわかっていた。だから、勉強だけにしぼることにした。お姉さんの代わりに、自分がたくさん勉強をして、少しでも、優秀だったお姉さんに近づかなければいけないと思った。

「わたし、どうしてこんなに、なんにもできないのかなあ。サク君が、一生懸命《けんめい》教えてくれてるのに、どうしてわたし、ちっとも、わからないのかなあ。お姉ちゃんなら、できるのに、どうして、わたし、できないのかなあ」

　近田さんは［4］涙を流した。

　お姉ちゃんなら、できるのに、という言葉に、⑥僕の胸は、すごく痛くなった。

　近田さんは、全然悪くないじゃないか。

　どうしてそんなことが起こるんだ。

　自分よりできるきょうだいが、呼吸しかできなくなってしまったときの気持ちは、どんなふうだろうか。とてもつらいだろうと想像することしか、僕にはできない。

　僕は、近田さんに対して、何も言ってあげることができなかった。

（小嶋陽太郎『ぼくのとなりにきみ』〈ポプラ社〉より）

問一　［1］～［4］に入ることばとして適切なものを次の中からそれぞれ選び、記号で答えなさい。（ただし、同じものは使えない。）

ア　ぎゅっと　　イ　ぽろぽろと　　ウ　ニヤリと

エ　オロオロと　　オ　ちんたらと

問二　〜〜線部A・Bの本文における意味として適切なものを次の中か

らそれぞれ一つ選び、記号で答えなさい。

A 「途方に暮れている」
ア　心を奪《うば》われてぼんやりしている。
イ　本音をかくしてだまっている。
ウ　自信を失ってあきらめている。
エ　うまい方法がなくて困っている。

B 「いぶかしげな」
ア　悲しそうな　　イ　疑わしそうな
ウ　怒っているような　　エ　あきれているような

問三　═線部X「（　）を指されて」は、「言い当てられる」という意味の慣用句である。（　）に入る適切な漢字二字を答えなさい。

問四　――線部①「この前のは、ほんとじゃないんだ」とあるが、「この前」とはどのようなことを指しているか。文中のことばを用いて三十五字以内で答えなさい。

問五　――線部②「上目づかいで用心深げに僕のほうを見ている」とあるが、このときの近田さんのようすとして適切なものを次の中から一つ選び、番号で答えなさい。
1　僕に嫌《きら》われていると思い、あだ名で呼ばない理由を直接言われてこれ以上傷つきたくないと思っている。
2　自分と仲良くなりたいと言う僕の言葉をうれしく思う一方で、あだ名で呼ばれないことを悲しんでいる。
3　なかなかあだ名で呼ぼうとしない僕のことをすぐには信じることができず、僕の本心を探《さぐ》ろうとしている。
4　あだ名で呼んでくれない僕のことをあまりこころよく思っておらず、僕に対して素直《すなお》になれないでいる。

問六　――線部③「チカと呼ばないのには、ちゃんと理由がある」とあるが、その理由を「～から」につづくように文中から三十五字以内で探し、初めと終わりの五字をぬき出しなさい。

問七　――線部④「徳川埋蔵金の暗号、新しい手がかりが見つかりそうなんだぜ」とあるが、なぜハセはこのような話題を出したのか。その理由として適切なものを次の中から一つ選び、番号で答えなさい。
1　かたくなになっている近田さんの様子を見て、話題を変えることでその場の空気をなごませようとしたから。
2　僕が思わず反応するような話題をふることで、近田さんに手っ取り早く僕の性格を分からせようとしたから。
3　近田さんの前で照れてしまう僕をもどかしく思い、僕が素直に自分を見せられるような話題を出そうとしたから。
4　僕が得意な勉強の話題を出すことで、僕が照れて表現できない近田さんへの思いをはっきりさせようとしたから。

問八　――線部⑤「近田さんが勉強に必死になっている理由」とあるが、それを説明した次の文の（　）に入ることばを四十字以内で答えなさい。

事故にあったお姉さんが（　　　　　　　　）と思ったから。

問九　――線部⑥「僕の胸は、すごく痛くなった」とあるが、それはなぜか。その理由として適切なものを次の中から一つ選び、番号で答えなさい。
1　自分とお姉さんを比べて悩《なや》む近田さんのつらく悲しい状況を知り、近田さんの気持ちに同情したから。

2　お姉さんのことで苦しんでいる近田さんを前にして、何もしてあげられない自分の無力さを痛感したから。
3　病院にいるお姉さんのために必死に行動し、無理をしているように見える近田さんが心配になったから。
4　どんなにできなくても決してあきらめず、お姉さんのために努力し続ける近田さんの姿勢に感動したから。

問十　「僕」の人物像として適切なものを次の中から一つ選び、番号で答えなさい。
1　誤解されやすい一面もあるが、温厚な性格でだれに対しても分けへだてなく接することができる人物。
2　勉強に関しては友人に教えられるほど得意であるが、自分の感情を他者に表現できない気弱な人物。
3　不器用で冷たい印象を持たれることもあるが、困っている他者を放っておけない正義感のある人物。
4　恥《は》ずかしがり屋で思いが伝わらないこともあるが、他者の心の苦しみを感じ取ることができる人物。

三　次の文章を読んで、あとの問いに答えなさい。

なぜマスク姿が異様《いよう》に映るのか

日々、他人の視線を怖《おそ》れる人は、べつにコロナ禍《か》が起こらなくても、以前からいた。花粉症《かふんしょう》の季節でないのにマスクをする、そんな人がいつのまにかすこしずつ増えていたような気がする。もろマスクをしている人だけではない。往来でも電車のなかでも、①人びとは見えないマスクもつけだしていた。まわりを「ないこと」にするというマスク。エレベーターのなかでたがいに視線が合わないよう宙を見つめる人。前に高齢《こうれい》者《しゃ》や妊婦《にんぷ》が立っていても、近くで騒《さわ》いでいる人がいても、気づいていないふりをしてスマホに見入る人。いや、気づいていないふりではなく、ほんとうに気づいていないのかもしれない。透明《とうめい》の耳栓《みみせん》で耳を塞《ふさ》ぐこと。あえてまわりの人に関心をもたないようにすること。そのことにわたしたちは知らぬまに慣れきっていたのかもしれない。

関心を英語でいえばインタレスト、それはラテン語inter-esseに由来する語で、直訳すれば、たがいに関係しあって(inter)あること(esse)。だから利害とも訳す。その意味では、まわりを「ないこと」にするとは、文字どおり関係をもつこと、他人に関与《かんよ》することを拒《こば》むということだ。

でも、②これを異例な事態と考えないほうがいい。マスクにあたるものをわたしたちはこれまでもずっとつけてきた。たぶんそこには二つの仕様があった。

一つは、「感染予防」。呼吸とともにウイルスが体内に入るのを防ぐというわけだ。何かを入れて何かを入れない。「感染」というのは、ここでは、たがいに別であるべきものが入り交じらないということ。そういう意味でなら、私生活や家族の生活を知られないように閉じる玄関《げんかん》のあの厳重な鉄製のドアがそうだった。登校が完了《かんりょう》するとすぐに閉ざされるあの学校の門扉《もんぴ》もそうだし、国という単位でいえば厳重な出入国管理もそうだ。ひとは個人や家族や国の内／外の境をこんなふうに強く意識し、また規制してきた、［1］そうさせられてきた。集合住宅のあの鉄の扉《とびら》など、まるで社会のいろんなほころびは最後は家族で処理しなさいと、中から開けるのではなくて外から閉められているみたいに見える。

人と人の交わりを規制する仕切り、そういう関所のようなものが社会のいたるところにある。もちろん、むやみに入り交じってはならない「別にあるべきもの」は、わたしたちが選んだというよりは、社会のA暗黙《あんもく》の約束としてあるものだ。だからほんとうはそういうかたちでしかありえないというようなものではないはずだ。

もう一つ。じぶんをむきだしにしないという意味では化粧《けしょう》や衣服もマスクと（Ｘ）に変わらない。マスクはたしかに、じぶんというものを護《まも》るために、じぶんとは異なる〈他〉との接触《せっしょく》を遮《さえぎ》る皮膜《ひまく》ではある。いいかえると、〈他〉との仕切りをきちんとしておかないという強い意識があるからひとはマスクを装着する。《ア》そうだとしても、しかし、マスクはじぶん（たち）の〈内〉を〈外〉にたいして隠《かく》すものだとは単純にはいえない。

③マスクは今でこそ異例に見えるが、顔をむきだしにすることのほうが、文明社会ではずっと異例だった。これはBやんごとなき階層の人たちだけかもしれないが、かつて公家《くげ》は眉《まゆ》を消してそのすこし上にそれこそ繭型《まゆがた》に額に描《か》きなおした――表情の微妙《びみょう》な変化が眉の線に出ない――し、婦人は横髪《よこがみ》を垂《た》らしたり、扇子《せんす》を当てたりして表情を隠した。《イ》現代でも、女性は丹念《たんねん》な化粧で「すっぴん」を人前では見せないようにしている。

つまり、マスク姿が異様に映るのは、顔をむきだしにするのが世間の「普通《ふつう》」になったからだ。他人と至近距離《きょり》で接するのがあたりまえとなった都市生活では、たがいに妙《みょう》な思惑《おもわく》がないことを証明するために素顔《すがお》を晒《さら》す。それは、武器を持っていないことを証するために素手で握手《あくしゅ》をするのと似ている。

注1 峻別するということ

現代の化粧といえば、一時期、「ナチュラルメイク」という、それまでの化粧よりいっそう手の込《こ》んだ化粧法が流行《はや》ったことがある。まるでメイクしていない自然のままの顔みたいに見せるというのがそれ。ナチュラル（自然のままの顔）をメイクする（拵《こしら》える）というわけだ。素顔の擬《ぎ》装《そう》である。このとき素顔じたいが仮面になっている。《ウ》いや、そもそも本音を表情で隠すときも顔はすでに偽《いつわ》りの仮面である。その点では、［　④　］。だから、極端《きょくたん》なことをいえば、いずれマスクの装着が不要になっても、顔の下半分を白く、あるいは黒く塗《ぬ》りたくるようなメイクが現れても不思議ではない。いやじっさい、マスクにメッセージを描き入れて、Ｔシャツのようにそれを身につける人も出てきている。

ここで思い起こしたいのは、マスクという言葉じたいが顔と仮面をともに意味するということだ。《エ》マスカレードが仮面舞踏会《ぶとうかい》を意味するように、マスクは顔を覆《おお》う仮面であるが、同時に「彼は甘《あま》いマスクをしている」と言うように、顔そのものをも意味する。日本語なら「おもて」（面）がそうで、「おもて」は人が被《かぶ》るお面をいうとともに、「おもてをあげぇ」というように素顔も意味する。

マスクには、隠すこととは逆に隠されたものがより強く意識させられるという面もある。人が何かを隠せば隠すほど見たくなるという心根もそうだろう。［　２　］、身体のどこを秘せられるべき部位とみなし、隠すのかは、時代によって、さらに地域によって大きく異なる。便所といえばドアがつきものだが、そのドアがなくて代わりにお面が用意してあり、用を足すときにそれを装着するという文化もあったのである。さらに、顔をすっぽり隠すのがあたりまえの地域もあれば、顔をすっぽり覆えば罰《ばっ》せられる地域もある。

　これらに共通しているのは、表に出していいものといけないものとが峻別されているということ。峻別するといっても、ここに何か根拠《こんきょ》のようなものがあるわけではない。そのようにみなすのもまた暗黙の約束だということでしかない。というのも、そもそも自然には絶対に隠しておかねばならないものなどないからだ。でもその暗黙の約束を破ることは許されない。社会の秩序《ちつじょ》というものがそれによって崩《くず》れるからだ。

　秩序とは、人びとが世界をどのようなものとみなし、区切っているかということだ。世界のさまざまの（　Ｙ　）な要素を一つ一つ、不同のものの（対象）の集合として捉《とら》えなおしてゆくこと、よいものとわるいもの、正しいことと正しくないこと、有益なものと有害なもの、敵と味方をしかと区別すること。生存を（　Ｚ　）なものにするために、人びとはずっとそういう共有できる秩序をつくり、修正し、維持《いじ》してきた。混じってはならないもの、区別をあいまいにするものは、きびしく遠ざけられた。

[3] そういう秩序には、人種差別や身分差別、異邦人《いほうじん》の排斥《はいせき》というのがついてまわった。じぶん（たち）とは違《ちが》う者の排除《はいじょ》だ。それらは「身の安全を確保する」という名目で、マンションのドアや学校の門扉、都市の区画などに形を変えて今も残る。眼《め》をよくこらさないとそうとは見えないバリアーとして。

[4] これらのバリアー、とくに今わたしたちが回避《かいひ》を求められている⑤濃厚《のうこう》接触が、ほんらいは人びとの喜びの源泉であったこと、あることを忘れないでいたい。人を喜ばせて喜ぶ、人が喜んでいるのを見て喜ぶというのは、人の習性ともいえるが、おそらくヒトだけのものではなくて、家族や集団を形成してきた哺乳《ほにゅう》動物には大なり小なり身についた習性であろうと、身近な小動物を見ていて思う。子どももそれ以外の動物も、体を押しつけあい、なすりつけあって、戯《たわむ》れる。押しくらまんじゅうをしている子どもの楽しそうなこと！

　大人《おとな》だってそう。頭を小突《こづ》きあったり、肘鉄砲《ひじでっぽう》をくらわしたり、背中を撫《な》でたり、ふざけて顔を異様に近づけたりするのが好きなもの。狭《せま》い場所で肘をぶつけながら鍋《なべ》をつつくのも、体を思い切りぶつけあうスポーツも、性的な愛着も、大好きなのだ。そして生きていてよかったという思いも、そういう楽しみがあってこそ抱《いだ》ける。

　今、〝緊急《きんきゅう》事態〟のなかで、それとは逆に、無限定の人びととの接触に晒されざるをえない人、ウイルスに感染しやすい場で働かざるをえない人たちがいる。病院や保健所のスタッフであり、介護《かいご》・保育職であり、スーパーマーケットのレジ係であり、清掃《せいそう》業務従事者であり、役所の窓口であり、テレワークのできない肉体労働者であり、要は現場を離《はな》れられない人たちだ。家で仕事をできる人とこのときこそ外でみなを支える仕事に就《つ》く人。⑥その階層的分断が、先のバリアーの一つとしてあることも、このコロナ禍のなかでむきだしになった。

【鷲田清一「マスクについて」
（内田樹編『ポストコロナ期を生きるきみたちへ』〈晶文社〉所収）より】

注1・峻別《しゅんべつ》する……きっちりと区別する。はっきりと区別する。

問一 [1]～[4]に入ることばとして適切なものを次の中からそれぞれ選び、記号で答えなさい。（ただし、同じものは使えない）

ア　だから　　イ　ところで　　ウ　しかも

エ　けれども　　オ　あるいは

問二　（Ｘ）～（Ｚ）に入ることばとして適切なものを次の中からそれぞれ選び、記号で答えなさい。（ただし、同じものは使えない）

ア　流動的　　イ　合理的　　ウ　安定的　　エ　本質的

問三　～～線部Ａ・Ｂの本文における意味として適切なものを次の中からそれぞれ一つ選び、記号で答えなさい。

Ａ「暗黙の約束」

ア　多くの人に広く知れわたっている事実
イ　はっきりと書き表されてはいない決まり
ウ　だれもが自然と身につける習慣
エ　満たさなければならない一定の基準

Ｂ「やんごとなき」

ア　高貴で身分が高い　　イ　勤勉で社会的信用が高い
ウ　知的で教養がある　　エ　裕福《ゆうふく》で心にゆとりのある

問四　本文には次の一文がぬけている。文中の《ア》～《エ》のどこに入れたらよいか、記号で答えなさい。

西洋では20世紀になるまで、男性なら髭《ひげ》で表情を見取られにくくするのがあたりまえだった。

問五　――線部①「人びとは見えないマスクもつけだしていた」とあるが、これは「人びと」がどのようにすることを指しているか。文中から二十五字以内で探し、初めと終わりの五字をぬき出しなさい。

問六　――線部②「これを異例な事態と考えないほうがいい」とあるが、それはなぜか。その理由として適切なものを次の中から一つ選び、番号で答えなさい。

1　社会には〈他〉との交わりをはばむ仕切りが多く存在し、人びともまたじぶんの〈内〉と〈外〉を分けなければいけないという意識を持っているから。
2　社会で人びとはじぶんの〈内〉と〈外〉との区別をはっきりさせることになれてしまい、〈他〉に対して強い関心を持てなくなっているから。
3　人びとにはじぶんと異なる〈他〉との交わりを求める気持ちがあったが、社会の中でじぶんの〈内〉と〈外〉が交わる機会をうばわれてきたから。
4　人びとはじぶんの〈内〉と〈外〉との区別があいまいになることをおそれ、これまで社会の中でじぶんと異なる〈他〉とむやみに交わることをさけてきたから。

問七　――線部③「マスクは今でこそ異例に見える」とあるが、それはなぜか。その理由を文中から二十五字以内で探し、初めと終わりの五字をぬき出しなさい。

問八　［④］に入ることばとして適切なものを次の中から一つ選び、番号で答えなさい。

1　マスクの方が素顔に近いかもしれない
2　メイクの方がナチュラルであるといえる
3　マスクもメイクも基本的には変わらない
4　マスクとメイクには大きなへだたりがある

問九　――線部⑤「濃厚接触が、ほんらいは人びとの喜びの源泉であった」とあるが、その説明として適切なものを次の中から一つ選び、番号で答えなさい。

1　濃厚接触の中で人びとはたがいに喜びを分かち合い、よりよい人間関係を築くための方法を学んできたということ。
2　現在は回避を求められているが、人びとにとって濃厚接触は他者と喜びを共有する手段の一つであったということ。
3　そもそも人びとには濃厚接触に喜びを感じる習性が身についており、その中で家族や集団を形成してきたということ。
4　人びとは濃厚接触によって他者とコミュニケーションを図り、それは同時に生の喜びにもつながっていたということ。

問十　――線部⑥「その階層的分断が、先のバリアーの一つとしてある」とあるが、それを説明した次の文の（　A　）（　B　）に入る適切なことばを答えなさい。ただし（　A　）は五字程度で考えて答え、（　B　）は文中から十五字以内で探し、ぬき出すこと。

コロナ禍の中で（　A　）が〈他〉との区切りとなり、（　B　）というバリアーの一つとなっているということ。

問十一　本文の内容と合っているものを次の中から二つ選び、番号で答えなさい。

1　社会を守るためにつくられた共有の秩序は変わることがない。
2　人と人との交わりを規制する仕切りは社会のいたるところにある。
3　往来や電車の中では常にまわりの様子に気を配る必要がある。
4　メイクをしない自然のままの顔を見せることが現代の化粧の流行りである。
5　表に出しているものと隠したいものは時代や地域によって異なる。
6　〝緊急事態〟においてはどのような人々も外出するべきではない。

大宮開成中学校（第一回）

—50分—

※字数制限のある問いでは、句読点や符号（、。「」など）も1字と数えます。

一　次の各問いに答えなさい。

問一　次の——部のカタカナを漢字に直しなさい。

① シュウトクブツを交番に届ける。
② 友人の意見にビンジョウする。
③ 災害からフッコウする。
④ 地球はジテンしている。
⑤ 地震《じしん》が起きるヨチョウが見られた。
⑥ 彼《かれ》は趣味《しゅみ》も多く、ハクシキである。
⑦ 髪《かみ》をタバねる。
⑧ よくウれた柿《かき》を食べる。

問二　次の慣用句・ことわざを含《ふく》む文について、□に当てはまる漢字を答えなさい。

① 彼が東京に行くなんて□□（二字）の霹靂《へきれき》だ。
② 彼女《かのじょ》は沈黙《ちんもく》が続く会議で□□（二字）を切った。

問三　次の各文の——部が直接かかる部分を例のようにぬき出しなさい。ただし、句読点は含みません。

（例　雨が　降ったので、　洗濯物《せんたくもの》が　ぬれた。　解答＝降ったので）

① 少年は　お気に入りの　海辺で　真っ赤な　夕日が　水平線に　沈《しず》む　光景を　見つめた。
② この、　人類が　繁栄《はんえい》を　極めて　いくまでに　山積みに　なった　問題が、　今後　我々を　追い詰《つ》めて　いくだろう。

問四　次のグラフ中のテレワーク人口の割合の変化に着目し、そこから読み取れることを一つあげ、四十字程度で書きなさい。その際、（注意事項《じこう》）の1・2にしたがうこと。

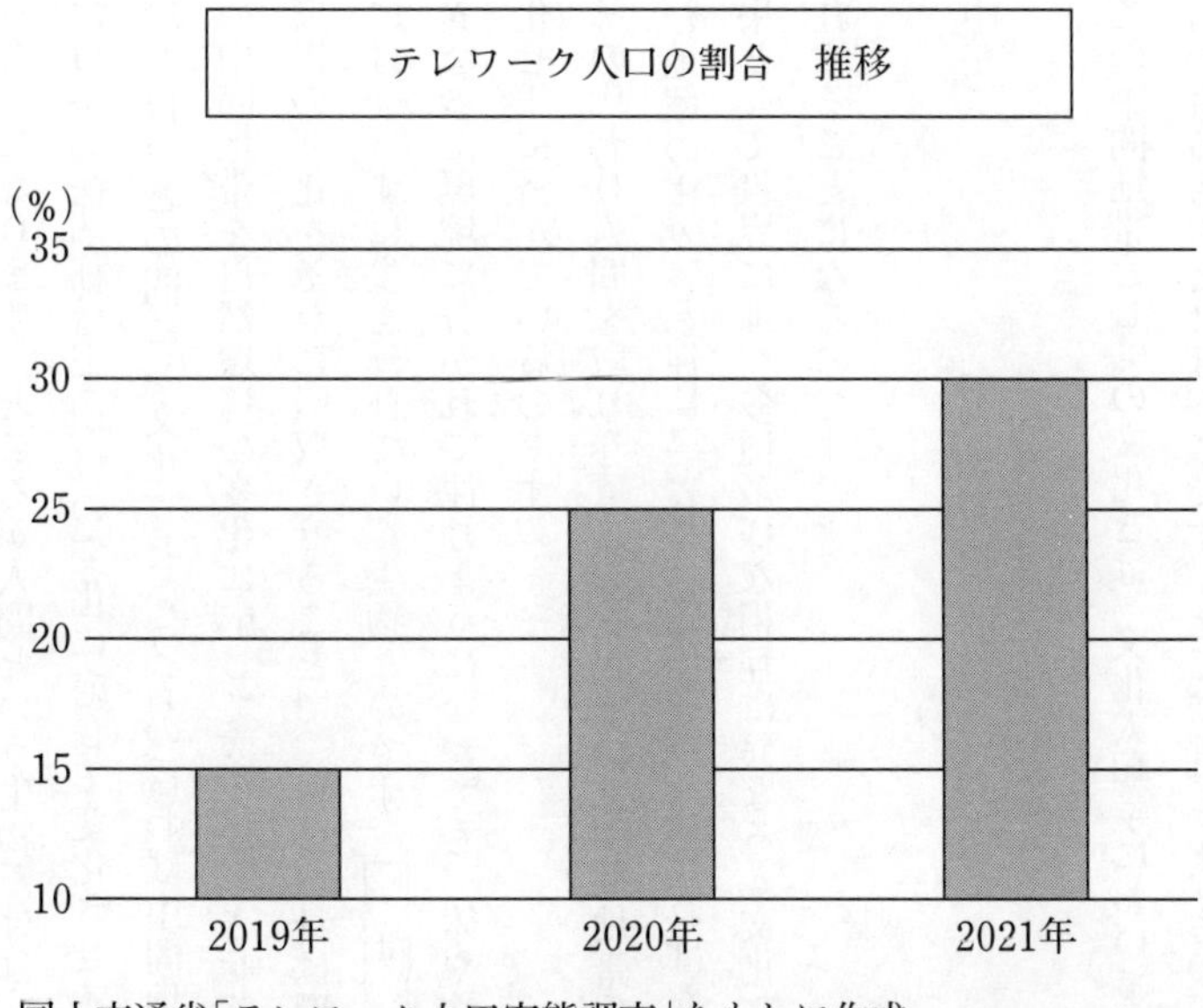

国土交通省「テレワーク人口実態調査」をもとに作成

※テレワーク人口…情報通信技術を活用した、場所や時間にとらわれない柔軟《じゅうなん》な働き方をしている人の総数

（注意事項）1 文の主語を明らかにすること。
2 数字を表記する際、次の例を参考にすること。
（例 二十％ 三十五％ 二〇一〇年 二〇一六年 ）

二 次の文章を読んで、後の問いに答えなさい。

1 我々人間は、現在南極大陸を除くすべての大陸の、あらゆる異なった環境《かんきょう》条件の下で生活しています。極寒の北極圏《ほっきょくけん》にも人間は住んでいますし、灼熱《しゃくねつ》の砂漠《さばく》という極度の乾燥《かんそう》地帯や、それとは反対の極めて雨量の多い雲霧林《うんむりん》にも人類は分布しています。また周りを海で囲まれた絶海の孤島《ことう》に住み着いている人々もいるのです。それなのに一体どうして人間という生物だけは、このように極端《きょくたん》に異なる環境の下に広がっても、①どこでも同じ人間としてあまり変化せずに生きていくことが出来るのでしょうか。もしかしたら人間という生物は体のどこかに、他の生物には見られない、体や性質が変化変容することを妨《さまた》げる、何か独特な※1平衡維持《へいこういじ》（ホメオスタシス）を司《つかさど》る器官でも持っているのでしょうか。

2 そうではありません。私の考えでは、人間だけが他の生物とは違《ちが》って、自分の体を環境に直接さらしていないから、が答えです。人間は他の全ての生物のようには、環境に密着して生きていないからなのです。

3 ※2以上のことを簡単にまとめると、一般《いっぱん》の生物は環境との関係が直接であるために、②常に自分を取り巻く環境の変化に巧《うま》く適合するようにと、自分の体や性質を少しずつ変化変形させて生きてきているのだということになります。ところが人間という生物だけは、他の生物のように自分の体や性質を環境の変化に応じて変化させることをせずに、環境と自分との間に『文化』という名の言わば中間地帯を介在《かいざい》させ、この中間地帯を自然環境の変化に応じて変化変形させる、［Ⅰ］自然環境の変化をそれに吸収させることで、自分自身は環境の変化を直接には受けずに生き延びていく生物なのです。［Ⅱ］人間は甚《はなは》だしく異なった環境に分かれて住むようになっても、体や性質はそれほど変化せずに済んでいるのです。

4 その代わり人間を取り巻くこの文化という中間地帯の形状や性質は、住む地域の様々な条件に応じて変化変貌《へんぼう》しなければならないために、結果として世界には、多種多様な相互《そうご》に異なる『文化』が［A］に存在することになるのです。

（中略）

5 この中間地帯としての文化とは、文化人類学において、〈広義の文化〉と言われるものとほぼ同じです。そこにはどんなものが含《ふく》まれるのかを具体的にあげますと、第一は食物を加工し食べやすくするための『道具』『火』の使用、そして寒さを防ぐための『衣服』、さらには雨露《あめつゆ》を防ぐための何らかの構造物、つまり『家』などです。

6 石や金属の刃物《はもの》があれば、動物のように、獲物《えもの》に直接噛《か》み付いて肉や骨を噛み砕《くだ》くための丈夫《じょうぶ》な牙《きば》や歯を持つ必要はありませんし、何らかの動物を殺して、その皮で体を覆《おお》うことができれば、一般の動物がするように長い毛を体に生やすことで、寒さを防がなくともよくなります。［Ⅲ］言語を使うことなども、人間を他の生物とは異なった特殊《とくしゅ》な生物にしている重要な文化の要素です。

7　なかでも言語は道具や衣服と違って、触《さわ》ったり目に見えたりするものではありませんが、環境からの刺激《しげき》や情報を人間が感知した結果を処理し、そのことを仲間に伝えることで、肉体的には強靭《きょうじん》さを欠く人間が、集団的に協力して様々な環境にうまく対処することに役立っています。この文化にはさらに各民族集団に特有の※3風俗《ふうぞく》習慣、儀礼《ぎれい》や宗教など様々なものが含まれますが、これらが生物としての人間を言わばすっぽりと包んで覆い、自然環境との間にあって環境の直接の影《えい》響《きょう》から人間を守っていると考えるのです。したがって③言語や風俗習慣、そして宗教までが、住む場所の環境によって違わざるを得ないのです。

8　この文化という中間地帯（あるいは領域 domain と言ってもよいと思いますが）は視点を変えると、人間と自然環境との間に介在して、環境の影響を人間が直接まともに受けないようにするための、言わば外界からの衝撃《しょうげき》を※4緩衝《かんしょう》したり吸収したりする一種の装置（ショック・アブソーバー）の役目を果たしていると考えることができます。そしてこの装置のおかげで、全生物の中で人間という生物一種だけが、自分自身の体の性質や形をそれほど変えずに、地球上のあらゆる異なった自然環境、たとえばすべてが凍《い》てつく極北の地から炎熱酷暑《えんねつこくしょ》の熱帯まで、さらには極度に乾燥《かんそう》した草木のほとんどない砂漠《さばく》地帯から、すべてが正反対の熱帯雨林にまで分布を広げながら、それでも種としての［B］を失うほどの性質や形状の変化を示さずに済んでいるのです。

9　※5先に述べたように、人間以外の一般の生物は、環境が変化すればそれに適応するために、自分の体を新しい環境に合わせて変えることで、生き残りを図ります。④〈水は方円の器に従う〉と言われるように、水は注ぎ入れられた容器の形を素早く自分の形としますが、これと同じように一般の生物はまさに新しい環境に出会うと、それにピタッと合うように自分の体や性質を変えることで、生き残りを図るのです。これに対し人間だけは自分を変えずに、〈自分を取り巻く文化〉を新しい環境に合うように変化させることで対応します。その結果として地球上の様々な異なる環境の下に、人間は自分自身の体や性質をあまり変えることなく、結果としてどこでも同じ人間として生き残ってきたのです。

10　このように※6生態学的に文化をとらえる考えは今まで提出されたことのない、文化がもつ人間にとっての働きの新しい解釈ですから、もう少し詳《くわ》しく説明しましょう。

11　たとえば自動車の車輪は、一般には空気を詰《つ》めたゴムのチューブが中に収められている弾力のあるタイヤが、路面の凹凸《おうとつ》などから受ける衝撃をうまく吸収して、車に乗っている人の体に衝撃がもろに伝わらないように作られた装置です。そして更《さら》にこの車輪そのものまでが、さらに強力な板バネ（またはコイル・スプリング）やダンパーと呼ばれる、油圧を利用した衝撃吸収装置との組み合わせを介して、車体に取り付けられているので、道路条件がいろいろと変化しても、車内の人は常に快適な状態を保つことが出来るのです。

12　⑤これと同じような仕組みを持つ特殊な装置を、人間は体の周りに張り巡《めぐ》らしているのだと考えてください。このような、自然環境からの様々な刺激や衝撃を和らげたり吸収したりして、それを人間の体に直接に伝えず吸収してくれる一種の衝撃吸収・緩衝装置に包まれ守られているからこそ、人間は他の動植物とは違って、大きく異なった環境条件の下に広がって住むようになっても、それぞれが人間として元々持っている、生物の種《しゅ》としての［B］を失うことがないのです。

13　その代わり、このような役目を担うことになった『文化』は、人間が異なる自然環境に住むようになれば、それに対応して人間を変化から守るために、それ自体が常に変化変容せざるを得なくなります。そして⑥文化の主要な部分を占《し》める言語も、当然自然環境の違いを受け止め処理すべく変貌します。ですから人間の言語のもつ驚《おどろ》くほどの多様性とは、住居や衣服の違いや風俗習慣、そして宗教の違い、また食べ物の種類や調理法の違いなどと組み合わさって、人間が地球上の、環境条件を甚だしく異にするどんな場所に住んでも、ほぼ同じ人間であり続けることを担保する重要な役割を果すものなのです。

14　［Ⅳ］人間の言語が持つ様々な音声や文法の違いを、直ちに人々の住む環境や風土条件の違いに結びつけて、明快に説明することは現段階では残念ながらできません。しかし用いられる語彙《ごい》の種類や性質に限れば、これらの違いは人々の住む環境と密接に関係し、その違いを反映していることはよく知られている事実です。

15　たとえば北極圏で雪と氷に一年中囲まれて生活している狩猟《しゅりょう》民族の使う言語には、それぞれ違った性質や特徴《とくちょう》を持っている氷や雪の、部外者の目には僅《わず》かな違いとしか映らない性質の相違《そうい》が人々の暮らしの安全や必要に大きく関わっているため、このような細かな違いは非常に多くの短い独立語で正確に言い分けられています。

16　ところが日本では冬だけ寒く時々雪が降るような場所でも、雪や氷についての独立語は、氷、つらら、雪、みぞれなどに限られていて、さらに細かい違いを表現したいときは、粉雪、綿雪などの複合語を用いたり、べとべとした雪とか、さらさらした雪といったように説明したりします。このような言い方で用が足りるということは、たくさんの短い独立語ですべてが区別できる言語の場合に比べて、雪が持つ暮らしにおける切実さが少ないと言えるのです。

17　ですから文化人類学者は、ある言語の語彙のすべてを概観《がいかん》※7すれば、その言語を用いている人々がどのような風土条件のもとで、何をどのように食べ、家畜《かちく》にどの程度依存《いそん》して暮しているかといったようなことを、大雑把《おおざっぱ》ではありますが、頭に描《えが》く※8ことができるのです。このことが、⑦言語は「ある人々の暮らしの概略を示す見取り図である」などと言われたりする理由です。

18　以上述べたような⑧『文化』のもつ調節機能のおかげで、人間それ自体は、どのような自然環境に置かれようとも、互《たが》いに同じ人間であり続けるという、生物としては極めて特殊例外的な存在となっているのです。

（鈴木孝夫『日本の感性が世界を変える　言語生態学的文明論』〈新潮選書〉による
問題作成のために本文を一部変更《へんこう》したところがあります）

※1　平衡……………………物事の釣《つ》り合いが取れていること。
※2　以上のことを簡単にまとめると…［1］段落以前の、人間以外の生物と環境に関する記述を受けての表現。
※3　風俗習慣……………………ある一定の集団社会の上で、広く一般に行われているしきたりやな

らわし。

※4　緩衝……………対立している物などの間にあって衝突《しょうとつ》や不和などを和らげること。

※5　先に述べたように……※2と同じ。

※6　生態学……………生物と環境の間の相互《そうご》作用を扱《あつか》う学問分野のこと。

※7　概観……………物事の全体を大まかに見渡《みわた》すこと。

※8　概略……………物事のおおよその様子。

問一　――部①「どこでも同じ人間としてあまり変化せずに生きていくこと」とありますが、「人間」が「どこでも同じ」ように生きていられるのは、なぜですか。次の文の、ア～ウの□に当てはまることばを、それぞれ本文中からぬき出しなさい。

人間は、環境と自分の間に言わばア□□□□(四字)としてのイ□□(二字)を存在させることで、ウ□□□□□□□(七字)による影響を、直接受けずに済んでいるから。

問二　――部②「常に自分を取り巻く環境の変化に巧く適合する」とありますが、「環境の変化に巧く適合」している例として**合っていないもの**を、次のア～エの中から一つ選んで、記号で答えなさい。

ア　硬《かた》い木の実の多いガラパゴス諸島にたどりついた小さな鳥のくちばしが、木の実を砕《くだ》いて食べやすくするために、太くて硬いものに進化した。

イ　強風が吹《ふ》くことが多い富士山において、カラマツの幹や枝が風を避《さ》けるために、上方向ではなく横方向へ伸びていくようになった。

ウ　アフリカの乾燥地帯に咲《さ》く菊《きく》の一種が、水分蒸発を少なくするために皮を厚くし、少ない水分を求めて根を地下深くまで広げていった。

エ　木がまばらに生える熱帯の草原で生活をしているヌーが、水や食《しょく》糧《りょう》を得るために、乾季と雨季の切り替《か》えに合わせて、大移動をした。

問三　Ⅰ～Ⅳに当てはまることばとして適当なものを、それぞれ次のア～オの中から一つずつ選んで、記号で答えなさい。ただし、同じ記号を二回以上選ぶことはできません。

ア　だから　イ　ところで　ウ　つまり

エ　ただし　オ　さらに

問四　A に当てはまることばとして最も適当なものを、次のア～エの中から一つ選んで、記号で答えなさい。

ア　原始的　イ　必然的　ウ　理想的　エ　本質的

問五　――部③「言語や風俗習慣、そして宗教までが、住む場所の環境によって違わざるを得ない」とありますが、それはどういうことですか。最も適当なものを、次のア～エの中から一つ選んで、記号で答えなさい。

ア　人間を環境の影響から守るために、各地域の環境が持つ様々に異なる特徴に応じて、異なる言語や風俗習慣、宗教が生まれてきてしまうということ。

イ　人間は環境に合わせて進化していくため、人間が住むそれぞれの環境に応じて、新たな言語や風俗習慣、宗教を生み出してしまうということ。

ウ　人間の住む自然環境が厳しくなると、人間は絶滅《ぜつめつ》しないようにするために、住んでいる環境に合った言語や風俗習慣、宗教を生み出さなくてはならなくなるということ。

エ　人間は環境が変わると、精神的に影響を受けやすいため、心の状態を細やかに表現できるように、さらに言語や風俗習慣、宗教を発達させなくてはならなくなるということ。

問六　二ヵ所の［B］に当てはまる共通したことばとして最も適当なものを、次のア～エの中から一つ選んで、記号で答えなさい。

ア　相互性　　イ　親和性　　ウ　多様性　　エ　同一性

問七　――部④「水は方円の器に従う」とありますが、このことわざに近い意味のものとして最も適当なものを、次のア～エの中から一つ選んで、記号で答えなさい。

ア　所変われば品変わる　　イ　火のないところに煙《けむり》は立たぬ

ウ　朱《しゅ》に交われば赤くなる　　エ　青は藍《あい》より出《い》でて藍より青し

問八　――部⑤「これと同じような仕組みを持つ特殊な装置」とありますが、ここでいう「自動車の車輪」と「文化」はどのような点で同じですか。最も適当なものを、次のア～エの中から一つ選んで、記号で答えなさい。

ア　どこにいても人間を人間らしく存在させる点。

イ　外界から受ける衝撃を和らげる点。

ウ　人間がそばにいないと存在できない点。

エ　地球上の至るところに存在している点。

問九　――部⑥「文化の主要な部分を占める言語」とありますが、「言語」にはどのような役割がありますか。本文中のことばを用いて、五十五字以内で答えなさい。

問十　――部⑦「言語は『ある人々の暮らしの概略を示す見取り図である』」とありますが、なぜそう言えるのですか。最も適当なものを、次のア～エの中から一つ選んで、記号で答えなさい。

ア　人間が厳しい自然環境に対応していく中で言語は多様化していったため、語彙の意味や文法の違いを調べれば、人々がどのように自然を克服《こくふく》してきたのかが想像《そうぞう》できるから。

イ　その地に住む人々が思いを共有するために言語は生み出されてきたため、その地域の言語の語彙の意味を調べれば、どのように相互理解を深めていったのかが分かるから。

ウ　言語が持つ語彙の種類や性質は、その言語を使う人々の住む環境と密接に関係しているため、使用されている言語を調べることで、その地域の人々の暮らしぶりを想像できるから。

エ　言語は文化も宗教も違う人々同士の交流の中で生み出されてきたものであるため、語彙の意味を正確に調べていけば、どのような交流をしていたかが分かるから。

問十一　――部⑧「『文化』のもつ調節機能」とありますが、これについて大宮開成中学校の先生と生徒が話し合いました。これを読んで後のア～エの□に当てはまることばを、それぞれ本文中（⑩～⑭段落）からぬき出しなさい。

大場さん　人間は『文化』のもつ調節機能のおかげで、生物としては特殊例外的な存在になると筆者は言っているけど、『文化』の調節機能ってどういうものなんだろう。

先生　それについては、⑩～⑭段落を読んでいくと分かりやすいと思うので、皆で読んでみましょう。

宮沢さん　そもそも『文化』は、人間それぞれが（ア）□□□□□□□□

（八字）の下に住んでいたとしても、自然環境からの影響を直接受けないようにするために、外界からのあらゆる刺激や衝撃をイ□□□□□□□□□□（十字）する役目を果たすものだよね。

開藤さん　だから、人間はどんな場所に住んでいたとしても、自分自身の体を変えることなく、ウ□□□□□□□□□□□□（十二字）ことができたわけだね。

成田さん　そうだね。人間をエ□□□□□□（六字）ために、『文化』が自然環境の違いを受け止めて、『文化』自体が変化変容してくれている。その変化している機能を、筆者は『文化』のもつ調節機能って表現したんだね。

三　次の文章を読んで、後の問いに答えなさい。

> 高校二年生の佐々木《ささき》ひかりは、クラスをまとめるクラス委員である。秋の終わりにあった合唱コンクールでは、音楽一家に生まれた御木元玲《みきもとれい》が指揮をしたが、クラスはまとまらず、さんざんな結果になってしまった。

彼女《かのじょ》の歌声に、そして合唱を導こうとする情熱に圧倒《あっとう》されて、すごい、すごい、この人はすごい、と涙《なみだ》が出そうだったのだ。御木元さんのことが猛烈《もうれつ》に羨《うらや》ましかった。敵《かな》わない。歌ではもちろん、人間としてぜんぜん敵わない。勉強そのものが好きなわけでもないのに勉強してクラス委員をやっているだけじゃ、だめだ。それは勤勉ではなく、むしろサボタージュ※1なんじゃないか。初めから春を捨ててしまうのは、逃《に》げているってことなんじゃないか。

でも、どうすればいいのかわからなかった。ずっと人のまとめ役で、今さら自分にも何かほしい、何者かになりたいなんて、いったい何をどうすればいいのだろう。べつにいちばんにならなくたっていい。ただ一所けん命になれる何かがほしくてたまらなくなった。

合唱コンクールの前後、無口になってしまった私を友人たちが気遣《きづか》ってくれた。どうかしたの、とか、ひかりらしくないよ元気出してよ、とか、たくさんの子が声をかけてくれた。やりにくいよね御木元さんて、なんて a 眉《まゆ》をひそめる子もいた。

「なんか、わかるよ、ひかりの気持ち」

そうつぶやいたのは千夏《ちなつ》※2だった。千夏は合唱コンクールでピアノを担当していた。お気楽そうな千夏に何がわかるのかと思ったけれど、意外に真剣《しんけん》な目を見たら何もいえなくなってしまった。

「御木元さんを見てると、自分にはなんにもないんだな、ってつくづく思うよ」

千夏はいい、それからにっこりと笑った。

「それなのに、不思議なんだ、見ていたいんだよ。御木元さんにはどんどん進んでいってほしいし、それをずっと見ていたい気持ちになるんだ」

半分くらい、同じ気持ちだ。でもあとの半分では、羨んでいる。①春もなく夏も秋も冬も無視して、歌うことで何の迷いもなく進んでいける御木元玲と、なんにもない私。

「なんにもないって思わされて、平気？」

聞くと、ちょっと考えてから千夏は答えた。

「……これからじゃないかな。なんにもないんだから、これからなんじゃないの、あたしたち」

のんきだな、と思う。あたしたち、と一緒《いっしょ》にされたのもなんだか面白くない。ただ、これから、という千夏の言葉に賭《か》けてみたい気もした。そうでなければ、②私は一生冬のまま、春から目を逸《そ》らして生きていかなければならない。

あのときから、何が変わったのだろう。

クラス替《が》えを目前にして、このクラスでもう一度合唱コンクールの歌を歌わないかという提案が担任の浅原《あさはら》から出されている。また御木元さんの力を見せつけられることになる。わかっていたけれど、はい、と答えた③私の気持ち。クラスのみんなの気持ち。そして御木元さんの気持ち。ほんの何か月か前のあの頃《ころ》とは変わっているのがわかる。

冬のマラソン大会で、私たちはもう一度あの歌を歌うことになった。合唱コンクールではさんざんな出来に終わった『麗《うるわ》しのマドンナ』を、マラソン大会で走る御木元さんの応援歌《おうえんか》として歌ったのだ。そのときに思いがけず見た彼女の一粒《ひとつぶ》の涙が私たちの胸を濡《ぬ》らした。彼女を固めていた雪が溶《と》けかけているのがわかった。

たったそれだけで、だ。私たちは変わった。毎日、昼休みや放課後に十五分ずつ続ける練習にほとんどクラス全員が揃《そろ》うようになった。

本番直前となった今日からは、浅原の※3肝煎《きもいり》で終礼の時間から音楽室を使わせてもらっている。ただし、浅原本人は顔を出さない。先に見ちゃったらつまんないじゃない、と彼女はあくまでも陰《かげ》から楽しむつもりらしい。

「ここは明るく歌うところなの。もう歌詞も覚えたでしょ？　できるだけ楽譜《がくふ》は見ないで、顔を上げて」

御木元さんの指示で三十の顔が上がる。

「じゃあ四十八小節、出だしから」

千夏のピアノが鳴り、みんなが歌い出すとすぐにまた御木元さんが腕《うで》を振《ふ》って歌を止めた。

「もうちょっと明るく歌おう。マドンナたちの華《はな》やいだ気持ちになって。さあ、明るい顔をして」

そういって自ら明るい笑顔をつくってみせた。そうして、こちらを見渡《わた》して、

「明るい顔ってわかる？　頬骨《ほおぼね》を上げて。そう、そして目の奥《おく》を開けて。はい、各自十回、目の奥を大きく開けて、閉じて、開けて」

えー、どうやってー、とあちこちから声が上がった。

「目の奥に扉《とびら》があると思ってみて。そこを大きく開くイメージ」

御木元さんは大きく目を見開いている。くすくす笑い声が聞こえる。

「あれって扉じゃなくて目そのものじゃん」

早希《さき》が小声でいい、それでも真似をして大きく目を開いている。

すごいなあ、と私は素直に感心している。御木元さんが④こんなふうに指示を出せる。みんながそれに従っている。音楽というのは、お互《たが》いの親密さと信頼《しんらい》があって育っていくものらしい。マラソン大会のゴール前で芽を出した私たちの歌は、時間をかけて、今、ゆっくりとふた葉を開いたところくらいだろうか。

「そうそう、いいね、そんな感じ。みんないいかな、顔の明るさを忘れないで。これで声の※4ピッチが揃うよ」

御木元さんの右手が挙がり、千夏のピアノが弾《はず》む。

よろこびの歌がはじまる。ほんとうだ、みんなの声が明るくなっている。

御木元さんが指揮の腕を大きく振るその軌跡《きせき》から音楽があふれ出す。私たちの声が伸びていく。重なっていく。弾《はず》み、広がり、膨《ふく》らんでいく。

歌が終わっても、まだ光のつぶがそこかしこに残っているような感じがする。汗《あせ》ばむような熱気を逃《のが》したくて、窓を開けに立つ。重いサッシを開くと、さっと風が入り込《こ》んできた。頬に受ける風が気持ちいい。もうすぐ、⑤春だ。

三月に入れば卒業式がある。その前日、卒業生を送る会で歌うのがこの合唱のゴールになる。

「ものすごく楽しみにしてるからね」

浅原は教師らしからぬb不敵な笑みで私たちを挑発《ちょうはつ》する。のるよ。受けて立つよ。クラス委員はクラスの気持ちを代表して胸を張る。

「ひかり、それじゃ浅原の思うツボだって」

「合唱は気合いで歌うものじゃないってわかってるよね、ひかり」

意気込む私にあやちゃんが、史香《ふみか》が、みんなが口々に声をかける。ああ、こういうとき、⑥春なんじゃないかな、と思う。今、もしかすると私は春のまっただ中にいるんじゃないか。

御木元さんが一度、手を大きく打った。

「じゃあ今日の仕上げ。最後にもう一度、通していってみよう」

その声で、音楽室の中がしんとなる。

「さあ、明るい気持ちを忘れないでね。あ、待って、ひかり、背筋を伸《の》ばそう」

はい、と姿勢を正しながら、小さな驚《おどろ》きとよろこびに打たれてしまった。今、御木元さんが、ひかり、と呼んだ。佐々木さんから、昇格《しょうかく》だ。

家に帰ると、めずらしく父がもう食卓《しょくたく》についていた。

「おかえり。ひかりはけっこう遅《おそ》いんだな」

「うん、今、クラスの合唱の仕上げ。いつもはもうちょっと早いよ」

テーブルの上にお赤飯の折※5がちょこんと載《の》っていた。

「どうしたの、このお赤飯」

どこかでお祝い事でもあったのかと思いながら取り箸《ばし》に手を伸ばすと、

「きらりのお祝い」

母がうれしそうにいうのでぎょっとした。姉を見ると、照れくさそうにしている。

「やだ、お姉ちゃん、結婚《けっこん》決まったの？」

やだ、じゃない。ぎょっとすることもない。姉はきっと早いうちに結婚するだろうと思ってはいたのだ。今年、二十四になる。もういつ結婚してもおかしくない歳《とし》だ。

「違《ちが》うわよ」

母が笑う。

「ほら、ちゃんと自分でいいなさい」

促《うなが》されて姉が口を開いた。

「やっと進路が決まったの」

「進路ぉ？」

思わず大きな声を出してしまった私に、姉が小さくうなずく。

「看護師になりたかったんだ。でも今さらいえなくて、こっそり看護学校を受験してたの。その合格通知が今日来たのよ」

そういって分厚い封書《ふうしょ》を取り出してみせた。隣《となり》で母が大きくため息をつく。

「この子ったら短大出てもふわふわ、お勤めしてもなんだかふわふわふわふわしてて、いったいどうするつもりなのかずっと心配だったんだから」

「あれ、学生の頃に看護師になりたいっていったら、そんな大変な仕事、きらりには無理だっていったのお母さんでしょ」

「そういわれたくらいであきらめるようじゃ、反対したくもなるわよ」

やんわりと応酬《おうしゅう》を続けるふたりを見くらべながら、なんだか新しい風に吹《ふ》かれたような気がしている。持って生まれた資質でいつも春のように笑っている姉のことが、自慢《じまん》でもあり心配でもあった。ほんの少し、妬《ねた》みもあったのかもしれない。でも、その姉がきちんと春以降を見据《みす》えていた。

「おめでとう」

姉はにこにこと私を見た。

「ありがとう。あたしはひかりみたいに頭がよくないから、試験に落ちたらどうしようってほんとどきどきしてた。この歳だから、もうあとがないしね」

あとはある。何度でもチャンスはめぐってくる。今の私にはそう思える。

「でも、ぜんぜん気づかなかったよ。仕事のあとに勉強してたの？　えらいね。あたし、⑦お姉ちゃんはずっと春みたいな人だと思ってた。春のまんまずっと行くんだと思ってたよ。秋に備えて、準備してたんだね」

「あー、ばかにしてるー」

姉が笑った。そして屈託《くったく》のない声でいった。(c)

「でもさ、春のあとには、秋の前に、夏が来るんじゃない？」

「いいなあ、おまえたちはこれから夏か」

それまで黙《だま》っていた父が口を挟《はさ》む。

これから夏、といわれて一瞬《いっしゅん》ぽかんとした。考えたこともなかった。春でさえまぶしいのだ。夏なんて私には想像もつかない。

「まだ見えねえだろ」

※6亮太郎《りょうたろう》の声が耳によみがえる。春の背中、と彼《かれ》は続けた。

⑧だいじょうぶかもしれない。じたばたもがきながら、このままで生きていけるかもしれない。私にはなんにもなくても、たくさんの声が聞こえる。ひかり、ひかり、と呼ぶ明るい声たち。

「まだ見えねえだろ」

⑨うん、まだ見えないみたいだよ、亮太郎。いつかこの春の背中が見えてきたら、追いついて、追い越《こ》してやればいい。怖《おそ》れることはない。だって、春の先にあるのは、夏なんだな。私たちは、まだ、これからだ。

（宮下奈都『よろこびの歌』〈実業之日本社文庫〉による）

問題作成のために本文を一部変更《へんこう》したところがあります）

※1　サボタージュ……なまけること。
※2　千夏……原《はら》千夏。ひかりの級友。後に登場する「早希」「あやちゃん」「史香」も同じクラスの友人。
※3　肝煎……心を配って、熱心に世話を焼くこと。
※4　声のピッチ……声の高さ。
※5　折……薄《うす》い木の板などで浅く箱型に作った、料理や菓子《かし》などを詰《つ》める容器。

※6　亮太郎……ひかりの幼《おさな》なじみ。高校入学後、心がおどるような素敵な時間はいつか終わってしまうことをおそれるひかりに「まだ見えねえだろ」「春の背中だよ」と話していた。

問一　＝＝部a「眉をひそめる」・b「不敵な」・c「屈託のない」の本文中での意味として最も適当なものを、それぞれ後のア～エの中から選んで、記号で答えなさい。

a「眉をひそめる」
ア　他人の発言や行動にだまされないように、用心する
イ　他人のわがままな行動に気分を悪くして、苦しい顔をする
ウ　他人の顔色をうかがって、雰囲気《ふんいき》を壊《こわ》さないようにする
エ　他人のいやな言動に対して、不快な顔をする

b「不敵な」
ア　恐《おそ》れることを忘れたような
イ　何かをたくらむような
ウ　勝ちほこったような
エ　場にそぐわないような

c「屈託のない」
ア　おびえる心がなく大胆《だいたん》な
イ　へりくだることのないような
ウ　心配事がなくさっぱりした
エ　他人の思いを気にしない

問二　――部①「春もなく夏も秋も冬も無視して、歌うことで何の迷いもなく進んでいける御木元玲」とありますが、実際の「御木元玲」は、級友との関係をうまく築《きず》けず、「冬」のようなつらく苦しい時を過ごしていました。そのことが比ゆを用いて示されている部分を本文中から九字でぬき出しなさい。

問三　――部②「私は一生冬のまま、春から目を逸らして生きていかなければならない」とありますが、これを説明した次の文の、ア～ウの□に当てはまることばを、それぞれ本文中からぬき出しなさい。

ひかり自身、ア□□□(三字)になろうとイ□□□□□(五字)になることもせずに、ウ□□(二字)なふりをし続けなければいけないということ。

問四　――部③「私の気持ち。クラスのみんなの気持ち。そして御木元さんの気持ち。ほんの何か月か前のあの頃とは変わっている」とありますが、「クラスのみんなの気持ち」が「変わっ」た理由を説明したものとして最も適当なものを、次のア～エの中から一つ選んで、記号で答えなさい。

ア　合唱コンクールの結果に絶望した御木元さんが、級友の歌のおかげで、マラソンを完走できたから。
イ　合唱を必死に導こうとした御木元さんの、級友の励《はげ》ましに涙する姿にクラスのみんなが感動したから。
ウ　再び合唱を発表しようと先生に言われて、今度こそ御木元さんと一緒に頑張《がんば》ろうと思ったから。
エ　合唱を頑張った御木元さんを泣かせてしまったので、今度こそみんなで笑おうと決意したから。

問五　――部④「こんなふうに指示を出せる」とありますが、御木元さんの指示の出し方を説明したものとして最も適当なものを、次のア～

エの中から一つ選んで、記号で答えなさい。

ア　級友に改善をうながそうと、自ら手本を示すことで、級友がついていきたくなるような雰囲気を作っている。

イ　自分の実力を示すことで、級友に尊敬の念を抱《いだ》かせ、自分についてこざるを得ない状況《じょうきょう》を作っている。

ウ　合唱へのこだわりを捨てて、級友を笑わせることで、級友が緊張《きんちょう》せずに歌えるよう工夫をしている。

エ　曲の音程やリズムだけではなく、作曲者の思いをわかりやすく解説することで、クラスに一体感をもたせている。

問六　――部⑤「春」と⑥「春」の表す内容の違いを「⑤は～、⑥は～という違い。」という形で、自分のことばで二十五字以上三十五字以内で答えなさい。なお、「⑤」「⑥」はそれぞれ一字として数えます。

問七　――部⑦「お姉ちゃんはずっと春みたいな人だと思ってた」とありますが、この表現について大宮開成中学校の先生と生徒が話し合いました。これを読んで後のア～エの□に当てはまることばを、本文中からぬき出しなさい。

先生　本文のひかりはなぜ姉であるきらりを「春みたい」とたとえているのか考えてみましょう。

大場さん　短大を出て、就職をした時の様子を母はア□□□□(四字)って表現しているから、春のア□□□□(四字)した雰囲気の人っていう意味じゃないかなあ。

宮沢さん　だからひかりもきらりがイ□□(二字)のことをしっかり考えていたことに驚いているんだね。

開藤さん　これって、ひかりとは対照的だよね。だって、ひかりは自分の将来について、いったいウ□□□□□□□□□□□□(十二字)と思っているよ。

宮沢さん　本当だ、対照的だね。楽しい春が終わり辛《つら》い秋のような季節が来ることを恐れるひかりとは全く逆だ。

成田さん　しかも、ひかりは自分と違ってエ□□□□□□□□□(九字)で春のように笑うきらりを妬んでもいるよ。

大場さん　ひかりが、きらりを「春みたいな人」っていうのは、自分と対照的なきらりへの劣等感《れっとうかん》があらわれているんだね。

問八　――部⑧「だいじょうぶかもしれない」とありますが、ひかりがそう感じたのはなぜですか。その理由を説明したものとして最も適当なものを、次のア～エの中から一つ選んで、記号で答えなさい。

ア　卒業生を送る会の後には、自分たちが最上級生となって級友たちと勉学にはげむ日々が待っているから。

イ　たとえ自分に才能がなくても、自分を支えてくれる級友がいることを信じられるようになったから。

ウ　今の自分には明るい未来は見えないが、時間は流れていくのでいつか楽しい時が来ると思えたから。

エ　友達との輝《かがや》かしい日々はいつか終わってしまうのだが、その先にも輝かしい未来が待っていると思えたから。

問九　――部⑨「うん、まだ見えないみたいだよ、亮太郎。いつかこの春の背中が見えてきたら、追いついて、追い越してやればいい」とありますが、この表現について大宮開成中学校の生徒が話し合いました。これを読んで後のア～ウの□に当てはまることばを、※6を参考にしながら本文からぬき出しなさい。

大場さん　ひかりは「春の背中」が「まだ見えない」って言っているね。「春の背中」って何だろう。

宮沢さん　本文の最後で「春の先にあるのは、夏なんだな。」ってあるよ。「春の背中」を追い越した先には夏があるんだよね。

大場さん　じゃあ、「春の背中」は春の終わりのことだね。今ひかりは「春のまっただ中」にいるんだ。いったい、いつからひかりは「春のまっただ中」にいたんだろう。

開藤さん　級友の気持ちが一つになるきっかけのマラソン大会は□ア（一字）に行われていたんだよね。

成田さん　でも、三月の発表に向けた練習では、御木元さんの指示もあって、歌い終わった後のあたりの雰囲気を□□□□イ（四字）が残るような明るいものだったと表現しているよ。これはもう春なんじゃないかな。

大場さん　そうだね。ひかり自身その合唱を□□□ウ（三字）が開いたくらいだとたとえているもんね。みんなと三月の発表に向けた練習を始めたころから、ひかりは「春のまっただ中」にいたんだね。

問十　本文に関する記述として、正しいものを次のア～エの中から一つ選んで、記号で答えなさい。

ア　ひかりだけでなく千夏やあやちゃんなどの登場人物それぞれの視点から物語が描《えが》かれることで、それぞれの心情が分かりやすくなっている。

イ　「秋に備えて、準備してた」のように、季節を隠《いん》ゆとして表現することで、登場人物の置かれた状況を表現している。

ウ　「家に帰ると、めずらしく父がもう食卓についていた。」以降、親子の交流と級友との交流とを比較《ひかく》することで、それぞれの特徴《とくちょう》を明示している。

エ　「マラソン大会」や「合唱コンクール」のような学生になじみ深い行事を描くことで、登場人物たちの複雑な人間関係を分かりやすくしている。

開智中学校(第一回)

―50分―

一　次の傍線部のカタカナを、それぞれ漢字に直しなさい。

A　影響はハカり知れない。
B　手指をセイケツに保つ。
C　文書のカイラン。
D　ギョウソウが変わる。
E　上司へのホウコク。
F　友達とダンショウする。
G　ヨキン通帳。
H　ネンリョウ不足。
I　ヒョウバンのよい店。
J　スープのフンマツを溶かす。

二　①~⑤の慣用句の使い方として、最も適切なものを次の中から一つずつ選び、記号で答えなさい。

①　水に流す
ア　五年前のいざこざは水に流して、彼と協力しながら計画を進めよう。
イ　これまで積み重ねた努力を、一瞬で水に流してしまった。
ウ　ドアを開けると、会場は水に流したように、しんと静まりかえっていた。
エ　転職してからの彼は、水に流したように本領を発揮した。

②　胸がすく
ア　卒業後親友とは離れ離れになってしまい、胸がすくような思いだ。
イ　練習不足だったが、相手校の欠場によって胸がすくような勝利を得た。
ウ　人前で発表するのが苦手で、胸がすく思いで自分の出番を待った。
エ　苦戦の中、味方チームから胸がすくような逆転ホームランが放たれた。

③　音をあげる
ア　山頂まではまだまだ遠いが、皆で音をあげながら頑張ろう。
イ　愛犬が姿を消してしまった夜、少女は部屋で音をあげて泣いた。
ウ　優勝が決まった瞬間、彼女は感極まって音をあげた。
エ　毎日の厳しい訓練に音をあげて、辞めてしまう人も多い。

④　目に余る
ア　最近の彼の言動は、ひどく自己中心的で目に余る。
イ　満開を迎えたコスモスは、目に余るほどの美しさだ。
ウ　自分にとって初めての孫は、目に余るほどかわいい。
エ　明日、プレゼントを受け取った彼女の喜ぶ顔が目に余る。

⑤　うつつを抜かす
ア　災害現場を目にした彼女は、うつつを抜かしてその場に立ち尽くした。
イ　バンド活動にうつつを抜かして、大学の勉強をおろそかにした。
ウ　だまされていると知った彼は、うつつを抜かして怒りをあらわにした。
エ　いつもうつつを抜かしている彼は、何を考えているのか読み取れない。

三　次の文章を読んで後の問いに答えなさい。(字数制限のある問いは全て記号を含んで答えなさい。)

「問い、考え、語り、聞くこと」としての哲学《てつ》において、もっとも重要なのは「問うこと」である。「問い」こそが、思考を哲学的にする。たとえば、「今日は何しようかな、疲れてるしなぁ、今週中にあれ片づけなきゃいけないのに、……そういえば、昼ご飯、何食べよう?」——こういうのは「考える」ということとは違う。頭の中で何となく思いが巡《めぐ》っているだけである。

「考える」というのは、もっと自発的で主体的な活動を指す。それは「問い」があってはじめて動き出す。問い、答え、さらに問い、答える——この繰り返し、積み重ねが思考である。それを複数の人で行えば、対話となる。

問いによって考えるようになるということは、何をどのように問うかによって考えることが変わってくるということを意味する。つまり、［あ］によって［い］が決まるのである。そして、どのような問いをつなげていくかによって、［う］が変わる。

漠《ばく》然としたことしか考えられないのは、問いが漠然としているからだ。抽《ちゅう》象的なことばかり考えるのは、問いが抽象的だからだ。明確に問うことができれば、明確に考えることができ、具体的に問えば、具体的に考えられる。考えが同じところばかりグルグル回っていて、先に進めないのは、問いに展開がないからだ。

【中略】

①哲学には哲学の問いというのがある。伝統的に哲学の中で論じられてきた問いである——真理、存在、認識、善悪、正義、美、他者、空間、時間、等々。一般的に言って、哲学の問いは、自分の問いにはなりにくい。

もっとも世の中には、哲学の問いを自分の問いにできる人がいる。何かのきっかけで哲学書を読んで、その種の問いに目覚める人もいれば、もともとそういう疑問をもっていて、あれこれ悩んでいるうちに、どうやらこれは哲学というものらしいと気づくパターンもあるようだ。その種の人は、いわゆる哲学好きになり、場合によっては大学で哲学の研究を志すに至る。

［A］、普通の人が、いきなりこういう疑問を抱くことはまれである。専門家ですら、こうした問いを明けても暮れてもずっと考えているわけではない。誰しも、物事を突き詰《つ》めていったり、深く悩んだり傷ついたりすると、いわゆる哲学の問いにぶつかることはあるが、私たちは普段、そんなに深く考えたり悩んだりしない。どこかでそんなことをうっすら考えていても、面倒くさいか、恐ろしいかで、問わないままにしている。それが私たちの日常だ。

いわゆる専門的な哲学の問題は、結局のところ、誰にとってもほとんどの場合、実生活には関係がないのである。哲学じたいが*浮世離《うきよばな》れしているからというより、哲学の問題が現実の具体的な文脈から隔《へだ》たっているのである。

これは哲学の特徴ではなく、専門化された知識によくあることだ。医学が細分化したために、患者の体や生活の全体を見られなくなるのと似ている。体や生活と同様、現実には哲学の問いのような区分はない。

実生活の問いは、もっと具体的で複合的で*錯綜《さくそう》しており、いくつもの問いが絡《から》み合っている。哲学であれば、他者、空間、時間、認識、善悪、美は、時に相互に関連づけられることはあっても、たいていは別々の問題として論じられる。哲学者自身も、一般には何か特定の問題の専門家である。

ところが実生活の中では、たとえば「他者」とは友だちであり、親であり、夫であり妻であり、会社の同僚《どうりょう》であり上司であり、得意先の人であり、［B］、たまたま道で行き合って言葉を交わした人、ただすれ違うだけの人、目の前にさえいない赤の他人、不特定多数の人である。「他者なるもの」という一般的で抽象的な存在と出会うわけではない。そのつど具体的な何者かと特定の空間と時間を共有する。週末に自宅で家族とのんびり過ごす。一人暮らしの部屋で、テレビの中の他人を見ながらお菓子をほおばる。学校の教室で、隣《となり》のクラスメートが*内職をしているのを横目に見て、睡魔《すいま》と闘いながら退屈《たいくつ》な授業を受ける。会社で同僚と打ち合わせをして、得意先にメールを送り、資料の整理など、いろんな仕事に忙殺《ぼうさつ》され、夜遅く満員電車に揺《ゆ》られて疲れ果てて帰宅する。

そうやって私たちは家族や友人のことを気づかい、目の前のことに一喜一憂《ゆう》し、過去のことを振り返って後悔し、将来のことを心配する。今やるべきことは何か、時間をどう使うか、どこに行くべきか、何が正しく、何が間違っているか、といったことを考える。

こうした問題を突き詰めていくと、部分的には他者のみならず、知覚、空間、時間、善悪や正義といったいわゆる哲学の問題につながっていく。だが、全体としては、いろんな問題が複雑に絡み合い、哲学の問題として考えられることをはるかに超えている。

その中にはもちろん哲学的でない問題も含まれている。［C］、今日は何を食べるのか？　食事の材料をどこで買うか？　テレビは何を見るか？　どの授業が退屈か？　誰にメールを送るか？　等々。

だが、そこで立ち止まらずに、哲学的な次元へ入っていくこともできる――なぜ私たちは何かを食べるのか？　なぜただ食べるだけではなく、おいしいものを食べるのか？　食事は人間の生活の中でどのような意味をもつのか？　テレビで見ることと直接目で見るのは何が違うのか？　映像はどのような意味で現実か？　なぜ授業を受けるのか？　授業を受けることと学ぶことはどのように関係しているのか？　等々。

これらの問いは、通常「哲学の問題」と言われるものではないが、じゅうぶん哲学的であろう。逆に、哲学の問いだから、それを考えることがつねに哲学的というわけではない。哲学の問題といえども、たとえば誰がどんなことを言ったのかという事典的・哲学史的な事柄や、どこにどんなことが書いてあるかというような文献《けん》学的なことは、かならずしも哲学的とは言えない。哲学全体がそうであるように、内容的に哲学だったら、問いや議論が哲学的なわけではないのだ。

思うに、元来は〝哲学の問題〟があるというよりも、物事の②〝哲学的な問い方〟があるだけなのだ。私たちはそれぞれ、自分の現実生活の中でさまざまな問いと出会う。自分から疑問に思うこともあれば、他の人から問いかけられることもある。どんな問いであれ、自分にとって身近な問い、自分が直面した問いから出発しても、哲学的な問いへと進んでいくことができる。

哲学の問題が、現実の文脈から切り離され、個別のテーマに分かれていることは、学問として純粋《すい》で専門的に高度であるためには必要だろう。

けれども、他方でそのことは、個々のテーマに関して、仮に何か重要な結論や洞察《どうさつ》が歴史上の哲学者によって提示されていたとしても、

X

もちろん、哲学研究の目的はそんなことではなく、思想上のさまざまな問題を明らかにすることであり、現実の生活に生かせるかどうかなど、どうでもいいという考え方もある。私自身、そういう考え方にも共感する。

だが、哲学の問題にせよ、それ以外の哲学的な問いにせよ、現実の生活に関する疑問から出発すれば、そこで問い、考えたこと、そこで得られた洞察は、ふたたび現実のコンテクストに戻しやすく、その人の生活にとって、大きな意味をもちうる。だから、③いわゆる哲学の問題を考えることよりも、自分自身の問いをもつことのほうが重要なのである。

（梶谷真司『考えるとはどういうことか　0歳から100歳までの哲学入門』〈幻冬舎新書〉）

（問題作成の都合上、表記を改めたところがあります。）

注　＊浮世離れ……様子や言動が、世間の常識からかけはなれていること。
＊錯綜……複雑に入りまじること。入りくむこと。
＊内職……ここでは授業中に他の授業や教科の勉強をすること。
＊洞察……物事の本質を見通すこと。
＊コンテクスト…文脈。

問一　空欄 あ ～ う に当てはまる言葉として最も適切なものを次の中から一つずつ選び、記号で答えなさい。

ア　思考の質　イ　思考の進み方　ウ　問いの質

問二　空欄 A ～ C に当てはまる言葉として最も適切なものを次の中から一つずつ選び、記号で答えなさい。

ア　たとえば　イ　あるいは　ウ　けれども

問三　傍線部①「哲学には哲学の問いというのがある」とありますが、筆者が考える「哲学」や「哲学の問い」について説明したものとして**適切ではないもの**を次の中から一つ選び、記号で答えなさい。

ア　哲学の問いを自分の問いとして考えることができる人は多くはない。

イ　哲学で論じられる問題の多くは実生活とは関係がない。

ウ　哲学に関する議論をしていても哲学的ではないということはありうる。

エ　現実の問題は哲学の問題と比べると細分化されており単純である。

問四　傍線部②「哲学的な問い方」とありますが、この問い方について説明したものとして最も適切なものを次の中から一つ選び、記号で答えなさい。

ア　哲学の中で論じられてきた内容をふまえた問い方

イ　専門的な訓練を受けることによってできるようになる問い方

ウ　物事が存在する理由や意味、物事同士の関係を問う問い方

エ　具体的かつ客観的な答えを見つけようとする問い方

問五　空欄 X に当てはまる表現として最も適切なものを次の中から一つ選び、記号で答えなさい。

ア　その発見は決して唯一無二のものだとは言えない、ということにもなる。

イ　他の学問で見出された答えと一致しない、ということも意味する。

ウ　テーマに応じて問いを変える必要がある、ということも考えられ

る。

エ　個々人の現実生活には大きく影響しない、ということにもつながる。

問六　傍線部③「いわゆる哲学の問題を考えることよりも、自分自身の問いをもつことのほうが重要なのである」とありますが、筆者が「哲学の問題」を考えるよりも「自分自身の問い」を持つ方が重要であると考える理由を七十字以内で説明しなさい。

問七　本文の内容と一致するものを次の中から一つ選び、記号で答えなさい。

ア　人間は考える生物なので、頭の中で思いを巡らせていけば、不思議と考えは深まる。

イ　実生活における悩みや後悔もつきつめて考えれば哲学の問題につながっていく。

ウ　抽象的なことを考えた方が哲学的であるので、まずは考える練習をする必要がある。

エ　問いや議論が哲学的であるかどうかは専門化された知識を有効活用しているかどうかで決まる。

問八　この文章の表現と構成に関する説明として**適切ではないもの**を次の中から一つ選び、記号で答えなさい。

ア　この文章は対比を用いて論理的に議論を展開している。

イ　この文章は具体例によって筆者の主張をより明確にしている。

ウ　この文章は比喩《ひゆ》によって難しいテーマを平易に説明している。

エ　この文章は主張に対する反論を踏まえて結論を導いている。

四　次の文章を読んで後の問いに答えなさい。（字数制限のある問いは全て記号を含んで答えなさい。）

> 町田圭祐《けいすけ》は、中学校で同じ陸上部に所属していた友人、山岸良太から、青海《せいかい》学院高校に進学して、一緒に陸上を続けようと誘われた。しかし圭祐は、入学直前に交通事故にあい、足に大けがを負ったことで、陸上をあきらめることになった。一方で良太は、期待の新入部員として、入学前から陸上部の活動に参加している。次の文章は、新入生に向けて部活動を紹介する「新入生オリエンテーション」が終了した場面から始まる。

特に興味を惹《ひ》かれる文化部もないまま、新入生オリエンテーションは終了した。

準備は上級生がしてくれたけれど、片付けは一年生も手伝うらしく、自分が座っていたパイプ椅子《いす》を体育館の指定された壁際《かべぎわ》まで運ばなければならない。

立ち上がって椅子をたたみ、クラスのヤツらの最後尾にダラダラとついていっていると、流れに逆らうようにして、良太がやってきた。

「椅子、運ぶよ。貸して」

僕の足を①案じて駆《か》け付けてくれたのか。

「いいよ、これくらい」

遠慮《えんりょ》したのでも、照れたのでもない。ケガ人扱いされるのが嫌《いや》で、本気で断った。

「俺、片付け当番だから」

良太はいつものさらりとした口調で言うと、僕の持っているパイプ椅子に手をかけた。良太のクラス、一組が当番なのか。じゃあ、と僕は椅子から手を離した。

「ほら、陸上部、てきぱき動け！」

ステージ上から声を張り上げたのは、陸上部の顧問《こもん》らしき教師だ。当番は陸上部。良太の顔が少し曇《くも》った。それが、ムカつく。

「やっぱり、いいよ」

「あー、町田！」

良太から椅子を奪《うば》い取るため、手をかけようとした横から、声をかけられた。
＊宮本だ。ニヤニヤと笑っている。
「山岸くんも久しぶりだね」

宮本は良太にも愛想よく声をかけ、良太も薄《うす》く笑い返した。②はからずも、三崎《みさき》中から青海学院に進学した同級生、勢揃《ぞろ》いだ。

僕と良太と宮本の共通点は、三崎中出身だということ。多分、それだけだ。

これが女子同士なら、手を取り合って、高校でもよろしくね、などと、はしゃぐのかもしれない。内心、互いにどう思っていたとしても。だけど、男同士の場合、そんな空気すら生じない。

無言のヘンな間ができてしまう。

僕をはさんで二人がいるのだから、この間は、僕が断ち切らなければならないのではないか。

「宮本も、僕の椅子運びを手伝いにきてくれたのか？」

とっさにこういう台詞《せりふ》しか出てこない自分が嫌になる。

卑屈《ひくつ》。漢字ドリルにしか出てこない単語だと思っていたのに、今の僕を表すのにぴったりの言葉になってしまっている。

「そんなわけないじゃん」
③ケロリとした顔で宮本が答えた。
＊「愛の告白の返事を聞こうってときに、相手が一番嫌がりそうなことをするヤツなんかいないよ」
宮本はニカッと歯を出して笑った。

反して、④良太の顔が曇《くも》る。愛のなんちゃらが気持ち悪いからではないはずだ。

宮本は、僕がケガ人扱いされるのを嫌がることに気付いている。


【中略】


「で、考えてくれた？」

「いや、それが……」

高校では部活をやらない。そう強く決意したはずなのに、⑤はっきりと口にすることができなかった。

良太がいるからだ。

入院中、良太は何度か病院に見舞いに来てくれた。

退屈しのぎにと、毎回、マンガ本を数冊持ってきてくれたけど、良太が読んでいたものというよりは、話題の作品を新しく買ってきてくれたというような、折り目も紙の色あせもないものばかりだった。

僕の事故について、ひき逃げ犯が見つかっていない、ということは話しても、足の状態については、ほとんど話題にしなかった。

――足に磁石がくっつくかも。

一度、おどけて言ったことがある。良太は笑うどころか、まるで涙をこらえるように顔にギュッと力を込めただけだった。

そして、「ごめん」とつぶやいて、逃げるように病室を出て行った。

良太が謝ることなど何もない。

事故現場に一緒にいたとか、横断歩道を渡っている最中に良太から電話がかかってきたとかいうならまだしも、僕の交通事故と良太とはまったく無関係だ。

同情はしても、罪悪感を抱く必要はない。

なのに、良太は僕に謝った。

あれは、僕を青海学院に誘ったことに対してではないかと思っている。

そして、良太の後悔は今も続いている。

ア「見学に行ってから、決めようかな」

またもや、思ってもいないことを宮本に言ってしまった。

「おおっ。だよな、見学に行かなきゃな」

肩に手をのせ、バンバンと叩《たた》かれる。宮本には「入部する」と聞こえたのだろうか、と疑ってしまうほどのはしゃぎっぷりだ。

おいてけぼりをくらったような顔の良太と目が合った。

イ「宮本から、放送部に誘われたんだ。活動内容をまったく知らなかったんだけど、ドラマ作りとか聞くと、ちょっとおもしろそうかなと思って」

そう言う僕は今、ちっともおもしろそうな顔をしていないはずだ。

「そっか。俺、ドラマはあまり興味なかったけど、圭祐が作るのなら見てみたいよ」

良太の顔も泣き笑いのように見える。

「でも、脚本《きゃく》を書くのは俺なんだな」

宮本が割って入ってくる。

「町田には……。なんか、三人で話してるのに、苗字と名前が交ざるのって、ややこしくない？　呼び名は統一すべし。ってことで、圭祐って呼ばせてもらうな」

「なんでもいいよ……」

「で、圭祐には、そのいい声を生かして、声優をしてもらいたいと思っているんだ。ちなみに、俺の名前は正也ね」

宮本……。正也は親指を立てて、得意げに自分の方に向けた。

僕は良太に向かって肩をすくめてみせた。

ウ「声がいいなんて、思ったことないんだけどね」

――長距離走向きだなんて、思ったことないんだけどね。

頭の中で、いつかの自分の声が重なる。

「俺も、圭祐はいい声だと思ってるよ。県大会での、ラスト一周のかけ声も、みんながしてくれていたけど、圭祐の声が一番スッと耳に入ってきたし。あ、ゴメン」

良太が口を一文字に結んだ。

謝ったのは、陸上のことを話してしまったからだろう。褒《ほ》めてもらえて、僕は嬉《うれ》しかったのに。⑥これじゃ、ダメだ。

「なんだ、いい声だと思ってたなら、そのとき言ってくれよ。僕は宮、いや、正也のことはまだ信用していないけど、良太が言ってくれることなら、自信が持てる」

エそう言って、咳《せき》払いをして、「あ、あ」と発声練習のような声を出してみる。「僕の声でタイムが上がるなら、いつでも応援に行くから、陸上、がんばれよ」

体育館内はざわついているのに、僕と良太のあいだにだけ、ぽっかりと空間ができてしまったように、音が止まった。

⑦やりすぎたか、と後悔する。

良太がズッと鼻をすすった。だから、泣くところじゃないんだって。

「なーんて。じゃあ、椅子はよろしく。ありがとな」

オ僕は笑いながらそう言って、「いい声だっただろう」とおどけながら、正也の肩に腕をまわした。

もう、良太の方には振り返らない。

「正也、放送部の見学、今日の放課後にでも早速行くか」

本当に、昨日から、つまり高校に入学してから、⑧僕は慣れないことばかりしている。

「行くに決まってんだろ、おーっ！」

正也が調子に乗って、片手を振り上げる。

なあ、良太、僕は高校生活を楽しんでいるだろう？

陸上部に入れなくても。

(湊かなえ『ブロードキャスト』〈角川文庫〉)

(問題作成の都合上、表記を改めたところがあります。)

注　＊宮本………宮本正也《まさや》。圭祐達と同じ中学から青海学院に進学した。一緒に放送部に入ろうと圭祐を誘っていた。

＊愛の告白…宮本が圭祐を、放送部に誘っていたことを指す。

問一　傍線部①「案じて」、②「はからずも」、③「ケロリとした顔」のここでの意味として最も適切なものをそれぞれ一つずつ選び、記号で答えなさい。

①「案じて」

ア　からかって　　イ　申し訳なく思って

ウ　心配して　　エ　思い出して

②「はからずも」

ア　久しぶりに　　イ　思いがけず

ウ　一時的に　　エ　うれしいことに

③「ケロリとした顔」

ア　平然とした顔　　イ　不満げな顔

ウ　楽しそうな顔　　エ　驚いた顔

問二　傍線部④「良太の顔が曇る」について、良太がこのような表情になった理由を、太郎さんと花子さんが話し合っています。次に示す二人の会話を読んで、空欄に当てはまる言葉を、本文中から書き抜きなさい。

太郎　良太の顔が曇る直前の、正也のセリフがポイントだよね。

花子　そうね。良太は圭祐の椅子を運んであげようとしていたけれど、正也からそれが「A(十三字)」であると言われて、動揺《どうよう》しているみたいだね。

太郎　良太の行動は、一見親切なことに見えるんだけど、なぜだろう。

花子　圭祐にとってはそれが、「B(八字)」ことだと感じられて、嫌な気持ちになったみたいだよ。正也にはそれがわかっていたようだね。

問三　傍線部⑤「はっきりと口にすることができなかった」について、この時の圭祐の気持ちを説明したものとして、最も適切なものを次の中から一つ選び、記号で答えなさい。

ア　陸上に誘ってくれた良太の前で、他の部活に入ろうと言うのは、良太に申し訳ない。

イ　部活をやらないと伝えたら、良太はいっそう罪悪感を感じてしまうだろう。

ウ　放送部に興味があるなんて伝えたら、良太は陸上を断念した自分を気の毒に思うだろう。

エ　部活に入る意志がないと知ったら、陸上をあきらめた自分に、良太は怒りをおぼえるだろう。

問四　傍線部⑥「これじゃ、ダメだ」とありますが、圭祐がそのように感じた理由として、最も適切なものを次の中から一つ選び、記号で答えなさい。

ア　良太の言葉によって、自分が陸上の県大会に選手として出場できなかったという辛いできごとを思い出し、気がめいってしまったから。

イ　放送部への挑戦を良太に後押ししてもらえたと思ったのに、良太にはまだ、陸上ができなくなった自分に遠慮しているような態度が見えたから。

ウ　良太が、陸上をあきらめて放送部に入ろうとしている自分に気をつかって、本当はよくもない自分の声をほめるような事を言ったから。

エ　良太が自分の声の良さをほめてくれたのに、自分がそれを素直に喜べていないことに気づき、自分の卑屈さがいやになったから。

問五　傍線部⑦「やりすぎたか、と後悔する」とありますが、圭祐が後悔したのは、具体的にはどのようなことですか。最も適切なものを次の中から一つ選び、記号で答えなさい。

ア　「陸上」という話題に自分から触れることで、良太により強い罪悪感を持たせようと意地悪をしてしまったこと。

イ　放送部に乗り気な様子を見せることで、一緒に陸上をがんばっていた良太に、さびしい思いをさせてしまったこと。

ウ　自分が応援に行くから陸上をがんばれと、良太に必要以上のプレッシャーを与えてしまったこと。

エ　良太の言葉を信じると言って放送部に入ろうとすることで、良太に責任を押し付けるような状況にしたこと。

問六　傍線部⑧「僕は慣れないことばかりしている」について、後の問いに答えなさい。

(1)　本文中の波線部ア〜オで示された圭祐の言動のうち、ここでの「慣れないこと」に**当てはまらないもの**を一つ選び、記号で答えなさい。

(2)　圭祐がこのような行動をとっているのは、何のためだと考えられますか。その目的を五十字以内で説明しなさい。（「・・・ため。」という形で書くこと。「・・・ため。」も字数に含みます。）

開智日本橋学園中学校(第一回)

—50分—

一　次の傍線部《ぼうせんぶ》の漢字をひらがなに、カタカナを正しい漢字に直して答えなさい。

① その都度注意をする。
② 眼下に広がる風景。
③ 彼《かれ》は蔵書家だ。
④ 腹筋と背筋をきたえるトレーニングをする。
⑤ 植木市で苗《なえ》木を買う。
⑥ この建物の耐震《たいしん》ホキョウを行う。
⑦ 去年の夏、ヨーロッパショコクを旅行した。
⑧ 一九六〇年に熊本城のテンシュカクは復元された。
⑨ 決勝戦を前にフルい立つ。
⑩ 三冠王《さんかんおう》の達成はシナンのわざだ。

二　次の文章を読んで、後の問いに答えなさい。(字数制限のある問いはすべて句読点や記号を字数に含《ふく》んで答えなさい。)

体は、リアルなものの代表のように考えられています。コロナ禍《か》でオンラインでの会議や授業が一気に普及《ふきゅう》したときも、しばしばこんな不満の声が聞かれました。

「便利だけど、身体性に欠けるんだよなあ……」

対面のコミュニケーションにはあって、オンラインのコミュニケーションにはないもの。その差分を、多くの人が直感的に「身体性」と呼んでいたのです。オンラインのコミュニケーションに物足りなさを感じるのは、生身の体が介在《かいざい》していないからなのだ、と。

しかし、本当にそうでしょうか。

①体は、私たちが考えるほど「リアル」なものでしょうか。

(A)、(株式会社)イマクリエイトが開発した「けん玉できた!VR」※という製品があります。その名のとおり、バーチャルリアリティを使ってけん玉のわざをトレーニングする、というものです。

仕組みはいたってシンプル。コントローラーを手にもち、ヘッドマウントディスプレイを装着すれば、バーチャルの空間内でけん玉をあやつることができます。②リアルの空間と違《ちが》うのは、玉の動く速度が実際よりもかなり遅《おそ》いこと。スローモーションで動く玉を相手に、けん玉の練習ができるのです。

その効果は驚異《きょうい》的です。このシステムを体験した一一二八人のうち、実に九六・四%にあたる一〇八七人が、わざを習得したというのです。必要な時間も、ものの五分程度。バーチャル空間で少し練習しただけで、リアルの空間でも、けん玉ができるようになるのです。サイトを見ると、お年を召《め》した男性がわざをクリアしてハイタッチする動画が紹介《しょうかい》されています。

バーチャル空間で、けん玉をする感覚を体験できる、というのなら分かります。それは日常を忘れて物語の世界に没入《ぼつにゅう》するのと、構造的には同じことです。

(B)、「けん玉できた!VR」で起こっているのは、③これとはまったく違うことです。「けん玉感を体験する」だけであれば、その経験の本質は「現実らしさ」にすぎません。しかし「けん玉できた！ＶＲ」では、「できるようになる」という体の変化が、「現実に」起こっているのです。たとえて言うなら、［ア］空間でケーキを食べただけなのに、満腹になるどころか体重が増えたようなものです。

物理法則にしばられた地球上の［イ］な空間と、テクノロジーによって作り出された［ウ］な空間。言葉を使って記述すればこの二つの空間を区別することは簡単です。けれども「けん玉できた！ＶＲ」が示しているのは、体から見れば、この二つの区別はそれほど自明なものではない、ということです。

［エ］空間で体験したことも、それがいかに現実には「ありえない[a]」ことであったとしても、何ら※遜色《そんしょく》ない「経験値」として蓄積《ちくせき》され、［オ］空間で行為《こうい》する私たちのふるまいを変えてしまう。（Ｃ）「リアルではない[b]」と頭で分かっていたとしても、体はそれを、いわば「本気」にしてしまうのです。

ここにあるのは、私たちがどんなに意識して「リアル」と「バーチャル」のあいだに線を引こうとも、その境界線をやすやすと侵犯《しんぱん》してもれ出てくるような体のあり方です。体は、私たちが思うよりずっと奔放《ほんぽう》です。「え、そんなことしちゃうの!?」と驚《おどろ》くようなことがいっぱい起こる。体は「リアルそのもの」と言えるほど、確固たるものではありません。体はたいてい、私たちが意識的に理解しているよりも、ずっと先に行っています。

その「奔放さ」は、ときにあぶなっかしく見えることもあります。だって、リアルとバーチャルが区別できない[c]ということは、「だまされている」ということに他ならない[d]のですから。頭では違うと分かっているのに、体はついその気になってしまう。ある意味で、体はとても「ユルい」ものです。

でもこのユルさが、私たちの体への介入可能性を作り出します。体が（Ｄ）確固たるものであったなら、「けん玉できた！ＶＲ」のようにテクノロジーを用いて、体の状態を変えることは不可能だったでしょう。〝体はゆく〟――④体のユルさが、逆に体の可能性を拡張しているとも言えます。

体のユルさが作る体への介入可能性。病や障害の当事者にとって、この介入可能性は、そのまま介助可能性を意味します。体のユルさがあるからこそ、テクノロジーや他者の力を借りて、「思ってもみなかったところ」に出てしまえる。それは当事者にとっては希望そのものです。たとえば、同じＶＲで、幻肢《げんし》の痛み、すなわち幻肢痛を緩和《かんわ》する試みがあります。

幻肢とは、事故や病気が原因で手や足などの体の一部を切断したり、麻痺《まひ》状態になったりした人が、ないはずの手足、あるいは感じないはずの手足を、ありありと感じる、という現象です。寝転ぶと幻肢の腕《うで》が床《ゆか》を突《つ》き抜けたり、電車で座《すわ》ったら前に立っている人に幻肢の足が刺《さ》さったり……まさに体の奔放さを象徴《しょうちょう》するような現象です。

（中略）

この幻肢痛、特に上肢の幻肢痛を緩和する方法として、ＶＲが用いられています。すべての人に有効というわけではありませんが、⑤相性《あいしょう》のよい患者《かんじゃ》さんの場合には、何十年も苦しめられてきた痛みが消えると言います。

患者さんがＶＲ空間において見ているのは、合成された「自分の手」

です。健康な側の腕の動きをキャプチャ※し、それを反転させて両手が動いているように見せている。なので動きは常に左右対称《たいしょう》です。実際に動かしているのは健康な側の手だけだったとしても、ボールをとれば【　】ように見えます。このバーチャルな手を見ているうちに、痛みがすっと消えるのです。

幻肢痛は、脳の命令通りに手が動いていないことに起因すると考えられています。ということは、この場合は、生身とは見た目もだいぶ違うVRの手（VRの手は棒人間に近い簡素なものです）が、「自分の手」として認識され、その結果痛みが消えたということになります。

（伊藤亜紗『体はゆく　できるを科学する〈テクノロジー×身体〉』〈文藝春秋〉）

※　VR…バーチャル・リアリティー。コンピューター技術や電子ネットワークによってつくられる仮想的な環境《かんきょう》から受ける、さまざまな感覚の疑似的体験。仮想現実。

※　遜色ない…見劣《おと》りしない。

※　キャプチャ…コンピューターにデータを取り込むこと。

問一　（　）A～Dにあてはまる最適な語を次からそれぞれ選び、記号で答えなさい。

ア　しかも　　イ　ただし　　ウ　ところが
エ　たとえば　オ　もし

問二　傍線部①「体は、私たちが考えるほど『リアル』なものでしょうか。」という質問がありますが、その答えを述べている一文を本文中から探し、最初と最後の五字を抜《ぬ》き出しなさい。

問三　傍線部②「リアルの空間と違うのは、玉の動く速度が実際よりもかなり遅いこと。」と同じ表現技法を用いた一文を、この部分より後の部分で、3段落後の「～体重が増えたようなものです。」までの文章から探し、最後の五字を抜き出しなさい。

問四　傍線部③「これ」とは何を指していますか。最適なものを次から選び、記号で答えなさい。

ア　リアルな空間の中で実際にけん玉を行い、体験すること。
イ　物語の世界に入るようにバーチャル空間で、けん玉をする感覚を体験すること。
ウ　コントローラーをけん玉に見立ててバーチャル空間でけん玉をあやつること。
エ　バーチャル空間の中でケーキを食べて、満腹になるばかりか体重が増えること。

問五　[　　]ア～オには「リアル」か「バーチャル」のどちらかの言葉が入ります。「リアル」をA、「バーチャル」をBとし、それぞれ記号で答えなさい。

問六　波線部a～dの「ない」について、種類の違うものを一つ選び、記号で答えなさい。

問七　傍線部④「体のユルさが、逆に体の可能性を拡張しているとも言えます。」とありますが、これはどのようなことを述べていますか。最適なものを次から選び、記号で答えなさい。

ア　けん玉のできない人が異空間のバーチャルな空間の中でけん玉を実際に体験すれば、リアルな空間でもできるようになるように、体はできることが増えていく可能性に満ちている。
イ　体はリアルな空間でできないことがあってもバーチャルな空間で

その「経験値」をつめば、その後リアルな空間で自然とできるようになるほど、頭では説明のできない可能性を持っている。

ウ　体は、バーチャルな空間とリアルな空間の区別がつかないので、バーチャルの空間でできることは、リアルな空間でもできると「だまされている」ことに気がつかないユルさを持っている。

エ　体は、リアルな空間では確固たるものであり、逆にバーチャルな空間ではユルいものなので、リアル空間でできないこともバーチャルの空間だけではできるようになるという性質がある。

問八　傍線部⑤「相性のよい患者さんの場合には、何十年も苦しめられてきた痛みが消える」とありますが、なぜ痛みが消えるのか、その理由を五十五字以内で答えなさい。

問九　【　】にあてはまる適当な語句を前後の文脈を理解した上で考え、十字以内で答えなさい。

三　次の文章を読んで、後の問いに答えなさい。（字数制限のある問いはすべて句読点や記号を字数に含んで答えなさい。）

> ごく平凡《へいぼん》な家族に起こった「長男の出家」という事態。長男が僧《そう》になりたいと言い出したのは、小学校三年生になったばかりのころだった。次の文章は過去をふり返り、その後の父親の戸惑《とまど》いの状《じょう》況《きょう》が描かれた場面である。

「お寺に行くか」

と聞いたら、息子《むすこ》は大喜びだった。毎週日曜に、お父さんはどんなおもしろいところに行くのだろうと思っていたのだろう。いずれ飽《あ》きるだろうと想像していたが、飽きるどころか朝などぼくを起こしに来る。

そのうち問題が起こった。参禅者《さんぜん》の仲間の古参の者から苦情が出たのだ。

「ここは幼稚園《ようちえん》じゃない。坐禅《ざぜん》の妨《さまた》げになる」

和尚《おしょう》はその参禅会代表、海産物問屋の主人を呼んで、言った。

「いったいここでは誰《だれ》が師匠《ししょう》で誰が弟子《でし》か。わしがいいと言ったんだ。わしにも考えがあるのだ。子供一人が来て妨げになるような坐禅などやっていてどうする」

この言葉は和尚の身の廻《まわ》りを世話するおばさんから聞いた。

「わしにも考えがある」というのはどういうことなのか。そのときぼくは気になったが、聞いてみようとまでは思わなかった。今日の成り行きを予想していたとしたら、たいした①先見の明と言うべきだろうが、なにか別のことを考えていたのかもしれない。和尚はべつに、息子に坐禅をさせろとはいっぺんも言わなかったから。ただしこの和尚には修行《しゅぎょう》でとぎすまされたカンのようなものがあって、ときどきぼくたちを驚《おどろ》かせた。独参《どくさん》が終わって部屋から退出しようとすると、

「この頃《ごろ》は気が緩《ゆる》んでいるぞ。ちっとも進まなくなったじゃないか」

とか、

「坐《すわ》っているときに余計なことを考えてるんじゃない」

などと言って、※警策《きょうさく》で畳《たたみ》をハッシとたたく。

そう言われるときには、たしかに、坐りながら新しいオーディオの機械を買おうと、カタログを頭に浮《う》かべていたり、休みになったら家族を連れてどこへドライヴに行こうかなどと、空想していたりする。やられるな、と思って、念入りにお拝《はい》（お辞儀《じぎ》）をしたり、わざと張り切った声

を出してもダメなのだ。

　息子が僧になりたいと言い出したとき、ぼくはそれまでのいきさつを考えて、不思議な気がした。散歩の途上《とじょう》、寺を見つけて坐禅に行き出したことはともかくとして、家で[1]にあまった息子が、拾われるようにして寺へ行くようになったということ、その子が寺の人間になりたいと思うようになったことは、当然の成り行きと言ってしまえばそれまでだが、そういうふうに[2]がうまく嚙《か》み合っていったのは、やはり「縁《えん》」という言葉でしか言い表せない気がした。

　それにもう一つ付け加えなければならないことは、この「気違《きちが》い坊《ぼう》主《ず》」と町で言われている愚海《ぐかい》和尚は、動物好きだということだ。と言っても、ペットにして可愛《かわい》がるというのではなく、動物の方から寄ってくる、だから傍《そば》において可愛がる、というタイプの動物好きだ。簡単に言えば、動物の気持ちがわかるのだ。

　いろいろな動物が入れ替《かわ》り立ち替り和尚の傍に来て、しばらく居たり、居なくなったりした。犬や猫《ねこ》はもちろんだが、鶏《にわとり》や小鳥や兎《うさぎ》やうずら、あひる、山羊《やぎ》等々。ほとんどが檀家《だんか》や近所の百姓《ひゃくしょう》などが持ち込《こ》むのだ。いらなくなったから、とか、しばらく預かってくれ、とか言って。

　和尚はべつに彼等《かれら》を大事にするとか、ペット愛好家がやるように、②動物なのか人間なのかわからぬような扱《あつか》いをするわけではない。動物は動物。居ようが居まいが、それは彼等の勝手だ。和尚のやり方は、ただ彼等と話をするだけである。

　動物たちはだから和尚の言うことがよくわかるらしい。数年前に甘《あま》ったれのカナリヤがいて、③和尚とよくピーピー話し合っていた。猫がそばに来ると、和尚にさかんに何か言いつけたり、追い出しにかかったりした。そのうち姿が見えなくなったので、たぶん④し返しをされたのだろうということになり、猫は和尚からうんと叱《しか》られた。そのときはひどくしょんぼりしていたそうだ。そのうちこの猫もいなくなった。たぶん寺の外へ遊びに出て、野犬にやられたのだろうと和尚は言った。ある日和尚が寺のそばの道を歩いていると、猫の声がした。まわりを見まわしたが、姿が見えない。行きかけると、また鳴く。和尚には居なくなった猫の声だとわかった。近くの藪《やぶ》の中を探してみると、※腐乱《ふらん》した猫の死体があった。和尚は穴を掘《ほ》って埋《う》めてやり、※般若心経《はんにゃしんぎょう》を唱えた。

　和尚にはこういうところがある。

　息子が寺で遊んで退屈《たいくつ》しなかったのも、寺の人間になろうと思ったのも、⑤和尚のこういう人がらと関係があるのではないかと、ぼくは思った。

　ぼくがいちばん気にしたのは、息子に坊さんの適性があるかどうかということだった。

　ぼくの考えでは、坊さんというのは他人への思いやりが深く、ものごとに※恬淡《てんたん》としていて物欲が無く、掃除《そうじ》でも雑巾《ぞうきん》掛《が》けでも進んでして、その上、出来ることなら、※大蔵経《だいぞうきょう》を全部読もうというような心掛《が》けをもった人間のことである。ところがぼくの息子は、[3]について言えば、それはたぶん大人になってから出てくる性格だとしても、[4]が無いとはとうてい言えず、自転車、ローラースケート、ウォークマン等、友達《ともだち》の持つものなら何でも欲しがり、もうそろそろ⑥オートバイを見る眼《め》が違ってきているし、ぼくが車を運転しているときには、隣《となり》に坐ってぼくと同じに手足を動かし、「早く運転が習えるようになったらいいなあ」と言っているのだ。

　掃除、雑巾掛けの件は、じっとしていられないタチだから、それほど心配しなくていい。勉強しろと言うよりは、掃除しろ、雑巾掛けしろ、と言った方が、反応が早い。大蔵経に関する限りは、無いものねだりと言うしかない。経文を求めて※天竺《てんじく》へ行くとか、※五山の※大衆《だいしゅ》を集めて般若を講ずるなどということはとうてい無理な話である。

助手席に坐って、ヘッドフォンを頭に、ウォークマンを聞きながら、ハンドルを廻し、アクセルを踏《ふ》むまねをしている息子を見ると、⑦この子のどこから坊さんになろうという声が出てきたのだろうと、思わずしげしげと眺《なが》めるのだ。そして、坊さんになっても、ウォークマンを聞きながら車を運転することが出来るぐらいのつもりでいるのではないか、だがあの和尚ではぜったいそういうことはさせてくれるはずはないと思うと、息子が憐《あわ》れに思えてくる。

（三浦清宏『長男の出家』〈福武文庫〉）

※　警策…座禅のとき、修行者の肩ないし背中を打つための棒状の板。
※　腐乱…くさって形がくずれること。
※　般若心経…仏典の一つ。
※　恬淡…あっさりして、こだわらないさま。
※　大蔵経…仏教聖典の総称《そうしょう》。
※　天竺…インドの古称。
※　五山…禅宗で最高寺格の五寺。
※　大衆…多数の僧侶《そうりょ》。

問一　傍線部①「先見の明」の意味として最適なものを次から選び、記号で答えなさい。

ア　自分の意見を先に言うこと。
イ　将来への明るい希望があること。
ウ　先のことを前もって見ぬくかしこさのこと。
エ　物事を一度見てすぐに理解すること。

問二　[　]1に「自分の力ではどうにもならない」という意味になるように次から選び、記号で答えなさい。

ア　足　イ　手　ウ　身　エ　耳

問三　[　]2に入る語として体の一部を表す漢字を入れた二字の熟語を書きなさい。

問四　傍線部②「動物なのか人間なのかわからぬような扱いをする」とは、どのようなことと考えられますか。最適なものを次から選び、記号で答えなさい。

ア　動物の方も、人間と同じように人間の心を理解すること。
イ　動物にも人間と同じように尊厳を持って接すること。
ウ　動物のしたい放題にさせ、無理に押し付けないこと。
エ　動物をやたらとかわいがり、自己満足すること。

問五　傍線部③「和尚とよくピーピー話し合っていた。」の部分に使用されている表現技法を次から二つ選び、記号で答えなさい。

ア　擬人法《ぎじんほう》　イ　体言止め　ウ　直喩法《ちょくゆほう》
エ　擬声語《ぎせいご》　オ　擬態語《ぎたいご》

問六　傍線部④「し返し」について、これは、だれ(何)のだれ(何)に対する「し返し」ですか。次の（　）①・②に最適な言葉を本文中から探し、四字以内で答えなさい。

（①）の（②）に対するし返し。

問七　傍線部⑤「こういう人がら」について、和尚の人がらを二点、それぞれ五十字以内でまとめなさい。

問八　本文中［　］の3・4に入る最適な言葉を、本文中からそれぞれ四字以内で抜き出しなさい。

問九　傍線部⑥「オートバイを見る眼が違ってきている」とは、具体的にどのようなことですか。「息子が」を主語にし、二十五字以内で答えなさい。

問十　傍線部⑦「この子のどこから坊さんに……と眺める」について、父親が感じた息子と和尚との結びつきについて説明した次の文の空欄A・Bに補う語を本文中から探し、Aは十八字、Bは一字で抜き出して答えなさい。

息子が僧になりたいと言い出したのも、［　A　］がある愚海和尚との不思議な［B］があったからだ、と父親は感じている。

かえつ有明中学校（２月１日午後　特待入試）

―50分―

注意　1　句読点、記号、符号はすべて1字として数えなさい。
　　　2　本文中には、問題作成のために省略や表現を変えたところがあります。

一　次の文章を読んで、あとの問いに答えなさい。

　われわれは時間や場所についていつもだいたいの見当をつけることができます。専門的には時間についてだいたいの見当をつける能力は時間の見当識、場所について見当をつける能力は場所の見当識といいます。

　人類は時計や暦《こよみ》を発明してこのような見当をつける能力を道具に頼《たよ》るようになり、その分その力を退化させていますが、それでも必要になればだいたいのことはわかります。

　ところが、大脳がＡソンショウを受けると、時間の見当がつけられなくなることがあります。このような人は季節がわからず、冬であっても、夏です、と答えたりします。夏にそんな服着ますか？　と本人のセーター姿を指摘《してき》しても、すぐにはピンときません。

　あるいは午前か午後かがはっきりしなくなることもあります。時間を尋《たず》ねると、朝の一一時頃《ごろ》なのに、午後三時頃、などと答えます。

　一日二四時間のうち、だいたい今はどのあたりか、一月《ひとつき》三〇（三一）日のうち、だいたい今はどのあたりか、一年三六五日のうち、だいたい今はどのあたりか、などというおおよその見当がつかなくなるのです。

［　Ｉ　］時間の経過がはっきりしなくなる場合もあります。

　目が覚めると必ず、朝だ、と思ってしまう人がいました。たとえ昼寝《ね》の後でも、目が覚めると、朝ご飯を食べると言い張って奥《おく》さんを困らせるのです。

　普通《ふつう》はあまり考えなくても、だいたいの見当がつきます。深い洞窟《どうくつ》にこもって夜昼の情報を遮断《しゃだん》し、時計もなしで自由に暮らさせると、だいたい二四時間から二五時間の間くらいのリズムで寝起きするようになる、という実験があります。脳にはおおよそ一日のリズムを測る仕掛《しか》けがあるのです。もう少し短い時間経過についてはいわゆる「腹時計」もＢケッコウ役に立っています。

　普段《ふだん》われわれは、このような①内からの仕掛けと周囲からの情報を合わせて、だいたいの時間経過を判断しています。この判断が出来なくなると、一日の行動は基準を失い、まとまりを欠くものになってしまいます。

　自分の居場所を知るのも大切な能力です。

　この力も地図や磁石や標識（言語）に頼るようになって、だんだん（　Ｘ　）してはいますが、大脳の基本的な能力のひとつです。

　アフリカのブッシュマンは獲物《えもの》を追って時には二日も三日も草原の中を移動することがあるそうですが、ちゃんと自宅へ戻《もど》ってきます。別に1地図を持っているわけではありません。太陽や星の位置から東西南北を判断し、手掛《が》かりになる地形や樹木などを記憶《きおく》することで頭の中にしっかり地図を作り上げているのです。

　大脳ソンショウでは街の中で自分がどこにいるのかまったくわからなくなり、自宅へも戻れなくなってしまうことがあります。建物は見えているのですが、見えているだけで、方向を知る手掛かりにならなくなってしまうのです。普通は別に考えるほどのこともなく、自転車屋があれば左へ曲がり、パン屋があれば右へ曲がり、内科医院の横を入り、という感じで歩いてゆきます。頭の中に地図が出来上がっていて、それに合わせて移動しているのです。この[2]地図が壊《こわ》れてしまうと、建物は建物としてしか見えず、方向や道順を判断する手掛かりとはならなくなってしまいます。

東西南北の感覚も頭の中の地図を描《か》く上で重要な助けになります。街に住んでいる場合は文字情報がいくらでもありますから、この感覚なしでも移動可能ですが、広い平原など手掛かりが少ないところではどうしても必要です。この感覚は子供の時の記憶が重要です。今、南を向いているとします。そうすると、右手は西で、左手は東、背中が北になります。あたりまえですが、この判断がすぐ出来る人と、少し時間をかけなければ出来ない人があります。筆者などは後者で、しばらく考える必要があります。しばらく何を考えているかというと、子供の時に自宅の縁《えん》側《がわ》に腰《こし》掛けて座っている自分を思い出しているのです。この時の正面が南で、左手が日が昇《のぼ》ってくる東の方、右手が日が沈《しず》む西の方と思い出し、だからこっちが西かなどと考えるので、時間がかかってしまいます。

［Ⅱ］、子供の頃にしっかり焼き付けられた方向感覚を一回一回今の状況《じょうきょう》に重ねないと、判断が出来ないのです。地図を読むときも東西南北を考える時、この種の翻訳《ほんやく》をやっている自分に気がつきます。もちろんこんな面倒《めんどう》なことをしないで、見ただけで東西南北がわかる方がいいのですが、考え方の癖《くせ》みたいなもので、今はあきらめています。もともとこの手の能力がないのでしょう。

筆者の仲間は案外います。[3]地図をみても仙台《せんだい》は東京の東北方向、などと考えられず、東京の上でちょっと右のほう、などと覚えている人たちが②そうです。南半球のオーストラリアのことを、イギリスやアメリカでは「下のほう　down under」と呼ぶのだそうです。

ま、いずれにしても、時間の見当がつけられ場所の見当もつけられるから、われわれは安心して暮らせています。おおげさに言えば、時空間の広大な世界にしっかりと錨《いかり》を下ろして自分という船を停泊《ていはく》させている、その錨みたいに自分の心を安定させる働きが（Ｙ）には備わっています。

大きな広がりの中で、正しく見当をつけるということの大切さは、時間や空間に限りません。自分がこれからやらなければならない③問題の処理にこそ最もよく表れます。

たとえば何かの仕事を抱《かか》え込《こ》んだ時、だいたいこの程度のペースとこの程度の[C]シリョウを読めばだいたいいけそうだ、という見当がうまくつけられて、たいしてあせらずに余裕《よゆう》で仕上げることの出来る人がいるかと思えば、その仕事にどれくらいのエネルギーを注ぎ込めばよいのかまったく見当がつけられずに、というか見当をつけようともせずに、こんなものすぐ出来るとたかをくくって遊びほうけ、[D]マギワになってあせりまくって、結局何も出来ずに終わってしまう人もいます。試験でも、ここは先生がかなり熱を入れて授業していたな、大事なところに違《ちが》いない、という見当がつく人と、つかない人がいます。授業の内容だけでなく、その重要さの程度を教師の態度と合わせて、大きな立場から眺《なが》められるから、見当がつくのです。

見当をつけるためには[4]地図が必要です。

地図は点ではなく、面から出来ています。たくさんの地点がそれぞれに関係を持っているのが地図です。仕事をどのくらいで仕上げるかという見当も、この試験ではどこが重要かという見当も、仕事にからむ周辺の知識、あるいはその試験についての授業全体の知識、つまり面の知識が作り上げられていないと、つけようがありません。

　見当づけはヤマカンとは違います。ヤマカンは面の知識なしで、エイヤッと目的地点に達しようとするわけですから、うまくゆくわけがありません。たとえうまくいったとしても、その時かぎりで後には何も残りません。

　人生の節目節目で、われわれはいろいろな選択《せんたく》や決断を迫《せま》られますが、その決断も複数ある選択肢《し》のどれでもいいや、箸《はし》の倒《たお》れた方向へ行こう、という選択や決断ではうまくゆきません。そんなやりかたは試験のヤマカンと一緒《いっしょ》です。自分は何をしたいと思っているのか、どの程度のことをしたいと思っているのか、あるいは今選ぼうとしていることが自分の性格に合っているのかどうか、その方向を選べばその後の生活はどのような方向へ向かうのか、それで後悔《こうかい》しない方向なのかどうか、などということについてあらかじめある程度の考えを持っていないと、見当をつけられません。

　見当をつける、というのは扱《あつか》っている問題を一度手元から離《はな》して、遠い距離《きょり》から眺《なが》め、他の問題とのかかわりがどうなっているのかという大《おお》枠《わく》を知ることです。全体像を摑《つか》むことです。英語ではパースペクティブと言います。日本には大局観という言葉があります。また、英語から輸入され、日本でも定着していることわざに、「（　Z　）」というのがあります。あるいは「井の中の蛙《かわず》、大海を知らず」ともいいます。細部にこだわって見当をつけられない愚《おろ》かな状態のことを笑っているのです。部分的な、狭《せま》い知識だけでは全体がどうなっているのかは判断出来ません。大きな立場から見ると、それまで見えていなかったことが見え、わからないこともわかるようになります。

（山鳥重『「わかる」とはどういうことか―認識の脳科学』〈ちくま新書〉より）

問一　……部A～Dのカタカナを漢字に直しなさい。

問二　［Ⅰ］・［Ⅱ］にあてはまる語句として適当なものを、それぞれ次から一つ選び、記号で答えなさい。

ア　たとえば　　イ　つまり　　ウ　ところが
エ　むしろ　　オ　あるいは

問三　①内からの仕掛けと周囲からの情報を合わせて、だいたいの時間経過を判断　について、ⅰ「内からの仕掛け」・ⅱ「周囲からの情報」の具体例としてもっとも適当なものを、それぞれあとから一つ選び、記号で答えなさい。

ⅰ「内からの仕掛け」
ア　緊張するとお腹が痛くなる　　イ　夏になると汗をかく
ウ　夜になると眠くなる　　エ　走ると呼吸が速くなる

ⅱ「周囲からの情報」
ア　日影に入るとすずしい　　イ　晴れた日は気分が良くなる
ウ　リラックスすると眠くなる　　エ　春になると桜が咲く

問四　（Ｘ）にあてはまることばを、文中からぬき出しなさい。

問五　═部１～４の「地図」から、「地形が描かれ、目で見ることのできる地図」をすべて選び、番号で答えなさい。

問六　「時間」や「空間」について見当をつける話題から次の話題に移り始める段落はどこですか。その初めの六字をぬき出しなさい。

問七　②そう　の指す内容としてもっとも適当なものを次から一つ選び、記号で答えなさい。

ア　平野でも方位の判断がすぐにできる感覚を持つこと。
イ　地図上の方位を日本語以外にも翻訳して表現できること。
ウ　時間をかけないと方位の判断ができないこと。
エ　地図に対する考え方の癖は直せないとあきらめていること。
オ　広い場所でも正しい方位を判断するために工夫して覚えること。

問八　（Ｙ）にあてはまることばを、文中から三字でぬき出しなさい。

問九　（Ｚ）にあてはまることわざを次から一つ選び、記号で答えなさい。

ア　二兎を追うものは一兎をも得ず　　イ　あとは野となれ山となれ
ウ　木を見て森を見ず　　エ　灯台下暗し

問十　③問題の処理をするうえで有効に「見当をつける」ためにはどのようにすることが必要ですか。六十字以内でまとめなさい。

二　次の文章は、三歳《さい》で突然母「ふうちゃん（史恵《ふみえ》）」に捨てられた「はるちゃん（遥香《はるか》）」が、叔父《おじ》の「大輔《だいすけ》」を通じて、病気で入院している「ふうちゃん」から「会いたい」と連絡を受け、悩んだ末に「ふうちゃん」と会う決意をして、病院を訪れた場面です。次の文章を読んであとの問いに答えなさい。

部屋はホテルやワンルームマンションのようなつくりだった。玄関《げんかん》を入るとすぐにクローゼットや洗面所やトイレがあって、短い廊下《ろうか》を進んだ先に居室がある。

ベッドは水回りの陰《かげ》なので、戸口からは死角になって、ふうちゃんの様子をすぐには見ることができなかった。

「ふう、俺《おれ》だ、兄ちゃんだ」

大輔さんは戸口から声をかけた。廊下を歩きながら「はるちゃん、来てくれたぞ」と続け、わたしには身振りで、ここでストップだ、と伝えた。

「よかったな、間に合った、うん、間に合ったんだ……」

大輔さんは居室に入って足を止め、ベッドのほうに体を向けた。

「具合どうだ？　しゃべれるか？」

返事はなかったけど、大輔さんはわたしにちらりと目をやって、いいぞ、こっちに来て、とＡテマネきした。

①緊張《きんちょう》が一気に高まって、歩いていても体の重みが感じられない。

大輔さんはベッドの脇《わき》に立っていた。わたしはその隣《となり》に立って——やっと、ふうちゃんと会えた。

ふうちゃんはベッドを起こし、窓のほうに顔《かお》を向けていた。

「はるちゃんが来てくれたぞ」

大輔さんがあらためて声をかけると、ふうちゃんは無表情に窓の外を見つめたまま、顎《あご》を小さく動かした。聞こえている。気づいている。でも、こっちを振《ふ》り向かない。

「よかったな、ずっと会いたがってたんだもんな……間に合ってよかった……ほんとうに、よかった……」

Ｂ感キワまって涙声《なみだ》になった大輔さんをよそに、ふうちゃんはまだこっちを見ない。

がりがりに痩《や》せている。腕《うで》や脚《あし》は枯れ枝みたいだったし、目のまわりも、影ができるぐらい落ちくぼんでいる。細いだけではなくて、体ぜんたいが薄《うす》い。潤《うるお》いや張りがなく、顔も首筋も手の甲《こう》も、パジャマで隠《かく》せないところはすべて、くすんだ色をしている。おばあちゃんが亡くなる直前もそうだった。生きるために必要なものは、もう体の隅々《すみずみ》までは行き渡《わた》っていないのかもしれない。

　そこまでは覚悟《かくご》していたけど、ふうちゃんがそっぽを向いているとは思わなかった。具合が悪すぎて、大輔さんの声が聞こえないのか、それとも、もう来客に気づくことすらできないのだろうか。

　窓の外は裏庭だった。あじさいが咲《さ》いていた。前庭よりずっと狭《せま》くても、植《う》え込《こ》みはきちんと手入れされていて、あじさいの花の青い色は、むしろ前庭よりも鮮《あざ》やかだった。

　ふうちゃんは、そんな裏庭を見つめたまま黙《だま》っていた。最初は「え？　なんで？」と困惑《こんわく》していたわたしも、しばらくたつと、冷静になれた。正確には、醒《さ》めてしまった。

　なつかしくない。
　(I)ふうちゃんは間違《まちが》いなくわたしの母親で、わたしたちは十四年ぶりに会えて、これが最後の対面になるはずなのに、心がぴくりとも動かない。
　いまのふうちゃんは、まだ死んでいない遺体のようなものだ。昔をなつかしんだり、捨てられたことを恨《うら》んだりするには、もっと元気でいてほしかった。

「おい、ふう……なんだよ、なに照《て》れてるんだよ……」

　さすがに大輔さんも、ふうちゃんのCハンノウの鈍《にぶ》さにあせって、「せっかく会えたんだ、積もる話もいろいろあるだろ？」と言って、わたしにも目配せした。はるちゃんが話しかけてみろよ——わかるよ、わかるけど、なつかしくないんだから……。

　ふうちゃんがやっと、窓の外を見つめたまま、ささやくように言った。

「……積もる話、なくて、ごめんね」


謝った相手は、大輔さんではなく、わたしなのだろう。

「ものごころつく前に別れたら、思い出もできないから」

そう。②わたしが醒めてしまうしかない理由も、きっと、そこ。

「怒《おこ》っていいわよ」

　目は向けなくても、わたしに語りかけた。

「恨んでもいいし、憎んでもいいし……忘れてもいいから」

　わたしは黙って首を横に振った。そうしようと思ったわけではないのに、体が——そして心が、勝手にそのしぐさを選んだ。

　そのまま、しばらく間が空いた。ふうちゃんはあいかわらず窓の外を見つめ、大輔さんも困り果てた挙げ句黙り込んでしまった。

　ほんとうは、すぐに話を続けたかった。でも、ふうちゃんへの呼びかけの言葉が出てこない。
　③部屋に入るまでは「お母さん」と呼ぶつもりだった。実際には一度も口にしたことのない呼び方だ。三歳までのわたしは、ふうちゃんを「ママ」と呼んでいたらしい。記憶《きおく》には残っていないけど、大輔さんが教えてくれた。
　現実では使わなかった呼び名なら、冷静に道具扱《あつか》いできると思っていた。これはお芝居《しばい》のキャラの名前で、「お母さん」という役名の人と会っているつもりで呼べばいいんだから……。

　甘かった。「お母さん」は強い。強すぎる。キャラの名前として割り切ることは、やっぱり、無理だった。かと言って、十四年ぶりに「ママ」と呼ぶのは、いかにも取って付けたような——お芝居の「お母さん」よりさらにつくりものめいてしまう気がする。

　しかたなく、呼びかけなしで言った。

「……あじさい、見てるんですか」

ふうちゃんは一瞬《いっしゅん》だけ意外そうな顔になったけど、すぐに無表情に戻って「見えるからね」と言った。「見えるから、見てる、それだけ」

「……好きなんですか、あじさい」

また意外そうな顔になって、すぐにまた無表情に戻り、「まあ、好きだけど」と言う。

「わたしも、あじさい、好きです」

ふうん、そう、とうなずいたふうちゃんに、わたしはさらに訊《き》いた。

「あさがおと、あじさい、どっちが好きですか？」

今度はあきれたように短く笑って、「あじさい」と言う。

よかった。わたしは「じゃあ――」と続けた。「桜とあじさいは？」

ちょっとうんざりした様子のため息のあと、また「あじさい」と答えた。

④よかった。ほんとうに。おばあちゃんは喜ぶだろうか。逆に怒ってしまうだろうか。おじいちゃんとおばあちゃんの位牌《いはい》は、キャリーケースの中に入ったままだ。ここで出すのは、やっぱり、「なし」だろう。

代わりに、わたしは質問を重ねた。

「あじさいの花、赤いのと青いのとでは、どっちが好きですか」

今度はもう、返事をしてくれなかった。かまわない。伝えたいことは、あと少しだけ。

「わたしは、青が好きです」

いま窓の外に咲いているあじさいも、青。そして――。

「周防《すおう》のウチの庭のあじさい、青いんです」

ふうちゃんは、息を深く吐《は》いてから、「覚えてる」と言った。「あなたを置いて行ったときも、咲いてた」

まなざしが、やっと、わたしに向いた。

ふうちゃんは微笑《ほほえ》んでいた。げっそりとやつれているので、笑顔にやわらかさはない。頬が動いたせいで、落ちくぼんだ目のまわりの翳《かげ》りが、かえって際立ってしまったようにも見える。

でも、わたしを見つめる表情は、確かに笑顔だった。

「もっと教えて」

笑顔のまま、言った。

「あなたの好きなもの、もっと教えて」

唐突《とうとつ》な問いかけだった。でも、わたしの答えは、自分でも驚《おどろ》くほどすんなりと、そう問われるのを待っていたかのように、口をついて出てきた。

「学校の勉強は、国語の、古文が好きです」

うん、うん、とふうちゃんはうなずいて、続きを目でうながした。

「アイドルとかお笑いにはそんなに興味ないけど、動物の動画を観るのは好きです。特に猫のやつが好きかな」

好きなものは、ほかに――。

「スイーツはショコラ系ならなんでも好きだし、ごはんは、一週間連続でパスタでも全然オッケーです」

細かい⑤「好き」を思いつくまま並べ上げるときりがないから、大きな「好き」について伝えることにした。

「一番好きな人は、おばあちゃんです。二番目がおじいちゃんです。二人とも亡くなったけど、いまでも好きな人のトップはおばあちゃんで、二番目がおじいちゃんで、これからもずっと同じだと思います」

　ふうちゃんはゆっくりとうなずいた。ほっとしたようなしぐさだった。

「二階の窓から周防の街をぼーっと見てるのが好きで、夜になって新幹線が行ったり来たりするのを見るのが、特に好きです」

　ふうちゃんの目は、いつのまにか閉じていた。眠くなったのだろうか。目を開ける体力すらなくなっているのかもしれない。でも、ふうちゃんはわたしの話をちゃんと聞いている。間違いなく。絶対に。理屈《りくつ》抜《ぬ》きで確信があった。

「好きなもの、たくさんあります。ありすぎて、どこから話したらいいかわからないし、いつまでたっても終わらないほどです」

　ふうちゃんは目を閉じたまま、ふふっと笑い、⑥さっきよりさらに安堵《あんど》した様子で言った。

　ありがとう、よかった。

　ささやくよりもさらに細く、淡《あわ》く、霞《かす》んだような声だった。大輔さんがわたしに目配せする。もっと近くで聞いてやってくれ、と身振りで伝え、自分はあとずさって、場所を空けてくれた。

　わたしはためらいながらベッドに一歩近づいて、耳をすました。

「……よかった」

　ふうちゃんは繰り返した。目はまだ閉じている。わたしはベッドに身を乗り出して、ふうちゃんとの距離《きょり》をさらに詰めた。

「好きな、ものが、たくさん……あって、ほんとう、に……よかった」

　息が浅いせいで、声は途切れ途切れになってしまう。耳に届くというより、口から出たらすぐにこぼれ落ちてしまう声を拾い集めて聞いているような感じだった。


　ふうちゃんは肩のD荷を下ろしたのだろうか。わたしがいま幸せなのを知って、我が子を捨てた罪悪感から救われて――よかった、と繰り返しているのだろうか。

　違った。ふうちゃんは力を振り絞るように息を深く吸い込んで、さらに言った。

「好きなもの、これからも増やして……好きなものがいっぱいあると、楽しいから……よかった……はるちゃん、よかったね……」

　安堵したのは、わたしのことだった。わたしに好きなものがたくさんあることを、ふうちゃんは、わたし自身のために、喜んでくれていたのだ。

　わたしの名前も呼んだ。うんとひさしぶりのはずなのに、声の響《ひび》きは自然だった。ずっと呼び慣れていて、ついさっきも［Ｉ］にしたばかりの名前のように。

　ふうちゃんは目を開けた。わたしの顔が近くにあったので少し驚《おどろ》いた様子だったけど、もう、窓のほうを向くことはなかった。

「いま、名前、呼んでくれましたよね」

　目を伏《ふ》せたふうちゃんに「違います、怒ってるんじゃなくて」と笑って、続けた。

「もう一回呼んでもらっていいですか」

　ふうちゃんは「え？」とわたしを見た。

「いまは、名前を呼ばれても、正直言って全然なつかしくないです。でも、あとでいつかなつかしくなると思うし、なります。絶対に。だから、名前、呼んでください」

　何度でも、と付け加えた。

はるちゃん――。

親しい人や仲良しの友だちはみんな、わたしをそう呼んでいる。わたしもすっかり慣れていて、「小川さん」や「遥香さん」よりもずっと［Ⅱ］に馴染《なじ》んで、自分自身との距離も近く感じられる。

でも、ふうちゃんがまた目をつぶって繰り返してくれた「はるちゃん」は、ほかの誰の「はるちゃん」とも違っていた。

喉がからからに渇いたときに飲むスポーツドリンクみたいに、耳から胸まで、すうっと流れていく。最後は、胸の奥の奥、「え、胸ってこんなに深かったっけ？」と言いたくなるようなところまで届いて、なにも余りものを残さずにきれいに染み込んで、消える。

すごい。

ただし、感動や感激とは、ちょっと違う。そもそも、昔のふうちゃんが呼んでいた「はるちゃん」を、わたしはまったく思いだせない。昔の声に戻って呼んでくれたら、もしかしたら記憶がよみがえるかもしれないけど、死が目前に迫った声では、初対面の人に初めて名前を呼ばれたのと変わらない。

でも、やっぱり、すごい。

ああ、溶けた、とわかったのだ。

ふうちゃんの口にする「はるちゃん」は、胸の奥の奥の、ここから染み込んで、わたしの中で溶けていく。わたしの一部になってしまったから、もう取り出すことはできない。でも、確かに、間違いなく、ふうちゃんの呼んでくれた「はるちゃん」はわたしの中にある。

はるちゃん――。

目を閉じたまま、何度も呼んでもらった。立てつづけに呼ぶ体力は、もうない。「はるちゃん」と「はるちゃん」の間には、息継《いきつ》ぎよりも長い間が空いてしまう。

大輔さんは壁際にあった椅子《いす》をベッドの横に持ってきて、わたしを座らせてくれた。わたしも素直に従った。自分のために、というより、立ったままだと、ふうちゃんをあせらせてしまうかもしれないから。

大輔さんはさらに、スマホのボイスメモの画面をわたしに見せた。録音しておこうか、と訊いてくれたのだ。そうすれば、ふうちゃんの声はずっと――亡くなったあとも、残る。

でも、首を横に振った。記録に残さなくてもだいじょうぶ。「はるちゃん」は、しっかりと、わたしに染みた。わたしの一部になった。(Ⅱ)かすれた弱々しい声は、いずれは記憶が薄れ、どんな声だったかあいまいになって、最後は忘れてしまうだろう。かまわない。「はるちゃん」は、もう、わたしから離れない。

勉強でなにかを覚えるというのは、頭の中の整理棚《だな》に並べるようなものだ。高校受験のときに読んだ参考書に書いてあった。すぐに取り出せるように並べ方を工夫しておきなさい、と。

思い出も同じだと思っていた。頭の中に整理棚があって、わたしたちは「あのとき、あんなことがあったよね」と思い出せるように、無意識のうちに日付順に並べたり、場所やメンバーでタグ付けしたりしているんだと思い込んでいた。

だけど、いま、わかった。

自分の中に溶けてしまった思い出は、もう思いだせない。でも、ある。絶対にある。

（重松清『はるか、ブレーメン』〈幻冬舎〉より）

問一　……部Ａ～Ｄのカタカナを漢字に直しなさい。

問二　①緊張が一気に高まって、歩いていても体の重みが感じられないとありますが、それはなぜだと考えられますか。適当なものを次から一つ選び、記号で答えなさい。

ア　初めて訪れる病院の張りつめた雰囲気に飲まれてしまったから。
イ　寝たきりの母の体調が想像していたよりも深刻かもしれないから。
ウ　記憶があいまいなころに別れた母といよいよ対面するから。
エ　数回にわたる母との対面が今回で最後となるかもしれないから。

問三　②わたしが醒めてしまうしかない理由も、きっと、そこ　とありますが、「そこ」とはどのようなことですか。もっとも適当なものを次から一つ選び、記号で答えなさい。

ア　母親とは十四年ぶりの再会となるが、幼少期の記憶は残っていなくてなつかしさを感じなかったこと。
イ　母親とは最後の対面になりそうだが、最後に何を話すべきかわからなくなってしまったということ。
ウ　十四年ぶりに再会した母親は、はるちゃんの悲しみや怒りを思い切りぶつけられるような状態ではなかったこと。
エ　母親は、はるちゃんの幼い時の記憶があいまいになっていて、過去の話をすることはできなかったということ。

問四　③部屋に入るまでは「お母さん」と呼ぶつもりだった　とありますが、「はるちゃん」はどういう気持ちで病室を訪れたと考えられますか。もっとも適当なものを次から一つ選び、記号で答えなさい。

ア　今まで呼びたくても呼べなかった「お母さん」を口にしたいという気持ち。
イ　形式的にでも「お母さん」と呼ぶことで、満足させてあげたいという気持ち。
ウ　「お母さん」と呼ぶことで、幼いころの記憶を呼び起こしたいという気持ち。
エ　「お母さん」と呼んだら、どのような顔をするかを見てみたいという気持ち。

問五　④よかった。ほんとうに　とありますが、「はるちゃん」がこのように思うのはなぜですか。もっとも適当なものを次から一つ選び、記号で答えなさい。

ア　おじいちゃんの家のあじさいを、お母さんが覚えているのではないかと感じたから。
イ　はるちゃんの好きなものと、お母さんの好きなものが重なり、共有できた感覚があったから。
ウ　お母さんにとって嫌な記憶がつきまとうであろう青いあじさいを、好きでいてくれたから。
エ　お母さんにとっての実家の思い出が刻まれていることを信じられるようになったから。

問六　⑤「好き」とありますが、「好き」な様子をあらわす慣用句として**適当でないもの**を次から一つ選び、記号で答えなさい。

ア　目がない　　イ　心にかかる
ウ　胸をこがす　　エ　熱にうなされる

問七　⑥さっきよりさらに安堵した様子で言った　とありますが、「ふうちゃん」は何に安堵したのですか。「～に安堵した。」に続くように文中から二十字以内でぬき出しなさい。

問八　Ⅰ・Ⅱにあてはまる体の一部を表す漢字一字をそれぞれ答えなさい。

問九　(Ⅰ)ふうちゃんは間違いなくわたしの母親で、わたしたちは十四年ぶりに会えて、これが最後の対面になるはずなのに、心がぴくりとも動かない　(Ⅱ)かすれた弱々しい声は、いずれは記憶が薄れ、どんな声だったかあいまいになって、最後は忘れてしまうだろう。かまわない。「はるちゃん」は、もう、わたしから離れない　とありますが、この二つの表現から「わたし」の心情にどのような変化があったことが読みとれますか。六十字以内で答えなさい。

春日部共栄中学校(第一回午前)

—50分—

一　次の——部について、漢字をひらがなに、カタカナを漢字に直しなさい。

① 先生のお宅をホウモンする。
② 時代ハイケイを考える。
③ 彼のゲキドウの人生を振り返る。
④ カブヌシ総会に出席する。
⑤ ハクシンの演技。
⑥ カッキョウを見せる市場。
⑦ セイジャクに包まれた会場。
⑧ 危険を冒す。
⑨ 名人の誉れ。
⑩ 薪水の労をとる。

二　次の文章を読んで、後の問に答えなさい。

どの国のことばにも、「長い」「短い」、「大きい」「小さい」、「高い」「低い」のような、それぞれ対をなしながら、事物の持つさまざまな次元を描写する形容詞がある〔と言っても、実は細かく見ると、フランス語には「深い」に当るprofondはあるが、「浅い」を直接表現することばがない。またラテン語のaltusという形容詞は、垂直上方へのへだたりを表わす(日本語の「高い」に当る)と同時に、垂直下方へのへだたり(日本語の「深い」に一部相当する)をも意味し得るため、「山が高い」も「木の根が深い」も両方ともaltusであるといった喰違《くい》いもあって、いろいろと面倒な問題があるのだが、今はこのような点にはあまり深入りしない〕。

さてそこで「長い短い」や「大きい小さい」を、どうして取り上げるのかというと、このような形容詞は、一見或《あ》る特定の対象の形状を述べているように見えながら、本当は、その対象と他の何かとを潜在的に比較しているという構造を持っていて、そこにいろいろと面白い問題がひそんでいるからなのである。

たとえば「大きな赤いリンゴ」という表現をきくと、人は「大きい」も「赤い」もひとしくリンゴというものの性質を形容していると思うのが普通である。けれども、この二つの形容詞の構造が非常に違っていることは次のような実験をしてみればすぐ明らかになる。

ある人が、かりにリンゴという果物を知らなかったとしよう。その人の前に、いくつかの、種類の違った果物を並べて、その中に赤いリンゴを一つ入れておく。話しを簡単にするために、他の果物は赤くないものばかり選んでおくことにしよう。さてこの人に向って、「このいくつかの果物の中に赤いリンゴがあります。どれですか」ときけば、その人はためらうことなく、正しい果物を指すことができる。〈ア〉

次に、「ではこのリンゴは大きいですか、それとも小さいですか」とたずねたらどうだろうか。今までリンゴとはどんな果物かを知らなかったその人は、初めて見るリンゴを前にして、大きいか小さいかを言うことはできないにちがいない。〈イ〉

この実験から言えることは、「赤い」という形容詞の意味を知っている人は、目の前に現われた事物が、「赤い」か「赤くない」かは、その事物についての、更に詳しい知識や情報がなくても、直ちに判断することができるのに、ある対象を[2]「大きい」と言うことができるためには、実はその対象について、もっと多くのことを知っていなければならないということである。〈ウ〉

ところがこの同じ人が、今度は象を見たことがなかったとしよう。動物園に連れて行かれて、これが象だと教えられた時に、彼は恐らく、「わあ大きいな」とか「なんて大きいんだ」と言って驚くだろう。彼は象を今迄《いままで》見たことがなかったのである。それなのに、初めて見た象に、「大きい」という形容詞を使えるのだ。そのくせ、初めて見たリンゴについて、「大きいか小さいか」ときかれて答えられなかったのである。これは一体どういうことなのであろうか。

よく考えてみると、「大きなリンゴ」と私たちが普通言う場合には、(リンゴとして)大きい方というように、リンゴという特定の事物の枠の中での大小を問題にすることが多い。言い換えると普通の平均的なリンゴとは、どのくらいの大きさのものかを経験から知っていて、その知識と照し合せながら目の前のリンゴについて、大小を判断するのである。〈エ〉

ところが象の場合はどうだったのだろうか。これも初めて見たというのに、このときは「大きな象を見てきたよ」と家に帰って話してもおかしくない。実は象の場合には、彼は今迄自分が見聞したいろいろな他の動物と比べて、目の前にいる動物が、とても大きいということを言っていると解釈できる。つまり「(象として)大きい」のではなくて「(動物として)大きい」というような意味で「大きな象」と言ったと考えられる。「大きい」という形容詞のリンゴと象についての二つの異った使い方から分ったことは、何かあるものを「大きい」と言えるためには、私たちは何かしらの規準を必要とするということである。ある規準に照した場合にだけ、あるものが大きいか小さいか判断できるという意味で、このような形容詞を言語学では相対的な形容詞と呼んでいる。

これに対し「赤い」のような形容詞は、[3]絶対的な形容詞の例なのである。日本語では、どのような色を「赤い」と呼ぶのかということを一度知った人は、目の前にある対象が、初見であろうと[4]既知のものであろうと、それが赤いか赤くないか即座に判断することができる。郵便ポスト、消防自動車、夕日、日の丸、すべて赤い、とためらうことなく言える。つまり、「赤さ」という性質は、いわばもの(事物、対象)に根ざしている、あるいは錨《いかり》を下していると言えるのに対し、「長さ」とか「大きさ」のような性質は、ものとものの間に存在する性質で、事物それ自体には根を下していない性質なのである。

［Ｉ］、何か或る特定の事物が、「長い(短い)」とか、「大きい(小さい)」ということは、ことばの表面的な形からは、それが「赤い」とか「丸い」と全く同じであるために、素人は勿論《もちろん》のこと、言語学の専門家でも両者の区別を従来は余り問題にしなかった。実際多くの文典では、両方とも性質形容詞などと言って、ひとまとめにしてあるし、古典論理学でも同様である。しかし今の説明ですでに明らかなように、何かが大きいとか、長いとかいうことは、すでに、他のものと無意識に比較して言っているのであり、その意味では、何かが「赤い」というのとは構造が違うのである。

それではこのかくれた比較の規準、つまり潜在的な物差しには、一体どのような種類があるのかといった問題を次に考えてみることにしたい。

同じ「大きい」とか「長い」を使っても、それが、「AはBより大きい」とか、眼の前にある二つのものの一方を取上げて、「こちらの方が長い」と言うような場合は、二つのものを比較していることは誰の目にも明らかであろう。

しかし、象を見て「大きいなあ」と言うこと自体が、すでに比較の形式をとっているのだということが、私たちにはっきりと自覚されにくいのは、その場合の比較の規準が、ことばの上で明示されていないからである。したがって、「何かが大きい(小さい)」とか「何かが長い(短い)」のような文は、潜在的比較文(covert comparative)と呼ぶことがふさわしい。

これに対し、普通の文法でいう「AはBより大きい」のような文は、明示的比較文(overcomparative)と私はよんでいる。このタイプの比較では、比較の物差し(measure)はBであり、Aは測定を受ける対象という意味で標本(specimen)と称する。

明示的比較文でも、すべての場合に物差しが表現されているとは限らない。「富士山は日本一高い山だ」という文では、物差しは「日本の他の山すべて」であるが、これは省略されている。しかし「このリンゴは大きい」のタイプの文では、見たところ標本(リンゴ)だけあって、物差しがあるとは思えないのである。

(鈴木孝夫『ことばと文化』〈岩波新書〉より)

問一　═部a「比較」と熟語の組み立てが同じものを、次の中から一つ選び、記号で答えなさい。

ア　栄枯　　イ　机上　　ウ　永久　　エ　加熱　　オ　国立

問二　═部b「誰の目にも明らかであろう」に関して、『きわめてはっきりしており、疑いようのない様子』という意味を持つことわざとして次のような言葉がある。［X］に入る適当な漢字一字を次の中から一つ選び、記号で答えなさい。

【［X］を見るより明らかだ】

ア　火　　イ　土　　ウ　森　　エ　海

問三　〜〜部1「この二つの形容詞の構造が非常に違っている」とありますが、それはどのような違いですか。「大きい」を前者、「赤い」を後者として、「前者は……、後者は……。」という形で五十字以内で説明しなさい。(句読点も字数にふくみます)

問四　〜〜部2「大きい」とありますが、問題文中における「大きい」の説明として適当なものを次の中から一つ選び、記号で答えなさい。

ア　「大きい」という形容詞は特定の事物の枠内でのみ使用可能で、他の対象と比較されることはない。

イ　「大きい」という形容詞は複数の対象に対して使用可能であり、事物そのものの性質を表している。

ウ　対象が「大きい」かどうかは、ある規準に照らし合わせることで相対的に判断することができる。

エ　対象が「大きい」かどうかは、対象を事前に認識していなければ判断することはできない。

問五　〜〜部3「絶対的な形容詞の例」としてふさわしいものを、次の中から一つ選び、記号で答えなさい。

ア　安い　　イ　黒い　　ウ　軽い　　エ　難しい

問六　〜〜部4「既知」の対義語を漢字二字で答えなさい。

問七　[Ⅰ]に入る適当な言葉を次の中から一つ選び、記号で答えなさい。

ア　例えば　　イ　もしくは　　ウ　ところが　　エ　なぜなら

問八　問題文中には、次の一文が抜けています。〈ア〉～〈エ〉のどこに入れるのが適当ですか。記号で答えなさい。

【　したがって、初めてリンゴを見た人は、その大小については判断のしようがないのだ。　】

問九　問題文の内容として、**ふさわしくないもの**を次の中から一つ選び、記号で答えなさい。

ア　同じ形容詞の中でも、言語学上では相対的な形容詞と絶対的な形容詞に区分することができる。

イ　明示的比較文は比較の形をとる文章であるが、必ずしも比較対象が明示されているとは限らない。

ウ　素人も言語学の専門家も、相対的な形容詞を使う際に、意識的に他のものとの比較をして発言をしている。

エ　従来の言語学の専門家は、相対的な形容詞と絶対的な形容詞を区分せず、ひとまとめにして扱っていた。

三　次の文章を読んで、後の問に答えなさい。

> 中学生の「私」は、クラスメイトの南野さんに足を引っかけられて右膝に怪我をしてしまう。保健室に行くと白衣を着た女性の先生が猫を撫《な》でていたが、「私」が来たことで猫が逃げてしまう。

足を洗ったあと、先生は私の足を手当てしてくれた。

その間、私はその先生をよく観察した。

かなり髪の毛の長い人だった。それをゆるく三つ編みにして、頭の上でぐるぐると大きなお団子にしている。こんな髪型をしている先生は見たことがないし、先生以外でも、たぶん見たことがない。

黒いフレームの眼鏡、標準よりも長い首。かわいらしい顔ではないけれど、洋風の印象的な顔立ちをしている。まるで図工の、中学では美術だけど、とにかくそういう資料集にでも載っていそうな、きれいなのか、そうでないのかが、なんだか分かりにくいみたいな顔。

するると先生が顔を上げて、そしたら目が合って、ドキリとした。何かしゃべらなくちゃ、という気になる。

「あの、さっきの猫は？」

「あなたが来たせいで、どっか行っちゃった」

私はちょっとムッとする。私のせい？　それが顔に出てしまったみたいで、先生はにやっと笑った。

「冗談よ。よそから入りこんできたみたい。あなたも猫が好き？」

「嫌いじゃないです」

「つまり好きなのね。分かりやすいな」

私はもう一度、[Ｘ]。変な先生。っていうか、変な大人。

大抵の大人は、私のことを何を考えているか分からないって言う。もっと素直になりなさいって。

「さっきの話ですけど」

黙っていたら負けっていう気がして、私は自然と口を開いていた。学校で人とこんなにしゃべるのは、なんだかひさしぶりだった。

「クラスに私を嫌っている女子がいて」

「そう。よくあることよ」

「でも私はその子のことが好き」

それもよくあること？　そんな言葉で、簡単にすませてほしくない。

「そういう時、どうすればいいですか？」

先生は長い首をかしげて少し考えたあと、私に教えてくれた。

「何もしないほうがいいと思う」

「何も？」

「あなたが近寄ると、その子は逃げると思うわ。だから何もしない。ただ、もし彼女のほうから近寄ってくるようなことがあったら、そのチャンスを逃さないこと。よし、できた」

　先生は消毒をした傷口にガーゼを当てて、それをテープでとめてくれた。

　その時、廊下から誰かが中に入ってきた。

「あら、[1]ヒトミ先生」

　その人は目を丸くして、手当てをしてくれた先生に向かってそう言った。ピンク色のエプロンをつけて、ティッシュボックスを抱えている。先生というより、近所のおばさんみたい。

「まぁ、あなた、怪我したの？　ごめんなさいね、ちょっとティッシュが切れちゃって取りに行ってたの。ヒトミ先生が手当てしてくださったの？　やぁだ、すみませんです」

　その時になって、私はようやくぼんやりと思い出した。そうだ、保健の先生はこのおばさんだ。身体測定の時に会ってる。じゃあ、この白衣の先生は……？

　保健の先生がティッシュを片付けている間に、私はまだ私の足もとにしゃがんでいるその人の正体が気になって聞いた。

「ヒトミっていうんですか？」

　先生はうなずいて、立ち上がる。その時、どこかで感じたことのある香りがした。香水……？

「あの、保健の先生じゃなかったんですね」

「ああ、白衣着てるからねぇ。アハハ」

　ヒトミ先生のかわりに保健の先生が答えた。「そもそも、ヒトミ先生がなぜここに？」

　ヒトミ先生は白衣のポケットに両手を入れて、どう答えようか迷っているみたいだった。

「あ、もしかして追いかけてきたんですか？」

　私は猫のことを言ったつもりだった。ヒトミ先生は保健の先生には見えないようにそちらに背を向けて、私に向かって唇に人さし指を当ててみせた。その唇は微笑んでいた。

「そう。あなたが足を引きずっているのを見てね」

「え」

「心配だったから、追いかけてきたの」

「……………」

　なんでそんなうそをつくんだろう。

　あ、そうか、仕事中にこんなところで[a]油を売っていたらまずいってことか。

「ヒトミ先生、意外とやさしいんですねぇ」

　保健の先生が感心したようにそうほめた。そしたらヒトミ先生が小声で、

「意外とって」

って、つぶやいたのがおかしかった。

「あの、どうして下の名前で呼ばれているんですか？」

ヒトミ先生だなんて、まるで幼稚園の先生みたい。もしかして同じ名字の先生がふたりいるとか？　下の名前で呼ぶのはちょっと抵抗がある。しかもヒトミだなんて。

ふたりの先生たちはなぜか顔を見合わせている。

「言われがちなやつですかね」

「ええ、毎年のように」

ヒトミ先生は私の質問には答えず、そのかわりにちょっと微笑んで言った。

「お大事にね、結城瞳ちゃん」

一瞬何を言われたか理解できなくて、そして次に鳥肌が[2]。

私はまだ名乗っていなかったし、中学の体育着に名札はついていない。

それなのに、先生は私の名前をちゃんと知っていた。

それは、私にとって経験したことがないような、震えるような喜びだった。

南野さんに呼んでもらえない、かわいそうな私の名前を、先生が当然のように呼んでくれたこと。

たったそれだけのことで、私が自分の名前を本当は好きだったんだってことを思い出せた。それはずっと忘れていた大切な気持ちだった。学校の先生に下の名前で呼んでもらったのは、いつ以来だろう。

こうして、同じ学校の中に自分と同じ名前の先生がいるってことを、私は知った。

先生が立ち去ろうと体の向きを変えた時、翻った白衣の裏に白い花柄の裏地が見えて、とても素敵だと思った。

あの花の名前はなんていうんだろう。名前を知りたい。

私は強くそう思った。

……グループJの小出くん、アンジェラ松谷と婚約したって。

……顔面格差婚でしょ？　マジウケる。

……平面図形のプリントって今日までだよね。

……数学の伊藤さぁ、いつもあたしばっかり指す気がするんだけどいやがらせかな。

……「ほいっぷ」の制服特集見た？

……見た見た！　大森女学院が三位とかありえないから。

……あのベストめっちゃダサいのにね。

教室って不思議な場所だと思う。

耳をすませると、いろんな声が聞こえてくる。

私は手もとの文庫本を読むふりをしながら、その中から興味深い話題を探す。

……早川くんが塾の帰りに見たんだって。

……しょうこさん？

……うそだよ、そんなの。

……動いてたの？　本当に？

右耳に集中。

しょうこさん。なんの話かは、すぐに分かった。「希望の像」だ。

それは正門の脇にある小さな銅像のこと。私たちの間では、「しょうこ像」とか「しょうこさん」とかって呼ばれている。

そういう学校によくあるタイプの銅像には、やっぱりよくあるタイプのうわさ話がくっついている。夜中になると目が光るとか、動き出すとか。

どうして「しょうこ」なんていう具体的な名前がついているかというと、十数年前に校内の事故で亡くなった女子学生がいたとかで、その子の名前が「しょうこ」だったからだ。その子と銅像にはなんの関係もないはずだし、そもそも実際にそんな子がいたのかどうか、本当に亡くなったのかどうかも定かではないけれど、とにかくそういううわさ。

その時、今度は左耳からこんな声が飛び込んできた。教室内の他のどの声よりも一際はっきりと聞こえるその声を、私の耳は絶対に逃さない。

「理科の人見《ひとみ》って、子どもがいるんだって」

南野さんの声だった。右耳の「しょうこさん」と左耳の「人見先生」とを天秤《てんびん》にかけ、私は迷わず右耳にフタをした。

教室の後ろの窓際は、クラスでも派手なグループにいる子たちが、休み時間を過ごす場所になっている。みんな日当たりのいいあの場所に憧れているけれど、すでにそこにいる子たちにとっては、きっとその場所にいることが当然のことになっている。南野さんたち五人は、私たちのクラスでもっとも高級な女子のグループだ。

「うそ、子ども？」

「でも人見って独身なんでしょ？　前に男子が聞いた時、そう言ってなかった？」

「シングルマザーだって」

「へぇぇ」

私は思わず教室の後ろを振り返った。私も聞きたい。それって、ほんと？　それと、人見先生を呼び捨てにするのはやめてほしい。

すぐに南野さんと目が合った。目をそらされたけれど、それでもしつこくじっと見ていると、

「見てんじゃねぇよ」

って、にらまれた。

南野さんと一緒にいる四人は、ちょっと困ったように顔を見合わせている。そのうちのひとりの五十貝《いそがい》さんは、クラスの誰からも、さらに先生たちからも好かれるような、しっかりものの実にいい子だ。

五十貝さんは、私を威嚇する南野さんの腕にそっと触った。あの子は人に触るのが本当に上手。さりげないボディタッチ。ああいうのってどこで習うんだろう。

「そのへんにしとけば？」

ちょっとおどけた感じで南野さんを止める。だけど南野さんはそれでもbオサまらず、

「きもい。きもうざ」

私にひどい言葉を投げつける。そういうのを聞くと、なんだかゾクゾクしてきて、あの子から目を離せなくなる。それが余計に南野さんをいら立たせているみたい。

ふつうはこういう時、[c]ゾクゾクすんじゃなくて、[d]チクチクするはずなんだけど。私ってちょっと変なのかもしれない。

そもそも「ふつう」ってなんだろう。十人中九人がAで、ひとりがBだったら、Bはふつうじゃないってこと？　だったらAが八人で、Bがふたりだったらどうなるの？　七人と三人では？　「ふつう」と「ふつうじゃない」の境界線はどこにある？

六年の時、家族の都合で私たちの学校に通っていたアメリカ人のエミリーが、

「ニッポンジンハ、フツウガ、スキネ」

って言った時、私は日本人としてちょっとした屈辱を感じた。

[3]だから私はふつうじゃなくてもいい。そう思ってる。

私はそっとブレザーの下に手を入れて、セーターの胸につけているお守りを触った。

そこにはオレンジ色のバラのブローチがついている。校則違反だけれど、南野さんの茶髪やピアスに比べればたいしたものじゃない。

入学以来、私は短かった髪を伸ばし始めた。卒業するまでには、三つ編みにして頭の上にお団子にできるかな。

この冬休みには、ママに頼んで黒いフレームの眼鏡も買ってもらった。目はそこまで悪くないけど、どうしてもほしかったから。

魅力的なものとほしいものが一致することもある。それは私が中学に入ってから知ったこと。

（戸森しるこ『理科準備室のヴィーナス』〈講談社〉より）

問一　＝＝部a「油を売って」の意味として最も適当なものを次の中から一つ選び、記号で答えなさい。

ア　ついでに立ち寄って　　イ　人の世話をして
ウ　愛嬌《あいきょう》をふりまいて　　エ　時間をつぶして怠けて
オ　人の悪口を言って

問二　＝＝部b「オサ」の漢字として適当なものを次の中から一つ選び、記号で答えなさい。

ア　納　　イ　治　　ウ　修　　エ　収

問三　＝＝部c「ゾクゾク」、d「チクチク」と同じ種類のことばを、次の中から一つ選び、記号で答えなさい。

ア　ザーザー　　イ　ゴロゴロ　　ウ　ドンドン
エ　バタバタ　　オ　ツルツル

問四　［X］に入ることばを、問題文中より五字で書き抜きなさい。

問五　〜〜部1「ヒトミ」とありますが、カタカナになっている理由として適当なものを次の中から一つ選び、記号で答えなさい。

ア　保健室に帰ってきた保健の先生の第一声である「あら、ヒトミ先生」というセリフを印象的にし、文章の中で場面が変化したことを強調するため。
イ　保健室に帰ってきた保健の先生の「ヒトミ」という呼び方が特徴的であり、「私」にとって記憶に残る発音であることを示すため。
ウ　「私」が「ヒトミ」が名字か下の名前かを判別できていないことを分かりやすくし、この後に「ヒトミ」が名字であることを強調するため。
エ　「私」にとって「ヒトミ」先生はこの後特別な先生になることを予感させ、自分と同じ下の名前であることを強調するため。

問六　〜〜部2「鳥肌」とありますが、その心情が具体的に表現されて

いることばを問題文中から、八字で書き抜きなさい。

問七　〜〜部3「私はふつうじゃなくてもいい」とありますが、「私」がそう思っている理由を五十字以内で説明しなさい。(句読点も字数にふくみます)

問八　問題文中から読み取れる「私」の性格として**ふさわしくないもの**を次の中から一つ選び、記号で答えなさい。

ア　自分が大人から見て子供らしくないことを自覚しつつ、相手の言葉に反応して思ったことが顔に出てしまう正直な性格である。

イ　常に周りをよく観察し冷静に分析しながら、自分の確固たる価値観をもとに、他人のことを年齢や容姿で批判的に判断する性格である。

ウ　友人と交流することは少なく、教室の中では周りの会話に聞き耳を立てながら、自分が興味をもつ話題を探す内向的な性格である。

エ　相手から向けられている気持ちに自覚的でありながらも、興味ある話題には相手の態度に関係なく自分の関心を向ける性格である。

四　次のグラフと表は1991年から2011年までの東京都の「年齢別運転免許保有率の推移」をあらわしたものです。このグラフと表を見て、後の問に答えなさい。

グラフ　年齢階級別運転免許保有率の推移(東京都)

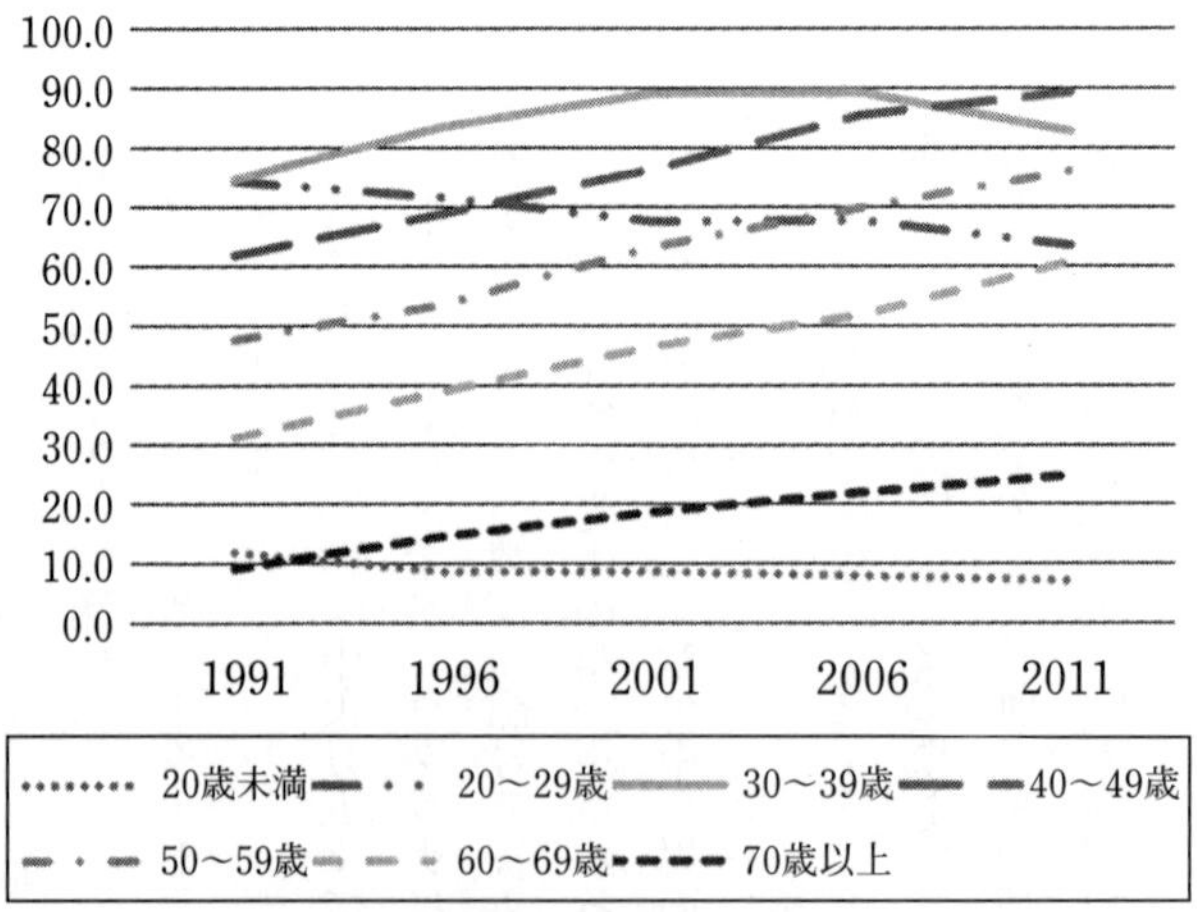

(注)　保有率：年齢階層別運転免許(大型・中型・普通)保有者数を年齢別人口で除した割合

資料)　警察庁「運転免許統計」より国土交通省作成

表

(%)

年	1991	1996	2001	2006	2011
20歳未満	11.9	8.7	8.7	8.0	7.1
20〜29歳	74.2	71.6	67.6	67.7	63.5
30〜39歳	74.6	83.5	89.1	89.3	82.8
40〜49歳	61.8	68.7	76.3	85.5	89.3
50〜59歳	47.6	53.5	63.2	69.8	76.2
60〜69歳	31.2	39.0	46.5	51.9	60.8
70歳以上	9.1	14.5	18.6	21.9	24.8

問一　グラフ及び表から読みとれる特徴的な変化を説明しなさい。

問二　２０１１年以降も、このような傾向が続くと想定した場合、どのようなことが理由であると考えられますか。あなたの考えを述べなさい。

神奈川大学附属中学校(第二回)

―50分―

※　字数に制限のある問題では「、」や「。」などの記号も一字と数えます。

一　次の――部のカタカナを、漢字に改めなさい。

① 名画をフクセイする。
② リーダーがドクダンで進める。
③ カンレイにしたがう。
④ カンケツな表現を目指す。
⑤ 新しい提案にサンセイする。
⑥ 一家のシチュウを失う。
⑦ この上なくツウカイな気分。
⑧ 毛糸でセーターをアむ。

二　次の文章を読んで、後の問いに答えなさい。

1総務省などの調べによると、中高生がスマホを見ている平均時間は、一日三時間以上だそうです。

二〇代になるまで携帯《けいたい》電話すらほぼ存在していなかった私からすれば、若い世代のIT機器への順応性は驚異《きょうい》でしかありません。

若い人たちにとって、スマホは、友人とつながる重要な手段であり、社会の窓でもあるのでしょう。とはいうものの、長時間、掌《てのひら》に乗った端《たん》末《まつ》ばかり見ていて2疲《つか》れませんか。

ツールを使いこなせるかどうかは別として、やりとり自体や、受け取るメッセージに、振《ふ》り回されてはいませんか。

会ったこともない人と、SNSなどを通じてつながり、「友達」になるのも珍《めずら》しくない時代です。でも、どういう人なのかは、やはり会ってみないとわかりません。

直接会ったこともない相手との間で進むコミュニケーションは、生きて行く上で大切なことを置き去りにしている気がします。

SNSによるコミュニケーションは、「善意」を前提にしているように思います。

つまり、相手は正直に自分のことを語っているに違《ちが》いない、相手の発する言葉はホンネだから、価値観を共有できるはず――。

本当に？

自分のことを書く場合、ついつい他人によく思われたいという気持ちになります。「いいね！」やシェアやフォロワーをたくさん獲得《かくとく》したければ、「ウケる」ほうがいいわけですから、気がつくと「盛《も》った」発言になっているでしょう。

また、友達をたくさんつくるために、自分のことを脚色《きゃくしょく》しがちで、極端《きょくたん》な場合は、まったくの別人に「なりすます」ことも可能です。

多くの人は、そんなことは百も承知かもしれません。

誇張《こちょう》や小さなウソは、コミュニケーションを活発にする演出だと思っているからでしょうか。

だとすると、SNSでの関係は、「善意」ではなく「願望」を前提に成り立っていると考えるほうがいいかもしれませんね。

一方に、こんな人間だと思われたいという願望があり、受け手の側も自分を認めてほしいから、相手の話につまらない突《つ》っ込《こ》みは入れない、と。

だとすれば、SNSでは、あまり深く考えずにやりとりするべきかもしれません。ノリが大切な軽いつきあい、というスタンスですね。

では、3そういう人間関係は、SNSだけのものでしょうか。

私は、小説の執筆《しっぴつ》のために、大学生に資料まとめなどのサポートをしてもらっています。もう一五年以上、大学生と様々な話をする中で、彼《かれ》らの言動に違和感《いわかん》があるときは、率直《そっちょく》にそれをぶつけるようにしています。

老若男女を描く小説では、各世代のホンネ、習性を知ることが重要だからです。

その経験から、4大学生の人間関係はどんどん稀薄《きはく》になっている印象を持っています。

一見、友達が多いようでも、その友達のことを実は何も知らないという人が増えた、と感じるのです。なのに、当人は、よく知らない相手でも、少し気が合うと思ったら、「親友」と呼びます。

私の認識《にんしき》では、「親友」とは、互《たが》いの長所はもちろん弱点も欠点も知っていて、理解し合うだけでなく、時に厳しい意見を言える相手のことです。

つまり、たとえ嫌《きら》われてでも、よくないと思う点があればその友達に言う。言われた側は、面白くない話であってもまず意見を聞き、確かにそうだと思えば改める。そして、感謝する。

そういう関係にあるのが、親友でしょう。

楽しいときに一緒《いっしょ》に盛り上がるのは、誰《だれ》にでもできます。相手の悩《なや》みに真剣《しんけん》に耳を傾《かたむ》け、相手の性格や状況《じょうきょう》を踏《ふ》まえて意見を言える関係を構築するためには、コミュニケーションが必要でしょう。

だから、直接会うことが重要になります。

気が向いたときにSNSでやりとりする程度の関係ばかり続けていると、実際に会える人とも薄《うす》っぺらい関係しか生まれないのではないか。

そんな心配をしています。

若者には、たくさんの悩みがあって当然です。なのに、相談できる相手がいる人は圧倒的《あっとうてき》に少ない。相手がいても、通りいっぺんの意見しか言ってくれないと、悩みは解消されません。

5そういう状況を生み出しているのが、SNSではないか。

私は、確信に近いレベルで、そう思っています。

SNSは、自分の立ち位置を常に意識しなければならない点でも問題でしょう。

1章で話題にした、「空気を読む」です。

相手とやりとりする中で、何が「悪」で、何が「善」か。何が「神」で、何が「塩」なのか。

それをつかみ損《そこ》ねると、完全に浮《う》いてしまう。あるいは、大切な友達を失ったり、周囲から非難を浴びたり無視されたりすることになります。

だから必死で空気を読む。正しい側にいれば、炎上《えんじょう》しないし、仲間はずれにされない。結局「自分は正しいよね」を、いつも気にするようになってしまう。

そんなことの連続で、何が何だかわからなくなる人も、いるのではないでしょうか。

SNSから逃《のが》れられないのには、わけがあるはずです。

一つには、自分と同じような考え方をしている人とつながって安心できるからです。

たとえば、「原発が怖《こわ》い、全部なくしてほしい！」というような思いは、なかなか人前で吐《は》き出せません。

ところがSNSでは、似た考え方の人が見つかります。そういう「仲間」がいる、不安や不満を抱《いだ》いているのは自分だけじゃないとわかれば、安心できるわけです。

種々の理由から、不安と孤独《こどく》を抱《かか》える人が増えています。

他人と折り合えない。自分はずっと浮いている――。そんな不安を抱いているときに、似た考えを持つ人がいるとわかったら、とても心強いでしょう。

孤独感がやわらぎ、「おかしいのは、自分ではなく社会のほうなのでは」と考えるようになるかもしれません。

その結果、自分が否定される恐怖《きょうふ》は薄れ、やがて、「自分のほうが正しい」という確信に変わっていきます。

そうなると、今まで生きづらいと思っていた状況が違って見えてきます。

だとすればSNSは、精神安定剤《せいしんあんていざい》的な効果を及《およ》ぼすツールだと言えるかもしれません。

でも、[6]この「自分のほうが正しい」と言いたくなる感情は曲者《くせもの》です。

いつの間にか、その人にとって大切な揺るぎない信念になり、その〝正しさ〟を知らない人に、これが本当に〝正しい〟ことなんだと、教えたくなるからです。

まあ、そこまではいいとしましょう。

その意見を聞いて、相手が考えを改めるかもしれませんから。

ところが、「それは、おかしくないか」とか「おまえの考え方間違ってるよ」などと反論されると、猛烈《もうれつ》に腹が立ちます。そして、相手を軽《けい》蔑《べつ》したり、ブロックしたり、絶交したり、激しい反応をしかねません。

自分は相手のためを思って「本当に正しいこと」を教えてあげたのに、それを否定するだけでなく、非難するとか、ありえない、絶対に許せない！　というふうにです。

人生において、自分が考える〝正しさ〟に則《のっと》って行動するのは、問題ないと思います。しかしながら、自分の〝正しい〟を振りかざしたり、その〝正しさ〟から逸脱《いつだつ》する人を「許せない！」と激しく非難したりする人が増えています。

ある人の行動が自分に深刻な迷惑《めいわく》を及ぼさない限り、他人のことは放っておけばいい。なのに、会ったこともない人をSNSなどで激しく攻《こう》撃《げき》する例が、後を絶ちません。

典型的なのは、芸能人の不倫騒動《ふりんそうどう》でしょうか。

妻や夫がいるのに、別の人とデートをしたことがわかった途端《とたん》、まるで自分の敵のように怒《いか》り狂《くる》う。しかも、非難の言葉が「だまされた！」です。

だまされたと言うほど知っている人ではないのに、本気で怒《おこ》っている。

著名人の結婚《けっこん》報道でも、それを「許せない」人と「おめでとう！」と祝福する人が、SNS上で戦っていたりします。

他人が口を挟《はさ》むことではないし、好きにさせてあげればと思うんですが、そうはいかないようです。

あるいは、電車内や街で目撃《もくげき》した出来事についてSNSで批判し、自分の〝正しい〟を振りかざして他人を攻撃する事例も、よく目にします。

たとえば、ペットの犬や猫《ねこ》の扱《あつか》い方について――。

小さな子どもが遊んでいる公園で、リードを外した、子どもに犬が飛びかかって泣かせたなどの動画をアップして、「こんな人たちは、ペットを飼う資格なし！」とか「これはもう犯罪！」と怒りをぶつける。それが「炎上」して、時に飼い主の個人情報がSNS上で公開されるようなケースもあります。

同じくペットの例として、塩分の多い餌《えさ》を与《あた》えたり、自分の足で歩けなくなったのを病院に通って延命したりしていると、「飼い主のエゴでは？　ペットが可哀想《かわいそう》」という非難の声が上がります。

社会のマナーやルールを守れないこと、動物の虐待《ぎゃくたい》などを認めるわけにはいきません。しかし、そうした行為《こうい》をたしなめる際にも、やはりマナーやルールが必要ではないでしょうか。

他者を攻撃することの根幹にあるのは、自分は絶対に正しい、だから不正は許せない！　という、ある意味純粋《じゅんすい》な怒りでしょう。

〝正しさ〟にこだわると、怒りが湧《わ》く。この現象については、しっかり考える必要があります。

（真山仁『〝正しい〟を疑え！』〈岩波ジュニア新書〉二〇二二年による）

問一　――部1「総務省などの調べ」とありますが、次のグラフは総務省が各年代の休日におけるメディアの利用時間をまとめたものです。グラフの説明として**正しくないもの**を次のア～エの中から一つ選び、記号で答えなさい。

【令和４年度】［休日］主なメディアの平均利用時間（全年代・年代別）

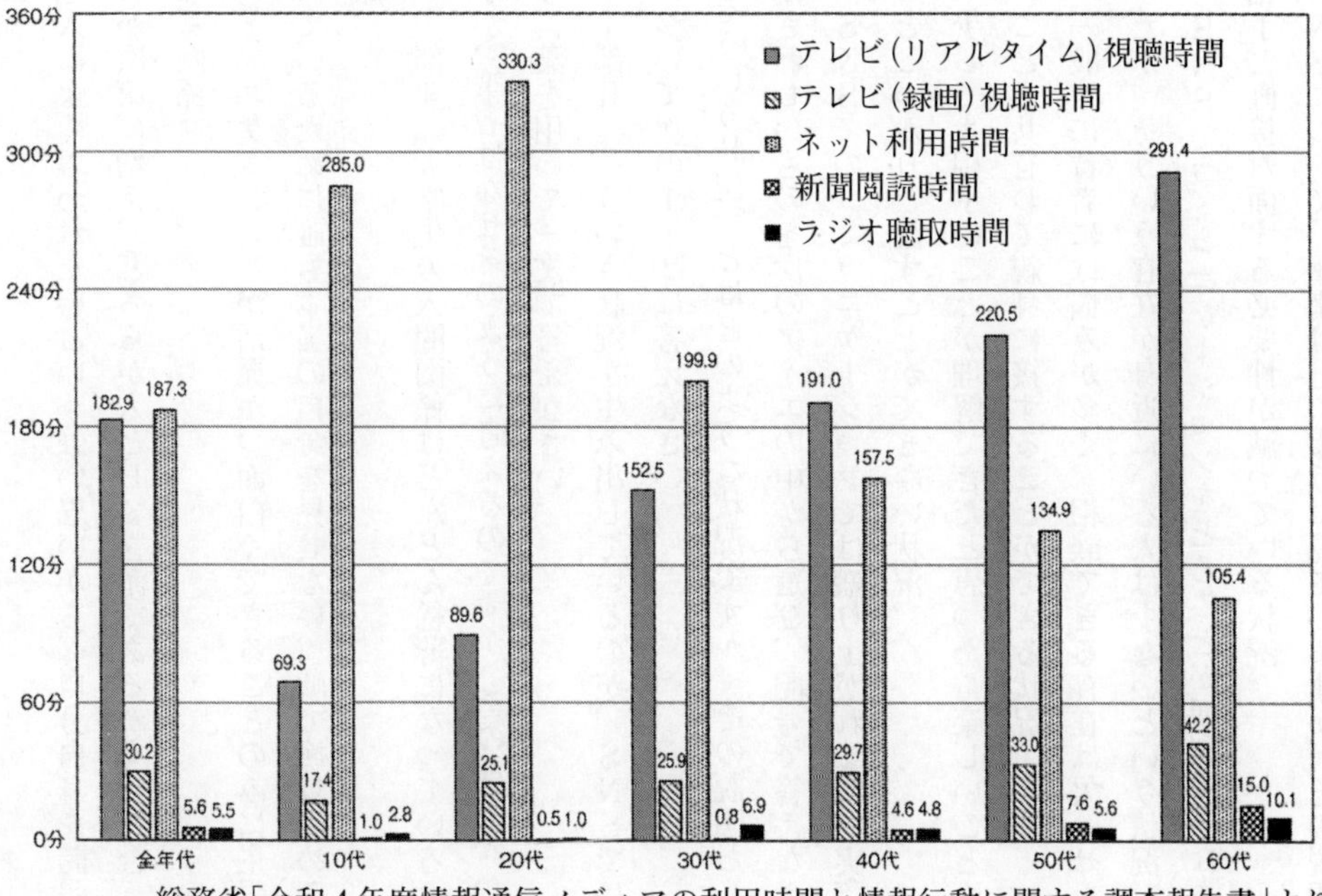

総務省「令和４年度情報通信メディアの利用時間と情報行動に関する調査報告書」より

ア　テレビの視聴時間《しちょう》はリアルタイムも録画も60代が最も多い。
イ　30代以下はどの年代も新聞よりもラジオの利用時間の方が多い。
ウ　40代以上の年代はネットの利用時間よりもテレビのリアルタイム視聴時間の方が多い。
エ　メディアの中で新聞の利用時間が最も少ない年代は10代である。

問二　――部2「疲れませんか」とありますが、何が人間を疲れさせると筆者は考えていますか。その説明として最もふさわしいものを次のア～エの中から選び、記号で答えなさい。
ア　掌サイズの小さな画面から大量の情報が提供されることによる情報処理の負担。
イ　嫌われたくないという思いから相手の顔色ばかりうかがって振り回される精神的な負担。
ウ　軽い端末だとはいえ使用のために長時間持ち続けなければならないという身体的な負担。
エ　会ったこともない人ともやりとりをしなければならないという精神的な負担。

問三　――部3「そういう人間関係」とありますが、それはどのようなものですか。その説明として最もふさわしいものを次のア～エの中から選び、記号で答えなさい。
ア　自分を実際よりもよく見せようとする発言をしあっている人々が、そうできる空間を保ちたいがために、否定的な反応をしないようにしている関係。
イ　自分は周囲の人々よりも優れているという満足を多くの人が感じられるように、現実とは異なる自分を演出する機会を順番に与《あた》えあう関係。
ウ　他人によく思われたいという強い思いから、自分自身を誇張した内容が次第に増え、どちらが人として立派であるかを張り合うようになる関係。
エ　コミュニケーションが活発かつ面白くできることのみに主眼が置かれているために誰も本当の自分を見せない、嘘《うそ》で塗《ぬ》り固められた関係。

問四　――部4「大学生の人間関係はどんどん稀薄になっている」とありますが、筆者はなぜそのように考えるのですか。その理由を「親友」という言葉を用いて一文で答えなさい。

問五　――部5「そういう状況を生み出しているのが、SNSではないか」について次の(1)・(2)に答えなさい。
(1)　「そういう状況」とはどのような状況ですか。その説明として最もふさわしいものを次のア～エの中から選び、記号で答えなさい。
ア　SNSでのコミュニケーションでは盛り上がれるが、実際に会うとしっかりと話すことができない状況。
イ　少しでも相手のことが理解できたと思ったら楽しいことも苦しいことも共有して親身に接することができる状況。
ウ　一般的に若者には悩みが多く、相談できる存在は欠かせないものだが、そういう存在が身近にいる人は少ないという状況。
エ　SNSでコミュニケーションをとることが便利で楽なあまり、相手と直接対面する必要性が減っている状況。
(2)　SNSについて、筆者はどのように見ていますか。その説明として最もふさわしいものを次のア～エの中から選び、記号で答えなさい。

ア　自分を誇張することが多いSNSばかり多用していると、相手の本当の姿を認識しようという意志がSNSを使っている人の中に働かなくなり、真に相手を理解することができなくなってしまう。

イ　SNS上でのコミュニケーションは、相手に無視されることを恐れるあまり、相手に都合の良いことしか言わないため、何が正しいのかを全て相手にゆだねるようになってしまう。

ウ　私たちは画面上の文字によってでしか相手を理解できないため、SNSの使用者はその言葉に隠された感情を読み取ることができず、直接会ったときの振る舞い方がわからなくなってしまう。

エ　SNSは相手の状況が見えにくく、相手が本当はどのような存在であるかを把握しきれない中でコミュニケーションをとるため、相手に嫌われない発言だけをするようになってしまう。

問六　――部6「この「自分のほうが正しい」と言いたくなる感情は曲者です」とありますが、それはなぜですか。その説明として最もふさわしいものを次のア～エの中から選び、記号で答えなさい。

ア　自分の意見が正しいことに異常なほど自信を持つあまり、一度他人に意見を否定されると意見をぶつけ合うのが嫌《いや》になって、他者と積極的にコミュニケーションをとろうとしなくなるから。

イ　自分は正しいと思うために同じ意見の人をSNSで探していたはずが、自分と反対の意見を見つけると過度に反発するようになり、「仲間」を見つける行動が逆に孤立《こりつ》する結果になってしまうから。

ウ　自分の考え方は誰にとっても正しいものであるという思考から、他者に自分の考え方を押《お》しつけようとするだけではなく、異なる意見を持つ人に対して非難や拒絶《きょぜつ》をしてしまうようになるから。

エ　SNS上の情報から自分の考えを作り上げたので、SNS上の意見であれば正しいかどうかを問わず関心を持って見ることができるが、実際に会う人の意見には全く無関心になってしまうから。

問七　筆者はこの書籍《しょせき》の中で、「〝正しい〟にこだわり続けているのは現代人だけではない」と述べた後、次のように書いています。これを読んで、後の⑴・⑵に答えなさい。

たとえば、歴史書の大半は、権力を握《にぎ》った人たちによって、自らの正当性を訴《うった》えるために書かれています。

古代、ある英雄《えいゆう》がいて、国中の鬼《おに》やならず者を次々と倒《たお》し、人々に平和をもたらした――などという神話的な記録は、世界中にあります。

これを、征服《せいふく》される側から見てみましょう。

暴力的な豪族《ごうぞく》が周辺の部族を武力で制圧していく中、戦いに臨《のぞ》んだ小部族。彼らの目的は、住んでいる場所と細《ささ》やかな生活を守ることだけ。でも意志とは無関係に、容赦《ようしゃ》なく攻撃してくる強大な相手に屈服《くっぷく》するしかなかった。男たちの多くは殺され、財産と女性や子どもが略奪《りゃくだつ》されてしまう。

豪族がもたらしたものは、小部族にとっては絶望でしかなかったけれど、勝った豪族はさらに領地を広げ、豊かになった。一方の幸福はもう一方の不幸、というわけです。

本当は共存共栄を求めていた穏《おだ》やかな小部族のことを、勝者は「鬼」

だの「蛮族《ばんぞく》」だのと呼び、退治したと記録します。のちの時代の人たちは、そんな事情を知りませんから、滅亡《めつぼう》した小部族は「鬼＝悪者」のままです。命や生活だけでなく、彼らには名誉《めいよ》すら与えられず、汚名《おめい》を着せられ続けます。

「正史」と呼ばれる国家公認《こうにん》の歴史書の多くに、そんな悲劇が隠《かく》れています。

(1)　═══部「そんな悲劇」とありますが、その説明として最もふさわしいものを次のア～エの中から選び、記号で答えなさい。

ア　英雄と呼ばれる権力者たちが一方的に攻撃を仕掛《しか》け、小さな部族を制圧して国を統治したように歴史書には記されるが、実際には共存共栄を求めて交渉《こうしょう》したにもかかわらず理解してもらえなかったことによるやむを得ない行動だったということ。

イ　歴史書では、英雄が悪者を倒して平穏《へいおん》になったという良い話として記されているが、見方を変えると、小部族が強大な勢力によって制圧され、命や生活を奪《うば》われたにもかかわらず、汚名を着せられ続けていること。

ウ　歴史書では英雄と称《しょう》される人物がいた権力を持った側の武勇伝だけが記されているが、戦いに負けた側の小部族の勇姿に関してはまったく語られておらず、また、その勇姿を語ることのできる後継《こうけい》者も存在していないということ。

エ　時代の中で英雄が悪い部族を倒して世の中を統治し、多くの人々が豊かになっていったにもかかわらず、少数の悪い部族たちの子孫がその統治に納得できず、歴史は間違っていると主張し続けていること。

(2)　この文章を読んで、生徒たちが身近な童話について、とらえ方を考え直してみました。筆者の考え方を理解して発言している生徒を次のA～Dの中から選び、記号で答えなさい。

生徒A：「浦島太郎《うらしまたろう》」は浦島太郎が子どもたちにいじめられていた亀《かめ》を助けて、お礼に竜宮城《りゅうぐうじょう》に行くという話です。もちろん生き物をいじめることはよくないですが、子どもたちがせっかく捕《つか》まえた亀の権利を金銭で奪い取ろうとする浦島の欲深い一面を描いた作品ですね。

生徒B：「桃太郎《ももたろう》」では、桃太郎が突然「鬼退治に行く」と言い出して、鬼ヶ島に行って鬼を征伐《せいばつ》する話が一般的ですが、鬼側からすると、自分たちの島に住んでいたところに突然《とつぜん》やってきて制圧されるのを「鬼退治」とするのは、まさにこの文章の勝者と敗者の関係と同じですね。

生徒C：「こぶとりじいさん」では、大きなこぶに困っていたおじいさんが鬼の前で上手に踊《おど》りを踊ると、翌日も踊らせるために鬼がこぶを人質としたため、こぶがなくなった話ですが、おじいさんがこまっていたこぶを結果的にとってくれたので鬼はとてもよい存在に描かれていますね。

生徒D：「一寸法師」は、「桃太郎」と同様に鬼を退治する話ですが、この話の鬼は村人たちに一方的に悪事を働いていたところを一寸法師に退治されるものの、「打ち出の小槌《こづち》」を奪われてしまうので、一寸法師こそが悪であると言えますね。

三　次の文章は森絵都《もりえと》「子供は眠《ねむ》る」の一節である。いとこ同士の「ぼく」（恭《きょう》）、智明《ともあき》、ナス、じゃがまる（ナスの弟）、章《あきら》の五人は毎年夏に二週間、章の呼びかけで章の父の別荘《べっそう》に集まって過ごしている。過去にこの集まりに参加した他の子どもが章の機嫌《きげん》を損ねて誘《さそ》われなくなったことを知っている「ぼく」、智明、ナスの三人は、年長者ぶろうとする章を陰《かげ》で笑いながらも、章の機嫌を取ってきた。本文は、そんな三人から仲間外れにされていると感じたじゃがまるが四人の前で泣きわめき、章が三人を嫌味《いやみ》たっぷりにたしなめた出来事の後の場面である。文章を読んで、後の問いに答えなさい。

つぎの日は、雨だった。

ぱらぱらと、こわれたシャワーみたいな小雨が降りつづき、ぼくらは別荘に閉じこもったまま、だれもがなんとなく浮《う》かない顔をしていた。

ぼくらはもう章くんの悪口をそれほど口にしなくなった。じゃがまるのこともあったけど、それ以上に、ぼくらは本気になりすぎてしまったんだ。

げらげら笑いながら、章くんのあげ足をとって遊んでいるうちは、まだ良かった。

でも、章くんに面とむかってガキ呼ばわりされた今、ぼくらは本気で腹を立てていたし、そうなると悪口もどんどん深刻な重苦しいものになっていき、その深刻さに、ぼくら自身が、うんざりしてしまった。

じゃがまるの様子もおかしかった。

「もうおまえのこと、子供あつかいしないよ。これからはちゃんと中学年あつかいする」

そう言って和解したはずなのに、じゃがまるはぼくらを無視して章くんのあとばかり追いかけまわしている。

いつもなら、あれくらいのけんかで、いちいち根に持つようなやつじゃないのに。

雨のせいかもしれない、とぼくは思った。じゃがまるは天気に左右されやすいから、雨さえ上がれば、けろっともとにもどるかもしれない。

しかし、翌日も雨は降りやまず、じゃがまるの機嫌も直らず、ぼくらはますます無口になった。※小野寺さんの幽霊《ゆうれい》みたいな足音や、包丁がまないたを打つ音がやけに耳につくようになったくらいだから、この別荘はよほど静まりかえっていたんだろう。

別れの日まで、あと二日。

あさっての朝が来たら、ぼくらはいっせいにまわれ右をして、もと来た世界へと引きかえしていく。

それなのに、ぼくらはいったい何をやっているんだろう？

ふと考えるたび、ぼくはやるせない気持ちになった。

でも、そのすぐあとで思うんだ。いっそのこと、さっさとあさってになってしまえばいい、って。

そうすればぼくは、とりあえず今年の夏をうまく切りぬけたことになる。来年の夏へのパスポートをぶじに手に入れる。

ぼくにとってはそれが何より重要なことだった。

それ以外のことはまた来年考えればいいと思っていた。

ぼくは、とってもAおめでたい中学二年生だった。

「王様は裸《はだか》だ」とさけんだのは、小さな子供だった。賢《かしこ》い人にだけ見えると言われて、ありもしない服を身にまとい、大手をふって街を歩いていたX裸の王様。王様はそのとき、どんな気がしただろう？ 憎《にく》いのは小さな子供じゃない。それまで王様をだまして偽物《にせもの》のおせじをふりまいていた連中だったと思う。

章くんは王様ほどばかじゃなかったけど、ぼくらの嘘《うそ》をあばいたのは、やっぱり小さなじゃがまるだった。

別れの前日。

この夏の終了《しゅうりょう》まで、あとわずか二十時間。

ようやくそこまでこぎつけたときになって、じゃがまるはすべてをひっくりかえしてしまったんだ。

その日の天気は最高で、焼きたての甘《あま》い菓子《かし》パンみたいな、いかにも真夏のピークってにおいのする風が吹《ふ》いていた。きのうまでの雨が冗談《じょうだん》みたいに、太陽の光が青空一面に冴《さ》えわたり、乾《かわ》いた砂《すな》浜《はま》には水たまりのような蜃気楼《しんきろう》がいくつも浮かんでいた。

自由研究の「雲の観察」に出むいていったじゃがまるも、うだるような外の暑さには降参したらしい。

「雲なんてひとつもないっ」

ふうふう息を切りながらもどってきて、リビングの隅《すみ》のテーブルで「貝殻《かいがら》の研究」を始めた。貝殻を一列に並べたり、また並べかえたり、ちょっと重ねてみたり。どう見ても遊んでるだけだったけど、研究という建て前で冷房《れいぼう》のきいたリビングにいたかったんだろう。

ぼくらはソファで勉強中だった。

その日の課目は英語だった。

「ナス。ここんとこ、ちょっと読んでみろ」

章くんがナスに教科書をまわした。それは中三の教科書で、ぼくらにはまだ早すぎたけど、だからこそ自分が教えてやるんだと章くんは張りきっていたんだ。

「二九ページの頭からだ」

「ええと。イン、ザ、ノース、オブ、ザ、シティー、オブ、ヒロシマ……」

つっかえつっかえ、ナスが慎重《しんちょう》なカタカナ読みをする。単語はさほどむずかしくないから、ナスならすらすら読めるだろう。なのに、1わざわざそんな読み方をするナスがおかしくて、ぼくはこみあげてくる笑いを押《お》し殺した。

そのときだ。

「兄ちゃん、何してんだよ」

テーブルからじゃがまるが不満げな声を響《ひび》かせた。

「へんな発音しないでよ。兄ちゃん、もっとうまいじゃんか。へんな読み方すると癖《くせ》になるって、ミスター・エリオットが言ってたよ」

B時が凍《こお》りつく、とはまさにこのことだろう。ナスは見るからに動《どう》揺《よう》して耳まで赤らめ、ぼくと智明もこまってうつむいた。やばい。

こいつはやばいぞ。

「どういうことだ？」

章くんがナスにつめよると、

「兄ちゃん、ミスター・エリオットに英語習ってたんだよ、六年間も」

ナスの代わりに、じゃがまるが答えた。

「ぼくも今、通ってんだ。まだ兄ちゃんには負けるけどね」

このとき章くんがどんな顔をしていたのか、ぼくは知らない。のぞきこむ勇気なんてとてもなかったから。

ぼくらは気まずくだまりこんだ。

章くんの沈黙《ちんもく》が不気味だった。

異様な緊張《きんちょう》感がリビングに立ちこめる。そのぴりぴりした空気の意味がわからず、じゃがまるは混乱して立ちあがった。

「どうしたの？　みんな」

だれも答えを返さない。

「ねえ、どうしたの？　どうしちゃったの？」

じゃがまるの声が泣き声に近づいていく。

どうしたの、どうしたの、と、じゃがまるは必死でくりかえし、たまりかねたナスが「なんでもないよ」とつぶやくと、

「ちがうよっ」

バシッと、ぼくの肩《かた》に何かが当たった。

「なんでもなくないよ。ぜんぜん、なんでもなくないじゃんかっ」

ふりむくと、[2]真っ赤な顔のじゃがまるが両手に貝殻を握《にぎ》りしめている。口もとをぶるぶると震《ふる》わせて、完全にべそをかきながらも、じゃがまるはぼくらにバシバシと貝殻を投げつけた。

「みんなへんだよ。おかしいよ。この夏はなんだか、どうかしてるよ。兄ちゃんも恭くんも智明くんも、みんなへんなっちゃったよ。ぜんぜんちがくなっちゃったよ。ちがくないのは、章くんだけだよ。こんなのいやだ、いやだ、いやだっ」

瞬《また》く間にすべての貝殻をぶちまけると、

「もとにもどしてよっ」

一言、絶叫《ぜっきょう》して、じゃがまるはリビングを飛びだしていった。

バシャン。じゃがまるの叩《たた》きつけた扉《とびら》がうなり声をあげる。

ぼくらはみんな、あっけにとられていた。

いったい何が起こったんだ？

うつろな頭で考えながら、ぼくは床《ゆか》に散った貝殻をながめまわした。

まっぷたつに割れた貝殻。

こなごなに砕《くだ》けた貝殻。

ぼくの足下でまだ震えているちっぽけなかけら——。

何かとりかえしのつかないことが起こったんだと、ぼくはようやく気がついた。

「どっちみち、これで最後なんだ」

最初に口を開いたのは、章くんだった。

ぼくらは章くんに注目した。

「最後って？」

組んだ両手にあごをのせ、章くんはどこか一点を涼《すず》しげな瞳《ひとみ》で見すえている。

「おれはさ、来年はもう高校生だ。いいかげんおまえらと遊んでるような年でもないだろ。今だって、これでもいちおう受験生だぜ」

「だからなんなの?」

ぼくがうわずった声をあげると、章くんはふっと苦笑いをして、

「だからさ、おれがここに来るのは、今年で最後ってこと。[3]どうだおまえら、うれしいだろ?」

シャレにならなかった。

ぼくらは打ちのめされた。うれしいどころか、こてんぱんにやられた。

だって章くんがいなきゃ、ぼくらの夏は始まらないんだ。

その証拠《しょうこ》に、

「ばか、そんな顔すんな。おまえらがまた来たいんなら、いいよ、勝手に使えよ。おれから親父に頼《たの》んどくから」

[4]章くんがそう言ったとき、申しあわせたわけでもないのに、ぼくらはいっせいにかぶりをふっていた。

この別荘は章くんのものだ。おじさんなんて、関係ない。

章くんは意外そうにぼくらをながめ、「そうか」と、低くつぶやくと、強引《ごういん》にこの話を打ちきるようにして腰《こし》を浮かした。

「じゃ、おれはちょっとじゃがまる見てくっから。おまえら、先に昼飯の仕度《したく》でもしてろ」

章くんは急ぎ足で玄関《げんかん》をめざし、ぼくらは音のないリビングに取り残された。

この夏のどこかに、永遠に、取りのこされた気がした。

【森絵都「子供は眠る」(『アーモンド入りチョコレートのワルツ』〈KADOKAWA〉二〇〇五年　所収)による】

※　小野寺さん…別荘の管理人。一日三食を作ってくれる。

問一　～～部A・Bの意味として最もふさわしいものを、次のア～エの中からそれぞれ選び、記号で答えなさい。

A　おめでたい

ア　縁起《えんぎ》がよい　　イ　お人好しな

ウ　初々《ういうい》しい　　エ　能天気すぎる

B　時が凍りつく

ア　責任を押《お》しつけあうような視線が交《か》わされる

イ　恐怖《きょうふ》で足がすくんで誰《だれ》も動けなくなる

ウ　その場に緊張が走って気まずい雰囲気《ふんいき》になる

エ　他の人の出方をうかがいあう時間が続く

問二　――部1「わざわざそんな読み方をするナス」とありますが、なぜナスは「そんな読み方」をしたのですか。説明として最もふさわしいものを次のア～エの中から選び、記号で答えなさい。

ア　章の顔色をうかがって我慢《がまん》してきた二週間分のストレスを、章に気付かれないかたちで晴らそうとしたから。

イ　章よりも英語ができることが章にばれて、来年の夏からこの別荘に誘われなくなることを避《さ》けたかったから。

ウ　自分に英語を教えられなくなった章の張りきりが恭や智明に向いてしまって、二人の迷惑《めいわく》になるのを恐《おそ》れたから。

エ　章が教科書のどこを教えたがっているか予想できなかったので、一部を器用に間違《まちが》えることができなかったから。

問三　――部2「真っ赤な顔のじゃがまる」についての説明として**ふさわしくないもの**を次のア～エの中から一つ選び、記号で答えなさい。

ア　みんなの間に以前のような仲の良さが感じられなくなっているこ

とに不安を感じ続けてきた。

イ　自分がみんなの関係に決定的な亀裂《きれつ》を生じさせてしまったのを感じ取って、気まずく思っている。

ウ　自分の精神的な幼さをみんなに許してもらっていたことを今さら知って、恥《は》ずかしくなっている。

エ　みんなが険悪になっている場面からすら除《の》け者にされて、不満を爆発《ばくはつ》させている。

問四　――部3「どうだおまえら、うれしいだろ？」と言った章についての説明として最もふさわしいものを次のア～エの中から選び、記号で答えなさい。

ア　恭たちに機嫌を取られていたと知った後も、驚きと悲しみを隠して年長者らしく振《ふ》る舞《ま》おうとしているが、投げやりな気持ちまでは隠《かく》せずにいる。

イ　恭たちに尊敬されていると思っていたが、思いこみだったと知って恥ずかしくなり、じゃがまるを追いかけるふりをして出ていこうとしている。

ウ　恭たちに嫌われても面倒《めんどう》を見る責任を果たし続けてきたが、まったく無意味な努力だったとわかった今は、抑《おさ》えてきた不満をぶつけようとしている。

エ　恭たちに気をつかわれていたことを知った直後は言葉を失ったが、取り乱したじゃがまるを見て落ち着き、すぐに年上らしい態度を取り戻《もど》している。

問五　――部4「章くんがそう言ったとき、申しあわせたわけでもないのに、ぼくらはいっせいにかぶりをふっていた」のはなぜですか。一文で説明しなさい。

問六　本文中の描写《びょうしゃ》についての説明としてふさわしくないものを次のア～エの中から一つ選び、記号で答えなさい。

ア　2～4行目「こわれたシャワーみたいな小雨が降りつづき、～だれもがなんとなく浮かない顔をしていた」が展開の不穏《ふおん》さを感じさせ、24～25行目「翌日も雨は降りやまず、～ぼくらはますます無口になった」がそれをさらに強めている。

イ　51～54行目の晴れあがった夏の風景は、49～50行目「すべてをひっくりかえしてしまったんだ」の後に置かれることで、この後の波乱を予感させる役割を果たしている。

ウ　117～123行目の砕けた貝殻についての記述は、恭たち五人の崩れてしまった関係を象徴《しょうちょう》しているだけでなく、貝殻を見ることしかできないほど恭が混乱していることも表している。

エ　150行目「音のないリビング」には、じゃがまると章の言動にふり回された恭たち三人の疲《つか》れが表れている。

問七　═══部X「裸の王様」を含《ふく》む段落（40～44行目）には、デンマークの作家アンデルセンの童話『裸の王様』（一八三七年）の内容が引用されている。次の文章を読んで、後の⑴・⑵に答えなさい。

「裸の王様（皇帝《こうてい》の新しい着物）」のあらすじ

ある国に「地位にふさわしくない者やばか者には見えない、世にも美しい布地」を織ることができると言う二人組の詐欺師《さぎし》がやってきた。興味をもった着物好きの皇帝は、二人に大金を渡して、城でその布地を使った衣装《いしょう》を織るよう言いつけた。詐欺師たちは、支給された絹糸や黄金を自分のふところに入れて、空《から》の機織《はたお》り機に向かって働いているふりをし続けた。

　家来たちには詐欺師たちが織っている布地がまったく見えなかったが、おろか者あつかいされることを恐《おそ》れて、みな「見事な布地だ」とほめたたえた。布地は皇帝の目にもまったく見えなかったが、見えないとは言えない皇帝は「大いに気に入った」と言って勲章《くんしょう》をあたえた。見えていないのは自分だけだと誰《だれ》もが思っていた。衣装のうわさは町まで伝わった。

　できあがった衣装を着せるふりをされた皇帝がパレードに出ると、観衆もばか者あつかいされることを恐れて、見えない衣装をほめたたえた。しかし、小さな子どもが「何も着てやしない！」と言うと、観衆は自分の目が正しいことを知ってざわめいた。今さら止まれない王様は、裸のままパレードを続けるしかなかった。

（ハンス・クリスチャン・アンデルセン著　大畑末吉訳『完訳アンデルセン童話集㈠』岩波書店　一九八四年　を基に作成）

⑴　『裸の王様』の登場人物と本文の登場人物を照らし合わせて、次のように表にまとめました。［A］～［C］をうめる言葉の組み合わせとして最もふさわしいものを後のア～エの中から選び、記号で答えなさい。

「裸の王様」	本文	位置づけ
皇帝	章	逆らえる者がいないせいで、自分をかえりみることができなくなっている人
詐欺師	A	他者のおろかさに付けこんでだます人
家来や観衆	B	皇帝の前で調子を合わせている人
小さな子ども	C	真実を口にする、心の純粋《じゅんすい》な人

ア　A…ナス
　　B…恭、智明、ナス
　　C…ナス、じゃがまる
イ　A…恭、智明、ナス
　　B…恭、智明、ナス
　　C…じゃがまる
ウ　A…ナス
　　B…恭、智明、ナス、じゃがまる
　　C…じゃがまる
エ　A…恭、智明、ナス
　　B…恭、智明、ナス、じゃがまる
　　C…ナス、じゃがまる

⑵　══部Xの直後の「王様はそのとき、どんな気がしただろう？」についての説明として最もふさわしいものを次のア～エの中から選び、記号で答えなさい。
ア　語り手としての恭が、あわてるばかりで自分の気持ちさえ正確

にとらえられていなかった当時の自分の気持ちを客観的に整理しながら、今も明確に想像できない章の内心に思いをはせている。

イ　語り手としての恭が、信じていた相手に裏切られた章の悲しみを想像しながら、章を王様の立場にしてしまった自分たちの行いを反省して、子どものような純粋さを取り戻そうとしている。

ウ　語り手としての恭が本文の出来事を後からふりかえって、当時の自分の焦りを思い出しながら、章の表情を見て罪悪感をおぼえるばかりで、章の内心を想像できなかった自分を恥じている。

エ　語り手としての恭が本文の出来事を後からふりかえって、五人の立場を客観的にとらえながら、章が恭、智明、ナスの三人に対して抱いた怒りと悲しみを想像して、罪悪感をおぼえている。

関東学院中学校(一期A)

—50分—

一　次の文章をよく読んで、後の問いに答えなさい。(問題に字数制限のある場合は、すべて句読点、符号《ふごう》をふくむものとする。)

伊能忠敬《いのうただたか》の一行は、幕府の命を受けて蝦夷地《えぞち》(北海道)へ測量の旅に出た。途中《とちゅう》で平次《へいじ》は疲労《ひろう》から足を滑《すべ》らせ転んでしまい、背負っていた測量記録を池に落としてしまう。貴重な記録が濡《ぬ》れて一部読めなくなってしまい、平次は計算したり予備の記録を使ったりして穴うめをした。

その夜、忠敬はひどく機嫌《きげん》が悪そうだった。普段《ふだん》からいかめしい表情をしているが、A輪をかけて眉間《みけん》のしわが深くなり、口もとに力が入っている。

宿の座敷《ざしき》で、味気ない食事が終わると、忠敬が一同を引きとめて切り出した。

「おまえたちに聞きたいことがある」

氷のように張りつめた声だった。平次はびくりとして顔をあげた。

「記録を写したのはだれだ」

明らかに怒《おこ》っている。平次はとっさに返事ができなかった。目を合わせられず、うつむいてしまう。

「読みとれない数字を勝手に書きこむなど、言語[Ⅰ]だ。計算で求めた数字を当てはめるなら、実際に測量する意味などない。何のために歩いてきたと思っているのだ」

「……!」

無言の衝撃《しょうげき》につらぬかれて、平次の顔から血の気が引いた。①ひざの上で握《にぎ》りしめたこぶしが白くなって、血管が浮《う》きあがっている。

どうやら、大変なまちがいをしてしまったようだ。空白で残しておけばよかったのか。しかし、それでは失われた記録は永久に戻《もど》らない。これまでの歩測がなかったことになってしまうではないか。

「②そのような考えの者を隊に残しておくわけにはいかない」

重々しい声は町奉行《まちぶぎょう》の裁きを告げるかのようだった。平次は③身をかたくした。名乗り出てあやまらなければ、と思うが、のどがひりついて、言葉が出ない。

「申し訳ございません!」

秀蔵《しゅうぞう》の声がひびいた。

「平次がしょげていたので、何とかしてやろうと思って……。全部元通りにしてやりたかったんです。すみませんでした」

土下座する秀蔵を、忠敬はじろりとにらんだ。

「おまえには学問をする意味を教えたつもりだったが、無駄《むだ》だったようだな」

「出来の悪い息子《むすこ》ですみません。帰れと言うなら、帰ります」

「では、帰ってもらおう」

[Ⅱ]言葉に[Ⅲ]言葉である。まるで親子げんかだが、平次は客観的に見られる状況《じょうきょう》ではない。悪いのは自分で、秀蔵はかばってくれているのだ。

しかし、平次は凍《こお》りついたままだった。目はささくれだった畳《たたみ》に吸いつけられている。耳は親子の会話を聞きながら、頭には入ってこない。口は開くが、舌が動かない。自分が自分でないようだった。

「荷物を整理しておくのだぞ」

言いおいて、忠敬は立ちあがった。二階の部屋へと引きあげていく。弟子《でし》たちがあとにつづいて、秀蔵と平次が残された。

秀蔵がBにじりよってきて、平次の頭に手をおいた。髪《かみ》をくしゃくしゃにして笑う。

「そういうわけだから、あとは任せたぞ」

ようやく④呪縛《じゅばく》がとけた。平次は畳に額をすりつけるように頭をさげた。

「ごめんなさい、すみません。おれが悪いんです。あやまってきますから」

「別にいいよ」

秀蔵は強引《ごういん》に平次の頭をあげさせた。

「もともと蝦夷地になんか行きたくなかったからな。クマもシカもキツネも、見たくないから」

「でも、おれのために、そんな……」

平次は胸の奥《おく》が熱くなってくるのを感じた。とめるまもなく、涙《なみだ》があふれてくる。ほおを濡らし、あごを濡らして流れ落ちる。

「おまえは親父《おやじ》をさがすんだろ。自分のやるべきことをやれ。おれだって、帰ったら好きなことをやるさ」

「好きなことって？」

秀蔵はちょっと迷った。

「測量じゃないことだ。とにかく、おまえは蝦夷地に行け。わかったな」

もう一度、平次の髪をかきまわして、秀蔵は立ちあがった。

「あ、待って」

制止をふりきって、秀蔵は庭のほうへ出て行った。

平次はすわりこんだまま、涙をぬぐっていた。どうすればよいのかわからない。秀蔵は本当に帰るつもりなのか。それを望んでいるのだろうか。いや、そんなはずはない。蝦夷地に渡《わた》るのを楽しみにしていたではないか。

夕食の膳《ぜん》が片付けられたのにも気づかず、平次は考えこんでいた。

平次は忠敬と向かい合って正座していた。

やはり、名乗り出ないわけにはいかないと思ったのだ。秀蔵のやさしさに甘《あま》えていては、いつまでたっても子どものままである。人を犠牲《ぎせい》にして、自分の利益を追求したら、必ず後悔《こうかい》する。

行灯《あんどん》の弱々しいあかりが、せまい座敷をぼうっと照らしている。忠敬の表情はわからないが、きっと厳しい顔つきにちがいない。

「すみませんでした。記録を写したのは私です。秀蔵さんは私をかばってくれただけで、まったく悪くないのです」

そう告げると、忠敬はふうっと、息をついた。

「字を見ればわかる」

「ではなぜ……」

秀蔵を叱《しか》ったのか。あの場で平次を問いつめればよかったではないか。しかし、平次は⑤問いを飲みこんだ。たずねる資格はないと思った。

忠敬は少し間をおいてから、口を開いた。

「おまえは学問を何と心得ておるのだ」

質問に怒《いか》りは感じられなかったが、すぐに答えることはできなかった。

出世の手段、と正直に答えたら、見捨てられるに決まっている。

淡《あわ》い灯《あか》りがかすかにゆれた。

「身を［Ⅳ］手段か」

見抜《みぬ》かれている。仕方なく、平次はうなずいた。

「うむ、わしもかつてはそうであった。おまえと同じような年のころだな」

平次は少し顔をあげた。今はちがうのだろうか。無言の問いに、忠敬が答える。

「今は多少なりとも学問がわかって、より真剣《しんけん》に向き合っておる。人は、金を持った年寄りが道楽でやっている、と言うがな」

「おれも真剣です」

それだけは言っておきたかった。学問を軽《かろ》んじているつもりはない。

「その点は否定せんよ。だが、方向がまちがっておる」

忠敬は手厳しく断定した。

「あらかじめ用意した答えを導くために、都合のいい数字をあてはめる。それは学問においては絶対にやってはならないことだ。予想と観測結果がちがうことなど、いくらでもある。それがどうしてか考える。学問はそこからはじまるのだ」

言いたいことはわかる。でも今回は、それほど重要な問題ではなかったはずだ。どうしても言い訳したくなってしまうが、平次はこらえた。

ところが、忠敬は平次の頭の中を読んでいた。

「一事が万事だよ。小さなことだから、ほかに影響《えいきょう》がないから……そう言って、いいかげんなことをしていたら、悪いくせがついてしまう。基本をおろそかにせず、コツコツと努力するのが肝心《かんじん》だ。父上から教えられなかったか」

「……教わりました」

平次は自分が恥《は》ずかしくなっていた。失敗を取り返そう、褒《ほ》めてもらおう、とばかり考えて、大切なことを忘れていたのだ。

「読みとれないところは［Ⅴ］よかったのですね」

「そうだ。ひとつでもでっちあげたら、記録全体が信用のおけぬものとなってしまう」
⑥自分のしでかしたことをようやく理解して、平次は⑦畳に額をすりつけた。

（小前　亮　著『星の旅人　伊能忠敬と伝説の怪魚』〈小峰書店〉一部改変）

問一　――Ａ「輪をかけて」、Ｂ「にじりよって」の言葉の本文中での意味として最もふさわしいものを次の中からそれぞれ一つずつ選び、記号で答えなさい。

Ａ　ア　いつものように　イ　予想に反して
　ウ　今まで見たことがないほど　エ　一層はなはだしくなって

Ｂ　ア　突然《とつぜん》勢いよく近づいて　イ　顔を顔のそばに近づけて
　ウ　膝《ひざ》をついたまま近寄って
　エ　ためらいがちにそろそろと近寄って

問二　［Ⅰ］～［Ⅳ］に当てはまる言葉をそれぞれ三字以内で答えなさい。

Ⅰ　言語［Ⅰ］　Ⅱ　［Ⅱ］言葉に
Ⅲ　［Ⅲ］言葉　Ⅳ　身を［Ⅳ］手段

問三　――①「ひざの上で握《にぎ》りしめたこぶしが～浮《う》きあがっている」とありますが、これは平次のどのような状態を表していますか。最もふさわしいものを次の中から一つ選び、記号で答えなさい。

ア　師に指摘《してき》されたことによって自分の犯《おか》した間違《まちが》いを悟《さと》り、恐《おそ》ろしく感じている。

イ　自分は間違っていないという信念があるが、認められず悔《くや》しくて力が入っている。

ウ　自分の犯した過《あやま》ちがばれてしまったのではないかと恐れて、びくびくしている。

エ　師は自分がやったことを知って問いつめようとしてるのだとわかり、戸惑《とまど》っている。

問四　――②「そのような考え」とはどのような考えですか。最もふさわしいものを次の中から一つ選び、記号で答えなさい。

ア　計算で求めた数字を当てはめるなら測量など意味がないという考え。

イ　わからなくなったところは空白で残しておけばいいという考え。

ウ　読み取れなかった数字は、計算するなりして書きこめばいいという考え。

エ　わからないところを空白で残しておいては、歩測が無駄《むだ》になってしまうという考え。

問五　――③「身をかたくした」とありますが、それはなぜですか。最もふさわしいものを次の中から一つ選び、記号で答えなさい。

ア　師に隊からの追放を命じられて恐《おそ》ろしくなったから。

イ　自分のやったことを白状する勇気が出ず緊張《きんちょう》していたから。

ウ　師の重々しい声が自分を責めているように思えたから。

エ　秀蔵《しゅうぞう》が自分の身代わりになって罪を申し出たことに驚《おどろ》いたから。

問六　――④「呪縛《じゅばく》がとけた」とありますが、ここでの「呪縛」とはどのようなことを指していますか。最もふさわしいものを次の中から一つ選び、記号で答えなさい。

ア　秀蔵《しゅうぞう》と父忠敬《ただたか》とのけんかを、ただ茫然《ぼうぜん》と見ているほかはなかったこと。

イ　本当は自分が申し出てあやまるべきだったのに、恐《おそ》ろしくなって言い出せなかったこと。

ウ　自分が悪いのに白状できず、言い逃《のが》れすることしか考えていなかったこと。

エ　師の怒《いか》りで頭が真っ白になってしまい、どうしていいかわからなくなってしまったこと。

問七　――⑤「問いを飲みこんだ」とありますが、どういうことですか。最もふさわしいものを次の中から一つ選び、記号で答えなさい。

ア　秀蔵《しゅうぞう》を叱《しか》った理由を聞きたかったが、自分は過《あやま》ちを犯《おか》しているので聞くことははばかられると思い、聞けなかったということ。

イ　師に聞きたいことはたくさんあったが、ここで叱られて追い出されたくなかったので聞けなかったということ。

ウ　秀蔵を叱った理由を聞いてしまうことで、父子の仲をさらに悪化させることになると思い、聞くのをやめたということ。

エ　師と秀蔵の間には何か深い事情があり、自分が立ち入るべきではないと思って聞くのをやめたということ。

問八　［Ｖ］に入る言葉として、最もふさわしいものを本文中から十字以内で抜《ぬ》き出して答えなさい。

読みとれないところは［十字以内］よかったのですね。

問九　――⑥「自分のしでかしたこと」とは何ですか。四十字以内で答えなさい。

問十　――⑦「畳《たたみ》に額をすりつけた」とありますが、この時の平次の心情として**ふさわしくない**ものを次の中から一つ選び、記号で答えなさい。

ア　感服　　イ　納得《なっとく》　　ウ　困惑《こんわく》　　エ　後悔《こうかい》　　オ　謝意

□二　次の文章をよく読んで、後の問いに答えなさい。(問題に字数制限のある場合は、すべて句読点、符号《ふごう》をふくむものとする。)

①現代人はお互《たが》いを必要最低限にしか知り合わないコミュニケーションに慣れきっているわけである。[A]コンビニで買い物をする際、私たちは店員の趣味《しゅみ》や悩《なや》みを知らないし、むしろ詮索《せんさく》(※細かいことまでつきつめてしらべもとめること)するのは失礼だとみなしている。ご近所同士もまた然《しか》り。媒介物《ばいかいぶつ》(※両方の間にはいって仲立ちをするもの)となる話題がない限り、ご近所同士はお互いについて何も知らず、知ろうともしない。

そうした〝知り合わない個人生活〟は、プライバシーを最大限に尊重しあう真新しいニュータウンやタワーマンションでこそ顕著《けんちょ》だが、東京全体、ひいては日本全体でも概《おおむ》ねそうだと言える。私たちはお互いのことを知り合わないまま a ツウキン電車で隣《とな》り合わせになり、金銭やコンテンツを媒介物としてコミュニケーションしている。お互いのことをほとんど知らないにもかかわらず、どうして私たちは平気な顔で過ごしていられているのか。

理由のひとつは法治が行き届き、世界有数のセキュリティのなかで私たちが暮らしているからだろう。あちこちに設置された監視《かんし》カメラによって、法からの逸脱《いつだつ》は追跡《ついせき》されやすくなった。[B]個人が所有する携帯《けいたい》デバイスによって、私たちはお互いを監視し記録できるようにもなった。②実際には監視も記録もしていないとしても、いつでも監視し記録できることが重要だ――往年のパノプティコン(※中央に高い塔《とう》を置き、それを取りまくように囚人《しゅうじん》の部屋を配置した円形の刑務所《けいむしょ》。中央の高い塔からは全囚人のことを監視できる。)よりもずっと裾野《すその》の広い規律訓練の場が日本じゅうを覆《おお》っているようなものである。無数のカメラと携帯デバイスによって私たちの安全や安心が b カクホされると同時に、私たちの行動や振《ふ》る舞《ま》いがその影響《えいきょう》を受け続ける。

もうひとつは、③現代人らしい通念や習慣が浸透《しんとう》(※人々の間にしみとおり広がること)しているからでもあろう。お互いが礼儀作法《れいぎさほう》や身だしなみに相応のコスト(※費用)を支払《しはら》い、挙動不審《きょどうふしん》と思われない言動に終始していれば、c ジッタイとしての安全はともかく、お互いの安心は保たれる。お互いの個人生活を侵害《しんがい》しないためには、無臭《むしゅう》であることも重要だ。他人に迷惑《めいわく》をかけてはならないというテーゼ(※活動方針)はお互いのプライベートな個人生活を最大限に尊重するべきという功利主義的(※全ての行動が、幸福や快楽をもたらすかどうかに重点を置く考え方)なニーズ(※欲求)と一致《いっち》したもので、令和時代の日本人のほとんどは、このテーゼを当たり前のものとして内面化している。

[C]、お互いを知り合わないままのスタンドアロン(※孤立《こりつ》・他と関係を持たない)な生活では、他人に対する不安を完全に拭《ぬぐ》い去ることはできない。今日でも、マスメディアがセンセーショナルな事件を報道するたびに、人々は報道に釘付《くぎづ》けになる。先にも述べたとおり、実際には犯

罪は減り続けており、監視カメラをはじめとする犯罪抑止力《よくしりょく》は日に日に高まっている。④夜のコンビニも子どもの外遊びも、昭和時代よりずっと安全になったはずなのに、私たちが昭和時代に比べて安心するようになったわけではない。セコム株式会社の調査では、近年の私たちの治安に対する懸念《けねん》(※気にかかって不安に思うこと)は［D］高まっているし、今日の保護者は地域に対して第一に安全を期待している。

個人のプライベートな生活を守りあいながら、安全・安心な生活を維《い》持《じ》するために、私たちが支払っている代償《だいしょう》は決して小さくない。清潔でいるため・挙動不審と思われないため・臭《にお》いや行動で他人に迷惑をかけないための通念や習慣にすっかり馴《な》らされた私たちは、個人それぞれが自己主張する社会とは異なった、⑤日本独特の功利主義的状況《じょうきょう》をお互いに強《し》いている。このような通念や習慣がまだdテイチャクしていなかった二〇世紀の中頃《なかごろ》には、日本でもヨーロッパ並みにデモンストレーションやストライキがあったが、今日ではデモンストレーションやストライキは少なくなり、それらを単なる迷惑や騒乱《そうらん》のたぐいと見ている人も少なくない。

どれほどハイレベルな秩序《ちつじょ》を実現したところで、個人のプライベート化を至上命令とし、実際そのように生きてきた私たちは［E］だ。ゆえに、その［E］についてまわる不安を完全に拭うことはこれからもできないだろう。それでも不安を拭うべく、私たちはますます行儀《ぎょうぎ》の良い通念や習慣をエスカレートさせ、監視カメラや携帯デバイスで自分たちをeホウイし、自己主張を最小化した日本ならではの秩序を形づくってやまない。

(熊代　亨　著『健康的で清潔で、道徳的な秩序ある社会の不自由さについて』〈イースト・プレス〉一部改変)

問一　［A］〜［D］に入る言葉として、最もふさわしいものを次の中からそれぞれ選び、記号で答えなさい。(同じ記号を二度以上使ってはいけません。)

ア　とはいうものの　　イ　そのうえ
ウ　むしろ　　エ　たとえば

問二　――①「現代人はお互《たが》いを必要最低限にしか知り合わないコミュニケーションに慣れきっている」とありますが、これはどのような考えがあるからですか。［　］に入る言葉して最もふさわしいものを本文中から二十五字以上三十字以内で抜《ぬ》き出して答えなさい。

［　］という考え

問三　――②「実際には監視《かんし》も記録もしていないとしても、いつでも監視し記録できることが重要だ」とありますが、「監視も記録もしていない」のになぜ、重要だといえるのですか。説明として最もふさわしいものを次の中から一つ選び、記号で答えなさい。

ア　いつでも監視できるという技術の進歩に期待して、安心な社会を作ることができるから。
イ　いつでも監視できると思わせることで、人々に悪いことをする気を起こさせないようになるから。
ウ　いつでも監視し記録できることだけで、人々を善良な人間に訓練できることになるから。
エ　いつでも監視し記録できる技術があるだけで、世界有数の安全な国と認められるから。

問四　――③「現代人らしい通念や習慣」とありますが、この例として筆者の言いたいことに**合わない**ものを次の中から**すべて**選び、記号で答えなさい。

ア　他人の個人生活をあれこれ聞かないようにする。
イ　なるべく誰《だれ》とも関わらないように生活する。
ウ　自分が発する臭《にお》いに気をつける。
エ　公共の場で大声で話さないようにする。
オ　自分は安全な人間だとアピールする。
カ　他人を信用せず、互《たが》いに監視《かんし》して安全を守る。

問五　——④「夜のコンビニも子どもの外遊びも、昭和時代よりずっと安全になったはずなのに、私たちが昭和時代に比べて安心するようになったわけではない」とありますが、これはなぜですか。理由として最もふさわしいものを次の中から一つ選び、記号で答えなさい。

ア　個人のプライベートな生活を守るために必要な負担が大きすぎるから。
イ　どれほどハイレベルな秩序《ちつじょ》を実現しても、他人を知らないことへの不安が残るから。
ウ　いくら犯罪が減ったとはいえ、ゼロになることはないから。
エ　マスメディアが事件をセンセーショナルに報道しすぎるから。

問六　——⑤「日本独特の功利主義的状況《じょうきょう》」とありますが、どういう点が「独特」なのですか。二十五字以上三十字以内で説明しなさい。

問七　［Ｅ］に入る言葉として最もふさわしいものを次の中から一つ選び、記号で答えなさい。

ア　勝手　　イ　安全　　ウ　孤独《こどく》　　エ　高慢《こうまん》

問八　——ａ～ｅのカタカナを漢字に直して答えなさい。

ａ　ツウキン電車で隣《とな》り合わせになり
ｂ　安全や安心がカクホされる
ｃ　ジッタイとしての安全
ｄ　習慣がまだテイチャクしていなかった
ｅ　自分たちをホウイし

問九　あなたの住む町で、住民に以下のようなアンケートが回ってきました。このアンケートに答える形であなたの考えを書きなさい。ただしＱ２は、五十字以内とします。

○○町　住民アンケート

住民の皆様《みなさま》へ

このたび、○○町にも防犯カメラを設置してほしいというご要望を受け、全戸にアンケートを実施《じっし》することになりました。つきましては以下の質問にご回答をお願いいたします。

○○町長　山田太郎

Ｑ１　あなたはお住まいの地域に防犯カメラを設置してほしいと思いますか。どちらかに○をつけてください。

はい　　いいえ

Ｑ２　Ｑ１のように答えた理由を具体的に書いてください。(50字以内)

公文国際学園中等部（B）

—50分—

《注意》　一　句読点や記号も一字に数えなさい。
　　　　二　作問の都合で、作品を一部改変したところがあります。

一　次の文章を読んで、後の問いに答えなさい。

父親を亡くした輝《ひかる》は、同じく父を病気で亡くした同級生の香帆《かほ》と仲良くなる。香帆は母親と二人で運動会の二人三脚《ににんさんきゃく》競争に参加することに強い想いをかけていた。輝は昨年おじいちゃんと二人三脚に出場し、散々な結果だったため、今回は樹《いつき》おじさんと出ることを決め、練習をし本番に備えていた。しかし運動会当日、二人三脚の種目の前になっても香帆の母親は学校に姿を見せない。


「えー、まじかよ。じゃあ、出れないじゃん」

智博《ともひろ》の声はあっけらかんとしている。

香帆がぐっとくちびるをかんだのが見えた。

「なんできてないの？」

祐希《ゆうき》が聞いてくる。香帆がなにも言わないので、ぼくが口を開いた。

「急に仕事になったんだって。でも、午後はなんとかして運動会にくるって話だったんだけど」

「それはむりだよ。午後からぬけ出せるわけないよ。だって、看護師はつねに人が足りないっていうちのお母さん言ってたぜ」

母親が同じ病院で働いている祐希が言うのだから、そうなのだろう。

でも、そんな言い方をしたら、まるで香帆のお母さんが、最初からできない約束をしたみたいじゃないか。

「もういい」

すっと顔をあげて、香帆が言った。さっきまで不安でゆれていた瞳《ひとみ》が、今は怒《いか》りでゆれている。お母さんのことを、怒《おこ》ってるんだ。

「あたし出ないから、もういい」

その場をはなれようとする香帆の腕《うで》を、菜摘《なつみ》がそっとつかんだ。

「でも、せっかく楽しみにしてたのに」

「そうだよ。ギリギリまで待ってみよう」

ぼくも言った。

だって、今日は香帆とお母さんの大事な日だ。二人で新しいスタートをきる日なんだろ？

無言で香帆にうったえる。香帆の瞳には、①まだ怒りの色がゆれていたが、

「わかった、待ってみる……」

うなずいてくれた。

こっちに向かってくる女の人がいないだろうか。みんなであたりに［ a ］た。

「生徒と保護者のみなさーん。整列してくださーい」

あぁ、三木先生が呼んでる。もう、これまでだ。香帆を囲んでいたぼくたちのあいだに、あきらめの空気がただよう。

「おい、輝。大丈夫《だいじょうぶ》か？　どうしたんだ？」

樹おじさんとおじいちゃんが近づいてくる。

香帆が顔をあげて言った。

「あたし、もういくね。みんながんばって」

いや、だめだ。香帆もぼくたちといっしょに走らなきゃいけない。

「待って」

ぼくは香帆を呼びとめた。

「田村はうちのおじさんと走って」

みんなが「え？」と声をそろえた。

「おじさん、田村と走れるよね？」

「え、え、えっ？」

樹おじさんが［ b ］して驚《おどろ》いている。

「でも、塚原《つかはら》くんはどうするの？」

とまどいながら香帆が言う。

「ぼくはいいんだ。とにかく、田村はうちのおじさんと走りなよ」

「でも、おれがこの子と走っちゃってもいいのか？　いちおう、保護者と走る競技なんだろ？」

すると、智博が言った。

「いいじゃん。田村は輝のおじさんと走っちゃえよ。だれが保護者かなんて、ばれやしないって。なっ？」

智博の明るい声につられて、

「うん、そうだよ」

「せっかくだから、走ろ」

祐希と菜摘もいっしょにうなずいた。智博はにかっと笑って香帆を見た。それでも、香帆はまだ困った顔だ。

ぼくは列をさばいている三木先生に向かって声をはりあげた。

「三木せんせーい。保護者って、とくに決まりはないってことでいいんですよねー？」

「うん、ないない。ていうかー、君たちなにしてんのー、早くこっちにきなさーい」

「ほらね。保護者はなんでもありだって」

ぼくは香帆に自信満々で言ったが、香帆の顔はまだ晴れない。ぼくのことを心配してくれているんだろうけど、早く整列しないと、三木先生は生徒も保護者も関係なく声をはりあげてしまいそうだ。

「でも、そしたら。塚原くんがあたしのせいで走れなくなっちゃう」

「ぼくは大丈夫」

後ろで、きらん、と［ c ］せている人がいる。

「おじいちゃんと走るから」

三木先生からたすきを受け取って、ぼくは自分の右足とおじいちゃんの左足をしっかり結んだ。

「おじいちゃん、きつくない？」

「ん、大丈夫。いい感じだ」

ぼくは体を折り曲げて、右どなりにいる香帆と樹おじさんの様子をうかがった。

香帆も、ぼくと同じ左側に立っている。

「おじさん、スタートの合図が鳴ったら、結んでる足から出すんだよ。そのあとは、いっちに、いっちに。このリズムを忘れないでよ。ちゃんと田村のペースに合わせてよ」

「わかってるって。それより、自分たちの心配をしろよっ」

からかうように樹おじさんは言った。香帆が樹おじさんを見あげる。

「あの、腕につかまってもいいですか？　お母さんと練習したときも、腕につかまってたから」

香帆のかわいいお願いに、樹おじさんのまゆげがへにょりとさがった。

なんだよ、その顔。樹おじさんに、ついやきもちを妬《や》きそうになった。

ぼくたちは、一直線にならんで順番を待った。

三年生がスタートして、少し前に進み出る。

智博も、祐希も菜摘も、みんなお父さんとくっついて準備万端《じゅんびばんたん》だ。

四年生がスタートして、ぼくたち五年生はスタートラインに立った。

ぼくはおじいちゃんの腰《こし》に腕をまわした。

樹おじさんよりもがっしりしたおじいちゃんの腰は、安定感がバツグンだ。おじいちゃんの手がぼくの肩《かた》をつかむと、一年ぶりとは思えないほどぴったりだった。

「おじいちゃん。ぜったいにむりはしないでね」

かっこ悪い走りはしたくないとか、そんなことはもうどうでもいいんだ。②おじいちゃんとゴールする。それだけでいい。

返事のかわりに、おじいちゃんの手に力がこもった。

四年生がゴールにすいこまれていく。いよいよだ。

スタートラインのギリギリ手前につま先をつける。

胸がドキドキする。きっと、少しはなれたところにいる香帆も同じだ。

がんばれ。

「よーい」

三木先生が声をあげる。

パンッ。

ぼくたちはいっせいにスタートした。


「いっちに、いっちに、いっちに、いっちに」

ぼくはおじいちゃんに聞こえるように、声に出しながら足を動かした。

「いっちに、いっちに、いっちに、いっちに」

最初の三十メートルくらいは、ほぼ全員が横ならびだったけど、だんだん、スピードに差が出てくる。ぼくたちの前をいく背中が、どんどん増えていく。

左どなりにいた智博と祐希たちは、もうとっくにぼくたちの前を走っている。

ぼくとおじいちゃんは、どんどんはなされていく。【A】

すいっと、樹おじさんと香帆のチームがぬき出るのがわかった。

香帆の右手が、樹おじさんの腕をしっかりつかんでいる。

あぁ、よかった。香帆がちゃんと走ってる。

ぼくはおじいちゃんの腰をつかむ手に力をこめた。

赤いコーンの目印が［d］た。ここからちょうど、残り五十メートルだ。去年、おじいちゃんが倒《たお》れそうになったところだ。

「おじいちゃん、あと半分だよ」

ぼくたちのスピードはさらに落ちていく。

「ゆっくりで、いいよっ」

ゆっくり、ゆっくり。それでも、確実に足を前に出す。

気がつけば、校庭で走っているのはぼくとおじいちゃんだけになった。

去年といっしょ。ぼくたちだけで、校庭をひとりじめだ。

ゴールが近づいてくる。

ゴールの目の前では、応援《おうえん》している人たちが歓声《かんせい》をあげて待っている。

水色のシャツが［e］できた。お母さんだ。両手をぶんぶんふって、その目はぼくのことをまっすぐ見ている。

お母さんの横には、おばあちゃんがいた。ぼくたちの姿を見たおばあちゃんが、大きく口を開けて驚くのが見えた。

やばい。

おばあちゃんのことを忘れていた。勝手におじいちゃんを競技に出してしまった。

あとでおじいちゃんといっしょに怒られよう。【Ｂ】

そう覚悟《かくご》を決めて、ぼくたちは歓声のわくゴールに飛びこんだ。

夕日が落ちて、だれもいない校庭はうっすらオレンジ色だ。

ほんの一時間前まで、ここで走ったり声をあげたりしていたのに、今はぐちゃぐちゃになった白線が、ところどころ残っているだけだ。

「ほんとにありがとうございました」

香帆のお母さんが、樹おじさんに頭をさげている。

「いやいや、そんな。ぼくこそ、香帆ちゃんと走れて楽しかったです」

香帆のお母さんは、閉会式がおわるころにようやく到着《とうちゃく》した。

体調の悪い患者《かんじゃ》さんがいて、状況《じょうきょう》が落ちつくまで病院を出ることができなかったのだという。

「大変ですよね、病院でのお仕事って」

お母さんが言うと、香帆のお母さんは「えぇ」と複雑な表情でうなずいた。

「せっかく練習したのに、結局いっしょに走れなくて」

香帆のお母さんは、手をつないでいる香帆に目をやった。

ぼくたちは、正門の前で立ち話をしていた。

お母さんと、樹おじさんと香帆のお母さん。

おじいちゃんたちは、ひと足先に帰ってしまった。久しぶりに走ったおじいちゃんも、妊婦さんである莉子《りこ》おばさんも、さすがにつかれてしまったようだ。

「あんなに楽しみにしていたのに、いっしょに走れなくてごめんね」

つないだ手をゆらしながら香帆のお母さんが声をかけると、香帆はくしゃりと顔をゆがませた。③その目から、もうがまんできないとばかりに涙《なみだ》がこぼれる。

「お、おい。泣くなって。また来年、お母さんと走ればいいじゃん」

おろおろして、ぼくは言った。

「違《ちが》うの」

声がふるえている。

「うれしいの」

香帆の言葉に、ぼくはさらに困惑《こんわく》してしまう。

「うれしくて涙が出るの。みんなが……心配してくれて、やさしいから。塚原くんが、おじさんと走れって言ってくれて……おじさんがいっしょに走ってくれたから、すごくうれしいの」

香帆のお母さんは、つないでいないほうの手をのばすと、香帆のほおをすべり落ちていく涙をぬぐった。

「ほらほら、もう泣かない」

そう言って笑う香帆のお母さんの横顔は、香帆にとてもよく似ている。

正門を出て、香帆たちと別れた。【Ｃ】

香帆のお母さんは最後までぼくたちに頭をさげながら歩いていった。

もし香帆のお母さんが競技に出ていたら、おそらくビリだったかもしれないな。そう思うほど、綿菓子《わたがし》のようにふわりとやさしい感じの人だった。

「じゃあ、おれも帰るな。今日はおつかれさん」

樹おじさんはいつものように、手のひらをぼくに向けてくる。

「うん」

ぼくは思いきり、樹おじさんの手を打った。

「今日の輝、かっこよかったぞ」

そう言って、樹おじさんは手をふった。

かっこいい。ぼくが？　えっ、どこが？

思いがけない言葉にぼうっとしていると、肩にこつんとお母さんの体がふれた。

「あたしたちも帰ろ」

「うん」

夕日に背中を押《お》されながら、いつもの通学路を歩いていく。細長くのびた影《かげ》を、ぼくは目で追う。

長いほうの影がお母さん。お母さんを追いこすのは、まだ当分、先かもしれない。【D】

(I)「やっぱり、残念だったな」

ぽつりとぼくはつぶやいた。

「なにが？」

「田村とお母さん。今日はさ、二人の再出発の日になるはずだったんだ」

お母さんに、香帆のことを話して聞かせた。

「お父さんに見せたいって、言ってたんだ。お母さんといっしょに走ってるとこ」

暮れていく夕焼けの空を見あげた。

やっぱり、香帆にはお母さんと走ってほしかった。二人でスタートラインに立つ姿を、空から見守ってほしかった。

(II)「お母さんは、違うと思うな」

ゆっくり首をふりながら、お母さんは否定した。

「香帆ちゃんのお父さん、きっとよろこんでると思うよ。香帆ちゃんにやさしい友達がいて、お母さんのかわりに、いっしょに走ってくれる人がいること。二人だけでがんばらなくてもいいんだよって、まわりの人に助けてもらっていいんだよって、お父さんは言ってると思うな。それがわかったから、香帆ちゃんもうれしくて泣いてたんじゃないのかな」

流れる涙を、ぬぐいもせずに泣いていた香帆。最後は泣き笑いで洟《はな》をすすっていた。【E】

「正真正銘《しょうしんしょうめい》、今日は香帆ちゃんとお母さんの、④再出発の日だったと思うよ」

「ほんとにそう思う？」

「思う！」

お母さんはきっぱりと言った。

（葉山エミ『ベランダに手をふって』〈講談社〉より）

問1　空欄部《くうらんぶ》 a ～ e に入る慣用句について、最も適する表現を次の中から一つずつ選び、それぞれ記号で答えなさい。ただし、同じ記号を2回以上使ってはいけません。選択肢《せんたくし》の言葉については言い切りの形で記しています。

ア　目を光らせる　　イ　目を丸くする　　ウ　目に入る
エ　目に飛び込む　　オ　目を配る

問2　傍線部《ぼうせんぶ》①「怒りの色がゆれていた」とありますが、このときの香帆の気持ちを説明したものとして、最も適するものを次の中から一つ選び、記号で答えなさい。

ア　わざわざ人の内情を聞いては「出れない」とか「来れない」など と言ってくる智博と祐希に対し耳うるさく感じる気持ち。

イ　母が来ていないのに「早く整列しなさい」と言うなど、三木先生が生徒の行動に目を向けられていないことに対する腹立たしい気持ち。

ウ　どうしても母と運動会の二人三脚に参加したかったのに、どうして来てくれないのかと、信頼《しんらい》を裏切られたような気持ち。

エ　母は自分のことを一番に考えてくれていると思っていたのに、運動会当日に母が仕事を優先したことを悲しく思う気持ち。

オ　何でも知っているかのような口調で、香帆の家庭が複雑な事情を抱《かか》えていることを周りに広める輝の姿にいらだつ気持ち。

問3　傍線部②「おじいちゃんとゴールする。それだけでいい」と輝は考えていますが、輝はなぜこのように考えたのでしょうか。41字以上50字以内で述べなさい。

問4　傍線部③「その目から、もうがまんできないとばかりに涙がこぼれる」とありますが、それはなぜだと考えられますか。最も適するものを次の中から一つ選び、記号で答えなさい。

ア　お母さんの仕事を考えれば来られなかったのは仕方がないが、せっかく今まで練習してきたのに、お母さんと一緒に二人三脚に参加できずにくやしいから。

イ　初めて参加した二人三脚にかなり緊張《きんちょう》していたが、お母さんが手をつないでくれたことによって緊張の糸が切れ、ほっとするとともに母の優しさに心がほぐれたから。

ウ　お母さんと一緒に出たかった二人三脚に、樹おじさんと参加してしまい申し訳ない気持ちになったものの、優勝できたので達成感に満たされたから。

エ　お母さんが時間になっても来ず心細く感じていたが、まわりの友人たちの優しさにふれ、無事に二人三脚に参加できて心が満ち足りていたから。

オ　お母さんは遅《おく》れても何とか学校には来てくれたが、今日がお母さんと香帆にとって大切な日だったことをすっかり忘れており悲しかったから。

問5　「ぼくはまだ子供なんだと、そんなあたり前のことを実感する。」という一文の入る箇所《かしょ》を【Ａ】～【Ｅ】の中から一つ選び記号で答えなさい。

問6　傍線部④「再出発の日」とお母さんは言っていますが、輝は香帆の再出発の日をどのような日と捉《とら》えていましたか。その説明として最も適するものを次の中から一つ選び、記号で答えなさい。

ア　お母さんと二人で力を合わせて二人三脚に参加し、二人で頑張《がんば》っていることを亡くなっているお父さんに見せて安心させてあげたいという香帆の願いを実現する日。

イ　いつも仕事で疲《つか》れているお母さんを元気づけるため、今回の運動会で二人三脚に参加し、少しでもお母さんに笑顔になってもらいたいという香帆の思いを伝える日。

ウ　毎日頑張っているお母さんに対していつも何もできないため、せめて二人三脚で優勝し、それをお母さんにプレゼントしたいという香帆にとっての記念日。

エ　香帆やお母さんを残して死んでしまったお父さんがいなくても、過去に縛《しば》られずに、お母さんと二人でこれから先も強く生きていこうと香帆が強く決心する日。

オ　今まで学校行事に積極的に参加するなどの行動を取ってこなかったが、この二人三脚を機にもっと積極的に友人たちにも関わっていこうと香帆が思いを新《あら》たにする日。

問７　傍線部(Ⅰ)「やっぱり、残念だったな」と傍線部(Ⅱ)「お母さんは、違うと思うな」からは、二人三脚でお母さんと一緒に走ることができなかった香帆に対して、輝とお母さんの考えの違いが表れています。輝とお母さんの考えの違いを101字以上120字以内で述べなさい。

問８　この文章における表現の特徴《とくちょう》について、適切でないものを次の中から一つ選び、記号で答えなさい。

ア　スタートの音を表す「パンッ」という音や「ゴールが近づいてくる」といった表現は、競技の緊迫《きんぱく》した状況《じょうきょう》、走ってくる最中の臨場感を伝える役割を果たしている。

イ　登場人物を客観的に見る視点から書かれているため、お互いに苗《みょう》字《じ》で呼び合う輝と香帆の間に生まれた恋心を、読者が自然と気づくようになっている。

ウ　連続した会話文によって登場人物たちの口調や話し方、会話の内容から彼《かれ》らの性格や考えていることが分かり、よりリアルな人物像を浮《う》かび上がらせることができる。

エ　「ぐっとくちびるをかんだ」や「にかっと笑って」など人の動きを表現した擬態語《ぎたいご》が多用され、その場のイメージを読者に伝えている。

オ　会話文だけでなく心の中で思ったことも書かれることによって、より主人公である輝の気持ちが伝わり、読者が物語に深く共感することができるようになっている。

二　次の文章は角山榮『シンデレラの時計』の一説です。本文は、シンデレラのストーリーを紹介《しょうかい》し、十五分ごとに鳴る機械時計についての説明をした後に続く部分です。この文章を読んで、後の問いに答えなさい。(設問の都合により章ごとの見出しは省略しました。)

ところで、もうひとつ私が気になるのは、シンデレラが魔法《まほう》つかいとかわした時間の約束です。どうして約束の時間におくれたら、きびしい罰《ばつ》をうけねばならなかったのでしょう。

いいかえると、時間の約束は当時の社会で、どういうふうに、人びとにうけとめられていたのでしょうか。

①そもそも機械時計が出現して以後、なにがいちばんかわったかというと、人びとの生活における時間意識です。

はやい話が、長いあいだ人びとは、朝は太陽とともに起きて野良《のら》ではたらき、夕がたは星をあおいで家に帰るという、自然の時間にしたがって暮《く》らしてきました。そうした自然の時間を制度化したものを、「不定時法」といいます。かんたんにいうと、日の出から日没《にちぼつ》までを〝昼の時間〟、日没から翌朝の日の出までを〝夜の時間〟とし、それぞれを六等分ないし十二等分して計算する方法です。

この方法によりますと、夏と冬とでは昼と夜の一時間は、それぞれ長さがちがいます。季節だけではなく、緯度によってもちがってきます。

たとえばおなじ夏でも、東京と、はるかに緯度の高いロンドンとを比較すると、ロンドンの夏は午後十時になってもまだ明るさがのこっていることからも、わかるでしょう。

ところが、機械時計がつくる時間は、人工の時間であって、季節や緯度がどうあれ、昼も夜も一時間の長さはおなじで、かわりません。これを「定時法」と呼んでいます。

ここで注目すべき変化が起こったのです。

それは機械時計の出現と(a)普及《ふきゅう》によって、ヨーロッパでは不定時法から定時法へ時刻制度が変化していったことです。つまり人びとの暮らしが、自然の時間とリズムにそった暮らしから、機械時計のつくる人工の時間にしたがった暮らしにかわってゆくのです。

自然の時間とリズムにそっていとなまれる社会では、職人の仕事といえば、何時間かかろうが何日かかろうが、時間のことは気にせずに、自分でまんぞくできるまで良い作品づくりに精魂《せいこん》をかたむけることでした。それこそ②職人気質《かたぎ》というものです。つまり仕事の目的は、あくまでも良い作品をつくることにあったのです。

このようにしてつくられたのが、ルネサンス時代のミケランジェロの「ダビデの像」、日光東照宮《にっこうとうしょうぐう》の左甚五郎《ひだりじんごろう》の「眠り猫」をはじめとする、名工・名人といわれる人たちの銘作《めいさく》、銘品《めいひん》です。

ところが、人工の時間の成立とともに、仕事の性格はしだいに時間にしばられた賃労働へかわってゆくのです。すなわち良い作品をつくるのが仕事であったのが、時間労働によってえられる一時間いくらという賃金をかせぐことが、労働の目的になってゆくのです。

ここでたいせつなことは、仕事が一時間いくらというように、時間がお金にかわってゆくことです。

時間がお金になること、それを「タイム・イズ・マネー」といいます。この言葉は、ずっとのちの十八世紀はじめ、アメリカのフランクリンがいった言葉として有名ですが、じつは機械時計の出現以来、人びとの仕事の考えかた、時間意識の変化のなかで、③「時が金」という現実がつくられてゆくのです。

そうした現実がつくられてゆく過程で、資本主義がうまれてくるのですが、なにが大きくかわるかというと、時間の支配者がかわってゆくということです。このことは時計と時間の歴史をみるうえで、また現代の時間のすごしかたを考えるうえでも、ぜひ心にとどめておくべきたいせつなことです。

宗教はどの宗教でも、それぞれ独自の天地創造、終末観をもっています。

キリスト教の天地創造は、『旧約聖書』の「創世記」の冒頭《ぼうとう》にのべられています。それによると、神は※1混沌《こんとん》から、光と闇《やみ》、水と天、陸と植物、太陽と月と星、魚と鳥、獣《けもの》と人間を六日間でつくり、七日目は安息の日としました。

太陽と月と星をつくった神は、時間をつくったといいかえてもよいでしょう。

その④神の時間を知ることは、時間をはかることであり、それはまた暦《こよみ》をつくることでもありました。そのためには星の出現を予知し、月と太陽のサイクルをはかるといった本来天文学にぞくする作業がひつようでした。

　こうして農民たちは、一年のうちいつ種子をまいたらよいか、またいつ収穫《しゅうかく》したらよいかといった情報を、神の時間表である暦によってえたのです。

　天文学的時間をはかるのと並行して、みじかい時間をはかるひつようがありました。その場合は、古くから日時計とか、水時計、ろうそく時計、砂時計がもちいられていました。夜明けにはしばしば雄鶏《おんどり》が時を告げてくれました。つまり神の時間というのは、自然的時間のことです。

　神が時間を支配していたといっても、その支配者は具体的には神の意志をつたえるキリスト教の教会や、法王を中心とするカソリック教団でした。

　ところが、長くつづいた安定的な神による時間支配に動揺《どうよう》をあたえる勢力が台頭し、それまでの時間にたいする考えをゆるがす事態が起こってきたのです。

　それは中世における新興商人階級の成長であり、とりわけ彼らがいとなむ※2高利貸《こうりが》しという事業が問題をひき起こすことになったのです。

（中　略）

　かつて神が時間を支配していたときは、「利子」をとる商人が非難され罰せられました。しかしいまや、商人、※3ブルジョワが時計＝時間を支配するようになり、仕事をさぼるものにたいしては、賃金カットの(b)制裁がくわえられるようになるのです。

　このきびしい現実は、気分にのれば仕事に精をだし、やる気がしなければ休んでいた職人たちにとって、大きなショックでした。毎日かせぐ賃金に生活がかかっていた人びとにとって、仕事のはじまる時間におくれたり、仕事の途中で怠けることはゆるされません。（ X ）者は、仕事のはじまる時間におくれ

　そうした新しい社会の誕生と新しい時代の生きかたが、ようやく人びとの関心をあつめつつあったのが、十七世紀後半です。

　そのころ、イギリスではリチャード・バクスターというひとが、時間は貨幣《かへい》とおなじようにたいせつであるから、毎時間毎分をむだづかいしないように、もっとも自分の役にたつようにすごしなさい、と人びとに説いていました。また時間を、お金とおなじように(c)倹約《けんやく》し貯蓄しなさいといって、時間を惜しんで仕事にはげむよう勤勉の徳を説いていました。

　そういわれてみると、みなさんはシンデレラと魔法つかいとの時間の約束も、なるほど⑤そうした社会的背景があったのかということがわかるでしょう。

（角山榮『シンデレラの時計　人びとの暮らしと時間』〈ポプラ社〉より）

※注　1　混沌……区別が立たずものごとが入り混じっている状態。
　　　2　高利貸し……高い利息を取ってお金を貸す人。
　　　3　ブルジョワ……資金を使って事業を経営する人。

問1　波線部a「普及《ふきゅう》」b「制裁」c「倹約《けんやく》」の本文中での意味として最も適するものを次の中からそれぞれ一つずつ選び、記号で答えなさい。

a「普及」
　ア　完全にできあがること。　イ　止めどなくあふれること。
　ウ　広く一般に行きわたること。　エ　定番商品が生まれること。
　オ　技術が進歩すること。

b　「制裁」

ア　裁判官が不正をしていないかを見張ること。

イ　その行いが正しいかどうかを判断すること。

ウ　間違ったことが起こらないようにすること。

エ　感情や欲望をコントロールすること。

オ　ルールや決まりを破った者に罰《ばつ》を与えること。

c　「倹約」

ア　お金が正しく使われているか調べること。

イ　無駄《むだ》を省き、費用を切りつめること。

ウ　必要なものだけを買うよう計画すること。

エ　お金を大切にし、ためこむこと。

オ　財産を得て、幸せになること。

問2　傍線部《ぼうせんぶ》①「そもそも機械時計が出現して以後、なにがいちばんかわったかというと、人びとの生活における時間意識です」とありますが、「人びとの生活」がどのようにかわったのかがわかる一文を本文中から抜き出し、始めの5字を答えなさい。

問3　傍線部②「職人気質《かたぎ》」とありますが、そのような働き方の例として最も適するものを次の中から一つ選び、記号で答えなさい。

ア　会社全体の利益を生むためには個人がいくら頑張《がんば》っても大きな効果は得られないので、チームワークを重視するために積極的なコミュニケーションをとった。

イ　会社に勤めて数年がたち、仕事場で後輩《こうはい》ができたので、自分のことだけでなく会社全体のことを考えて行動する必要が出てきた。

ウ　結婚し子どもも生まれ、家庭の時間を今以上に確保する必要が出てきたため、仕事の優先順位や効率を考えて、短時間で仕事が終わるようにした。

エ　数日後に控えたプレゼンテーションで、自分が売り出そうとしている商品をどのように紹介《しょうかい》するかを考えていたら、熱中しすぎていつの間にか夜になっていた。

オ　生きるために仕事をする必要があるが、どちらかというと趣味などの自分の時間を十分に確保したいので、残業などは極力しないようにしている。

問4　傍線部③「『時が金』という現実がつくられてゆくのです」とありますが、それはなぜですか。その理由の説明として最も適するものを次の中から一つ選び、記号で答えなさい。

ア　機械時計の発明により、それまで明確に定まっていなかった働く時間というものが人々に意識され、労働時間とその報酬《ほうしゅう》としてのお金とが強く結びついていったから。

イ　十八世紀に入り資本主義の考え方が人々にとって当たり前になることで、それまで重視されていなかった社会におけるお金の価値が格段に上がったから。

ウ　自然を大切にし、人々の欲望がそれほど強くなかった時代が終わりを迎《むか》え、人々がお金をめぐって競争し、効率を重視した生き方を選ぶようになったから。

エ　職人たちが、自分たちの作ってきた後世に残り続けるような銘作《めいさく》に金銭的価値があることに気づき、それまで支払《しはら》われていなかった対価を求めるようになったから。

オ　資本主義がうまれブルジョワが時間を支配するようになった結果、

お金を持っていることが何よりも価値のあることとされ、時間の価値が下がっていったから。

問5　傍線部④「神の時間」とありますが、「神の時間」にしたがった生活を説明したものとして最も適するものを次の中から一つ選び、記号で答えなさい。

ア　宗教的な伝統や教義を重んじ、他者に対して思いやりを持って接するような生活。

イ　労働によって豊かな暮らしを得るために、日々一生懸命《いっしょうけんめい》に努力し続けるような生活。

ウ　毎日決まった時間に起き、学校に遅刻《ちこく》しないように同じ時間に家を出るような生活。

エ　宇宙の神秘や自然の驚異《きょうい》などの人間の理解が及《およ》ばない現象を信じて敬うような生活。

オ　昼や夜、四季の流れなど自然のサイクルを自分の活動の基準にするような生活。

問6　空欄部《くうらんぶ》［X］に当てはまる言葉を本文中から漢字2字で抜き出して答えなさい。

問7　傍線部⑤「そうした社会的背景」とありますが、ここでの「社会的背景」とはどのようなものですか。本文中の言葉を使って51字以上60字以内で答えなさい。

問8　本文における筆者の意見を説明したものとして適するものには「○」、適さないものには「×」を答えなさい。

A　機械時計の発明により正確な時間が測定できるようになったことで、仕事に対して不真面目な人が減ったので、資本主義は人間社会をよりよくしたと言える。

B　時間を節約し、効率よく仕事をすることが大切であるという考え方は、人工の時間が生まれ時間の過ごし方が変化したころから生まれたと考えられる。

C　労働時間によって得られる賃金が変わるようになった現代では、「ダビデ像」や「眠り猫」のような時代を超える芸術作品が生まれる可能性はなくなった。

D　技術が発達していた西洋諸国はいち早く定時法を導入し、さらなる国家の発展をなしえたが、日本では不定時法を長く使用していたために進歩が遅れてしまった。

E　キリスト教社会においては、自然物は神が創造したものであるため、天体の運動や作物の育成、収穫に関わる暦《こよみ》は、神の時間として認識されていた。

問9　二重傍線部「現代の時間のすごしかた」とありますが、次の選択肢《せんたくし》は、本文を読んだ生徒がこの部分についてそれぞれの意見を述べたものです。本文をふまえた発言として適するものを次の中から一つ選び、記号で答えなさい。

ア　映画を倍速で見るなど、時間効率を重視しすぎている人が多い現代において、かつて人間が営んでいた時計にしばられない豊かな生活を知ることは有益である。

イ　「タイム・イズ・マネー」の考え方が生まれたのは意外と最近なのだから、お年寄りがゆっくり歩いていてもそれを急かすようなことはしてはいけない。

ウ　リニア新幹線など、移動時間を短縮するためのさまざまな乗り物が発明されているが、人間本来の時間感覚を狂《くる》わせてしまうので、危険な発明である。

エ　同じ地球上でも場所によって季節や昼の長さが違《ちが》うのだから、オリンピックなど世界中の人々が注目するイベントは、誰もが平等にそれを見られるよう工夫すべきだ。

オ　文化や宗教によって時間のとらえ方に違いがあるため、異文化の人と接するときは、相手の時間を奪《うば》わないように十分注意しなければならない。

三　次の問いに答えなさい。

問1　次の①～④の傍線部《ぼうせんぶ》のカタカナを漢字に直しなさい。（正確に、ていねいに書くこと。）

① 近くのジンジャに初もうでに行く。

② 高原の生活はカイテキである。

③ 反対するイトが分からない。

④ 彼はタグいまれな人物である。

問2　次の⑤⑥の空欄部《くうらんぶ》に最も適する言葉を後のア～カの中から一つずつ選び、記号で答えなさい。

⑤ いい方法を思いついたよ。□というから、さっそく練習しよう。

⑥ 学校の図書館にはたくさんの本があるんだよ。利用しなければ□だね。

ア　病は気から　　イ　宝の持ち腐《ぐさ》れ

ウ　寝耳に水　　エ　負けるが勝ち

オ　善は急げ　　カ　仏の顔も三度まで

問3　次の⑦⑧の空欄部に当てはまる漢字を二つ並べて、熟語《じゅくご》を作りなさい。

⑦
宣⇩□⇩論　助⇨□⇨動
判⇩□⇩然　油⇨□⇨髪

⑧
横⇩□⇩倒　回⇨□⇨落
第⇩□⇩面　統⇨□⇨覧

問4　次の⑨⑩の傍線部について、ア～オの中から、性質の異なる言葉をそれぞれ一つずつ選び、記号で答えなさい。

⑨
ア　佐藤さんがそのようにおっしゃっていた。
イ　鈴木さんはそれをご存じのようだった。
ウ　高橋さんが学校へいらっしゃった。
エ　田中さんが様子をうかがっている。
オ　伊藤さんがご飯を召し上がっていた。

⑩
ア　月の明るい光に包まれた。
イ　祖母の優しい笑顔が好きだ。
ウ　私の幼いころに歌った歌だ。
エ　冬の冷たい雨が降ってきた。
オ　その様子はゆかいだった。

慶應義塾湘南藤沢中等部

—45分—

※　解答に句読点や記号などが含《ふく》まれる場合は一字に数えます。

一　次の（　　）に共通してあてはまる、漢字一字を答えなさい。

①（　　）ほどうかがいますので、（　　）ろにお並びください。
②（　　）く知りませんでした。（　　）て私の責任です。
③（　　）いペンで（　　）かい字を書く。
④家族ぐるみのつきあいで（　　）どうしも（　　）しくしている。
⑤（　　）い薬を飲むと、むせてしまって（　　）しい。
⑥あの男に（　　）わるな、だまされるのが（　　）の山だぞ。
⑦駅前を（　　）って、学校に（　　）う。
⑧庭に（　　）えたキノコを（　　）で食べてはいけない。
⑨雨が（　　）ってきたので、校旗を（　　）ろしてください。
⑩目が（　　）めたとき、夢を（　　）えていなかった。

二　次の文章を読んで、あとの問いに答えなさい。

店で商品を購入《こうにゅう》するとき、金銭との交換《こうかん》が行われる。でも、バレンタインデーにチョコレートを贈《おく》るときには、その対価が支払《しはら》われることはない。好きな人に思い切って、「これ受けとってください」とチョコレートを渡《わた》したとき、「え？　いくらだったの？」と財布からお金をとり出されたりしたら、たいへんな屈辱《くつじょく》になる。

贈り物をもらう側も、その場では対価を払わずに受けとることが求められる。このチョコレートを「渡す／受けとる」という行為《こうい》は贈与《ぞうよ》であって、売買のような商品交換ではない。だから「経済」とは考えられない。

［A］、注1ホワイトデーにクッキーのお返しがあるとき、それは「交換」になるのだろうか。この行為も、ふつうは贈与への「返礼」として、商品交換から区別される。たとえほとんど等価のものがやりとりされていても、それは売買とは違《ちが》う。そう考えられている。

商品交換と贈与を区別しているものはなにか？

フランスの社会学者ピエール・ブルデュは、その区別をつくりだしているのは、モノのやりとりのあいだに差しはさまれた「時間」だと指摘《してき》した。

たとえば、チョコレートをもらって、すぐに相手にクッキーを返したとしたら、これは等価なものを取引する経済的な「［1］」となる。ところが、そのチョコレートの代金に相当するクッキーを一カ月後に渡したとしても、それは商品［2］ではない。返礼という「［3］」の一部とみなされる。このとき、やりとりされるモノの「等価性」は伏《ふ》せられ、「［4］」らしさが消える。

商品交換と贈与を分けているものは時間だけではない。お店でチョコレートを購入したあと、そのチョコレートに値札がついていたら、かならずその値札をはずすだろう。［B］、チョコレートの箱にリボンをつけたり、それらしい包装をしたりして、「贈り物らしさ」を演出するにちがいない。

店の棚《たな》にある値札のついたチョコレートは、それが客への「贈り物」でも、店内の「装飾品《そうしょくひん》」でもなく、お金を払って購入すべき「商品」

だと、誰《だれ》も疑わない。でもだからこそ、その商品を購入して、贈り物として人に渡すときには、その「商品らしさ」をきれいにそぎ落として、「贈り物」に仕立てあげなければならない。

なぜ、そんなことが必要になるのか？

ひとつには、ぼくらが「商品／経済」と「贈り物／非経済」をきちんと区別すべきだという「きまり」にとても忠実だからだ。この区別をとおして、世界のリアリティの一端《いったん》がかたちづくられているとさえいえる。

そして、それはチョコレートを購入することと、プレゼントとして贈ることが、なんらかの外的な表示（時間差、値札、リボン、包装）でしか区別できないことを示してもいる。

［C］、バレンタインの日にコンビニの袋《ふくろ》に入った板チョコをレシートとともに渡されたとしたら、それがなにを①イトしているのか、戸惑《とまど》ってしまうだろう。でも同じチョコレートがきれいに包装されてリボンがつけられ、メッセージカードなんかが添《そ》えられていたら、たとえ中身が同じ商品でも、まったく意味が変わってしまう。ほんの表面的な「印」の違いが、②レキゼンとした差異を生む。

ぼくらは同じチョコレートが人と人とのあいだでやりとりされることが、どこかで区別しがたい行為だと感じている。［D］、わざわざ「商品らしさ」や「贈り物らしさ」を演出しているのだ。

ぼくらは人とのモノのやりとりを、そのつど経済的な行為にしたり、経済とは関係のない行為にしたりしている。「経済化＝［5］らしくすること」は、「脱経済化＝［6］にすること」との対比のなかで実現する。こうやって日々、みんなが一緒《いっしょ》になって「経済／非経済」を区別するという「きまり」を維持《いじ》しているのだ。

でも、いったいなぜそんな「きまり」が必要なのだろうか？

ぼくらはいろんなモノを人とやりとりしている。言葉や表情なども含《ふく》めると、つねになにかを与《あた》え、受けとりながら生きている。そうしたモノのやりとりには、「商品交換」と「贈与」とを区別する［7］があると書いた。

ひとつ注意すべきなのは、そのモノのやりとりにお金が介在《かいざい》すれば、つねに「商品交換」になるわけではない、ということだ。

結婚式《けっこんしき》のご祝儀《しゅうぎ》注2や葬儀《そうぎ》注3の香典《こうでん》、お年玉などを想像すれば、わかるだろう。お金でも、特別な［8］（祝儀袋／新札《しんさつ》注4／袱紗《ふくさ》／署名）を③ホドコすことで贈り物に仕立てあげられる。ふつうは結婚式の受付で、財布からお金を出して渡す人なんていない。

なぜ、わざわざそんな「きまり」を守っているのか？　じつは、この「きまり」をとおして、ぼくらは二種類のモノのやりとりの一方には「なにか」を付け加え、他方からは「なにか」を差し引いている。

それは、「思い」あるいは「感情」と言ってもいいかもしれない。

贈り物である結婚のお祝いは、お金をご祝儀袋に入れてはじめて、「祝福」という思いを込《こ》めることができる。と、みんな信じている。

経済的な「交換」の場では、そうした思いや感情はないものとして差し引かれる。マクドナルドの店員の「スマイル」は、けっしてあなたへの好意ではない。そう、みんなわかっている。

経済と非経済との区別は、こうした思いや感情をモノのやりとりに④フカしたり、除去したりするための装置なのだ。

レジでお金を払って商品を受けとる行為には、なんの思いも込められていない。みんなでそう考えることで、それとは異なる演出がなされた結婚式でのお金のやりとりが、特定の思いや感情を表現する行為となる。

それは、光を感じるために闇《やみ》が必要なように、どちらが欠けてもいけない。経済の「交換」という脱《だつ》［9］化された領域があってはじめて、「贈与」に込められた［10］を⑤キワ立たせることができる。だからバレンタインのチョコで思いを伝えるためには、「商品」とは異なる「贈り物」にすることが不可欠なのだ。

（松村圭一郎『うしろめたさの人類学』〈ミシマ社〉より）

※出題の都合上、本文の一部を改稿《かいこう》しています。

注1　ホワイトデー　バレンタインデーの一カ月後に、男性から女性へのお返しを贈る日。

注2　ご祝儀　祝いの気持ちを表すために贈る金品。

注3　香典　香や花の代わりとして死者にお供えするお金。

注4　袱紗　ここでは、物を包むのに用いる小さめの布という意味。

問一　――①～⑤のカタカナを漢字に直しなさい。

問二　空らん［A］～［D］に入る言葉を次の中から選び、記号で答えなさい。同じ記号を二度使ってはいけません。

ア　さらに　　イ　だから　　ウ　たとえば　　エ　では

問三　空らん［1］～［4］には、ア贈与・イ交換のどちらが入りますか。それぞれ記号で答えなさい。

問四　空らん［5］・［6］に入る組み合わせとして適切なものを一つ選び、記号で答えなさい。

ア　5　商品・6　商品　　イ　5　贈り物・6　贈り物

ウ　5　商品・6　贈り物　　エ　5　贈り物・6　商品

問五　空らん［7］に入る最も適切な言葉を本文中からぬき出して答えなさい。

問六　空らん［8］に入る最も適切な言葉を本文中からぬき出して答えなさい。

問七　空らん［9］・［10］には同じ言葉が入ります。［9］・［10］に入る最も適切な言葉を本文中からぬき出して答えなさい。

三　次の文章を読んで、あとの問いに答えなさい。

二十七歳の「私」は、小学校卒業以来、初めてクラス会に参加した。

あの話を切りだすなら、今だ。このタイミングを逃《のが》したら、きっと、もう言えない。なんのために今日、ここへ来たのかわからなくなる。

「あの……あのね」

このときのために注1サワーは二杯《にはい》で抑《おさ》えていた。自分の頭がクリアであるのを確認しながら、私はあらたまって二人へむきなおった。

「私、今日は、1教えてほしいことがあって来たの」

三十人で横列を組むとき、足の速い者と遅《おそ》い者を交互《こうご》に配置する。真《ま》梨江《りえ》先生がそんな戦略を立てたのは、地方予選の本番までいよいよ三週間を切ったころだった。

練習中、みんなの足がそろっていないと、走行中に一文字であるべきラインがVの字にくぼんだり、Wの字にゆがんだりしてしまう。悪くすると、ラインがバラけて崩壊《ほうかい》する。俊足《しゅんそく》と鈍足《どんそく》をとなりあわせることにより、極端《きょくたん》な速度の差異が生じるのを防《ふせ》ぎ、全体のスピードを均《なら》そうという試みだった。

「みんな、一人だけ速く走ろうとしないで、横の子と合わせることを、まずは一番に考えてちょうだい。全員が横の子と合わせて走ったら、列は絶対にくずれないでしょう。それが勝負の鍵《かぎ》よ。三十一脚《きゃく》、きっちりそろって走りぬいたチームが最終的には好記録を叩きだすの。突出《とっしゅつ》した一人はいらないのよ」

その持論のもと、真梨江先生はクラスいち足の速い奥山《おくやま》くんを、クラスいち足の遅い私の横につけた。さらに、常に列をへこませていた私を一番右端《みぎはし》に配することで、ライン崩壊のリスクを下げた。それによって私は右半身の自由を手に入れ、多少なりとも楽に走れるようになったのだから、狙《ねら》いは悪くなかったと思う。

気の毒なのは、面倒《めんどう》なお荷物を押《お》しつけられた奥山くんだ。

「奥山くん、できるだけ飯田《いいだ》さんのこと、引っぱってあげてね。転びそうになったら助けてあげて。奥山くんと飯田さんは二人で三脚、つまり、一心同体ってことよ」

どんくさい女子と一心同体なんて冗談《じょうだん》じゃない。と、ふつうの男子ならば、大いに反発していたところだろう。が、奥山くんはその額とあごのラインが指し示すように、どこか[注2]観音《かんのん》めいた心根の持ち主だった。だれに対しても親切で、みんなのいやがる仕事も快く引きうけ、イメージ映像としては「いつもゴミ箱を焼却炉《しょうきゃくろ》へ運んでいる」。そんな彼《かれ》だからこそ、真梨江先生は無茶な難題を突《つ》きつけ、そして、そんな彼だからこそ、内心はともあれ、文句も言わずに私の世話役を引きうけたのだ。

真梨江先生の戦略は吉《きち》と出た。日に何度かは必ず横の子に引きずられて転び、練習を中断させていた私は、奥山くんの横になって以来、ひざこぞうをすりむく回数が減った。彼が巧《たく》みに足の運びを合わせてくれたからだ。それでも尚《なお》かつ私が転んだときには、まるで自分が蹴倒《けたお》しでもしたみたいに、いともすまなそうな目をして「ごめんね」と助けおこしてくれる。

「よっ。奥山、熱いぞ！」

「お姫《ひめ》さまだっこしてやれ！」

幼稚《ようち》な男子たちにひやかされても、奥山くんはひるまない。私が転倒するたび、「なんだよ、奥山」「ダーリン、しっかりしろ」と理不尽《りふじん》なブーイングを受けても、奥山くんは怒《おこ》らない。度重なるにつけ、そんな彼の善良さが、私には逆につらくなっていった。

だれよりも速く走れるはずの奥山くんに、自分がブレーキをかけていること。練習のたびにいやな思いをさせていること。彼が［A］であるほどに、情けなさがひざこぞうにしみてくる。


（中略）


そして、ついに決戦の日。十月のある日曜日、市の競技場で30人31脚の予選が催《もよお》された。

忘れたいから忘れたのか、ショックで記憶《きおく》が飛んだのか、あの一日を私は切れぎれの断片としてしか呼び起こすことができない。


（中略）


スタートを告げるピストル。

一列に並んで出た。

うまくいった。

この調子。

がむしゃらに走った。

前へ、前へ、体のぜんぶの力で。

速い。

今日の私は速い。

速すぎた。

残り半分の地点で足が止まった。

筋肉が軋《きし》む。

ひざが笑う。

もう動けない。

限界。

再び加速する余力はどこにもない。

私の失速に気づかないまま、Bを走る奥山くんが一歩前へ出る。組みあわせた腕《うで》と腕が離《はな》れかける。

待って、奥山くん。

腕を気にして、足を怠《おこた》った。

右足のひざから力がぬけた。

がくんと世界が傾《かたむ》いた。

C足の紐《ひも》が外れ、体ごと地面に突っこんだ。

奥山くんと私の足が離れた――。

切れぎれな記憶《きおく》の連なりのなかで、皮肉にも、最も忘れたいその場面だけがスローモーションの緻密《ちみつ》さで目の裏に焼きついている。

一列のラインは無惨《むざん》に寸断された。見たくないものを見るように、二、三歩先で奥山くんがふりかえる。それに連動してその左の男子、そのまた左の女子と、つんのめりの波が伝っていく。

グラウンドに転がる私を見すえる奥山くんの顔には表情がなかった。


いつもの優しいまなざしも、「ごめんね」とさしだされる手もない。彼はただ影《かげ》のようにのっぺりと立ちつくしていた。なにも言わない。動かない。その不動に、その沈黙《ちんもく》に責められている気がして、私はますます動転した。

消えたい。この世界からいなくなってしまいたい。

しかし、それは許されなかった。バッテリーが切れたような奥山くんに代わって、業を煮《に》やしたみんなが騒《さわ》ぎだしたのだ。

「琴《こと》ちん、立とう」

「起きろよ、飯田」

「最後までがんばろう」

「ファイト！」

もはや勝ち目はない。決勝進出の望みは断たれた。それでも、せめてゴールをしようというみんなの声に抗《あらが》えるわけもなく、私はごま粒《つぶ》ほどの余力をふりしぼり、地中深くから掘《ほ》りだすように下半身を起こした。

同時に、奥山くんもはたと動きを再開し、ぎくしゃくした手つきで私たちの足に紐をまわした。

もう一度、合体。再び組みあわせた腕は、しかし、どこかよそよそしい。

「最後までファイト！　レッツゴー二組！」

博多くんの涙声《なみだごえ》を合図に、整列しなおした横一文字で、三十一脚がまた走りだす。

半分やけくその「いち、に、いち、に」。

スタンドからの哀《あわ》れみの拍手。

ゴール地点で待つ真梨江先生の悲壮《ひそう》な声援《せいえん》。

不幸中の幸いは、ゴール後、ひざから血を流していた私を保健係が救護室へ連れていってくれたことだ。抱《だ》きあって泣く子。地べたにうずくまる子。無言で肩《かた》を上下させる子。いたたまれないその場から立ち去ったあとも、しかし、決勝進出の夢を絶たれたみんなの盛大な嘆《なげ》きは私を苛《さいな》みつづけた。どんな顔をすればいいのか。どう償《つぐな》えばいいのか。いっそ転校してしまいたい。ところが——。

約二十分後、ひざこぞうにガーゼを貼《は》りつけた私がスタンドの一角へもどったときには、なぜだか2空気が一変していた。

いったいなにが起こったのか？

さっきまでの注3慟哭《どうこく》が嘘《うそ》のように、六年二組の面々はころっといつものみんなにもどっていたのだ。もはやそこに湿気《しっけ》はなく、むしろ「楽しかった」「やるだけやった」「いい思い出ができた」などと、こぞってポジティブなことを言いあっている。私の失態はなかったことになっているのか、だれもそこには触《ふ》れようとしない。まるであの転倒場面だけがみんなの思い出からポイント消去されたかのように。

「飯田さん、お疲《つか》れさま。すてきな思い出をありがとう」

真梨江先生がそう言って握手《あくしゅ》を求めてきたとき、この人だ、と私は直感した。

私がいないあいだ、きっと3彼女《かのじょ》がみんなに言いふくめたのだ。

飯田さんを責めないこと。

飯田さんが転んだ話はしないこと。

飯田さんの失敗は忘れて「いい思い出」にすること。

私は自分の手を背中に隠《かく》したまま、真梨江先生から顔をそむけた。正直な話、転倒のことをみんなから責められていたら、気の弱い私はかなりの確率で不登校になっていたことだろう。が、当時の私は［　D　］気分で、いっそ責めてくれればいいのにと思った。六年二組の「いい思い出」を守るため、私というマイナス要素を排除《はいじょ》する、記憶《きおく》から閉めだしてふたをするという真梨江先生のやり方に、みんなの嘘《うそ》っぽい明るさに傷ついていた。

唯一《ゆいいつ》、あの転倒が夢幻《ゆめまぼろし》でなかったことを証していたのは、皮肉にも、急に変わった奥山くんの態度だった。

ラスト三週間の練習中、いつも二人で三脚だった。左の足と右の足を常につないでいた。4私が転べば助けてくれた。励《はげ》ましの言葉をくれた。なのに、最後の最後で、彼は私を突きはなした——。

のみならず、予選を敗退したその日以来、彼はほかのだれにも気づかれないくらいのさりげなさで、私を避《さ》けるようになった。5目が合えばそらす。私が近づけば背をむける。まじめな子どもにありがちなかたくなさで、奥山くんは私を彼の視界からしめだすことにしたのだ。

結局、まともに口をきくこともないまま、私たちは小学校を卒業した。クラスメイトたちの多くが進学する地元の公立を避け、知った顔のいない私立の中学校へ入学したとき、私はようやく二脚の足で再び歩きだせる思いがした。新しい学校。新しいクラスメイト。もうクラスの全員に負い目を感じなくてもいい。奥山くんの冷たい背中に、決して交わらない瞳《ひとみ》に、いちいち泣きたくならずにすむ。新しい自分として一からやりなおせる。そう思った。

子ども時代の特殊《とくしゅ》な経験がどれだけ人を縛《しば》りつづけるものか、当時の私はまだ知らなかったのだ。

「私、今日は、教えてほしいことがあって」

急に居住まい[注4]を正した私に、あっちんと内田がわかりやすく瞳の落ちつきをなくす。

「あの、予選の日のことなんだけど」

「予選?」

「あの日……あのとき、私、転んで、それで負けちゃって。そのあと私、救護室へ行ったじゃない」

「あ……ああ」

「や、そうだっけ?」

私の目を見ない二人の声がかぶった。あっちんはもはやサワーに手を出さず、内田もビールの泡《あわ》がしぼむにまかせている。

「あのあいだに、なんかあった?」

「なんか?」

「救護室からスタンドへもどったら、急にムードが変《か》わってたから。泣いてたみんなが元気になってて、なんだかへんな空気で……あの感じ、私、ずっと忘れられなくて。ね、なんかあったんだよね」

あっちんと内田が額を突き合わせ、目と目でなにかを相談する。

口を開いたのは内田だった。

「いや、その、なんかあったってほどじゃないんだけどさ」

「でも、あったよね。教えて」

「いや、その……ちょっと、言いづらいんだけど」

「大丈夫《だいじょうぶ》。言って」

（中略）

「飯田が転んだせいだとか言いだすヤツも、やっぱ、いて」

「うん」

「飯田が転んだのは奥山のせいだとか言いだすヤツもいて。だれが速すぎたとか、だれが出遅《でおく》れたとか、だれの紐の結び方が悪かったとか、どんどん、やなムードになってきて、そんで、そしたら……」

「うん」

「その……」

はっきりしない内田の横から、業を煮《に》やしたあっちんが言った。

「そしたら、真梨江先生が泣きだしたんだよ。私たちのだれよりも激しく、爆発的《ばくはつてき》に」

「は?」

真梨江先生?

「ここでケンカしたら六年二組の思い出がだいなしだって、真梨江先生、すごい勢いで泣きだして、止まらなくて。私だって悲しくてくやしい、でも、ここは笑顔で終わらせなきゃいい思い出にできないんだって、わあわあ泣きながら言うの。大人があんなに泣くの見たの、初めてだったから、もうみんな、びっくりしちゃって、おろおろして。クラス全員、一気に泣きやんだんだ。ぴたっと、ほんとに、［E］みたいに」

そうなんだよ、と内田がにわかに勢いづいて言った。

「先生があんまり泣くもんだからさ、オレら、もう泣いてる場合じゃなくなっちゃって、あわててフォローにまわったんだよな。負けたけど最後までがんばれてよかったとか、最高の思い出になったとか、夢をありがとうとか、もう必死で。母親たちも一緒《いっしょ》になって、元気をもらった、感動をもらった、ありがとうありがとうの大合唱で」

「気がついたら、テレビカメラがその姿に食いついてて、それでやっと先生、泣きやんだんだよね。[注5]マスカラ落ちちゃったから今のはカットして、って」

「……」

　あっけにとられて、声もなかった。私が救護室にいるあいだ、まさかそんなことが起こっていたなんて。

「私、真梨江先生がみんなに言ったのかと思ってた。私が転んだことは言っちゃいけないとか、悪いことは忘れようとか」

「ううん、そうじゃなくて」

　昔とおなじ[注6]どんぐりまなこで、あっちんが頭をふる。

「ま、ネガティブなこととか言うと、また真梨江先生が泣きだすんじゃないかって恐怖《きょうふ》はあったかもしんないけど。でも、それよりも、子どもは子どもなりに、やっぱり琴ちんのこと心配して、そっとしといてあげようって思ったんだよ」

「私のせいで負けたのに？」

「だから、琴ちんのせいじゃないって。あの日は、みんなが興奮してスピードあげすぎて、ペースが狂《くる》ってたんだよ。あれは、クラス全員のミス」

「てか、そもそも優勝したチームのタイム見たら、オレらと全然、格がちがったじゃん。メジャーリーグと少年野球くらいの差があったよ。決勝進出なんて、どだい夢の夢だったんだ」

　いともからりと内田が言ってのけ、泡のつぶれたビールを喉《のど》へ流しこんだ。

「ま、オレはきれいなレポーターにサインもらって、もうそれだけで大満足だったけどな。芸能人と会ったのも生まれてはじめてだったし」

「あ、私もサインもらった。あれ、どこやったかな」

　初めて[注7]ドーランを塗《ぬ》った大人を見た。帰りにお母さんたちがたこ焼きを買ってくれた。後日、テレビに真梨江先生の号泣シーンがノーカットで流れていた。オレのつむじも〇・五秒だけ映った。みるみる声を軽快にしてもりあがる二人を前にして、私はこの十五年間、[注8]後生大事に抱《かか》えつづけてきたしこりの収めどころを失い、呆《ほう》けたようにまばたきをくりかえした。

　なあんだ。みんなにとってあれは、真梨江先生の思惑《おもわく》とは関係なしに、本当に「　F　」になっていたのか。敗退の痛みなどはとうに克服《こくふく》し、子ども時代のまたとない[注9]珍経験《ちんけいけん》へと[注10]昇華《しょうか》させていたのか。

あの転倒を今も引きずっているのは、転倒した本人だけなのか――。

あの負けが彼らの傷になっていなくてよかった。そんな安堵《あんど》をおぼえる一方で、十五年間の[注11]呵責《かしゃく》のもとをとりそこなったような、なんとも言いがたい徒労感が広がっていく。


（中略）


「奥山くん」

　個室の前で待ちぶせし、もどってきた奥山くんを捕《つか》まえたのは、飲み放題の終了《しゅうりょう》まで残すところ十五分の土壇場《どたんば》だった。早く、早くと自分をせっつきながらもなかなか思いきれず、彼がトイレへ立ったのを最後のチャンスと、ようやく重い腰《こし》を上げたのだった。

「あ……」

　とまどいをあらわに足を止めた奥山くんの目に混濁《こんだく》はなく、頬《ほお》にも上気の影はなかった。大人の飲み方をしていたようだ。

「あの、ちょっと、話をさせてもらってもいい？」

声のうわずりを懸命《けんめい》に抑えて言った。できるだけふつうに、みんなとおなじ軽さに倣《なら》って。でも、決めたことは言って帰ろう。

「あ、うん。もちろん」

瞳を激しくまたたかせながらも、奥山くんはうなずいた。

私たちは連れだって外へ出た。先に立ってガラス戸に手をかけた奥山くんは、小さな段差でも私の足もとを気づかってくれて、その洗練された所作がいかにもＳＰ[注12]のプロフェッショナルを思わせる。

六年二組の教室で私を避けていた少年はもういない。彼もあれを過去へ流しているのなら、今さら触《ふ》れず、このままにしておいたほうがいいのではないか。ふと迷いがさすも、もう遅い。

店の窓明かりを離れて街灯のもとへ立つと、見あげるほどに背が伸《の》びた奥山くんの横で、私は胸の鼓動《こどう》と格闘《かくとう》した。安っぽくべたついた焼きとりの匂《にお》いが夜風に乗って鼻先をかすめていく。

「六年生のとき……」

軽く、軽く、軽く。私の重石を奥山くんになすりつけないように。

「　G　」

笑って言えた。笑わなきゃ言えなかった。

「あのころ奥山くん、いつもすごく優しくて、練習でもいつも助けてくれて、なのに肝心《かんじん》の本番で私、転んじゃって、そのせいで奥山くんにまで迷惑《めいわく》かけちゃって……。ありがとうも、ごめんねも言えないままだったこと、ずっと気になってたの。もう昔のことだし、奥山くんは忘れてるかもしれないけど、私は忘れられなくて。だから、今日はそのことちゃんと話して、それで、終わりにしたかったの」

つっかえながらもどうにか言いきった。直後、奥山くんの目が混乱の火花を散らしているのを見て、どきっとした。

「あ、あの、ほんとにごめんね、今さら。聞いてくれてありがとう。じゃ……」

言うだけ言って逃《に》げようとした私を制するように、そのとき、奥山くんがぬっと掌《てのひら》を突きだし、張りつめた声を響《ひび》かせた。

「触《さわ》って」

「え」

「触ってみて」

血色のいい大きな掌。触って？　意味がわからず瞳で問うも、奥山くんは一文字に結んだ口を動かさない。どうやらそのままの意味らしい。

私はこくりと息を呑《の》み、震《ふる》える手をさしのべた。人差し指と中指、二本の指先でそっと眼下の掌に触れる。[6]ぬめりとした。

「濡《ぬ》れてるでしょ」

「はい？」

「汗《あせ》っかきなんだ」

「え」

「とくに、緊張《きんちょう》すると大量に汗が出て」

「あ……」

「今ならふつうに言えるけど、子どものころはすっごく、それが恥《は》ずかしくて、だれにも知られたくなくて」

声をなくした私の前で、あいかわらず白い奥山くんの首筋がみるみる赤く染まっていく。

「あの日……あの予選の日も、ぼくの手、汗でびっしょりだった。気がつかなかった？」

問われて、ハッと息をつめた。あの日。スタートラインで肩と肩を組みあわせたときの、奥山くんの掌。その感触？　思いだせない。首を横にふった。

「そんな余裕《よゆう》なくて」

「すごい汗だったんだ、緊張《きんちょう》して、あのムードにやられちゃって。紐を結ぶときも、腕を組むときも、どんどん汗が出てくるからすごく焦《あせ》って。飯田さんが転んだとき、あれが絶頂だった。ぼくのせいだ、ぼくが汗ばっか気にしてたからだってパニクって、ますます手がびしょびしょになって……」

ごめん、と奥山くんが悲痛な声とともに低頭[注13]する。

「その濡れた手を、どうしても、飯田さんに、さしだせなかった」

「………」

時間が止まった。時がもどった。十五年前のあの日、地べたに転がる私を無表情に見下ろしていた奥山くん。どうして気づいただろう。そのこぶしが大量の汗を抱いていたなんて。いつも冷静で、おだやかで、大人びていたあの男の子が、それほどの重圧に震えていたなんて。

子どもだったんだ。ふいに、そのあたりまえの事実がすとんと胸に落ちた。奥山くんも、私も、もしかしたら真梨江先生も、あのころはみんなまだ本当に子どもだったんだ――。

「あれからぼく、飯田さんの顔、とてもじゃないけどまともに見られなくて、謝る勇気もないまま卒業しちゃって、それが、なんていうか、ずっとこのへんに引っかかってて……」

このへん、と奥山くんのこぶしが鳩尾《みぞおち》のあたりを叩《たた》いた瞬間《しゅんかん》、はじかれたように私の涙腺《るいせん》[7]がゆるみ、彼の背後にうかぶ上弦《じょうげん》[注14]の月がぼやけた。

「だから今日、飯田さんと話ができてよかった。ほんとによかった」

「奥山くん……」

「SPやってると、どうしてもあの日のことを思いだすんだ。どんな要人守っても、セレブ守っても、クラスメイトの女子一人守れなかったら、ただのポンコツだなって」

十五年間、私とおなじ重さを負ってきてくれた元パートナー。その肩からようやく力がぬけて、なつかしい観音の笑みがもどった。

私も――。目の縁《ふち》ぎりぎりに涙を押し留《とど》めながら、私は声にならない声を返した。私もずっとあの日に捕《と》らわれつづけてきた。ことあるごとに自ら傷口をえぐり、そして、弱気になっていた。どうせまた私は失敗する。自分のせいでみんなに迷惑《めいわく》をかける。悪いほうへ悪いほうへと考えては怖《お》じけてしりごみし、心の弱さをぜんぶあの転倒のせいにして、結局のところ、臆病《おくびょう》な自分を甘《あま》やかしつづけていた。

「私も、今日、ここにきてよかった。奥山くんと話ができて、本当に……」

ほどけていく。自らの手でこじらせていた紐のむすびめが解けていく。

「ありがとう」

地を踏《ふ》む足の軽さにふらつきながらも、初めて自分から奥山くんに手をさしのべた。

「こちらこそ、ありがとう」

再びつなぎあわせた手。それだけで十分だった。ためらいなく握手《あくしゅ》をしてくれた彼の濡れた掌に、十五年前の真実が宿っている。

わかりあうために必要な年月もある。人は、生きるほどに必ずしも過去から遠のいていくのではなく、時を経ることで初めて立ち返れる場所もあるのだと、触れあった指先にたしかな熱を感じながら思った。

【森絵都「むすびめ」（『出会いなおし』〈文春文庫〉所収）より】

※出題の都合上、本文の一部を改稿《かいこう》しています。

注1　サワー　酒の一種。「二杯で抑えていた」とは酔《よ》わないようにしていたということ。
注2　観音　仏教において、人々をあわれみ、苦しみを除き、救いの求めに応じてくれる存在。
注3　慟哭　ひどく悲しんで、激しく泣くこと。
注4　居住まい　姿勢や態度。
注5　マスカラ　まつげを濃《こ》く見せるために塗る化粧品《けしょうひん》。
注6　どんぐりまなこ　どんぐりのように丸くてくりくりした目。
注7　ドーラン　演者が舞台《ぶたい》やテレビ撮影《さつえい》で使う化粧品《けしょうひん》。
注8　後生大事　物事をいつまでも大切にすること。
注9　珍経験　めずらしい経験のこと。
注10　昇華　物事をより高い程度にたかめること。
注11　呵責　責めさいなむこと。
注12　ＳＰ　要人の身辺を警護する私服警官。
注13　低頭　頭を低く下げること。
注14　上弦の月　新月から満月になる間の半円状に見える月。

問一　――1「教えてほしいこと」の内容を具体的に表現しているセリフをぬき出して、最初の五字で答えなさい。

問二　空らん［Ａ］に当てはまる最も適切な言葉を次の中から選び、記号で答えなさい。

ア　寛容《かんよう》　イ　厳格　ウ　悲壮《ひそう》　エ　優秀《ゆうしゅう》　オ　冷静

問三　空らん［Ｂ］・［Ｃ］に共通して当てはまる適切な漢字一字を答えなさい。

問四　――2～5は次のア・イのどちらですか。それぞれ記号で答えなさい。

ア　その時に本当に起きていて、かつ、私もそう感じていたこと、またはそう考えていたこと。
イ　その時に起きてはいなかったが、私がそう感じていたこと、またはそう考えていたこと。

問五　空らん［Ｄ］に当てはまる最も適切な言葉を次の中から選び、記号で答えなさい。

ア　いじけた　イ　くやしい　ウ　大胆な　エ　不安な

問六　空らん［Ｅ］に当てはまる最も適切な言葉を次の中から選び、記号で答えなさい。

ア　泡を食った　イ　せきを切った
ウ　竹を割った　エ　水を打った

問七　空らん［Ｆ］に入る最も適切な五文字の語句を本文中からぬき出して答えなさい。

問八　空らん［Ｇ］に当てはまるセリフは何ですか。最も適切な言葉を次の中から選び、記号で答えなさい。

ア　決勝にいけなくて、残念だったね
イ　転んじゃって、ごめんね
ウ　冷たくされて、悲しかったな
エ　優しくしてくれて、ありがとう

問九　――6「ぬめりとした」とありますが、奥山くんの手が濡れていたのは、この後、何をすることに緊張していたからですか。説明しなさい。

問十　――7「私の涙腺がゆるみ」とありますが、それは奥山くんの言葉から何を知ったからですか。「〜ことを知ったから。」の形に合うように二十字以上二十五字以内で本文中の一節をぬき出して答えなさい。

四　以下の①から⑮までのもののうち、あなたが「世の中をハッピーにしている」と考えるものを三つ選び、その理由を一五〇字以内で説明しなさい。

① 独立　② 鉄道　③ リゾートホテル
④ 誕生日　⑤ 国家　⑥ オリンピック
⑦ スポーツ　⑧ 藤沢　⑨ プロフェッショナル
⑩ 自動車　⑪ 温泉　⑫ ファッション
⑬ 学校行事　⑭ 自然　⑮ オーディション

※　原稿用紙《げんこうようし》の使い方に従って書くこと。ただし、一マス目から書き始め、改段落はしないこと。
※　解答の文章中に①から⑮までの語を書かないこと。例えば「オーディションは」と書かずに「⑮は」とすること。

慶應義塾中等部

―45分―

一　次の文章を読んで、後の各問いに答えなさい。

「ねぇ、ねぇ、ケンちゃん。社会のレポートの宿題、終わった」

「ぜんぜん」

「えー、だって明日提出じゃなかったっけ」

「そういうヒロはどうなんだよ」

「わたしは昨日終わらせたわよ。夜中までかかっちゃったんだから。ケンちゃん、どうするつもり」

「なあに、チャ爺《じい》さんにお願いすれば、ものの三秒さ」

「またチャットGPTに頼《たよ》るつもり。先生が使っちゃダメだって言ってたじゃない」

「絶対バレないって」


俺《おれ》と裕子《ひろこ》はご近所さんで、昭和風な言い方でいえば幼馴染《おさななじみ》ってやつだ。今でも一日の生活のすべてがサッカー部関係のことでまわっている俺と違《ちが》って、裕子は陸上部には所属していたものの引退するまではきっちりと部活と学習を両立して堅実《けんじつ》な生き方をしていた。性格もまったく違う二人だが、幼いころから一緒《いっしょ》によく遊んでいるせいか、異性ということを必要以上に意識してしまうこの年頃《としごろ》でも、なぜか気軽に話ができる存在だ。何事に対しても堅《かた》すぎるのが玉にキズだが。


「ぜんぜん話変わるけどさ。男子パートの音取り何とかしてよね。ケンちゃんパートリーダーでしょ」

「なんだよ、いきなり。女子だって、まだ歌えてないヤツたくさんいるじゃん」

「『今、別れの時――』から先が一番いいところなのに、男子がケンちゃん以外はボロボロじゃない。今年は中学校生活最後の年だから、絶対に校内音楽会で最優秀《ゆうしゅう》賞を獲《と》るんだから。頼《たよ》りにしてるんだからね、頼んだわよ。じゃーね」と言い残して裕子は教室の方に走っていってしまった。


　ヒロのヤツ、何が頼りにしているだよ。勝手に言いたいことばかりいいやがって。Aそもそも、もとはといえば俺はパートリーダーなんて柄《がら》じゃないし、全くやりたくなかったのに。あいつが勝手に指揮者に立候補して、その挙句、指揮者にパートリーダーの指名権があるなんて勝手なことをBぬかして。おかげでこの有り様だ。

　確かに、男子の歌声はヒロのいう通りひどいものだ。でも、それは自分のせいじゃない。これがサッカーだったらチームを盛り上げていく手だてが思い浮《う》かぶんだが、合唱となると、どこから手をつけてよいのか皆目《かいもく》見当もつかない。いつもレポートでお世話になっている、万能《ばんのう》の神、チャ爺さんも［　C　］ここでは役に立たない。

「ちぇっ。俺以外男子は全員ボカロ(注1)じゃだめか」D吐《は》き捨てるようにひとりごちて、グラウンドへ向かった。


「健太先輩《せんぱい》、ちょっと相談があって」

グラウンドに着くやいなや、後輩《こうはい》の雄太《ゆうた》が走り寄ってきた。俺自身は世代交代でこの夏、もう引退した身である。でも毎日練習に出て、後輩の面倒《めんどう》を見ている。言わば、サッカーバカだ。

「ドリブルしている途中《とちゅう》、相手にボールを奪《うば》われてしまうことが多いんで、日本代表の(注2)三苫《みとま》選手みたいに抜《ぬ》ける方法ってあるんですかね」

「おまえ、バッカじゃねーか。そんな簡単に三苫になれたら苦労しないわ。とりあえず、ドリブルデザイナー(注3)岡部将和《おかべまさかず》さんのＤＶＤがあるから今度貸してやるよ。まずは基本テクニックから地道に練習するんだな」

「さすが、健太先輩っす。あざーす」雄太は元気に走ってピッチに戻《もど》っていった。


後輩から受けた相談には必ず何らかのリアクションを返してやることにしている。何のことはない。ＤＶＤを貸してやるって言っただけだ。でも、自分で言うのもなんだが、後輩からは結構頼りにされているとも思う。もしかしたら、Ｅこの雰囲気《ふんいき》が気持ちいいから、引退してからも毎日グラウンドへ足を運んでいるのかもしれない。

それに比べて明日の放課後は少し憂鬱《ゆううつ》だ。うちのクラスにピアノ室が割り当てられている音楽会の練習の日だからだ。ふとさっきのヒロの言葉を思い出して気が重くなる。


「ちょっとー、ケンちゃん、男子ぜんぜん声出てないじゃない。なんとかしてよ」口を尖《とが》らせたヒロの顔が迫《せま》ってくる。

「うるさいな。何とかしてって言われたって、俺だってみんなに声出すように言っているよ。そうかといって怒鳴《どな》ったり脅《おど》したりして声が出るようなもんでもないだろ。いったいどうすりゃいいってんだよ」

「ケンちゃん、いつもサッカーグラウンドで後輩に上手にアドバイスしているじゃない。同じようにできないの」ヒロの顔がだんだん紅潮してくる。

「無茶《むちゃ》言うなよ。いきなりサッカーのド素人を三苫や(注4)メッシにできるわけないじゃん。それと同じことだよ。チャ爺さん使ってちゃっちゃとレポート書くのとはわけが違うんだぜ」


Ｆいや、待てよ。サッカーグラウンドで後輩にアドバイスだ？　そうだ。それだ！

「よーし。今日の男子の練習はおしまい。その代わり、明日は学校に朝一時間早く来ること。わかったら、解散」突然《とつぜん》俺は男子に解散命令を出した。


はじめはきょとんとした表情で一瞬《いっしゅん》静止状態になった男子達《たち》だが、一人が帰り始めるとそのあとに続いてぞろぞろとピアノ室を出て行った。鳩《はと》が豆鉄砲《まめでっぽう》喰らったような表情から、今や赤鬼《あかおに》と化したヒロが怒鳴った。

「ちょっと、ケンちゃん。何やってるのよ」

「いいから任せておけって」

そう、人間、やる気さえあれば自分からどんどんうまくなろうとするはずなんだ。サッカー部の後輩たちが、俺のつたないアドバイスでもスポンジが水を吸うが如《ごと》く、吸収していくみたいに。


翌早朝。教室には眠《ねむ》そうな顔したヤツも結構いたが、曲がりなりにも全員がそろった。

「いいか、今からＤＶＤを見るから寝《ね》るんじゃないぞ。寝たいヤツは今すぐ帰ってくれ」そう、俺はみんなをやる気にさせるのは結構得意なのだ。

「この中でアメリカのロックとか好きなヤツいるか。今から見るのはな、ちょうど四十年くらい前にアフリカの飢餓《きが》に苦しむ子どもたちを救おうと、当時の大、大、大スターたちが集まって曲を完成させた凄《すご》いビデオだ。マイケル・ジャクソンの名前くらいは知っているだろう」というと、俺は(注5)『WE《ウィー》　ARE《アー》　THE《ザ》　WORLD《ワールド》』のドキュメンタリー形式のメイキングビデオを見せた。いやー何回見ても(注6)レイ・チャールズは渋《しぶ》い。クラスの何人かには凄《すさ》まじく、他のヤツらにもほどほどに。みんなで心を一つにして合唱を作り上げることの大切さが伝わったようだ。

さあ、やる気は起こせた。あとは音取りの練習あるのみ。ピアノなんか使えなくても、伴奏《ばんそう》の音源さえあれば練習はいくらでもできる。男子の半分以上はやる気満々だ。残りの半分も雰囲気に引っ張られて何とかやれている状態。それでいい。罰ゲームではないんだ。俺自身、なんかすごく充実《じゅうじつ》していて楽しい。チャ爺さん丸写しの社会のレポートなんG かどうでもよく感じられる。

さぁ、いよいよ女子と音を合わせて練習する日がやってきた。俺は自信満々だ。他の男子たちも見てろよという顔をしている。いいぞ。試合に臨《のぞ》むサッカー部と同じ雰囲気だ。

この曲を作曲した人が、ピアノ伴奏の子にもスポットを当てさせたいという意図が丸見えのキラキラしたピアノの前奏が始まった。俺たちの頭の中にはもう歌いだしの、早朝の白い靄《もや》がかかった山々の新緑に朝日が当たって輝《かがや》いているという、はっきりとしたイメージが浮かんでいる。あとは『今、別れの時――』のところで俺たちの爆音《ばくおん》を待つのみだ。これを喰らってみろ、ヒロ！

(注1)「ボカロ」…ボーカロイドの略。パソコンなどに入力されたメロディーと歌詞をもとに、曲に合わせた歌声を合成するアプリのこと。また、その曲を歌うアニメーションやCGによるキャラクターのこと。

(注2)「三苫選手」…三苫薫。世界で活躍《かつやく》するプロサッカー選手。そのドリブル突破《とっぱ》力、アシスト力とゴール力には定評がある。

(注3)「岡部将和」…ドリブルデザイナー。世界の一流選手も相談に来るほどのテクニックを持っている。

(注4)「メッシ」…アルゼンチン出身の世界で活躍するプロサッカー選手。

(注5)「WE　ARE　THE　WORLD」…一九八五年にアフリカの飢饉《ききん》と貧困《ひんこん》を救うために作られたチャリティーソング。当時世界中の著名なアーティスト四十五名が参加。

(注6)「レイ・チャールズ」…アメリカの著名なブルースの第一人者。

問一　――A「そもそも」とあるが、これを言い換《か》えた言葉としてもっともふさわしいものを、次の1～5から選び番号で答えなさい。

1　いわんや　　2　いわゆる　　3　ついつい
4　だいたい　　5　しばしば

問二　――B「ぬかして」と同じ使い方をしている表現としてもっともふさわしいものを、次の1～5から選び番号で答えなさい。

1　一字ぬかしてタイプしてしまった。
2　一匹《ぴき》をぬかしてみんなメスだった。
3　最後の一人をぬかしてリレーは優勝だ。
4　びっくりして腰《こし》をぬかしてしまった。
5　何をぬかしておるのやらわからない。

問三　［C］に入る言葉としてもっともふさわしいものを、次の1～5から選び番号で答えなさい。

1　にわかに　　2　さすがに　　3　まさしく
4　閑話休題《かんわきゅうだい》　　5　さてしも

問四　――D「吐き捨てるようにひとりごちて」とあるが、そうなる理由としてもっともふさわしいものを、次の1～5から選び番号で答えなさい。

1　早くグラウンドに行って、後輩たちとサッカー部の練習に参加したかったから。

2　男子の歌声がうまくそろわないのは自分のせいなのに、どうすることもできないから。

3　裕子に頼りにされたにもかかわらず、良い対策が浮かばない自分に腹を立てたから。

4　校内音楽会には生身の人間だけでボカロは参加できない決まりに腹を立てたから。

5　裕子が自分のことを勝手にパートリーダーにしてしまって、憎《にく》たらしいから。

問五　――E「この雰囲気が気持ちいい」とあるが、この気持ちと同じような健太の心情が描かれている一文を本文中から探し、はじめと終わりの三字を答えなさい。ただし、句読点や符号《ふごう》も一字と数える。

問六　――F「いや、待てよ」とあるが、健太はこの時どうすることを思いついたか。本文中の言葉を用いて「～こと。」に続くように、二十字以上二十五字以内で答えなさい。ただし、句読点や符号も一字と数える。

問七　――G「どうでもよく感じられる」とあるが、こうした気持ちになる理由としてもっともふさわしいものを、次の1～5から選び番号で答えなさい。

1　教科の成績よりも、裕子を見返してやりたいと考える気持ちの方が大きかったから。

2　チャットGPTは情報が不正確なこともあり、その場しのぎのアイテムだから。

3　突然翌日の早朝に集めたにもかかわらず、男子がひとり残らず教室に来てくれたから。

4　自分が考えて行ったことで成果を得られたという充実感が、より大きいものだったから。

5　社会科は、テストの成績も良く、レポートなどの提出物で点数を稼《かせ》ぐ必要がないから。

二　次の文章を読んで、後の各問いに答えなさい。（問題作成の都合上、表記を一部改めた部分がある）

慶應義塾中等部は、港区《みなとく》三田《みた》にある。学校周辺の観光名所といえば、東京タワー、六本木ヒルズ、東京ミッドタウンなど、映画やテレビドラマのロケ地でもお馴染《なじ》みの場所が浮《う》かぶに違《ちが》いない。「名所」とは、古くは和歌を読むときに用いる歌枕《うたまくら》の場所を指していたが、1狭義《きょうぎ》の意味を離《はな》れて、近世には人々が見物しに訪《おとず》れる［ A ］を指すようになる。諸君にとって思い出のある場所はどこだろうか。

新型コロナウイルス感染症《かんせんしょう》による世界的な混乱も明け、「日常」を取り戻《もど》しつつあるここ東京は、かつて江戸《えど》と称《しょう》された。徳川家康が一五九〇（天正十八）年に江戸《えど》に入り城を築いて以来、幕藩《ばくはん》体制の中心地として急速に発展してきた場所だ。百年後の元禄《げんろく》年間には、「［ B ］」と称され、江戸や上方（大阪や京都）を中心に文学や文化、歌舞伎《かぶき》などの演劇が大衆芸能として花開いていく。江戸の文化・芸能は、庶民《しょみん》の庶民による庶民のためのもので、浅草一帯を中心に生き生きと繁栄《はんえい》を遂《と》げてきた。ところが、大衆のつくり上げてきた歴史が、文化が、そして生活が、一《いっ》瞬《しゅん》にして崩壊《ほうかい》する日がやってくる。そう、関東大震災《しんさい》である。

かつての江戸は明治になって東京へと改称《かいしょう》。そして一九二三(大正十二)年九月一日、午前十一時五十八分。マグニチュード七・九の巨大《きょだい》地震が東京や神奈川を中心に襲《おそ》いかかり、大都市に大きな被害《ひがい》をもたらした。江戸以来の伝統に馴染んできた人々の暮らしが、街並みが、一気に消え失《う》せた。しかし、過去の積み重ねが消えたことで、2今まで入れなかったものがずっと入ってくるようになる。

繁華街《はんかがい》は浅草から銀座に移行し「モガ」「モボ」という言葉も生まれた。これはモダンガール、モダンボーイの略で、西洋文化の影響《えいきょう》を受けた若い男女が、最先端《せんたん》のファッションに身を包み銀座を闊歩《かっぽ》する映像や写真が象徴的《しょうちょうてき》であろう。和装(着物)は洋装へ。足袋《たび》は靴下《くつした》、ストッキングに。草履《ぞうり》は靴に。化粧《けしょう》の仕方も外国の映画スターを真似《まね》たようなスタイルに大きく変化する。大震災によって、外国のものが入りやすくなってきたのである。人間の服装を一つ変えるにしても大変な社会変動であるが、このように、過去とのつながりを［C］によって強制的に絶たれたことで、過去の空白地帯が東京に生まれ、その溝《みぞ》をうめたのが新しい西洋からの文化だったのである。

3新しい風が吹《ふ》いたのは、なにも空間や人間の生活に対するものだけではない。言葉もまた、時代によってとぎすまされ、［D］を生むことになる。大震災の翌年、大正十三年十月、「文芸時代」という雑誌が創刊された。すでに新人作家として認められていた横光利一《よこみつりいち》、川端康成《かわばたやすなり》といった面々が参加した。世の中が新しい状況《じょうきょう》の中で発行された雑誌は、人々の期待で注目されることになる。中でも横光利一の短編「頭ならびに腹」は、たちまち話題になった。

「真昼である。特別急行列車は満員のまま全速力でかけていた。沿線の小駅は石のように黙殺《もくさつ》された。」

この文章のどこが新しいのだろう。それは簡潔に示される［E］ではないか。まず、「特別急行列車」という、東海道線の蒸気機関車を主語にしている。当時、もっとも進んだ科学技術であり、重工業の代表とでもいうべき機械が「全速力でかけていた」と、擬人化《ぎじんか》的表現を用いて重工業の先端をゆくものを人間のようにとらえている。また、「黙殺される「沿線の小駅」は、より擬人化が強調されているようにも読める。今でこそ、小学生でさえ、「満員」電車やバスに揺《ゆ》られて通学している児童がいるが、そもそも4「満員」という群衆が私たちの周りに日常的に登場するのはこの頃《ころ》が初めてであり、多くの人間が固まって行動するようになるのは、科学技術の発展が契機《けいき》になったことはいうまでもない。

こうして、文学の世界にも群衆や新しい機械文明が取り入れられ、5擬人法という表現技法が［D］を生んだ。こうした文学の一派を新感覚派と呼ぶ。関東大震災によって、文学作品にも新しい流れの一つの節目が起こったのである。

かつて江戸の繁華街であった場所はすべて消えた。画家の竹久夢二《たけひさゆめじ》は震災直後の灰色の東京を見下ろして「新しく造られる大東京は、緑の都市でなくてはならない」とつぶやいたといわれている。

関東大震災では、震源地の近くでは激震による建物の倒壊《とうかい》や津波《つなみ》による流失があったと言われているが、実際のところ、東京や横浜では火災による消失が甚大《じんだい》であった。江戸の芸能、文化の中心地であった隅田《すみだ》川周辺、上野、浅草一帯はすべて焼け野原となった。夢二は震災後の焼け跡《あと》を歩いて数々のスケッチも残している。

新しい百年を生きていく諸君よ。自分たちが学び、生活する東京を、今後どのような都市にしていきたいと考えているか。この百年で私たちの生活は確かに便利になった。今や手のひらの中で最先端の情報にふれられる。実際にふれたい、手に入れたいとあらば、クリック一つで世界中の商品を購入《こうにゅう》できる世の中である。都市の再開発は加速度を増し、かつて江戸の人々の心を癒《いや》した自然樹木や景観の名所は人の手によって少しずつ姿を消している。伝統芸能、芸術の継承《けいしょう》者は年々少なくなり、やがてまた起こるであろう震災を待たずして、歴史の空白地帯が再び生まれようとしているこの現実は、もはや人ごとではあるまい。

問一　――1「狭義《きょうぎ》」の対義語を、次の1～5から一つ選び番号で答えなさい。

1　異議　2　意義　3　語義　4　広義　5　会議

問二　［A］～［E］にあてはまるもっともふさわしい表現を、次の1～9からそれぞれ一つずつ選び番号で答えなさい。

1　科学技術　2　自然の猛威《もうい》　3　短文の効果
4　花のお江戸　5　二種類の主語　6　既成概念《きせいがいねん》
7　新しい感覚　8　姉妹《しまい》都市　9　名高い場所

問三　――2「今まで入れなかったものがすっと入ってくるようになる」とはどういうことか。もっともふさわしいものを、次の1～5から選び番号で答えなさい。

1　歴史の空白地帯となったところに外国からの文化を取り込んだこと。
2　江戸を中心に上方の芸能が大衆芸能として花開いたこと。
3　浅草周辺に西洋文化の影響を受けた若者が集まるようになったこと。
4　焼け野原となった東京を復興させて新しい街づくりを推進したこと。
5　銀座一帯に外国のものが集中し、半ば強制的に近代化を遂げてきたこと。

問四　――3「新しい風が吹いたのは、なにも空間や人間の生活に対するものだけではない」とあるが、本文の内容をふまえた上で「空間」「人間の生活」に含めないものを、次の1～5から一つ選び番号で答えなさい。

1　銀座　2　擬人法　3　モボ・モガ
4　映画スター　5　芸術の継承者

問五　――4「『満員』という群衆が私たちの周りに日常的に登場するのはこの頃が初めて」とあるが、この説明としてもっともふさわしいものを、次の1～5から選び番号で答えなさい。

1　浅草や銀座周辺は常に人でごったがえしていたということ。
2　新しい機械文明のおかげで人びとの生活が豊かになったということ。
3　科学技術の発展によって人びとの移動手段が変わったということ。
4　都市の再開発が人びとに与えた影響ははかり知れないということ。
5　蒸気機関車は一般の人びとには縁のない乗り物だったということ。

問六　――5「擬人法という表現技法」とあるが、その表現技法と同じものを、次の1～5から一つ選び番号で答えなさい。

1　父の頭に霜《しも》がおりてきたなあ。
2　閉会後、門は固く口を閉ざした。
3　聞こえるよ、器楽部の演奏が。
4　国破れて山河あり。城春にして草木深し。
5　ダンス部の踊《おど》りは、まるで打ち上げ花火のようだ。

問七　――6「焼け野原」とほぼ同じ意味で使われている表現を、次の1～5から一つ選び番号で答えなさい。

1　倒壊や津波　　2　樹木伐採《ばっさい》計画　　3　大東京

4　緑の都市　　5　過去の空白地帯

問八　次のア～エについて、本文の内容に合っていれば1を、合っていなければ2を記入しなさい。

ア　新型コロナウイルスの影響で海外とのパイプが遮断《しゃだん》され、日本独自の文化が花開くようになった。

イ　関東大震災は東京に大きな被害をもたらしたが、皮肉なことに新しい風を受け入れやすくするきっかけをつくった。

ウ　震災は文学界にも新風を巻き起こし、科学技術の発展とともに新しい表現方法が生み出されることになった。

エ　筆者は過去と現在をわけてとらえ、新しい百年は震災が起こっても日本独自の文化や伝統を絶やさないようにしてほしいと願っている。

三　次の文章を読んで、後の各問いに答えなさい。

A「雪月花《せつげつか》の時最も友を思ふ《(う)》。」

これは川端康成氏がBノーベル文学賞を受けた時、スウェーデン学士院で行った「［C］日本の私」という講演の中に挿入《そうにゅう》した詩の一行であった。自然の景物を友とするところに成立する日本人の美意識を、いろんな和歌や詩を挙げながら説いていた中で、この詩の一節もまことに適切な引用句として挿《はさ》まれていたことを思い出す。

この詩句について、あるとき私は、川端氏に誰《だれ》の作かと尋《たず》ねたことがある。すると氏は、あの大きな眼をぎろりと光らせて、

「そんなこと、知るもんですか」

と、Dにべもない返事だった。だが私は間もなく、それが矢代幸雄《やしろゆきお》氏の名著『日本美術の特質』から孫引きされた(注1)白楽天《はくらくてん》の詩句であり、原詩が少し間違って引用してあることを知った。さらにまた、その詩が和漢朗詠《ろうえい》集に収められていて、平安時代にその詩句はきわめて人口に膾炙《かいしゃ》し(注2)、E枕草子《まくらのそうし》にはそれについての一挿話《そうわ》を書きつけていることに気づいた。

きわめて日本人的な美意識とはいえ、その原作者は中唐《ちゅうとう》の高名な詩人であった。もっとも白楽天の詩句など、とくに日本人に好かれやすい性質を持っているのかも知れない。朗詠には「交友」の章に、

琴詩酒《きんししゅ》ノ友皆我《ともみなわれ》ヲ抛《なげう》チ

雪月花ノ時《とき》最《もっと》モ君《きみ》ヲ憶《おも》フ《(う)》

という［F］として挙げられている。詩の題は(注3)「殷協律《いんけいりつ》ニ寄《よ》ス」(注4)。江南《こうなん》で生活していたころ、琴《こと》、詩、酒をともに楽しんでいた友だちは、すべて私を見棄《みす》てどこかへ行ってしまった。自分は今ひとりになって、雪、月、花に対しながら、これをともに見て楽しむ友として、切に君（殷氏）のことを思う、というのだ。

この詩がもとで、日本では「琴詩酒」とか、ことに「雪月花」とか、言われるようになった。言わば、日本人の風雅《ふうが》思想の形成の上で、この詩句は大事な役割を果《はた》したと言える。それに、その後日本人がG四季の代表的な景物を言うとき、この三つに夏の［H］をも加えて挙げるのが常で、今も私たちは何かというと雪月花と言っている。

（山本健吉『現代の随想《ずいそう》　28　山本健吉《やまもとけんきち》集』より）

（注1）「白楽天」…白居易のこと。中唐（唐代中期）の詩人。

（注2）「人口に膾炙し」…人々の口にのぼって、広く世間に知られているさま。

（注3）「殷協律ニ寄ス」…白楽天の部下であり友人の殷協律に寄せるという意。

（注4）「江南」…中国の地域の名前。

問一　――A「川端康成」の作品の冒頭《ぼうとう》部であるものを、次の1～5から一つ選び番号で答えなさい。

1　高瀬舟《たかせぶね》は京都の高瀬川を上下する小舟《こぶね》である。
2　吾輩《わがはい》は猫《ねこ》である。名前はまだない。
3　禅智内供《ぜんちないぐ》の鼻と云《い》えば、池の尾《お》で知らない者はない。
4　メロスは激怒《げきど》した。
5　国境の長いトンネルを抜《ぬ》けると雪国であった。

問二　――B「ノーベル文学賞」を受賞した日本人を、次の1～5から一つ選び番号で答えなさい。

1　夏目漱石《なつめそうせき》　2　与謝野晶子《よさのあきこ》　3　森鷗外《もりおうがい》
4　大江健三郎《おおえけんざぶろう》　5　樋口一葉《ひぐちいちよう》

問三　[C]にあてはまる言葉を、次の1～5から一つ選び番号で答えなさい。

1　新しい　2　美しい　3　正しい
4　小さな　5　おかしな

問四　――D「にべもない」の意味としてもっともふさわしいものを、次の1～5から選び番号で答えなさい。

1　愛想《あいそ》のない　2　品のない　3　忖度《そんたく》のない
4　自信のない　5　飾《かざ》り気《け》のない

問五　――E「枕草子」の冒頭部(序段)であるものを、次の1～5から一つ選び番号で答えなさい。

1　やまとうたは、人の心を種《たね》として、万《よろず》の言《こと》の葉《は》とぞなれりける。
2　いまはむかし、たけとりの翁《おきな》といふ《う》ものありけり。野山にまじりて竹をとりつつ、よろづ《ず》のことにつかひ《い》けり。
3　つれづれなるままに、日くらし、硯《すずり》にむかひ《い》て、心にうつりゆくよしなし事を、そこはかとなく書きつくれば、あやしう《しゅう》こそものぐるほ《お》しけれ。
4　春はあけぼの。やうやう《ようよう》しろくなりゆく山ぎは《わ》、すこしあかりて、紫だちたる雲のほそくたなびきたる。
5　祇園精舎《ぎおんしょうじゃ》の鐘《かね》の声、諸行《しょぎょう》無常の響《ひび》きあり。沙羅双樹《しゃらそうじゅ》の花の色、盛者必衰《じょうしゃひっすい》の理《ことわり》をあらは《わ》す。

問六　[F]にあてはまる表現技法を、次の1～5から一つ選び番号で答えなさい。

1　反復　2　倒置《とうち》　3　比喩《ひゆ》　4　対句《ついく》　5　体言止め

問七　――G「四季の代表的な景物」について、次の問いに答えなさい。

(1)　「雪月花」それぞれが表している季節の組み合わせとしてもっともふさわしいものを、次の1～5から選び番号で答えなさい。

1　雪：春　月：秋　花：冬
2　雪：春　月：冬　花：秋
3　雪：秋　月：冬　花：春
4　雪：冬　月：春　花：秋
5　雪：冬　月：秋　花：春

(2)　[H]にあてはまる言葉としてもっともふさわしいものを、次の1～5から選び番号で答えなさい。

1　燕《つばめ》　2　時鳥《ほととぎす》　3　啄木鳥《きつつき》　4　白鳥　5　鶯《うぐいす》

(3)「雪月花」の本文中での説明としてもっともふさわしいものを、次の1～5から選び番号で答えなさい。
1　「琴詩酒」よりも大切にされてきた日本の伝統文化のこと。
2　日本独自の文学から生まれ発展してきた日本人の風雅《ふうが》思想のこと。
3　時の経過とともに疎遠《そえん》になってしまった友人との惜別《せきべつ》の情のこと。
4　移りゆく季節の流れに対して感じるある種の儚《はかな》さのこと。
5　自然を身近な生活の中に感じ取る日本人の美意識のこと。

四　次のA～Fの――部の語について、後の各問いに答えなさい。

A　木が倒《たお》れる。　B　スマホがある。
C　合唱曲を歌う。　D　母に似る。
E　薬が効く。　F　部屋の明かりが消える。

問一　A～Dの――部の語に、「～ている」をつけるとどうなるか。その説明としてもっともふさわしいものを、次の1～4から一つずつ選び番号で答えなさい。
1　動作が進行中だということを表す。
2　動作や作用の結果を表す。
3　いまの状態を表すが、――部のままの形で使われることは少ない。
4　「～ている」の形にすることができないが、「た」をつけると発見や気づきを表す。

問二　E・Fの――部の語について説明した次の文章の空欄《くうらん》にあてはまるもっともふさわしい言葉を、後の【語群】1～6から一つずつ選び番号で答えなさい。

E、Fのそれぞれの――部に「ている」をつけると、変化が起きた結果、その状態が持続していることを表す。Eの文では、話し手が今まさに変化を［ア］しているにちがいない。ただし、E、Fそれぞれの文でもその状態が永遠に続くわけではない。
それでは、「た」をつけるとどうなるだろうか。Eの文は、薬をのんだ結果、すでにその作用は［イ］していて、それ以前の状態が持続していないことを表している。Fの文では、変化が起きた［ウ］に焦点《しょうてん》があてられ、その状態が持続していることを表している。動作や作用の過程で時間の制約がありそうだ。

【語群】　1　瞬間《しゅんかん》　2　時間　3　実感
4　完了《かんりょう》　5　経験　6　錯覚《さっかく》

五　――のカタカナを、正しい漢字に直しなさい。

ア　この作品はヒョウバンがよい
イ　彼《かれ》はシュウセイ向上心を失わなかった
ウ　レンメンと続いた伝統を守る
エ　フクジ的な問題が生じる
オ　寒さでコキザみにふるえる
カ　かるたの取りフダを並べる
キ　免許《めんきょ》をコウフする
ク　デンピョウに記入する
ケ　郊外《こうがい》にテンキョする
コ　二人の考えはキせずして一致《いっち》した

サ　フクシンの部下
シ　クラスイチガンとなって取り組む
ス　ソウバン解決するだろう
セ　親コウコウをする
ソ　畑をタガヤす

国学院大学久我山中学校（第一回）

―50分―

〔注意事項《じこう》〕　1　設問の関係で、原文とは異なるところがあります。
2　句読点（、や。）その他の記号（「や〃など）は1字分として数えます。

㊀　次の文章を読んで、後の問いに答えなさい。〈問題は問一から問六まであります。〉

設問の都合上、本文の表現を一部改めた箇所《かしょ》があります。

筆者は、世界各地の家庭の台所を訪《おとず》れて一緒《いっしょ》に料理をし、料理を通して見える暮らしや社会の様子を発信している。

筆者はヨルダンで、「料理上手な方だ」と、サマルさん（シリア難民）一家を紹介《しょうかい》された。彼女の家庭を訪問した後で、シリア難民をめぐる社会事情を記したものが以下の文章である。

その後ヨルダンで過ごす中でも、ヨルダン人から「シリア菓子《がし》はおいしい」という話をたびたび聞いて、シリアへの憧《あこが》れがずんずんと募《つの》っていった。

しかし、①シリア菓子屋がなぜヨルダンにあるのかという事情を知ると、今すぐ行ける状態でないという現実が身に沁《し》みる。ヨルダンもスーダンも、街角の菓子屋を動かしているのは、シリアからの難民だ。２０１１年に端《たん》を発するシリア内戦は10年以上経《た》っても終わりが見えず、住んでいた人々の半数以上が難民として国内外に逃《のが》れた。今世紀最大とも言われる難民の発生は、どうして起きたのだろうか。

シリア内戦は、中東諸国に波及《はきゅう》した民主化運動「アラブの春」が発端《ほったん》だった。シリアでも40年間続いていた独裁政権に対する不満が高まっており、２０１１年に抗議《こうぎ》デモがはじまった。これが、周辺国からの武力支援《しえん》を得るなどして内戦へと発展。政府側・反政府側両陣営《じんえい》に過激派組織が参戦したことなどで泥沼化《どろぬまか》し、出口の見えない内戦が２０２３年現在も続いている。

その間に、安心して暮らせる場所を求めて、多くの人が家を離《はな》れた。シリア国外に逃れた国外避難民《ひなんみん》は６８０万人、国内の別の場所に避難した国内避難民は６９０万人。あわせるとその数約１３７０万人におよぶ（※UNHCR、２０２１年12月時点）。国連統計では、内戦直前の２０１１年の人口が２２７０万人ほどだから、そこに生活していた人の半分以上の数が難民になったということだ。１３００万人というのは、東京都の人口に匹敵《ひってき》する。テレビのニュースで、荒廃《こうはい》した街の様子を見たことがあった気がするけれど、改めて数字で知ると途方《とほう》もない規模で人々が住む場所を失ったという現実に呆《ぼう》然《ぜん》とする。今世紀最悪の人道危機ともいわれる内戦の犠牲《ぎせい》は、あまりに大きい。【A】

そして、国外に逃れた６８０万人の難民を受け入れたのは、隣接《りんせつ》する国々だ。一番多いのはトルコで、次いでレバノン、ヨルダンも66万人以上の難民を受け入れている。ただしこれは難民登録されている人数で、ヨルダンの人口統計によると130万人ほど住んでいるとされる。ヨルダンの人口が約1000万人だから、その約7パーセントにあたる人々が流入してきたことになる。なかなかな割合だ。【B】

その上、ヨルダンには1948年の第一次中東戦争以降発生したパレスチナ難民も、230万人ほどいる。イラク戦争による難民6・5万人などもいて、すべて合わせて単純計算すると、人口の3割ほどが難民ということになる。ものすごい数だ。小学校に行ったら、クラスの10人くらいは難民ということなのだろうか。「ヨルダンに住んでいる人の7割くらいはパレスチナ系なんだよ」と教えてくれた人もいる。結婚《けっこん》などによって同化が進んでいるからだろうか、本当の数字はわからないし、見ためで区別することもほぼできない。【C】

単純に難民受け入れ人数だけ聞くと、「大勢の難民を受け入れていてえらい」と言いそうになるけれど、受け入れ国の負担は大変なものだ。医療《いりょう》・社会保障・教育などの公共サービスを難民にも提供しなければいけないし、砂漠《さばく》気候なので飲料水の確保も問題だ。そしてそれらには大きな財政支出が伴《ともな》う。また、シリア内戦前のヨルダンの失業率は12パーセント程度だったが、2014年頃《ごろ》から急上昇《きゅうじょうしょう》して2021年には19・3パーセントにのぼっている。難民の就業機会も重要なテーマだが、その前にヨルダン人の※雇用《こよう》を守らなければいけない。しかしシリア人の就業を制限して十分な生活費を支給し続けられるほど※潤沢《じゅんたく》な資金があるはずもない。結果、2018年現在ヨルダンに住むシリア難民の85パーセントは貧困《ひんこん》ライン以下の生活をしている。【D】

財政的な負担増や、もともと生活する人々の暮らしへの影響《えいきょう》に加えて、難民は犯罪を起こすなどといった必ずしも根拠《こんきょ》のないイメージによって、多くの国で難民受け入れは※軋轢《あつれき》を生む。ヨーロッパでは難民政策が選挙の争点の一つになるくらい、身近な関心事だ。それはそうだ、［　X　］と思うと、なかなか気持ちよく納得《なっとく》はできない。

ヨルダンの場合はどうなのか。もちろん、軋轢がないわけではない。しかも、シリア人の約80パーセントは難民キャンプの外に暮らし、街で生活を共にしているのだから、社会インフラを分け合わなければいけない機会も多い。けれど、ヨルダンに住むヨルダン人たちに話を聞いて印象的だったのが、「シリア人はおいしいものをもたらしてくれたから」という言葉だった。特に、シリア人が営《いとな》むお菓子屋さんは素晴《すば》らしいという。「シリア人が来て街の菓子屋のレベルが上がった」という話も聞いた。さらっと発されたその言葉に、②なんだかすごく励《はげ》まされた。また、※サマルが英語を教える家庭教師先の家で※マクドゥースをお裾分《すそわ》けしたら、その方は顔をほころばせて喜んでいた。こちらまでうれしくなった。

もちろん、どんなにシリア菓子が評判でも、紛争《ふんそう》は解決しないし、ヨルダンの財政問題が解決するわけではない。「シリア菓子はおいしいからヨルダン人は難民を歓迎《かんげい》している」というのはあまりに※うぶだろう。

しかし政策的にも、ヨルダンがシリア人を受け入れる一歩を踏《ふ》み出《だ》しているのは注目したい。2016年、ヨルダン政府はシリア難民の就労許可基準を※緩和《かんわ》した。医療等の外国人就労が認められない分野を除いて、複数の分野で※正規雇用の申請《しんせい》ができるようになった。これはかなり異例の政策で、難民というのは普通《ふつう》、正規の仕事につけずに非正規の仕事で身を立て、※脆弱《ぜいじゃく》な立場に置かれる。キャンプ内に住んでいても物売りなどではなく正規の仕事につけるというのはすごいことなのだ。

実際、これによって就労許可者は、2015年12月から2016年12

月の1年間で4000人から4万人に急増した。加えて、すでにシリア人が行っていたビジネスを正式に認めたり新規の開業を認めたりする方針を出した。それまで非正規だったシリア人の菓子屋も、正式にビジネスとして認められるようになったのだ。お菓子がおいしいからシリア人はウェルカムというだけの話でなく、政策的にも、シリア人を社会の一員として受け入れ、共生する道を築こうとしているのだ。

ところで、わが日本の難民受け入れ状況《じょうきょう》をご存じだろうか。ヨーロッパの国々が、軒並《のきな》み十数パーセント以上の認定《にんてい》率のところ、日本は0・7パーセント（2021年）。認定数で言うと3桁《けた》少ない74人だ。この圧倒的《あっとうてき》な認定率の低さには、難民認定基準の厳しさがあるといわれる。難民として認められなくても、一時的な在留特別許可が与《あた》えられることもあるものの、社会の一員として受け入れていこうというステージにはまだない。ヨルダンのシリア難民のことも心配だが、自分が生きるこの国の［Y］も心配だ。

（岡根谷実里『世界の食卓《しょくたく》から社会が見える』〈大和書房〉による）

※　UNHCR…国連難民高等弁務官事務所。
雇用…働いて生きていけるようにすること。

潤沢…たくさんあること。

軋轢…争いが生じて、仲が悪くなること。

サマルが英語を教える家庭教師先の家…ヨルダン人の家。

マクドゥース…シリアやレバノンの家庭料理。茹《ゆ》でたナスにパプリカペーストやクルミを挟《はさ》み、オイルに漬《つ》けた保存食。

うぶ…ういういしいこと。

緩和…ゆるめること。

正規雇用…正社員として働けること。

脆弱…弱い。

問一　筆者は［　　］の中で――線①をくり返し説明している。それを簡潔に示した次の一文について、後の設問(1)(2)に答えなさい。

シリアでは、［Ⅰ］が［Ⅱ］化して出口の見えない状態に陥《おちい》った結果、［Ⅲ］となって現在も故郷に戻《もど》れずにいる状況が背景にある。

(1)　［Ⅰ］［Ⅱ］に入ることばを、文中の［　　］からそれぞれ漢字2字で抜《ぬ》き出して答えなさい。

(2)　［Ⅲ］にあてはまることばを、文中の［　　］から15字で抜き出して答えなさい。

問二　次の脱落《だつらく》文は、文中の【A】～【D】のどこに入りますか。最も適当な箇所《かしょ》を記号で答えなさい。

それくらい生活の中に当たり前に「難民」がいるわけだ。

問三　［X］にふさわしい内容の文を「善」と「損」という語を必ず入れて、30字以内で答えなさい。

問四　――線②とありますが、なぜ筆者は励まされたのですか。最も適当なものを次の中から選び、記号で答えなさい。

ア　ヨルダン人が国の政策に満足し、難民による不利益を言い立てなくなったのを目《ま》の当《あ》たりにしたから。
イ　軋轢をはらみながらも、ヨルダン人がシリア人のもたらしたものに感謝する姿に、共存の兆《きざ》しが感じられたから。
ウ　自分も気に入っているシリア菓子の評判が、彼らのイメージアップになっていることに気が付いたから。

エ　シリア菓子がシリアとヨルダン両国の架《か》け橋《はし》になっているのを見て、それが紛争をも解決すると確信したから。

問五　[Y] に入ることばとして最も適当なものを次の中から選び、記号で答えなさい。

ア　若者　　イ　雇用　　ウ　評判　　エ　未来

問六　本文の内容に合っているものを次の中から2つ選び、記号で答えなさい。

ア　具体的な数値が示されることによって、シリア難民の置かれた厳しい経済事情が分かるようになっている。

イ　シリア難民の開いた菓子屋に刺激されて、ヨルダン人はそれよりもおいしいお菓子を作れるようになった。

ウ　難民の受け入れは、彼らに公共サービスや雇用を提供することだけでなく、自国民への配慮《はいりょ》が不可欠である。

エ　日本はヨーロッパ諸国に比べて難民認定率は低いが、在留許可によって社会で活躍《かつやく》できる機会を与えている。

オ　難民登録されている以上に人々がヨルダンへ流入しているが、経済の活性化に貢献《こうけん》して失業率は低下した。

［二］　次の文章を読んで、後の問いに答えなさい。〈問題は問一から問六までであります。〉

なお、本文の改行において、設問の都合上、原文と異なる部分があります。また、方言を用いた部分については、適宜《てきぎ》、本文の左側〈　〉内に共通語による表現をそえてあります。

《ここまでのあらすじ》

舞台《ぶたい》は長崎県五島《ごとう》列島、福江島福江《ふくえじまふくえ》の新栄町《しんえいまち》。町の外れに、家族7人で暮らすミンコ（美沙子《みさこ》）は6歳《さい》。終戦の翌年に生まれた。戦地から帰った父は不慣れな船乗りになり、家はどん底の生活が一年近く続いている。一家の裏手には、仲良しの恵子《けいこ》の家がある。恵子の父は元軍人。誇《ほこ》り高く、周囲から「軍人さん」と呼ばれ、母も「奥《おく》さま」と呼ばれていた。しかし敗戦で職業がなくなり、家財道具も売り尽《つ》くして、生活のために焼《や》き芋《いも》屋《や》を始めた。

春、3月3日の朝。家の事情がわかっている姉たちは、ひな祭りだからといって母にごちそうを作ってくれなどとねだってはいけない、とミンコに念をおして登校していった。姉たちが出て行った後、繁盛《はんじょう》している町内の子どもたちがミンコを誘《さそ》いに来た。お寺の下の田んぼ（この季節はれんげ畑になっている）で去年のようにひな祭りのごちそうを食べよう、という。ミンコは、田んぼに行きたくて、ごちそうをねだった。母親は困り果て、なおもねだるミンコを叱《しか》りながら、目には涙《なみだ》が光った。ミンコは思いついて、いもの天ぷらでいい、という。母親は、それならばといって、山盛りのいもの天ぷらを揚《あ》げ、重箱を用意した。玄関《げんかん》のわきで、着飾った子どもたちが待っている。母親は、姉からのお下がりの着物をミンコに着せ送り出した。

ミンコたちは、表へ走り出た。ミンコはうれしくて、そのうれしさが、ミンコの小さいからだからはみ出しそうだった。約束どおり、みんなと田んぼへいけるのがうれしかった。いもの天ぷらだけでもうれしかった。あまりにも心がはずみすぎて、なかよしの恵子がその仲間にくわわって

いないことを、すっかりわすれていた。【A】

「わぁーい、わぁーい」

田んぼへ着くなり、重箱を開いた。友だちの重箱には、えびやいか、色とりどりのかまぼこ、卵焼き、たけのこ、れんこん、煮《に》まめが、色どりよくつめられていた。そのごちそうを見て、ミンコはびっくりした。こんなごちそうを見たのは、はじめてだった。ミンコがおどろいて見ていると、

「ミンコちゃんのには、何が入っとる《てる》？」

と、幸子《さちこ》が聞いた。

「うん、今、あけるばい《よ》」

①ミンコは、いさぎよく重箱を四段あけた。黄色のいもの天ぷらばかりが、顔を出した。

「ワァー!!　おいしそうじゃ！」

みんなが、ミンコの重箱に歓声《かんせい》をあげた。

「ミンコちゃん、えびとかえてくれろ」

「ゆで卵とかえてくれろ」

「かまぼことかえてくれろ」

「煮しめとかえてくれろ」

いもの天ぷらに、人気が集中した。みんなにたりよったりの重箱の中味だったので、いもの天ぷらがめずらしかった。ミンコは、喜んで交換《こうかん》した。帰りぎわには、ミンコの重箱は、ごちそうではみ出さんばかりになった。

ミンコは、ひとりで食べようとは思わなかった。姉たちの朝のことばを思い出していた。

「ミンコ、ごちそうば《を》作ってくれっちいうたらいけんぞ《ていったらいけないよ》。ミンコは、かしこかけん《かしこいから》、いわんね《いわないね》。かしこかもんね」

姉たちは、きっと学校から帰ってきても、いもの天ぷらさえねだらずに、またそうけ《竹製のざる》を持って、田んぼへ、せり採《と》りに行っているだろう。

（おりゃあ《わたしは》、食べんでもよか《よい》、持って帰って、兄ちゃんや姉ちゃんどん《たち》が食べたらよか。うんまかっち《うまいねぇって》、いうじゃろうなあ。はよう《はやく》持って帰って食べさせんば《なければ》）

そう思うと、ミンコの胸は、喜びで、はちきれそうだった。

宗念寺《そうねんじ》の坂道を、ワァーッと、みんなでかけおりるときになって、ミンコは、恵子が仲間にくわわっていないことに気がついた。【B】

「ああ、どげん《どう》しよう」

と、ミンコは思って、立ちどまった。

「ミンコちゃん、どげんしたと？」

友だちも立ちどまって、心配そうに聞いた。

「うん、恵子ちゃんば《を》さそうとば《のを》、わすれた」

と、ミンコは答えた。

「また来年、さそうたらよかじゃん《いいじゃない》」

友だちはこともなげにいったけれど、ミンコは恵子をうらぎったようで、心が暗くなった。【C】

家が近くなった。

「おみやげ三つ、たこ三つ」

やす子が、ミンコの背中をたたいた。ミンコも、たたきかえした。幸子にも邦子《くにこ》にもおもいきりたたかれて、ミンコの心はすこし明るくなった。【D】

（こん《〈この〉》ごちそうば見たら、みんなびっくりするばい）

そう思うと、はやくごちそうを見せたくて、ミンコは、また走った。重たい重箱が、カタカタとゆれた。

家に着くと、ミンコはまず、姉たちにあやまった。【E】

「姉ちゃん、ごめん。朝、いわれとったとに《〈ていたのに〉》、泣いて母ちゃんにせがんだとよ《〈のよ〉》」

「ミンコ、よかとよ《〈いいのよ〉》。母ちゃんに聞いた。せがんでも、いもの天ぷらなら、せがんだうちに入らんもん《〈入らないもの〉》、ね」

姉たちは、顔を見あわせていった。②ミンコは、ほっとして、重箱を母にわたした。母は重箱の引き出しをあけると、

「あらよー《〈あらまぁ〉》、ごちそうばい」

感嘆《かんたん》の声をあげた。

「ミンコよい《〈よ〉》、せっかく、みんなと田んぼへ行ったとじゃけん、あが《〈あなた〉》が全部食べてくればよかったとに《〈のに〉》……」

「うんにゃ《〈いいや〉》、おらぁ、腹いっぱい田んぼで食べてきたけん、おなかいっぱいたい」

ミンコは、［　　］。

「さあ、さあ、淑子《よしこ》に智子《ともこ》、小皿ば《〈を〉》六枚出してくれろ。ごちそうば、わけるけんね《〈からね〉》。ミンコは食べたっち《〈て〉》いうちょるばってん《〈けれども〉》、またおなかがすくかわからんけん、ミンコにもわけるけんね。家族みんなと食べるのも、またよかもん《〈いいもの〉》じゃけん」

と、いったあと、急に思いだしたように、

「ミンコ、恵子ちゃんは？」

と、聞いた。

「うんにゃ、いっちょらん《〈いっていない〉》」

「やっぱりね。昼間、うらであの子の声がしたけん《〈から〉》、ひょっとしたら、っち《〈って〉》、思うちょったら《〈思っていた〉》、やっぱり、いかれんじゃったとじゃんね」

母は、自分の分の皿を持つと、うらへ出ていった。ミンコは、すこしホッとした。そして心の中で、

（やっぱり、ミンコの母ちゃんばい）

と、③母のあたたかい心づかいが、うれしかった。しばらくすると、母は、小皿に焼きいもをのせて帰ってきた。

「売れ残りじゃばってん《〈だけれども〉》、ちいうて《〈って〉》、くれたとよ。さあ、ミンコが食べろ」

母が、ミンコの前に小皿をおいた。ミンコは、おなかがすいていたので、大口をあけて、パクパク食べた。冷《ひ》えたイモを食べていると、今日の自分のうらぎりが、ゆるされたような気がした。

「ミンコ、これからは、どっかへいくときにゃ、かならず恵子ちゃんば《〈を〉》、さそえよ！　ごちそうが作れる、作れんは二の次じゃけんね。あん《〈あの〉》子はすなおな子じゃけん、ひがまんばってん《〈ひがまないけれども〉》、やっぱ、さそわれんじゃったら、さびしかけんね」

やさしくさとすようにいったが、④母のことばは、ミンコの胸に強くこたえた。

恵子の家の焼きいも屋は、あまり売れていなかった。その原因を、

「愛想《あいそ》が悪かもん《〈悪いもの〉》。どうせお客さんで《〈お客さんとして〉》買うと《〈の〉》なら、愛想の良かとこ《〈良いところ〉》がよか《〈よい〉》もんね」

と、ミンコの家へやってきたおとなたちが、いっていた。

「ふたりとも性分《しょうぶん》じゃけん《〈だから〉》、急に愛想よう《〈よく〉》できんとじゃろね。つんだ

ひかね（かわいそうだね）」

母は、同情《どうじょう》していた。春だけで、恵子の家は焼きいも屋をやめた。

（今井美沙子『少女ミンコの日記』〈ポプラ社〉による）

問一　――線①からは、ミンコのどのような心の動きがうかがえますか。最も適当なものを次の中から選び、記号で答えなさい。

ア　みんなを驚《おどろ》かそうと思っていたが、すぐにあきらめた。

イ　みんなに対してひけめを感じたが、それをふりきった。

ウ　幸子の気づかいを感じつつも、気づかないふりをしようとしている。

エ　幸子への対抗《たいこう》意識がめばえつつも、それをおさえこもうとしている。

問二　次の脱落《だつらく》文は、文中の【A】～【E】のどこに入りますか。最も適当な箇所《かしょ》を記号で答えなさい。

いつも恵子と仲よしなのに、ほんとうは、自分のことしか考えてなかった、と思いあたったのだった。

問三　――線②とあるが、ミンコがほっとしたのはなぜですか。最も適当なものを次の中から選び、記号で答えなさい。

ア　覚悟《かくご》して正直に謝《あやま》ったことが、姉たちの朗《ほが》らかな笑いをさそったから。

イ　姉たちにこっぴどく叱られると思っていたが、わずかな小言だけですんだから。

ウ　深く反省している態度を見せたことが、うまく功を奏して、姉たちをなごませたから。

エ　叱られることなくむしろ、謝るようなことはしていない、と姉たちにとりなしてもらえたから。

問四　文中の□に入ることばとして最も適当なものを次の中から選び、記号で答えなさい。

ア　うそをいった　　イ　冗談《じょうだん》めかした

ウ　うやむやにした　　エ　隠《かく》さずにいった

問五　――線③とありますが、「母のあたたかい心づかい」とは、どのようなことをさしているのですか。「ごちそう」ということばを必ず用いて、35字以内で答えなさい。

問六　次の文は、――線④について、一つの解釈《かいしゃく》を述べたものです。後の設問Ⅰ・Ⅱに答えなさい。

今しがた、［A］ような気がしたのは、やはりまちがいであって、恵子ちゃんの［B］に気づいてあげられなかった自分は、恵子ちゃんにほんとうにかわいそうなことをしてしまったのだ、と思いあたり、ミンコは胸をいためている。

Ⅰ　［A］に入ることばを、文中から15字以上20字以内で抜《ぬ》き出《だ》しなさい。

Ⅱ　［B］に入ることばをひらがな4字で答えなさい。ただし、文中のことばを名詞のかたちにして記すこと。

三　次の問いに答えなさい。

問一　次の①～⑥の――のカタカナを、漢字に直しなさい。

①　台風で運動会がエンキになった。

②　宝物をヒミツの場所にしまう。

③　美しい光景が私のノウリに焼き付いている。

④　希望したジョウケンに合うものを見つけられて満足する。
⑤　カンラン車から東京の街を一望する。
⑥　どの説明もスイソクの域を出ない。

問二　次の①②の□に共通して入る漢字一字を答えなさい。
①　隊列が一□乱れず行進している。
②　目的のためにはお金に□目をつけない。

問三　次の四字熟語と同じような意味を持つものとして最も適当なものをア～エから選び、記号で答えなさい。
【一所懸命】
ア　一念発起　　イ　言行一致　　ウ　一意専心　　エ　一日千秋

問四　次の□にはそれぞれ漢数字が入ります。すべて足した答えを漢数字で答えなさい。
□里霧中　（どうすべきか判断に迷い、方針や見込みが全く立たないこと。）
□人□色　（好みや考えは人によってそれぞれ違うということ。）
□差□別　（いろいろな種類があり、その違いが様々であるということ。）

問五　次の①②それぞれにおいて、熟語の構成が他の三つと異なるものをア～エから選び、記号で答えなさい。
①　ア　投網　　イ　読経　　ウ　造園　　エ　賃貸
②　ア　永久　　イ　訪問　　ウ　欲望　　エ　名実

問六　誤った敬語の使い方がなされている文を次の中から一つ選び、記号で答えなさい。
ア　先輩《せんぱい》の自宅に招待され、料理をいただいた。
イ　両親が運動会にお越しになった。
ウ　市長が会議のはじめに挨拶《あいさつ》をなさった。
エ　お客様の要望をうかがった上で、方針を決める。

栄東中学校（A）

―50分―

注意事項　字数指定のある問題は「、」や「。」も1字として数えるものとします。

一　次の各文の――線部を漢字に直しなさい。

1　シキュウご返事ください。
2　鎌倉《かまくら》時代ソウケンの寺。
3　不注意にキインする事故。
4　試合がショウネンバを迎《むか》える。
5　お正月にネンガジョウが届く。

二　次の（ 1 ）～（ 10 ）に当てはめるのに最も適切な言葉をあとの【語群】から選び、それぞれ記号で答えなさい。ただし、記号は一度ずつしか使いません。

・本心を（ 1 ）に打ち明けた。
・クレームに対する（ 2 ）な対応にいらだつ。
・風にそよぐ（ 3 ）な柳《やなぎ》の枝を描《えが》く。
・大切な客人に対し（ 4 ）なもてなしを心がける。
・先方の（ 5 ）な心づかいに感謝する。
・なりふりかまわず（ 6 ）なやり方でお金をかせぐ。
・（ 7 ）な小鳥のさえずりに目を覚ました。
・私としたことが（ 8 ）にもすっかり忘れていた。
・けんか相手のことを（ 9 ）に言う。
・雨上がりは（ 10 ）に外に出たくなる。

【語群】
ア　たおやか　　イ　かぶん　　ウ　ねんごろ　　エ　うかつ
オ　あこぎ　　カ　そぞろ　　キ　あしざま　　ク　せきらら
ケ　かんまん　　コ　うららか

三　次の文章を読んであとの問いに答えなさい。

具体的にどのようなことが起こると、自分たちの言語に消滅《しょうめつ》の危機がおしよせてきていると分かるのでしょうか？　1子供がその民族の言葉（＝母語）を話さなくなる、これが最も分かりやすい消滅のサインです。言語の危機度をうらなう重要な決め手は、話者数ではありません。子供が、母語として、その言語を習得しているかどうかなのです。

子供がその民族の言葉を話さなくなる理由は、二つあります。一つは、強国に教育の場で同化政策を施《ほどこ》された時です。母語を話すと罰《ばっ》せられるなどの状況下《じょうきょうか》で、子供は仕方なく強国の言語を話し、結果として母語が失われていく場合です。

二つ目の理由は、大人たちが自分たちの母語を伝承する姿勢がない時です。それは、国家がバイリンガリズム（＝二言語併用《へいよう》）を政策として推《お》し進めた時に起こりやすい現象です。

母語よりも、はるかに社会的に有利な言語があれば、多くの親は、後者を選びます。当面の利益に惑《まど》わされて、将来、子供がアイデンティティを失ったり、独自性を失ったりするという大きな損失には気づかないからです。親が子供に母語を教えなくなるという現象も、こうした政策の中で起こることが多いのです。

バイリンガリズムの中で、母語の使い方が不完全な若者たちが現れ始めたら、母語消滅のサインが灯《とも》っています。母語は、親から子へ自然にバトンタッチされるもの。親が自分たちの民族の言葉をいつくしみ大切にし、子供に伝えていく姿勢がなければ、その言語は消滅せざるを得ません。

国は、常に母語を優先する政策をとってこそ、程《ほど》よいバイリンガリズムができあがるのです。

では、2母語が言語的にどういう状態になった時に、消滅のサインが灯るのでしょうか？

言語学者の土田滋《つちだしげる》さん、共著を出している文化人類学者のダニエル・ネトルさんと言語学者のスザンヌ・ロメインさんの発言を参考にして、私なりに日本語にあてはめて考えてみます。

まず、①語彙《ごい》が乏《とぼ》しくなります。語彙の中でも、名詞(例、「犬」「鳥」「米」)は残りやすいのですが、動詞(例、「添《そ》える」「とろける」)や形容詞(例、「けむい」「いまいましい」)が消え始めます。具体的な物の名前は残りやすいけれど、やや抽象度《ちゅうしょうど》の高い動詞や形容詞は消えやすいんですね。

また、語彙が少なくなっているので、同じ意味合いを持つ語を使い分けることができずに、たった一語ですべてを賄《まかな》おうとします。たとえば、大きさを表す時に、「大きい」の他に、「でかい足」「巨大《きょだい》な岩」「特大の手袋《てぶくろ》」「大規模な調査」「大がかりな仕掛《しか》け花火」など、3さまざまな語があるのですが、すべて「大きい」だけで済ませるわけです。

②発音も、似ている音の区別ができなくなります。たとえば、「寂《さび》れる」。「さびれる」だったか、「さみれる」だったか分からなくなり、あいまいに発音します。「び」と「み」の発音は、似ていますからね。

③文法も簡略化して規則的なものに変わり始めます。ですから、複雑な構文を作る連体修飾部《しゅうしょくぶ》(＝名詞などの体言を修飾する語句)や連用修飾部(＝動詞などの用言を修飾する語句)は少なくなり、形容詞や形容動詞や副詞だけで済ませてしまいます。

たとえば、「私は、歯の根が合わないほどの恐怖《きょうふ》に襲《おそ》われた」という連体修飾部のある文なら、「私は、激しい恐怖に襲われた」という形容詞だけの文にして済ませるというぐあいです。文の中に、もう一つの主語「歯の根が」と述語「合わない」の入った連体修飾部を含《ふく》みこむ複雑な構文が作れなくなっていくのです。

④言いたいことが十分に表現できなくなります。たとえば、「彼《かれ》はむっつりしていた」という表現が最も適切な場合でも、「むっつり」などの日本語特有の□な表現ができなくなるのです。母語であれば、自然と身に付く言語感覚が失われていくのです。

つまり、日本語の豊かで複雑な部分が消えて、単純化され、やせ衰《おとろ》えていくという傾向《けいこう》を表します。多様性や複雑さが失われていく。これが、消滅に向かい始めたことを示す言語的なサインです。変化ではなく、日本語自体がやせ細っていくのです。

やがて、日常の話し言葉として用いられなくなり、さらに書き言葉としても使われなくなり、本当の消滅が訪《おとず》れ、地球上から音もなく消えていきます。

では、完全に消滅してしまった後で、復活したという言語はあるのでしょうか？　ありません。言語学者のディクソンさんも言い切っています、「どの言語も一度日常的に使われなくなったもので再び生き返ったためしはない」と。

ただし、細々とでも、書き言葉が残っており、その上に何らかの好条件が加われば、復活する可能性は皆無《かいむ》ではありません。4その例は、ヘブライ語です。

西暦《せいれき》七〇年、ユダヤの国は、ローマ帝国《ていこく》に滅《ほろ》ぼされました。国を追われたユダヤの人たちは、現在のドイツのある地域を中心に、世界各地に散らばりました。そのため、西暦二〇〇年頃《ごろ》にはヘブライ語は、話し言葉としては用いられることがなくなり、日常語としては消滅とみなせる状態になりました。それでも、独自のネットワークを持ち、各地で『旧約聖書』のような権威《けんい》ある文献《ぶんけん》をもとに、ヘブライ語の知識を失わないための努力が続けられていました。

一八世紀後半になると、ユダヤ教内部における啓蒙《けいもう》運動*1（＝ハスカラー運動）が起こり、ユダヤ文化復興の気運が盛り上がり、まずヘブライ語が書き言葉として広く使われるようになりました。さらに一九世紀末には、話し言葉としても復活を成し遂《と》げたのです。なんと、約一七〇〇年間の断絶を経て、一九世紀末に近代ヨーロッパで話し言葉として復活したのです！

そして、第二次世界大戦後の一九四八年にイスラエルが建国されて、この国の唯一《ゆいいつ》の公用語になりました。

なぜ、一般的《いっぱんてき》にはありえない復活が可能になったのでしょうか？　次に述べる二つの特別な条件に恵《めぐ》まれたからです。一つ目は、確かに話し言葉としては消滅してしまっていましたが、ユダヤ教のヘブライ語聖書の典礼《てんれい》言語*2として、あるいは学者の使用する文章言語として細々と生き続けていたことです。つまり、一七〇〇年間の長きにわたって書き言葉として、かろうじて命をつないでいたのです。

二つ目は、ユダヤ教という一つの宗教で結びついた民族の強い絆《きずな》があり、それが政治的な信条を一《いつ》にする集団となっていたことです。これらの好条件が、世にもまれな消滅言語の復活を引き出したのです。

こうしたヘブライ語の稀有《けう》な例を除くと、一度消滅した言語が復活することはないのです。ですから、自分たちの言語を消滅させたくなかったら、消滅の兆《きざ》しが見えた時に、手を打つ必要があることが分かります。

（中略）

奈良時代にはすでに、他の言語では決して真似《まね》できない短歌という独自の文学形態を生み出し、平安時代には、世界の人に読んでもらえるような巧《たく》みな心理描写《びょうしゃ》を駆使《くし》した傑作《けっさく》を誕生させています。現代だって、日本語の特質であるオノマトペ*3をふんだんに使ったコミックで、世界中の若者たちを魅了《みりょう》しているではありませんか。

日本人自身が、日本語に対する積極的な価値を見出《みいだ》し、誇《ほこ》りと自信を持って守らなければ、誰《だれ》も日本語を守ってはくれないのです。言語学者のデイヴィッド・ハリソンさんは、こう言い切っています。「私が確信していることはただ一点、言語が外部の人間によって『救われる』ことはありえないということだ」。

日本人が日本語を守らなければ、日本語は消滅するのです！

そして、日本語を子供たちに喜んで教えてあげてください。日本語を存続させるためには、子供たちへのしっかりした日本語の教育こそが生命線なのです。

　消滅の危機に見舞《みま》われながらも、なんとか復興の道を歩んだ言語は、いずれも幼児からの母語教育プログラムを施したことによって成功しています。たとえば、マオリ語。ニュージーランドの先住民であるマオリ族の言語です。

　マオリ語は、一八六〇年頃には、西欧《せいおう》からの入植者や宣教師、金の採《さい》掘《くつ》者や商人たちの使う英語に押《お》されて少数者言語になってしまいました。学校教育でも西欧化を進めるために、マオリ語はカリキュラムから外されてしまい、英語学習者が増加の一途《いっと》をたどりました。一九〇〇年頃にはマオリ語を話す人は激減。一九八〇年頃には、マオリの人々のうち、マオリ語を母語として話す人は人口の二〇％未満になってしまい、消滅の危機に陥《おちい》ったのです。

　けれども、マオリの政治家たちが、自分たちの言語の消滅の危険性を認識《にんしき》し始め、一九八二年には幼児期から学校に上がる前の段階まで、マオリ語を教えるプログラムを始め、その後マオリ語を教える期間をどんどん延ばし、一三歳《さい》までの教育プログラムにしました。

　ついに一九八七年には、マオリ語が英語に並んでニュージーランドの公用語の一つに認定《にんてい》されたのです。

　また、5ハワイ語も同様な手法で復興させようとしています。ハワイ語は、ポリネシア系の先住民族の言語です。アメリカの英語同化政策によって、ハワイ語は消滅の瀬戸際《せとぎわ》まで追い込《こ》まれていました。

　ですが、一九七〇年代には、ハワイ語を復興しようとする先住民の「ハワイ文化復興運動」が起こり、一九八〇年代には、幼児にハワイ語を使って学習させるという試みを開始。さらに年少の児童を対象とした私立のハワイ学校を開設したりして、復興に努めています。

　これらの例から、子供たちに自分たちの民族の言葉を学ばせることが、その言語の存続の鍵《かぎ》になっていることが分かります。どうか、このことを意識し、子供たちに豊かな日本語を教えてあげてください。

　日本語学者の金田一春彦《きんだいちはるひこ》さんは、今から三五年前にこう述べています、「日本語はだんだん影《かげ》を薄《うす》くしていって、しまいにはなくなってしまうのではないかと心配する人があるようだ。ことに近頃、英語からの外来語がふえ、また生の英語が*4跳梁《ちょうりょう》することで、英語にとって代わられるのではないかと懸念《けねん》する人があるようだ。が、これは絶対に心配はいらない」と。

　私も、そう言いたい。でも、私には言えません。時代が大きく変わってきています。世界共通語の英語に押されて、日本語はもっと危険な状況にさしかかっていると思えるからです。

　英語教育学者の鳥飼玖美子《とりかいくみこ》さんも、述べています、「英語さえできれば、という思い込みが行き渡《わた》った社会状況は、母語の軽視に繋がらないであろうか。6日本語の継承《けいしょう》が揺《ゆ》らぐことはないであろうか。日本語の将来は、英語を抜《ぬ》きには語れないことを直視せざるを得ない時代に入っている」と。

　IT社会に突入《とつにゅう》してからは、英語が世界共通語になっています。そして英語を話したほうが、いや話せなければ、取り残される危険性が高くなっています。現に、日本の会社なのに、英語を社内公用語にすると明言し、実施《じっし》している会社も出てきています。

　アイルランドの人々が自らの意志でアイルランド語を捨てて英語にのりかえているように、日本人も自ら日本語を捨てて英語にのりかえる人が多くなる可能性があります。英語を話せなければ、世界に置いていかれるとばかりに。

そして、今や日本は小学校から英語教育を施し、中学校では英語の授業時間数が国語の時間数を超《こ》えています。政策は、「国民総バイリンガル」を目指す方向に動いています。それは、やがて、世界共通語の英語モノリンガル＊5に連なる道なのです。

そうした動向に対して、「ちょっと待って。この本で述べてきたようなリスクがあるのよ。本当に英語にのりかえていいの？　独自性を持ち、人類の貴重な財産でもある日本語を捨てて？」と、あなたに問いかけたかったのです。

日本語を母語として大切にしなかった報《むく》いは、自分の拠《よ》って立つアイデンティティを失うという形で、遠からぬ時期にやってきます。いな、刻々と日本人全体に、音もなく近づいてきています。その音なき近づきに早く気づいて、きちんと決意をしておかなければなりません。日本語を大切にしよう。日本語は自分を支えている言語なのだという意識をしっかり持とう。そのうえで、世界共通語を効率的に学んでいこう、と。

（山口仲美《やまぐちなかみ》『日本語が消滅する』〈幻冬舎〉より）

＊1　啓蒙……人々に正しい知識を与えること。
＊2　典礼……定まった儀式《ぎしき》や儀礼のこと。
＊3　オノマトペ……擬声語《ぎせいご》と擬態語《ぎたいご》のこと。
＊4　跳梁……好ましくないものがのさばりはびこること。
＊5　モノリンガル……一つの言語しか話せない人のこと。

問一　――線部1「子供がその民族の言葉（＝母語）を話さなくなる」とありますが、その理由を説明したものとして、適切なものを次から**すべて**選び、**五十音順に**記号で答えなさい。

ア　子供にとって母語が他言語よりも有利にならない場合に、親が有利な他言語を子供に習得させようとするから。
イ　国家がバイリンガリズム政策を推し進めた結果、自国の独自性を失い子供たちが母語を話す自信をなくすから。
ウ　教育に関心がうすい親が増えると、自分たちの母語をいつくしみ子供たちに伝承しようとする姿勢を失うから。
エ　他国に支配され、その国の文化や風習を取り入れざるを得なくなると、母語を使うことが許されなくなるから。
オ　母語の使い方が不完全な若者が現れ始めると、親から子へ母語を自然にバトンタッチする際の障害となるから。

問二　――線部2「母語が言語的にどういう状態になった時に、消滅のサインが灯るのでしょうか」とありますが、「日本語」の「言語的」な「消滅のサイン」として**適切ではないもの**を次から**すべて**選び、**五十音順に**記号で答えなさい。

ア　名詞を軽《かろ》んじて、抽象度の高い動詞や形容詞しか使わなくなる。
イ　意味が違う言葉でも、発音が似ていれば正確に区別しなくなる。
ウ　書き言葉としては使われなくなることで、多様性が失われる。
エ　同じ意味合いの言葉を一語で済ませ、使い分けをしなくなる。
オ　規則的で単純な構文を使うなど、複雑な構文が作れなくなる。

問三　――線部3「さまざまな語があるのですが、すべて『大きい』だけで済ませるわけです」とありますが、これを「小さい」に置き換《か》えたとき次のように説明できます。次の説明の中の［ａ］・［ｂ］に当てはまる言葉をそれぞれ**ひらがな**で答えなさい。ただし［ａ］

は「さ」から始まる五字の言葉、[b]は「お」から始まる四字の言葉とします。

・「小ささ」を表す言葉は、「小さい」の他に「ちっちゃな手」、「小規模な工事」、「びびたる量」、「[a]幸せ」（ひかえめなさま）、「[b]子供」（年が若いこと）など、さまざまな語があります。

問四　本文中の[　　]に当てはめる言葉として最も適切なものを次から選び、記号で答えなさい。

ア　論理的　　イ　情緒的《じょうちょ》　　ウ　理想的
エ　現実的　　オ　感覚的

問五　――線部4「その例は、ヘブライ語です」とありますが、ヘブライ語が復活したのはなぜですか。三十字以上四十字以内で答えなさい。

問六　――線部5「同様な手法」とありますが、それはどのような手法ですか。十五字以内で答えなさい。

問七　――線部6「日本語の継承が揺らぐことはないであろうか」とありますが、鳥飼さんのこの言葉を受けて筆者が問題視している日本の現状が、最も具体的に述べられている一文を本文中から探し、最初の五字をぬき出して答えなさい。

問八　この文章の要旨《ようし》として最も適切なものを次から選び、記号で答えなさい。

ア　日本語の話者が少なくなると日本語消滅の危機に直面する可能性が出てくるので、日本人は少子化を改善すると共に、幼児期からの日本語教育に力を入れるべきである。

イ　日本の子どもたちが日本語をあまり勉強しないのは教育制度に問題があるからなので、次世代に日本語を継承するために、日本語重視の教育制度に改善するべきである。

ウ　日本語を消滅させないようにするために、日本人は日本語の独自性や価値を自ら認識し、自分たち自身の手で日本語を守っていくのだという決意をするべきである。

エ　日本語消滅のサインはすでに明確に表われているので、何年かかってもいずれは復活できるように、ヘブライ語の例を参考にして国家として対策を施すべきである。

オ　これからはグローバル化がより一層進んでいくので、日本語を存続させるためには、日本語を捨てるのではなく英語も公用語にしてバイリンガルを育てるべきである。

四　次の文章は、こざわたまこ「ホモ・サピエンスの相変異」（『教室のゴルディロックスゾーン』所収）の一節です。中学二年生の「私（ひかり）」は、亜梨沙《ありさ》、ふじもん、さーやとよく行動を共にしていましたが、ある事をきっかけに亜梨沙と仲違《なかたが》いをし、グループから離《はな》れてしまいます。その後、それとは別の事をきっかけにふじもんと亜梨沙も仲違いをしてしまいます。本文は、ふじもんに助けを求められた「私」が、亜梨沙と話をするために家を訪ね、インターホン越《ご》しに会話をしている場面です。これを読んで、あとの問いに答えなさい。

「……だから、突《つ》き飛《と》ばしたの？」

「違《ちが》う！」

ひび割れた音声が、激しいノイズとなって耳に届く。

「絶対違う。あれは、ふじもんが勝手に――」

声は途中《とちゅう》で掠《かす》れて、それ以上続かなかった。階段の踊《おど》り場《ば》で言い争いになり、追いかけてこようとするふじもんの腕《うで》を、亜梨沙が振《ふ》り払《はら》った。ふじもんは階段の段差から滑《すべ》り落《お》ちて、足首を捻挫《ねんざ》してしまった。ほとんど亜梨沙に突き飛ばされるような形で。

「……あたしは悪くない」

亜梨沙がぼそりとつぶやいた。まるで、自分に言い聞かせるみたいに。

「あたしは悪くない。[a]……あたしは悪くない。悪く、ないもん」

その言い方に、既視感《きしかん》を覚えた。ああ。私はこれを、知っている。

（中略）

[b]「……ちい*1、悪くないもん」

嘘《うそ》を吐《つ》いているようには見えない。しかし林さんは「子どもの言うことでしょう？　信じられない」と言って聞く耳をもたなかった。じゃあなんで自分の子どもの言うことは信じるんだろう。そう思ったけど、もちろん言えるはずがない。

「あの子がうちの子どもの体を押《お》したのは事実ですよ。みんな見てるんだから」

林さんは喋《しゃべ》っているうちにヒートアップしたのか止まらなくなり「だいたいねえ」と語気を強めた。

「あなたもお姉さんなら甘《あま》やかすんじゃなくて、こういう時くらいちゃんと言ったらどうなの」

だって私、ほんとの家族じゃないし。そんな言葉が喉《のど》まで出かかったものの、なんとかこらえる。ちいはいつのまにかお絵かきをやめて、睨《にら》むようにこちらを見ていた。

林さんはついにしびれを切らしたらしく、もういいよ、と吐《は》き捨《す》てた。

「なんでもいいから、一回ちゃんと謝って」

仕方なく、「すみません」と頭を下げる。すると林さんが、あなたじゃなくてあの子、とちいを指さした。

「あの子に謝らせてよ。[1]それが筋でしょう」

「……ちい。謝って」

ちいはそっぽを向いたまま、答えない。もどかしい気持ちで地面に膝《ひざ》をつき、ちいの腕をつかむ。けどちいは、頑《かたく》なにそこから動こうとしなかった。

「ほら、早く。立ってってば」

ちいの腕を引っ張ろうとすると、撥《は》ねのけられた。その手が、勢い余って私の頬《ほお》をかすめる。痛っ、と声を上げると、ちいが初めてまずい、という顔をした。

「いい加減にしてよ！」

かっとして、思わず叫《さけ》んでいた。

「黙《だま》ってたんじゃわかんないよ。何か理由があったなら、それをちゃんと言わないと。そんなんじゃ、誰《だれ》にも伝わらないよ」

すると、ちいが突然《とつぜん》、うううう、と獣《けもの》のような唸《うな》り声《ごえ》を上げた。

「……ちい？」

ううう、うううう。呻《うめ》きながら、自分の拳《こぶし》を思い切り太ももに打ちつける。やめな、怪我《けが》するよ、と言っても聞こうとしない。言葉を発する代わりに、ちいは自分を殴《なぐ》った。何度《なんど》も、何度も。林さんも男性職員も、呆然《ぼうぜん》とした顔で私達《たち》を見つめている。

「あの。すみません、遅《おく》れてしまって」

その声に振《ふ》り返《かえ》ると、父がはあはあ息を乱しながら、こちらに向かって歩いてくるところだった。

「この度は……」

父がそう言って、林さんに頭を下げようとする。林さんがはっとしたように、父に向き直った。

「ちょっと、あなたねえ。こっちは言いたいことが山ほどあるんですけど」

父は状況《じょうきょう》を把握《はあく》しきれていないらしく、助けを求めるように私に視線を送ってきた。何を、今更《いまさら》。私は咄嗟《とっさ》に、父から目を背《そむ》けてしまった。

今頃《いまごろ》来たって、遅《おそ》いよ。

父に向かってそう言いかけた次の瞬間《しゅんかん》、ちいが父の姿を認めて、とてとてと歩き出した。ちいの顔が、みるみる涙《なみだ》に滲《にじ》んでいくのが分かった。最後は、うわあああん、と声を上げて父に駆《か》け寄《よ》り、思い切り泣きじゃくった。林さんが、ぽかんとした顔でそれを見つめていた。

「ちい？　どうした」

ちゃんと話してみろ。そう言って頭を撫《な》でると、ちいはうええええええん、と大粒《おおつぶ》の涙を流しながら、ちいね、ちいね、としゃくりあげた。

「ちい、どん、ってしちゃったの。タイセイ君が、お前んちのおかーさん＊2ママハハなんだろって。ママハハっていじわるなやつのことを言うんだぞって。それでちい、どんって……。そしたら、タイセイ君が。ごめんなさい」

ちいは父の足にしがみつき、何度も何度もごめんなさいを口にした。

父はそれを聞いて頷《うなず》きながら、自分の足に力いっぱいしがみついてくる小さな娘《むすめ》の声に、耳を傾《かたむ》け続けた。[2]私のもとにはついぞ届くことのなかった、その声に。


「……亜梨沙は、さ。ほんとは謝りたいんじゃないの、ふじもんに」

それを聞いた亜梨沙が、心外だ、と言わんばかりに声を荒《あ》らげる。

「はあ？　なんで、あたしが。あんなやつ、マジでどうだって――」

「ふじもんは言ってたよ。＊3六年生の時のこと、ずっと亜梨沙に謝りたかったって」

亜梨沙が一瞬《いっしゅん》、何かに怯《ひる》んだように声を詰《つ》まらせるのがわかった。

――私、さっき嘘吐いた。

電話を切る直前、ふじもんは［A］でそう言った。

――亜梨沙の気持ち、知らなかったなんて嘘。本当は、わかってた。亜梨沙がそのことに、気づかないふりしてくれてたのも。

なのに、私――。言葉はそこで途切《とぎ》れ、代わりに［B］が聞こえ始めた。嗚咽《おえつ》が少しずつ大きくなっていく。ふじもんは、強い人ではないのかもしれない。勇気がある人でもないのかもしれない。それでも、亜梨沙に会ってちゃんと謝りたい、と言ったあの子を、卑怯者《ひきょうもの》とは呼びたくなかった。

「謝りたいって、何？」

亜梨沙が短いため息をこぼした。ふじもんの思いを、鼻で笑うかのように。

「ていうかふじもん、今更ひかりを頼《たよ》って来たんだ。ちょっと調子よすぎじゃない？」

「私は、そうは思わない」

「ふーん。ひかりはやさしいんだね。でも、あたしは無理だなー。ふじもんが裏でひかりのこと、なんて言ってたか知ってるし」

黙《だま》り込《こ》んだ私に、あっ、でもそっかー、と［ C ］が追い打ちをかける。

「ひかりには、新しいお友達がいるもんね。うちらを切ったところで、たいした影響《えいきょう》ないか」

「……え？」

「あたし、知ってるよ。ひかりが最近、高橋*4さんとこそこそしてるの。どうせうちらのこととか、べらべら喋ってるんでしょ」

「そんなこと」

「え、じゃあなんでずっと隠《かく》してたの？　あたしが嫉妬《しっと》するとでも思った？　亜梨沙に知られたら面倒《めんどう》なことになりそうだから、だから、黙ってようって？」

　返す刀で、すっぱりと切られた。何も返せずまごつく私に、あーあ、やっぱりみんな嘘吐きじゃん、と亜梨沙がつぶやく。

「顔合わせてる時だけへらへらして、裏では隠しごとばっかり。これだから女子の集団って嫌《きら》い。面倒臭い。ほんっと嫌《いや》になる」

「……それ、やめて」

「なんで？　みんな言ってるようなことじゃん」

嫌い嫌い嫌い嫌い、と亜梨沙が叫んだ。あんた達嫌い。全員嫌い。大っ嫌い。亜梨沙の顔は、私からは見えない。だから、想像するしかない。亜梨沙は今玄関《げんかん》の向こうで、泣きそうな顔をしてるんじゃないか。どうしてか、そう思った。

「友達ごっこ、白々しいんだよ」

　亜梨沙が吐き捨てる。

「今更謝られたって、意味ない。あたしは、あの時庇《かば》って欲《ほ》しかった。あの時助けて欲しかったの。あの時のあたしを助けてくれなきゃ、意味ないの。あたしがふじもんにしたことも、一緒《いっしょ》だよ。時間は戻《もど》せないんだから。あたしは誰も許さないし、許してもらおうとも思ってない。だから絶対、謝らない」

　なんで、わかってくれないの。絞《しぼ》り出《だ》すようにして口にしたその言葉が、3意思に反してすがるようなニュアンスを帯びてしまったことに、亜梨沙自身も気づいたのだろう。それをなかったことにするように、もう切るから、と一方的に会話を打ち切った。

「わかったら、どっか行って。もう二度とあたしにかかわらないで」

　亜梨沙がインターホンを切りかけたその時、待って、と声を上げた。

「お願い。最後にひとつだけ答えて」

　このまま続けるべきか、少しだけ迷った。今更言ってなんになる。もしかしたら、全部私の勘違《かんちが》いかもしれない。

「今までのって、ほんとに亜梨沙の言葉？　亜梨沙が考えた、亜梨沙自身の言葉？　だったら、仕方ないけど」

「……どういう意味」

　亜梨沙の声に微《かす》かな震《ふる》えが混じっているような、そんな気がした。

「ほんとは、さーやなんじゃないの」

「え？」

　インターホンの向こうで、亜梨沙が息を止めるのがわかった。

「ねえ、答えて。そうなんじゃないの？　高橋さんのことも、さっき言ったことも全部。4さーやから聞いたんじゃないの」

「……だったら、なんなの」

　亜梨沙が口にしたいくつかの単語には、聞き覚えがあった。嫉妬。面倒なこと。友達ごっこ。全部、さーやの台詞に似ていた。ううん、それだけじゃない。他にも気になることはあった。さーやとふじもんが、急速に距離《きょり》を縮めたこと。ふじもんがいつからか、私を敵視するようになったこと。

いちばん決定的だったのは、高橋さんのことだ。私と高橋さんがあの河原で会っていることを、他に知る人はいない。あの時偶然《ぐうぜん》河原で顔を合わせた、さーやを除いては。

「私は亜梨沙を面倒くさいなんて思ったこと、ない。時々やんなっちゃうことはあったとしても、嫌いになることはないと思う。それはほんとだよ。信じてくれなくてもいい。だって、私がそれを知ってるから。さっき亜梨沙が言ったのは、私の言葉じゃなくてさーやの言葉だから」

さーやがどうしてこんなことをしたのかは、わからない。もしかしたら、さーや自身にもわからないのかもしれない。相変異《そうへんい》したバッタが、わけもわからず田畑を食い荒らしてしまうように。自分がそうは望んでいなくても、自分の姿形を変えてしまうことだって、きっとあるのだろう。

「さーやじゃなくて、私の言葉を聞いてよ。ねえ、私、どうすればよかった？　陸上なんてやらなければよかった？　あの時一緒にクラブをやめていればよかった？　宇手《うて》先生のこと、言われた通り無視してればよかった？　亜梨沙がしてほしかったのって、亜梨沙が今したいことって、本当にそういうこと？」

亜梨沙は黙ったまま、何も答えない。しばらくの間、沈黙《ちんもく》が流れた。長い長い、静寂《せいじゃく》だった。とその時、インターホンから微かに物音が聞こえた。亜梨沙が何か言おうとしている。息を潜《ひそ》めて、その続きを待った。

「――る、から」

ガガガッとコンクリートに爪《つめ》を立てるような激しいノイズが流れて、ブツッと電源の切れる音がした。それを最後に、インターホンの音声は途切れた。それで、終わりだった。あまりにもあっけない。何度ボタンを押しても、結果は同じだった。

『自然界にはそういう現象があるんだって。大勢の仲間達に囲まれて生活すると狂暴化《きょうぼうか》して、体の色とか、翅《はね》の長さが変わる生き物がいるの。……相変異したバッタは集団で畑とか田んぼとかを襲《おそ》って、その土地を食い荒らしちゃう』

私はもう、気づいている。亜梨沙が決して、気が小さく繊細《せんさい》で、傷つきやすいだけの女の子ではないことに。気が小さく、繊細で、傷つきやすいことを理由に人を傷つけることのできる、それだけの図々《ずうずう》しさを、そこらじゅうの田畑を食い荒らすだけの強《したた》かさを手に入れていることに。

あれからずっと、考えていた。一度体の色や翅の長さを変えたバッタは、もう元の姿に戻ることはできないのだろうか。もし戻れないとして、相変異する前のバッタとその後のバッタは、二度とお互《たが》いを仲間だとは認識できないのか。

「……ない」

だとしたら、あまりに悲しすぎやしないだろうか。

「私は、バッタじゃない」

踏《ふ》み出しかけた足を止める。そしてもう一度、確かめるように口にした。そうだ、5私は――私達は、バッタじゃない。たとえそうだったとしても、そうじゃない、と言いたい。だって私は、人間だ。空を飛べず、翅の長さも体の色も変えられず、相変異もできない私達は、たくさんの仲間に交じっても、あるいはたった一人でいても、自分がどうあるべきかを自分の意志で決めることができる。

こうなったら、あと何十回でも、押してやる。うるさい何時だと思ってんのって、亜梨沙が怒鳴《どな》り返してくるまで。そう心に決めて、私は再びインターホンへと向き直った。よし、と一歩踏み出し、白いボタンに指が触《ふ》れたその時、

「……ねえ。今出る、って言ってんじゃん」

ガラガラ、と音がして、玄関の戸が勢いよく開いた。夜の住宅街に、ひどく不機嫌《ふきげん》そうな声が響《ひび》く。

「大体、今何時だと思ってんの？」

6 私を見つめる怒《おこ》ったようなその顔が、初めて出会った時みたいだ、と思った。

【こざわたまこ「ホモ・サピエンスの相変異」
（『教室のゴルディロックスゾーン』〈小学館〉所収）より】

＊1　ちい……母の再婚《さいこん》相手の連れ子。学童に通っている。

＊2　ママハハ……継母《けいぼ》。自分と血のつながっていない母のこと。

＊3　六年生の時のこと……亜梨沙が根も葉もない悪い噂《うわさ》をクラスメイトに立てられた時、噂を否定しなかったこと。

＊4　高橋さん……「私（ひかり）」と最近よく喋るようになったクラスメイト。

問一　～～線部a「……あたしは悪くない。悪く、ないもん」、～～線部b「……ちい、悪くないもん」とありますが、この二つに共通することを説明したものとして最も適切なものを次から選び、記号で答えなさい。

ア　自分にも非があると思い謝罪をしたいと考えているが、どうしたら良いかわからずかたくなに謝らずにいる。

イ　口論の原因となった相手が悪いと思っているので、相手が謝ってくるまでは謝らないでおこうと思っている。

ウ　自分に非はないはずなのに、まるで自分だけが悪いかのように言ってくる周囲の人に苛立《いらだ》ちを感じている。

エ　事態が大きくなったことに焦《あせ》っており、自分は悪くないと暗示をかけることで安心感を得ようとしている。

オ　周囲から怒られるのではないかと不安に思っており、どうすれば自分の正当性を主張できるか悩《なや》んでいる。

問二　――線部1「それが筋でしょう」とありますが、どういうことですか。最も適切なものを次から選び、記号で答えなさい。

ア　会話の流れからここで謝る必要があるということ。

イ　年下から謝っていくのが正しい順番だということ。

ウ　子どもに謝らせるのは保護者の義務だということ。

エ　突き飛ばした本人が謝るのが道理だということ。

オ　ここでちいが謝れば皆に認められるということ。

問三　――線部2「私のもとにはついぞ届くことのなかった」とありますが、それはなぜですか。最も適切なものを次から選び、記号で答えなさい。

ア　私がちいを姉だからという理由で甘やかし怒ったことがないので、突然怒り始めた私にちいはびっくりしてしまったから。

イ　私が林さんに対してしっかりした謝罪をする気配がなかったので、ちいは謝罪をする必要がないと勘違いしてしまったから。

ウ　私がちいにその場を収めるために謝罪を要求し、ちいの言い分を

聞こうとしなかったので、ちいは心を開かなかったから。

エ　私がちいに、血の繋《つな》がった家族ではないという思いから厳しく接しているので、ちいは喋ったら怒られると考えたから。

オ　私が、子どもを傷つけた件に加え私を傷つけた件でも怒り始めたので、ちいはどうしたらよいかわからなかったから。

問四　本文中の［A］～［C］に当てはまる言葉として、最も適切なものを次から選び、それぞれ記号で答えなさい。ただし、記号は一度ずつしか使いません。

ア　感情や抑揚《よくよう》のない声　イ　金切《かなき》り声　ウ　震《ふる》える声
エ　押《お》し殺《ころ》すような泣き声　オ　不自然なほど明るい声

問五　――線部３「すがるようなニュアンス」とありますが、ここには亜梨沙のどのような思いが表れていますか。**「友達」という言葉を必ず用いて**二十字以上三十字以内で説明しなさい。

問六　――線部４「さーやから聞いたんじゃないの」とありますが、さーやが亜梨沙に言った内容と考えられるものとして、**ふさわしくない**ものを次から一つ選び、記号で答えなさい。

ア　ひかりは高橋さんと会ってることを何で言ってくれないんだろう。うちらが嫉妬するとでも思ってるのかな。

イ　ひかりって自分のことあまり喋らないよね。うちらに喋ると面倒なことになりそうとか思ってるのかな。

ウ　高橋さんとひかりが河原で人知れず会ってるのを見かけたよ。うちらの悪口でも言ってるのかな。

エ　簡単に縁《えん》が切れるうちらの友情関係って何だったのだろう。ごっこ遊びみたいなものだったのかな。

オ　亜梨沙って最近変わったよね。ひかりやふじもんに対してもそうだけど、攻撃的《こうげきてき》になったと思う。

問七　――線部５「私は――私達は、バッタじゃない」とありますが、ここには「私」のどのような思いが表れていますか。「相変異したバッタは」という書き出しに続くように五十字以上六十字以内で説明しなさい。

問八　――線部６「私を見つめる怒ったようなその顔」とありますが、なぜ亜梨沙は怒ったような顔をしているのですか。その理由として最も適切なものを次から選び、記号で答えなさい。

ア　非常識な時間に訪ねて来た私に怒りを感じているが、同時に嬉《うれ》しくもあったので、どのような顔をすれば良いかわからなかったから。

イ　必死に自分に話しかけてくる私の姿を見て、直接話をしてみようという気にはなったが、まだ私の事を許したわけではなかったから。

ウ　自分は悪くないはずなのに、ふじもんへの謝罪を求め亜梨沙だけが悪いかのように言う私に、文句を言ってやろうと考えているから。

エ　この場にいないさーやの話を持ち出し、的外れなことを言う私に、自分を理解してくれていないことへの悲しみと怒りを感じたから。

オ　私に謝罪をして仲直りをしようと考えているが、そのことが相手に伝わるのが照れくさかったので、気持ちをごまかしたかったから。

自修館中等教育学校（Ａ１）

—50分—

一　次の——線部のカタカナは漢字に改め、漢字はその読み方をひらがなで答えなさい。

① テイレイの会議を開く。
② この問題はヨウイに解ける。
③ この駅はジョウコウ客が多い。
④ ツウカイなできごとにあう。
⑤ 新しいリョウイキを発見する。
⑥ 熱い応援《おうえん》にフルい立つ。
⑦ 万全の対策で試験にノゾむ。
⑧ 解答への道筋を考える。
⑨ 尊い仏像を拝む。
⑩ 山の中腹にたどり着く。

二　（　）内の意味を参考にして、次の慣用句の□に当てはまる体の部分を答えなさい。ひらがなでも構いません。

① □をすえて勉強する。（じっくりと物事に取り組む）
② けん玉の□比べをする。（どちらがすぐれているか比べる）
③ 父はいつも妹の□を持つ。（ひいきする）
④ ケーキには□がない。（大好きである）
⑤ □が浮くようなお世辞を言う。（わざとらしさが見えすいて不快になる）

三　次の文章をよく読み、後の各問いに答えなさい。（句読点や記号も1字に数えます）

一郎はある日、以下のように書かれたはがきを受け取る。

「かねた一郎さま　九月十九日

あなたは、ごきげんよろしいほで、けっこです。あした、めんどなさいばんしますから、おいでんなさい。とびどぐもたないでくなさい。山ねこ　拝」

うれしくてたまらない一郎は森に出かけていく。途中、一人の奇《き》妙《みょう》な男と出会った。

その草地のまん中に、せいの低いおかしな形の男が、膝《ひざ》を曲げて手に革鞭《かわむち》をもって、だまってこっちをみていたのです。

一郎はだんだんそばへ行って、びっくりして立ちどまってしまいました。その男は、片眼で、見えない方の眼は、白くびくびくうごき、上着のような半纏《はんてん》のようなへんなものを着て、だいいち足が、ひどくまがって山羊《やぎ》のよう、ことにそのあしさきときたら、ごはんをもるへらのかたちだったのです。一郎は気味が悪かったのですが、なるべく落ちついてたずねました。

「あなたは山猫《やまねこ》をしりませんか。」

するとその男は、横眼で一郎の顔を見て、口をまげてにやっとわらって言いました。

「山ねこさまはいますぐに、ここに戻《もど》ってお出やるよ。おまえは一郎さんだな。」
①一郎はぎょっとして、一あしうしろにさがって、
「え、ぼく一郎です。けれども、どうしてそれを知ってますか。」と言いました。するとその奇体《きたい》な男はいよいよにやにやしてしまいました。

「そんだら、はがき見だべ。」

「見ました。それで来たんです。」

「あのぶんしょうは、ずいぶん下手だべ。」と②男は下をむいてかなしそうに言いました。一郎はきのどくになって、

「さあ、なかなか、ぶんしょうがうまいようでしたよ。」

と言いますと、男はよろこんで、息をはあはあして、耳のあたりまでまっ赤になり、きもののえりをひろげて、風をからだに入れながら、

「あの字もなかなかうまいか。」とききました。③一郎は、おもわず笑いだしながら、へんじしました。

「うまいですね。五年生だってあのくらいには書けないでしょう。」

すると男は、急にまたいやな顔をしました。

「五年生っていうのは、*1尋常《じんじょう》五年生だべ。」その声が、あんまり力なくあわれに聞えましたので、一郎はあわてて言いました。

「いいえ、大学校の五年生ですよ。」

すると、男はまたよろこんで、まるで、顔じゅう口のようにして、にたにたにたにた笑って叫《さけ》びました。

「あのはがきはわしが書いたのだよ。」

一郎はおかしいのをこらえて、

「ぜんたいあなたはなにですか。」とたずねますと、男は急にまじめになって、

「わしは山ねこさまの馬車*2別当《べっとう》だよ。」と言いました。

そのとき、風がどうと吹《ふ》いてきて、草はいちめん波だち、別当は、急にていねいなおじぎをしました。

一郎はおかしいとおもって、ふりかえって見ますと、そこに山猫が、黄いろな陣羽織《じんばおり》のようなものを着て、緑いろの眼をまん円《まる》にして立っていました。やっぱり山猫の耳は、立って尖《とが》っているなと、一郎がおもいましたら、山ねこはぴょこっとおじぎをしました。一郎もていねいに挨《あい》拶《さつ》しました。

「いや、こんにちは、きのうははがきをありがとう。」

山猫はひげをぴんとひっぱって、腹をつき出して言いました。

「こんにちは、よくいらっしゃいました。じつはおとといから、めんどうなあらそいがおこって、ちょっと裁判にこまりましたので、あなたのお考えを、うかがいたいとおもいましたのです。まあ、ゆっくり、おやすみください。じき、どんぐりどもがまいりましょう。どうもまい年、この裁判でくるしみます。」山ねこは、ふところから、巻煙草《まきたばこ》の箱を出して、じぶんが一本くわえ、「いかがですか。」と一郎に出しました。一郎はびっくりして、

「いいえ。」と言いましたら、山ねこは*3おおようにわらって、

「ふふん、まだお若いから、」と言いながら、マッチをしゅっと擦《す》って、わざと顔をしかめて、青いけむりをふうと吐《は》きました。山ねこの馬車別当は、気を付けの姿勢で、しゃんと立っていましたが、いかにも、たばこのほしいのをこらえているらしく、なみだをぼろぼろこぼしました。

そのとき、一郎は、足もとでパチパチ塩のはぜるような、音をききま

した。びっくりして屈《かが》んで見ますと、草のなかに、あっちにもこっちにも、黄金《きん》いろの円いものが、ぴかぴかひかっているのでした。よくみると、みんなそれは赤いずぼんをはいたどんぐりで、もうその数ときたら、三百でも利《き》かないようでした。わあわあわあわあ、みんなにか云《い》っているのです。

「あ、来たな。蟻《あり》のようにやってくる。おい、さあ、早くベルを鳴らせ。今日はそこが日当りがいいから、そこのとこの草を刈《か》れ。」やまねこは巻たばこを投げすてて、大いそぎで馬車別当にいいつけました。馬車別当もたいへんあわてて、腰《こし》から大きな鎌《かま》をとりだして、ざっくざっくと、やまねこの前のとこの草を刈りました。そこへ四方の草のなかから、どんぐりどもが、ぎらぎらひかって、飛び出して、わあわあわあわあ言いました。

馬車別当が、こんどは鈴《すず》をがらんがらんがらんがらんと振《ふ》りました。音はかやの森に、がらんがらんがらんとひびき、黄金のどんぐりどもは、すこししずかになりました。見ると山ねこは、もういつか、黒い長い繻子《しゅす》の服を着て、勿体《もったい》らしく、どんぐりどもの前にすわっていました。まるで奈良《なら》のだいぶつさまにさんけいするみんなの絵のようだと一郎はおもいました。別当がこんどは、革鞭を二三べん、ひゅうぱちっ、ひゅう、ぱちっと鳴らしました。

▼

空が青くすみわたり、どんぐりはぴかぴかしてじつにきれいでした。

「裁判ももう今日で三日目だぞ、いい加減になかなおりをしたらどうだ。」山ねこが、すこし心配そうに、それでもむりに威張《いば》って言いますと、どんぐりどもは口々に叫びました。

「いえいえ、だめです、なんといったって頭のとがってるのがいちばんえらいんです。そしてわたしがいちばんとがっています。」

「いいえ、ちがいます。まるいのがえらいのです。いちばんまるいのはわたしです。」

「大きなことだよ。大きなのがいちばんえらいんだよ。わたしがいちばん大きいからわたしがえらいんだよ。」

「そうでないよ。わたしのほうがよほど大きいと、きのうも判事さんがおっしゃったじゃないか。」

「だめだい、そんなこと。せいの高いのだよ。せいの高いことなんだよ。」

「押《お》しっこのえらいひとだよ。押しっこをしてきめるんだよ。」もうみんな、がやがやがやがや言って、なにがなんだか、まるで［Ｘ］をつっついたようで、わけがわからなくなりました。そこでやまねこが叫びました。

「やかましい。ここをなんとこころえる。しずまれ、しずまれ。」

【中　略】

別当がむちをひゅうぱちっとならしましたのでどんぐりどもは、やっとしずまりました。

山猫が一郎にそっと申しました。

「このとおりです。どうしたらいいでしょう。」

一郎はわらってこたえました。

「そんなら、こう言いわたしたらいいでしょう。このなかでいちばんばかで、めちゃくちゃで、まるでなっていないようなのが、いちばんえらいとね。ぼくお説教できいたんです。」

山猫はなるほどというふうにうなずいて、それからいかにも気取って、繻子のきものの胸を開いて、黄いろの陣羽織をちょっと出してどんぐりどもに申しわたしました。

「よろしい。しずかにしろ。申しわたしだ。このなかで、いちばんえらくなくて、ばかで、めちゃくちゃで、てんでなっていなくて、あたまのつぶれたようなやつが、いちばんえらいのだ。」

④どんぐりはしいんとしてしまいました。それはしいんとして、堅《かた》まってしまいました。

そこで山猫は、黒い繻子の服をぬいで、額の汗《あせ》をぬぐいながら、一郎の手をとりました。別当も大よろこびで、五六ぺん、鞭をひゅうぱちっ、ひゅうぱちっ、ひゅうひゅうぱちっと鳴らしました。⑤やまねこが言いました。

「どうもありがとうございました。これほどのひどい裁判を、まるで一分半でかたづけてくださいました。どうかこれからわたしの裁判所の、名誉《めいよ》判事になってください。これからも、葉書が行ったら、どうか来てくださいませんか。そのたびにお礼はいたします。」

「承知しました。お礼なんかいりませんよ。」

「いいえ、お礼はどうかとってください。わたしのじんかくにかかわりますから。そしてこれからは、葉書にかねた一郎どのと書いて、こちらを裁判所としますが、ようございますか。」

一郎が「ええ、かまいません。」と申しますと、やまねこはまだなにか言いたそうに、しばらくひげをひねって、眼をぱちぱちさせていましたが、とうとう決心したらしく言い出しました。

「それから、はがきの文句ですが、これからは、用事これありに付き、明日出頭*4すべしと書いてどうでしょう。」

一郎はわらって言いました。

「さあ、なんだか変ですね。そいつだけはやめた方がいいでしょう。」

山猫は、どうも言いようがまずかった、いかにも残念だというふうに、しばらくひげをひねったまま、下を向いていましたが、やっとあきらめて言いました。

「それでは、文句はいままでのとおりにしましょう。そこで今日のお礼ですが、あなたは黄金のどんぐり一升《いっしょう》と、塩鮭《しおざけ》のあたまと、どっちをおすきですか。」

「黄金のどんぐりがすきです。」

⑥山猫は、鮭の頭でなくて、まあよかったというように、口早に馬車別当に云いました。

「どんぐりを一升早くもってこい。一升にたりなかったら、めっきのどんぐりもまぜてこい。はやく。」

別当は、さっきのどんぐりをますに入れて、はかって叫びました。

「ちょうど一升あります。」

山ねこの陣羽織が風にばたばた鳴りました。そこで山ねこは、大きく延びあがって、めをつぶって、半分あくびをしながら言いました。

「よし、はやく馬車のしたくをしろ。」白い大きなきのこでこしらえた馬車が、ひっぱりだされました。そしてなんだかねずみいろの、おかしな形の馬がついています。

「さあ、おうちへお送りいたしましょう。」山猫が言いました。二人は馬車にのり別当は、どんぐりのますを馬車のなかに入れました。

（宮沢賢治『どんぐりと山猫』より）

＊1　尋常…尋常小学校。現在の小学校にあたる。

＊２　別当…役職名の一つ。
＊３　おおように…ゆったりとした様子。
＊４　出頭すべし…役所、警察などに出向きなさいということ。

問１　――線部①「一郎はぎょっとして、一あしうしろにさがって」とありますが、この時の一郎の気持ちを説明したものとして最も適当なものを次の中から１つ選び、記号で答えなさい。

ア　足が山羊のようにまがり、足先がへらの形をしていた男がにやっと笑ったので、人か動物か分からずに戸惑《とまど》う気持ち。
イ　おかしな形の男が革鞭を持っていたので、それでたたかれはしまいかとおそれおののく気持ち。
ウ　気味が悪く感じていた男に、会ったこともないのに自分の名前を言われておどろき、警戒《けいかい》する気持ち。
エ　男が一郎の質問に答えるだけではなく、一郎の正体を知ろうとしていたのでおどろきをかくせない気持ち。

問２　――線部②「男は下をむいてかなしそうに言いました」とありますが、この時の「男」の気持ちを説明したものとして最も適当なものを次の中から１つ選び、記号で答えなさい。

ア　山ねこの書いた文章はとてもうまく書けているのに、それを示せる機会がないのを残念に思う気持ち。
イ　自分の主人である山ねこの書いた文章だが、まちがいも多いため、お仕えする主人のことを情けなく思う気持ち。
ウ　うまい文章と思っていないので、かなしそうな顔をすることで、一郎から同情してもらおうとする気持ち。
エ　うまい文章である自信はないが、一郎にも下手な文章だと思われていると思い、いたたまれない気持ち。

問３　――線部③「一郎は、おもわず笑いだしながら」とありますが、それはなぜですか。最も適当なものを次の中から１つ選び、記号で答えなさい。

ア　一郎は山ねこの書いた文章がうまいと言ったら、男がよろこんで真っ赤になるので、主人思いの男に好感を持ったから。
イ　一郎は文章がうまいとおだてたら、男が真っ赤になって着物のえりを広げる様子がおかしく思えたから。
ウ　一郎は文章についてお世辞を言ったが、男はむじゃ気に喜び、字についても一郎に良い評価を求めてきて、おかしかったから。
エ　一郎は男の書いたはがきを「うまいようでしたよ」とひと事《ごと》のように言ったのに、男が真に受けるのが思いがけなかったから。

問４　本文中の冒頭から▼までのところからわかる山ねこについて、ＡとＢが話しています。［Ⅰ］・［Ⅱ］には本文中の言葉が当てはまります。それぞれ指定された字数で、▼までの本文中から抜《ぬ》き出しなさい。

Ａ　山ねこが登場した場面を読んで、山ねこにどのような印象を持った？
Ｂ　山ねこは一郎に裁判をお願いしたわけだけれど、それにしては「ありがとう」の一言もなくて、ちょっと変わっているなと思った。
Ａ　子どもの一郎に対して知恵は借りるけれど、下手《した》にはでないぞと威厳《いげん》を保とうとしているのだと思う。［Ⅰ（19字）］という山ねこの動作がそれを示しているようだ。
Ｂ　一郎のことを子どもだと思って少し見下したような気持ちも

［Ⅱ（11字）］という発言に見られるね。

問5　［X］に当てはまる言葉を次の中から記号で選び、「［　］をついたよう」という慣用句を完成させなさい。

ア　人ごみ　　イ　闇《やみ》の中　　ウ　羊の群れ
エ　雲　　オ　蜂《はち》の巣

問6　——線部④「どんぐりはしいんとしてしまいました」とありますが、それはなぜですか。わかりやすく説明しなさい。

問7　——線部⑤「やまねこが言いました」以降のやまねこのしゃべり方について、AとBが話しています。［Ⅰ］［Ⅱ］には本文中の言葉が当てはまります。それぞれ指定された字数で本文中の——⑤以降のやまねこのセリフから抜き出しなさい。

A　——⑤以降のやりとりは、山ねこの性格が表れているね。
B　さきほどAが言っていた威厳を保とうとしているということ？
A　その性格も関係しているね。さらにここでは「［Ⅰ（17字）］」という言葉に注目したいな。
　つまり、体面をとても気にする性格なのではないかな。だからあのような格式ばった言い方を求めたのではないかな。
B　なるほど。山ねこの性格がいっそうはっきりしてきたね。でも「［Ⅱ（5字）］」は言い方として命令口調でいやな感じがするなあ。
A　「［Ⅱ］」は裁判所では当然のように使われるようだよ。山ねこは「こちらを裁判所としますが」と言っているからその流れからもこのような言い方を求めたと言えそうだね。

問8　——線部⑥「山猫は、鮭の頭でなくて、まあよかった」とありますが、それはなぜですか。猫の性質を考えて説明しなさい。

四　次の文章をよく読み、後の各問いに答えなさい。（句読点や記号も1字に数えます）

大切なことは、長い時間軸で物事を考える習慣をつけることです。

最近の日本では「無駄《むだ》を省く」や「合理化」など、①無駄に思える部分を切り捨てるのが「正しい態度」であるかのような思い込みが、いろんな分野で常識になっています。

けれども、一見すると賢《かしこ》いように見える、そんな単純な考え方は、非*1常事態にはまったく逆効果になってしまう場合があると、今ではあちこちで判明しています。

［A］、都道府県と市町村で、同じような仕事をする保健所や医療《いりょう》機関がだぶっているのは「無駄だ」と決めつけて、統合や廃止《はいし》を進めてきた地域では、感染の拡大という予想外の展開に対処できず、医療体制が危機的な状況に陥《おちい》っています。

この事例が教えるのは、浅い考えで「無駄だ」と見なされてきた部分が、実は「予想外のこと」が起きたときに対処できる「余白」や「伸びしろ」だったという事実です。

物事を、昨日、今日、明日、という短い時間軸で考えてしまうと、今すぐに役に立たないものは「無駄だから捨てよう」という早まった結論になりがちです。けれども、3ヵ月後、1年後、5年後、10年後という長い時間軸で考えてみれば、今すぐに役に立たないものでも、いざという時に何かの役に立つかもしれない、という事実に目が向きます。

会社の経営者などが口にする「選択と集中」という言葉も［X］時

間軸で物事を考えるパターンのひとつです。

いま好成績を上げている分野に、人やお金を集中して注ぎ込む、という考え方は、短期的な業績の向上には結びつくでしょう。［B］、長い時間軸で見れば、集中されずに捨てられた分野の重要度が急に上がったりすると、社会の変化や予期せぬ非常事態に対応できず、結果としてマイナスの効果をもたらす可能性もあります。

情報の真贋《しんがん》（本当とうそ）や*2信憑性《しんぴょうせい》を自分で判断・選別する「目」を持ち、あらかじめ用意された「正解」の知識に頼《たよ》りすぎず、長い時間軸で物事を考える習慣が身に付くと、日々の生活においても、少しずつ②精神の自由」を獲得《かくとく》できるはずです。

自由というのは、上の偉《えら》い人が、いくつかの条件の範囲《はんい》内で、下の者に与《あた》えてくれるものだ、という風に理解している人がいるかもしれませんが、そうではありません。

人間は本来、自由に考え、自由に行動する権利を持っています。社会のルールは、各人の自由と自由が衝突《しょうとつ》した時に、弱い方の人が痛みを感じたり、我慢《がまん》を強《し》いられたりしないように作られたものですが、先にあるのは自由であって、ルールではありません。

ただし、自由の度合いが大きければ大きいほど、すべての人にとって良いかと言えば、それもまた正しくありません。一人一人にとっての最適な「自由の大きさ」は、その人が持っている「自由を使いこなす能力」に対応しています。

旅慣れた人なら、旅行先で「一日、自由に過ごして下さい」と言われたら、自分で情報を集めて計画を立て、満足できる時間を過ごせるでしょう。けれども、あまり旅慣れていない人なら、自分で内容を自由に決めるという意味での「自由度」が少なくてもいいから、失敗しない計画を誰かに決めてもらえたら、と思うでしょう。

おそろしいのは、自分の能力以上の自由を与えられた時、人はそのストレスに疲れて、自由を手放してもいいから、上の偉い人に物事を決めてほしい、と投げ出してしまいたくなることです。そうならないために、③自由という道具を使いこなす能力を、自分で少しずつみがいていかなくてはなりません。

では、自由という道具を使いこなす能力を、自分で高めていくには、どうすればいいのでしょうか。

その答えを知るには、自由の「反対語」は何だろう、と考えてみることが必要です。

国語的には「不自由」というのが正解になるのでしょうが、④概念《がいねん》、［C］考え方の意味から考えると、例えば「服従」や「隷属《れいぞく》」などの言葉が思い浮《う》かびます。

上の偉い人に服従すれば、自由がない反面、自分で物事を決めたり責任を取ったりしなくて済む、という「楽な面」もあります。そのため、ボクは自由がなくてもいいや、上の偉い人に服従して、強い集団の一員になるよ、という道を選ぶ人もいるでしょう。

けれども、今回の非常事態が教えているのは、もし集団の全員が従うリーダーが、的確な判断を下す能力のない「無能」なら、集団全体はどうなるのか、ということです。

それを考えれば、集団が非常事態を生き延びるために最良の形態は、一人一人が独立した個人として自由に物事を考え、それぞれの持つ能力を活かしてアイデアを出し合い、みんなで対等に「いちばんましな答え」を探し出すことだろうと思います。

実際の生活では、学校や社会のいろいろな集団の中で、服従という態度をとらざるを得ない場合は多いでしょう。それによって保たれる、秩序や安定も大事です。しかし、子どもの頃からずっと、親や教師などの「上の偉い人」に服従した経験しかなければ、大人になってからも「誰かに服従することしかできない人間」になってしまいます。

そうならないためには何が必要か。⑤上の偉い人に服従するたびに、心の中でそれに「反抗《はんこう》」する気持ちを持っておくことです。偉いとされる上の人に従順に服従するのでなく、心の中で反抗しながら「今回は服従してやる」という意識を持つことです。

こういう考え方を習慣にできると、上の偉い人の横暴《おうぼう》な態度がエスカレートした時に、「今までは服従してやったけど、これ以上は従えない、もう限界だ」と自分の頭で判断して、心の中でなく実際の言葉と行動で、上の偉い人に反抗できます。

世界の歴史は、こうした反抗の積み重ねで進歩してきました。一人一人は弱い力しか持たなくても、反抗という考え方が心の中にあれば、それをみんなでつなぎ合わせて大きな力に変え、王様などの「支配者」による理不尽《りふじん》な横暴を打ち砕《くだ》くことができます。かつては地球上のあちこちで制度化されていた「奴隷《どれい》」が、今では姿を消し、国際社会の常識は、一人一人が持つ人間としてのいろいろな権利＝人権を大切にする方向へと変わってきました。

もちろん、中には「この人なら服従してもかまわない」と思える、頼りになるリーダーも存在します。信頼できるリーダーの条件とは、例えば「他人に責任を押し付けない」とか「うそをつかない」、あるいは「自分だけ良い境遇《きょうぐう》になろうとしない」などが考えられますが、どんなリーダーなら自分が「服従してやってもいい」と思えるか、皆《みな》さんもそれぞれの基準を考えてみてください。

最後に、尾崎行雄《おざきゆきお》という政治家の言葉をご紹介して、私の原稿《げんこう》の締《し》めくくりとします。彼の名前を初めて知る人も多いかもしれませんが、日本が自由のない封建的《ほうけんてき》な古い社会から近代的な自由と民主主義の国へと進む上で、大きな功績があった人物です。

その尾崎行雄は、こんな言葉を遺《のこ》しています。

⑥「人生の過去は予備であり、本舞台《ぶたい》は未来にあり」

これから先、日本と世界がどんな状況になっていくのか、正確なことは誰にも予測できません。けれども、自分の中でいろいろな能力を高め、知識だけでなく知性を高め、自由を使いこなす能力を高めていくことで、何があろうと乗り越えることのできる「図太さ」と「しぶとさ」を身に付けられるのでは、と思います。

皆さんのこれからの人生が、おもしろいものになるよう、祈っています。

【山崎雅弘「図太く、しぶとく、生きてゆけ
誰も正解を知らない問題にどう答えを出すか」
（『ポストコロナ期を生きるきみたちへ』〈晶文社〉所収）より】

＊1　非常事態…ここでは新型コロナウイルス感染症が世界的に広がっている状況を指す。

＊2　信憑性…信頼《しんらい》できる度合。

問1　――線部①「無駄に思える部分を切り捨てる」について、次の各問いに答えなさい。

(1)　この理由を説明した1文を本文中から探し、最初の5字を答えなさい。

(2)　筆者は「無駄」を別の言葉で何と表現していますか。最も適当な言葉を本文中から2つ、それぞれ3字前後で抜《ぬ》き出しなさい。

問2　［A］～［C］に当てはまる言葉として最も適当なものを次の中からそれぞれ選び、記号で答えなさい。

ア　つまり　イ　けれども　ウ　だから　エ　例えば

問3　［X］に当てはまる2字の言葉を本文中から抜き出しなさい。

問4　――線部②「精神の自由」とありますが、筆者が説明する「自由」の内容として当てはまらないものを次の中から1つ選び、記号で答えなさい。

ア　自由は偉い人が下の立場の人に自動的に与えてくれるものではない。

イ　人間は生まれながらにして自由に考えて行動する権利を持っている。

ウ　自由と社会のルールが対立したときには、ルールが常に優先される。

エ　一人ひとりにとっての最適な自由の大きさは、異なっている。

問5　――線部③「自由という道具を使いこなす能力」とありますが、これを高めるためにまずどのようなことが必要ですか。それが説明された部分を本文中から22字で抜き出し、最初と最後の5字を答えなさい。

問6　――線部④「『服従』や『隷属』」とありますが、これらが「自由の反対語」であるのはなぜですか。その説明として最も適当なものを次の中から1つ選び、記号で答えなさい。

ア　自由には独立した一人ひとりが責任を持って決断するという側面を伴うが、「服従」や「隷属」はそうしたあり方とは正反対の状態だから。

イ　「服従」や「隷属」とは自由が部分的に制限された状態であるが、その制限のされ方は国家や民族によって異なるから。

ウ　集団の全員が従うリーダーが的確な判断を下す能力がなかった場合、非常事態において集団が生きのびるのは難しいから。

エ　自由の反対語は、本来「不自由」のほうが正しいが、「服従」や「隷属」という表現を支持する人もいるから。

問7　――線部⑤「上の偉い人に服従するたびに、心の中でそれに『反抗』する気持ちを持っておく」とありますが、なぜ「反抗する気持ち」が必要なのですか。理由を2つに分けて、それぞれ40字以内で説明しなさい。

問8　――線部⑥「人生の過去は予備であり、本舞台は未来にあり」とありますが、「未来」のためにしておくべき「予備」だとして筆者が説明している部分を本文中から50字以内で抜き出し、最初と最後の5字を答えなさい。

問9　筆者の主張として最も適当なものを次の中から1つ選び、記号で答えなさい。

ア　長い時間軸で物事を考える習慣を身につけると、合理化が正しい結論になることが多い。

イ　短い時間軸で物事を考え続けると、いつのまにか精神の自由を手に入れることができる。

ウ　非常事態を生きのびるためには、無能なリーダーにいつまでも従っていてはいけない。

エ　人間にとって自由は最も大切な価値観であり、どんなリーダーにも服従してはいけない。

五　みなさんは「やさしい日本語」という言葉を聞いたことがありますか。「やさしい日本語」とは、日本に住む外国人にもわかるように配《はい》慮《りょ》して簡単にした日本語のことで、災害発生時に適切な行動をとれるように考え出されたのが始まりです。例えば「高台に避難《ひなん》してください」は難しい表現なので、「高い所に逃げてください」と言いかえます。また専門用語や敬語表現もできるだけ使わないようにします。現在では行政や医療《いりょう》機関など多くの場面で使われるようになっています。

以上の内容をふまえ、次の①～④の――線部を「やさしい日本語」に言いかえなさい。ただし後の条件に従うこと。

① 強風のため、現在この電車は運転を見合わせています。

② ここでの会話や飲食はひかえてください。

③ 診断結果は、後日、電話でお知らせさせていただく形となります。

④ 余震《よしん》の可能性があるので、倒壊《とうかい》のおそれがある建物にはなるべく近づかないこと。

条件

・熟語を使わないこと。ただし□部分はそのままでよい。

・あいまいな表現や敬語を使わないこと。

芝浦工業大学柏中学校(第一回)

—45分—

一　次の問に答えなさい。

問一　次の①～④の——部のカタカナを漢字に直しなさい。②は送りがなも正しく答えなさい。

①　彼のタイゲン壮語《そうご》の癖《くせ》にはうんざりだ。

②　これは誰にでも解けるヤサシイ問題だ。

③　医療《いりょう》ジュウジ者の仕事を調べる。

④　イジワルなことをしないでよ。

問二　生徒たちが次の①～④の熟語について話し合いをしています。次の会話を読み、【　】内のカタカナを漢字に直しなさい。

①　【カイホウ】

A　「これは同じような意味を持つ漢字によって構成されている熟語だね。」

B　「同じ構成で同じ読みの熟語があるけど、こちらは制限をなくして出入りを自由にするという意味だよ。」

C　「この熟語は確かに窓とか校庭とかに使うけど、そういう違いがあったんだ。」

②　【イギ】

A　「この熟語は日常会話ではあまり使わないよね。」

B　「ドラマとかではよく耳にするな。裁判で使われているイメージがあるよ。それもひとりやふたりではなく、たくさんの人がいるなかで出てくる熟語って感じ。」

C　「それぞれの考えや意見を闘わせている時に使われている熟語だよね。」

③　【カテイ】

A　「これは前の漢字が後の漢字を詳しく説明している熟語だね。」

B　「前の漢字には、インタイの『タイ』や、トウボウの『トウ』と同じ部首が使われているね。」

C　「行ったり来たりすることが元になってできた部首なんだって。」

④　【ハッコウ】

A　「これは前の漢字が動作を表していて、後の漢字が『～を』を補っている熟語だね。」

B　「後の漢字には、ツウキンの『キン』やキュウジョの『ジョ』と同じ部首が使われているね。」

C　「この熟語は法律や条約に関する文章で見たことがあるなぁ。」

二　次の文章を読んで、あとの問に答えなさい。

日本は詰《つ》め込《こ》み教育だとか、何でもかんでも強制しているとか言われます。その結果、規律《きりつ》が重視され、行動は「～しなければならない」と型にはめられがちです。

学校では常に①「ｍｕｓｔ《マスト》」がついて回ります。これでは息苦しいし、知らない間に〝正しい〟を探して、それにすがるクセがついてしまう。

「してもいいよ」という②「ｍａｙ《メイ》」をベースにした教育が理想だと私は思っています。

【Ⅰ】

その一方で、若いうちに道徳（モラル）や社会のルールを守る大切さを身につける必要があります。私たちは助け合って生きているからです。いや、自分は誰《だれ》の助けも不要だ！　と宣言したところで、あなたが手にしているスマホは誰かがつくった物だし、交通手段も誰かのおかげです。

社会通念を身につける場として学校の役割はとても重要ですし、ルールを守る意識を持つために、ある程度の強制も必要になります。

自分勝手な行動で集団に迷惑《めいわく》をかける。迷惑をかけられた側の立場になれば、いかにその行動がよくないかわかるはずです。

【Ⅱ】

ルールを守るというのは〝正しい〟を守ることではなく、社会性を養うためのステップです。ルールを理解する、ルールを守れる。その前提があって初めて、このルールは少し変えた方がいいという意見に説得力が生まれます。

多様性は尊重するけど、他人に迷惑をかける自分勝手は認められない。社会には、常に［　X　］が表裏一体で存在しているということを覚えておいてください。

本書で問題にしている〝正しい〟は、モラルや社会性を守った上で、意見が分かれた場合にどう考えるのか、という話です。

【Ⅲ】

だから、「人を殺すのだって、価値観の多様性からすれば正しいでしょ」という発想は通用しません。

多様性の認識が社会に広がったことで、〝正しい〟も複数あっていい、という考え方が受け入れられやすくなってきました。

極端《きょくたん》なようですが、人の数だけ〝正しい〟があるということです。

でも、思い出してください。

あなたが自分の価値観をもとに〝正しい〟と考えるのは自由ですが、それを他人に押《お》しつけてはいけません。

多様性とは、そういうもの。この発想こそが「ｍａｙ」です。

お互いが多様性を認めていれば、価値観が異なる人とも仲良くできるはずです。

私はみなさんより人生を長く過ごしてきましたが、すべての価値観が同じ人に会ったことはありません。気が合う人でも、価値観が似ているのは半分ぐらいです。

【Ⅳ】

だから、〝正しい〟の基準がちがったら友達になれない、なんて思い込まないように。

私からすれば、自分と違う〝正しい〟を訴える人は魅力《みりょく》的に見えます。視野を広げてくれるからです。

一つの物事に複数の〝正しい〟があるとするなら、一つの〝正しい〟を押しつけて他の意見をつぶすのではなく、皆が認め合いながら「落としどころ」を探す大切さが見えてくるはずです。

だれか一人が訴《うった》える〝正しい〟をまるごと認めてしまうと、多様性は失われ、異なる意見の人は受け入れられないものになります。

［　A　］、可能な限り多くの〝正しさ〟を盛り込んだ「落としどころ」を探る作業が、重要になるのです。

その好例が、民主主義についての議論ではないでしょうか。

皆さんは、民主主義について考えることがありますか？

日本でも「民主主義を守れ！」のデモがありますし、ＳＮＳでも話題になります。

この「民主主義を守れ！」という訴えも要注意です。

B、「民主主義を守れ！」と訴える人の多くは、自分が気に入らない事態が起きたときだけ、そう叫《さけ》んでいるからです。

まるで、日本に民主主義がないかのように。

（中略）

もちろん、少数意見の尊重や熟議《じゅくぎ》を尽《つ》くすなど、より良き民主主義のためのルールはありますが、最後は多数決ですべてが決まります。たった一票の差でも、その決定は揺《ゆ》るぎません。

そう、民主主義は残酷《ざんこく》な制度なのです。多様性の時代にはなじまないかもしれませんね。

C、大勢の人の主張をまとめるためには、今のところ「最良の方法」だと考えられています。

第二次世界大戦時のイギリスの首相チャーチルは、「民主主義は最悪の政治形態であるが※注1既知《きち》の政治形態の中では一番ましだ」ということを言っています。

多数決の原則を踏《ふ》まえた上で、どうすれば多数意見の人に自分の訴えを聞き届けてもらえるかを考えることで、「最悪」の民主主義を進化させていく――。

この作業こそが大切で、③私が〝正しい〟を疑えと言う理由です。

価値観は違っても、喧嘩《けんか》せずにみんながある程度納得できる落としどころを探す。

D、日本に民主主義がないと感じるなら、もっと掘《ほ》り下げて、※注2プロセスのどこに問題があるかを探らなければなりません。

―Y―　感情や自分が信じる〝正しい〟を根拠《こんきょ》にするのではなく、可能な限り※注3普《ふ》遍《へん》的な視点から、問題を探り当てるのです。

力のある者が他者を制圧して押し切ったら、必ず反発が起き社会はうまく機能しません。

多数決では勝利しても、反対派が一定数いるのであれば、強引な主張が後々問題を起こすのは、当然のなりゆきです。

そうならないために知恵《ちえ》を絞《しぼ》る。それが政治だと私は思っています。

ヒステリックに〝正しい〟を振《ふ》りかざさず、相手を徹底《てってい》的に罵倒《ばとう》することもなく、自分の意見を聞いてもらうために汗《あせ》を流す。それが大切なのです。

④〝正しい〟が気になるのは、自信がないからです。

胸を張って「自信がある」と言うなんて、嫌《いや》なやつじゃないか。そう思うとしたら、あなたは自信の意味を勘《かん》違いしています。

自信とは、自分を信じることです。色々考え、試行錯誤《しこうさくご》して、確かめながら生きていく。そのためには、頑張《がんば》っている自分を信じることが大切です。

他人の意見をしっかりと聞き、頭から非定するのではなく異なる意見として受け入れられる広い視野と懐《ふところ》の深さを持つ。

これからの人生を豊かなものにするためにも、そうした心構えを大切にしてほしいと思います。

（真山仁『〝正しい〟を疑え！』〈岩波ジュニア新書〉による）

※注1　既知……すでに知っていること。
※注2　プロセス……作業を進める方法や過程。
※注3　普遍的……あらゆる物事に共通して当てはまること。

問一　――部①「ｍｕｓｔ」、②「ｍａｙ」とありますが、本文中でのそれぞれの使い方の説明として、もっともふさわしいものを次の中から選び記号で答えなさい。

ア　「ｍｕｓｔ」は自分が決めたルールに基づいて自分が「～しなければならない」と考えるもの。一方「ｍａｙ」はみんなで決めたルールに基づいて、他者に「してもいいよ」と許すもの。

イ　「ｍｕｓｔ」は社会通念に照らして、それぞれが自発的に「～しなければならない」とするもの。一方「ｍａｙ」は実際には行動が強制されるものの、表面的には「してもいいよ」と認めるもの。

ウ　「ｍｕｓｔ」はすでにある、行動の規律に対して「～しなければならない」とするもの。一方「ｍａｙ」は自分で正しいと思うことを考え、他人に対しても「してもいいよ」と認めるもの。

エ　「ｍｕｓｔ」は自分勝手を認めず、決められたルールを「～しなければならない」ととらえるもの。一方「ｍａｙ」は多様な考えに基づいてどんなことに対しても「してもいいよ」と許可するもの。

問二　次の文は本文中の【Ⅰ】・【Ⅱ】・【Ⅲ】・【Ⅳ】のいずれかの箇所《かしょ》に入ります。もっともふさわしい箇所を選びア～エの記号で答えなさい。

それを感じ取るには想像力が必要です。

ア　【Ⅰ】　イ　【Ⅱ】　ウ　【Ⅲ】　エ　【Ⅳ】

問三　［X］に入る語句として、もっともふさわしいものを次の中から選び記号で答えなさい。

ア　集団と個人　イ　理想と現実

ウ　秩序《ちつじょ》と混乱　エ　自由と義務

問四　［A］～［D］に入る言葉としてもっともふさわしいものを次の中からそれぞれ選び記号で答えなさい。ただし、同じ記号を二度使ってはいけません。

ア　もし　イ　だから　ウ　なぜなら　エ　でも

問五　［　］で囲まれた部分の本文における役割はどのようなものですか。その説明としてもっともふさわしいものを次の中から選び記号で答えなさい。

ア　今までの論を整理し、「民主主義を守れ！」と訴える人への批判がなぜ起こるのかを読者が納得できるように、ＳＮＳなどの具体例を用いて説明している。

イ　「民主主義」についての読者の考えをより深めるために、日本には「民主主義」が存在するのかしないのか、という対立する二つの意見を紹介している。

ウ　新たな問題を提起するために、これまでの〝正しさ〟についての話題を打ち切って、「民主主義について考えることがありますか？」と疑問を投げかけている。

エ　〝正しさ〟についての筆者の主張をよりわかりやすく説明するために、学校生活などの話題に続き、「民主主義についての議論」を例として取り上げている。

問六　本文中の「Ｙ」の部分には使い方を誤った同音または同訓の漢字が一字あります。正しい漢字を書きなさい。

問七　――部③「私が〝正しい〟を疑えという理由」とありますが、次の生徒のやり取りを読み、それぞれの空欄に当てはまるように指定された字数の決まりを守って説明しなさい。

Aさん　ここで筆者が言っている、疑うべき〝正しさ〟というのは、
　　Ⅰ（10字～15字以内）　正しさのことだよね。

Bくん　筆者によると、多数決をするときには、　Ⅱ（20字～40字以内）　ことが必要だということがわかるよ。

Cさん　つまり〝正しさ〟を疑うことによって、　Ⅲ（10字～15字以内）　ことができるというわけだね。

問八　――部④「〝正しい〟が気になる」とありますが、「〝正しい〟が気になる」と、どのような行動をとると考えられますか。例として**ふさわしくないもの**を次の中から一つ選び記号で答えなさい。

ア　これまで当然のことだと考えられてきた「男らしさ」「女らしさ」の押しつけに対して、疑問の声を上げる。

イ　洋服を選ぶ際に、自分が気に入ったものではなく、SNSで評価が高いものを調べてそれを購入する。

ウ　友達や家族といった自分と近い関係であっても、自分の意見をまげて相手に合わせた意見を言う。

エ　国の代表を選ぶ選挙において、候補者をおとしめるようなフェイクニュース《※にせもの》をうのみにしてしまう。

問九　この文章を読んだあとで、生徒たちは関連する書籍を見つけ、本文との関連について考えを述べています。

> 関連する書籍…宇野重規『民主主義とは何か』にあった二文
> （出題に際し、表記を一部改めた）
>
> 文1「民主主義とは多数決だ。より多くの人々が賛成したのだから、反対した人も従ってもらう必要がある」
>
> 文2「民主主義の下、すべての人間は平等だ。多数派によって抑圧《よくあつ》されないように、少数派の意見を尊重しなければならない」

本文の筆者の主張を正しくとらえている生徒として、もっともふさわしい生徒を次の中から選び、記号で答えなさい。ただし、さん・くんはつけなくてもかまいません。

Aさん　本文では、「最後には多数決ですべてが決まります」と言っているから、筆者は文1側の意見だということが言えそうね。多数の意見が反映できているのだとしたら、民主的だといえるのではないかしら。

Bくん　文2のように少数派の意見を尊重していたら、いつまでたっても話し合いがまとまらないよね。話し合いがまとまらないままだと、じゃんけんで決めるというような偶然《ぐうぜん》性に頼《たよ》ることになってしまうよ。

Cさん　多数決を絶対のものとしないことで、文1と文2を両立させたらいいんじゃないかな。筆者は文1の正しさを認めつつ、文2の条件を満たすように努力すべきだと言っているように読み取れるわ。

Dくん　文2は現代の流れに合致《がっち》しているよ。文1のやり方をとっている限り、反対派が問題を起こすのは避《さ》けられないから、多数決でものごとを決めるやり方は今すぐやめるべきだよ。

Eさん　文1と文2は反対のことを言っているようだけど、一人に対して平等に一票が与えられているということで共通して

いるのよ。でも少数派の一票をより重くみるべきだと筆者は言っているのね。

三　次の文章を読んで、あとの問に答えなさい。

ぼくらの方の、ざしき童子《ぼっこ》のはなしです。

1

あかるいひるま、みんなが山へはたらきに出て、こどもがふたり、庭であそんでおりました。

X

たしかにどこかで、ざわっざわっと箒《ほうき》の音がきこえたのです。

も一どこっそり、ざしきをのぞいてみましたが、どのざしきにもだれも居《い》ず、ただお日さまの光ばかり、そこらいちめん、あかるく降って居《お》りました。

こんなのがざしき童子です。

2

「大道《だいどう》※太陽のこと めぐり、大道めぐり」

一生けん命、こう叫《さけ》びながら、ちょうど十人の子供らが、両手をつないで円《まる》くなり、ぐるぐるぐるぐる、座敷《ざしき》のなかをまわっていました。どの子もみんな、そのうちのお振舞《ふるまい》によばれて来たのです。

ぐるぐるぐるぐる、まわってあそんでおりました。

そしたらいつか、十一人になりました。

ひとりも知らない顔がなく、ひとりもおんなじ顔がなく、それでもやっぱり、どう数えても十一人だけおりました。その増えた一人がざしきぼっこなのだぞと、大人が出てきて言いました。

けれどもだれが増えたのか、とにかくみんな、自分だけは、何だってざしきぼっこでないと、一生けん命眼を張って、きちんと座っておりました。

こんなのがざしきぼっこです。

3

それからまたこういうのです。

ある大きな本家《ほんけ》では、いつも①旧《きゅう》の八月のはじめに、如来《にょらい》さまのおまつりで分家《ぶんけ》の子供らをよぶのでしたが、ある年その中の一人の子が、はしかにかかってやすんでいました。

「如来さんの祭《まつり》へ行くたい※行くんだい。如来さんの祭へ行くたい」と、その子は寝《ね》ていて、毎日毎日言いました。

「祭延《の》ばすから早くよくなれ」本家のおばあさんが見舞《みまい》に行って、その子の頭をなでて言いました。

その子は九月によくなりました。

そこでみんなはよばれました。ところがほかの子供らは、いままで祭を延ばされたり、鉛《なまり》のうさぎを見舞にとられたりしたので、何ともおもしろくなくてたまりませんでした。「あいつのためにひどいめにあった。もう今日は来ても、どうしたってあそばないぞ」と約束しました。

「おお、来たぞ、来たぞ」みんながざしきであそんでいたとき、にわかに一人が叫びました。

②「ようし、かくれろ」みんなは次の、小さなざしきへかけ込みました。

そしたらどうです、そのざしきのまん中に、今やっと来たばかりのはずの、あのはしかをやんだ子が、まるっきり痩《や》せて青ざめて、泣き出しそうな顔をして、新しい熊《くま》のおもちゃを持って、きちんと座《すわ》っていたのです。

「ざしきぼっこだ」一人が叫んで逃げ出しました。みんなもわぁっと逃げました。ざしきぼっこは泣きました。

こんなのがざしきぼっこです。

4

また、北上川《きたかみがわ》の朗明寺《ろうみょうじ》の淵《ふち》の渡《わた》し守《もり》が、ある日わたしに言いました。

③「旧暦《きゅうれき》八月十七日の晩《ばん》に、おらは酒のんで早く寝《ね》た。おおい、おおいと向うで呼んだ。起きて小屋から出てみたら、お月さまはちょうどおそらのてっぺんだ。おらは急いで舟だして、向うの岸に行ってみたらば、紋付《もんつき》を着て刀をさし、袴《はかま》をはいたきれいな子供だ。たった一人で、白緒《しらお》のぞうりもはいていた。「渡るか」と言ったら、「たのむ」と言った。子どもは乗った。舟がまん中ごろに来たとき、おらは見ないふりして④よく子供を見た。きちんと膝《ひざ》に手を置いて、そらを見ながら座っていた。

「お前さん今からどこへ行く、どこから来た」ってきいたらば、子供はかあいい声で答えた。「そこの笹田《ささだ》のうちに、ずいぶんながくいたけれど、もうあきたから外《ほか》へ行くよ。」「なぜあきたね」ってきいたらば、子供はだまってわらっていた。「どこへ行くね」ってまたきいたらば「更木《さらき》の斎藤《さいとう》へ行くよ」と言った。岸に着いたら子供はもう居《い》ず、おらは小屋の入口にこしかけていた。夢だかなんだかわからない。けれどもきっと本当だ。それから笹田がおちぶれて、更木の斎藤では病気もすっかり直ったし、むすこも大学を終わったし、めきめき立派になったから」

こんなのがざしき童子です。

（宮沢賢治『ざしき童子のはなし』による）

問一　［　X　］に、ア～オを意味が通るように並べ替えなさい。ただし四番目には次のアが入ります。

ア　ざわっざわっと箒の音がきこえます。

イ　ところが家の、どこかのざしきで、ざわっざわっと箒の音がしたのです。

ウ　大きな家にだれも居ませんでしたから、そこらはしんとしています。

エ　とおくの百舌《もず》の声なのか、北上川の瀬《せ》の音か、どこかで豆を箕《み》にかけるのか、ふたりでいろいろ考えながら、だまって聴《き》いてみましたが、やっぱりどれでもないようでした。

オ　ふたりのこどもは、おたがい肩《かた》にしっかりと手を組みあって、こっそり行ってみましたが、どのざしきにもだれも居ず、刀の箱《かたな》もひっそりとして、かきねの檜《ひのき》が、いよいよ青く見えるきり、だれもどこにも居ませんでした。

問二　2の話について解釈したものとして**ふさわしくないもの**を次の中から選び記号で答えなさい。

ア　いつの間にか一人増えていることは間違いないわけだから、確かにざしき童子が姿を現していると考えてよい。

イ　遊んでいる子どもたちに男の子も女の子もいたとするなら、ざしき童子も男の子か女の子かわからないということになる。

ウ　「確かに知っている顔」と書いてあるので、遊んでいる子どもによって、違う子どもに見えている可能性もある。

エ　大人はどの子どもがざしき童子かわかっており、判断力のある大人をざしき童子はだますことができない。

問三　――部②「『ようし、かくれろ』みんなは次の、小さなざしきへかけ込みました」とありますが、みんながかくれるのはなぜですか。もっともふさわしいものを次の中から選び記号で答えなさい。

ア　仲の良いともだちがようやく元気になって遊べるようになったので、驚かせてお祝いしようと思ったから。

イ　はしかをやんだ子のためにいろいろな都合をあわせていて、快気祝いまで強制されるのはおもしろくないから。

ウ　友達はみな、一度ざしき童子に会ってみたくて、自分たちがかくれんぼをすればざしき童子が現れると思ったから。

エ　もともと友達としては認めておらず、せっかくいなくなったのに、また遊ばなければいけないのがいやで仕方なかったから。

問四　――部①「旧の八月」③「旧暦八月十七日の晩」について、調べてみると日本には旧暦というものがあって、今のカレンダーとはずれていることがわかりました。たとえば、「立春」は二月三日ですが、旧暦を使っていた頃は実際にもう少し春めいていたと考えられます。それを踏まえて、3と4の話に関わりがあると思われる、旧暦の八月に関わる行事を次の中から選び記号で答えなさい。

ア　ひな祭り　　イ　中秋の名月(お月見)

ウ　端午の節句　　エ　七夕

問五　――部④「よく子どもを見た」は、渡し守が「ざしき童子」というものを知らない場合と知っている場合とで、よく子どもを見た理由についての異なる解釈が考えられます。それぞれの場合について、指定された形式に合わせてわかりやすく説明しなさい。

ざしき童子を知らない場合、「よく子どもを見た」のは、

［　　30字以内　　］からだが、

ざしき童子を知っている場合、「よく子どもを見た」のは、

［　　30字以内　　］からだと考えられる。

教室でこの作品について議論をしています。次の文章を読んであとの問いに答えなさい。

生徒たちが「ざしき童子」について調べてみると、柳田國男の「遠野物語」の中に次のような話が見つかりました。

古い家にはザシキワラシという神様がいることが少なくない。この神様は十二、三歳の子どもである。たまに人に姿を見せる。ある家では休暇に帰った時に廊下でザシキワラシとすれちがって大変驚いた。違う家では、母が一人で縫《ぬ》い物をしているとがさがさ音がする。この部屋は東京に出張に行った主人の部屋で、一人いる母がおかしいと思って戸をあけるが誰もいない。しばらくすると今度は同じ部屋から鼻をならす音がする。きっとザシキワラシだろう。この神がいる家は金持ちになるという。

ザシキワラシは女の子であることもある。別の家では女の子の神様が二人住んでいると言われていた。ある男が町から帰ってくると、橋のほとりで二人の見慣れない美しい娘に会った。どこから来たか男が聞くと、神が住んでいると言われる家から来たのだという。どこに行くのかと聞くと、そこから離れた村のある家の名前を告げた。その男は、きっと神

に出ていかれた家は世も末だ、と思ったが、ほどなくして、家のものが二十人ばかり毒にあたって死に絶え、女の子一人が残ったが、子どもも残せず、老いて病気で死んだということだ。

Aくん　読んでみると、宮沢賢治の話と似ているところがあるね。整理してみよう。

Bさん　〜〜部アと同じような話が［ i ］で、〜〜部イと同じような話が［ ii ］だね。

Cくん　柳田國男のザシキワラシの特徴をまとめると、「［ iii （10字以内）］」「男か女かわからないこと」「住んでいる家を裕福にすること」「ザシキワラシが去ると不幸になること」と言ったところかな。

Aくん　住んでいる家が裕福になるんだったら、もしかしたら宮沢賢治の話も全部金持ちになっているという言葉があるんじゃないかな。

Bさん　そう言われて読んでみると、2には「お振舞」なんて表現がある。きっとごちそうするとかいう意味だから、お金持ちだろうね。1には、［ iv （5字以内）］なんていう言葉があるよ。

Cくん　3についてはどうだろう?

Aくん　同じように、「大きな本家」っていう言葉があるよ。この家は［ v （10字以内）］ことができる。だから分家の子はおもしろくなかったんだよね。

Bさん　ざしき童子が裕福にするのはわかったけれど、柳田國男の話は男の子だったり、女の子だったりするって書いてある。宮沢賢治の方は全部男の子じゃないかな。

Cくん　たしかに4の話では、［ vi （15字以内）］から男の子のようだね。僕はざしき童子は女の子のイメージだった。

問六　空欄 i 、 ii に入る話の番号を答えなさい。

問七　空欄 iii に入る文を考え、10字以内で書きなさい。

問八　空欄 iv に入る言葉を、宮沢賢治の「ざしき童子のはなし」の中から探し5字以内で抜き出しなさい。［ X ］に入れる文も含めて探すこと。

問九　空欄 v に入る文を考え、「〜ことができる」に続く形で10字以内で書きなさい。

問十　空欄 vi について、正しく説明している文となるように考えて「〜から男の子のようだね。」に続く形で15字以内で書きなさい。

芝浦工業大学附属中学校（第一回）

—60分—

注意　一　指示がない限り、句読点や記号などは一字として数えます。
　　　二　正しく読めるように、読みがなをふったところがあります。

一　この問題は聞いて解く問題です。問題文の放送は一回のみです。問題文の放送中にメモを取っても構いません。放送の指示に従って、問一から問三に答えなさい。

※以下のQRコード、URLよりHPにアクセスすると音声を聞くことができます。

https://sites.google.com/shibaurafzk.com/sitjuniorhigh

二　次の文章を読んで、後の問いに答えなさい。

　自分の名前にコンプレックスを持っている中学生の田中涙子《ティアラ》（わたし）は、名前の読み方を「るいこ」と偽《いつわ》り、同級生の倉田さんと仲良くなった。ある日、倉田さんといた涙子は、他の同級生に自分の名前の本当の読み方をばらされ、倉田さんを置いてその場から逃《に》げ去ってしまう。涙子が泣きながら廊下《ろうか》を走っていたところ、図書室司書のしおり先生に声をかけられ、図書室へと案内される。

　先生は、優《やさ》しくわたしが泣いていた理由を訊《たず》ねてきた。もちろん、わたしは答えたりしなかったけれど、先生の静かな声音《こわね》に誘《さそ》われたような気分になって、わたしは「わたしがティアラだから」とだけ呟《つぶや》いた。しおり先生は、そんな意味不明なわたしの呟きに、難しそうな表情で、涙《なみだ》の子かぁ、と呟いたのだ。

　先生は少し困ったように眉《まゆ》を寄せて、優しく言う。

「名前の通りに、生きる必要なんてアないんだよ。先生も、自分の名前の通りに生きてる自信はないもの。涙の子だからって、泣く必要はないんだから」

　わたしが黙《だま》り込《こ》んだせいだろう。先生は、わたしが泣いていた理由を探《さぐ》るのを諦《あきら》めたのか、ぜんぜん違《ちが》うことを言った。

「田中さんは、最近、漫画《まんが》を読んでないね。前はよく、漫画を読んでいたでしょう」

　①わたしは、はっとして顔を上げる。

　先生の言う通り、図書室の当番のときは漫画を読んでいた。けれど、漫画を持ち込むのは校則で禁じられているから、先生にはばれイないようにしていたつもりだった。

「どうして」

「見ればわかるよ。先生は、司書ですから」

　そう言いながら胸を張り、しおり先生は誇《ほこ》らしげに言う。

「どうして、怒《おこ》らないんですか」

「ふふふ、それはね」

子どものような笑みを浮《う》かべると、秘密めかして先生は言った。

「先生も、漫画が好きだから」

若い先生だから、それに不思議はないのかもしれないけれど。

だからって、校則で禁じられていることを見過ごすなんて、先生としてはどうなのだろう。
②ちょっと呆《あき》れてしまう。
「本や物語に、※1貴賤《きせん》はないよ」ウ
キセン、という言葉を変換《へんかん》するのに、ほんの少し時間がかかったけれど、漫画で出てきたことのある単語だったから、なんとなく意味は理解することができた。

「小説でも、漫画でも、物語の価値は等しく、人の心を動かすから」

「でも、馬鹿にされます。くだらないものだって……」

「だからカバーをかけて読んでいるの?」

しおり先生は、そう首を傾《かし》げて言う。

思っていたより、普段《ふだん》の行動を先生に見られていたらしい。

カバーをかけていたのは、校則で漫画が禁じられているからだけれど、たとえ校則で赦《ゆる》されていたとしても、わたしはカバーをかけていただろうな、とも思う。

「なにを読んでいるかは、知られたくないです」

馬鹿にされたくない。

自分のことを知られて、嗤《わら》われたくなんて、なかった。

読んでいる本のこと、趣味《しゅみ》のこと、夢のこと。

役に立たないとか、くだらないとか、悪い影響《えいきょう》があるとか。

大好きなもののことを、否定、されたくなかった。


ちゃぶ台の陰《かげ》で、※2乾《かわ》いたひとさし指の爪《つめ》の感触《かんしょく》を、撫《な》であげるようにして確かめる。

「そうだね」

なにに関してか、先生は同意を示して、頷《うなず》いた。

「けれど、他人にどう見られようと、田中さんの想う価値は変わらないからね。それだけは、憶《おぼ》えていて」

なんて答えたらいいかわからなくて、やっぱりわたしは黙り込んでしまう。沈黙《ちんもく》の気まずさを隠《かく》すように、紅茶のカップに口をつけると、この静寂《せいじゃく》に耐《た》えられなかったのは先生も同じだったのかもしれない。彼《か》女《の》はうんうんと頷き、饒舌《じょうぜつ》に語った。

「漫画にはね、人の心を動かす力があるんだから。先生だって、漫画を読んでいなかったら、読書の楽しみを知ることはなかったし、この仕事についてなかったとも思う。うん、漫画は人の心を動かすよ。漫画に何度泣かされたことがあるか……」

「悲しくて、ですか」

「違うよ」

それは沈黙を気まずく思っての意味のない質問エだったけれど、先生は微笑《ほほえ》んで否定した。

「嬉《うれ》しかったり、温かかったり、ほっとしたり……。そういう優しい気持ちで泣くの」

カップを両手で包み込むようにしながら、しおり先生が優しく笑う。

「先生、もしかしたら無責任だったり、見当はずれなことを言うかもしれない。けれどね、田中さんに③知っておいてほしいと思うことがあるの」

先生はそう言いながら、悩《なや》むように眉を寄せていた。わたしが人と話すとき、言葉を必死にほじくり返そうと焦《あせ》るように、先生も慎重《しんちょう》に言葉を選ぼうとしているのかもしれないと思った。

「あのね、涙の子って、なにも悪い意味ばかりじゃないんだよ」

「そう……、でしょうか」

「うん」しおり先生は眼《め》を伏《ふ》せる。ふぅ、とカップを冷ますために息を吹《ふ》きかけながら。

「先生も、子どもの頃《ころ》はたくさん泣いた。嫌《いや》なことばかりで、つらくて悲しくて、部屋に閉じこもって、枕《まくら》に顔を押《お》しつけて、誰《だれ》にも聞かれないようにわんわん泣いていたことがある……。そういう経験を積み重ねると、涙ってなんだかネガティブなイメージが付いて回るのかもしれない。けれどね、大人になって、ちょっとわかったことがあるんだ」

カップを置いて、先生が伏せていた眼を上げる。わたしを見て、にっこりと笑いながら、彼女は教えてくれる。

「大人になっても、やっぱりたくさん泣いちゃうことに変わりはないんだけれど……。けれどね、嬉しかったり、感動したりして、涙を流すことも増えてくるの。優しい気持ちに包まれて、胸が温かくなって、じんじん心が揺《ゆ》れ動いて……。そうして流す涙は、とても優しい温度をしているんだよ」

わたしは、先生の言う、その涙の感触を想像しようとしたけれど。

それは、なんだかわたしには、手の届かないもののような気がして。

けれど。

「涙って、人の優しさがかたちになった、綺麗《きれい》なものなの。先生は、今じゃそういう涙を流すことの方が多いよ。読書をして、心を動かされて、感動をして……。そうすることで積み重なった優しさは、また他の誰かを優しい気持ちにしてくれると思う」

わたしは、乾いた爪の感触を確かめる。

あのとき、彼女が触《ふ》れて走った、むずがゆい感覚のことを、思い返した。

世界が色づく魔法《まほう》を見て、込み上げてきたものを。

「いつか、優しい気持ちで流す涙で、つらい気持ちを洗い流せるときがくるといいよね。我慢《がまん》しなくてもいいの。つらいときがあったら、先生のところに来ていいからね。ここにあるたくさんの本は、つらい気持ちを忘れさせてくれる。涙の本当の意味を、きっと教えてくれるから」

だから、いつでも。

いつでも、あなたのことを、先生に話していいからね。

わたしは眼を伏せて、紅茶のカップに口をつける。熱い液体が、喉《のど》の奥《おく》へと少しずつ流れていくのを感じた。

「先生」

「うん」

「わたし……」

今は、うまく言えない。

わたし自身のことや、わたしが受けている仕打ちのことを、話すのには勇気が必要だった。

けれど、きっとわたしは、またここに来ることになるだろう。

そのとき、わたしは④自分を覆《おお》い隠すものを脱《ぬ》ぎ捨てることができるだろうか。

わたしのことを知ってほしいと、そう訴《うった》えることができるだろうか。

わたしの趣味、わたしの夢、わたしの名前、わたし自身のことを、誇れるときがくるだろうか。

「また、ここに来ます、から」

わたしはそうとだけ告げて、紅茶を飲み干した。

【相沢沙呼「煌めきのしずくをかぶせる」(『教室に並んだ背表紙』〈集英社〉所収)】

※1　貴賤……貴《とうと》いことと、卑《いや》しいこと。

2　乾いたひとさし指の爪……涙子が、倉田さんにネイルを塗《ぬ》ってもらった後にそのまま登校し、教員に見つかってネイルを落とされたという出来事があった。

問一　═══線ア～エの「ない」の中で、他とは性質の異なるものを一つ選び、記号で答えなさい。

問二　──線①「わたしは、はっとして顔を上げる」とありますが、なぜ涙子はこのような反応をしたのですか。二十字以上三十字以内で答えなさい。

問三　──線②「ちょっと呆れてしまう」とありますが、なぜ涙子は呆れてしまったのですか。三十字以上四十字以内で答えなさい。

問四　──線③「知っておいてほしいと思うこと」とは、どのようなことですか。適切なものを次の中から一つ選び、記号で答えなさい。

ア　涙は優しい気持ちになった時にも流れるものなので、「涙の子」という名前もネガティブな意味だけではないということ。

イ　涙は人を優しい気持ちにするものなので、「涙の子」という名前も他人への優しさに満ちた綺麗な名前であるということ。

ウ　涙は人の心が動いた時に流れるものなので、「涙の子」という名前には人の心を動かす力が込められているということ。

エ　涙は人間であれば誰でも流してしまうものなので、「涙の子」という名前も必ずしも悪い意味ばかりではないということ。

問五　──線④「自分を覆い隠すものを脱ぎ捨てる」とありますが、これは具体的にどのようなことですか。適切なものを次の中から一つ選び、記号で答えなさい。

ア　ためらいや恥《は》ずかしさを捨て、自分から図書室へしおり先生を訪ねられるようになること。

イ　涙に対する先入観を捨て、作品に感動した時に素直《すなお》に優しい涙を流すことができるようになること。

ウ　名前に対するコンプレックスを捨て、「涙の子」という名前の通りに生きられるようになること。

エ　自分が好きなものを人に馬鹿にされるかもしれないという不安を捨て、素直に好きと言えるようになること。

問六　しおり先生の人物像に関する説明として適切でないものを次の中から一つ選び、記号で答えなさい。

ア　生徒に対して、丁寧《ていねい》に言葉を選んで寄り添《そ》える人物。

イ　生徒に積極的に働きかけ、正しい答えに導ける人物。

ウ　生徒をよく観察し、些細《ささい》な行動の変化にも気づける人物。

エ　小説も漫画も公平に扱《あつか》う、物語への愛情が深い人物。

三　次の文章を読んで、後の問いに答えなさい。

身体感覚を考えるにあたり「感覚そのものがない」ことについても考えてみましょう。

感覚のなかでも、視覚は重要です。目が見える晴眼者《せいがんしゃ》にとって、世界は視覚を基礎《きそ》に作られているといっても過言ではないでしょう。そんな視覚を失ったら、つまり目が見えなかったら、真っ暗でなにもない世界となるのでしょうか？　目の前の空間がどのように広がっているのかすら、わからないのでしょうか？

心理学の観点から「美」を研究する神経生理学者セミール・ゼキによれば、①印象派の画家クロード・モネは「生まれつき目が見えない状態で生まれ、後から目が見えるようになりたい」と語ったそうです。そうすれば「目の前にあるものがなにかわからないまま、その純粋《じゅんすい》な形を見ることができる」と考えたからだといいます。

ですが実際は、②そんな様子ではなさそうです。10年ほど前、全盲《ぜんもう》の研究生と一緒《いっしょ》に視覚について考えてみたことがありました。彼《かれ》が感じる世界について話してもらうのです。聞くと驚《おどろ》くことばかり、そこには想像とはまったく異なる、豊かな世界がありました。

たとえば、色について話したことがあります。生まれつき目が見えなかった彼は、これまで一度も色を見たことがないにもかかわらず、色には強い関心を持っていました。そして、それぞれの色に対するイメージのようなものを抱《いだ》いていました。ちょっとした会話の話題や、小説のエピソードなどから、明るくて目立つ赤や空の色の青といったように、それぞれの色がどんなものなのかを推測しているのです。

色については、欠けた情報を補って想像しているという様子ですが、③空間については晴眼者とまったく違《ちが》う、豊かな世界を持っていることがわかりました。

そもそも彼は私の研究室までは※白杖《はくじょう》をついて来るのですが、研究室に入った後は、白杖をまったく使わないで歩き回ります。そして、そのまま椅子《いす》のあるところに来て座《すわ》るのです。それはまるで、見えているかのような行動にも思えました。

目が見えないのに、どうしてテーブルと椅子のある場所まで迷わずに歩けるのかと聞いたところ、音の反射から、空間内の広がりやおおよその障害物があることがわかるというのです。彼は旅行好きで、旅先でボランティアの同行をつのっては旅に出るとのことですが、はじめて入るホテルの部屋でも、音の響《ひび》きから部屋の大きさがわかるそうです。広めの部屋では音が広がるというのです。音が吸収される方向から、ベッドの位置もわかるといいます。

［Ⅰ］つまり彼は視覚がなくても、目の前の空間は、音と空気の流れから把握《はあく》できるのです。視覚という、影響力《えいきょうりょく》の強い感覚がなかったとしても、まったく別のルートから作りあげた空間世界を共有できる。こうした違いを意識しながら、共通の世界について語らえたら、それこそがすばらしいことではないでしょうか。

［Ⅱ］しかし一方で、④視覚障害の彼には理解できない空間経験もありました。彼がボランティアに新聞記事を読みあげてもらっていたときに、片隅《かたすみ》にある小さな記事にボランティアが気づくことに驚いたというのです。

晴眼者にはごくふつうのこと、興味をもった記事であれば、小さな記事であっても気づくことができます。［A］、触覚《しょっかく》でひとつひとつ点字を順番に確かめていく目の見えない学生にとって、この一目で気づくという見方が大きな驚きだったのです。

［B］、当然のことかもしれませんが、どこからどのように見ているかという「視点」への理解は、彼には難しく感じられたようです。た

とえば天から見下ろすような⑤「俯瞰《ふかん》する」という視点が、ピンと来ないようなのです。

それで気がついたのですが、私を含《ふく》めた晴眼者は、視点の切《き》り替《か》えをよくします。漫画《まんが》や映画を「視点」から見なおしてみると、気づくことができるでしょう。自分自身の視点で見ている風景と、俯瞰する視点から見る風景を、効果的に見えるように、切り替えています。

たとえば広い空間を、敵と味方が複雑に入り交じり格闘《かくとう》する戦闘《せんとう》シーンや、スパイ映画で、敵に追われてビルの上を飛び回るシーン。こうしたシーンは、天から見下ろすような「俯瞰する」視点で描《えが》かれることが少なくありません。ちなみに、こうした視点の切り替えは、夢の中でもおきています。たとえば自分が空を飛んでいる様子を、天から見下ろしているような夢を見たことはありませんか？

晴眼者が日常で頻繁《ひんぱん》に目にするシーンの切り替えは、視覚障害者の学生にとっては理解し難《がた》く、特に俯瞰的な光景をイメージすることが難しいというのです。漫画や映画を説明されて情景をイメージするときも、自分で小説を読むときも、常に登場人物と同じ視点でいるといいます。

Ⅲ それでは、俯瞰的な視点とは、どのように得られるのでしょうか？

どんな実体験と結びついているのでしょう？　晴眼者にとっては、高いビルや小高い丘《おか》から眼下に広がる街並みを見下ろしたときなどに見た、さえぎられていたものがなく視野が広がるという、視覚的な経験にもとづいているのではないでしょうか。

一方の視覚障害の学生によれば、俯瞰的な視点は、小説で触《ふ》れたくらいで、実際に体験したことはないそうなのです。

Ⅳ 互《たが》いの語りをほんとうに理解するためには、異なることと共通することを、丁寧《ていねい》に知り合っていくことが重要なのではないでしょうか。

(山口真美『こころと身体の心理学』〈岩波ジュニア新書〉)

※　白杖……目の不自由な人が歩行するときに使う白い杖。

問一　――線①「印象派の画家クロード・モネ」とありますが、クロード・モネの考えは、この文章においてどのような役割を持っていると考えられますか。適切なものを次の中から一つ選び、記号で答えなさい。

ア　読者と同じ視点の考えを示すことで、読者に親近感を持たせるとともに、この後述べる筆者の考えを理解させやすくする役割。

イ　画家の考えを示すことで、目の見えない人の世界が、独特な感性を持つ画家にも想像できない世界であることを誇張《こちょう》する役割。

ウ　晴眼者の考えを示すことで、この後述べる目の見えない人の世界が、晴眼者の想像とは異なる世界であることを強調する役割。

エ　有名人による、筆者と同じ視点の考えを示すことで、その後述べる筆者の考えに説得力を持たせる役割。

問二　――線②「そんな様子」とありますが、どのような様子ですか。説明として、適切なものを次の中から一つ選び、記号で答えなさい。

ア　目の見えない人が認識《にんしき》する世界は真っ暗であるため、目の前にあるものすら、なにかわからない様子。

イ　目の見えない人が認識する世界は真っ暗であるが、目の前に広がる世界を聴覚《ちょうかく》などによってとらえている様子。

ウ　目の見えない人が認識する世界は色がないため、色について説明されてもイメージすらわかない様子。

エ　目の見えない人が認識する世界は色がないが、実は晴眼者の想像以上に世界を豊かにとらえている様子。

問三　――線③「空間については晴眼者とまったく違う、豊かな世界を持っていることがわかりました」とありますが、その空間の把握の仕方の例として適切でないものを次の中から一つ選び、記号で答えなさい。

ア　先生の話す声の響き方から、部屋の広さを把握する。

イ　友人の会話の内容から、部屋にいる人の数を把握する。

ウ　自分の足音のはね返り方から、家具の配置を把握する。

エ　杖をつく音の反射から、自分の座席までの道を把握する。

問四　――線④「視覚障害の彼には理解できない空間経験」とありますが、これはどのような経験ですか。適切でないものを次の中から一つ選び、記号で答えなさい。

ア　教科書を読み、強調された重要な箇所《かしょ》にすぐに気づくこと。

イ　新聞を読み、順番に文字をたどって小さな記事に気づくこと。

ウ　映画の説明を聞き、情景を広い視野からとらえ整理すること。

エ　小説を読み、登場人物から離《はな》れた客観的な視点から話を把握すること。

問五　［A］、［B］に入る言葉として適切なものを次の中から一つずつ選び、それぞれ記号で答えなさい。

ア　また　　イ　たとえば　　ウ　しかし

エ　つまり　　オ　ところで

問六　――線⑤「『俯瞰する』という視点が、ピンと来ないようなのです」とありますが、目が見えない人にとって「俯瞰する」という視点を理解することが難しいのはなぜだと筆者は考えていますか。理由を五十字程度で答えなさい。

問七　次の文が入るのに適切な箇所《かしょ》を本文中の［Ⅰ］～［Ⅳ］から一つ選び、記号で答えなさい。

つまり、同じ環境《かんきょう》に住む人たちでも、受け取る感覚の違いから、異なった世界を見ていることもあるということです。

四　次の詩を読んで、後の問いに答えなさい。

※黎明《れいめい》の蛙《かえる》たち　　吉田瑞穂《よしだみずほ》

九州山脈の朝焼けが、
有明海も水田も
あかねいろにそめている。
ぼくは朝やけにそまりながら
たんぼのあぜみちをあるく。

不意の客に
おどろいた子蛙たちは
草むらの露《つゆ》をけちらして
水田にとびこみ
水底にもぐって土になる。

大きなとのさま蛙だけ

ゆったりと早苗《さなえ》にだきついて
①すがたをけしてしまう。

子蛙たちは、
水面にうきあがり
おちついて　ぼくをみつめる。
②人間に話しかけたい人間の目だ。
ぼくは子蛙たちに話しかける。
――公害もなく、保護色もいらない
　　蛙の村をつくりたいね――

となりのたんぼの親蛙たちが
ごるく　ごるく　ごるく　ごるく
げぺる　げぺる　げぺる　げぺる
③にぎやかに　うたいだした。
とのさま蛙も　すがたをみせて
いっしょに　うたったらどうだ。
朝やけのあかねいろにそまりながら……。

【吉田瑞穂「黎明の蛙たち」（『しおまねきと少年』〈銀の鈴社〉所収）】

※　黎明……明け方。

問一　――線①「すがたをけしてしまう」とは、どういうことですか。本文中の語句を用いて二十字以上三十字以内で答えなさい。

問二　――線②「人間に話しかけたい人間の目だ」とありますが、もし「子蛙たち」が人間の言葉を話せたら、どんなことを「ぼく」に話しかけるか、あなたの考えを答えなさい。ただし、次の条件に従うこと。

A　「子蛙たち」の一匹《いっぴき》になり切って書くこと。ただし、人間の言葉を話せるものとする。

B　詩に書かれている状況《じょうきょう》をふまえて書くこと。

C　八十字以上、百二十字以内で書くこと。ただし、出だしの一マスは空けないで書くこと。

問三　――線③「にぎやかに　うたいだした」とありますが、この時の筆者の様子として適切なものを次の中から一つ選び、記号で答えなさい。

ア　子蛙を心配するように鳴き声を上げる親蛙を見たことで、人間と同じように親子の情を大切にする蛙の姿に親しみを感じている。

イ　「ぼく」が子蛙に話しかけたのに合わせたかのようなタイミングで親蛙が鳴きだしたことで、偶然《ぐうぜん》のおかしみに感動している。

ウ　四回ずつ同じ鳴き方をくり返すという親蛙の鳴き声の規則性に気付いたことで、自然のもたらす音楽的な美しさを体感している。

エ　子蛙にかけた「ぼく」の言葉に答えるように親蛙が鳴きだしたことで、蛙と心が通じ合って調和が生じたように感じている。

問四　この詩の表現上の特色として適切でないものを次の中から一つ選び、記号で答えなさい。

ア　部分的に段を下げて強調する箇所《かしょ》を設けることで、詩の背景に社会への問題意識があることを示している。

イ　蛙を擬人法《ぎじんほう》によって描写《びょうしゃ》することで、「ぼく」が自然と人間とを対等に見ていることが表現されている。

ウ　「ごるく」や「げぺる」という擬音を用いることで、何にもおびやかされずに過ごす蛙の生き生きとした様子を表している。

エ　「そめている。」や「あるく。」のように多くの文末で過去形を用いないことで、詩の臨場感を高めている。

五　次の各問いに答えなさい。

問一　ことわざ「のれんに腕《うで》押《お》し」と同じ意味のことわざを次の中から一つ選び、記号で答えなさい。

ア　打てばひびく　　イ　豆腐《とうふ》にかすがい

ウ　蛙《かえる》の面に水　　エ　猫《ねこ》に小判

問二　次の語句の意味として適切なものを後のア～エの中から一つ選び、それぞれ記号で答えなさい。

1　クリエイティブ

ア　新規的　　イ　画期的　　ウ　創造的　　エ　空想的

2　やきもきする

ア　いらいらして気をもむ　　イ　ゆったり落ち着く

ウ　嫉妬《しっと》で気が気でない　　エ　やけを起こして怒《おこ》る

問三　日本語として適切なものを次の中から一つ選び、記号で答えなさい。

ア　ピアノ教室の練習が延びてテレビが見れない。

イ　父の会社は約十人ほどの小さなものであった。

ウ　鬼《おに》になった私は笑いながら逃《に》げる友達を追いかけた。

エ　私はこの本を読んで主人公が勇敢《ゆうかん》だと思った。

問四　次の慣用句を使って、短い文を作りなさい。

「白羽の矢を立てる」

※慣用句の内容が具体的にわかるようにしなさい。

慣用句「足がぼうになる」の場合

（悪い例）「ぼくは、足がぼうになった。」

（良い例）「ぼくは、落とし物をしてしまい、足がぼうになるまで探し回った。」

※「動きを表す語」など、後に続く語によって形が変わる場合は、変えても良いです。

（例：「あるく」→「あるいた」）

六　――線のカタカナを漢字に直しなさい。

1　コンサートが終わってもコウフンが止まらない。

2　山で岩石をサイシュウする。

3　安いのにケッコウおいしかった。

4　チョスイチの周りを散歩した。

5　年長者をウヤマう。

渋谷教育学園渋谷中学校(第一回)

—50分—

※「〇〇字で」、または「〇〇字以内で」という指示がある場合は、「。」「、」「かっこ」なども一字と数えます。

一　次の文章を読んで後の問いに答えなさい。本文の上にある数字は行数を表します。

【男子大学生の榛名忍《はるなしのぶ》は以前は「天才高校生作家」としてもてはやされていたが、現在はスランプに陥《おちい》っている。忍は東京オリンピックに向けて競歩をテーマとした小説を執筆《しっぴつ》するために、大学の後輩《こうはい》で競歩の男子選手である八千代篤彦《やちよあつひこ》に取材を行う。以下は、二人が他大学との合同合宿に参加している場面である。】

「よく最後までついてきたじゃん。ラスト5キロ、結構上げたのに」

※蔵前《くらまえ》に比べたら若干《じゃっかん》息の乱れている八千代が、短く「はい」と頷《うなず》く。

「昨日と今日、八千代を見てて思ったのは、長い距離《きょり》を歩くとき——特に後半に入るとフォームが安定しない。スパートをかけたときにスピードを出そうと《走り》の動きが出て来ちゃうんだな。※警告出されるの、レースの後半が多いだろ？」

ハッと顔を上げて、蔵前を見た。八千代も全く同じことをした。

※能美《のみ》も、関東インカレも、日本インカレも、八千代はレースの後半に決まって警告を出された。ここからスパート合戦が始まるというとき、狙《ねら》ったように出鼻を挫《くじ》かれるのだ。

「かーなーり、直し甲斐《がい》のあるフォームだから、五日間みっちり鍛《きた》えてやるよ。綺麗《きれい》になるぞぉ」

げらげらと笑って、駐車場《ちゅうしゃじょう》でストレッチをする選手達《たち》のもとに向かう蔵前の背中を、忍は脹《ふく》ら脛《はぎ》を摩《さす》りながら見送った。

【中略】

どうしようか迷って、迷って、迷って、二人に駆《か》け寄《よ》った。足を前に繰《く》り出《だ》すたびに悲鳴を上げる太腿《ふともも》に活を入れ、不穏《ふおん》な空気に近づいて行った。

「歩くの嫌《きら》いか？」

普段の人懐《ひとなつ》っこさとか、気さくな先輩《せんぱい》という印象からはほど遠い、低く冷たい蔵前の声がする。怒《おこ》っている。確かに彼《かれ》は怒っている。険しい顔の蔵前と、八千代の背中。二人を見つめたまま、忍は動けなくなった。

「過酷《かこく》な競技だよ。苦しいことばかりだ。俺《おれ》だってそうだ。でも、歩いてるときの君は、刑罰《けいばつ》でも受けてるような顔をしてる。早くこの刑期を終えて自由になりたいって顔だ」

八千代が何か言いたそうに息を吸うのがわかった。でも、蔵前が八千代の言葉を奪《うば》ってしまう。

「違《ちが》うの？　本当はさ、走りたいんじゃない？　走りたいけど仕方なく競歩やってない？　走れない鬱憤《うっぷん》とか苛立《いらだ》ちをエネルギーに競歩をやるなら、それを走ることに向けた方がいいんじゃないの？」

蔵前の言っていることは、多分、正しい。八千代だって、長距離走を続けられるならきっと続けたに違《ちが》いない。

でも、世の中には本人の「続けたい」という熱意だけじゃどうしようもないことがたくさんある。どうしようもないことの方が、きっと多い。

「さっきも必死に俺についてきたけど、あれがレースだったら失格だ。『冷静になれ』って何回言った？　なのに、勝手に焦《あせ》って不安になって食らいついてくる。今のままじゃ、日本選手権だろうと全日本競歩だろうと、ラストで勝負すらできずにまた負けるよ」

正しい、本当に、彼が言っていることは正しい。流石《さすが》は日本代表だ。的確に、(1)八千代の本質と弱点を見抜《みぬ》いている。その蔵前の顔が、①シンソコ恐《おそ》ろしかった。

「八千代は、競歩でどこに行きたいの？」

首を傾《かし》げて、蔵前が八千代を見上げる。八千代の方が背が高いのに、蔵前の方がずっと大きく感じられた。彼から漂《ただよ》う凄《すご》みのようなものが、じりじりと肌《はだ》を焼いてくる。

東京オリンピック、なんて――口が裂《さ》けても言えない。

黙《だま》り込《こ》んだ八千代を、蔵前は凝視《ぎょうし》していた。しばらくして彼は両手をゆっくり腰《こし》に持っていき、八千代を覗《のぞ》き込《こ》むようにしてニィッと白い歯を覗かせた。青天の下、水の撒《ま》かれた土のグラウンドのような、そんな顔で。

「というわけで、明日も頑張《がんば》りましょう」

(2)にこやかに言って、蔵前は何事もなかったみたいに合宿所に入っていった。

随分《ずいぶん》時間がたってから、八千代がこちらを見た。切れ長の目を瞠《みは》って、彼は唇《くちびる》を②真一文字に結んだ。

何を言えばいいかわからなかった。言葉は、人よりたくさん持っているはずなのに、自分の中のどの本棚《ほんだな》を探せば今の八千代に相応《ふさわ》しい言葉があるのか、見当もつかない。

「蔵前さんの言う通りですよ」

温度の感じられない表情で頷いて、彼は小さく肩《かた》を落とした。からん、と、彼の奥《おく》で何かが落ちる音がした。

「言う通りだ」

ふらつくような足取りで、八千代は忍の側を通り過ぎていく。

「八千代」

「頭を冷やしに行くだけですよ」

素っ気なく呟《つぶや》いて、八千代は正門から外へと出て行った。さっきまで淡《あわ》い夕焼けが綺麗だったのに、藪《やぶ》の向こうがすっかり紺《こん》色に染まっている。

「福本さん、それ貸して」

玄関脇《げんかんわき》にいた福本に駆け寄り、その手から自転車の鍵《かぎ》を奪った。前カゴに八千代のウインドブレーカーが入っている。ちょうどいい。

顔を上げると、下駄箱《げたばこ》の前から蔵前がこちらを見ていた。外しかけたスタンドを戻《もど》し、彼に駆け寄った。

「あの、蔵前さん」

「酷《ひど》いと思う？」

あっけらかんとした様子で言われて、言葉を失った。

「彼、ぱっと見は冷静そうな顔をしてるけど、結構カッとなりやすいよね」

「わかってて、なんであんな言い方するんですか。本人が続けたくても、否応《いやおう》なく諦《あきら》めざるを得ないことがあるって、蔵前さんだって知ってるでしょう」

「当たり前じゃん」

下駄箱に寄りかかった蔵前は、肩を揺《ゆ》らして笑った。当然のことを聞くなという顔で。

「もう限界だって競技を辞《や》めた奴《やつ》。怪我《けが》で辞めざるを得なかった奴。実業団から戦力外通告されて泣く泣く田舎《いなか》に帰った奴。競歩に限らず、大量に見てきたよ」

「じゃあ……」

「ここにいるはずじゃなかった、って顔して後ろついてこられて、イライラしちゃってね」

(3)本当にそうなのだろうか。ならどうして蔵前は、昨日八千代に「綺麗になるぞぉ」と言ったときと同じ顔をしているのだろう。

「取材のときに榛名センセに言いましたよね？　競歩は転向ありきのスポーツだって。俺だって大学から競歩を始めたから、高校のときは大学駅伝を走りたいと思ってた。もっと言えば、箱根が走りたかった」

穏《おだ》やかな溜《た》め息《いき》をついた蔵前が、遠い目をする。遠く遠く、大学生もしくは高校生だった頃《ころ》の自分を思い出しているみたいだった。

「でも、競歩は箱根を走れなかったコンプレックスを埋《う》める代替《だいたい》じゃない。競歩を箱根の代わりにしてるようじゃ、競歩が好きで《歩き》を極《きわ》めようとしてる奴には勝てないよ」

俺とか、※長崎《ながさき》 龍之介《りゅうのすけ》にはね」

歌うように長崎の名前を出されて、忍はすっと息を止めた。蔵前は、八千代の心根をわかって言ったのだろうか。※ロング歩の最中に、八千代に彼のことを話してわざと煽《あお》ったりしたのだろうか。

さっき話していた※楓門《ふうもん》大の選手が、もし、好きな作家として※桐生《きりゅう》恭詩《やすし》の名前を出していたら、俺は笑って「そうなんですか」と言えただろうか。

「そうかも、しれませんけど」

きっと、ヘラヘラと「そうなんですね。面白《おもしろ》いですよね、桐生さんの本」と言うのだ。意外と違和感《いわかん》なく笑えるのだ。そして、今日の夜ベッドに入ってから、今更《いまさら》のように悔《くや》しいと思う。今更悔しいと思う自分にさらに悔しくなる。

「八千代は確かに、箱根駅伝がなくなっちゃった穴を競歩で埋めようとしてるのかもしれないけど、それは絶対に、悪いことではないと俺は思います」

庇《かば》っているのは、俺なのに。俺が庇っているのは八千代なのに。どうして、自分を必死に守っているような気分になるのだろう。

「そんなことも許されないなんて、一度挫折《ざせつ》した人間は何もできないじゃないですか」

心血を注いだ何かをすっぱり諦められるなんて、そんな潔《いさぎよ》い人間ばかりじゃないだろう。引《ひ》き摺《ず》って引き摺って、それでも次を目指そうとする人間だって、いるだろう。

――いるだろう。

「ああ、そうだろうね」

あっけらかんと、蔵前は頷いた。

「でも、八千代君に俺の言葉が必要だって言ったの、榛名センセでしょ？」

そうだ。確かに、そうだ。

「……八千代を、迎《むか》えに行って来ます」

蔵前に一礼し、玄関を出た。「いってらっしゃ～い」と手を振《ふ》る蔵前の姿が、ガラス戸に映り込んでいた。

【中略】

「やっぱりこういうとき、人間って海に行くんだよな。俺が読んできた小説の登場人物って、みんなそうだった」

「……わかりやすくてすみません」

沈《しず》んだ声は、波の音に掻《か》き消《け》されそうだった。

「わかりやすくて助かったよ」

自転車の前カゴに入っていたウインドブレーカーを渡《わた》してやる。強い風が海から吹《ふ》いてきて、八千代は諦めた様子でそれを着込んだ。

「別に、拗《す》ねてふて腐《くさ》れてるだけなんで、夕飯の時間までには帰りますよ」

「じゃあ、夕飯の頃まで付き合うよ」

遮《さえぎ》るものが何もなくてすこぶる寒いが、忍は砂浜《すなはま》に腰を下ろした。立っているよりはマシだろう。両足を、さらさらの砂の上に投げ出す。だいぶたってから、八千代が隣《となり》に座《すわ》った。

誰《だれ》もいない砂浜で、黙《だま》って海を見ていた。特に面白いものもない。冬だし暗いし、夜景や③トウダイの明かりが見えるわけでもない。

だから、かもしれない。

「俺のデビュー作、二十万部売れた。新しい世代の書き手が現れたって。リアルな青春を描《えが》く新星だって」

口から、言葉がぽろぽろとこぼれていく。「凄いじゃないですか」と、八千代が答えた。

「二作目は、プレッシャーもあったけど、結構楽しく書いたんだ。『読者の期待を軽々と越《こ》えた傑作《けっさく》だ』って、文芸誌に書評が載《の》った」

「それも凄いですね」

「三作目は、デビューした玉松書房《しょぼう》じゃないところから出した。『アンダードッグ』ってタイトル。俺は気に入ってる話だったのに、売り上げがイマイチ奮わなくて、ネットでもいい感想を見かけなかった。それで俺も、書きたいものを楽しんで書くだけじゃなくて、ちゃんと数字とか需要《じゅよう》とか、そういうことを考えないといけないんだなって思った」

八千代は何も言わなかった。満ち潮ってわけでもないのに、波の音が近くなった。

「四作目の『遥《はる》かなる通学路』は、正直、いろいろ考えすぎて書くのがきつかった。担当からたくさん修正指示が入って、何がいいのかわからなくなって、無理矢理完成させた。一昨年の一月に出した『嘘《うそ》の星団』も同じような感じだったな。去年出した『アリア』は、久々にそういう息苦しさを抜け出《だ》せたような気《ぬ》がしたんだけど、結局未《いま》だにスランプのままだ。世間はもう、天才高校生作家のことなんて忘れてる」

波の音が、また近くなる。

「『遥かなる通学路』の頃からかなあ。思ったように書けなかったって気持ちとか、期待に応えられなかったって気持ちを、次の作品に投影《とうえい》するようになったの。『遥かなる通学路』の分まで『嘘の星団』に、『嘘の星団』の分まで『アリア』にって……失敗から逃《に》げ回《まわ》るみたいに、自分の中にできちゃった穴を次の作品で必死に埋めるようになったの」

穴は、増えていく。忍の心はぼこぼこの穴だらけになっていく。「天才高校生作家」でなくなった自分が身につけるべき新しい《価値》を探して、(4)ゾンビみたいに彷徨《さまよ》う。

「失敗して、次の挑戦《ちょうせん》でその穴を埋めようとするんだよ。蔵前さんはああ言うけど、俺はそういうものだと思う」

最初から何もかも上手《うま》く行くなら、それに越したことなんてない。次こそは、次こそは……何度《次》を積み重ねたって辿《たど》り着けないのかもしれない、もう《次》なんてないかもしれないと怯《おび》えながら、それでも《次》を信じて生きている。(5)俺も、彼も、一緒《いっしょ》だ。

「俺は負けたんですよ」

ぽつりと、八千代が言った。

「長距離で負けた。それは事実なんです。競技そのものを諦めて、普通に大学生やって普通に就活して普通に就職する選択肢《せんたくし》だってありましたけど、駄目《だめ》だったんですよ」

駄目だったんです。

波の音と音の間で、八千代はその言葉を繰《く》り返《かえ》した。

「俺ね、小学生の頃から走るのが好きで、中学、高校と陸上ばっかりだったんですよ。はい、今日から別の目標を見つけて、頑張って生きて行ってください。なんて言われても、何をすればいいかわからないんです。何ができるかもわからないんですよ。だから、競歩は俺に価値をくれるんじゃないかと思ったんです」

そうだ。俺には価値が必要なんだ。作家であり続けるためには、価値がないといけない。書くことをやめたら、俺は何者にもなれない。

書き続けること以外に、自分を確かめる方法がわからない。

「俺も負けたんだよな」

寒さに、指先の感覚が遠のいていく。鼻の頭が痛くなって、鼻水を啜《すす》った。

「そうだな。そうだよな、俺は負けたんだ。負けたってわかってるくせにぐちゃぐちゃ言い訳して、スランプだとか、『どうせ俺なんか』なんて言ってふて腐れて拗ねてたんだ。認めるよ、負けたんだ。俺は、負けたんだ」

「先輩は、誰に負けたんですか?」

他の作家に、本に、世間からの期待に、ニーズに、売り上げに――そこまで考えて、どれも合っているけれど、どれも違うと気づいた。

「榛名忍に、だ」

天才高校生作家という肩書《かたが》きを、期待を、重いと思った。でも、いざ「誰からも期待されなくなった自分」を想像すると、期待されたいと思う。期待される自分でいたい。期待に応えられる自分でいたい。もっと上手に夢を見るはずだったのに。胸の奥にいる怖《こわ》いほど純粋《じゅんすい》な自分が、そうやって嘆《なげ》いている。

　東京オリンピックが決まったあの日から、俺は一歩も前に進んでいない。

「俺は、俺に負けてきたんだ。本を読むのが好きで、小説を書くのが好きな俺に、ずっと負けてきた。俺の期待を④**ウラギ**ってきた」

　ふふっと、八千代が笑うのが波の音に紛《まぎ》れて聞こえた。無意識に足下《あしもと》にやっていた視線を彼へ移すと、確かに微笑《ほほえ》んでいた。

「元天才高校生作家も、大変ですね」

「ああ、大変だよ。凄く大変だよ」

　今、とても辛《つら》い話をしているはずなのに。どうしてこいつは笑って、釣《つ》られて俺も笑ってしまうんだろう。

「帰ろう。帰って飯食って風呂《ふろ》だ。明日はまた20キロ自転車漕《こ》ぐんだから」

　立ち上がると、内股《うちまた》にびきんと痛みが走った。呻《うめ》きながらズボンについた砂を払《はら》うと、八千代が「え、明日もやるんですか？」と聞いてきた。

⑹**「やるよ。遊びに来てるんじゃないんだから」**

　浜は真っ暗になっていた。手探りで自転車を探し、砂の上を引き摺って歩いた。

（額賀澪『競歩王』〈光文社〉より）

※蔵前……競歩のコーチ。

※警告……競歩では歩く際のフォームに厳格な制約があり、「常にどちらかの足を接地させる」、「前足のひざを伸ばす」などのルールがある。違反《いはん》が認められると注意や警告が出され、失格になる場合もある。

※能美……「全日本競歩能美大会」のこと。直後の「関東インカレ」、「日本インカレ」は大学生の大会。

※長崎龍之介……八千代と同年齢《ねんれい》のライバル選手。競歩一筋で、リオデジャネイロオリンピックに出場した。

※ロング歩……競歩の練習メニューの名前。

※楓門大……今回の合同合宿に参加している大学のひとつ。

※桐生恭詩……忍と同時期にデビューした同世代の作家。かつては忍の方が人気があったが、今は桐生の方が売れている。

問一　＝線①～④のカタカナを漢字に、漢字をひらがなに直しなさい。漢字は一画ずつていねいに書くこと。

問二　――線⑴「八千代の本質と弱点を見抜いている」とありますが、蔵前が見抜いた八千代の選手としての「本質と弱点」はどのようなものですか。五十一字以上六十字以内で説明しなさい。

問三　――線⑵「にこやかに言って、蔵前は何事もなかったみたいに合宿所に入っていった」とありますが、ここまでの場面で描かれている蔵前の説明として最もふさわしいものを次の中から一つ選び、記号で答えなさい。

ア　競歩に取り組む八千代の姿勢に物足りなさを覚え、あえて八千代を試すような発言をした彼からは、いつもの前向きで実直な雰囲気《ふんいき》は消えうせ、日本の競歩界の第一人者としての凄《すご》みが感じられた。しかし最後には、八千代の才能を強く信じているかのように明るい笑顔を向けている。

イ　競歩に取り組む八千代の考え方に疑問を感じ、その真意を執拗《しつよう》に追求した彼からは、いつもの気さくでさっぱりした雰囲気は消えうせ、競歩のエキスパートとしての気位の高さが感じられた。しかし最後には、何事もなかったかのように八千代に対して再びさわやかな笑顔を向けている。

ウ　競歩に取り組む八千代の姿勢に対して不満を感じ、突《つ》き放《はな》すような言葉を発した彼からは、いつもの冷静で落ち着いた雰囲気は消えうせ、競歩という競技を愛するがゆえの怒《いか》りが感じられた。しかし最後には、沈黙《ちんもく》することしかできない八千代に対して諦《あきら》めと悲しみがにじむような複雑な笑顔を向けている。

エ　競歩に取り組む八千代の姿勢に対してあえて怒りをあらわにしてみせ、厳しい言葉を投げかけた彼からは、いつもの親しみやすく明るい雰囲気は消えうせ、日本競歩界を背負う者としての威厳《いげん》が感じられた。しかし最後には、沈黙する八千代に対してあっけらかんとした様子で晴れやかな笑顔を向けている。

オ　競歩に対する八千代の考え方を正さねばならないと考え、有無《うむ》を言わせぬ態度で八千代を叱《しか》った彼からは、いつもの穏やかで優しい雰囲気は消えうせ、若い選手に規範《きはん》を示そうとする厳しさが感じられた。しかし最後には、返す言葉もないほど落ち込む八千代の気持ちを察して励《はげ》ましの笑顔を向けている。

問四　――線(3)「本当にそうなのだろうか」とありますが、蔵前に対して忍がこのように考えるのはなぜですか。最もふさわしいものを次の中から一つ選び、記号で答えなさい。

ア　蔵前は八千代が自分と同じく長距離走から競歩へ転向したことを知ったうえで、自分や長崎とは決定的な実力の違いがあると彼を見下すようなことを言っているが、八千代の才能は認めるかのような笑顔を浮《う》かべており、忍は蔵前の様子が不思議で仕方なかったから。

イ　蔵前は八千代が長距離走を諦めて競歩に転向したことを知りつつ、彼の選手としての在り方を否定するような残酷《ざんこく》なことを言っているが、それでも八千代の成長を期待するかのような笑顔を浮かべており、忍は蔵前の真意が他にあるのではないかと感じたから。

ウ　蔵前は八千代が長距離走へのコンプレックスを競歩にぶつけているということを知り、その姿勢は間違っていると強く批判するようなことを言いながらも、八千代に対する同情を感じさせるような笑顔を浮かべており、忍は蔵前の真意が理解できなかったから。

エ　蔵前は八千代のように他競技から競歩へ転向してきた多くの選手の末路を知っていて、彼の選手としての将来を危ぶむような発言をしているにもかかわらず、八千代を鍛えるのが楽しみだというような笑顔を浮かべており、忍は蔵前に不信感を抱《いだ》いたから。

オ　蔵前は八千代が前向きな気持ちで競歩に取り組んでいるわけではないということを知り、それを腹に据《す》えかねて厳しい言葉を述べながらも、八千代のフォームを美しくする自信にあふれた笑顔を浮かべており、忍は蔵前の言動に違和感を覚えたから。

問五　――線(4)「ゾンビみたいに彷徨う」とありますが、これは忍のどのような様子を表したものですか。最もふさわしいものを次の中から一つ選び、記号で答えなさい。

ア　「天才高校生作家」と称賛《しょうさん》された頃と違って、最近は納得のいく作品が書けなくなり、身も心も疲《つか》れ果《は》ててしまっているが、失敗を次の作品に生かさなければ意味がないという思いにとらわれて、自分の才能に対する不安を抱《かか》えつつ、苦悩《くのう》しながら試行錯誤《しこうさくご》を繰り返している様子。

イ　最近はデビュー作を超《こ》える手ごたえのある作品が一向に書けないまま、心に穴が空いてしまったように無気力になっているが、次の作品ではひょっとしたら挽回《ばんかい》できるのではないかという淡い期待を捨てきれず、もがき苦しみながら、いつ終わるとも分からない挑戦を続けている様子。

ウ　人気作家としての過去の栄光を取《と》り戻《もど》したいという思いが空回りし、思うような結果に結びつかず小説を書くこと自体に嫌気《いやけ》がさしているが、次の作品でこれまでの失敗を埋め合わせなければならないという考えに固執《こしつ》してしまい、結果に怯えて苦悩しながらも、書くことを諦められずにいる様子。

エ　これまでいくつか作品を書いてきたものの、どれもデビュー作を超える評価を得られず、作家としての方向性を見失って混乱しているが、次の作品を書くことで自分が作家であることを証明できるかもしれないという思いに引きずられ、辿り着けるかもわからない目標に向かって、苦悩しながら努力を継続《けいぞく》している様子。

オ　華々《はなばな》しい作家デビューの後、次第に自分の思いや周囲の期待にかなう作品が書けなくなり、心に大きな傷を負っているが、次の作品をうまく書くことでしか過去の失敗から逃《のが》れることができないという思いに取りつかれ、先の見通しもなく、もがき苦しみながら小説を書き続けている様子。

問六　――線(5)「俺も、彼も、一緒だ」とありますが、忍と八千代はどのような点で一緒なのですか。最もふさわしいものを次の中から一つ選び、記号で答えなさい。

ア　挫折《ざせつ》を繰り返した結果、ついに自分が身につけるべき新しい価値を見極めたが、もうこれ以上挑戦を続けることができないかもしれないという思いにさいなまれ、次の挑戦を最後だと思ってやりとげようと考えている点。

イ　挫折を味わった後、上手くいく保証のない中で怯えながらも、自分が何者であるかを証明したい、自分の新しい価値を求めたいという気持ちを抑《おさ》えきれず、次の挑戦を諦めることができずにいる点。

ウ　立ち直れないほどの挫折をしたが、自分が新しい価値を身につけるためには、その経験を生かして今できることをするしかないと、次の挑戦を前向きに捉《とら》えうまくいくことを信じようとしている点。

エ　立ち直ることができないような大きな挫折を経験したことで、自分には何の価値もないのではないかという不安にとらわれ、最後になるかもしれない次の挑戦に怯えている点。

オ　挫折を経験し一度は夢を諦めようとしたが、何をしていいか分からず過ごすうちに、自分に新たな価値を与えてくれるものが見つかり、諦めさえしなければまだまだ次の挑戦があるということを信じている点。

問七　――線(6)「やるよ。遊びに来てるんじゃないんだから」とありますが、ここでの忍の説明として最もふさわしいものを次の中から一つ選び、記号で答えなさい。

ア　大好きで取り組んできた分野での自分の負けを認めるのはとても辛いことだが、似た境遇《きょうぐう》にある八千代と本音を語り合ったことで、自分を見つめ直すことができ、厳しい状況《じょうきょう》は変わらないものの前向きな気持ちが生まれている。

イ　大好きな文学において自分の才能の限界を認めるのはとても辛いことだが、長距離を諦めて競歩に転向した八千代と胸の内を共有したことで、苦しんでいるのは自分だけではないと思えるようになり、一歩ずつでも前に進もうという意欲が芽生えている。

ウ　作家としての敗北を受け入れるのはとても辛いことだが、拗ねてふて腐れていた八千代が自分の話を聞いて明るくなったことで、自分の置かれた状況を客観視する余裕《よゆう》が生まれ、困難な状況にあってもそれを不思議と楽しめるようになっている。

エ　出版した小説の売り上げにおいてライバルに敗北したことを認めるのはとても辛いことだが、長距離走で挫折を味わった八千代が新たな価値を求めて競歩に挑《いど》んでいるのを知ったことで、自分が何者かを知りたいという好奇心《こうきしん》が湧《わ》いてきている。

オ　他人が決めた肩書きを背負い続けるのはとても辛いことだが、同じような悩みを抱える八千代に自分の話を聞いてもらえたことで、自分の気持ちに整理がつき、周りからの期待に応えられる自分になろうと決意を新たにしている。

問八　次のア～キは、この作品を読んだ生徒たちの感想です。作品の解《かい》釈《しゃく》として明らかな間違《まちが》いを含《ふく》むものを二つ選び、記号で答えなさい。

ア　八千代は走ることが大好きだったのにそれを諦めるのは辛いことだろう。彼は「走る」代わりに「歩く」ことをしているわけだけれど、でも蔵前の言葉から考えると、競歩を好きでやっている選手には勝てない。焦ると走りたい気持ちが出てしまうのかもしれない。彼が競歩選手として成長するには「歩く」こと自体を好きになる必要がありそうだ。

イ　忍は天才高校生作家として華《はな》やかにデビューしたけれど、書くことがだんだん辛くなってしまい、昔の自分にも、ライバルである桐生恭詩にも勝てずにいる。桐生に勝って、書くことをもう一度好きになることができれば、また思うような作品が書けるようになるだろう。

ウ　蔵前や長崎は好きで競歩を極めようとしている人物で、八千代とは対比的な位置づけがされている。蔵前は八千代に厳しい言葉を投げかけるけれど、それによって八千代は自分の考え方を見つめなおし、変化・成長のきっかけを与える存在として重要な役割を果たしている。さらには忍の変化にも影響を与えることになる重要な人物だ。

エ　蔵前から責められた八千代に対して、最初忍は「何を言えばいいかわからなかった」(61行目)けれど、海辺での場面では「口から、言葉がぽろぽろとこぼれていく」(159行目)ようになっている。きっと、自分の物語と八千代の物語が重なって捉えられたから、自分を振り返る言葉が八千代への言葉として自然とあふれてきたのだろう。

オ　本文は忍の視点から描写《びょうしゃ》されることが多く、八千代の本心ははっきりとは描かれていないけれど、最後の場面では二人の気持ちが通じ合っていることが読み取れる。作品の構造としては、競歩選手を描こうとする小説家を描くという二重構造になっていておもしろい。

カ　冬の海辺の情景描写が効果的だ。「沈んだ声は、波の音に掻き消されそうだった」(144行目)など、今にも消え入りそうな声で話す二人の意気消沈《いきしょうちん》した姿が波の音によって印象付けられている。また、「波の音と音の間で、八千代はその言葉を繰り返した」(201行目)などから、波音が二人を包《つつ》むことで幻想的《げんそうてき》な空間が演出され、その中でお互《たが》いの心の内をぶつけあう二人が現実世界から切《き》り離《はな》されているように感じられる。冬の冷たい空気が、残りの合宿が二人にとって更《さら》に辛いものになることを暗示している。

キ　忍は思うような作品を書けないことの原因について、売上げやニーズなどを気にした影響もあると考えていたようだ。しかし八千代と話をしていくうちに、書くことが自分に価値をもたらすということに気づき、自分自身の内側に本質的な原因があるということに思い至る。八千代との対話を通して自分自身への理解が深まったということが言える。

二　次の文章を読んで後の問いに答えなさい。

日本語学・日本語教育学者の庵功雄《いおりいさお》さんが著《あらわ》した『やさしい日本語』は、簡略化された〈やさしい日本語〉の概要《がいよう》を示しつつ、(1)社会におけるその重要性を指摘《してき》しており、目下《もっか》の論点にとって非常に参考になる著書だ。

そこで①テイショウされている〈やさしい日本語〉とは、簡単にまとめるならば、(1)語彙《ごい》を絞《しぼ》る、(2)文型を集約するなどして文法を制限する、(3)難しい表現を噛《か》み砕《くだ》く、といった方法により、特定の障害のある人や在日外国人などにとっても習得や理解がしやすいように調整された日本語のことだ。

この〈やさしい日本語〉は、災害時における行政やメディアによる広《こう》範《はん》な情報発信という用途《ようと》のほか、平時においても、多様な人々が暮らす日本の地域社会の共通言語として用いることによって、※社会的包摂《ほうせつ》や多文化共生につながることが目指されている。具体的には、たとえば、

「地震《じしん》直後に必要になる水や保存食はもちろんのこと、給水車から給水を受けるためのポリタンク等も事前に購入《こうにゅう》しておきたい」

という※日本語ネイティブ向けの防災の呼びかけは、

「地震のすぐあとのための水や食べ物はとても大事です。水をもらうときのためのポリタンク(水を入れるもの)も買ってください」

といった文章に言《い》い換《か》えることが推奨《すいしょう》される(『やさしい日本語』一八七―一八八頁《ページ》)。

同書中で紹介《しょうかい》されているエピソードのなかで特に印象深いのは、聴覚《ちょうかく》に障害のある一人の男性のエピソードだ。彼はろう学校で必死に日本語を学んだが、彼の母語である日本手話が日本語と大きく文法体系が異なることなどもあり、敬語の使い分けや助詞の使い方などはうまく習得できなかった。就職後、彼が「てにをは」の不自然な文――たとえば、〈仕事が終わらせる〉など――を書いたりすると、周囲の同僚《どうりょう》にからかわれたり、蔑《さげす》まれたりするようになり、相当の辛苦《しんく》を味わったという(同書一三八―一三九頁)。同様のつらい思いは、日本で働く在日外国人なども少なからず経験していることだろう。

日本語を母語とする者が高度に使いこなしているものを皆が従うべき「規範」として立て、そこから逸脱《いつだつ》した使用を嘲《あざけ》ったり厳しく注意したりするのでは、社会的包摂や多文化共生からは遠ざかるばかりだろう。むしろ、「日本で安心して生活するために最低限必要な日本語」(同書八六頁)を基準に皆が日本語の学習やコミュニケーションのあり方を考えていくことは、特定の障害のある人や在日外国人などが「日本の中に自

らの「居場所」を作る」（同書七三頁）ことにつながりうる。

以上の指摘は非常に重要だ。〈やさしい日本語〉を知恵《ちえ》を絞って構築し、日本語教育の現場などに普及《ふきゅう》させて日本語習得のハードルを下げることは、たとえば移民など、この国の地域社会で生きていく必要のある人々にとっても、また、彼らと共生していく日本語ネイティブの住民にとっても有益であることは間違《まちが》いない。

さらに、同書では、〈やさしい日本語〉はそのほかの点でも日本語ネイティブ自身にとって大いに恩恵《おんけい》があると指摘されている。私も含《ふく》め、日本語ネイティブはしばしば、「『適当に言っても通じる』というある種の『甘え』」（同書一八四頁）のなかにいる。たとえば、企業でも②カンチョウでも大学等々でも、自分でもよく分かっていない曖昧《あいまい》な業界用語を※符丁《ふちょう》のように用いて、仲間内でうなずき合って過ごす、というのはよく見られる光景だ。また、無駄《むだ》に難しい言葉をこねくり回して③リッパな話をしているように見せかける、というケースもしばしばあるだろう。

そうした甘えや幻惑《げんわく》から脱《だっ》して、自分とは異なる背景を有する相手の立場に立ち、物事を分かりやすく表現して伝えようとすることは、多くの場面でコミュニケーションの成功の機会を増やしてくれるほか、物事のより明確な理解や、より多角的な理解を促進《そくしん》してくれるだろう。

ただし、〈やさしい日本語〉が日本語それ自体の規範になってはならない。私はこの一点に関してのみ、〈やさしい日本語〉の推進に対して一抹《いちまつ》の懸念《けねん》を抱いている。

たとえば同書では、日本語ネイティブにとっては拙《つたな》く思えるような日本語も一種の「方言」ないし日本語のバリエーションであって、たとえば在日外国人がそうした日本語で「大学のレポートや会社のビジネス文書を書いても受容すべきだ」（同書二〇七頁）と言われている。もしもこの主張が、あらゆるレポートやビジネス文書についての規範的主張として④テンカイされているのだとしたら、それには明確に反対したい。

【中略】

また、たとえば専門家の繰《く》り出《だ》す表現がときに難しいものになるのは、難しい言葉を無駄にこねくり回しているから――本当は分かりやすく言えるのに、敢《あ》えて好きこのんで難しい言葉を用いているから――というケースも確かにあるが、そればかりではない。

医学であれ、工学であれ、法学等々であれ、専門家が扱う問題は、まさにその道の専門家が必要であるほどに、そもそも難しい。複雑な問題をあるがままに正確に捉《とら》え、解決の方途を正確に言い表そうとするならば、その表現はおのずと複雑で、繊細《せんさい》なものになっていく。

もっとも、専門家は常に難しい言葉の使用に終始していればよいというわけではない。専門家と市民との十分なコミュニケーションは本当に重要であり、そこでは難しい言葉はしっかりと噛み砕かれるべきだ。（この点については、後の第四章第3節で主題的に扱う。）ただし、その前にまずもって、専門の領域において突き詰《つ》めた思考と表現が必要なのだ。また、種々の社会問題の込《こ》み入《い》った中身に分け入ったり、人間の心理の微妙《びみょう》な襞《ひだ》を分析《ぶんせき》したり、古来受《う》け継《つ》がれてきた世界観や価値観の内実を浮《う》き彫《ぼ》りにしたり、といった場合にも、慎重《しんちょう》に繊細に言葉を練り上げることが必要となる。そうやって腐心《ふしん》することではじめて表現できることがあり、その表現によってはじめて見えてくるものがあるのだ。そして、そのような実践《じっせん》が可能であるためには、言語という巨大な文化遺産の奥《おく》深くにアクセスし、その厖大《ぼうだい》な蓄積を利用しつつ、変更を加えたり新たなものを付け加えたりしていく道が、私たちに確保されていなければならない。つまり、〈やさしい日本語〉ではなく、前掲書《ぜんけいしょ》で言うところの(2)「精密コードとしての日本語」（同書二〇九頁）を用いることが、そこでは可能でなければならない。

しかもそれは、各分野の専門家や、あるいは作家といった職業の人に可能であればよい、というものではない。〈精密コードとしての日本語〉の使用が私たちのうちのごく一部に限られてしまえば、そこに大きな知的格差や、あるいは権威《けんい》・権力の偏《かたよ》りが生まれ、日本語は非民主化されてしまうことになる。また、そもそも、過去の言葉の蓄積を理解できる人が少なくなれば、その分だけ遺産自体が先細り、朽《く》ちていってしまうことになる。

要するに、言葉は常に伝達のための手段であるわけではなく、しばしば、言葉のまとまりをかたちづくること」――表現を得ること――それ自体が目的となる場合がある、ということだ。その点で、「日本語母語話者にとって最も重要な日本語能力は、「自分の考えを相手に伝えて、相手を説得する」ということである」（同書一八一頁）という、同書で繰り返されている主張は、言葉の働きの一方を強調し過ぎているように思われる。もちろん、その種のコミュニケーションスキルもきわめて重要だ。しかし、これがほかの何よりも重要であるというわけではない。すなわち、その伝えるべき「自分の考え」それ自体を生み出すことも、同じくらい重要な言葉の働きなのである。

それから、言語の簡素化と平明化を推進することが、必ずしも言語の民主化につながるとは限らない、という点も強調しておくべきだろう。

多様な人々の間で用いられる共通言語を意図してつくろうとする際には、一般《いっぱん》的に、語彙と文法を制限して学習や運用のコストを減らすという方法がとられる。しかし、人工的な共通言語のこうした特徴《とくちょう》は、たとえばジョージ・オーウェル（一九〇三―一九五〇）の小説『１９８４』に登場する、※全体主義国家の公用語「ニュースピーク」の特徴と似通っている。

本書第一章でいくつか具体的な事例を通して確認したように、多くの言葉は、物事に対する特定の見方、世界観、価値観といったものを含んでいる。（たとえば、「土足で踏《ふ》み込《こ》む」、「かわいい」、「しあわせ」など。）(3)言葉は思考を運ぶ単なる乗り物なのではなく、ある種、「思考が言語に依存《いぞん》している」（『１９８４』四六〇頁）とも言えるのである。そして、件《くだん》の全体主義国家は、言語のこの特徴を最大限に利用している。すなわち、旧来の英語を改良した「ニュースピーク」なる新しい言語を発明し、その使用を強制することによって、国民の表現力や思考力を弱め、全体主義に適《かな》う物事の見方に嵌《は》め込《こ》むのである。

ニュースピークの具体的な設計思想は、文法を極力シンプルで規則的なものにすること、そして、体制の維持《いじ》や強化にとって不要な語彙を削《さく》減《げん》し続けることである。小説の登場人物の口からは、「年々ボキャブラリーが減少し続けている言語は世界でニュースピークだけだ」（同書八二頁）とも語られている。たとえば、「good（良い）」という言葉の程度を強めるのに「excellent（素晴らしい）」とか「splendid（見事）」といった言葉があるのは無駄であって、「plusgood（＋良い）」とか「doubleplusgood（＋＋良い）」という言葉で十分とされる（同書八一頁）。作者のオーウェルは、小説の付録として「ニュースピークの諸原理」を詳細《しょうさい》に著しているが、そこで彼は次のようにも綴《つづ》っている。

　我々の言語と比較《ひかく》してニュースピークの語彙は実に少なく、さらに削減するための新たな方法がひっきりなしに考案され続けた。ニュースピークは他の言語と異なり、年々語彙が増えるのではなく、減少し続けたのである。選択範囲が狭《せば》まれば狭まるほど人を熟考へ誘う力も弱まるのだから、語彙の減少はすなわち利益であった。（同書四七三―四七四頁　※原文を基に一部改訳）

しっくりくる言葉を探し、類似した言葉の間で迷いつつ選び取ることは、それ自体が、思考というものの重要な要素を成している。逆に言えば、語彙が減少し、選択できる言葉の範囲が狭まれば、その分だけ「人を熟考へ誘《さそ》う力も弱まる」ことになり、限られた語彙のうちに示される限られた世界観や価値観へと人々は流れやすくなる。ニュースピークとはまさに、その事態を意図した言語なのである。

語彙と文法の制限によって簡素化・平明化を実現したニュースピークは、淀《よど》みのない滑《なめ》らかなコミュニケーションを人々に可能にさせるが、しかしその事態は、人々がこの言語によって飼い慣らされ、表現力・思考力が弱まり、画一的なものの見方や考え方に支配されることを意味していた。

もちろん、これは小説のなかの話であり、ある種の思考実験に過ぎない。（とはいえオーウェルは、二〇世紀前半に猛威《もうい》を振《ふ》るった現実の全体主義国家の言語政策やプロパガンダなどを手掛かりに、ニュースピークを周到《しゅうとう》に構想したわけだが。）

また、〈やさしい日本語〉はニュースピークのようなものだ、と言いたいわけでもない。ニュースピークは、全体主義に適わない世界観や価値観を表現する言葉を積極的に廃止《はいし》し、「ありとあらゆる他の思考様式を完全に排除すること」（同書四六〇頁）を明確に意図して設計されている。その一方で〈やさしい日本語〉は、先に確認したように、地域に住む人々の多様な背景を尊重し、相手の立場に立ったコミュニケーションを推進することを目的としている。それゆえ、(4)人々は〈やさしい日本語〉の使用によって、画一的なものの見方どころか、多角的なものの見方を獲得《かくとく》できる可能性が大いにあるだろう。

しかし、仮に〈やさしい日本語〉が全面化するとすれば――つまり、いかなる場面でも〈やさしい日本語〉の使用が推奨されたり要求されたりするとすれば――その際にはこの言語はニュースピーク的なものに近づくことになる。誰か（言語学者？　国の機関？）が意図して減らした語彙と表現形式に従ったかたちであらゆる報道がなされたり、あらゆるレポートや論文が書かれたりするようになれば、どのような語彙や表現形式が制限されるかに応じて、思想的な偏りが生まれたり強まったりするだろう。また、たとえば価値中立的な言葉や政治的に中立的な言葉だけを用いる、といった方針を採ったとしても、言うまでもなくその方針自体が、一種の思想的な偏りを示すものとなる。

そして、それ以前に、〈精密コード〉としての側面を失った日本語は、それを使用する者の表現力や思考力を著《いちじる》しく弱めてしまうことだろう。

（古田徹也『いつもの言葉を哲学する』〈朝日新書〉より）

※社会的包摂……一人ひとりが取り残されることなく社会へ参画することができるようにすること。

※日本語ネイティブ……日本語を母語とする人。

※符丁……仲間だけに通じることば。あいことば。

※全体主義……個人の権利や利益を国家の統制下に置こうとする思想。

問一　＝＝線①～④のカタカナを漢字に直しなさい。漢字は一画ずつていねいに書くこと。

問二　――線⑴「社会におけるその重要性」とありますが、〈やさしい日本語〉はどのような点で重要ですか。最もふさわしいものを次の中から一つ選び、記号で答えなさい。

ア　〈やさしい日本語〉は全ての人が日本語の規範として用いることを目的として作られており、日本語を母語としない人々が日本人と対等にコミュニケーションをとることを推進し、多文化社会の中でも差別をなくすことを可能にするという点。

イ　〈やさしい日本語〉は文化的背景や能力にかかわらず誰もが容易に使えることを目的として作られており、社会に所属する全ての人が排除されずに共に暮らしていくことを推進し、緊急時《きんきゅうじ》においても多くの人々が適切な情報をすばやく得ることを可能にするという点。

ウ　〈やさしい日本語〉は日本で暮らすあらゆる人々の共通言語になることを目的として作られており、日本語を母語とする人と在日外国人の言葉の壁《かべ》による教育格差をなくすことを推進し、将来的には格差のない平等な社会を形成することを可能にするという点。

エ　〈やさしい日本語〉は人々が持つ様々な個性や違いに配慮《はいりょ》することを目的として作られており、日々の生活のなかで誰もが周囲の人と親しい人間関係を速《すみ》やかに築くことを推進し、災害などの非日常的な場面でも必要な情報を周囲の人と共有することを可能にするという点。

オ　〈やさしい日本語〉は国内で暮らす多様な人々の円滑《えんかつ》な意思疎通《そつう》を実現することを目的として作られており、日本語習得の際のハードルを下げて移民を増やすことを推進し、日本以外の文化圏《けん》の人々であっても自分の考えを他者に的確に伝えることを可能にするという点。

問三　――線⑵「精密コードとしての日本語」とありますが、それについて筆者はどのような考えを持っていますか。最もふさわしいものを次の中から一つ選び、記号で答えなさい。

ア　複雑な事象を的確に表現するために欠くことのできない繊細な日本語であり、使うためにはこれまでの言語文化の積み重ねを理解して更新していく姿勢が必要で、その使用が一部の人々に限定されてしまうことには危機感を抱いている。

イ　専門的な分野において現象を速やかに分析《ぶんせき》するための高度な日本語であり、市民がその意味を即座に理解できるようなわかりやすいものではないため、その性質上権威や権力と強く結びつき、日本語の非民主化を推し進めるものであることを懸念している。

ウ　社会に存在する様々な課題を解決するために必要となる練り上げられた日本語であり、専門家や知識人だけが用いることで格差が生じないように、日本で生活するあらゆる人々が使えるようになることが重要だと考えている。

エ　込み入った状況を詳細《しょうさい》に表すことができる緻密《ちみつ》な日本語であり、適切に用いるためには意味や使う状況を間違ってはならないので、過去から現在にいたるまでの言葉の蓄積を日本語教育のなかで教えていくことが必要だと感じている。

オ　専門性が求められる場面でも日本語を母語としない人々との対話の場面でも使用できる柔軟《じゅうなん》な日本語であり、専門家と市民が円滑なコミュニケーションを行うために、今後さらに活用されるべきであるという確信を持っている。

問四　――線(3)「言葉は思考を運ぶ単なる乗り物なのではなく、ある種、『思考が言語に依存している』」とありますが、それはどういうことですか。五十一字以上六十字以内で説明しなさい。

問五　本文を読んだAさんは〈やさしい日本語〉と「ニュースピーク」とについて考えを整理するため、――線(4)「人々は〈やさしい日本語〉の使用によって、画一的なものの見方どころか、多角的なものの見方を獲得できる」に注目して、次のようなメモを作成しました。これについて、あとの(1)、(2)に答えなさい。

> メモ
> 人々は〈やさしい日本語〉の使用により、［　X　］ようになり、多角的なものの見方を持つようになる。
> 人々は「ニュースピーク」の使用により、［　Y　］ようになり、画一的なものの見方を持つようになる。

(1)　［　X　］に入る表現として最もふさわしいものを次の中から一つ選び、記号で答えなさい。

ア　日本語を母語としない人の不自然な言葉づかいに対する自分の態度を振り返り、相手の言葉づかいに対して寛容《かんよう》になろうとするなかで、相手の目線に立って対話することを意識する

イ　自分が今まではわかりにくい表現を使っていたことに気が付き、相手の気持ちや状況に寄《よ》り添《そ》った丁寧《ていねい》な表現を心掛《こころが》けるなかで、その場にふさわしい新しい言葉を創り出す

ウ　無意識のうちに日本の文化を相手に押し付けていたことを反省し、相手の文化を学んでいくなかで、日本以外の文化の持つ独自性や素晴らしさを理解する

エ　日本語の敬語や助詞が他文化の人にとっては難しいのだとわかり、相手が少しでも理解できるように会話を工夫するなかで、現在の日本語の単語や文法の形式にこだわる必要はないと思う

オ　自らの言語が持つ不明瞭《ふめいりょう》さや難解さを自覚し、より相手に伝わりやすい表現を用いてコミュニケーションをしようと努めるなかで、自分とは違う文化的背景を持つ他者の気持ちを考慮する

(2)　［　Y　］に入る表現を四十一字以上五十字以内で本文に即して答えなさい。

問六　次のア～カは、本文に登場する〈やさしい日本語〉・〈精密コードとしての日本語〉・「ニュースピーク」について生徒が話しているものです。それぞれの言葉に関する具体的な例として明らかな間違《まちが》いを含《ふく》むものを一つ選び、記号で答えなさい。

ア　私のクラスには海外からの留学生がいて、国語の授業で読んだ説

明的な文章には難しい言葉や表現がたくさんあると言って困っていたよ。それに気が付いた先生は簡単な表現に言い換えながら説明してくれたんだ。これが相手の立場になって〈やさしい日本語〉を使うということなんだね。

イ　今日見た映画の主人公は、夢を追い続けて貧しい生活をするか、夢を諦《あきら》めてしっかり働くか、決められずに苦しんでいたよ。一緒《いっしょ》に見ていた兄が「彼の心の葛藤《かっとう》がよく伝わってきたね」と言っていて、あの悩んで揺《ゆ》れ動く気持ちは「葛藤」と言うんだとわかったよ。〈精密コードとしての日本語〉を使うと微妙な心理が表現しやすくなるね。

ウ　近所に住んでいるおじいさんが言っていたけれど、戦時中は敵国だったアメリカやイギリスから入ってきた言葉を使うことが禁止されていた時期があったんだって。国家が言葉を統制することによって人々を偏った価値観に導くという点では「ニュースピーク」とよく似ているね。

エ　私が住んでいる地域の避難《ひなん》所の看板には今までは「避難場所」としか書かれていなかったけれど、最近「逃《に》げるところ」という表現が書き足されて、意味がわかりやすくなったよ。聴覚《ちょうかく》情報だけではなくて視覚情報でも〈やさしい日本語〉は活用することができるんだと思ったよ。

オ　以前風邪《かぜ》を引いたときに薬を飲んだらすぐに身体が楽になったよ。でも、あとになって、薬だと思って飲んだのが実はラムネだったとわかったんだ。なぜ治ったんだろうと思って調べたら、薬自体に効能がなくても信じて飲むことで効果がでる「偽薬《ぎやく》効果」・「プラシーボ効果」という医学用語があることを知ったよ。こういう用語も〈精密コードとしての日本語〉だね。

カ　いとこの結婚《けっこん》式があったとき、「終わる」や「切れる」みたいに不幸を連想させる言葉は使わないようにってお母さんに注意されたよ。こういう言葉は「忌《い》み言葉」と言って縁起《えんぎ》が悪いから場面によっては使うことが避《さ》けられるらしいけれど、言葉を制限して思想を狭めるところは「ニュースピーク」みたいだよね。

問七　筆者は本文に続く箇所《かしょ》において、〈やさしい日本語〉と〈精密コードとしての日本語〉の間には「緊張関係」があり、この緊張は解くべきではないと述べています。筆者は二つの言葉の関係性に対してどのような意見を持っていると考えられますか。本文の内容をふまえて最もふさわしいものを次の中から一つ選び、記号で答えなさい。

ア　専門家が複雑な問題を研究するときは〈精密コードとしての日本語〉を用いて、市民が生活するために必要な情報を取り入れるときは〈やさしい日本語〉を用いるという使い分けによって社会は成り立っているため、専門家と市民はお互いの領域に踏み込むのではなく、各々の立場にふさわしい言葉を使うべきである。

イ　〈やさしい日本語〉が万人に対して開かれた平明な言葉である一方で、〈精密コードとしての日本語〉は一部の知識人のみが使用する高等な言葉であり、二つの言葉は相反する性質を持っているため、統合して新たな言葉を創造することを目指すのではなく、従来通りそれぞれを独立したものとして厳密に区分して使用していくべきである。

ウ　人々がお互いへの理解を示しながら安心して生活しつつ高い思考

力を維持できるようにしていくために、日々の暮らしの中で使用する言葉を〈やさしい日本語〉と〈精密コードとしての日本語〉のいずれか一方に統一するのではなく、両者の均衡《きんこう》を保ちながらそれぞれの場面で使い分けていくべきである。

エ　〈やさしい日本語〉と〈精密コードとしての日本語〉はどちらが全面的に使用されることになっても必ず社会から取り残されてしまう人が出てくるので、対立し合う二つの言葉として区別するのではなく、バランスを取りながら双方《そうほう》の持つ特徴を融合《ゆうごう》させた民主的な表現形式を模索《もさく》していくべきである。

オ　〈やさしい日本語〉と〈精密コードとしての日本語〉は使用する人々の間で思想の偏りが起きないように配慮されている点で共通しているが、言葉が民主化されている状態を保持するために両者を同一視するのではなく、それぞれの場面に適した語彙や表現形式を選び取っていくべきである。

渋谷教育学園幕張中学校（第一回）

—50分—

注意　・記述は解答欄《らん》内に収めてください。一行の欄に二行以上書いた場合は、無効とします。
　　　・記号や句読点も一字に数えること。

一　次の文章を読んで、後の問いに答えなさい。

Ａ　完全な計画が不可能だとすれば、少なくともある程度は、その場で対処していくしかない。その場の状況を見ながら、その場で考え、その場でどうするかを決める。その場で考えていては間に合わないこともあるから、そのようなことについては、あらかじめ計画を立てる必要がある。しかし、その場で考えても間に合うことは、その場で対処すればよい。たとえば、複雑な迷路のようになった地下鉄の駅に初めて行くときは、あらかじめ地図を見て出口を調べておいたほうがよいだろうが、初めてでないときは、事前に調べなくても、たいていそれほど迷わずに出口を見つけることができる。

　どのような状況になるのかがよくわからないときに計画を立てるのは、起こりうるさまざまな状況を想定しなければならないから、本当にたいへんである。それぞれの状況のもとでいちいちどうするかを決めていかなければならないので、その計画は複雑かつ膨大なものとなろう。しかも、想定した状況のほとんどはじっさいには起こらないから、せっかく立てた計画も、その大部分は活用されず、無駄となる。

　そうだとすれば、むしろ計画を立てず、その場で対処するほうがよいのではないだろうか。たしかに事前の計画が必要な場合もあるが、積極的にその場の対処に任せるほうがかえって効率がよいことも多い。

　このような考えにもとづいて最近よく用いられるようになった言葉が「アジャイル(agile)」である。この言葉は、辞書的には「機敏な」とか「身軽な」を意味するが、コンピュータのソフトウェアの開発において、従来とは異なる新しい開発手法を表すのに用いられるようになった。すなわち、ソフトウェアを開発するさいに、初めからすべての(a)コウテイにかんして綿密な計画を立てるのではなく、まずは小さな単位で試しながら、試行と修正を繰り返してソフトウェアの全体を完成させていくという手法である。

　このソフトウェアの開発における用法が拡張されて、「アジャイル」という言葉は、いまでは行動一般にかんして用いられるようになった。すなわち、何らかの行動をしようとするとき、事前にきちんと計画するのではなく、進行中のその時々の状況に応じて適当にどうするかを決め、うまく行かなければ修正を行うといったことを繰り返して、行動全体を完遂するというやり方が「アジャイル」とよばれるようになったのである。

　仕事の打合せのなかで「アジャイルで行こう」と言われた場合、それはようするにその場でやりくりしようという意味である。私たちはついつい、しっかりした計画を立てて、絶対に失敗しないようにすべきだと考えがちであるが、そのような綿密な計画を立てることは、実際上ほとんど不可能であるか、あるいは①きわめて効率が悪い。綿密な計画にこだわるのは、失敗にたいする「病的な恐怖」によるところが大きい。

たとえば、恐ろしくて飛行機に乗れない人がたまにいる。そのような人は飛行機の安全性を十分理解していても、飛行機に乗るのを恐れる。たしかに危険な状況で恐怖を抱くのは適切であり、それは逃げるといった行動を引き起こして、じっさいに害を(b)被ることを防いでくれる。しかし、危険でない状況で恐怖を抱くのは不適切である。それは害の未然の防止に役立たないどころか、有益な行動を妨げもする。飛行機への恐怖は、このような病的な恐怖である。

最近、「正しく恐れよ」とよく言われる。放射能に汚染された食品であっても、汚染度は低く、健康に影響はないのに、恐ろしくて食べられない人がいる。このような人は、危険度に見合った「正しい恐れ」ではなく、それに見合わない病的な恐怖を抱いているのである。

緻密な計画へのこだわりも、失敗への病的な恐怖に支配されている可能性が高い。緻密な計画を立てなくても、アジャイルでやっていけば、失敗することはほぼないにもかかわらず、失敗を恐れて、可能なかぎり緻密な計画を立てようとする。たとえ計画を立てるのが無駄であり、その場で適当にやってもうまくやれるということを頭でよく理解していても、どうしても失敗への恐怖がなくならない。こうして計画を立てずにはいられないのである。

アジャイルで行くことは、一見、いい加減で、行き当たりばったりのようにみえるかもしれないが、計画を立てるよりも、アジャイルで行くほうが効率的で、成功する確率が高い場合もある。だからこそ、アジャイルで行くのである。私たちがアジャイルではなく、しっかりした計画に向かいがちなのは、アジャイルがいい加減で失敗の可能性が高いからではなく、むしろ失敗への病的な恐怖があるからである。

あえてアジャイルで行くことは、②そのような病的な恐怖の克服にもつながる。

もちろん、アジャイルが重要だと言っても、計画がいっさい無用だというわけではない。過度に緻密な計画は無用だが、適度な計画は効率の面でも、成功率の面でも、重要である。結局、適度な計画を立て、あとはその場のやりくりに任せることが大切だ。つまり、計画とアジャイルの適切なバランスが何と言っても重要なのである。

B

アジャイルでやっていくには、その場の状況に応じて的確に対処する能力、つまり③臨機応変の能力がなければならない。ヒーローはたいていこの能力に秀でている。『００７』のジェームズ・ボンドは、ビルの屋上や水上などでじつにスリリングな戦いを見せるが、どんなに窮地に陥っても、手持ちの小道具やその場にある物を巧みに利用して、きわどく危機を脱していく。そんなに都合よく小道具や物があるわけないだろうと思いつつも、俊敏な対応能力に感心させられる。

このような臨機応変の能力は身体知の一種である。それは身体で覚えた知であり、脳だけではなく、身体にも刻みこまれた知である。ただし、身体知のすべてが臨機応変の能力だというわけではない。たとえば、舗装した道路でしか自転車に乗れないとしよう。このとき、自転車に乗る身体知をもっていると言えるが、臨機応変の能力をもっているとは言えない。砂利道でも、芝生の上でも、でこぼこ道でも、それらに対応してうまく自転車に乗ることができてはじめて、臨機応変の能力があると言える。ボンドのような臨機応変の能力は、身体知のなかでも、多様な状況に対応できるようなタイプの身体知、すなわち

「多面的身体知」なのである。

　私たちは、ボンドには遠く及ばないにせよ、多少なりとも、このような多面的身体知をもっている。混雑した駅では、いろいろな人とさまざまな仕方でぶつかりそうになるが、たいていうまくよけることができる。会社にいけば、上司や同僚など、さまざまな人から挨拶されるが、相手に応じて適切に挨拶を返すことができる。このような多面的身体知をほとんど無意識的に行使することで、私たちの日々の生活は成り立っている。

　ところで、臨機応変の能力には、このように状況に応じて適切に「行動する」能力だけではなく、状況に応じて適切に「考える」能力も含まれる。こちらは身体を動かす能力ではないので、身体知ではないが、臨機応変の能力のひとつである。

　たとえば、紅葉の季節に「そうだ、京都に行こう」と思い立ち、家を出る。計画と言っても、新幹線で行くというきわめておおまかな計画しか立てていない。駅に着いて、自由席にするか、それとも指定席にするか考える。混み具合を調べてみると、自由席は座れないようだが、指定席は一時間後にしか空いていない。早く行きたい。まあ、座れなくてもいいかと思って、自由席の切符を買う。

　こんな調子で、その場、その場で、適当に考えて、やりくりしていく。そうすれば、たいした計画を立てなくても、無事に京都にたどりつける。ここでは、状況に応じて適切に考えるという臨機応変の能力が大きく物を言う。

［C］　その場の状況に応じて考える能力も、行動する能力と同じく、訓練や実地経験によって鍛えることができる。人によって臨機応変の思考能力に違いがあるのも、生まれつきの素質の違いもあるだろうが、訓練や実地経験の違いによるところが大きい。

　私が数人の友人と一緒に北京《ぺきん》に行ったとき、夕飯を食べに街中のレストランに入ったことがあった。私たちは誰も中国語ができなかったが、英語が多少通じるだろうと思っていた。しかし、残念ながら、英語もまったく通じなかった。そのとき、一人が紙に漢字を書いて店員に見せたところ、見事に通じた。私はそんなことを思いつきもしなかったので、彼の④機転におおいに感心した。どうしてそんな機転が(c)キいたのかと聞いてみたところ、彼は似たような状況を経験したことがあると言った。

　思考における臨機応変の能力も、行動におけるそれも、訓練や実地経験によって育まれる。したがって、訓練や実地経験の違いによって、臨機応変の能力にも個人差がある。自分の臨機応変の能力を見誤ると、その場で適切に対処できず、［　X　］ことになる。アジャイルでやるときには、自分の臨機応変の能力を正しく自覚することが重要である。自分には臨機応変に対応する能力があまりないと思えば、アジャイルの部分を減らして、計画の部分を手厚くしなければならない。つまりは、臨機応変の能力を正しくわきまえたうえで、⑤計画とアジャイルのよいバランスをとることが肝心なのである。

（信原幸弘『「覚える」と「わかる」　知の仕組みとその可能性』〈ちくまプリマー新書〉による。
なお出題の都合上、本文を一部改めた。）

問一　═══部(a)〜(c)のカタカナを漢字に、漢字をひらがなに直しなさい。

問二　空欄[X]には「行き詰まってどうにもできなくなる」という意味の語句が入る。あてはまるものを一つ選びなさい。

ア　立ち往生する　　イ　立ち返る　　ウ　目くじらを立てる

エ　矢面に立つ　　オ　水際立つ

問三　――部①「きわめて効率が悪い」とはどういうことか。最も適当なものを選びなさい。

ア　絶対に失敗しないように計画に従った行動ばかりをしていると、その場の状況に応じてどうするかを決めて修正を加える能力が育たず、行動全体をやり遂げるのが遅くなるということ。

イ　絶対に失敗しないようにすべきだと考えてどれだけ綿密な計画を立てても、事前に全ての状況を想定することはできず、納得がいくまで計画の修正を繰り返すことになるということ。

ウ　どのような状況が生じるかが確実にわからないうちに計画を立てても、結局はその場に合わせて新たに計画を立て直さなければならず、かえって時間の無駄が生じてしまうということ。

エ　綿密に立てられた計画はその場の状況に合わせて一部だけを変更することが難しく、万が一想定外の事態が生じた場合には、全てを一からやり直さなければならなくなるということ。

オ　緻密な計画を立てるには、起こりうる様々な状況を想定しなければならないため膨大な計画が必要であるが、そのほとんどは実際には起こらず、計画の大半が無駄になるということ。

問四　――部②「そのような病的な恐怖の克服にもつながる」とあるが、人が「そのような病的な恐怖」を「克服」しなければならないのはなぜか。その理由を説明しなさい。

問五　――部③「臨機応変の能力」とはどういうことか。[A]～[C]に分けた本文の、[B]の範囲から説明しなさい。

問六　――部④「機転」のここでの意味として最も適当なものを選びなさい。

ア　計画の全体を見渡して、今必要とされる行動をとっさに選ぶこと。

イ　過去の経験をふまえて、その場にふさわしい行動をとること。

ウ　計画の細部にこだわらずに、その場に応じた対応をすること。

エ　トラブルの原因をすばやく見つけ出し、取り除いて解決すること。

オ　おおまかに立てた計画をもとに、相手の立場に立って判断すること。

問七　――部⑤「計画とアジャイルのよいバランスをとる」際に注意すべきことは何か。最も適当なものを選びなさい。

ア　様々な状況を想定し、最も成功率の高い計画とアジャイルのバランスを決定すること。

イ　計画を立てる力が足りないならば、事前に計画を立てずにその場で行動を決めること。

ウ　個人の能力に見合った適度な計画を立て、あとは状況に応じてその場で対応すること。

エ　臨機応変の能力が生まれつきの素質か、訓練や実地経験によるものかを自覚すること。

オ　自分の能力に自信がある場合のみ、一切の計画を立てずにアジャイルでやりきること。

□二　次の文章は志賀直哉《しがなおや》「或《あ》る朝」の全文である。これを読んで、後の問いに答えなさい。なお、出題の都合上本文を一部改めている。

祖父の三回忌《き》の法事のある前の晩、信太郎《しんたろう》は寝床で小説を読んで居《い》ると、並んで寝て居る祖母が、

「明日《あす》坊さんのおいでなさるのは八時半ですぞ」と云《い》った。

暫《しばら》くした。すると眠っていると思った祖母が又同じ事を云った。彼は今度は返事をしなかった。

「それ迄《まで》にすっかり支度《したく》をして置くのだから、今晩はもうねたらいいでしょう」

「わかってます」

間もなく祖母は眠って了《しま》った。

どれだけか(a)タった。信太郎も眠くなった。時計を見た。一時過ぎて居た。彼はランプを消して、寝返りをして、そして夜着《よぎ》の襟《えり》に顔を埋《うず》めた。

翌朝(明治四十一年正月十三日)信太郎は祖母の声で眼を覚《さま》した。

「六時過ぎましたぞ」驚かすまいと耳のわきで静かに云って居る。

「今起きます」と彼は答えた。

「直ぐですぞ」そう云って祖母は部屋を出て行った。彼は帰るように又眠って了《しま》った。

又、祖母の声で眼が覚めた。

「直ぐ起きます」彼は気安めに、唸《うな》りながら夜着から二の腕まで出して、のびをして見せた。

「このお写真にもお供えするのだから直ぐ起きてお呉《く》れ」

お写真と云うのはその部屋の床の間に掛《か》けてある擦筆画《さっぴつが》(＊1)の肖像で、信太郎が中学の頃習った画学の教師に祖父の亡くなった時、描いて貰《もら》ったものである。

黙っている彼を「さあ、直ぐ」と祖母は促した。

「大丈夫、直ぐ起きます。――彼方《むこう》へ行ってて下さい。直ぐ起きるから」

そう云って彼は今にも起きそうな様子をして見せた。

祖母は再び出て行った。彼は又眠りに(i)沈んで行った。

「さあさあ。どうしたんだっさ」今度は角のある声だ。信太郎は折角沈んで行く、未《ま》だその底に達しない所を急に呼び返される不愉快から腹を立てた。

「起きると云えば起きますよ」今度は彼も度胸を据《す》えて起きると云う様子もしなかった。

「本当に早くしてお呉《く》れ。もうお膳《ぜん》も皆出てますぞ」

「わきへ来てそうぐずぐず云うから、尚起きられなくなるんだ」

「①あまのじゃく!」祖母は怒って出て行った。信太郎ももう眠くはなくなった。起きてもいいのだが余り起きろ起きろと云われたので実際起きにくくなって居た。彼はボンヤリと床の間の肖像を見ながら、それでももう起《おこ》しに来るか来るかという不安を感じて居た。起きてやろうかなと思う。然《しか》しもう少しと思う。もう少しこうして居て起しに来なかったら、それに免じて起きてやろう、そう思っている。彼は大きな眼を開いて未だ横になって居た。

いつも彼に負けない寝坊の信三《しんぞう》が、今日は早起きをして、隣の部屋で妹の芳子《よしこ》と騒いで居る。

「お手玉、南京玉《なんきん》(＊2)、大玉、小玉」とそんな事を一緒に叫んで居る。そして一段声を張り上げて、

「その内大きいのは芳子《よっこ》ちゃんの眼玉」と一人が云うと、一人が「信三さんのあたま」と怒鳴った。二人は何遍も同じ事を繰り返して居た。

又、祖母が入って来た。信太郎は又起きられなくなった。

「もう七時になりましたよ」祖母はこわい顔をして反《かえ》って叮嚀《ていねい》に云った。

信太郎は七時の筈《はず》はないと思った。彼は枕の下に滑り込んで居る(b)懐中時計を出した。そして、

「未だ二十分ある」と云った。

「どうしてこう(ii)やくざだか……」祖母は溜息《ためいき》をついた。

「一時にねて、六時半に起きれば五時間半だ。やくざでなくても五時間半じゃあ眠いでしょう」

「宵《よい》に何度ねろと云っても諾《き》きもしないで……」

②信太郎は黙って居た。

「直ぐお起き。(iii)おっつけ福吉町《ふくよしちょう》(＊3)からも誰か来るだろうし、坊さんももうお出《い》でなさる頃だ」

祖母はこんな事を言いながら、自身の寝床をたたみ始めた。祖母は七十三だ。よせばいいのにと信太郎は思っている。

祖母は腰の所に敷く羊の皮をたたんでから、大きい敷蒲団《しきぶとん》をたたもうとして息をはずませて居る。祖母は信太郎が起きて手伝うだろうと思って居る。ところが信太郎はその手を食わずに③故意に冷《ひや》かな顔をして横になったまま見ていた。とうとう祖母は怒り出した。

「不孝者」と云った。

「年寄の云いなり放題になるのが孝行なら、そんな孝行は真っ平だ」彼も負けずと云った。彼はもっと毒々しい事が云いたかったが、失策《しくじ》った。文句も長過ぎた。然し祖母をかっとさすにはそれで十二分だった。祖母はたたみかけを其処《そこ》へほうり出すと、涙を拭《ふ》きながら、烈《はげ》しく唐紙《からかみ》(＊4)をあけたてして出て行った。

彼もむっとした。然しもう起しに来まいと思うと楽々と起きる気になれた。

彼は毎朝のように自身の寝床をたたみ出した。大夜着《おおよぎ》(＊5)から中の夜着、それから小夜着《こよぎ》をたたもうとする時、彼は(c)フイに「ええ」と思って、今祖母が其処にほうったように自分もその小夜着をほうった。

彼は枕元に揃《そろ》えてあった着物に着かえた。

あしたから一つ旅行をしてやろうかしら。諏訪《すわ》(＊6)へ氷滑りに行ってやろうかしら。諏訪なら、この間三人学生が落ちて死んだ。祖母は新聞で聴いている筈だから、自分が行っている間少くも心配するだろう。

押入れの前で帯を締めながらこんな事を考えて居ると、又祖母が入って来た。祖母はなるべく此方《こっち》を見ないようにして乱雑にしてある夜具のまわりを廻って押入れを開けに来た。彼は少しどいてやった。そして夜具の山に腰を下して足袋《たび》を穿いて居た。

祖母は押入れの中の用箪笥《ようだんす》から小さい筆を二本出した。五六年前信太郎が伊香保《いかほ》(＊7)から買って来た自然木《しぜんぼく》の(iv)やくざな筆である。

「これでどうだろう」祖母は今迄の事を忘れたような顔を故意《わざ》として云った。

「何《なん》にするんです」信太郎の方は故意《わざ》と未だ少しむっとしている。

「坊さんにお塔婆《とうば》(＊8)を書いて頂くのっさ」

「駄目さ。そんな細いんで書けるもんですか。お父さんの方に立派なのがありますよ」

「お祖父《じい》さんのも洗ってあったっけが、何処《どこ》へ入って了《しま》ったか……」そう云いながら祖母はその細い筆を持って部屋を出て行こうとした。

「そんなのを持って行ったって駄目ですよ」と彼は云った。

「そうか」祖母は素直にもどって来た。そして叮嚀《ていねい》にそれを又元の所に仕舞《しま》って出て行った。

信太郎は急に可笑《おか》しくなった。④旅行もやめだと思った。彼は笑いながら、其処に苦茶々々《くちゃくちゃ》にしてあった小夜着を取り上げてたたんだ。敷蒲団も。それから祖母のもたたんでいると彼には可笑しい中《うち》に何だか泣きたいような気持が起って来た。涙が自然に出て来た。物が見えなくなった。それがポロポロ頬《ほお》へ落ちて来た。彼は見えない儘《まま》に押入れを開けて祖母のも自分のも無闇に押し込んだ。間もなく涙は止った。彼は胸のすがすがしさを感じた。

彼は部屋を出た。上の妹と二番目の妹の芳子とが隣の部屋の炬燵《こたつ》にあたって居た。信三だけ炬燵櫓《やぐら》(＊9)の上に突っ立って威張って居た。信三は彼を見ると急に首根を堅くして天井の一方を見上げて、

「銅像だ」と力んで見せた。上の妹が、

「そう云えば信三は頭が大きいから本当に西郷《さいごう》さんのようだわ」と云った。信三は得意になって、

「偉いな」と臂《ひじ》を張って髭《ひげ》をひねる真似《まね》をした。和《やわら》いだ、然し少し淋しい笑顔をして立って居た信太郎が、

「西郷隆盛《たかもり》に髭はないよ」と云った。妹二人が、「わーい」とはやした。信三は、

「しまった!」といやにませた口をきいて、櫓を飛び下りると、いきなり一つでんぐり返しをして、おどけた顔を故意《わざ》と皆の方へ向けて見せた。

《注》

＊1　擦筆画……鉛筆、コンテ、チョーク、パステルで描いたうえに、擦筆でぼかしをつけた画。擦筆は、吸い取り紙やなめし革を巻いて筆状にしたもの。

＊2　南京玉……陶製《とうせい》やガラス製の小さい玉。糸を通す穴があり、指輪や首飾り、刺繍《ししゅう》の材料などにする。ビーズ。

＊3　福吉町……現在の東京都港区赤坂二丁目。

＊4　唐紙……中国から伝わった紙。ここでは、唐紙を使用した襖《ふすま》を指す。

＊5　大夜着……大型で袖のある、厚い綿入れの寝具。

＊6　諏訪……長野県の諏訪湖。

＊7　伊香保……群馬県の温泉地。

＊8　お塔婆……卒塔婆《そとば》。主に法事の時、供養のためにたてる細長い木片。

＊9　炬燵櫓……こたつの、熱源の上に置き蒲団をかける、木製の枠組み。

問一　===部(a)~(c)のカタカナを漢字に、漢字をひらがなに直しなさい。

問二　~~部(i)~(iv)の本文中での意味として最も適当なものをそれぞれ選びなさい。

ア　悪い　　イ　強い　　ウ　怒った

エ　おそらく　　オ　じきに　　カ　粗末な

問三　——部①「あまのじゃく」とは、信太郎のどのような点をいっているのか。説明しなさい。

問四　——部②「信太郎は黙って居た」とあるが、このときの信太郎の心情として最も適当なものを選びなさい。

ア　何を言っても説教をする祖母に愛想をつかしている。

イ　返事をするのが面倒になって再び寝ようとしている。

ウ　返事をしないことで祖母をあせらせようとしている。

エ　何度も起こしにくる祖母に我慢の限界を迎えている。

オ　正論を言われたので言い返すことができないでいる。

問五　――部③「故意に冷かな顔をして横になったまま見ていた」とあるが、このときの信太郎の心情を説明しなさい。

問六　――部④「旅行もやめだと思った」とあるが、このとき信太郎は、祖母のどのような行動に対して、どのような気持ちになっているのか。――部④までの範囲で説明しなさい。

問七　本文の説明として**適当でないもの**を一つ選びなさい。

ア　日常の何気ない一場面に、信太郎の心情の変化が細かく表現されている。

イ　けんかをしつつも親しい感情を抱く信太郎と祖母の交流が描かれている。

ウ　妹や弟が元気に遊んでいる様子によって、家族の明るさを表現している。

エ　急かされながら起きる朝の風景のゆううつな感じがテーマとなっている。

オ　祖母が、祖父の法事にきちんと備えようとしている様子が表われている。

問八　次の〈文章〉は、江戸時代から現代にかけての日本の文学の歴史について説明したものである。空欄[1]～[4]に入る説明として適当なものを選びなさい。

〈文章〉

江戸時代から近代にいたる中で、文学は「何をどう書くか」ということが変わっていった。江戸時代まで物語は、現実世界のことを描くものだけではなく、現実ばなれした空想の物語が語られるなどしていた。江戸時代には例えば、[1]。しかし明治維新以降、近代になると、現実の世界や人の気持ちをありのままに書く「リアリズム」という西洋の理念が入ってきて、俳句では、[2]。小説では、[3]。戦後になると、文学の書き方はさまざまに変わっていき、例えば、[4]。

ア　三島由紀夫《みしまゆきお》が『金閣寺《きんかくじ》』などで、日本の伝統美を美しい文章にこだわって表現した

イ　滝沢馬琴《たきざわばきん》が八犬士たちの戦いを描く壮大な長編である『南総里見《なんそうさとみ》八犬伝《はっけんでん》』を書いた

ウ　松尾芭蕉《まつおばしょう》が奥州・北陸などを旅して、『奥《おく》の細道』を書いた

エ　志賀直哉が『和解《わかい》』など、実体験にもとづいた小説を発表した

オ　紫式部《むらさきしきぶ》が『源氏物語《げんじものがたり》』を記し、のちの物語作品に影響を与えた

カ　正岡子規《まさおかしき》が「写生《しゃせい》」という考え方にもとづいて創作をした

湘南学園中学校（B）

―50分―

一　――線部のカタカナをそれぞれ漢字に直しなさい。

(1)　議案をカケツする。
(2)　会社にキンムする。
(3)　年老いた親にコウコウをする。
(4)　ネットウで食器を消毒する。
(5)　道でハイゴから声をかけられた。
(6)　有名画家の絵のフクセイを買う。
(7)　地方ジチを重んじる。
(8)　ケワしい山を登る。
(9)　相手の意志をトウトぶ。
(10)　カリに雨が降っても実行する。

二　次のことわざの□にあてはまる動物をAから、完成したことわざの意味をBからそれぞれ選び、記号で答えなさい。

(1)　□心あれば水心
(2)　□百まで踊《おど》り忘れず
(3)　□の面に水
(4)　□の耳に念仏
(5)　□も食わない

A　ア　雀《すずめ》　イ　犬　ウ　魚　エ　蛙《かえる》　オ　馬

B　ア　何をされても平気でいること。
イ　いくら意見をしても効き目がないこと。
ウ　幼い時に身に着けた習慣は、年をとっても忘れない。
エ　だれからも全く相手にされない。
オ　一方が他方を気に入れば、他方も相手を気に入るようになる。

三　次の文章を読んで、後の各問いに答えなさい。

現在日本では、探求の時間への変更《へんこう》も含《ふく》めて、大きな教育改革が行われようとしています。その原因は、世界が、これまでの数百年続いていた文明の流れが転換《てんかん》するような、とても大きな変化の節目にあるからです。日本もその影響《えいきょう》を被《かぶ》らずにはいられません。世界はどのような点で変わろうとしているのでしょうか。

まず、世界がひとつになろうとしている点です。こう言うと、「いや、今各国は緊張《きんちょう》関係にあってそれぞれの国が自分の狭《せま》い人間関係に閉じこもろうとしている。（　A　）、外国人差別とか、移民排除《いみんはいじょ》とか、※マイノリティの人を鬱陶《うっとう》しがったりする動きが起きているのではないか」といった反論がすぐに出てくるでしょう。確かに、イギリスはヨーロッパ連合を脱退《だったい》しましたし、国境の壁《かべ》を高くして移民を入れさせない法律を強めている国もあります。

それはその通りですが、そうした動きは「反動」なのです。反動とは、全体的な大きな流れに対する対抗《たいこう》です。大きな流れそのものは変わりません。ア

世界の各地は、さまざまな仕方で、さまざまな面でつながっています。世界中からたくさんの商品がやってきます。いろいろな国から仕事をし

に来ます。世界中から観光客が遊びに来ます。コロナ禍《か》と環境《かんきょう》の配慮《はいりょ》から、こうした動きがそのまま続くかわかりませんが、情報や知識が国境を越《こ》えていくのは間違《まちが》いない動きです。インターネットでどこの国の人ともつながることができます。情報を遮断《しゃだん》しようとしている独裁的な政治家もいますが、それも風前の灯火《ともしび》です。世界を二つに分けるような戦争はなくなりました。小さな紛争《ふんそう》もすぐに世界中で問題として取り上げられ、解決に向けた努力がなされます。

世界はひとつにつながっています。国内で貧富《ひんぷ》の格差がつくのは、この流れの負の側面です。同じ労働なら安い賃金の国や地域に仕事が流れてしまうからです。国境がすぐになくなるとは思いませんが、今よりもその意味と力は相対化※されて、世界中がひとつになる流れは止まりません。1私たちは、この流れの中で生じている良い側面を推進し、悪い側面を正していかなくてはなりません。

二つ目は、今触《ふ》れた環境問題です。地球は、人間とあらゆる生き物が共有している唯一《ゆいいつ》のかけがえのない環境です。地球温暖化、大気・土《ど》壌《じょう》・海洋の汚染《おせん》、廃棄物《はいきぶつ》の増加、資源乱用、過剰《かじょう》な土地開発と森林伐採《しんりんばっさい》。これらの人間の活動によって、生態系は汚染され、生物種は減少しています。自然災害や自然の枯渇《こかつ》、環境汚染という形をとって人間にも跳《は》ね返ってきています。自然には回復力や自己維持力《じこいじりょく》がありますが、そのキャパシティ※を超《こ》えた人間による自然の乱用と搾取《さくしゅ》※が、現代社会の最大の問題です。［イ］

とりわけ地球温暖化は、きわめて深刻な喫緊《きっきん》※の課題でしょう。環境保護は、地球規模で、世界的に、全人類が取り組まなければならない、待ったなしの問題です。この二〇年ほどが、環境破壊《はかい》を留めるギリギリの限界線のように思われます。

環境や自然が人類にとって最もケアしなければならないものとなりました。これからは、人間は自分たちを地球環境の一員として捉《とら》える「緑の思想」を2「緑の政治」によって実現しなくてはなりません。自然を人間がどのように利用しても構わないと考えていた時代からは、これは大きな変化です。

三番目は、情報テクノロジーと人工知能（ＡＩ）の進歩です。インターネットの普及《ふきゅう》により、私たちの周りには大量の情報が溢《あふ》れ、だれもがそれらに簡単にアクセス※できます。3専門家と一般人《いっぱんじん》の情報格差は縮んでいますが、他方、その情報をどれだけ的確に使えるかで、個々人の情報力に大きな差が生じています。

コロナ禍によって、ネットでのコミュニケーションや情報収集をうまくできるかどうかで、人と人との間にますます大きな格差ができてしまいました。ネット会議をうまく使いこなせる会社は、これまでよりもコストをかけずに業務ができるようになるでしょうし、自宅で仕事をしたい優秀《ゆうしゅう》な人たちにとっては魅力的《みりょくてき》な職場となるでしょう。ネットをうまく利用できる学校や大学は教育の手段が豊富になる一方で、そうではない大学や学校は取り残されてしまうかもしれません。［ウ］

また、近年、ＡＩやロボットの発展が目覚しく、それによって社会のあり方が変わってくると言われています。ＡＩはあまりに賢《かしこ》くて人間を不要にしてしまうと危惧《きぐ》※する学者もいますが、コンピュータは生物ではないですから、生き物である人間の心と同じことができるとは思えません。

しかし道具としてのＡＩやロボットは、私たちの仕事のあり方を大きく変えるでしょう。作業ロボットの登場によって工場での労働はずいぶん変わりました。同じように、形式的・機械的に処理できる事務仕事は、今後AIにとって代わられていくでしょうし、接客業も単純なものはコンピュータが行うようになります。もうその傾向《けいこう》は現れています。コンビニの※ATMが銀行や役所の窓口の代わりになり、回転寿司《ずし》の注文はタブレットでするようになりました。

しかしAIやロボットでは到底《とうてい》できそうにない仕事もあります。創造的な仕事、感性や個性が求められる仕事、複雑なコミュニケーション、そして人間の身体《からだ》が必要な仕事がそうです。AI社会とは、人工知能ではできないことが重視される社会のことです。ある意味で、人間が人間らしくすることが求められる社会だと言えるでしょう。でも、それは結構、4骨の折れることかもしれません。

四つ目は、個々人の生き方です。これまでの日本では優《すぐ》れた組織や集団に帰属することが、よい人生だと思われてきました。よい学校を出て、よい大企業《だいきぎょう》に就職するという生き方です。こうした人生は、世間からも評価され、羨《うらや》ましがられてきました。

（B）今では、個々人がどういう生き方をするかが問われるようになっています。どこの組織に帰属しているかではなく、自分にとってやりがいのある仕事や活動ができているのか、仕事だけではなく、個人としての生活が充実《じゅうじつ》して幸せであるか、家族や友人との間でよい関係が築けているか。見知らぬ人々にどれくらい貢献《こうけん》できているか、自分自身が、人生を評価する基準を作っていかねばならないでしょう。5一般的で単純な物差しでその人物の優劣《ゆうれつ》が評価される時代は終わりました。収入や社会的地位だけに価値を求める人はどんどん減っていき、心が充実する活動に価値が求められていくでしょう。

勉強も同様です。人気のある大学の人気のある学部に入学しただけではもはや評価されなくなるでしょう。それ以前に、自分が満足できないでしょう。せっかく医学部に入っても、医師という職業に意味を見出《みいだ》せない人がよい医師になれるでしょうか。どの大学に入ったかではなく、そこで何を学ぶのか、学んだのか、が問われるようになります。

大学で教壇《きょうだん》に立つ者としては、せっかく難関大学に入っても何をしたらよいかわからないで、大学での学びも方向性がなく、その後はあまり伸びないという人をたくさん見てきました。今後の日本は、これまでとは別の意味での学歴が問われるようになります。それは、何をどのような価値や方向性に基《もと》づいて学び、それを何に活《い》かそうとしているかという意味での「学びの※履歴《りれき》」としての学歴です。

そして、6これまでとは異なった知識と知的能力がさらに重視される社会になります。これから重視される学歴とは、どこの有名大学を出たかではありません。あなたが何の勉強をしたか、どんな知識や能力を身につけて、それがどのように社会に結びついているのか、本当の意味での「学」びの履「歴」が問われるのです。その学んだことによって、どのような新しい知的貢献ができるのか、社会に対してどのようなよい影響が与《あた》えられるのか、こうしたことが評価されるようになるのです。

これからの社会では、産業社会の実利から一定の距離《きょり》を置き、自由でして、根本的なことを研究することは、人間の新しい方向性を切り開く活動として、とくに貴重なことになっていくでしょう。

五つ目は、四つ目と関わってきますが、人と人との結びつき方です。これまでの日本社会は、自分が帰属する集団の人たちと濃密《のうみつ》に関係し、その外の人には無関心という傾向がありました。インターネットやＳＮ※Ｓが発展した世の中では、もしかするとこの傾向はかえって強まったかもしれません。一部の人たちは、自分が共感できる集団の人たちとだけつながり、さらに濃密に関係を持つようになったからです。エ

しかし先に述べたように、ひとつの集団だけに属する人はどうしても視野が狭くなり、異なった人たちと接することが難しくなります。しかし今後は、一生の間で、職業を変えることは多くなり、複数の職場に同時に関わることが多くなるでしょう。それに応じて、友人や家族でさえも今よりも変化しやすくなるでしょう。社会が流動的になっていく傾向は今後もさらに続くはずです。

特に大切になるのは、職業以外の場面で人々に関わる活動でしょう。（Ｃ）、ボランティアや地域サービス、※相互扶助《そうごふじょ》、趣味《しゅみ》など、個人の生活でも多様な人々と出会うようになります。こうした活動の一部は、国境を越えて広がっていくでしょう。人間関係は、一方で国際的になりますが、他方で地元密着型になるでしょう。そうした人間関係の中から新しいビジネスが生まれてくるのかもしれません。地域社会も、地方であっても、都会であっても、新しくきた人々や異質な人々とどうよい関係を築くかが、その場所の発展を左右するはずです。7高校生から大学生にかけて、多様な経験をした若者がこれからは強く求められるようになるでしょう。

世界の大きな変化を恐《おそ》れる必要はありません。日本人は変化に対して少々悲観的すぎるようです。※スティーブン・ピンカーという心理学者は、世界には悲観主義が横行しているが、実際には世界はこれまで進歩していると指摘《してき》します。統計を見れば明らかなように、世界からは戦争や暴力が減り、貧困も病気も減り、人々はより健康的で長寿《ちょうじゅ》となり、教育も向上しているのです。

私もこの考えに同意します。8世界は全体的によい方向に向かっています。しかしこのよい方向は、今を生きている私たちがそれを引き継《つ》ぎ、さらによいものへと発展させることでしか維持《いじ》できません。環境問題や地域紛争《ちいきふんそう》、貧富の格差、差別などは、いまだに解決からは遠い、世界規模での深刻な問題です。ひとつの国や地域の問題も世界中とつながっています。昔ながらの考え方をしている人たちを新しい考えに変えていってもらう努力も必要です。

今後は、世界の人が一丸となってこれらの問題を解決し、人類が新しい段階になるような努力を続ける必要はあります。私たちは努力すべきですが、人類が学び続ける生き物である限り、その将来に楽天的であってよいと思います。

（河野哲也『問う方法・考える方法「探究型の学習」のために』〈ちくまプリマー新書〉より）

※マイノリティ　少数、少数派のこと。
※相対比　他のものと比べてそれを位置づけること。
※キャパシティ　機械・器具などの負荷《ふか》に耐《た》えられる量の程度。
※搾取　不当に安い賃金で働かせ、利益の大部分を独り占《じ》めにすること。
※喫緊　さしせまって大切なこと。
※アクセス　求める情報に接すること。
※危惧　心配すること。
※ＡＴＭ　現金自動預け払《はら》い機。
※履歴　その人が今まで経験してきた学業・職業・賞罰《しょうばつ》など。

※ＳＮＳ　ソーシャル・ネットワーキング・サービス
※相互扶助　たがいに力を貸して、助け合うこと。
※スティーブン・ピンカー　実験心理学者

問一　文中の（Ａ）～（Ｃ）にあてはまることばを次のア～エから一つずつ選び、記号で答えなさい。同じ記号はくり返し用いてはいけません。

ア　しかし　イ　だから　ウ　また　エ　たとえば

問二　═線部「風前の灯火」の意味として最も適当なものを、次のア～エから一つ選び、記号で答えなさい。

ア　か弱い様子　イ　健気《けなげ》な様子
ウ　滅亡《めつぼう》寸前の様子　エ　興奮している様子

問三　──線部１「私たちは、この流れの中で生じている良い側面を推進し、悪い側面を正していかなくてはなりません」とありますが、「この流れ」は何がどうすることで生じると筆者は考えていますか。文中から、「～こと。」につながるように十四字で探し、ぬき出して答えなさい。

問四　──線部２「緑の政治」とありますが、これは何を目的とする「政治」のことですか。文中から漢字四字で探し、ぬき出して答えなさい。

問五　──線部３「専門家と一般人の情報格差は縮んでいますが、他方、その情報をどれだけ的確に使えるかで、個々人の情報力に大きな差が生じています」とありますが、これと同様に、情報テクノロジーの進歩による良い影響と悪い影響が書かれている一文を文中の他の場所から探し、句読点をふくめてはじめと終わりの五字ずつをぬき出して答えなさい。

問六　──線部４「骨の折れること」とありますが、どのようなことが「骨の折れること」なのですか。それを説明した以下の文の（Ⅰ）と（Ⅱ）にあてはまることばを文中から探し、それぞれ五字以内でぬき出して答えなさい。

技術の進歩により、私たちの仕事のうち形式的・機械的、あるいは（Ⅰ）仕事がＡＩに置きかわる中で、人間が（Ⅱ）すること。

問七　──線部５「一般的で単純な物差し」の具体例として**ふさわしくないもの**を次のア～エから一つ選び、記号で答えなさい。

ア　高い収入を得ること。
イ　大企業《だいきぎょう》に就職すること。
ウ　豊かな教養を身に付けること。
エ　有名な大学を卒業すること。

問八　──線部６「これまでとは異なった知識と知的能力がさらに重視される社会」とありますが、分かりやすく言いかえるとどのような社会ですか。文中から「～社会。」につながるように六十五字で探し、はじめと終わりの五字ずつをぬき出して答えなさい。

問九　──線部７「高校生から大学生にかけて、多様な経験をした若者がこれからは強く求められるようになるでしょう」とありますが、なぜそのような若者が求められるのですか。その理由として最も適当なものを次のア～エから一つ選び、記号で答えなさい。

ア　自身が熱中できるものを見つけ出し、特定の集団で交流を深めることが仕事での活躍《かつやく》に大きな影響をもたらすから。
イ　世界中で国際化が進んだことで、異文化に理解のある国際人の活躍が社会全体で求められるようになったから。

ウ　様々な活動をすることによって、不特定多数の人と交流することができ、そうした経験がその場所の発展につながる可能性があるから。

エ　国内外問わず多様な経験をすることによって、流動的な世界の変化に順応し、集団から独立して活躍することができるから。

問十　次の一文があてはまるところを文中の［ア］～［エ］から一つ選び、記号で答えなさい。

今回の新型コロナウイルスの世界的な流行で、国境の移動に制限が出たりしましたが、逆に見れば、世界がそれだけつながっていることの証《あかし》です。

問十一　――線部８「世界は全体的によい方向に向かっています」とありますが、世界がよい方向に向かいつづけるために、人類はどうするべきと筆者は考えていますか。句読点をふくめて四十字以内で説明しなさい。

［四］　次の文章を読んで、後の各問いに答えなさい。

主人公の「大田（＝俺《おれ》）」は授業をさぼるなどしてまじめに受けず、ただひとつ打ちこんでいた駅伝もケガのためにやめてしまいました。そのようなある日、「上原」先生が担当する陸上部の部長に最後の駅伝大会を走るよう誘《さそ》われました。断り続けていた「大田」ですが、結局は駅伝を走ることにします。駅伝大会の前日の全校激励会《げきれいかい》が行われる中、みんなに心の中で笑われているように感じた「大田」はいたたまれない気持ちになって、チームメイトの「ジロー」と怒鳴《どな》り合いをしてしまい、体育館から出て行ってしまいました。

以下は、その日の夜のできごとです。

その日の夜は、外を出歩く気にもならず俺は家で（　Ａ　）チャーハンを作った。不似合いだと笑われそうだけど、いらつくと料理をする。野菜やら肉やらを刻んで炒《いた》めるとすっきりするし、それをやけ食いすれば、面倒《めんどう》なことが忘れられそうになる。カニカマやソーセージやキャベツなど、何でも入れたチャーハンは、われながらいい匂《にお》いがした。よし食べようと皿に盛り付けようとした時、玄関《げんかん》から「すみません」という声が聞こえてきた。

「なんなんだよ」

出て行くと、上原が立っていた。

「みんなにさりげなく様子見に行けけって言われたんだ」

上原は（　Ｂ　）笑った。

「さりげなくねえじゃねえか」

「こっそり外から眺《なが》めてたんだけど、様子がわからなくて」

「あっそう」

「ここじゃあれだから、入ってもいい？」

「ああ、まあ」

俺がしかたなくうなずくのに、上原は「お邪魔《じゃま》します」と、家の中に上がってきた。

「散らかってっけど」

俺は畳《たたみ》の上に散乱している洗濯物《せんたくもの》やら漫画《まんが》やらを隅《すみ》に放り投げた。

「お母さんは？」

上原は台所を見渡《みわた》した。

「仕事」

「遅《おそ》いの？」

「ああ。[1]やっぱりなって感じだろ？」

「何が？」

「俺ん家《ち》。母子家庭だから、ヤンキーなんだって」

「そんなこと言ったら、私の家は父親しかいないよ。今時、両親そろっているほうが珍《めずら》しいって。それより、いい匂いがすると思ったら、大田君が料理してたんだね」

「ああ、お前も食う？」

「うん」

上原はしっかりとうなずいた。遠慮《えんりょ》を知らないやつだ。まあ、せっかくの出来立《できた》てだ。上原と食べるのはうっとうしいけど、後で冷めたぶんを食べるよりましだろう。上原が「そう言えばおなかすいてたんだよね」と勝手にちゃぶ台※の上を片づけ、俺が二人分のチャーハンを運んだ。

上原はいただきますと手を合わせてチャーハンを口にすると、「結構、おいしい」と嬉《うれ》しそうに笑った。

「まあな」

チャーハンはいつ作ってもそこそこうまくできる。今日の味もなかなかだ。

「ジローに、ラーメンでもおごるって王将※に連れ出して[2]うまいこと丸め込《こ》んでって言われたんだけど、逆にチャーハンごちそうになるとはね」

「不良にラーメンおごるって、教師らの定番なのかよ」

俺は[3]顔をしかめた。


「どうかな？　実際にラーメンご馳走《ちそう》してる先生は見たことないけど。でも、ジローが不良はきっと王将が好きだって言うから」
[4]上原と話していると、気が抜《ぬ》ける。
「あっそう。っていうか、上原もジローのことは、ジローって呼ぶんだな」

上原はあだ名を使ったり下の名前を呼び捨てにしたりせず、正しく苗字《みょうじ》で生徒を呼ぶ珍しい教師だ。

「そう言われれば、そうだね。なんだろう、ジローって、何かね」

「あいつ、異常に気安いからな」

上原に同意してから、俺は今日のジローを思い出して、気が重くなった。

「ほら、大田君って怖《こわ》いじゃん。正直言うと、私だってびびるんだよね。そのくせ、みんなびびってないふりするでしょう？」

「何の話だよ」

「でも、ジローは、俺、大田怖いからあいつが機嫌《きげん》悪くなると、いつもトイレに隠《かく》れてるんだとかってしゃあしゃあと言うんだ。ジローのそういう所、なんか安心するんだよね」

「まあ、お前も相当正直だけどな」

上原は俺がつっこむのを「そうかな」と流して、「それよりさ」と[5]□しなおした。

「あんだよ」

まさか俺は[6]□はしないけど、改まった雰囲気《ふんいき》にスプーンはひとまず置いた。

「昔、先生が言ってたんだ。中学校っていくら失敗してもいい場所なんだって。人間関係でも勉強でもなんだって好きなだけ失敗したらいいって。こんなにやり直しがききやすい場所は滅多《めった》にないから。まあ、中学に限らず、人生失敗が大事って、よく言うじゃん。※マイケル・ジョーダンだって、俺は何度もミスをしたから成功したって道徳の教科書で言ってるしね。だけどさ、取り返しのつかないこともごくたまにはあるでしょ？　失敗しちゃだめな時って」

「ああ」

上原が間をおかずに話すから、俺はうなずくことしかできなかった。

7「それが今だよ。今は正しい判断をする時だよ。妙《みょう》な意地とかにとらわれないで、自分のためにも、手を差し伸《の》べてくれる人のためにも。ほら、マイケルだって、何度も失敗したとか言いつつ、ここぞって時にはちゃんと※ムーンウォーク決めるでしょう？」

「ムーンウォークをするのは、マイケル・ジャクソンで、ジョーダンが決めるのはシュートだ」

俺が言うと、上原は「そうだっけ」と笑ってまたスプーンを手にした。

「つくづく義務教育ってすごいなって思うよ。私、職員室で苦手な先生とは話さないもん。嫌《いや》な先輩《せんぱい》とか、関わらずにすみますようにって思っちゃう。でもさ、中学校ってすごいよね」

上原はさっきの真剣《しんけん》な様子はどこへやら、チャーハンを食べながら（Ｃ）しゃべった。

「俺みたいにしてても、誰《だれ》かが声かけてくれるしな」

俺がいやみっぽく言っても、「そうそう」とチャーハンを食っている。

8こいつのこういうところ、一種の才能だ。

「ま、明日、待ってる」

上原は適当なことを好き勝手言って、（Ｄ）チャーハンを平らげて帰っていった。

寝《ね》る前、俺は中身が残っていたか、※黒彩《こくさい》を振《ふ》って確かめた。記録会や練習会のたびに使った黒彩。染めるたびに髪の毛は傷《いた》んでギシギシになった。

いや、もうこんなもので覆《おお》い隠してもしかたないのかもしれない。俺は黒彩を置き、バリカンを手にした。

（瀬尾まいこ『あと少し、もう少し』〈新潮文庫〉による）

※ちゃぶ台　おりたたみのできる短いあしのついた食事用のつくえ。
※王将　飲食物を提供する店の名前。
※マイケル・ジョーダン　元プロバスケットボール選手。
※ムーンウォーク　ダンスの技法の一つ。ミュージシャンであるマイケル・ジャクソンによって広まった。
※黒彩　髪《かみ》の毛を黒く染めるスプレーの商品の名前。

問一　文中の（Ａ）～（Ｄ）にあてはまることばを次のア～エから一つずつ選び、記号で答えなさい。同じ記号はくり返し用いてはいけません。

ア　ちゃっかり　　イ　のん気に
ウ　がむしゃらに　　エ　照れくさそうに

問二　――線部１「やっぱりなって感じだろ？」とありますが、「やっぱり」どうなのですか。本文中から句読点をふくめて十五字で探し、ぬき出して答えなさい。

問三　――線部２「うまいこと丸め込んで」について、

(1)「丸め込んで」の意味として最も適当なものを次のア～エの中か

ら一つ選び、記号で答えなさい。

ア　うそを言って自分たちに都合のいいようにするという意味。

イ　人のきげんを取って怒《いか》りをしずめるという意味。

ウ　おだやかに接して相手の気持ちを和《やわ》らげるという意味。

エ　人を自分の思うようにあやつるという意味。

(2)　具体的にはどうすることですか。それを説明した以下の文の（Ⅰ）・（Ⅱ）にあてはまることばをそれぞれ漢字二字で答えなさい。

明日の大会に（Ⅰ）が来るように（Ⅱ）すること。

問四　――線部3「顔をしかめた」とありますが、他にも「顔を」で始まる慣用表現はいろいろあります。次の意味を持ち、「顔を」で始まる慣用表現をそれぞれ完成させなさい。なお、□の中にはひらがな一字が入ります。

(1)　苦しそうな表情をしたり、痛そうな表情をしたりする＝顔を□□□□

(2)　広く世間で知られるようにする＝顔を□□

(3)　相手の名誉《めいよ》を傷つけないようにする＝顔を□□□

(4)　心配ごとや困ったことなどで、表情が暗くなる＝顔を□□□□□

(5)　たのまれて人に会う＝顔を□□

問五　――線部4「上原と話していると、気が抜ける」のはなぜですか。その説明として最も適当なものを次のア～エから一つ選び、記号で答えなさい。

ア　生徒とのへだたりがほとんどなく、まるで友だちのように気安く接してくるから。

イ　本当であればかくしておいた方がいいようなこともかくさずに、はっきりと言ってしまうから。

ウ　不良生徒の気持ちをよく理解しており、安心して話をすることのできる存在だから。

エ　たとえ深刻な内容の話であっても、相手を緊張《きんちょう》させることなく伝えることができる先生だから。

問六　――線部5「〔　〕しなおした」、6「〔　〕はしない」の〔　〕には座《すわ》り方を表す同じことばが入ります。そのことばを漢字二字で答えなさい。

問七　――線部7「それ」は何を指していますか。それを説明した以下の文の（Ⅰ）・（Ⅱ）にあてはまるように、――線部より前の部分に出てくる文中のことばを使ってそれぞれ十字以内で答えなさい。

（Ⅰ）ので、（Ⅱ）時。

問八　――線部8「こいつのこういうところ、一種の才能だ」とありますが、上原先生のどのようなところを言っていますか。最も適当なものをア～エから一つ選び、記号で答えなさい。

ア　いやなことはいやだと、はっきりと口に出すことができるところ。

イ　場に応じて、意識的にすぐに気持ちを切り換《か》えることができるところ。

ウ　他の人がこわがる人物に対しても、ものおじせずに接することができるところ。

エ　生徒に対してまじめに向き合ったり、話を受け流したりすることが自然にできるところ。

問九　本文の内容と最も合っているものを次のア～エから一つ選び、記号で答えなさい。

ア　これまで記録会や練習会に参加するために髪の毛を黒く染めていた大田は、本当の自分の気持ちをかくすのにつかれて自分に対して怒《いか》りさえ感じている。明日の大会に全力でのぞむために、上原先生が帰った後、髪の毛を短く切ってしまおうと決意している。

イ　ふだんは生徒だけでなく教師からもこわがられている大田であったが、それは大田のことを十分に理解しないでいる周囲に問題があった。そのことに気づいた上原先生は、みずから率先《そっせん》して大田のことを理解しようとこころみている。

ウ　上原先生と話をした大田は、明日の大会には必ず参加しようと思い直すようになった。その気持ちの表れとして、大会に参加するためにいつものように髪の毛を黒く染めるのではなく、髪の毛を短く切ってしまおうとしている。

エ　上原先生はわざと人物を取りちがえるなどして大田の心をなごませながら会話を続ける一方で、冷静に大田の様子を観察している。そしてちょうどよいタイミングで、訪問して話したかったことを大田にしっかり伝えている。

昭和学院秀英中学校（第一回）

—50分—

＊ 設問の都合で、本文には一部省略・改変がある。

＊ 字数制限のある場合は、句読点なども字数に入れること。

一 次の傍線《ぼうせん》部の1～5のカタカナは漢字に直し、漢字は読みをひらがなで答えなさい。

1 あちこちを旅すれば、ケンブンが広がる。

2 松島といえば有名なケイショウ地です。

3 努力がケツジツして第一志望に合格した。

4 外国に行った友とはオンシン不通になっている。

5 根拠のないことを軽軽に発言してはならない。

二 次の文章を読んで、後の問いに答えなさい。

頭で覚えるというより、①身体で覚える知識がある。大工は巧《たく》みに金槌《かなづち》でクギを打つが、金槌の打ち方を頭で知っているわけではない。金槌でクギを打とうとすれば、おのずと手が動き、うまく金槌がクギに当たる。頭ではなく「手が知っている」のだ。

もちろん、手が知っているといっても、脳が何の役割も果たしていないというわけではない。脳の働きがなければ、当然、手は動かないし、金槌も動かない。しかし、手の動かし方にかんして、脳から手に一方的に指令が送られ、手はただその指令に従って動くだけというわけではない。脳と手のあいだには、双方向的《そうほうこう》な信号のやりとりがある。手はみずからその筋肉のあり方に従って動き、その動きが神経信号として脳に伝えられる。脳はその信号にもとづいて手の動きをどう調整するかを決め、その調整信号を手に送る。手はそれにもとづいて動きを調整し、その新たな動きをふたたび脳に伝える。このような双方向的なやりとりを繰《く》り返《かえ》すことによって、金槌でクギを打つときの手の巧みな動きが可能になる。

手はみずからその筋肉のあり方に従って動こうとする。けっして脳の指令どおりにただ動くのではない。これが肝心《かんじん》な点だ。金槌でクギの打ち方を覚えるとき、手にはクギを打つのにふさわしいような筋肉がついてくる。そのような筋肉があってはじめて、うまく打てるようになる。もちろん、手と脳のあいだの適切な信号のやりとりも不可欠であり、クギの打ち方を覚えるときに、そのやりとりも習得される。［ Ⅰ ］、それだけではなく、クギを打つのにふさわしい筋肉もついてくるのだ。この筋肉のあり方が金槌でクギを打つという知識の不可欠な要素である。手が知っているというのは、手がしかるべき筋肉のあり方をしているということだ。「知る」ということは、頭だけで行われるのではなく、身体でも行われるのである。

このクギ打ちの例のように、身体で覚えるには、身体をつくらなければならない。泳げるようになるためには、泳ぐという動作にふさわしい身体をつくる必要がある。手足にしかるべき筋肉をつけることはもちろんだが、それだけではなく、関節の柔軟性《じゅうなんせい》や引《ひ》き締《し》まった体形も重要だ。泳ぐ練習をするということは、そのような身体をつくるということでもある。もちろん、そうはいっても、身体と脳のあいだの適切な信号のやりとりを習得することも、やはり不可欠である。いくら身体ができても、信号のやりとりがうまくできなければ、泳ぐことはできない。しかし、

逆に、信号のやりとりがうまくできても、泳ぐのにふさわしい身体をつくらなければ、泳ぐことはできないのである。【ア】

下手な練習は、しないほうがよいと言う。どうしてであろうか。下手な練習をすると、身体に悪い癖《くせ》がつく。②上手な練習をして、良い動きを繰り返せば、良い身体ができあがる。だが、下手な練習をして、悪い動きを繰り返すと、その動きに合った良くない身体ができあがる。もちろん、そのときには、身体と脳のあいだの信号のやりとりも良くないものとなる。[Ⅱ]、下手な練習をすると、脳と身体に悪い癖がつくのだ。

テニスやゴルフなどを習うときは、我流《がりゅう》ではなく、ちゃんとしたコーチについたほうがよい。自分ひとりで練習していると、身体に悪い癖がついてしまう恐《おそ》れがある。どれほど一所懸命《いっしょけんめい》練習しても、いやむしろ一所懸命やればやるほど、悪い癖がつく可能性が高まる。【イ】

いったん悪い癖がついてしまうと、そこから脱《だっ》するのは並大抵《なみたいてい》のことではない。なにしろ身体が変形してしまったのだから、それを元に戻《もど》さなければならない(ただし、その変形は目に見えるものでないことも多い)。この変形を元に戻すためには、少なくとも身体が変形するのに要したのと同じだけの時間と労力が必要となろう。悪い癖がついてしまってから良いコーチについても、それはゼロからの出発ではなく、マイナスからのスタートとなる。悪い癖のついた身体を元に戻すことから始めなければならないからである。【ウ】

身体で覚えるのは、身体そのものを作らなければならないから、非常にたいへんだ。いわゆる座学は、先生の話を聞いて頭で覚えるだけだから、身体を使う必要はほとんどない。しかし、実習や演習になると、身体で覚えることが中心になる。慎重《しんちょう》に正しい手順で身体の訓練を行うことが、実習や演習では何よりも重要となるのである。

身体で覚えるものはたくさんあるが、※知覚や感覚もそのひとつである。知覚や感覚はひょっとすると、私たちに生まれつき備わった能力だと思われているかもしれない。たとえば、オギャーと泣いて生まれた瞬間《しゅんかん》から、眼をあければ、人の顔や部屋の天井《てんじょう》が見えるし、いろいろな足音や話し声が聞こえるように思われるかもしれない。それらがいったい何なのか、どんな意味をもつのかはわからないとしても、顔は顔に見えるし、足音は足音に聞こえる。知覚される世界、感覚される世界は、赤ん坊でも大人とたいして変わらない。こう思われるかもしれない。【エ】

知覚や感覚もまた、私たちが世界から刺激《しげき》を受け、それに応じて身体を動かすという経験を積んでいくなかで、次第《しだい》に習得されるものである。そのような世界との交わりの経験がなければ、世界はただの※混沌《こんとん》として立ち現れるだけで、顔、天井、足音、話し声などに明確に区別されて立ち現れることはない。それぞれの事物が互《たが》いに明確に区別されることを③「分節化」と言うが、身体による世界との交わりがなければ、世界は分節化されて立ち現れてこないのである。

モリヌークス問題という興味深い問題がある。これは、生まれつき眼の見えない人が開眼手術を受けて眼が見えるようになったとき、その人は立方体と球を眼で見ただけで、どちらがどちらであるかを正しく言い当てることができるだろうか、というものである。この人はもちろん、[　　]ので、手で触《ふ》れれば、どちらが立方体で、どちらが球かを正しく述べることができる。しかし、手で触れずに、眼で見るだけで、どちらがどちらなのかを正しく言い当てることができるだろうか。

パッと聞くと変な問いに感じられるかもしれないが、この問題は人の知覚の成り立ちを考えるうえで、とても重要な視点を与《あた》えてくれる。なぜなら、この問題の背後には、ひとつの重大な前提があるからだ。それは、開眼手術を受けた人がはじめて眼を開いて立方体と球を見たとき、立方体はすでに立方体に見え、球はすでに球に見えるという前提である。

この前提のもとでは、モリヌークス問題への答えは「ノー」であるように思われる。なぜなら、立方体が立方体に見え、球が球に見えても、その立方体と球の視覚的な現れ(見え姿)はそれらの触覚《しょっかく》的な現れ(手触《てざわ》り)とは明らかに異なるので、どちらが立方体で、どちらが球かを、触覚によって正しく述べることができても、視覚によって正しく述べることはできないように思われるからである。【オ】

しかし、じっさいは、その前提が成り立たない。開眼手術を受けた人が眼を開いても、すぐには何も見えないのである。眼のまえに広がるのはまったくの混沌である。ふつうの人々も強烈《きょうれつ》な光を浴びると、まぶしくて、ほとんど何も見えなくなる。それと似て、開眼手術を受けた人の場合も、最初は光の渦《うず》が眼前に広がるだけである。そこから時がたつと、やがて立方体が立方体に見え、球が球に見えるようになる。しかし、そのためには、立方体や球から光の刺激を受け、それに応じて身体(頭や眼球など)を動かすという経験を積まなければならない。そのような経験のなかには、身体の動きを触覚的に感受することも含《ふく》まれている。つまり、立方体と球の視覚経験のなかには、触覚経験が入りこんでいるのである。

そのため、立方体が立方体に見え、球が球に見えるようになったときには、立方体と球の視覚的な現れから、どちらが立方体で、どちらが球かを言い当てることができるかもしれない。［Ⅲ］、それらの視覚経験に入りこんだ触覚経験が、立方体と球の触覚的な現れと何らかのつながりがあるかもしれないからである。このようなつながりがあれば、立方体と球の視覚的な現れをそれらの触覚的な現れと関係づけることができるかもしれず、そうなると、視覚的な現れから、どちらが立方体で、どちらが球かを言い当てることができるようになるだろう。

【中略】

④エナクティヴィズムという考え方がある。それは、事物が事物として知覚できるようになるためには、身体を動かして事物からうまく刺激を探《さぐ》り出《だ》すことが必要だという考え方である。机が机に見え、雨音が雨音に聞こえるという分節化された知覚が成立するためには、それらの事物から受ける刺激に応じて身体(とくに眼や耳などの感覚器官)を適切に動かして、それらの事物から新たな刺激を探り出し、その新たな刺激に応じてまた身体を適切に動かすということを繰り返していく必要がある。

このような「刺激の探り出し」を適切に行う能力は「感覚—運動スキル」とよばれる。私たちは事物との交わりを通じてこの感覚—運動スキルを習得する。そしてこのスキルを用いて事物から刺激を適切に探り出すことによって、分節化された知覚を得るのである。何が描《えが》かれているのかがよくわからない図をしばらくあれこれ眺《なが》めていると、パッとあるもの(たとえば、髭《ひげ》をはやした男)が見えてくることがある。そしていったんそれが見えるようになると、つぎはすぐそれを見ることができる。しばらく眺めているあいだに、それを見るための感覚—運動スキルを習得したのである。

(信原幸弘『「覚える」と「わかる」　知の仕組みとその可能性』〈ちくまプリマー新書〉より)

※知覚…たとえばコーヒーを飲んで「苦い」と思うように、五感による刺激を受けて、その刺激に意味づけすること。
※混沌…物事の区別がはっきりつかず、ごちゃごちゃになった状態。

1　空欄《くうらん》Ⅰ～Ⅲに当てはまる語句を次のア～カから選び、記号で答えなさい。
ア　だから　　イ　しかし　　ウ　なぜなら
エ　ところで　オ　たとえば　カ　つまり

2　次の一文を入れる場所として最も適当なのはどこか、本文の【ア】～【オ】から選び、記号で答えなさい。
〔しかし、じっさいはそんなことはないのだ。〕

3　本文中の□に入れるのに、最も適当な表現を次のア～オから選び、記号で答えなさい。
ア　触覚によって「立方体」と「球」という言葉を習得した
イ　「立方体」と「球」の手触りの違いを重視している
ウ　形がわからなくても「立方体」と「球」を想像する
エ　もともと「立方体」と「球」の形の違いに興味があった
オ　「立方体」と「球」の違いを、中身によって分かる

4　傍線部①「身体で覚える」についての説明として、最も適当なものを次のア～オから選び、記号で答えなさい。
ア　脳と身体でやりとりする信号の調整により、柔軟な関節と引き締まった身体に不可欠な筋肉ができてくる。
イ　脳から送られる信号を受け取った身体が、その信号に従って適切に動ける筋肉や関節の備わった身体になる。
ウ　脳からの指令にとらわれずに、身体を鍛《きた》え上げて適切な動きの実現にふさわしい筋肉のあり方ができる。
エ　脳と身体の双方向的な信号のやりとりをくりかえして、その動きに対応できるような身体を作っていく。
オ　脳からの一方的な信号に従うのではなく、その動きが可能になった身体が信号を脳に発信するようになる。

5　傍線部②「上手な練習」とはどういうことか。17字～20字で抜《ぬ》き出して答えなさい。

6　傍線部③『分節化』について、次の問いに答えなさい。
(1)　『分節化』の例として当てはまらないものを次のア～オから一つ選び、記号で答えなさい。
ア　天文観察をくりかえすうちに、夜空に浮《う》かぶ無数の星々を見て、ぱっと何の星座かが言えるようになる。
イ　経験豊富な医師は、レントゲン写真を見ただけで、未熟な医者には見つけられない病気を発見できる。
ウ　料理人ができあがった料理の味を確かめて、隠《かく》し味に使われた食材の名前が分かるようになる。
エ　様々な楽器の音が響《ひび》き合うなかで、交響曲《こうきょうきょく》の指揮者が音を聞き分けて、すぐに的確に指示を出す。
オ　留学生が現地の人とのさまざまにコミュニケーションを重ねて、現地の友人を増やしていく。
(2)　筆者は、世界を分節化してとらえるためにはどんな力が必要だと述べているか。傍線部③より後から8字で抜き出しなさい。

7　傍線部④「エナクティヴィズム」と同じことを述べたところを、傍線部④より前から、次の空欄に当てはまるように見つけ（字数は空欄

内の指示に従う）、最初と最後の5字を書きなさい。
（35字）というとらえ方

8　波線部「生まれつき眼の見えない人」が開眼手術を受けた後、事物を見分けられるようになるまでには、どのような段階をふむか。65字以内で書きなさい。

三　次の文章を読んで、後の問いに答えなさい。

智美は摩耶子《まやこ》が経営する老犬ホーム「ブランケット」に勤めている。「ブランケット」は飼い主から料金を受け取って老犬を預かり、最後まで大切に面倒《めんどう》を見るという施設《しせつ》だが、飼い主の様々な事情で若い犬を預かることもある。

車が空いていて、予定よりも早く目的地に到着《とうちゃく》したから、テイクアウトできるコーヒーショップで飲み物を買って、外のベンチで飲んだ。

摩耶子が飲み物を買ってくるのを待っている間、タヌ吉《きち》は通りすがりの人すべてに愛嬌《あいきょう》を振《ふ》りまき、可愛《かわい》がられていた。女子高生などはきゃあきゃあと声をあげて、タヌ吉を撫《な》で回した。

「名前、なんて言うんですか？」と尋《たず》ねられたので、タヌ吉と答えると、彼女《かのじょ》たちは道を歩いている人が振《ふ》り返るような声で笑い転げた。

知らない人は苦手なのに、犬と一緒《いっしょ》にいると身構えないですむ。犬が［　A　］になるような感じだ。

ベンチでコーヒーを飲んでから、摩耶子と智美はタヌ吉を連れて歩き出した。

近くの公園で飼い主と待ち合わせをしているという。

「まだちょっと早いけど……早くきているかもしれないから」

①ふいにタヌ吉の顔が変わった。リードを引っ張ってぐんぐん先に進もうとする。

「こら、タヌ吉！」

引っ張り癖《ぐせ》のあるタヌ吉の首輪は、ハーフチョークという形のものだ。半分がチェーンでできていて、無理に引っ張ると首輪が軽く絞《し》まるようになっている。

それでもタヌ吉は、どんどん前に進む。尻尾《しっぽ》が円を描《えが》くように大きく振り回された。

「タヌ！」

公園の奥《おく》にいる人が声をあげた。タヌ吉は弾《はじ》かれたように走り出した。

車椅子《くるまいす》に乗っている②a女性――智美と同い年くらいだろうか。そしてもうひとり、②b年配の女性がいた。彼女らのところに、タヌ吉はまっすぐに走っていった。

「タヌ、タヌ、元気だった！」

車椅子の女性に飛びついて、タヌ吉は激しく顔を舐《な》め回した。すぐに追いついてきた摩耶子と、母親らしき年配の女性が挨拶《あいさつ》をしている。

「すみません、早くからありがとうございます」

「いいえ、こちらこそいつもお世話になっています」

タヌ吉は身体を捩《ねじ》るようにして、車椅子の女性に甘《あま》えている。

彼女はひどく痩《や》せていた。ニット帽《ぼう》をかぶっているが髪《かみ》が普通《ふつう》よりもずっと薄《うす》いことがわかる。皮膚《ひふ》もくすんだような色をしていた。

なんの知識もないが、それでも彼女がなんらかの病を患《わずら》っていることは間違《まちが》いないように思えた。

彼女はタヌ吉の名前を呼びながら、豊かな毛に顔を埋《う》めている。聞くまでもなかった。なぜ若いのに、③タヌ吉が別の飼い主をみつけてもらうわけでもなく、ブランケットに預けられているのか。

車椅子の彼女は笑顔で、摩耶子と智美に会釈《えしゃく》した。

「タヌ、すごく元気そうです。ありがとうございます」

「元気ですよ。病気一つしません。元気すぎて、困るくらい」

摩耶子のことばに、彼女は声をあげて④a笑った。

「うちにいたときも、本当に元気で参りました。わたしのおきにいりの篭《かご》バッグを噛《か》みちぎってしまったり、スリッパもみんな歯型だらけで……」

そう言った後、彼女は④b泣きそうな顔をした。

「あれからもう二年も経《た》つんですね。うちにいた期間よりも、ブランケットでの生活の方が長いのに、タヌはちゃんとわたしのことも覚えていてくれる……」

摩耶子は静かな声で言った。

「犬は愛してくれた人のことは絶対に忘れませんよ」

彼女はぎゅっとタヌ吉を抱《だ》きしめた。

「治るからね。わたし、早く治るから……。また一緒に暮らそうね」

タヌ吉は目を細めて彼女の声を聞いていた。

面会は二十分ほどで終わった。

それだけの時間でも彼女はあきらかに疲《つか》れているように見えた。タヌ吉は名残惜《なごりお》しそうにしていたが、摩耶子はリードを引いて、タヌ吉を引き離《はな》した。

「じゃあ、また体調がいい時にでも連絡《れんらく》下さいね」

そう言うと、彼女の母が頭を下げた。

「本当にお世話をかけますが、よろしくお願いします」

摩耶子はタヌ吉を抱《だ》き寄せながら微笑《ほほえ》んだ。

「⑤うちはこれが仕事ですから。美月さん、お大事にして下さいね」

彼女は力強く頷《うなず》いた。

「絶対に早く治ります。タヌ吉ともう一度暮らせるように……」

「タヌ吉も待っていますよ」

タヌ吉は［　B　］鼻を鳴らして、美月をじっと見ていた。

彼女たちと別れて車に乗《の》り込《こ》むと、摩耶子が言った。

「甲状腺《こうじょうせん》の難病なんですって。入退院を繰り返しているそうよ」

大きな目と通った鼻筋、大病を患っていることは見た目でわかるが、それでも可愛らしい顔をしていた。

「もともとは和歌山に住んでいたんだけど、治療《ちりょう》のためこちらに引っ越《こ》してきて犬を飼える状況《じょうきょう》じゃなくなったんですって」

ペット可の住居を探せばいいという問題ではない。母親も彼女の看病で手いっぱいで、犬の世話をする余裕《よゆう》はないだろう。

「新しい飼い主を見つけることも考えたんでしょうけど、美月さんはもう一度タヌ吉と一緒に暮らしたいと望んでいるの」

いくら知人や親戚《しんせき》でも、人に預けてしまえばその人たちも情がうつる。返してくれとは簡単には言えないだろう。

※碧や智美もタヌ吉のことは可愛がっているし、別れることを考えれば悲しいけれど、仕事だからまだ［　C　］。

だから、タヌ吉はブランケットにいる。彼女の心の支えであるために。

「タヌ吉はほかの飼い主と一緒に暮らした方が幸せになれるでしょうね。ブランケットにいるのは、あの人たちの都合に過ぎないとわたしは思っているわ。でも、もしかすると、そうじゃないかもしれない。新しい飼い主はタヌ吉を愛さないかもしれないし、いい加減な飼い方で早死にさせてしまうかもしれない」

話を聞きながら、智美は気付いた。

摩耶子は、タヌ吉の話をしながら、※クロと瀬戸口《せとぐち》の話をしているのだ、と。

智美にとっては、タヌ吉と美月は同情できるし、理解できる。瀬戸口のことは理解したくもない。だが、タヌ吉とクロにとっては、大きな違《ちが》いではない。

どちらも、大好きな飼い主から引き離されて、ブランケットにやってきて、たまに飼い主に会うことができる。飼い主の抱《かか》えている事情が、よんどころないものか、身勝手かなんて、犬にはわからない。

「自分の仕事が犬を幸せにしているなんて思わないわ。老犬ホームがなければ、最後まで飼い主のそばにいられたかもしれない」

摩耶子はまっすぐに前を見ながら独り言のようにつぶやいた。

「でもね、この仕事があることで、犬と飼い主との間に、選択肢《せんたくし》がひとつ増えるの。それは誇《ほこ》りに思っているわ」

見捨てるのではなく、手放すのでもなく、迷いを迷いのままで置いておくように。

智美はタヌ吉のゲージを覗《のぞ》き込《こ》んだ。⑥タヌ吉は、目を輝《かがや》かせて尻尾を振った。

（近藤史恵『さいごの毛布』〈角川文庫〉より）

※碧…「ブランケット」のスタッフ。
※クロと瀬戸口…クロはブランケットに預けられた別の犬で、瀬戸口はその飼い主。

1　空欄A～Cに入る、最も適当な語句をそれぞれ次のア～オから選び、記号で答えなさい。

A　ア　緩衝材《かんしょうざい》　イ　逸材《いつざい》　ウ　消耗材《しょうもうざい》
　　エ　素材《そざい》　オ　吸音材《きゅうおんざい》

B　ア　恨《うら》めしげに　イ　くやしげに　ウ　物ほしげに
　　エ　苦しげに　オ　切なげに

C　ア　働ける　イ　割り切れる　ウ　頼《たの》める
　　エ　慰《なぐさ》められる　オ　楽しめる

2　傍線部①「ふいにタヌ吉の顔が変わった」とあるが、それはなぜか、15字～20字で説明しなさい。

3　傍線部②a・②bについて、②a「女性」の名前を本文から見つけて答えなさい。また②b「年配の女性」とはだれなのかを、本文から抜き出して答えなさい。次の空欄に当てはまる形で書くこと。

[a]と、その[b]

4　傍線部③「タヌ吉が別の飼い主をみつけてもらうわけでもなく、ブランケットに預けられている」とあるが、これはなぜか、本文全体をふまえ61字～70字で説明しなさい。書き出しは「飼い主が」とすること。

5　傍線部④a「笑った」・④b「泣きそうな顔をした」とあるが、この部分の心情説明として、次のア～オから当てはまらないものを二つ選び、記号で答えなさい。

ア　タヌ吉と一緒に暮らしていた頃《ころ》のいたずらの数々を思い出し、その頃が懐《なつ》かしくてたまらなくなった。

イ　タヌ吉が台無しにした物の数々を思い浮かべ、それらを自分が愛用していたことを思い出し、つらくなった。

ウ　タヌ吉をブランケットに預けた期間の長さを思い返し、離ればなれになっている淋《さび》しさが、改めて強くこみあげてきた。

エ　タヌ吉は、飼い主と離れた期間の方が長いのに、変わらず慕《した》ってくれるので、愛《いと》しさがつのって逆に切なくなった。

オ　タヌ吉が、飼い主の自分を忘れていないことを目の当《ま》たりにし、つらい治療に立ち向かう意欲がかきたてられた。

6　傍線部⑤「うちはこれが仕事ですから」とあるが、本文全体をふまえたとき、摩耶子は自分の仕事について、どのような考えや気持ちを抱いていると考えられるか、その説明として最も適当なものを次のア〜オから選び、記号で答えなさい。

ア　自分の仕事は、事情があって飼い主と一緒に暮らせない犬を手厚く世話することであり、ブランケットの仕事は飼い主の事情にあわせて犬の幸せな生活を維持《いじ》しているという強い誇りを持っている。

イ　自分の仕事は、飼い主の事情に応じて、離ればなれでも飼い主と犬の絆《きずな》を維持しているという自信があるが、犬自身が行き届いた世話だと感じているかについては自信が持てないでいる。

ウ　自分の仕事は、犬が飼い主に愛されてずっと一緒に暮らすという本来の姿からすれば不要なものだが、飼い主が犬を飼えない状況にあるとき、その事情に寄り添《そ》うという点で価値があると考えている。

エ　自分の仕事は、犬には分からない勝手な事情で飼い主から引き離《はな》された犬を助けることであり、犬の不幸せについて心を痛めてはいても、犬が安心して暮らせる環境《かんきょう》を準備できて喜ばしいと感じている。

オ　自分の仕事は、飼い主の事情でゆきどころを失いかけた犬の居場所を維持することであり、飼い主と犬を繋《つな》ぎ続ける大切なものだと思うが、自分に仕事を頼《たの》んでくる飼い主に対しては反発を感じている。

7　傍線部⑥「タヌ吉は、目を輝かせて尻尾を振った」とあるが、これを見て智美がどんな気持ちになったと考えられるか、その説明として最も適当なものを次のア〜オから選び、記号で答えなさい。

ア　タヌ吉が、飼い主と久しぶりに会えたことをうれしがっている様子を見て、自分が飼い主の替わりとなれるよう、もっとかわいがってあげたいという気持ちになっている。

イ　タヌ吉が、飼い主の事情に振り回されていることに気づかずにいる様子を見て、逆に飼い主の身勝手さを思いうかべ、タヌ吉に同情して暗い気持ちになっている。

ウ　タヌ吉が、飼い主と会える次の機会を楽しみにしている様子を見て、その機会がいつ来るか分からないと改めて伝えるのがためらわれ、やるせない気持ちになっている。

エ　タヌ吉が、飼い主と引き離されている事情も分からないまま、智美にもなついてくる様子を見て、改めてその境遇《きょうぐう》を思いやり、いとおしさが増した気持ちになっている。

オ　タヌ吉が、飼い主と別れた直後に、智美にも愛嬌《あいきょう》をふりまく様子を見て、自分がいくら心配したり気づかったりしても、犬には通じていないのが分かり、拍子《ひょうし》抜《ぬ》けした気持ちになっている。

成蹊中学校(第一回)

—50分—

【注意】、。「」はそれぞれ一字と考えなさい。

一　次の文章を読んで、後の問いに答えなさい。

姉がこの部屋に来たのはいつが最後だっただろう。ああそうだ、四月の、お釈迦様《しゃかさま》の誕生日だ。小学生のとき、私が世界で一番美味《おい》しいと言った洋菓子《ようがし》タカギの生チョコタルトを手土産にやって来た。

『生チョコタルト、甘《あま》ったるいって何度も言ったじゃん』

かつては濃厚《のうこう》な甘さとタルトのさくっとした食感にうっとりしたものだけれど、お酒を飲むようになってから甘さがくどく感じられるようになった。しかもタカギのケーキはちょっとダサい。昭和でセンスが止まっている感じ。艶々《つやつや》のチョコクリームにたっぷり散らされた*アラザンは、当時はおしゃれだと言われたのかもしれないけど、食感を悪くしてるだけだということにそろそろ気付いてほしいと思う。

なのに、姉はA馬鹿《ばか》の一つ覚えみたいに生チョコタルトしか買ってこない。しかも必ずホール。生チョコタルトは5号サイズしかないので、ふたりで食べるにはあまりに大きい。

『あら。美弥《みや》ちゃんは、大人になったらぜーんぶひとりで食べるんだって言ってたじゃない』

『小学生のころの話でしょ。この年になるとただただ重いんだってば』

『またそんなことを言う』

私の部屋のキッチンなのに、我が家のような立ち居振《ふ》る舞《ま》いで、姉はタルトとコーヒーの支度《したく》をする。四分の一ずつ切り分けられたタルトとブラックコーヒーが、ダイニングテーブルに座っている私の前に置かれた。向かい側の姉の席は、同じサイズのタルトとカフェオレ。姉は甘党なのだ。このタルトだって、姉が食べたいだけかもしれない。

『でかいんだけど』

『そんなことないでしょ』

姉は大きな口でタルトを食べ、カフェオレで飲み下す。五口くらいでタルトが消える。湯気を立てていたカフェオレも、あっという間になくなった。私はそれを見てB『相変わらずクジラ……』と小さく独《ひと》り言《ご》ちた。

(中略)

『何？　何か言った、美弥ちゃん』

小さな声を聞きつけた姉が軽く睨《にら》んできて、『いや別に』と答える。

『相変わらず食べるの早いなって感心しただけ』

『ふん。あなたはぞんぶんにゆーっくり味わいなさい』

それから、姉は勝手に部屋中の掃除《そうじ》を始めた。これも、いつものことだ。

タルトの上のアラザンをつつく私を尻目《しりめ》に、姉はくるくる動く。窓を拭《ふ》き、床を磨《みが》く。それでいて、『もっとこまめに冷蔵庫の中の整理をしないと』とか『洗濯機《せんたくき》の裏から靴下《くつした》が三足分も出てきた』とか文句を言ってくる。『こんなことじゃいつまで経《た》っても結婚《けっこん》できないよ』とも。

(中略)

『お姉ちゃん、もう帰りなよ。そういうとこウザいんだよ。ウザ女王だよ。私さあ、もう二十四だよ？　いつまで私の親気取りでいるわけ？　私のことに構わず、もう自分の家庭だけ守ってなよ。何ならお姉ちゃんこそ子どもを産んでさ。その子の世話を好きなだけやるといいよ。そうすれば、私のことなんてどうでもよくなるんじゃない？　早くそうなってよ、まじでウザいから』

　これも、いつものやり取りだ。姉がキレて、次に私が逆ギレする。母親のいない家庭だったから、姉は私の母親代わりとして頑張《がんば》っていたのだと思う。父が何でもこなせる万能《ばんのう》なひとだったこともあるけれど、父子家庭ゆえの不便はさほど感じたことがない。他の母親たちより断然若い姉が誇《ほこ》らしかった時期すらある。

　けれど、姉は姉に過ぎず、母親ではない。いつしか、親でもないくせにと姉を疎《うと》ましく思うようになっていった。そもそも、姉は＊過干渉《かかんしょう》すぎた。父が亡くなってからそれは酷《ひど》くなり、私は高校を卒業するまで門限が十九時だった。門限を過ぎれば姉からの着信とメッセージが止まらず、帰宅すれば小一時間《こいちじかん》説教され、泣かれた。高校卒業を機に家を出れば、週に何度もやってきては世話を焼かれた。彼氏《かれし》ができれば必ず紹介《しょうかい》しなくてはいけなかったし、同棲《どうせい》は姉の許可を得ないといけなかったから同棲もどきだった。成長すればするほど、姉にうんざりする気持ちも膨《ふく》らんだ。

　姉が、大袈裟《おおげさ》に眉《まゆ》を下げる。

『そんな悲しいこと言わないで。もし仮に子どもを産んだって、美弥ちゃんに対する感情は変わんないよ』

『嘘《うそ》だね。自分の子どもの方が絶対大事になるよ。C私は、その方が助かる』

　タルトをぱくりと食べて、甘さに顔を顰《しか》める。ブラックコーヒーで無理やり飲み下して、『私はいまの生き方がいいんだよ』と言った。

『後悔《こうかい》したっていいよ。その覚悟《かくご》で、いまの状況《じょうきょう》を選んでるんだから。ほら、ウザ女王はもう帰って。あ、タルトの残り持って帰ってね』

　ああ、そうか。生きている姉と触《ふ》れ合ったのは、あの日が最後なんだ。喧嘩《けんか》別れしてからずっと会わずにいて、そしたら姉が入院や手術をし、お見舞いにも行けなかった。

「後悔、かあ」

　無意識に、言葉が口から零《こぼ》れ落ちた。こんな後悔は、覚悟していない。姉と気まずいまま永遠の別れが訪れるなんて、どうして想像できるだろう。

（中略）

　和史《かずし》さんの自宅待機期間が終わるのを待って、私は＊茜《あかね》ちゃんと一緒に姉夫婦の家を訪ねた。ふたりは父の遺《のこ》してくれた一軒家《いっけんや》に住んでいたから、実家でもある。

「ここに来ても、もう香弥《かや》はいないんだね」

　玄関先《げんかんさき》に立った茜ちゃんが、正視できないといったように俯《うつむ》いた。待ち合わせ場所についたときから、彼女《かのじょ》は泣き腫《は》らした顔をしていた。勤務先のフラワーショップで自ら作ってきたという花束を片手に抱いている。姉の好きな百合《ゆり》が豊かに香っているのが、隣《となり》にいる私にもわかる。

　中に入ると、父の遺影が見守る和室に簡易祭壇《さいだん》が設《しつら》えられていた。去年のお正月に撮《と》った写真が、姉の遺影に使われていた。

「あ。これあたしが撮ったやつ」

　茜ちゃんが言う。切り取られてしまっているが、満面の笑みを浮かべている姉の両脇《りょうわき》には、和史さんと愛想《あいそ》笑いしている私がいる。私はすっぴんで、だから写りたくないと言ったのに、姉が『こういうときくらい、いいじゃない！』とごねたのだ。

『お年玉あげるから、一緒《いっしょ》に写ってよ、お願い』

　両手を合わせてお願いされて、そこまですることじゃないでしょう、と渋々《しぶしぶ》頷《うなず》いた。今度から、私がちゃんと化粧《けしょう》してるときにしてよね。

　あのときはまだ世の中が大きな変化を迎《むか》えるなんて想像もつかなかったな、と思う。姉がいなくなってしまう、なんてことは、なおのこと。

　線香の匂《にお》いが鼻を擽《くすぐ》る。祭壇周りを見回せば、様々なものが供えられていた。華《はな》やかな花籠《はなかご》に、ぬいぐるみ。結婚式のときの写真もあれば、茜ちゃんとのツーショット写真もある。和史さんが精一杯、姉の周りを華やかにしようと試みたことが伝わってくる。

　仏飯の横には、アラザンが散った生チョコタルトもあった。大きく切り分けられたタルトは、今朝《けさ》にでも供えられたのだろうか。表面がまだ艶々している。

D「こんな風にしても、全然現実味がないんだよね」

　声がして、振り返る。お盆《ぼん》にガラス製の茶器を載《の》せた和史さんが立っていた。

「言い方は悪いけど、ままごとでもしてる気分だ。ああ、ふたりとも、こっちへどうぞ。お茶でも」

　続き間の下の間を示されて、移動する。父が気に入っていた＊黒檀《こくたん》のテーブルに、私たちと和史さんは向かい合わせに座った。和史さんの背中越しに、姉が見える。茜ちゃんがティッシュを取り出して洟《はな》をかんだ。

「まあどうぞ」

　大きな体軀《たいく》のひとが、一回りも二回りも小さく頼《たよ》りなくみえる。私たちの前に、冷茶と生チョコタルトが一切れずつ供《きょう》された。


「ままごとの気分で、迷子になった気分でもある。香弥はほんとうはどこかにいて、おれがはぐれてしまったのかなって。おれの方がおかしいのかな、ってさ」

「分かる。あたしも、香弥がふらりと遊びに来そうな気がしてならないの。そんなはず、ないのにね」

　ふたりがしみじみと言い、私も頷く。

　いまにも、玄関の引き戸ががらりと開く音がして「ただいまあ」なんて声がするのではないだろうか。あら美弥ちゃんたち来てたの？　お夕飯食べて帰りなさい。何なら泊《と》まっていく？　美弥ちゃんと茜、同じ部屋でいいよね。なんてことを言って入って来て、この祭壇を見て「趣味が悪い悪戯《いたずら》ね！」と顔を顰めるのだ。

「こないだ、美弥ちゃんがこれは夢ですか？　っておれに訊《き》いただろ。あれ、よく分かるよ。夜中に目が覚めて、いますごく怖《こわ》い夢を見たんだよ、香弥が死んだなんてあんまりに酷い夢って隣に声をかけて、ぞっとするんだ。ああ、夢じゃなかったんだって」

　ばかだよな、と力なく笑う和史さんに「そうなんですよね」と相槌《あいづち》を打つ。

「ＬＩＮＥの通知が来ると、姉かなって思うんです。この間は街中で、姉を見かけた気がして追いかけちゃいました。もちろん、違《ちが》うんですけど」

　はっきりとした別れを経ていないから、現実についていけない。世界から切り離《はな》されたのは、ほんとうは私なんじゃないかと思う。

「まあ、食べなさい」

　和史さんが、姉のような口ぶりでタルトを示す。

「これ、祭壇にも供えられていましたね」

姉がいなくなった後もこのタルトを食べるのか。E小さく笑ってフォークで切り分ける。口に運ぶと、相変わらずの甘さが広がった。

「これ、お気に入りだったからね。おれも、ずいぶんご相伴《しょうばん》*にあずかったもんさ」

「うちに来るといっつもこれを持ってきて、でも美弥ちゃんが好きだからって言い訳してました」

やっぱり、姉の好物だったのだ。小さく笑うと、茜ちゃんが「え？違うよ」と言った。

「これ、美弥ちゃんが初めて香弥にプレゼントしたタルトじゃん」

茜ちゃんの言葉に、二口目を頬張《ほおば》っていた私は「ふお？」と声を漏《も》らした。首を傾《かし》げると「覚えてないの？」と呆《あき》れた顔を向けられる。

「美弥ちゃんが小学校六年生で、香弥が十九のとき。美弥ちゃんが、誕生日プレゼントに買ってきてくれたやつじゃん。世界で一番美味しいタルト、独《ひと》り占《じ》めしていいよって言われたって、香弥大喜びしてさ。あたし、そのときの写真、なんべんも見せられたよ」

思い出した。姉が大人になる前に世界で一番美味しいタルトを独り占めさせてあげたくて、私はお小遣《こづか》いを貯《た》めて生チョコタルトを買おうとした。でも六百円くらい足りなくて、そしたら父がこっそりお金をカンパ*してくれた。年の数だけろうそくを付けてもらって、大事に抱えて帰った。夕飯のあと、父と協力して歌を歌いながらタルトを出した。驚《おどろ》いてほしいなとは思ったけれど、姉は大げさだと呆れてしまうくらいわんわん泣いた。火をつけたろうそくが溶け切ってしまうんじゃないかというくらい、泣いた。それから浮腫《むく》んだ目をしょぼしょぼさせて、ホールのタルトを食べる姉に、私は何度も『美味しい？』と訊いた。姉は確か、『すごく美味しい』と答えた。あたしも、世界で一番美味しいタルトだと思うよ、美弥ちゃん。その顔がとてもやさしくて、可愛《かわい》くて、だから私はニコニコと笑った。

ああ、そうか。そういうことだったか。

F私がすっかり忘れていたことを、姉は大事に抱え続けてくれていたのか。

初めて、涙《なみだ》が出た。

いままで滲《にじ》みもしなかった涙が、ぽろぽろと溢《あふ》れた。

何で忘れていたんだろう。何で、話さなかったんだろう。お姉ちゃんの方が、生チョコタルト好きなんじゃん。私が好きだからとか言って、ほんとうは自分が食べたいだけじゃん？　たったそれだけのことを言っていれば、G何か変わっていたはずなのに。こんな風に知ることは、なかったのに。

「香弥は、美弥ちゃんが大好きだったからなあ」

和史さんが言えば、茜ちゃんが「ほんとうに」と返す。お父さんが亡くなって絶望していたとき、美弥がぎゅっと縋《すが》りついてきてくれたから頑張れたって言ってた。美弥がいるから頑張れるって。あたし、きょうだいがいないからそれがすごく羨《うらや》ましかった。喧嘩しあっててもしあわせそうなふたりを見るのが、大好きだった……。

両手で顔を覆《おお》って、溢れるままに涙を流す。お姉ちゃん、お姉ちゃん。たったひとりの私のお姉ちゃん。大好きだったのに。傍《そば》にいるのが当たり前で、言わなくったって大丈夫だって思ってた。でも、違ったね。ごめんね、ごめんなさい。

泣きながら、生チョコタルトを食べる。アラザンが、しゃりしゃり鳴る。濃くて甘ったるい。H でも、特別な味がした。

【町田そのこ「赤はこれからも」(『ぎょらん』〈新潮社〉所収)による】

【注】

＊アラザン――銀色の粒状《つぶじょう》をした甘みのある糖衣菓子。

＊過干渉――意見や指示をしすぎること。

＊茜ちゃん――香弥の親友。

＊黒檀――黒くて堅《かた》い木材。

＊ご相伴にあずかる――一緒にもてなしを受ける。

＊カンパして――(お金を)出して。

問一　――線部A「馬鹿の一つ覚え」とあるが、ここではどのようなことを「馬鹿の一つ覚え」といっているのか。説明として最もふさわしいものを次の中から選び、記号で答えなさい。

ア　甘党でたくさん食べたい姉は、タルトはホールの5号サイズが一番食べ応えがあると思っていること。

イ　小学生だった妹が世界で一番美味しいと言ったため、これをあげておけば妹は喜ぶと姉は思っていること。

ウ　洋菓子タカギの生チョコタルトは、クリームが艶々でアラザンが乗っていておしゃれだと思っていること。

エ　大人になったらぜーんぶひとりで食べると言った妹の願いを叶《かな》えるため、手土産にすべきだと思っていること。

問二　――線部B「相変わらずクジラ……」とあるが、これはどのようなことのたとえか。説明しなさい。

問三　――線部C「私は、その方が助かる」とあるが、なぜ助かるのか。「その方」の内容を明らかにして、説明しなさい。

問四　――線部D「こんな風にしても、全然現実味がないんだよね」とあるが、ここで和史がいう「現実」とは何のことか。答えなさい。

問五　――線部E「小さく笑ってフォークで切り分ける」とあるが、「小さく笑っ」たときの美弥の気持ちとして最もふさわしいものを次の中から選び、記号で答えなさい。

ア　姉の夫までが、妹の美弥ちゃんには生チョコタルトさえ出せば喜ぶ、と勘違《かんちが》いしていることにあきれている気持ち。

イ　姉に最後に会ったときに文句を言いながら食べたことを思い出し、また食べなければならないのかとうんざりした気持ち。

ウ　祭壇に供えてもらうほど姉が生チョコタルトを好きだったことを再確認し、姉の好物を振る舞う姉の夫を微笑《ほほえ》ましく思う気持ち。

エ　姉がいなくなっても、姉と生チョコタルトはセットになっている状況が面白く、生チョコタルトを通して姉を懐《なつ》かしく思う気持ち。

問六　――線部F「私がすっかり忘れていたことを、姉は大事に抱え続けてくれていたのか」とあるが、「私がすっかり忘れていたこと」とは何か。説明しなさい。

問七　――線部G「何か変わっていたはずなのに」とあるが、何がどう変わっていたのか。説明として最もふさわしいものを次の中から選び、記号で答えなさい。

ア　世界一美味しい生チョコタルトを和史さんや茜ちゃんと分け合って食べる時間が、姉との思い出を噛《か》み締《し》めながら自分一人で食べる時間に変わっていたはずだ。

イ　甘ったるい生チョコタルトを買ってくる姉を嫌《いや》がっていた気持ち

が、茜ちゃんに羨ましがられるきょうだいの仲をもっと見せつけたいという気持ちに変わっていたはず。

ウ　甘党の姉が生チョコタルトを独り占めしたいと思っていたことに気づいてあげられなかった状況が、亡くなる前に思う存分食べさせて満足させてあげられる状況に変わっていたはず。

エ　生チョコタルトを手土産に持ってくる姉に文句を言ったり、世話を焼いてくれることをウザがったりするような自分の姉に対する態度が、姉に対して素直に接する態度に変わっていたはず。

問八　――線部H「でも、特別な味がした」とあるが、なぜか。七十五字以内で説明しなさい。

二　次の文章を読んで、後の問いに答えなさい。

突然《とつぜん》ですが、今みなさんは、山登りをしているとします。山頂まで半分のところで、ちょっと疲《つか》れてきました。そんな時に、「[X]、半分しか登っていません」と言われると、ぐったりとした気持ちになるかもしれません。まだまだこの先も歩かなくちゃいけないのか、と。他方で、「[Y]、半分も登りました」という言葉を聞くと、少しだけ明るい気持ちになるかもしれません。がんばって歩くか、と意欲も湧《わ》いてきます。

山登りなので水筒《すいとう》を持っています。貴重な水です。「水は、[Y]半分しかありません」と言われると、緊張《きんちょう》や焦《あせ》りの感覚がわずかに生まれるのではないでしょうか。他方で、「水は、[X]半分あります」という言葉を聞くと、なんとなく安心するのではないでしょうか。

ここからわかることは、言葉というものが私たちの感じ方や考え方に大きな影響《えいきょう》を与《あた》えている事実です。【 1 】、感じ方、考え方は、行動にも影響を与えます。言葉、感じ方、考え方、行動。これらは連鎖《れんさ》的につながっていきます。

私の*専攻《せんこう》である社会学には社会構成主義という考え方があって、この立場では、言葉や対話が現実を創造すると考えます。この考えですと、新しい言葉を使い、これまでと違《ちが》う方法で対話をすれば、そこから新しい現実が生まれることになります。そのため、*心理療法《りょうほう》の領域にもA大きな影響を与えてきました。心理療法とは、いわば対話によって人々《ひとびと》の現実をよりよいものへと変えていく営《いとな》みだからです。

そして社会構成主義に基づく心理療法のひとつが、*ナラティヴ・セラピーです。一九八〇年代に*セラピストのマイケル・ホワイトとデビット・エプストンが提唱しました。

ところで、心理療法では、*クライアントは*カウンセラーに困り事を相談します。それはみなさんもご存知の通りです。

ですが「相談する相手が見つからない」というのが本書のテーマのひとつでもあります。カウンセラーであれ誰《だれ》であれ、相談相手がさっと見つかるのであれば、私たちだって苦労しません。

というわけで、ここではまずは、自分で自分にナラティヴ・セラピーができるようになることを目指します。自分で自分にセラピる(セラピーする)ので、私はこれを「ナラティヴ・セラピル」と呼んでいます。ナラティヴ・セラピーとは、どのような問題もナラティヴが生み出していると考え、問題を生むナラティヴに対処していくセラピーです。

といっても、「ナラティヴ」という言葉がよくわからないのではないでしょうか。これはですね、はっきり言って誰にとってもわかりにくいんです。だからここは「ストーリーとか物語のことね、ふんふん」とさっと進んでください。だんだんわかってきますから。

まずは、ストーリーが私たちの現実をつくる、このことを押《お》さえます。

【２】、神の*祟《たた》りを信じている部族の人にとって、神の祟りは「現実」です。それは本当に恐怖《きょうふ》の対象だし、病気になると祟りへの対処として実際にお祓《はら》いしたりします。他方で、現代を生きる私たちは、神の祟りというストーリーを信じていません。神を恐《おそ》れて暮らすことはほとんどありません。

このように、社会や文化によって人々に共有されるストーリーは違います。そして、ストーリーによって、人々が何を現実と見なすかは異なります。

それと同じように、その人がどのようなストーリーを生きているかによって、同じ現象に対する見方は変わります。B見方が変われば、その現象への反応《はんのう》も変わります。

たとえば、あなたは四人組の仲良しグループのメンバーだとします。ふと見ると、少し遠くで、自分以外の三人が楽しそうに笑いながら立ち話をしています。

あなたは「なになに〜、なに話してるの〜」と笑顔で三人の輪のなかに入っていくかもしれません。自分たち四人は仲が良いというストーリーを生きているので、三人のところに駆《か》け寄っていって、ごく自然に会話に混ざります。

反対に、あなたはその輪に入っていきたいけど入っていけずに、立ちすくんでしまうかもしれません。頭のなかには「私の悪口で、盛り上がってるかもしれない」という考えが浮《う》かんでいます。それは、あなたが自分のいないところでは悪口を言われているかもしれないというストーリーを生きているからです。

このように、同じ現象をどう理解するか、どう反応するかは、その人がどのようなストーリーを生きているかによって変わります。

そして、ナラティヴ・セラピーの目的は、苦しみをもたらすストーリーから、C自分にとって生きやすいストーリーへと、ストーリーを書き換《か》えることにあります。

私たちに苦しみをもたらしているのが「ドミナント・ストーリー」です。ドミナントとは支配的という意味です。ここから、ドミナント・ストーリーとは、支配的なストーリー、人々を苦しめているストーリー、人々にある行動をとらせているストーリーを指します。

たとえば、「痩《や》せていない自分には価値がない」、「男は／女はこうあるべきだ」、「新卒で大企業《だいきぎょう》に入社しなくちゃいけない」、「絶対失敗しちゃいけない」、「こんな鼻の形ではモテない」、「遅刻《ちこく》は絶対にいけない」などなど私たちはさまざまな、時には自分独自のDドミナント・ストーリーに縛《しば》られて生きているものです。

他方で、私たちを楽にしてくれるのが、「オルタナティヴ・ストーリー」です。オルタナティヴとは、主流のものに代わる別の新しいものという意味です。ここから、オルタナティヴ・ストーリーとは、支配的なストーリーとは別のもうひとつのストーリー、自分にとって生きやすいストーリーのことを指します。

繰《く》り返しになりますが、ナラティヴ・セラピーでは、生きづらさを生んでいるドミナント・ストーリーを、自分にとって生きやすいオルタナティヴ・ストーリーへと書き換えていきます。

先ほどの、四人組の例に戻《もど》ります。「私の悪口で、盛り上がってるのかもしれない」という思いが頭に浮かんだまま立ちすくんでいると、あなたに気づいたお友達がこちらを向いて手を振《ふ》っています。それで行ってみると自分の悪口なんかじゃ全然なくて、面白い話をしていて一緒《いっしょ》になって笑う、なんていう展開もあるわけです。こうした経験を繰り返しているうちに、「自分のいないところでは、悪口を言われてるかも」というストーリーは書き換えられていきます。友達への信頼感《しんらいかん》が育っていきます。

私たちは日常的に、さまざまな架空《かくう》*のストーリー、いわば妄想《もうそう》*を、現実だと思い込《こ》み、必要のない苦しみを生きているものです。そんな私たちの妄想を「それって、妄想だよね」とやさしく修正してくれるのは、新しい経験や他者の存在です。

この私も、教員一年目の最初の頃《ころ》は、大学生がなんだか怖《こわ》かったものです。【３】、実際に目の前に現れるリアルな大学生はみんな親切で（私が単位*を出す側の人間だということもあるでしょうが）、「若者って、ちょっと怖いかも」なんていうストーリーはあっさり書き換えられたものでした。アフロヘアモコモコ男子もロングネイル大好き女子も世界冷笑*絶望系男子も、センセーには親切です。どうも。

こんなふうに日常のなかでもストーリーの書き換えはよく起きますが、それを意識的に行うのがナラティヴ・セラピーです。(E)

（中村英代『嫌《いや》な気持ちになったら、どうする？　ネガティブとの向き合い方』〈ちくまプリマー新書〉による。なお、問題文の一部を省略している。）

【注】

＊専攻――専門的に学んでいる学問の分野。

＊心理療法――精神的な働きかけで病気などを治療しようとする方法。

＊セラピー――薬や手術などを用いない治療。

＊セラピスト――治療を行う人。

＊クライアント――心理療法を受けに来た人、依頼者《いらい》。

＊カウンセラー――依頼者の問題・悩みなどに対し、専門的な知識を用いた面談をして援助《えんじょ》する人。

＊祟り――神仏や霊魂《れいこん》などによる災い。

＊架空――想像によってつくりあげること。

＊妄想――根拠《こんきょ》もなく想像すること。

＊単位――進級や卒業のために必要な、科目で一定以上の成績を修めたことを証明するもの。

＊冷笑――見下して笑うこと。

問一　空欄《くうらん》 X 、 Y にあてはまることばを次の中から選び、それぞれ記号で答えなさい。

ア　あと　　イ　まだ　　ウ　もう　　エ　ようやく

問二　空欄【１】～【３】にあてはまることばを次の中から選び、それぞれ記号で答えなさい。

ア　でも　　イ　そして　　ウ　たとえば

問三　――線部A「大きな影響を与えてきました」とあるが、どういうことか。説明として最もふさわしいものを次の中から選び、記号で答えなさい。

ア　カウンセラーが話す一つひとつの内容が、クライアントの悩みや問題の解決を促《うなが》しているということ。

イ　言葉や対話が現実を創り上げると考える社会構成主義が、心理療法においても応用されたということ。

ウ　言葉というものが、わたしたちの生活において感じ方や考え方に影響し、行動を変化させているということ。

エ　マイケル・ホワイトとデビット・エプストンによるナラティヴ・セラピーが社会構成主義を作るということ。

問四　――線部B「見方が変われば、その現象への反応も変わります」とあるが、どのようなことを言っているのか。説明として最もふさわしいものを次の中から選び、記号で答えなさい。

ア　同じ現象が起こったとしても、感じ方はそれぞれ異なるので、互《たが》いの見方を尊重するべきだということ。

イ　同じ現象が起こったとしても、その人が持っている考えによって、示す感情や態度は異なるということ。

ウ　どのような現象も言葉や対話によって表れるので、表現の仕方によって生じる現実は変わるということ。

エ　どのような現象も良い方向へとらえることができるので、常に前向きな考え方を持つべきだということ。

問五　――線部C「自分にとって生きやすいストーリー」とは何か。本文中から十五字以内で抜《ぬ》き出しなさい。

問六　――線部D「ドミナント・ストーリーに縛られて生きているものです」とあるが、「ドミナント・ストーリーに縛られて生きている」人とはどのような人か。説明しなさい。

問七　――線部E「日常のなかでもストーリーの書き換えはよく起きますが、それを意識的に行うのがナラティヴ・セラピーです」とあるが、意識的に書き換えるとはどうすることか。また、その結果、ストーリーはどのように書き換わるか。説明しなさい。

三　次の①～⑤の――線部のカタカナを漢字にしなさい。

①　エンドウの観客に手を振《ふ》る。

②　エンジたちにお菓子《かし》を配る。

③　犯人が法によってサバかれた。

④　校則についてトウロンする。

⑤　身体にフタンがかかる。

成城学園中学校（第一回）

—50分—

一　次の——線のカタカナ部分を漢字に直しなさい。

1　ケイソツな行動。
2　はだにココロヨい風。
3　ゼンゴ策を考える。
4　トウシツをひかえる。
5　ガイロ樹を植える。
6　ザッコクを食べる。
7　ジュウオウに動き回る。
8　すばらしいコウセキをあげる。

二　次の文章を読んで、あとの問いに答えなさい。（句読点や記号も一字と数えます。）

1　どのような状況《じょうきょう》になるのかがよくわからないときに計画を立てるのは、起こりうるさまざまな状況を想定しなければならないから、本当にたいへんである。それぞれの状況のもとでいちいちどうするかを決めていかなければならないので、その計画は複雑かつ膨大《ぼうだい》なものとなろう。しかも、想定した状況のほとんどは【　X　】から、せっかく立てた計画も、その大部分は活用されず、無駄《むだ》となる。

そうだとすれば、むしろ計画を立てず、その場で対処するほうがよいのではないだろうか。たしかに事前の計画が必要な場合もあるが、積極的にその場の対処に任せるほうがかえって効率がよいことも多い。

このような考えにもとづいて最近よく用いられるようになった言葉が「アジャイル（agile）」である。この言葉は、辞書的には「機敏《きびん》な」とか「身軽な」を意味するが、コンピュータのソフトウェアの開発において、従来とは異なる新しい開発手法を表すのに用いられるようになった。すなわち、ソフトウェアを開発するさいに、初めからすべての工程にかんして綿密な計画を立てるのではなく、まずは小さな単位で試《ため》しながら、試行と修正を繰《く》り返してソフトウェアの全体を完成させていくという手法である。

このソフトウェアの開発における用法が①拡張されて、②「アジャイル」という言葉は、いまでは行動一般《いっぱん》にかんして用いられるようになった。すなわち、何らかの行動をしようとするとき、事前にきちんと計画するのではなく、進行中のその時々の状況に応じて適当にどうするかを決め、うまく行かなければ修正を行うといったことを繰り返して、行動全体を完遂《かんすい》するというやり方が「アジャイル」とよばれるようになったのである。

仕事の打合せのなかで「アジャイルで行こう」と言われた場合、それはようするにその場でやりくりしようという意味である。私たちはついつい、しっかりした計画を立てて、絶対に失敗しないようにすべきだと考えがちであるが、そのような緻密《ちみつ》な計画を立てることは、実際上ほとんど不可能であるか、あるいはきわめて効率が悪い。緻密な計画にこだわるのは、失敗にたいする「病的な恐怖《きょうふ》」によるところが大きい。

［ a ］、恐《おそ》ろしくて飛行機に乗れない人がたまにいる。そのような人は飛行機の安全性を十分理解していても、飛行機に乗るのを恐れる。たしかに危険な状況で恐怖を抱《いだ》くのは適切であり、それは逃《に》げるといった行動を引き起こして、じっさいに害を被《こうむ》ることを防いでくれる。［ b ］、危険でない状況で恐怖を抱くのは不適切である。それ

は害の未然の防止に役立たないどころか、有益な行動を妨《さまた》げもする。飛行機への恐怖は、③このような病的な恐怖である。

最近、「正しく恐れよ」とよく言われる。放射能に汚染《おせん》された食品であっても、汚染度は低く、健康に影響《えいきょう》はないのに、恐ろしくて食べられない人がいる。このような人は、危険度に見合った「正しい恐れ」ではなく、それに見合わない病的な恐怖を抱いているのである。

緻密な計画へのこだわりも、失敗への病的な恐怖に支配されている可能性が高い。緻密な計画を立てなくても、アジャイルでやっていけば、失敗することはほぼないにもかかわらず、失敗を恐れて、可能なかぎり緻密な計画を立てようとする。たとえ計画を立てるのが無駄であり、その場で適当にやってもうまくやれるということを頭でよく理解していても、どうしても失敗への恐怖がなくならない。こうして計画を立てずにはいられないのである。

[2] アジャイルで行くことは、一見、いい加減で、行き当たりばったりのようにみえるかもしれないが、計画を立てるよりも、アジャイルで行くほうが効率的で、成功する確率が高い場合もある。だからこそ、アジャイルで行くのである。私たちがアジャイルではなく、しっかりした計画に向かいがちなのは、アジャイルがいい加減で失敗の可能性が高いからではなく、[c]失敗への恐怖があるからである。あえてアジャイルで行くことは、そのような病的な恐怖の克服《こくふく》にもつながる。

もちろん、アジャイルが重要だと言っても、計画がいっさい無用だというわけではない。過度に緻密な計画は無用だが、適度な計画は効率の面でも、成功率の面でも、重要である。結局、適度な計画を立て、あとはその場のやりくりに任せることが大切だ。つまり、計画とアジャイルの適切なバランスが何と言っても重要なのである。

アジャイルでやっていくには、その場の状況に応じて的確に対処する能力、つまり臨機応変の能力がなければならない。ヒーローはたいていこの能力に秀《ひい》でている。『007』のジェームズ・ボンドは、ビルの屋上や水上などでじつにスリリングな戦いを見せるが、どんなに窮地《きゅうち》に陥《おちい》っても、手持ちの小道具やその場にある物を巧《たく》みに利用して、きわどく危機を脱《だっ》していく。そんなに都合よく小道具や物があるわけないだろうと思いつつも、俊敏《しゅんびん》な対応能力に感心させられる。

このような臨機応変の能力は④身体知の一種である。それは身体で覚えた知であり、脳だけではなく、身体にも刻みこまれた知である。ただし、身体知のすべてが臨機応変の能力だというわけではない。たとえば、舗装《ほそう》した道路でしか自転車に乗れないとしよう。このとき、自転車に乗る身体知をもっていると言えるが、臨機応変の能力をもっているとは言えない。砂利《じゃり》道でも、芝生《しばふ》の上でも、でこぼこ道でも、それらに対応してうまく自転車に乗ることができてはじめて、臨機応変の能力があると言える。ボンドのような臨機応変の能力は、身体知のなかでも、多様な状況に対応できるようなタイプの身体知、すなわち「多面的身体知」なのである。

私たちは、ボンドには遠く及《およ》ばないにせよ、多少なりとも、このような多面的身体知をもっている。混雑した駅では、いろいろな人とさまざまな仕方でぶつかりそうになるが、たいていうまくよけることができる。会社にいけば、上司や同僚《どうりょう》など、さまざまな人から挨拶《あいさつ》されるが、相手に応じて適切に挨拶を返すことができる。このような多面的身体知をほとんど無意識的に行使することで、私たちの日々の生活は成り立っている。

③　ところで、臨機応変の能力には、このように状況に応じて適切に「行動する」能力だけではなく、状況に応じて適切に「考える」能力も含《ふく》まれる。こちらは身体を動かす能力ではないので、身体知ではないが、臨機応変の能力のひとつである。

たとえば、紅葉の季節に「そうだ、京都に行こう」と思い立ち、家を出る。計画と言っても、新幹線で行くというきわめておおまかな計画しか立てていない。駅に着いて、自由席にするか、それとも指定席にするか考える。混み具合を調べてみると、自由席は座《すわ》れないようだが、指定席は一時間後にしか空いていない。早く行きたい。まあ、座れなくてもいいかと思って、自由席の切符《きっぷ》を買う。

こんな調子で、その場、その場で、適当に考えて、やりくりしていく。そうすれば、たいした計画を立てなくても、無事に京都にたどりつける。ここでは、状況に応じて適切に考えるという臨機応変の能力が大きく物を言う。

その場の状況に応じて考える能力も、行動する能力と同じく、訓練や実地経験によって鍛《きた》えることができる。人によって臨機応変の思考能力に違《ちが》いがあるのも、生まれつきの素質の違いもあるだろうが、訓練や実地経験の違いによるところが大きい。

私が数人の友人と一緒《いっしょ》に北京《ペキン》に行ったとき、夕飯を食べに街中のレストランに入ったことがあった。私たちは誰《だれ》も中国語ができなかったが、英語が多少通じるだろうと思っていた。しかし、残念ながら、英語もまったく通じなかった。そのとき、一人が紙に漢字を書いて店員に見せたところ、見事に通じた。私はそんなことを思いつきもしなかったので、彼《かれ》の［ i ］［ ii ］におおいに感心した。どうしてそんな［ i ］［ ii ］が利《き》いたのかと聞いてみたところ、彼は似たような状況を経験したことがあると言った。

思考における臨機応変の能力も、行動におけるそれも、訓練や実地経験によって育《はぐく》まれる。したがって、訓練や実地経験の違いによって、臨機応変の能力にも個人差がある。自分の臨機応変の能力を見誤ると、その場で適切に対処できず、立ち往生《おうじょう》することになる。アジャイルでやるときには、自分の臨機応変の能力を正しく自覚することが重要である。自分には臨機応変に対応する能力があまりないと思えば、アジャイルの部分を減らして、計画の部分を手厚くしなければならない。つまりは、⑤臨機応変の能力を正しくわきまえたうえで、計画とアジャイルのよいバランスをとることが肝心《かんじん》なのである。

（信原幸弘《のぶはらゆきひろ》『「覚える」と「わかる」　知の仕組みとその可能性』〈ちくまプリマー新書〉より）

問一　空らん【Ｘ】に入る言葉を五字以上十五字以内で答えなさい。

問二　――線①「拡張されて」とありますが、文章中におけるこの言葉の意味として最もふさわしいものを次のア～エの中から選び、記号で答えなさい。

ア　他の場面でも使われるようになった。
イ　他の表現があてはまるようになった。
ウ　他の文章でもよく見かけるようになった。
エ　他の言葉が英語以上に適切だとわかった。

問三　――線②「アジャイル」とありますが、筆者は文章中でこの言葉をどのように言い換《か》えていますか。次の文の空らんに当てはまる十五字の言葉を、これより前の文章中から探し、抜き出して答えなさい。

（　　）というやり方。

問四　空らん a 、 b 、 c に入る最もふさわしい言葉を次のア～オの中から選び、それぞれ記号で答えなさい。ただし、同じ記号をくり返すことはできません。

ア　むしろ　　イ　たとえば　　ウ　まるで

エ　もちろん　　オ　しかし

問五　――線③「このような病的な恐怖」とありますが、それはどのようなものですか。「理解」という語を用い、「～にもかかわらず～こと」という形で筆者の主張をまとめて答えなさい。

問六　――線④「身体知」とありますが、筆者が考える「身体知」としてふさわしくないものを次のア～エの中から一つ選び、記号で答えなさい。

ア　小さいころから水泳を習っていたので、小学六年生になった今も、上手に泳ぐことができる。

イ　「社会」の授業で歴史上の人物名を覚えるのに、何度も声に出したことで暗記することができた。

ウ　友達にカブトムシがよくとれる木を教えてもらい、そこに行ってみると何びきもとることができた。

エ　歯みがきの指導を受けて、しだいに奥歯《おくば》まできれいに歯をみがくことができるようになった。

問七　空らん i ii に漢字を一字ずつ入れると二字熟語になります。次のア～コの中から当てはまるものをそれぞれ選び、記号で答えなさい。

ア　期　　イ　起　　ウ　機　　エ　規　　オ　気

カ　点　　キ　展　　ク　典　　ケ　転　　コ　天

問八　――線⑤「臨機応変の能力」とありますが、この能力について説明した次の文の空らんⅠ・Ⅱに当てはまる言葉を、Ⅰは3の文章中から七字、Ⅱは2の文章中から十七字で探し、それぞれ抜き出して答えなさい。

（　Ⅰ　）によって高められる（　Ⅱ　）能力。

問九　この文章の内容と合うものを次のア～オの中から一つ選び、記号で答えなさい。

ア　アジャイルで行くためには、事前にしっかりとした計画を立てる必要がある。

イ　アジャイルは数種類あるので、場面に応じて使い分けなくてはいけない。

ウ　アジャイルの欠点は、予測できないことに対してはうまく働かないことである。

エ　アジャイルをうまく使えるかどうかが、効率的な仕事を行うカギである。

オ　アジャイルを活用するかどうかは、一緒《いっしょ》に作業をする人にゆだねられている。

問十　この文章の筆者の主張をふまえて、次の問いに答えなさい。

夏休みの宿題として課された「一冊の漢字ドリルを提出日までに終わらせる」という作業を、ある小学生が最も効率的に行い、成功させるためには、どのようにすればよいですか。くわしく説明しなさい。

三　次の文章を読んで、あとの問いに答えなさい。（句読点や記号も一字と数えます。）

その週の土曜日、季節外れの台風が近づいていた。午後には上陸するらしい。

ぼくは、自転車を立ちこぎして学校に行った。台風の時って、なんでこんなに興奮するんだろう。

学校に着くと、すぐに平林先生の指示で、①台風対策を始めた。

ネットをかけて全部を覆《おお》ってしまうというのが一番いいのだけど、②ぼくたちの畑は、人参《にんじん》や枝豆のような背の低い野菜と、トウモロコシやオクラのような背の高い野菜とが入り組んで植わっているので、うまくネットをかけることができない。

人参と枝豆には根元を守るために土寄せをし、トウモロコシとオクラは、支柱がちゃんと埋《う》まっているかを確認して、もう一度、ひもをしっかり結びなおした。しっかり、といっても、ぼくが結んだから、あまり自信がない。アズサがいてくれたら、ちゃんと［A］ができているか、確認してくれたと思うけど。

今日、アズサは畑に来なかった。オクラが採れるようになってから、アズサは毎日来ていたから、今日も来るんだろうとみんなが思っていて、誰《だれ》もアズサに連絡《れんらく》をしなかったのだ。今から呼んだら来るかもしれないけれど、来たころには、作業は終わっているだろうから、ぼくたちはアズサ抜《ぬ》きで作業を続けた。

途中《とちゅう》で、前川先生が、物置が倒《たお》れないかと心配して様子を見に来てくれた。

「それほど高さはないし、隣《となり》に駐輪場《ちゅうりんじょう》もあって、直接風を受けないからだいじょうぶだろうとは思うけど。」

そう言いながら、前川先生は、物置の各コーナーにアンカーをもう一つずつつけた。それから、コンポストのふたにも、風で飛ばされないように、ダクトテープを張ってくれた。

お礼のつもりで、なっていたオクラを全部採って、前川先生にあげると、前川先生は、うまい、うまいと言いながら、その場でぼりぼりと食べ始めた。ぼくたちの作ったオクラを、前川先生がそんな風に食べてくれたのが、とてもうれしかった。

風で飛ばされそうなものは全部物置の中にしまって、鍵《かぎ》をかけて作業を終了《しゅうりょう》した。

帰る際、平林先生が、ぼくと西森くんに注意した。

「気をつけて帰りなさい。家に帰ったら、外に出るんじゃないぞ。台風が来てるのに畑の様子を見に行って、そのまま行方《ゆくえ》不明になってしまう人のニュースを聞いたことあるだろう。そんなことになったら大変だから、台風が完全に通りすぎるまで畑には来るなよ。」

以前は、そういうニュースを聞いた時、どうして台風の中、出ていっちゃうんだろうと思ってたけど、③今は畑の様子を見に行く人の気持ちがよくわかる。

　帰り道は向かい風で、自転車が全然進まなかった。ぼくは、自転車をこぐのをあきらめ、途中から自転車を降りて押《お》して帰った。

　やっとのことでうちに帰ると、十時になっていた。

「ただいま。」

　返事がない。電気もついていない。お母さん、いないのかな。

　電気をつけてダイニングに行くと、テーブルの上に、「水と食料を買いに行ってきます」と書き置きがあった。防災バッグの中に乾《かん》パンが入っていたと思うけど、あれじゃ足りないんだろうか。

　ぼくは、キッチンに手を洗いに行って、ついでになにか食べるものがないか探した。朝早くから畑仕事をすると、おなかがすいて仕方がない。菓子《かし》パンをつかんでリビングに行き、テレビをつける。

　台風の直撃《ちょくげき》を受けそうな地域の海岸沿いで、レポーターが斜《なな》めになりながら、必死に叫《さけ》んでいたけど、なにを言ってるのか、全然わからなかった。

　画面が変わると、田んぼが映った。強烈《きょうれつ》な風が、稲《いね》を水面にたたきつけている。あの稲は、ちゃんと元に戻るんだろうか。

　その映像を見て、ぼくたちの畑は、だいじょうぶなんだろうかと心配になった。とくに、ぼくが支柱に結んだひも。ほどけないといいけど。ヤングコーンとオクラは食べたけど、トウモロコシは食べてないんだから、どうか倒れないでほしい。

　テレビを見始めて、結構な時間が経《た》つのに、お母さんは、なかなか帰ってこない。水は重いから、車で買いに行ったと思うんだけど、どこまで行ったんだろう。

　窓の外を見ると、公園の木がしなっていた。空が暗い。いつ雨が降り出してもおかしくない。マンションが、ゴオオッと不気味な音を立てて揺《ゆ》れたような気がした。このマンションは、そんなに古くないと思うし、地震《じしん》対策とかもちゃんとやってあるだろうから、台風で倒れるってことはないと思うけど、ちょっとこわくなる。

　お母さん、いつも家にいてうるさいのに、こういう時にかぎっていないんだから。なんかあったら、ぼく一人で、どうしたらいいんだろう。

　そういえば、アズサはいつも一人だって言ってた。今も家で一人なんだろうか。心細いだろうな。

　それよりも、支柱に結んだひもが気になる。いい加減に結んだつもりはないけど、百パーセントいぼ結びです、と自信を持って言えない。もしかしたら、ほどけてしまうかもしれない。もし、トウモロコシが倒れたら、たぶん、その下にある枝豆もだめになってしまうだろう。ぼくのいい加減な作業のために、みんなで一生懸命《いっしょうけんめい》育てた野菜がだめになったら大変だ。やっぱり、今から行って、結びなおしてこよう。

　ぼくは、急いで玄関《げんかん》に向かった。

　自転車と家の鍵を手に取り、ドアノブに手をかけようとしたら、その前にドアが開いた。

「うわあっ。もう、なに、朔弥《さくや》、なんで玄関にいるの？　びっくりさせないでよ。」

　お母さんが、驚《おどろ》いて手に持っていたエコバッグを落としそうになっていた。

「お帰り、遅《おそ》かったね。」

　お母さんが、水のペットボトルを玄関に引き入れて、靴《くつ》を脱《ぬ》ぐ。

「うん、大変だったんだから。モールに行ったら水が売り切れてて、駅の東側のスーパーまで行ったのよ。そしたら、事故があったみたいで、すごい渋滞《じゅうたい》でさ。ほら、水運ぶの手伝って。」

「お母さん、ぼく、ちょっと、畑に行ってくるよ。」

お母さんが、靴を脱ぐのをやめてぼくを見た。

「畑って、学校？」

「うん。」

「今、出てくなんてだめよ。」

「どうして？」

「危ないからに決まってるでしょ。すごい風なのよ。なにが飛んでくるかわからないじゃない。」

「でも、ぼく、ちゃんとひもを結ばなかったかもしれないんだ。そのせいで《Ⅰ》が倒れたら、オクラも《Ⅱ》も全滅《ぜんめつ》しちゃうよ。」

「だめ。家にいなさい。警報が解除されても、しばらくは外に出たらだめだからね。川が増水してたりして危ないんだから。行くなら明日にして。」

お母さんのその言い方が、ぼくの気持ちは関係ないって感じで、無性《むしょう》に腹が立った。

「お母さんは、どうしていつも、ぼくのやろうとすることに文句を言うの？　ぼくはだいじょうぶなのに。」

「いつも文句なんて言ってないでしょ。だいたい、なんの根拠《こんきょ》があって、だいじょうぶって言ってるのよ。」

「④お母さんは、ぼくのことを信用してないんだよね。」

「信用してないんじゃなくて、心配してるんでしょ。あなたはまだ子どもなんだから。お母さんには、あなたを守る義務があるの。」

「お母さんは、心配なんてしてない。全部自分の思うとおりにしたいんだ。」

「そんなことない。」

「そんなことあるよ。お母さんは、お母さんの思う理想の息子《むすこ》っていうのがあって、ぼくをそれに近づけようとしてるじゃない。」

「なによ、その理想の息子って。」

「家でダラダラしてないで、喜んでサマーキャンプに参加して、ソーシャルスキルがあって、面接官の前でも親戚《しんせき》の前でも、[a]大きな声でしゃべって、お母さんの気に入るような、さわやかな優等生の友だちがいっぱいいるような子じゃないの？」

お母さんが黙《だま》った。

「お母さんがうるさく言ったって、ぼくはお母さんの思うような立派な息子になれないんだから、ほっといてよ。」

ぼくがドアノブに手をかけると、お母さんが、ぼくの手首をつかんで言った。

「あのね、朔弥が、毎朝、早起きして畑に行って、野菜や花を育ててるのは知ってるよ。でも、台風が来てるんだから。台風なんて、朔弥一人でどうにかできるものじゃないでしょ。危ないから家にいなさい。」

「でも、ひもを結びなおしたら、《Ⅰ》は倒れないかもしれないじゃないか。」

「そうかもしれないけど、それは朔弥の命を危険にさらしてまですることじゃないでしょ。」

なんだよ、ぼくの命を危険にさらすって、そんなに大げさなことじゃない。大体、⑤ぼくの命なんて、大したことないじゃないか。

ぼくなんか……。

涙《なみだ》が[b]あふれてきた。

「ちょっと、なんで泣くのよ。」

「ぼくは……。」

「え？」

「生きる価値があるの？」

「なに、急に。当たり前でしょ。」

「ぼくは、ごみなんじゃないの？」

「ごみ？」

「お母さん、ぼくのこと、うざいと思ってるでしょ。ぼくはお母さんにとって、ごみなんじゃない？」

「は？　なんで、お母さんが朔弥のことうざいと思うのよ。朔弥は、頭いいし、優しいし、いいところいっぱいあるのに。」

「お母さん、いつも、そんなんじゃだめだって言うじゃん。」

「だめなんて言ってないでしょ？」

「言ったよ！　ソーシャルスキルがないとだめなんだって！　だから、ソーシャルスキルのないぼくは、この世の中じゃやってけない、ごみみたいなもので、生きる価値がないんじゃないの？　きっとトウモロコシの方が価値があるよ。みんなで、大事に育ててるし、食べたらおいしいんだから。」

「そんなわけないでしょ！」

お母さんに肩《かた》を[c]つかまれ、ぼくはよろけそうになった。

「やめてよ！」

お母さんの手を払《はら》いのけ、ドアを開けようとしたら、⑥お母さんが後ろから抱《だ》き着いてきた。

「離《はな》せ！」

体をよじって逃《のが》れようとしたけど、お母さんは、くっついたまま離れない。

「離すわけないでしょ。あのね、朔弥、お母さんは、ソーシャルスキルがあった方が、世の中生きやすいだろうと思ったから、ソーシャルスキルを身につけなさいって言ったの。ソーシャルスキルがない朔弥は生きる価値がないなんて言ってない。」

目をつむったら涙がこぼれた。

「ぼくは生きててもいいの？」

ドアに向かったまま、お母さんに聞いた。

「ソーシャルスキルが低くたって、なんだって、生きてていいに決まってるじゃない。そんな当たり前のこと、言わなくたって、わかってると思ってたわよ。」

お母さんが、ぼくに抱き着いたまま答える。

「口に出して言わないとわからないよ。」

ぼくがそう言ったら、お母さんは、

「まさか、朔弥にそんなこと言われるとは思わなかったわ。」

と言った。

「でも、そうだね。いいよ、言うよ。朔弥は、ごみなんかじゃない。お母さんの一番の宝物だよ。お母さんは、朔弥のことが一番大事。朔弥がいなくなったら、お母さん、悲しいよ。ソーシャルスキルが低くても、なんでもいいから、生きていてほしい。だから、こんな台風の最中に、朔弥を外になんて出さない。」

そう言われて、うれしいというより、ほっとした。そしたら、⑦もっと涙が出てきた。

「わかった。もう出ていかないから離して。」

「あー、暑い。」

お母さんが、ぼくの体から離れた。

「それにくさい。中学生男子、くさいわ。」

そうかな。確かにいっぱい汗《あせ》はかいたけど。

「これ、照れ隠《かく》しだからね。言い慣れないこと言ったから、恥《は》ずかしくなったのよ。くさくても、大事に思ってるから。くさいから生きる価値がないなんて言いださないでよ。」

そういうお母さんの声は、涙声だった。

お母さんは、靴を脱ぐと、

「ああ、疲《つか》れた。おなかすいたわ。ちょっと早いけど、お昼にしよう。お昼作りたくなくて、のり弁買ってきたから。」

と言って、ダイニングに行ってしまった。

ぼくは、リビングルームにお母さんが買ってきた水を運んだあと、手を洗いに洗面所に行って、ついでに顔も洗った。

それから、テーブルに着いて、二人でなにも言わずに［ d ］のり弁を食べた。

味のしみた、ちくわの磯部揚《いそべあ》げがおいしい。

お弁当を家で食べることなんてないから、なんか変な感じ。お母さんとの距離感《きょりかん》も変な感じ。

テーブルから窓の外がよく見えた。いよいよ大雨だ。さっきテレビでレポートしてた海の近くみたいに、雨が斜めに降っている。物置は飛んでいかないと思うけど、トウモロコシはだいじょうぶかな。心配になるけど、⑧今は畑に行けないのだから仕方がない。明日、畑に行って、できることをしよう。

（花里真希《はなざとまき》『ハーベスト』〈講談社〉より）

問一　——線①「台風対策」とありますが、「台風対策」として「ぼく」たちが行っていないことを次のア～カの中から一つ選び、記号で答えなさい。

ア　物置のコーナーにアンカーをつけたこと。

イ　風で飛ばされそうなものを物置にしまったこと。

ウ　野菜にネットをかけておおったこと。

エ　トウモロコシとオクラをひもでしばったこと。

オ　コンポストのふたにテープをはったこと。

カ　人参と枝豆の根元に土寄せをしたこと。

問二　——線②「ぼくたち」とありますが、この日に「ぼく」と一緒《いっしょ》にいた生徒はだれですか。文章中から探し、抜き出して答えなさい。

問三　空らん［ A ］に入る四字の言葉をこれより後の文章中から探し、抜き出して答えなさい。

問四　——線③「今は畑の様子を見に行く人の気持ちがよくわかる」とありますが、それはなぜですか。理由として最もふさわしいものを次のア～エの中から選び、記号で答えなさい。

ア　「ぼく」は、中学生になり大人に近づいたので、働く大人の気持ちがわかるようになったから。

イ　「ぼく」は、成長し度胸がついてきたので、まったく台風のことをこわがらなくなったから。

ウ　「ぼく」は、みんなで野菜を育てる喜びを知ったので、畑のことを心配する気持ちがわかるから。

エ　「ぼく」は、畑作りの大変さを二度と味わいたくないので、その苦労をいやがる気持ちがわかるから。

問五　空らん《Ⅰ》、《Ⅱ》に入る言葉をそれぞれ文章中から探し、抜き出して答えなさい。

問六　――線④「お母さんは、ぼくのことを信用してないんだよね」とありますが、「ぼく」がこのように思ったのはなぜですか。次の文の空らんに当てはまる十二字の言葉を文章中から探し、抜き出して答えなさい。

「ぼく」は（　　）ではないと感じているから。

問七　空らん[a]、[b]、[c]、[d]に入る最もふさわしい言葉を次のア～クの中から選び、それぞれ記号で答えなさい。ただし、同じ記号をくり返すことはできません。

ア　ぐいっと　　イ　ちょこっと　　ウ　じわっと

エ　長々と　　オ　黙々《もくもく》と　　カ　てきぱきと

キ　はきはきと　　ク　ぞくぞくと

問八　――線⑤「ぼくの命なんて、大したことないじゃないか」とありますが、「ぼく」がそう思うのはなぜですか。次の文の空らんに当てはまる八字の言葉を文章中から探し、抜き出して答えなさい。

「ぼく」には（　　）が欠けていると感じているから。

問九　――線⑥「お母さんが後ろから抱き着いてきた」とありますが、それはなぜですか。理由としてふさわしいものを次のア～オの中からすべて選び、記号で答えなさい。

ア　「ぼく」が外出しようとするのをひきとめるため。

イ　「ぼく」に親としての愛情を伝えるため。

ウ　「ぼく」に対するうしろめたさをかくすため。

エ　「ぼく」の言いぶんを聞く気がないため。

オ　「ぼく」を絶対に危ない目にあわせたくなかったため。

問十　――線⑦「もっと涙が出てきた」とありますが、それはなぜですか。「～と言われ、～から」という形にまとめて説明しなさい。ただし、「自信」という言葉を必ず用いること。

問十一　――線⑧「今は畑に行けない」とありますが、「行かない」のではなく「行けない」と表現しているのはなぜですか。「ぼく」の気持ちにふれながら説明しなさい。ただし、「生きる価値」と「命」という言葉を必ず用いること。

西武学園文理中学校（第一回）

―50分―

注意　特に指示がなければ、書き抜きや記述の問題は句読点を文字数に含みます。

□一　次の文章を読んで、後の問に答えなさい。

人間はこれまで、同じ時間を共有し、「同調する」ことによって信頼関係をつくり、それをもとに社会を機能させてきました。「同調する」というのは、たとえば、ダンスを踊ったり歌を歌ったり、スポーツをしたり、あるいは一緒に掃除をしたり、同じように身体を動かしたり調子を合わせたりしながら共同作業をするということです。

人間のコミュニケーションにおいて大事なのは、時を共有して同調することであり、信頼はそこにしか生まれません。母と子が、何の疑いもなく信頼関係を結べるのは、もともと（　A　）していたからです。胎児のときは、お母さんの動きを直に感じとっています。そのつながりは、その後、赤ちゃんとして母親の身体の外に出た後、へその緒を切っても残ります。

そして、そのつながりを、音楽や音声、あるいは一緒に何かをするという形で継続しているのが家族や仲間などの共同体です。こうした共同体がもつ文化の底流には、同じような服を着たり、同じテーブルを囲んで食事をしたり、同じような歌を歌ったり、同じような作法を共有したりといった、身体を同調させる仕掛けが埋め込まれています。人々はそれを日々感じることで、疑いをもつことなく信頼関係をつくり上げています。信頼は、こうした継続的な同調作用がなければつくれません。

人間と共通の祖先をもつサルやゴリラを見てもそれはよくわかります。彼らは身体的なつながりで群れをつくっています。日々お互いの存在を感じ合うことで、仲間として認識するということです。挨拶《あいさつ》を欠かさないのもその一つ。ニホンザルであれば、親しい者同士、グルーミング（毛づくろい）をする。

一方、言葉を持った人間は、言葉で表現しなければ納得できなくなっています。しかし、①言葉で表現できるものはごく一部にすぎず、言葉だけで信頼関係をつくることはできません。だから、頭の中では言葉を通じて仲間とつながっていても、身体がつながっている感覚が得られない。逆にいえば、身体でのつながりを得ていないために、言葉にこだわってしまう。「そもそも言葉と身体は一致することがないものである」ということを理解できずに、一致を求めてさまようようになりました。

さらに、情報通信技術の発達によって、継続的な身体のつながりで社会をつくるという、人類が何百万年もかけてつくり上げてきた方法が崩壊しかけています。一人一人の人間が、家族や地域などのコミュニティから引きはがされてバラバラになったことで、これまで信頼関係で結ばれてきた共同体が機能しなくなっている。インターネットは、継続性だけは保証しました。インターネットで情報を交換し合っていれば、絶えずつながっていると思うことは可能だからです。ライン、ツイッターといったツール（手段）を通じて、時間や空間を軽々と超えて常時つながっている感覚を得るようになりました。でも、それは言葉をはじめとする「シンボル」を通じてつながっているだけで、身体がつなぎ合わされているわけではありません。

しかし、インターネットでつながることに慣れると、肌で接している現実の世界の自分より、スマホの中にいる自分のほうがリアリティ(現実味)をもつものになってしまう可能性があります。なぜなら、現実はなかなか自分の意図するようにはならないからです。思い通りにするには他者と交渉しなくてはいけない。そこでは他者からプレッシャーをかけられて泣くこともあるでしょう。こんな厄介《やっかい》な現実世界より、自分の思い通りになるほうが、居心地がいい。スマホの世界は、面白くなければやめればいいし、振り出しに戻って繰り返すことだってできます。こういう世界に慣れると、②どうしても現実よりスマホの世界にいたくなる。

本来、人間は「互いに違う」ということを前提に、違うからこそお互いに協力し、異なる能力を合わせながら、一人一人の力ではなし得ないことを実現してきました。そのために、人間は他者とのつながりを拡大するように進化してきたわけです。人間同士が尊重し合うことの前提にあるのは、相手を100%理解することではなく、「相手のことはわからない」という認識です。わからないからこそ知りたいと思うわけで、極端なことをいえば、わかってしまったら、もう知る必要はありません。自分と同じようにできていて、自分と同じ心を持っていると思えば、何もその人と付き合う必要はなく、自分だけを拡張していけばいいからです。

(Ⅰ)、ICT(情報通信技術)やAI(人工知能)は、個人を拡張する方向に進んでいて、異なるもの同士がつながり合って新しいことを生み出すことを目指していないように思います。インターネットは、「同じである」ことを前提として付き合うバーチャルな(仮想の)空間です。相手も自分も同じように行動することを前提につながっている。

生身の人間の触れ合いより、ネット上の世界に重きを置いていると、人間同士の付き合いが「お互いに違う」ことを前提としているということがわからなくなります。スマホなど、非常に便利と思われるコミュニケーションツールによって、本来違うはずの人間が(B)する方向に誘導されている。

これが、現代に闇《やみ》をもたらしている正体ではないでしょうか。

世界のあらゆるものが数値化されることによって相対的に評価されるようになる中、人間も、生身の身体ではなく、デジタル情報に置き換えられて評価されるようになってきました。(Ⅱ)中国では、ある企業が人間の点数化を始めています。そして、その点数が近い人同士は相性がいい、あるいは、自分より点数の高い人を友だちとして選んだほうが自分の利益になるといった考えのもと、点数を基準に友だち選びをする人たちが登場しています。こうして直につながりのないものへの情報による評価が、信頼のツールになり始めています。

人間は、もともと自分で自分を定義することができません。ゴリラやチンパンジーとの共通の祖先だった時代から、他者の目によって自分を評価したり意識したりする生き物でした。人間は強い共感力をもっているために、相手から期待されていることを感じ取れるからです。そう考えれば、進化のプロセス(過程)を経て、人間の社会が情報化時代に至ったことは理解できます。そのほうが、評価がわかりやすい。

でも、人間は不確かなものです。人間は、数値を見て、好きになったり、嫌いになったりするわけではなく、相手と直接会ってその具体的な姿や行動や表現などを見て、どこかに憧《あこが》れたり、どこかで拒否したり、共感したりする。王子さまが、貧しい家に生まれた女の子に心を動かされ、身分をわきまえずに結婚するシンデレラ物語のようなことは、おとぎ話の中だけではなく現実にも起こります。

人間と人間との出会いや関係は、決して予測できるものではなく、どういうところで③火花が散るかわかりません。それは、人間はそれぞれ、予測がつかないような中身をもっているからです。どう表現されるかは、その時々によって変わり、それを他者は、数値でなく直観で判断します。人間と自然の出会いも、人間と動物の出会いも、動物同士の出会いも同じ。そこで新たな関係が生まれ、別の出来事によってその関係が壊れ、あるいは関係が持続されたり強化されたりする。そこで起こることを100％予測することはできません。だからこそ人間と動物の出会い、人間同士の関係は面白いのです。

この面白さこそが、生きる意欲につながる。そう考えれば、今、人間が見失っているのは、④生きる意味だと言えるかもしれません。

（山極寿一『スマホを捨てたい子どもたち　野生に学ぶ「未知の時代」の生き方』〈ポプラ新書〉より。一部内容に手を加えてある。）

問1　空欄（Ａ）（Ｂ）に入る語句として最も適切なものを次の選択肢の中からそれぞれ選び、記号で答えなさい。

（A）ア　均一化　イ　一本化　ウ　一元化
　　エ　一体化　オ　統合化

（B）ア　絶対化　イ　具体化　ウ　実体化
　　エ　個別化　オ　均質化

問2　――線部①に「言葉だけで信頼関係をつくることはできません」とありますが、それはなぜですか。その理由を説明した次の文章の空欄にあてはまる語句を、本文から十字以内で抜き出しなさい。

人間の信頼関係は（　　　　　）によって生まれるから。

問3　――線部②の理由を六十字以上七十字以内で説明しなさい。ただし「現実世界」「スマホの世界」の二語を必ず用いること。

問4　空欄（Ⅰ）（Ⅱ）に入る接続詞の組み合わせとして適切なものを次の選択肢の中から一つ選び、記号で答えなさい。

ア　（Ⅰ）しかし　（Ⅱ）たとえば
イ　（Ⅰ）でも　（Ⅱ）それに
ウ　（Ⅰ）また　（Ⅱ）しかし
エ　（Ⅰ）けれども　（Ⅱ）だから
オ　（Ⅰ）そして　（Ⅱ）さらに

問5　――線部③の比喩表現があらわしている具体的な内容を、「～こと。」に続くように本文中から五十五字以内で探し、最初の五字を抜き出しなさい。

問6　――線部④「生きる意味」の説明として適切なものを次の選択肢の中から一つ選び、記号で答えなさい。

ア　情報を交換しつつながりあうことで、少しでも自分の利益になる関係性を作り上げ、豊かな生活をすること。

イ　ＡＩによる人間の数値化を阻止し、生身の人間同士が互いに評価し合うことで関係性を深めていくこと。

ウ　他者を直観で判断し、予測不可能な出会いや経験を積み重ねながらつながりを拡大していくこと。

エ　点数による客観的な評価に加えて直接他者と関わることで、人間を正しく判断する力を養うこと。

オ　インターネットで自分と似た他者をみつけて関係を深めることで、自己の新たな可能性を引き出すこと。

問7　本文の内容と一致するものを、次の選択肢の中から二つ選び、記号で答えなさい。

ア　人間と類人猿は、グルーミングなどの身体のつながりによって、互いを仲間として認識することができる。

イ　人間は、自分と共通点のある他者と共同で作り上げたコミュニティの中でのみ、安心して生活することができる。

ウ　人間は、それぞれ異なる能力を持つ他者とつながり、互いに協力することで様々なことを実現してきた。

エ　人間は、言葉を持ったことと情報通信技術の発達によって、身体がつながっている感覚を得にくくなってしまった。

オ　人間は、自身がもたらした現代の闇の中でもがきながら、スマートフォンなどのコミュニケーションツールを開発してきた。

二　次の文章を読んで、後の問に答えなさい。(※印の語句には、文章の後に注があります。)

群馬の山村の谷間、山の中腹にある小学校に通っていた。再婚した父はバスで二時間もかかる鉱山の社宅にいて週末にしか帰って来なかったから、ふだんは祖母と姉の三人で生活していた。父からのわずかな仕送りで暮らしていたので貧しかったが、祖母の枯れておだやかな母性にくるまれていればよかったので、我がままで小心な少年に育っていった。

理科の時間に畑でトマトを植える実習があると、次の理科の時間も勝手に畑に行ってしまう。担任の若い女教師が呼びに来て、今日は教室で授業をするのよ、とやわらかく諭《さと》してくれても、おれはトマトの世話をしたいんだ、と(　A　)畑に坐《すわ》り込んだままでいた。

三歳のときに死んだ母はこの小学校の教師をしていたので、古い先生の中には①家庭の事情をよく知る人がおり、かなり同情的な扱いをしてくれていたので調子にのっていたところもあった。豆電球で信号機の模型を作る教材を与えられると、国語の時間も社会の授業も関係なく、給食すら食べずに一日中配線をいじりまわしていた。

放課後、完成した信号機に電池を入れ、点灯させているところに担任が来て、

「その根気は偉《えら》いわね。でも、あなたさえいなければ、私はこのクラスで理想の教育ができると思うのよね」

と、静かに涙を流したものだった。

転校生が来たのは小学四年の秋だった。彼女は学校から四キロも山の奥に入ったところにある発電所に赴任してきた所長の娘だった。

目が大きく、鼻筋が通り、肌が白く、笑うと両頰にえくぼのできるかわいい子だった。彼女はその容貌《ようぼう》の愛らしさばかりでなく、学業成績でもすぐにクラス全員の注目を集めるようになった。きれいな字で作文や習字を書き、テストではいつも百点をとった。

しとやかで控えめな日常態度に似合わず、体育で五十メートル走をやればダイナミックなフォームであっさりとクラスの新記録を作ってしまった。中川清子は転校してきて一カ月も経たない間にクラスのアイドルになってしまったのだった。

問題児であるのは自覚していたが、学業では誰にも負けないつもりでいた。だから清子の出現はショックだった。教師たちも、この子は困っ

た存在だが成績だけは文句がつけられないので、ある程度の我がままは許してやろうといった態度を見せていた。それに甘えて好き勝手な学校生活をしていたのに、万事に優等生の清子が現れてから、教師たちは（Ｂ）高圧的になった。

「少しくらい成績がいいからって、自分勝手は許しませんよ。清子ちゃんを見てごらんなさい」

今までになくきつくそう言われると、たしかに反論の余地はなく、ふてくされて横を向くしかなかったのである。

②清子のばかやろうめ、と胸の内で悪態《あくたい》をつきながらも、その愛らしい笑顔を前にすると頬を赤くして伏し目になってしまった。それまでは山村の色黒で荒い上州弁を口にする女の子たちしか知らなかった。彼女の都会の匂いのする洗練された言葉遣《づか》いと仕草は憧《あこが》れと嫉妬《しっと》の入り混じった羨望《せんぼう》の対象になった。

成績で見返してやろうにも、家で学習する習慣はなく、落ち着きのない授業態度が急に改まるはずもなかったので、テストではいつも二番に③甘んじた。いじめの口実を見つけようとしても、清子は女の子たちにも人気があった。彼女に暴力でもふるえばクラス全体を敵にしてしまう恐れがある。

そこで思いついたのがウサギであった。

校庭の隅の小屋でウサギを飼っていた。エサを与えるのは四年生の係だった。二カ月に一度くらいエサ当番が回ってくる。自分で野の草を刈り、十数匹のウサギに与えなければならない。青草のない秋、冬には家の野菜くずなどを持ってくる決まりになっていた。

雪の降る日、祖母に持たせてもらった④白菜の葉をウサギにやりながらふとひらめいたいたずらを、その日の放課後に実行した。

終業式の前日だった。クラス全員が体育館の掃除に行っていた。誰もいない教室に一番小さなウサギを抱きかかえて入り、清子の赤いランドセルの中に入れた。死んでは困るのでエサの白菜も少しだけ入れてやろうとしたが、ノートや教科書を汚してしまいそうだったから、それらを抜き出して机に隠した。⑤なにくわぬ顔で体育館に行き、掃除を終えて教室にもどると、清子はまったく気づかずにランドセルをしょって下校していった。

雪は横なぐりになっていた。

途中で気づいた清子が学校に引き返して教師に言いつけたら騒ぎが大きくなりそうだったので、雪の中を走って家に帰った。

ぬるい掘《ほ》りごたつに肩までもぐり込み、胸の内で次第にふくらんでくる後悔の念に心臓を圧迫されながら、何度も大きなため息をついていた。

「※あんべでもわりいか」

祖母がザルの中の豆を拾いながら心配そうに声をかけてくれたが、これはもう彼女に相談したところでどうなる問題ではなかった。

典型的な甘ったれのお祖母さん子ではあったが、精神的な乳離れの時期にさしかかっていたのだった。その日は食欲もなく、風邪をひいたらしいと言って早く布団に入った。

雪の山路を一時間以上歩いて発電所の社宅に帰った清子がランドセルを開けると、中からウサギがころがり出る。泣く清子。怒る両親。全校集会での犯人追及。

その夜、いつまで経っても寝つかれなかった。ウサギの哀しげな赤い目が繰り返し夢に出てきた。

翌日は学校を休みたかったが、もし仮病を使ってしまえばこのまま一生立ち直れなくなってしまいそうだった。仕方なく雪のあがった青空の下を猫背になって登校した。教室に入るとすでに清子は来ていて、いつも取り巻いている女の子たちの輪の中で変わらぬさわやかな笑顔を見せていた。

ホームルームの時間にも担任はウサギに関することはなにも言わず、冬休みの注意をしたのみだった。ほっとしたようなうしろめたいような割り切れない気分のまま休みに入ってしまうのは耐えられなかった。終業式が終わってからそっとウサギ小屋をのぞいてみた。

しかし、昨日は緊張して一匹を取り出したので、どのウサギが清子のランドセルに入れたものなのか判別できなかったし、全体の数も正確には覚えていなかった。教師に聞けば分かるのだろうが、妙なところで（　X　）を掘ってしまいそうだったのでやめた。

結局、そのまま冬休みになってしまい、ウサギの件は公にならずに三学期をむかえた。

黙っていてくれたのは清子なのだと思うと、彼女に大きな借りができてしまった気がして嫉妬が消え、愛らしさに加えてそのふところの深さに対する恋心に似た憧れの念ばかりが増大していった。だが、面と向かうとなにも話せなかった。フォークダンスで手をつなぐと胸が苦しくなった。

⑥六年生の秋、日曜の午後、いたたまれなくなって清子の家を見に行った。小学校の裏路を歩いて一時間余、途中で栗やトチの実を拾いながら山の中を行くと、川に沿って小さな発電所があり、平屋の住宅が六戸並んでいた。路端の石に腰かけ、爪をたてて栗の実の渋を取りながら、陽の暮れるまで谷間の集落を見おろしていた。あそこに清子が住んでめしを食い、風呂に入って暮らしているのだと想像すると、渋皮の残る生栗でさえ口に含むと（　C　）甘く感じられたものだった。

森を吹き抜ける風が降り積もった落ち葉を舞い上げ、背筋に寒気が忍び寄ってはいたが、不思議に淋しくなかった。秋の夕暮れの空気を清子と共有しているのだと思い込むと、それまでに感じたことのない甘酸いうずきを体の芯に覚えるのだった。

ふり返ってみると、これが初恋だった。

【南木佳士「ウサギ」（『冬物語』〈文春文庫〉所収）　一部内容に手を加えてある。】

（注）※「あんべでもわりいか」……「具合でも悪いのか？」

問1　空欄（　A　）～（　C　）に入る語句として適切なものを次の選択肢の中からそれぞれ選び、記号で答えなさい。（選択肢は一回ずつしか使えない。）

ア　明らかに　　イ　元気に　　ウ　ほのかに
エ　かたくなに　　オ　楽しげに

問2　――線部③「甘んじた」⑤「なにくわぬ顔で」の意味として適切なものを次の選択肢の中からそれぞれ選び、記号で答えなさい。

③　ア　落ち着いた　　イ　妥協した　　ウ　取り残された
　　エ　下降した　　オ　納得した

⑤　ア　平然として　　イ　一人だけで　　ウ　そわそわして
　　エ　笑みを浮かべて　　オ　無表情なままで

問3　――線部①にある「家庭の事情」とはどんなことか。三十字以上四十字以内で答えなさい。

問4　――線部②はどのような感情が表れたものか。本文中から十五字以内で探し、最初の三文字を書きなさい。

問5　――線部④とあるが、このいたずらを実行した後、主人公の心理はどう変化したか。その変化の説明として、適切なものを次の選択肢の中から一つ選び、記号で答えなさい。

ア　清子の存在が目障りでその腹いせにいたずらを実行したが、先生に告げ口もしない彼女の人間性が心に刻まれたことをきっかけに、せつない思いが募《つの》っていった。

イ　どうにかして自分に注意を向けようとしていたずらを実行したが、翌日の清子の態度に全く変化がないので不満を抱くようになった。

ウ　運動も勉強もかなわずクラスメートの人気まで奪った清子をおとしいれるためにいたずらを実行したが、自分を疑いもしない清子を尊敬するようになった。

エ　後先を考えず、わがままな性格のままにいたずらを実行したが、ランドセルの中でウサギが死んでしまうであろうことに気づき、強い恐怖心に取りつかれることになった。

オ　担任の先生に叱られることを承知の上でいたずらを実行したのに、翌日呼び出しを受けることもなかったため拍子抜けし、逆に反省することになった。

問6　空欄（Ｘ）に適当な漢字二字を入れて「（Ｘ）を掘る」という慣用句として完成させなさい。

問7　――線部⑥の理由として適切なものを次の選択肢の中から一つ選び、記号で答えなさい。

ア　場所を変えて清子と話しをしてみたいという思いが生じたから。

イ　清子への恋心を持て余し、どうすることもできなかったから。

ウ　清子に対するやるせない思いがあふれて、顔を見たくなかったから。

エ　いたずらの犯人は自分だと告白し、罪悪感から解放されたかったから。

オ　清子の自宅を確認し、清子と空気を共有する満足感を得たいから。

問8　本文の特徴の説明として適切なものを次の選択肢の中から一つ選び、記号で答えなさい。

ア　周囲からの愛情を得られず孤独であった少年期の思い出が、雪や秋の夕暮れなどの背景の中で静かに語られている。

イ　小学四年から六年までの思い出が、清子への想いの変化を中心にして第三者の視点から語られている。

ウ　清子の病弱ではかなげな様子をウサギと重ね合わせることで、人物を容易にイメージできるようにしている。

エ　わがままだった主人公が初恋を経て精神的に成長していく様子が、様々な人物との会話を通して語られている。

オ　作者の少年時代の淡い初恋にまつわる思い出が、臨場感あふれる細やかな描写によって語られている。

三　次の各問に答えなさい。

問1　次の――線部のカタカナは漢字に、漢字はひらがなに直しなさい。

(1)　実力の差はカミヒトエだ。

(2)　文明のリキ。

(3)　難民をキュウサイする。

(4)　悪の権化。

(5)　生命の息吹を感じる。

問2　①から⑤の文章の意味を表す四字熟語を、空欄にそれぞれ漢字を二字補うことで完成させなさい。

①　あることがらを成し遂げる決心をすること。

一念（　）

②　言葉で表せないほどひどいこと。

言語（　）

③　何かをきっかけに気持ちがかわること。

（　）一転

④　方針などが絶えず変わって定まらないこと。

（　）暮改

⑤　大事なこととつまらないことを取り違えること。

（　）転倒

青稜中学校(第一回B)

—50分—

注意　字数指定のある問題は、設問に指示がない限り、句読点・記号を字数に数えます。

一　次の文章を読み、後の各問いに答えなさい。

1　中学に入ったとき、私に、Kという友人ができた。

私はその中学に、同じ私学の小学校(当時は国民学校と呼ばれ、私はその第一回卒業生に当《あた》る)から進学したのだったが、小学生の頃は、まともに十日間とつづけて登校できなかったひ弱な子供だった。……もっとも、両親がうるさくなかったのをいいことに、宿題をサボっては腹が痛いといい、寝坊しては頭痛を訴え、といった怠け癖《ぐせ》からの欠席も多かったが、とにかく、私は勉強もせず、といって運動好きの暴れん坊でもなく、しょっちゅう風邪ばかり引いている、ぐうたらで気の弱い子供だった。

それが、中学に入ると、一日も学校を休まなくなった。急に身長も伸びはじめた。進学するときの体力検定にⒶ思わぬ好成績をとったのが、ひとつの自信になったのかもしれない。跳箱でも鉄棒でも野球でも、正課の柔・剣道でも、やってみると結構うまく行くので、私はすっかりスポーツ好きになった。学業も同じことで、欠席をしなかったおかげか、一学期にⒷ意外にいい成績をもらうと、それから、私は生まれてはじめて家でも「勉強」をするのをおぼえ、それが面白くなりはじめた。

いつも避けてばかりいた同級生との喧嘩《けんか》も、もう逃げなかった。幸運にも、最初の喧嘩に、私は勝った。いきなり相手に組みついて投げとばすと、われながら呆《あき》れかえるほどきれいにそれが決まり、相手が泣きだしてしまったのである。泣きながら起き上り、私に向《むか》ってこようとする彼を、同級生たちが取りおさえた。私は全身が小刻みに慄《ふる》えていたが、気がつくと、①それまでとは一変した級友たちの畏敬の目が、その私を取りかこんでいたのだった。Kと友達になったのも、その頃である。

(中略)

2　……翌朝、私が玄関で靴をはいていると、門の外で、「Y……クン」と、尻上りのふしをつけた歌うような大声が、私を呼ぶのが聞こえた。Ⅰ声はいくども同じ滑稽《こっけい》な調子で私の名を繰り返して、私は敷台で笑う母の前で、羞恥で顔が赤くなった。

だが、走り出た門の前でKの笑顔を見たとき、私は、わけのわからない嬉しさでいっぱいになった。

「……やめてよ。へんな声で呼ぶの」

と、怒ったような声でいいながらも、だから私はその私に肩を並べてきて、

「どうして？　これから、毎日キミをここまで迎えにくるよね」

と答える善良そのものの顔のKに、それ以上、なにもいえなかった。

それまで、私には、こういう経験は一度もなかったのだ。

その日から、私たちは仲良く行動をともにするようになった。——それは、疎開さわぎで、私の一家が離京する日までつづいた。

毎日、Kは私を迎えにきた。私たちはいっしょに肩を並べて坂を上

り、肩を並べて坂を下りた。（中略）

べつに私がそう望んだのではないのに、彼はまるでⒸ忠実な番犬のように私につき従い、あれこれと面倒をみるのを、自分の仕事みたいにしていた。貰い物だといい、へんに舌にざらざらする大きな黒砂糖の塊《かたま》りを、無理に私の鞄にすべりこませたりもする。ときにはやりきれなくなるほど押しつけがましい、親切の押売りもあった。たとえば、雨が降っても彼は私が自分の傘をさすのを許さないのである。自分の傘に入れという。そして、自分は全身がⒹ濡れねずみになりながらも、私をその傘に入れていなくては承知しない。

たしかに、Ⅱいささか迷惑な男だったし、その年齢の少年なりに、私には被保護者の感覚、しかも同年の少年からの子供扱いが、癪《しゃく》にさわることもあった。だが、私はそれまで、これほど不細工《ぶさいく》であけっぴろげな、ひたむきな好意を受けた経験がなかった。……もちろん、よく喧嘩もして、彼が迎えにこない朝もあった。でもそんな日、学校でKがそっと耳打ちをするみたいに、今日いっしょに帰ろうといってドタドタと逃げて行くと、もう私はダメであった。いくら黙って怒った顔をつづけていても、彼は、Ⓔ牛の周りをまわる虻《あぶ》のように、私の周囲をぐるぐるとまわりながら詫《わ》び、詫びながらいつまでもついてくるのである。

私はまだ、そんなときの彼の声が、面白おかしげな露骨《ろこつ》な哀願の表情が、耳に、目にのこっている。

「笑って。ね？　お願いだから笑って。ボクの出ベソ見せてあげる。百面相をしようか？　ホラ、こんな顔どう？」

「……フン、なにもわざわざ百面相なんかしなくったって、充分におかしなお顔ですよ」

「ホラ返事をした。返事をした。ね、いっしょに帰ろう？　明日また迎えに行く。ね？」

「……さわるなよ。いいよもう。あんまりへんな顔するなよ」

こうして、いつも私は負け、彼は、握手を求めてきて大げさに跳びまわった。

そういうとき、彼にはまったくプライドというものがないみたいだった。大道の真中で本当に出ベソさえ見せかねない。その点、i恥も外聞もなく、がめつい大阪商人のような粘《ねば》りと押しの強さがあり、またKには一つの負目があれば、かならずそれに関聯《かんれん》する取柄《とりえ》(どんな負目にも取柄はあるものだと、私はKから教えられた)を、まるで負目をはるかに上廻《まわ》るもののように吹聴するという、はなはだ実際的な宣伝の才能もあった。

（中略）

③ あれは、昭和十七年。私が夏休みを海岸で過して帰京してからだから、そろそろ秋のはじめ頃だっただろう。——その当時、私たちの登校にはゲートルの着用がしだいに常識化してきたというのに、そんな風潮には見向きもせず、普段着の※1Aは、いつも半ズボンに青か粗《あら》い縞《しま》のワイシャツという、※2「敵性」の服装で平気な顔をしていた。長いすんなりした脛《すね》をむき出しにし、そこに海老《えび》茶のガーターで派手な色靴下を留《と》めて、よく高台のS侯爵《こうしゃく》邸の薔薇《ばら》の垣に沿って自転車を走らせてもいた。②私は、Aが裾のひらいたはなやかなスカートに白靴下の妹らしい彼女によく似た美少女を後ろに乗せているのをみて、まるで夢を見ているような気持ちになり、「カルイザワ」という言葉が急に浮

かんできた。私はその高原の富裕な人びとがあそぶ別荘地には行ったこともなかったのだが、A兄妹のどこか※3バタ臭いハイカラさ、スマートな美しさに、何故か、その地名がひどく似合うような気がしたのだった。

高台の、Aの家である純白の瀟洒《しょうしゃ》な洋館には天使みたいに愛らしいその一人の妹と、二人の王女のように上品で優しい姉さんとがいるという話だった。あとで私は弟もいたのを知ったが、これはそのとき完全に無視されてしまっていた。

……③このことは、この伝説的※4風説《ふうせつ》がAを尊崇《そんすう》し、羨望し憧憬する男たちの——いや、つまりはKの——流した※4口碑《こうひ》であるのを示している。また、これがなんとなく素直に信じられたというのは、私たちが、じつはまだまだお伽噺《とぎばなし》しが好きな年頃でもあったことを証しているのだろう。

4

「……たい、たいへんだぞ。Aのやつ……」

いつもの呼びだす声に私が門の外に出ると、Kが小さな目をきらきらさせ、声をひそめていった。秋のある日だった。

「どうした？　Aがどうしたのさ」

でもKは、すぐには答えられず、落着かない檻《おり》の中の小動物のように目を据《す》えて左右に歩きまわり、唇だけがパクパクと働いた。

「いったいどうしたんだよ、しっかりしろ」

焦れて私がいうと、吃《ども》りながら、やっとKは答えた。

「ス、凄《すげ》えのよ、たいへんな帽子をね、かぶってやがんだ。と、とにかく凄えんだ、あ、あれきっと革だぜ」

彼は、あとは目を白黒させたまま、強引に私の手を引っぱり、高台への石段に登る角まで私を連れて行った。私も、そして、その道を颯《さっ》爽《そう》と、しかしゆっくりと歩いてくるAの帽子を見た。

なるほど、たいしたものであった！　古い、ゆたかな時代と貫禄のついたその帽子は、まさに、私たち野暮ったく新品のピカピカの徽章《きしょう》を輝かせている中学一年生たちの目をうばった。しばらくはKが、私がいくら説明しても、あれは革製だと固執してゆずらなかったほど、その羅紗《らしゃ》は毛が擦り切れ、脂でねっとりとくろずみ美しい光沢をたたえている。その徽章もまた、一見して燻《いぶ》されたような古びた重厚な光を、しずかに内から放っているのだった。

いわば、それは物憂げに、④安っぽい新装に無関心な眸《ひとみ》を投げる大人、帽子の大人だった。長い年月にきたえられた見事な肉体のような、手入れのよく行きとどいた、※5濫費《らんぴ》された莫大《ばくだい》な時間と努力と才能の自然の結晶なのであった。——私たちは唸《うな》った。

それにしても、つい昨日まで新しい学帽が色白の頬に初々しく似合っていたAに、この帽子の大人がなんとよく調和して見えたことか。が、たぶん彼もその帽子に支配されていたのだった。いつも愛想のいいAは、その日にかぎり能面のような無表情でかるく頭を下げ、ただ私を見て重おもしい大人ぶった声で、「どうぞ、一度お出かけ下さい」とだけ投げ出すようにいうと、花道を引っ込む役者みたいな歩き方で、ゆっくりと駅の方角に歩み去った。

そのときから、同時に私たちは、※6帽子に時代をつける研究に憑《つ》かれた。私たちは、もはや帽子のこと以外はまったく口にしない。新しい季節に入ってしまったのだ。

※7狂奔《きょうほん》は、やはりKのほうが私より一途であり、芸がなかった。彼

はどこから聞いてきたのか、徽章を醤油で煮つめた。ポマードでべたべたの帽子で友人たちの靴を磨きまわった。もちろん、おかげで彼の学帽はみるみる鞣《なめ》し皮のような臭い光沢こそ放つようにはなったが、まだ毛が擦り切れていなかったので、ちょうど裾刈《すそが》りにしたての頭髪に無茶苦茶にポマードをなすりつけたみたいに、全体は汚ない叢《くさむら》に似た不細工なケバ立ちでしかなかった。

　私は内心で嘲笑し、独自の研究をつづけていた。

　そのうち、Ｋには当然といえば当然の結果が来たのだった。ある昼休み、同級生の一人が駈け寄りながら私にこうどなった。

「おい、Ｋのやつ、体操場の裏に連れてかれちゃったぞ、上級生に」

「……どうして？　あいつ、なにをしたんだ？」

「きっと帽子のことさ」と、同級生はいい、冷笑した。「ポマードなんか派手につけやがって。バカだなあ、あいつ」

　私がおそるおそる駈けつけると、すでに上級生の姿はなかった。Ｋは二つ三つ胸のボタンを引き千切られ、左の目のあたりが黒くなって、地べたに坐《すわ》りこみ、手の甲で鼻をこすりあげながら泣きじゃくりつづけていた。

「……Ｋ」

　と私が呼ぶと、Ｋは顔を上げたが、なみだと泥でくしゃくしゃに汚れ、その上、殴られたためか片眼が腫《は》れて歪んでいて、みじめとも滑稽《こっけい》ともつかぬ哀れな形相に変わっていた。

「帽子、トラレちゃった」と、Ｋはいった。

　私は暗然としたまま答えなかったが、それは、あんまり豚小舎の豚そっくりになったＫを眺め、なにかいうと吹き出してしまうおそれもあったからだ。

　やがて、Ｋは泣き止んで私の渡したハンカチで顔を拭いた。突然、顔を上げて私を見ていつものだらしのない微笑に上唇を捲《ま》くりあげると、洟《はなみず》をすすりながらいった。

「でも、……あれ、ワセリンでやるといいんだってね」

　ii性こりもない熱情に、私は打たれた。

　――私の方法は、いわば、より合理的で、小賢しかった。私はまず、いわゆる時代がつくという、その「時代」の分析からはじめて、それがつまり風雨に曝《さら》されたということであると思い、では簡便に風雨にサラす法は、と求めた。私は裏布地を破り棄て、毎日ブラシをかけて毛を抜き、なるべく雨の日は傘から何気なく帽子を出して歩いた。屋根の上にも置いた。雨にさらすと、たしかに羅紗の毛は抜けるのである。また家では徽章を外し、樋《とい》から雨水の流れ落ちる地面に、表側を出して埋めた。（中略）

　臆病な私はＫの二の舞になるのをおそれ、ポマードに代るものをあれこれと探し、ほんのちょっとずつつけてみてためした。ワセリンもいささか派手すぎる気がした。ある日、メンソレータムを後ろの縫合わせの部分につけると、胸が高鳴るほどいい効果である。でも、これでも目立つことは目立つ。あわててこそぎ落し、私は思案の末、帽子の裏側にそれを塗った。この方法は、大成功であった。メンソレは徐々に、外側に満足すべき穏やかさで控えめな艶《つや》を滲み出させた。さらに私は鼻翼の脂を帽子で拭き、汗もまた効果的であるのを発見した。

5　だが、年が変わり、私たちが二年生になった頃、Ｋは、帽子への興味などはすっかり忘れていた。

そして、私の帽子は脂染《あぶらじ》んで、さながらX帽子の思春期の相貌《そうぼう》を呈《てい》していた。

その冬、私たち中学生にも一律に勤労働員※8が実施されるという噂がひろまりだした頃、Aの妹が急性腹膜炎※9とかで急逝した。たった四日間ほど病気だっただけなんだよ、とKが電話で泣きながらそれを報《し》らせてきた。受話器を片手に握ったまま、私は、ふいに自分は彼女を「愛」していたのだと思った。彼女とは、いわば私にとり美しい「カルイザワ」の一部であり、スカートを風にひるがえし兄の自転車に乗せてもらっていた白靴下の美少女の絵姿につきたのだが、⑤私は、はじめてそれがある痛みの記憶なのを認めたのだ。

(山川　方夫「Kの話」一部改変)

※1　A……Kの小学校時代の同級生の美少年で、秀才校として名高い都心の中学校に通っていた。

※2　「敵性」の服装……敵対国(アメリカ)風の装いということ。戦争が激化するにつれ一般にもゲートルなど軍装を意識した衣服が浸透していったため、ここではそんな風潮の中で洋服を着ているAの様子が一層際立っている。

※3　バタ臭い、ハイカラ……ここではいずれも西洋風でしゃれている様子を表す。

※4　風説・口碑……ここではどちらも「うわさ」程度の意味。

※5　濫費……計画もなくむやみに費やすこと。

※6　帽子に時代をつける……「ハイカラ」に対抗して「バンカラ(野蛮・粗暴)」という概念が生まれ、新品の学生帽を年季の入ったものにみせるよう意図的に傷めつけることが一部の学生の間で行われた。

※7　狂奔……夢中になって、あれこれと動きまわり努力すること。

※8　勤労働員……第二次世界大戦末期の昭和十八年以降に深刻な労働力不足を補うために、中等学校以上の生徒や学生が軍需産業や食料生産に強制的に動員された。

※9　急性腹膜炎……腹膜(＝臓器の表面を覆っている膜)部の細菌感染による炎症から、発熱と腹痛、嘔吐などの症状を引き起こす病気。当時、医者が軍医として徴兵されてしまったために、深刻な医師不足となり、Aの妹もまともに治療を受けられないまま命を落とした可能性もある。

問1　――i、iiの本文における意味として、最もふさわしいものをそれぞれ選びなさい。

i　「恥も外聞もな(い)」

ア　体裁を気にしないさま。　イ　人に誇れるものがないさま。

ウ　世間の評判が悪いさま。　エ　下品であるさま。

ii　「性こりもない」

ア　努力を継続すること。　イ　失敗を反省しないこと。

ウ　性質が変わらないこと。　エ　失敗に屈しないこと。

問2　Ⓐ～～「思わぬ」、Ⓑ～～「意外に」とあるが、好成績を取ったことを「私」がこのように感じることの背景にはどのような理由がありますか。最もふさわしいものを次から選びなさい。

ア　病弱であることを差し引いても、「私」がどの分野にも特段これといった取柄もない落ちこぼれであったこと。

イ　「私」が本来自分の長所といえるような特徴も、短所としてとらえてしまうネガティブな性格の子供であったこと。
ウ　「私」はまだ幼く、自身を客観視して自分の隠れた才能や取柄に気が付くことができなかったということ。
エ　「私」は体の弱さゆえに、自分の熱意とは裏腹に、勉強にも運動にも真剣に取り組むことができなかったこと。

問３　①――「それまでとは一変した級友たちの畏敬の目が、その私を取りかこんでいたのだった」について次の各問いに答えなさい。
(1)　この「級友たち」の視線に表れている心情の組み合わせとして、最もふさわしいものを次から選びなさい。
ア　自分より強い相手への憧れと嫉妬の入り混じった気持ち。
イ　自分が蔑《さげす》んでいた相手が変化したことへの驚きと嫌悪の気持ち。
ウ　自分の憧れる相手に対する好意と尊敬の気持ち。
エ　自分が敵わない相手にかしこまり、尊敬する気持ち。
(2)　「級友たち」が「私」に「畏敬の目」を向けるのはなぜですか。簡潔に説明しなさい。

問４　②段落の文章について次の各問いに答えなさい。
(1)　Ⓒ～～「忠実な番犬」・Ⓓ～～「濡れねずみ」・Ⓔ～～「牛の周りをまわる虻」とありますが、「私」が「Ｋ」をこのように例えることについての説明として、最もふさわしいものを次から選びなさい。
ア　動物のように本能のまま自由奔放にふるまう「Ｋ」を見下し、自分の思うままに支配して良い対象であると考えていることが表現されている。
イ　比喩を「番犬」→「ねずみ」→「虻」という順で、より単純な動物へと変化させることによって、「私」が次第に「Ｋ」を軽んじていく過程を表している。
ウ　「Ｋ」の押しつけがましいほどの親切や卑屈な態度に、少なからず煩《わずら》わしさを感じるとともに、「Ｋ」を自分より下に見ている様子を表現している。
エ　「Ｋ」が自らを貶《おとし》めて「私」を楽しませようとしているという関係に気を良くし、二人の力関係を動物の比喩によって示している。
(2)　＝＝「だが～私は、わけのわからない嬉しさでいっぱいになった」とありますが、「わけのわからない嬉しさ」とは、矛盾(＝つじつまが合わないこと)に対し「嬉しさ」を感じていることだととらえて、「私」の感情を次のように説明しました。Ⅰ、Ⅱ～～部分の内容をふまえて、文章の［Ａ］、［Ｂ］にあてはまる言葉を考えて答えなさい。

「私」は「Ｋ」の行為に対して［　　Ａ　　］のにも関わらず、［　　Ｂ　　］ために、「Ｋ」につきまとわれることを内心嬉しく思っている。

問５　②――「私は、Ａが裾のひらいたはなやかなスカートに白靴下の妹らしい彼によく似た美少女を後ろに乗せているのをみて、～『カルイザワ』という言葉が急に浮かんできた」とありますが、「カルイザワ」という表記になっていることの理由としてふさわしくないものを次から一つ選びなさい。
ア　ずっしりとした男性的な漢字表記よりも、女性的なカタカナ表記のほうがひらめくスカートの軽やかさや白靴下の清楚な雰囲気に似合うから。

イ　「私」自身は「軽井沢」という土地に実際に訪れたことはなく、人から聞いた情報としてしか知らないから。

ウ　「私」が思い描いているのは、実際の「軽井沢」ではなく、あくまで彼の持っている上流階級のイメージとしての場所であるから。

エ　「カルイザワ」というカタカナ表記に、「Ａ」兄妹の持つ異国情緒あふれるイメージを重ねているから。

問６　③――「このことは、この伝説的風説がＡを尊崇し、羨望し憧憬する男たちの――いや、つまりはＫの――流した口碑であるのを示している」とありますが、「このこと」が指す内容をふまえて、この部分を説明したものとして最もふさわしいものを次から選びなさい。

ア　「Ａ」に「天使」や「王女」のような崇高《すうこう》な存在としての姉妹がいるという噂は、良家の「お嬢様」然とした女子に対する少年たちの憧れの表出である。

イ　「Ａ」に美麗な姉妹がいるという話は、「Ａ」の「アイドル性」をより確固たるものにするために、まことしやかに喧伝《けんでん》された少年たちの「妄想」である。

ウ　「Ａ」には姉妹に加えて弟もいることが伏せられていたことは、少年たちにとって「男兄弟」のことなど全く取るに足らない情報であったことを意味する。

エ　「Ａ」の「天使」や「王女」のような人間離れした姉妹の存在に対する少年たちの関心の高さは、まだ「お伽噺し」を好む彼らの「幼さ」を示している。

問７　④――「安っぽい新装に無関心な眸を投げる大人、帽子の大人だった」について次の各問いに答えなさい。

(1)　ここで「帽子の大人」と対照的な「安っぽい新装」とは、具体的にどのような帽子のことをさしているのですか。「～の帽子」に続く形で本文から三十字以内で抜き出し、そのはじめと終わりの五字を書き抜きなさい。

(2)　「帽子の大人」は「私」たちにとってどのようなものであると考えられますか。それを端的に表した表現が含まれた一文を文中から抜き出し、はじめの五字を書き抜きなさい。

問８　⑤――「私は、はじめてそれがある痛みの記憶なのを認めたのだ」とありますが、これは「私」にどのようなことが起こっているのですか。その説明として最もふさわしいものを次から選びなさい。

ア　幼少期に憧れた人物の喪失により、精神的な「痛み」に耐え忍んでいる。

イ　少年期を振り返り、その思い出が美化した過去に過ぎなかったことを思い知っている。

ウ　生まれて初めての失恋による「痛み」の感覚のような喪失感を経験している。

エ　失うことによって初めて自分の思いに気づくという経験をしている。

問９　次の先生と生徒たちの会話を読んで後の各問いに答えなさい。

先生…　この物語の舞台は一九四二年第二次世界大戦中の東京です。四月に米軍からの本土攻撃が始まった直後、「私」と「Ｋ」は知り合います。「私」にとって「Ｋ」は初めての友達です。「私」は当時中学一年生ですから、君たちと同じ十二歳ですね。この年齢はちょうど思春期の入り口、つまり[a]と[b]の境界上の存在と考えることができますね。

A……「思春期の入り口」かぁ…。そういえば、この文章の中にも X＝「帽子の思春期」という表現が出てきますね。帽子を擬人化しているのかな。

B……擬人化というより、「帽子が変化していく様子」と「[①]」を重ねている表現なんじゃないかな？

C……そうだね。帽子に関しては、「帽子に時代をつける」っていう表現もあるね。これは自分の帽子をわざと使い古したように見せることだから、「A」が持っているような「帽子の大人」に近づけるってことでしょう。つまり、「②自分たちを大人に見せる」ってことに執着することなんじゃない？

D……そうだよね。また、それとは全く対照的でありながら、「私」たちの年代の少年にとって[3]段落に登場する「A」兄妹のような存在にも強く惹かれるものだよね。そういったものに惹かれるっていうのが「思春期」なのかもね。

先生…なるほど。少年の思春期には「[X]」と「[Y]」の両側面があるということですね。では「思春期」の終わり（＝[b]へと変化する時）は一体いつだとみなさんは考えますか？

A……え～っと、子どものころの夢が実現したときでしょうか。

B……確かにそれもそうだけど、むしろ夢に破れたり、思うようにいかなかった経験を通して人は成長していくのでは？「私」にとっては、まさに「A」の妹が死んでしまった時のようにね。

C……そう考えると、「私」より「K」のほうが先に「思春期」から脱しているよね。だって、[③]という部分が「K」にとっての「思春期」の終わりでしょう？

D……少年たちは競うようにして様々な経験を積み重ねながら成長していくんだねえ…。

先生…「私」と「K」の関係は一九四四年の秋に「私」が疎開で東京を離れるまで続くのですが、その後は交わることのない別々の道を生きていきます。この小説の全体の構造は、問題文の部分を、一九四五年終戦後の「私」が振り返るという形をとっています。このような構造によって、[Z]を表現しているのでしょう。

(1) [a]、[b]にあてはまる二字の語を、本文から書き抜きなさい。（文章中の同じ記号にはすべて同じ語があてはまります）

(2) [①]にあてはまる言葉を十字以内で考えて答えなさい。

(3) [X]、[Y]にあてはまる語をいずれも「〇〇への××」という形で六字で答えなさい。（ただし、[Y]は②「自分たちを大人に見せる」ことに対する欲求を言いかえた言葉です。また[X]はそれと対応した言葉です。）

(4) [③]には「K」の「思春期」の終わりを示す本文の一文があてはまります。本文[4]・[5]段落の中から最もふさわしい一文を抜き出し、はじめの五字を書き抜きなさい。

(5) [Z]にあてはまるものとして、最もふさわしいものを次から選びなさい。

ア　「思春期」を終えるとは、戦争の過去を捨て自らの生き方を選

び取っていくことなのだという「私」の決意

イ　戦争が「思春期」の思い出や「私」の瑞々《みずみず》しい感受性のすべてを奪っていってしまったという喪失感

ウ　「思春期」が輝いて見えるのは「K」たちと過ごすかけがえのない時間を永遠に失ってしまったからだという「私」の感慨《かんがい》

エ　敗戦という屈辱が輝かしい「思春期」の思い出をすべて色褪《あ》せたものに変えてしまったという「私」の悲哀

	時代背景	私
1	1942年（第二次世界大戦中）	・中学一年生（十二歳）
2	1942年4月 米戦闘機日本本土初攻撃	・「K」（＝始めての友達）との出会いと交流
3	1942年　秋	・「A」兄妹との出会い ・「カルイザワ」を夢見る少年たち ＝ X
4		・学生帽に「時代をつける」ことに夢中になる少年たち ＝ Y
5	1943年 勤労動員始まる	・中学二年生 ＝「A」の妹の死を経験

二　次の文章を読み、後の各問いに答えなさい。

日本人は、何かにつけて海外（とくに欧米）での反応を気にしたり、海外ではどうしているのかを気にする。テレビで討論番組や報道解説番組などをみていても、その時々のテーマの専門家とされる人物が「海外では……」という言葉を連発し、やたらと海外流を紹介し、日本は遅れているというようなコメントを、いかにも得意げにしている場面に出くわすことがある。

でも、海外と違うから自分たちは遅れているのだと反射的に思ってしまうところに、思考停止を感じざるを得ない。心の奥に刻まれている欧米コンプレックスがもたらす思考停止と言えようか。

冷静に考えてみればすぐにわかることだが、それぞれの①文化に※1固有な伝統的価値観があり、それに基づいた制度や慣習があり、また特徴《とくちょう》的な行動パターンがあるわけで、違いがあって当然で、どちらがよいかはそう簡単に判断できるものではない。他の国であれば、

「そんな国もあるんだな」

という程度の反応になるであろうことでも、なぜか日本では、

「だから日本は遅れてるんだ」

「ここが日本のズレてるところなんだよね」

というような反応になり、

「日本も海外に学んで一刻も早く改善していかないと」

といった議論になってしまいがちである。

そもそも文化的伝統が違えば、形の上では同じ制度ややり方を取り入れても、②それがもたらす影響はまったく違ったものになる。

ビジネス書でも、翻訳《ほんやく》物や「ハーバード流」のように海外流、とく

にアメリカ流を売り物にしたものが目立つが、それは③海外流が正しく、また新しくて、日本は遅れているといった思いを無意識のうちに抱えている日本人が多く、その手の本がよく売れるからだろう。

だが、アメリカ社会は日本が理想としモデルにするほどうまくいっているだろうか。犯罪が多く、貧富の差が著しく、病気になっても医《い》療《りょう》費が高額すぎて富裕層以外はなかなか医者にもかかれず、争い事が多く※2訴訟《そしょう》だらけである。とても日本がモデルにして目指すような社会ではあり得ない。

さらに言えば、アメリカ流はべつに新しいわけではなく、アメリカ社会では伝統的なやり方なのである。

たとえば、※3成果主義も雇用《こよう》の流動性も、べつに新しいとか進んでいるというのではなく、単に④アメリカ流であるにすぎない。ゆえにアメリカ流と違う日本が遅れているのではない。

アメリカ流と違うからといって※4年功賃金や終身雇用などの日本流をつぎつぎに崩してきたが、アメリカ社会で苦しんでいるアメリカ人が非常に多いという現実からすれば、アメリカ流が進んでいるわけでも望ましいわけでもないことは明らかだろう。

日本の社会は、従業員とその家族の生活の安定を重視する※5人事評価や雇用のシステムで奇跡《きせき》的な経済発展を遂《と》げてきたわけだし、治安も保たれてきた。でも、ここにきて行き詰まっている。だが、アメリカをはじめ海外の国々も同じく行き詰まっている。

そこで冷静に考えれば、海外と違うからといって、「日本は遅れてる」と海外流に※6追随《ついずい》する必要はないはずだ。欧米諸国では、海外と何か違うところがあったとして、「自国は遅れている」などといって、海外流を慌《あわ》てて取り入れようとしたりするだろうか。

私たちも、こうした思考停止を脱して、もう少し地に足のついた動きをすべきなのではないか。

（榎本　博明『思考停止という病理《やまい》』〈平凡社新書〉）

※1　固有……他にはなく、そのものだけにあること。
※2　訴訟……裁判を申し立てること。
※3　成果主義……企業において、業務の成果によって報酬や人事を決める考え方。
※4　年功賃金……勤続年数や年齢に応じて賃金が昇給する制度。
※5　人事……組織などの中で個人の地位の決定などに関する事柄。
※6　追随……あとに付き従うこと。

問1　①――「文化」とありますが、あなたが知っている日本の伝統的な文化を一つ挙げなさい。

問2　②――「それ」とありますが、これが指す内容を、本文の言葉を使って十字程度で説明しなさい。

問3　③――「海外流が正しく、また新しくて、日本は遅れているといった思いを無意識のうちに抱えている日本人」とありますが、日本人が抱えているこのような思いを端的に表現している部分を、本文から二十字以内で書き抜きなさい。

問4　④――「アメリカ流」とありますが、ではその「アメリカ流」の社会に対して、「日本流」の社会とは何かを考えた際に、どのような特徴があると考えられるでしょうか。本文の表現から読み取れるものとして最もふさわしいものを次から選びなさい。

ア　結果や実力を重視し、優秀な人材を確保し利益を上げることを第一に考える。

イ　指示通りに行動をすることを重視し、周囲との協調性の高さを第一に考える。

ウ　過程や成長を重視し、長く活躍してもらうための働きやすさを第一に考える。

エ　経験を重視し、労働者やその周囲の人々の暮らしを守ることを第一に考える。

問5　次に示すのは、授業で本文を読んだ後の、教師と生徒の話し合いの様子です。これを読んで、後の各問いに答えなさい。

教　師…　本文を読み終えたところで、この文章の主題についてみんなで考えてみましょう。まず、この文章の特徴として気付いたことは何かありますか？

生徒A…　冒頭から結末まで、筆者は一貫して日本と欧米を対比させて論理を展開しているところかなあ。

生徒B…　確かに。それによって、［X］効果がありそうだね。

生徒C…　ほかにも、［Y］という言葉が繰り返し使われているよね。この文章のキーワードなんじゃないかな。

教　師…　良いところに気が付きましたね。この［Y］というキーワードが用いられている箇所を見てみると、筆者は日本人の悪習慣の一つとしてこれを捉えていることが分かります。

生徒B…　そうすると、筆者は［Z］ということが言いたいんじゃないかな。

生徒A…　なるほど、だから最終段落でも「地に足のついた動きをすべきなのではないか」と言っていたんだね。

生徒C…　こうやって読むと、この文章の主題が全体に一貫して表れていることがよく分かるなあ。

(1)　［X］に入るものとして、最もふさわしいものを次から選びなさい。

ア　日本と欧米の相違点から日本社会の特徴を明らかにする

イ　日本と欧米の共通点から理想の社会モデルを明らかにする

ウ　欧米人が日本に対して感じている劣等感を明らかにする

エ　日本社会が欧米社会よりも優れていることを明らかにする

(2)　［Y］に入るものとして、最もふさわしい言葉を本文から五字以内で書き抜きなさい。

(3)　［Z］に入るものとして、最もふさわしいものを次から選びなさい。

ア　今後は海外との差異がある部分を日本の劣っている部分だと捉えるのではなく、そこに見られる日本独自の文化や社会を大切にすべきなのではないか

イ　今後は海外との差異がある部分を日本の劣っている部分だと捉えるのではなく、日本人もほかの諸外国のような先進的な考え方を真似すべきなのではないか

ウ　今後は海外と日本を比べることをやめ、個々の多様性を認めるグローバルな考え方を実現するために、共通の文化や社会に統一していくべきなのではないか

エ　今後は海外や日本という枠組みから脱却し、何も考えずに判断

してしまうことがないような、何があっても動じない強さと信念を持つべきなのではないか

問6　次のア〜オで示された内容について、本文に示された内容として正しいものには〇で、正しくないものには×でそれぞれ答えなさい。ただし、全て同じ記号を書いた場合、全ての解答を採点対象としません。

ア　日本人は、ほかの国と比べてすぐに自国を否定してしまいがちだが、文化や価値観が違えば制度や慣習も異なるため、簡単にその良し悪しを判断できるものではない。

イ　何かと欧米に対して劣等感を抱きがちな日本人だが、それは他の国の国民も同様に欧米への劣等感を抱いているように、欧米社会は理想的なシステムが整ったものである。

ウ　アメリカ社会では、富裕層以外は医療費を払うことが難しいなど、暮らすうえで不便なことが多いため、日本人が感じているほどアメリカ社会は理想的なものではない。

エ　日本人から見れば進んでいるように見えていても、欧米諸国の国民は自国の社会制度によって生活が苦しめられているため、欧米人こそ他国と比べて自分たちは遅れていると感じている。

オ　日本の海外と違う部分を安易に劣った部分であると決めつけてしまったり、海外の制度に追随したりするのではなく、海外よりも優れた制度を持つ日本の良さに目を向けるべきである。

三　次の①〜⑧の物を数えるとき、どのように数えますか。その数え方として最もふさわしいものを次からそれぞれ選びなさい。

①　タンス　②　カニ　③　キャベツ　④　テント
⑤　箸　⑥　粉薬　⑦　織物　⑧　短歌

ア　玉　イ　反　ウ　張　エ　首　オ　膳
カ　棹　キ　包　ク　杯　ケ　句

四　次の――部の漢字には読みをひらがなで書き、カタカナは漢字に直しなさい。

①　寸暇も無い毎日。
②　霧笛が鳴り響く。
③　子どもが健やかに育つ。
④　人の優しさにカンルイする。
⑤　背筋を伸ばしてイギを正す。
⑥　サッカーのジッキョウ放送がある。
⑦　法にテイショクする恐れ。
⑧　目も当てられないサンジョウ。
⑨　株価がノキナみ下がる。

専修大学松戸中学校(第一回)

—50分—

一　次の――線の漢字の読みをひらがなで書き、――線のカタカナは漢字に直して書きなさい。

① 周囲の状況《じょうきょう》に注意を払う。
② 外来生物が繁殖する被害《ひがい》が拡大する。
③ 新聞の縮刷版を資料に用いる。
④ 為替の値動きに注目する。
⑤ 落ち着くために大きく息をスう。
⑥ 雨がハゲしく降り出す。
⑦ トトウを組んで行動を起こす。
⑧ 討論会でネツベンを振《ふ》るう。
⑨ フンマツの風邪《かぜ》薬を服用する。
⑩ 船で湖をユウランする。

二　次の文章を読んで、あとの問いに答えなさい。問いの中で字数に指定のあるときは、特に指示がないかぎり、句読点や符号《ふごう》もその字数に含《ふく》めます。

中学校二年生の海斗《かいと》は、パン職人になりたいと言って仕事をやめて修業を始めた父親に反発し、私立中学校の受験をやめてしまい、現在は公立の中学校に通っている。ある日、海斗は保育園が一緒《いっしょ》だった友だちの健吾《けんご》や倫太郎《りんたろう》をともない、父親が住みこみでパン職人の修業をしているパン屋を訪《たず》ねてみた。

「父さんさ、この本のクマじーさんみたいに、毎日、朝起きて、パンを焼いて、それを人に食べてもらう。そういう仕事というか、生活がしたいって気づいたんだ」

そんなA地味な毎日に、憧《あこが》れたというのか？

「毎日食べても飽《あ》きなくて、おいしくて、朝起きて、あのお店のパンを食べたら、一日頑張《がんば》れそうだって思ってもらえるようなパンをつくりたいんだ」

ああ、全然違《ちが》う。①ずっと自分が尊敬してきた父さんと違う。

まあ、いい……。

それが父さんの本心だとしてもだ。

「それって、大人としてどうなの？」

なんで、そこで家族のことを考えなかったのか。

「親のくせに、自分の夢とか追っていいわけ？　なんのために仕事してるかわかんなくなったって、家族養うためじゃないの？　それじゃダメなわけ？　普通《ふつう》に考えて、おかしいよ。非常識だよ」

どうして父親として、家族を養うことが一番大事だという発想にならなかったのか。

海斗はそれこそが、腹立たしかった。

親として、大人として、ありえないと思うのは、そこなのだ。

「父さんもそう思うよ」

すると、父さんは素直《すなお》にそれを認めた。

「大人として、親として、ダメなやつだ。父さんは普通じゃないよ。ほんと、非常識だよ」

　ダメなやつだ……。

　そう、素直に認められると、もう、攻撃《こうげき》する余地はなかった。

「だって、自分の人生なのに、ずっとおじいちゃんが喜ぶかどうかで、大事なことを決めてきてしまったからね」

　おじいちゃんが死ななきゃ本当にやりたいことに気づけなかった不幸な男を、自分は父親に持ったのだ。

「父さんはずっと、おじいちゃんの言いなりの、中身がからっぽな子どもでしかなかったんだ。年齢《ねんれい》は大人なのに、子どものまま生きてきてしまったんだ」

　自分の父親は、年齢は大人なのに、子どものまま生きてきてしまった哀《かな》しい男。

　その事実を、受け入れるしかない。

　それに……。

　自分だって父さんのせいにして、中学受験から逃《に》げたようなものだし……。

「サイテーだな」

　父さんを責めるように言いながら、その言葉が自分にもはねかえってくる。

「うん……サイテーだ」

「大人失格だよ」

　だけど②父さんと自分では立場が違うと思いなおして、言葉を替《か》えてみる。

「うん、父さんもそう思うよ。大人失格だ。家族の大黒柱として頑張らなきゃならないのに、それを投げだしてるんだ。父親としても、夫としても失格だよ。だから、本当なら、母さんに離婚《りこん》されてB当然なんだ」

　そう、当然。

「だけど母さん、ダメだって言うんだ。人生は何歳《なんさい》からでもやりなおせるってところを、私と子どもたちに見せてほしいって。それが自分で自分の人生を選んでこなかった大人としての役目だって……」

　人生は何歳からでもやりなおせる、その姿を見せる……？

「父さん、今さ。生まれて初めて、生きてるって実感できてるんだ。生きてるのが、楽しいんだ。そうしたらさ。父さんの人生に、母さんやおまえたちがいてくれることのありがたみが、やっと実感できるようになったんだ」

　だったら……。

「だから今は、③母さんがくれた家族のままでいさせてもらえるチャンスを、絶対に手放したくないって思ってる」

　やりなおすその姿を、見せてもらおうじゃないか。

「父さんはこの通りダメなやつだし、許されないことをしてるってわかってる。だけど、いつか、家族として、父親としてもう一度、受け入れてもらえるようになりたいんだ」

　パン屋のクマじーさんみたいな地味な生活で、満足する姿を見せてもらおうじゃないか。

「絶対に頑張るから、母さんにも海斗にも*総也《そうや》にも、新しい父さんを見ていてほしい」

　もう、見て見ぬふりはしないからな。

　そして、オレだって自分で選んだ道を、進ませてもらうからな。

今度は、黙《だま》ってあきらめたりしないからな。

そう心に決めると、もう、質問したいことはなかった。

「そろそろ、帰るわ……」

「そっか……」

父さんは[1]うなずくと、立ち上がって言った。

「じゃあ、*佐々木《ささき》くんに駅まで送ってもらうよう、お願いしてくるよ」

父さんがお店の中に戻《もど》っていく。

海斗は携帯《けいたい》で健吾に電話して、帰るから戻ってくるように伝えた。

やがて、雑木林の中から、健吾と倫太郎が現れた。

「海斗、ヤベーよ。妖怪《ようかい》いたよ、妖怪！」

健吾が、興奮ぎみで話す。

「だからあれは違うって」

倫太郎が呆《あき》れて、首を横に振る。

「だって、変な音聞こえたし」

「あれは風の音だろ」

「イヤ、あれは風じゃない。妖怪の叫《さけ》び声だね」

海斗は健吾と倫太郎のどうでもいい話を聞きながら、さっきの父さんの姿を思いだしていた。
[2]自分をわかってもらおうとするその姿は哀《あわ》れだったけれど、ごまかしたり、格好つけたりするところが一ミリもなかった。
ウソがなかった。

あれが、本当の父さんの姿なのだ。

大きな会社で研究者だったその姿は、もう過去のものなのだ。

その事実はがっかりだったけど、受け入れる覚悟《かくご》は持てた。

海斗はそれだけでも、来て良かったと思った。

「じゃあ、気をつけて帰ってね」

再び、佐々木さんが運転する車に、三人は乗り込《こ》んだ。

「たくさんお土産《みやげ》ありがとうございます」

父さんがお土産用に用意してくれたパンをそれぞれが受け取ると、倫太郎が[3]お礼を言った。

「おじさんがパン屋開いたら、オレ、一番に買いに行くからね」

健吾に言われて、父さんが[4]うなずく。

「じゃあ、行くぞ」

佐々木さんの言葉を合図に、車が出発する。

それでも海斗はそのあと、最後まで言葉を交わすどころか、その姿をまともに見ることができなかった。

絶対に頑張ってくれよ。

本当はそう言いたい気持ちがあったけど、海斗は、二人が後ろを振り向いて手を振っているのを横目に、バックミラーに映る父さんの姿を見ることしかできなかった。
④心の中で、絶対に頑張れよと繰《く》り返しながら、両手をあげて大きく手を振る父さんの姿を、ただ見つめることしかできなかった。
佐々木さんに駅まで送ってもらうと、タイミング良く電車が到着《とうちゃく》する時間だった。

C改札を抜《ぬ》けるとすぐに電車が来て、三人は急いで乗り込むと、座席に横一列に並んで座《すわ》った。

窓越《ご》しに見える遠くに連なる山々や、広々とした畑や、ゆっくりと流れる川の景色をぼんやりと眺《なが》めながら、海斗は大きく息を吐《は》いた。

「聞きたいことは、聞けた？」

そのタイミングで、まんなかに座っている倫太郎に聞かれる。

「えっ、うん……まあな……」

畑のあぜ道を白い軽トラックが一台ゆっくりと走っていく様子を見ながら、海斗はぼんやりとうなずいた。

「いろいろ納得《なっとく》できた？」

「……うーん」

海斗は大きく首をかしげて考えた。

「納得っていうか、仕方ないって感じかな」

おじいちゃんが望んでいる道をただただ進んで、ここまで来てしまった。だから今から、やりなおす。

その事実を受け入れる代わり、自分も父さんのせいにしないで、好きな道を進ませてもらおうじゃないかと心が決まったという程度だ。

「そうだよなー」

すると、健吾がしみじみとした声で言った。

「仕方ないって、あきらめるしかないことってあるよなー」

足の故障でサッカーをあきらめた健吾に言われると、その言葉は説得力があった。

それでも、電車が空いてることをいいことに、海斗から思わず大きな声が出る。

「ああ、オレ、なんでもっとまともな親から生まれてこなかったんだろうなー」

違う家に生まれてきたら、こんなことにはならなかったのに……。


「やってらんねーわー」

声に出してみると、仕方ないという気持ちがさらに増して、気分が少し軽くなった。

すると、倫太郎も声を大きくして言った。

「そうだよなー、オレもあの家じゃなかったらって思うわー」

「なんだよ、倫太郎も親に不満かよ」

健吾が驚《おどろ》くと、倫太郎は大きくうなずいた。

「だって、父さんも兄ちゃんも優秀《ゆうしゅう》で、うちの学校からするりといい大学入ってさ。オレだけ、すでに中学でつまずいて、落ちこぼれてて……スゲー居心地《いごこち》悪いよ」

「いい中学に行ってるだけでもスゲーのになぁ」

「それだけじゃ納得してもらえないからさ。家にいて、自分はこの家の住人としてふさわしくないって思いながら生活する毎日は、正直地獄《じごく》だよ」

「優等生じゃないと、許されないわけ？」

「許されないっていうか、家の中がそれが当たり前って空気だからなぁ」

「それは……息苦しいな」

健吾が納得すると、倫太郎は大きくうなずいてつづけた。

「オレさ、＊同窓会のとき、総也が暴《あば》れてるの見て、うらやましかったんだ」

倫太郎は窓の外をぼんやりと眺めてつづけた。

「オレ、物心ついたときから、どう評価されるかばっかり考えてたからさ。わがまま言って、こいつはダメなやつだってD烙印《らくいん》を押《お》されるのが怖《こわ》くて、あんな風に暴れて自分を通すことってなかったなあってさ」

すると、健吾が大きくうなずいた。

「たしかにあいつは、自由だ。自由すぎる。わがままな自分が格好悪いとか、情けないとか、そういう発想がまったくない」

「そう、それだよ。どう思われるかまったく気にしてないんだよな。オレもあんな風に自己主張できてたら、今頃《ころ》、こんな風に迷子《まいご》になってなかっただろうなぁ」

「それって……」

海斗は倫太郎の話を聞いて、ふと思った。

「⑤なんか、うちの父さんと、どっか似てる……」

「海斗のお父さんとオレが似てる？　なんで？」

倫太郎の疑問に、海斗はさっき父さんから聞かされた話をした。おじいちゃんが納得してくれる道ばかりを選んでしまった結果、こんなことになってしまったと……。

「じゃあもし、オレが海斗のお父さんみたいに優秀なままだったら、親が死んで初めて、本当に歩きたい道は違ってたって、気づくことになったかもしれないってことか……」

倫太郎はそう言うと、腕組《うでぐ》みをしてうつむいた。

「本当はお笑い芸人になりたかったとか、気づいちゃうのかもな」

そんな倫太郎の肩《かた》に手を置いて、健吾が楽しげにささやく。

「だからさ」

そこで倫太郎がむくりと顔をあげて言った。

「わがままって、言ってもいいんだよな」

海斗は、その言葉にドキリとした。

「ちゃんと自己主張していかないと、海斗のお父さんみたいに、大人になってから、歩きたい道はここじゃなかったって気づいて、後悔《こうかい》するってことだよな……」


それって……。

海斗はゆっくりと、思いを巡《めぐ》らせた。

本当はどうしたいのか、ちゃんと自己主張しないと、あとで後悔するということだ……。

あとになって、進みたい道を歩けなかったのは、会社をやめた父さんのせいだと言い訳しても、その責任は自己主張してこなかった自分にあるということだ。

そうだ。もう父さんのせいにするのはやめよう。

自分はまだ中学生だ。

エリートだとか、そうじゃないとかにとらわれずに、どんな道に進むか、なにをしたいのか、自由に選んでいいのだ。

「オレ……」

そこで海斗の心は、大きく動いた。

「高校、おまえのとこ目指すわ。清開《せいかい》学園目指す」

「はあ？　どうしたんだよ、急に」

倫太郎はあまりの急展開に戸惑《とまど》っているようだったけど、海斗はつづけた。

「いや、受験をあきらめたとこからやりなおさないと、オレも、ヤベーことになるなって思ってさ」
⑥海斗は思いきって、自分の心の奥《おく》深くで眠《ねむ》らせつづけてきた、*パンドラの箱を開けることにした。
「オレ、実は清開学園に入ったら、ディベート部に入りたかったんだよ」

「ディベート部……」

倫太郎がぼんやりと繰り返す。

「五年生の秋に、清開の学園祭見に行ったとき、高校生の模擬《もぎ》国連の映像が流れててさ。絶対にこの部活に入って、高校生になったら模擬国連に参加したいって、［ 5 ］決めてたんだよ」

それは、将来どんな病気でも治す薬を開発する人になりたいという夢より、はるかに強い希望だった。

あの頃、大人になってからの夢を語るのは簡単だった。その夢はまだまだ遠い未来だし、いくらでも変更《へんこう》は可能だという気楽さもあった。

だけど、清開学園のディベート部に入って、高校生になったら模擬国連に出たいという夢は、あまりに具体的で、かつ近すぎる未来で、恥《は》ずかしくて口にできなかったのだ。

「ちょっと〜！」

そこに健吾が怒《おこ》ったような口調で、割り込んできた。

「オレ、全然話が見えないんですけど！　模擬国連ってなに？　*彩音《あやね》の学園祭でもその言葉聞いたぞ！」

健吾が聞き慣れないのは、当然だった。

「模擬国連っていうのはさ。ニセモノの国連会議を開催《かいさい》して、各チームでその国の大使になりきって、決まったテーマにそって議論するんだよ」

実は海斗もくわしく知っているわけではなかったけど、わかる範囲《はんい》で説明を試みた。

「例えばその会議のテーマが【子どもの貧困】で、自分のチームが【ノルウェー】だったら、ノルウェーの大使として、他の国を担当しているチームと英語で意見を闘《たたか》わせるわけ」

「はあ？　英語で？　よその国の人になりきって？　日本代表じゃダメなわけ？」

驚く健吾に、今度は倫太郎が説明をはじめた。

「だって、国連だからさ。いろんな国が集まって議論しなきゃ意味ないじゃん。うちの国ではこんな対策をとってて、でも、こんな問題もあるんですって、その国の代表として議論しなきゃならないから、担当になった国について調べあげないとその国の人として話せないし、だから準備もスゲー大変だし……海斗、マジであれやりたいの？」

倫太郎がE顔をしかめて聞く。

「うん、だから塾《じゅく》はやめても、英会話教室だけはどうしてもやめられなかったんだ」

そうなのだ。中学受験はやめても模擬国連への夢だけはどうしても捨てられなくて、それで英会話教室だけはつづけてきたのだ。

「だから彩音の学園祭で、おまえが模擬国連を手伝わされてるって聞いて、うらやましかったよ」

海斗はあのとき感じた、猛烈《もうれつ》な嫉妬《しっと》心を思いだす。

「倫太郎はディベート部ではないの？」

すると、倫太郎は首を大きく横に振って言った。

「オレは違うよ。うちの兄ちゃんがディベート部だったから、それで顧《こ》問《もん》の先生に目をつけられててさ。あのときも先生に見つかっちゃって、手伝いさせられてたんだけど、なにが楽しくてあんなことやってるのか、オレにはまったく理解できないよ」

「オレも……今聞いても、そんなことしてなにが楽しいのか全然わかんねーわ」

健吾もうんざりした声を出してうなずく。

「だけど……」

倫太郎がつづけた。

「模擬国連やりたいなら、やっぱりうちの高校に行くのがベストだと思う。うちの高校のディベート部は、世界大会に出たことある先輩《せんぱい》もいるしな」

「そう、それを目指したい」

海斗は自分で言いながら、こんなにハッキリと自分の希望を口にしたのは、いつ以来だろうと思った。

そして、希望を口にするだけで、こんなに気持ちが弾《はず》むものなのかと驚くばかりだった。

うまくいくか、いかないかなんて、わからない。

それでも、やりたい！　やってみたい！　あきらめたくない！

いろんな国の大使になりきって、国際問題を議論してみたい！

そう心に決めると、不思議と父さんのことなんて、どうでもいいと思えた。

だって、高校生になるまで、もう二年ないのだ。迷ってる暇《ひま》はない。今すぐ猛勉強を開始して、清開学園に入れる学力をつけなければならない。

「海斗、良かったな」

倫太郎がしみじみと言った。

「お父さんから話を聞いたおかげで、前に進めそうじゃん」

「そうかな……」

海斗はあいまいにうなずきながら、それは違うとはっきりと思っていた。父さんから話を聞いたからじゃない。

倫太郎と健吾といっしょに来たからだ。

こうして二人に、話を聞いてもらえたから、ずっと蓋《ふた》をしていた本心を導きだすことができたのだ。

だけど、そんなことは恥ずかしくて、とても言えなかった。
⑦二人には感謝の気持ちでいっぱいだったけれど、そのあとはもう、健吾が雑木林で聞こえたつもりになっている妖怪の声のこととか、佐々木さんの服装や髪型《かみがた》の話とかを、ポツポツ話しながら、再び電車を乗り継《つ》いで、自分たちの住む街へと帰っていったのだった。

（草野《くさの》たき『マイブラザー』〈ポプラ社〉による）

＊総也＝海斗の弟。五歳の保育園児。
＊佐々木くん＝海斗の父親とともに、修業先のパン屋に住みこみで働いている人。
＊同窓会のとき、総也が暴れてる＝保育園の同窓会に誘《さそ》われた海斗は、あえて弟の総也を連れていき、場を混乱させることで、話を聞いたり現状を聞かれたりするのを避《さ》けていた。
＊パンドラの箱＝ギリシア神話の中に出てくる、開けると不幸や災いとなるようなことが起こるといわれている箱。
＊彩音＝海斗たちと保育園で一緒だった幼なじみ。

問一　[1]～[5]にあてはまる言葉として、最も適切なものを次から一つずつ選び、それぞれ記号で答えなさい。

ア　うるさそうに　　イ　嬉《うれ》しそうに　　ウ　気まずそうに
エ　いそがしそうに　　オ　必死に　　カ　安直に
キ　丁寧《ていねい》に　　ク　密《ひそ》かに

問二　══A「地味」の対義語を、漢字二字で書きなさい。

問三　══B「当然」、C「改札」と熟語の組み立てが同じものを次から一つずつ選び、それぞれ記号で答えなさい。

ア　健康　イ　是非　ウ　頭痛　エ　点火
オ　対岸　カ　知的　キ　不満　ク　大卒

問四　＝＝＝D「烙印を押される」、E「顔をしかめて」の意味として、最も適切なものをあとから一つずつ選び、記号で答えなさい。

D「烙印を押される」
ア　ぬぐい去ることのできない汚名《おめい》を受ける
イ　その人の性格や品物のよさが保証される
ウ　事実ではない情報を世の中に広められる
エ　一方的な決めつけから仲間外れにされる
オ　ほかよりも劣《おと》っていると憐《あわ》れみを受ける

E「顔をしかめて」
ア　迷惑《めいわく》そうな表情で　イ　面白《おもしろ》そうな表情で
ウ　得意そうな表情で　エ　不快そうな表情で
オ　意外そうな表情で

問五　――①「ずっと自分が尊敬してきた父さん」とありますが、どのような存在だったのですか。次の文の［Ⅰ］・［Ⅱ］にあてはまる言葉を指定字数に合わせて、文章中から抜き出して書きなさい。

●［Ⅰ（九字）］をつとめ、一家の［Ⅱ（三字）］として家族を養ってきた偉大《いだい》な存在。

問六　――②「父さんと自分では立場が違うと思いなおして、言葉を替えてみる」とありますが、どのようなことですか。最も適切なものを次から一つ選び、記号で答えなさい。

ア　父さんに対して「サイテー」と言ってみたが、もう中学生である自分がこんな子どもじみた言い方をするのは恥ずかしいと思い直し、「大人失格」というきちんとした表現に改めたということ。
イ　父さんに対して「サイテー」と言い批判したものの、親を責めてもよい立場にある自分が言う言葉としては手ぬるいのではないかと思い直し、「大人失格」という強い言葉で突《つ》き放したということ。
ウ　父さんに対して「サイテー」と責めたあと、それは自分にもあてはまることに気づいたが、家族を養う大切な義務を投げ出した父さんだけを責めようと思い直し、「大人失格」という表現にしたということ。
エ　父さんに対して「サイテー」となじってはみたものの、投げやりなこの表現は、親に養われている立場の自分が吐いていい言葉ではないと思い直し、「大人失格」という改まった場で用いる表現に直したということ。
オ　父さんに対して「サイテー」という言葉をぶつけてはみたが、自分も父さん同様、大切なことから逃げた立場にあると思い直し、後ろめたさもあって「大人失格」と柔《やわ》らかな表現に改めたということ。

問七　――③「母さんがくれた家族のままでいさせてもらえるチャンス」とありますが、何をすることで「家族のままでいさせてもらえる」というのですか。文章中の言葉を使って、四十五字以上五十五字以内で説明しなさい。

問八　――④「心の中で、絶対に頑張れよと繰り返しながら、両手をあげて大きく手を振る父さんの姿を、ただ見つめることしかできなかった」とありますが、このときの「海斗」の気持ちを説明したものとして、最も適切なものを次から一つ選び、記号で答えなさい。

ア　父さんが心の底から生き方を変えたいと思っていることを理解し、応援《おうえん》する決意は固まったものの、また一から技術や知識を学ぼうともがく父さんの姿がやはりあわれで、つらい気持ちになっている。

イ　父さんの真剣《しんけん》な思いは理解でき、応援したいという気持ちが生まれてきた一方、これまで尊敬していた父さんとは違い、本当の姿を見せている今の父さんとのずれを自分の中で消化しきれずにいる。

ウ　パン職人になりたいという父さんの決意がゆるぎないことは理解でき、好きにさせてあげたいという思いは持てたが、父さんのことを許すことはできず、反発するような気持ちを強くしている。

エ　父さんが自分の生き方を変えようとしていることに好感が持て、父さんの頑張りを支持したいと思ったが、健吾や倫太郎がいるので、素直に自分の気持ちを表現するのを恥ずかしく思っている。

オ　家族のことをかえりみず夢を追い求めようとする父さんのことが許せず、もっと責めたいと思ったものの、父さんの決意が変わらないことを実感し、どうでもいいと投げやりな気持ちになっている。

問九　――⑤「なんか、うちの父さんと、どっか似てる……」とありますが、「倫太郎」のどのような点が「海斗」の父さんと似ているというのですか。最も適切なものを次から一つ選び、記号で答えなさい。

ア　自分がどのように生きたいのかを考えあぐねていて、生き方の方向性を見失っているところ。

イ　周囲からの期待をうらぎってでも、自分で選択《せんたく》した道を歩いていきたいと思っているところ。

ウ　親や周囲から期待されて育ち、その期待に応えることができるほどには優秀であったところ。

エ　親の期待に対して反発することができず、自己主張をすることを禁じられてしまったところ。

オ　自己主張せず周囲からの評価ばかり気にしてきたために、今さら悔やむことになったところ。

問十　――⑥「海斗は思いきって、自分の心の奥深くで眠らせつづけてきた、パンドラの箱を開けることにした」とありますが、具体的にはどうすることにしたというのですか。次の文の□にあてはまる言葉を、三十字以上四十字以内で書きなさい。

●健吾と倫太郎に対して、□ことにした。

問十一　――⑦「二人には感謝の気持ちでいっぱいだった」とありますが、なぜですか。最も適切なものを次から一つ選び、記号で答えなさい。

ア　健吾と倫太郎と話をし、また、自分の希望していることを聞いてもらえたことで、未来への具体的な目標をはっきりさせることができたから。

イ　健吾と倫太郎が、大それた自分の理想をいっさい否定しなかったばかりか共感してくれ、三人で同じ高校を目指すようになったのが心強かったから。

ウ　健吾と倫太郎がそばにいてくれたことで父さんときちんと向き合うことができたうえ、二人とも自分と同じような経験をしており、より絆《きずな》が深まったから。

エ　健吾と倫太郎が親身になって話を聞いてくれたおかげで、自己主張をしたがっていた自分の本心に気づくことができ、目標が定まったから。

オ　健吾と倫太郎に自分の希望を話したことで進むべき道が見つかっ

たのにもかかわらず、それは父さんのおかげだと優《やさ》しく気づかって
くれたから。

問十二　この文章の表現について説明したものとして、最も適切なものを次から一つ選び、記号で答えなさい。

ア　「サイテー」「ヤベー」「スゲー」「マジ」などのくだけた表現を多用することで、ともすると重くなりがちな「家族関係」「友人関係」という物語のテーマに明るさをもたらし、読者が最後まで読み切ることができるよう配慮《はいりょ》している。

イ　全体的に「……」を多く盛り込むことで、描《えが》かれていない部分を読者に想像させ、解釈《かいしゃく》の自由度を上げるとともに、親との付き合い方に悩《なや》む「海斗」「健吾」「倫太郎」の重苦しく複雑な心情も同時に表現し、文学性を高めている。

ウ　「今度は、黙ってあきらめたりしないからな」「本当はどうしたいのか、ちゃんと自己主張しないと、あとで後悔するということだ……」のように、「海斗」の内面を直接描くことで前向きになっていくその気持ちをわかりやすく表現している。

エ　前半部分は「海斗」の父さんの話、後半部分は「海斗」自身の話で展開するといったように、同じ家族でありながら、これから先の両者の行くすえについて明暗をはっきり描き分けることで、物語の輪郭《りんかく》をはっきりさせる工夫《くふう》をしている。

オ　文章全体を通じ、基本的には「海斗」の視点から物語が展開しているが、ところどころにさしはさまれている過去を描いた場面では、「父さん」の視点から物語を進めることで、「父さん」の人物像や価値観などをとらえやすくしている。

三　次の文章を読んで、あとの問いに答えなさい。問いの中で字数に指定のあるときは、特に指示がないかぎり、句読点や符号もその字数に含めます。

人間が厄介《やっかい》なのは、心を持つ存在だという部分にある。しかも、形のない心の方が主導権を握《にぎ》っている。心の持ち方を変えないことには、先に進めないケースが多々ある。

かつての私もそうだった。プライドが高く、常に高い目標を設定してしまっていた。実力がそれに見合えばいいのだが、努力の少ない割には無理な目標設定をして、さらにたちが悪いことには、そのこと自体に満足を覚えていたのだ。

ところが、①そんなことでは、いつまでたっても目標を達成A することができない。労せずして有名になろうとしたり、労せずして司法試験に合格しようとしたりしていたのだが、その結果、私が手にしたのは挫折《ざせつ》の二文字だけだった。やがて自己肯定《こうてい》感を喪失《そうしつ》し、気づけば引きこもりになっていた。

［1］あの時、ハンガリー出身の思想家チクセントミハイのフロー体験の概念《がいねん》を知っていたら、少しは違う行動をとっていただろう。フロー体験とは、自分がやっていることに没入《ぼっにゅう》することで、高揚《こうよう》感を得られる状態B である。ある意味それは、自己肯定感を持つ状態を維持《いじ》することだといえる。【ア】

そのためには、チャレンジとスキルのバランスがとれている状態を保つ必要がある。そうすれば、日常的に没頭できるはずだ。無理なことをして挫折してばかりだと、チャレンジするのが嫌《いや》になってしまう。簡単すぎるのもよくない。ちょっと頑張れば越えられるハードルを、いかに

設定できるかがカギを握る。
常に、そんなちょうどいいハードルを設定できれば、フロー体験を味わい続けることが可能になり、自己肯定感に満ちた人生を送れるというわけである。【イ】
結局、人が自己肯定感を持って生きていくためには、*トランス・ヒューマニズムのように身体ばかり変えようとしてもだめで、心を変えていく必要があるのだ。でも、だからといって*マインドコントロールを勧《すす》めているわけではない。
むしろ、うまく自分の心をコントロールできる環境《かんきょう》を整えることで、自然に自己肯定感を高めていこう、といいたいのだ。あたかも自然を見ることで、心が洗われたり、落ち着いたりするように、自分にとって快適な環境に身を置くということである。
過酷《かこく》な環境に身を置く必要はまったくない。*新自由主義的な世界では、それが求められたのかもしれないが、過剰《かじょう》な競争を肯定することによって、自己肯定感は反比例的に損《そこ》なわれていった。
したがって今後は、*トランス・マインドのスタンスで、上手に人生のハードルを設定していくべきなのだ。幸か不幸かコロナ禍《か》で経済活動は停滞《ていたい》した。やがてまた再開するのだろうが、少なくとも、働き方をはじめ既存《きそん》の世の中の仕組みを見直す機会にはなった。【ウ】
競争して勝つだけが人生ではない。それよりも生き生きと日々を過ごすことの方が大事だ。そのことに多くの人たちが気づき始めている。
誰《だれ》もが立ち止まって、自分に向き合う時間を持てたのだから、あの退《たい》屈《くつ》な自粛《じしゅく》生活も無駄《むだ》ではなかったといっていいだろう。ただでさえ変わるためには、アメリカからの圧力という黒船が必要なこの国に、外からの圧力のせいで重い腰《こし》を上げざるを得ないという意味においては、②グローバル規模での黒船がやってきたといっていいだろう。
さて、あなたはどのように今後の目標(ハードル)を設定するだろうか？以前のように高いハードルを、しかも同じ数だけ並べる必要はまったくない。③自分の飛びやすいハードルを、飛び越えることが喜びにつながるようなハードルを並べればいいのだ。いま、ようやく自信を持って生きられる世界が訪れようとしている。胸を張って生きていこうではないか。あなたはそのままで十分素晴らしいのだから。【エ】
そもそも人が悩む場合、その多くは④人間関係に原因がある。というか、これは私の実感でもある。
なぜ、イライラするのか、なぜ、落ち込むのか……。それは仕事がうまくいかないとか、家族や友人ともめたとか、そういう理由からであることが多い。
私たちは無人島に住んでいるわけではないのだから、独りで物事が完結することなどほとんどない。そうすると、なにをするにしても自分以外の他者が絡《から》んでくる。その他者のせいで、自分の思った通りに物事が進まない事態が発生するのだ。それがイライラしたり、落ち込んだりする原因になる。そういう状況を「人間関係」と呼ぶのだ。人間関係がどうなのか具体的にいわなくても、この四文字で状況がわかってしまう。【オ】
そう、私たちが日ごろ、この言葉を使うときは、特別な意味を込めている。単純に人間同士の関係性のことをいっているわけではないのである。特別な意味、基本的には*ネガティヴな意味を込めているといっていい。

コントロールすることのできない他者に、苦しめられている関係である。とはいえ、他者の方は、必ずしも相手を困らせてやろうと思っているわけではない。これもまた、私の体験に基《もと》づくのだが、ある日突然、会議における私の態度の悪さに対して出席者から苦情が寄せられたことがあった。よもや、自分が誰かを困らせているなどとは思ってもいなかった私は、思わずハッとした。会議を取りまとめていた私は、ただ単に結論を統一しようとしていたのだが、それが人の意見を軽視し、抑《おさ》えつけているととられたのである。もちろん、そんなつもりは毛頭なかったにもかかわらず……。

私たちは、自分が正しいと思うことを普通に発言し、行動しているだけで、それが誰かにとっての「人間関係」の原因になってしまっていることがあるということだ。このことをうまく説明しているのは、フランスの社会学者ブルデューによるハビトゥスという概念だろう。

彼《かれ》は、この言葉を傾向《けいこう》性という意味で使っている。簡単にいうと、人が生まれ育った環境によって形成される性質のようなものである。誰もが自分のハビトゥスを有しているので、知らず知らずのうちに、そのハビトゥスの価値を高めるようなC言動をとってしまうのである、と。

［2］、私は関西で生まれ育ち、社会人になってからはずっと非関西圏《けん》で生活している。するとやはり、無意識のうちについ関西を讃《たた》えるような言動をとってしまっているのだ。

ブルデューにいわせると、それは象徴闘争《しょうちょうとうそう》という行為《こうい》であって、ある種やむを得ないものである。いま風の言葉でいうなら、*マウントを取ろうとしてしまうのが、生き物である人間の*性《さが》なのだろう。

問題は、自分が正しいと思い込んでいる他者と、どう付き合っていけばいいかである。これには二つの態度が考えられるだろう。

一つはペシミズム(悲観主義、厭世《えんせい》観)的な態度である。［3］、あきらめるということである。ドイツの哲学者《てつがく》ショーペンハウアーがペシミズムの典型なのだが、彼は人間関係についても、細心と寛容《かんよう》を使い分けよ、と説いている。いわば、よく観察して、相手のどうしようもない部分については受け入れるしかないということである。

それが、簡単にできれば苦労しないのだが、ショーペンハウアーはトレーニングすることは可能だという。石を相手に話しかけろというのだ。たしかに石にいくら話しかけても、説得しても、態度が変わることはない。石とはそういう存在だ。ある意味で、他者とは石と同じように、変えることのできない存在だからといいたいのだろう。

たしかに、このトレーニングは役に立ちそうである。

私たちは相手も同じ人間だから、きっとわかるはずと思い込んでいる。［4］、人間は変わりうるという前提が、そもそも間違っているのである。相手は石だと思えば、見方も違ってくるはずだ。

もう一つの態度は、他者とすり合わせを行うというものである。いや、正確にいうと、他者は変わらないのだから、自分が勝手にすり合わせを行うということだ。これには、ドイツの哲学者ディルタイの生の哲学が参考になる。彼は人生における体験を重視した哲学者である。

私たちは体験を通して、自分の価値観をテストすることになる。人と意見がぶつかる、というのもその一環だ。自分のモノサシを、他者のそれと突き合わせることで初めて、違いが明らかになる。そうやって他者を理解していくわけである。

ここで気づくのは、ショーペンハウアー的態度もディルタイ的態度も、

*ベクトルは違う方向を向いていても、共通している点があるということである。

前者は、あきらめという後ろ向きな態度であるように見えて、しかし自分の他者に対する見方を変えようとしている。後者は、すり合わせという前向きな態度でもって、やはり自分を変えようとしているのである。したがって、いずれも自分を変えようとしている点では共通している。考えてみれば、これは当然のことで、他者が変わらないなら、変えられないなら、自分が変わるしかない。その方法が若干異なるだけなのである。⑤後ろ向きに変わるか、前向きに変わるか、である。

私自身は後ろ向きでも前向きでも、どちらでもいいと思っている。というよりも、D状況に合わせてコロコロと変わればいいのだ。前後に転がってもいい。コロコロと態度を変えるというと、なんだか悪いことのように聞こえるが、そうともいえない。

もともとコロコロという表現は、丸いものが転がるさまからきている。丸いから転がるのだ。これを性格に当てはめると、とたんにいい意味になる。人間が丸くなったとか、丸い人だとか――。それは性格の面での柔軟《じゅうなん》性を指しているはずだ。

世の中に不条理なことが増え、人々がギスギスしてくると、なおさら対立しがちになる。そんななかで「人間関係」をうまく築き上げていくためには、自分が丸くなるのが最善なのである。*日和見《ひよりみ》主義といわれようと、*右顧左眄《うこさべん》といわれようと、それすら気にしないのが丸い性格である。⑥いまの時代は、そうした性格があらゆる場面において求められているような気がしてならない。たとえば、2000年代の*ヒルズ族のように、尖《とが》った性格が求められた時代とは前提が異なっているからである。そんな尖った性格が求められた時代には、人々は対立することを奨励《しょうれい》さえされた。ディベートをするスキルが求められていたのは、その*証左だろう。

おそらくその背景には、正しい価値観が予《あらかじ》め前提されていて、それを追求すべきだとする空気があったのだと思う。でも、いまはそうではない。正しい価値観など予め前提することはできないのだ。

この不確実な時代にあっては、むしろ相手の意見に合わせつつ、共に前に進んでいく柔軟な態度が求められるのだ。［ 5 ］、ディベートよりも対話の時代だといわれるのである。

そして対話には、尖った性格よりも丸い性格が求められる。目的は他者を倒《たお》すことではなく、他者とうまくやっていくことだからである。⑦一緒に、コロコロと転がっていけばいい。そういえば、コロコロという語は、笑い声が響《ひび》くさまを形容するものでもある。他者は変えられないが、自分が変わることで、ネガティヴなニュアンスを帯びた「人間関係」という言葉の意味も変えられるはずだ。コロコロと笑いながら、共に進んでいく関係を意味する言葉として。

（小川仁志《おがわひとし》『不条理を乗り越える　希望の哲学』〈平凡社新書〉による）

*トランス・ヒューマニズム＝科学技術などを積極的に活用して人間の身体などの生物学的限界を超《こ》えようとする考え方。

*マインドコントロール＝自己あるいは他者の意思で感情や思考などを変化させたり抑制したりすること。

*新自由主義＝政府などによる規制の最小化と自由競争を重んじる考え方。

*トランス・マインド＝心の持ち方を変えること。

*ネガティヴ＝否定的。

*マウントを取ろう＝相手よりも自分の方が立場が上であることを見せつ

ける言動をし、自分の優位性を示そうとすること。

＊性＝持って生まれた性質や宿命。

＊ベクトル＝ここでは、方向性。

＊日和見主義＝形勢をうかがって有利な方につこうとする態度をとること。

＊右顧左眄＝周囲の情勢や他者の意見を気にして、なかなか決断ができないこと。

＊ヒルズ族＝東京の港区にある六本木ヒルズ内のマンションに住むベンチャー企業《きぎょう》の経営者や芸能人、モデルなど。若くて裕福《ゆうふく》な人が多く、華やかな生活ぶりが注目された。

＊証左＝事実の裏づけとなる証拠《しょうこ》。

問一　[1]～[5]にあてはまる言葉として、最も適切なものを次から一つずつ選び、それぞれ記号で答えなさい。

ア　たとえば　イ　だから　ウ　つまり　エ　なぜなら

オ　もし　カ　しかも　キ　あるいは　ク　しかし

問二　――A「達成」について、次の各問いに答えなさい。

Ⅰ　「達」という漢字の総画数を漢数字で答えなさい。

Ⅱ　「成」という漢字について、次の黒く塗った部分は何画目に書きますか。漢数字で答えなさい。

問三　――B「られる」と意味・用法が同じものを次から一つ選び、記号で答えなさい。

ア　先生が教室に来られる前に席に着いていましょう。

イ　午前五時半ならば自力で起きられると思います。

ウ　そこはかとなく秋の気配が感じられるようになった。

エ　他人から一人前と見られるように成長したい。

オ　駅前に新しい商業施設《しせつ》が建てられる予定です。

問四　――C「とってしまうのである」の主語を、一文節で抜き出して書きなさい。

問五　――D「状況に合わせてコロコロと変わればいい」とありますが、このような状態を表す四字熟語を次から一つ選び、記号で答えなさい。

ア　臨機応変　イ　右往左往　ウ　南船北馬

エ　心機一転　オ　試行錯誤

問六　次の一文は文章中の【ア】～【オ】のどの部分に入るのが適切ですか。一つ選び、記号で答えなさい。

> それほど、人間同士の関係というのは厄介なものだということである。

問七　――①「そんなこと」とありますが、どのようなことですか。文章中の言葉を使って、三十五字以上四十五字以内で説明しなさい。

問八　――②「グローバル規模での黒船がやってきたといっていいだろう」とありますが、この内容についての説明として、最も適切なものを次から一つ選び、記号で答えなさい。

ア　グローバル規模での黒船とは、コロナ禍によって人々が退屈な自粛生活を強いられたということであり、その結果、経済活動が停滞し新自由主義的な世界が否定され、生き生きと日々を過ごせるようになったということである。

イ　グローバル規模での黒船とは、フロー体験やトランス・ヒューマニズムのような新しい考え方が人々に浸透《しんとう》したということであり、その結果、高揚感や自己肯定感に満ちた人生を人々が希求するようになったということである。

ウ　グローバル規模での黒船とは、コロナ禍によって人々が退屈な自粛生活を強いられたということであり、その結果、働き方や既存の世の中の仕組みを見直すことになり誰もが自分と向き合う時間を持てたということである。

エ　グローバル規模での黒船とは、フロー体験やトランス・ヒューマニズムのような新しい考え方が人々に浸透したということであり、その結果、競争して勝つだけが人生ではないという意識を人々が持ち始めたということである。

オ　グローバル規模での黒船とは、コロナ禍によって人々が退屈な自粛生活を強いられたということであり、その結果、アメリカからの圧力で導入された新自由主義が否定され、人々が自信を持ち始めたということである。

問九　――③「自分の飛びやすいハードル」とありますが、どのようなハードルということですか。その説明として、最も適切なものを次から一つ選び、記号で答えなさい。

ア　自分の趣味や好みに合わせ飛ぶこと自体を楽しむことができるように設定したハードル。

イ　ハードルを越える喜びを実感することを目的に実力以下のレベルに設定されたハードル。

ウ　自分の技量などよりも高いものの多少努力をすれば越えることができる程度のハードル。

エ　自分の目標達成に向けてあえて自分の力量を無視して非常に高めに設定されたハードル。

オ　自分の自己肯定感を満足させる目的で何度でも飛び越えることができる程度のハードル。

問十　――④「人間関係」とありますが、この言葉を筆者はどのように解釈していますか。文章中から二十九字で探し、初めと終わりの五字ずつを抜き出して書きなさい。

問十一　――⑤「後ろ向きに変わるか、前向きに変わるか、である」とありますが、この内容についての説明として、最も適切なものを次から一つ選び、記号で答えなさい。

ア　「後ろ向きに変わる」とは、相手のどうしようもない部分に関しては無視することで、「前向きに変わる」とは、相手と自分の差を意識して、異なるところをはっきりさせて関係を新たに築きあげていくことである。

イ　「後ろ向きに変わる」も「前向きに変わる」も、相手も自分と同じ人間だから理解し合えるはずだという前提に立って、自分の意見を相手に合わせながら関係を築きあげていくことである。

ウ　「後ろ向きに変わる」とは、相手の意見に自分の意見をすり合わせていくことで、「前向きに変わる」とは、相手も自分と同じように変わることができるという確信を持って関係を築きあげていくことである。

エ　「後ろ向きに変わる」とは、相手のどうしようもない部分については受け入れるしかないと考えることで、「前向きに変わる」とは、相手と自分との違いに合わせて、自分が変わっていきながら関係を築いていくことである。

オ　「後ろ向きに変わる」も「前向きに変わる」も、自分を変化させようとする点では共通していて、他者との対立を避けて相手に服従することで人間関係を築いていくことである。

問十二　――⑥「いまの時代は、そうした性格があらゆる場面において求められているような気がしてならない」とありますが、筆者がこのように述べる理由として、最も適切なものを次から一つ選び、記号で答えなさい。

ア　あらかじめ前提することなどできない正しい価値観を追求すべきだという空気が、いまだにあるから。

イ　不条理なことが増え、人々が対立しがちな世の中では、他者とうまくやっていくための対話が必要だから。

ウ　不確実な時代にあっては、相手の意見に合わせることなく、前に進んでいく態度が求められるから。

エ　尖った性格が求められた時代が終わって、人々が対立することを奨励されることもなくなったから。

オ　人間関係を築く目的が他者を倒すことだけではなく、他者とうまくやっていくことでもあるから。

問十三　――⑦「一緒に、コロコロと転がっていけばいい」とありますが、「一緒に、コロコロと転がって」いくとは具体的にはどうすることですか。「柔軟」・「関係」という二つの言葉を使って、三十字以上四十字以内で説明しなさい。

問十四　この文章で筆者が述べている内容に合うものを次から一つ選び、記号で答えなさい。

ア　周囲との関係が往々にしてうまくいかないのは、人間が心を持つ存在で、形のない心が行動の主導権を握っているからであり、現在の心の持ち方を否定して、理性に基づいて行動することが関係の改善には必要である。

イ　自己肯定感を持つ状態を維持するためには、チャレンジとスキルのバランスを正しく設定することが必要であり、うまく自分の心をコントロールしながら高い目標を常に設定し、その達成に努力し続けることが大切である。

ウ　人が意図せず相手を困らせてしまうのは、それぞれの人が生まれ育った環境によって形成されている性質を無意識のうちに高めようとする言動をとってしまい、相手よりも上位に立とうとするからである。

エ　自分が正しいと思い込んでいる他者とつきあうときに必要なのは、相手を説得しても変わらない石のような存在として受けとめることであり、自分のモノサシで相手を測らなければ、関係性は自然に改善されていく。

オ　対立することが求められた時代が終わって対話の時代になり、相手に合わせて自分が変われば、相手も変えられるし、否定的な色合いを持った「人間関係」という言葉の意味も変えられるはずである。

千葉日本大学第一中学校（第一期）

—50分—

一　次の各問いに答えなさい。

問一　次のことわざの反対の意味を持つことわざを次のア～キからそれぞれ選び、記号で答えなさい。

A　蛙《かえる》の子は蛙

B　立つ鳥後を濁《にご》さず

C　あばたもえくぼ

D　君子《くんし》危うきに近寄らず

E　せいてはことを仕損じる

ア　旅の恥《はじ》はかきすて　　イ　善は急げ

ウ　虎穴《こけつ》に入らずんば虎子《こじ》を得ず　　エ　覆水盆《ふくすいぼん》に還《かえ》らず

オ　弘法《こうぼう》筆を選ばず　　カ　トンビが鷹《たか》を生む

キ　坊主《ぼうず》憎《にく》けりゃ袈裟《けさ》まで憎い

問二　次の文中の空欄《くうらん》□に入る漢字一文字をそれぞれ答えなさい。

A　手も足も出ずに終わるかと思われたが、なんとか一□報いた。

B　長い距離《きょり》を歩いたおかげで足が□になる。

C　何回も同じことを言われ、□にたこができる。

D　どうにか説得をしようとしたが、取り付く□もない。

E　彼《かれ》の足の速さはチームの中でも□を抜《ぬ》いている。

二　次の文章を読んで、後の問いに答えなさい。

審美眼《しんびがん》とは美を判断する眼力だ。何を美しいと思うか、何をおいしいと思うかという美的な感覚が一致《いっち》すると、お互《たが》いの大事なところをaミトめ合うことになって、一気に［X］が深まる。

たとえばその人がいいと思っているものに関して、「あ、たしかにこのポイントがいいですよね」と乗っかっていくと、その人の気持ちをぐっとつかんでいくことができる。

自分の審美眼を柔軟《じゅうなん》にしておけばおくほど、相手の審美眼にどんどん合わせられるので、その人の気持ちを増幅《ぞうふく》させることができる。

つまりほとんどのものを「いい」と言える審美眼があれば、どんなものでもほめられるから、相手に乗っかって共感を引き出したり、相手の気持ちを鼓舞《こぶ》することができるといえる。まさに最強の「ほめる力」だ。

私はこの一〇年間ぐらい、ありとあらゆるものをほめてきた気がする。本書でも「この人はすばらしい」などとほめてきた。ある時期から「世の中にはいいものがあふれている」と考えるように切り換《か》えたので、以来、その「いいもの」を紹介《しょうかい》するようにしていると、たいていの人と共感できてしまうようになった。

いいものを見つける審美眼を磨《みが》いているうちに、たいていのものをほめられるようになったわけだ。これはとてもbベンリだった。自分の好き嫌《きら》いに関係なく、とにかくいいポイントを見つけ出せるのだから、「好きじゃないけれど、ここはいい！」と言えるようになって、A人間関係が驚《おどろ》くほどスムーズになった。昔の私からしたら、信じられないことである。

もちろん私にも趣味《しゅみ》やテンポが合わない人もいるのだが、それでも「この点はいい」と言えてしまう。お世辞ではなく、本当にいいと思えてしまうところが、B全方向的審美眼を磨いた〝たまもの〟である。

最初はすごいと思えなくても、観点を変えて見ていくと、すごいところが発見できて、「これはすごい」と思えるのだ。先ほど視点を変える話をしたが、審美眼を磨くのは、さまざまな視点を持つこととつながっている。

この先、みなさんが生きていく上で、ほめることに関して、自分の本心を偽《いつわ》ってばかりいたら疲《つか》れると思う。ほめられない人を無理やり偽ってほめていても長く続かない。相手も「これはお世辞だな」「心にもないことを言っているのだろう」と気づいてしまって、かえって人間関係をこじらせたり、相手の自信を失わせてしまう。

だからここは虚心坦懐《きょしんたんかい》に、C心底いいと思ってほめる練習をしたほうがいい。そのために審美眼を広げ磨くのである。

審美眼を広げるには、最初は自分が好きなものを徹底《てってい》追求することから始めればいい。たとえばフェルメールが好きなら、展覧会に行って、本物を見てみる。会場にはパンフレットや音声ガイドのイヤホンがあるが、そういうものをできるだけ使ったほうがいい。

とくにイヤホンガイドはおすすめである。いまはたいていの展覧会にはイヤホンガイドが用意されているので、それを借りることをおすすめする。

私は美術展を見るときは、必ずイヤホンガイドを借りることにしている。なぜなら絵の良さはパッと見ただけではなかなかわからないからだ。でもガイドをしてもらうと「ああ、そうなのか」と発見があるので、勉強になって、あらたに審美眼が広がる。

D文学作品も同じだ。誰《だれ》かいい〝師匠《ししょう》〟に解説してもらったり、評論を読んで見方を学ぶと、文学を味わう審美眼が磨かれる。

たとえば池澤夏樹《いけざわなつき》さんの『世界文学を読みほどく』(新潮選書)では十大傑作《けっさく》をあげているが、こうしたものを読んでおくと、傑作といわれる作品の何が素晴らしいのかがよくわかる。池澤さんは哲学者《てつがく》キェルケゴールの『死に至る病』(白水社)の解説も書いているが、私たちと時代も宗教もかけ離《はな》れたキェルケゴールが、池澤さんの手にかかると、まるで手触《てざわ》り感のあるようなところまで近づいてきて、身近に感じられる。

解説を読むと見方が偏《かたよ》ると心配する人がいるが、私はそうは思わない。古典をそのまま読んで深く味わえる人などめったにいない。Eそういうときに〝案内人〟として誰かに解説してもらうのは、審美眼を磨く意味でも大変効果がある。

見方が偏るのが心配なら、一人の紹介者だけでなく、F何人もの紹介者の解説を読めばいいのだ。ちなみに私がハイデッガーの『存在と時間』を読んだときは、解説書だけで二〇冊近く読んだ記憶《きおく》がある。

それくらい難解な書物だったのだが、新しい解説書を読むたびに、「へえ、そうなのか」と発見があって面白かった。ハイデッガーのことを一生懸命《けんめい》cケンキュウしている人が書いてくれたわけだから、こんなにありがたいものはない。

Gそういうものを読みまくっていると、いいところをほめるのと似ていて、どこがいいのかわからない難解なものでも、ポイントがわかってくる。

このように、いろいろな解説や評論にふれることで、dキョウヨウを広げることになるし、審美眼を広げてほめポイントを発見する練習にもなるので、〝［Y］〟である。

（齋藤孝『ほめる力 「楽しく生きる人」はここがちがう』〈ちくま文庫〉より）

問一　～～線部a～dのカタカナを漢字に直しなさい。

問二　空欄［X］・［Y］に当てはまる語句として適当なものを、次のア～エからそれぞれ一つずつ選び、記号で答えなさい。

X　ア　眼力　　イ　感覚　　ウ　気持ち　　エ　共感

Y　ア　一日一善　　イ　一利一害　　ウ　一望千里　　エ　一石二鳥

問三　――線部A「昔の私からしたら、信じられないことである」とあるが、筆者は「昔の私」をどのようにとらえているか。最も適当なものを次のア～エから一つ選び、記号で答えなさい。

ア　自分の好き嫌いにとらわれ、世の中のさまざまなものの悪い点ばかりが見えていたため、人間関係をこじらせてしまうことが多かった。

イ　美のとらえ方が具体性に欠けており、いい点がどこなのかを人に説明することができないため、人の気持ちをつかむことが難しかった。

ウ　もののとらえ方が硬直《こうちょく》的で、自分が好きと思えないといい点を見つけることができないため、相手の審美眼に合わせることができなかった。

エ　ほめることばかりに意識が向き、好きでないものも無理やりほめようとし続けていたため、適切な審美眼を育てることができなかった。

問四　――線部B「全方向的審美眼」とはどのような審美眼か。本文中より二十字以内で抜《ぬ》き出しなさい。

問五　――線部C「心底いいと思ってほめる練習をしたほうがいい」とあるが、なぜか。最も適当なものを次のア～エから一つ選び、記号で答えなさい。

ア　自分の本心に反する形でなにかをほめていると精神的な疲れがたまってきてしまうため、自分がいいと思うもの以外をほめないようにすることで気が楽になるから。

イ　本心からいいと思う気持ちがあってほめていたのだとしても、表現のしかたがよくなければ相手にその感動が伝わらずにがっかりさせてしまうから。

ウ　自分が好きではないものをほめることは相手をだましていることにもなってしまうので、自分が好きと思えているものの魅《み》力を他人に伝える努力をしたほうがよいから。

エ　本心をとりつくろって相手をほめることは必ずしも良い結果に繋《つな》がるとは限らないが、本心からほめることができるようになることで人間関係を円滑《かつ》に築きやすくなるから。

問六　――線部D「文学作品も同じだ」とあるが、これはどういうことか。最も適当なものを次のア～エから一つ選び、記号で答えなさい。

ア　美術も文学も、いい〝師匠〟となってくれる専門家に教わることで、作者の真意を見抜くことができるという点で同じだということ。
イ　美術も文学も、解説や説明を通じて作品を味わう視点を得たり、美を判断する力を鍛《きた》えたりできるという点で同じだということ。
ウ　美術も文学も、自身の経験や感覚に照らしながら味わうことで、より深い審美眼を得ることができるという点で同じだということ。
エ　美術も文学も、解説に頼《たよ》りすぎると見方が偏《かたよ》り、作品を味わうための審美眼が狭《せま》くなってしまうという点で同じだということ。

問七　――線部E「そういうときに〝案内人〟として誰かに解説してもらうのは、審美眼を磨く意味でも大変効果がある」とあるが、なぜか。最も適当なものを次のア～エから一つ選び、記号で答えなさい。
ア　解説に触れることによって、何に注目して作品を味わえばいいのかを学ぶことができると共に、作品の好き嫌いを判断する基準を自分の中に作ることができるから。
イ　解説に触れることによって、自分だけでは気づけないその作品のよい点を発見することができると共に、自分自身で様々なもののよい点を発見する練習にもなるから。
ウ　解説に触れることによって、自分が想像もしなかった多様な作品の味わい方を知ることができると共に、傑作とそうでない作品を見分ける判断力を養うことができるから。
エ　解説に触れることによって、「よい」とされる作品と「悪い」とされる作品の違いを学ぶことができると共に、名作が社会に与える影響《えいきょう》を学ぶことができるから。

問八　――線部F「何人もの紹介者の解説を読めばいい」とあるが、これについて三人の生徒が話し合っている。これを読んで後の問いに答えなさい。

生徒A…作品をありのままに受け取ることって大切だと思うんだけど、どうかな。

生徒B…そうだね。でも本文に「絵の良さはパッとみただけではなかなかわからない」ってあるように、作品の良さって僕《ぼく》にはわからないな。

生徒C…うんうん。文学についても筆者は同じようなことを言っているね。〔　Ⅰ　〕という部分だよ。

生徒A…確かにそうか。そういえば、場面は違《ちが》うけれど、学校の先生からも似たようなことを言われることがあるね。ほら、インターネットの情報をどう読むかということだよ。

生徒B…インターネットにはいろいろとうその情報もあるだろうからね。一人の意見をそのまま受け取るのはかなり危ないよね。

生徒C…本文で言われているのは、例えばハイデッガーのケンキュウ者の解説したものだから、うその情報っていうことはないだろうけど、〔　Ⅱ　〕という点では同じかもしれないね。

(i)　空欄〔　Ⅰ　〕に当てはまる語句を本文中から二十五字程度で探し、最初の五字を抜き出しなさい。
(ii)　空欄〔　Ⅱ　〕に当てはまる語句として最も適当なものを、次のア～エのうちから一つ選び、記号で答えなさい。
ア　複数人の説明を読んでその共通点や相違《い》点を考えることで、見方が偏ることを防ぐことができる
イ　どんな情報でもまずは本当に正しいのか疑問に思ってみることで、だまされることを防ぐことができる

ウ　その人物が本当に信頼《らい》できる人なのかをしっかり調べることで、情報のよしあしを判断できる

エ　様々な意見を読んで考え方の多様性を実感することで、自分の意見も自信をもって発表することができる

問九　――線部G「そういうもの」の具体例として最も適当なものを次のア～エから一つ選び、記号で答えなさい。

ア　『世界文学を読みほどく』　　イ　十大傑作

ウ　『死に至る病』　　エ　『存在と時間』

問十　本文の内容と一致するものを次のア～エから一つ選び、記号で答えなさい。

ア　審美眼とは相手からの共感を引き出したり、相手の気持ちを増幅させたりするための眼力のことである。

イ　世の中の人々の多くはほめられることに喜びを感じるので、たとえ本心でなくてもほめた方がよい。

ウ　審美眼を広げるためには自分の好きなものを追求し、多くの解説や評論に触れて様々な見方を養うとよい。

エ　解説を読むことで見方が偏ることを心配する場合は、身近な人と意見を交換《かん》し合うなどして見方を広げるとよい。

三　次の文章は菊池寛《きくちかん》「勝負事《しょうぶごと》」のほぼ全文である。以下の文章は、「勝負事ということが、話題になった時に、私《わたし》の友達の一人が、次のような話をしました。」という冒頭《ぼうとう》に続いて語られる「友達」の話である。これを読んで後の問いに答えなさい。

私は子供の時から、勝負事というと、どんな些細《ささい》なことでも、A厳しく戒《いまし》められて来ました。幼年時代には、誰《だれ》でも一度は、弄《もてあそ》ぶにきまっている、めんこ、ねっき(注1)、ばいなどというものにも、ついぞ手を触《ふ》れることを許されませんでした。

「勝負事は、身を滅《ほろ》ぼす基《もと》じゃから、真似《まね》でもしてはならんぞ」と、父は口癖《くちぐせ》のように幾度《いくど》も幾度も繰《く》り返して私を戒めました。そうした父の懸命《けんめい》な訓戒《くんかい》が、いつの間にか、私の心のうちに勝負事に対する憎悪《ぞうお》の情を培《つちか》っていったのでしょう。小学校時代などには、友達がめんこを始めると、そっとその場から逃《に》げ帰って来たほど、殊勝《しゅしょう》な心持《こころもち》でいたものです。

私の父が、いろいろな憎悪の中から、勝負事だけを、なにゆえこんなに取り分けて戒めたかということは、私が十三、四になってから、やっと分《わか》ったことなのです。

私の家というのは、私が物心《ものごころ》を覚えて以来、ずっと貧乏《びんぼう》で、一町(注2)ばかりの田畑を小作《こさく》して得るわずかな収入で、親子四人がかつかつ暮《くら》していたのです。

確《たし》か私が高等(注3)小学の一年の時だったでしょう。学校から、初めて二泊宿りの修学旅行に行くことになったのです。小学校時代に、修学旅行という言葉が、どんなに魅惑《みわく》的な意味を持っているかは、たいていの人が、一度は経験して知っておられることと思いますが、私もその話を先生から聞くと、小躍《こおど》りしながら家へ帰って来ました。帰って両親に話してみますと、どうしても、B行ってもいいとはいわないのです。

今から考えると、五円(注4)という旅費は、私の家にとっては、かなりの負担だったのでしょう。おそらく一月《ひとつき》の一家の費用の半分にも相当した大金だったろうと思います。が、私はそんなことは、考えませんから、手

を替《か》え品を替え、父と母とに嘆願《たんがん》してみたのです。が、少しもききめがないのです。

もう、いよいよ明日が出発だという晩のことですが、私は学校の先生には、多分行かれない、と返事はして来たものの、行きたいと思う心は、(1)矢《や》も楯《たて》も堪《たま》らないのです。どうかして、やってもらいたいと思いながら、執念《しゅうね》く父と母とに、せびり立てました。とうとう、父も母もしつこい私を、持てあましたのでしょう、泣いたり、怒《おこ》ったりしている私を、aステておいて二人とも寝《ね》てしまいました。

私は、修学旅行の仲間入りのできないことを、友達にも顔向けのできないほど、恥《はず》かしいことだと思い詰《つ》めていたものですから、一晩中でも泣き明かすような決心で、父の枕元《まくらもと》で、いつまでもぐずぐず駄々《だだ》をこねていました。

父も母も頭から、蒲団《ふとん》を被《かぶ》っていましたものの、私の声が彼《かれ》らのbムネにひしひしと応《こた》えていたことはもちろんです。私が、一時間近くも、旅行にやってくれない恨《うら》みを、くどくどといい続けた時でしょう。今まで寝入ったように黙《だま》っていた父が、急にむっくりと、床《とこ》の中で起き直ると、蒲団の中から顔を出して、私の方をじっと見ました。

私は、あんまりいい過ぎたので、父の方がアあべこべに怒鳴《どな》り始めるのではないかと、内心〔　X　〕ものでいましたが、父の顔は怒っているというよりも、むしろ悲しんでいるといったような顔付《かおつき》でありました。涙《なみだ》さえ浮《う》かんでいるのではないかと思うような目付《めつき》をしていました。

「やってやりたいのは山々じゃ。わしも、お前に人並《ひとなみ》のことは、させてやりたいのは山々じゃ。が、貧乏《びんぼう》でどうにもしようがないんじゃ。わしを恨《うら》むなよ。恨むのなら、お前のお祖父《じい》さんを恨むがええ。(注5)御厩《みうまや》では一番の石持《こくもち》といわれた家が、こんなになったのも、皆《みな》お祖父さんがしたのじゃ。お前のお祖父さんが勝負事で一文《いちもん》なしになってしもうたんじゃ」と、いうと、父はすべてのcベンカイをしてしまったように、クルリと向《む》うを向いて、蒲団を頭から被ってしまいました。

私は、自分の家が御維新《ごいしん》前までは、長く庄屋《しょうや》を勤めた旧家《きゅうか》であったことは、誰《だれ》からとなく、薄々《うすうす》きき知っていたのですが、その財産が、祖父によって、(注6)蕩尽《とうじん》されたということは、この時初めて、父からきいたのです。むろんその時は、父の話を聞くと、(2)二の句が次《つ》げないでC泣寝入《なきねい》りになってしまったのです。

その後、私は成長するにdシタガって、祖父の話を父と母からきかされました。祖父は、元来私の家へ他《ほか》から養子に来た人なのですが、三十前後までは真面目一方であった人が、ふとしたことから、イ(注7)賭博《ばくち》の味をおぼえると、すっかりそれに溺《おぼ》れてしまって、何もかもうっちゃって、家を外にそれに浸《ひた》りきってしまったのです。御厩の長五郎という賭博《ばくち》の親分の家に、夜昼なしに入り浸っている上に、いい賭場《とば》が、開いているというと、五里十里もの遠方まで出かけて行くという有様で、賭博に身も心も、打ち込《こ》んでいったのです。天性の賭博好きというのでしょう。ウ勝っても負けても、にこにこ笑いながら、勝負を争っていたそうです。それに豪家《ごうか》の主人だというので、どこの賭場《とば》でも「旦那《だんな》旦那」と上席に座らされたそうですから、つい面白くって、家も田畑も、壺《つぼ》皿の中へ叩《たた》きステてしまったのでしょう。むろん時々は勝ったこともあるのでしょうが、根《ね》が素人ですから、長い間には負け込んで、田畑を一町売り二町売り、エとうとう千石《せんごく》に近かった田地を、みんな無くしてしまったそうです。おしまいには、賭博の資本にもことを欠いて、祖母の櫛《くし》や(注8)笄《こうがい》まで持ち出すようになったそうです。しまいには、住んでいる祖先伝来の家屋敷《いえやしき》まで、人手に渡すようになってしまったのです。

が、祖父のこうした狂態《きょうたい》や、それに関した逸話《いつわ》などはたくさんききましたが、たいてい忘れてしまいました。私が、今もなお忘れられないのは、祖父の晩年についての話です。

祖父が、本当に目が覚めて、ふっつりと賭博を止《や》めたのは、六十を越《こ》してからだということです。それまでは、財産を一文なしにしてしまった後までも、まだ道楽が止められないで、それかといって大きい賭場《とば》には立ち回られないので、馬方《うまかた》や土方を相手の、オ小賭博まで、打つようになっていたそうです。それを、祖母やその頃《ころ》二十五、六にもなっていた私の父が、涙を流して(注9)諫《いさ》めても、どうしても止めなかったそうです。

が、祖父の道楽で、長年苦しめられた祖母が、死ぬ間際になって、手を合《あわ》せながら、

「お前さんの代で、長い間続いていた勝島《かつしま》の家が、一文なしの水呑百姓《みずのみびゃくしょう》になってしまったのも、わしゃ運だと諦《あきら》めて(注10)厭《いと》いはせんが、せめて死際に、お前さんから、賭博《ばくち》は一切打たんという誓言《せいごん》をきいて死にたい。わしは、カお前さんの道楽で長い間、苦しまされたのだから、後に残る宗《しゅう》太郎《たろう》やおみね(私の父と母)だけには、この苦労はさせたくない。わしの臨終《りんじゅう》の望みじゃほどに、きっぱり思い切って下され」と、何度も何度も繰《く》り返して、口説《くど》いたのがよほど効《き》いたのでしょう、義理のある養家《ようか》を、根こそぎ潰《つぶ》してしまった(注11)我悔《がかい》が、やっと心のうちに目ざめたのでしょう。また年が年だけに考えもしたのでしょう、それ以来は、生《うま》れ変《かわ》ったように、賭博を打たなくなってしまったのです。

それで、六十を越《こ》しながら、息子を相手に、今では他人の手に渡ってしまった昔の自分の土地で、小作人として、馴《な》れない百姓仕事を始めたのです。が、今まで、ずいぶん身を持ち崩《くず》していたものですから、そうした荒《あら》仕事には堪《た》えなかったと見え、二年ばかり経つと、風邪《かぜ》か何かがもとで、ぽっきり枯枝《かれえだ》が折《お》れるように、亡くなってしまったのです。

一生涯《いっしょうがい》、それに溺《おぼ》れてしまって、身にも魂《たましい》にもしみ込《こ》んだ道楽を、封《ふう》ぜられたためでしょうか、祖父は賭博を止めてからというものは、何となくほうけてしまって、物忘れが多く、畑を打ちながら、鍬《くわ》を打つ手を休めて、〔Y〕考え込むことが多かったそうです。そんな時は、若い時に打った五百両千両という大賭博の時に、うまく起きてくれた賽《さい》ころの目のことでも、思い出していたのでしょう。

それでも、改心をしてからは、さすがに二度とふたたび、勝負事はしなかったのです。もし、したことがあったならば、それはただ一度、次にお話しするような時だけだろうとのことです。

それは、何でも祖父が死ぬ三月《みつき》ぐらい前のことです。秋のe小春日和の午後に、私の母が働いている祖父に、お八《や》つの茶を持って行ったことがあるのです。見ると、稲《いね》を刈《か》った後の田を、鋤《す》き返しているはずの祖父の姿が見えないのです。多分田の向《むこ》うの(注12)藁堆《わらにお》の陰《かげ》で日向ぼっこをしているのだろうと思って、その方へ行ってみますと、果《はた》して祖父の声が聞《き》こえて来るのです。

「今度は、俺が勝ちだ」と、いいながらキ祖父は声高《こわだか》く笑ったそうです。その声を聞くと私の母は、はっとムネを打たれたそうです。きっと、古い賭博打ちの仲間が来て、祖父を(3)唆《そそのか》して、何かの勝負をしているに違《ちが》いない、と思うと、D手も足も付《つ》けられなかった祖父の、昔の生活が頭の中に浮《うか》んで来て、ぞっと身が震《ふる》うほど、情《なさけ》なく思ったそうです。せっかく

慎《つつし》んでいてくれたのにと思うと、いったい父を誘《さそ》った相手は、どこのどいつだろうと、そっと足音を忍《しの》ばせて近づいて見たそうです。

見ると、ぽかぽかと日の当《あた》っている藁堆《わらにわ》の陰《かげ》で、祖父とその五つになる孫《まご》とが、相対《あいたい》して蹲《うずくま》っていたそうです。何をしているのかと思ってじっと見ていると、祖父が積み重《かさ》っている藁《わら》の中から、一本の藁を抜《ぬ》いたそうです。すると、孫が同じように、一本の藁を抜き出したそうです。二人はその長さを比べました。祖父が抜いた方が一寸《いっすん》ばかり長かったそうです。

「今度も、わしが勝ちじゃぞ、はははは」と、祖父は前よりも、高々と笑ったそうです。

それを見ていた母は、祖父の道楽のために受けたいろいろの苦痛に対する恨《うら》みを忘れて、心からこの時の祖父をいとしく思ったとのことです。

祖父が最後の勝負事の相手をしていた孫が、［E］であることは申すまでもありません。

（菊池寛「勝負事」）

〔注〕

1 「ねっき、ばい」……「めんこ」同様、子ども同士で勝負する遊びの一つ。

2 「一町」……「町」は土地の面積の単位で、約一万平方メートルほど。

3 「高等小学」……現在の小学校高学年から中学生くらいの子どもを対象とした学校。

4 「五円」……現在とはお金の価値が違《ちが》い、当時は大卒初任給が四十円程度であった。

5 「御厩では一番の石持」……ここでは、稲の収穫《しゅうかく》量が多く、裕福であること。「厩」は通常、馬小屋の意だが、ここでは農家くらいの意。

6 「蕩尽」……蓄《たくわ》えを使い果たすこと。

7 「賭博」……賭《か》けごと、ギャンブルのこと。

8 「笄」……女性が髪《かみ》をかき上げるのに用い、飾《かざ》りにもなるもの。

9 「諫めても」……行いを改めるように忠告しても、の意。

10 「厭いはせんが」……嫌《いや》がりはしないが、の意。

11 「我悔」……自分の行いを悔やむこと。

12 「藁堆」……刈り取った草を円錐《えんすい》状《じょう》に高く積んだもの。

問一 〰線部a～eの漢字は読みを答え、カタカナは漢字に直しなさい。

問二 ═線部(1)「矢も楯も堪らない」・(2)「二の句が次げない」・(3)「唆して」の意味として最も適当なものを、各群《かくぐん》のア～エのうちからそれぞれ一つずつ選び、記号で答えなさい。

(1)「矢《や》も楯《たて》も堪《たま》らない」

ア　両親への不信感が募《つの》っていく
イ　きれいさっぱり、忘《わす》れてしまった
ウ　もはや仕方がないとあきらめがついた
エ　思いつめて、我慢《がまん》することができない

(2)「二の句が次げないで」

ア　同じ目にあうのではないかと不安で
イ　驚《おどろ》きあきれて次の言葉が出てこないで
ウ　あまりのことに怒《いか》り、悲しく思って
エ　自分もその性質を継《つ》いでいると絶望して

(3)「唆して」

ア　その気になるように仕向けて
イ　おとしいれようと企《くわだ》てて
ウ　実力を見るためにさそって
エ　だまし打ちにしていじめて

問三　空欄《らん》〔Ｘ〕・〔Ｙ〕に当てはまる語句として最も適当なものを、次のア～オのうちからそれぞれ一つずつ選び、記号で答えなさい。

ア　さめざめ　　イ　じっくりと　　ウ　びくびく
エ　ぼんやり　　オ　いきいきと

問四　――線部Ａ「厳しく戒められて来ました」とあるが、「友達」の父が「勝負事」を戒めたのはなぜだと考えられるか。本文全体を踏《ふ》まえ、「祖父」という言葉を用いて六十字以内で説明しなさい。

問五　――線部Ｂ「行ってもいいとはいわない」とあるが、「友達」の両親はどういう状況であったと考えられるか。その説明をした次の文章の空欄〔①〕～〔②〕に当てはまる語句を、各群のア～エからそれぞれ一つずつ選び、記号で答えよ。

両親は息子を〔①〕けれども、〔②〕的事情によって修学旅行に参加させる余裕《よゆう》がなかった。

①
ア　情けなく感じていた
イ　不愉快《ゆかい》だと感じていた
ウ　気の毒に思っていた
エ　ほほえましく思っていた

②
ア　経済
イ　社会
ウ　信条
エ　教育

問六　――線部Ｃ「泣寝入りになってしまった」とあるが、これは結果としてどうなったということか。簡潔《かんけつ》に答えなさい。

問七　「祖父」が賭博《ばくち》をやめた理由について左のように表にまとめた。表中の空欄〔①〕～〔②〕に当てはまる語句を簡潔に答えなさい。

	要因	→	祖父の気持ち
1	祖母の〔①〕を聞いた。		自分の行いを後悔《こうかい》した。
2	祖父が〔②〕。		行いを振《ふ》り返って反省した。

問八　――線部Ｄ「手も足も付けられなかった祖父」とあるが、これを表している部分として適当ではないものを、本文中の……線部ア～キのうちから二つ選び、記号で答えなさい。

問九　空欄［Ｅ］に当てはまる語句として最も適当なものを、次のア～エのうちから一つ選び、記号で答えよ。

ア　祖母　　イ　父　　ウ　母　　エ　私

問十　本文の内容や表現に関する説明として最も適当なものを、次のア～エのうちから一つ選び、記号で答えなさい。

ア　生まれながらにして勝負事が好きではなかった「私（＝友達）」は、小学校時代に、まわりの子がめんこなどの遊びをしていると、その姿を見てそっとその場を去るようにしていた。
イ　修学旅行に行けなくなった自身の存在を恥《は》ずかしいことだと思った「私（＝友達）」は、自分が恥《はじ》をかいたことについて、寝《ね》ている両親を厳しい口調で激しく責め立てて困らせた。
ウ　「真面目一方であった人」は、家族に見せる姿と家族の知らないところで賭博《ばくち》にのめり込んで周囲からもてはやされる姿という、「祖父」の二面性を印象づける表現になっている。
エ　「心からこの時の祖父をいとしく思った」は、家庭を危機におとしいれた「祖父」に対して、憎《にく》しみの気持ちではなく、むしろ親しみの心情が感じられるような表現になっている。

中央大学附属中学校(第一回)

—50分—

一　次の文章を読んで、以下の設問に答えなさい。

> 慎《まこと》はシングルマザーの母と暮らしている。母には慎一《しんいち》という恋《こい》人《びと》がいたが、先日二人で北海道旅行に行って車が横転する事故にあって以来、家を訪ねてくることもなくなった。ある日、祖母が交通事故にあって救急搬送《はんそう》された。その頃《ころ》、慎は5時間目の体育の授業中で、給食の時間に食べたものを吐《は》いてしまった。教師が急いで早退し病院に向かうよう促《うなが》したため、慎は吐《は》いたものの後始末をできず、結果として慎が予期していたとおりにいじめが始まった。一方、祖母は交通事故後に帰らぬ人となってしまった。

ある放課後、C棟《とう》の脇《わき》の梯子《はしご》に登れと命令された。自分の住まいの側までいじめが迫《せま》ってきたのは生々しい恐怖《きょうふ》だった。慎は数人に取り囲まれた。誰《だれ》かの兄か、中学生も一人二人混じっていた。皆《みな》、なにがおかしいのかにやにやしていた。梯子《はしご》にのぼって、上の方のゴシック体のCの脇に「astle Hotel」を書き足せというのだった。

「おまえの親はそこが好きなんだからちょうどいいだろう」といわれ、慎は怒《いか》りを飲《の》み込《こ》んだ。自分のことなら脅《おび》えるだけだったが母のことを揶揄《やゆ》されるのは悔《くや》しい。

にらみ返すと「なんだよ」「やるのか」と四方から小突《こづ》かれはじめた。仕方なく背伸《せの》びしてやっとのことで梯子の一番下にとりついた。皆《みな》が取り囲み、その背後を彼《かれ》らの乗ってきた自転車が囲んでいた。

慎はぶらさがったままはやされつづけた。梯子の先には、かすかに屋根のでっぱりと、あとはいつもの曇《くも》り空《ぞら》がみえる。しばらくぶらさがって皆が飽《あ》きるのを待つほかない。

実際、慎の様子にあきてしまうと中学生の一人が慎を引っ張りおろした。そのまま[A]と突《つ》き飛《と》ばすと「貸せよ」といって慎から極太字《ごくぶとじ》のサインペンを奪《うば》い取《と》った。それから[B]と梯子にとりついた。本当は最初から自分が登りたかったのだ。

皆、揃《そろ》って真上をみあげた。中学生は、ひょーっと奇声《きせい》をあげながらどんどん登っていく。ⓐヘンセイキの途中《とちゅう》みたいで、ときどき叫《さけ》び声《ごえ》がかすれている。梯子の終わり、Cの真下に来ると片手で梯子を摑《つか》み、口でサインペンのキャップをⓑハズした。

「こえーよ」と叫《さけ》んだが、その声には笑いが混じっている。サインペンのキャップが落ちてきたが地上の皆は安心しきっていた。キャップは皆の背後のアスファルトに[C]とあたって大きくバウンドした。全員振《ふ》り返《かえ》ったが見失ってしまった。皆、上のほうが気になってすぐに視線を戻《もど》した。Cの字の大きさに比べて中学生の書き足した文字は小さすぎた。かすかな黒い染《し》みにしかみえなかった。

もっと大きく書け、と下から声が飛んだが中学生は降り始めた。しかしキャップを落としたときに下をみたせいか、降りる足取りは登るときよりもかなり慎重《しんちょう》になっている。

「足、震《ふる》えてんぞ」下から別の中学生が叫《さけ》んだ。

「おまえの名前も書いておいてやったからな」降りてきた中学生は恐怖をごまかすようにいうと、サインペンを慎に投げた。全員満足したらしく、いっせいに自転車に乗ると元気よく帰っていってしまった。慎はもう一度上を見上げたがしみが読みとれないことで気持ちを納得《なっとく》させた。

葬式《そうしき》が終わりしばらくすると祖父がⓒシンロウで倒《たお》れてしまった。ⓓカンビョウのため母はS市の実家からM市の勤め先に通うことにした。団地に一人で寝泊《ねと》まりさせるわけにはいかないと、慎もS市から車で登校することになった。朝五時に起きる生活がはじまった。

床《とこ》に就《つ》いた祖父はすまないな、とだけいった。

①「全然、大丈夫《だいじょうぶ》」と母はいったが祖父は言葉の間違《まちが》いを訂正《ていせい》することもなく目をつぶった。

母は毎日往復三時間の移動で［D］疲労《ひろう》していった。電車賃がかかるので、慎は夕方から夜までを団地で過ごして、晩御飯《ばんごはん》は実家で夜遅《よるおそ》く食べる。しかも月に二度ほど、母は職場に早朝出勤しなければならなかった。その日は午前四時過ぎに家を出て車内でパンを食べる。

まだ真っ暗なうちに団地に着くと、駐車場《ちゅうしゃじょう》に入る途中で須藤《すどう》君の姿をみた。朝練に向かう途中のようだ。今、慎がいじめられていることは体育の合同授業で一緒《いっしょ》になるから、多分知っている。自分一人がかばっても何も変わらないだろうということも分かっているようだ。

須藤君は車内の慎には気付かず、野球道具の入った袋《ふくろ》を背負いながら黙々《もくもく》と歩いて行く。須藤君と野球という組み合わせは今でも［E］感じるが「誰《だれ》とでも仲良くしろ」という親の言葉にすこぶる素直《すなお》だったことを思えば、運動に関しても親のⓔイコウがあって、須藤君はそれに従っているだけのことかもしれない。慎は遠ざかる須藤君の背中をそっと見送った。

母は霊柩車《れいきゅうしゃ》に乗《の》り込《こ》んだときのやつれた表情がそのまま張りついてしまったようだ。慎は息詰《いきづ》まる思いだった。

祖父の家では［F］使わなくなっていた古いトースターから黒焦《くろこ》げになったパンが飛び出してきたとき、母はそれを［G］掴《つか》んで台所のシンクに向かって思い切り投げつけた。パンは台所の壁《かべ》に当たって跳《は》ね返《かえ》り、慎の足下《あしもと》に落ちた。焦《こ》げていても構わないからと手を伸《の》ばすと「ばかっ」と怒鳴《どな》った。②それから自分がそういわれたみたいにうつむいた。

朝早くS市を出ても国道の手前の踏切《ふみきり》によく捕《つか》まった。早朝は貨物列車のラッシュだった。左からの列車が行き過ぎてもすぐに右からやってくる。どの列車もひどく速度が遅《おそ》い。母は苛々《いらいら》してハンドルを叩《たた》いたりしたが、時折、牛を満載《まんさい》した車両がゆっくり通り過ぎると我にかえったように慎の方を向いた。少し笑っているようにもみえる。牛は顔の先を貨車からわずかに覗《のぞ》かせて、二人の乗った車をみおろした。慎は母の機《き》嫌《げん》が少しでもよくなるように毎朝牛の登場を渇望《かつぼう》した。③踏切の警笛の鳴《な》り響《ひび》く中を牛が横切るとき慎は本当に救われたような心持ちになった。

ある朝珍《めずら》しく母の機嫌がよかった。前日から祖父の状態もよく、踏切にも捕《つか》まらず、早朝のラジオの流した一曲目が母の気に入っているらしいものだった。

「ビートルズの『シーズリービング ホーム』っていう曲」尋《たず》ねないのに教えてくれた。

「私も武道館にいきたかったけど、いけなかったんだ」といった。学校のLL教室で音楽の授業で聴《き》いた陽気なビートルズと趣《おもむき》がずいぶん違《ちが》う。

道はすいている。車は時速百キロ以上出している。慎は心が軽くなってしまい、ついいった。

「こないだ病院で、慎一さんにあったよ」

「こないだって、いつ」母は驚《おどろ》いた様子だ。慎は最初から説明しなければいけなくなった。水の流れるトイレでの出会いから、交《か》わした会話まで。すべて明るく喋《しゃべ》ったあとで、母の気配が一変していることに気付いた。

それでも慎は、その話を今までしなかったことで怒《おこ》っているのだと考えた。

「葬式《そうしき》とかで、忙《いそが》しかったから、いえなくて」ごめんなさいと付け加えたが、母はわかったとだけいって黙《だま》り込《こ》んでしまった。

「そんなこと、子供にいうかね。しっかし」やがて母は滅多《めった》にみせない北海道訛《なま》りを出していった。

(お母さんがうろたえている!)慎は母の横顔をみつめてしまった。すぐに睨《にら》みかえされた。なにかいわれるかと思ったが母は無言のままだ。

車の中は鉛《なまり》に満たされたようになった。口にしたのは慎一への怒《いか》りだったが、母は目の前の慎に腹を立てているように思えた。実際、慎は自分が軽率《けいそつ》なことをしたという気がした。

このときまで慎は母が慎一をふったのだとばかり思っていた。これまでがそうだったからだ。しかし、これまでがそうだったというのも思いこみではないのか。慎は急に思いついた。母の恋愛《れんあい》がうまくいかないとしたらその原因は自分の存在にあるのかもしれない。なぜ今まで考え付かなかったのだろう。重苦しい雰囲気《ふんいき》の車内で窓の外ばかりみた。

母が帰ってこなかった夜を思い出す。母があの夜、慎一と二人でいなくなってしまっても自分は納得《なっとく》していたのだと心の中で考えた。自分が一瞬《いっしゅん》でもそう思ったことを母は知らない。④慎は念力をおくるようにそのことばかり考えつづけた。

十一月のある日、慎は学校で数人から本をもってくるように命令された。昔、慎一がくれた手塚治虫《てづかおさむ》のサイン本だ。貸せという話だったが多分返してはもらえないだろう。学校から帰宅すると忘れないように手提《てさ》げにいれて、明朝団地に戻《もど》ってきたときすぐに手に取れるように玄関《げんかん》に置いた。

翌朝は月に二度の早出の日だった。二人は夜明け前にS市を出発した。団地についたのは午前六時をまわったところだった。慎は母に起こされた。外はまだ夜の暗さだ。

二人ともうっかりしていた。母はC棟《とう》の前に停《と》めて、キーをさしたまま車のドアを閉めてしまった。慎も家の鍵《かぎ》のついたキーホルダーを助手席においたままドアを閉めていた。⑤母は焦《こ》げたパンをみるような目でドアをみた。恐《おそ》ろしい沈黙《ちんもく》が続いた。

「手提げがないと学校にいけない」慎はおずおずといってみた。

「［　H　］」母は慎の方をみない。車の処置のことで頭がいっぱいのようだ。

「でも」

「でもなに」慎の「でも」よりも速い言い方だった。

「［　I　］」

「書道の道具」慎は嘘《うそ》をついた。

「［　J　］」

「でも」

「でも、いったいなんなのさ」母の苛立《いらだ》ちはどんどん高まっていた。

「　K　」慎は黙《だま》った。母は自分の家のベランダのあたりを見上げた。

霧《きり》が出てきた。霧は土手の向こうからきて、団地全体を包み始めている。

「わかった、もう」と母はいった。なにをどうわかったのか、母は慎を押《お》しのけるようにして歩き出した。団地の側面まで行くと梯子に手をかけた。そのまま上を見上げている。夜が明けつつあった。慎が追いつくと

「誰かこないか見張ってて」といって母はブーツを脱《ぬ》いだ。でも、という言葉を飲《の》み込《こ》んだ。さっきから何度「でも」をいっただろう。何を思ったか母はストッキングも脱《ぬ》いで裸足《はだし》になった。コートのボタンもはずすと慎が驚《おどろ》いているのも構わずに梯子を登り始めた。

母はどんどん登っていった。中学生の「こえーよ」という叫《さけ》び声《ごえ》。四階から落ちた女の子。Cの横のくだらない落書き。ジャッキを回す母の手。慎はなにもいうことが出来ずに立っていた。足下にはたった今脱いだブーツとストッキングがある。ブーツは去年の冬に買ったものだ。ストッキングはブーツの上に丸めて置いてある。ずっと昔にも似た光景をみたことを思い出した。ガソリンスタンドから帰ってきた母が風呂《ふろ》に入るときにも、こんなふうに脱いで丸めて床《ゆか》に置いていた。制服はズボンだったからストッキングは冬場の防寒のつもりだったのだろう。今もあのときと同じように、まるで無造作にそれは置かれている。

霧が母を包み始めた。かすんではいるが、母が登っていくのはみえた。周囲は明るくなってきている。母はやみくもに登り続けたわけではなかった。

「今、四階？」朝露《あさつゆ》を含《ふく》んだ空気が母の声をかすかにこだまさせた。慎はまだ母がなにをしようとしているのか飲み込めていなかった。母はちゃんと横をみて確認《かくにん》しながら登っていたのだ。「四階だよね」母は慎の返事を待っていなかった。

母は梯子の左端《ひだりはし》に寄ると、左手を端《はし》の家のベランダの手すりに伸《の》ばしはじめた。届かないと分かると、今度は左足も大きく宙に踏《ふ》みだした。右手右足を梯子に残したまま、体を思い切り伸ばす……と左手が手すりにかかった。

慎はあわてて周囲を見渡《みわた》した。ウインドブレーカーを着た男が不意に団地の脇から現れた。C棟の脇を巻くようにして、慎には一瞥《いちべつ》もくれずに走り去っていった。慌《あわ》てて慎は上をみた。母も動作をとめ、鋭《するど》い目つきでウインドブレーカーの男をみつめている。

母は再び手を伸ばした。霧は土手の向こうから広がってきている。さらに濃《こ》くなるだろう。

慎の体はすくみっぱなしだった。母の左足のつま先が、端《はし》の家のベランダのでっぱりにかかり、左手が鉄柵《てっさく》をつかむと母はためらわずに重心を移動させた。右手と右足をベランダの方に移す。

本当なら今度はベランダの向こう、室内の人影《ひとかげ》も慎は見張らなくてはならなかった。B棟の窓から覗《のぞ》く人もいるかもしれない。どこかの部屋のカーテンが不意にさっと開くのではないか。しかし慎はなにもしなかった。呆然《ぼうぜん》としていた。この軽業《かるわざ》が途中で見とがめられるなどということは想像できなかった。母は足と手を動かして各戸を移っていった。

たとえ四号室まで辿《たど》り着《つ》いたとして、窓の鍵《かぎ》は開いていただろうか。霧が慎の視界を奪《うば》った。やがて母の姿はまったくみえなくなってしまっ

た。それでも慎は上をみあげたが、心がざわつきはじめた。濃い霧に包まれると、狭《せま》いような広いような気持ちになると母はいっていた。暗示にかけられたように、慎も同じような気持ちになった。

母は自分の家に入ろうとしている。だが慎は母がこれからどこかに消え去ってしまうような気がする。

「どこにいるの」と声がしたとき、まだ慎は何もみえない上空をみあげていた。⑥誰に呼ばれたかも一瞬分からなかった。

「慎」母が自分の名前を呼んでいる。近くか遠くか、上からなのか横からなのかも分からない。返事をしようとしたら口の中が乾《かわ》ききっていることに気付いた。慎も霧の中にいた。慎の名を呼ぶ声が団地の間をかすかに反響《はんきょう》している。ずいぶん長い間、慎という名前を呼ばれていなかったような気がする。声の方向がだんだん定まってくる。小走りで近づいた。

突然《とつぜん》目の前に姿をあらわした母に慎はぶつかりそうになった。お互《たが》い少し驚いて、顔をみあわせた。母はだらんと下げた手に手提げ袋《ぶくろ》とキーホルダーを持っている。

母はほら、といって手提げを手渡《てわた》した。書道の道具の入っていないことは明らかだが、なにもいわない。母がストッキングをはきおえたとき「おはようございます」と声がした。二人振《ふ》り向《む》くと、須藤君が立っていた。

「おはよう。すごい霧だね」母は会釈《えしゃく》をかえした。いつもの母ならおはようしかいわないだろう。

久しぶりに慎は須藤君と歩いた。寒いねという須藤君に相槌《あいづち》をうったが、体はまだ少し亢奮《こうふん》で火照《ほて》っている。くらくらとめまいもする。

須藤君はなにもいわなかった。続いている慎へのいじめのことも、アパート脇に揃《そろ》えられていた母のブーツのことも。霧は晴れてきた。それでも街は曇《くも》っていた。

「今日も朝練？」慎はきいてみた。

「うん。もうすこししたら屋内練習になるけど、今が一番寒いよ」須藤君は気弱そうにいったが、それでも久しぶりに改めてじっくりみると須藤君の肉体はがっしりと引《ひ》き締《し》まり、背もずいぶん高くなっている。

「でも、少し前からスパイク履《は》かせてもらえるようになったんだ」というと、袋《ふくろ》から黒いスパイクシューズを取り出した。そして靴底《くつぞこ》を上にしてスパイクをみせてくれた。

「いいでしょう」試合は補欠だけど、とそのことはどうでもいいことのように付け足した。それから不意に立ち止まった。

「最近、あまり夜中に鳴かないよね」と須藤君はいった。水族館のプールの前だ。今は結婚《けっこん》してつがいになったトドを二人で眺《なが》めた。須藤君もトドの声を気にかけていたのを六年間、知らずにいた。

しばらく二人は立っていた。須藤君は慎の横顔を何度かのぞきこんだ。

「なんで泣いているの」須藤君はいつもより困った口調でいった。

⑦慎は上着の裾《すそ》で顔をぬぐうと「これ預かってくれない」といって手塚治虫の本を手提げごと須藤君に渡した。

慎はときどきだが再び須藤君と一緒に登校するようになった。自分からいろいろ話すようになった。母も新しい生活のリズムに慣れてきたようだった。祖父もだんだん回復して、車の運転もして詩吟《しぎん》の集《つど》いにも出かけるようになった。

ある朝S市から国道に入るT字路で赤信号になった。

「そういえばどうでもいいけど」母は停車すると煙草《たばこ》に火をつけてからいった。

「あんた、キャッスルのスペル間違《まちが》ってるよ」C・A・S・T・L・Eだよ。CASSLEじゃないよ。

「僕《ぼく》が書いたんじゃない」中学生がやってきて、僕の名前で勝手に書いたんだ。正直にいってみると、それはなんでもないことだった。

「馬鹿が多いんだね」母は眉間《みけん》に皺《しわ》を寄せて、煙草をふかした。

「おじいちゃんずっと一人暮らしだと寂《さび》しいから、私たちが引《ひ》っ越《こ》しをしなきゃ」

「うん。いいよ」

「今度の学校も馬鹿がいないとは限らないよ」母はすでに吸殻《すいがら》でいっぱいの灰皿に煙草を無理矢理《むりやり》押《お》し込《こ》んだ。

「平気だよ」自分でも意外なほどきっぱりとした言い方になった。⑧母は慎の横顔をみつめた。

左手の方で信号待ちをしている車がワーゲンだった。

「こんな朝に」母は、呟《つぶや》いた。

国道側が青に変わり最初のワーゲンが行くと次もワーゲンだった。道の左手には大きな家具屋の店舗《てんぽ》があってみえなかったが、つづく三台目もワーゲンだった。

「すごい」慎はいった。

「次もだ」母の声もうわずっていた。

どこかで見本市でもあったのか、これからあるのか、どれも真新しい色とりどりのワーゲンが数珠《じゅず》のようにつづいた。二人は声を揃えてワーゲンを数えた。全部で十台が通《とお》り抜《ぬ》け終わると計ったように信号が切《き》り替《か》わった。

二人の乗ったシビックはワーゲンに先導される形で早朝の国道を走った。慎は母が喜ぶと思い自分も嬉《うれ》しくなった。しかし見通しのよい上り坂になって前方をワーゲンばかりが行進するのをみているうちに母は急になにかがこみあげてきたみたいになった。母はまた煙草をくわえ火をつけると、アクセルを思い切り踏《ふ》み込《こ》んだ。

追《お》い越《こ》し車線に入って数台抜いたところでトンネルに入った。母はさらに加速させた。キンコン、キンコンとスピードの出しすぎを警告するチャイムが鳴った。

トンネルを抜けるころには十台のワーゲンをすべて追い抜いて先導する形になった。母は満足そうにバックミラーを覗いた。やっと少し速度をゆるめたが、ワーゲンの列はどんどん遠のいた。

根元まで吸った煙草を捨てようとしたが、灰皿にはもう押し込めそうもない。母は慎に短くなった煙草を手渡した。

「そこから捨てて」という。まだ先端《せんたん》の赤く灯《とも》る煙草を受け取った慎は、あわてて空いている方の手で窓を開けた。左手の海岸に向けて慎はそれを放った。煙草はガードレールの向こうのテトラポッドの合間に消えた。


（長嶋有『猛スピードで母は』〈文春文庫、二〇〇九年〉一四四頁〜一六〇頁）

【問1】 ━━ⓐ〜ⓔのカタカナを漢字に改めなさい（楷書《かいしょ》で、ていねいに書くこと）。

ⓐ ヘンセイキ　ⓑ ハズす　ⓒ シンロウ
ⓓ カンビョウ　ⓔ イコウ

【問2】 [A]〜[C] に当てはまる語を次の中からそれぞれ選び、

(ア)～(オ)の記号で答えなさい。

(ア)　どん　(イ)　ぎくっ　(ウ)　かつん
(エ)　ぴょん　(オ)　ひたひた

【問3】 ――①「『全然、大丈夫《だいじょうぶ》』と母はいったが祖父は言葉の間違《まちが》いを訂正《ていせい》することもなく目をつぶった」とありますが、「言葉の間違い」について説明した次の文章を読んで、[a]～[d]に当てはまるものをそれぞれ選び、(ア)～(ク)の記号で答えなさい。ただし、**同じ記号を2度以上用いてはいけません。**

祖父は、日頃《ひごろ》から慎の母のいい加減な言葉遣《ことばづか》いを注意する人物でした。今回も「全然、大丈夫」という母の言葉遣いに目くじらを立てそうなものの、祖母の死後に体も弱り、母の世話にもなっているので、注意するには至らなかったようです。この部分からは、「全然、大丈夫」という母の言葉遣いは「間違い」という前提があることがわかります。

明治時代にさかのぼると、「僕は全然恋《こい》の奴隷《どれい》だった」のように、「全然」の後ろに[a]表現をともなう使い方も、「全然おいしくない」のように、「全然」の後ろに[b]表現をともなう使い方もあったようです。いずれの使い方にせよ、ある状態を[c]表現として使われていました。一方、ある時期からは、[b]表現との結びつきが強まり、「全然」は「～ない」のような表現とともに用いることが「正しい」とされるようになりました。しかし、近年では「全然、すごいよ」のように、[a]表現を[c]意味で使用される例が、再び増えてきました。慎の母親が使う「全然」は、この意味のものだと言えます。母親は、祖父のような世代の人にとっては「間違い」と思われてもおかしくない形で、「全然」という言葉を[d]のです。このように、言葉は時代によってその使われ方が変化するので、「間違い」と決めつける前に一度立ち止まってみる必要があるのではないでしょうか。

(ア)　仮定する　(イ)　否定する　(ウ)　創造する　(エ)　強調する
(オ)　想像する　(カ)　運用する　(キ)　肯定《こうてい》する　(ク)　命令する

【問4】 [D]～[G]に当てはまる語を次の中からそれぞれ選び、(ア)～(カ)の記号で答えなさい。ただし、**同じ記号を2度以上用いてはいけません。**

(ア)　徐々《じょじょ》に　(イ)　一概《いちがい》に　(ウ)　滅多《めった》に
(エ)　乱暴に　(オ)　偶然《ぐうぜん》に　(カ)　意外に

【問5】 ――②「それから自分がそういわれたみたいにうつむいた」とありますが、この部分の説明として最も適当なものを次の中から選び、(ア)～(エ)の記号で答えなさい。

(ア)　慎は、祖母の死を受けていらだつ母親をなぐさめたいと思い黒焦《くろこ》げのパンを拾ったが、怒鳴《どな》った直後にすぐ気落ちする母親の感情の起伏《きふく》の激しさに直面して戸惑《とまど》ってしまった。

(イ)　母は、朝の忙《いそが》しい時間にもかかわらずパンを黒焦げにしてしまったことにいらだって怒鳴ったが、慎は、母親の怒りを自分に対する怒りだと勘違《かんちが》いして、自分自身を責めている。

(ウ)　慎は、パンを拾って皿に戻そうと思った途端《とたん》に、母親に怒鳴られたので驚いたが、怒鳴った母親の方は自分の怒鳴り声が祖父に聞こえて叱《しか》られるのではないかと焦《あせ》ってしまった。

(エ)　母は、いろいろなことがうまく運ばない現実にいらだって思わず慎を怒鳴ったが、自分と同じように大変な状況《じょうきょう》にある慎に八つ当たりをしてしまったことで、少し落《お》ち込んでいる。

【問6】 ――③「踏切《ふみきり》の警笛の鳴《な》り響《ひび》く中を牛が横切るとき慎は本当に救われたような心持ちになった」とありますが、なぜですか。理由として最も適当なものを次の中から選び、(ア)～(エ)の記号で答えなさい。

(ア)　張りつめた空気がただよう中、車両に押し込まれた牛たちが穏《おだ》やかな表情で踏切を通り過ぎるのを見るたびに、慎も穏やかな気持ちになることができ、とてもありがたかったから。

(イ)　渋滞《じゅうたい》中のドライバーがいらだつ中で、場違《ばちが》いな牛の登場とのんびりとした牛の様子を見て母は満面の笑《え》みになり、その笑みにつられて慎も笑顔《えがお》になれたことをありがたく思ったから。

(ウ)　いらだってはいるが、牛を積《つ》み込《こ》んだ車両が通り過ぎさえすれば踏切が開くことがわかっており、母は牛を見ると自然と表情をゆるめるので、慎は牛の登場をありがたく思ったから。

(エ)　いらいらが高まる状況《じょうきょう》の中、その場に似つかわしくない牛を満載《まんさい》した車両がゆっくり通り過ぎることで、慎は母の様子が少し穏やかになったように感じ、とてもありがたく思ったから。

【問7】 ――④「慎は念力をおくるようにそのことばかり考えつづけた」とありますが、ここでの慎の気持ちを言い表したものとして、最も適当なものを次の中から選び、(ア)～(エ)の記号で答えなさい。

(ア)　恋人《こいびと》を作る上では、僕の存在が足かせになっていることに母は気づいていない。二人がよりを戻すには僕を捨てる勇気が必要だ。

(イ)　二人が旅行に行った時から僕は捨てられる覚悟《かくご》はできていた。でも、そのことを伝えたら、本当に捨てられるのではないだろうか。

(ウ)　母が僕より恋人を優先したって構わないと思っていた。そのことを母に直接伝える勇気はないが、いつかどこかで気づいてほしい。

(エ)　母は恋人とうまくいかなかったけど、二人の関係にはなにも問題はなかった。僕のような難しい年頃《としごろ》の息子《むすこ》がいることが問題なんだ。

【問8】 ――⑤「母は焦げたパンをみるような目でドアをみた」とありますが、ここでの母の様子について説明したものとして、最も適当なものを次の中から選び、(ア)～(エ)の記号で答えなさい。

(ア)　思うようにいかないことが連続する中、自らもミスをしてしまい、言葉を失っている。

(イ)　現実には起こりえないはずの光景を目の前にして、ひどく驚き、ぼうぜんとしている。

(ウ)　焦げたトーストにいらだったかつての朝を思い出し、再度ミスをしたことに取り乱している。

(エ)　恋人とうまくいかなくなった日のことをふと思い出して、うんざりした気持ちになっている。

【問9】 H ～ K に当てはまる会話文を次の中からそれぞれ選び、(ア)～(オ)の記号で答えなさい。

(ア)　須藤君にはいつ手提げを渡《わた》すの？

(イ)　事情を先生にいって、友達に借りなさい

(ウ)　手提げに大事なものでも入っていたのかい？

(エ)　今日はもう仕方ないから、そのまま学校にいきなさい

(オ)　この状況が分からないの。どうしたらいいっていうわけ

【問10】　――⑥「誰に呼ばれたかも一瞬《いっしゅん》分からなかった」とありますが、ここでの慎の気持ちについて説明した次の文章を読み、(1)～(4)について適当なものを選び、それぞれ記号で答えなさい。

冬の早朝に母親が裸足《はだし》で団地の梯子《はしご》を登るという姿を見て、慎は母に驚きつつも心配しながら、この団地に関する様々な記憶を呼び起こします。慎に嫌《いや》がらせをするために梯子に登った中学生、かつてこの団地の四階から落ちて死亡したという女の子。慎はこれらの記憶《きおく》とともに普段《ふだん》の母の様子を思い出しながら、

(1)
(ア)　昔の母はおだやかで優《やさ》しかったことをなつかしく思い出しています
(イ)　無造作に置かれた母のストッキングを見て不安な気持ちになります
(ウ)　母が行《おこな》おうとしていることの意図を今ひとつ理解できないでいます

。母が四階にたどりついた当初は、慎は周囲を気にしていました。しかし、母が各戸のベランダを移動し始めると、ただぼんやりと立《た》ち尽《つ》くすばかりで、慎は、

(2)
(エ)　母の言いつけの真意をようやく理解したのです
(オ)　母の姿が誰かに見つかるとは思わなくなります
(カ)　母の奇怪《きかい》な行動になげやりな気持ちになります

。そのうち、母の姿が濃い霧に包まれて見えなくなっていくとともに、

(3)
(キ)　母がふいに消えてしまうという思いにわけもなくとらわれるのです
(ク)　自分自身もこのまま消えてしまうのではないかと不安になるのです
(ケ)　すべてが消えてなくなってしまえばいいと考えるようになるのです

。その後、母は無事に慎のもとに戻り、声をかけます。慎はその声を聞いて、

(4)
(コ)　母は自分を愛していたのだと確信するのです
(サ)　自分自身を見失っていたことに気づくのです
(シ)　母が生きていたことが信じられないのです

。

【問11】　――⑦「慎は上着の裾《すそ》で顔をぬぐうと『これ預かってくれない』といって手塚治虫《てづかおさむ》の本を手提げごと須藤君に渡した」とありますが、この時の慎について説明した次の文章を読み、(1)～(4)について適当なものを選び、それぞれ記号で答えなさい。

手塚治虫は戦後から昭和時代が終わる頃《ころ》まで活躍《かつやく》した有名な漫《まん》画家《がか》です。当時の子どもたちにとって手塚治虫のサイン本は価値の高いものでした。十一月のある日、慎は「学校で数人から本をもってくるように命令され」ます。この時の慎は、

(1)
(ア)　命令に従うことにためらいつつも、友達を喜ばせようとして学校にサイン本を持っていくのです
(イ)　母の恋人からもらったサイン本を早く手放したいと思い、ためらうことなく本を持参するのです
(ウ)　貸した本は返ってこないと予想しつつも、サイン本を持って行くことにはためらいがありません

。つまり、慎は、

(2)
(エ)　自分から現状を打破しようとは思っていません
(オ)　母が自分にもっと注目するよう策を練っています
(カ)　自分が我慢《がまん》しても友達を喜ばせたいと思っています

。しかし、

(3)
(キ)　母が須藤君に話しかけたことで、慎は須藤君に心を許せるようになったのです
(ク)　母が自分の願いを聞き入れたことで、慎は母を信じられるようになったのです
(ケ)　母や須藤君との関わりを通して、慎は主体的に生きるきっかけをつかむのです

。その最初の一歩が、

(4)
(コ)　「須藤君に手提げを預ける」こと、つまり「命令に従わないこと」
(サ)　「須藤君に話しかける」こと、つまり「新しい友だちをつくること」
(シ)　「慎」という母の呼びかけに応えること、つまり「母と会話すること」

に表れています。

【問12】　――⑧「母は慎の横顔をみつめた」とありますが、この時の慎と母親について説明した次の文章を読み、［ a ］～［ f ］に当てはまる言葉をそれぞれ選び、(ア)～(サ)の記号で答えなさい。ただし、**同じ記号を2度以上用いてはいけません。**

落書きの文字は、中学生によって書かれたものだと知った母は、「馬鹿が多いんだね」と言いつつ引《ひ》っ越《こ》しの提案をします。引っ越した先でも慎に対するいじめは起こるかもしれないことを母はそれとなく言いますが、このときの慎は、母にとって［ a ］をみせたと言えるでしょう。家族の死をきっかけにした［ b ］の中で母が毎日を精一杯《せいいっぱい》生きていたように、慎も日々を生き抜きながら少しずつ強くなっていたようです。慎は、母が危険を顧《かえり》みず、手提げのためにベランダ伝いに家に入ったことや、須藤君が慎に対するいじめを知っていながらも普段《ふだん》どおりに接してくれたことをきっかけに、少しずつ他者に向かって［ c ］ができるようになります。二人の気遣《きづか》いに触《ふ》れることで、慎は苦しい状況から回

復しつつあるのです。

こうした慎を見て、母もまた変わっていきます。月に二度ほどある早朝出勤のため国道を車で走っていた時、慎と母は色とりどりのドイツ車が連なって走るという［d］を目にします。かつて早朝の渋滞《じゅうたい》の中、母は開かずの踏切を前にしていらだちを爆《ばく》発《はつ》させ、慎はそれに戸惑《とまど》うばかりでした。しかし、いま母はいらだつこともなく自分の車の前に連なるドイツ車を一気に抜き去り、［e］を覚えているようです。慎の変化を目にした母もまた、［f］ができたといえるでしょう。

(ア)　日常的な風景
(イ)　不適切な振《ふ》る舞《ま》い
(ウ)　めまぐるしい変化
(エ)　充足感《じゅうそく》や爽快感《そうかい》
(オ)　めったにない光景
(カ)　意外にも毅然《きぜん》とした態度
(キ)　安定感や安堵感《あんど》
(ク)　自分らしさを取《と》り戻《もど》すこと
(ケ)　自分の意志を表現すること
(コ)　恋人との仲を取り戻すこと
(サ)　反抗心《はんこうしん》を芽生えさせること

二　次の文章を読んで、以下の設問に答えなさい。

1　ふしぎの体験

人間は毎日生活している間に、「あれ、ふしぎだな」と思うときがある。それにも大小さまざまがあり、ふしぎだと思いつつすぐ心から消えてしまうのと、［A］そのふしぎさを追究していきたくなるのと、相当に程度の差がある。

非常に簡単な例をあげよう。夜中にふと目を覚ますと、ビーンと変な小さい音が聞こえる。「あれ、ふしぎだな」と思う。それが気になって眠《ねむ》れない。［B］起き出して、音を頼《たよ》りに調べてみると、「なあーんだ、冷蔵庫の音だったのか」とわかって安心する。「ふしぎ」ということは、人間の心を平静にしておかない。「わかった」という解決の体験があって平静に戻《もど》る。

電車に乗っていると、赤い帽子《ぼうし》に赤い靴《くつ》、鞄《かばん》まで真赤《まっか》という服装のおじさんが乗ってくる。「あれ、ふしぎな人」と思うが、おじさんがどこかで降りてしまうと、「変な人だったな」と思い、それで忘れてしまう。この際は、「わかった」というところはないが、「変な人」ということで、自分の人生にかかわりのない事柄《ことがら》として、心の中から排除《はいじょ》してしまうことにより、心の平静をとり戻す。

［C］平静をとり戻したのに、翌日まったく違《ちが》うところで電車に乗っていると、また例のおじさんがやってきた。こうなるとそのままではおれない。「偶然《ぐうぜん》だ」、「あんな服装流行しているのかな」、「あのおじさん、僕《ぼく》をつけているのかな、まさか」などと心がはたらきはじめる。つまり、①人間というのは「ふしぎ」を「ふしぎ」のままでおいておけない。何とかして、それを「心に収めたい」と思う。

大人になって毎日同じようなことを繰《く》り返《かえ》していると、あまり「ふしぎ」なことはなくなってくる。何もかもわかったような気になると、今度は面白《おもしろ》くなくなってきて、「ふしぎ」なことを提供してくれるテレビ番組や催《もよお》しものなどを見る。これらは必ず「ふしぎ」なことが最後には心に収まるようになっているので、少しの間心をときめかして、後は安心、ということになる。

あたりまえの事

「ふしぎ」の反対は「あたりまえ」である。大人は［　D　］「あたりまえ」の世界に生きている。ところが、それを「あたりまえ」と思わない人がいる。

リンゴが木から落ちるのを見て、「ふしぎだな」と思った人がいる。この人はそれだけではなく、その「ふしぎ」を追究していって、最後は「万有引力《ばんゆう》の法則」などという大変なことを見つけ出した。リンゴが木から落ちることは、それまで誰《だれ》にとっても「あたりまえ」のことだったのに、ニュートンにとっては、それを「心に収める」のに大変な努力が必要だった。そして、彼《かれ》の努力は人類全体に対する大きい貢献《こうけん》として認められた。

「人間は必ず死ぬ」。これもあたりまえのことである。しかし、これをあたりまえと思わず、「人間はなぜ死ぬのか」と考え続けた人がいる。釈迦牟尼《しゃかむに》は、それを心に収めるために、家族を棄《す》て、財産も棄てて考え抜《ぬ》いた。彼の努力の結果、仏教という偉大《いだい》な宗教が生まれてきた。これも人類に対する偉大な貢献となった。

このように考えると、②「ふしぎ」と人間が感じるのは実に素晴《すば》らしいことだと思われる。特に他の人たちが「あたりまえ」と感じていることを「ふしぎ」と受けとめる人は、なかなか偉大である、と言えそうである。

こんな人はどうだろう。この人も「人間が死ぬ」という「ふしぎ」に心をとらわれた。それを解決しようとして、仏教やキリスト教や、あれこれの本を読んだ。しかし、どれにも満足できないので、何かにつけ他人に問いかけるようになったし、この大きい「ふしぎ」に取りつかれているので他の仕事にあまり手がつかなくなった。そして残念ながら、この人は周囲の人たちに敬遠され、ますます孤独《こどく》になって心の状態までおかしくなってきた。こうなると、③この人は「嫌《きら》われ者《もの》」になってくる。

「他の人はごまかして生きているのに、自分だけが考えるべきことを考えている」などというので、こんな人はますます嫌《きら》われる。それは「ふしぎ」を自分の力で心に収めることをしないだけではなく、せっかく平安に生きている人の心を乱すので嫌《いや》がられるのである。「ふしぎ」と思ったからには、自分でそれを追究していく責任がある。

子どもとふしぎ

子どもの世界は「ふしぎ」に満ちている。小さい子どもは「なぜ」を連発して、大人に叱《しか》られたりする。しかし、大人にとってあたりまえのことは、子どもにとってすべて「ふしぎ」と言っていいほどである。「雨はなぜ降るの」、「せみはなぜ鳴くの」、あるいは、少し手がこんできて、飛行機は飛んで行くうちにだんだん小さくなっていくけど、なかに乗っている人間はどうなるの、などというのもある。これらの「はてな」に対して、大人に答を聞いたり、自分なりに考えたりして、子どもは、自分の知識を貯《たくわ》え、人生観を築いていく。

六歳《さい》の子ども、④おおたにまさひろ君の詩につぎのようなものがある。

おとうさんは
こめややのに
あさ　パンをたべる

（灰谷健次郎編『児童詩集　たいようのおなら』サンリード、一九八〇年）

こんなのを見ると、「人間てふしぎなもんだな」と思ったりする。日常の「あたりまえ」の世界に、異なる角度から照らす光源ができて、それによって今まで見過ごしてきたことに注意を向けられたり、関心を寄せたりする。子どもの「ふしぎ」に対して、大人は時に簡単に答えられるけれど、一緒《いっしょ》になって「ふしぎだな」とやっていると、自分の生活がそれまでより豊かになったり、面白くなったりする。

2　ふしぎが物語を生む

納得《なっとく》のいく答

子どもは「ふしぎ」と思う事に対して、大人から教えてもらうことによって知識を吸収していくが、時に自分なりに「ふしぎ」な事に対して自分なりの説明を考えつくときもある。子どもが「なぜ」ときいたとき、すぐに答えず、「なぜでしょうね」と問い返すと、面白い答が子どもの側から出てくることもある。

「お母さん、せみはなぜミンミン鳴いてばかりいるの」と子どもがたずねる。

「なぜ、鳴いてるんでしょうね」と母親が応じると、

⑤「お母さん、お母さんと言って、せみが呼んでいるんだね」と子どもが答える。そして、自分の答に満足して再度質問しない。これは、子どもが自分で「説明」を考えたのだろうか。

それは単なる外的な「説明」だけではなく、何かあると「お母さん」と呼びたくなる自分の気持ちもそこに込《こ》められているのではなかろうか。だからこそ、子どもは自分の答に「納得」したのではなかろうか。そのときに、母親が「なぜって、せみはミンミンと鳴くものですよ」とか、「せみは鳴くのが仕事なのよ」とか、答えたとしても「納得」はしなかったであろう。たとい、せみの鳴き声はどうして出てくるかについて「正しい」知識を供給しても、同じことだったろう。そのときに、その子にとって納得のいく答というものがある。

「そのときに、その人にとって納得がいく」答は、「物語」になるのではなかろうか。せみの声を聞いて、「せみがお母さん、お母さんと呼んでいる」というのは、すでに物語になっている。外的な現象と、子どもの心のなかに生じることとがひとつになって、物語に結晶《けっしょう》している。

物語ること

人類は言語を用いはじめた最初から物語ることをはじめたのではないだろうか。短い言語でも、それは人間の体験した「ふしぎ」、「おどろき」などを心に収めるために用いられたであろう。

E

かくて、各部族や民族は「いかにしてわれわれはここに存在するのか」という、人間にとって根本的な「ふしぎ」に答えるものとしての物語、すなわち神話をもつようになった。それは単に「ふしぎ」を説明するなどというものではなく、存在全体にかかわるものとして、その存在を深め、豊かにする役割をもつものであった。

ところが、そのような「神話」を現象の「説明」として見るとどうなるだろう。確かに英雄《えいゆう》が夜ごとに怪物《かいぶつ》と戦い、それに勝利して朝になると立ち現われてくるという話は、ある程度、太陽についての「ふしぎ」

を納得させてくれるが、そのすべての現象について説明するのには都合が悪いことも明らかになってきた。たとえば、せみの鳴くのを「お母さんと呼んでいる」として、しばらく納得できるにしても、しだいにそれでは都合の悪いことがでてくる。

そこで、現象を「説明」するための話は、なるべく人間の内的世界をかかわらせない方が、正確になることに人間がだんだん気がつきはじめた。そして、その傾向《けいこう》の最たるものとして、「自然科学」が生まれてくる。「ふしぎ」な現象を説明するとき、その現象を人間から切《き》り離《はな》したものとして観察し、そこに話をつくる。

このような「自然科学」の方法は、ニュートンが試みたように、「ふしぎ」の説明として普遍的《ふへんてき》な話（つまり、物理学の法則）を生み出してくる。これがどれほど強力であるかは、周知のとおり、現代のテクノロジーの発展がそれを示している。これがあまりに素晴らしいので、近代人は「神話」を嫌い、自然科学によって世界を見ることに心をつくしすぎた。これは外的現象の理解に大いに役立つ。しかし、⑥神話をまったく放《ほう》棄《き》すると、自分の心のなかのことや、自分と世界とのかかわりが無視されたことになる。

せみの鳴き声を母を呼んでいるのだと言った坊《ぼう》やは、科学的説明としてはまちがっていたかも知れないが、そのときのその坊やの「世界」とのかかわりを示すものとして、最も適当な物語を見出《みいだ》したと言うことができる。

ところで、すでに述べた赤づくしの服装の人に二度も出会った人が次に三度目に出会う。そして、「わかった。あれはＣＩＡ（注：米国の中央情報局）の人物が僕をつけ回しているのだ」と判断したとする。このような解釈《かいしゃく》は、自分の心の状態を表現するのにはピッタリかも知れないが、外的事実の吟味《ぎんみ》をまったく怠《おこた》っている。あるいは、内的事実と外的事実が取《と》り違《ちが》えられていると言える。このようなときは、妄想《もうそう》と言うことになる。

このことは逆に考えると、精神病的な妄想と言えども、それを「異常」としてのみ見るのではなく、その人が世界と自分とのかかわりを、何とか自分なりに納得しようとしたり、それを他人に伝えようとしたりする努力のあらわれとして見ることもできる。

自然科学と妄想との間に「物語」があると考えてみると、その特性がわかる。簡単に言うと、⑦自然科学は外的事実に、妄想は内的事実に極《きょく》端《たん》に縛《しば》られた「物語」ということになる。

（河合隼雄『物語とふしぎ』〈岩波書店、二〇一三年〉一頁～一〇頁）

【問１】 [A]～[D] に当てはまる語を次の中からそれぞれ選び、(ア)～(オ)の記号で答えなさい。ただし、**同じ記号を２度以上用いてはいけません**。

(ア)　なかなか　(イ)　とうとう　(ウ)　だいたい
(エ)　あくまで　(オ)　せっかく

【問２】 ――①「人間というのは『ふしぎ』を『ふしぎ』のままでおいておけない」とありますが、どういうことですか。次の中から最も適当なものを選び、(ア)～(エ)の記号で答えなさい。

(ア)　不安を抱《かか》えている人は、「ふしぎ」なことから目をそむけて、自分の心を閉ざしていってしまう、ということ。

(イ)　人は知識や経験を積み重ねていくにつれて、「ふしぎ」だと思っていたこともそう感じなくなる、ということ。

(ウ)　人は「ふしぎ」なことに出会ったとき、納得《なっとく》できるような自分なりの答えを見つけようとする、ということ。

(エ)　「ふしぎ」にとらわれた人は、いつの間にか答えを追い求めること自体が目的になってしまう、ということ。

【問3】　――②「『ふしぎ』と人間が感じるのは実に素晴《すば》らしいことだと思われる」とありますが、なぜですか。次の中から最も適当なものを選び、(ア)～(エ)の記号で答えなさい。

(ア)　今では「あたりまえ」として受け止められていることにも、多くの人が力を合わせて「ふしぎ」なことを「あたりまえ」にしてきた偉大《いだい》な過程があったから。

(イ)　「あたりまえ」を「ふしぎ」から区別して考えていくことによって、人類はそれまでになかった多くの科学的な発見を手に入れ、進歩することができたから。

(ウ)　「ふしぎ」に心をとらわれ、その「ふしぎ」について「あたりまえ」に考え続けていくこと自体に大きな価値があると、これまでの歴史が証明しているから。

(エ)　「あたりまえ」とされていることであっても、それを「ふしぎ」ととらえ、その「ふしぎ」について考え続けていくことが、大きな成果につながりうるから。

【問4】　――③「この人は『嫌《きら》われ者《もの》』になってくる」とありますが、これに関する次の説明文を読み、[a]～[d]に当てはまる語をそれぞれ選び、(ア)～(カ)の記号で答えなさい。ただし、**同じ記号を2度以上用いてはいけません。**

「釈迦牟尼《しゃかむに》」は、「人間が死ぬ」という「ふしぎ」について、持っているものを全て棄《す》てて、[a]の中で努力し考え続けた結果、仏教を創始するに至りました。一方、「この人」も答えを求めて努力しますが、書物で見出《みいだ》せないと分かると、周囲の人に答えをたずねるようになりました。しかし、ふつうの人は「人間が死ぬ」という「ふしぎ」にとりつかれていては、[b]の生活もままなりません。そもそも、自分で考え続けなければ、自分にとっての「ふしぎ」に、[c]な答えが出るはずがありません。自分の本来の仕事もせず、周囲の人を自分の「ふしぎ」に巻《ま》き込《こ》もうとする「この人」は、他の人の[b]をかき乱す迷惑《めいわく》な存在ともなってくるのです。

　さらに言えば、「この人」は、「ふしぎ」に心をとらわれるなかで、この謎《なぞ》に興味のない他者に[d]とも思える態度をとるようにもなっていくのです。こうして、「この人」はますます「嫌われ者」となっていきます。「釈迦牟尼」が問題の答えを自分で追究し続けたのとは大きく違《ちが》うのです。

(ア)　曖昧《あいまい》　(イ)　充分《じゅうぶん》　(ウ)　丁寧《ていねい》
(エ)　傲慢《ごうまん》　(オ)　孤独《こどく》　(カ)　日常

【問5】　――④「おおたにまさひろ君の詩」とありますが、これに関する次の説明文を読み、(1)～(3)について適当なものを選び、それぞれ記号で答えなさい。

六歳《さい》のまさひろ君は、米屋なのにパンを食べるお父さんに「ふしぎ」を感じているようです。大人であれば米屋であってもパンを食べることは「あたりまえ」なことでしょうが、ここに「ふしぎ」を見出しているまさひろ君の感性は、

(1)
(ア)　常識的な考えにとらわれがちな大人をハッとさせます
(イ)　ユニークで独創的な行為《こうい》を嫌《きら》う大人をがっかりさせます
(ウ)　わが子の成長を強く願う子煩悩《こぼんのう》な大人をホッとさせます

。

いつもの生活の中で

(2)
(エ)　「ふしぎ」なことこそが「あたりまえ」だと感じ取れる
(オ)　「ふしぎ」だと感じたことを「ふしぎ」だと口にできる
(カ)　「あたりまえ」なことが「ふしぎ」の中に存在《そんざい》している

子どもの感覚に寄《よ》り添《そ》うことで、

(3)
(キ)　かつて自分が体験した懐《なつ》かしい風景が、まざまざと思い出されるのです
(ク)　いつか出会うはずの風景の中に、自分の未来の姿が映し出されるのです
(ケ)　大人の目にも、いつもの風景がいつもとは違った形で見えてくるのです

。

【問6】　――⑤「『お母さん、お母さんと言って、せみが呼んでいるんだね』と子どもが答える」とありますが、どういうことですか。最も適当なものを次の中から選び、(ア)～(エ)の記号で答えなさい。

(ア)　この子どもは、せみがミンミン鳴く声を子どもが母親を呼んでいる声であるとたとえることで、物語における表現技法の一つである擬人法《ぎじんほう》を実践的《じっせんてき》に習得した、ということ。

(イ)　この子どもは、せみがミンミン鳴くという出来事に自分の気持ちや経験を重ね合わせることで、せみが鳴く理由についての自分なりの解釈《かいしゃく》を見つけ出している、ということ。

(ウ)　この子どもは、せみがミンミン鳴く姿に自分の感情を重ね合わせるうちに、自身とせみとの境界線を失い一体化していくことでファンタジーを生み出している、ということ。

(エ)　この子どもは、せみがミンミン鳴く理由について大人に知識を与《あた》えられるのでなく、自分なりの答えを導いていく中で、自ら成長していくきっかけをつかんだ、ということ。

【問7】　[E] には、次の(ア)～(エ)の文が当てはまります。意味が通るように並《なら》べ替《か》え、その順番を(ア)～(エ)の記号で答えなさい。

(ア) 夜の闇《やみ》を破って出現して来る太陽の姿を見たときの彼《かれ》らの体験、その存在のなかに生じる感動、それらを表現するのには、太陽を黄金の馬車に乗った英雄《えいゆう》として物語ることが、はるかにふさわしかったからである。

(イ) しかしそれと同時に、彼らは太陽を四頭立ての金の馬車に乗った英雄として、それを語った。

(ウ) 古代ギリシャの時代に、人々は太陽が熱をもった球体であることを知っていた。

(エ) これはどうしてだろう。

【問8】 ――⑥「神話をまったく放棄《ほうき》すると、自分の心のなかのことや、自分と世界とのかかわりが無視されたことになる」とありますが、なぜだと考えられますか。最も適当なものを次の中から選び、(ア)～(エ)の記号で答えなさい。

(ア) 「神話」とは、自分たちを取り巻く世界に対して各人や各民族・部族が行う独自の解釈のあらわれであり、ものの見方や考え方の特《とく》徴《ちょう》が色濃《いろこ》く示されたものであるから。

(イ) 「神話」とは、人間にとっての根本的な「ふしぎ」について説明するものであり、時代的な制約にもかかわらず客観的な説明をしようという努力がみられるものだから。

(ウ) 「神話」の方法と「自然科学」で導かれる普遍的《ふへんてき》な説明とは、ともにあってこそ効果的なのであり、一方だけでは自分がかかわる世界を説明することはできないから。

(エ) 「神話」とはちがって、「自然科学」による科学技術の発展は著《いちじる》しく社会を変化させてしまうので、自分の心と向き合うだけの精神的な余裕《よゆう》を人々に与《あた》えないから。

【問9】 ――⑦「自然科学は外的事実に、妄想《もうそう》は内的事実に極端《きょくたん》に縛《しば》られた『物語』ということになる」とありますが、このことに関する次の説明文を読み、[a]～[e]に当てはまる言葉をそれぞれ選び、(ア)～(ケ)の記号で答えなさい。また、[(1)]～[(4)]には、「内的」・「外的」のいずれかが入ります。「内的」＝(A)、「外的」＝(B)としたとき、当てはまるものをそれぞれ選び、(A)もしくは(B)で答えなさい。

　すべてが真っ赤な服装の「おじさん」とまったく別の場所で偶《ぐう》然《ぜん》に三日連続で出会ったとき、人はその奇抜《きばつ》な服装の人物との度《たび》重《かさ》なる出会いに驚《おどろ》くことでしょう。そして、この「ふしぎ」な出会いの意味を読み解こうとするはずです。こうして導き出されたものが「物語」です。

　赤い服装の人物との三度の遭遇《そうぐう》を、「CIAが自分をつけ回している」と説明するとき、自分がCIAに追われるような何かをした、という[(1)]事実でもない限り、これは「妄想」といえます。「妄想」とは、[a]に基《もと》づいた個人的な見解です。したがって、「妄想」は、その人の不安や恐《おそ》れという[(2)]事実が極端に込《こ》められているのであり、その人なりの「物語」であるともいえるでしょう。

　もし、個人の事情は取《と》り払《はら》って、同じ人物と別の場所で偶然に三度出会う確率を考え、計算によってその答えを求めようとするなら、それは[b]によるものといえます。これは、「ふしぎ」を説明するのに、個人の[(3)]事実を一切排除《いっさいはいじょ》しようとする態度です。ニュートンが発見した物理学の法則が、「万有引力《ばんゆう》」と呼ばれるように、その説明は［ c ］を持っています。

近代における［ d ］を目にした人々は、「自然科学」の知に対して絶対的な信頼《しんらい》を寄せてきました。しかし、そのような態度によっては、［ e ］が軽視されることになる、と筆者は指摘《してき》しています。人には、それぞれの［ (4) ］事実に根ざしたものの見方があるのです。「自然科学」によって切り捨てられがちな「物語」に注目し、自分の心のありようの重要性について改めて考えてみても良いのではないでしょうか。

(ア)　普遍的な性格　　(イ)　関係性の希薄《きはく》さ
(ウ)　根拠《こんきょ》のない判断　　(エ)　追究していく責任
(オ)　テクノロジーの発展　　(カ)　安心できる平和な世界
(キ)　「自然科学」的な発想　　(ク)　「神話」を解釈すること
(ケ)　世界と自分とのかかわり

中央大学附属横浜中学校（第一回）

―50分―

注意事項　句読点や記号は一字あつかいとします。

一　次の文章を読んで、後の問いに答えなさい。

私たちには、「［①］」のような、ある出来事のずっと前の、遠い原因を突き止めてやろうという意気込みはあまりありません。意気込みがないというよりは、自分や周りの人に起こった日々の出来事について、じっくり時間をかけて、過去をさかのぼってその原因を探ることはなかなかできないという方が正しいかもしれません。なぜなら、私たちは他にもいろんなことを考えたり、何かの用事や課題を終わらせなければならなかったりと忙しいからです。勉強、部活動、遊び、仕事、家事、育児……現代に生きる私たちは、毎日毎日何かに追われています。

その一方で、身の回りで起こった出来事の「もっともらしい原因」については知りたい気持ちがあります。原因がわかればなんだかスッキリして、次にすすめるような気がしませんか。原因がわかれば、その出来事をコントロールできる、と思えるかもしれません。つまり私たちは、ある出来事が起こった原因について、深く考える余裕はないけれど、なぜそれが起こったのかは自分なりに理解しておきたい。[1]そういう特徴を持っているのです。

このように、自分や他人が経験した出来事（特に成功・失敗）や、自分や他人の行動の背景にある原因を[ア]スイソクしたり判断したりするプロセスは「原因帰属」と呼ばれ、社会心理学的な研究が進められてきました。帰属という言葉は少し難しく聞こえるかもしれませんが、帰属意識（ある集団や組織に所属しているという感覚）で使われる「帰属」と同様、何かに属する、という意味です。［②］、原因帰属は、起こった出来事の原因を、何に求める（所属させる）か、というような意味だと考えてください。ここからは、自分や他人に起こった出来事、他人の行為や反応に焦点を当てて、私たちの原因帰属の特徴を見ていきましょう。

原因帰属について詳しく説明していくにあたって、2つの重要な帰属のタイプ――[2]内的帰属と外的帰属――を最初に紹介しておきます。

内的帰属とは、出来事や行為の原因を、その出来事を経験した人やその行為をした人自身に求める形の帰属です。一方で外的帰属とは、ある出来事や行為の原因を、その人が取り囲まれている環境に求める形の帰属です。これだけではよくわからないでしょうから、冒頭で取り上げた「数学のテストで高得点を取った」を例にして考えてみましょう。高得点を取ったという出来事に対して、「私は能力があるから」のように、自分自身の性質や特徴を原因とするとき、あなたは内的帰属を行っています。［③］、「テストの直前にたまたま見返した部分がそのまま出題されたから」のように、自分を取り囲む環境や偶然性の高い[イ]センコウ要因を原因とするとき、あなたは外的帰属を行っています。

学校の成績を対象として成功や失敗の原因を考えるとき、内的帰属の典型的なものとしては、先ほどの例でも挙げた能力や努力があります。ここでの「能力」は自分の力で上げたり下げたりすることが難しい、その人がもともと持っている性質を指すと考えてください（能力の定義は研究や分野によってさまざまありますが、この本では、みなさんが「能力が高い人」と聞かされたときに頭の中にイメージするような人がもっている要素、として理解していただいてかまいません）。努力の方は、自分でやったりやらなかったり（その程度を上げたり下げたり）を決めることができるものと考えてください。いずれにせよ、能力も努力も個人の内側に存在するという点では共通しています。

外的帰属の典型例としては、取り組む課題の難しさや運が挙げられます。テスト内容が全体的に簡単であれば良い点数が取れますし、難しかったら点数は悪くなります。たまたま直前に見返したところが出題された（から良い点数が取れた）という場合は、運が良かったと捉《とら》えられるでしょう。いずれの原因も、自分ではコントロールすることができないという意味で個人の外側に存在するものであると解釈できます。

内的・外的帰属の違いがわかった上で、あらためて、この章の最初に思い出してもらった自分にとってうまく行った出来事、［④］うまく行かなかった出来事の原因を思い出してみてください。それは内的帰属でしょうか。それとも、外的帰属でしょうか？　原因帰属の研究が始まった初期の頃は、人は自分自身や他人に起こった出来事や行為の原因を、その人自身の内的で安定した要因に求めやすいことが注目されました。テストで悪い点数をとったのは努力が足りないから。テストでいい点数を取ったのは能力が高いから。このような内的帰属をした経験はみなさん少なからずあるでしょう。

さて、これから本格的に原因帰属のプロセスを考えていくにあたって、「出来事」、「行為」、そして「反応」の３つの言葉を内的／外的帰属の観点から少し整理しておきます。

「出来事」とは、自分や他者（社会心理学の研究分野では「他人」のことを通常「他者」と呼びます。ここからはこの言葉を使うことにします）に起こった何かのことを指します。その「何か」は、たまたま、偶然、自分の予想と反した状況で起こることもあります。ゆえに、自分や他者に起こった「出来事」の原因帰属には、［⑤］的な要因の効果が一定以上見込まれる可能性が高いと言えるでしょう。次に「行為」は、自分や他者の発言や動作など、意識的に身体を動かすことでなされるものです。したがって、そこには行為者自身の能動性がイメージされやすいと言えます。結果として「行為」の原因帰属は、行為者の［⑥］的な要因の効果が大きく見積もられることが予想できます。最後に「反応」（例：緊張している様子）は、何かの出来事（例：授業中に指名された）に応じて生じます。何かによって引き起こされる、という意味で、「反応」には［⑦］的な要因の影響が一定程度見込まれうると捉えられます。

以上が本書で扱う３つの言葉の定義ですが、何が言いたいのだろうと不思議に思った方もいるかもしれません。ここでみなさんにお伝えしたいのは、「出来事」、「行為」、「反応」のうちのどの言葉を使っていても、外的要因、内的要因の両方が原因帰属として用いられはしますが、これら２種類の要因の影響力（バランス）がそれぞれ少しずつ違っているということです。たとえば「行為」は、「出来事」や「反応」と比べて原因帰属において［⑧］的要因の影響力が強くなる可能性が高いでしょう。以降では、このようなイメージの違いを前提として、３つの言葉を必要に応じて使い分けながら議論を進めていきます。

前述の通り、私たちは内的帰属を行いやすいのですが、もちろん外的帰属が行われる場合もあります。その違いはどこにあるのでしょうか？

いくつかの条件がそろえば、むしろ外的帰属の方が行われやすくなります。「テストで悪い点数をとったのはテストが難しかったから」は典型的な外的帰属ですが、みなさんもこのような理由付けをした経験は少なからずあるでしょう。

では、内的帰属、外的帰属のどちらを行うかはどのように決まるのでしょうか。社会心理学者たちは、原因帰属の研究をすすめる中で、帰属のされかたに影響する要因を説明しようとしてきました。ここでは、さまざまな状況で活用できそうな、他者に起こった出来事や行為に関わる情報を切り分けてひとつひとつ検討していく手法をテイショウ[ウ]したケリー(Kelley, 1973)による共変動理論[3]を紹介します。

共変動理論は、自分や他者に起こった出来事、自分や他者の行為や反応に関わるいくつかの要素が、それらを見た人(または経験した本人)によってどのように認識されるのかが重要であるとします。具体的には、以下の3側面に注目します。

(1)　観察された出来事、行為や反応の「**一貫性**」

(2)　その他の刺激を対象とした場合との「**弁別性**」

(3)　他の人たちに起こった出来事や、行為、反応との「**合意性**」

ここからは他者に起こった出来事である「あなたの友人のあおいさんが数学のテストで悪い点数をとった」に的を絞《しぼ》って、この3つの側面がどのように機能しているのかを順番に理解していきましょう。

まず、(1)**一貫性**とは、観察された出来事や行為が、状況の違いに関係なく起こるものかどうか、に関する側面です。あおいさんが数学のテストでいつも悪い点数をとっているのであれば一貫性が高く、いつもは成績がいいのに今回に限って点数が悪い場合は一貫性が低いことになります。

次に(2)**弁別性**です。弁別性とは、観察された出来事や行為が、その対象に対してのみ見られるのかどうか、に関わる側面です。あおいさんが数学のテストだけで点数が悪く、英語や国語では成績が良いのであれば弁別性が高く、数学も英語も国語も成績が悪いのであれば弁別性が低い、ということになります。

最後に(3)**合意性**について説明します。合意性とは、周囲の人たちと、観察対象となった人物に起こった出来事や行為がどの程度一致しているかに関わるシヒョウ[エ]です。あおいさんや彼女のクラスメイトの大半が数学のテストで悪い点数をとっていたとしたら合意性が高く、あおいさんだけが数学のテストの点数が悪い場合は合意性が低いと判断されます。

それではこの3つの要素の高低がどのような組み合わせになったらどのような帰属が行われるのでしょうか。

内的帰属が行われるのは、あおいさんが小テストでも定期テストでも常に数学の点数が低く(一貫性が高く)、国語や英語など、どんなテストでも点数が低く(弁別性が低く)、クラスの中であおいさんだけが数学の点数が低い(合意性が低い)ときです。つまり、「あおいさんが数学のテストで悪い点数をとった」ことは、あおいさん自身の努力の足りなさ(あおいさんは勉強不足)や能力(あおいさんは勉強ができない)、性格(あおいさんは不真面目)に帰属されます。

一方で、いつもは数学の成績がいいのに今回だけ点数が低く(一貫性低)、英語や国語ではいい点数をとっていて(弁別性高)、数学の点数が悪いのはあおいさんだけではない（合意性高）場合、「あおいさんが数学のテストで悪い点数をとった」原因は、たとえば「今回の数学のテストは難しかった」など、外的な要素に帰属されます。

また、あおいさんはいつも数学の点数が低いけれど（一貫性高）、他の科目ではいい点数をとっていて（弁別性高）、数学の点数が悪いのはあおいさんだけではない（合意性高）という場合も、数学のテストを作っている先生の出題の仕方や教え方に問題があるとか、数学という科目自体が他の科目に比べて難しいのだ、というように、あおいさん以外の別の外的な要素に原因が帰属されます。

このように、私たちは他者に起こった出来事や行為に対してしらずしらずのうちに3つの要素に基づいて分析を行い、外的帰属をするか内的帰属をするかを考えている、ということになります。私たちが普段なにげなく行っている原因帰属も、このように要素ごとに分解、理解していくと、新しい発見があるかもしれませんね。あなたが観察した誰かの行為は、いつも見られるものですか（一貫性）？　他の対象に対しても同じような行為が見られますか（弁別性）？　そして、その人だけがそれをしますか（合意性）？　一見オフクザツに見える事象を要素に分解して理解しようとする考え方に慣れておけば、もう少し後で説明する4「誤った原因帰属」を防げるかもしれません。

（村山綾『「心のクセ」に気づくには　社会心理学から考える』〈ちくまプリマー新書〉改変した部分があります。）

問一　――ア～オについて、カタカナを漢字に直しなさい。

問二　「　①　」にあてはまることわざを次の中から選び、番号で答えなさい。

1　目からうろこが落ちる
2　ちりも積もれば山となる
3　船頭多くして船山にのぼる
4　風が吹けば桶屋《おけや》がもうかる

問三　――1「そういう特徴」とありますが、その説明としてもっともふさわしいものを次の中から選び、番号で答えなさい。

1　自分や他人の行動について、じっくり時間をかけて理由を探ろうとする特徴。
2　自分や他人の行動について、自分が得をする結果に結びつけようとする特徴。
3　自分や他人の行動について、自分が納得できる根拠を見つけようとする特徴。
4　自分や他人の行動について、直前に起きた出来事を原因にしようとする特徴。

問四　「　②　」～「　④　」にあてはまることばの組み合わせとしてもっともふさわしいものを次の中から選び、番号で答えなさい。

1　②　しかし　③　また　④　あるいは
2　②　つまり　③　むしろ　④　または
3　②　だから　③　ところが　④　たとえば
4　②　したがって　③　そして　④　もしくは

問五　――2「内的帰属と外的帰属」とありますが、「内的帰属」の説明を次の中からすべて選び、番号で答えなさい。

1　友だちに紹介されて読み始めた本の一部が国語のテストに出たので、春美さんは高得点を取ることができた。

2　夏海中学校のサッカー部は、県大会の一回戦で優勝候補の学校と対決することになり、二回戦に進めなかった。
3　幼いころから背が高く、毎日練習を積み重ねていた秋男さんは、有名なプロバスケットボールの選手になった。
4　冬太さんの乗るはずだった飛行機が雷の影響で欠航してしまい、大事な取引先との会議に出席できなかった。
5　先生から何度も言われていたのに、図画工作の宿題を忘れてしまったのは、年雄の集中力が欠如していたからだ。

問六　⑤～⑧にあてはまることばとして「内」・「外」のいずれが適切ですか。「内」ならば「A」、「外」ならば「B」でそれぞれ答えなさい。

問七　――3「共変動理論」とありますが、この理論を通じて筆者が述べていることとしてもっともふさわしいものを次の中から選び、番号で答えなさい。
1　私たちが日常的に行っている原因帰属について、一貫性・弁別性・合意性の観点から出来事や行為を分析すると新しい気付きが起こりうる。
2　他者に起こった出来事の原因を一貫性・弁別性・合意性の側面から分析することで、その他者が私にとってどのような存在であるかを理解できる。
3　実際の出来事において一貫性・弁別性・合意性それぞれの側面における高低を明らかにすることで、私たちは誤った原因帰属を防ごうとしている。
4　私たちは実際の出来事に対して自分が外的帰属を行った正当性を明らかにするために、一貫性・弁別性・合意性の側面を組み合わせて出来事を分析する。

問八　――4『誤った原因帰属』を防げるかもしれません」とありますが、
(1)　筆者の考える「誤った原因帰属」を防ぐ方法を説明した次の文の□にあてはまる語を文中から十五字以内でぬき出しなさい。
　私たちが他者に起こった出来事や行為に対して□ことを心がける。
(2)　次の表は太郎さんのクラスで行われたテストの結果です。(テストは百点満点。)このとき「太郎さんが冬の国語のテストで五十点をとったのは、太郎さんが努力しなかったからだ」というのは――4「誤った原因帰属」と考えられます。そう考えられる理由を**「内的」**・**「外的」**という語を用いて七十字以内で答えなさい。

テスト結果	国語(夏)	国語(冬)	算数(夏)	算数(冬)
太郎	90	50	80	85
次郎	95	45	60	70
三郎	50	20	40	30
クラス平均	75.4	38.1	64.7	76.9

□二　次の文章を読んで、後の問いに答えなさい。

　胡雪《こゆき》が学生時代の友人達と立ち上げた会社「ぐらんま」はマンションの一室が仕事場になっている。会社は軌道に乗っていたが、忙しさのあまり気がついた人がやる約束だった片付けには手が回らなくなり、食事も各自でいいかげんに済ますようになっていた。以下の文章は代表の田中の提案で雇《やと》われた家政婦の筧《かけい》みのりが、最初に訪問した日の一場面である。


　ふと、視線に気がついた。

　あの、筧みのりがドアのところからこちらをのぞいている。胡雪と目が合うと、こっちこっちと言うように、手招きした。

　胡雪が自分の鼻を指さして、「私？」と尋ねると、こっくりうなずいた。間違いなく、田中でも伊丹でもないようだ。仕方なく席を立った。

「なんですか」

　キッチンに入ると同時に、つっけんどんに訊《き》いてしまう。

「あのね、これが夜食」

　筧は銅色のアルミの大鍋の蓋《ふた》を開けた。ふんわりと、カレーとそれだけじゃない、やさしい甘い香りがした。鍋の中にはたっぷりとカレー色の液体が入っている。

　機嫌が悪かったはずの胡雪でも、思わず、笑みが浮かんでしまうような匂い。でも、1顔を引き締めて尋ねた。

「これ、なんですか」

「カレーうどんの汁」

「こんな鍋、ありましたっけ？」

「上の棚にあったから、使った」

　ああ、と思い出した。

　昔、鍋料理を初めてする時に、駅前のスーパーで一番大きな両手鍋を買ったのだった。当時は一人暮らしの田中の部屋を会社にしていた。確か、大きさは直径三十センチだった。本当は土鍋がよかったけど、それだけの大きなものになると高くてアルミのしか買えなかった。

　田中と胡雪、二人で買いに行ったのだ。スーパーで大きなレジ袋に入れてもらって、二人で片方ずつ、ぶらぶらと提げて帰ってきた。

「人が見たら、俺たち、同棲《どうせい》カップルみたいに見えるかな」

「ばーか」

　二人でげらげら笑った。だって、同棲よりずっといいことが始まるってわかっていたから。

　お金もなかった、信用もなかった、仕事もなかった。何もなかった、だけど、何かが始まる期待とわくわく感だけがあった。

　それから、何度使ったかしれない。鍋料理はもちろんのこと、夏はそうめんを大量に茹《ゆ》で、モモちゃんが山でタケノコを取ってきた時もこれで茹で、秋は東北出身の田中が「芋煮会」をした。最初、くすんだ金色に光っていた表面も、ところどころぼこぼこにへこんでしまっている。

　でも、この数年、使っていなかった。ここに越してきた時、地方の有名窯元《かまもと》の土鍋を、取引先から贈られたから。自分たちの仲の良さを知っている相手の、気の利いた引っ越し祝いだった。

「……昔、土鍋が買えなくて」

　土鍋はアルミの数倍の値段だった。

「正解」

筧はクイズ番組の司会者のように人差し指を立てた。

「え？」

彼女が言い切った言葉の意味がわからなくて訊き返した。

「正解、これで正解。土鍋は鍋物と炊飯くらいにしか使えないけど、これなら菜っぱも茹でられるし、カレーも作れる。ご飯だってがんばれば炊ける」

「そうですか」

「冷凍庫に冷凍うどんが買ってあるから、電子レンジでチンして、これを上にかけて食べるの」

ああ、それで、カレーだけじゃない、醤油《しょうゆ》と砂糖の甘い匂いがしたのか、とわかった。純粋なカレーじゃなくて、出汁《だし》も入っているんだろう。

「ネギは千切りにして冷蔵庫に入れてあるから上に載せて。汁に入れて煮てもいいんだけど、今から入れると煮すぎちゃうから」

筧はテーブルの上の大皿を指さした。かけてあるラップは湯気で曇っていた。

「これはおにぎりと鶏のから揚げ。こっちは夕食用。大根葉とじゃこと卵を炒めたやつを混ぜ込んだのと、ゆかりと枝豆を混ぜ込んだの、ツナとゴマ油を入れたのの三種類。一人各一個ずつ。余ったら冷凍しておいて、明日チンして朝ご飯に食べるといい。から揚げは冷めてもおいしい味付けになってる。それから、具だくさんの豚汁が土鍋に入ってる」

それはガス台に置いてあった。筧が重い蓋を持ち上げると、また大きな湯気が立った。

「食べる時、温めなおして……それから」

「……それ、私がやるんですか？」

「は？」

それまで、すべてにおいて堂々と振る舞っていた筧が、初めて、[2]虚《きょ》を突かれた顔になった。胡雪は少しだけ、すっとする。だから、さらにきつい声が出た。

「それ、私がしなくちゃいけないんですか、って訊いているんです」

「あんたが……何？」

筧は意味がわからないようで、ますます、「？」という顔になる。

「私が女だから、皆の夕食と夜食の用意をしなくちゃならないってことなんですか？　私に声をかけてきたのは」

低いけど、筧にははっきり聞こえるように言った。

「いや、そんなんじゃないよ」

「だって、そういうことでしょ。私を見つけて声をかけたんだから。私だって仕事があるんですよ。これから、あなたが来る度に、食事の用意を私がしなくちゃならないなら……まぁ、途中まで作るのはあなたですけど、最後のそういう用意っていうか、仕上げっていうか、そういうの、私がしなくちゃならないんですか？　そんなの聞いてないし、そういうふうに思っているなら、私、困るんですよ」

「……違うよ」

「どこが違うんです？　現に今、あなた、私を指名して、私に説明してますよね？」

「[3]そういうつもりじゃなかった。そういうふうに思わせたら、ごめん」

筧は意外と素直に謝った。

「ただ、あたしももう少ししたら帰るから、誰かに言付《ことづ》けないと、と思って部屋をのぞいたら、あんたが一番暇そうだったから」

「暇……？」

さらに頭に来た。もしかしたら、女だから声をかけてきた以上に頭に来たかもしれない。

「いや、そんなこと、どうしてわかるんですか。私、給料の計算とかしてたんですよ？　それなりに忙しいんですよ。男とは違うけど、男の人がしている仕事とは違うけど、だけど、忙しいのは一緒で」

声が大きくなっている、と途中から気がついていた。もしかしたら、田中や伊丹たちにも聞こえているかもしれない。だけど、やめられなかった。

「バカにしないでよ」

「ごめん。そういうつもりではなくて、でも、さっき部屋をのぞいた時、あなたからは殺気っていうか……覚悟っていうか……そういう気配みたいのが感じられなかったから。他の人と違って。でも、それはあたしのただの感じ方で、勝手な見方だから、間違ってたらごめん」

覚悟……？
4 胡雪はふっと力が抜けて、近くにあったイスに崩れ落ちるように腰掛けてしまった。
覚悟がないってこと？　私は。

「だから、とっさに声をかけてしまった。女とか、そんなんじゃなかったつもりだけど」

「……わかりました」

もういいです、と言って立ち上がろうとして、今度は本当に自分に行き場がないことを知った。

今の会話が聞こえていれば、居間にも、寝室にも行けない。


「私だって、がんばってますよ……覚悟がないとか、言わないで」

気がついたら、泣いていた。

そんなこと、言われなくても自分が一番わかっている。友達が起業すると聞いて、なんとなくふらふらと付いていきてしまった。本当は別にやりたいことなんてなかった。ただ、大学時代の友人付き合いが楽しくて、……男たちの間に、女が一人の「紅 A 一点」の環境を続けたくて、ここまで来てしまった。

お姉ちゃんが言っていたことも当たってる。就職活動から逃げた。家事をしたくない、と言いながら、女である環境に甘えていることは、自分が一番よくわかっている。

ずっと一緒だと思っていた。ずっと男女は同権の世界で、中高大と育ってきたのだ。

それなのに。

三十になったら、急に「それじゃあ、だめだ」と言われるようになった。

母から、姉から、心ない親戚から、ふと立ち寄った居酒屋で隣に座ったおやじから、生理不順で通った婦人科医から……。

結婚をアキョウヨウするわけではないですけど、女性の妊娠に期限があることもまた、事実なんですよ。

阿佐ヶ谷のではない、別の産婦人科医に言われた。

平成元年に生まれた自分が、令和が始まると同時に突き付けられた現実。

そんなことも何も知らないのに、なぜ、この、今日来たばかりの女に「覚悟がない」なんて言われなくてはならないのか。

胡雪がしゃくりあげていると、筧は黙って自分のバッグを出した。ペらぺらの、バッグというより袋と言った方がいいような、ナイロン製の鞄《かばん》。スーパーのキャンペーンで配っているエコバッグのような、または、葬式の[イ]コウデン返しのカタログギフトの中から選ぶような、安っぽい、ださい鞄。

そこから、彼女が取り出したのは[a]リンゴだった。

つやつやした、でも、まだまだらにしか色づいていないリンゴが、次々と出てくる。

痩《や》せぎすな中年女がリンゴを持っていたら、それは魔女にしか見えない。

「これ、今日、家を出る時に、アパートの大家さんがくれたの。田舎から送ってきたんだって。台風で落ちたやつ。傷物で、あまり赤くないけど、甘いんだって」

これは、予算外、あたしからのお世話になるご挨拶、と言って、小さく笑った。

胡雪は、彼女を雇う時に田中が夜食や夕食用に決まったお金を渡す、と言ってたのを思い出した。その予算外、という意味だろう。

筧はくるくると器用に皮をむいた。むいたものを四つに割って、さらにそれを割って八つにした。

きれいな手をしている、と気づいた。ごつごつと骨ばった体の大きな女なのに、指だけはすらりと長くて白くてしなやかだ。

そのまま食べさせてくれるのか、と思ったら、彼女はキッチンの下の棚から、テフロン加工のフライパンを出して並べた。

コンロにかけ、ごくごく弱火にして蓋をする。

筧の様子をじっと見ていたら、少しずつ涙が乾いてきた。そっと指で[ウ]拭った。

「焼くんですか、リンゴを」

「そう」

その間も、彼女の手は止まらず、残りのリンゴもすべて同じようにむいた。それらを次々と焼いていく。

キッチンにかすかに甘い匂いが漂った。

「砂糖も水も何も入れないの。ただ、フライパンに並べて蓋をするだけ」

途中で、筧はフライパンの蓋を取って、胡雪に見せてくれた。みずみずしかったリンゴからじわりと水が出てきて、端がカラメルのように焦げ始めている。彼女はそれをフライ返しでひっくり返した。

「こうして両面、きつね色に焼ければ出来上がり」

筧は冷凍庫からアイスクリームを出してきた。コンビニなどどこでも売っている、百円台の安いアイスだった。

小皿に丁寧にこんもり盛って、焼いたばかりのリンゴを載せた。

「さあ。まずはこれ食べて」

スプーンを添えて、胡雪に出してくれた。

「本当はデザート用だったんだけど」

そして、胡雪の前に座った。

「……いただきます」

熱いリンゴが載ったアイスクリームはとろりと溶け出している。それと甘酸っぱいリンゴを一緒に口に入れた。

「どう？」

胡雪の顔をのぞき込むように見た。

「おいしい」

「よかった」

筧は立ち上がって、包丁やまな板など、使ったキッチン用品を次々に洗っていく。

「……女の子がいるって聞いて」

水音の中に、小さな筧の声が聞こえた。

「リンゴをもらったものだから、つい、アイスクリームを買っちゃった」

女の子だから甘いものなんて、短絡すぎるよねえ、あたし。

ありがとう、と素直に言えない。

でも、甘すぎない、アイスクリーム以外、砂糖をいっさい使っていないデザートは心をとろかした。

「これ、紅玉《こうぎょく》ですか」

ごめんなさい、という言葉の代わりに尋ねた。

「ん？　違うの。普通のリンゴ。アップルパイとかジャムとか、本格的なお菓子作りに使うなら紅玉だけど、あれは高いし、砂糖をしっかり入れないとおいしくならないからね」

これなら、普通のリンゴでできるから、時々作るんだ、と教えてくれた。デザートなんて柄《がら》じゃないんだけど、とつぶやく。

「そうなんだ」

「紅玉を知っているなんて、お菓子作りでもするの？」

「母と姉が」

母たちのケーキは、砂糖とバターを贅沢《ぜいたく》にいっぱい使う。

それそのものが、恵まれた立場をエ誇示するかのようなお菓子作りだ。

でも、これは、台風で落ちたリンゴをただ焼いただけ。でも、甘い。

十分、甘くて優しい。

途中から、アイスが溶けきって、焼きリンゴを溶けたアイスのソースで食べているみたいになった。それもまたおいしい。

5今の自分に一番合っているデザートだと思った。

「女の子がいるって聞いて、デザートを作るなんて、女は甘い物好きだっていう、もしかしたら、思いこみや差別かもしれないけど」

筧はつぶやいた。

「でも、相手を喜ばしたかっただけ。それだけ」

「ありがとうございます。私も感情的になってすみませんでした」

そんなふうに人に謝ったのは久しぶりだった。なんだか、すっきりした。

「男の役割とか女の立場とか、そんなに気にしなくてもいいじゃないの」

筧がさらりと言った。

「あたしが家政婦やってるのは、ただ、この仕事がよくできて、好きだからだし」

「あ、なんか、いいもん、食ってる」

急に声をかけられて驚いた。

仮眠から起きたらしい、モモちゃんがキッチンをのぞいて叫んでいた。

「うまそう。おれにもちょうだい」

「これはデザート、皆はご飯のあとだよ」

筧はモモちゃんにも夕飯と夜食の説明をした。さっき胡雪にしたのと同じように。

これはおにぎり、これは豚汁、冷凍うどんはチンしてカレー汁をかけて。

「うわ、おいしそうだなあ」

「徹夜や夜遅くまで仕事する人には、カレーうどんっていいんだって。消化がよくて、スパイスが脳を活性化する」

「へえ、そうなんだ」

「できたら、食べたあと、三十分くらい仮眠するとさらに効率がいいらしいよ」

「そんな時に寝たら、もう、目覚めない永遠の眠りについちゃいそう」

筧とモモちゃんが声を合わせて笑った。

6そうだ。女の子のために甘いものを(でも甘すぎないものを)作るのと、徹夜の人のためにカレーうどんを作るのと、どう違うのだろう。

「カレー一口、味見させて」

「少しだけだよ」

筧は小皿にすくったカレーを彼に差し出した。

「うまーい!」

「油揚げとちくわと玉ねぎが入ってる。食べる時に、ネギを別に載せるんだ」

「これ、うまいなー、ご飯にもかけたい。普通のカレーと少し違うけど」

「カレーうどんのオゴクイ、知ってる?」

「なんですか?」

胡雪と桃田は同時に子供のような声をあげてしまった。

b「一さじの砂糖だよ。それを加えることで、味に丸みが出る」

「へえ」

「じゃあ、あたしはそろそろ帰りますから」

筧はキッチンを磨き上げて、エプロンをイスの背にかけ、コートを着込んで、あのペラペラバッグを手に持った。

「さあ、失礼しますよ」

玄関に向かう筧を、皆、部屋からぞろぞろ出てきて見送った。

「ありがと、あんした」

「また、今度」

「いいんだよ、あたしは仕事で来ているんだから」

さあ、仕事に戻って戻って、と筧はしっしとするように、手を振った。

「こんなの、今日だけでしょ。そのうち、慣れたら誰も顔を出してくれなくなるんだから」

「ばれたか」

伊丹が笑った。

筧が部屋を出て行くと、誰ともなく顔を見合わせて、「俺たちもご飯にしますか」と言い合った。

田中や伊丹たちもキッチンのテーブルで、思い思いに、おにぎりと豚汁を食べ始める。

「これ、うま」

大根葉のおにぎりにかぶりついていた田中が思わず、という感じでつぶやいた。

「こっちの、ゆかりおむすびもなかなか」

「から揚げ、最高。なんか、運動会のお弁当思い出す」

「豚汁、身体があったまるな」

皆、きっと、さっきの胡雪と筧のやり取りを聞いていたのだろう。だけど、自然に食事が始まったことで、誰も何も言わない。

悪くないね、家政婦、と胡雪がつぶやいた。

だろ、と田中。

「じゃあ、まあ、しばらく来てもらうか」

「そうだな」

「賛成！」

モモちゃんが一番大きな声を出した。

食べ終わると、また、皆、順番に皿や容器を洗って片づけた。

胡雪はびっくりしていた。

このところ、なんだか、ずっと孤独だった。なんだか、「ぐらんま」はずっとぎくしゃくしていた。

それが、赤の他人が一人来て数時間いてくれただけで、家族みたいにご飯を食べている。

7自然に篁のエプロンを畳《たた》んで、戸棚にしまった。なんの義務感もなく、こだわりもなく。

さあ、私も仕事に戻りますか、と胡雪も少し微笑《ほほえ》んだ。

（原田ひ香『まずはこれ食べて』〈双葉文庫〉改変した部分があります。）

問一　――ア～オについて、カタカナを漢字に直し、漢字は読みをひらがなで答えなさい。

問二　――1「顔を引き締めて尋ねた」とありますが、胡雪はなぜこのような態度をとったのですか。もっともふさわしいものを次の中から選び、番号で答えなさい。

1　篁に自分の持っている欠点を見せないようにしているから。

2　篁の家政婦としての料理の腕を認めないようにしているから。

3　篁に対してそう簡単には気を許さないようにしているから。

4　篁に食い意地が張っていると思われないようにしているから。

問三　――2「虚を突かれた」とありますが、本文中での意味としてももっともふさわしいものを次の中から選び、番号で答えなさい。

1　不意打ちを食らった。　2　うそを見抜かれた。

3　守りがくずされた。　4　弱点を攻められた。

問四　――3「そういうつもりじゃなかった」とありますが、篁が打ち消しているのは胡雪のどのような言葉ですか。該当する部分の最初の五字を答えなさい。

問五　――4「胡雪はふっと力が抜けて、近くにあったイスに崩れ落ちるように腰掛けてしまった」とありますが、このときの胡雪の様子について説明したものとしてもっともふさわしいものを次の中から選び、番号で答えなさい。

1　気持ちのコントロールがきかなくなり、男性である田中や伊丹には絶対に聞かれたくないようなことを言って騒ぎ立ててしまったが、篁に素直に謝られたことで拍子抜けし、興奮も冷めてへたり込んでいる。

2　篁に当然のように家事を押し付けられることにも我慢がならなかったが、自分にとってもっともふれられるのを恐れていた事柄を指摘され、わずかに持っていた仕事へのプライドが保てなくなっている。

3　篁のような初対面の人に自分の何が分かるのかとこみ上げる怒りをこらえられないでいたが、あまりにも見当違いな指摘を受けたことで全身の力が抜けて言葉を返すことをやめてしまっている。

4　仕事に対する自分の姿勢を適切にとらえた言葉を篁に突き付けられ、張りつめていた気持ちが切れてしまったように座り込んでしまったが、その言葉を否定する材料は見つからないでいる。

問六　［A］に入れるのにもっともふさわしい、色を表す漢字一字を答えなさい。

問七　――5「今の自分に一番合っているデザートだと思った」とはどのようなことかを説明したものとして、もっともふさわしいものを次の中から選び、番号で答えなさい。

1　どんなに値段が安くても食材どうしの調和によって高級な食材にも負けない味が十分出せるということを伝える「デザート」が、自分を見下す家族に負けたくない一心で見栄を張り、強がって生きてきた「今の自分」の道しるべとなってくれるように思ったということ。

2　優しさにあふれつつも、素材の味を生かしながらちょっとした工夫で変化も味わえる「デザート」が、おのれに無いものや欠けていると思ったものにとらわれてもがいていた「今の自分」を導いているように思ったということ。

3　溶けきって形のなくなったソースと合わさった、いかにも甘い「デザート」が、居心地の良さに甘え友人たちに頼ってばかりで、不満があっても文句しか言わず事態を変えようとしてこなかった「今の自分」を映し出しているように思ったということ。

4　刺激的でなおかつ手間のかからない驚きに満ちた「デザート」が、仕事が順調に進んできたことを当然のように思い、努力もせずいい加減な態度でいた「今の自分」の目を覚まさせてくれるように思ったということ。

問八　――6「そうだ。女の子のために甘いものを（でも甘すぎないものを）作るのと、徹夜の人のためにカレーうどんを作るのと、どう違うのだろう」とありますが、このとき胡雪が気づいたのはどのようなことですか。三十字以内で答えなさい。

問九　――7「自然に寛のエプロンを畳んで、戸棚にしまった」とありますが、この自然な行為の中にも何らかの胡雪の気持ちが含まれているとしたら、それはどのようなものですか。ふさわしくないものを次の中から一つ選び、番号で答えなさい。

1　気づいた人が片づけをするという本来の「ぐらんま」の約束を自然に実行したことで、初心に帰ったようなすっきりした気持ち。

2　寛が、すれ違いの生じていた職場においしいご飯の力で明るさをもたらしてくれたことへの感謝のような気持ち。

3　寛が、女であることに寄りかかったっていいのだと教えてくれた、その女の象徴でもあるエプロンをいつくしむような気持ち。

4　飾り気のないまっすぐな言葉を掛けて胡雪のもやもやした悩みを晴らしてくれた寛のことをしたうような気持ち。

問十　次の場面は、本文中で〰〰a〰〰bで示されている、この物語ならではの料理に関連する言葉について、生徒たちが話し合っているところです。これを読んで後の問に答えなさい。

Aさん……〰〰a「リンゴ」は、台風で落ちた傷物だったね。胡雪が泣いているきまずい空気の中、いきなり登場して場の雰囲気をガラッと変える役割を果たしていたよね。

Bさん……使いものになるのかわからない見た目の悪いリンゴでも、必要なときに良い働きをする。①これと似たような働きをしていた調理器具があったよ。

Cさん……登場する食材の持つ意味が別の事柄と重なる場合もあるよ。わたしが注目したのは、~~~b「一さじの砂糖」だよ。②それを加えることで、味に丸みが出ると言っていたけれど、これは物語の中でもとても重要な表現だと思うな。

Dさん……なるほど。人を和ませたり話に広がりを持たせたりするのに食材や調理器具が多く出てきて、それらが絶妙に絡み合っている物語と言えそうだね。

(1) ――①「これと似たような働きをしていた調理器具」とは何ですか。本文中から九字でぬき出して答えなさい。

(2) ――②「それを加えることで、味に丸みが出る」とありますが、このような、「たった一さじの砂糖が全体の味に良い影響を及ぼしたこと」はどういう事柄と重なりますか。~~~bより後の本文中から三十五字程度でぬき出し、最初と最後の五字を答えなさい。

筑波大学附属中学校

—40分—

注意　句読点、かぎかっこ等の記号も一字と数えるものとします。

□一　次の文章を読んで、後の問いに答えなさい。

陸上部に所属する「私」(坂東《さかとう》)たちの高校は、二十七年ぶりに京都の都大路《みやこおおじ》を走る女子全国高校駅伝大会に出場することになった。一年生の自分は補欠選手だという気楽な気分でいた「私」だったが、大会前日の夜、体調をくずした先輩《せんぱい》の代わりにアンカー(最終走者)として出場するよう、顧問《こもん》の菱夕子《ひしゆうこ》先生から告げられた。

雪が降っている。

どんよりと濁《にご》った空を見上げ、頬《ほお》をごしごしとさすった。

鼻筋に落ちた雪片《せっぺん》がしんとした冷たさを肌《はだ》に伝えていく。

耳の先に触《ふ》れてみるが、こちらは寒さのせいであまり感覚がない。

宙に向かって、白い息を吐《は》き出し、その場で十回足踏《あしぶ》みした。

私は今、道路のど真ん中に立っている。

これから5区を走る各都道府県代表のアンカーたちが四十七人。おしくらまんじゅうのように固まりながら、吹《ふ》き荒《すさ》ぶ寒風に無言で耐《た》えているのはひとえに、この場所を目指して走り続けている仲間のランナーから、一本の*1タスキを受け取るためだ。

「第四走者が、残り五百メートルの地点を通過した順に番号を呼びます。呼ばれた番号の人、*2中継線《ちゅうけいせん》まで来て、スタンバイしてくださいよー。」

拡声器を持った係員のおじさんの割れ気味な声が響《ひび》く。強めの関西弁*3イントネーションが混じるせいで、単に連絡事項《れんらくじこう》を伝えているだけなのに、せっかちな感じも加わって、ちょっと怖《こわ》く聞こえる。そのぶん、①場の雰囲気《ふんいき》を切り替えさせる効果は抜群《ばつぐん》で、周囲の緊張《きんちょう》レベルが一気に二段階ほど引き上げられるのを感じた。

「4番、4番——。」

早くも番号を呼ばれた選手が*4ベンチコートを脱《ぬ》いで、中継線まで進んだ。都大路を目指す者なら誰《だれ》もが知っている、何度も優勝経験がある超《ちょう》強豪校《きょうごうこう》のユニフォームだ。

その選手の足を見て、びっくりした。

ふくらはぎからぽっこりと出ている筋肉の逞《たくま》しさが尋常《じんじょう》ではない。女子がここまで鍛《きた》えられるのか、と思わず凝視《ぎょうし》してしまった先で、4番のゼッケンをつけた選手は屈伸《くっしん》してから、シューズの先をぶらぶらと揺《ゆ》らして、

「ラストォ!」

と両手を掲《かか》げ、左右に大きく振《ふ》った。

人の山に阻《はば》まれてコースを見ることはできないが、声が届く距離《きょり》まで第四走者が近づいているのだ。

それを証明するかのように、私たちの背後を*5先導車両や白バイが通過していく。

色とりどりの鉢巻《はちま》きをつけた選手たちの頭が並ぶ向こうに、先頭を切って4番が勢いよく出発するのが見えた。

次の選手がまだ呼ばれないので、独走状態でタスキを受け取ったということだ。一方、役目を果たした選手は腰《こし》に手を当て、走り終えた人特

有の肘《ひじ》を左右に張り、肩《かた》で大きく息をする、くたびれきった後ろ姿とともに歩道側へと消えていった。

先頭が通過してから一分近くが経《た》って、

「26番、28番、46番――。」

とようやく三人の番号が呼ばれた。

それからは続々と、ゼッケン番号が＊6ダミ声でもって拡声器経由で告げられていく。周囲から急に、パチンパチンという肉を叩《たた》く音が聞こえ始めた。寒さで固くなった太ももを叩き、少しでも筋肉をほぐそうとしているのだ。

②本当に私、走るんだ――。

スタジアムからこの中継所までの連絡バスに乗っている間も、雪とともに流れていく京都の街並みを眺《なが》めながら、いっそこのまま家の前まで走って帰ってくれないかな、と内心、真面目《まじめ》に願っていた私である。

バスから下りたのち、待機所になっている病院のロビーでは、はじめて留学生のランナーを見た。彼女《かのじょ》のことは陸上競技雑誌で見かけたことがあった。私や＊7咲桜莉《さおり》が得意とする中距離走の高校記録を持つ超有名選手だった。驚《おどろ》いたのは、彼女が自分よりもずっと身長が低かったことだ。

緊張のしすぎで、身体《からだ》をどこかに置き去りにしてしまったような私に対し、留学生の彼女は同じデザインのベンチコートを着た女の子二人と談笑《だんしょう》していた。サポート要員として、中継所まで部員が駆《か》けつけているのだ。呼び出しの寸前まで、留学生は足のマッサージを受けていた。ひとりでやることもなく、キャラメルを舐《な》めていた③私とはエラい違《ちが》いだった。

第二集団のトップを切って、その留学生選手がタスキを受けて出発する。

「すごい。」

思わず声が漏《も》れてしまうほど、今まで見たことがない走りの＊8フォームだった。

まわりの選手たちもハッとした表情で彼女の後ろ姿を目で追っていた。走る際の、足の＊9モーションがまるで違った。走るためのマシーンと化した下半身に、まったくぶれない上半身がくっついているようだ。跳《は》ねるように地面を蹴《け》る、その歩幅《ほはば》の広さといい、それを支える筋肉のしなやかさといい、何て楽しそうに走るんだろう、とほれぼれしてしまうフォームで、彼女はあっという間に走り去っていった。

彼女のXザンゾウを思い浮《う》かべながら、視線を中継所に戻《もど》したとき、

「私は好きだよ、サカトゥーの走り方。大きくて、楽しそうな感じがして。」

緊張のしすぎで、まったくごはんを食べる気が起きない朝食会場で、正面に座《すわ》る咲桜莉に突然《とつぜん》告げられた言葉が耳の奥《おく》で蘇《よみがえ》った。

そんなことを彼女から言われたのははじめてだった。私は咲桜莉の機《き》敏《びん》で跳ねるような足の運び方や、テンポのよい腕《うで》の振り方が、自分にはできない動きでうらやましく、自分の走り方は大雑把《おおざっぱ》で無駄《むだ》が多いと思っていたから、驚くとともに純粋《じゅんすい》にうれしかった。おかげで用意された朝食を全部平らげることができた。

私が留学生の彼女を見て楽しそうと感じたように、咲桜莉が私の走りを見て楽しそうと感じてくれている――。

留学生の彼女と私じゃレベルがまったく違うけれど、不思議なくらい勇気が太ももに、ふくらはぎに、足裏に宿ったように感じた。

④気づくと、あれほど我《わ》が物顔でのさばっていた緊張の気配が身体から消え去っている。

そうだ、私も楽しまないと――。

こんな大舞台《おおぶたい》、二度と経験できないかもしれない。もちろん、来年だってここに戻ってきたいけれど、私が走れる保証はどこにもないのだ。

ならば、この瞬間《しゅんかん》をじっくりと楽しまないと。最初で最後のつもりで、都大路を味わわないともったいないぞ、サカトゥー。

図々《ずうずう》しい気持ちがじわりじわりと盛り上ってくると同時に、走る前の心構えが整ってきた。さらには、周囲の様子もよく見えてきた。もっともそれは、半分の選手がすでにゼッケン番号を呼ばれ、待機組の人数が減ったせいかもしれないけれど。

早く、走りたい――。

身体がうずいて、その場で二度、三度とジャンプして、ステップを踏んだ。

すでに先頭が通過してから、五分以上が経過しただろう。

ついに、私の番号が呼ばれた。

順位に関しては、良いとは言えない。

でも、それは菱先生も事前に予想済みのことだった。というのも、各都道府県で行われた予選大会にて、五人のランナーは本番と同じ距離を走る。コースのつくりや、当日の天候の違いによる影響《えいきょう》は多少あるだろうが、都大路に駒《こま》を進めた各校のタイムはすべて公開されるので、その記録をチェックしたら、おのずと全体における自校のだいたいの位置がわかる。私たちの学校の記録は四十七校中三十六位だった。

「全員がはじめての都大路で、いきなりいい成績なんて出ないから。今回はまずは二十位台を目指そう。」

と菱先生はハッパ[a]をかけたが、この場に残っているのは十五人くらい。すでに三十位台にいることは間違いなさそうだ。

中継線に並んでいた選手が四人、目の前で次々とタスキを受け取り、ベンチコートを脱ぎ、青いキャップをかぶった係員に手渡《てわた》し、中継線まで進んだ。

[Y]イチモクサンに駆け出していく。

私とほぼ同じタイミングで、すぐ隣《となり》に赤いユニフォームの選手が立つ。私よりも五センチくらい背が高い。寒さのせいか、緊張のせいか、血の気のない真っ白な肌に、唇《くちびる》だけが鮮《あざ》やかな赤色を残していた。

ぱっつんと一直線に揃《そろ》えられた前髪《まえがみ》と重なるように、きりりと引かれた眉《まゆ》の下から、切れ長な目が私を見下ろしている。

互《たが》いの口から吐き出される白い息を貫《つらぬ》き、視線が交わった瞬間――、⑤彼女の目Aと、私の目Bを結ぶ、直線ABの中間点Cにて、何かが「バチンッ。」と音を立てて弾《はじ》けるのを聞いた気がした。

相手は目をそらさなかった。

私も目をそらさなかった。

拡声器を手に係員のおじさんが隣を通ったのを合図にしたように、二人して同じタイミングでコースに向き直った。

体格を見ても、面構《つらがま》えを見ても、相手は一年生ではなさそうだった。でも、何年生であっても、この人には負けたくない――。

むらむらと闘争心《とうそうしん》が湧《わ》き上がってくるのを感じた。

そう言えば、「どうして、私なんですか？」と昨夜、菱先生の部屋で泣きべそをかく寸前の態《てい》で選考の理由を訊《たず》ねたとき、

「駅伝はみんなで戦うもの。でも、いちばんしんどいときは、誰だってひとりで戦わなくちゃいけない。そこでどれだけ戦えるかは、持ちタイムでは測れない。じゃあ、ひとりで粘《ねば》り強く戦えるのは一年生で誰かってなったとき、キャプテンもココミ*10も真っ先に挙げたのが、坂東――、アンタの名前だった。」

と告げてから、⑥「鉄のヒシコ」は「私もそう思った。だから、死ぬ気で走ってきな。」

と完全に目が据《す》わった表情でニヤリと笑った。

　菱先生は勝負師ゾーンに入ってしまった感じで怖すぎるし、二人の先輩が推《お》してくれたことも、それって b買いかぶり以外の何物でもない、と今でも思うが、雪が舞《ま》う視界の先に自分と同じ黄緑色のユニフォームが見えた途端《とたん》、⑦すべてが頭のなかから吹っ飛んだ。

「美莉《みり》センパイ、ラスト！　ファイトですッ。」

　目いっぱいの声とともに、私は両手を大きく頭上で振った。

　雪の勢いが増したぶん、ユニフォームのネオンカラー*11が映《は》えて見える。美莉センパイは赤ユニフォームの選手と並びながら近づいてくる。どちらが先を走っているのか、よくわからないが、その歪《ゆが》んだ表情からも、センパイが最後の力を振り絞《しぼ》ってラストスパートをかけていることは明らかだった。

「美莉センパイ！　美莉センパイ！」

と名を連呼する横で、同じく赤ユニフォームの選手が、

「わかば！　わかば！　最後の力出せェ！」

と叫《さけ》んでいる。

美莉センパイお馴染《なじ》みの、肘を左右に張ったフォーム、その右手にはすでに肩から外されたピンク色のタスキが握《にぎ》られていた。

　自然、身体がスタートの体勢を取る。

　シューズがアスファルトを蹴る足音が一気に近づいてきて、肌に触れた雪が解けたのか、それとも汗《あせ》なのか、テカテカに濡《ぬ》れた美莉センパイの顔が迫《せま》ってきた。

　苦しいだろうに、それでも笑顔《えがお》を作り、

「まっすぐ進んで、一回だけ右！」

と甲高《かんだか》い声とともに美莉センパイはタスキを渡し、私の背中をパンッと叩いた。


【万城目学《まきめまなぶ》「十二月の都大路上下《カケ》ル」（『八月の御所グラウンド』〈文藝春秋〉所収）による】

注
＊1　タスキ…ここでは、駅伝の走者が次の走者に手渡《てわた》していく、輪にした細長い布のこと。肩《かた》から腰《こし》のあたりにななめにかける。
＊2　中継線…駅伝の選手が次を走る選手にタスキを渡す場所。
＊3　イントネーション…音の上がり下がりの調子。
＊4　ベンチコート…スポーツ選手が寒いときに着る防寒具。
＊5　先導車両や白バイ…駅伝で先頭選手の前を走る車両やバイクのこと。
＊6　ダミ声…にごったガラガラ声。
＊7　咲桜莉…「私」と同じ陸上部の一年生。
＊8　フォーム…運動しているときの姿勢。
＊9　モーション…動作。
＊10　ココミ…「私」と同じ陸上部の上級生。
＊11　ネオンカラー…明るく派手な蛍光《けいこう》色のこと。

(1)　――線部①「場の雰囲気を切り替えさせる」とありますが、その場の雰囲気はどのように切り替わったのですか。最も適当なものを、次の中から選びなさい。

ア　次に走るのは自分だということに気づき、我に返ったランナーたちの集中力が一気に高まっている。

イ　タスキを受け取る時が迫っていることを意識して、レース前特有のはりつめた空気が広がっている。

ウ　係員から伝えられる連絡事項にしたがってすばやく行動できるかわからず、不安がただよっている。

エ　強豪校とのたたかいがいよいよ近づき、しっかり準備運動をしなければならないと焦《あせ》り始めている。

(2)　――線部②「本当に私、走るんだ――。」とありますが、この時の「私」について説明したものとして最も適当なものを、次の中から選びなさい。

ア　落ち着いた気持ちで番号が呼ばれるのを待っていたが、係員のダミ声や他の選手が太ももを叩く音によって、走ることが急に怖くなっている。

イ　他の選手の鍛えられた体を観察するなどして楽しんでいたが、自分の走る時が近づいてきたことによって、気持ちが急に後ろ向きになっている。

ウ　中継所の緊迫《きんぱく》した雰囲気に圧倒《あっとう》されていたが、係員が番号を呼ぶ間隔《かんかく》が短くなってきたことによって、走ることへの気持ちが急に高まっている。

エ　走るための心構えが十分にできないでいたが、走るための準備に余念《よねん》が無い選手たちによって、走ることに対する実感が急にわいてきている。

(3)　――線部③「私とはエライ違いだった。」とありますが、「私」はどのような点で自分が留学生と違うと感じていますか。最も適当なものを、次の中から選びなさい。

ア　留学生は、仲間のサポートを受けて、心身ともに走るための準備ができている点。

イ　留学生は、この駅伝に対して思い入れがなく、出発を前にリラックスしている点。

ウ　留学生は、他の選手の様子を気にすることなく、自分の世界に入りこんでいる点。

エ　留学生は、経験豊かで実績があるため、周りの視線を意識してふるまっている点。

(4)　――線部④「気づくと、あれほど我が物顔でのさばっていた緊張の気配が身体から消え去っている。」とありますが、その理由として最も適当なものを、次の中から選びなさい。

ア　同じ学校の仲間と楽しく話していた朝食のひとときがふと頭に浮かび、失いかけていた元気を取り戻すことができたから。

イ　いつも気にしてくれている咲桜莉の声が耳の奥でよみがえり、一人だけで戦っているのではないと思うことができたから。

ウ　劣等感《れっとうかん》をいだいていた自分の走り方を咲桜莉がほめてくれたことを思い出し、少しの間優越感《ゆうえつかん》にひたることができたから。

エ　自分が留学生の走りに対して感じたものと同じ言葉で自分をほめてくれた仲間を思い出し、自信を持つことができたから。

(5) 〜〜線部a「ハッパをかけた」、b「買いかぶり」とありますが、文章中での意味として最も適当なものを、それぞれ後の中から選びなさい。

a「ハッパをかけた」

ア 気をつけさせた　イ 厳しく指導した
ウ 気合いを入れた　エ 強く働きかけた

b「買いかぶり」

ア その気にさせるうそ　イ 実際以上の高い評価
ウ 励《はげ》ますためのお世辞　エ よけいなおせっかい

(6) ——線部⑤「彼女の目Aと、私の目Bを結ぶ、直線ABの中間点Cにて、何かが『バチンッ。』と音を立てて弾けるのを聞いた気がした。」とありますが、これはどのようなことを表していますか。**三十字以内**で説明しなさい。

(7) ——線部⑥「鉄のヒシコ」とありますが、ここで菱先生のことを「鉄のヒシコ」と呼んでいるのはなぜですか。最も適当なものを、次の中から選びなさい。

ア 「私」のためらいや異論を少しも聞き入れてくれそうにない様子だったから。
イ 「私」の考えよりも高い順位の獲得《かくとく》を優先しようとしている様子だったから。
ウ 「私」が泣きそうになっていることを一切《いっさい》気にかけていない様子だったから。
エ 「私」が驚いたりとまどったりしていることを楽しんでいる様子だったから。

(8) ——線部⑦「すべてが頭のなかから吹っ飛んだ。」とありますが、これはどういうことですか。最も適当なものを、次の中から選びなさい。

ア 先生の話に納得《なっとく》できない気持ちでいたが、そのようなわだかまりがすべてなくなり、少しでも早く先輩からタスキを受け取りたいと思うようになったということ。
イ 昨夜の菱先生の表情を思い出して怖さが蘇ったが、そのような恐《きょう》怖心《ふしん》がすべてなくなり、自分を推してくれた先輩の期待にこたえることだけに集中したということ。
ウ 自分が出場するのにふさわしいかどうか確信が持てないでいたが、そのような迷いがすべてなくなり、タスキを受け取って走ることだけに意識が向いたということ。
エ 先生や先輩の前で泣きそうになった自分を情けなく思っていたが、そのような自責の念がすべてなくなり、先生の言葉どおり死ぬ気で走ろうと決意したということ。

(9) この文章の表現の工夫《くふう》について、児童が班で話し合っています。これを読んで、[1]〜[3]に当てはまる言葉を、それぞれ文章中から**五字**でぬき出しなさい。

児童A— 私は最初の部分に注目したよ。一文一文が短い上にすぐに改行されていて、少しずつ作品世界に入っていけるようになっていると思う。
児童B— ぼくは、「私」がどこで何をしているのかはっきりと書かないことで、読者を引きこむ効果があると思うな。

児童C―　この部分の「[1]」から始まる一文には、擬人法《ぎじんほう》（人間ではないものを人間であるかのようにあつかう比喩《ひゆ》）が用いられているね。

児童B―　ぼくは「私」と同じタイミングで走ることになった選手の描写《びょうしゃ》に注目したよ。顔のつくりが細かく描写されていて、表情が頭に思い浮かびそう。

児童C―　「[2]」で始まる一文からは、「私」が、自分よりも背が高い相手から威圧感《いあつかん》を受けていることが伝わってくるね。

児童A―　さっきの擬人法に似ている描写だね。

児童C―　私は最後の場面の表現に注目したよ。ここでは、タスキをつなごうと必死に走ってくる「美莉センパイ」と、それを待ち受ける「私」の様子が臨場感《りんじょうかん》をもって描《えが》かれていると感じたよ。

児童A―　そうだね。「美莉センパイ」が最後の力を振り絞って走ってくる勢いそのものが、走っている様子や表情の細かな描写からも伝わってくるね。

児童B―　「[3]」から始まる一文は、そうした「美莉センパイ」の勢いに押《お》されるように、いよいよ「私」も走り出す覚悟《かくご》というか、タスキを受け取る準備ができたことが分かる表現だと思うよ。だから、最後の「私の背中をパンッと叩いた」という表現が印象に残るのかもしれないね。

⑽　この文章のX[ザンゾウ]、Y[イチモクサン]を漢字に直しなさい。（ハネやハライなどの点画もきちんと書くこと。）

二　同じ筆者が書いた次の[Ⅰ]・[Ⅱ]の文章を読んで、後の問いに答えなさい。

[Ⅰ]

現在の人間たちの協力の最たるものは「職業」です。多くの人は職を持っていて、特定の仕事をするだけで生きていけるようになっています。私の場合であれば大学教員ですので、大学で講義をしたり、研究をしているだけで給料をもらって、衣食住を賄《まかな》うことができます。私が身に着けている衣服も毎日食べている食料も、住んでいる家も、自分で作ったものではありません。作ろうと思っても質の高いものは作ることができません。その代わりに他のもっと技術のある人間が仕事として作ってくれたものを買っています。

現代人には当たり前すぎて普段《ふだん》はあまり意識しないかもしれませんが、これは大きな協力関係です。皆《みな》が[　　]ために質の高い仕事をすることで、全員が安全で快適な生活を送ることができています。

職業という協力関係の重要さは、誰《だれ》かが仕事を辞《や》めたらどうなるかを考えるとすぐにわかります。たとえば、衣服を作る仕事の人が全員辞めてしまったら、みんな自分の服は自分で作らないといけなくなります。きっと粗末《そまつ》な衣服しか作れないことでしょう。忙《いそが》しい人は全く作れないかもしれません。着替《きが》えを用意しておくのも大変ですし、洗っているうちにぼろになるでしょうから、洗濯《せんたく》もあまりしなくなるでしょう。衣服は汚《よご》れ、感染症《かんせんしょう》も広まりやすくなるかもしれません。現代人が安く品質の高い衣服を手に入れることができているのは、作ることに特化した人が専門に作ってくれるおかげです。

そして①それは一方的な関係ではありません。衣服を作る人も食料や住居は別の専門家に作ってもらっています。私たち人間は、現在、社会という大きな協力関係の網《あみ》の目の中に組み込《こ》まれています。

「社会の中に組み込まれる」ということは「社会の歯車になる」ということです。この言葉にはあまりいい印象はないかもしれません。自分の個性とかアイデンティティ*1がおびやかされていると感じるかもしれません。しかしそれは誤解だと私は思います。

②むしろ社会の歯車になることでほとんどの人は個性を発揮して、みんなの役に立てるのだと思います。

たとえば、社会が全く存在しない状況《じょうきょう》を考えてみましょう。父親、母親、小さい子どもの三人家族だけで無人島で暮らしているような状況です。この場合、生きていくために必要な仕事はすべて三人だけで分担しないといけません。狩《か》りをするのは、生物的に力の強い大人の男性である父親になるでしょう。植物や果物を採集したり、調理したりするのは、狩りに不向きな女性や子どもの仕事になるでしょう。たとえ、狩りなんて荒《あら》っぽいことが嫌《きら》いな男性や、採集よりも狩りの方が好きな女性だったとしても、餓《う》えないためには身体的に向いている方をやらざるをえません。狩りに失敗したり、食べ物を見つけることに失敗したりすれば、すぐに命の危機が訪《おとず》れます。また、この世界では、勉強が得意とか、絵をかくのが得意とか、コミュニケーション能力が高いとか低いなどの個性が役に立つことはありません。なにより必要なのは、獲物《えもの》をしとめたり、食料を確保する能力です。力や体力が何よりも重要です。強く丈夫《じょうぶ》で健康な人間だけが生き残る世界です。それ以外の個性には出番はありません。

一方で私たちの社会は違《ちが》います。力や体力が必要な職業もあれば、勉強や絵を描《か》くことやコミュニケーション能力が必要な職業もあります。どれか一つの能力が優《すぐ》れていれば、十分に活躍《かつやく》の場が見つかります。少なくとも狩猟《しゅりょう》採集社会よりは、今の社会の方が自分に合った役割（歯車）が見つかる可能性が高いように思います。

こうした他人との協力からなる社会を形成するようになると、人間という生物が増える単位も変わってきます。人間以前の生き物は自分の力で自分だけを増やしていました。細菌《さいきん》*2も線虫《せんちゅう》もカエルも虫もサルも、増えることができるかどうかは自分の能力や運によって決まっていました。優れた能力を持っていれば生殖《せいしょく》*3に成功し、子孫を作ることができますし、そうでなければ血統*4は途絶《とだ》えてしまいます。

ところが協力関係の網の目の中にいる人間は違います。自分が生き残って増えるためには他の人の能力も重要です。また自分の能力もほかの人が生き残って増えることに貢献《こうけん》しています。自分の命が大事なのと同じように、他の人の命も大事になっていきます。③増える単位が自分の体を超《こ》えて広がっているといってもいいかもしれません。

このような大規模な協力関係は人間ならではの特徴《とくちょう》です。人間以外の生物が非血縁《けつえん》個体と協力することは、特殊《とくしゅ》なケースを除いてほとんどありません。なぜ人間のみでこのような特殊な能力が生まれたのかについてはいろいろな説があります。人間の持つ高度な言語能力や認知《にんち》能力や寿命《じゅみょう》の長さが大事だったと言われています。また、それらの能力が生まれた背景には、狩猟採集生活の中で協力する必要性があったことや、子どもが成長するまでに時間がかかることから子育てに他の個体の協力が必要だったことなどが指摘《してき》されています。

このような性質のどれが直接的な原因だったのかはわかりませんが、いずれにせよ、このような他の個体との協力を可能とする人間の性質は、元をたどれば少産少死の戦略によってもたらされたものです。命を大事にして長く生きるようになり、他個体と付き合うことが可能になったために協力することが有利になりました。

しかも、人間には他者を認識する知能や、他者の気持ちを察することのできる共感能力も備わっています。結果として協力関係がどんどん発展していきました。私たち人間は地球上の他のどんな生物よりも協力的な、いわば「やさしい」生物です。このようなやさしさの進化は少産少死の戦略を極《きわ》めてきた生物にとって必然だったように思えます。

（市橋伯一《いちはしのりかず》『増えるものたちの進化生物学』〈ちくまプリマー新書〉による）

Ⅱ

進化を促進《そくしん》する以外にも、裏切り者にはもうひとつ別の価値があるように思います。裏切り者は、協力が本当に価値があるのかを問い直す意味があります。生物の進化には協力性を発展させるような、一貫《いっかん》した傾《けい》向《こう》があることを述べてきました。この傾向にブレーキをかけるのが裏切り者の役割ではないかと思います。そしてブレーキは、とかく協力に走ってしまう生物に対して、その協力は本当に意味があるのかを問いかける役割を担《にな》っているように思います。

例えば、日本でもよく見かけるアミメアリでは、裏切り者が増えてしまって社会の形を変えてしまっています。アミメアリの巣にはもう女王はおらず、働きアリが卵を産むようになっています。それでも働きアリどうしは協力して餌《えさ》の探索《たんさく》や育児をしています。そして集団が大きくなると分裂《ぶんれつ》して新しい巣を作ることで増えていきます。

この珍《めずら》しい生活様式は、おそらく自分で卵を産むようになった裏切り者の働きアリが増えて女王を駆逐《くちく》*5したことによると考えられます。しかし、面白《おもしろ》いことに、それでも働きアリどうしの協力関係は維持《いじ》できているのです。アミメアリが日本全国に分布していることを見ても、女王のいる普通のアリよりも増殖《ぞうしょく》効率で著《いちじる》しく劣《おと》るということはなさそうです。

このアミメアリの存在は、女王だけが生殖するという普通のアリの社会のあり方が必ずしもアリの繁栄《はんえい》にとって重要ではないことを示しています。みんなが生殖をしたとしても、労働の分担さえできていれば十分に効率よく生きていくことができるのです。これは働きアリが卵を産むという裏切り行為《こうい》によって、女王だけが生殖をするというやり方が本当に価値があるのかを問い直した結果だといえるでしょう。

同じことは私たちヒトの社会にもあてはまります。私たちは協力することを良いことだと思い、裏切りは悪いことだと思っています。学校ではみんな仲良くするように繰《く》り返し教えられ、みんなで協力して何かを成し遂《と》げることが推奨《すいしょう》*6されます。一方で裏切り者といえば基本的にネ*7ガティブなイメージで語られます。別にそのことが悪いわけではありません。

ただここで強調したいのは、こんなふうに協力を良しとする風潮は、進化によってヒトの脳に刷り込まれたものだということです。ヒトの本能だといってもいいかもしれません。

私たちヒトは、生命の誕生から一貫して協力関係を発展させることによって生存競争を勝ち抜《ぬ》いてきたのですから、脳は協力を好み、とにかく協力を進めるように成形されてしまっています。言い換《か》えると、協力というのはヒトという種の成功体験です。それで成功してきたのだから、今後も協力をし続けてしまいます。

ここで気をつけないといけないのは、過去にうまくいった方法がこれからもうまくいくとは限らないことです。皆さんの会社や共同体にも、過去の成功体験にこだわって新しい環境《かんきょう》に対応できない人はいないでしょうか。同じことが協力を好む私たちの心にもあてはまります。協力を好む心は時に、協力のための協力をするようになります。本来の協力の効果は、分業して一人ではできない価値を生むことです。協力のための協力はその本来の効果とはむしろ逆の効果を及《およ》ぼしかねません。皆さんの会社や共同体でも、時に非効率な団結や助け合いを無言のうちに強要されたことはないでしょうか。

そこに裏切り者の役割があります。例えば年金*8はみんなが協力して老後の生活を保障する制度ですが、若者の加入率が落ちているといいます。これは社会全体で見れば若者の裏切り行為に他なりませんが、彼らからすると将来もらえるかどうかもわからないのに金をとられるのは、納得《なっとく》ができないでしょう。こうした裏切り行為は年金制度の見直しを促《うなが》すきっかけにもなります。他にも利己的*9にふるまう怠《なま》け者が現れるというのは、その協力関係が実は非効率な協力になっていることを示唆*10《しさ》しているのかもしれません。

このように裏切り者の出現は困ったものではありますが、その協力に本当に価値があるのかを問うきっかけとなる利点もあります。人間社会を維持するためには、裏切り者は多くの場合、排除《はいじょ》しなければなりません。しかし排除するまえに、少しだけ彼《かれ》らの言い分にも耳を傾《かたむ》けたほうがいいのかもしれません。

（市橋伯一『協力と裏切りの生命進化史』〈光文社新書〉による）

注

*1　アイデンティティ…自分らしさ。
*2　線虫…体長〇・五〜二ミリ程度の小さく細長い生物。体は細長く糸や筒《つつ》のような形をしている。
*3　生殖…生物が自らと同じ種に属する個体をつくること。
*4　血統…祖先からの血のつながり。
*5　駆逐…追いはらうこと。
*6　推奨…優れていることをあげて、それを人にすすめること。
*7　ネガティブ…否定的なさま。
*8　年金…国の社会保障制度の一つとして、社会全体で高齢《こうれい》者等の生活を支える制度のこと。
*9　利己的…自分の利益だけを考えるようす。
*10　示唆…それとなく教え示すこと。

(1)　文章中の□に入る言葉として最も適当なものを、次の中から選びなさい。

ア　自分自身の将来の　　イ　自分以外の誰かの
ウ　多くの収入を得る　　エ　世に技術を広める

(2)　——線部①「それは一方的な関係ではありません。」とありますが、ここでの関係として最も適当なものを、次の中から選びなさい。

ア　自分だけがもつ特別な技術を磨《みが》くことにより、他の専門家に負けないように互《たが》いに高め合っていくライバルの関係。

イ　いざというときには複数の専門家がもっている力を存分に発揮して、社会の危機を乗り越《こ》えようとする団結の関係。

ウ　いくつもの専門的な仕事が関わることにより、誰もが安心して過ごすことのできる社会が成り立つ助け合いの関係。

エ　もし仕事を急に辞めてしまった人がいても、すぐに似たような専門性をもった人が代わりを務める支え合いの関係。

(3)　——線部②「むしろ社会の歯車になることでほとんどの人は個性を発揮して、みんなの役に立てるのだと思います。」とありますが、その理由として最も適当なものを、次の中から選びなさい。

ア　今の社会は、範囲《はんい》は限定されるがだれでも自分に合う仕事から自由に選択《せんたく》して働くことができるから。

イ　狩猟社会ではむだと思われていた能力も、現在の社会の仕組みの中では誰かを助けるのに役立つから。

ウ　人と同じ仕事をすることになっても、社会の一員となって貢献できれば人生を前向きに過ごせるから。

エ　社会が存在しなければ、生き残るのに有利な人間の能力ばかりが重視される生き方を強《し》いられるから。

(4)　——線部③「増える単位が自分の体を超えて広がっている」とありますが、これはどういうことですか。次の［　］に入るように「**単位**」「**子孫**」という言葉を使って**十五字以上、二十五字以内**で書きなさい。

> 人間は個人という単位ではなく、［　］ということ。

(5)　Ⅰ・Ⅱの文章を読んで考えたことを児童が班で話し合っています。これを読んで後の(i)～(iv)に答えなさい。

児童A—　Ⅱの文章には、Ⅰの文章で出てこなかった「裏切り者」という言葉が出てきたね。

児童B—　「裏切り者は、協力が本当に価値があるのかを問い直す意味があります。」と書いてあるよ。これはどういうことなのかな。

児童C—　もう一度、アミメアリの例を見て考えてみよう。普通のアリの社会の場合は、［X］という方法で仲間を増やしていくのに対して、アミメアリの社会の場合は、働きアリが卵を産むという方法で仲間を増やしているね。

児童A—　そのアミメアリの巣には女王は追い出されてもういないとも書いてあるよ。一見すると女王にとっては「裏切り者」だね。

児童B—　でも結果的にアミメアリが日本全国に分布しているのであれば、この「裏切り者」が進化には必要だったとも言えるかもしれないよ。

児童C—　ヒトの場合はどうなのかな。

児童B—　Ⅱの文章では、═══線部「私たちヒトは、生命の誕生から一貫して協力関係を発展させることによって生存競争を勝ち抜いてきた」と書いているよ。

児童D―　Ⅰの文章では、人間の、他者を認識し共感する能力に着目しているね。［　Y　］という言葉は生物としての人間の特徴をうまく表しているよ。

児童B―　なるほど、ⅠとⅡの文章を比べるのもおもしろそうだね。次は、この二つの文章を比べてみよう。

（話し合いは続く）

(i)　［　X　］に入る具体的な言葉を**十字以内**で考えて書きなさい。

(ii)　アミメアリの例の場合、「裏切り者」がいたことによってどのようなことが明らかになりましたか。最も適当なものを、次の中から選びなさい。

ア　仲間と協力さえすれば、自分より強い相手もたおせること。
イ　一般的《いっぱんてき》でない方法であったとしても、仲間を増やせること。
ウ　強い存在に頼《たよ》らなくても、大きな集団をまとめられること。
エ　集団よりも個で進化したほうが、効率的に繁栄できること。

(iii)　［　Y　］に入る言葉をⅠの文章から**十字以内**でぬき出しなさい。

(iv)　〰〰線部「この二つの文章を比べてみよう。」とありますが、Ⅰ・Ⅱの文章を比較《ひかく》した内容として最も適当なものを、次の中から選びなさい。

ア　Ⅰは人間は互いの気持ちを理解することで協力関係を築いてきたと述べているが、Ⅱは仲間を裏切る者の気持ちにも耳を傾《かたむ》けて親身に寄りそう方がよいと述べている。
イ　Ⅰは協力関係の網の目をもつ人間は他の個体より長く生きられると述べているが、Ⅱは人間も裏切り者の出現により協力関係が崩《くず》れて存続が危《あや》うくなると述べている。
ウ　Ⅰは人間は他の個体と協力し合うことによって発展してきたと述べているが、Ⅱは協力関係の負の側面に目を向けてそれをうまく解決するためのヒントを述べている。
エ　Ⅰは人間は他の個体と協力するのに有利な能力を高めてきたと述べているが、Ⅱは人間社会の中では仲間を裏切る者が出ないようにすべきであると注意を述べている。

帝京大学中学校(第一回)

—50分—

注意　問題の中で、字数が指定されている場合は、特に指示のない限り、句読点等を字数にふくめること。

一　小学三年生のサトシと哲《てっ》ちゃんは探検ごっこをする仲間だが、クラスの男子達からいじめの標的にされており、この日も二人一緒《いっしょ》に暴力をふるわれていた。これに続く次の文章を読んで、後の問いに答えなさい。

「大丈夫《だいじょうぶ》?」起き上がり、哲ちゃんに声をかける。

「うん。サトシ君は大丈夫?」

「うん」

さっきまで楽しかったのに、今は泥《どろ》だらけなことをかっこ悪く感じた。

二人とも、腕《うで》から血が出ていた。

草むらから出て、水道に行く。血が出ている傷口のまわりの泥を洗い落とす。足や顔のまわりも洗う。

「そうだ。サトシ君に渡《わた》すものがあったんだ」洗い終わり、哲ちゃんはハンカチで体をふいていく。

「何?」ぼくも体をふく。

「これ」ポケットの中から赤い星のピンバッジを出す。「探検隊の証《あかし》にしようと思って。お揃《そろ》いだよ」

「いいの?」バッジを受け取る。

赤は哲ちゃんの好きな色だ。ランドセルも赤い。女みたいと笑われても、自分の好きなものを捨てたりしない。

「お父さんが買ってくれたんだ。サトシ君にもあげなさいって」

「ありがとう」

シャツの胸に画びょうのような形のバッジをさし、留め金で裏から留める。哲ちゃんもポケットからもう一つバッジを出して、同じように留める。

傷はまだ痛かったけど、楽しい気分が戻《もど》ってきた。

六時のチャイムが鳴ったら、遊ぶのをやめて家に帰る。

「バイバイ」

「また明日ね」

T字路で哲ちゃんと手を振《ふ》り合い、わかれる。

右に行くと哲ちゃんの家で、左に行くとぼくの家だ。学校に行く時も、学校から帰ってきて遊びにいく時も、ここで待ち合わせする。お互《たが》いが見えなくなるまで、手を振りつづける。

哲ちゃんにもらったピンバッジを見る。夕陽《ゆうひ》が当たって、赤い星が光る。

胸にさしておくと目立つから、①学校ではシャツの裾《すそ》にさそうと約束した。いつも持っているのが二人の友情の証になる。

自転車に乗った石井君と久保君が後ろから来て、横を通りすぎた。何か言われるかと思ったけど、何も言われなかった。ぼくを見ることさえなかった。まるで、［A］みたいだ。

ぼくの家の三軒隣《げんとなり》が石井君の家で、久保君の家はその裏にある。二人も同じ幼稚《ようち》園だった。幼稚園の頃《ころ》は、家が近いから仲良しだった。電車のおもちゃでよく一緒に遊んだ。

いじめられるようになったのは二年生の終わり頃からだ。にぶいし、いつまでも探検ごっこや電車ごっこをしていることを笑われるようになった。三年生になると、プロレスごっこしようと言われ、殴《なぐ》られたり蹴《け》られたりするようになった。腕にあざができて、お母さんにどうしたの？と聞かれ、石井君と久保君にやられたと言ってしまった。お母さんは怒《おこ》って、二人の家に行った。次の日から、暴力はごっこ遊びではなくなった。

「サトシ君」

後ろから歩いてきた男の人に声をかけられる。

「こんにちは」田中君だった。

「河原で遊んでいたの？」

「うん」

田中君は、ぼくと哲ちゃんの友達だけど、年は二十歳《さい》くらい上だ。ぼくの家の正面に建つアパートに住んでいる。いつもTシャツにジーパンとか楽そうな格好をしている。大学生だと思っていたら、お兄さんはもうすぐ三十歳になるんだよ、と前に言われた。

去年の夏に家の前で自転車に乗る練習をしていたら手伝ってくれて、それから一緒に遊ぶようになった。秘密基地の作り方も、田中君が教えてくれた。

「またいじめられたの？」

「ううん。②いじめじゃないよ」

いじめられていると自分でもわかっているのに、言葉にして認めたくなかった。

「石井君や久保君に何かされたんじゃないの？」

「お母さんには言わないでね」

「わかってるよ」

けがをして、田中君に手当てしてもらったことが何度かある。

何をされたか話したら、そんなこと気にしないで好きなことをやった方がいいと言って笑っていた。哲ちゃんも、ぼくは気にしないよと言って笑っていた。

「秘密基地、雨で壊《こわ》れなかった？」

「大丈夫だった」田中君の顔を上げる。

「それは、良かった」

他の大人と違《ちが》って、田中君はぼくや哲ちゃんに目線を合わせようとしない。子供だからって手加減してくれることもなくて、秘密基地を作る時は作業が遅《おそ》いと何度も怒られた。おかげで、台風で壊れても、ぼくと哲ちゃんだけで新しく作り直すことができた。

| a |

| b |

| c |

| d |

| e |

「哲ちゃんやサトシ君みたいな友達がいれば良かったなって思うよ。僕《ぼく》もサッカーや野球は得意じゃないから」

「サッカー好きじゃないの？」

日本代表の試合がある日、田中君はサッカーのユニフォームを着ていた。

「見るのは好きだけどね」

「そうなんだ」

「大丈夫だよ。今はたくさん友達がいるから。大人になったら、同じことが好きな友達と会えた」

デザイン事務所というところで田中君は働いている。きっと、そこには田中君と同じような格好の人がたくさんいるのだろう。ぼくのお父さんは毎日スーツで会社に行く。大人にも色々な人がいるようだ。

「好きなことが同じじゃないと、友達になれないの？」

「そんなことはないよ。でも、［　B　］」

「よくわかんない」田中君はたまに難しいことを言う。

「いつかわかるようになるよ」

「ふうん。石井君や久保君とも、前は友達だったんだよ」

「うん」

「どうして友達じゃなくなっちゃったんだろう」

「サトシ君は石井君や久保君と友達になりたいの？」

「……うん」

いじめられたくないし、ちょっとだけ石井君や久保君に憧《あこが》れている。

二人とも女子に人気がある。二人だけじゃなくて、運動ができる男子はみんな人気がある。ぼくと哲ちゃんは女子にいじめられることはないけど、冷たくされることがあった。教室にいても、石井君や久保君たちは光って見える。

秘密基地を作ろうなんて、来年は思わないかもしれない。幼稚園の頃に遊んでいた電車のおもちゃは押《おし》入れの奥《おく》に入れたまま、もうずっと出していない。好きだった遊びを子供っぽく感じることは、ぼくにもある。哲ちゃんと遊ぶのは楽しいし、野球やサッカーは苦手だ。でも、いつまでも子供みたいな遊びをしているより、石井君や久保君たちのグループに入りたいと思ってしまう時があった。

「友達が多いことは悪いことじゃないからね」

「うん」

お父さんもお母さんも先生も、たくさん友達を作りなさいと言っていた。哲ちゃんしか友達がいないことを、お母さんは恥《は》ずかしいと感じているみたいだ。保護者会で他のお母さんたちがあいさつし合っている中に入りにくいと話していた。

「じゃあ、サトシ君にはこれをあげよう」肩《かた》にかけているカバンから、田中君はスマイルマークの黄色い缶《かん》バッジを出す。

ぼくが差し出した手の平の真ん中に、バッジを置く。

「何これ？」

哲ちゃんがくれた赤い星のピンバッジに比べて、かっこよくない。目と口のバランスが悪いせいか、ニセモノっぽい。こんなんつけていたら、またいじめられる。

「これは不思議な力を持ったバッジなんだよ」

裏も見てみるけど、普通《ふつう》の缶バッジだった。カバンの中にずっと入っていたのか、真ん中がへこんでいる。

「不思議な力？」

「ヨーロッパのある村に伝わる秘密の魔法《まほう》がかけられたバッジでね、友達バッジっていうんだ。これをつけていると、誰《だれ》とでも友達になれる」

「ヨーロッパのどこ？」

ぼくが聞くと、田中君は腕を組んで右上を向いて考えこむ。

「フランス。これは秘密だから誰にも言っちゃダメだよ」ぼくの方を見る。

「ふうん」

嘘《うそ》だと思うけど、③それ以上は聞かないであげた。田中君は防衛隊ごっこをする時、ぼくと哲ちゃん以上に大きな物語を作りあげる。たまに、平気な顔で嘘もつく。

「ヨーロッパは国が陸つづきなのに、国ごとに言葉が違うだろ?」

「うん」

「さっきも言ったけど、違うっていうことを受け入れるのはとても大変なんだ。それで戦争が絶えなかった時代に、考え出された魔法なんだ。その頃は宝石が入ったブローチで、お金持ちにしか買えないものだったんだけど、今はこうして缶バッジになった。もうすぐ誰でも買えるようになる」

「雑誌に載《の》っている幸福になれるブレスレットみたいなもの?」

お母さんが読んでいる週刊誌に、恋人《こいびと》ができたり、宝くじが当たったりするブレスレットの広告が載っていた。

「違うね。あんなインチキとは全然違うよ」

「違うんだ」

「学校につけて行ってみなよ。いらなかったら返してくれればいいから」

「うん。ありがとう」

「バッジの力のことは誰にも話しちゃダメだよ。哲ちゃんにも秘密だからね」田中君はぼくの目をのぞきこんでくる。

「わかった」バッジを握《にぎ》る。

夕方になってもまだ暑いのに、④冷たい風が手の中を通った。

(畑野智美『ふたつの星とタイムマシン』〈小学館文庫〉より)

問一　――線①「学校ではシャツの裾にさそうと約束した」とありますが、シャツの裾にさすのはなぜですか。四十字以内で説明しなさい。

問二　[A]にあてはまる言葉として適切なものを次の中から一つ選び、ア~エの記号で答えなさい。

ア　ぼくなんかいない　　イ　ぼくを避《さ》けている

ウ　ぼくを怖《こわ》がっている　　エ　ぼくに関わりたくない

問三　――線②「いじめじゃないよ」とありますが、そう言ったのはなぜですか。適切なものを次の中から一つ選び、ア~エの記号で答えなさい。

ア　いじめを否定しないと、田中君にいじめの事実が知られてしまうから。

イ　いじめられたことのない田中君に、「ぼく」の気持ちは分かるはずがないから。

ウ　いじめのことを田中君に話しても、どうせ信じてもらえないから。

エ　言葉にしてしまうと、いじめの事実が強く意識されてしまうから。

問四　[a]~[e]にあてはまる会話文として適切なものを次の中から一つずつ選び、ア~オの記号で答えなさい。

ア　「ううん。いじめられもしなかったし、いじめもしなかったよ」

イ　「友達いなかったし」

ウ　「えっ?　そうなの?」

エ　「田中君も子供の頃、いじめられた?」

オ　「ふうん」

問五　[B]にあてはまる言葉を文中から二十四字で探し、はじめと終わりの五字をそれぞれ抜《ぬ》き出しなさい。ただし、句読点は含《ふく》めないものとします。

問六　――線③「それ以上は聞かないであげた」とありますが、それはなぜですか。適切なものを次の中から一つ選び、ア～エの記号で答えなさい。

ア　田中君は平気な顔で嘘をつくので、聞くだけ時間の無駄《むだ》だから。
イ　嘘をつくのが苦手な田中君に、余計な苦労をかけたくないから。
ウ　「ぼく」を心配してくれる田中君に、これ以上嘘をつかせたくないから。
エ　田中君は「ぼく」を見下《みくだ》しているので、嘘によってますます「ぼく」がみじめになるから。

問七　――線④「冷たい風が手の中を通った」とありますが、これは「ぼく」のどのような気持ちを表していますか。三十字以内で説明しなさい。

二　次の文章を読んで、後の問いに答えなさい。

現在、環境《かんきょう》問題がさまざまに議論されています。一口に環境問題といっても、地球温暖化・オゾン層の破壊・熱帯林の減少・酸性雨・有機化合物や有毒金属による地球汚染《おせん》など、多くの問題にわたっており、対策も個々の問題に応じて異なっています。逆に、原因はただ一つです。人間の諸活動が、環境問題を引き起こしているからです。地上に人類が現れて以来、地球環境は汚染され続けてきたとａ極論を言う人もいます。実際、人類の手で多くの種が絶滅《ぜつめつ》させられました。しかし、人類も自然に生まれてきた生物の一つですから、その活動が環境に影響《えいきょう》を与《あた》えるのは必然なのかもしれません。

［Ａ］、人類は生産活動を行うという点で他の生物とは異なった存在であり、自然では作り得ない物質を生産し、その大量消費を行うようになったのも事実です。その結果、人類の活動が地球の環境が許容できる能力とｂ匹敵《ひってき》するほどのレベルに達しており、自然では浄化《じょうか》しきれない人工化合物があふれ、新しい生命体を作る試みすらし始めています。人類は、意識しているかどうかは別として、環境を根本的に変えかねない事態を招いているのです。【ア】

かつては、「環境は無限」と考えられていました。［Ｂ］、環境の容量は人類の活動に比べて圧倒《あっとう》的に大きく、すべてを吸収処理してくれると思ってきたのです。［Ｃ］、廃棄《はいき》物を平気で海や空に捨て、森林を切り、海や湖を埋立《うめた》て、ダムを造ってきました。しかし、環境が無限でないことを、さまざまな公害によって学んできました。また、陸にも海にも砂漠《さばく》化が進み（海にも砂漠化が進み、海藻《かいそう》が枯《か》れています）、自然の生産力が落ち始めています。確かに、このままの消費生活を続けると、地球の許容能力を越《こ》え、カタストロフィーが起こるかもしれません。人類の未来は、環境問題の危機をいかに乗り切るかにかかっていると言っても過言ではないでしょう。【イ】

この環境問題の原因は、無責任に大量生産・大量消費の社会構造にしてしまった私たちの世代の責任であると考えています。自分たちは優雅《ゆうが》で便利な生活を送りながら、その「借金」を子孫に押《お》しつけているのですから。借金の最大の象徴《しょうちょう》は、原子力発電所から出る大量の放射性廃棄物でしょう。電気を使って生活を楽しんでいるのは私たちですが、害にしかならない放射性廃棄物を一万年にわたって管理し続けねばならないのは、私たちの子孫なのです。あるいは、熱帯林を切って大量の安い紙を使っているのは私たちであり、表土が流されて不毛の地となってしまった大陸や島に生きねばならないのは子孫たちなのです。環境問題は、すべて①このような構造をもっています。この点を考えれば、せめて子孫たちの負担を少しでも軽くするような手だてを打っていかねばなりません。

この地球環境の危機に対し、「原始時代のような生活に戻《もど》れ」という主張をする人がいます。大量消費が原因なのですから、それをやめればいいという単純な発想です。しかし、それは正しいのでしょうか。いったん獲得した知識や能力を捨てて、原始時代の不安な生活に戻れるものなのでしょうか。生産力の低い生活に戻れば、どれほど多くの餓死《がし》者が出ることでしょう。②はたして誰《だれ》が、それを命じることができるのでしょうか。たぶん、答えは、そんな知恵《ちえ》のない単純なものではないと思います。なすべきことは、現在の私たちの生き方を振《ふ》り返り、いかなる価値観の変更《へんこう》が必要で、そのためには、科学がいかなる役目を果たすべきかを考えることではないでしょうか。

環境問題を引き起こした原因の一つは、現在の生産様式が自然の論理に合っていないことにあります。ある意味で、かんたんで楽なやり方しか採用してこなかったのです。

例えば、現在の生産方式の多くは、工場（プラント）を集中化し、巨大《きょだい》化した設備で大量生産を続けるという方法がとられています。その方が、生産効率が高く、省力化できる、つまり安上がりで大量に生産ができるという経済論理が優先されているのです。そのために、政府が基盤《きばん》整備に投資を行い、それに合わせて輸送手段を集中し、都市へ人を集めるというふうに、社会構造まで含《ふく》めて巨大化・集中化に邁進《まいしん》しています。その結果、少量ならば自然の力で浄化できるのに、大量に工業排出《はいしゅつ》物を放出するため、海や空気の汚染を深刻化させたのです。【ウ】

工場を分散させ、小規模施設《しせつ》とすることが、まず第一歩です。それでは生産力が落ちると反論されそうですが、小規模でも同じ生産力を保つ研究が必要なのです。そのヒントは、科学の技術化は、一通りだけではないという点にあります。むしろ、③今までは大規模生産しか考えず、それに適した技術しか開発してこなかったといえるかもしれません。もうけるという経済論理が、科学技術の中身を決めてきた可能性があります。「自然にやさしい科学」とは、従来とは異なった、小規模でも高い生産性をもつ原理や技術の発見という意味を込《こ》めています。【エ】

また、巨大化・集中化は「画一化」につながっています。全国いたるところで、同じ物が売られ、同じテレビ番組が流れ、同じビルが建ち並んでいます。画一化された文化の中で、画一化された生活を送り、画一化された製品に囲まれている結果が、大量消費構造を支えているのです。それぞれが、独自な生活スタイルをとり、固有な文化を生き、独特の生産様式をつくり出す、という価値観の転換《てんかん》が必要だと思います。そのような「多様性」の中で生きるためには、どのようにして太陽や風や海流や地熱など自然のエネルギー利用を行うか、人工化合物でなく自然物を利用するかなど、やはり「環境にやさしい科学」が望まれることになるのです。

④その可能性は、エレクトロニクス技術による「マイクロマシン」という、生物が採用している生体反応を利用するのに似た方式にあるかもしれません。虫は、あんなに小さな体なのに、実に精巧《せいこう》な機能をもってい

ます。例えば、蚊《か》は、一センチにもならない体であるにもかかわらず、獲物《えもの》を探すための三種のセンサー（二酸化炭素用＝人の呼吸、赤外線用＝人の体温、乳酸用＝人の汗《あせ》）、毛細血管の位置を探《さぐ》る超《ちょう》音波センサー、皮膚《ひふ》に穴を開けるノコギリ状のパイプと鋭《するど》い針の二重構造からなる口吻《こうふん》、針の先端《せんたん》部が血管で止まるように血漿《けっしょう》を検知するセンサーをもっています。もし、私たちが、これだけの機能をもつ機械を作ろうと思えば、非常に巨大でエネルギーを使う機械となってしまうでしょう。ところが、蚊は、それを見事に作り上げているのです。マイクロマシンは、そのような小型でエネルギーをあまり使わない生物機械を実現することをめざしています。ヒントは、電気エネルギーを使って機械を動かすのではなく、生体反応をもっと利用することにあります。

また、原子一個一個を制御《せいぎょ》するナノテクノロジーも、新しい工学機械の可能性を拓《ひら》くかもしれません。マイクロマシンやナノテクノロジーなどから、大量生産・大量消費とは異なった論理で生きる社会をめざす必要があると考えています。

（池内了『科学の考え方・学び方』〈岩波ジュニア新書〉より）

問一　〜〜線a・bの意味として適切なものを次の中から一つずつ選び、ア〜エの記号で答えなさい。

a「極論を言う」

ア　根拠《こんきょ》のない主張をする
イ　意味のないことを言う
ウ　一方に偏《かたよ》りのある主張をする
エ　誰にとっても当たり前のことを言う

b「匹敵する」

ア　つりあう　　イ　ぶつかりあう
ウ　区別がつかなくなる　　エ　勝負にならなくなる

問二　［A］〜［C］にあてはまる語句として適切なものを次の中から一つずつ選び、ア〜エの記号で答えなさい。

ア　さて　　イ　ただ　　ウ　だから　　エ　つまり

問三　この文章には次の一文が抜《ぬ》けています。文中の【ア】〜【エ】のうちでどこにあてはめるのが適切ですか。ア〜エの中から一つ選び、記号で答えなさい。

二一世紀は、まさにこの課題に直面する時代となるに違《ちが》いありません。

問四　――線①「このような構造」とありますが、どのような構造ですか。五十字以内で説明しなさい。

問五　――線②「はたして誰が、それを命じることができるのでしょうか」とありますが、ここで筆者はどのようなことを言おうとしていますか。適切なものを次の中から一つ選び、ア〜エの記号で答えなさい。

ア　現在の生き方を見直す場合にも、今ある知識や能力を捨てずに済むような方向性で考えるべきであるということ。
イ　地球環境の危機を乗り切るには、多くの餓死者を出すという重い決断を誰かがしなければならないということ。
ウ　仮に誰かが命令したとしても、原始時代の不安な生活にどれだけの人間が戻れるかは誰にもわからないということ。
エ　これまでに獲得《かくとく》した知識や能力を使えば、地球環境の危機の原因が大量消費以外にもあることがわかるはずだということ。

問六　――線③「今までは大規模生産しか考えず、それに適した技術しか開発してこなかった」とありますが、これはなぜですか。「〜から。」

に続く形で答えとなる部分をここより前の本文から三十字以内で抜き出し、はじめと終わりの三字をそれぞれ答えなさい。

問七 ——線④「その可能性は、エレクトロニクス技術による『マイクロマシン』という、生物が採用している生体反応を利用するのに似た方式にあるかもしれません」とありますが、これはなぜですか。適切なものを次の中から一つ選び、ア～エの記号で答えなさい。

ア 「マイクロマシン」の原理は、大量生産・大量消費の論理を否定しようとすることで作り出されたものだから。
イ 「マイクロマシン」の原理は、独自な生活スタイルや固有な文化の存在する「多様性」の中から生まれたものだから。
ウ 「マイクロマシン」の原理は、生体反応を利用して電気エネルギーを生み出すことを可能にするかもしれないから。
エ 「マイクロマシン」の原理は、小規模で高い生産性を持つ技術の実現にもつながるかもしれないから。

問八 本文の内容と合致《がっち》するものを次の中から一つ選び、ア～エの記号で答えなさい。

ア ナノテクノロジーの研究によって、蚊のような小型でエネルギーをあまり使わない機械も実現できるようになった。
イ 「環境にやさしい科学」が望まれているために、人々は全国いたるところで同じ物が売られているような社会をつくりあげている。
ウ 私たちの生き方を振り返って価値観を見直すことによって、人類の活動が地球環境に影響を与えてしまうという事態は避けることが可能である。
エ 人類が他の生物とは異なり生産活動を行うことができたために、自然の持つ浄化能力を越えた環境汚染という問題が起きてしまった。

三 次の1～5について、a～cの四字熟語を完成させた時、□に入る数字の合計を、それぞれ算用数字で答えなさい。

1 a □意専心 b □里霧中 c □位□体
2 a □面楚歌 b 言行□致 c □寒□温
3 a □方美人 b □日坊主 c □者択□
4 a □束三文 b 心機□転 c □転□倒
5 a 岡目□目 b 千載□遇 c □人□色

四 次のそれぞれの——線部のカタカナを漢字に改めなさい。

1 この仕事に必要なケイヒを計算する。
2 患者《かんじゃ》はショウコウ状態を保っている。
3 この店は品ぞろえがホウフだ。
4 あなたの期待にコタえたい。
5 一年生のトキョウソウが開始された。
6 燃えにくいケンザイを集める。
7 状況がどうなるかセイカンする。
8 彼女《かのじょ》のあの役はコウエンだったと評価が高い。
9 三年ぶりにキュウキョを訪れた。
10 森がサイゲンなく続いている。

桐蔭学園中等教育学校（第一回午前）

—50分—

注意事項　記述問題において、小学校で習わない漢字はひらがなで書いてもかまいません。

一　次の——線部のカタカナを漢字に、漢字をひらがなに直して書きなさい。

① 祖父はギリと人情に厚い人だった。
② 習慣と病気のインガ関係を調査する。
③ キャベツ畑に農薬をサンプした。
④ 常に世界ジョウセイに注目しておく。
⑤ 新しいファッション雑誌がカンコウされた。
⑥ 有名な脳科学者のコウエンを聴《き》きに行く。
⑦ 県大会でヒガンの初優勝を果たした。
⑧ スポーツ選手のキンセイの取れた体型。
⑨ 節約のため質素な生活を送る。
⑩ だれに対しても敬う気持ちを忘れない。

二　次の文章を読んで、後の設問に答えなさい。

外出したさい、ちょうどお昼なので、その辺で昼飯を食べようと思ったら、ラーメン屋が目に留《と》まった。ラーメンもいいが、もっとほかに美味《おい》しいものがあるかもしれない。そう思って、つぎの店を探す。すると、そば屋が目に入った。そばか、それもいいけど、もう少し探してみよう。こうして洋食、とんかつ、お好み焼き、等々、いろいろな店をめぐるが、結局、どれもいまいちで、決められない。探せば探すほど、余計に迷ってしまう。最後は、もう何でもいいや、と思って、眼《め》の前のラーメン屋に入る。そうしたら、そのラーメンはいまいちだった……。

①こんな失敗をしないためには、あらかじめ周辺にどんな店があるのかをよく調べ、腹の減り具合《ぐあい》や懐《ふところ》具合を勘案《かんあん》注1して、どの店で何を食べるかをしっかり決めておかなければならない。このような計画を事前に立てておけば、昼飯を求めて当てもなく彷徨《ほうこう》注2するというような愚《ぐ》は避《さ》けられる。

このように計画はたしかに重要である。よく計画してから行動せよと言われることも多い。しかし、②なぜ計画は重要なのだろうか。あらためて考えてみよう。まず、その場で考えたのでは間に合わないケースがある。「泥縄《どろなわ》」という言葉が示すように、泥棒を捕《つか》まえてから縄を注3なっていては、泥棒に逃《に》げられてしまう。泥棒を捕まえたらどうするかをあらかじめ考えて、縄で縛《しば》ることにするなら、縄をなって用意しておかなければならない。事が起こってから対策を考えようとしても、十分考える時間はないし、いい対策を思いついても、準備する時間がない。まさに③「泥縄式」の対応になる。

また、計画を立てないと、せっかく行ったことが無駄《むだ》になることがある。今夜は、コーヒーでも飲みながら、本を読もうと思って、コーヒー豆を買って帰る。しかし、コーヒーミルを探してみると、どこにも見当たらない。そういえば、古くなったので、先日、ゴミに出したのだとAハタと気づく。挽《ひ》いてある豆を買うべきだったと後悔《こうかい》しつつ、仕方なくお茶をいれて飲む。せっかく買ったコーヒー豆は無駄になってしまう（腐《くさ》るものではないのでとってはおけるが)。

　さらに、計画を立てないと、やったことが無駄になるどころか、邪魔《じゃま》にさえなることがある。家具の配置換《が》えをしようと思って、机や椅子《いす》、本棚《ほんだな》を動かしてみる。しかし、やみくもに動かしたりすると、たとえば動かした机が邪魔になって、そこに本棚を置くことができなかったりする。そこで、仕方なく、机を元の位置に戻《もど》すB羽目《はめ》になる。家具の配置換えは、結構複雑な作業だ。行き当たりばったりでは、ある移動がつぎの移動の邪魔になることがある。どれをどの順に移動するかの事前のしっかりした計画が必要だ。

　「机上《きじょう》の空論」とか「下手の考え休むに似たり」という言葉があるように、現実と嚙《か》み合《あ》わない上滑《うわすべ》りの思考は、空転するばかりで役に立たない。しかし、現実としっかり嚙み合った思考は、きわめて有用である。家具の配置換えを計画的に行うには、部屋の図面を書いて、どこに机や椅子、本棚を置くかを書きこみ、それらをそこに移動するためには、どの順にどのルートで動かすかを具体的かつ詳細《しょうさい》に決めなければならない。④それはまさに「机上」で綿密に行わなければならない。そのような「机上」の緻密《ちみつ》な計画があってはじめて、効率的な配置換えが可能になる。

　もちろん、計画を立てるには、それなりの時間と労力がかかる。場合によっては、とくに計画を立てずに、適当に場当たり的にやったほうが早く楽にできるかもしれない。汚《よご》れた食器を洗浄機《せんじょうき》に入れるとき、どれをどの順にどこに置くかをあらかじめ決めるのは、非常にむずかしい。そんなことをあれこれ考えるより、適当に入れて、うまく行かなければやり直すようにしたほうが、はるかに早いし、楽である。

　とはいえ、たいていは計画的にやったほうが効率的である。家具の配置換えについて計画を立てるのは、なかなか手間暇《てまひま》のかかる作業だが、計画を立てたほうが早く楽にできる。重たい机や本棚を動かすのは時間と労力がかかるし、それを何度もやり直すのは耐《た》えがたい。そのような試行錯誤《しこうさくご》を図面上で行うことができるのは、私たち人間の恵《めぐ》まれた才能だ。計画はそのような才能を活《い》かした人間独自のすぐれた営みなのである。

　たしかに計画は重要だ。しかし、読者のみなさんもおそらく身に染《し》みているように、どれほど緻密に計画を立てても、必ず想定外のことが起こる。

　たとえば、さまざまな可能性をよく考えて周到《しゅうとう》に計画を立て、そのうえで銀行強盗《ごうとう》を決行したとしよう。ところが、銀行の床《ゆか》にたまたまバナナの皮が落ちていて、それで滑《すべ》ってあっけなく捕まってしまう。もちろん、バナナの皮が銀行の床に落ちていることはまずないが、その可能性はけっしてゼロではない。完全な計画を立てようとすれば、どれほど確率の低い出来事でも、それが生じたときの対策を考えておかなければならない。

　しかし、生じる可能性のあることは、きわめて確率の低いものまで含《ふく》めれば、ほとんど無限にあると言ってよい。たとえば、銀行強盗中に、赤ちゃんが突然《とつぜん》泣きだして、その声で外にいる仲間と連絡《れんらく》がとりづらくなるとか、行員の尋常《じんじょう》ならざる悲鳴に驚《おどろ》いて腰《こし》を抜《ぬ》かす、運転を誤った車が銀行に突入《とつにゅう》してくるなど、可能性は低くても、けっして起きないとは言えない。さらには、ミサイルの飛来や隕石《いんせき》の落下といった出来事すら、確率はゼロではない。このようなほとんど無数の起こりうる事《こと》柄《がら》をすべて考慮《こうりょ》することは、私たち人間には実際上不可能である。

したがって、どれほど緻密な計画を立てるとしても、きわめて確率の低い事柄は無視せざるをえない。ミサイルの飛来や隕石の落下は、確率がゼロではないとはいえ、起こらないものとして考慮の外に置くほかない。

ただし、厳密に言えば、⑤どの事柄を無視するかは、それが生じる確率だけで決まるわけではない。生じる可能性のある事柄のうち、銀行強盗の成功を大きく妨《さまた》げるものもあれば、そうでないものもあるだろう。つまり、事柄によって、それが生じたときにどれだけ成功を妨害《ぼうがい》するかが異なる。これを「妨害量」の違《ちが》いとよぶことにしよう。妨害量の大きい事柄ほど、それが生じたときに成功を大きく妨げる。

銀行強盗中にバナナの皮ですべって転ぶことは、きわめて確率が[あ]とはいえ、それが生じれば、ほぼ確実に捕まる。したがって、その妨害量はかなり[い]。これにたいして、行員の尋常ならざる悲鳴は、ある程度の確率で起こるとはいえ、それほど銀行強盗の遂行《すいこう》に支障を来《きた》さないだろう。したがって、その妨害量はあまり大きくない。

このような妨害量が、どの事柄を無視するかに関係してくる。バナナの皮による転倒《てんとう》が行員の尋常ならざる悲鳴よりもはるかに確率が[う]としても、それらの確率とそれぞれの妨害量を掛《か》けあわせた値《あたい》（妨害の「期待値」とよばれる）は、バナナの皮による転倒のほうが[え]かもしれない。そうだとすれば、バナナの皮による転倒のほうが、銀行強盗の成功をより大きく妨げることになろう。そうであれば、行員の尋常ならざる悲鳴を無視して、バナナによる転倒のほうを考慮に入れることになるだろう。つまり、どの事柄を無視するかは、その事柄が生じる確率だけではなく、その確率と妨害量を掛けあわせた値（つまり妨害の期待値）によって決まるのである。

以上、厳密を期すために、少し込《こ》み入《い》った話をしたが、ともかく重要なことは、どれほど緻密な計画を立てるにせよ、完全な計画を立てることは不可能だということである。起こる可能性のある事柄はほぼ無限にあり、そのすべてを考慮することはできないから、一部の事柄は起こらないものとして無視するしかない。つまり、想定外とするしかない。しかし、想定外の事柄も、生じる確率がゼロでない以上、起こりうる。そして、もしそれが起これば、計画はおそらく失敗するだろう。したがって、絶対に失敗しない完全な計画を立てることは不可能なのである。そこには、計画を立てることは重要だが、⑥完全な計画を立てることはできないというジレンマがある。このことはよく頭に入れておいたほうがよいだろう。

（信原幸弘《のぶはらゆきひろ》『「覚える」と「わかる」　知の仕組みとその可能性』〈ちくまプリマー新書〉より）

（注1）勘案《かんあん》…あれこれと考え合わせること。
（注2）彷徨《ほうこう》…あてもなく歩き回ること。
（注3）縄《なわ》をなって…「縄をなう」は藁《わら》や糸をより合わせて縄を作ること。

問1　═══線部A「ハタと」・B「羽目になる」の意味として最も適切なものをそれぞれ次の中から一つずつ選び、記号で答えなさい。

A　「ハタと」
ア　なんとなく　　イ　やっと　　ウ　突然《とつぜん》　　エ　はっきり

B　「羽目になる」
ア　予想外の展開になる　　イ　初めにもどる
ウ　余計な苦労になる　　エ　困った状況《じょうきょう》になる

問2 ――線部①「こんな失敗」とありますが、それはどのような失敗ですか。その説明として最も適切なものを次の中から一つ選び、記号で答えなさい。

ア 周囲や自分の状況《じょうきょう》をあらかじめ考えて事前に昼食を食べる店を考えておかなかったために、結局おいしくない食事をとることになってしまったという失敗。

イ いろいろな種類の昼食を目の前にしてその中からひとつを選ぶ決断力が足りなかったために、結局おいしくない食事をとることになってしまったという失敗。

ウ 昼食に食べたいものをあらかじめ考えておいたが、近辺にそれが食べられる店が無かったために、結局おいしくない食事をとることになってしまったという失敗。

エ 最初に目に留まった店に入ればよかったが、ほかの店にも目移りしてしまったために、結局おいしくない食事をとることになってしまったという失敗。

問3 ――線部②「なぜ計画は重要なのだろうか」とありますが、「なぜ計画は重要なの」ですか。その理由を五十字以上六十字以内で説明しなさい。句読点などの記号も字数にふくみます。

問4 ――線部③「『泥縄式《どろなわ》』の対応」とありますが、その具体例として最も適切なものを次の中から一つ選び、記号で答えなさい。

ア 購入していた宝くじで大金が当選してから、家族と賞金の使い道について相談した。

イ 新発売のゲーム機を購入《こうにゅう》予約してから、お小遣《こづか》いをもらうために親にどう説明しようか考え始めた。

ウ 文化祭で使っていた電動ドライバーが故障してから、故障した部品を買いにホームセンターに行った。

エ 登山していたら持ってきた水筒《すいとう》の水が尽《つ》きてしまい、慌《あわ》てて水場を探した。

問5 ――線部④「それはまさに『机上《きじょう》』で綿密に行わなければならない」とありますが、「『机上』で行う」とはどういうことですか。その説明として最も適切なものを次の中から一つ選び、記号で答えなさい。

ア 実際の現場とは離《はな》れたところで事前にその現場を想定して行うということ。

イ 実際の行動が空転しないように、現実との関係をよく考えて行うということ。

ウ 行動が無駄《むだ》にならないように、効率性の高さを重視して行うということ。

エ 同じことを何度も繰《く》り返さないように実際に図面に書いて試行錯誤《しこうさく ご》するということ。

問6 ――線部⑤「どの事柄《ことがら》を無視するか」とありますが、「どの事柄を無視するか」は何によって決められると筆者は述べていますか。その説明として最も適切なものを次の中から一つ選び、記号で答えなさい。

ア その事柄が妨げになることを防ぐための計画の緻密《ちみつ》さ。

イ それが実際に起きたときにものごとの成功をどれくらい妨げるかをあらわした「妨害量」。

ウ 計画の実行を妨害するような出来事が発生する確率の高さ。

エ 計画の妨害《ぼうがい》となる事柄が生じる確率とその事柄が成功を妨《さまた》げる程

度とをかけ合わせた値《あたい》。

問7　文中の空らん[あ]・[う]には「高い」もしくは「低い」が、空らん[い]・[え]には「大きい」もしくは「小さい」のいずれかが入ります。適切な方を書きなさい。

問8　――線部⑥「完全な計画を立てることはできない」とありますが、それはなぜですか。その理由の説明として最も適切なものを次の中から一つ選び、記号で答えなさい。

ア　計画を妨害する可能性のある事柄は無限にあるわけではないため、全てを考慮に入れることも不可能ではない。しかし、考慮に入れたことが起こった場合でも、計画した対処法にまちがいがある可能性もあるから。

イ　計画を妨害する可能性のある事柄はほぼ無限にあるため、その全てを考慮に入れる必要が出てくる。しかし、全てを考慮に入れたとしても、それが起こったときの計画の失敗を防ぐことはできないから。

ウ　計画を妨害する可能性のある事柄はほぼ無限にあるため、その全てを考慮《こうりょ》に入れることはできない。しかし、考慮に入れなかったことも起こる可能性はあり、それが起これば計画は失敗することになるから。

エ　計画を妨害する可能性のある事柄は無限にあるわけではないため、その全てを考慮に入れることができる。しかし、そこに計画を実行する側の油断が生じ、計画の実現を妨げることになるから。

三　次の文章を読んで、後の設問に答えなさい。

誰《だれ》もいなくなった放課後の教室はがらんとしていてとても静かだった。上靴《うわぐつ》の底が床《ゆか》を擦《す》る音、椅子《いす》を引く音、心臓が脈を打つ音、グラウンドから聞こえる声。全部が鮮明《せんめい》に届いて、ひとりなのにどうしてか少し緊張《きんちょう》してしまう。

机の中に放《ほう》り込《こ》んだスマホを無事回収し、それから何気なく窓の外に視線を移した。まだ明るい空と混ざり合ったオレンジの光がとても眩《まぶ》しい。

夕焼けを収めておきたくてカメラを起動させると、そのタイミングでスマホが振動《しんどう》した。

表示された通知を確認《かくにん》すると、ユウナから《あやちゃんスマホあった?》といった内容のメッセージが送られてきていた。《あった。ごめんありがとう》と返信しながら、①なにがごめんとありがとうなんだっけと自分に疑問を抱《いだ》く。

癖《くせ》というのは怖《こわ》いもので、慣れれば慣れるほど、言葉や仕草に含《ふく》まれる意味合いが薄《うす》れていってしまう。「ごめん」も「ありがとう」も大切な言葉なのに、私が使うと、どうしても粗末《そまつ》にしているような気がするのだ。

「あれ、庄司《しょうじ》さん」

不意に、そんな声が掛《か》けられた。振《ふ》り向《む》くとそこには仁科《にしな》くんが立っていて、私の口からは反射的に「仁科くん」と彼《かれ》の名前がこぼれた。空に向かって構えていたスマホを隠《かく》すように腕《うで》を下ろす。空が綺麗《きれい》で写真に収めたいと思う、なんて、私のキャラじゃない。

「忘れもの?」

「うん、スマホ忘れちゃって。仁科くんは?」

「俺《おれ》は――……うん、まあ、そんな感じ？」

なんで疑問系？と思ったけれど、私がその理由を聞く前に仁科くんに「ひとり？」と質問される。彼は私の横を通《とお》り抜《ぬ》けると、窓を開け夕焼けの光を浴びるように窓の縁《ふち》に体を預けた。黄昏《たそが》れる、というのは、こういう瞬間《しゅんかん》を言うんだなとその時強く実感した記憶《きおく》がある。

「いつものふたりは一緒《いっしょ》じゃないんだね」

「いつもの……」

「永田さん と、木崎《きざき》」

「ああ……モモコは部活。ユウナは一緒にいたけど先に帰ったの。一緒に戻《もど》らせるの申し訳ないじゃん」

「ふうん」

ふうんって、②聞いてきたのは仁科くんのほうなのに。

興味のなさそうな返事にうまく反応できず、沈黙《ちんもく》が訪《おとず》れる。こういう時ばかり、話し上手なユウナがいてくれたら、なんて都合の良いことを考えてしまう私は、③とてもずるい人間だと思う。

「ねえ」と、仁科くんが再び口を開く。

開けた窓から抜ける夏のぬるい風が、仁科くんの黒髪《くろかみ》を仄《ほの》かに揺《ゆ》らしている。彼の横顔をちゃんと見るのは初めてで、その美しさに、心臓が脈を打った。

④「庄司さんって学校楽しい？」

「は？」

「楽しい？」

クラスメイトと話している時より雑なトーンで二度聞かれたその質問の意図は汲《く》み取《と》れなかった。

庄司さんって学校楽しい？

それは、どういう視点でどういう理由で聞かれたものなのだろうか。

「普通《ふつう》に、楽しいよ」

疑問を抱いたけれど、問うに値《あたい》しなかった。あたりさわりなく聞かれた質問に答えると、仁科くんは「へえ」とこれまた興味なさそうに言うのだった。

私が過ごす学校生活は可もなく不可もない。日々に大きな不満もないし、これといってトクベツなことも起きない。

放課後は友達と遊んだり、寄り道をしたり、A人並みに恋愛《れんあい》もしたりして、そうやって生きている。

一般的《いっぱんてき》に見て、平均的に考えて、私が生きている今は、「普通に楽しい」のだと思う。

ただ、それが少し物足りないっていうだけで。

「その〝普通〟って、なんなんだろ」

「はあ？」

「〝普通〟に楽しいとか〝普通〟においしいとか。誰にとっての普通が基準になってんのかなって、疑問に思ったことない？」

仁科くんと私は、友達でも恋人《こいびと》でもない、ただのクラスメイトだ。これまでのどこかでまともに会話をした記憶はない。目を見て話すのだって、その時が初めてに等しかった。

私が知っている仁科くんは、いつも周りに人が集まっていて、誰にでも平等で、運動も勉強もできる、才能にも人脈にも恵《めぐ》まれた人。

「ずっと気になってたけどさ、庄司さんってべつにすごい明るい人間じゃないよね」

じゃあ、⑤私が今、話している仁科くんは誰なんだろう。

　西日が仁科くんを照らしている。窓に寄りかかったまま振り向き、仁科くんは続けた。

「木崎と話してる時とか特に、目死んでるし。いつも〝合わせてあげてる〟んだなって思って見てたよ。庄司さんって、⑥百円のイヤフォン買って一日で壊《こわ》れて『百円だからしょうがないや』って妥協《だきょう》するタイプなんだなって」

「……なにそれ。意味わかんないし」

「値段と質は比例するから。百円のイヤフォン五十回買うのと五千円のイヤフォン一回買うのとじゃ全然意味合いが違《ちが》う。注そんで庄司さんは、高いイヤフォンを買わない派」

「ねえ、さっきから何の話してるの」

「それってさあ、対価を払《はら》って壊れた時が怖いから？」

　何も言えなかった。B図星をつかれて、言い返す言葉がなかったのだ。

　中学生ながらに、私は自分の限界を見据《みす》えていた。

　高いイヤフォンを買うのは怖い。払ったお金が高ければ高いほど、壊れた時のショックが大きいから。その点、百円で買ったイヤフォンは何回壊したって抱《かか》える罪悪感はたかが知れている。

　百円だから。安いから。音質は気になるけれど支障が出るほどじゃないから。

　思い入れは少ないほうがいいのだ、物にも——人にも。

　地元だから。揉《も》めたら面倒《めんどう》だから。周りの歩幅《ほはば》に合わせたほうが何事も穏便《おんびん》に済むから。

　誰にも言ったことのない本音が露呈《ろてい》してしまった気がして、私は恥《は》ずかしくて目を逸《そ》らした。

「……なんなの、仁科くん」

「べつに、思ってたことを言っただけ。やっぱり、俺が想像してた通りの人だった」

「想像って」

「庄司さん、いつもつまんなそうな顔してる。勿体《もったい》ない生き方してるんだなあっ思ってたよ——俺と同じだ、って」

　こぼれた私の声はとてもかすかで、弱かった。睨《にら》むように視線を向けても、仁科くんにはきっと響《ひび》いてはいない。

　クラスの人気者の仁科くんとはかけ離《はな》れた二面性を知っている人は、いったいどのくらいいるのだろう。

「今日の空、綺麗だよね。収めておきたいって思うの、わかるよ」

　仁科くんがシャッターを切る音がやけに印象的だった。

『庄司さん、いつもつまんなそうな顔してる』

　同級生に、ましてや関《かか》わりのなかった男子に、こんなふうに言葉を吐《は》かれたことはなく、仁科くんには期待するほどデリカシーがなかった。

つまんなそうな顔して生きてる。

それってどんな顔？　仁科くんの世界に、私はどんなふうに映ってるの。

　聞きたかった、けれど、聞く勇気はなかった。

「勝手に私をわかった気にならないでよ」

「はは、ごめん。でも事実でしょ？」

「むかつく…」

　むかついた。けれど同時に、⑦本音で話した時間はあまりに煌《きら》めいていて——私は確かに惹《ひ》かれていたのだ。

（雨《あめ》『きみとこの世界をぬけだして』〈スターツ出版〉より）

（注）「そんで」…「それで」の意。

問1　═══線部Ａ「人並みに」・Ｂ「図星をつかれて」の意味として最も適切なものをそれぞれ次の中から一つずつ選び、記号で答えなさい。

Ａ「人並みに」

ア　世間の人と同じ程度に　イ　周囲の人の真似《まね》をして
ウ　他の人より一層真剣《しんけん》に　エ　感情を持った人間らしく

Ｂ「図星をつかれて」

ア　他人からは隠《かく》しておきたい自分の弱みを見ぬかれて
イ　そのとおりであることを人から指摘《してき》されて
ウ　思いもよらないことが突然《とつぜん》起きて
エ　質問にどう答えたらよいか分からなくて

問2　――線部①「なにがごめんとありがとうなんだっけと自分に疑問を抱《いだ》く」とありますが、これはどのようなことですか。その説明として最も適切なものを次の中から一つ選び、記号で答えなさい。

ア　メッセージを送ってくれた友人に対する返信に、謝罪と感謝の気持ちを意味する言葉をうっかり使ってしまったと気づいたということ。
イ　メッセージをくれた友人に対する返信に、謝罪と感謝の気持ちの言葉をどうして付け加えないといけないか不思議に思ったということ。
ウ　メッセージをくれた友人に対して、単なる習慣で反射的に謝罪と感謝の言葉を返信している自分に気づいたということ。
エ　メッセージを送ってくれた友人に対して、謝罪と感謝の気持ちを表すことに慣れてしまっている自分におどろいたということ。

問3　――線部②「聞いてきたのは仁科くんのほうなのに」とありますが、このときの「私」の心情の説明として最も適切なものを次の中から一つ選び、記号で答えなさい。

ア　聞かれたことについてそのまま答えたのに、つまらなそうな返事をされてしまい、いらだちを感じている。
イ　聞かれたことについてそのまま答えたのに、そっけない返事をされてしまい、とまどいを感じている。
ウ　聞かれたことについてそのまま答えたのに、わけのわからない反応をされてしまい、がっかりしている。
エ　聞かれたことについてそのまま答えたのに、反感のこもった反応をされ、どうしていいかわからなくなっている。

問4　――線部③「とてもずるい人間だと思う」とありますが、「私」が自分のことを「ずるい人間」だと感じているのはなぜですか。その理由の説明として最も適切なものを次の中から一つ選び、記号で答えなさい。

ア　目の前にある大事な問題から目をそらし、自分に都合のいい想像をして現実逃避《とうひ》するところがあるから。
イ　いつもは見下している友人に、たまたまそこにいるからという理由だけで助けてもらおうとするところがあるから。
ウ　自信が持てないという理由で、好意を持っている相手との間を他人に取り持ってもらおうとするところがあるから。
エ　自分が困ったときにだけ、普段は適当にしか付き合っていない相手にでも頼ろうとするところがあるから。

問5　――線部④「庄司《しょうじ》さんって学校楽しい？」とありますが、「仁科くん」はなぜこのような言葉をかけたのですか。その理由の説明として最も適切なものを次の中から一つ選び、記号で答えなさい。

ア　庄司さんは表面的には楽しそうにしながら実は生活に物足りなさを感じているのではないかと思っていて、それをこの機会に確かめたかったから。

イ　庄司さんは無理をしてまで周りに合わせることで友人関係を維持《いじ》しているのではないかと思っていて、そんな庄司さんの勇気の無さを責めたかったから。

ウ　庄司さんは「普通《ふつう》」であることに違和感《いわかん》を抱《いだ》いているのではないかと思っていて、自分と同じ思いを抱く仲間として悩《なや》みを共有したかったから。

エ　庄司さんは周囲の人に合わせることを優先するために自分自身が本当に望んでいることを犠牲《ぎせい》にしているのではないかと思っていて、そんな庄司さんを救ってあげたかったから。

問6　――線部⑤「私が今、話している仁科くんは誰《だれ》なんだろう」とありますが、このように考えたのはなぜですか。その理由の説明として最も適切なものを次の中から一つ選び、記号で答えなさい。

ア　人気者で優等生に見えていた「仁科くん」が、普段の元気な様子とは打って変わって気弱な様子で弱音を吐《は》いている様子を目にし、いつもの彼《かれ》とは同一人物とは思えなかったから。

イ　誰《だれ》にでも優《やさ》しく平等だった「仁科くん」が、初めて話したにも関わらず「私」を傷つけるようなことを平気で言っているため、これが「仁科くん」の本性《ほんしょう》であると認めたくなかったから。

ウ　人気者で優等生に見えていた「仁科くん」が、特別に親しくもない「私」に対していつもと違《ちが》った様子でずけずけとした物の言い方をしているため、まるで別人のように感じられたから。

エ　誰にでも優《やさ》しく平等だった「仁科くん」が、クラスメイトである「私」の話を上の空で聞いて会話が成立しない様子を見て、これは本当の「仁科くん」であるはずがないという気持ちが湧《わ》いたから。

問7　――線部⑥「百円のイヤフォン買って一日で壊《こわ》れて『百円だからしょうがないや』って妥協《だきょう》するタイプなんだなって」とありますが、仁科くんはこの言葉で庄司さんがどのような人であると言っているのですか。五十字以上六十字以内で説明しなさい。句読点などの記号も字数にふくみます。

問8　――線部⑦「本音で話した時間はあまりに煌《きら》めいていて」とありますが、このように感じたのはなぜですか。その理由の説明として最も適切なものを次の中から一つ選び、記号で答えなさい。

ア　今までは本音で話そうとしてもそれを受け止めてくれる友人はいなかったが、仁科くんは「私」の本音を受け止め理解してくれて心をうたれたから。

イ　仁科くんに指摘されることで「私」は初めて自分の隠されていた思いに気付かされたが、それは眼《め》を背《そむ》けたくなるものであったから。

ウ　「私」の悩《なや》みに気付き、とげのある言葉によってではあるが「私」にアドバイスしてくれる仁科くんの優しさに好意を抱き始めたから。

エ　本音を隠して友人に合わせている「私」にとって、「私」の本心を見抜《みぬ》いている仁科くんとのやりとりは新鮮《しんせん》で貴重なものであったから。

東京学芸大学附属世田谷中学校

―40分―

※　句読点や「　」などの記号は一文字分とすること。

一　次の――部をそれぞれ漢字に直しなさい。ただし、一点一画に注意し、楷書《かいしょ》で丁寧《ていねい》に答えること。必要に応《おう》じて適切《てきせつ》な送り仮名も用いることとする。また⑬～⑮については、その読みをひらがなで答えなさい。

① 研究にチャクシュする。
② 新しく美術館《びじゅつかん》をケンチクする。
③ 壊《こわ》れた机《つくえ》をシュウリする。
④ 役をネツエンする。
⑤ セキニンカンの強い人。
⑥ 現状《げんじょう》をチョクシする。
⑦ 好調をジゾクするのは難《むずか》しい。
⑧ 新しいジギョウに出資《しゅっし》する。
⑨ 城をきずく。
⑩ 服を何枚《なんまい》もかさねる。
⑪ 高い山々がつらなる。
⑫ 無礼をあやまる。
⑬ 木の幹。
⑭ 功名をたてる。
⑮ 時候のあいさつ。

二　次の文章を読み、後の問いに答えなさい。

生物多様性《たようせい》の源泉《げんせん》について整理してみましょう。多様性のひとつの源《みなもと》は、さまざまな環境要因《かんきょうよういん》の相互《そうご》作用です。ひとつの環境要因に特化すると、別の環境要因に十分適応《てきおう》できないことが多様性を生み出します。さらに、その環境要因が一定ではなく、時間とともに変化していくことも多様性を生み出します。第5章で取り上げたカタクリは、早春という季節の専門家《せんもんか》といってもよいでしょう。特定の環境が実現《じつげん》する時期がそれぞれ別に存在《そんざい》することによって、複数《ふくすう》の種類の植物が同じ場所に生育することが可能《かのう》になるわけです。

そして、もうひとつ状況《じょうきょう》を複雑《ふくざつ》にするのが、植物自身の環境への影響《えいきょう》です。例えば、見渡《みわた》す限《かぎ》り平らな地面が広がっている環境を想像《そうぞう》してください。そこには日《ひ》陰《かげ》ひとつありませんから、直射《ちょくしゃ》日光の下では光が強すぎて枯《か》れてしまう植物は入り込《こ》むことができません。しかし、そこに直射日光を好む大きな植物が先に入り込めば、今度はそこに、その植物による日陰ができます。そうすれば弱い光を好む植物も入り込めるようになります。これは、ごく単純化《たんじゅんか》した設定《せってい》ですが、一般《いっぱん》に、植物が成長することによって環境自体もダイナミックに変化します。そして、①そのことが環境に多様性をもたらし、ひいては生物の多様性を増《ま》すのです。

[A]、病気や害虫の存在も植物の多様性を左右します。例えば、水田ではイネの病気や害虫が大きな問題となります。この原因《げんいん》のひとつは、イネを好む害虫や病原菌《びょうげんきん》にとって、水田は、大きな[I]のようなものである点にあります。害虫が一本のイネを食べ終えて周りを見回せば、いくらでもイネがあるわけですから、ひょいと隣《となり》に移動《いどう》して新

しいイネにありつくことができます。害虫にとってはまさに天国です。

植物は、その食害を防《ふせ》ぐために、害虫にとっては毒《どく》になる成分を体につくることがあります。しかし、一部の害虫は、［Ⅱ］から、結局はいたちごっこです。イネは一般的な意味での毒はもちませんが、葉はケイ酸《さん》を含《ふく》んでいて硬《かた》く、外敵《がいてき》に食べられにくくなっています。それでも、進化の過程《かてい》で、今度はケイ酸を含む葉でも食べることができる昆虫《こんちゅう》が現れることになります。イネばかり植わっていれば、そのような昆虫を避けることはできません。人間は殺虫《さっちゅう》作業に追われることになります。

しかし、②もし、多様な植物が地面を覆《おお》っているなかで、同じ種の植物がぽつん、ぽつんとしか生えていなかったらどうでしょう。それぞれの植物は、それぞれの防御手段《ぼうぎょしゅだん》をもっています。その防御をかいくぐるように進化した害虫もいるはずですが、それは、特定の防御手段をもつ植物に対してのものです。つまり、その害虫が食べることができるのは、特定の種類の植物に限《かぎ》られるわけです。そうすると、防御手段をかいくぐってある植物を食べたとしても、その植物を食べ終えて周りを見回すと、周囲《しゅうい》は種類の異《こと》なる別の防御手段をもっている植物です。その害虫が食べられる植物は見つかりません。多様な生態系《せいたいけい》のなかでは、水田のようにはいかないのです。つまり、単調な生態系のなかの植物ほど害虫などに弱いことになりますから、害虫や病気の存在は、生態系を多様化する方向にはたらくはずです。

③植物の多様性を生み出すものは、環境要因の多様性に加えて、時間的な変化、植物が環境に及《およ》ぼす影響《えいきょう》、そして外敵との駆《か》け引きがあります。それらを単純化《たんじゅんか》して理解《りかい》するのは簡単《かんたん》ではありません。しかし、生命が周囲《しゅうい》の環境と密接《みっせつ》にかかわりながら進化してきた結果、現在《げんざい》の多様性が生まれたことだけは確《たし》かです。そして、その多様性こそが、地球の生態系を安定に保《たも》ち、維持《いじ》することに役立っているのです。

あるひとつの場所で環境がどれだけ多様かを実感するのは難《むずか》しいかもしれませんが、そこに生えている植物の多様性を観察すれば、環境の多様性を見積もることができます。それは、都会のなかの公園でも構《かま》いませんが、そこにきちんと植えられている植物だけに目を奪《うば》われないようにしたほうがよいでしょう。むしろ、④人間がタネをまいたわけではないのに顔を出した植物にこそ、環境の多様性の秘密《ひみつ》がひそんでいるのです。

【園池公毅「生物の多様性の源」（『植物の形には意味がある』〈角川ソフィア文庫〉所収）作問にあたり一部改編している】

問一　——線①「そのこと」にあたる内容《ないよう》を「すること。」という形で本文中の語句《ごく》を用いて答えなさい。

問二　［A］に入る語として適切《てきせつ》なものをそれぞれ選び、記号で答えなさい。

ア　また　　イ　ところで　　ウ　ともすると

エ　例えば　　オ　しかし

問三　［Ⅰ］に入る語として適切なものを次から選び、記号で答えなさい。

ア　物流センター　　イ　冷蔵庫《れいぞうこ》　　ウ　貯水池《ちょすいち》　　エ　食料貯蔵庫《ちょぞうこ》

問四　［Ⅱ］に入るものとして適切なものを次から選び、記号で答えなさい。

ア　その毒を体の中に取り込むことで無毒化させられます

イ　その毒を解毒《げどく》する仕組みを進化させることがあります

ウ　その毒に耐性《たいせい》のある虫がその植物を新たにえさとしはじめます

エ　その毒になる成分を好んで食すようになり結果として害虫がふえます

問五　――線②「もし、多様な植物が地面を覆っているなかで、同じ種の植物がぽつん、ぽつんとしか生えていなかったらどうでしょう」という問いかけについてどのようなことが述《の》べられるか。つなぐことばの働きに着目しながら本文の展開《てんかい》を追って次のように整理するとき[a]・[b]に入る内容を本文中の語句を用いて書きなさい。

それぞれの植物の持つ防御手段をかいくぐるように進化した害虫
↓
[a]
↓
その害虫が食べられる植物は見つからない
↓
[b]

問六　――線③「植物の多様性を生み出すもの」とはなにか。本文中から四つ探し、「植物の多様性」との関係を整理して図に書きなさい。

問七　――線④「人間がタネをまいたわけではないのに顔を出した植物にこそ、環境の多様性の秘密がひそんでいるのです」とあるが、このように言えるのはなぜか。前段落の語句を用いて三十字程度《ていど》で答えなさい。

三　次の文章を読んで、後の問いに答えなさい。

他言語が母語と大きく違《ちが》うもうひとつの点は、子供《こども》時代のような環《かん》境《きょう》を作りづらいところだ。大きくなった私《わたし》がいきなりロシア語をはじめたからといって、誰《だれ》も寝《ね》る前にロシア語で子守唄《こもりうた》をうたってくれようとはしないし、朝から晩《ばん》まで周りの大人たちがロシア語であやしてくれるわけでもない。それに子供にとって必要なことばと、大人が必要としていることばは、ふつうは分けて考えられている。たとえば日本語を母語とする赤ちゃんが最初に覚えたことばが「まんま」だとして、それはその赤ちゃんにとっては食べものを表す、生きることに直結したとても大切な単語だけれど、他言語話者向けの日本語教科書の最初の基礎《きそ》単語として「まんま」が挙がることは、まずない。①大人の使わない幼児語《ようじご》が学習者向けの基礎単語とはならないのは、大人が語学をやるときにはごくふつうのことだと思われている。

子供時代の環境や子供時代に用いる単語を語学学習に組み込《こ》むべきか否《いな》かは好みが分かれる。子供というものを大人未満の未熟《みじゅく》な存在《そんざい》ととらえてしまうのであれば、なにもわざわざ大人の使わない幼児語を覚える必要はないということになるだろうし、母語話者の子供にむけて作られた教材が語学の授業《じゅぎょう》でとりいれられると、②ばかにされているように感じるという人さえいる。だがそうした反発はたいてい、「子供」という存在に対する誤解《ごかい》からきている。

詩人のアレクサンドル・ブローク（一八八〇〜一九二一）は『絵の具と言葉』（一九〇六年）というエッセイの中で、「大人の特徴《とくちょう》というものは、いいところばかりではぜんぜんない」と書いている。「大人は合理的にものを考え、適度《てきど》に疑《うたが》うことを知っていて、その場に応《おう》じて状況《じょうきょう》をふまえて思考することができるけれども、同時にたいてい疲《つか》れているし、頭が固いし、賢《かしこ》くない。大人には、賢さや単純明快《たんじゅんめいかい》さが足りないことが多い」と。

語学学習について考えるとき、この「子供のほうがいい」点は多く挙げられる。ものごとに対する興味《きょうみ》が尽《つ》きず、なんでも自分でやってみたがり、新しいことをどんどん吸収《きゅうしゅう》することは、③語学学習にはもってこいの利点である。しかし「だからといって大人が子供のような言語環境を作ってそこに身をおいたとしても、子供のようになれるとは限《かぎ》らないんじゃないか」と思えるかもしれない。でも、「なれるとは限らない」というのは、「なれない」ということではない。子供に学ぶところはたくさんあるし、学ぶことはできる。

私がそのことを強く感じたきっかけは、※1モスクワの文学大学で受けていたフランス語の授業だった。フランス語のマルガリータ先生は、単語暗記や文法説明や練習問題や小テストといったスタンダードな学習もかなりハードにやらせたが、同時にいつも必ず子供がやるような遊び道具を持ってきて、フランス語のなぞなぞやカードゲームで遊ばせたり、子守唄を聴《き》かせたり、子供がよく使う口ぐせや口ごたえの決まり文句《もんく》などを紹介《しょうかい》したりした。私たちはフランスの子供たちがよく使うという口ごたえの言い回しを覚えると嬉《うれ》しくなって、多すぎる宿題にフランス語でぶーぶー文句を言う。マルガリータ先生は④「待ってました！」とばかりに、大人が子供を教え諭《さと》す口調でそれに答える。その一連のやりとりが定番になって、モスクワの中心にある文学大学の教室が、あっというまにフランスの家庭——といっても、地球上には存在しないのではないかと思えるほど居心地《いごこち》のいい、想像《そうぞう》上の家庭のような雰囲気《ふんいき》になった。

私はそのころ同級生のマーシャという女の子と仲良くなって、大学に頼《たの》んで寮《りょう》で一緒《いっしょ》に暮《く》らすようになっていた。マーシャと二人で帰りながら、私が「ことばを学ぶと、子供時代を体験できるみたいで楽しいね」と話すと、マーシャは「世界にはたくさんの言語があるんだから、まだまだいくつもの子供時代が体験できるよね」と答え、私たちはほかにはどんな言語の子供時代をどんなふうに過《す》ごしたいかを語り合った。このころマーシャと学校帰りに歩きながら、あるいは寮で料理や洗濯《せんたく》をしながらくりかえし話したテーマのひとつに、「語学学習はどこまで可能《かのう》か」「原語で作品を楽しめるようになるくらいまでがんばる言語はいくつほしいか」という話題があった。マーシャが「理想をいえば、すべての言語の子供時代を知りたいし、世界じゅうの人が世界じゅうの言語を知るようになればいい」と言っていたのをよく覚えている。あのときの私はたぶん、いくらなんでも⑤それは欲張《よくば》りすぎなんじゃないかというようなことを言った気がするけれど、マルガリータ先生の授業を受けていた私たちは、「新しい言語を習うとは新しい子供時代を知ることだ」という点については、なんの疑問《ぎもん》も抱《いだ》いていなかった。つまりあのころの私たちはそんなふうにして子供時代を存分《ぞんぶん》に味わい、マルガリータ先生の授業はすごい、楽しい、とは感じていたけれど、それがどんなにすごいことなのかはまだあまりわかっていなかったのだ。

あとになってマルガリータ先生が、それを意識的《いしきてき》にやっていたのだと話してくれたことがある。「語学教師《きょうし》はことばの子供時代を作らなければいけない」という話だ。マルガリータ先生は※2レフ・トルストイを例にだして、「子供時代といっても、リアルな子供時代じゃなくていいのよ。早くにお母さんを亡《な》くしたトルストイが思い描《えが》いた、明るい光の球体のような理想郷《りそうきょう》の子供時代——⑥そういう世界を演出《えんしゅつ》することが、語学教師の定めなの」と語った。

　そのうち私はロシア語やロシア文学にかまけてフランス語に割《さ》ける時間がなくなり、フランス語の授業ではすっかり落ちこぼれてしまったけれど、マルガリータ先生が話してくれた「明るい光の球体のような理想郷の子供時代」という語学教師の夢《ゆめ》だけは忘《わす》れようがない。それは、「新しい語学をはじめた自分」という存在を全力で祝福してくれる空間を、語学学習のなかに作りだす仕事だ。短期間で試験用の知識《ちしき》を詰《つ》め込むためだけなら、必ずしもそんなことをする必要はないかもしれないし、遠回りに思えるかもしれない。けれども語学は、いったん覚えたと思っても、長く学んでいるうちに何度も基礎に立ち返る必要がある。記憶《きおく》したはずのことを忘れて確認《かくにん》したり、新たに得《え》た例外的な知識を基礎と引き比べてみたり。そんなとき、語学をはじめたころの記憶が堅《かた》苦しく強制的《きょうせいてき》なものでしかなければ、その場所に戻《もど》って考えなおしたりするのはつらい作業になってしまう。でも、自分のほんとうの子供時代よりも幸福な思い出に満ちていれば、とくに必要に迫《せま》られなくとも思いだしたくなる。実際《じっさい》、私はいまも当時のフランス語の教材やプリントを大切に保管《ほかん》していて、たまに見返しては「フランス語の子供時代」を思いだす。モスクワの教室が突然《とつぜん》フランスに飛んでいくようなあの幸福な時間に思いをはせると、行ったこともないフランスで子供時代を過ごしたような気にすらなってくる。いや、フランス語の語学力はたいして育っていないのだから、まだ子供時代のままなのかもしれないけれど。

　ロシアで暮らしていた私にとってロシア語はもうすこしリアルな「子供時代」で、理想郷とはいえないような困《こま》ったことや悲しい現実《げんじつ》に直面した記憶もあるけれど、マルガリータ先生のおかげもあって、それが自分の「ことばの子供時代」だという感覚が芽生えていたこと自体に意味があった。もともと児童書も好きだった私は、ロシア語のおとぎ話や子供向けの詩（ロシア語の児童書は詩の形式で書かれているものが多い）をたくさん読み、寝る前には童話の朗読《ろうどく》CDを子守唄がわりに聴いた。

　そして（これは予期していなかったことだが）子供でいる時間を持つことで、気持ちの余裕《よゆう》が生まれた。心理学風にいうなら、誰しも自分の内に「5歳《さい》の自分」を持っているという、あれだ。この「5歳の自分」はしばしば大人の世界についていけなくて、だだをこねることがある。ところが語学学習のなかに「5歳の自分」を解放《かいほう》できる空間を組み込んでしまえば、5歳の私はすっかり満足して、おとぎばなしに聞き入って幸せそうに眠《ねむ》ってくれる。そして夢のなかで、詩人アレクサンドル・プーシキン（一七九九～一八三七）の書いた物語詩『ルスランとリュドミーラ』にでてくる学者猫《ねこ》（歌をうたったり、おとぎ話を聴かせてくれたりする猫のことだ）と一緒に、こんなことを感じている——子供は間違《まちが》えてもいいし、舌足《したた》らずでもいいし、まだまだ知らない単語がたくさんあってもいい。そのことばの世界に生まれてきただけで、じゅうぶん偉《えら》いのだ、と。

（奈倉有里『ことばの白地図を歩く』〈創元社〉より。
作問にあたり一部改編している）

【注】※1　モスクワ……ロシア連邦の首都
※2　レフ・トルストイ……ロシアの小説家

問一　——線①「大人が語学をやるときにはごくふつうのことだと思われている」とあるが、どのようなことか。「こと。」に続くように本文中から抜き出しなさい。

問二　——線②「ばかにされているように感じるという人」はどのよう

な考え方を持っているからか。「〜という考え方」に続くように説明しなさい。

問三　――線③「語学学習者にはもってこいの利点」について間違っているものを次から一つ選び、記号で答えなさい。

ア　物事に対する興味が尽きないこと。

イ　状況をふまえて思考すること。

ウ　まだまだ知らないことがたくさんあってもいいこと。

エ　何でも自分でやってみたがること。

問四　――線④「待ってました！」とあるが、マルガリータ先生は学習者が（A何に）対して（Bどのような手段《しゅだん》）で（Cどうすること）を待っていたのか文章中の言葉を用いて、全て五字以上で答えなさい。

問五　――線⑤「それは欲張りすぎ」とあるが、筆者はどのようなことを欲張りすぎと考えたのか次の中から適切《てきせつ》なものを一つ選び、記号で答えなさい。

ア　マーシャが世界じゅうの言語を知って、原語で作品を楽しめるようになるのが理想だと思っていること。

イ　私が全ての言語の子供時代を知りたいし、世界じゅうの人が世界じゅうの言語を知るようになるのが理想だと思っていること。

ウ　マーシャが全ての言語の子供時代を知りたいし、世界じゅうの人が世界じゅうの言語を知るようになるのが理想だと思っていること。

エ　私が世界じゅうの言語を知って、原語で作品を楽しめるようになるのが理想だと思っていること。

問六　――線⑥「そういう世界を演出することが、語学教師の定め」とあるが「語学教師の定め」の内容《ないよう》を別の言葉で言いかえているところを本文中から四十八字で探し、はじめと終わりの五字をそれぞれ抜き出しなさい。

問七　あなたは今、言葉の通じない国にいるとします。その国の言葉であなたが最初に知りたいと思う言葉や表現《ひょうげん》を一つ挙げましょう。また、その言葉を知りたいと思った理由を二〇〇字以内で説明しなさい。

東京都市大学等々力中学校(第一回S特)

―50分―

注意　字数制限のある場合は、特別な指示がない限り、すべて句読点や「　」(　)などの記号を含んだ字数として解答すること。

一　次の――線の漢字はひらがなに、カタカナは漢字に直して答えなさい。

1　早苗を田に植える。
2　正絹のスカーフ。
3　兄は柔和な性格だ。
4　熱心に修行を重ねる。
5　祖父を敬う。
6　重大な場面にムシャぶるいがした。
7　社会のコンカンをゆるがす出来事。
8　この書類はシキュウ届けてほしい。
9　音声をヘンシュウする仕事に就く。
10　夏の訪れをツげる。

二　次の文章を読んで、あとの問いに答えなさい。

「僕」(薫《かおる》)の父である窪田正喜《くぼたまさき》は、「僕」が生まれる時に亡くなった。母はこれ以外語ろうとせず、「僕」は、会ったこともない人を「父さん」とは呼べないため、ずっと正喜さんと呼んでいる。母がいまだに正喜さんを深く想っており、正喜さんを失った哀しみも癒《い》えていないと「僕」は痛いほどに分かっていた。この哀しみは、「僕」の心の奥深くにひっそりと沈殿していった。

夏休み、母の希望で「僕」たちはベルリンにやってきた。この街は「僕」が生まれる一年ほど前、母と正喜さんが訪れた場所である。そこで、母が正喜さんと泊まった思い出のホテルに二人で宿泊することになった。次は、ホテルに泊まった翌朝の場面である。

「薫に、聞いてほしいことがあるの」

母が少し深刻な表情でそう切り出したのは、マダム(注1)が作ってくれたスクランブルエッグに、手作りのトマトケチャップをかけている時だ。僕は、(注2)昨日の話の続きかと思った。でも、そうではなかった。

「ママね」

母のこんなにも険しい表情を見るのは、久しぶりだ。だから僕は、何かとても大事なことが起こる予兆を瞬時に察知する。もしかして、母が病気とか。しかも、もう治らない病気とか。だから最後に、息子の僕を思い出の地に連れてきてくれたのかもしれない。考えれば考えるほどだんだんおなかが痛くなりそうだった。でも、このタイミングで席を立つわけにはいかない。仕方なく、黙って次の言葉を待っていると、

「新しい人生を、歩み始めようと思うの」

母は予想外のことを口にした。けれどその静かな響きには、しっかりとした意志が込められていた。

「新しい人生って？」

まさか、このままベルリンに残るなんて考えているのだろうか。ここ数日間の母の興奮ぶりを思い出し、僕がそんなことを想像しかけた時、

「ママ、再婚しようと思ってね」

母は言った。僕の目をまっすぐに見て。母の肩越しに、真っ（注3）黒いグランドピアノが見える。あまりに予想外の展開に、僕は言葉を失った。脳味噌から、脂汗がにじみ出てくる。小学生の頃は、母が誰かと再婚してくれたらいいと願っていた。でも、そんなことは逆立ちをしたってあり得ない、そう思ってあきらめていた。

「驚いた？」

母が、茶色いパンにバターをたっぷり塗りながら、強い目で僕を見る。母の目の周りに、昨日（注4）の夜のような赤い雲の広がりはない。母は、僕の言葉を待っている。でも、①何も言い出せなかった。頭の中で、たくさんのブーメランが、乱れ飛んでいる。

僕は、［　A　］母の発言がなかったかのように、スクランブルエッグを口に詰め込んだ。味がしないのは気のせいだろうか。砂が入り込んだみたいに、なんだか胸の奥が［　B　］する。母の新しい人生を素直に喜ぶことができない自分にますますむかつき、僕は味のしないスクランブルエッグを食べ続けた。

僕の体と心に蓄積されたこの哀しみは、どうなってしまうのだ。得体の知れない怪物のようなそれを、なんとか飼い馴《な》らし、ようやくここまで辿《たど》り着いたというのに。哀しみは時間をかけて降り積もり、今では地層のように固まって、すっかり僕を支配している。僕に残されたそれは、どうなってしまうというのだ。

けれど僕は、自分の哀しみの存在を、母に正直に打ち明けることが、どうしてもできなかった。結局はまた、正喜さんを利用してしまう。

「正喜さんは？　正喜さんはどうなっちゃうの？」

僕がそれを言ったのは、大量のスクランブルエッグを全部平らげ、ヨーグルトの中にはちみつをこぼしている時だ。

「マサキはもう、いないもの」

目の前の母は、目じりにたくさんの皺《しわ》を作って微笑んだ。目じりに深く刻まれた皺が、乾いた大地に跡を残す川のように見えてくる。この幾筋もの川を伝って、母の涙は海に流れた。目の前にいる母は、頬《ほお》がこけ、年相応に疲れている。

「忘れちゃったの？」

少しして、僕は聞いた。どうしても、母の顔をまっすぐに見ることができない。新しい人生とやらに、僕自身は含まれるのだろうか。

「忘れるわけないじゃない。でも、もうこの世界にはいないんだってことが、今回の旅行で、ママ、やっとわかったの。触ったり、手をつないだりすることは、もう二度とできないんだって。それまでは、いつかマサキが帰ってくるような気がしてたんだけど。だからずっと、お墓にも行けなかったのね」

母は他人事《ひとごと》みたいにそう言いながら、マダムが注ぎ足してくれたコーヒーに口をつける。

「あの時、私もマサキも必死だった。頭が混乱して気を失いそうだった私の手を握って、がんばれ、がんばれ、って応援してくれた。頭から血を流しているのに、それでも自分のことより、妻と子の身を案じてくれたの。ママは本当に気がおかしくなりそうだった。だって、最愛の人が息もたえだえになっているのに、なんにも助けることができなかったんだもの。新しい命は、今まさに誕生しようとしているし。その時に、人生に与えられたエネルギーを、全部（注5）使い果たしてしまったのよ」

十三年経って、母は初めてその時の話をした。その意味の大きさを、僕はちっぽけな頭で必死に考える。そしてようやく、ひとつの質問へと辿り着いた。

「ママは嬉《うれ》しかった？　僕が生まれた時。それとも、悲しかった？　正直に答えて」

こんな（②）詰まった会話を母と交わすことなんて、今までなかった。でも僕は、母の本当の気持ちが知りたかった。もしかすると、ずっと知りたかったのかもしれない。

「もちろん、嬉しかった。だって、マサキの子どもだもの。望んで望んで、神様に拝み込んで、ようやく授かった命だもの。でも、やっぱりマサキを失った悲しみの方が大きかったの。ママは、薫を抱っこしたりおっぱいを飲ませながら、いっつも泣いてた。薫を見ていると、どうしたってマサキを思い出してしまうから。薫はマサキにそっくりだから」

母にとって、僕の誕生より、正喜さんの死の方が大きかった。うすうす、なんとなくはわかってはいた。でも、今初めて、本人の口からはっきりとそれを聞いた。何か壊せる物があったら、僕は今すぐそれを手に取って、思いきり床に叩《たた》きつけたかった。

「だけど、③それが逆転したわ」

母が、声のトーンを落としてつぶやく。

「ベルリンに来て、薫と一緒にいろんな所に行って、うまく言えないんだけど、あぁ、私の人生は幸せだわ、ってやっと思えたの。心の底からね。なんとなくママは、人生を楽しむことに、罪悪感を持っていた。マサキに申し訳ないって。でも、そうじゃないことにようやく気づけたの」

ここまで母が言った時、ホテルのご主人と一緒に大型の犬が二匹、散歩から戻ってきた。一匹は漆黒《しっこく》、もう一匹はベージュで、ドイツの犬らしく、どちらもとても賢そうな顔をしている。二匹はじゃれ合いながら、楽しそうにピアノの周りを駆け回っていた。正喜さんになついたという犬かもしれない。そう思ったらふと、犬の背中を熱心に撫《な》でる正喜さんの後ろ姿が、風景に透けて見えそうになる。

もしかすると、母の目にもまた、犬の背中を撫でる正喜さんの横顔が見えているのかもしれない。母は、そんな表情を浮かべている。気づけば④僕の乱暴な気持ちは、どこかへ行ってしまっていた。それにね、と母は続ける。

「ママはもう、マサキと過ごした時間より、薫と一緒にいる時間の方が長いのよ。そんな日が来るなんて、思ってもみなかった。それで、ある人からのプロポーズを受け入れようって、思えたの。だって、ママはこれから先も、生きていかなくちゃいけないから。人は、ひとりじゃ生きていけないってことが、はっきりわかったわ。もちろん、ママには薫がいてくれるけど、親子とは、少し意味が違うのよ」

⑤母の言っていることが、わかるようで、わからない。わからないようで、少しわかる。

「薫、今まで本当にありがとう」

母は急に改まった様子で言った。なんだか母が、遠くに離れてしまうようで心細くなる。

「ママ、薫がいなかったら、絶対に乗り越えられなかったから。ママね、すっごく嬉しかったの」

「何が？」

「だって薫、ママのこと、いっぱい笑わせてくれたでしょう」

「覚えてるの？」

僕はずっと、あれは人生の失敗談だと思っていた。

「当たり前じゃない。毎日毎日、今日はどんなことして笑わせてくれるんだろうって、家に帰るのが楽しみだったんだから」

(注6)幼い頃のあの努力は、無駄ではなかったのだ。そう思ったら、⑥僕の中に降り積もった哀しみが、ほんの少し溶けたような気がした。

「僕さ」

僕は、母の瞳をしっかりと見て言った。母の顔が、[C]とかすんで見える。こんな時に、どうして涙が込みあげてくるのだろう。わからなかったけど、僕は母から目を逸《そ》らさずに続けた。

「母さんが幸せになるのを、応援するよ」

その瞬間、母がにっこり笑う。太陽のように。いや、母は太陽そのものだった。

ベルリンで過ごす時間は、あと一日残っている。

【小川　糸「僕の太陽」(『短編少年』〈集英社文庫〉所収)より】

(注1)「マダム」……既婚女性に対する敬称。夫人。奥様。

(注2)「昨日の話」……母がこのホテルで「僕」を授かったという話。「僕」はこれまで正喜さんを得体のしれない幽霊でも見るように思っていたが、この話を聞いて、窪田正喜という存在が確かな重みを持って迫ってきたと感じている。

(注3)「真っ黒いグランドピアノ」……かつて母と正喜さんがホテルに泊まった際、正喜さんが演奏したピアノ。

(注4)「昨日の夜のような赤い雲の広がり」……「僕」と母は、昨夜母と正喜さんの思い出のレストランに行った。そこでワインを飲んだ母の目の周りに広がった色彩のこと。

(注5)「その時」……「僕」が生まれた日の夜のこと。母は予定より早く陣痛が来て、正喜さんは慌てて病院に連絡したが翌朝来るようにと言われた。しかし、母の苦しむ姿を見るにつけ、正喜さんはいてもたってもいられず、母を車の助手席に乗せ、雨の中病院に向かった。その途中で自動車事故に遭《あ》い正喜さんは亡くなった。事故の原因は対向車の居眠り運転であった。そして、「僕」は事故後の車内で生まれた。

(注6)「幼い頃のあの努力」……正喜さんを思い出して「僕」の目の前でぼんやりたたずむ母を、幼い頃の「僕」が人生のすべてのエネルギーを費やし、思いっきり笑わせようとしていたということ。母はくすっと笑ったが、その儚《はかな》い笑顔の背後には無限の哀しみが控えていた。「僕」の手には負えないと分かっていたが、「僕」は母を大笑いさせたかった。

問一　——線①「何も言い出せなかった」とありますが、それはなぜですか。その理由として最も適当なものを次から選び、記号で答えなさい。

ア　母に意表を突かれた「僕」は、母に言いたいことが多くあるものの、ためらっていたから。

イ　「僕」には予想外の展開だったため、母が期待するような言葉を考える余裕がなかったから。

ウ　母の決意を前に、「僕」の言葉はもはや何の役にも立たないとあきらめていたから。

エ　「僕」が密かに抱いてきた希望をやっと叶《かな》えられるとわかり、興奮してしまったから。

問二 [Ａ]にあてはまる言葉として最も適当なものを次から選び、記号で答えなさい。

ア　おそらく　イ　とても　ウ　決して　エ　まるで

問三 [Ｂ]・[Ｃ]にあてはまる言葉として最も適当なものを次から選び、それぞれ記号で答えなさい。

ア　はらはら　イ　ゆらゆら　ウ　さらさら

エ　ざらざら　オ　ずるずる

問四 ――線②が「差し迫った状況で身動きがとれなくなる」という意味になるように、（　）にあてはまる言葉を三字以内で考えて答えなさい。

問五 ――線③「それ」の指し示す内容を説明した次の文の空欄にあてはまる言葉を、それぞれ指定された字数で答えなさい。ただし、１は文章中の言葉を使い、２は文章中から抜き出して答えること。

[１　十字程度]よりも、[２　十字]の方が勝ったということ。

問六 ――線④「僕の乱暴な気持ちは、どこかへ行ってしまっていた」とありますが、「僕の乱暴な気持ち」を具体的に表している一文を文章中から探し、最初の五字を抜き出して答えなさい。

問七 ――線⑤「母の言っていること」とはどのようなことですか。その説明として最も適当なものを次から選び、記号で答えなさい。

ア　夫と過ごした時間より、息子と共に歩んだ時間の方が大切であるということ。

イ　ひとりで生きてゆくことの孤独感から解放されたいということ。

ウ　夫と妻を結び付ける愛情と親と子を結び付ける愛情は異なるということ。

エ　プロポーズを受け入れることによって、過去とは決別するということ。

問八 ――線⑥「僕の中に降り積もった哀しみが、ほんの少し溶けたような気がした」について、次の各問いに答えなさい。

１　「僕の中に降り積もった哀しみ」を説明したものとして最も適当なものを次から選び、記号で答えなさい。

ア　母の、亡くなった正喜さんを忘れようと努力する上での哀しみ。

イ　母の、亡くなった正喜さんを忘れられないことに対する哀しみ。

ウ　「僕」の、亡くなった正喜さんを父親だと思えないことに対する哀しみ。

エ　「僕」の、亡くなった正喜さんとの思い出が何一つないことに対する哀しみ。

２　「ほんの少し溶けたような気がした」とありますが、それはなぜですか。その理由として最も適当なものを次から選び、記号で答えなさい。

ア　母の再婚相手も、正喜さんと同じように、母を幸せにできる存在だとわかったから。

イ　これまで「僕」が母に抱いてきた疑念が晴れ、今後の人生を楽しめるとわかったから。

ウ　正喜さんだけではなく、「僕」自身も母を笑顔にできる存在だとわかったから。

エ　「僕」のことを愛せずにいた母が、「僕」の想像以上に苦しんでいたことがわかったから。

問九　文章の内容にあてはまるものを次から一つ選び、記号で答えなさい。

ア　母は、意を決して「僕」に再婚話を切り出したが、「僕」の予想外の反応に戸惑いの表情を見せ、「僕」を落胆させた。

イ　母は、正喜さんを忘れるためにベルリンへ来たが、過去の思い出に浸り、プロポーズ相手との未来を見つめることができなかった。

ウ　母は、「僕」が母のことを大切に思ってくれていると認識し、今後は「僕」だけのために前向きに人生を歩もうと思い始めた。

エ　母は、「僕」とベルリンに来たことで、「僕」の存在の尊さを認識し、「僕」とプロポーズ相手とともに新たな人生を歩もうと決心した。

三　次の文章を読んで、あとの問いに答えなさい。

ヒトの場合、(注1)このような感覚入力からはじまるボトムアップ処理だけで「何か」を認識しているのではなく、(注2)前頭葉からのトップダウン処理もおこなわれている。①トップダウン処理では、そうやってパターン認知した情報が、知っているモノの形(知識表象)(注3)としてすでにあるかどうかを長期記憶のなかから検索して、最も似ている知識表象を選択する。つまりそれまでにもっていた知識や記憶と照らし合わせて、「何か」として(注4)カテゴリー化する。

だから、モノが置かれた文脈によって、同じ形のモノでも別の「何か」として認識されることがある。図1の右端にある上下二つは同じ絵だ。[A]、上段のようにさまざまな顔の絵のなかにこの図があると、メガネをかけたおじさんに見えやすく、下段のように②動物の絵のなかにあると、ネズミに見えやすくなる。

図1　文脈によって同じ絵の見え方が変わる。右端の絵は，上段の顔のなかにあるとメガネをかけたおじさんの顔に，下段の動物の絵のなかにあるとネズミに見えやすい。

とくに、入力される感覚からの情報が不十分なときには、このトップダウン処理が優位になる。そのときは、知識を使った推論によって、それが「何か」を知ろうとする。たとえば、図2に何が描かれているか、そう簡単にはわからない。「何か」を知ろうとする過程で、頭のなかを検索している感じを実感していただけるのではないだろうか。

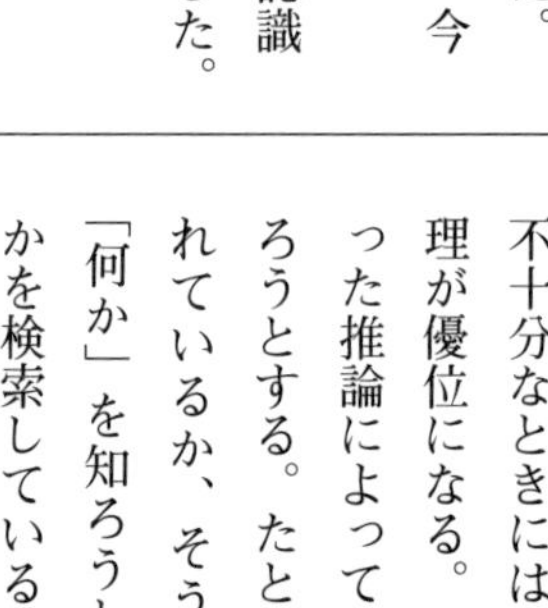

図2　カモフラージュされたパターン。画面中央右寄りにダルメシアン(犬の一種)が見えてくる。

そうやって知識や記憶を総動員して、「何か」としてカテゴリー化する。だから壁のしみのようなあいまいな形にも、わたしたちはさまざまな「何か」を見る。月でウサギが餅《もち》つきをしているのも、おねしょのしみが日本地図をつくるのも、星の並びにさまざまな神話が生み出されたのも、③この視覚認知の特性に基づいている。だからこそ、鉛筆1本が生み出す線でさまざまなものが表現できるのだろう。

「夕暮れのカラス」「絶望する人」「早春の竹林」——(注5)アイの水彩画を整理するときに、わたしが勝手につけていたタイトルだ。チンパンジーの本意ではないだろうが、しばらく見ていると、さまざまなイメージが浮かぶ。そしてタイトルをつけた方が、「何月何日に描いた赤と黄の絵」などというより、あの絵だな、と思いだしやすくて便利だった。

このように、見たモノを頭のなかでカテゴリー化し、シンボルに置き換えておけば、情報として記憶から取り出したり、他者に伝えたりすることが容易になる。そうして複雑な思考や効率的なコミュニケーションができるようになったことは、④ヒトが文化や技術を発展させる原動力になったはずだ。

　このカテゴリー化の基準になるのが、ほかでもない言語だ。だから異なる言語を話すヒトでは、その認識する世界も違うはずだ、と主張するのが、サピア＝ウォーフ仮説（言語相対性仮説）である。言語化とカテゴリー化とがまったく同じとはいい切れないという反論もある。ただ少なくとも、ヒトが言語をもったことと、ヒトが世界をカテゴリー化して見る記号(注6)的なモノの見方をするようになったことは深く関連していそうだ。

　イギリスの考古(ア)学者スティーヴン・ミズンは、壁画をはじめとする後期旧石器時代におこった文化の爆発の原動力を、⑤知能が認知的流動性を得たことによるものだと指摘した。

　ネアンデルタール人や初期のホモ・サピエンスの脳では、より原始(イ)的な一般知能に加えて、集団のなかでの社会生活に特化した社会的知能、狩猟(ウ)採集に特化した博物学的知能、石器製作(エ)などの物づくりに特化した技術的知能の三つがそれぞれ独立に発達していた。その後、芸術や宗教を生み出すようになったホモ・サピエンスに備わったのは、新たな知能ではなく、三つの知能の間に認知的な流動性を得たことだ、という指摘だ。わたしたちは、概念や思考方法、知識を別のことに応用して使うことが得意だ。比喩《ひゆ》や類推を好むことも、その証拠として考えると辻褄《つじつま》が合う。そしてこの認知的流動性を生み出したのが、言葉、それも今のわたしたちが使っているような分節化(注7)した構成的言語だと指摘されている。

　ヒトは、言語を獲得したことによって、複雑で効率的な思考やコミュニケーション能力を手に入れた。そしておそらく同時に、想像する力も手に入れた。しかし、進化の過程で新しい能力を獲得することは必ずしも進歩ではない。実は既存の能力の喪失《そうしつ》というトレードオフ(注8)によって成り立っている。イギリスの心理学者ニコラス・ハンフリーが『喪失と獲得』のなかで論じているのは、そのような進化のうらおもてだ。

　ハンフリーは、ヒトが言語を手に入れることで失った能力、それは、モノをありのまま写真のように知覚し、記憶する能力であると指摘している。そしてその説に説得力をもたせる現象の一つが、チンパンジーの記憶力だ。

　前述のように、アイたち霊長研のチンパンジーたちは、数字の順番を覚えていて、画面上にランダムに散らばった数字を小さい順に触れることを学習している。この課題を使って、彼らの記憶力を調べた研究がある。井上紗奈さんらの研究だ。一番小さな数字に触れた瞬間に、数字がすべて白い四角に置き換わってしまう。そこで記憶を頼りに、小さい数字があった場所から順に答えていくという課題だ。

　このとき、アイの子アユムをはじめ、子どものチンパンジーたちがずば抜けた記憶力を発揮した。数字が消えても迷いなくピッピッピ、と小さい順に触っていく。数字が表示されてからスタートの1を押すまでに0・6秒、その短時間に配置を覚えていることになる。これは一見にしかずなので、「アイのホームページ」から、ぜひその映像をごらんいただきたい。比較対象として、京都大学の大学院生などが挑戦しても、到底勝てない速さで、しかも高い正答率なのだ。

　彼らがこのような能力をもつのは、数字が散らばった画面を写真のように映像で記憶しているからだと考えられている。直観像記憶(注9)や映像記憶とよばれるものだ。ヒトがこの課題を解くときには、数字が消える前にその配置を1、2、3、4、……、と確認しようとする方法が一般的だろう。それはいわば記号化して覚える方法で、その処理の分、時間がかかる。［Ｂ］映像記憶なら、カメラのように一瞬で記憶できてしまうというわけだ。

（中略）

わたしたちは言語をもったことによって、目に入るものをつねにカテゴリー化し「何か」として見ようとする記号的な見方をしている。つま(注10)り目に入るものをそのまま認識しているつもりでも、無意識に⑥言語のフィルターを通して世界を見ているのだ。

すでに述べたように、チンパンジーは線画に描かれたモノが「何か」を認識することができる。それはすなわち描線を「何か」に見立てていることになるのだから、カテゴリー分けをするような記号的なモノの見方をまったくしないとはいいきれない。とくに、子どものころに何らかのシンボルを学習したチンパンジーが、ほかのチンパンジーより記号的なモノの見方をしていることを示す証拠も少しある。

先に紹介したプレマックの研究で、ただ一人、顔のパーツを並べて福笑いを完成させたサラ(注11)も、プラスチック片による言語を学習していたことを思い出してほしい。

［Ｃ］、チンパンジーのカテゴリー化能力を調べた田中正之さんの研究もある。まず、7人のチンパンジーに「花」「木」「草」「その他」の四つのカテゴリーに属するモノの写真から、いつも「花」を選ぶことを学習させた。これは、どのチンパンジーもできるようになった。ピンクのサクラでも、黄色いタンポポでも、学習によって同じ「花」とカテゴリー分けができるというわけだ。次に、写真のかわりに写実的な彩色画、色つきのデ(注12)フォルメされたイラスト、白黒の線画を見せて、そのなかからも「花」を選べるようになるかを調べた。その結果、アイと3人の子どものチンパンジーたちは、どんな表象でも「花」を選ぶことができるようになった。［Ｄ］、他の3人のおとなのチンパンジーたちは、偶然の正答率以上に正解できるようにならなかった。

動物が生きていくためには、環境のなかで天敵や食物を見分けなければいけない。そのため⑦多くの動物がこの基本的なカテゴリー化をおこなっている。しかし、チンパンジーは、花のように食物でないものも、ある程度のカテゴリー化ができるようになる。さらに、若くて思考が柔軟なうちか、アイのように、ある時期までに漢字などの視覚的なシンボルを習得した経験がある場合には、さまざまな表象表現を認識し、カテゴリー化ができるようになるということらしい。

（齋藤亜矢『ヒトはなぜ絵を描くのか――芸術認知科学への招待』〈岩波書店〉より）

（注1）「このような感覚入力」……十字型・曲線の組み合わせなど低次の情報から、複雑な図形・形・色の組み合わせなどの高次の情報に段階的に処理されるしくみ。
（注2）「前頭葉」……大脳半球の中心を左右に走る溝《みぞ》より前方の領域。ヒトにおいてよく発達し、感情・注意・思考などの精神作用や自分の意志によって行われる運動を支配し、また他の領域と密接に連絡する。
（注3）「表象」……心に思い浮かべられる具体的な像。イメージ。
（注4）「カテゴリー化」……分類すること。

（注5）「アイ」……京都大学霊長類研究所でチンパンジーの絵の研究をした際に研究対象としたおとなのチンパンジーの名前。
（注6）「記号的」……「記号」とは、ある文化の体系の中で、一定の意味を表すもの。
（注7）「分節化」……連続しているものに区切りを入れること。
（注8）「トレードオフ」……何かを達成するためには何かを犠牲にしなければならない関係のこと。
（注9）「直観」……推理・推論・類推・伝聞によらず、直接的に対象をとらえること。
（注10）「フィルター」……ろ過装置。
（注11）「サラ」……言葉のかわりにプラスチック片を用いた言語を学習し、「顔」を構成することができたチンパンジーの名前。
（注12）「デフォルメ」……意図的にゆがみを加えて表現すること。

問一　——線①「トップダウン処理」とありますが、その説明として最も適当なものを次から選び、記号で答えなさい。
ア　長期記憶の中より知識表象を検索して最も類似した知識表象を選択すること。
イ　長期記憶を知識表象から検索して最も適切なカテゴリーを選択すること。
ウ　知っているモノの形を知識表象から検索して類似の「何か」を長期記憶化しようとすること。
エ　長期記憶と知識表象を同時に検索することで、最も類似している知識表象を選択すること。

問二　［Ａ］～［Ｄ］のうち逆接の接続詞が入らないものを一つ選び、記号で答えなさい。

問三　——線②「動物の絵」は何の具体例として挙げられていますか。文章中から二字で探し、抜き出して答えなさい。

問四　——線③「視覚認知の特性」とありますが、それはどのようなことですか。「～見方。」に続くように、文章中から三十五字以上四十字以内で探し、最初と最後の五字を抜き出して答えなさい。

問五　——線④「ヒトが文化や技術を発展させる原動力になった」とありますが、「原動力」の例として適当でないものを次からすべて選び、記号で答えなさい。
ア　おねしょのしみを地理や医学の知識で解釈すること。
イ　星座にまつわる神話の論理的整合性に疑問を抱くこと。
ウ　意味のない月の模様をウサギの餅つきに見立てること。
エ　壁のしみから強い恐怖心に駆られるような幽霊を連想すること。

問六　===線ア「考古」・イ「原始」・ウ「狩猟」・エ「製作」のうち、他と構成が異なる熟語を一つ選び、記号で答えなさい。

問七　——線⑤「認知的流動性」の例として適当でないものを次から一つ選び、記号で答えなさい。
ア　いつも多くの人と一緒に居る集団をシマウマの群れに例える行為。
イ　川の水量や濁りとイワナの釣果の関係を近隣の人と情報共有する行為。
ウ　狙《ねら》った獲物にめぐり会えるまで何日でも忍耐強く歩き続ける行為。
エ　扱う獲物によって、石器の材質や形状を変化させようとする行為。

問八　——線⑥「言語のフィルターを通して世界を見ている」とありますが、これとは対照的な認識方法を文章中から四字で探し、抜き出して答えなさい。

問九　——線⑦「多くの動物がこの基本的なカテゴリー化をおこなっている」とありますが、条件を満たしたチンパンジーの「カテゴリー化」が「多くの動物」の例外である理由を、文章中の言葉を使って四十字以上五十字以内で説明しなさい。ただし、「認識」という言葉を必ず使い、「〜ではないものでも、〜から。」の形で答えること。

四　次の資料を見て、あとの問いに答えなさい。

問一　資料Ａ中の——線①「インバウンド需要の消失」とありますが、これは具体的には何が原因でどのようなことが起きたことを指していますか。他の資料を参考にし、「買い物客」という言葉を必ず使って四十字以内で答えなさい。

問二　資料Ａ〜Ｈから読み取れることとして適当でないものを次からすべて選び、記号で答えなさい。

ア　資料Ａ中の「消費形態やライフスタイルの変化」とは、一つには少子高齢化による購買行動の変化が挙げられる。

イ　資料Ａ中の「消費形態やライフスタイルの変化」とは、一つにはネットショップの利用の増加が挙げられる。

ウ　新型コロナ感染拡大の影響によって、これまで高級路線の小売店として好調だった百貨店も苦戦を強いられるようになった。

エ　新型コロナ感染拡大の影響によって減収が続いていた百貨店だが、二〇二一年四月には過去に類のない大幅な収益があった。

オ　百貨店のインバウンド売上は二〇二〇年四月に最も減り、その後やや回復したが、コロナ禍以前の規模とは程遠い状況である。

カ　外国人観光客を拡大させる日本の政策は、景気の低迷や少子高齢化による国内消費の停滞、女性の雇用の創出などとも関係がある。

キ　訪日外国人が激減した原因としては、新型コロナ感染拡大の他に、海外の人に好まれるコンテンツのアピール不足も挙げられる。

資料A　「コロナで百貨店の売上高　１兆5,000億円減少　百貨店の８割が赤字」

全国の主要百貨店70社の2020年度(2020年４月期－2021年３月期)の売上高は、合計４兆996億円(前期比27.0％減)で、前期より１兆5189億円減少した。調査を開始以来、５期連続の減収となった。

期初から新型コロナ感染拡大の影響が直撃し、外出自粛《じしゅく》や休業、時短営業に加え、①インバウンド需要の消失など、かつてない苦戦を強いられた。

百貨店70社の業績

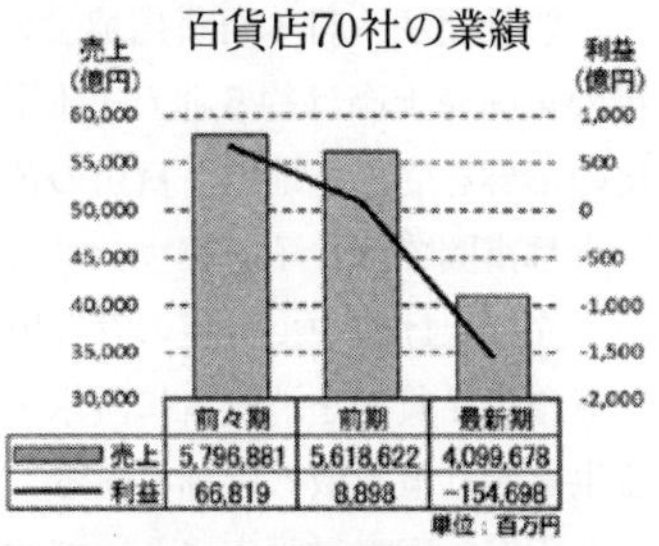

東京商工リサーチ調べ

純利益は、合計1546億円の赤字(前期は88億円の黒字)だった。雇用《こよう》調整助成金などの各種支援を受けながらも、想定以上の売上の落ち込みで費用を吸収できない企業が続出し、赤字百貨店は全体の約８割(構成比79.4％)にのぼった。

百貨店業界は消費形態やライフスタイルの変化で百貨店離れが加速し、ここ数年は撤退《てったい》や閉店が全国で相次いでいる。コロナ禍《か》はこれに拍車をかけ、装置産業で対面販売を軸《じく》にした旧来型のビジネスモデルの弱点をあぶりだした。

2021年に入っても大手百貨店の閉店が相次ぎ、不振に喘《あえ》ぐ地場百貨店の経営破たんも発生している。新型コロナの感染再拡大、緊急事態宣言の発令などで引き続き厳しい事業環境が続くだけに、当面の市場縮小は避けられない見通しだ。

(出典：2021年８月31日東京商工リサーチ「データを読む」)

資料B　「インバウンドとは」

インバウンド(inbound)は「外国から自国への旅行」や「自国への外国人旅行者」を指す言葉です。日本へのインバウンドは「訪日旅行」「訪日外国人」とも呼ばれます。

2019年、日本の訪日外国人数は過去最高の3,188万人となりました。2014年の春節(旧正月)頃に訪日中国人観光客による「爆買い」現象が注目されて以来、テレビのニュースなどでも「訪日外国人」「外国人観光客」「インバウンド」「インバウンド需要」「観光立国」などのキーワードが頻出《ひんしゅつ》するようになっています。

一方で2020年２月頃からは、新型コロナウイルスの世界的な流行により旅行需要が停滞《ていたい》し、感染対策のための入国制限も敷かれることとなりました。訪日外国人が激減し、インバウンド市場は大きな打撃を受けています。

(出典：訪日ラボ「インバウンド用語集」〈https://honichi.com/words/インバウンド/〉)

資料Ｃ　百貨店の現状

一般社団法人日本百貨店協会の「全国百貨店売上高概況《がいきょう》」(2019年12月発表)によると、2019年の年間売上高は約５兆7547億円と前年より1.4％減で、市場規模は縮小傾向だ。特に少子高齢化の影響を受け、地方百貨店の苦戦が続いている。

大都市圏では、インバウンド(訪日外国人)の取り込みを続けてきた結果、外国人向けの販売額が、売り上げの中で一定の存在感を持つようになった。また高級路線の小売店として、ハイブランドや高品質品を消費者に訴求・提案する動きもある。一方、専門店をテナントとして招き入れる生き残り策を取る店舗《てんぽ》もある。

百貨店や家電量販店にとって強力なライバルとなっているのが、ネットショップだ。経済産業省の調査では、2018年の日本国内のB to C＊向けのＥＣ(Electronic Commerce、電子商取引)市場規模は、約18兆円と前年より8.96％増と拡大傾向であることがわかった。(＊「B to C」…Business to Consumerの略で、企業〈Business〉が一般消費者〈Consumer〉を対象に行うビジネス形態のこと。)

各社はさまざまな販売業者の商品を１つのサイトでまとめて販売するオンラインショッピングモールが存在感を強める中で、人気のオンラインショッピングモールに出店したり、自社でネットショップ事業に乗り出して対抗したりしている。また、実店舗にタブレットを配備して、店頭にない商品をネット注文できるようにするなど、店舗とネットを連携《れんけい》・融合《ゆうごう》させる新たな取り組みも始まっている。

(出典：株式会社リクルート　リクナビ　就活準備ガイド　「業界研究」　百貨店・専門店・流通・小売業界　https://job.rikunabi.com/contents/industry/912/#i-3)

資料Ｄ　観光立国日本

2014年から、日本は「観光立国」を目指して歩んでいます。観光立国とは、国内外から観光客を誘致して、人々が消費するお金を国の経済を支える基盤のひとつとしている国のことです。そのためには、特色のある自然や都市の環境・光景をアピールするとともに、美術館などの観光施設を整備する必要があります。

日本が観光立国を目指す理由は何でしょうか。現在の日本では、景気の低迷や少子高齢化で、国内消費の拡大が難しくなっています。そこで観光に注力し、インバウンド客を呼び込んで消費を促《うなが》そうと考えられました。温泉・和食・忍者《にんじゃ》・侍《さむらい》・ポップカルチャー・寺社・豊かな自然など、日本には海外の人に好まれるコンテンツが豊富にあります。しかしながら、これまでインバウンド客の受け入れ態勢やアピール力が不充分でした。今、そういった部分を見直してより多くの観光客を呼ぶ取り組みがされているのです。また、観光業を活性化させることで多くの雇用を生み出すことも狙いです。特に促進されているのは、観光業での女性の活躍です。結婚や出産で仕事から離れていた女性たちが、観光業で働き、納税者となればさらに国の財政が潤《うるお》います。こうした理由から、日本は観光立国を目指しているのです。

(出典：おもてなしＨＲ〈https://omotenashi.work/〉)

資料Ｆ　百貨店免税品売上高前年同月比

(2019年４月～2020年４月)

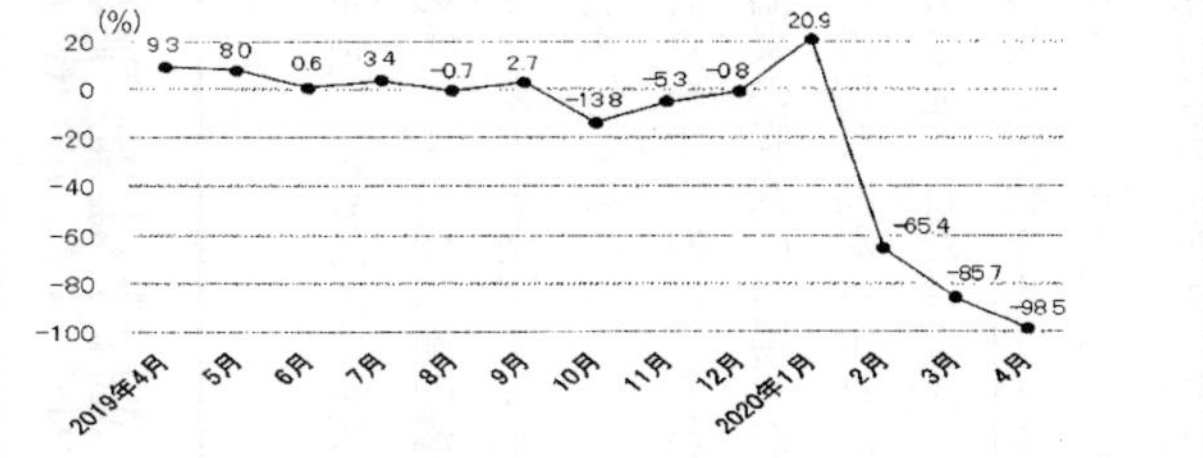

資料Ｇ　百貨店免税品売上高前年同月比

(2020年５月～2021年８月)

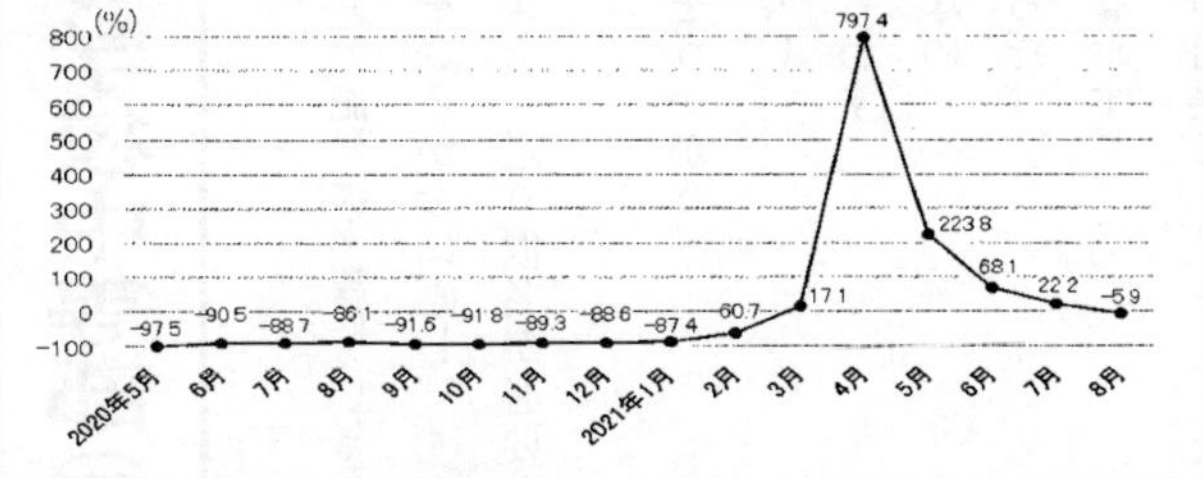

資料Ｅ　日本の免税《めんぜい》制度

外国人旅行者等の非居住者(以下「非居住者」といいます。)が、土産品等として国外へ持ち帰る目的で輸出物品販売場において、免税対象物品を一定の方法により購入した場合には、その購入に係る消費税が免除されます。

これは、非居住者が土産品等を国外へ持ち帰ることは、実質的に輸出と同じであることから設けられている制度です。

(出典：国税庁ＨＰ)

資料Ｈ　百貨店免税品売上高　(2019年４月～2021年８月)

	実額	前年同月比
2019年4月	約344億7千万円	109.3%
2019年5月	約309億9千万円	108.0%
2019年6月	約283億3千万円	100.6%
2019年7月	約281億3千万円	103.4%
2019年8月	約256億6千万円	99.3%
2019年9月	約253億2千万円	102.7%
2019年10月	約256億4千万円	86.2%
2019年11月	約261億5千万円	94.7%
2019年12月	約299億2千万円	99.2%
2020年1月	約316億9千万円	120.9%
2020年2月	約110億2千万円	34.6%
2020年3月	約47億5千万円	14.3%

	実額	前年同月比
2020年4月	約5億円	-98.5%
2020年5月	約7億7千万円	-97.5%
2020年6月	約26億8千万円	-90.5%
2020年7月	約31億7千万円	-88.7%
2020年8月	約35億5千万円	-86.1%
2020年9月	約21億2千万円	-91.6%
2020年10月	約21億円	-91.8%
2020年11月	約27億9千万円	-89.3%
2020年12月	約34億4千万円	-88.6%
2021年1月	約39億9千万円	-87.4%
2021年2月	約43億3千万円	-60.7%
2021年3月	約55億5千万円	17.1%

	実額	前年同月比
2021年4月	約45億円	797.4%
2021年5月	約25億1千万円	223.8%
2021年6月	約45億1千万円	68.1%
2021年7月	約38億7千万円	22.2%
2021年8月	約33億4千万円	-5.9%

(出典：資料Ｆ～Ｈは日本百貨店協会「免税売上高・来店動向」を元に作成した)

東京農業大学第一高等学校中等部(第三回)

—40分—

［注意事項］　解答の際、句読点、括弧《かっこ》などの記号は字数に含《ふく》むものとします。

一　次の①～④の傍線部の漢字の読みをひらがなに直し、⑤～⑧の傍線部のカタカナを漢字で答えなさい。また、送り仮名が必要な場合は送り仮名を付しなさい。

① 会食をするのにふさわしい日和をうかがう。
② 温泉の脱衣所の場所がわかりにくい。
③ 雲の切れ間から山々が雄姿をあらわす。
④ 人を見た目だけで侮ってはいけない。
⑤ 最後に勝利をオサメルのは私たちだ。
⑥ エアコンがハソンしたので買いなおす。
⑦ 休日に野山をサンサクすることが生きがいだ。
⑧ 足で戸を閉めるなんて、とんだオウチャク者だな。

二　次の文章を読んで、後の問に答えなさい。

リスクをめぐる混乱は人々が正しい知識を欠くゆえに起こる。このような混乱を避けるため、専門家は正しい知識を非専門家である民間人に教えなければならない。

このような言明は、ここで紹介したエイズ騒動※1や、BSEパニック※2、東日本大震災後の放射線をめぐる問題や、HPVワクチン、新型コロナウイルスの感染拡大など、リスクをめぐる社会的混乱が起こるたびに勢いを増す。正しい理解があれば、こんなことは起こらない。デマやフェイク※3はファクトで訂正し、人々に正しい知識を持たせることが適切なリスク管理[1]の第一歩というわけだ。

ここで紹介した小澤氏、畝山氏のコメントにも、政府や国民、メディアがリスクを正しく理解していないことへの忸怩《じくじ》※4たる思いが読み取れる。私もリスクについての学習やそれに基づく行動が必要であること、またそのようなことが行われていない結果、リスクをめぐる混乱が起こる、という専門家の見解には同意する。

しかし他方で、非専門家が正しい知識を身につければリスクをめぐる問題は解決するといった素朴な考えは欠如モデルと呼ばれ、科学コミュニケーションの分野ではすでに批判の声が上がっている。また専門家や医療ジャーナリストがしばしば掲げる「正しい知識」「正しい理解」「正しく恐れる」というフレーズは、リスクに関して［X］の「正しい」理解や対応が存在するという印象を生みやすい。リスクは本質的にグラデーションであり[2]、何をどのような形でリスクとして提示するかは専門家によって異なる。同じリスクであっても、個々人が置かれた文脈によってその感じ方、考え方は変わってくるため、それらを十把一絡《じっぱひとから》げ[A]にできる「正しい理解」などは存在するはずはないのだが、実際一般に向けてはこの言葉が頻繁に掲げられ、かつ「正しく怖がる」といった言葉で個々人の感じ方にすら「正しさ」があるような啓蒙《けいもう》が行われる。

それに加えて私が目を向けたいのは、「正しい理解」のもとに行われる啓蒙的情報提供が、リスクの実感を身体ではなく情報に依存した形に変えてゆくことである。これについては第1章で線維筋痛症と摂食障害の事例を提示しながらすでに述べた。しかしそこで紹介した線維筋痛症の加藤さん、過食症の田辺さんのリスクの実感には、身体が痛いとか、食べたら不快とかいった身体を巻き込むリスクの実感が少なくとも存在した。

他方松本のエイズ騒動や狂牛病パニックにはそれが欠けている。前者においてはフィリピン女性1名の陽性報告のみであり、松本市でそれ以外の感染者はゼロである。このような事実を述べることで、日本人被害者はゼロではない。※5 vCJDに関しては、国内陽性者はよかったじゃないかといった議論を展開したいわけではない。そうではなく、問題視される病気の集団内での身体を介した経験がほぼ皆無のまま、3ある病気に対する集団の想像力だけが走り出した結果、あからさまでグロテスクな他者の排除や攻撃が生み出された事実に目を向けたいのである。

専門家が掲げる「正しい知識」や「正しい理解」といったものは、排除や攻撃を取り除く上で重要な役割を果たす。しかしこれらの見解も、リスクの実感を身体から乖離《かいり》させ、情報に委譲するという点でHIVやBSEについての情報と本質的に同じ力を持っている。リスクをめぐっては絶対的な「正しさ」が存在しない以上、複数の「正しい知識」や「正しい理解」が掲げられる余地はどうしても残り、それらの対立が他者の排除や攻撃の引き金となる可能性は残り続ける。それゆえにリスクをめぐって起こる排除や差別を4「正しさ」という素朴な科学主義で解決しようとすることには限界があるのである。

また私は、「自分は大丈夫と思うな」といった形で今ここの身体経験を否定し、情報を与えることでリスクの実感をやみくもに醸造することは、差別や排除の問題を超えて、私たちが生命であるという事実をも否定する可能性があると考えている。

私たちの生の実感を身体ではなく情報に移し替えることの何が問題なのか。身体感覚という曖昧なものより情報を信じたほうがより確かで、安心な生活が送れるのではないだろうか。そのような問いに次節で答えてゆきたい。

哲学者の市川浩は１９８５年に刊行された『〈身〉の構造—身体論を超えて』の中で記号、すなわち言葉やイメージを仲立ちとした経験の問題を次のように述べる。

今日の問題は、記号を仲だちとする情報経験が、現実の代理ではなく、現実そのものとなったという点にあります。われわれの日常経験をふりかえってみても、現在では直接経験よりもむしろ情報経験の方が圧倒的に多いのに気づきます。毎日家庭や職場で経験する直接経験は、確かな世界経験です。それに対して情報による間接経験は不確かな疑似経験であるとして、これまで低い価値しか与えられませんでした。［Y］、というわけです。しかし現代では、われわれが直接経験しない情報経験が量の面で圧倒的に多いというだけでなく、質的にも情報経験が直接経験以上に日常生活にとって大きな意味をもつようになっています。

これに続いて市川は、「真偽不定の情報経験によって構成される現実、受容能力を超える過剰な情報刺激、間接経験による疎隔《そかく》された世界体験、これらがいずれも精神病理学的な症候とどこか似ているのは不気味」と述べる。間接経験による疎隔された世界体験とは、メディアによって提供される情報のことである。これらの情報は身体を伴う一次的な経験にはなりえず、常に疑似体験にしかなり得ない、ということだ。

ここまで読まれた方はすでにお気づきと思うが、統計的データとショッキングな事例を手がかりに介入対象の想像力に分け入るリスク管理は、市川が不気味だとする経験のあり方を推奨することでしか成立しない。前章で示したように、心房細動の抗血栓療法においては、不整脈の自覚や、薬の効き目の実感のあるなしは治療開始の一義的条件ではない。大切なのは患者の直接経験よりも、専門家により発見され、伝えられる情報経験である。その結果、非専門家である私たちに求められるのは、情報に身体を寄り添わせ現実の実感を形作り、生活を再編成していくこととなる。

ここで取り上げたＨＩＶやＢＳＥをめぐるパニックは、[Ｉ]。それまで人々は何の恐れも感じずナイトクラブに行っていたし、松本に住む人々と交流していたし、牛肉も美味しく食べていた。しかしその積み重ねられた身体経験が情報経験により一気に転覆《てんぷく》させられたのだ。

この騒動を、合理性を欠いたメディアや群衆に見られるありがちなパニックと揶揄《やゆ》し、正しい知識の大切さを主張することは容易《たやす》い。しかしこのような問題の理解の仕方は、想像力に介入するリスク管理が本質的に持つ不気味さを矮小化《わいしょうか》することにならないだろうか。

（磯野真穂『他者と生きる　リスク・病い・死をめぐる人類学』〈集英社新書〉による）

※１　エイズ……ヒト免疫不全ウイルス（ＨＩＶ）に感染することによって免疫力が低下し、感染症やがんにかかりやすくなる病気。

※２　ＢＳＥ……牛の病気の一つ。狂牛病とも言われる。牛が感染した場合、異常行動や運動失調などを示し、死亡するとされる。

※３　ファクト……事実。

※４　忸怩たる思い……自ら恥じ入る気持ちに駆られること。

※５　ｖＣＪＤ……神経難病の一つ。ＢＳＥとの関係が指摘されている。

問一　傍線部１「適切なリスク管理の第一歩」とありますが、どういうことですか。その説明として最もふさわしいものを次のア～オの中から選び、記号で答えなさい。

ア　専門家が民間人に対してリスクに関する情報を提供することで、社会的に混乱した状況をおさめようとすること。

イ　メディアや医療ジャーナリストがリスクに関する情報を提供することにより、民間人にリスクの本質を正しく理解させようとすること。

ウ　メディアの情報をうのみにするのではなく、民間人も積極的に情報を集めてリスクをめぐるパニックに巻き込まれないようにすること。

エ　専門家が情報を提供することによって、民間人がリスクについての風評やうわさに惑わされないようにすること。

オ　政府や専門家が提唱するリスク管理についての情報を常に意識し、民間人がリスクをめぐる問題を解決しようとすること。

問二　空欄[Ｘ]・[Ｙ]にあてはまる語句として最もふさわしいものを次のア～オの中から選び、それぞれ記号で答えなさい。

[Ｘ]
ア　起死回生　　イ　唯一無二　　ウ　安心立命
エ　公明正大　　オ　泰然自若

[Ｙ]
ア　百聞は一見にしかず　　イ　雨だれ石を穿《うが》つ
ウ　氏より育ち　　エ　苛政《かせい》は虎よりも猛《たけ》し
オ　急がば回れ

問三　傍線部２「リスクは本質的にグラデーションであり」とありますが、どのようなことですか。その説明として最もふさわしいものを次のア～オの中から選び、記号で答えなさい。
ア　リスクはそもそも未来に起こる予測不可能な出来事であるので、その危険度も予測不可能であるということ。
イ　リスクというものは、事態が明らかになるにつれて、その危険度が増していくものであるということ。
ウ　リスクというものは、状況の違いや行動の仕方によって、その損失や悪影響の程度が異なってくるものであるということ。
エ　リスクはそもそも専門家の提示の仕方が異なるものなので、「正しい」理解ができる専門家は少ないということ。
オ　リスクはそもそも個々人の捉え方によって異なるものであるので、複数の影響が生じるものであるということ。

問四　傍線部Ａ「十把一絡げ」の意味として最もふさわしいものを次のア～オの中から選び、記号で答えなさい。
ア　意味のあるものをたくさん集めて活用していくこと。
イ　様々な種類のものを区別することなくひとつにすること。
ウ　解釈が複数あるものの中から一つの解釈にしぼること。
エ　同じ種類のものをたくさん集めてひとまとめにすること。
オ　たくさんの価値あるものの中から一つのものを選ぶこと。

問五　傍線部３「他者の排除や攻撃が生み出された」とありますが、それはなぜですか。その理由として最もふさわしいものを次のア～オの中から選び、記号で答えなさい。
ア　問題視される病気についてほぼ未体験の集団内で、それぞれの思いや憶測が広がり、疑心暗鬼になっていたから。
イ　国内で問題視される病気についてほぼ経験のない集団内で、様々な思いや思惑からデマやフェイクが拡散されていたから。
ウ　集団内の人が実体験ではなく疑似体験しかしていないため、問題視される病気についての風評被害を心配していたから。
エ　日本での実体験がほぼ皆無であるため、情報経験だけでは不確かだと思う群集心理が働き、問題視される病気が誇張されていたから。
オ　国内で問題視される病気が、「いずれは現実のものとなってしまうかもしれない」という負のイメージを払拭《ふっしょく》したいという思いが群集心理となっていたから。

問六　傍線部４「『正しさ』という素朴な科学主義で解決しようとすることには限界がある」とありますが、「限界がある」理由として最もふさわしいものを次のア～オの中から選び、記号で答えなさい。
ア　身体で生の実感をすることが最も信頼できるが、「正しさ」という科学主義に基づく情報体験は疑似体験にしかなり得ないので信頼度が劣ってしまうため。
イ　「正しさ」という科学主義に基づく情報提供が圧倒的に多くなっているが、身体を介した経験でもリスクに起因する排除や差別の一部をなくすことができるため。
ウ　科学主義による情報経験は、実体験と異なり真偽不定な間接経験による疎隔された世界体験であるので、リスクを曖昧にしてしまうため。
エ　「正しさ」の定義が複数あることにより、専門家の提示の仕方や非専門家の捉え方が多様となり、リスクの解釈の仕方が複数生じてしまうため。

オ　科学的データや数字の情報はデマやフェイクに置きかえられて拡散されることがあるが、これを「正しさ」という科学主義で防止することは容易ではないため。

問七　空欄［Ⅰ］にあてはまる内容として最もふさわしいものを次のア～オの中から選び、記号で答えなさい。

ア　情報による間接経験を蔑《ないがし》ろにしたケースである

イ　直接経験が世界体験から疎隔された故に起こったことである

ウ　統計的データを読み間違えたことにより起こったのである

エ　情報経験ではなく直接経験が一義的条件になったケースである

オ　情報経験が集団の直接経験を凌駕《りょうが》したケースである

問八　波線部「その積み重ねられた身体経験が情報経験により一気に転覆させられたのだ」とはどういうことですか。七十字以内で答えなさい。

三　次の文章を読んで、後の問に答えなさい。

> 二〇二〇年夏、新型コロナウィルス感染症により休校していた学校が再開した。長崎県五島列島に住む高校三年生の佐々野《ささの》円華《まどか》は、一人になるために家の近くの堤防にいた。そこを偶然通りかかった同級生の武藤《むとう》柊《しゅう》に声をかけられ、会話する場面である。

「佐々野さんは、吹奏楽部だよね?」

「あ、うん」

またちょっと驚く。名前に続き、まさか部活まで知られているなんて本当に想定外だ。

「吹奏楽部も、今年は大会みたいなのはないの?」

「うん」

「そっか。――あのさ」

「うん?」

「ひょっとして、泣いてました? 佐々野さん」

武藤の顔を凝視したまま――動けなくなる。

咄嗟《とっさ》に思ったのは、なんで敬語? ということだった。さっきまで普通にタメ口だったのに、急に。

答えに詰まる円華の前で、武藤がさらに言った。

「さっき、そんなふうに見えたから」

気づいたとしても、面と向かってそういうこと聞くかな? と思う。だから声をかけてくれたのか、と妙に納得はしたけど、気まずかった。ひとりになりたくてここに来た、なんて意味深な答え方をしてしまったことも、改めて後悔する。

「別に、吹奏楽の最後の大会がなくなったから[A]感傷に浸《ひた》ってた、とかじゃないよ。確かに寂しいし、悔しいけど、そういうんじゃなくて」

「うん。でも、誰かに何か言われたのかなって思って」

[1]頰が、かっと熱くなる。武藤の視線は曇りなく、どこまでもまっすぐだった。

「……なんで」

か細い声が出る。武藤が円華に横顔を向け、椿《つばき》のステンドグラスの天主堂のすぐ下――旅館や、寮の建物が並ぶあたりを見つめる。

「寮に住んでる、小山《こやま》ってわかる? 弓道部の。あいつもオレと同じで、休校の時もずっと地元戻らずにこっちにいたんだけど、そいつが学校行ったら、昨日、聞かれたって言ってたから。——つばき旅館、島の外から来た客を泊めてるみたいだけど、近くに住んでて大丈夫かって」

胸の真ん中がずくん、と痛くなる。あ、やっぱり、そんなふうに言われてるんだ、とわかっていたはずなのに、それでもショックを受けてしまう。思わず、「あのさ……」と声が出た。

「それ、普通、本人に言う？　私が知らなかったらどうするつもりなの？　武藤くんの今の話で初めて知ったんだったら、すごい傷つくよ」

武藤の声は笑っていなかった。円華は少しでも笑いごとにしたくて、呆《あき》れたように半笑いで言ったのに、真剣な顔でただじっと円華を見ている。

「知ってるの？　そんなふうに言われてること」

「……知ってるよ」

2観念して頷《うなず》くと、空の青さが沁《し》みるようにまた目の奥が痛んだ。あわてて唇を引き結び、首を振る。

「知ってる。こんな時なのにまだ客を泊めてるのかって、うちが、周りから相当思われてそうなこと。さすがに、小山くんたちがそんなとばっちりを受けてるってことまでは、想像もしてなかったけど」

立地が近いというだけの理由で寮の子たちまでそんなふうに言われるのだとすれば、3小春《こはる》の言い分は、やはり仕方がないのかもしれない。

学校が再開され、いつも通り、円華は今日、幼馴染みの福田《ふくだ》小春と下校しようとした。そんなに長い距離じゃないけれど、校門から並んで出て、小春の家の近くの分かれ道まで一緒に歩くのは、二人にとってはいつものことだった。

だけど放課後になって、言われたのだ。

「ごめん、円華。しばらく、別々に帰ってもいい？」

どうしてか、最初は全然わからなかった。だから、純粋に「え？」と口にすると、小春が少しだけ早口になった。

「円華と一緒に帰ってるところ見て、うちのおじいちゃんとかおばあちゃんがちょっと心配になったみたいで。ほら、うちら、話しながら帰ってるから、マスクしてても、距離が近くて心配なんだって。お母さんとかも、うちのお姉ちゃんが施設で働いてることもあって、気になったみたい」

心配になったみたい、気になったみたい、というそれが、何を「気にして」のことなのか、円華にもだんだんわかってきた。でも、嘘《うそ》でしょ？　と思った。頼むから、そんな理由からじゃないって否定してほしい。だけど、小春は話し終えると、それ以上は何も言わずに円華の方をただ見た。その目を見て、4体の芯が一瞬で冷たくなっていく。

小春とは、小学校からずっと一緒だ。中学から吹奏楽部なのも一緒。小春の家のおばさんやおじさんとも小さな頃から顔見知りだし、おじいちゃんやおばあちゃんにだって会えば挨拶してきた。家にも何度も遊びに行って、ごはんだってご馳走《ちそう》になったことのある小春の家の食卓やリビングを思い出したら、その中で、自分のことが——自分の家族や旅館のことがどう話題にされたのか、Bまざまざと想像できてしまって、何も言えなくなった。

「あー、わかった」

どうしてそんなふうに言ってしまったのかわからない。傷ついてることを悟られまいとそうしたんだと気づくと同時に、あ、私、傷ついたのか、と気づく。

小春は何度も「ごめんね」と謝っていた。

「ほんと、ごめん。帰ってるとこさえ見られなかったら、学校では喋《しゃべ》っても大丈夫だから。今だけ、ほんと、ごめん」

「あ、うん」

「じゃ、先に行くね」

去っていく小春に、吹奏楽部の別の女子が駆け寄っていく。二人が何か話し、肩を並べて同じ速度で歩き始めるのを見た瞬間、円華はなるべくさりげないふうを装いながら、近くのトイレに駆け込んだ。二人がこっちを振り向きもせずに行ってしまうのも胸が苦しかったし、こちらを向いて意識されるのもそれ以上に嫌だった。

小春の姉が働いている「施設」とは、高齢者が入居する介護施設のことだ。島は、人口に対して、医療や介護に従事する人の割合がとても高い。テレビでこのところさかんに言われる「医療従事者」の言葉が、今更のように胸を締めつける。小春の姉は、特に気をつけていて、家族みんなが大皿の料理を一緒につつくようなことすら今はできずにいるのだと、そういえば少し前に聞いていた。

そっか、私、嫌がられてるのか。大好きな、小春の家のおばさんやお姉ちゃんたちから、警戒されてるのか。

誰にも、自分の姿を見られたくなかった。顔を伏せるようにして校門を出て、足元を睨《にら》むようにしながら家までの道を急いだ。誰も円華のことなど見ていない、気にしていない、と言い聞かせても、心臓がすごく大きく鳴っていて、足にぎこちない力が入るのを止められなかった。

小春の声が、耳の奥で響き続けていた。
5 ——帰ってるとこさえ見られなかったら、学校では喋っても大丈夫だから。
なんだそれ、と思う。

学校ならいいけど、帰り道は一緒にいられない。家族や、周りの目が気になるから。そう突きつけられて、明日からも教室で普通に小春と笑顔で接することができるとは到底思えなかった。別の子と一緒に帰る小春の背中。他の子とは一緒に帰れても、円華はダメ。それって。

差別じゃないか——。

差別、という言葉の大きさに、思ってしまった後から気持ちが怯《ひる》む。
6 高い場所から急に下を覗《のぞ》き込んだ時のような、足が竦《すく》む感覚があった。
円華の家がやっているつばき旅館は、小さいが、曾祖父《そうそふ》の代から続いている古い旅館だ。そして、コロナのあれこれが騒がれ始めてだいぶ減ってしまったけれど、今も、それまでと変わらずにお客さんを泊めている。そのほとんどが島外のお客さんだ。長崎市内や福岡など九州本土からの人が多いけれど、中には、東京や大阪から泊まりに来る人もいる。うちを気に入って、東京から毎年来ている常連さんのひとりは、リモートワークになって出社しなくても仕事ができるようになったから、と確かに今も長期で滞在しているようだ。

休業するか、お客さんからの予約を取り続けるか。祖父母も両親も葛《かっ》藤《とう》していた。円華には悟られまいとしていたようだったけれど、円華が自分の部屋に引き上げると、大人が皆で話し合っている気配を感じた。消毒用のアルコールがなかなか手に入らなくて、どこか販売しているサイトがないか、円華も両親と一緒に探した。お客さんが安心して来られるようにって。

そういうことの葛藤の全部を、円華も見ていた。

休業を選ばず、営業し続ける選択をした家族のことを、円華もできる限り応援したいと思ったけれど、家族の間でも、話さないこと、聞けないことがだんだん増えていった。たとえば、泊まりに来たお客さんが、どこから来た人なのか。これまでは、何気なく両親に聞けていたけれど、今は構えないと聞けない。両親も、必要以上に明かさない。

7 ――今だけ、ほんと、ごめん。

また、小春の声が蘇《よみがえ》る。

今だけ、というその「今」は、いったいいつまで続くのだろうか。

政府が日本全国に出した緊急事態宣言は、月末までには解除されるのではないかと言われている。円華はこれまで気安く「早く元通りになればいい」と思ってきたし、口に出してきた。母たちも、お客さんが減っても、「今は我慢だね」とか「今は仕方ない」と口癖のように話しているけれど、テレビでこの間、「新しい生活様式は下手するとあと二、三年は続く」と話す人がいて仰天《ぎょうてん》した。だって、そんなに待てない。まだ一学期なのに、私の二学期も、三学期もどうなるのだろう。卒業するまで小春とは一緒に帰れないのか。マスクなしで生活することも、もう、高校に通う間は無理なのか。

吹奏楽部では、円華はホルンを吹いている。息を吹き、音を出す。たったそれだけのことが、今は危険とされる。

楽器の演奏はしばらく難しいかもしれないけれど、代わりの活動を何か考えよう、と顧問の浦川《うらかわ》先生がみんなに話してくれた。でも、部活が再開されたところで、円華はもう、自分が参加できる気がしない。帰り道、自分を置いて去っていく小春たちの後ろ姿が瞼《まぶた》の裏から消えない。小春でさえああなのだから、円華が参加することを嫌がる子はもっといるかもしれない。みんな、きっと怖いのだ。だから、「今だけ」遠ざける。日常が戻ったら、また円華とも戻れると思っているのかもしれないけれど、そこで置き去りにされた円華の気持ちはどうしたらいいのだろう。

一度にいろんなことを考えて、気持ちはぐちゃぐちゃだった。

円華は、大人の決断があまりに早すぎないか、ということにも怒っていた。みんな、すぐにあきらめすぎる。

夏から始まる吹奏楽コンクールや、インターハイとか、いろんな大会が中止になる決断はあまりに早すぎないだろうか。その頃までに状況が変わっている、という可能性だってゼロじゃないのに。なのに、先のことがどんどん決まってしまう。

思い出すのは去年のコンクールのことだ。部員みんなで本土にフェリーでわたり、佐世保《させぼ》のホールで演奏したこと。集まったたくさんの吹奏楽部の中で、九州から全国に行ける学校は三校だけ。行けるかどうかわからないけれど、練習してきたこの曲をこれから先もまだこのメンバーで演奏し続けたいというそれだけの理由で皆、優勝したいと願った。あの瞬間、私たちの心ははっきりひとつだと感じた。なのに――。

円華の未来はどこにゆくのだ。

俯《うつむ》きながら家に帰り、鞄《かばん》を置いて、飛び出すようにしてこの堤防に来ると、そこで限界を迎えたように涙が一気に溢《あふ》れた。海と空、二つの青が涙で潤《うる》んで溶けだし、混じり合っていく。悔しかった。とても、とても悔しかった。一番悔しいのは、そんなにも悔しいし、理不尽だと思っているのに、小春に何も言い返せなかったことだった。何でも話せる親友だと思っていたのに、今は、親友だからこそ、本当の気持ちは絶対に明かせない。

泣いてるところを見られたのは、あまりに不意打ちだった。しかも、武藤にだなんて。

「ごめん」

円華の口から、途切れるような細い声が洩《も》れた。

「泣いてたこと、他の人に言わないで」

思わず言ってしまうと、そんなふうに頼まなきゃいけないこともなんだか惨《みじ》めになって、言葉の最後がちょっと掠《かす》れた。武藤が困るかもしれない、と思ったけれど、彼がすんなり「わかった」と頷いてくれて、ほっとする。

「邪魔してごめん」

そう言って、また元通りイヤフォンを耳に入れ、あっさりとランニングに戻っていく。その背中を見つめながら、円華はおかしくなって少し笑った。8邪魔してごめんって、なんかズレてる。元通り、また好きなだけ泣いていい、という意味なのだろうか。

乾いた声で、ふっと笑い、それからまたなぜかこみ上げてきた涙を拭《ぬぐ》う。小さくなっていく武藤柊の姿を見つめながら、うん、あの人がモテるの、なんかわかるな、とこっそり思った。

（辻村深月『この夏の星を見る』〈ＫＡＤＯＫＡＷＡ〉による）

問一　傍線部Ａ「感傷に浸って」・Ｂ「まざまざと」の語句の意味として最もふさわしいものを後のア～オの中からそれぞれ選び、記号で答えなさい。

Ａ　「感傷に浸って」

ア　懐かしむような気分になって

イ　楽しむような気分になって

ウ　心が痛むような気分になって

エ　後悔するような気分になって

オ　充実したような気分になって

Ｂ　「まざまざと」

ア　心から理解するさま

イ　単純であるさま

ウ　心に深く感じ入るさま

エ　じっと見つめるさま

オ　はっきりと感じるさま

問二　傍線部１「頬が、かっと熱くなる」とありますが、円華がこのようになった理由として最もふさわしいものを次のア～オの中から選び、記号で答えなさい。

ア　円華は武藤についてほとんど知らないのに、武藤は、円華の名前や部活動まで知っていて、嬉《うれ》しかったから。

イ　泣いていた理由をはぐらかそうとしたが、武藤は理由を教えるまで目をそらしてくれない気がして恥ずかしかったから。

ウ　学校でほとんど話したことのない武藤が、泣いていた理由を見抜くような発言をしてきて、驚いてしまったから。

エ　一人で考え事がしたくて堤防に来たのに、武藤がすぐに帰らず、しつこく質問してくることに困惑しているから。

オ　武藤が、円華が一人で堤防にいた理由を、根拠のない憶測だけで当てようとしてくる態度に怒りがこみ上げたから。

問三　傍線部２「観念して頷くと、空の青さが沁みるようにまた目の奥が痛んだ」とありますが、この時の円華の心情として最もふさわしいものを次のア～オの中から選び、記号で答えなさい。

ア　自分の家が営んでいる旅館が、いまだに宿泊客を受け入れていることを認めざるを得なくなってしまい、強い不安を抱いている。

イ　自分の家が近所で悪く噂《うわさ》されていることを改めて実感したと同時に、自分を気にかけてくれている武藤に慰められている。

ウ　宿泊客を受け入れるか受け入れないか葛藤している両親に対して、心無い噂をする近隣住民や武藤を激しく憎悪《ぞうお》している。

エ　家業が周囲から良く思われていないことを認めるのは悔しくて仕方がないが、こんなことで挫《くじ》けている場合ではないと自分を奮い立たせている。

オ　自分の家の近くに住んでいる同級生まで変な噂に巻き込んでしまって申し訳なく思うが、噂を消すことはできないと悲観している。

問四　傍線部３「小春の言い分は、やはり仕方がないのかもしれない」とありますが、「小春の言い分」とはどのようなものですか。最もふさわしいものを次のア～オの中から選び、記号で答えなさい。

ア　コロナによって攻撃的になった家族の不安を取り去るまで別行動をして、円華に危害が加わらないようにするというもの。

イ　小春の家族が抱いているコロナに対する不安がおさまるまでは、学校外では円華と一緒に行動できないというもの。

ウ　円華との付き合いは、「施設」で働いている姉の評判に関わるため、感染の危険がある旅館に立ち寄ることはできないというもの。

エ　県外から来た武藤ですら地元に帰郷できない状況で、県外からの客を泊めている家の子である円華と会うことはできないというもの。

オ　家族の感染症対策のため、コロナが落ち着くまではすべての行動を共にできないというもの。

問五　傍線部４「体の芯が一瞬で冷たくなっていく」とありますが、どういうことを表していますか。最もふさわしいものを次のア～オの中から選び、記号で答えなさい。

ア　小春が自分を遠ざけようとしているということがにわかに信じられなかったが、小春が本気だとわかり、その事実を受け入れざるを得ないということ。

イ　小春の発言の意図を理解し、小春と強いきずなでつながっていると思っていたのは自分だけだったのかもしれないと思いはじめたということ。

ウ　コロナに敏感になっている小春の発言を受けて、つばき旅館の経営や、家族の生活に対する危機感がしだいに大きくなってきたということ。

エ　反論しても、今後の関係性に亀裂が入るだけなので、小春の提案を受け入れるしかなくなったということ。

オ　小春本人ではなく、小春の家族がこんなにも自分を警戒しているということに気づき、少しずつ周囲の人が離れていく寂しさが募るということ。

問六　傍線部５「なんだそれ」とありますが、この時の円華の心情として考えられるものを、次のア～オの中から二つ選び、記号で答えなさい。

ア　自分と付き合うことで、周囲から苦言を呈される小春の気持ちを理解してあげられなかったという自己嫌悪におちいっている。

イ　信頼していた親友から、家族を理由にして一方的に遠ざけられたみじめさや悔しさが残り続けている。

ウ　一緒に帰る友達がいなくなってしまい、一人で帰ることが恥ずかしく、大きな孤独を抱えている。

エ　平常を装うことに耐えきれず、積もった不満を誰でもいいから吐きだしたいという衝動にかられている。

オ　一緒に行動することを拒否されるという理不尽な扱いを受けて、小春の発言に対する反発心を抱いている。

問七　傍線部6「高い場所から急に下を覗き込んだ時のような、足が竦む感覚があった」とありますが、この時の円華の状況として最もふさわしいものを次のア～オの中から選び、記号で答えなさい。

ア　今まで自分の周りにはたくさんの人がいて、周囲とのきずなを感じる場面はあったが、今は味方がいないということを受け入れられず、現実逃避している状況。

イ　小春がちがう吹奏楽部の子と歩き去っていく後ろ姿を見て、長年培《つちか》った友情が、いとも簡単に壊れてしまうということに驚き、深く傷ついている状況。

ウ　小さいけれども歴史のある実家の旅館に対して、手のひらを返したようにあれこれと吹聴してくる周囲を信頼できなくなり、絶望している状況。

エ　小春との会話がかみ合わなかったことを冷静に思い返して、今まで経験したことがないくらい周囲から孤立していることに気づき、怖くなっている状況。

オ　高校最後の大事な一年間を充実したものにするはずが、コロナによって、生活が大きく変わってしまったことを受けて、将来が見えなくなり困惑している状況。

問八　傍線部7「今だけ、ほんと、ごめん」とありますが、「今だけ」という言葉を、円華はどうとらえていますか。説明として最もふさわしいものを次のア～オの中から選び、記号で答えなさい。

ア　見通しのつかない事柄であっても、混乱しないように、具体的な情報を流すための便利な言葉としてとらえている。

イ　親しい相手だからこそ、少し距離をおいても必ずいつか元に戻れるという意味を持つ言葉としてとらえている。

ウ　周囲に不安な思いをさせないための、短期間で事が済むという意味の言葉としてとらえている。

エ　一見相手を気遣うような意味が含まれているようでいて、実は楽観的で無責任な言葉としてとらえている。

オ　一時的ではあるけれども、苦境をともに乗り越えて欲しいと相手を説得するための言葉としてとらえている。

問九　傍線部8「邪魔してごめんって、なんかズレてる」とありますが、武藤はどのような人物だと考えられますか。最もふさわしいものを次のア～オの中から選び、記号で答えなさい。

ア　円華を励ますために、自分から積極的に話しかけてくれるなど、相手の立場に立って物事を考えられる親切な人物。

イ　周囲に対して疑心暗鬼になっている円華の不信感を払拭してあげたいと、わざとふざけた態度をとる心優しい人物。

ウ　円華が泣いていたか確かめたり、噂の話をしたりと自分本位な発言を繰り返す反面、困った時には頼りになる人物。

エ　円華の実家が客を受け入れることで、円華自身が苦境に立たされるということを警告してくれた誠実な人物。

オ　円華への無遠慮ともとれる発言をする時もあるが、円華にさりげなく気を遣うことができる思いやりのある人物。

桐光学園中学校（第一回）

—50分—

注意　本文の表現については、作品を尊重し、そのままにしてありますが、設問の都合上、省略した部分、表記を改めた部分があります。
また、特に指示のないかぎり、句読点も一字に数えます。

一　——線あ～おのひらがなを漢字に直しなさい。

1　カイコをたくさん飼って(あ)ようさん業を営む。
2　冬は(い)せいざの観察に適している。
3　電車の(う)うんちんを払う。
4　大勢の前で詩を(え)ろうどくする。
5　新しい法律の案について(お)かくぎ決定する。

二　次の文章を読んで、後の問いに答えなさい。

十月の日曜日の昼近く、「るり子（＝るり姉《ねえ》）」は、姉の三人の子どもたち（八歳の「さつき」、七歳の「みやこ」、四歳の「みのり」）にせがまれ、家の裏手にある、海までさほど遠くない川に向かうことになった。もともと子どもは苦手《にがて》だとは思いながらも、この三人と関わることは別だと、近ごろ「るり子」は感じるようになって来ている。五分ほど歩いて、幅《はば》八メートルほどの川が流れる川べりの道に出た。

るり子は昔から、川が海につながっているということが不思議でならなかった。大人になった今でも、ちょっと妙に思う。A川と海は違うものなのに、それがつながっているなんておかしなものだ、と。

「あの鯉《こい》、金色じゃん」

「あっ、あっちにはオレンジのがいるよー」

さつきとみやこはきゃんきゃん騒《さわ》いで、フェンスの網目模様《あみめもよう》がつきそうなくらいに、からだを押し付けている。

「ねえねえ、鯉じゃない魚がいるよ、るり姉。見て見てあそこ」

みのりがそう言って、横に立っているるり子のふくらはぎに手を置いた。みのりの手はとても冷たくて、ちょっと湿っていて、るり子のふくらはぎの湾曲部《わんきょくぶ》にピタッとくっついた。

「どこどこ？　ああ本当だ。なんていう魚だろうね」

「みのちゃん、あの魚にえさあげたい」

るり子は、みのりの腋《わき》の下に手を入れて持ち上げ、フェンスの先に手が届くように抱《かか》え直した。子ども独特の匂《にお》いがした。牛乳と汗と太陽の匂いだ。

「はい、じゃあ、あの魚のところまでほうってみて」

みのりが力いっぱいパンの耳を投げる。

「あっ」

みのりが投げたえさは、すぐに鯉に見つかって、あっという間に食べられてしまった。

「鯉さん、食べないでよー」

みのりが腕《うで》を伸ばして、また思いきりほうる。黒色の鯉がすばやく寄ってきて、大きな口で勢いよくえさを食べてしまう。しかしみのりは、懲《こ》りずに何度も繰り返す。抱きかかえてる腕がつらくなってきた。みのりはるり子の腕のなかで、元気よく反《そ》り返って川に身をのり出す。

「はい、おしまい」

るり子はみのりを下ろして、腕をぐるぐると回した。みのりが不服そうにるり子を見る。

もしあのままこの子を抱えてて、急に力が抜《ぬ》けて、ふいに川に落としてしまったらどうなってただろう。るり子は、鯉たちが威勢《いせい》よくぶつかり合っている川を覗《のぞ》いた。浅いから大怪我《けが》するに違いない。もしくは……。［Ⅰ］と身震《みぶる》いし、怖い妄想《もうそう》を頭から追い出す。るり子は[1]息を吐《は》き出して、またしゃがみこんでフェンスの間からえさを投げている、みのりのつやつやとした髪《かみ》をなでた。

子どもの頃、よくこの道を通って海まで行った。そしてそのときも、B川と海の境がよくわからなかったんだということを、るり子は思い出していた。淡水《たんすい》と海水の境目《さかいめ》。川と海の境目。るり子はそのことについて考えてみた。境目について。この川のどの部分が境かということについて。

「あ、すずめ!」

みやこが大きな声を出した。

川に投げ入れるときに細かいパンくずが落ちたのか、数羽のすずめがいつの間にか寄ってきていた。

「あたし、鯉じゃなくて、すずめさんにえさあげようっと」

みやこが川に背を向けて、道にパンを撒《ま》き始めた。とたんにすずめが十羽くらい集まってきた。チュンチュンというすずめの声をきいて、さつきもみのりも川に背を向けた。鯉は変わらず貪欲《どんよく》に口を開けている。

昔、この川に何度かお父さんとお姉ちゃんと釣《つ》りに来た。もう少し先の、橋のところにポイントがあって、あるときなんてバケツいっぱいに鮒《ふな》だか鮎《あゆ》だかが釣れた。あのときは自分も竿《さお》を持たせてもらって、かなり釣った記憶がある。

浮きがくっと沈《しず》むあの感じ。くいっと手首が下がるあの瞬間《しゅんかん》。ものすごく得したようなあの気分。自分という人間は、もしかすると案外いい線いってるんじゃないかって、はじめて思えた瞬間だった。あのあと、バケツいっぱいの魚をどうしたんだっけ。うちに持って帰ったんだっけ。

「ちょっと!」

突然の[a]金切《かなき》り声に、るり子は驚《おどろ》いて振《ふ》り向いた。

「なにやってるのよ!」

子どもたちは［Ⅱ］として手を止めた。

「ここにえさを撒かないでちょうだい!」

「はあ……」

「迷惑してるのよ。うちの前が鳥の糞《ふん》だらけになっちゃうのよ!」

「あっ、そうですか。すみません」

るり子は、背後の家から出てきたであろう、年配の女に頭を下げ、子どもたちに目で合図した。

「どうもすみませんでした。気を付けます」

るり子はもう一度［Ⅲ］と頭を下げた。子どもたちはつまらなそうに、また鯉に向かってえさを投げ始めた。

「まったく、困るのよね」

るり子は申し訳なさそうな顔をつくって軽く会釈《えしゃく》してから、[2]ゆっくりと女に背を向け、川のほうに向き直った。

「本当に困るわ」

みのりがしゃがんだまま、きき耳を立てているのがわかる。

「あなたが掃除《そうじ》してくれるならいいのよ。それだったら、いくらでもえさを撒いてかまわないわよ」

みやこがbにわかに振り返って、るり子の母、つまりみやこにとっての祖母よりはるか年上であろう女を見つめる。

「糞を掃除するの大変なのよ。あなた、鳥の糞を掃除したことある?」

るり子はなんとなく首をかしげてみせる。ちょっとしつこいなと思う。道端《みちばた》には、もうほんの少しのパンくずさえ落ちていない。そんなのぜんぶ、さっきのすずめたちが食べてしまった。

「迷惑《めいわく》なのよ。いい加減にしてちょうだい」

こういう場合どうしたらいいんだろう。子どもたちがいなかったら言い返してやるところだけど、もう一度ここで謝ったほうがいいのだろうか。でもひたすら謝るっていうのも、子どもたちの教育っていうか、気持ちに、よくない影響を与えそうな気がする。だって、ここまでうるさく言われるほど、悪いことはしてないはずだ。

るり子は、女の顔を［Ⅳ］と見た。あと一言でもなにか言ってきたら、きちんと筋《すじ》の通った話をしようと決めた。

老年期後期にさしかかろうとしている女は、るり子を見ていたけど、その目はどこも見ていないし、なにも見えていないような感じだった。女は、「気を付けてちょうだいよ!」と、日頃あまり耳にしないような声の調子で言って、そのまま新築であろう家のなかに入っていった。三人の娘たちのちいさな手は、その間じゅう止まっていた。

なんだかひどいことになってしまった。こういうことって、子どもは一生忘れないものだ。3るり子は、無性《むしょう》に腹が立ってきた。

みやこがるり子のスカートを引っ張って、にっと白い歯を見せた。そして、遠くでちょこちょこと歩いている一羽のすずめに向かってパンの耳を投げた。何羽かのすずめがすばやくえさに寄ってきた。

るり子はおどけて微笑《ほほえ》んでから、シッ、とすずめを追い払い、子どもたちに向かって、はっきりとした大きな声で言った。4言う前に深く息を吸った。

「ここにえさを撒いちゃいけないんだって。すずめが糞をするんだって。そのお掃除がとっても大変なんだって。だから、もう道にはえさを撒かないでね。鯉さんたちにえさをあげようね」

るり子の声で、みのりの緊張がようやく解けたのがわかった。さつきは、さっきより少し乱暴気味《らんぼうぎみ》に、鯉がほとんどいない場所を狙《ねら》ってパンを投げた。みやこは、「あたし、鳥のほうが好きなんだけど」と言いながら、つまらなそうに川にえさをほうった。

るり子はうしろを振り返って、先はどの女の家を眺《なが》める。どこかの窓からずっと見ていたに違いない。今も監視《かんし》してるに決まっている。庭には、しゃれたプランターやら鉢《はち》やらがいくつもあって、色とりどりの花が咲き乱れている。そのなかに、陶器《とうき》でできたリスや七人の小人の置物が、見事に配置されている。

5るり子は大げさに頭をふって、世界中の人にきこえるようなため息をついた。それから、フェンスにぴたりとからだを寄せて、川を覗きこんだ。ちょっと先のほうに、みのりが言った小さな魚がたくさん見える。川の風景だ、と思った。

そしてそのとき、ふと思い出した。そうだ、昔、ここにカニがいたんだ。今みたいにフェンス越しに川を覗いていたら、石の横に大きなカニの姿が見えた。この距離から見えたんだから、かなり大きかったはずだ。

お父さんに教えたらお父さんも興奮して、わたしに「欲しいか?」ってきいた。わたしにそうきくときは、たいてい自分がのり気なときだった。父親は無謀《むぼう》にも、この緑のフェンスをのり越えて土手を降りた。そしてズボンをまくり上げて、慎重《しんちょう》に川に入っていった。わたしは、父に気をとられてカニを見てなかった。だってそりゃそうよ。フェンスをのり越えて、川に降りる人なんてまずいないんだから。

お父さんは川底を注意深く見ながら、カニを探していた。それから顔をあげて、わたしに「どこだ」ってきいた。わたしは慌《あわ》てて一生懸命にカニを探した。だけどそんなの、もうどこにもいなかった。人間の気配《けはい》を感じて、とっくにどこかに逃げたのだ。考えたら当たり前だ。川に何年も棲んでいるカニを、素手《すで》で捕ろうなんてほうが間違ってる。しばらくして戻ってきた父は、「惜《お》しかったな」と言った。途中なにかで切ったらしく、すねから血が出ていた。

るり子は、目を凝《こ》らしてカニを探してみた。でももちろんいなかった。あの当時でさえ、カニなんてすごくめずらしかった。

「おじいちゃんのこと覚えてる?」

るり子は、さつきにきいてみた。

「うん、ちょっとだけ覚えてる」

横からみやこが「あたし、あんまし覚えてなあい」と勝ち誇《ほこ》ったように言う。父が肺《はい》がんで死んだのはC三年前だ。るり子は、川と海の境のことを考えていた。川が海に流れつくことをぼんやりと思っていた。

「海は大きな水たまりなんだ」

と、父は教えてくれた。6父はいつも正しかった。

今、るり子ははじめて、男に生まれたかった、と強く思った。そうしたら、わたしはお父さんの息子になれたし、誰かの父親になれたはずだった。そして、すずめたちに景気よくえさを撒けたかもしれない。

7四人で広がって手をつなぐ帰り道、さつきが「二百四十グラムに六十グラム足せば、三百グラムになるよね」と言った。

【椰月美智子《やづきみちこ》「川」(『るり姉』〈双葉文庫〉所収)】

問一　Ⅰ～Ⅳに入る言葉として最も適当なものを次の中からそれぞれ選び、記号で答えなさい。(ただし、同じ記号を二度使ってはいけません。)

ア　きちっ　イ　じっ　ウ　びくっ
エ　ずっ　オ　ぞくっ

問二　――線a「金切《かなき》り声」・b「にわかに」とありますが、本文における意味として最も適当なものを次の中からそれぞれ選び、記号で答えなさい。

a　金切り声
ア　金属がつぶれるような耳障《みみざわ》りな声
イ　張《は》りつめて余裕を失った声
ウ　助けを求めるようなふりしぼる声
エ　高く張り上げた鋭い声

b　にわかに
ア　いきなり　イ　ゆっくり　ウ　しっかり　エ　はっきり

問三　――線1「息を吐《は》き出して」・4「言う前に深く息を吸った」とありますが、こうした「息」に関する描写を通して読み取れるそれぞれの「るり子」の様子の説明として最も適当なものを次の中から選び、記号で答えなさい。

ア　1は、日頃《ひごろ》から自分に自信が持てず、今も恐ろしい考えを抱いたことに深く落ち込んでいるのに対し、4は、見張り続けている年配の女性を納得させる言い方を、内心不安になりながらも探り出そうとしている様子。

イ　1は、子どもたちと接するのはやはり不慣れであることを実感し、嘆いているのに対し、4は、こんなにも自分たちの心に負担をかけた年配の女性への当てつけに、いやみな言葉を聞かせてやろうと勢い込んでいる様子。

ウ　1は、今自分だけが守ることのできる幼い命の存在を改めて実感し、自らを落ち着かせようとしているのに対し、4は、子どもたちの意識を完全に切り替えさせるために、可能な限り冷静になろうとしている様子。

エ　1は、子どもの重みに耐え切れず一方的に下ろした自分をうまくごまかそうとしているのに対し、4は、極度の緊張から逃れて自分を取り戻すべく、子どもことばを巧みに使って彼らの仲間に入り込もうとしている様子。

問四　――線2「ゆっくりと女に～向き直った」とありますが、「るり子」のこの様子の説明として適当でないものを次の中から一つ選び、記号で答えなさい。

ア　自分が冷静であることを、子どもたちに感じ取ってもらいたいと考えている。

イ　年配の女性からさらに厳しく叱られるに違いないと、内心では緊張している。

ウ　失礼のない謝り方をしたので、この件についてはもう十分だろうと思っている。

エ　子どもたちの意識を、年配の女性から別な方へ向かわせようとしている。

問五　――線3「るり子は、無性《むしょう》に腹が立ってきた」とありますが、その理由として最も適当なものを次の中から選び、記号で答えなさい。

ア　こうした経験が子どもたちに悪い影響を及ぼすことへの心配以上に、結局は言い負かされてしまった自分の無力さを認めるしかなかったから。

イ　自分の表情も見ずに話し続ける相手に不気味さを感じた以上に、子どもの無邪気さが奪《うば》われてしまったことへの取り返しのなさに気づいたから。

ウ　整った住まいに似合わず汚い言葉を使ったことだけでなく、そのことによって子どもの手の動きまでも封じてしまった女性に対する強い反感を覚えたから。

エ　この件が子どもたちの心に傷を残してしまいかねないことへの強い反発と、一方では迷いが生じて女性にうまく対応し切れなかった自分への悔《く》やしさもあったから。

問六　――線5「るり子は大げさに～川を覗きこんだ」とありますが、その理由について、わかりやすく説明しなさい。

問七　――線A「川と海は違うもの～おかしなものだ、と」・B「川と海の境～境かということについて」・C「るり子は、川と海の境～ぼんやりと思っていた」とありますが、これらの表現から読み取れることとして最も適当なものを次の中から選び、記号で答えなさい。

ア　川と海とはそれぞれ別のもので、境目もはっきりあるとかつては理解していたものの、今では、川も海も境目のない同じものだということを知ることができ、海の懐《ふところ》の深さと雄大さを思いつつ、新たな魅力に心地よく浸《ひた》っている。

イ　川と海とはやがて一つにつながると幼いころに教わったことをなんとなく思い返し、この川べりに生きていた人々も、亡くなるとその魂《たましい》は別世界としての海に流れ着いて一つになってゆくに違いないと、しみじみと感じ入っている。

ウ　境目を越えて川は海とつながるが、動き続ける川と動かない海とが一つになるその不思議さを覚えるにつけ、日常の様々な経験が今の自分につながっていることを思い、川が海に流れつくと言った父の言葉の意味を感じ始めている。

エ　川はやがて海に流れつくことで境目が消えて一つになるとの教えを思い出したことで、この世とあの世の境目を飛び越して、自分も亡《な》き人の心とつながることができたと確信し、励《はげ》まされ強くなれるような気持ちになっている。

問八　――線６「父はいつも正しかった」とありますが、そのように振り返る「るり子」の説明として最も適当なものを次の中から選び、記号で答えなさい。

ア　今日のように我慢を強いられるのはまだ大人《おとな》になりきれていないからだとは思いたくないけれども、父のような自由な行動が許されるのは大人の特権なのかと少し皮肉に思っている自分を見出し、複雑な思いを抱いている。

イ　フェンスを乗り越えて向こう側に降り立つことまでした父の大胆《だいたん》さを思うにつけ、自分にはそういうことはできないだろうと思う一方で、そうした存在感の大きな父になお憧れている自分に改めて気づいている。

ウ　今日の悔しさは忘れられそうにないので、これまで自分の競争相手だった父の包容力《ほうようりょく》の大きさを認め、これからの自分の人生において、事あるごとに父を手本として自信を持って生きていこうと、固く誓《ちか》っている。

エ　年配の女性に反論できなかった情《なさ》けなさを反省し、父の決断力には決して及ばないながらも、父がフェンスを越えたことを見習って自分も行動力を発揮《はっき》し、周囲に認めさせながら生きてゆきたいものだと、気持ちを新たにしている。

問九　――線７「四人で広がって〜と言った」とありますが、これについて述べたものとして最も適当なものを次の中から選び、記号で答えなさい。

ア　年配の女性にしつこく注意されて何やら落ち込んでしまった表情の「るり姉」を察して、「さつき」が子どもの中での年長者として他の話題を探して元気づけようと、精一杯《せいいっぱい》気を遣《つか》っている様子が感じられる描写である。

イ　自分の世界に入り込んでしまった様子の「るり姉」を何とか励まそうと、泣きたいのをこらえて算数の話題を振る「さつき」の健気《けなげ》さが伝わるという、血縁者同士の思いやりが際《きわ》立つ、美談としての結末である。

ウ　知らない大人に叱《しか》られたことを忘れようとして算数に没頭《ぼっとう》する子どもたちのしたたかさと、それに適切に応《こた》えるであろう「るり子」

の気持ちの切り替えが予想されるという、読者の想像をかき立てる工夫がなされている。

エ　子どもたちからは、自分たちのいつもの調子を取り戻して家路《いえじ》につく様子が感じられる一方で、今日の出来事を通した「るり子」の変化に読者の意識が向けられるという、余韻《よいん》が残る終わり方である。

三　次の文章を読んで、後の問いに答えなさい。

現在、世界のオノマトペを大まかに捉《とら》える定義としては、オランダの言語学者マーク・ディンゲマンセによる以下の定義が広く受け入れられている。

オノマトペ：感覚イメージを写し取る、特徴《とくちょう》的な形式を持ち、新たに作り出せる語

かなり抽象《ちゅうしょう》的な定義である。「特徴的な形式を持つ」という点は、オノマトペに重複形が多いことから納得できそうである。「新たに作り出せる」という点も、「ジュージャー」のような例から明らかだろう。では、「感覚イメージ」を「写し取る」とはどのようなことを意味するのだろうか？

まず、オノマトペは感覚を表すことばかどうかを考えよう。一般に、「感覚を表す」ことばとして真っ先に挙げられるのは形容詞である。日本語の形容動詞も含む。「うるさい」「静かな」「甲高《かんだか》い」は聴覚、「大きい」「鮮《あざ》やかな」「赤い」は視覚、「滑《なめ》らかな」「熱い」「重い」は触覚、「酸《す》っぱい」「甘い」「しょっぱい」は味覚、「くさい」「芳《こう》ばしい」は嗅覚《きゅうかく》といった具合に、形容詞の多くは感覚特徴を表す。

一方で、感覚と強く関わる動詞というと、「聞く」「見る」「感じる」「味わう」「嗅《か》ぐ」あたりである。名詞なら、「音」「外見」「手触り」「味」「匂《にお》い」などであろうか。「走る」「食べる」「吠《ほ》える」「知る」などの動詞は、五感のどれに関わるかというよりも、どんな出来事かを軸《じく》にしたことばである。「ネコ」「空気」「夢」「昨日」などの名詞も、どの感覚のことばかというよりは、対象がどんなものかに関心を持つことばである。

では、オノマトペはどうだろう？　いわゆる擬音《ぎおん》語は、「ニャー」「パリーン」「カチャカチャ」のように聴覚情報を中心に表す。擬態語の中には、「ザラザラ」「ヌルッ」「チクリ」のように触覚情報を表していると思えるものもあれば、「スラリ」「ウネウネ」「ピョン」のように視覚情報に注目しているものもある。さらに、擬情語と呼ばれるオノマトペは、「ゾクッ」「ドキドキ」「ガッカリ」のように第六感とでもいうべき身体感覚や心的経験を表す。

多くの形容詞と同様、オノマトペは感覚のことばなのである。このことは、感覚的でない意味を表すオノマトペが想像しがたいことからもわかる。たとえば、「正義」「愛」「迷惑」といった名詞は特定の感覚によらない意味を表す。一方、これらの意味を表すオノマトペというのは、日本語でも他言語でもなかなか見つからない。これらの概念《がいねん》は、音で真《ま》似《ね》るには抽象的すぎるのであろう。形容詞ならば、「正しい」「愛《いと》おしい」「迷惑《めいわく》な」のような語でこれらの概念を表すことができる。その意味で、1 オノマトペは形容詞よりもさらに感覚を中心に据《す》えたことばと言えるかもしれない。

先の定義によると、オノマトペは感覚イメージを「写し取る」ことばだという。しかし、ことばで「写し取る」とはどういうことなのだろうか？　このことを考える糸口として、オノマトペが万国共通に理解されるものなのかという問題から始めたい。写真やコピー機のようにイメージを写し取ってことばにするのなら、どの言語のオノマトペでも似通《にかよ》っているのではないだろうか。もしそうなら、知らない言語のオノマトペでも、意味がある程度予想できそうである。

[2]次の五つの問題に答えてみてほしい。いずれも外国語のオノマトペに関する問題である。

①インドネシアのカンベラ語で「ンブトゥ」は物体が移動した際に立てる音を表す。どんな物体のどのような方向の移動だろうか？

②南米のパスタサ・ケチュア語で「リン」は物体を移動させる様子を表す。どんな場所にどんなふうに移動させる様子だろうか？

③中央アフリカのバヤ語で「ゲンゲレンゲ」はひとの身体的特徴を表す。どんな特徴だろうか？

④南アフリカのツワナ語で「ニェディ」は物体の視覚的な様子を表す。どんな様子だろうか？

⑤韓国語で「オジルオジル」はある症状《しょうじょう》を表す。どんな症状だろうか？

答えは以下のとおり。①「ンブトゥ」は［A］、②「リン」は［B］、③「ゲンゲレンゲ」は［C］、④「ニェディ」は［D］、⑤「オジルオジル」は［E］。日本語ならそれぞれ、①「ボトッ／ドサッ」、②「スッ」、③「ゲッソリ」、④「キラキラ」、⑤「クラクラ」あたりが対応しそうである。とはいえ、②については、「スッ」は差し込む動きに限らないため、日本語は「リン」にちょうど対応するオノマトペがないということになろう。さて、読者のみなさんは何問正解できたろうか。

一般に、オノマトペはその言語の母語話者※1には[a]しっくりくる。まさに感覚経験を写し取っているように感じられる。ところが、非母語話者には必ずしもわかりやすいとは限らない。実際、日本語のオノマトペは、外国人留学生《りゅうがくせい》が日本語を学ぶ際の頭痛のタネになっている。「髪の毛のサラサラとツルツルはどう違うの？　全然わからない！」と彼らは言う。感覚を写し取っているはずなのに、なぜ非母語話者には理解が難しいのか。[3]「感覚を写し取る」というのはそもそもどういうことなのか。この問題は、オノマトペの性質を理解する上でとても重要である。同時にこれは、オノマトペの問題にとどまらず、アートをはじめとしたすべての表現媒体※2《ばいたい》において問われる深い問いなのである。

オノマトペが感覚イメージを写し取ることについて、もう少し深く考えてみよう。対象を写し取るものとしてもっとも直接的で写実的なのは動画や写真だろう。しかし「感覚」は、外界にあるものではなく、表現者に内在するものである。

[4]絵画はどうだろう。写真ほど忠実ではないが、やはり対象を写し取っていると言ってよいだろう。しかし、絵画で大事なのは、表現者の「感覚の表現」であり、多かれ少なかれ絵画の中に見えるものは、表現者の「主観的感覚」である。したがって絵画は、その抽象度において大きな差が生まれる。非常に細密に対象を切り取った[b]具象的な絵画は、その対

象が誰にでもよくわかる(もちろん、それだけではアートにはならず、どんなに具体的に描かれた対象でも、そこに表現者の「感覚」が表現されてはじめて「アート」であると言える)。他方、抽象絵画は表現者の内的な感覚の表現に重点が置かれ、特定の対象が同定できないこともよくある。

オノマトペは絵画のように「感覚イメージを写し取る」のであろうか？　オノマトペは、少なくとも当該《とうがい》言語の母語話者はそれぞれ意味を直感的に共有できるので、絵画でいうと、具体的な対象が同定できない抽象絵画よりは、具象絵画に近いだろう。ただし、絵画は原則、鑑賞者の使う言語や文化に関係なく受け止められることを前提としているが、オノマトペは特定の言語の枠組みの中で理解される。

アイコンはどうだろうか？　そう、コンピュータ画面でアプリやゴミ箱を示したり、街中でトイレや交番などの場所を示したり、メールやSNSなどのデジタルコミュニケーションで感情を伝えたりするための、アレである。

アイコンは、アート性よりは、わかりやすさを重視した記号と言ってよいだろう。ちなみに「アイコン」の語源はギリシア語の「エイコーン eikōn」(ラテン語では「イコン icon」)で、〈偶像《ぐうぞう》、崇拝《すうはい》の対象となる像、象徴〉というような意味を持つ。「感覚イメージを写し取る」という観点からアイコンが興味深いのは、かなり抽象化しているのに、対象がわかりやすい点である。「☺」「(^^)」のような絵文字・顔文字(emoticon)も、かなりデフォルメされているにもかかわらず、笑顔であることが一《いち》目瞭然《もくりょうぜん》である。

実は、オノマトペが注目されている大きな理由は、まさにこの「アイコン性 iconicity」にある。アメリカの哲学者チャールズ・サンダース・パースは、「アイコン」ということばを「性質から対象を指示する記号」という特別な意味で用いた。嚙《か》み砕《くだ》くと、「表すものと表されるものの間に類似《るいじ》性のある記号」のことである。絵や絵文字は、それらを構成する点や線の組み合わせが対象物に似ているので、パースの意味でも「アイコン」である。ジェスチャーの多くもアイコンである。ステーキを食べるジェスチャーは、実際にナイフとフォークを持っていなくとも、ステーキを食べる動作に似ている。

この定義によれば、オノマトペはまさに「アイコン」である。表すもの(音形)と表されるもの(感覚イメージ)に類似性があると感じられる。日本語の母語話者であれば、「ニャー」というオノマトペはネコの声に似ていると感じる。音以外を表すオノマトペであっても、たとえば「ピカピカ」という音連続と明るい点滅は似ている気がするし、「ぶらり」という音形も気軽なお出かけにいかにも似合っているように感じられる。しかし、よくよく考えてみると、この「似ている」という感覚は、それ自体どこか曖昧《あいまい》で興味深い存在である。いずれにしても、音形が感覚にアイコン的につながっているという点で、オノマトペは「身体的」である。

(今井《いまい》むつみ・秋田喜美《あきたきみ》『言語の本質　ことばはどう生まれ、進化したか』〈中公新書〉より)

※1　母語話者…「母語」は「幼いころに習得する言語」、「母語話者」は「母語を話す人全体」を指す。

※2　媒体…メディアのこと。

問一　――線a・bについて、後の問いに答えなさい。

a　「しっくり」の意味として最も適当なものを次の中から選び、記号で答えなさい。

ア　気持がよいほどはっきり筋道が通っているさま。
イ　違和感がなくなにも感じないさま。
ウ　慣れ親しんでいて落ち着くさま。
エ　曖昧で不快に思うさま。

b　「具象的な」と意味が近い言葉として最も適当なものを次の中から選び、記号で答えなさい。

ア　写実的な　　イ　抽象的な　　ウ　主観的な　　エ　感覚的な

問二　――線1「オノマトペは～と言えるかもしれない」とありますが、筆者がこのように判断する根拠として適当でないものを次の中から一つ選び、記号で答えなさい。

ア　形容詞は感覚特徴を表すことが多い。
イ　動詞や名詞に比較して、オノマトペは身体感覚や心的経験と関連するものが少ない。
ウ　感覚的でない意味を表すオノマトペは想像しがたい。
エ　形容詞は「正しい」「愛おしい」「迷惑な」といった語で感覚的でない意味を表せる。

問三　――線2「次の五つの問題に答えてみてほしい」について、後の(1)・(2)の問いに答えなさい。

(1)　A ～ E に入るものを次の中からそれぞれ選び、記号で答えなさい。

ア　きらめく様子
イ　土、水、火などに差し込む様子
ウ　めまい
エ　痩《や》せこけた様子
オ　重いものが落ちた音

(2)　この「問題」を通して筆者が言いたかったことは何ですか。四十五字以内で説明しなさい。

問四　――線3「『感覚を写し取る』～どういうことなのか」とありますが、筆者は「感覚」をどのようなものであると定義していますか。文中から二十二字でさがし、はじめの五字を抜き出しなさい。

問五　――線4「絵画はどうだろう」について、後の(1)・(2)の問いに答えなさい。

(1)　「絵画」について説明したものとして適当でないものを次の中から一つ選び、記号で答えなさい。

ア　絵画において表現者の感覚の表現は、抽象度によって差が生まれる。
イ　具象度の高い絵画は理解されやすいが、抽象度の高い絵画は理解されない場合がある。
ウ　対象を写し取るという点から言えば、写真と同様に、絵画も写実性が必要だと言える。
エ　絵画においては、表現者の主観的感覚がどれだけ表現されているかが重要になる。

(2)　「絵画」と「オノマトペ」の関係性についての説明として最も適当なものを次の中から選び、記号で答えなさい。

ア　絵画もオノマトペも表現者の主観的感覚を抽象的に写し取った

ものであると同時に、その対象を認識できる具象性も兼ね備えている点で共通している。

イ　絵画は基本的に鑑賞者の使用言語や文化的背景に関わらず楽しむことが可能だと考えられるが、オノマトペはその言語が通用する範囲のなかでなければ理解されにくい。

ウ　オノマトペがその言語の母語話者にとって直感的に理解できるものであるのと同様に、絵画も作品の文化的背景が共通する鑑賞者にとっては理解しやすいものである。

エ　オノマトペは話者の感覚イメージを写し取る意識によって生み出されるが、絵画は表現者と鑑賞者相互《そうご》のはたらきかけによって成立する。

問六　――線5「アイコンはどうだろうか？」とありますが、「アイコン」と「オノマトペ」の関係性についての説明として最も適当なものを次の中から選び、記号で答えなさい。

ア　アイコンは、わかりやすさを重視した記号であるため万人に通用するものと言えるが、オノマトペは母語話者以外には理解しにくい場合があるため、類似性が少ない。

イ　「表すものと表されるものの間に類似性のある記号」というパースの定義に照らし合わせるならば、オノマトペはアイコンとは言えない。

ウ　写実的な音形によって感覚イメージを写し取っているにもかかわらず、母語話者に対して曖昧にしか意味を伝えることができないオノマトペは、「身体的」アイコンと言えない。

エ　対象を写し取っているとは言えない抽象度の高い表現であるにもかかわらず、それが何を表しているのかがわかりやすいという点で、アイコンとオノマトペは似ている。

問七　本文の特徴の説明として適当なものを次の中から二つ選び、それぞれ記号で答えなさい。

ア　読みやすい文体を用いたり、多様なオノマトペを登場させたりすることで、読者にはあまり聞きなじみのないオノマトペへの抵抗感を極力少なくする配慮《はいりょ》をしている。

イ　オノマトペという感覚的な言語について、学術用語を用いて考察することで、一見遠く感じられる言語学と日常の言語体験とを結びつけている。

ウ　オノマトペの代表的な定義の曖昧さに着目し、具体的な事例を列挙しながら特徴を整理することで、その定義の否定を試みている。

エ　オノマトペの定義を共有した上で、その他の言語表現などと比較して共通点や相違点を明らかにしていくことで、徐々《じょじょ》にオノマトペの特徴を導き出している。

オ　文章のはじめに持論を提示し、そこから海外のオノマトペの事例を用いたり、新たな問いを立てたりすることで、持論に深さと確かさを与えている。

東邦大学付属東邦中学校（前期）

―45分―

一　次の文章を読んで、あとの問いに答えなさい。

東京は緑多き都である。

と、このように書いても[a]ピンとこない人は、おそらく東京生まれの東京育ちで、しかもあまり旅に出ないのではあるまいか。

［Ⅰ］、生まれ育ったふるさとの風景は見慣れてしまって、言われてみればそうかもしれぬ、と今さら気が付く向きもあろう。

そして、初めて上京した方の第一印象は、「意外に緑が多い」ではなかろうかと思う。

もともと山地に恵《めぐ》まれ、南北に長い日本は多様な植物のホウコである。たとえば世界の大都市と比較《ひかく》した場合、マンハッタン島の厚い岩盤《がんばん》の上にあるニューヨークは、摩天楼《まてんろう》を築くにはもってこいだが、樹木の生育には適さない。広大なセントラルパークが人工的に造られたのは十九世紀半ばで、今も公園内にはむき出しになった岩盤を見ることができる。自然に親しめるだけの緑地はほかにないと言ってもよかろう。

ヨーロッパ諸都市の緑は厚いが、そもそも農作物の生育に適した土地に人間が住みついた、と考えるべきであろうか。新大陸に渡《わた》った開拓者《かいたくしゃ》たちは、何よりもまず乾燥《かんそう》した大地に呆然《ぼうぜん》としたはずである。

乾燥地帯と言えば、北京《ペキン》は砂漠《さばく》の中のオアシスに造られた都市に思える。内陸部なので冬の寒さは厳しく、夏の暑さはまたひとしおで、いきおい樹木の多くが人工的な植樹であることは一目瞭然《いちもくりょうぜん》である。はじめに満州族の金が都を据《す》え、次いで蒙古《もうこ》族の元が都したのち、漢族王朝の明《みん》が入り、以後はふたたび満州族の清《しん》が都に定めた。明を除けばすべてが北方民族であることを考えれば、気候風土の条件はさておき、本国に近いところ、［Ⅱ］万里《ばんり》の長城に近い場所が、戦略的に好もしいとされたのであろう。

上海《シャンハイ》も緑は少ない。商業都市として発展すれば、そうなるのは当然である。(1)同じ理由から日本では、大阪《おおさか》が緑に恵まれていないと思える。

(2)そこで東京の緑について考えてみると、面白《おもしろ》いことに気付く。東京の公園には諸外国に見られるような、人工的なわざとらしさがない。その多くは、都市計画によって造成された緑地ではないのである。

たとえば、皇居という最大の緑地はかつての江戸城《えどじょう》である。皇居前広場も霞《かすみ》が関の官庁街も大名屋敷《やしき》。上野公園は戊辰《ぼしん》戦争で大半を焼失した寛永寺《かんえいじ》の※1伽藍跡《がらんあと》であり、芝《しば》公園は寛永寺とともに徳川家の菩提《ぼだい》寺である増上寺の寺域、さらに新宿御苑《ぎょえん》は信濃《しなの》高遠藩《はん》内藤駿河守《するがのかみ》の下屋敷で、明治天皇と昭憲皇太后を祀《まつ》る明治神宮《じんぐう》は、ほぼ全域にわたり近江《おうみ》彦根《ひこね》藩井伊《いい》家の下屋敷であった。ほかにも赤坂御用地《ごようち》は御三家紀州藩の中屋敷、市ヶ谷の防衛省は同じ御三家尾張《おわり》藩の上屋敷、東京大学は加賀《かが》百万石《ひゃくまんごく》前田家の上屋敷跡地に造られた。

そのほか首都機能のほとんどは、こうした旧寺社地、旧武家屋敷跡を利用したのである。その割合は江戸※2御朱引《ごしゅびき》内のうち八十四パーセントに及《およ》んだから、町人たちは残り十六パーセントの狭《せま》い土地に、押《お》し合い圧《へ》し合いして住んでいたことになる。この状況《じょうきょう》をテレビドラマや映画で再現した場合、長屋のセットはかなりリアルであろうが、武家屋敷や江戸城大奥《おおおく》などは、だいぶダウンサイジングされていると考えるべきである。

Ⅲ、江戸の約七十パーセントを占《し》める武家地は幕臣や大名家の所有地ではなく、徳川将軍家が貸し与《あた》えた、いわば「社宅」であった。よって明治政府の徳川家に対する「辞官納地」という処分は、あまりに過酷《かこく》であった。「辞官」は官位を辞する、「納地」は領地の返上である。諸大名は領国に帰ればよいが、幕臣たちは住む家さえなくなるのである。彼《かれ》らの本音としては、「王政復古」も「大政奉還《たいせいほうかん》」もやれるものならやってみろ、「辞官」だってどうでもよい、しかし「納地」はご勘弁《かんべん》、というところであろうか。慶応《けいおう》四年正月に始まった鳥羽《とば》・伏見《ふしみ》の戦は、この処分に対する旧幕臣たちのクーデター、もしくは一種の労働争議と言えよう。

Aそうした世情の中での(3)東京遷都《せんと》は相当の冒険《ぼうけん》だったはずである。しかしそれでも断行されたのは、欧米《おうべい》に倣《なら》った中央集権国家を確立するための首都機能が必要だったからである。

　この基本政策の決め手となったのは、辞官納地によって明治政府が接収した旧武家地であった。京都には港がなく、大阪には首都機能を収容する余裕《よゆう》がないが、東京には十分な土地、それも大名庭園まで備えた広大な緑地が残されていた。

B東京が緑多き都である理由はこれである。しかも二百六十五年間も戦争をしなかった結果の遺産が、官庁や大学や博物館や動物園として国民に供せられ、それでもまだ余った庭園は、セントラルパークにもハイ※3ドパークにも劣《おと》らぬ豊かな緑地となった。

C亡《な》くなられた坂本龍一《さかもとりゅういち》※4さんは、私と同学年であり、同じ東京都中野区の生まれであった。つまり、同じ時間の同じ距離、同じ角度から東京を見ていた。おそらく、このごろの東京の変容ぶりに、心を痛めていらしたのは私と同様であろう。(4)ふるさとの発展を希《のぞ》んでも、変容を希む人はいない。まして芸術は自然との対話である。

　私は時代小説を書くようになってから、東京を江戸時代と地続きの場所として捉《とら》えるようになった。頭の中に重ねられた地図をめくれば、記《き》憶《おく》にない昭和戦前期から幕末までの東京が現れる。

D今からたかだか百六十年前、坂本さんと私が生まれるわずか八十数年前は江戸時代だった。

E明治維新《いしん》の本質は「植民地にならないための国家改造」であったから、欧化政策は急進的であり、江戸時代を遙《はる》かな昔に追いやってしまっただけである。

　都心の再開発を唱える人々は、(5)このたかだかの距離感、わずかな歴史を見誤っているのではないかと思える。少なくともここで論じられているのは今日の利益であって、必ずしも未来の国民に資するとは思えない。私は再開発という美名のもとに、父祖が遺《のこ》してくれた東京の緑がこれ以上損《そこ》なわれることをb潔《いさぎよ》しとしない。

　現在の神宮外苑《がいえん》はかつて大名屋敷や旗本御家人の屋敷であった。明治期の練兵場に始まり、今日の外苑に至るまで緑が厚く広いのは、そうした歴史によると思われる。まして、イチョウが枯《か》れるか枯れざるかという問題ではない。私たちがこの変容の時代に遺すべきものは、世界に冠《かん》たる東京の緑、けっして高層ビルに代わられてはならぬ永遠の緑である。

【浅田次郎《あさだじろう》「東京の緑」（『ＳＫＹＷＡＲＤ』（日本航空機内誌）
２０２３年８月「つばさよつばさ」より。】

（注）※1　伽藍……大きな寺の建物。
※2　御朱引内……江戸時代、幕府によって定められた江戸の範囲《はんい》。
※3　ハイドパーク……ロンドン中心部にある王立公園。
※4　坂本龍一……日本の音楽家。

問1　══線「ホウコ」の「ホウ」と同じ漢字を使うものを次のA～Iの中からすべて選び、記号で答えなさい。なお、正解は一つとは限りません。いくつかある場合には、そのすべての記号を書きなさい。

A　ホウチされたままの空き家。
B　正午のジホウが聞こえる。
C　シホウから敵にせめられる。
D　昔行った町をサイホウする。
E　ホウガイな値段の自転車。
F　チョウホウしているかばん。
G　周りを警察にホウイされる。
H　七色にかがやくホウセキ。
I　今年のさんまはホウリョウだ。

問2　～～線a「ピンとこない」、b「潔しとしない」の本文中の意味として、もっとも適切なものを次のA～Eの中から一つずつ選び、それぞれ記号で答えなさい。

a　ピンとこない
A　生理的に受け付けない
B　論理的に理解できない
C　積極的に考えられない
D　本能的に反対できない
E　直感的に感じ取れない

b　潔しとしない
A　不思議だと思わない
B　忘れたいと思わない
C　許すことができない
D　止めることができない
E　反対することができない

問3　本文の段落の先頭に次の一文を入れるとすると、どこが適切ですか。この文が入る段落としてもっとも適切なところを本文中のA～Eの中から一つ選び、記号で答えなさい。

それほど遠い昔ではない。

問4　Ⅰ～Ⅲにあてはまる言葉としてもっとも適切なものを次のA～Hの中から一つずつ選び、それぞれ記号で答えなさい。

A　すると　　B　ところで　　C　すなわち
D　そこで　　E　したがって　　F　だから
G　なぜなら　　H　もっとも

問5　――線(1)「同じ理由から日本では、大阪が緑に恵まれていないと思える」とありますが、どのような理由で大阪が緑に恵まれていないと考えられますか。もっとも適切なものを次のA～Eの中から一つ選び、記号で答えなさい。

A　緑を増やそうとすることよりも、商業が発展しやすいように都市の環境《かんきょう》が整えられたから。
B　気候風土に適した都市づくりを優先すると、緑に親しみがもてる商業都市はできなかったから。
C　乾燥地帯だった土地を住みやすく変えるために植樹したが、緑が育つ環境条件ではなかったから。

D　商業を発展させるために選んだ土地が、もともと岩盤が多く緑が育たない土地だったから。

E　外国からやってくる敵を防ぎやすい土地として選んだ場所が、緑が育ちづらい土地だったから。

問6　――線(2)「そこで東京の緑について考えてみると、面白いことに気付く」とありますが、「面白いこと」とはどのようなことですか。その説明としてもっとも適切なものを次のA～Eの中から一つ選び、記号で答えなさい。

A　東京の緑は人の手がまったく入っていない自然そのものであるということ。

B　東京の緑は人々の生活のそばにもともとあった自然であるということ。

C　東京の緑は人々が生活する都市の中に新たに作られた自然であるということ。

D　東京の緑はすでに存在している自然を人の手で増やしたものであるということ。

E　東京の緑は人が江戸の町を改めて作ろうとして移した自然であるということ。

問7　――線(3)「東京遷都は相当の冒険だったはずである」とありますが、筆者がそのように述べる理由としてもっとも適切なものを次のA～Eの中から一つ選び、記号で答えなさい。

A　「辞官納地」によって、幕臣たちが領地を失ったことに強く反発して、政府と争う状況下であったから。

B　「辞官納地」だけでなく、「王政復古」や「大政奉還」などの政策への反対派が多く存在していたから。

C　「辞官納地」は、諸大名も幕臣も受け入れがたいものだったので、強い反対を招く可能性があったから。

D　東京だけではなく、他の場所にも緑が豊かで首都機能を置くことのできる地域があるとわかっていたから。

E　東京遷都をしても、新しい国家体制における首都機能を果たすことができる条件が整っていなかったから。

問8　――線(4)「ふるさとの発展を希んでも、変容を希む人はいない」の説明としてもっとも適切なものを次のA～Eの中から一つ選び、記号で答えなさい。

A　東京をふるさとと考えて暮らす人が多くなっていくことは望ましいことだが、自然に関心を持たない人が出てくるのは望ましくないということ。

B　ほこりを持てる場所として多くの人に認められることは望ましいことだが、多くの人が住むために高層ビルを建てるのは望ましくないということ。

C　緑あふれる都としての東京がこのまま緑を増やすことは望ましいことだが、緑を減らして人工的な施設を増やしていくのは望ましくないということ。

D　ふるさとの良さを引きつぎさらに住みよくなることは望ましいことだが、元の形が失われて異なる土地になっていくのは望ましくないということ。

E　日本各地のふるさとがそれぞれ独自に良くなっていくことは望ま

しいことだが、東京だけどんどん開発が進んでいくのは望ましくないということ。

問9　――線(5)「このたかだかの距離感」とはどのようなことですか。その説明としてもっとも適切なものを次のA～Eの中から一つ選び、記号で答えなさい。

A　人間の作り出す歴史と自然はいつもとなりあう関係であるということ。

B　政策によっては国の歴史が大きくぬりかえられてしまうということ。

C　江戸時代から現代までの時間はそれほど長い年月ではないということ。

D　未来の東京は緑がなくなればすぐに様変わりしてしまうということ。

E　世界でも都市の再開発が進めばどこも同じになってしまうということ。

問10　……線「東京は緑多き都である」とありますが、その理由を説明した次の□にあてはまる言葉を本文中から**三十字以内**でぬき出し、**最初と最後の三字**ずつを答えなさい。（句読点、記号等も字数に数えます。）

□から。

問11　筆者の主張としてもっとも適切なものを次のA～Eの中から一つ選び、記号で答えなさい。

A　自然の豊かさを保っていくことは世界共通の価値観であり、世界にさまざまなことを発信していく都市としての東京の緑がなくなってしまうことは容認することはできない。

B　東京はこれまで引きつがれてきた歴史の中で、世界のどこにも見ることのできないような緑豊かな都市となったわけで、その東京の緑を安易になくしてしまってはならない。

C　東京がこれからも日本の首都として機能していくためには、このまま再開発を進めることは必要なことであるが、東京の緑を保存していくための方策も検討するべきである。

D　ふるさとである東京に住み続けている筆者は、東京の今の姿を見て心を痛めており、ふるさとのあるべき姿を守りつつ地球環境保護の一環として東京の緑を残していきたい。

E　東京だけでなく世界中の都市は高層ビルの建設などで自然が少なくなってきており、せめて東京だけでもそのままの自然を後世に遺していくことが私たちの使命なのである。

二

次の文章を読んで、あとの問いに答えなさい。

「でも、伊原※1、ずいぶん早くから受験の準備してたでしょ」

誤魔化《ごまか》すように話を戻《もど》す。

「(1)小心者だから」

あれほど男らしく変貌《へんぼう》したのに絵麻《えま》にはこの言われようだ。もしや、受験の準備を早くから始めたことで余裕ができ、それが今の伊原の男らしさに見えているのかもしれない。

クラスの男子たちは、北風の訪《おとず》れと共に一斉《いっせい》に大人しくなった。校庭で走り回っていたサッカー部の子たちも、土日を潰《つぶ》して練習していた野球部の子たちも、皆《みな》休み時間にこぞって机に向かっていた。かといって勉強をしている様子ではない。ただ、机に向かってぼんやりしている。

尚美《なおみ》には、少しだけその気持ちがわかった。

やる気はないのにプレッシャーがあって自由になれない。中途半端《ちゅうとはんぱ》に体を机の前に置いておけば、少なくとも後ろめたくはない。

ぎりぎりになって講習に申し込んだ十日ほど前から、三日に一度の割合で尚美もそれを経験している。

「そもそも、努力してできた結果って、信用ならなくない？」

絵麻が、母親のお古のステンカラーコート※2のポケットに手を突《つ》っ込んだまま、(2)肩《かた》を竦《すく》めた。

「だって、それって、努力しなきゃできないってことじゃん」と、「できない」の部分を強調して続ける。

「エマチンが頑張《がんば》らない派だってことは判《わか》るけど、伊原にそんなこと言ったら傷ついちゃうよ、きっと」

ポケットの中の指先が、ざりざりする。

どうして制服や、制服用のコートのポケットの中は、いつもざりざりするのだろう。もう砂遊びをするような年齢《ねんれい》じゃないのに。

尚美は、ポケットから手を出した。掌《てのひら》が大きく息をついたように感じる。

「頑張るっていう姿勢はかっこいいと思うよ。そこに価値があると思うし。でも、それによってもたらされた結果を、自分のものみたいに思っちゃうのって、怖《こわ》いじゃん」

(3)もたらされたという言い回しが気に障《さわ》った。

いつもの尚美なら、うんうんと頷《うなず》いて、やっぱり絵麻はスゴイなあと思っていただろう。だが、今日はつまらない何かがいちいちこつんとぶつかってくる。

(4)「結果は結果なんじゃないの？」

自分がおためごかし※3に努力しようという矢先に言われたから気に障るだけだと判る。

それでも、口にした。

「例えばさ、伊原が将来、猛《もう》勉強して東大に入ってもさ、それって猛勉強の結果が東大合格ってだけのことでしょ？　伊原という人に東大ブランドの価値があるってことにはならないはずなのに、そのへん、勘違《かんちが》いしたりする。別に、伊原がそう勘違いしてるって話じゃなくて、ただ、たとえ話に使っただけだけど」

尚美の反論口調にも動揺《どうよう》せず、絵麻はいつもの調子で淡々《たんたん》と話すだけだ。

(5)言っていることはいちいち判る。正しいとも思う。なのにどうしてか、いつもは素直《すなお》に受け入れられる絵麻の正しさが今日だけは飲み込めずに喉《のど》を塞《ふさ》ぐ。やっぱり何か正しくないような気がしてしまうのだ。

「でも、結果を導きだすだけの努力を成し遂《と》げるってことが、その人の価値を高めるんじゃない？　少なくとも、そういうことになってるんだと思うけど。でなかったら、誰《だれ》も努力なんかしないよ」

何をむきになっているんだろうと自分でも不思議だった。絵麻は穏《おだ》やかな微笑《ほほえ》みで尚美の意見に頷き、しばらく黙《だま》った。

絵麻が何を考えているのだろうと、少しだけ不安になる。

掌をまたピーコート※4のポケットに突っ込んで、ざりざりを確かめた。その感触《かんしょく》は尚美を苛々《いらいら》させる。指先に目がついているように色を感じた。

どんな色だかわからないけれど、ざりざり色。そう感じてしまう尚美のざりざりした部分が、絵麻をざりざりさせてしまったのか、それとも絵麻のざりざりに擦《こす》られて、自分がざりざりしてしまうのか。ダイヤモンドでもルビーでもない、ざりざり色だ。

「あたしは違う。成し遂げられる程度の努力を努力と思いたくないし、努力しなければ出せない結果を自分の価値とは結びつけられないよ」

いつもながら口調は穏やかだが、絶対に譲《ゆず》らない意志のある言い方をする。

尚美は際限なく苛立つ自分を感じている。だけど、何をどう言えば絵麻の意見に立ち向かえるのかが判らない。

自分にだって絶対に譲れない確固たる考えはある。なのに、それをうまく言葉にして伝えられないことがもどかしい。いつも言葉使いの巧《たく》みな絵麻の言い分に便乗することで、そのもどかしさを避《さ》けてきた。言いなりになっていたとは思わないが、そうと気がつくと、自分はいつでも言葉にできないだけで、絵麻とは違うことを考えていたのではないかとも思う。

私たちの間に音楽があればいいのに。

二人で声を合わせて「ざりざりの歌」を歌えば、通じるかもしれない。

押し黙ってしまった自分を誤魔化すように小さな咳払《せきばら》いをした。

「どうしてあたしたちの年代って、みんな、価値観を統一させたがるんだろうね。尚美はそれがないから好きだな」

声の調子を少し上げた絵麻が、そう言って笑った。花のような笑顔だ。(6)絵麻なりの手打ちが嬉《うれ》しい。なのに、それすら尚美には言えず、最強の笑顔さえざりっと尚美を擦り上げてくる。思わず「痛っ」と声をあげたくなった。

自分の口元がへの字になっていることがわかった。きっと二度と鏡を見たくなくなるような顔になっている。

「エマチンが思ってるほど、みんな馬鹿《ばか》じゃないと思うよ」

言うつもりのなかった言葉が、ぽろりと溢《こぼ》れた。

（中略）

絵麻は(7)はっきりと傷ついた目を返した。

絵麻が言いたいことはわかっている。

そんなふうに思ってないと言い返さない絵麻は、何を思って黙ってしまったのか。

自分の底意地の悪さに息苦しくなった。

絵麻がそんなふうに思ってるわけじゃないと判っていながら、そんな言い方になってしまった自分のとげとげしい気持ちは、一体どこから湧《わ》き上がったのだろう。

絵麻を傷つけようとした。わざと傷つく言い方を選んだ。

言いたいことを伝える言葉はどんなに指先がざりざりしても探し当てられないのに。自分を守りたいだけの意地悪な棘《とげ》は、考える間もなく飛び出してしまう。ざりっと音を立てて、絵麻を傷つけた。

努力することは無駄《むだ》じゃないと、そう言ってもらいたかっただけだ。たとえ絵麻がそう考えないのだとしても、「尚美の努力は無駄にはならないよ」と、励《はげ》まして欲《ほ》しかった。

今、そう言えれば。

だが、尚美には、それだけのことを伝える勇気がない。

「やっぱ、ソニプラ※5ですかね」

もう一度向けられた花の笑顔に、今度は確かに救われて、ぎこちなく微笑みながら頷いてみせる。

目指す店の前はとうに通過していた。ただ喋《しゃべ》るためだけに歩き続けていたと気がつく。沈黙《ちんもく》をかき消されることに安心して、雑踏《ざっとう》へ雑踏へと歩き続けていたのだ。

センター街の中央にある十字路から横に出て雑貨店の並ぶ通りを引き返し、駅にほど近いファッションビルに向かう。

「ソニプラなら、※6恵比寿《えびす》の方が近かったじゃん」

(8)尚美には、そう言うのが精一杯《せいいっぱい》だった。

「そうだね」

振《ふ》り絞《しぼ》った勇気は絵麻の爆笑《ばくしょう》に救われた。

学校帰りにそのまま寄り道しての買い物だったら、こんなおかしな気持ちにはならずに済んだだろう。

したいことと、しなくちゃいけないことと、それらを押し込むべき自分の時間は、いつも尚美をばらばらにしてしまう。

絵麻に聞こえないよう噛《か》み潰《つぶ》しながら、ため息を吐《は》き出した。

(前川麻子《まえかわあさこ》『パレット』〈光文社文庫〉より。)

(注)　※1　伊原……尚美や絵麻と同じ公立中学に通う三年生。明るい性格で絵麻のボーイフレンド。

※2　ステンカラーコート……冬用のコートの一種。

※3　おためごかし……いかにも人のためにするように見せかけて、実は自分の利益をはかること。

※4　ピーコート……冬用のコートの一種。

※5　ソニプラ……輸入雑貨専門店「ソニープラザ」を略した呼び方。

※6　恵比寿……東京都渋谷《しぶや》区にある地名。

問1　――線(1)「小心者だから」とありますが、このあとに続くと考えられる言葉としてもっとも適切なものを次のA～Eの中から一つ選び、記号で答えなさい。

A　ほかに何もしたいことがなかったんだよ。

B　勉強しない自分が情けなくていやなんだよ。

C　何かをしていないと落ちつかないんだよ。

D　勉強を始めないと不安でしかたないんだよ。

E　勉強している友だちを見たくなかったんだよ。

問2　――線(2)「肩を竦めた」とありますが、この動作には絵麻のどのような思いが表れていますか。もっとも適切なものを次のA～Eの中から一つ選び、記号で答えなさい。

A　納得しかねるという思い。　B　わけがわからないという思い。

C　見そこなったという思い。　D　自分には関係ないという思い。

E　気味が悪いという思い。

問3　――線(3)「もたらされたという言い回しが気に障った」とありますが、それはなぜですか。その理由としてもっとも適切なものを次のA～Eの中から一つ選び、記号で答えなさい。

A　その人ががんばった成果ではなく、たまたま実力以上の成果が出ただけであるかのように思えたから。

B　その人の力のように見えるものの、元々そうなる道すじだったのだと言っているように聞こえたから。

C　その人の成功は本人だけのものではなく、支えた親や教員のおかげであるかのように考えているから。

D　その人が努力しようがするまいが、最終的な結果は初めからわかっていたかのように言っているから。

E　その人が勝ち取ったわけではなく、その人ではない別の何かが与えてくれた結果のように感じたから。

問4　――線(4)「結果は結果なんじゃないの？」とありますが、この発言について以下の問いに答えなさい。

Ⅰ　これはだれの発言ですか。次のA・Bから一つ選び、記号で答えなさい。

A　絵麻　　B　尚美

Ⅱ　この発言の内容の説明としてもっとも適切なものを次のA～Eの中から一つ選び、記号で答えなさい。

A　結果とひと口に言っても、短期的結果と長期的結果があるので、そのどちらを重視すべきかは場合によって異なる。

B　努力は人に知られず行うべきものであり、本人以外はその努力の達成度を結果という形でしか見ることができない。

C　その人が実は全く努力していなかったとしても、良い結果が出たならばその人の行動は正しかったと考えるしかない。

D　その人の努力と結果とは必ず結びつくとは限らないので、結果だけでその人の努力を評価するのはまちがっている。

E　結果はその人の努力の表れで、良い結果は努力が十分だったことを示すのだからその人を評価するよりどころとなる。

問5　――線(5)「言っていることはいちいち判る」とありますが、尚美のとらえた絵麻の考え方としてもっとも適切なものを次のA～Eの中から一つ選び、記号で答えなさい。

A　ある人が上を目指し、全力を尽《つ》くして目標に到達《とうたつ》したとしても、その目標は客観的に見てそれほど目を見張るようなすごさを持っていない。それなのに本人も周囲も目標に到達したことばかりに目が行き、客観的な見方ができなくなってしまっているのは残念なことである。

B　ある人が上を目指し、全力を尽くして目標に到達したとしても、それはあくまでも努力に対する成果であって、その人自体の価値とは別物である。それなのに成果の全てを自分のものにできたかのように思いこんだり他の人がその人を評価したりするのはおかしなことである。

C　ある人が上を目指し、全力を尽くして目標に到達したとしても、それはその人の限界に過ぎず、目標自体の持つ価値はまだまだ奥が深い。それ以上はその人がいくら努力しても得ることができない可能性もあるので、あらゆる可能性を視野に入れることが大切なことである。

D　ある人が上を目指し、全力を尽くして目標に到達したとしても、実は単なる偶然《ぐうぜん》によってたまたま得ることができた結果である。偶然による成功を自分の実力と思いこんでも、いつかは自分の実力の低さを痛感することになるので、そのことに気づかないのは気の毒なことである。

E　ある人が上を目指し、全力を尽くして目標に到達したとしても、実はその人が目指す目標は別のところにあるということはよくある話である。自分をしっかり見つめて目標を設定すべきなのに、まわりの人の見方に流されて安易に決めてしまうのはその人にとって不幸なことである。

問6　――線(6)「絵麻なりの手打ち」の説明としてもっとも適切なものを次のA～Eの中から一つ選び、記号で答えなさい。

A　たがいの異なる意見を尊重しつつ、話題に区切りをつけようとすること。

B　とりあえず結論をたな上げして、また別の機会に話し合おうとすること。

C　自分が正しいということを示しながら、相手に合わせたふりをすること。

D　明るい顔を見せながら、自分の考えを無理やり押しつけようとすること。

E　相手の考えを悪く言うのをさけて、自分たち世代全体の責任にすること。

問7　――線(7)「はっきりと傷ついた目を返した」とありますが、それはなぜですか。その理由としてもっとも適切なものを次のA～Eの中から一つ選び、記号で答えなさい。

A　尚美の発言から尚美が本当は絵麻をずっときらっていたのだということを知ってしまったから。

B　尚美の発言から絵麻自身これまで考えてもいなかった自分のみにくい考え方に気づかされたから。

C　尚美の発言から意外にも尚美が悪意をもって絵麻の気持ちを傷つけようとしたことがわかったから。

D　尚美の発言から尚美がいつの間にか絵麻も及ばないほど言葉たくみな人に成長していたと思ったから。

E　尚美の発言から絵麻が自分は他人より優れた者だと思っていると非難されたように感じたから。

問8　――線(8)「尚美には、そう言うのが精一杯だった」とありますが、この時の尚美の気持ちの説明としてもっとも適切なものを次のA～Eの中から一つ選び、記号で答えなさい。

A　絵麻がおどけた言動で自分をなんとか元気づけようとしてくれていることを察して感動したが、本当に自分を心から許してくれているのかをためしてみようとした。

B　絵麻の笑顔についつられて浮かべてしまった自分のほほえみを後悔し、絵麻の言葉のあげ足を取ることで絵麻をまだ心から許していないということを示そうとした。

C　絵麻がわだかまりのない言葉をかけてくれたことにほっとするとともに、あえて軽い不平を言うことで絵麻とこれまで同様の仲の良さでいられることを確かめようとした。

D　絵麻が自分のささくれた気持ちに寄りそおうとしていることに反発を感じ、わざといじわるな言葉を返すことで絵麻の落ち着きはらった笑顔をひっこめさせようとした。

E　絵麻の笑顔を見てほっとした気持ちになると同時に、できることなら絵麻の思いもよらないような面白いことを言ってその気持ちをさらに明るくさせたいと考えた。

問9　本文の尚美についての説明としてもっとも適切なものを次のA～Eの中から一つ選び、記号で答えなさい。

A　いつもならばすなおに受け入れられる絵麻の強い発言に、なぜかこの日は一つ一つひっかかるものを感じてしまった。自分も傷つくことを承知の上で絵麻に批判を試みると絵麻は優《やさ》しく対応したが、絵麻の笑顔の下にさげすみがあるのを見ぬいてしまった。

B　自信を持って断定的なことを言う絵麻の、同級生を見下すような発言に自分を非難されてしまったように思って反感をいだいた。いつまでも冷静になれなかったため、絵麻のこれまでの発言を自分は何の疑問も持たずにそのまま受け入れていたようにさえ感じてしまった。尚美の気持ちを見ぬいたかのような絵麻の笑いで、尚美は自分の誤解に気づいた。

C　絵麻は同級生ではあるが尚美にとってはまるで大人と接するような気おくれを感じるような存在だった。しかしこの日は絵麻の発言にいつになく誤りがあるように感じられてしまった。さりげなく指《し》摘《てき》したつもりの言葉は結果的に絵麻より自分を傷つけるものとなってしまい、絵麻のなぐさめを受けても、自分の表現力の少なさを反省するばかりだった。

D　自分の中にしっかりした価値観を持つ絵麻をかなわない存在だと思っていたが、この日は高校受験に対する不安もあり、絵麻の考えをそのまま受け入れられずにいた。自分自身がいやになるような言葉でしか絵麻に接することのできない自分をもてあましていた。絵麻と大きく対立することはなかったが、それでもすっきり心が晴れるまでには至らなかった。

E　極端ではあるが真実をするどく指摘する絵麻の発言にいつもは同意することしかできなかったが、この日は反発したくてたまらなかった。しかしいざ否定しようとしても自分の考えをうまく言葉にすることができず、絵麻に笑われて情けなく感じた。

問10　本文の説明としてもっとも適切なものを次のA～Eの中から一つ選び、記号で答えなさい。

A　尚美と絵麻が町中を歩く場面で、尚美にとって周囲の人ごみは単なる背景ではなく、絵麻との気まずさを救ってくれる役割をも持つことがわかる。

B　ポケットの中のざりざり感について、「制服や、制服用のコートのポケットの中」という限定により、学校生活がすべての不満の原因だと尚美が思ったことがわかる。

C　「北風の訪れと共に一斉に大人しくなった」という表現から、男子たちが受験に対する意識ではなく、寒くなったことで勉強に向かったことがわかる。

D　「ざりざりの歌」のような音楽があれば良いのにと絵麻が思っていることから、絵麻が言葉よりも音楽の方が自信があると考えていることがわかる。

E　絵麻も尚美もともにその言動は記されるが、心の動きは尚美のもののしか記されないことから、絵麻が尚美にとって不可解な存在であることがわかる。

東洋大学京北中学校（第一回）

—50分—

注意　字数指定のある問いはすべて、句読点・記号も一字と数えるものとします。

一　次の問いに答えなさい。

問一　ぼう線部のカタカナを漢字に直しなさい。

(1)　味にうるさい客を満足させるのはシナンのわざだ。

(2)　私と兄の性格は、家族なのにタイショウ的です。

(3)　ジョウリュウとは、液体を加熱して気体にし、それを冷やして液体にもどす作業のことである。

(4)　ドローンをソウジュウする。

(5)　眠《ねむ》りはアンソクだ。私は眠ることが何よりも好きだ。

問二　次の作品の冒頭《ぼうとう》文を読み、その作品名をア～オからそれぞれ選び、記号で答えなさい。

(1)　祇園精舎《ぎおんしょうじゃ》の鐘《かね》の声、諸行無常《しょぎょうむじょう》の響《ひび》きあり。沙羅双樹《さらそうじゅ》の花の色、盛者必衰《じょうしゃひっすい》の理《ことわり》をあらはす。奢《おご》れる人も久しからず、ただ春の夜の夢のごとし。

(2)　月日は百代《はくたい》の過客《かかく》にして、行《ゆき》かふ年も又《また》旅人なり。舟《ふね》の上に生涯《しょうがい》をうかべ、馬の口とらへて老《おい》をむかふる者は、日々旅にして旅を栖《すみか》とす。

(3)　ゆく川の流れは絶えずして、しかも、もとの水にあらず。よどみに浮《う》かぶうたかたは、かつ消えかつ結びて、久しくとどまりたるためしなし。

ア　源氏《げんじ》物語　　イ　おくのほそ道　　ウ　徒然草《つれづれぐさ》
エ　方丈記《ほうじょうき》　　オ　平家物語

問三　(1)～(4)のことばの対義語を、ア～クの熟語《じゅくご》から選び、それぞれ記号で答えなさい。

(1)　名目　(2)　質疑　(3)　精密　(4)　一般《いっぱん》

ア　具体　イ　粗雑《そざつ》　ウ　故障　エ　実質
オ　異常　カ　応答　キ　特殊《とくしゅ》　ク　調査

問四　ぼう線部の敬語の種類をア～ウから選び、それぞれ記号で答えなさい。

(1)　母の代わりに私が参りました。

(2)　お探しの本はこちらでございますか。

ア　尊敬語　イ　謙譲語《けんじょうご》　ウ　丁寧語《ていねいご》

問五　ぼう線部の主語を、波線部ア～オから選び、それぞれ記号で答えなさい。

(1)　ア私たちは　イバスに　ウ乗って、エおじいさんの　オ家に　行った。

(2)　ア将来の　イ僕《ぼく》の　ウ夢は　エ医師となって　オ多くの人の命を　救うことです。

二　次の文章を読んで、後の問いに答えなさい。

無言で水遣《みずや》りをして回る彼女《かのじょ》の後を、航大《こうだい》は付いて歩く。既《すで》に聞きたいことは聞き、伝えたいことは伝えた。立ち去ることもできたが、そうはしなかった。何となく、彼女は迷っているように思えたからだ。打ち明けるべきか否《いな》か、彼女の頭の中で議論が交《か》わされている気がした。

三年生の校舎も済ませ、最後に西棟《とう》へと向かう。廊下《ろうか》を歩く生徒の数が増えている。

西棟に到着《とうちゃく》すると、銀色のシンクの上で、ガザニアが黄色い花弁を元気いっぱいに大きく広げていた。

A

「あれ？」と航大が反射的に呟《つぶや》く。

「どうかしたの？」

「いや、この花、昨日見たときと見た目が違《ちが》うと思って」

昨日は勘違《かんちが》いだろうと思ったが、やはり花弁の開きが変化している。いまの状態は初めて目にしたときと同じで、昨日は花弁が立っていた。

航大の疑問は、凜《りん》が即座《そくざ》に解消してくれた。

「それはたぶん、昨日の天気のせいだよ。ガザニアは日光が当たると花を開いて、陽《ひ》が沈《しず》むと花を閉じる習性があるの。昨日は太陽がほとんど顔を出さずに薄暗《うすぐら》かったから、花弁が閉じかけていたんだと思う」

「詳《くわ》しいな。……って、そうか。同じ花を家で育てているんだっけ」

「お母さんがね。私もたまに世話をするけど」

言いながら、凜はシンクへと近付く。蛇口《じゃぐち》を捻《ひね》り、じょうろに水を汲《く》みながら、ガザニアの花を見下ろす。

B

「私がこの花を嫌《きら》いって言ったこと、憶《おぼ》えてる？」

「そういえば、そんなこと言ってたな」

ガザニアへ向けられた凜の視線は冷たく、刺々《とげとげ》しかった。

「この花を見ていると、自分の嫌《いや》なところを見せつけられているようで、ウンザリするんだ」

「……綺麗《きれい》な花に見えるけど」

凜が溜《た》め息を吐《つ》きながらかぶりを振《ふ》る。

「見た目の話じゃないよ。太陽が出ているときだけ明るく花を開いて、夜には花を閉じている。そういうところが嫌いなの。人前でだけ必死に明るく振《ふ》る舞《ま》う自分の二面性を見ているようで、苛々《いらいら》する」

唐突《とうとつ》な告白に目を丸くする航大を尻目《しりめ》に、凜がさらに続ける。

「私、本当はあんなに明るい性格じゃないんだ。むしろその逆。陰気《いんき》で、内向的で、物事をネガティブな方向にばかり考えちゃう。それが本当の私。学校での私は、皆《みな》の前で元気な女の子を精一杯《せいいっぱい》演じているだけ」

そう打ち明けられても、簡単に信じることはできなかった。航大にとって、凜のイメージは学校一の明朗《めいろう》快活な女の子だ。持ち前の明るさでいつも周りの人間を元気付けてきた彼女が実は演じられていたものだったなんて、すぐさま受け止めることなどできない。ただ、嘘《うそ》をついているわけではないことは、彼女の目を見ればわかった。

凜が蛇口を閉める。①水道の音が止《や》むと、静寂《せいじゃく》が際立《きわだ》った。

「うまくいってないの」

凜がポツリと呟く。

「何が？」と航大が短く先を促《うなが》す。

「今度の劇の稽古《けいこ》。順調なんて言ってたけど、本当は全然なんだ。嘘ついてごめんね」

「そうなのか？　壮太《そうた》も順調と言っていたけど」

航大の言葉《ことば》を聞き、凜が口元を歪《ゆが》める。

「それが問題なの」

どういうことか、と航大は首を傾《かし》げる。

これまで我慢《がまん》していた分を吐《は》き出すように、凛は大きく溜め息を吐いた。

「正直、劇の完成度は低い。でも、他の部員の皆はいまの出来でもう満足しちゃってる。それが私の悩《なや》み」

C

「ああ」と航大は声を洩《も》らす。ようやく、彼女の悩みが理解できた。熱量の差。運動部でもしばしば起こる問題だ。演劇だって、チームスポーツに似た性質を持っているのだろう。個々人の理想や目標にギャップがあれば、自然と歪《ひず》みが生まれてしまう。

「そのこと、部員同士で話し合ったりとかは?」

「してない。というか、できない。いま、部内の雰囲気《ふんいき》はすごく良いから、それを壊すのが恐《こわ》い」

②諦観《ていかん》の滲《にじ》んだ口調で、凛が答える。部員たちの目線の低さを嘆《なげ》いているわけではなく、うまく皆を引っ張っていけない自分の不甲斐《ふがい》なさを恥《は》じているかのようだった。

航大は、じっと凛の横顔を見詰《みつ》める。苦しそうというより、迷子みたいに心細そうな顔をしている。このまま文化祭当日を迎《むか》えれば、演劇部の部員たちは満足するだろう。しかし、それは凛の目指すゴールとは程《ほど》遠《とお》い。彼女の心が満たされることはない。理想と現実とのギャップに加え、部長としての責任感が彼女を蝕《むしば》んでいる。舞台《ぶたい》の成功の線引きをどこにすべきか、決めかねているのだ。

凛がもう一度溜め息を吐いて、続ける。

「人から嫌われることが恐いから、仲間外れにされないように周りに合わせて笑って、空気を読まない言葉を口にしないように、いつも神経を張り巡《めぐ》らせている。その結果、部長なのに部員に演技の要求ひとつできない。他人の目ばかり気にして、ひとりで勝手に思い悩んでいる。滑稽《こっけい》だよね。私はそんな薄《うす》っぺらな人間なんだよ」

凛の言葉は、何度も読み上げられたセリフのように淀《よど》みなかった。声に出さずとも、ずっと抱《かか》え続けてきた想《おも》いだったのだろう。胸《むね》の奥底《おくそこ》に溜《た》め込んでいた自らへの不満が、堰《せき》を切ったように溢《あふ》れ出している。

困り果てる友人の横顔を眺《なが》めていると、腹《はら》の底から強い感情が湧《わ》き上《あ》がってきた。彼女の助けになりたい、問題解決のための力になりたいという気持ちが全身を巡り、体が熱を持ち始める。自分の中にある目に見えない何かが、アクセルが踏《ふ》み込まれるのを待つ車のように振動《しんどう》している。

D

「薄っぺらじゃないだろ」

余計な一言はさらに彼女を傷付けることになるかもしれないと知りながら、航大は反論した。指摘《してき》せずにはいられなかった。

凛が航大に視線を向ける。彼女は痛みに耐《た》えるように眉根《まゆね》を寄せていた。濃《こ》い黒色の＊1双眸《そうぼう》が、慰《なぐさ》めの言葉などいらないと拒絶《きょぜつ》している。自分が刃物《はもの》を手にしているような気分になり、③航大は息を呑《の》む。これから口にしようとしている言葉は、果たして本当に彼女のためになるのだろうかと不安になる。口を閉《と》ざし、沈黙《ちんもく》に身を委ねたくなった。

腰《こし》に手を置き、大きく息を吐く。サッカーをしていたころ、PKを蹴《け》る前に必ずやっていたルーティンだ。肺の中の空気と一緒《いっしょ》に、不安と弱気を体外へと追いやる。緊張《きんちょう》がほぐれ、心が落ち着いた。

一度口から出た言葉をなかったことにはできない。勢いに任せて、航大は続ける。

「誰《だれ》に頼《たの》まれたわけでもないのに早起きして学校の花を世話しているような人間が、薄っぺらなわけがない」

「そんなの、たいしたことじゃないよ」

謙遜《けんそん》ではなく、本心からそう思っているのだろう。凜の声には、突《つ》き放すような刺々しさがあった。

怯《ひる》まずに、航大は言葉を重ねる。

「俺《おれ》が同じことをしていたら?」

「え?」

「俺や他の誰かが凜と同じことをしていても、たいしたことじゃないと思う? それくらい普通《ふつう》のことだ、って」

「それは……」

凜は言葉に詰《つ》まり、困ったように眉をひそめた。沈黙が、彼女の答えを雄弁《ゆうべん》に語っている。他人に優《やさ》しく、自分に厳しい。それは立派な心持ちだが、それ故《ゆえ》に自らの美点を素直《すなお》に受け入れられないことは、彼女の明確な欠点だ。屋根より高いハードルを見上げて嘆息《たんそく》*2するなんて、それこそ滑稽だ。

プランターに植えられた花の姿が頭に浮かんだ。一見すると美しいその花も、よく観察してみれば、咲《さ》き終わり、枯《か》れた花をいくつもその身に付けたままにしている。重苦しく、辛《つら》そうだ。

いまの自分に、彼女の悩みを解決する力はない。しかし、彼女が抱えている不要なものを取り除《のぞ》くことくらいなら、自分にもできるのではないか、と航大は思う。花がらを摘《つ》むように、不当に彼女の心を重くしているものたちを、ひとつひとつ取り払《はら》う。それも、彼女の力になるということではないだろうか。

E

「誰だって人から嫌われることは恐いよ。俺もそうだ。いまだって、自分の行動は凜にとって迷惑《めいわく》なんじゃないかって不安になってる」

「そんな。迷惑なんかじゃないよ」

両手を大きく左右に振り、慌《あわ》てた様子で凜が否定《ひてい》する。その大袈裟《おおげさ》な仕草が余りにいつも通りで、航大は少し緊張がほぐれた。

X 普段の明朗快活な姿を、凜は本当の自分ではないと言った。でも、咄嗟《とっさ》に顔を出した彼女の一面は、航大のよく知る彼女だった。やはりその顔も、彼女を形づくる一部なのだ。たとえ演じていたものであっても、偽《いつわ》りではない。そのことにホッとした。

肩《かた》の力が抜《ぬ》ける。重く考えることなんてないのではないかと思えてきた。普段通り、軽口のキャッチボールをするみたいに、思い付きを口にすればいい。それくらい気楽な方が、相手だって変に緊張しないで受け止められる。

(真紀涼介《まきりょうすけ》『勿忘草《わすれなぐさ》をさがして』〈東京創元社《とうきょうそうげんしゃ》〉)

＊1　双眸……両目の瞳《ひとみ》のこと。

＊2　嘆息……なげいて、ため息をつくこと。

問一　凜がガザニアの花を嫌う理由について説明した次の文の空欄《くうらん》にあてはまることばをそれぞれ［　］内の文字数で文中からぬき出して答えなさい。

太陽が出ている時だけ明るく花を開いて、夜には閉じているというガザニアの［①三文字］が、人前では明るく振る舞う一方で［②五文字］なものの考え方ばかりしている自分を見ているように感じられるから。

問二　ぼう線部①「水道の音が止むと、静寂が際立った」とありますが、この表現の効果についての説明として最も適切なものをア～オから選び、記号で答えなさい。

ア　互《たが》いに相手の話を聞こうとして訪《おとず》れた静けさを表現することで、自分のことより相手の気持ちを第一に考えてしまう航大と凛の人の良さがはっきりと伝わる。

イ　はりつめたような静けさを表現することで、相手の意外な一面に驚《おどろ》く航大と、本音を打ち明けようとする凛の間に流れる緊張感がよくうかがえる。

ウ　凛の打ち明け話と静けさを重ねることで、大きな衝撃《しょうげき》を受けた航大と、真実を話してすっきりした凛との、正反対の心情がくっきりと浮かび上がる。

エ　悩みを告白する前に静けさを表現することで、嘘をつき続けてきた凛の罪悪感や、嘘に気づくことの出来なかった航大の自分を責める気持ちをうまく描《えが》き出している。

オ　物音に注目させ、静けさを強調することで、相手の意外な一面を冷静に受け止めようとする航大と、告白に興奮《こうふん》している凛の正反対ともいえる姿勢を浮き彫《ぼ》りにしている。

問三　ぼう線部②「諦観」とありますが、これは「あきらめの末に世間的な事柄《ことがら》にこだわったり、振り回されたりしなくなること」という意味をもつことばです。凛は〈何を〉あきらめ、〈何に〉こだわらなくなりつつあるのでしょうか。本文の内容と見比べて最も適切なものをア～オから選び、記号で答えなさい。

ア　明朗快活にふるまうことをあきらめ、周りの人間を元気づけることにこだわらない。

イ　みんなを引っ張ることをあきらめ、部員たちを満足させることにこだわらない。

ウ　部員との熱量の差を埋《う》めることをあきらめ、自分の目指すゴールにこだわらない。

エ　自らへの不満を胸の奥底に溜め込むことをあきらめ、部内の雰囲気をたもつことにこだわらない。

オ　人から嫌われないようにすることをあきらめ、自分をよく見せることにこだわらない。

問四　本文からは、次の文章が抜けていますが、文中のA～Eのどこに挿入《そうにゅう》するのが適切だと考えられますか。記号で答えなさい。

突然《とつぜん》の衝動に航大は驚くが、戸惑《とまど》いはなかった。懐《なつ》かしい。自分はこの感覚を知っている。サッカー部を辞《や》める前、悩むことが嫌いだった自分は、いつだって思いのままに行動していた。

問五　ぼう線部③「航大は息を呑む」とありますが、このときの航大の気持ちについての説明として最も適切なものをア～オから選び、記号で答えなさい。

ア　自分の過去の経験と凛が置かれている状況《じょうきょう》は違うのに、共感しているかのような態度をとることで相手を傷《きず》つけてしまったのではないかとふいに気づき、強い不安を覚えている。

イ　思い悩む凛に対し、友人として助言したいと思う気持ちは強くあるものの、自分の発言が彼女の怒りにふれ、何らかの不利益を被ってしまうかもしれないことにおそれを抱いている。

ウ　悩みが原因で凛が快活さを失っているのなら、自分の経験から助言することで元の彼女に戻《もど》ってくれるのではないかと思いつつ、それは出すぎた行為なのではないかとためらいを感じている。

エ　困り果てている彼女の助けになりたいとは思いつつも、今まで悩み事を隠《かく》してきたような凜が素直に自分の手助けを受け入れてくれるのだろうかと、いぶかしく思っている。

オ　自分のあり方に深く思い悩んでいる凜に対して不用意に慰めの言葉をかけることは、かえって彼女を傷つけることになるのではないかとためらい、緊張している。

問六　文中の X から始まる二段落《だんらく》における航大の気持ちとして最も適切なものをア～オから選び、記号で答えなさい。

ア　話をしているうちに凜が普段通りの姿を見せるようになったことで、先ほど思い悩んでいた姿は彼女の本来のものではなかったのだと納得《なっとく》した。

イ　それまで快活な姿しか見せてこなかった凜が悩みを語り助言を求めてきたことで、本音を話してくれたのだと実感して嬉《うれ》しくなった。

ウ　普段から本音を話すことのない凜と花の水やり作業を共にすることで、彼女の抱える悩みを解決させることが出来たと達成感を覚えた。

エ　暗い胸の内を明かした凜が自分の励《はげ》ましを聞いて普段どおりの様子を見せたことで、明るい面も彼女の本当の姿だったのだと安心した。

オ　いつもと違った凜の表情が自分の話を聞いてすぐいつも通りに戻ったのを見て、今抱えている悩みも深刻ではないようだと拍子《ひょうし》抜《ぬ》けした。

問七　本文中の表現の特徴《とくちょう》として最も適切なものをア～オから選び、記号で答えなさい。

ア　植物の水やりをしながら歩く場面の時間の経過とともに、植物の状態が凜の心理状態にあわせて変化していることが効果的に表現されている。

イ　凜の抱えている悩みの内容が、航大や部員たちとのやりとりの中で徐々に明らかになっていき、結果的に解決に向かうよう話を展開させることで、物語にメリハリをつけている。

ウ　航大のせりふが途中《とちゅう》まで短いあいづちしかないことからは、凜の深刻な悩みを理解することのできない彼の幼《おさな》さが読み取れる。

エ　自分への不満を抱える凜を目の前にしたときの航大を描いた場面では、思いのままに行動し発言するという冷静さに欠ける性格が浮《う》き彫《ぼ》りになっている。

オ　凜を励ます航大が過去を思い返している表現からは、彼がサッカー部で経験したことが人を理解し勇気づけるために役立っていることが分かる。

三　次の文章を読んで、後の問いに答えなさい。
なお、問題作成の都合上、一部表記を改めたところがあります。

定住化の原因については、より詳細《しょうさい》な議論が必要であろう。 A 、定住化の過程《かてい》についても、それが漁具の出現と並行《へいこう》していること、水辺で起こっていることなど、他にも興味深い事実が見出《みいだ》される。

あまり横道に逸《そ》れないために、ここでは次の点を確認《かくにん》しておくにとどめよう。人類はそのほとんどの時間を遊動生活によって過ごしてきた。

B、気候変動等の原因によって、長く慣れ親しんだ遊動生活を放《ほう》棄《き》し、定住することを強《し》いられた。いま私たちはその定住がすっかり当たり前の風景となってしまった時代を生きている。

　定性化の過程は人類にまったく新しい課題を突《つ》きつけたことだろう。人類の肉体的・心理的・社会的能力や行動様式はどれも遊動生活にあわせて進化してきたものだからである。だとすると、定住化はそれら能力や行動様式のすべてを新たに編成し直した革命的《かくめいてき》な出来事であったと考えねばならない。

　その証拠《しょうこ》に、定住が始まって以来の一万年の間には、それまでの数百万年とは比べものにならない程の大きな出来事が数えきれぬほど起こっている。農耕や牧畜《ぼくちく》の出現、人口の急速な増大、国家や文明の発生、産業革命《かくめい》から情報革命。これだけのことが極《きわ》めて短期間のうちに起こった。これこそ、*1西田が定住化を人類にとっての革命的な出来事と捉《とら》え、「定住革命」の考えを提唱する理由に他ならない。

　C、その革命の中身は具体的にはいかなるものであったのだろうか？　人類はいかなる変化を強いられたのか？　またいかなる課題を乗《の》り越《こ》えねばならなかったのか？　引き続き、この革命がもたらした大きな変化について見ていこう。

　生活していればゴミが出るし、生きていれば排泄物《はいせつぶつ》が出る。したがって定住生活者は、定期的な清掃《せいそう》、ゴミ捨《す》て場《ば》やトイレの設置によって環境《かんきょう》の汚染《おせん》を防がなければならない。私たちはそうしたことを当たり前と思っている。そうじをしなければならないことも、ゴミをゴミ捨て場に捨てることも、トイレで用を足すことも。

　しかし、定住革命の視点《してん》に立つなら、これらはすこしも当たり前ではない。遊動生活者は、ゴミや排泄物のゆくえにほとんど注意を払《はら》わない。理由は簡単だ。彼らはキャンプの移動によって、あらゆる種類の環境汚染をなかったことにできるからである。①遊動生活者にはポイ捨てが許されている。

　するとこう考えることができる。数百万年も遊動生活を行ってきた人類にとって、そうじしたり、ゴミ捨て場をつくったり、決められた場所でのみ排便《はいべん》したりといった行動を身につけるのは容易ではなかったのではないか？

　まずゴミについて考えよう。いま文明国の多くがゴミ問題に悩まされており、ゴミの分別をしきりに市民に教育している。だがうまくいかない。

　②これはある意味で当然のことである。ゴミというのは意識の外に放り捨てたものだ。もはや考えないようにしてしまったもの、それがゴミである。ゴミの分別とは、そうして意識の外に放り捨てたものを、再び意識化することに他ならない。考えないことにしたものについて再び考えなければならないのだから難《むずか》しいのである。

　遊動生活を行っていたときにはこのような課題に直面することなどなかった。食べたら食べかすを放り投げておけばよかったのだから。

　定住生活を始めた人類は新たな習慣の獲得《かくとく》を強いられた。定期的に清掃活動を行い、ゴミはゴミ捨て場に捨てるという習慣を創造《そうぞう》せねばならなかった。たとえば貝塚《かいづか》のようなゴミ捨て場を決めて、そこにゴミを捨てるよう努力した。

　重要なのは、そのときの困難《こんなん》が今日にも受《う》け継《つ》がれているということだ。ゴミの分別がなかなか進まないこと、そうじがまったくできない人がいることは、この困難の証拠なのである。

次にトイレについて考えよう。子育てをしたことのある人ならだれでも知っているが、子どものしつけで一番大変なのが、トイレで用を足すのを教えることである。

よく考えて欲《ほ》しい。オムツをつけた幼児《ようじ》であっても、立ち上がり、駆《か》け回《まわ》り、話をし、笑う。おべっかなどの高度な技術を使って大人に自分の要求を飲ませようとすることもしばしばだ。彼らは生物として極めて高度な行動を獲得している。

それにもかかわらず、彼らは便所で用を足すことができない。それは周囲からの粘《ねば》り強《づよ》い指導の下でやっと獲得できる習慣である。

現在、布オムツから紙オムツへの移行によって、オムツ離《ばな》れの時期が遅《おく》れてきていることが指摘されている(かつては二歳《さい》前でオムツ離れをすますことがほとんどだったが、いまでは三歳や四歳を過ぎてもオムツ離れできないことも珍《めずら》しくない)。これは、③決められた場所で排泄を行うという習慣が、人間にとってすこしも自然でないことのあらわれに他ならない。だからこれほどまでにそれを習得することが困難なのである。

特定の便所を設けないという文化は数多く存在《そんざい》する(ヴェルサイユ宮殿《きゅうでん》にトイレがないのは有名な話だ)。そもそも排泄行為《こうい》を我慢することほどつらいものはない。

そうじやゴミ、そしてトイレについての考察は、定住革命というものの困難を教えてくれる。人類は大変な苦労を重ねて、ゴミと排泄についてのエートス*2を獲得してきたのだ。

しかもそれだけではない。ここから分かるのは、定住革命が、かつて人類が一度だけ体験した革命ではないということである。たしかに人類はある一定の時期に定住革命を成《な》し遂《と》げた。だが、定住生活を行う個々の人間もまたその人生のなかで定住革命を成し遂げなければならないのである。少なくとも二つ、すなわち、トイレで用を足すようになること、そして、そうじを行い、ゴミをゴミ捨て場に捨てるようになることである。定住生活を行う私たちは苦労をしてこの革命を成し遂げている(もちろん成し遂げていない人もいるが、それはすこしもおかしなことではない)。

定住革命は［　X　］である。定住革命はいまここでも(トイレやゴミ捨て場で)行われているのだ。

遊動民が死体をもって移動することは不可能である。だから死体はそこに置いていかれる。

だが、定住民にはそうはいかない。だから、特別の仕方で、置いておく場所を作らなければならない。それが墓場だ。実際、考古学においては、墓場がゴミ捨て場と並《なら》び、定住生活の開始を徴《しるし》づける重要なメルクマール*3になっている。

こちらに生きている者の場所があり、あちらに死んだ者の場所がある。定住は、生者と死者の棲《す》み分《わ》けをもとめる。

すると、死者に対する意識も変化するだろう。あの場所にはあいつの体がある。でも、あいつはどこに行ってしまっただろう……。

死体の近さは、死者だけでなく、死への思いを強めるはずである。それは、やがて、霊《れい》や霊界《れいかい》といった観念の発生につながることだろう。

れは宗教的《しゅうきょうてき》感情の一要素となる。

定住社会では、コミュニティーのなかで不和や不満が生じても、当事者が簡単にコミュニティーを出ていくことができない。そのため不和や不満が蓄積《ちくせき》していく可能性が高い。

学校でのクラスのことを考えると分かりやすいだろうか。ケンカや仲《なか》違《たが》いなどの不和が起こっても、生徒は毎日同じクラスに行って、同じ席に座《すわ》らなければならない。だが想像してみて欲しい。もし、席が毎日自由に決められたら？　しょっちゅう勉強の場所が変わったら？　少なくとも、不和が、すべてが固定されている場合と同じように堆積《たいせき》していくことはないだろう。新しい環境が人々をリフレッシュさせ、それこそ〝水に流す〟ことも多くなるに違いない。

定住社会の場合はそうはいかない。したがって、不和が激《はげ》しい争いになることを避《さ》けるためにさまざまな手段《しゅだん》を発展させる必要がある。「これはしてもよい」「これはしてはいけない」といったことを定める権利《けんり》や義務の規定も発達するだろう。

争いが起こったときには調停が行われるだろうが、そこで決定した内容を当事者たちに納得させるための拘束力《こうそくりょく》、すなわち何らかの権威《けんい》の体系《たいけい》もはぐくまれることだろう。法体系《ほうたいけい》の発生である。

ちなみに、遊動狩猟民《しゅりょうみん》は、一般《いっぱん》に、食料を平等に配分し、道具は貸し借りする。これは遊動民なりの、不和を避けるための技術と考えることができる。驚くのは、過度の賞賛を避ける習性をもっているということだ。ブッシュマン＊4の社会では、④大きな獲物《えもの》を捕《と》らえてきた狩人《かりゅうど》は、頭を下げて、そっとキャンプに戻り、ひっそりこっそりと獲物を皆の目に付くところに置いておくのだという。過度に賞賛されて、権威的《けんいてき》存在ができることを避けるのである。

（國分功一郎《こくぶんこういちろう》『暇《ひま》と退屈《たいくつ》の倫理学《りんりがく》』〈新潮文庫〉）

＊1　西田……西田正規のこと。彼は著書《ちょしょ》『人類史のなかの定住革命』において「定住革命」を提唱している。
＊2　エートス……道徳的な慣習・行動の規範《きはん》。
＊3　メルクマール……目印。指標。
＊4　ブッシュマン……アフリカに住む狩猟《しゅりょう》民族。

問一　[A]～[C]にあてはまることばの組み合わせとして最も適当なものを選び、記号で答えなさい。

ア　A　また　B　だが　C　では
イ　A　一方で　B　ゆえに　C　したがって
ウ　A　そして　B　なぜなら　C　たとえば
エ　A　つまり　B　しかし　C　また一方で
オ　A　たとえば　B　したがって　C　つまり

問二　ぼう線部①「遊動生活者にはポイ捨てが許されている」とはどういうことですか。その説明として最も適切なものを次のア～オから選び、記号で答えなさい。

ア　遊動生活者は生活の場をころころ変えるため、そのたびに新しい環境で気分をリフレッシュすることができ、いやなことがあっても水に流すことができるということ。
イ　遊動生活者は場所を移動しながら生活するため、過度にひと所を汚染してしまうことがなく、ゴミを出してもそのこと自体を振《ふ》り返《かえ》って考えなくてもすむということ。

ウ　遊動生活者が新たに定住生活を始めるにあたっては、今後さまざまな困難が待ち受けているため、一定期間に限ってのみ例外が認《みと》められているということ。
エ　遊動生活者は、自分たちにとって大切な人を亡《な》くしても死体をもって移動することができないという制限があるため、特別にポイ捨てが認められているということ。
オ　定住生活者と比べると、遊動生活者の方がゴミの処理《しょり》の仕方に困難がつきまとうことは周知の事実であるため、世界的にもポイ捨てが許容されているということ。

問三　ぼう線部②「これはある意味で当然のことである」とありますが、なぜそう言えるのですか。「これ」の指す内容を明らかにしながら、**四十字以上、六十字以内**で理由を説明しなさい。

問四　ぼう線部③「決められた場所で排泄を行うという習慣が、人間にとってすこしも自然でないことのあらわれに他ならない」とありますが、ここで筆者が主張していることとして最も適切なものを次のア～オから選び、記号で答えなさい。

ア　オムツの開発によって、また布オムツからより快適な紙オムツへの進化によって、幼児だけでなく大人も決められた場所だけで排泄を行うという習慣づけの必要性をあまり感じなくなっているということ。
イ　ゴミを分別した上でゴミ捨て場に捨てるという習慣と同様に、決められた場所で排泄を行うという習慣を獲得することを大人の見栄《みえ》のために幼児に求めること自体が不自然で無理のある行為であるということ。
ウ　数百万年も移動しながら生きてきた人類にとっては排泄物のゆくえを考える必要がなかったため、定住化によって決められた場所でのみ排泄を行うということ自体が負担《ふたん》を強いる大きな変革《へんかく》であったということ。
エ　オムツを必要とする幼児であっても、自分の満たしたい要求を大人たちにつきつけるという極めて高度な行動ができるため、排泄に関しても粘り強いしつけなど必要なく自然にできるようになるものだということ。
オ　歴史的に見ても、特定の場所にトイレを設置しないという文化はいまだ世界各地に根強く残っており、それを画一的に決められた場所だけで行うよう統一を図《はか》っていくことが今後いっそう求められるということ。

問五　X　に入ることばとして最も適切なものを次のア～オから選び、記号で答えなさい。

ア　今も世界のどこかで行われている、そうじ革命・ゴミ革命・トイレ革命の三大革命
イ　長い人類史において、かつて遊動民から定住民となる際に一度だけ体験した革命
ウ　人類にとって避けられない通過儀礼《ぎれい》であり、かつての遊動生活者が成し遂げた革命
エ　人類史上の出来事であると同時に、定住民がその人生のなかで反復しなければならない革命
オ　人類誰にも例外なく訪れる試練であり、人生において二度必ず成し遂げなければならない革命

問六　ぼう線部④「大きな獲物を捕らえてきた狩人は、頭を下げて、そっとキャンプに戻り、ひっそりこっそりと獲物を皆の目に付くところに置いておく」のはなぜですか。その理由を説明したものとして最も適切なものを次のア～オから選び、記号で答えなさい。

ア　獲物を捕らえてきた狩人自らが狩猟民族皆の食料を分配する役割《やくわり》を担《にな》ってしまうと、どうしても自分の分だけ多くとろうとする心理が働く傾向《けいこう》があり、食料を平等に配分できなくなるから。

イ　狩猟の際には獲物を仕留めるための道具が必要であり、自分の道具ではなく他者から借りた道具を使って仕留めた場合に限っては、その道具の持ち主の獲物とする暗黙の了解《りょうかい》があるから。

ウ　皆の目に付くようなわかりやすい場所に獲物を置いたのは、大きな獲物を仕留めるには大変な労力が必要であり、それを見事成し得た狩人は遊動民の仲間からたたえられる存在であるから。

エ　遊動民の特性として持たざる者は持てる者から取ろうとする傾向があるので、大きな獲物を捕らえることができた狩人は、自分とその家族を守るためにいさかいを避けようとするから。

オ　大きな獲物を捕らえる能力を持つ狩人が過度にほめたたえられると、その狩猟民の中で優劣《ゆうれつ》関係が生じるおそれがあり、そうした事態を避けて狩猟民どうしの仲たがいを防ぐ必要があるから。

問七　次のア～オから本文の内容に**当てはまらないものを二つ**選び、記号で答えなさい。

ア　私たちが当たり前であると思っているゴミをゴミ箱に捨てることやトイレで用を足すことは、定住革命の視点に立つならばそれを習慣化させるまでには大変な努力が必要であり、困難がともなうものであった。

イ　遊動民は新しい環境のなかで生活に必要な情報や資源《しげん》をすばやく入手しなければならないため、定住民と比べるとゴミの分別やトイレで用を足すことを覚えるのに時間が多くかかってしまうのは当然である。

ウ　ゴミの分別がなかなか進まないこととそうじができない人がいることは、人類が定住生活を始めた際に生まれた新たな習慣の獲得にともなう困難が、今日の私たちにも受け継《つ》がれているという証拠である。

エ　定住生活者が墓場とゴミ捨て場を並べて設置することで生者と死者の棲み分けを求めるのに対し、遊動生活者は心理的に生者と死者の棲み分けをするため「霊界」の観念の発生につながり、それが宗教《しゅうきょう》を生んだ。

オ　すべてが固定化されているために不和や不満が蓄積していく可能性の高い定住社会では、激しい対立や争いを避けるために「権利」や「義務」の規定を発達させる必要があり、その結果として法体系が発生した。

四　次の問いに答えなさい。

ある海外の研究では、２００７年に日本で生まれた子供の半数が１０７歳より長く生きると推計されています。人生１００年時代に、高齢者《こうれいしゃ》から若者まですべての国民が幸せに暮らすためには、今後どのような社会が求められると思いますか。あなたの考えを**一三〇字以上、一五〇字以内**で書きなさい。

注意事項《じこう》
・一マス目から書きなさい。
・句読点や記号も一字とし、一番上のマス目に来る場合は、そのまま書きなさい。
・漢字で書けるものは漢字で書くようにしなさい。
・書きことばで書きなさい。

獨協埼玉中学校(第一回)

—50分—

一　次のⅠ・Ⅱの問いに答えなさい。

Ⅰ　次の傍線部の漢字はひらがなに、カタカナは漢字に改めなさい。

① 山の頂から美しい景色を見る。
② 自転車で日本を縦断する。
③ 事態を深刻にとらえる。
④ 友人にアナバの温泉を教える。
⑤ 怒りで顔をコウチョウさせる。
⑥ 事件を公平にサバく。

Ⅱ　次のことわざについて、空欄にあてはまる文字をそれぞれ漢字で答えなさい。

① 弘法にも(　　)の誤り
② 石の上にも(　　)年
③ 三人寄れば(　　)殊の知恵
④ 百(　　)は一見にしかず

二　次の文章を読み、後の問いに答えなさい。

中学三年生の弓子は、前日、母親と担任の先生との三者面談に行った。弓子は三年生になってから成績が悪化したため、高等部にすすめない可能性がある。しかし成績が下がった本当の理由は、弓子がテスト中に自分の解答をわざと消し、まちがった解答を書いたからだった。そのことを、弓子は誰にも言っていない。

「もっと勉強がしたいから、中学受験をさせてください。そう言ったのは、弓子、おまえだよな」

弓子は、父の声の強さにたじろぎながらも、視線はそらさなかった。むかいあって立つ娘と父親のあいだには夕食がならんだテーブルがあり、イスにすわった弟の太二《たいじ》が箸《はし》を持ったままかたまっている。

三泊四日での海外出張から帰ってきたばかりなので、父はワイシャツにスラックスという姿でダイニングルームの入り口に立っていた。ネクタイをゆるめ、ワイシャツの一番うえのボタンをはずした首元に汗が光っているのは、暑さのせいばかりではなく、父が全身で怒っているためだと弓子はおもった。

土曜日の午後八時すぎで、弓子は夕飯を食べおえて自分の茶碗や皿を流しにはこんだところだった。①太二は大好物のトンカツにもほとんど箸をつけていなかった。母は、父が帰ってきてから一緒に食べると言うので、弓子はひとりでトンカツをほおばり、豆腐とワカメの味噌汁を飲み、ごはんをおかわりした。ポテトサラダとキャベツの千切りも残さず食べた。

父からは十分ほどまえに電話があり、受話器をとった母によると駅に着いたところだという。太二は事情を知っているらしく、とたんに箸が動かなくなった。弓子だって、父が帰ってきたらどうなるかはわかっているのに、なぜかおなかがすいてしかたがなかった。

予想していたとおり、父は玄関にはいるなり、「弓子」と大声で呼んだ。

「おとうさん、おちついてください」

むかえに出た母がなだめても、父の怒りはおさまる気配がなかった。

足音を立ててダイニングルームにはいってくると、父は旅行カバンを床にたたきつけた。

（ａ）、②かつて弓子が言ったことばをひきあいにだして、娘をにらみつけてきた。

「私立も公立も関係ない。勉強する気がないなら、高校なんか行かずに働きに出ろ！」

父はバス停から家までの百メートルほどの道を怒りをたぎらせながら歩いてきたのだろう。弓子の頭に、夜道をぐいぐい歩く父の姿がうかんだ。

子どものころ、家族四人でよく散歩をした。川ぞいの土手を歩くのだが、父の歩き方はとてもゆっくりで、おまけにすぐ立ちどまる。道ばたの草花に見いったり、空を見あげたり、とつぜんラジオ体操をはじめたこともあった。みんなが先に行ってしまっても、父は自分の世界にはいったままで、なかなか歩きだそうとしなかった。

「おとうさ〜ん。はやく〜、きてよ〜」と太二がかわいい声で呼ぶたびに、弓子はしあわせなきもちになった。

だから、スーツをきて革靴《かわぐつ》をはいた父が大股《おおまた》で歩いているのを見かけたときは③おどろいた。私立の中高一貫校に入学して一ヵ月がすぎたころで、先生から始業まえの学習をすすめられて、弓子はそれまでより三十分早い六時二十分に家を出た。そしてバスの窓からふと外に目をやると、駅へとつづく舗道《ほどう》を父が猛烈《もうれつ》な勢いで歩いている。家ではいつものんき気にしているので、こんなにパワフルな父の姿は見たことがなかった。

以前住んでいたマンションから駅までは二キロ以上あったが、弓子が小学五年生の秋に完成した新築の家は駅まで一キロあるかないかだった。父が朝は駅まで歩くようになったのは知っていたが、まさかこんなに全力で歩いているとはおもってもみなかった。

（ｂ）、弓子は父を見かけたことを家族の誰にも話さなかった。そのころにはもう、母とも父ともあまり口をきかなくなっていたからだ。

──最後に家族四人で土手を散歩したのは、いったい何年まえだろう？

弓子は、④こんなに追い込まれた状況にもかかわらず、むかしのことをおもいだしている自分がふしぎだった。母が父のうしろに立っているのは、娘をかばうつもりはないという無言の意思表示なのだろう。

小学生のとき、弓子はよく家の手伝いをした。母が看護師をしているため、洗濯物をとりこむのは弓子の役目だったし、夕方五時すぎに母が帰ってくると一緒に晩ごはんのしたくをした。太二の面倒も、どれだけ見たかわからない。たいへんだとおもうこともあったが、「弓ちゃん、ありがとう」と母に感謝されるのがなによりうれしかった。

ところが中学生になったとたん、弓子は家事をしなくなった。通学に片道一時間以上かかるうえに部活もあるため、平日は帰宅が午後七時をすぎるし、週末も予習や復習でいそがしい。母もそれがわかっているので、たまにしか用を頼んでこなかったが、弓子はわざとらしくため息をついた。それなのに成績が落ちているというのだから、⑤母にかばってもらえないのは当然だった。

弓子は、泣こうとおもえばすぐに泣き出せるとおもった。とりみだすのだって、わけもない。それだけの不安とさみしさは、すでに胸いっぱいにつまっていた。

【省略部分の内容】

弓子は中学に入学したときのことを思い出していた。

入学すると毎日礼拝《れいはい》があり、弓子もおごそかなきもちで祈りをささげた。クリスチャンになるつもりはなかったが、伝統ある学校の一員になれたことが誇《ほこ》らしかった。開校当初からのセーラー服が有名で、弓子は毎晩［Ａ］プリーツスカートにアイロンをかけた。バスと電車を乗り継いでの通学の途中には、男子学生や男性サラリーマンたちからうるさいほど目をむけられたが、弓子はまんざらでもなかった。部活は英会話部にはいった。中等部だけでなく高等部の先輩たちとも仲良くなり、弓子は地元の中学校ではけっして味わえない理知的でおだやかな学園生活に満足感をえていた。

ところが、弓子はしだいに⑥居心地の悪さを感じるようになった。伝統校だけあって、祖母、母と三代にわたって学んでいる子もいたし、帰国子女も少なくない。弓子だって母にきちんとしつけられてきたし、友だちともふつうにつきあえていた。ただ、やはり裕福《ゆうふく》な家庭の子が多いので、なにかと育ってきた環境のちがいを意識せざるをえなかった。憧《あこが》れて入学したものの、それは地元の同級生たちに対して優越感《ゆうえつかん》にひたりたかっただけではないのか。自分はこの学校にふさわしくないのではないか。

そうしたひけ目を感じているせいで、礼拝のあとでは、「ついていけないよねえ」と、友だちとこっそりグチを言いあってしまう。一種の息抜きだが、弓子はうしろめたさの意識にかられて、⑦いてもたってもいられなくなることがあった。そうかといって熱心に祈りをささげたいわけでもない。英会話にしても、上達するにつれて、かえって自分には他人にかたれるほどの経験も意見もないのが自覚されて情けなくなった。

英会話部は毎年学園祭でミュージカルを上演する。歌もダンスも本格的で、連日汗ビッショリになって練習を積み、講堂での本番にのぞむ。満員の観客をまえにして、プレッシャーをはねのけて熱演するのだから、幕が下りたあとは部員たちが抱きあって涙にくれる。弓子も達成感にひたったが、その一方で、ここは自分がいるべき場所ではないのではないだろうかとの疑問がわくのをおさえられなかった。

二年生まではどうにかこらえていたが、三年生になるとさらにやりきれなさがつのった。大学受験をみすえて、高等部に進むまえから勉強に没頭する子もいれば、部活動に熱中する子もいて、弓子は同級生たちの勢いに圧倒された。国語の先生になるという目標をあきらめてはいなかったが、このままではとても教壇《きょうだん》に立って授業をすることなどできそうにない。

⑧そんな弓子とは裏腹に、太二は絶好調だった。テニスの腕前をぐんぐんあげて、去年の秋には市民大会小学四年生の部で優勝した。五年生になった今年は六年生とも互角以上に戦っているとのことで、父と母もよく太二の試合の応援に行っていた。弓子も一度さそわれたが、いいかげんな返事をすると、それきり声をかけてもらえなくなった。太二は当然のように地元の第一中学校に進むつもりでいて、将来の目標はテニスで世界一のプレーヤーになることだという。

弓子は、両親に自分のことも気にかけてほしかった。しかし、これまで学校についてきかれるたびにイヤな顔を見せてきたし、学園祭や体育祭にもこなくていいと言っておきながら、いまさら悩みを聞いてほしいとは言えなかった。

——いったい、どこでまちがったのだろう？　父の言うとおり、地元の第一中学校に進んでおけばよかったのだろうか？　いや、それならそれで、やはり不満を抱えていたにちがいない。（　c　）、わたしはどこに行ったところで、うまくやっていけなかったのだ。

そして、気がつくと、弓子は消しゴムで数学の解答を消していたのだった。

（佐川光晴『大きくなる日』〈集英社文庫〉による）

問一　傍線部①「太二は大好物のトンカツにもほとんど箸をつけていなかった」とありますが、その理由として最も適当なものを、次の中から一つ選び、記号で答えなさい。

ア　母と同じように、父の帰りを待ってから夕飯を食べようと思っていたから。

イ　父が帰ってくれば弓子をしかるだろうと思い、食べる気になれないでいたから。

ウ　父の怒っている様子が恐ろしく、思わず手を止めてしまったから。

エ　弓子と父の言い合いが始まり、食事をとるどころではなくなったから。

問二　空欄（　a　）～（　c　）にあてはまる言葉を、それぞれ次の中から一つずつ選び、記号で答えなさい。ただし、同じ記号は一度しか使えないものとします。

ア　ただし　　イ　また　　ウ　そして
エ　つまり　　オ　あるいは

問三　傍線部②「かつて弓子が言ったことば」とありますが、それは何ですか。本文中から探し、はじめの五字を書き抜きなさい。（句読点含む）

問四　傍線部③「おどろいた」とありますが、このように感じたのはなぜですか。三十～三十五字で説明しなさい。（句読点含む）

問五　傍線部④「こんなに追い込まれた状況」とありますが、どのような状況ですか。最も適当なものを、次の中から一つ選び、記号で答えなさい。

ア　弓子がしばらく家族と出かけておらず、一人ぼっちになっている状況。

イ　弓子と父の関係が悪化し、自分から中学校での悩みを打ち明けられずにいる状況。

ウ　弓子の高等部への進学が危うくなり、担任から進路変更をすすめられている状況。

エ　弓子の成績の悪化を父親に知られ、勉強不足を責められている状況。

問六　傍線部⑤「母にかばってもらえないのは当然だった」とありますが、この説明として最も適当なものを、次の中から一つ選び、記号で答えなさい。

ア　中学生になったとたん家事を手伝うのをいやがるようになった弓子が、自分の幼い振る舞いを思い出してあきれている。

イ　学校がいそがしいふりをして母に甘えていた弓子が、自分の気持ちを母に理解してほしいと感じている。

ウ　勉強を優先するため家事を手伝わずにいたのに成績が下がってしまった弓子が、自分が悪いと認めている。

エ　もう母は自分の味方をしてくれないのだと気づいた弓子が、今までの自分のいいかげんな行いをくやんでいる。

問七　空欄［Ａ］にあてはまる言葉として最も適当なものを、次の中から一つ選び、記号で答えなさい。

ア　素早く　　イ　ぎこちなく　　ウ　念入りに　　エ　こっそりと

問八　傍線部⑥「居心地の悪さを感じるようになった」とありますが、その理由として適当でないものを、次の中から一つ選び、記号で答えなさい。

ア　中学校の同級生との育った環境の違いを感じたから。

イ　中学校での宗教的な習慣が合わないと気付いたから。

ウ　中学校を受験した理由がくだらないものに思えてきたから。

エ　中学校の伝統的な校風による予想外の面が見えてきたから。

問九　傍線部⑦「いてもたってもいられなくなることがあった」とありますが、その理由として最も適当なものを、次の中から一つ選び、記号で答えなさい。

ア　本来は真剣に祈りをささげるべき時間なのに、ほかの悩みに気をとられていたから。

イ　軽い気持ちでグチを言ってしまったが、本当はいけないことだとわかっていたから。

ウ　居心地の悪い学校の中で、上辺だけでの友だち付き合いをしてしまっていたから。

エ　周囲と比べて取りえが何も無いことを自覚し、このままでいいのかとあせっていたから。

問十　傍線部⑧「そんな弓子とは裏腹に、太二は絶好調だった」とありますが、弓子と太二のどのような点が「裏腹」ですか。説明として最も適当なものを、次の中から一つ選び、記号で答えなさい。

ア　弓子は中学で悩みが絶えないが、太二は順調にテニスの腕前を上げている点。

イ　弓子は高校に進学できるかわからないが、太二は地元の中学に行くことが決まっている点。

ウ　弓子はテニスの試合を見に行くほど興味を持てないが、太二はテニスを楽しんでいる点。

エ　弓子は将来の夢が定まらないが、太二は将来の夢への道を確実に進んでいる点。

問十一　本文の内容を説明したものとして最も適当なものを、次の中から一つ選び、記号で答えなさい。

ア　弓子はかつて家族と仲が良かったが、中学受験を反対されたことがきっかけで距離が開き、冷たい態度をとっている。

イ　弓子の父は散歩中に家族を待たせたり、弓子に対して大声でどなったりと、家族を振り回している。

ウ　弓子の母は父の味方をするときもあるが、いそがしい弓子に気をつかって用事を頼む回数を減らしている。

エ　太二は弓子が中学で友だち作りに苦戦している姿を反面教師にして、中学では部活に集中しようと決めている。

三　次の文章を読み、後の問いに答えなさい。なお、作問の都合上、本文を一部改変してあります。

a制服は、だれもがはやく脱《ぬ》ぎたいとおもっている。夕方になるとはやく終業時間にならないかなとおもい、最上学年になるとはやく卒業したいなとおもう。が、①制服には意外に心地いい面があることも、ひそかに体験してもいる。

　この本のはじめのところで書いたように、ぼくらにとってじぶんの全身はじかには見えない。つまり、じぶんの全身はイメージとして想像するしかないものなので、とても心もとない。そんななかで、ぼくらはもらった贈り物の箱をがらがら揺さぶって中身を推測《すいそく》するように、じぶんの外見をさまざまに加工することで、そのイメージを揺さぶり、じぶんがだれか、じぶんには何ができ、何ができないかを、身をもっておぼえてゆくのであった。そういうときに、一義的な社会的意味と行動の規範《きはん》が明示された制服は、社会のなかの個人としてのじぶんに確定したイメージを与えてくれる。服が自由すぎて、選択の幅《はば》がすこぶる大きくなると、じぶんを確定する枠組《わくぐみ》がゆるくなりすぎて、かえって落ちつかない。制服のほうが選択に迷わなくてかえって楽なのだ。おとなになって、じぶんはこのブランド、この会社の服というふうに決めてしまうと、毎シーズン、買い物が楽なのと同じだ(もちろん、自由な服だと、毎日どんな服を着ていくか、それを決めるためにいろいろなことを考えるので、ファッション感覚はきたえられる。この点、制服だと、②服装についての訓練が※1おざなりになって、卒業してから苦労する)。

　そうすると、イメージさえよければ、制服のほうがいいという気持になるのも当然だ。実際、かわいい制服にあこがれる少女がいっぱいいるし、制服がすてきだからという理由で受験生が殺到《さっとう》する高校もあるくらいだ。ちょっと※2うがった見方をすると、これには、単純に「あの服かわいい」といった気分だけでなく、おとなの〈女〉になることの拒絶という、入り組んだ感情もはたらいているのかもしれない。あるいは、他の高校との微妙な差異を楽しむ遊びの感覚も作用しているかもしれない。

1

　他方ではもちろん、学校から配布[b]された制服を、おとながじぶんたちをかれらの規範のなかに強引に収容するための囚人服《しゅうじんふく》のように感じて、それを見えない細部で徹底的にくずすというきつい抵抗もある。従順であることの拒絶であり、おとなの※3顰蹙《ひんしゅく》を買うことにこそみずからのアイデンティティを懸《か》ける「不良」や「族」※4の精神は、多かれ少なかれ、だれのうちでも蠢《うごめ》きだしているものだ。

2

　僕らは日によって、じぶんをぐっと押し出したいときもあれば、できるだけめだたないようにじぶんを隠し、他人の視線を避けていたいときだってある。一日のなかでも、じぶんをぐっと引き締《し》めたいときもあれば、だらんと緩《ゆる》んだままでいたいときだってある。そのとき、じぶんがそのなかに隠れる服として、制服というのはとても心地いいものだ。じぶんがア「だれ」であるかを隠して、匿名《とくめい》の③人間類型のなかに埋没《まいぼつ》してしまうというやりかただ。

3

　とりわけ、八〇年代に※5DCブランドが流行したときのように、だれもじぶんと他人との微妙なテイストの差異をことこまかに表現したがった時代、JRや私鉄の車両に吊《つ》り下げられたファッション雑誌の広告のけたたましい言葉づかいをまねしていえば、「個性的でなければならない」、「じぶんらしくなければならない」という強迫《きょうはく》観念に多くのひとが憑《つ》かれていた時代をへて、人びとはいま、どうもそういう強迫観念に疲れだしているようにみえる。「ここではない別の場所にいれば、じぶんはこんなではなかったはずだ、じぶんにはもっと別の可能性があったはずだ」といった思い、それに駆られて、あるいはそういう物語に拉致《らち》されて、人びとがそれぞれのイ「〈わたし〉探しゲーム」にぐいぐいのめり込んでいったのが、八〇年代のカルチャーであり、ファッション狂騒曲《きょうそうきょく》であった。じぶんはまだおのれの素質、おのれの秘められた可能性を十分に展開しきっていない、じぶんはまだ本来の場所にたどり着いていない、じぶんにはまだじぶんの知らないじぶんがある、その真のじぶんに出会わねばならない……といった強迫的な物語のことである。ぼくらの時代の※6「青い鳥」幻想《げんそう》だ。④そしてそれにもうあきてしまった、疲れてしまったというのが、どうもいまの時代の雰囲気のようになっている。

4

ぼくが数年前に見たヴィム・ヴェンダース監督の映画『都市とモードのビデオノート』は、まるでそういう現代人を※7揶揄《やゆ》するかのように、⑤こんなナレーションとともにはじまった。

　きみは、どこに住もうと、どんな仕事をし何を話そうと、何を食べ、何を着ようと、どんなイメージを見ようと、どう生きようと、どんなきみもきみだ。独自性《アイデンティティ》――人間の、物の、場所の、独自性。身ぶるいする、いやな言葉だ、安らぎや満足の響きが隠れている〝独自性〟。じぶんの場、じぶんの価値を問い、じぶんがだれか、〝独自性〟を問う。じぶんたちのイメージをつくり、それにじぶんたちを似せる。それが〝独自性〟か？　つくったイメージとじぶんたちとの一致が？

〔中略〕

ぼくらがいま無意識に選択し、着用しているものに含まれている意味というものを考えるとき、ぼくはついこのヴェンダースの言葉をおもいだす。じぶんの［A］にこだわるというより、むしろじぶんを適度にゆるめておくことのできる服。そういう服をぼくらは制服というものにひそかに求めだしているのかもしれない。制服を着ると、ひとの存在がその（社会的な）ウ《属性》に還元《かんげん》されてしまう。そうすることで、ひとは「だれ」として現れなくてもすむ。人格としての固有性をゆるめることのできる服とは、そのなかに隠れることができる服である。そう考えると、現在の制服も、人びとによって、人格の拘束《こうそく》とか画一化などといった視点からではなく、むしろ制服こそが〝［B］〟という感覚で受けとめられだしているのかもしれない。これは注目しておいていいことだ。

ぼくらは制服を着ることでも、いかがわしい存在になることができる。制服のなかに隠れることができるからだ。これまでみてきたことからもあきらかなように、制服はぼくらを閉じ込める、とは単純にいえない。制服という拘束服に反発する気分はよくわかる。けれども、ひとがふつうに着ている服が、おかあさんらしい服であったり、サラリーマンらしい服であったり、老人らしい服であったりするのをみていると、ぼくには⑥どんな服も制服であるようにみえてくる。だいいち、変形の学生服にしたって、一目でわかるくらい明確な特徴があるのだから、それも抵抗の制服だといえるのだ。こうして制服とその変形という問題一つとっても、けっこうこみいった問題があることがわかる。

同じように、個人を匿名の《属性》へと還元するという意味で、制服は一種の「疎外《そがい》」のマークでもあるが、同時にそのようにして個人を、つねに同じ存在でいなければならないという《同一性》の枠から外してくれるという意味で、ひとをつかのま解放してくれる(あるいは緩めてくれる)装置でもあるのだ。

(鷲田清一『ちぐはぐな身体　ファッションって何?』〈ちくま文庫〉による)

〈注〉※1　おざなり……いいかげんなこと。
※2　うがった見方……表面に出ていない、ほんとうの姿をとらえようとすること。深読みすること。
※3　顰蹙を買う……ある言動により他人から嫌がられたり、軽べつされたりする。
※4　族……ここでは、暴走族のこと。
※5　DCブランド……一九八〇年代に日本国内で社会的に流行した、日本のファッションブランドの総称。
※6　「青い鳥」幻想……現実には存在しない幻想を追い求めること。
※7　揶揄……からかって面白おかしく扱うこと。

問一　二重傍線部a「服」、b「布」と同じ意味で使われているものを、それぞれ次の中から一つずつ選び、記号で答えなさい。

a　制服
ア　服用　イ　服飾　ウ　着服　エ　服従

b　配布
ア　毛布　イ　布団　ウ　湿布　エ　公布

問二　傍線部①「制服には意外に心地いい面があることも、ひそかに体験してもいる」とありますが、この具体例として適当でないものを、次の中から一つ選び、記号で答えなさい。

ア　わたしのことを知らなくても、制服を着たら、わたしがその学校の生徒だということがわかる。

イ　どんな服を着るか毎日考えるのは大変だけれど、学校の制服があれば、考える必要がない。

ウ　他の学校との制服のデザインの差を楽しんだり、着くずしてじぶんの個性を楽しんだりすることができる。

エ　じぶんらしさを表現したくないときに、学校の制服を着ると、目立たないので安心感がある。

問三　傍線部②「服装についての訓練」とありますが、具体的に何の「訓練」を指していますか。本文中から十字以内で書き抜きなさい。

問四　傍線部③「人間類型」とありますが、これと同じ意味で使われている言葉を、本文中の波線部ア〜エから一つ選び、記号で答えなさい。

問五　傍線部④「いまの時代の雰囲気」とありますが、ここではどのような雰囲気のことを指していますか。本文中の表現を使い、四十字以内で具体的に説明しなさい。(句読点含む)

問六　傍線部⑤「こんなナレーション」とありますが、この引用部分の内容を説明したものとして最も適当なものを、次の中から一つ選び、記号で答えなさい。

ア　「じぶんらしさ」にこだわるべきで、人はそれがなければ安心感や満足感を得ることができない。

イ　理想のじぶんの姿と実際のじぶんの姿との間にずれがあるとき、そこに独自性があるとはいえない。

ウ　「じぶんらしさ」を追求すると新しいじぶんに出会えるが、理想は高くなる一方なので意味がない。

エ　無理のない無防備な姿でいればよいので、じぶんのイメージ通りでいようと意識する必要はない。

問七　空欄［A］・［B］にあてはまる言葉として適当なものを、それぞれ次の中から一つずつ選び、記号で答えなさい。

A　ア　可能性　イ　人間性　ウ　固有性　エ　公共性

B　ア　自然体　イ　個性的　ウ　世間体　エ　発展的

問八　傍線部⑥「どんな服も制服であるようにみえてくる」とありますが、その理由として最も適当なものを、次の中から一つ選び、記号で答えなさい。

ア「〜らしい服」を着ることによって、じぶんの役割や職業にたいする愛着がわくから。

イ　なんとなく着ていても、その人の社会的な立場がしぜんと服にあらわれているから。

ウ　好きな服を選ぶと、制服の変形と同じように「じぶんらしさ」を表現できるから。

エ　じぶんの特徴を人に示すために、あえてわかりやすい服を選ぶようにしているから。

問九　次の一文を本文に戻すとき、最も適当なところを本文中の［1］〜［4］から一つ選び、記号で答えなさい。

> が、ここでは、従順か反抗かといった杓子定規《しゃくしじょうぎ》な見方ではなく、もう少し別の角度から制服へのもつれた思いについて考えてみよう。

問十　本文で述べられている「制服」についての説明として最も適当なものを、次の中から一つ選び、記号で答えなさい。

ア　年代を問わず着るもので、とても心地よい服装だから誰しも「ずっと着ていたい」と思っている。

イ　着た人に社会的な意味を与える役割があるが、それはイメージにすぎないため不確実であるともいえる。

ウ　規範のなかに人々をしばりつけるための服であり、アイデンティティを失わせるという悪い面もある。

エ　その人の独自性を隠すことにより、いつも同じ存在でいなければならないという考えから解放する。

日本大学中学校（A－1日程）

―50分―

注意 1 問題文の表記や改行は、一部書き改めたところもあります。
2 字数指定のある問いでは、特にことわりのない限り句読点等の記号も一文字分と数えます。

一 次の各問いに答えなさい。

問1～5 次の――線部分のカタカナを漢字で書きなさい。

問1 明日は友人宅をホウモンする予定だ。

問2 青と白とをキチョウとした美しい街並み。

問3 美味《おい》しいものをたくさん食べて舌をコやす。

問4 芥川賞《あくたがわしょう》受賞のロウホウが舞《ま》い込《こ》んだ。

問5 漢字の成り立ちの多くはケイセイ文字です。

問6～10 次の――線部分の漢字の読みをひらがなで答えなさい。

問6 新鮮《しんせん》な空気を吸うために戸外へ出る。

問7 この地域では古くから養蚕がさかんだ。

問8 夜がもっとも長い冬至の日にはゆず湯が欠かせない。

問9 神社の境内で遊んだ懐《なつ》かしい思い出。

問10 目的を成就させるために努力を重ねる。

問11・12 次の［　］部分AからHにあてはまる漢字一文字を入れ、それらをA～D・E～Hと順につなげてできる四字熟語をそれぞれ漢字で答えなさい。

問11 待てば海路の［A］和あり
一［B］一退
花鳥風［C］
千里の道も一［D］から

問12 厚顔［E］恥
怪［F］の功名
夏草や兵どもが［G］の跡
暗［H］模索

問13 次の短文の――線部分と同じ意味・用法のものはどれですか。後の1から4の中から一つ選び、その番号で答えなさい。

【日本大学中学校の校訓は「情熱と真心」です。】

1 グラウンドに出て、友だちとサッカーをしよう。
2 春になると寒さが和らぎ、過ごしやすくなる。
3 教育には受ける権利と受けさせる義務がある。
4 少しずつ近づいていくと、はっきりと見えてきた。

問14～16 次のまど・みちおの詩を読んで、後の問いに答えなさい。

［　　　］

1 ない

2 今が今　これらの草や木を
3 草として
4 木として
5 こんなに栄えさせてくれている
6 その肝心《かんじん》なものの姿が

7　どうしてないのだろう
8　と、気がつくこともできないほどに
9　あっけらかんと

10　こんなにして消えているのか
11　人間の視界からは
12　いつも肝心かなめのものが

（『西郷竹彦授業記録集⑤　詩の授業』による）

問14　この詩の作者が、この詩で強調したいことを示すために使っている表現技法として適当なものはどれですか。次の中から一つ選び、その番号で答えなさい。

1　体言止め　　2　直喩《ちょくゆ》法《ほう》
3　擬態語《ぎたいご》・擬音語《ぎおんご》　　4　倒置《とうち》法

問15　この詩の中で対比されている二つの項目《こうもく》として適当なものはどれですか。次の中から一つ選び、その番号で答えなさい。

1　ないものと、視界から消えているもの
2　視界にあるものと、栄えているもの
3　視界から消えているものと、見えるもの
4　栄えているものと、見えるもの

問16　――線部分「肝心かなめのもの」とありますが、これが何を表現しているかを考え、それに適した□部分にあてはまる詩のタイトルとして適当なものはどれですか。次の中から一つ選び、その番号で答えなさい。

1　花　　2　実　　3　枝　　4　根

二　次の文章を読んで、後の問いに答えなさい。

見える人と見えない人の空間把握《はあく》の違《ちが》いは、単語の意味の理解の仕方にもあらわれてきます。空間の問題が単語の意味にかかわる、というのは①意外かもしれません。けれども、見える人と見えない人では、ある単語を聞いたときに頭の中に思い浮《う》かべるものが違うのです。

たとえば「富士山」。これは難波《なんば》さん（注1）が指摘《してき》した例です。見えない人にとって富士山は、②「上がちょっと欠けた円すい形」をしています。いや、実際に富士山は上がちょっと欠けた円すい形をしているわけですが、見える人はたいていそのようにとらえていないはずです。

見える人にとって、富士山とはまずもって③「八の字の末広がり」です。つまり「上が欠けた円すい形」ではなく「上が欠けた三角形」としてイメージしている。平面的なのです。月のような天体についても同様です。見えない人にとって月とはボールのような球体です。では、見える人はどうでしょう。「まんまる」で「盆《ぼん》のような」月、つまり厚みのない円形をイメージするのではないでしょうか。

三次元を二次元化することは、視覚の大きな特徴《とくちょう》のひとつです。「奥《おく》行《ゆ》きのあるもの」を「平面イメージ」に変換《へんかん》してしまう。とくに、富士山や月のようにあまりに遠くにあるものや、あまりに巨大《きょだい》なものを見るときには、どうしても立体感が失われてしまいます。もちろん、富士山や月が実際に薄《うす》っぺらいわけではないことを私たちは知っています。けれども視覚がとらえる二次元的なイメージが勝ってしまう。このように視覚にはそもそも対象を平面化する傾向《けいこう》があるのですが、重要なのは、

こうした平面性が、絵画やイラストが提供する文化的なイメージによってさらに補強されていくことです。

私たちが④現実の物を見る見方がいかに文化的なイメージに染められているかは、たとえば木星を思い描《えが》いてみれば分かります。木星と言われると、多くの人はあのマーブリングのような横縞《よこじま》の入った茶色い天体写真を思い浮かべるでしょう。あの縞模様《しまもよう》の効果もありますが、⑤木星はかなり三次元的にとらえられているのではないでしょうか。それに比べると月はあまりに平べったい。満ち欠けするという性質も平面的な印象を強めるのに一役買っていそうですが、なぜ月だけがここまで二次元的なのでしょう。

その理由は、言うまでもなく、子どものころに読んでもらった絵本やさまざまなイラスト、あるいは浮世絵《うきよえ》や絵画の中で、私たちがさまざまな「まあるい月」を目にしてきたからでしょう。紺色《こんいろ》の夜空にしっとりと浮かびあがる大きくて優《やさ》しい黄色の丸——月を描くのにふさわしい姿とは、およそこうしたものでしょう。

こうした月を描くときのパターン、つまり文化的に醸成《じょうせい》(注2)された月のイメージが、現実の月を見る見方をつくっているのです。私たちは、⑥まっさらな目で対象を見るわけではありません。「過去に見たもの」を使って目の前の対象を見るのです。

富士山についても同様です。風呂屋《ふろや》の絵に始まって、種々のカレンダーや絵本で、デフォルメ(注3)された「八の字」を目にしてきました。そして何より富士山も満月も縁起物《えんぎもの》です。その福々しい印象とあいまって、「まんまる」や「八の字」のイメージはますます強化されています。

見えない人、とくに先天的に見えない人は、目の前にある物を視覚でとらえないだけでなく、私たちの文化を構成する視覚イメージをもとらえることがありません。見える人が物を見るときにおのずとそれを通してとらえてしまう、文化的なフィルターから自由なのです。

つまり、見えない人は、見える人よりも、物が実際にそうであるように理解していることになります。模型を使って理解していることも大きいでしょう。その理解は、概念的《がいねんてき》、と言ってもいいかもしれません。直接触《さわ》ることのできないものについては、辞書に書いてある記述を覚えるように、対象を理解しているのです。

(中略)

見える人は三次元のものを二次元化してとらえ、見えない人は三次元のままとらえている。つまり前者は平面的なイメージとして、後者は空間の中でとらえている。

だとすると、そもそも空間を空間として理解しているのは、見えない人だけなのではないか、という気さえしてきます。見えない人は、厳密な意味で、見える人が見ているような「二次元的なイメージ」を持っていない。でもだからこそ、空間を空間として理解することができるのではないか。

なぜそう思えるかというと、視覚を使う限り、「視点」というものが存在するからです。視点、つまり「どこから空間や物を見るか」です。「自分がいる場所」と言ってもいい。もちろん、実際にその場所に立っている必要は必ずしもありません。絵画や写真を見る場合は、画家やカメラが立っていた場所の視点を、その場所ではないところにいながらにして獲得《かくとく》します。顕微鏡《けんびきょう》写真や望遠鏡写真も含《ふく》めれば、肉眼では見ることのできない視点に立つことすらできます。想像の中でその場所に立つこうした場合も含め、どこから空間や物をまなざしているか、その点が「視点」と呼ばれます。

同じ空間でも、視点によって見え方が全く異なります。同じ部屋でも上座から見たのと下座から見たのでは見えるものが正反対ですし、はたまたノミの視点で床《ゆか》から見たり、ハエの視点で天井《てんじょう》から見下ろしたのでは全く違う風景が広がっているはずです。けれども、私たちが体を持っているかぎり、一度に複数の視点を持つことはできません。

このことを考えれば、目が見えるものしか見ていないことを、つまり⑦空間をそれが実際にそうであるとおりに三次元的にはとらえ得ないことは明らかです。それはあくまで「私の視点から見た空間」でしかありません。

（伊藤亜紗《いとうあさ》『目の見えない人は世界をどう見ているのか』〈光文社新書〉による）

（注１）難波さん＝バイク事故で失明し、全盲《ぜんもう》となった難波創太《そうた》さんのこと。

（注２）醸成＝雰囲気《ふんいき》や気分をかもしだすこと。

（注３）デフォルメ＝対象を意識的に変形して表現すること。

問17　――線部分①「意外かもしれません」とありますが、筆者がこのように考えるのは、見える人は、単語の意味を理解する過程に何が関わっていることに無自覚だからですか。本文中から十文字でぬき出して答えなさい。

（句読点などは字数にふくまない）

問18　――線部分②「上がちょっと欠けた円すい形」とありますが、これは見えない人が物に対しどんな認識《にんしき》をしていることを表していますか。本文中から三文字でぬき出して答えなさい。

（句読点などは字数にふくまない）

問19　――線部分③「八の字の末広がり」とありますが、見える人が富士山にこのイメージを持つ理由として適当なものはどれですか。次の中から一つ選び、その番号で答えなさい。

1　視覚の特徴によって認識される富士山のイメージと、見える人が共有している文化における富士山のイメージとを比較《ひかく》したときに、前者の富士山のイメージが優先されてしまうから

2　視覚には距離《きょり》が隔《へだ》たったものや巨大なものの奥行きを強調して認識してしまうという傾向があり、そこに文化的イメージが加わることで、平面的なイメージが強められてしまうから

3　三次元的な認知をしている実体に対して、これまで目にしてきた絵画やイラストなどのイメージを意図的に付け加えることによって、二次元的なイメージを優先して選択《せんたく》しているから

4　富士山が実体としては三次元であることは理解しているものの、視覚が持っている対象を平面的に捉《とら》えてしまうという性質が優位となり、二次元的なイメージが先行してしまうから

問20　――線部分④「現実の物を見る見方」とありますが、この見方を説明したものとして適当なものはどれですか。次の中から一つ選び、その番号で答えなさい。

1　視覚が持つ対象を二次元化する特徴によりもたらされたイメージが、様々なものを目にしてきたなかで無意識に培《つちか》われた文化的なフィルターを通して、その平面性が増強された見方

2　対象そのものの実在をあるがままに捉えたイメージに、視覚が持つ対象の立体感を失わせる傾向によって想起されるイメージが添加《てんか》されることにより、その平面性が強められた見方

3　文化の中で作られていったフィルターを通すことで対象の立体感

を失ったイメージが、視覚の持つ三次元のものを二次元へと変換する性質によって、その平面性が強調された見方

4　対象の平面性や立体感といった実体をつぶさに捉えたイメージが、幼少期から見聞きすることで意図せず得られた文化的なフィルターを通すことにより、その平面性が強化された見方

問21　——線部分⑤「木星はかなり三次元的にとらえられている」とありますが、このイメージを持たない人として適当なものはどれですか。次の中から一つ選び、その番号で答えなさい。

1　木星のイメージが二次元的な文化圏《ぶんかけん》で育った見えない人
2　木星のイメージが二次元的な文化圏で育った見える人
3　木星のイメージが三次元的な文化圏で育った見えない人
4　木星のイメージが三次元的な文化圏で育った見える人

問22　——線部分⑥「まっさらな目」とありますが、見える人がこの目を獲得して月を見た場合、これまでと比較《ひかく》して月には何が生じますか。本文中から二文字でぬき出して答えなさい。

（句読点などは字数にふくまない）

問23　次の文章は、本文中の（中略）以降の内容をまとめたものです。□部分X・Yには、共通の読みを持つ熟語が入ります。その熟語の共通する読みとして、適当なひらがな三文字を答えなさい。

> 見える人は［X］があることで、必ず［Y］ができる。
> 見えない人は［X］がないからこそ、［Y］がない。

問24　——線部分⑦「空間をそれが実際にそうであるとおりに三次元的にはとらえ得ない」とありますが、これはどんな意味ですか。主語とこのようになる原因を明確にし、「視点」という言葉を使って、三十五文字以上四十文字以内で簡潔に答えなさい。

三　次の文章を読んで、後の問いに答えなさい。

> 美大在学時にメルボルンを訪《おとず》れた僕《ぼく》は、ジャック・ジャクソンという画家との出会いで額縁《がくぶち》に興味を持ち始め、額は絵を引き立て、守り、支え続けるものだと考える村崎《むらさき》の経営する額縁工房《こうぼう》に就職した。それから八年後、円城寺《えんじょうじ》画廊《がろう》から額装《がくそう》の依頼《いらい》を受けた作品の中にジャックの絵もあり、村崎に頼《たの》み、その絵の額装を一人で手掛《てが》けられることとなった。

翌朝、村崎さんの声で目が覚めた。工房の長椅子《ながいす》で眠《ねむ》りこけている僕を心配して、揺《ゆ》さぶってきたのだ。

「昨夜ここに泊《と》まったのか？」

ねぼけまなこで僕は体を起こす。朝方、ちょっと横になろうと思ったら眠ってしまったらしい。

「終電、逃《のが》しちゃったんで。そのまま作業してました」

「体は大事にしろよ」

①村崎さんは眉間《みけん》に皺《しわ》を寄せながら言った。僕は生返事をして立ち上がる。

「村崎さん、僕……相談があるんです」

ちょっと僕を見やると村崎さんはテーブルに着き、促《うなが》すようにして椅子を指さした。僕は村崎さんと向かい合い、そこに座《すわ》る。

「あの絵の額、モールディング（注1）じゃなくて木材から作ってもいい

ですか」

今まで村崎さんがそうするのを手伝ったことはあったし、練習として自分用に作ることはあった。でも、受注品をひとりで木材から手掛けたことはない。そして、失礼な話だが、円城寺画廊が潤沢《じゅんたく》な予算を出してきたとは思いづらかった。

僕は②かなり意を決して申し出たのに、村崎さんは③驚《おどろ》きもせずあっさりとこう言った。

「やっとその言葉が出たか。おまえがそう言うの、待ってたよ」

「……でも、予算のことか」

僕がおずおずと言うと、村崎さんは唇《くちびる》の端《はし》を片方、上げた。

「俺《おれ》、ひとつは流木(注2)使うから。おまえの額装に多少金がかかっても、トントンだ」

僕は安堵《あんど》と喜びとで、④「タダですもんね！」と笑った。ところが村崎さんは、不本意な表情を浮《う》かべる。

「タダっていうのとは違《ちが》うぞ。プライスレスだ」

村崎さんはテーブルの上で手を組んだ。

「今回、円城寺画廊が持ってきた作品の中に、十九世紀の旅芸人の一座を描《えが》いた油絵があってな。家族なのかもな。老人も子どももいて。あれを見たとき、おお、ここにつながったか、ぴったりだと思ったんだ。流れ流れていろんな景色を見てきたであろう流木が、今の姿になるまでの長い時間と経験、表情や味わいをそのまま大事に活《い》かせるって」

急に興奮気味に話し出した村崎さんに、僕は戸惑《とまど》った。

村崎さんはいつも黙々《もくもく》と作業しているから、心も常に冷静沈着《ちんちゃく》なんだと思っていた。でも違った。彼《かれ》はほんとうに額縁を作ることが好きで、こんなに熱い気持ちでひとつひとつに取り組んでいたのだ。

まるで用意されたかのように、村崎さんの手にたどりついた流木。

そうか、⑤そういうことだったのか。

「村崎さん、こんなときのために、流木を拾ったりしてるんですね」

納得《なっとく》しながら僕が言うと村崎さんは、いや、と首を振《ふ》る。

「今回はたまたまだ。⑥売り物になるかどうかは関係なく、俺はただ手作りの額ってものを残したいだけだよ。形にして見せないと、知ることもできない」

見せる？　知るって、誰《だれ》が？

僕がきょとんとしていると、村崎さんは顎《あご》に手をやりながら言った。

「俺は、ちょっと危機を感じてるね。日本美術が危ないって。それは素材から言えることで、たとえば江戸《えど》時代以前の書物はまだきれいに残ってるだろ。でも、ここ百年で作られた紙は粉化しちゃってそんなにもたないんだ。せっかくの文献《ぶんけん》も絵もこなごなだよ。昔の日本には優《すぐ》れた技術がたくさんあったのに、口伝でしか継承《けいしょう》されないから消えてしまったものがいくつもある。オートメーション化が進んで、後継者《こうけいしゃ》をじっくり育てる余地もない。産業革命のあとに育ったのは、弟子《でし》じゃなくてビルばっかりだ」

堰《せき》を切ってあふれ出す村崎さんの話に、僕は黙《だま》って耳を傾《かたむ》ける。彼は遠くを見やるようにして、語り続けた。

「額装は高名な画家や美術館だけのものじゃない。ごく普通《ふつう》の一般《いっぱん》家庭で、もっと日常的に楽しめるはずなんだ。子どもの描いた絵でも好きな人からもらったポストカードでも、気持ちいいなと素直《すなお》に思えるものがいつもそばにあるって、すごく豊かなことだよ。額の良さを、その技術を、できるだけたくさんの人に見せて伝えていきたいって思うんだ。世間一般にとって、もっと身近な存在になるように知らせていきたいんだ。それが、俺の夢だね。人の営みと共に絵があり続ける、真の豊かな生活」

本当に、⑦村崎さんが一度にこんなにしゃべるのを見るのは初めてだった。普段《ふだん》は寡黙《かもく》な彼の中にこれだけたくさんの想《おも》いがつまっていることを、僕はどうして理解しようとしなかったのだろう。

「夢が見られなきゃ、だめだ」って、そのひとことにすべてが凝縮《ぎょうしゅく》されていたのに。

やっとわかった。

⑧村崎さんの夢は……。額や絵に対してだけじゃない、毎日の暮らしに向けられているんだ。生身の肉体と心を持った、人々の。

村崎さんは僕にちらりと目をやった。

「なんの木を使うか決めたのか？」

僕はうなずく。

「桜を」

日本に興味があると言ってくれたジャックに、日本人の僕から親愛の情を込《こ》めて。

（青山美智子《あおやまみちこ》『赤と青とエスキース』〈PHP研究所〉による）

（注1）モールディング＝メーカーで装飾《そうしょく》や仕上げが施《ほどこ》された棒状の額縁の素材。

（注2）流木＝近くの河川敷《かせんじき》で拾ったもの。村崎は何かしらを拾ってきては額縁を作った。

問25　――線部分①「眉間に皺を寄せながら言った」とありますが、この様子を説明したものとして適当なものはどれですか。次の中から一つ選び、その番号で答えなさい。

1　僕が体調を崩すことで額縁制作の期限に間に合わないのではと焦《あせ》り、眉を上げている

2　僕が額縁制作に対する心意気を喪失《そうしつ》してしまいそうなことを心配し、眉を落としている

3　僕が額装製作をモールディングでやり続けるのではないかと警戒《けいかい》し、眉を寄せている

4　僕が額縁製作に根を詰《つ》めすぎているのではないかと気に掛け、眉をひそめている

問26　――線部分②「かなり意を決して申し出た」とありますが、このような思いをしてまで村崎に相談をしたのは、自身が製作している額縁でジャックに対して何を示したいと考えているからですか。それを象徴する言葉を、本文中から四文字でぬき出して答えなさい。

（句読点などは字数にふくまない）

問27　――線部分③「驚きもせずあっさりと」とありますが、村崎がこのように反応したのは、彼にどんな考えがあるからですか。本文中から十四文字でぬき出し、最初の五文字を答えなさい。

（句読点などは字数にふくまない）

問28　――線部分④「タダですもんね！」とありますが、僕のこの発言は村崎が流木を使うと言った真意を理解できていないからこそ出たものです。その真意として、次の文の（　）にあてはまる十六文字をぬき出し、最初の五文字を答えなさい。

・絵画と流木とに（　）という共通点を見いだしている。

問29　――線部分⑤「そういうこと」とありますが、これが指している

内容として適当なものはどれですか。次の中から一つ選び、その番号で答えなさい。

1　日常的に額縁の材料となりそうなものを集めてきたことによって、製作した額縁に適した絵画を見抜《みぬ》く鋭《するど》い審美眼《しんびがん》を持つようになり、多種多様な依頼に対応できるようになったということ

2　村崎のもとに流木がたどりついたことは偶然《ぐうぜん》などではなく、熱意を持って仕事に取り組みながらもそれを表面に出さないことによって、自然と額の素材のアイデアが湧《わ》いてくるということ

3　村崎は絵の主題に適していることが良い額縁の条件だと考えているため、さまざまな額装の依頼に応《こた》えられるよう、日頃《ひごろ》から準備を怠《おこた》らず額縁の材料となるものを集めているということ

4　これまでの僕は予算の中で最良の額縁を製作することしか考えてこなかったが、流木の額縁にはさまざまな絵の良さを引き立たせる芸術的な価値があるということに気づいたということ

問30　――線部分⑥「売り物になるかどうかは関係なく」とありますが、このような思いを抱《いだ》いているのは、手作りの額縁が未来で何にならないためですか。本文中から九文字でぬき出して答えなさい。

（句読点などは字数にふくまない）

問31　――線部分⑦「村崎さんが一度にこんなにしゃべるのを見るのは初めてだった」とありますが、村崎にこのような変化が起きた理由として適当なものはどれですか。次の中から一つ選び、その番号で答えなさい。

1　ジャックの絵と真剣《しんけん》に向き合い、その良さを引き出そうとしている僕に過去の自分を重ねて親近感を抱《いだ》き、今後は全ての額装依頼に木材で対応したいという思いを共有できると考えたから

2　木材からの額縁製作に挑戦《ちょうせん》し、ジャックの絵を超《こ》える作品を作りたいという僕の心意気に触発《しょくはつ》され、村崎自身の額職人としての夢を伝えることで少しでも僕の手助けをしたいと考えたから

3　流木から作る額縁には値段のつけられない価値があることを、八年間ともに働いてきた僕にさえも理解してもらえないことで寂《さび》しさを感じ、日本美術に対する危機感をより一層強めたから

4　僕がジャックの絵にふさわしい額縁を作りたいと考えていることがその言動から伝わり、それをきっかけとして村崎自身の中にある額縁に対する情熱があふれ出してきたから

問32　――線部分⑧「村崎さんの夢」とありますが、これはどんな夢ですか。因果関係を明確にし、「額縁」「真の豊かな生活」という言葉を使って、三十五文字以上四十文字以内で簡潔に答えなさい。

四　次の文章を読んで、後の問いに答えなさい。

もしかするとみなさんは、①先生やご両親から「人を疑うのはよくない」と教えられてきたかもしれません。

でも、こう考えてください。

友だちや先生、ご両親など、まわりにいる「人」を疑う必要はない。けれども、その人たちの語る「コト」については、疑いの目を向けたほうがいい。なんでも鵜呑《うの》みにせず、②自分の頭で考える癖《くせ》をつけたほうがいい。

いいですか、「人」を疑うのではなく、「コト」を疑うのです。この「人」と「コト」」を切り離《はな》して考える習慣をつけておきましょう。

それではなぜ、疑う力が大切なのか。

みなさんのご両親が中高生だったころ、また、おじいちゃんやおばあちゃんが若かったころ、疑う力は、それほど重要視されていませんでした。むしろ当時は、「なんの疑いももたず、与《あた》えられた課題をガンガンこなす人」が求められていました。数学の問題集をたくさん解いていくような、「課題解決」の力です。

でも、「なんの疑いももたず、与えられた課題をガンガンこなす人」は、いまやアジアやアフリカにもたくさんいます。しかも彼《かれ》らなら、日本人よりもずっと安い給料で働いてくれます。

さらに、コンピュータやロボットを使えば、人間よりもずっと速く、たくさんの課題をこなしてくれます。コンピュータやロボットには、お給料を払《はら》う必要さえありません。こうして昔ながらの「課題解決」の仕事は、もはや日本人には回ってこなくなってしまったのです。

それでは現在、みなさんにはどんな力が求められているのか？

答えはひとつ。③「課題発見」の力です。

課題発見の意味について、わかりやすい事例を紹介《しょうかい》しましょう。

20世紀の初頭に「自動車王」として一時代を築き、世界初の量産型大衆車を製造したアメリカの実業家、ヘンリー・フォードはこんな言葉を残しています。

④「もしも人々になにがほしいか尋《たず》ねたなら、彼らは『もっと速い馬がほしい』と答えていただろう」

自動車が普及《ふきゅう》する前の時代、人々の乗り物はもっぱら馬車でした。遠くに移動したい、もっと速く移動したい、と思ったとき、ほとんどの人々は「もっと速く走れる馬を手に入れよう」と考えました。「馬車」という常識に縛《しば》られ、それ以外の乗り物のことなんて、⑤想像することさえできなかったのです。

しかし、フォードの発想は違《ちが》います。

馬よりも速く、馬よりも疲《つか》れを知らない、もっと便利な「なにか」があるはずだ。

そう考えたフォードは、人間は馬車で移動するものだ、という当時の「あたりまえ」を疑い、まったく別の道を探《さぐ》っていきました。そうしてたどり着いた答えが、ヨーロッパで発明されたばかりの自動車だったのです。

当時の自動車は、まだまだ数が少なく、一部の貴族やお金持ちにしか買えない「超《ちょう》ぜいたく品」でした。現在でいうなら、自家用ヘリコプターや自家用ジェット機のような感覚です。自動車が馬車の代わりになるなんて、誰《だれ》も想像していませんでした。

フォードは、この「超ぜいたく品」である自動車を、どうすれば安く製造できるか考えました。あたりまえの話ですが、自動車にはエンジンがあります。これは複雑で、つくるのにかなりのお金がかかる装置です。そしてその他の部品も、馬車とは比較《ひかく》にならないほど多くなります。このあたりのお金を削《けず》るわけにはいきません。

それではどこを削るのか？　フォードが目をつけたのは、「時間」でした。

ひとつの部品をつくるのに1時間かかっていたところを、5分でつくるようにすればいい。そうすれば1時間で12個の部品ができる。1時間分のお給料で、12倍の仕事をしてくれるようになる。

そこでフォードは、のちに「フォード・システム」と呼ばれる、ベルトコンベアを使った流れ作業による大量生産システムを開発します。よく火災訓練のときにおこなうバケツリレーのように、流れ作業で自動車を組み立てれば大量生産できることに気づいたのです。こうして自動車の価格は大幅《おおはば》に引き下げられ、馬車の代わりとなる自家用車が爆発的《ばくはつてき》に普及していったのです。

もしもフォードが「課題解決タイプ」の人間だったら。つまり、「もっと速い馬」を探すような人間だったら。自動車の普及は遅《おく》れていたでしょう。それどころか、「流れ作業でたくさんつくる」というシステムそのものの誕生が遅れ、重工業全体の発展にも大きな影響《えいきょう》があったはずです。

もともと「発明王」トーマス・エジソンの会社に勤務していたフォードは、与えられた課題を解決するタイプの人間ではありませんでした。みずからあたらしい課題をみつける「課題発見タイプ」の人間だったのです。

さて、そうやって考えると、いまの日本はたくさんの「馬車」があふれていることに気がつくでしょう。ほんとうは抜本的《ばっぽんてき》な変化が必要なのに、⑥みんなこれまでの延長線上にある「もっと速い馬」のことしか考えていない。「課題解決」にしか、頭が回っていない。馬車を捨てて、自動車に切り換《か》えるような発想ができない。世のなかにはそうした大人は大勢いますし、もしかするとみなさんの学校にも、過去の常識にとらわれた先生がいるかもしれません。

みんなが「課題解決」ばかり考えてしまうのは、疑う力が足りないから。⑦世間で常識とされていることを疑い、「課題発見」のできる人になりましょう。

（瀧本哲史《たきもとてつふみ》『ミライの授業』〈講談社〉による）

問33　――線部分①「先生やご両親から「人を疑うのはよくない」と教えられてきたかもしれません」とありますが、この教えをする人はあるものに捉《とら》われていますが、その捉われているものを比喩的《ひゆてき》に表現しているものは何ですか。本文中から二文字でぬき出して答えなさい。

（句読点などは字数にふくまない）

問34　――線部分②「自分の頭で考える癖をつけたほうがいい」とありますが、この忠告をする理由として適当なものはどれですか。次の中から一つ選び、その番号で答えなさい。

1　課題解決の力が求められてきた仕事が、時代の変化によって日本人には回ってこなくなってしまったから

2　良好な交友関係を築くために人を信頼《しんらい》することは大切だが、その人の言葉すべてを信じるのは危険だから

3　一昔前と時代が変わったことにより、疑う力が必要とされる仕事の数が大幅に少なくなってしまったから

4　人間が受け持ってきた課題発見の仕事の大部分が、コンピュータやロボットに移行してしまったから

問35　――線部分③「「課題発見」の力」とありますが、これが必要なのは、現在の日本がどんな状況にあるからですか。「状況」に続けてその答えとなるように、本文中から十文字でぬき出して答えなさい。

（句読点などは字数にふくまない）

問36　――線部分④「もしも人々になにがほしいか尋ねたなら、彼らは『もっと速い馬がほしい』と答えていただろう」とありますが、この言葉を引用した理由として適当なものはどれですか。次の中から一つ

選び、その番号で答えなさい。

1　ここでの「速い馬」とは、実際に速く移動できる馬を指し、「人とコト」を切り離して考えることによって与えられる「課題発見」の力の重要性を読者に理解してもらうため

2　ここでの「速い馬」とは、自動車のことを比喩的に表現したものであり、常識に縛られている人々への皮肉を示すことで「課題発見」の力の必要性を読者に実感させるため

3　ここでの「速い馬」とは、実際に遠くへの移動や速い移動を可能にする能力を持つ馬を指し、一般的《いっぱんてき》な常識とされていることを疑うことが重要であるということを示すため

4　ここでの「速い馬」とは、フォードが製造した自動車が高性能であることの比喩であり、「課題発見タイプ」の人間が成功する事例を提示することで憧《あこが》れの念を抱《いだ》かせるため

問37　――線部分⑤「想像することさえできなかった」とありますが、それはなぜですか。本文中から十文字でぬき出して答えなさい。

（句読点などは字数にふくまない）

問38　――線部分⑥「これまでの延長線上にある「もっと速い馬」のこと」とありますが、このことを考えていても見つからないものは何ですか。それを比喩的に表現したものを本文中から七文字でぬき出して答えなさい。

（句読点などは字数にふくまない）

問39　――線部分⑦「世間で常識とされていることを疑い、「課題発見」のできる人になりましょう」とありますが、この言葉には筆者のどんな願いが込《こ》められていますか。「過去」「未来」という言葉を使って、二十五文字以上三十文字以内で簡潔に答えなさい。

問40　次の太郎《たろう》さんと花子《はなこ》さんの会話のなかで、本文の内容を**適切に理解して考えをのべていないもの**として適当なものはどれですか。次の中から一つ選び、その番号で答えなさい。

1　太郎さん　筆者の言うとおり、これまで先生や両親から「人を疑うのはよくない」と言われてきたけど、僕《ぼく》も「人とコト」を切り離して考えていなかったことに本文を読んで気づかされたよ。

2　花子さん　目から鱗《うろこ》が落ちたね。「人」を疑う必要はないけれど、その人の語る「コト」まで鵜呑みにしてはいけないということだね。「コト」に対して疑いの目を向けることは大切だと、私も思ったよ。

3　太郎さん　自分自身で十分に理解し、判断する習慣をつけることが大切だね。つまり、疑う力は、自分の頭で考える力と言い換えられそうだね。そして、それが「課題発見」の力につながっていくんだね。

4　花子さん　「課題発見」の力の事例としてフォードが紹介されているけど、彼は自動車が高価で買えないという当時の「あたりまえ」を疑い、どうすれば大量に生産できるかを考えたことで、「時間」の削減に着目できたんだね。

5　太郎さん　彼が大量生産システムを開発してくれなかったら、現在の私たちの生活にも大きな影響が出ていただろうね。いまの日本の「馬車」を「自動車」に切り換えるために、私たちも「課題発見」の力をつけていこう。

日本大学藤沢中学校（第一回）

―50分―

一　次の各問いに答えなさい。

問一　次の――線部のカタカナを漢字で書きなさい。

①　食料をパラシュートでトウカした。
②　キシュク舎から学校に通う。
③　去年はサイナンに見舞《みま》われた。
④　争議はエンマンに解決した。
⑤　車いっぱいに荷物をツむ。

問二　次の――線部の漢字の読みをひらがなで書きなさい。

①　このビルで守衛として働いている。
②　商品に欠損がないように包む。
③　耕作した畑で野菜を収穫《しゅうかく》する。
④　入試が近いので、自重した生活を送らなければならない。
⑤　提案に異議を唱えた。

問三　次にあげた四字熟語と、（　）内のその意味との組み合わせが**誤っているもの**を、次のア～エの中から一つ選び、記号で答えなさい。

ア　二束三文（値段が安いこと）
イ　八方美人（誰《だれ》からも好かれやすい人）
ウ　大義名分（行動のよりどころとなる正当な理由）
エ　五里霧中《ごりむちゅう》（手がかりがなく方針が立たないこと）

問四　次にあげた慣用句と、（　）内のその意味との組み合わせが**誤っているもの**を、次のア～エの中から一つ選び、記号で答えなさい。

ア　鼻を明かす（相手を出《だ》し抜《ぬ》いて驚《おどろ》かす）
イ　膝《ひざ》を交える（同席して親しく語り合う）
ウ　腕《うで》が立つ（優《すぐ》れた技量を持っている）
エ　油を売る（熱心に商売をする）

問五　次のことわざの□にあてはまる動物が**鳥ではないもの**を、次のア～エの中から一つ選び、記号で答えなさい。

ア　□の一声　　イ　瓢箪《ひょうたん》から□が出る
ウ　□百まで踊《おど》り忘れず　　エ　□も鳴かずば打たれまい

問六　次の文の――線部「う」と同じ意味・用法のものを、後のア～エの中から一つ選び、記号で答えなさい。

その問題は、誰も解けないであろう。

ア　今年は早めにポスターを書こう。
イ　一緒《いっしょ》にお茶でも飲みましょう。
ウ　あんなに泣いて、さぞつらかろう。
エ　友達と話し合おうと思っている。

問七　次の文の――線部の敬語の種類を、後のア～ウの中から一つ選び、記号で答えなさい。

校長先生がこちらにおいでになるそうだ。

ア　丁寧語《ていねいご》　　イ　尊敬語　　ウ　謙譲語《けんじょうご》

二　次の文章を読んで、あとの各問いに答えなさい。問いの中で字数に指定のあるときは、特に指示がないかぎり、句読点や符号《ふごう》もその字数に含《ふく》めます。

映像を自分の思い通りの状態で「楽」に観《み》るための改変行為《こうい》、すなわち倍速視聴《しちょう》や10秒飛ばしという現代人の習慣は、文明進化の必然である。……といった言い切りには、まだまだ抵抗《ていこう》感をおぼえる人もいるだろう。作品は作者が発表した通りの形、「オリジナルの状態」で鑑賞《かんしょう》すべきであると。

［A］、そもそも我々は多くの場合において、作品を①厳密な意味での「オリジナルの状態」では鑑賞していない。

［B］、映画館のスクリーンで観ることを前提に作られた映画をTVモニタで視聴する時点で、画面サイズは小さく、音響《おんきょう》は貧弱《ひんじゃく》になる。場合によっては画角（画面の縦横比）すら〝改変〟され、スクリーンでは画面端《はし》に見えていたものが見えなくなっていたりする。家庭用ビデオデッキの登場によって映画が映画館以外でも手軽に観られるようになったとき、「あんな小さな画面で映画を味わったとは言えない」と声高《こわだか》に叫《さけ》んだ映画好きや映画人は相当数に上った。

映画文化に「他の見知らぬ観客と肩《かた》を並べ、暗闇《くらやみ》で2時間の非日常を過ごす」という体験価値を見出《みいだ》す者にとっても、ビデオデッキによる映画鑑賞は到底《とうてい》認められるものではなかった。TVが置いてあるのは日常そのものである自宅の居間。トイレのたびに一時停止できる「ビデオ鑑賞」の体験は、真の映画体験とは似ても似つかない。

もっと言えば、②自分が理解できない言語で作られた作品を、母国語など理解できる言語の字幕や吹《ふ》き替《か》えで観る場合、果たして「オリジナルを鑑賞している」と言い切れるだろうか？　ある言語のある表現を寸分たがわぬニュアンスで他言語に置《お》き換《か》えることが原理的にできない以上、字幕や吹き替えは「思い通りの状態で観るための改変行為」ではないのか。

こういう話はレコードが登場して間もない頃《ころ》にもあった。日本における音楽評論の草分け的存在である大田黒元雄《おおたぐろもとお》は、大正期に日本でレコードの需要《じゅよう》が急拡大した際、蓄音機《ちくおんき》で聴《き》くレコード音楽は所詮《しょせん》「缶詰《かんづめ》の音楽」だと斬《き》り捨《す》てた。真の音楽鑑賞とは生演奏を聴くことを指すのであって、録音された音源を機械を通して聴くことを音楽鑑賞とは呼ばない。皿に載《の》ったまともな料理には程遠《ほどとお》い、だから「缶詰」なのだと。

ただ、このような③「オリジナルからの改変行為」は、むしろ作品の供給側（映画製作会社など）が率先《そっせん》して行ってきたことを忘れてはならない。そのほうがビジネスチャンスは広がり、監督《かんとく》や俳優やスタッフらを含む制作陣《せいさくじん》がその経済的メリットを享受《きょうじゅ》できるからだ。映画館で上映するだけでなく、ビデオグラム化（VHS、DVDなど）権、テレビ放映権、配信権などを販売《はんばい》したほうが、端的《たんてき》に言ってより大きく儲《もう》けられる。

配信メディア会社というだけでなく映画やドラマの製作会社でもあるNetflixやAmazonが、あるいは放送メディア会社というだけでなく番組製作会社でもあるTV局各社が、倍速視聴や10秒飛ばし機能を自社の配信サービス上に実装*していることもまた、「オリジナルではない形での鑑賞」の積極的な提案だ。なぜそんなことをするのか？　相応の数の顧客《こきゃく》がそれを求めているからだ。その求めに応じたほうが、ビジネスチャンスが広がるからだ。

本書冒頭《ぼうとう》で筆者は、「テクスト論」すなわち「文章を作者の意図に支配されたものと見るのではなく、あくまでも文章それ自体として読むべきだとする思想」を倍速視聴に当てはめること（製作者が意図しない速度で観る行為）に、抵抗を示した。彼《かれ》らの動機の大半が「時短」「効率化」「便利の追求」という、きわめて実利的な理由だったからだ。これは作品を（あるいはコンテンツを）鑑賞する（あるいは消費する）態度の*いちバリエーションとは、到底言えないのではないか、と。

しかし、レコードやVHSやDVDは、「聴く／観るためにわざわざ家から出なくていい」「好きなタイミングで何度でも視聴できる」という、極《きわ》めて実利的な特性によってその存在意義が支えられてきた。レコード会社や映画会社やDVDメーカーも、ビジネスチャンスの拡大というこれ以上なく実利的な動機をもって、これを推進してきた。

すなわちレコードやVHSやDVDでの視聴も「実利的な目的のために、オリジナルの状態で鑑賞しないことを許容する」という意味において、④倍速視聴や10秒飛ばしと〝同罪〟である。あるいは、もしそれらを⑤罪とは考えず「作品鑑賞のいちバリエーション」と認めるならば、今度は倍速視聴や10秒飛ばしのほうも「作品鑑賞のいちバリエーション」と認めなければならないのではないか。

我々の社会では、⑥新しいメディアやデバイスが登場するたび、あるいはそれらの新しい使い方が見いだされるたび、大田黒のような〝良識的な旧来派〟が不快感を示すという歴史が繰《く》り返《かえ》されてきた。

後に「芸術」の属性を勝ち取った映画ですら、登場時は「芸術にはなりえない見世物」という扱《あつか》いだったし、ラジオ放送が始まって数年は、それを聞かないことが教養ある人々の態度とされた。日本初のTV放送開始から4年後の1957年、昭和日本を代表するジャーナリストにして社会評論家の大宅壮一《おおやそういち》は、書物と違《ちが》って受け身で眺《なが》めるTVは人の想像力や思考力を低下させる、要は「バカになる」という意味合いを込《こ》めて、「一億総白痴《はくち》化」という流行語を生み出している。

PCやインターネットの登場時にも、この種の抵抗感・嫌悪《けんお》感が〝良識的な旧来派〟からこぞって表明された。2000年代初頭には、「WEBはまとまった長さの文章を精読するのに向いていない」と言って記事を全部プリントアウトして読む年配層がオフィスに一定数いたし、2010年頃ですら「PCの小さな画面で観る映画など、観たうちに入らない」と不快感を示す映画好きがそこかしこにいた（さしずめ「缶詰の映画」とでも言おうか）。

また、本を読む方法としての「デジタルデバイスで閲覧《えつらん》する＝電子書《しょ》籍《せき》」「朗読音声で聴く＝オーディオブック」が、これほどまでに出版社にとって無視できない売上になることを、電子書籍とオーディオブックそれぞれの登場時に予測できた者が一体どれほどいたか。むしろ「本を読む体験としては、本来の方法に著《いちじる》しく劣《おと》る」と、いずれに対してもケチをつけた〝良識的な旧来派〟たる本好きは多かったはずだ。

新しい方法というやつはいつだって、⑦出現からしばらくは風当たりが強い。

目下のところ、倍速視聴や10秒飛ばしという新しい方法を手放しで許容する作り手は多数派ではない。〝良識的な旧来派〟からは*非難轟々《ごうごう》である。

しかし、自宅でレコードを聴いたり映画をビデオソフトで観たりといった「オリジナルではない形での鑑賞」を、ビジネスチャンスの拡大という大義に後押《あとお》しされて多くのアーティストや監督が許容したのと同様に、倍速視聴や10秒飛ばしという視聴習慣も、いずれ多くの作り手に許容される日が来るのかもしれない。

我々は、「昔は、レコードなんて本物の音楽を聴いたうちに入らないって目くじらを立てる人がいたんだって」と笑う。しかしそう遠くない未来、我々は笑われる側に回るのかもしれない。

［C］

（稲田豊史《いなだとよし》『映画を早送りで観る人たち　ファスト映画・ネタバレ——コンテンツ消費の現在形』〈光文社新書〉による。
問題作成にあたり、本文の一部を改変しました）

＊実装＝機能や部品を組《く》み込《こ》むこと。
＊いちバリエーション＝ここでは「一種」のこと。
＊非難轟々＝失敗や欠点を責め立てる声が大きくてやかましいさま。

問一　［A］・［B］にあてはまる語として最も適当なものを、次のア～オの中からそれぞれ一つ選び、記号で答えなさい。

ア　また　　イ　なぜなら　　ウ　しかも
エ　たとえば　　オ　しかし

問二　——線部①「厳密な意味での『オリジナルの状態』では鑑賞していない」に**あてはまらないもの**を、次のア～エの中から一つ選び、記号で答えなさい。

ア　映画をTVモニターの小さな画面で観ること。
イ　映画を自分の都合で一時停止して観ること。
ウ　倍速視聴や10秒飛ばしで、映画を観ること。
エ　近所の映画館で、再上映された映画を観ること。

問三　——線部②「自分が理解できない言語で作られた作品」について、それを字幕や吹き替えで観ることが「オリジナルを鑑賞している」とは言えないとする理由を答えなさい。

問四　——線部③「『オリジナルからの改変行為』は、むしろ作品の供給側（映画製作会社など）が率先して行ってきた」理由として、最も適当なものを、次のア～エの中から一つ選び、記号で答えなさい。

ア　ドラマや番組制作も行うメディア企業《きぎょう》は、世の中の流行に敏感《びんかん》で、はやりのものを扱うのが主流だから。
イ　映画館での上映だけではなく、ビデオグラム化権や配信権などを販売した方が、批評家がその経済的メリットを得ることができるから。
ウ　「オリジナルからの改変」を行うことで、監督など制作に携《たずさ》わった人々が大きな利益を受け取ることができるから。
エ　「オリジナルからの改変」を行うことを多くの顧客が求めており、それに応えることが作品の芸術的価値を上げることにつながるから。

問五　——線部④「倍速視聴や10秒飛ばし」の実利的な目的として筆者が挙げていることを、三つぬき出しなさい。ただし、それぞれ二字・三字・五字で抜き出すこと。

問六　——線部⑤「罪」とありますが、それは具体的にはどのようなことですか。最も適当なものを、次のア～エの中から一つ選び、記号で答えなさい。

ア　オリジナルの状態で鑑賞しないことを許容すること。
イ　倍速視聴や10秒飛ばしをしないで鑑賞すること。
ウ　制作者が意図しない速度での作品鑑賞を非難すること。
エ　DVDなどでの視聴を作品鑑賞のバリエーションから外すこと。

問七　——線部⑥「新しいメディアやデバイス」とありますが、本文中で**取り上げられていないもの**を、次のア～エの中から一つ選び、記号で答えなさい。

ア　TV放送　　イ　インターネット
ウ　TVゲーム　　エ　オーディオブック

問八　――線部⑦「出現からしばらくは風当たりが強い」とはどういうことですか。最も適当なものを、次のア～エの中から一つ選び、記号で答えなさい。

ア「オリジナルの状態」が最善であり、それに勝《まさ》る方法が存在しないということ。
イ「良識的な旧来派」から、新しい方法に対して非難する大きな声が上がるということ。
ウ　人々の新しいものに対する抵抗感が強く、受け入れることが難しいということ。
エ　有名な評論家が新しいものの合理性を、大々的に発表するということ。

問九　C　にあてはまる文として適当なものを、次のア～エの中から一つ選び、記号で答えなさい。

ア「昔は、紙の重い本しかなかったんだって」
イ「昔は、映画は『芸術にはなりえない見世物』と言われたんだって」
ウ「昔は、オーディオブックが高価だったんだって」
エ「昔は、倍速視聴にいちいち目くじらを立てる人がいたんだって」

問十　本文の内容と合っているものを、次のア～エの中から一つ選び、記号で答えなさい。

ア　昭和から現代という時代の経過に伴《ともな》い、映画館での映画鑑賞から自宅でのコンテンツの消費へと変化したことで、映画の芸術性が低下すると警鐘《けいしょう》を鳴らしている。
イ　レコードによる音楽鑑賞の許容のように、倍速視聴・10秒飛ばしによる映画鑑賞も許容されつつある理由を、視聴者・製作者それぞれの立場で記述している。
ウ　良識的な旧来派の流行語を引用して、受け身で鑑賞する映画やテレビ放送などを批判し、書籍によって文章を読むべきだとテクスト論を主張している。
エ　多くの顧客が映像の配信サービスに10秒飛ばしや倍速視聴の機能を求めていたとしても、営利目的で放送メディア会社は実装するべきではないと主張している。

三　次の文章を読んで、あとの各問いに答えなさい。問いの中で字数に指定のあるときは、特に指示がないかぎり、句読点や符号《ふごう》もその字数に含《ふく》めます。

わたし(陽子)とリン(弟)そして友人の七瀬《ななせ》さんは、真夜中に他人の家の屋根にのぼる遊びをしていた。あるとき、クラスメイトのキオスク(相川くん)に偶然目撃《ぐうぜんもくげき》され、自分もその遊びに加わりたいと言われる。後日、練習のつもりで自分の家の屋根にのぼろうとしたキオスクが転落し、右手を骨折する。さらに、学校ではキオスクが自殺未遂《みすい》をしたという噂《うわさ》まで広まり、教師が聞き取りを開始する。キオスクへの誤解をとくため、三人は「屋根のぼり」のことを学校に話す決断をし、キオスクにもそれを伝えようとしていた。

真冬の真夜中。しかもここはエアコンつきの室内ではなく、野外である。なにをしてもむだな努力とは思いつつ、なにかせずにはいられない寒さで、押《お》しいれから二枚の毛布を引っぱりだしてきたのだ。

左からリン、七瀬さん、キオスク、わたし――と、ぴったりよりそって毛布の上に腰《こし》かけ、残りのもう一枚をみんなの頭からかぶせた。大がかりな二人羽織というか、屋根上のミニキャンプというか。どれだけ効果があるかは怪《あや》しいものの、少なくとも風避《よ》け程度にはなる。

「なんか、ずいぶん変わったことしてるみたいだけど」

どうにも腑《ふ》に落ちない、という様子でキオスクが言った。

「もしかしてこれって、ぼくのため？」

「ううん。ぼくたちもね、最後にちゃんとのぼりおさめしときたかったんだ」

リンが言うと、キオスクはますます怪訝《けげん》そうに、

「最後？」

「屋根にのぼるのはこれで最後よ」

わたしはきっぱりと宣言した。

「え、どうして」

「もう、のぼれなくなるから」

「だから、どうして？」

「みんなで話しあって決めたの。わたしたち、明日、担任にぜんぶ話す。屋根のぼりのこと、最初から最後まで、ぜんぶ」

「どうして」

キオスクが声をうわずらせる。

「だってそうしなきゃ、あんたが自殺じゃないってこと、どうやって説明すんのよ」

わたしもつられて声を強めた。

「このままじゃあんた、永遠に、一生、みんなに死にぞこないって思われつづけるのよ」

「いいよ、ぼく、どんなふうに思われても。いろいろ言われるの慣れてるし」

「慣れてどうするっ」

わたしの一喝《いっかつ》に①キオスクがしゅんと下をむく。

「相川くん」

七瀬さんがとりなすように割って入った。

「わたしたちもこのままじゃ後味悪いの。相川くんのためとかじゃなくて、自分たちがね、すっきりしないの」

「でも、先生に話したりしたら怒《おこ》られるよ、きっとすごく。また職員会議とかになっちゃうかもよ」

「気にしない、気にしない」

リンがにこにこ笑って、

「いいの、すっきりすれば」

と、七瀬さんも潔《いさぎよ》くほほえんだ。

「キオスク」

わたしはキオスクの困惑顔《こんわくがお》に正面からむきあった。おしりから突《つ》きあげてくる強烈《きょうれつ》な冷えで、ついつい声が力んでしまう。

「あんたも一緒に来るのよ」

「え？」

「明日、あんたも学校に来て、わたしたちと一緒に担任に話すの」

「ええっ。そんなあ」

人事じゃなくなったとたん、キオスクのうろたえぶりが激しくなった。

「そんなことしたら一番怒られるのはぼくだよ。あんなにみんなを騒《さわ》がせといて」

「無傷だったらね。でも、怪我《けが》したぶんだけ差しひいてもらえると思うよ」

リンが悪知恵《わるぢえ》を働かせる。

「だからって、今さらぬけぬけ言えると思う？　屋根から落ちただけでした、なんて」

「わたしたちがついてるから。相川くんが言いづらかったら、そばにいるだけでいいの」

七瀬さんが両手をこすりあわせながら言った。おがんでいるのではなく、指さきが凍《こご》えて痛いのだ。

「でも、そんな……」

「キオスク、あんたいいかげんにしな」

なかなか腹をくくらないキオスクに、わたしはとうとうぶちきれた。

「わたしたちだって本当はこわいんだよ。七瀬さん、うちで泊《と》まりこみで勉強してるって、ずっとお母さんにうそついてんだし。うちの両親だってこのこと知ったら、どんなに怒るかわからない。しっかり留守番してると思って安心してたのに、姉弟《きょうだい》そろって人んちの屋根にのぼってたんだから。お正月の温泉どころじゃないよ。＊たぬきもパーよ。でも、自分たちで考えて、楽しんで、これがきっかけで七瀬さんとも仲良くなれたし、あんたがただのボケじゃないってこともわかったから。大好きな遊びだから、大事な思い出だから、ちゃんと自分たちでケリをつけたいじゃない」

言いたいことを言いつくし、抱《かか》えこんだ膝《ひざ》の上にあごをのせた。

迷っているのか、キオスクはだまりこんだまま。街灯に照らされたとなりの屋根のあたりを［　Ⅰ　］ながめている。

②三軒先の家にはまだ明かりが灯《とも》っていた。どこか遠くから車のエンジン音も聞こえてきた。いつもは人気のない場所ばかり選んでいたせいか、自分たち以外に目覚めている人間の気配がすると、いきなりこの夜の中に侵入者《しんにゅうしゃ》がまぎれこんだような気分になる。

今は四人だけにしてほしかった。

静かにキオスクの返事を待たせてほしかった。

「きっと、笑われるだろな」

やがて、キオスクがくちびるをゆがめて言った。

「自殺だと思ってたのにさ、ただ屋根から落ちただけなんて、みんなの笑いものだよ」

「同情されるのとどっちがいい？」

わたしが言うと、

「わかった。ぼくも一緒に行くよ」

やっと覚悟《かくご》を決めた。

③みんなの顔が一気に晴れやかになる。これをきっかけにキオスクの不登校を終わらせようという魂胆《こんたん》なのだ。

「本当いうとさ、ぼく、ほんのちょっと楽しみなんだ。明日、先生がどんな顔するか」

リンが目をくりんとさせて、

「わたしも」

「わたしも」

みんなで笑いだした。

笑いながらも、骨がぎしぎし鳴りそうなくらい寒い。さっきから息を吸いこむたびに、胃の中に霜《しも》がおりていく気がする。

Ⅱ 。屋根のぼりもこれでおしまいと思うと、寒さより名残《なごり》おしさのほうが強いのか、「部屋にもどろう」とはだれも言いださなかった。

代わりに、七瀬さんがささやかな防寒対策を思いついた。

「手をつながない？　みんなで。そしたらちょっとはあったまるかも」

左からリンと七瀬さんが、七瀬さんとキオスクが、リレーのバトンでも交換《こうかん》していくように手をつなぎはじめた。

ギプスからはみでたキオスクの手首。そっと触《ふ》れると、てのひらはぞくっと冷たい。また骨が折れたりしないように軽く握《にぎ》った。

あたたまりはしなかったものの、みんなでひとつの毛布にくるまって、原始的なやりかたで風と戦っている感じは悪くなかった。

ふと気がつくと、キオスクがぐずぐずと鼻をすすりあげている。

キオスクの顔をぬらしているのは鼻水だけじゃなかった。

「あんた、泣いてんの？」

「*富塚《とみづか》先生が言ったんだ」

「すみれちゃん？」

「富塚先生、学校やめる前にぼくんちに来たんだよ。二年C組のみんなはだいじょうぶだろうけど、ぼくのことだけは心配だって。ぼくんちに来て、言ったんだ。大人も子供もだれだって、一番しんどいときは、ひとりで切りぬけるしかないんだ、って」

七瀬さんがさしだした花柄《はながら》のハンカチで、キオスクが顔中をこすりながら言った。

「ぼくたちはみんな宇宙のみなしごだから。ばらばらに生まれてばらばらに死んでいくみなしごだから。自分の力できらきら輝《かがや》いてないと、宇宙の暗闇《くらやみ》にのみこまれて消えちゃうんだよ、って」

宇宙のみなしご。

毛布をはらりと頭からはずして、わたしは夜空をあおぎ見た。

のしかかってくるような濃紺《のうこん》の闇に、息がつまった。

宇宙という言葉を思いうかべるだけで、この空はこんなにも暗く、果てしなく、そして荒々《あらあら》しい。その圧倒的《あっとうてき》な暗黒の中で、星ぼしが光を強めたり弱めたりしながら、懸命《けんめい》に輝こうとしている。

すみれちゃんの言葉がよくわかる。

わたしだって知っていた。

一番しんどいときはだれでもひとりだと知っていた。

だれにもなんとかしてもらえないことが多すぎることを知っていた。

だからこそ幼い知恵《ちえ》をしぼり、やりたいようにやってきた。*小人たちの足音に耳をすまして、自分も一緒に走ろうと、走りつづけようと、やってきた。

十四年間、あの手この手で生みだしてきた、リンとの遊び。

そのくりかえしの中で、わたしはたしかに学んだのだ。

頭と体の使いかた次第《しだい》で、この世界はどんなに明るいものにもさみしいものにもなるのだ、と。

宇宙の暗闇にのみこまれてしまわないための方法だ。

「でもさ」

と、涙《なみだ》と鼻水だらけの顔でキオスクは続けた。

「でも、ひとりでやってかなきゃならないからこそ、ときどき手をつなぎあえる友達を見つけなさいって、富塚先生、そう言ったんだ。手をつないで、心の休憩《きゅうけい》ができる友達が必要なんだよ、って」

一瞬《いっしゅん》、わたしの手を握る④キオスクの指に力がこもった。

さっきよりも微妙《びみょう》に、でも確実にあたたまっているキオスクのてのひら――。

「じゃあ、これからもときどき手をつなごう」

七瀬さんがほほえんだ。

「またみんなでおもしろい遊びも考えようね。今度はもっと安全なやつを」

リンもからりと笑った。

「ぼくも一緒でいい？」

不安げなキオスクの泣き顔も、みんなのうなずきでたちまち笑顔《えがお》に変わった。

明日からどうなるかわからないのに、懲《こ》りない仲間たちの笑顔がうれしい。

つなぎあわせたてのひらから電流のように流れてくるぬくもり。

心の休憩。

「さて、と」

負けずにわたしも不屈《ふくつ》の笑顔を作ると、

「今度はなにして遊ぼうかな」

⑤新しい挑戦状《ちょうせんじょう》をたたきつけるように、宇宙の暗闇をにらみつけた。

（森絵都《もりえと》『宇宙のみなしご』〈角川文庫〉による。

問題作成にあたり、本文の一部を改変しました。）

＊たぬき＝お正月にたぬきが出るという温泉に家族で出かける計画を立てていた。

＊富塚先生＝一学期の間、二年Ｃ組の担任をしていたが、体調を崩《くず》して退職した。「わたし」は「すみれちゃん」と呼んでいる。

＊小人たちの足音＝「わたし」は自分が感じた胸の高鳴りを「小人たちの足音」と表現する。

問一　――線部①「キオスクがしゅんと下をむく」とありますが、このときの「キオスク」の心情として最も適当なものを、次のア～エの中から一つ選び、記号で答えなさい。

ア　「屋根のぼり」がこれで最後だと伝えられたことに同意できなかったが、「わたし」に一喝されてひどくうろたえている。

イ　「屋根のぼり」の相談に自分だけ入れてもらえなかったことは受け入れがたいが、「わたし」に一喝されて考えを無理に押し留《とど》めている。

ウ　自分のせいで「屋根のぼり」が終わることに賛成できなかったが、「わたし」に一喝されて反論できず、しょんぼりしている。

エ　自分の意見が何一つ受け入れられないことに信じられない気持ちでいたが、「わたし」に一喝されてどうしてよいかわからなくなっている。

問二　［Ｉ］には次の意味の言葉が入る。あてはまる言葉として適当なものを、後のア～エの中から一つ選び、記号で答えなさい。

意味　気を抜《ぬ》かれたように、ぼんやりしているさま。

ア　憂《ゆう》うつに　　イ　うつろに　　ウ　無愛想に　　エ　退屈《たいくつ》に

問三　――線部②「三軒先の家にはまだ明かりが灯っていた」とありますが、このときの「わたし」の心情として最も適当なものを、次のア～エの中から一つ選び、記号で答えなさい。

ア　「屋根のぼり」をするときには人気のないところを選んでいたため、人の気配が自分の集中をさまたげると警戒《けいかい》している。

イ　今は四人だけで静かにキオスクの返事を待ちたいから、夜の静《せい》寂《じゃく》を乱す四人以外の人の気配を迷惑《めいわく》に感じている。

ウ　キオスクの返事を今は急かしたくないから、四人だけの静寂に入《は》り込《こ》もうとする人の気配に敵意を抱《いだ》くべきか迷っている。

エ　暗闇のなかの明かりは際立《きわだ》っていてどうしても目につくから、これだけはせめて排除《はいじょ》したいと感じている。

問四　――線部③「みんなの顔が一気に晴れやかになる」について次のようにまとめました。［①］にあてはまる言葉を本文中から八字でぬき出して答えなさい。［②］にあてはまる内容として最も適当なものを、後のア～エの中から一つ選び、記号で答えなさい。

○キオスクの悩《なや》み

クラスのみんなには自殺だと思われていたのに、屋根から落ちただけだったということが知られると、［①（八字）］になるかもしれない。

○みんなの顔が晴れやかになった理由

キオスクは、「屋根のぼり」のことを学校に行って話すかどうか悩んでいたが、最終的にみんなと学校へ行く覚悟を決めてくれたので、［②］。

ア　良い意味でみんなの予想を裏切ってうれしくなったから

イ　みんなの代わりに謝《あやま》ってくれるのではないかと期待したから

ウ　キオスクの不登校を終わりにできるかもしれないと考えたから

エ　みんなが抱いていた以前からの心配が解消されてすべてなくなったから

問五　［Ⅱ］に入る言葉として最も適当なものを、次のア～エの中から一つ選び、記号で答えなさい。

ア　それでも　　イ　それならば

ウ　それゆえに　　エ　それとも

問六　――線部④「キオスクの指に力がこもった」とありますが、それはなぜですか。「富塚先生の言葉」という表現を使って、五十字以上六十字以内で説明しなさい。

問七　――線部⑤「新しい挑戦状をたたきつけるように、宇宙の暗闇をにらみつけた」とありますが、このときの「わたし」の心情として最も適当なものを、次のア～エの中から一つ選び、記号で答えなさい。

ア　仲間と協力する大切さをみんなが思いだせば、絶望的な暗闇のなかで孤独《こどく》に輝き続ける世界はなくなると新しい冒険《ぼうけん》に期待している。

イ　孤独で不安な世界を明るい世界へ変えていく余地は残されており、仲間と協力して困難な状況《じょうきょう》に立ち向かおうとしている。

ウ　明日どうなるかわからない不安はつきまとうにせよ、さみしい世界がこの先もずっと続くわけではないと自分に言い聞かせている。

エ　一番苦しいときはだれの力も借りられないからといって、ただちに仲間の存在が否定されるわけではないと密《ひそ》かに感じている。

問八　この文章の特徴《とくちょう》を説明したものとして**適当でないもの**を、次のア～エの中から一つ選び、記号で答えなさい。

ア　この文章は「わたし」が子どもの頃を回想しているため、会話文以外がすべて過去を表す言葉で書かれている。

イ　この文章には会話文が多用されており、会話を通して登場人物の考え方が読み取れる。

ウ　この文章は「わたし」の視点を通して書かれているため、「わたし」の感じたことが直接語られている。

エ　この文章では短い文と改行が多用されており、読者はテンポよく内容を読み進めることができる。

四　中学一年生のAさんが、夏休みに隣《となり》のS県に住んでいる祖母と映画にいくことにしました。待ち合わせ場所は祖母の最寄り駅S駅から一時間離《はな》れている、Aさんの最寄り駅のY駅にしました。【SNSでの事前のやりとり】と【Y駅のホーム】【当日の結果】を見て、あとの各問いに答えなさい。

【SNSでの事前のやりとり】

Aさん「何時の電車で来る？」
祖母「10時の電車で行くわね」
Aさん「10時ね。駅のホームまで迎《むか》えに行くよ。どのあたりがいいかな？」
祖母「ありがとう。わかりやすい所がいいね」
Aさん「わかった。じゃあ階段の近くで待ってるよ」
祖母「なるべく階段に近い所に着く号車に乗るね」
Aさん「了解《りょうかい》。一緒に映画に行けるのを楽しみにしてるよ」
祖母「私もよ。それではまた当日会いましょう」

【当日の結果】

・Aさんは【Y駅のホーム】の「●」の場所に10時に行った。
・祖母は【Y駅のホーム】の「▲」の場所に11時に着いた。
・祖母は携帯《けいたい》電話を忘れてしまったので、当日は連絡《れんらく》手段がなかった。
・Aさんは祖母がなかなか来なかったので祖母の携帯電話に何度も連絡した。

しかし、既読《きどく》がつかなかったので祖母の携帯電話に連絡をとることをあきらめ、【SNSでの事前のやりとり】を読み返して祖母を探してまわり、最終的には「▲」の場所にいる祖母を見つけた。

問一　なぜ祖母はY駅のホームに11時に来たのでしょうか。答えなさい。

問二　祖母に【Y駅のホーム】の「●」の場所に来てもらうためには、【SNSでの事前のやりとり】でAさんのどの言葉をどのようにすべきだったでしょうか。「〜を〜にすべきだった。」の形に合うように答えなさい。

【Y駅のホーム】

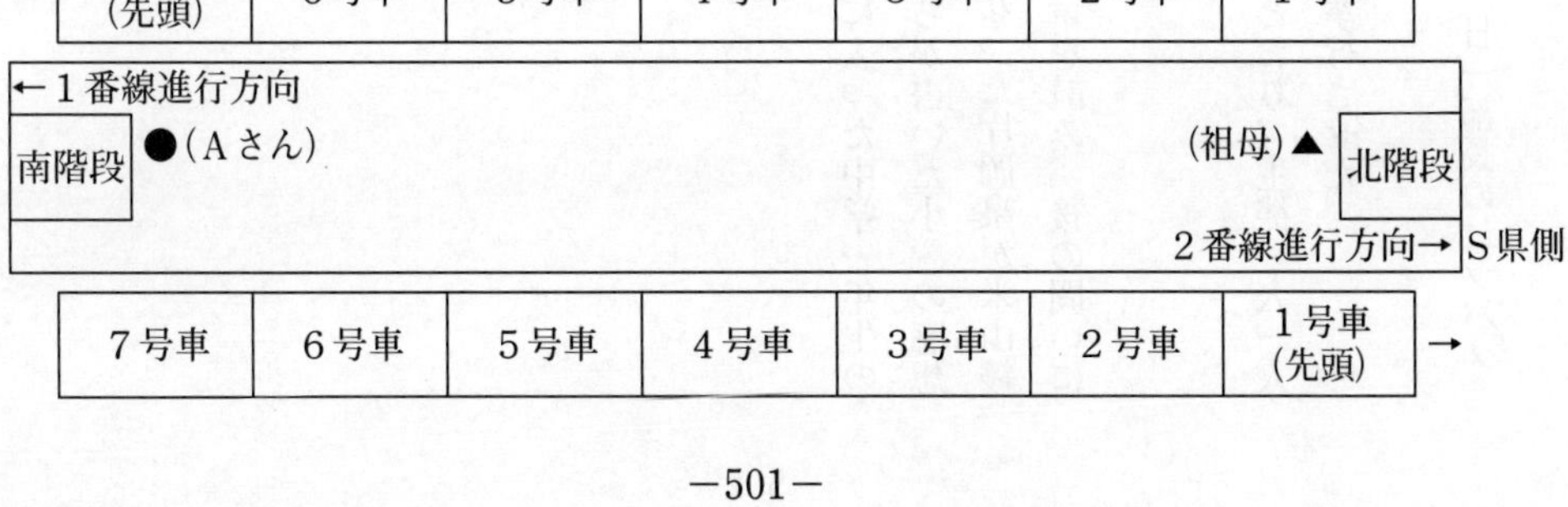

広尾学園中学校（第一回）

—50分—

注意事項　問題で文字数が指定されている場合はカッコや句読点を文字数に含みます。

一　次の各問に答えなさい。

問一　——線の漢字の読みをひらがなで答えなさい。

① 格差が是正される。
② 初詣で無病息災を祈願する。
③ 必至に体裁をとりつくろう。
④ 真実でない噂が流布している。

問二　——線のカタカナを漢字に改めなさい。

① 線をスイチョクに引く。
② コウキョは昔の江戸城の場所にある。
③ カンセイを上げて応援する。
④ 悪い相手にうっかりカツがれた。
⑤ 突然のセンセン布告。
⑥ 手紙の最後にケイグと書いた。

二　次の——線の□にひらがなを一字ずつ入れて言葉を完成させ、その言葉に最も近い意味の言葉を後の語群より選んで記号で答えなさい。

① あど□□い仕草。
② □ぶ□しい点がある。
③ ここ□□とない様子。
④ つ□□しい生活。
⑤ や□□ない思い。

【語群】

ア　計算高い
イ　ひかえめである
ウ　頼りなく不安だ
エ　無邪気でかわいい
オ　気持ちが晴れずせつない
カ　目立った
キ　疑わしい
ク　活気に充ちた

三　次の【文章Ⅰ】は授業の一環で創作文クラブに入った中学一年生の米山綾瀬が、同級生の片岡泉と出会い、自分たちが書いた小説の感想を発表し合う場面である。【文章Ⅱ】は大人になった片岡泉が米山綾瀬のことを回想する場面である。それぞれの文章を読み、後の問いに答えなさい。

【文章Ⅰ】

この日のクラブで、番場先生は、予告していたとおり、生徒一人一人に感想を述べさせた。そして印象に残った作品も挙げさせた。

まずは一年生。A組からという順番だった。

A組の塩谷さんとB組の今江さんは、無難に、二日一部長の『ツバメ』を挙げた。

わたしの作品にも出てきたツバメ。でもこちらは現実的。家の軒先にできたツバメの巣を見守る家族の話だ。二日一部長の経験談だという。フンの被害がひどかったので、二日一家では、雛が飛び立つのを待って巣を撤去したそうだ。

「ちょっと後悔したんですよね」と二日一部長は説明した。「そのままにしておけば来年もまた来てくれたんじゃないかと思って。シートを敷くとか、巣の下に木の板を付けるとか。ぼくらにもやりようはあったのかもしれません」

二日一部長。優しいのだ。

この『ツバメ』は確かによかった。さすが三年生。①さすが部長。とわたしも感心した。

A組、B組、と来て、C組。片岡さんの番。

片岡さんなら自作『トムは冒険しない』を挙げたりすることもあるかと思ったが、さすがにそれはなかった。それ以上に意外なことを言った。

「わたしは綾瀬、じゃなくて米山さんの『空を飛んだカメ』がダントツで一番だと思います。もうムチャクチャおもしろくて、途中でゲラゲラ笑いました。甲羅にワインを載せて運ぶとか、大砲の弾に自分が乗ったまま発射されちゃうとか、亀、かわい過ぎ。酔っぱらいの王様もあれはあれでいそうだし。これ、ほんと、シリーズ化してほしいです」

あぁ、とわたしは思った。ほめられたことへのうれしさよりもあせりが先に来た。

それはダメだよ、片岡さん。わたしのが先輩たちのよりいいわけないじゃない。友だちだからひいきしたと思われるじゃない。それはちょっと、よくないじゃない。

「すごいな綾瀬って、ほんと、感心しました。綾瀬が本を出してくれたら、わたし、買います。図書室に置いてくれたら、わたし、借ります」と、そんなことを片岡さんが言ったその次がD組のわたしの番。

②やりづらいなぁ、と思いつつ、わたしは予定どおり二日一部長の『ツバメ』を挙げた。家族の優しい気持ちがごく自然に伝わってきました、と言った。経験談ではあるのかもしれませんけど、ちゃんと小説としてもおもしろかったです。

そうね、と番場先生も言ってくれた。掃除は自分がやるから巣は壊さないでほしいと両親にお願いした主人公。主体的に動いたところがとてもよかったです。

一年生の感想発表が終わり、それからは二年生、三年生、と続いた。

二年A組の森内副部長は、やはり二日一部長の『ツバメ』を挙げたが、二年B組ガールズは三人ともその森内副部長の『シュート』を挙げた。

試合の肝心なところでフリースローを外してしまうバスケ部員の話だ。これも実際にバスケ部員である森内副部長の経験談だという。二本を二本とも決めていれば逆転で勝つことができたのに、森内先輩が二本とも外したためにチームは負けてしまったのだそうだ。

確かに悪くはなかった。が、わたしに言わせれば、『ツバメ』のほうが上だ。

『シュート』は、ただシュートを外しただけ。そういうこともあると示しただけ。その先がなかった。

でも『ツバメ』には先があった。主人公は、家に入ってきた蛾やクモなどの虫をなるべく外へ逃がそうとするようになるのだ。ツバメは守って虫は退治する、それもどうなのかと思って。なるべく、というところがよかった。そこに作者である二日一先輩の人間味が表れていた。

そして最後も最後。三年Ｄ組の二日一部長が何を挙げたかと言えば。まさかのこれ。

「ぼくも片岡さんと同じで、米山さんの『空を飛んだカメ』がおもしろかったです。すごく楽しめました。亀のかわいさもそうですけど、ハンスの人間としての弱さが印象に残りました。王様に戦争をやめてほしいのに、仕えてはいる。というか、仕えざるを得ない。例えば将来会社で働くようになったらそういうこともあるんだろうなと思いました。今度父に訊いてみようとも思いました。そんなふうに、亀のことだけじゃなく人間のことも書けてたので、とてもよかったです。ただ。ツバメが襲われてしまったのは、ちょっと残念でしたけど」

ａその最後の言葉でみんなが笑った。場が和んだ。

二日一くんの言うとおりだと思います、と番場先生は言った。亀のこと以外にハンスのことも描いたことで、物語に深みが出ました。川にぽちゃんと落ちて終わるラストも素敵でした。

参った。深み、だ。そんなことまったく考えていなかった。ハンスは、王様以外に人をもう一人出そうと思って出しただけ。ぽちゃんは、テレビのバラエティ番組で石によじ登れなかった亀が水に落ちたあの感じがよくてラストに書いただけ。

二日一部長は、たぶん、わたしと片岡さんの立場を考えて、『空を飛んだカメ』を挙げてくれた。わたしと同じ一年生の片岡さん一人がほめたままではよくないと思ったのだ。わたしたちがほかの先輩たちから睨まれたらよくない、と。

だから、部長の自分もほめることでそうならないようにした。ということなのだと思う。二日一部長。やはり優しい人なのだ。部長に適した人なのだ。番場先生もそれを感じていたから部長に任命したのかもしれない。

その意味でも、③二日一部長がそう言ってくれたのはすごくうれしかった。ただ、全員の発表が終わったときに初めて、片岡さんがほめてくれたのはもっとうれしかったことに気づいた。

この場で三年生の部長が一年生の作品を評価するより、一年生が同じ一年生の作品を評価するほうがずっと大変なのだ。片岡さんは無理せずそれをやった。『空を飛んだカメ』の王様が平和にあきたからよその国に戦争を仕掛けたのとはちがう。退屈だから二年生や三年生に戦争を仕掛けたわけではない。自分が思ったことを、ただ言ったのだ。

少なくともわたしにはそう聞こえた。聞いた瞬間は、あぁ、と思ってしまった。よくないとも思ってしまった。でも冷静に考えてみればそういうことだ。片岡さんはいつもの片岡さんとして動いた。ただそれだけ。

そして最後に番場先生が言った。

「みんな、小説を書いたのは初めてだと思うけど、よくがんばりました。二学期と三学期の第二作は十枚。次もがんばりましょう」

「死ぬ～」とまた片岡さん。

「書いたけど死ななかったじゃない」と番場先生。

「十枚は今度こそ死ぬ～」

「だいじょうぶ。十枚でも死にません」

「じゃあ、何枚なら死にますか？」

「何枚でも死にません。はい。じゃあ、これで一学期の創作文クラブは終了。みんな、先生は出しませんよ。生徒が死んでしまうような課題を、先生は出し期末テストがんばって」

二年B組の教室から出ると、いつものように、片岡さんと二人、一年生の教室に戻る。

〈中略〉

「あぁ」と片岡さんが言う。「何にしても、終わってよかった。まさか自分が小説を書くとはね。いや、書けてないか。書けてたのは綾瀬と部長ぐらいで」

「そんなことないよ。片岡さんのあれ、わたしはおもしろかったし」

「おぉ。と喜びたいとこだけど。綾瀬、それはひいきだよ。わたし、ひいきされたくない」

「ひいきじゃない。ほんとにおもしろいと思ったよ。最後、原稿用紙五枚じゃ事件は起きないよなっていうのとか、すごくおもしろいアイデアだと思った」

「ただの言い訳だよ。ちゃんと書けなかったことの言い訳。二学期三学期はあの倍書かなきゃいけないのかぁ。十枚じゃ、事件は起きちゃうよ」

「それを書いてよ。わたし読みたい」

「無理。思いつかないよ。先生がいないから言うけど。絶対死ぬ。余裕で死ぬね」

「ダメだよ、死んじゃ。片岡さん、それ言いすぎ。冗談でも死ぬとか言っちゃダメなの」

b片岡さんはちょっと驚いたような顔でわたしを見て、笑う。そして言う。

「でも、まあ、あれだ。ジャンケンで三回負けてよかったよ」

「何で?」

「決まってるじゃん。綾瀬と知り合えたから。すげ〜。わたし、未来の作家と友だちになった。と思ったもん」

「作家になんてなれないよ」

「いや、なれるでしょ。たぶん、綾瀬はあれなんだよ。えーと、ほら、何だっけ。そう。原石」

「ダイヤの?」

「あ、自分で言った」

「って、言わせたんじゃない」

「だから磨けば光んのよ。なら磨きなよ、綾瀬」

「何それ」

と言いながらも、④うれしかった。未来の作家とか原石とかがじゃなく、友だち、が。未来の作家と友だちになった、の、友だち、のほうが。

【文章Ⅱ】

中一のとき、わたしはジャンケンに負けて創作文クラブに入った。確か三回負けてそうなった。お手玉クラブとかかるたクラブとか、そんなのを希望してたのだ。

読んでたのは漫画だけ。小説なんて『トム・ソーヤーの冒険』しか読んだことがなかったわたしが創作文クラブ。まず、創作文、の意味がわからなかった。それが小説。そこはまさに小説を書く、書かされるクラブだったのだ。

その創作文クラブで、わたしは米山綾瀬と知り合った。cてっきり綾瀬もジャンケンに負けて来たのだろうと思ったら、ちがった。綾瀬は自ら希望してそのクラブに来てた。ジャンケンはしなかったという。希望者は一人だったからすんなり決まったのだ。

そこでは本当に小説を書かされた。何でもいいから書きなさいと担当の番場先生は言った。しかたなく、わたしは探偵小説を書いた。そういうのしか思いつかなかったのだ。

探偵の名前は、トム・ソーヤーからもらってトムにした。タイトルはこれ。『トムは冒険しない』。内容はそのまま。トムはまったく冒険しない。まず、事件が起きないのだ。金髪の秘書ルーシーと二人で事務所にいるだけ。そこでコーラを飲み、指にはめたとんがりコーンを食べてるだけ。日常を書けばいいと番場先生が言うのでそうした。日常なんてそんなもんだから。で、原稿用紙五枚じゃ事件は起きない、みたいなことを言わせて強引に終わらせた。わけのわからない話だ。

でも綾瀬は、［　X　］、と言ってくれた。まあ、頭のいい綾瀬なら思いつかないだろう。あまりにもバカバカし過ぎて。

その綾瀬は、『空を飛んだカメ』という小説を書いてきた。自分で書いた『トムは冒険しない』よりもはっきりと内容を覚えてる。そのもの、空を飛んだ亀の話だ。

いつもは川や川辺、つまり水や陸にいる亀が、空を飛んでみたいと思う。そこで知り合いのツバメに頼み、飛ばせてもらう。

その飛行中、ツバメは、人間の王様が飼ってた鷹に襲われる。

亀は、王様が乗ってた馬の背に落ちる。そして何故か気に入られ、家来になる。

城でまかされた仕事は、毎日パーティーをする王様のもとへワインを運ぶこと。ワインを注いだグラスを甲羅に載せて、王様に届けるのだ。

もちろん、そんなの無理。ワインはこぼれるし、グラスは割れる。でも亀はがんばる。同じ家来である人間のハンスと友だちになったりもする。

王様はパーティーをするだけでなく、よその国と戦争もしてる。ハンスたち国民はやめてほしいと思ってるが、そうは言えずにいる。と、亀にはそんなこともわかってくる。

初めて王様のもとへワインを運べた日。亀は夜空を眺めようと城の塔に上り、そうとは知らずに大砲の砲身のなかで休む。

で、翌朝、なかの砲弾とともに発射されてしまう。王様がよその国にその弾を撃ちこんだのだ。

砲弾に乗って、亀はまた空を飛ぶ。空はきれいだな、と思うが、ふと下の川に目を向け、砲弾から滑り降りる。そしてぽちゃんと川に落ちる。

と、そんな話。

すごくおもしろかった。同じ中一が書いたとはとても思えなかった。でも同じ中一が書いてるから、とても読みやすかった。

空はきれいだな、が印象に残った。すごいな、綾瀬。と感心した。本人にもそう言った。作家になれるよ、みたいなことも言った。

綾瀬は、わたしが行った高校より十以上偏差値が高い高校に行った。中学ではわたし同様帰宅部だったが、その高校では文芸部をつくったらしい。自分で部を立ち上げたのだ。興味がある人たちを集めて。

その高校時代もたまには会ってた。ハンバーガー屋さんで一緒にハンバーガーを食べたりした。わたしも綾瀬も好きだった、トマトが挟まってるやつだ。

そこでその文芸部の話を聞いた。わたしは特に驚かなかった。綾瀬なら当然、と思ったのだ。

「泉のおかげだよ」と綾瀬は言った。

「は？」

「泉が『空を飛んだカメ』をほめてくれたでしょ？　あれが自信になったの。だから部をつくれた。中学でもそうすればよかったと、あとで思ったよ」

「わたしじゃなくて、二日一先輩と番場先生にほめられたからでしょ。小説のことなんか何も知らないわたしのほめに意味はないよ」

「いや、⑤泉みたいな人にほめられたから自信になったんだよ」と綾瀬は真剣な顔で言った。

泉みたいな人、というのにちょっと笑った。わたしが笑ったのを見て、綾瀬も笑った。

（小野寺史宜『みつばの泉ちゃん』〈ポプラ社〉による）

問一　――線①「さすが部長。とわたしも感心した」とありますが、わたしは部長の作品のどのような点に感心したのですか。その説明として最もふさわしいものを次から選び、記号で答えなさい。

ア　ツバメの巣を撤去してしまったことへの後悔をきっかけに、人間が他の生命に対してどう振る舞うべきかという慈愛に満ちたテーマにまで発展させている点。

イ　フンの掃除を自ら請け負う代わりに巣を残して欲しいと頼む主人公のやさしさと、その願いを受け入れ共に雛を見守る家族のやさしさとが描けている点。

ウ　ツバメの雛が飛び立つのを見守ってから巣を撤去するやさしさが表れているだけでなく、その経験を通して他の生き物のことを考えるようになった変化まで描いている点。

エ　ツバメの雛が飛び立つのを待つやさしさだけでなく、来年のことを考えて巣を残しておくべきだったという後悔の思いを述べるやさしさも描いている点。

問二　――線②「やりづらいなぁ」とありますが、ここでのわたしの状態の説明として最もふさわしいものを次から選び、記号で答えなさい。

ア　片岡さんが自分の作品を過剰に褒めたために、周りから注目を浴びているかのように感じてしまい、これからする自分の発表に余計に緊張している。

イ　片岡さんが先輩の作品を差し置いて自分の作品を褒めたため、ひいきされたように周りから見られているのではないかと考え、いたたまれなさを感じている。

ウ　片岡さんが、友人であるという理由から自分の作品を優先して褒めたために、先輩たちの反感を買ってしまったのではないかと慎ましくなっている。

エ　片岡さんが予想外に自分の作品を褒めてくれたために、その嬉しさが込み上げてきていつもの冷静さを保つことができず、気持ちが浮ついている。

問三　――線③「二日一部長がそう言ってくれたのはすごくうれしかった」とありますが、このようにわたしが感じたのはなぜですか。その説明として最もふさわしいものを次から選び、記号で答えなさい。

ア　片岡さんがわたしの作品を褒めてくれたことに加えて、部長までもが作品を褒めてくれたため、恥ずかしくもあるが自分の作品に自信を持てるようになったから。

イ　部長がわたしの作品をおもしろかったと言ったのは、部員の上級生と下級生を平等に扱おうと配慮する気持ちがあるためだとわかり、そのやさしさに感動したから。
ウ　部員同士の争いごとが起こらないように配慮ができるほどやさしく、人柄として尊敬できる部長から自分の作品を褒められ、自分も部員として認められた気がしたから。
エ　部長がわたしの作品を褒めたのは、同じ中学一年生であるわたしの作品を褒めた片岡さんへの、先輩たちからの反感を和らげようと配慮してくれたためだと考えたから。

問四　――線④「うれしかった」とありますが、ここでのわたしの心情の説明として最もふさわしいものを次から選び、記号で答えなさい。
ア　片岡さんの発言の中で自然と自分を友だちだと考えてくれていることがわかり、関係を築けたことを喜んでいる。
イ　片岡さんの発言の中で自分の将来を期待してくれていることがわかり、友だちから応援される喜びを感じている。
ウ　片岡さんの発言の中で自分との出会いを誇りに思っていることがわかり、クラブに入って良かったと思っている。
エ　片岡さんの発言の中で自然に冗談を言い合える関係だと考えていることがわかり、友だちができたことを喜んでいる。

問五　X　に当てはまる言葉を【文章Ⅰ】から十五字以上二十字以内で抜き出しなさい。

問六　――線⑤「泉みたいな人にほめられたから自信になった」とありますが、どういうことですか。【文章Ⅰ】の内容も踏まえ、七十字以上九十字以内で説明しなさい。

問七　波線部a～dそれぞれの説明としてふさわしくないものを次から選び、記号で答えなさい。
ア　a「その最後の言葉でみんなが笑った」は、綾瀬の小説に出てくるツバメと、自身の小説に出てくるツバメを重ねることで冗談めかした発言となっている。
イ　b「片岡さんはちょっと驚いたような顔でわたしを見て、笑う」からは、軽はずみな発言に対して、しっかりと向き合って注意してくれた綾瀬への好感が読み取れる。
ウ　c「てっきり綾瀬もジャンケンに負けて来たのだろうと思った」には、仕方なく創作文クラブに入ることになったという自身の経緯を他者にも重ね合わせる泉の思考が表れている。
エ　d「亀にはそんなこともわかってくる」には、人間社会のあり方を理解していく亀を描くことで物語に深みを持たせようとする綾瀬の意図が表れている。

四　次の文章を読み、後の問に答えなさい。
最初に問題を整理しておこう。
伝統的な友情観――すなわち、互いに自律した個人の間で交わされる、古代ギリシャに由来する男性的な友情――において、友達同士が互いを「わかり合う」ことができるのは、「私」が自分と似た人間と友達になるからだ。そのように自分と似た人間と友達になるために、「私」は自分が何者であるかを理解しなければならない。「私」が自分のことを理解していなければ、友達が自分に似ていることもまたわからないからである。友達と「わかり合う」ためには自分のことが「わかる」のでなければならない。たとえばアリストテレスは、自分自身と友達になることから、他者と友達になることが可能になる、と考えていたが、それは自分のことが「わかる」からこそ他者のことも「わかる」というロジックである。

それでは、そもそも「わかる」ということ――理解すること、あるいは認識すること――とは、いったい何を意味しているのだろうか。それに対してニーチェは次のように答える。[A]人間が何かを認識するということは、①未知のものを既知のものに置き換えることである。

どういうことだろうか。

たとえば、「私」がドイツに旅行して、そこでシュニッツェルという未知の料理と遭遇したとする。「私」にとってそれは人生ではじめて出会うものであり、食べてみるまでどんな味かわからない。つまり認識できない。しかし、それを一口食べると、その食感や食材の調理法から、「このシュニッツェルというのは要するにトンカツのようなものだ」と「私」は判断する。このとき、「私」はシュニッツェルという未知の対象を、トンカツという既知の対象に置き換えたことになる。それによって、「私」はシュニッツェルという料理に対する認識を獲得するのである(余談になるが、シュニッツェルは黒ビールとよく合う料理なので、ドイツに旅行された際は是非ご賞味されたい)。

認識するということは、未知を既知に置き換えることだ。そしてそれが意味しているのは、未知のものがもっている新しさを、既知のものによって否定する、ということである。認識することによって、対象は自分がすでに知っているもの、見たことがあるもの、よくある他のものへと変換されてしまう。トンカツとして認識されてしまったら、シュニッツェルの味わいの新鮮さは薄らいでしまうに違いない。そのようにして、認識は対象を陳腐なものにしてしまうのである。

このような意味での認識の働きが、シュニッツェルではなく、自分に向けられるとき、何が起きるのだろうか。

「私」が自分を認識するということは、自分のなかにある未知なものを否定し、それを既知なものへと置き換えることを意味する。素直に考えればそうなる。そしてニーチェは、②そうした自己認識は必ず失敗する、と考える。なぜなら人間は、そもそも自分が何を考え、何を望んでいるのかを、自分でほとんど意識することができないからだ。ニーチェによれば、人間は、自分でも気づかないままに、様々なことを考え続けているのであり、そこには自分でも意識することのできない未知の部分が潜んでいる。そうであるにもかかわらず、自分のことをわかった気になることは、自分のことを誤解し、それどころか自分を陳腐なものへと貶《おとし》めることを意味するのだ。ニーチェは次のように説明する。

[…] われわれ各人は、自己自身を個人としてできる限り理解し、「自己自身を知る」ことに努める意欲をもってはいても、結局のところは、自分の中の非個性的なもの、「平均的なもの」ばかりを意識することになる。

(『喜ばしき知恵』)

このような③逆説は、受験や就職活動において、自己アピールをしたり、自己分析をしたりしたことがある人なら、誰でも経験することだろう。他人とは異なる自分のオリジナリティを説明しようとすればするほど、出てくる言葉はどこかで聞いたことがあるようなもの、似たり寄ったりなものになってしまう。ニーチェはすべての人間がかけがえのない存在であり、根本的なオリジナリティを持っていると考える。［B］、それを自分で認識できたと思い込んだ瞬間に、そうした個性は既知の「平均的なもの」に置き換えられ、失われてしまうのである。

［C］そうした自分の個性が、ずっと同じであり続けるとは限らないし、それどころか一つであるとも限らない。人間は、状況の変化によって性格が変わることもあるし、あるいは同時に矛盾する二つの考え方を持ち、それらが自分のなかでせめぎ合うこともある。このような特性もまた、自分を認識しようとした途端に、覆い隠されてしまうのである。

人間には、自分でも気づいていない個性があり、その個性は変わりうるものであり、そして多様でもありうる。このような考え方は、人間の人格のうちに、単一で、不変で、誰にでも理解できるような個性があることを否定するものである。人間には自分のことなど認識できない。そうである以上、「私」が自分には自分を誤解することしかできない。「私」はその他者のことも同じように誤解してしまう。こうした発想は、友達を「もう一人の私」として説明したアリストテレスの友情論を、④その根本から批判するものである。

このことは、決して、本来なら「私」は他者を理解できるはずなのに、誤解してしまう、ということを意味するわけではない。そもそも私たちには原理的に他者が理解できないのだ。［D］、「私」がどんなに友達のことをわかった気になっていても、友達には、「私」からは決して見ることのできない、決して知る由もない部分が潜んでいる。ニーチェは次のように述べる。

友人について。──まぁ一度君自身を相手によく考えてみるがいい、もっとも親しい知人の間でさえ、どんなに感覚が違うか、どんなに意見がわかれているかを、同じ意見でさえ君の友人の頭の中では君の頭の中とは、どんなにまるでちがった位置や強さをもっているかを、誤解や敵意ある離反へのきっかけが、どんなに多様に現われてくるかを。

（『人間的、あまりに人間的』）

ずいぶん辛辣な意見のように聞こえるかも知れない。夢も希望もない、人間らしいやさしさを欠いた考え方のように思われるかも知れない。

［X］

そしてこのことは、「私」が友達から理解される場面にも当てはまる。「私」は友達から常に誤解されている。「あなたってこういう人だよね」と友達から認識されることがあっても、「私」のなかには、その認識から零れ落ちるものが溢れかえっているからだ。

「私」は友達を誤解せざるをえないし、友達も「私」を誤解せざるをえない。友達同士が「わかり合う」などということは、幻想に過ぎない。そうであるにもかかわらず、私たちがわかり合える関係を友情の理想として捉えるのなら、その幻想は、それによって互いの個性を傷つけあい、相手に対する不信感を抱かせるような、息苦しい関係をもたらす。ニーチェの友情論からこのように考えることができるだろう。

では、友達とはわかり合えないという現実に対して、私たちはどのような態度を取ればよいのだろうか。ニーチェは一つの実践的なアドバイスを示している。それは、友達を⑤「軽く視る」ということである。

「軽く視る」ということは、友達を蔑ろにすることではない。そうではなく、友達との相互理解に負荷をかけないようにする、そこに寄りかからないようにする、ということだ。たしかに友達は「私」が理解しているのとは違う人間かも知れない、しかし、そうであったとしても何も問題ではない、そんなことはどうでもよい、という心構えで、友達と関わることだ。そのような心構えがあれば、友達とわかり合えないのだとしても、それは友情にとって支障にならない。ニーチェの人間観に従う限り、友情とはそうした軽やかな関係として理解されるべきなのである。

（戸谷洋志『友情を哲学する　七人の哲学者たちの友情観』〈光文社新書〉による）

問一　［A］～［D］に当てはまる語を次からそれぞれ選び、記号で答えなさい。

ア　しかも　　イ　しかし　　ウ　すなわち　　エ　たとえ

問二　――線①「未知のものを既知のものに置き換える」とありますが、これはどのようなことを意味すると述べられていますか。最もふさわしいものを次から一つ選び、記号で答えなさい。

ア　新たなものに対し自分がすでに知っている何かに修正して考えることで、認識を獲得するということ。

イ　初めて出会うものに対しすでに出会ったものに置き換えることで、未知として承認するということ。

ウ　未だ知らない対象を自分がすでに知っているものに置き換えることで、その新鮮さを否定するということ。

エ　未知の持つ新しさは肯定しつつも、既知の部分を他のものと入れ替えることで、未知を否定するということ。

問三　――線②「そうした自己認識は必ず失敗する」とありますが、その理由として最もふさわしいものを次から一つ選び、記号で答えなさい。

ア　自分の中の未知を既知のものに代替する認識では、他者が自分をどう捉えるかを考えることができないから。

イ　自分の中の未知を既知のものに変換する認識では、潜在的な未知の部分を考慮することができないから。

ウ　自分の中の未知を既知のものに改善する認識では、自分では意識できていない自分を捉えられないから。

エ　自分の中の未知を既知のものに変革する認識では、複数ありうるはずの個性を認識することができないから。

問四　――線③「逆説」とありますが、その内容の説明として最もふさわしいものを次から一つ選び、記号で答えなさい。

ア　自分自身の個性を意識しようとすると、他者と同じ所ばかり目につくようになること。

イ　個性的なものを避けようとするため、結局は他人と同じような個性にしかならないこと。

ウ　未知の自分を探すことをあきらめ、既知の自分に当てはめることで自分を捉えること。

エ　周囲の他者の真似をするばかりで、自分のオリジナリティを見失ってしまうこと。

問五　――線④「その根本から批判するものである」とありますが、そのように言えるのはなぜですか。アリストテレスとニーチェの友情論を踏まえて、七十五字以上百字以内で答えなさい。

問六　X　に当てはまる以下のア～エを正しい順番に並び替えたとき、四番目にくるのはどれですか。記号で答えなさい。

ア　それによって、友達はどこにでもいる平凡な人、他の人と交換可能な陳腐なものへと貶められる。それはシュニッツェルをトンカツと呼ぶことと変わらない。

イ　友達の個性を尊重しているようで、実は否定しているのである。

ウ　しかし、ニーチェの立場に従うなら、本当は友達を誤解しているのに、友達をわかった気になることの方が、はるかに友達に対して失礼な態度ということになる。

エ　なぜなら、そのように友達をわかった気になることによって、「私」は友達がもつ未知の部分を否定し、既知のものに置き換えてしまうからである。

問七　――線⑤「軽く視る」とありますが、その説明として最もふさわしいものを次から一つ選び、記号で答えなさい。

ア　友達から誤解されることを気にせず、自分の理解にも誤解が混じることを了承してもらった上で関係を築くこと。

イ　完全な相互理解など幻想であることを前提とし、いかに負担を減らした関係を結べるかをお互いに熟慮すること。

ウ　人間がお互いに分かり合えることに期待せず、友達も結局は自分を理解し得ない他人に過ぎないと考えること。

エ　お互いの認識のずれを認め合いながら、友人関係においてそのずれは重く考えるべきではないと理解すること。

法政大学中学校(第一回)

—50分—

一　次の文章を読んで、後の問いに答えなさい。

今日の三、四時間目、運動会の組体操について話し合いがあった。桜丘タワーをやるのか、やらないのか。意見はまとまらず、そのせいで帰りの会が長引いた。青木も①わたしも、それから同じ塾に通っている佐藤杏子も、今日の授業はそろって遅刻だろう。いや、佐藤は母親が車で送ることも多いから、もしかしたらもう到着しているかもしれない。

全力疾走の青木の姿は、すでに視界から消えてしまった。青木が急いでいるのは、授業の最初のテストが受けられないとシールをもらえないからだろう。背が高くて眼鏡の顔が思慮深そうにも見える青木だが、②しょせんはお子ちゃまだ。澪は速度を変えずに改札を通過し、エスカレーターで［　A　］とホームまであがった。

ホームに佇む青木の姿があった。すんでのところで前の電車に行かれてしまったようだ。青木は、「あ」という顔をして澪を見た。澪はちいさく会釈し、ちょうどホームに入ってきた電車に、青木とは別のドアから乗った。

扉の横に立ち、リュックから漢字テスト用の練習プリントをとりだした。今日のテストに向けて最終確認をしておこう。構想、a容易、準備、肥満、再起。一度間違えた漢字にだけチェックがついている。そこだけ確認しておけばよい。構想、容易、準備、肥満、再起……。間違えたところにはしっかりシルシをしなさい。母に何度も言われたことだ。

ふと顔を上げると、民家が中心の平べったい街並みが振動とともに後ろへ後ろへ流されて、その向こうに薄くのばしたようなグレーの雲があった。

雲は町全体を覆っていて、太陽光をゆるやかに遮っていた。

澪は漢字のプリントを手にしたまま、ぼんやりと外を眺めていた。

この景色を見ると、澪はいつも不思議な気分になった。どの家にも窓がある。窓の中には人がいる。わたしが一生会うことのない人々。その全員がそれぞれ違う小学校や中学校や高校や大学に通っている。お父さんもいるだろうし、お母さんもいるだろう。皆、別々の会社に勤めていて、別々の生活がある。いりくんだ世界のあちこちに、無数の人生があるのだと思うと、澪は③奇妙な安堵をおぼえた。自分はその無数の人生の中のひとつなのだ。だったら、特別なものでなくてもいいはずだ。そんなふうに思うことで、澪の気持ちはいつも少しだけ軽くなる。

「安田さん」

ふいに肩の後ろから声をかけられた。青木だった。

澪はびっくりしたが、顔に出さず、「何」と静かに訊いた。

「反対に手を挙げてたよね」

青木が言った。

挨拶もなく、ぶしつけに本題に入る青木のこどもっぽさに、澪は内心でいらだった。無表情のまま見返すと、

「俺も反対した」

と青木は言った。

「知ってる」

桜丘タワー、みんなが「人間タワー」と呼んでいる、組体操の演目の

ことだ。

澪は人間タワーを見たことがない。この春、都心のタワーマンションからこの町に引っ越してきたばかりなので、去年の運動会に参加していないからだ。桜丘小の伝統だとか、一度見たら忘れられないとか、皆が異様にほめたたえるけれど、どんなものなのかイメージがわかないし、内心で、特別な訓練を受けているわけでもない小学生たちが作るものなどタカが知れてると思っているから、さほど興味も湧かない。

「青木くん、タワー練習の最後に手を挙げてたよね。反対意見、言おうとしてたんでしょ」

澪が言うと、青木の目に共感を迫るような色が浮かんだ。

「うん。そうなんだよ。なのに、デベソたちがうるさくて、発言できなかった」

「でべそ？」

「出畑のことだよ」

「あだ名、だめなんでしょ」

「みんな言ってるよ。幼稚園の時から。あいつ実際デベソだし」

「青木くん、なんで反対意見を帰りの会で言わなかったの」

「言っても無駄だよ。あいつら、聞く耳持たないじゃん。近藤とかさ」

「ふうん」

「でも俺、今日のアンケートに意見書いたから」

得意げに、青木は胸を張る。

「どんな意見？」

「どんなっていうか、反対意見だよ、もちろん。今、テレビでも組体操の事故のニュースとかやってるじゃん。知らない？　自治体の中では組体操禁止にしようってところもあるし、二百キロの負荷がかかるっていう話もあるし。それなのにあんなでかいタワーを作るっていうのが、時代に逆行しているっていうこと。危ないだろ。何かあったら、誰が責任とるの。俺たち受験するのにさ、もし右手を怪我したら、責任とれるの。もちろんそんなこと、そのまま書かないけどね。もっとマイルドに書いた。受験の内申書に差し障らない程度に、うまくさ」

「ふうん」

「でも、どうせ俺の意見なんか無視されて、やることになるんだろうな、タワー。沖田はやる気マックスだし、あとのふたりは沖田の部下だし、デベソとか近藤とか、あいつら死ぬほどばかだし」

④「ばかは『悪い言葉』だよ」

「学校の外でなら言ってもいいんだよ」

「ふうん」

電車が塾のb最寄り駅に到着した。青木と澪は一緒におりて、ホームを歩いた。

「安田さんさー、引っ越してきて、桜丘小ってレベル低いと思わなかった？」

青木が訊いてきた。

「レベル？」

「今日の話し合い、すげーレベル低かったな。俺が応援団長だから何？　応援団長は絶対に人間タワーに賛成しなきゃいけないのかよ。言論統制かよ。そんな決まりあるのかよ」

澪の肩のあたりを眺めながらひとりで［B］不満を言っている青木に、澪は、

「青木くんは桜丘小以外の学校を知ってるの」

と訊いてみた。

「どういう意味」

「転校とか、したことあるの」

「ない」

「そう」

澪は、青木をほほえましく感じた。おそらくは親の受け売りだろう内容をとくとくと喋って満足しているが、いきがったところで世間を知らないのだ。⑤自分の学校がどれだけましか、分かっていない。

澪は桜丘小が好きだ。秩序があり、統制が取れている。みんなが先生の言うことに従う。どの小学校もそうだと思ったら大間違いだ。

澪は転校してきた当初、用心しながらあたりを見まわして過ごしていた。だから、六年一組の人間関係については誰より詳しいかもしれない。男子は権力が分散していてあくどい子はいないし、女子も見た目が華やかな近藤蝶をトップに緩やかなカーストがあるといえばあるけれど、その近藤自体がさしで話してみたら、少しばかり自己顕示欲が強いだけの、まじめな子だったから、いじめとか、変な方向にはいかなそうだ。暴力沙汰は起こらないし、先生に暴言を吐く子もいない。

前の学校には怖い子がいた。常に獲物を探していて、誰かを傷つけることをよろこぶような子。澪はそういう子を見抜くのが昔から早かったし、そういう子の目から隠れて生きるのが得意だったから、あまりひどい目に遭うことはなかった。だけど、クラスのいじめを見て見ぬふりをすることに、心はすっかり疲れていた。

怖い子がいないだけではない。桜丘小は授業中に歩き回るような子がいない。テスト用紙をまるめて投げる子がいない。授業の始まりのチャイムが鳴ると、皆ちゃんと席につく。掃除の時間だって、たまにふざける男子はいるが、おおむねみんなきちんとやっている。誰かに押しつけてサボる子がいない。前の学校では、考えられないことだった。

「桜丘小はすごくいい学校だと思うよ。話し合いになっても、憲法があるから悪い言葉を言う子がいないよね。それだけでもすごいことだと思う」

「そうかなぁ」

あんなに貶《けな》していたのに、自分の学校を褒められると青木はくすぐったそうな顔をする。

「桜丘憲法ってさ、塾のやつらに日本国憲法の真似じゃんて、ばかにされたけどな」

「いい憲法だと思うよ」

本心だった。前の学校の先生に、こういうやり方があるんだよ、と教えてあげたかった。学校で憲法を作って、一年生の時からきちんと守らせれば、学級崩壊になんてならなかったかもしれない。

桜丘憲法の中では、児童が決して使ってはいけない「悪い言葉」が毎年、五つ決まっている。今年は、きもい、うざい、ぶす、しね、ばか。こどもたちにアンケートを取って毎年選び直している。その言葉を使った瞬間、どんな状況であったとしても、校長室に呼ばれて、親にも報告がいくことになっているので、皆、言わないように気をつけている。うっかり言ってしまったら、すぐに謝る。先生によっては居残りになることもある。他にも、あだ名をつけることや呼び捨てにすることを禁止しているし、健康な時に友達に自分の持ち物を持たせることも禁止。友達の教科書やノートに書き込みをするのも禁止。見方を変えれば規則でがんじがらめなのだけれど、むしろ小学生はがんじがらめにされるべきだと澪は思う。解き放たれた獣みたいなこどもたちがどんなに残酷か、前の学校でさんざん見てきた。

だけども、今日の話し合いで、澪は落胆した。

沖田先生が、熱しやすく単純な男子をうまく利用して、やりたくない派の子たちを吊し上げたのだ。

澪は、規律をしっかり守らせる沖田先生の統率c力を気に入っていたから、その沖田先生の汚いところを見てしまったように感じて、暗澹《あんたん》とした気持ちになった。と同時に、沖田先生がこれほどタワーを作りたがっているのに、[C]と「反対」に手を挙げてしまったことを悔やんだ。今日、母親からの手紙を沖田先生に渡さなくて良かったと、心から思った。

「国貞がばかなことを言ったせいで、賛成派を勢いづかせたと思わない？」

青木は顔をしかめて言った。

「おまけに泣き出すしさ。あいつ、ディベートのやり方、分かってないな。痛いとか重いとか、主観的なことばっかり言うんじゃなくて、組体操の事故が何件起きているとか、ある自治体は組体操を禁止したとか、客観的な事実を言えば良かったんだよ」

「そうかな。わたしは、どんな客観的な事実より、⑥国貞さんの言ったことが、人間タワーの本質をついていたと思うけど」

「あれが、本質？」

青木が薄ら笑いを浮かべた。

「うん。そう思う。国貞さんが『下は重くて痛い』って言ったら、『上にのるのだって怖いんだよ』って言い返した子たちがいたけれど、『痛い』と『怖い』は別物だもの。『痛い』は肉体的なもので、『怖い』は精神的なものでしょ」

「だから？」

「その二つは比べられないっていうこと」

「そうかなあ」

「あとね、国貞さんが言っていたとおり、土台になる下の人は、上の人に、やられっぱなしだよ。何もできない。背中を[D]揺するとかできるけど、それで万が一潰れちゃったら、自分の方が怪我するでしょ。だから、下の人は平たくて丈夫な背中をただ上の人のために差し出さなきゃならない。重くて、痛いのに。でも、上の人は、自分の気持ちひとつで、どんなふうにものれるでしょ。思いやりをもってそっとのることもできるし、わざと踏みつけることもできる。上の人には選択肢がある。下の人にはそれがない。圧倒的に、上にのる人が有利だよ。そういう仕組みになってるんだよ、人間がつくるピラミッドって」

青木が急に立ち止まった。青木はまっすぐ澪を見ていた。薄ら笑いが消えていた。

「すげえ。安田さん、それ、みんなの前で言えばよかったのに」

青木は真顔でそう言った。

青木の意外な素直さに動揺して、「言わないよ。わたしは上にのる側だから」⑦つっけんどんに澪は言った。

とたん、大きな声で、

「ひどいな、おまえ！」

青木は言った。

澪は慌てたが、青木は笑っていた。その笑顔は、さっぱりしていて、裏がなかった。だから澪は安心して、

「わたしは人間タワーには反対だけど、⑧人間タワーをやらないことにも反対」

と言った。

「は？　どういうこと？」

「今日の話し合いで、出畑くんや近藤さんの発言を聞いてたら……」

「デベソは単細胞なんだよ。近藤はうるさいだけで頭悪いし。去年、骨折した子がいるから今年はやらないだろうって、うちのお母さん言ってた。国貞の親も反対してるらしいし」

「だけどさ、青木くんは応援団長でしょ。国貞さんも選抜リレーの選手。運動会って、だいたい体が大きい子の方が、活躍の場があるじゃない。わたしとか出畑くんみたいな小さい子のほうが目立てる種目がちょっとはあってもいいんじゃないかって気もしない？」

そう言うと、青木はまた、黒目をふちどる白い部分が丸く見開かれるような、漫画みたいな顔をして、

「安田さんて、志望校どこなの」

と訊いてきた。

「え？」

脈絡のない質問に、澪の顔はひきつった。青木の目に邪気はない。澪はこわばったd口角をなんとか持ち上げ、苦笑いに変えて、

「何、急に。そんなのまだ決まってないよ」

と言った。

「安田さん、言うことが天才的だから、すごいところ受かりそうだな」

青木は言った。

澪は、思ったことをすぐ口にする青木のこどもっぽさに呆れた。

「じゃあ青木くんはどこなの」

そう訊くと、青木はするりと難関校を挙げた。

「ふうん」

としか、澪は言えなかった。

通りを曲がると塾の看板が見えた。青木ははっとした顔になった。

「やべえ、もう始まってるじゃん。走ろうぜ」

澪が首をふると、青木は「じゃ、俺行くから」と短く言って、躊躇《ちゅうちょ》なく澪をおいて駆けて行った。

（朝比奈あすか『人間タワー』〈文藝春秋〉より）

問一　――部①「わたし」の名前をフルネームで答えなさい。

問二　――部②「しょせんはお子ちゃまだ」とありますが、そのように思った根拠となる一文を本文中から抜き出し、最初と最後の六字を答えなさい（句点も一字とします）。

問三　――部③「奇妙な安堵」とありますが、これを説明したものとして最も適切なものを次の中から選び、記号で答えなさい。

ア　たくさんの家や、それぞれの家にそれぞれの家庭や生活があることを思うと、自分が特別な人間でなくても構わないのだと安心している。

イ　たくさんの家や、それぞれの家に住む人々がいることを考えると、自分は他のみんなとは違う特別な人間なのだと思えて安心している。

ウ　たくさんの家や、それぞれの家に住む人がいるということを考えるのはいつものことで、今日もいつもと同じ日常が過ごせるのだと

安心している。

エ　たくさんの家があり、それぞれの家に住んでいる人たちとは一生会うことはないが、想像をするだけで交流しているような気になれて安心している。

問四　――部④「ばかは『悪い言葉』だよ」とありますが、「わたし」がこのように言うのはなぜですか。その理由を本文中の言葉を使って五十字以内で説明しなさい（句読点や記号も一字とします）。

問五　――部⑤「自分の学校がどれだけましか」とありますが、澪が前にいた小学校の子どもたちはどのように表現されていますか。「～子どもたち」に続く形で、本文中から十一字で抜き出して答えなさい。

問六　――部⑥「国貞さんの言ったことが、人間タワーの本質をついていた」とありますが、澪の考える「人間タワーの本質」とはどういうことですか。それを説明した次の文章中の［Ⅰ］～［Ⅳ］にあてはまる言葉を答えなさい。ただし、適切な言葉が必ずしも本文中にあるとは限りません。

> 人間タワーの上にのる人は優しくのったりわざと踏みつけるようにのったりする［Ⅰ］がある。しかし、下の人は重くて痛くてもタワーが潰れてしまうと［Ⅱ］をするので、［Ⅲ］するしかない。だから上にのる人の方が［Ⅳ］にできているということ。

問七　――部⑦「つっけんどんに澪は言った」とありますが、「つっけんどんに」という言葉の意味に最も近い言葉を次の中から選び、記号で答えなさい。

ア　無表情　　イ　無細工　　ウ　無気力　　エ　無愛想

問八　――部⑧「人間タワーをやらないことにも反対」なのはなぜですか。その理由として最も適切なものを次の中から選び、記号で答えなさい。

ア　タワーの下になる人のつらさを解消する方法があるから。

イ　実際にはタワーの上にのる人も下の人も大変だから。

ウ　自分のような体の小さな人でも活躍できる場は必要だから。

エ　世間がタワーに反対しているとあえてやりたくなるから。

問九　［Ａ］～［Ｄ］にあてはまる言葉として適切なものを次の中からそれぞれ選び、記号で答えなさい。ただし、同じ記号は一度しか使えません。

ア　うかうか　　イ　ぶつぶつ　　ウ　ぐらぐら　　エ　ゆるゆる

問十　＝＝部a～dの漢字の読みを書きなさい。

a　容易　　b　最寄り　　c　統率　　d　口角

［二］　次の文章を読んで、後の問いに答えなさい。

新型コロナウイルスの感染を避け、私たちがいのちを守るために大切にしなければならないと悟《さと》らされたのは、密閉、密集、密接の三密を避けるということです。新型コロナウイルス感染症禍の中で、私たち人間は〝三密〟を避ける行動を実践しました。

この言葉は、二〇二〇年の流行語大賞に選ばれました。そして、毎年、年の暮れには、その年を象徴する漢字一文字が発表され、京都市東山区にある清水寺の貫主《かんす》によって揮毫《きごう》*1されるのですが、二〇二〇年は、〝密〟という文字になりました。

植物に目を向けてみると、植物はそもそも〝密〟を絶対に避ける生き方をしているのです。ここでは、〝三密〟を避けて、いのちを守り暮らしている三つの事象を紹介します。

一つ目は、空間における〝密〟を避けることについてです。まず、発芽という現象についてです。

植物には、カタバミやホウセンカのように、自分でタネを飛ばすものがいます。タンポポやモミジのように、風に乗せてタネを遠くへ運ばせるものもいます。オナモミやイノコズチのように、動物のからだにくっついて移動するものもいます。［①］タネは、そのようにしてまき散らすことができます。

これは、植物たちが、生育地を広げるとともに、発芽するときの〝密〟の状態を避けるためです。タネが移動しなければ、親のそばでつくられたタネが、②〝密〟の状態で発芽しなければなりません。

しかし、カキやビワのように、木にできる重いタネは、容易に移動することができません。そのまま親のまわりに落ちて、〝密〟の状態になります。そうならないために、動物にタネを広い範囲にまき散らしてもらうことは、重いタネをつくる植物たちにとって大切なのです。

ですから、果実をつくる植物たちは、「動物に果実を食べてほしい」と思っているはずです。そのために、おいしい果実を準備するのです。タネができあがったころに、おいしそうな色になって、動物に食べてもらえるように「もうおいしくなっているよ」とアピールするのです。

私たちが、植物を栽培する場合も、〝密〟を避けます。たとえば、同じ種類の植物を栽培するときには、小さいタネなら、一ヵ所に多くがまかれます。発芽してくると、小さい芽生えが〝密〟になります。そのまま、〝密〟の状態では、芽生えが育つはずはありません。光や水や養分などの奪い合いがおこるからです。そこで、元気に育ちそうな芽生えを残し、他の芽生えを抜いて、〝密〟の状態を解消します。この作業は、「間引き」といわれます。

私たちは、植物を栽培する場合、一定の面積であれば、栽培できる本数は、経験的に知っています。ですから、それに合わせて、栽培する株の本数を決めます。そのため、タネをまく場合には、「何センチメートル離してまきなさい」とか、苗を植える場合には、「何センチメートル離して植えなさい」とかいわれるのです。

ところが、せっかく栽培するのだから、③「同じ面積に、たとえば、四倍の本数の株を栽培すれば、四倍の収穫量が得られるだろうか」と欲張ったことを考えることもあります。四倍の収穫量を得るために、すべての芽生えにまんべんなく光が当たるようにし、水も養分も不足しないようにして、育ててみます。

植物が芽生えのときには、すべての芽生えに光を当てることはaカノウかもしれません。［A］、芽生えが成長し、葉っぱが大きくなると、密に隣り合わせになった株は、陰ができてしまいます。また、土に水や養分が十分にあったとしても、根が伸びて隣の株の根と、水や養分の奪い合いがおこります。

その結果、生き残る株の本数は減ります。もし、すべての株が何とか成長したとしても、各個体の葉や根、茎やbミキの成長が抑えられます。［B］、生産されるタネの数が減ります。その結果、すべての株が枯れずに育ったとしても、収穫量は四倍にはなりません。

四倍の芽生えを苦労して育てたとしても、四分の一の芽生えの本数でりっぱに育った場合と、ほぼ収穫量は同じになるのです。一定の面積で、得られる葉や根、茎やミキ、生産できるタネの数などは、ほぼ一定になるように決まっているのです。

間引きによる〝密〟の状態の解消は、植物たち自身で行われることもあります。ある種類の植物が〝密〟の状態で生育をはじめると、光や水や養分などの奪い合いの生存競争がおこります。その結果、競争にcヤブれた個体は、生育が悪くなって、やがて枯死していきます。

二つ目は、ハチやチョウを誘う競争においての④〝密〟を避ける工夫です。植物たちにとっては、子ども(タネ)をつくるための相手に、花粉を運んでくれるのは、主にハチやチョウなどの虫なのです。そのため、植物たちは、花の中にハチやチョウを誘い込まなければなりません。そこで、多くの花は、美しい色で装い、いい香りを放ち、おいしい蜜を準備して、懸命にハチやチョウを誘い込む努力をします。

もし、すべての植物が同じ季節にいっせいに花を咲かせたら、花粉を運んでくれるハチやチョウを誘い込む競争はとてつもなく激しくなります。これは、〝密〟の状態です。

そこで、植物たちは、他の種類の植物と、開花する月日を少し〝ずらす〟という知恵をはたらかせます。多くの植物が花を〝密〟に咲かせるのを避けるためです。これを人間が観察して表したものが、「花ごよみ」です。

花ごよみは、各月ごとに、どのような草花や樹木が花を咲かせるかが記述されたものです。［C］、春に咲くサクラ、コブシ、ボケ、ハナミズキ、フジ、ツツジなども、同じ地域で少しずつ、開花の時期がずれています。開花の時期を少しずつずらして〝密〟の状態を避けているのです。

そうはいっても、同じ季節や同じ月日に、多くの植物が開花します。すると、ハチやチョウなどを誘い込む競争が激しくなります。そこで、植物たちは種類ごとに、「月日」だけではなく、開花する「時刻」もずらすという知恵を思いつきました。

たとえば、⑤アサガオは、夏の朝早くに、花を咲かせます。この植物は、季節だけでなく、時刻もずらして〝密〟を避けているのです。他の花がまだ咲いていない時刻なら、ハチやチョウを誘い込みやすいからです。

夏の夕方遅くに咲くツキミソウ、夜一〇時ころに咲くゲッカビジンなども、同様の作戦で〝密〟を避けて生き残ろうとしています。私たち人間でいえば、朝の通勤ラッシュを避けて、時差出勤をするようなものでしょう。

三つ目は、生育する葉っぱが時期をずらすことです。たとえば、秋に花を咲かせるヒガンバナです。この植物は、太陽の光の奪い合いをやめて〝密〟を避けています。

多くの植物は、花が咲けば、タネができます。タネをつくるための栄養は、葉っぱがつくります。だから、植物では、花が咲く前に葉っぱが出て、その葉っぱが光合成で栄養をつくり、そのあと花が咲いて、タネができるというのが、ふつうの順序です。

［D］、多くの植物では、花が咲いているときに、葉っぱがあります。でも、ヒガンバナでは、秋に真っ赤な花を咲かせるとき、葉っぱが見当たりません。不思議なことに、葉っぱが存在しないのです。

この植物の葉っぱは、花がしおれてしまったあとに、細く目立たない姿で生えてきます。冬になると、野や畑の*2畦《あぜ》などには、細くて長く、少し厚みをもった濃い緑色をしたヒガンバナの葉っぱが、何本も株の中央から伸び出てきて茂ります。「なぜ、寒い冬に、ヒガンバナはわざわざ葉っぱを茂らせるのか」と不思議に思えますが、冬には、多くの植物が枯れています。ですから、冬の野や畑の畦で葉っぱを茂らせていると、他の植物たちと生育するための土地を奪い合う必要がないのです。生育地での〝密〟を避けているのです。

冬に茂ったヒガンバナの葉っぱは、四月から五月に、dアタタかくなって他の植物たちの葉っぱが茂り出すころ、枯れてすっかり姿を消します。そのあと、葉っぱがつくった栄養を使って秋に花が咲くのです。ヒガンバナは、多くの植物たちが姿を消す冬に葉っぱを茂らすことで、他の植物たちと生育する土地を奪い合う競争を避け、〝密〟の状態を逃れているのです。

ヒガンバナは、こうした術を身につけて、⑥他者と〝密〟になってする競争を避けてきたのです。

（田中修『植物のいのち　からだを守り、子孫につなぐ驚きのしくみ』〈中公新書〉より）

＊1　揮毫…毛筆で文字を書くこと。
＊2　畦…耕地と耕地の間の土を盛り上げた仕切りのこと。
※問題作成の都合上、小見出しを削除し、本文を一部改変しました。

問一　［①］にあてはまるものとして最も適切なものを次の中から選び、記号で答えなさい。

ア　新しい　　イ　かたい　　ウ　軽い　　エ　小さい

問二　――部②「〝密〟の状態で発芽」とありますが、その結果どうなりますか。その説明として最も適切なものを次の中から選び、記号で答えなさい。

ア　植物が芽生えのときには少ない水分量でも育つが、芽生えが成長するにつれ、根っこが長くなり、育つために必要な水分量が増える。

イ　植物が間引きを行うことにより生き残りをかけた競争が激しくなり、その結果元気な芽生えだけが生き残り、全体の個体数が増加する。

ウ　植物の育つ過程で、葉っぱや根っこ、茎などは十分に生育することができるが、生産されるタネの数は一定の基準値まで調整される。

エ　植物の成長に必要な光や水や養分などをめぐって争奪戦となり、競争に勝てなかった個体は元気に育つことができず、いずれ枯れる。

問三　――部③「同じ面積に、たとえば、四倍の本数の株を栽培すれば、四倍の収穫量が得られるだろうか」とありますが、実際はどうなりますか。理由を明らかにして、七十字以内で説明しなさい（句読点や記号も一字とします）。

問四　――部④「〝密〟を避ける工夫」とはどのような工夫ですか。「〜という工夫。」に続く形で、本文中から三十字以内で抜き出し、最初と最後の三字を答えなさい（記号も一字とします）。

問五　――部⑤「アサガオは、夏の朝早くに、花を咲かせます」とありますが、このアサガオが〝密〟を避けるためにしている工夫を比ゆで表現した部分を五字以内で抜き出しなさい。

問六　――部⑥「他者と〝密〟になってする競争を避けてきた」とはどういうことですか。その説明として最も適切なものを次の中から選び、記号で答えなさい。

ア　他の植物とは別の時期に葉を生やすことで、成長に必要な光や土地を独り占めできるようになったということ。

イ　他の植物とは別の場所に葉っぱを生やすことで、光を必要としない独自の方法で育つようになったということ。

ウ　花粉を運ぶ虫がいない季節に花を咲かすことで、他の植物とは別の時期にタネを作るようになったということ。

エ　他の植物とは別の時期に根を生やすことで、短い時間と少ない土地でも生育ができるようになったということ。

問七　次の段落はもともと本文中にあったものです。これを元の位置に戻すとき、後に続く段落の最初の五字を答えなさい(句読点も一字とします)。

> これは、植物たちが自分で〝密〟の状態を避けるために間引きを行っている現象であり、「自己間引き」とよばれます。自然の中では、植物たちは、この方法で、一定の面積で育つ個体数を調整します。

問八　植物と他の生き物との関係を説明した次の文章の［Ⅰ］～［Ⅳ］にあてはまる言葉をそれぞれ指定された字数で答え、文章を完成させなさい。ただし、適切な言葉が必ずしも本文中にあるとは限りません。

> 植物は、タネを広い範囲に［Ⅰ(二字)］させるための工夫として、動物の力を［Ⅱ(二字)］している。例えば、タネを動物のからだに付着させる、タネごと果実を食べてもらう、といったことがあげられる。タネごと食べてもらうには、［Ⅲ(四字)］果実の準備が必要であり、それが動物たちを［Ⅳ(四字)］ための手段なのである。
>
> また、植物は、虫たちが花粉を運んでくれなければタネをつくることができないが、この花粉を［Ⅰ］させる方法についても、ハチやチョウといった虫の力を［Ⅱ］している。虫を花の中に［Ⅳ］ための手段が、美しい色であり、いい香りであり、［Ⅲ］蜜なのである。
>
> 植物は自分の力で［Ⅰ］することができない。しかし、だからこそ、他の生き物の力を借りながら生きていく手段を手に入れたのではないか。

問九　［A］～［D］にあてはまる言葉として適切なものを次の中からそれぞれ選び、記号で答えなさい。ただし、同じ記号は一度しか使えません。

ア　また　　イ　しかし　　ウ　ですから　　エ　たとえば

問十　══部a～dのカタカナを漢字に直しなさい。

a　カノウ　　b　ミキ　　c　ヤブれた　　d　アタタかく

法政大学第二中学校（第一回）

—50分—

一　次の各問に答えなさい。

問一　次の①～⑤の傍線部を漢字で正確に答えなさい。

①　ケイトウ立てて説明する。　②　穀物をチョゾウする。

③　混乱のシュウシュウを図る。　④　美しい布をオる。

⑤　大声援にイサみ立った。

問二　次の①～④の傍線部の漢字の読みをひらがなで正確に答えなさい。

①　調査に時間を費やす。　②　秋になり暑さが和らぐ。

③　知人の安否を確認する。　④　後援会の発起人になる。

問三　次の①～③の二つの語が類義語になるようにしたい。□に入る適切な漢字一字を答えなさい。

①　裕福・□裕　②　刊行・出□　③　真心・□意

問四　次の①～③の傍線部と同じ働きをしている言葉を後のア～ウから選び、それぞれ記号で答えなさい。

①　感染症の流行で不自由な生活を強いられる。

ア　相手に非難され、心中はおだやかでない。

イ　洗面所できれいに手を洗う。

ウ　台風で大きな橋が流された。

②　今夜から雪になるらしい。

ア　彼の振る舞いはとても中学生らしい。

イ　犯人はまだ逃げているらしい。

ウ　今日の夕陽はいつになくすばらしい。

③　あなたには鳥のさえずりが聞こえますか。

ア　まもなく長い試験が終わる。

イ　兄は無口だが弟はおしゃべりだ。

ウ　私の姉はフランス語が話せる。

二　次の文章を読んで、後の各問に答えなさい（なお、出題の都合上、本文を省略した所がある）。

〈被差別―差別〉という二分法的見方があります。それはある具体的な差別事象をめぐり、人々の全体を、差別を受ける側の人々と差別をする側の人々という二つの立場に分けていく考え方です。（中略）

私たちは、この見方をてがかりとすることで、差別を受ける人々が誰なのかを括《くく》りだすことができ、被差別の現実や被差別それ自体を冷静かつ克明に考えていくことができます。その意味で、差別を考える原点の思考法であり、本来、明快で柔軟なものです。

しかし、この見方は、普段私たちの常識のなかでは、被差別の現実から差別を考えていくうえで役立つ見方と考えられていないようです。本来この見方が持っている原理的な部分が失われ、差別を受ける人と差別する人を括りだして二分するだけの〝硬直した〟思考法になっています。そして、①まさに〝硬直した〟二分法が、「差別を考えること」から私たちを遠ざけてしまいます。

『「あたりまえ」を疑う社会学』（二〇〇六年、光文社新書）の中で書いていますが、ある評論家の発言に私は驚愕《きょうがく》したことがありました。もうかなり前になってしまいましたが、深夜のニュース番組で解放運動を進めている被差別当事者と評論家との対談がありました。冒頭評論家はこう切り出しました。

「私は生まれてこのかた、差別を受けたこともないし、差別をしたこともありません。その意味で普通の人間です。普通の人間として、これからあなたにいろいろと質問したいのですが……」。

自分は一度も差別などしたことがないと断言できることに、私はまず驚きました。なぜなら※1先に述べているように自分の行為が差別的であるか否かについては、それを受けた人の「声」によってわかるのであって、行為者が自分で決めることができるようなものではないからです。そして私はそれ以上に、差別に関係がない人間が「普通」だという了解に驚愕しました。

この評論家の発言の背後には以下のような差別をめぐる心理学的な了解図式とでもいえるものが息づいています。

差別を受ける人も差別をする人も「普通」ではない。彼らは「特別」であって、差別とは「特別」な人たちの中で起こる「特別」な出来事なのだ。その意味において差別は「普通ではない出来事」だ。他方で私も含めて多くの人々は「普通」の世界で生きている。「普通」である私は、差別とは基本的に関係がない。だからこそ、より客観的に、冷静に差別について考えられるし、「特別」を生きている当事者のあなたに、いろいろと問いかけられるのだ、と。

これは、まさに〝硬直した〟二分法的見方の典型といえます。

先の新書で私がこの発言をとりあげ批判し、言いたかったことを確認しておきます。

「普通」の人間であれば、差別しないし、差別などに関わりがないはずという考えは、まったく根拠のない幻想です。さらにその裏返しとして「差別者であれ被差別者であれ、差別に関わる人びとは普通でない特別な存在だ」という考えは、差別をできるだけ限定し、狭く稀《まれ》なできごととして私たちの日常生活世界から締《し》め出そうとする硬直した見方です。

差別とは、差別をした人と差別を受けた人との間の「問題」であり出来事なのだ。「普段」差別などしていないし、する気もなく「普通」に生きている私たちにとって、差別は関わりのないことだ。硬直した二分法的見方は、こうした了解を私たちに与えてしまいます。

例えばテレビ・ドキュメンタリーやニュースで、差別の激しさや被差別当事者の生の実相などを知り現実の厳しさを実感することもあるでしょう。その時私たちは「かわいそうだ」「差別は許せない」という思いがわきあがる一方で、「自分がそうでなくてよかった」「できることなら関わりたくない世界だ」と感じます。そして、②差別というできごとから距離をとり、それを自らの生活世界から締め出してしまおうとします。

つまり、私たちは、基本的に自らが生きている日常生活世界を脅かすこともない「問題」「事件」として、いわば〝[I]の[II]〟として差別を傍観しながら、差別を受けた人々の「痛み」や「怒り」に同情し共感し、差別をした人を「怒り」「批判」することができるのです。

「差別を考える」うえで、まず必要な作業があります。それは〈被差別―差別〉をめぐる〝硬直した〟常識的な二分法をひとまず〝カッコに入れる〟、つまり※2ペンディングし、使わないように気をつけることです。

そして差別問題をめぐり自らの位置取りをするときに思わず語ってしまう「普通の人間」の姿、[I]で[II](＝差別)を安心して見物できる「普通の人間」の姿とは、いったいどのようなものなのかを詳細に読み解こうとするまなざしをもつことです。

もう一つの重要な基本があります。それは「人は誰でも差別する、あるいは差別してしまう可能性がある」ということです。この見方は実は、差別という現象を差別する側から考えたときに出てくるもので、被差別者、被差別の現実から差別を考えるという先の二分法とは抵触することはありません。(中略)

私は大阪生まれ大阪育ちです。一九七〇年代大阪では部落解放運動や障害者解放運動が急速に展開していました。私が通っていた市内の中学校の校区には大きな被差別地域があり、そこから通ってくる友人も多く、中学校は人権教育、解放教育のモデル校でした。

しばらく前でしたが、校区内にある被差別地域出身で当時の運動を中心的に進めていた男性二人と会ってお話をうかがう機会がありました。二人とも、もう八〇歳近いであろう老齢になられていたのですが、彼らに当時の話や今の運動の課題などうかがうなかで、「人は誰でも差別する可能性がある」という考えをどう思うかと問うてみたのです。

彼らはすんなりと「そのとおりだよ」と言いました。「私は若い頃がむしゃらに運動を進めてきたが、他の差別問題への理解ができていたのかと考えれば、そうではないだろうと思います。障害者問題は、障害者たちの集会に参加して、連帯を表明すれば、理解できたと思い込んでいたところはありますね」と淡々と語ってくれた姿は、印象深いものがありました。

もちろん(中略)、彼らは、ただ「普通」に安住して生きている多くの私たちとは異って いて、長い時間をかけ自らの被差別性を考え抜いた結果、他者理解や人間理解が深まると同時に、感性や理性が磨かれ、結果的に他の差別事象に対しても鋭い感性を持っている場合が多いのではないかと思います。しかし、もしそうであるとしても、差別を受ける人々であるからといって、他の差別事象を真に理解できると言い切ることなどできません。いわば私たちは、それぞれの被差別性がどうであれ、他者を差別する可能性からは、誰も逃れ得ないと私は考えます。(中略)

世の中には、ある人々をめぐる根拠のない「決めつけ」や恣意《しい》的な「思い込み」があり、ある問題や出来事をめぐり「歪《ゆが》められ」「偏《かたよ》った」理解の仕方などがあります。

「差別する可能性」とは、世の中に息づいている、こうした他者理解や現実理解をめぐる知や情緒に私たちが囚《とら》われてしまう〝危うさ〟のことです。こうした知や情緒を私たちが生きていくうえで適切であり必要なものなのかを批判的に検討しないで、そのまま認めてしまう〝危うさ〟のことです。

さらに言えば、「差別する可能性」とは「差別者になる可能性」ではありません。むしろ私たちは、自らの「差別する可能性」に気づけば、それを修正し、他者に新たに向きあい、理解するための指針として活用することができます。つまり、この可能性は「差別をしない可能性」に変貌《へんぼう》すると私は考えています。

ではいったいそもそもどこに、この根拠のない決めつけや恣意的な思い込み、歪められた知や情緒が息づいているのでしょうか。それらは、まさに「普通」に生きたいと考える私たちの「常識」に息づいており、「普通」の中で、活き活きとうごめいているのです。

私たちは、「普通」でありたいと望みます。また自分は特別ではなく、差別という出来事からも遠い、「普通」の人間だと思う場合も多いでしょう。ただ「普通」であることは、差別をめぐる関わりから一切私たちを切り離してくれる〝保障〟などでは決してありません。

　むしろ「普通」の世界には、さまざまな「ちがい」をもった他者をめぐる思い込みや決めつけ、過剰な解釈など、歪められ、偏り、硬直した知や情緒が充満しており、こうした知や情緒を「あたりまえ」のものとして受容してしまう時、まさにX私たちは「差別的日常」を生きているといえます。

　こう考えていけば、Y差別はけっして特別な誰かが特別な誰かに対して起こす限られた社会問題ではありません。それは私が生きて在る日常のなかでいつでも起こり得る普遍的で普通の現象です。だからこそ、声高に「差別はしてはいけない」とだけ叫ぶのではなく、まずは私が「差別する可能性」「差別してしまう可能性」を認めたうえで、なぜそんなことを私はしてしまうのかを思い返すチャンスとして、つまり〝よりよく他者を理解し生きていくための大切な指針〟として「差別」を活用すべきではないでしょうか。

　「普通であること」を見直すことから自らが思わず知らずはまり込んでしまっている④差別する可能性を掘り起こし、自分にとってより気持ちのいい「普通」とは何かを考え直し、そこに向けて自分にとっての「普通」を作り替えていくこと、新しい「普通」を創造していくことこそ、「差別を考える」ことの核心に息づいています。

　ところで、なぜ私は「差別を考えること」が重要だと言っているのでしょうか。

Ⅲ

こうした他者の姿と出会ったとき、私たちは二つのことを実感するでしょう。

　一つは、いかに他者と繋《つな》がることが難しく厳しいものであるかということです。今一つは、他者と繋がることでいかに優しさや豊かさを得られるのかということです。この二つを実感するからこそ、他者と多様で多彩な〝距離〟があることに驚き、悩み、苦しみながらも、他者を理解し繋がりたいという〝意志〟が「わたし」のなかに沸き起こってくるのです。

　いま、世の中では、さまざまな理由から、「わたし」と他者が繋がる〝ちから〟が萎《な》え、他者と繋がる可能性が奪われつつあります。「わたし」が、そうした〝ちから〟をとり戻すためにも、「差別する可能性」とは何かを考え活用し、「差別的日常」を詳細に読み解き、「わたし」が気持ちよく生きていける意味に満ちた、新たな「普通」を創造する必要があるのです。

（好井裕明『他者を感じる社会学　差別から考える』〈ちくまプリマー新書〉より）

［注］　※1　先に述べているように……ここよりも前の部分で筆者は、差別について「受けた側の苦しみや痛み、怒り、憤りや抗議という『声』があって初めて、ある出来事が「差別」であるとわかるし、こうした被差別の側の『声』にまっすぐ向き合うことこそが、差別を考える基本の一つです」と述べている。

　　※2　ペンディング……保留にすること。

問一　空欄 Ⅰ ・ Ⅱ に入る言葉の組み合わせとして最も適切

なものを次から選び、記号で答えなさい。
ア　Ⅰ　他山　Ⅱ　石　イ　Ⅰ　紺屋　Ⅱ　白ばかま
ウ　Ⅰ　すずめ　Ⅱ　涙　エ　Ⅰ　対岸　Ⅱ　火事

問二　二重傍線部ａ「淡々と」の言葉の意味として最も適切なものを次から選び、記号で答えなさい。
ア　ひっそりとして静かである様子
イ　すんなりいさぎよく認める様子
ウ　あっさりしてこだわらない様子
エ　ぼんやりと過去を懐かしむ様子

問三　傍線部①「まさに〝硬直した〟二分法が、『差別を考えること』から私たちを遠ざけてしまいます」とあるが、それはなぜか。その説明として最も適切なものを次から選び、記号で答えなさい。
ア　被差別の厳しい現実をてがかりに差別を考えるあり方が失われることで、目を向けるべき差別の存在が見えなくなるから。
イ　差別と被差別を二つに分ける考え方は、差別を受ける人の厳しい現実に目を向ける上では、まったく役には立たないから。
ウ　被差別の苦しみから目を背けることで差別の実態が十分に理解されなくなり、「普通」の人の見方しかできなくなるから。
エ　単に差別と被差別を分類するだけでは両者の立場が逆転することはなく、被差別の厳しい現実の解決は望めなくなるから。

問四　傍線部②「差別というできごとから距離をとり、それを自らの生活世界から締め出してしまおうとします」とあるが、その背景にはどのような考え方があるのか。その説明となっている箇所を、「という考え方」に続く形で本文中より三十五字以上四十字以内で抜き出し、そのはじめとおわりの三字をそれぞれ答えなさい。ただし、句読点・記号等を含む場合は、これも一字と数えることとする。

問五　傍線部③「それぞれの被差別性がどうであれ、他者を差別する可能性からは、誰も逃れ得ない」とあるが、それはなぜか。その説明として最も適切なものを次から選び、記号で答えなさい。
ア　たとえ自分の受けた差別を振り返り、受け止める中で人間に対する理解が深められたとしても、差別事象が異なれば、差別される側の人を本質的に理解することができるとは限らないから。
イ　たとえ自分の受けた差別を振り返り、受け止める中で他の差別事象への感性が磨かれたとしても、差別される人に共感し連帯するだけでは差別問題を同様に理解することにはならないから。
ウ　たとえ自分の受けた差別を振り返り、受け止める中で差別への理解が深まって、しなやかさを身につけたとしても、他者を差別することで自己の被差別意識を克服することもありうるから。
エ　たとえ自分の受けた差別を振り返り、受け止める中で差別問題への感性が鋭敏になったとしても、結局のところ、自分が差別されないようにするには他者を厳しく差別するほかはないから。

問六　傍線部④「差別する可能性」とあるが、それはどういうことか。その説明として最も適切なものを次から選び、記号で答えなさい。
ア　私たちは誰でも、立場の弱い人を厳しく差別する経験をすることで、それを振り返って反省し、他者に新たに向きあい理解する可能性を秘めているということ。
イ　被差別者は自らの被差別性を考え抜くことで他者への理解を深める一方、自らの被差別経験を再生産し、次は差別する側に回ってしまう恐れもあるということ。

ウ　私たちは誰でも、世の中に存在する根拠のない決めつけや思い込みなどを批判的に検討することもなく、ただ受け入れてしまう危うさをもっているということ。

エ　被差別者にとっての「普通」を理解することで社会に広く共通する「普通」のあり方が創造され、他者との親和的な繋がりが生まれる可能性があるということ。

問七　空欄［Ⅲ］には次のア〜エの文が入る。これらの文を意味が通るように正しく並べ替え、その順序を記号で答えなさい。

ア　そこには自分がこれまで想像もできなかったような厳しい生があり、厳しい生のなかで「ひと」として豊かに生きてきた他者の姿があります。

イ　自らの「普通」や「あたりまえ」を掘り崩して、さらに「差別」という「問題」を理解しようとします。

ウ　それは他者と繋がる〝ちから〟を得る原点だと考えているからです。

エ　そうした過程で、私たちは異質な他者や他者が生きてきた圧倒的な〝現実〟と出会うことができるでしょう。

問八　波線部Y「差別はけっして特別な誰かが特別な誰かに対して起こす限られた社会問題ではありません」とあるが、ここから脱却するために必要なこととはどのようなことか。次の条件に従って説明しなさい。

【条件】

・直前の波線部X「私たちは『差別的日常』を生きている」の具体例を、あなた自身の体験や身近にある内容に基づいて挙げなさい(ただし、筆者が本文中に示した例を、単純に他の例に置き換えて述べることは不可とする)。

・右の具体例を挙げた上で、波線部Yの状況から脱却するために必要なこととはどのようなことか、説明すること。

・字数は百字以上百五十字以内とし、段落は作らずに一マス目からつめて書くこと。ただし、句読点・記号等も字数に含むものとする。

三　次の文章を読んで、後の各問に答えなさい(なお、出題の都合上、本文を省略した所がある)。

「実はね、菜月さん。塾のことなんだけど」

ふうっと大きく息を吐き、光枝が菜月の顔をじっと見てくる。

「俊ちゃん、まだ小学六年生でしょう。こんなに早々と塾に行かせなきゃいけないの?」

自分も夫も俊介の塾通いには反対だと、光枝がはっきりと言ってくる。

「でも、俊介が中学受験をしたいって言い出したんです。塾も楽しいみたいで、難しい問題が解けるようになるのが嬉しいって言ってるんですよ」

俊介は塾から帰るとすぐに、その日習った学習内容を菜月の前で話してくれる。教わった算数の技法を使って、複雑な計算問題の答えをわずか数秒で出してくることもある。「お母さん、おれ、勉強がこんなにおもしろいって知らなかった」と興奮気味に話す姿はサッカーで活躍していた時とまるで同じで、この子は打ち込めるものをまた見つけたのだ。

菜月は義母に向かってそう説明した。俊介が積極的に塾に通っていることをなんとかわかってもらおうと、これまでの経緯を一つ一つ丁寧に話していく。だが光枝はそんな話にはまるで興味がないのか「ふぅん」と呟《つぶや》き、

「塾代って一年でどれくらいかかるもんなの？」

と［Ｉ］聞いてくる。

「受験生の六年生で……百万くらいかと」

もっとかかるかもしれないが、少なめに告げておいた。

「百万？　おおこわー。塾にそんなお金かけてどうするの」

うちは子ども二人とも、一度だって塾になど行かせたことがない。子どもは遊ぶのが仕事なのだから塾なんて可哀《かわい》そうだ。小さい時に我慢を強《し》いられた子どもは性格が歪《ゆが》み、ろくな大人にならない。菜月が言葉を挟む間もなく、光枝が批判的な言葉を重ねてくる。

「そういえば菜月さん、パートに出てるんですって」

「はい」

「働きに出ている間、美音《みおん》はどうしてるの。さっき俊介に聞いたら、学童がどうとか言ってたけど……。あの子の帰宅時間に間に合うようには、帰って来てるの」

「いえ……俊介の言う通り、美音は学童保育に通っていて、私が仕事を終えてから迎えに行ってるんです」

光枝は①菜月の言葉に目を剝《む》くと、「可哀そう」と首を横に振った。まさかこんな時間まで学童保育に預けているなんて思ってもみなかった、と苦々しい表情で菜月を見つめる。

「美音をほったらかしにしてまでパートに出なきゃいけないの？　私はね、そもそも美音が普通の小学校に通うことも反対だったの。送り迎えやらが大変かもしれないでしょうけど、私は小学校もそのまま聾《ろう》学校に進んだほうが美音のためなんじゃないかって思ってたのよ。正直なところ、俊介の塾にお金がかかるんでしょう？　だからパートをする時間が欲しいんでしょう？　だったら中学受験なんてしなきゃいいのよ。地元の中学で十分よ。美音にも俊介にも負担をかけて、そんな子育てをしていたら、あなた絶対に後悔するわよ」

子どもたちは楽しくやっている、と繰り返し伝えても、光枝は聞く耳を持たなかった。小学生が塾に通うことなんて、いまは珍しくもないのに。

「私はてっきり菜月さんは母性愛の強い人だと思ってたわ。俊介が生まれてからはちゃんと仕事も辞めたし、家にいて家庭を守ってくれてたのに……子どもたちが可哀そう」

②何度も「可哀そう」と責められているうちに、菜月の頭の中でなにかが弾け切れるような音がした。自分にしても、美音を学童保育に通わせることにはためらいがあった。でもあの子は日々成長しているし、新しい環境を楽しもうとしている。美音ももちろん大切だ。でも俊介も大切で、お金も必要で、自分が働かなくてはいけなくて……。ようやく折り合いをつけた気持ちを揺さぶられ、どくんどくんと心臓が脈打つ。

可哀そう……。テレビも観ず、ゲームもせず、外で遊んだりもせずに一日五時間も六時間も勉強する俊介は可哀そうなのかもしれない。

可哀そう……。友達との会話もままならない美音を、放課後まで学童保育所に預けるのは可哀そうなのかもしれない。

でも本当に可哀そうなのは、夢を持てない大人になることじゃないだろうか。

自分に自信が持てないことじゃないだろうか。

菜月は、俊介が「塾で勉強したい。中学受験がしたい」と言い出した時、驚いたけれど嬉しかった。戸惑いもしたが、でも息子が目標を持って、それに向かって頑張ろうとしていることが誇らしかった。その頑張りを全力で応援してやりたいと思ったのだ。

「お義母さん、俊介は将来やりたいことがあるらしいんです。それで、自分の夢を叶えるために行きたい中学があるって。私と浩一さんは、それを応援しようと決めたんです」

「そんな、子どもの言うことをうのみにしちゃって。夢なんてね、叶えられる人なんてごくごくわずか、ひと握りなのよ」

「おっしゃる通りだと思います。私も夢なんて、持ったこともありませんでした。十七歳の時から必死でただ働くばかりで……」

高校を中退して就職したリサイクル工場では、荷台に山積みにされてくるパソコンやＯＡ機器などの産業廃棄物や家電などの機械製品を、ドライバーを手に分解した。分解したものはアルミや鉄、プラスチックなどに分別して破砕機《はさいき》にかけるのだが、そこまでが自分の仕事だった。職場の上司や先輩は親切な人ばかりだったし、働くことは嫌いではなかった。けれど十七歳から十年間続けたその仕事は、自分が望んで選んだものではない。

「でも、私はダメだったけれど、俊介には夢があって、もしかしたらその夢を叶えるかもしれません。まだ十一歳なんです。自分がやりたいと願うことを、好きなことを、職業にできるかもしれないんです」

俊介はなにも百万円のおもちゃを買ってくれとねだっているわけではない。勉強がしたい。中学受験に挑戦して、日本で一番難しいといわれている中学校に進学したい。そう言っているだけなのだ。正直なところ、進学塾がこれほど大変だとは思ってもみなかった。十一歳の子どもをここまで残酷に順位づけするのかと呆《あき》れることもある。春期講習の最終日のテストで、俊介は全クラス合わせて最下位だった。塾の授業中に行われる小テストでも思うようには点が取れず、ほとんど毎回補講を受けている。でも俊介は入塾してからこの一か月間、一度も弱音を吐くことはなかった。なんとか這い上がろう、遅れを取り戻そうと、食事をとる時間も惜しんで机に向かっている。その姿は、義母が口にする「可哀そう」なものでは、決してない。

「お義母さん、俊介はいま毎日必死で勉強しています。その姿を見ていて私は胸が締めつけられるくらいに感動しています。すごいと思ってるんです。誇らしく思ってるんです。俊介は私の息子です。私が育てているんです。あの子の人生は私が責任を持ちます。だからお願いです、俊介には受験や塾に対して否定的なことを言わないでください。応援してくれとは言いません。でも全力で頑張る俊介に、沿道から石を投げるようなことはしないでください」

途中から気持ちを抑えることができなくなり、涙が滲《にじ》んできた。光枝に歯向かうのは、浩一と結婚して以来、これが初めてだった。

光枝は唇を固く結び、なにも言葉を発さず黙っていたが、やがて椅子から立ち上がりそのまま玄関に向かっていく。従順だった嫁の反抗的な態度に呆れ、怒り、許せないのだろうとその背中を見て思った。

よく言った、と菜月は心の中で呟く。自分の思いを、本心をきちんと伝えることができた。わが子を守るために強くなったと自分を褒《ほ》める。高校を中退した時の悲しさや口惜《くや》しさは、いまこうしてわが子の盾になるために必要だったのかもしれない。

手の甲で涙を拭《ぬぐ》っていると、美音が菜月の腰にしがみついてきた。母と祖母のやりとりを、［Ⅱ］見ていたのだろう。声は聴こえなくても、二人が烈《はげ》しくやり合っていたことはわかったはずだから。

玄関のドアが閉まる音が聞こえてから、菜月は美音をぎゅっと抱きしめた。「大丈夫よ。びっくりさせてごめんね」とその目を見つめて伝えると、美音と手を繋いでリビングを出た。足音を忍ばせて廊下を歩き、俊介の部屋のドアをそっと開ける。目の前には俊介の丸まった背中があり、机上を照らすライトに潜り込むような姿勢で一心不乱に問題を解いていた。

光枝に切った啖呵《たんか》が聞こえていたら恥ずかしいなと思っていたので、菜月はほっとする。勉強に集中している時の俊介は、菜月が呼ぶ声にも反応しないことがある。リビングで言い合う声は届いていなかったのだろう。

結果がどうであれ、俊介も私もこの戦いを最後まで諦めずにやり遂げる。

そう心に決めて、リビングに戻ろうとしたその時だった。

「お母さん」

俊介が椅子ごとくるりと振り返り、呼び止めてくる。

「なに？」

平静を装い、首を傾《かし》げる。

「おばあちゃん帰った？」

「うん、いまさっきね」

「なんかいろいろ言われてたね」

「……聞こえてたの」

「あたりまえじゃん。お母さんの声、大きすぎだし」

その言い方に、思わずふっと笑ってしまった。菜月が光枝にあんな口を利くのは初めてで、俊介もさぞ驚いたことだろう。

「おばあちゃん、怒らせちゃった」

菜月が投げやりに言うと、

「いいじゃん。お母さんはまちがってなかったし」

と今度は俊介が小さく笑った。③二人で目を合わせて笑っているうちに、理由もなくまた涙が出てきて、でも心は晴れてすっきりしている。

「お母さんはさぁ」

「うん？」

目尻の涙を小指で拭う菜月の顔を、俊介がじっと見てきた。笑顔は消えている。

「十七歳から働いてたんだね。おれ知らなかった」

「……うん。……言ってなかったしね」

「あのさお母さん、いまからでも遅くないんじゃない？」

「なにが」

意味がわからず聞き返すと、俊介の口元がきゅっと引き締まる。

「お母さんさぁ、いまから夢を持てばいいじゃん。お母さんのやりたいこと、なんかないの？」

「お母さんの……やりたいこと？」

私のやりたいこと……。

夢……？

（中略）

入学式からの数日間、美音は髪をまっすぐに下ろして登校していた。耳に付けた補聴器をクラスメイトに見られないよう隠すためだ。でもいまは髪を束ねることも三つ編みにすることも怖れずに学校に通っている。俊介の部屋からは毎朝五時になるときまって目覚まし時計のベルがなる。遅れを取り戻すため、俊介だけに特別に出された宿題をこなすためだ。早起きが大の苦手だった息子が、自分の力で起きている。

　春を迎えてからの一か月間、頑張る子どもたちを見ていると、自分もまだやれることがあるんじゃないかと思えてきた。自分の可能性を語れるのは自分しかいない。そんな当たり前のことを子どもたちが教えてくれる。

　俊介が開けた中学受験という新しい扉は、菜月が想像もしなかった別の場所へと続いていた。

「あのね俊介、美音。お母さん、いまからお勉強して、保育園の先生になろうかな。お母さんが高校生の時にね、とてもいい先生に出会ったの。お母さんが高校をやめなくちゃいけなくなった時、その先生が最後まで応援してくれて……。お母さん、その時に、先生ってすごいなって思ったんだ。先生っていいな、って……」

　突然なにを言い出すのだという顔で子どもたちは菜月を見ていたが、すぐに兄妹で顔を見合わせ、にやりと笑い合う。菜月は自分が口にした言葉に胸が高鳴り、しばらく呆然としてしまった。そんな菜月の顔を見上げ、

「ママ、保育園の先生！　いいねっ！」

　美音が口を大きく開き、はっきりと言葉を出す。発声を恥ずかしがって訓練以外の場所では喋《しゃべ》ってくれない美音の可愛らしい声が大きく響く。

「うん、いいと思う。お母さんが先生って、なんかぴったりな気がする」

　俊介に言われると、また泣きたくなった。

　自分を見つめる子どもたちの目を見返しながら、ふと思う。十七歳の時になにもかも諦めた気になっていたけれど、本当にそうだったのだろうか、と。あれから自分はなにも手にしてこなかったわけではない。家族を懸命に守ってきた。かつて未来を手放したこの手に、いまは大切なものがたくさん入っている。そんなことを、いまこの年齢になってようやく気づいた。

「ママも、お兄ちゃんも、ヨーイドン！」

　となぜか美音がかけっこの合図を口にする。④腹の底から出ている美音の声に心が震える。

「ヨーイドン！」

　菜月も美音を真似《まね》て、大きな声で口にした。

　俊介と美音が、身を捩《よじ》って嬉しそうに笑っている。

　⑤大切なものを手の中に握りしめながらヨーイドン、私はまた走り出した。

（藤岡陽子『金の角持つ子どもたち』〈集英社〉より）

問一　空欄［Ⅰ］・［Ⅱ］に入れる言葉として最も適切なものをそれぞれ次から選び、記号で答えなさい。ただし、同じ記号を二度以上選ばないこと。

ア　肩を落としながら　　イ　鼻にかけるように

ウ　耳をそろえて　　エ　息を殺して

オ　眉をひそめたまま

問二　傍線部①「菜月の言葉に目を剥く」とあるが、このときの光枝の

気持ちはどのようなものか。その説明として最も適切なものを次から選び、記号で答えなさい。
ア　孫たちの養育方針をめぐって菜月と意見が対立し、自分の思い通りにならないと考え、ひどく怒っている。
イ　孫たちが望む遊びや勉強をさせてもらえず、つらく悲惨な生活を送っていると考え、ひどく悲しんでいる。
ウ　孫たちの成長に必要なことを菜月が一切考えず、自身が望む生活を強いていると考え、ひどく呆れている。
エ　孫たちが理想的で幸せな生活を送るための努力を、菜月が一切してこなかったと考え、ひどく驚いている。

問三　傍線部②「何度も『可哀そう』と責められているうちに、菜月の頭の中でなにかが弾け切れるような音がした」について、次の問に答えなさい。

㈠「可哀そう」とあるが、光枝と菜月の考える「可哀そう」の意味する内容とはどのようなものか。その説明として最も適切なものを次から選び、記号で答えなさい。
ア　光枝は子どもの思うようにさせないことでその人格に影響が及ぶことを「可哀そう」と考えるが、菜月は夢に向かい自らの手で道を開く可能性を閉ざしてしまうことを「可哀そう」と考えている。
イ　光枝は子どもの本分である遊びを制限することで理想的な大人になれないことを「可哀そう」と考えるが、菜月は夢を叶えることができず希望しない職業に就くことを「可哀そう」と考えている。
ウ　光枝は我慢を強いることで性格が歪んだ大人に育ってしまうことを「可哀そう」と考えるが、菜月は夢を否定し自信をも失わせることで性格の歪んだ大人に育つことを「可哀そう」と考えている。
エ　光枝は子どもの言うことをうのみにし叶うはずのない夢を追求させることを「可哀そう」と考えるが、菜月は努力を怠ることで手に入るはずの夢を逃してしまうことを「可哀そう」と考えている。

㈡「菜月の頭の中でなにかが弾け切れるような音がした」とあるが、このときの菜月の気持ちはどのようなものか。その説明として最も適切なものを次から選び、記号で答えなさい。
ア　菜月は結婚してから今までは義母に対して不満などを漏らさず、義母の意向に沿って家庭を守り続けた。こうして忠実な嫁であろうと努めてきたにもかかわらず、話を聞かず批判ばかりされたため、せき止められていた不満が爆発し言いたいことを言おうと決意した。
イ　菜月は新しい環境に慣れようとする美音や中学受験に向けて努力する俊介の姿を見ることで、悩みつつも俊介の塾通いを支えることに決めた。そうした美音や俊介の思いも理解せず一方的に塾通いに反対する義母への説得をやめ、親としての信念を貫こうと決意した。
ウ　菜月は耳の不自由な美音を学童保育に通わせることにためらいがあったが、日々の成長ぶりを見てようやく折り合いをつけた。こうした菜月の苦悩、そして俊介の頑張りも知らずに義母が批判ばかりを繰り返すため、諦めてこの場をやり過ごしてしまおうと決意した。

エ　菜月は俊介が中学受験をしたいと言い出した時には戸惑ったものの、夢に向けて努力しようとする姿勢を誇らしく思うようになった。そうした俊介の姿勢を無視して自分の意見だけを通そうとする義母に対し、俊介の邪魔をさせないよう徹底的に対決しようと決意した。

問四　傍線部③「二人で目を合わせて笑っているうちに、理由もなくまた涙が出てきて、でも心は晴れてすっきりしている」とあるが、このときの菜月の気持ちはどのようなものか。その説明として最も適切なものを次から選び、記号で答えなさい。

ア　光枝に反抗したことが今まで一度もなかったため気が動転していたが、その緊張感から解放され安心した。加えて、俊介も母親である自分の行動に共感してくれていると知り、さらに安心すると同時に、成長した俊介を頼もしく思っている。

イ　光枝との口論の中で自分の過去を赤裸々に話すことになり、嫌な過去がよみがえって悔しい気持ちになった。しかし、俊介にも聞かれてしまったことで、これまで伝えられずにいた自分の過去を知ってもらうこととなり、晴れ晴れしている。

ウ　光枝を怒らせたままの状態で気持ちがふさいでいる上に、俊介も動揺させてしまった自分の行動を恥じた。一方、俊介は動じることもなく学習に向き合い、かつ母親である自分の行動に理解を示していたので、感謝の気持ちにあふれている。

エ　光枝に涙を流して抵抗したことが俊介に知られ、気恥ずかしい気持ちになった一方、俊介が味方してくれているとわかり、ほっとしている。と同時に、自分は間違っていなかったと母親としての行動に自信が持て、心から嬉しく思っている。

問五　傍線部④「腹の底から出ている美音の声に心が震える」とあるが、それはなぜか。その説明として最も適切なものを次から選び、記号で答えなさい。

ア　夢を諦めていた自分が今になって保育園の先生を目指すようになったことを「ヨーイドン」の掛け声で実感したから。

イ　生活のために夢を諦めていたが、今では子どもたちに夢に向かっていく後押しをしてをもらったことに満足したから。

ウ　普段はあまり声を出さない美音が、大きな声を出して自分の背中を押してくれていることに強く心を動かされたから。

エ　高校時代も保育園の先生を目指す今も、いつも身近な人たちに強く応援してもらっていることを誇らしく思ったから。

問六　傍線部⑤「大切なものを手の中に握りしめながらヨーイドン、私はまた走り出した」とあるが、このときの菜月の気持ちはどのようなものか。六十字以上八十字以内で説明しなさい。ただし、句読点・記号等も字数に含むものとする。

星野学園中学校（理数選抜入試第二回）

―50分―

〔試験上の注意〕　一　字数制限のある問題では「、」や「。」や記号等も一字に数えます。
二　問題作成のため、一部本文を改めたところがあります。

一　次の文章を読んで、後の問いに答えなさい。

教養は、何かを目的として身につける類《たぐい》のものではありません。

まず、「エリートになるために教養を身につける」「お金持ちになるために教養を身につける」ということではない。教養を身につけた人が、組織を率いるにふさわしい人物になり、そのaカテイで金銭的な豊かさを手に入れることはありえますが、あくまでも、それは結果論です。

また直接的に「仕事に役立てるために身につける」というものも、教養とは距離《きょり》があります。

たとえば、※プレゼンがうまくなるように※パワーポイントの資料作成のコツを身につける、営業で成果を出せるように※トークスキルを磨《みが》く、自分で会計処理ができるように簿記《ぼき》の実務を学ぶ――といったものは、短期目的のために身につける知識や技能に過ぎません。

ただこのような場合でも、デザインや※認知《にんち》心理学の基礎《きそ》知識は大いに役に立ちます。

教養とは、いつ役立つかはわからない、ひょっとしたら役立つ局面は訪《おとず》れないかもしれないけれども、日々、着々と積み重ねるものです。目的※ベースではなく蓄積《ちくせき》された知識が、そのまま「教養人としての厚み」になるのです。

［Ａ］、もし「明確に役立つものしか学びたくない」という考えがあるのなら、今すぐ、その考えは捨ててしまってください。①それは教養人を目指す人にはあるまじき、非常に狭量で貧しい発想です。選択と集中よりも、楽しく余裕《よゆう》をもって長続きさせたほうが、結局はうまくいく、が私のモットーです。

ただし、もっと長い目で見た目的意識は必要です。自分は生涯《しょうがい》を通じて、いかなる個人として、何を目指し、成し遂《と》げていきたいか、という②人生の目的です。

私は中学生のころから、毎年、初詣《はつもうで》で訪れる亀岡文殊《かめおかもんじゅ》というお寺で、こう唱えていました。

「学ぶ機会をください。故郷のために役立てます」

故郷の山形県酒田《さかた》市では、1976年10月29日に起きた火事で、市の中心部にあった商店街が焼けました。焼失《しょうしつ》面積は22・5※ヘクタール。のちに「酒田大火」と名付けられる大bキボ火災でした。

いつも祖母に背負われて行っていた馴染《なじ》みの商店街が、一晩のうちに灰と化し、昨日《きのう》まで当たり前にあった風景が一変してしまった。これは、当時7歳《さい》だった私にとって、強い喪失《そうしつ》体験となりました。

私が「故郷の役に立つために、なんとしても学ぶ機会がほしい」と願うようになったのは、それ以来のことです。［Ｂ］「故郷の喪失」を体験したことで、いっそう「酒田市民」としての※アイデンティティが強まり、幼心に、よりよい故郷づくりのために我《わ》が身を捧《ささ》げたいと思うようになったのです。

「そんな大志を幼少期のうちに抱《いだ》いたなんて、すごい」と言われたりもしますが、何も特別なことではありません。

人はそれぞれに、何かしらの悲しみを背負って学んだり働いたりしているものでしょう。私の場合は「故郷の喪失」が人生の目的を抱くきっかけになっただけで、生きていれば遅《おそ》かれ早かれ、誰《だれ》もが、そういう局面に直面してもおかしくないと思います。

それは、たとえば、隣国《りんごく》に理不尽《りふじん》にも侵略《しんりゃく》された国の惨状《さんじょう》を見聞きしたことで「世界平和を叶《かな》えたい。そのために何ができるだろうか」と考えるようになった、といった漠然《ばくぜん》としたものでもいいのです。あるいは、純粋《じゅんすい》な知的好奇心《こうきしん》の赴《おもむ》くままに、いつ役に立つかは知るよしもない基礎研究に没頭《ぼっとう》するなどということがあってもまったくかまわないのです。

さて、そうなると気になるのは、人生の目的のために「何を学ぶか」を、どう見極《きわ》めたらいいか、ではないでしょうか。

[C]、「故郷の役に立ちたい」「世界平和の一端《いったん》を担《にな》いたい」、なんでもいいのですが、生涯※スパンで見た大きな目的のために、教養として「何を」学んだらいいのかなんて、とうてい見当もつきません。

どの知識が、いつ、どこで、③電光石火のように役立つかわからないからです。

大きな人生の目的意識を抱きながら、さまざまな知識に触《ふ》れ、体験をしているうちに結果的に身についていて、ひょんな機会に役に立つ。それこそが教養というものなのです。

【中　略】

つい最近にも、「過去に学んだことが、こんなところで役立つのか」と思ったことがあります。

新型コロナウイルスが全国に蔓延《まんえん》するにつれて、人が集まるさまざまな場所の運営者は、訪れる人たちの安全確保のための対応に追われました。なかには「空間除菌《じょきん》」などという怪《あや》しげな対応をとる場所もありましたが、当塾※では、「換気《かんき》のために冬でも窓を開ける」「食事を共にしない」といった感染《かんせん》予防策の基本を徹底《てってい》しました。

私の対応は、すべて、※公衆衛生学の基礎中の基礎を踏《ふ》まえたものですし、当時わかっていたコロナウイルスの特性に照らして理に適《かな》ったものでした。過去に政治学を学ぶ傍《かたわ》ら、公衆衛生学も勉強していたおかげで、【 ④ 】せず冷静に、適切かつもっとも効果的な策を講じることができたと思います。

公衆衛生学を勉強した当時は、もちろん、[D]自分の人生で※パンデミックを経験することになるとは想像もしていません。年月を経て、思いもよらぬ局面で、過去に身につけた知識が役立ったわけです。

こうした自身の体験からもいえるのは、「何を」学ぶかは、あまり問題ではなく、必要な状況《じょうきょう》で学んだ教訓を取り出し、知識を更《こう》新《しん》し、判断することです。

よく思考するために(「よき思考者」になるために)身につけておくといい学問はあります。しかし、なによりも本当に重要なのは、日々、「いかに」学ぶか、なのです。

「○○の役に立つから学ぶ」のではなく、「役に立たないことこそ、役に立つ」「すぐには役に立たないけれども、学ぶ」という視点で、おもしろがって知識を身につける、体験していく。

過去に学んだこと、体験したことを人生の目的に結実させることができる教養人とは、こうして出来上がっていくものです。その点で、教養人は、「机の上の勉強だけはよくできる受験勝者」とは、まったくわけが違《ちが》います。

（斉藤淳《さいとうじゅん》『アメリカの大学生が学んでいる本物の教養』〈SB新書〉）

※語注

プレゼン……プレゼンテーションの略。自分の企画《きかく》や意図を理解してもらうための効果的な説明。

パワーポイント……プレゼンテーション作成に用いられるソフトウェアの一種。

トークスキル……話術。

認知心理学……何かを認識・理解する心の働きを研究する学問。

ベース……土台。基礎。

ヘクタール……面積の単位。1ヘクタールは1万平方メートル。

アイデンティティ……自分は自分であると自覚すること。

スパン……ある時間の幅《はば》。

当塾では……自分の塾のこと。筆者は酒田市で小さな英語塾を始め、現在は東京・神奈川に6校をもつほどになっている。

公衆衛生学……病気の予防や健康の保持増進のために、組織的な取り組みを目指す科学や技術。

パンデミック……感染症《しょう》や伝染病が全国的・世界的に大流行すること。

問一　＝線a・bのカタカナと同じ漢字が使われているものを次からそれぞれ一つずつ選び、記号で答えなさい。

a　カテイ

ア　私たちもその組織に新しくカメイする。

イ　輸入した商品にカゼイする。

ウ　彼《かれ》が犯《おか》した罪をカンカすることはできない。

エ　絵を描《か》くことが得意なのでガカになりたい。

b　キボ

ア　キソクは守ってください。

イ　キジュン値よりも少し数値が高いですね。

ウ　シンキ一転、がんばります。

エ　フウキを乱すようなことはしないでください。

問二　［A］～［D］に入る語の組み合わせとして最もよいものを次から選び、記号で答えなさい。

ア　A　そのため　B　つまり　C　ただし　D　たとえ

イ　A　なぜなら　B　さらに　C　けれども　D　しかも

ウ　A　要するに　B　だから　C　あるいは　D　まさか

エ　A　ですから　B　いわば　C　しかし　D　よもや

問三　――線①「それは教養人を目指す人にはあるまじき、非常に狭量《きょうりょう》で貧しい発想です」とありますが、筆者が考える教養人とはどのような人のことを指しますか。本文全体を踏まえて七〇字以内で説明しなさい。

問四　――線②「人生の目的」とありますが、本文中でのべられている筆者の人生の目的の説明として最もよいものを次から選び、記号で答えなさい。

ア　世界の不幸な人々のことを耳にしたため、亀岡文殊で祈《いの》り続けて世界平和を実現したいと思うようになった。

イ　焼けてしまった故郷を復興させるため、深い教養を身につけてお金をたくさん稼《かせ》ぎたいと思うようになった。

ウ　酒田大火という恐《おそ》ろしい経験をしたため、さまざまなことを学んで自分の身を守りたいと思うようになった。

エ　幼いころに故郷の喪失を体験したため、多くのことを学んで故郷の役に立つ人間になりたいと思うようになった。

問五　――線③「電光石火のように役立つかわからない」とありますが、これはどのようなことを言おうとしているのですか。説明として最もよいものを次から選び、記号で答えなさい。

ア　どのような状況でも役立つかはわからないということ

イ　すぐに役立つかはわからないということ

ウ　価値の高いものとして役立つかはわからないということ

エ　流行に関係なく役立つかはわからないということ

問六　【④】に入る四字熟語として最もよいものを次から選び、記号で答えなさい。

ア　右往左往　　イ　異口同音　　ウ　自画自賛　　エ　適材適所

問七　本文の内容に関する説明として**ふさわしくないもの**を次から**二つ**選び、記号で答えなさい。

ア　長い生涯で見た目的のために何を学ぶべきかというのはそれほど問題ではなく、いつ役に立つかわからないものまでいかに学ぶべきかというのが重要である。

イ　トークスキルや簿記などは仕事のために身につける知識や技能であり、およそ教養と呼べるものではないため役に立つことはない。

ウ　教養を身につけた人が結果として金銭的な豊かさを取得することはありえるが、教養はお金持ちになることを目的として身につけるものではない。

エ　筆者は学んだことのある公衆衛生学を踏まえ、経営していた塾で新型コロナウイルスの基本的な感染予防を徹底した。

オ　教養は日々積み重ねていく知識であるが、時代の移り変わりと共に受け入れられなくなったものは捨てていく必要がある。

二　次の文章を読んで、後の問いに答えなさい。

〈あらすじ〉

二十歳《はたち》の柏木聖輔《かしわぎせいすけ》は両親を亡《な》くし、奨学《しょうがく》金を返せなくなったため大学を中退し、就職先のあてもないままやるせない日々を送っていた。そんなある日、砂町銀座商店街の総菜《そうざい》屋「おかずの田野倉《たのくら》」のもとでアルバイトをすることになったが、八か月働いたのち、店主の督次《とくじ》さんから「おかずの田野倉」を聖輔に任せたいと告げられる。

雨だからか、行列はできておらず、［Ⅰ］店に入ることができた。券売機で食券を買う。ベーシックなラーメンにした。八百円は痛い。でも野菜増しでその値段だから悪くない。月イチの贅沢《ぜいたく》。そのくらいはいい。

座ったのはカウンター席。ラーメンは十分ほどで届けられた。野菜の盛りがいい。主にもやしだが、高さがある。どんぶりの縁《ふち》よりずっと高い。

小声でいただきますを言う。もやしを急いで食べ、できたすき間から太麺《めん》をすすり、スープを飲む。でもうまい。来月とは言わないが、再来月の再訪はあるかもしれない。目的を果たしたことで、とりあえず落ちついた。夕方の休憩《きゅうけい》の際に督次さんに言われたことを思いだす。

うれしい。その気持ちは続いている。正確に言うなら、うれしいというよりは、ありがたい、だ。本当にありがたい。まだ何もできない自分には応《こた》えようがない。そのことがもどかしい。

ラーメンをゆっくり食べながら、あらためて考えてみる。

※一美《かずみ》さんや※映樹《えいき》さんはともかく。僕《ぼく》自身に、店を持ちたいという欲はあるだろうか。おかずの田野倉のような店。※鶏取《とっとり》のような店。※鶏蘭《とりらん》のような店。

持てたらいいなぁ、とは思う。でも今のところ、欲と言えるほどのものはない。①むしろ持つべきではないとの意識がある。何故《なぜ》か。父を知ってるからだ。

僕が中学生のころ。だから父はすでに鶏取を閉め、よその店で働いていたころ。

夜、自宅で父は母に［ Ⅱ ］言った。

「おれ、経営には向いてなかったんだな。一料理人でいるべきだった」

僕は父の背後でその言葉を聞いた。確か、ふすまを開け放った和室で、父と母がいた居間からの明かりを頼《たよ》りに足の爪《つめ》を切っていた。話をすべて聞いてたわけではないから、どんな流れで出た言葉なのかはわからない。でもその部分だけは耳に残った。一料理人、という言葉が耳をとらえたのだ。いや。僕の耳のほうがその言葉をとらえた。

とはいえ、そのときは意味を理解しただけ。特に何も思わなかった。今は少し思う。元経営学部生ではあるが、僕も経営には向いてないだろうな、と。

たぶん、僕は広い視野を持てない。決断力もない。料理人になろうと決めたのは、そこへと向かわされる多くの要素があったからだ。

包丁で肉を切ったり、フライヤーでコロッケを揚《あ》げたりするのは楽しい。熱い油のなかでジュラジュラいうコロッケを見るのも好きだ。今まさにおいしくなろうとしてくれてるのだとうれしくなる。そこには動きがある。食材が料理に変わっていくのが見える。自分がそれをしていると思える。包丁で指を切れば血が出る。油がはねれば火傷《やけど》をする。すべては僕次第《しだい》。

経営だって、それは同じだろう。大事な判断を誤れば、損失を出して痛手《いたで》を負う。②でも僕はそちらの痛みには耐《た》えられないような気がする。言い方は変だが、出血や火傷ほどは楽しめないような気がする。

「おい、何やってんだよ。順序がちがうだろうが」

僕の目の前、カウンターの内側で、若い店長がもっと若い店員を叱《しか》る。店長は三十歳ぐらい。店員は映樹さんぐらいだろうか。

「何度言ったらわかんだよ。何度同じことすんだよ」

「すいません」

何の順序がちがうのか。そこまではわからない。店長と店員の了《りょう》解事項《かいじこう》のようなものがあるのだろう。実際、店員は何度も同じまちがいをしてしまったのだろう。

僕も店ではよくやる。忙《いそが》しさのあまり、やらかしてしまう。で、督次さんに怒《おこ》られる。すいませんと謝《あやま》る。お客さんの前で怒られることもある。店自体がオープンなつくりだからしかたない。

ただ、この感じにはならない。［Ⅲ］するような緊張《きんちょう》は生まれない。お客さんも、それは感じないだろう。③督次さんも、わかってやっている。

「お前さ、やる気あんのかよ」

「すいません」

「すいませんじゃなくて。やる気あんのかって訊《き》いてんだよ」

「はい」

「あるかないか言えよ」

「あります」

客前での叱責《しっせき》としては、度を越《こ》したような気がする。途端《とたん》にラーメンの味が落ちる。僕のほうで味を楽しめなくなる。再訪はないかもな、と思ってしまう。

たとえどんなにラーメンがうまくても、この手の店には行かなくなる。ほかの人のことは知らない。うまければいいという人もいるかもしれない。でも僕はそうなってしまう。寛《くつろ》いで食べられる環境《かんきょう》というのは、案外重要なのだ。

料理をつくる側、提供する側は、最低限それを理解しておくべきだろう。自分は気にならない、ではなく、気になる人もいるのだということを認識《にんしき》しておくべきだろう。

※板垣三郎《いたがきさぶろう》さんの話を思いだす。日本橋のやましろで父の先輩《せんぱい》であった板垣さんだ。職人気質、と鶏蘭の※山城《やましろ》時子さんは言った。父はお客さんへの態度に関して先輩の板垣さんに意見し、店をやめた。

厳しさとは何なのか。自分への厳しさ。他人への厳しさ。それは同じであるべきなのか。分けて考えるべきなのか。駆《か》けだしの僕にはわからない。

が、④父が僕の父でよかった、とは思う。厳しさをそうとらえる父が父でよかった。父や僕が甘《あま》いのかもしれない。もしそうなら、僕はこの先もずっと甘いままでいい。

妙《みょう》なことで味が落ちてしまったラーメンを最後まで食べる。スープもすべて飲む。食べものを残す習慣は、昔からないのだ。父と母がそれを教えてくれた。父は自ら実践《じっせん》することで。母は、実践に言葉を交えることで。

「ごちそうさまです」と言って、僕は※鏑木《かぶらぎ》家を出る。

「ありがとうございましたぁ」と店長も店員も言ってくれる。

気持ちのいい声だ。感謝の念が伝わる。言い流してない。僕自身、日々《ひび》接客をしているのだから、そのくらいはわかる。

そんな声を聞くと、また来たくなってしまう。

ということの単純さ。

⑤やはり僕は経営者には向いてない。

（小野寺史宜《おのでらふみのり》『ひと』〈祥伝社文庫〉）

※語注

一美さん、映樹さん……「おかずの田野倉」の店員。

鶏取……聖輔の父が生前経営していた店。

鶏蘭……「やましろ」の元オーナーが経営している銀座の飲食店。「やましろ」は聖輔の父が「鶏取」を閉めた後に勤めた店のこと。

板垣三郎さん……「やましろ」の料理人の一人。聖輔の父と意見がぶつかることが多かった。

山城時子さん……「鶏蘭」のオーナー。「やましろ」で働いていて聖輔の父のことを知っている。

鏑木家……ラーメン屋の名前。

問一　［Ⅰ］～［Ⅲ］に入る語の組み合わせとして最もよいものを次から選び、記号で答えなさい。
ア　Ⅰ　にわかに　Ⅱ　くすっと　Ⅲ　どきっと
イ　Ⅰ　すんなり　Ⅱ　ぽつりと　Ⅲ　ひやりと
ウ　Ⅰ　のんびり　Ⅱ　こそっと　Ⅲ　はっと
エ　Ⅰ　あっさり　Ⅱ　がつんと　Ⅲ　びくっと

問二　次の文は、本文からぬき出したものです。あてはまる場所の**直後の五字**を本文中からぬき出して答えなさい。（句読点もふくむ場合、一字として数えます。）

> 麺は普通《ふつう》、脂《あぶら》も普通、でお願いしたが、麺は思ったより硬《かた》く、脂は思ったより多い。

問三　――線①「むしろ持つべきではないとの意識がある」とありますが、聖輔の気持ちの説明として最もよいものを次から選び、記号で答えなさい。
ア　父と同様に経営に向いていない自分に対して半《なか》ばあきらめの気持ちでいるため、自分が店を持つことをできるだけ考えないようにしている。
イ　一美さんや映樹さんのように長く働いていないうえ、経営に向いていない父の血をひく自分は、これ以上欲を出すべきではないと思っている。
ウ　中学生のころに耳にした父の言葉が忘れられず、将来自分が店を持ちたいと思っていた夢がくだかれ、父に対して反発する気持ちを抱《かか》えている。
エ　店を持ちたいという気持ちはあっても、父が店を続けられなくなったことを思うと、自分も督次さんの期待に応えられないと思っている。

問四　――線②「でも僕はそちらの痛みには耐えられないような気がする」とありますが、どういうことですか。説明として最もよいものを次から選び、記号で答えなさい。
ア　自分の決断によって店に損失が出るかもしれないことを、背負いきれないと感じていること。
イ　大事なことを決めるたびに細かいところに注意しなければならず、気疲《きづか》れしてしまうということ。
ウ　食材を料理に変える楽しみに熱中してしまい、経営まで頭が回らないということ。
エ　出血や火傷のようなけがをすることを、とても怖がっているということ。

問五　――線③「督次さんも、わかってやっている」とありますが、それはどういうことですか。説明として最もよいものを次から選び、記号で答えなさい。
ア　客の前でわざと聖輔を叱り謝らせることで、この店は店員の礼儀《れいぎ》正しさにも力を入れているということを周囲にアピールしている。

イ　聖輔の失敗を叱ることもあるが、客の居心地をこわさないためにも、度を越した言い方にならないように気をつけている。

ウ　客に再度店に来てもらえなくなることを恐《おそ》れ、店員を叱ってでも総菜の味だけにはこだわりを持とうと考えている。

エ　聖輔を叱ることもあるが、オープンな店だからこそ緊張感をつくらず、店長と店員の信頼《しんらい》関係を見せつけようとしている。

問六　――線④「父が僕の父でよかった」とありますが、聖輔がこのように思う理由として最もよいものを次から選び、記号で答えなさい。

ア　自分への厳しさと他人への厳しさを度外視して、味を一番に考える父だったから。

イ　自分に対しての厳しさを第一に考え、お客さんの機嫌《きげん》をとることのできる父だったから。

ウ　自分にも他人にも厳しさを見せず、誰もが安心する空間を作ろうとする父だったから。

エ　身内への厳しさを無関係の人に向けることはしない、けじめのある父だったから。

問七　――線⑤「やはり僕は経営者には向いてない」とありますが、聖輔がこのように思う理由として最もよいものを次から選び、記号で答えなさい。

ア　どんな接客であれ、最終的に客に対して感謝の気持ちを表すことが大事だと気づいたが、自分は味のことしか考えておらず後先を見据《す》える力がないから。

イ　緊張感のある職場づくりのために部下をしっかりと指導できる力が必要であるものの、父と同じく、自分は自分に甘い性格のため経営がうまくできそうにないから。

ウ　経営者になる場合、何度も判断をしなければならないこともあり、責任が重くのしかかるが、自分はすぐ気持ちを揺さぶられてしまう弱さがあるから。

エ　客が寛いで食べられる環境をつくることが大事であることは理解できたものの、まだ駆けだしの自分にとっては経営は何から始めればよいのか分からないから。

三　次の1～5の――線のカタカナを漢字で書きなさい。

1　平安時代のキゾクのようだ。

2　意見をカンケツにまとめよう。

3　洪水ケイホウが発令される。

4　台風が九州をジュウダンする。

5　ピアノのエンソウ会に行く。

四　次の1～5の【　】に漢字を入れ、対義語（意味が反対のことば）をそれぞれ完成させなさい。

1　私費 ↕ 【　】費　　2　散在 ↕ 【　】集

3　共有 ↕ 【　】有　　4　定例 ↕ 【　】時

5　権利 ↕ 【　】務

五　次の1～5の【　】に漢字を一字入れて、ことわざや四字熟語を完成させなさい。

1　【　】子にも衣装　（外面を飾れば誰でも立派に見えること。）

2　釈迦《しゃか》に【　】法　（その道を知りつくしている相手に、不必要なことを教えること。）

3　【　】に短したすきに長し　（中途半端で役に立たないこと。）

4　【　】刀直入　（前置きなしに、いきなり本題に入り要点をつくさま。）

5　一日【　】秋　（非常に待ち遠しいことのたとえ。）

六　例にならって、次の1～5の□に漢字一字を入れて、四つの熟語を完成させなさい。

（例）

　　認
伝□知
　　口

＊「伝承」「承認」「承知」「口承」という熟語が成立するので、□の中の正解は 承 になります。

1
　　泉
資□流
　　語

2
　　立
植□海
　　果

3
　　印
深□限
　　即

4
　　質
手□気
　　基

5
　　番
担□選
　　見

三田国際学園中学校(第一回)

―50分―

注意　特に指示のない場合、句読点等の記号は一字として数えるものとします。

(編集部注：実際の入試問題では、写真や図版の一部はカラー印刷で出題されました。)

一　次の文章を読んで、後の問いに答えなさい。

こんにちは。小桜妙子《こざくらたえこ》は、小桜妙子と申します。ちょっとした問題を抱《かか》えております。

一人称《しょう》、ご存知でしょうか。ご存知ですよね。今検索《けんさく》してみましたらば、『一人称【いちにんしょう】人称の一つ。話し手自身を指す。』と出てまいりました。話し手が自分を呼ぶとき、自分を表すときに使う言葉です。

小桜妙子は、この一人称に疑問というか不自由というか、どうにも曖昧《あいまい》で申し訳ありませんけど、とにかく、〔ａ〕ままならない思いを背負い込《こ》んでいるのです。

小桜妙子は、ここ日本で生まれ育ちました。埼玉は大宮の出身です。駅近くの、こう、ごちゃごちゃっとした住宅街で二十三歳《さい》まで暮らしました。三十歳現在は東京都大田区にて一人暮らし中。弟妹が一人ずつおります。長女です。

弟は幼い時分は一人称を「たっちゃん」としておりましたが、〔①〕保育園に通うようになって「おれ」を使いはじめました。妹は中学生くらいまでは「麻衣《まい》」を一人称として使い、高校に通い始めたら急に「あたし」となりました。父は「俺《おれ》」、母は「私」または「お母さん」を使います。

それでは小桜妙子はどうかというと、ここで冒頭《ぼうとう》の「ちょっとした問題」に立ち返ります。

小桜妙子は、どの一人称を使えばよいか分からず悩《なや》んでいるのです。どの一人称も□A□こなくて、どの一人称で自分を呼んでもそれは小桜妙子でない気がして、己のことは最早《もはや》、小桜妙子と呼ぶしかありません。個人的な、小さなばかばかしい問題であります。しかし、小桜妙子にとっては非常に深刻な悩みなのです。

昔からこうだったわけではありません。小桜妙子も、幼少のみぎりは自己を「たーえー」と呼んでおりました。アクセントは「コーエー」と同じです。ゲームメーカーの。物心ついてからは主に「わたし」を、対外的には現在まで使用しております。

小桜妙子は、漫画《まんが》や本をよく読む子供でした。ゲームでもよく遊びました。フィクションのキャラクターは多彩な一人称を使っています。小桜妙子もそれに憧《あこが》れて、ごく小さいころに一人称を「オラ」にしてみたことがあります。結果、父に□B□叱《しか》られました。幼い小桜妙子はなぜそんなに怒《おこ》られなければならなかったのか、□C□理解できませんでした。

その後いくつかの一人称の遍歴《へんれき》を経て、自己を「わたし」と呼ぶことに慣れてきたころ。あれは高校二年生のときでしたでしょうか。小桜妙子は昼休み、図書室で何気なく一冊の本を手に取りました。『貴・女・に・贈《おく》る……ジュニア・ノベルの書き方』という、昭和の時代に出版されたティーン向けの小説執筆《しっぴつ》ハウツー本です。著者・雪柳《ゆきやなぎ》ゆめみ先生。なぜそんな本を手にしたか今もって謎《なぞ》なのですが、とにかく小桜妙子はぱらぱらめくってみました。そこに、一人称に関するコラムが載《の》っていたのです。以下引用。

雪ちゃん先生のノベル・コラム　ナメちゃいけない？！　差がつく「一人称」のハナシ

キャラクターの個性を光らせるためには、一人称を上手に使いこなそう！　そのキャラクターが自分をどう呼ぶかで、印象が［D］変わっちゃうノダ。

●男の子の一人称

◎俺《おれ》……ワイルド、ぶっきらぼう、頼《たよ》りになる、スポーツ万能、強いヤツ……ｅｔｃのイメージ。カタカナで「オレ」にすると、ちょっとカルい男の子に？

◎僕《ぼく》………優しい、優等生、ガリ勉クン、上品、王子様、病弱……ｅｔｃのイメージ。カタカナの「ボク」はキザなプレイボーイに。

●女の子の一人称

◎私……真面目、ふつうの子。「わたくし」「あたくし」だとタカビーなお嬢《じょう》様に！

◎あたし…おきゃん、おてんば、ススんだ子。「アタシ」にするとスケバン風？

（眼鏡をかけた猫《ねこ》のイラストに大きな吹《ふ》き出しが付いていてその中に手書き文字で）

その他にも一人称はこ～んなにたくさんあるヨ！　日本語ってムズカシ～！

オイラ、俺様、僕ちゃん、オラ、拙者《せっしゃ》、ワシ、やつがれ、ワイ、ワテ、あたくし、わらわ、あっし、アタイ、おいどん、朕《ちん》、余、小生《しょうせい》、わっち、我輩《わがはい》、それがし、麻呂《まろ》、ｅｔｃ……☆

引用終わり。

このコラムを読んで、小桜妙子は強いショックを受けました。確かに、自分を「あたし」と呼ぶ子と「わたし」と呼ぶ子は、微妙《びみょう》に印象が違《ちが》います。さらに文字にすると、同じ読みなのに「私」「わたし」「ワタシ」も全てニュアンスが変わって見えます。

一人称。それは個性であり、その人のイメージを決める要素の一つ。自分を何と呼ぶか。それは大きな、大切な問題。

「わたし」は小桜妙子を表す的確な一人称なのか？

それを考え始めたらもうグルグルと止まらなくなってしまい、小桜妙子は知っている限りのあらゆる一人称で自分を呼んでみたのです。でも、どれも自分を表す呼び方ではない気がする。

そうこうしているうちに、恐《おそ》ろしいことに、それまで何も考えずに使っていた「わたし」すらしっくりこなくなってしまい、小桜妙子は迷い込んでしまったのです。一人称の迷宮《めいきゅう》に。

実際問題、日常生活では小桜妙子はごく普通《ふつう》に一人称を使い、会話をしメールを書いたりしています。使っているのはさっきも申し上げたとおり、「わたし」です。でも、これが大変なんです。小桜妙子は小桜妙子を「わたし」と呼ぶのに納得していない。でもそう呼ばないと日常生活が立ち行かない。なので非常に頑張《がんば》って、心を奮い立たせながら発音しているのです。

「わ」と口に出したときは、まだ元気です。やってやろうじゃないかという気が漲《みなぎ》っています。

しかし「た」に差し掛《か》かると早くも疲《つか》れが見えてきます。心の膝《ひざ》が折れかかっています。

「し」になるともういけません。腹の奥《おく》から力が抜《ぬ》けていくような、破れかぶれのたいへん荒《すさ》んだ気持ちが脳味噌《のうみそ》を覆《おお》います。

これを、「わたし」と発音し書くたびに繰《く》り返しているわけです。疲れそうでしょう。実際、小桜妙子は疲れています。

夏実クラーク横山さんに会ったのは、②そんな疲労困憊《ひろうこんぱい》の日々の中でした。

「あ、オイラはシャンディガフお願いします」

仕事の打ち上げの席で、小桜妙子の横に座った夏実クラーク横山さんは明るく大きな声でそう発言しました。店員さんが「そちら飲み放題メニュー外になりますが」と告げても、夏実クラーク横山さんは「うーん、でも飲みたいな、シャンディガフ」と譲《ゆず》りません。

「ビールとジンジャーエール頼《たの》んでセルフで、混ぜるのはどうですか」

小桜妙子は横からついそんな余計なお世話を口に出してしまいました。が、夏実クラーク横山さんはぱっと顔を輝《かがや》かせて

「あったまいー！」

と叫《さけ》び、店員さんにビールとジンジャーエールを注文したのでした。

夏実クラーク横山さんは短期アルバイターの大学生で、お父さんがオーストラリアの方で、十四歳までアメリカのニュー・ジャージー州で暮らしていたのだそうです。面接を担当したのは小桜妙子でした。そのときは確かに、夏実クラーク横山さんは自分を「わたし」と呼んでいたはずです。

「あたし、ビールそのまんまだと飲めないんすよね。でも何かで割るとだいっすき」

夏実クラーク横山さんは大きな目をぐりぐりとよく動かし、唐揚《からあ》げやチーズ餃子《ぎょうざ》、じゃこ海苔《のり》サラダを自分の皿にひょいひょいとよそってはがつがつと食べております。

「小桜サンはそれ、何飲んでるんすか」

「ただのビール……。あの、横山さんは普段《ふだん》自分のこと何て呼んでるの？」

「どゆこと？」

「自分を指す、一人称っていうか……ワタシ、とかボク、とかの」

「え、［E］」

［F］。

小桜妙子はあのコラムを読んだとき以来の衝撃《しょうげき》を受けました。

［F］って、そんなことがありうるのでしょうか。

「日本はー、それいっぱいあるじゃない？」

それ、とは一人称のことでしょう。小桜妙子は思わず力強くうんと頷《うなず》きました。

「いっぱいあるから、気分で好きなの使うのね。『オレ』の気分のときとか、『わたくし』の気分のときとか、あるでしょ」

あるかな。

……あるかもしれない。

……気分かあ……。

これはbカルチャー・ショックというものでしょうか。小桜妙子は頭の中をふらふらさせたまま、大きなイヤリングを揺らしながらゲソ揚げを噛《か》みしめる夏実クラーク横山さんの横顔になおも疑問を投げかけました。

「それって、頭の中、混乱しない……?」

「しないす。アタマで考え事するときは全部英語なんで。I, My, Meしか使わない。かんたーん」

ね? とにっこり笑う夏実クラーク横山さんに、小桜妙子は返事をすることもできないでいました。

小桜妙子の手にはぬるくなったビールのグラスがあります。

それを持ち上げて、ぐっと一口飲んでみます。

いつもなら、

『小桜妙子はビールを飲んだ』

と考えるところです。それを、

『I drank beer.』

と考えてみました。

I

そのことばには、何の「ニュアンス」も「含《ふく》み」もありませんでした。年齢《ねんれい》も性別も所属も、出自も性格も出身地方も、何も読み取れません。

『I』はただ、［G］。

I eat Karaage.(私は唐揚げを食べる)

I smell Yakitori.(私は焼鳥の匂《にお》いをかぐ)

ああ、なんて爽快《そうかい》。どうして今まで気付かなかったのでしょうか。

「小桜サン、カオ、すんごい真っ赤~」

夏実クラーク横山さんがけらけらと笑っています。

I see her.(私は彼女《かのじょ》を見る)

She is smiling at me.(彼女は私に笑いかけている)

I feel good. So good.(私はいい気分だ。とてもいい気分だ)

夏実クラーク横山さんは程なくして契約《けいやく》期間が終わり、小桜妙子の職場には来なくなりました。でも、個人的にお友達になってもらったので問題はありません。

今、小桜妙子は月に数回、夏実クラーク横山さんに英語を教わっています。夏実クラーク横山さんのように頭の中で考えるときも英語がスイスイ出てくるようになるのが目標なのですが、それはネイティブじゃないと難しいとのことです。

授業はだいたい、一緒《いっしょ》にごはんを食べたりお酒を飲んだりしながら行います。

「妙ちゃんはもっと発音気にしないでドンドン喋《しゃべ》んなきゃだーよ。言いたいこと言ってこうぜ。なんでもいいよ。あちしになんでも言ってみなよ」

ビールとトマトジュースを混ぜたカクテル、レッドアイを飲みながら、夏実クラーク横山さんは鉄板餃子をばくばく食べています。日本語でも英語でも、一人称の迷宮のはるか上空をひらひらと飛んでいるその唇《くちびる》はまるで羽根のようにしなやかに動きます。

③「I like you（私はあなたが好きだ）」

「えーなんだよお嬉《うれ》しい。でももっとフクザツな話をさー、しようよしてみようよー」

「わたしの語彙《ごい》だとこれが限界だよ」

「うっそでしょ。もっとちゃんと教えてるよ！」

なぜでしょう。夏実クラーク横山さんの英語の授業を受け始めてから、④小桜妙子は小桜妙子を「わたし」と呼ぶのが、あまり苦痛でなくなりました。最近はたまに「気分」で自分を「僕」と呼んだり、幼子のときのように「オラ」と言ってみたりもします。

そのとき想像するのはいつも、彼女の羽根の生えた唇がわたしを掴《つか》んで迷宮の上を飛んで行く様です。

それを、その気持ちを英語で上手に説明できるようになるには、さらなる精進が必要だなと、小桜妙子は思っております。

【王谷晶「小桜妙子をどう呼べばいい」（『完璧じゃない、あたしたち』〈ポプラ社〉所収）一部改変】

問一　［A］～［D］に入る語句として最も適切なものを次の中から選び、それぞれ記号で答えなさい。**ただし、同じ選択肢《せんたくし》を二度答えることはできません。**

ア　こっぴどく　　イ　ガラッと　　ウ　まるで
エ　ぜひ　　オ　しっくり

問二　太線部a「ままならない」・b「カルチャー・ショック」とありますが、言葉の意味として最も適切なものを次の中から選び、それぞれ記号で答えなさい。

a　ままならない
ア　理解できない　　イ　興味がない
ウ　説明できない　　エ　思い通りにならない

b　カルチャー・ショック
ア　異なる文化に接したときに受ける戸惑《とまど》い
イ　異なる文化に接したときに生《しょう》じる不具合
ウ　異なる国の人と接したときに起こるすれ違い
エ　異なる国の人と接したときに感じる失望

問三　――①「保育園に通うようになって「おれ」を使いはじめました」とあるが、なぜ弟は一人称を変更《へんこう》したのか、文章の内容をふまえた上で理由を推察して、あなたの考えを述べなさい。

問四　――②「そんな疲労困憊の日々」とあるが、どういうことか、四十字以内で説明しなさい。

問五　［E］・［F］にあてはまる組み合わせとして、最も適切なものを次の中から選び、記号で答えなさい。なお、［F］は文中に二つありますが、どちらにも同じ言葉が入ります。

	E	F
ア	知らなーいっす	知らない
イ	決めてなーいっす	決めてない
ウ	オイラとあたしでーっす	オイラとあたし
エ	Iでーっす	I

問六　［G］に入る漢字二字の言葉を考え、答えなさい。

問七　――③「I like you」とあるが、この言葉からどのような様子が読み取れるか、最も適切なものを次の中から選び、記号で答えなさい。

ア　夏美クラーク横山さんの自由さに対して憧れの念を抱き、その気持ちを十分に表現できなくても、つたない言葉でなんとか伝えようとする小桜妙子の様子。

イ　会社との契約期間が終了しても自分に付き合って英語を教えてくれることに感謝の思いを感じ、彼女が教えてくれた英語を使って気持ちを表現しようとする小桜妙子の様子。

ウ　自分の感情を正確に発言したいという思いを理解していながら、それでも発言を強いることに対して、戸惑いを感じつつもなんとか食らいつこうとする小桜妙子の様子。

エ　英語を母語として流ちょうに口にする様子を目の当たりにして、自分もそれくらい英語が上達したいと感じ、その決意を口にして自分を勇気づける小桜妙子の様子。

問八　――④「小桜妙子は小桜妙子を「わたし」と呼ぶのが、あまり苦痛でなくなりました」とあるが、なぜか、理由として最も適切なものを次の中から選び、記号で答えなさい。

ア　日本語しか話せず、「わたし」という一人称とはなれることができないと思いこんでいたが、夏美クラーク横山さんと話す中で、英語がうまく話せないとしても「I」という一人称を使っても良いということに気づき、下手な英語を使いながらコミュニケーションを取ることに抵抗《ていこう》がなくなったから。

イ　自分にふさわしい一人称は一つしかないと思い込んでいたが、夏実クラーク横山さんと話す中で、その時々の自分を表現する一人称を使い分けても構わないということに気づき、「わたし」という一人称で表現されるものも、自分の一側面に過ぎないと考えを改めるようになったから。

ウ　一人称の使い方について迷いを感じ始め、混乱の真っ只中《ただなか》にいたが、夏実クラーク横山さんと話す中で、一人称の使い方に関する明確なアドバイスをもらえたことで、自分の認識の誤りに気づき、どんな一人称を使ったとしても自分は自分であるという事実を受け止めることが出来たから。

エ　自分を表現する適切な一人称がないことにいらだちを感じ、「わたし」という言葉を使うことを避けていたが、夏実クラーク横山さんと話す中で、一人称と自分が完全に一致《いっち》していなくても、さほど気にする必要がないことに気づき、一人称の使い方にいい意味で適当になることが出来たから。

問九　本文中では、個人のイメージを決定する要素として「一人称」が例としてあげられていましたが、創作物の中では語尾《ごび》を変化させることで個人の特徴《とくちょう》づけが行われることもあります。以下の例を見て、語尾を変化させることの効果について、あなたの考えを述べなさい。

例）シマリスくん（いがらしみきお『ぼのぼの』）……語尾の「です」を「でぃす」に変えて話す特徴があります。

（いがらしみきお『ぼのぼの』16巻〈竹書房〉一部改変）

二　次の【文章A】は、脳科学者の養老孟司《ようろうたけし》さんが、アニメ映画監督の宮崎駿《みやざきはやお》さんについて書いた文章です。【文章B】は、宮崎駿さんが、映画創作について書いた文章です。この【文章A】と【文章B】を読んだ上で、後の問いに答えなさい。

【文章A】

　宮崎作品は、宮崎駿という人柄《ひとがら》の表現でもあるが、それはアニメという方法を通して、結局は日本の伝統を語ることになる。方法自体が日本的であり、語られる内容が日本的だからである。※『千《せん》と千尋《ちひろ》』の魔女《まじょ》は、姿かたちが西洋の魔女だが、そういうものを取り込んでしまうのも日本文化だと、だれでも知っている。しかもあの婆《ばあ》さんの部屋に行くまでの廊下《ろうか》の調度《ちょうど》といえば、どう見ても中国の花瓶《かびん》なのである。このゴタ混ぜが日本文化でなくて、なにが日本文化か。

　伝統文化といえば、能だ歌舞伎《かぶき》だ茶の湯だという。それはそれでいい。しかし【 I 】もまた、日本文化そのものである。能衣装《いしょう》を子細《しさい》に見れば、どう見ても中近東由来じゃないかという、派手な唐草模様《からくさもよう》のパッチだったりする。茶の湯の袱紗《ふくさ》さばきは、カトリックの聖体拝受と同じだという説が以前からある。知的所有権などというものは、特殊な時代の、特殊な世界の産物である。独創性とか、①個性とかいうが、真の独創なら、他人はそれを理解できない。他人に理解できるなら、それはべつに独創ではない。いずれだれかが考えるはずのこと、それをたかだか最初に思いついたというだけのことだからである。個性もまた同じ。まったく個性的ということは、他人の理解を超越することである。それなら精神病院に行くしかないではないか。

　普遍《ふへん》性というのは、深さを備えた共通性である。アニメがそういう普遍性を帯びていることを、そろそろわれわれは自信を持って認めるべきであろう。「あんなものは」「所詮《しょせん》はマンガ」。その種の感覚は根強く残っている。西欧文明にはとくにその傾向が強い。イスラムもそうかもしれない。なぜならかれらは、聖書やコーランを持っている。それはまさしく言葉で書かれているのである。

　『方丈記《ほうじょうき》』は日本風の哲学書である。[A]たいていの人はあれを哲学とはいわない。情感に満ちているからであろう。哲学は理屈だから、情緒《じょうちょ》が欠けているし、欠けて当然だと思っているらしい。[B]宮崎作品を思想だと思わないのも当然であろう。マルクス・エンゲルス全集のように、文字がいっぱい詰まって退屈でなければ、思想ではないと思っている。それならデカルトに情感はないか。逆であろう。

C ※『方法序説《ほうほうじょせつ》』は情感に満ちている。さすがに哲学者はそれがわかっているから、人によってはあれを浪花節《なにわぶし》と評するのである。

まとめてみれば、『千と千尋』の受賞がなぜ問題になるか、その背景には二つの事情がある。一つは多くの日本人、とくにいわゆるインテリが、あれを「よいもの」と見ていいのか、その確信がないことである。もう一つは、そこへ欧州からの評価が先に来てしまったことである。いってみれば、幕末から明治にかけて、浮世絵だの大和絵だののよいものが、外国に出てしまったのと似たような現象であろう。自分が持っているもののよさは、あんがいわからないものである。

マンガはあれだけはやっているし、それだけにくだらないものを多く含んでいる。しかしそれは裾野《すその》が広いということで、高い山は広い裾野を持つともいえる。こうした日本の視覚文化は、まだ基礎的な面からきちんと②評価されていない。「足りない」ものばかりを、われわれは気にしてきたからであろう。

知的障害のある人たちに特異な才能が見つかることがある。日本ではそれは多くは画家として認められる。山下清を知らない人はあるまい。それに対して、音楽の、つまり聴覚の才能が発掘されたのは、大江光くらいではないだろうか。これは明らかに文化的なものだと、私は思っている。いまでは音楽は、過去に比較して、はるかに一般化している。だから聴覚的な才能が、いわゆる知的障害者のなかに、もっと多く見つかっていいはずである。これほど音楽が普及してもそうならないとすれば、そこにはなにか、文化的障害がある。これも自分のことはわからないという、もう一つの典型であろう。それはなにも「欠点」とはかぎらない。かつて芥川龍之介《あくたがわりゅうのすけ》がいったように、自分の首の後ろは見えない。見ようとすれば、首の骨を折る。

日本の【Ⅱ】は、料理にも絵画にも表れている。それがなぜか、それこそ言葉にされたことはほとんどない。日本のアニメ、マンガは、鳥《と》羽《ば》僧正《そうじょう》の時代以来の伝統である。これは日本人のなかに、遺伝子として組み込まれているわけではないと思う。③まさに文化なのである。その一つの背景は、文字だということがわかっている。

音訓読みというのは、きわめて妙《みょう》なシステムである。アルファベット圏《けん》の人たちは、ほとんどこれを理解しない。日本人は中国語を日本語で読む。アメリカ人に英語でそんなことを言おうものなら、英語が下手だから、間違ったことをいっていると決めつけられてしまう。しかし事実そうだというしかないではないか。私は何度か、欧米のインテリに音訓読みを説明したことがある。たいていは、途中で横を向かれてしまった。そもそも日本語の読みを理解したところで、かれらにはなんの得もないのである。そんな破天荒《はてんこう》なことは、放っておいたら、かれらはまず思いつかないはずである。

同様に、われわれはアルファベット世界の常識がわからない。

X 物理や化学では、世界は百あまりの原子でできているとする。こういう考えは、日本人の直観にはじつはほど遠いものである。放っておけば、つまりアルファベット圏の影響がなければ、日本人はまず原子論を立てないであろう。全世界がまさか有限の記号で書けるとは信じていないからである。アルファベットを使っていれば、そう思って当たり前なのに。

文化の違いとは、ある意味では、これほど根元的なのである。それが結果的に脳の違いを形成する。その違いは生まれつきではない。つまり遺伝子の違いではない。なぜなら、後追いとはいえ、アルファベット圏の思考を、われわれも理解するからである。日本のアニメを、かれらも理解するからである。ヒトの脳のもっとも重要な機能は、ひょっとして一般に思われているかもしれないように、個性的な思考をすることではない。普遍的、つまり根本的にはだれにでも通用する、そういう思考をすることなのである。下手な英語で「外人」と語り、話が通じたと喜んでいる。それで「正しい」のである。重要なのは「通じる」ことだからである。それなら個性とはなにか。【Ⅲ】とはなにか。「通じない」ことか。

　ドイツ人は日本人にバッハが理解できるか、という。日本人はアニメがドイツ人にわかるものかと思っている。たがいにそれは、誤解に過ぎない。違う脳は、違う風に反応するかもしれない。しかし反応することに変わりはないのである。

【文章B】

　生まれてきてよかったねって言おう、言えなければ映画は作らない。自分が踏みとどまるのはその一点でした。そこで映画を作るしかないと。

　今は傷つきやすい子どもをいっぱい育てているんですね。たぶんそれは、ゆとりのある教育をすればいいとか、個性を尊重すればいいとか、そういう問題ではないと思うんです。でもじつはアニメーション自体がそういう傾向に荷担《かたん》しているんですよ。そのジレンマを抱えながら、じゃあやめますか、て言われるとね(笑)。

　美術館で『千と千尋の神隠し』の絵を展示するでしょ。そこには湯婆《ゆばー》婆《ば》のこんなでかい顔を壁にどんと張ってあるんですけど。そうするとね、その前で突然、湯婆婆のせりふを言い出す子がいるんですよ。何回見に行ったか知らないけど、まだビデオ化していませんから一回か二回のうちに覚えているんでしょうね。それを見て、自分たちの映画がすごかったと思っているスタッフがときどきいますが、とんでもない錯覚《さっかく》です。

　本来、子どもというものは、年長者の言っていることを意味もわからずまねしたりして言葉を覚えていったはずなんです。その機会が減っているから、代わりにアニメーションでやっているだけなんです。あの映画に力があるからじゃないんです。どんなに仕組んだところで、アニメーションのワンショットで表現しているものというのは、しょせんその場で、ある目的のために才能と時間の制約の中で描いた絵が動いているだけです。そんなにたくさんの情報は入っていないんですよ。情報ということだったら、隅から隅まで見たところで限度があるんです。

　でも、子どもたちの心の流れによりそって子どもたち自身が気づいていない願いや出口のない苦しさに陽をあてることはできるんじゃないかと思っています。ぼくは、子どもの本質は悲劇《ひげき》性にあると思っています。つまらない大人になるために、あんなに誰もが持っていた素晴らしい可能性を失っていかざるをえない存在なんです。それでも、子どもたちがつらさや苦しみと面と向かって生きているなら、自分たちの根も葉もない仕事も存在する理由を見出せると思うんです。

（養老孟司・宮崎駿『虫眼とアニ眼』〈新潮文庫〉一部改変）

(注)

千と千尋……宮崎駿監督のアニメ映画『千と千尋の神隠し』

方法序説……十七世紀のフランスの哲学者デカルトが書いた哲学書

問一　【Ⅰ】～【Ⅲ】に入る語句を、本文中から抜き出して書きなさい。【Ⅰ】は四文字、【Ⅱ】は四文字、【Ⅲ】は二文字で、書き抜くこと。

問二 ［A］～［C］に入る語句として最も適切なものを次の中から選び、それぞれ記号で答えなさい。**ただし、同じ選択肢を二度答えることはできません。**

ア　では　イ　たとえば　ウ　しかし　エ　それなら

問三 ――①「個性」とあるが、筆者が大切にしていることについて、四十五字以内で説明しなさい。

問四 ――②「評価されていない」とあるが、どういうことか、最も適切なものを次の中から選び、記号で答えなさい。

ア　知的障害のある人たちに特異な才能が見つかることがあり、日本では、そうした才能の多くは画家として認められることが多く、聴覚の才能が必要とされて音楽についても普及しているので、日本ではきちんと評価されていない、ということ。

イ　幕末から明治にかけて、浮世絵や大和絵が外国に流出してしまったことによって、日本のインテリ層の多くが、アニメや漫画などを素晴らしいものと考えるようになったため、日本の視覚文化は過小評価されている、ということ。

ウ　日本語の音訓読みは、アルファベット圏の人たちは、ほとんど理解が出来ないので、日本のアニメなどの視覚文化は、英語で翻訳《ほんやく》することが難しく、英語で世界を記述することができないことから、きちんと評価されていない、ということ。

エ　質が高いものが生まれる一因には量が多いこともあるのだが、日本人は、不十分なところに焦点を当てる傾向があり、マンガの一部には質が悪いものがあることなどから、自分たちの視覚文化を過小評価している、ということ。

問五 ――③「まさに文化なのである」とあるが、なぜか、四十五字以内で説明しなさい。

問六 ［X］には、次のア～エの四つの文が入る。最も正しい順に並べ替えなさい。

ア　どちらの世界が複雑か、すぐにわかるであろう。

イ　日本語なら、仮名だけで五十音ある。

ウ　たとえば英語を使うなら言葉の世界は二十六文字で全部が書けてしまう。

エ　その上に漢字が常用でも約二千。

問七 【文章B】を読んで、次のア～エの内容について、正しいものは「1」、正しくないものは「2」の記号で答えなさい。

ア　アニメーションは、目的を持って描かれており、情報には限度がある。

イ　個性を尊重すれば、傷つきやすい子どもは生まれない。

ウ　素晴らしい可能性を失う目的は、つまらない大人になるためである。

エ　映画の台詞《せりふ》を正確にどれくらい言える子どもがいるかが、映画の力をはかる指標《しひょう》となる。

問八 【文章B】を読んだ上で、あなたなら、小学校低学年の子どもに対して、どのようなメッセージを込めた作品をつくりますか。次の【資料】をふまえた上で答えなさい。

【資料】

（養老孟司・宮崎駿『虫眼とアニ眼』）

三　次の二つの漢字には、共通の部首（偏《へん》）をつけることで、二字熟語が出来ます。その二字熟語を書きなさい。

（例）幾戒　→　機械

①　乎及

②　也或

③　月音

④　言壬

⑤　岡失

茗溪学園中学校(第二回)

—50分—

一　——線部の漢字の読みをひらがなで書きなさい。

1　この類いの事件は少なくない。

2　かれは口調がおもしろい。

3　それは勇み足ではないか。

4　私がほしいのは初版本です。

5　無礼な振《ふ》る舞《ま》いはやめろ。

二　——線部のカタカナを漢字で書きなさい。

1　ぼくらはドウメイを結んだ。

2　戦争反対をトナえる。

3　日本ではツツみ紙は有料です。

4　ゲキテキな勝利で終わった。

5　シンキイッテンでがんばろう。

三　次の文章を読んで、あとの問に答えなさい。

一九八一年、まだ携帯《けいたい》電話のなかったころ。高校を卒業した理佐は妹の律を連れて、見ず知らずの町に引っこし、そば屋の求人に応募《おうぼ》し、仕事を始める。その後、母とその婚約者《こんやくしゃ》が律の学校に会いたいと手紙を送り、会うことになる。

「いや、もう、立ち話で結構です。この子と妹を連れて帰れたら、なんでも」

「理佐さんはまだお若いですし、私もお話を伺《うかが》えたらありがたいです。もちろん律さんの担当としても」

藤沢先生の言葉に、母親とその婚約者は顔を見合わせる。どうぞ、と(1)藤沢先生がさらに座るように勧《すす》めるので、母親と婚約者は①渋々という様子で椅子に腰掛《こしか》ける。理佐は藤沢先生の隣《となり》に座る。

「律を連れ出した上に先生にまでご迷惑《めいわく》をかけて、あなたはどこまで勝手なの？」母親は(2)とても母親らしい口調で理佐を責めた後、ちらっと藤沢先生の様子を窺《うかが》って続ける。藤沢先生はまったく表情を変えないでいる。「家出に妹を巻《ま》き込《こ》むなんて」

「家出じゃない。独立って言ってよ」

この数か月のことを「家出」ですまされるのは、自分でも不思議なほど(3)不本意に感じた。けれども「自立」というほどは※十全に生活できていないし、周りの人に大いに助けられている自覚はあったので、理佐はひとまず「独立」という言葉を使う。

「家出じゃないの。短大に行けなくなったのが気に入らなくて、衝動《しょうどう》的《てき》に出てきたんでしょ？」「家族に相談もなくな」

母親の婚約者の言葉に、理佐は、あなたはべつに家族じゃないし、そんなふうに言うんならなんで律を怒鳴りつけたり、夜遅《おそ》くに家から閉め出したりするのよ？　と怒って言い返したくなるのだが、それはもう少し先で言った方がいいのではないかと思い直して口をつぐむ。母親の婚約者にあまりに強く反発して(4)要求を引き出す前に力で押さえつけるような判断をさせることも怖《こわ》いように感じた。理佐はつくづく、自分を「怖い」という気持ちにさせるこの男に不当さを感じたし、それを頼りにする母親にもうんざりした。

「どうして私と律に帰ってきてほしいの？」

「家族だからよ」

「そのわりには電話もとってもらえなかったんだけど」

「あなたが電話をかけてきていることには気付かなかったし、あなたからの電話だから受話器をとらないってことはなかった。その時の連絡には全部応えてないはずよ」

同じ時間帯にかかってきた電話にすべて応答していないのなら確かにそうかもしれないが、理佐はひどい屁理屈《へりくつ》を言われているような気がした。

自分が姉妹をつかまえたい時は婚約者を派遣《はけん》してきて律を追ったりするのに、理佐が話したいとなるとそれは無視するというのは筋が通らないのではないか。彼らは、自分たちに都合のいいやり方でしか姉妹と関わろうとしなかったではないかと理佐は思った。

「あの時短大に行けなかったから拗《す》ねてるんでしょ？　でも、入学金のことだって、本当の本気で頼んでくれたら工面もしたのに、あなたはちょっと私と話しただけでアルバイトに出かけたじゃない」

私と向き合おうとしなかったじゃない、と母親は続ける。理佐は泣きたくなった。この人は何とでも言う、と思った。自分たちはさして悪いことはしていなくて、すべては理佐の勝手だったということにするためなら、どんなことでも言う、と思った。

「私がいつ永遠に大学には行けないって言った？　そのうち行かせてあげるってはっきり言ったでしょ？　それをその時自分の思い通りにならなかったからって、あてつけみたいに律を連れて出るなんて」

母親は調子づいたように続ける。母親の婚約者はその隣で、もっともだとでも言いたげな様子で腕《うで》を組んでうなずいている。

「君はそのぐらい勝手なことをしたけれども、資金の目処《めど》が立ったから大学に行かせてやると僕《ぼく》らは言いにきたんだ。わざわざ」

それを君らは逃げ回って、話を聞こうともしないで、なんなんだ、と母親の婚約者は理佐を責めるように見る。

「大学とは？」

気配を消すように何一つ発言しなかった藤沢先生が、ここへきて言葉を発する。母親とその婚約者は、我に返ったように理佐の隣に座っている藤沢先生に視線を向ける。

「この子は今年の四月から短大に行く予定だったんですけれども、三月に私がうっかり入学金の振《ふ》り込みを忘れてしまって。そのことで怒って家を出たんです。でももっとちゃんと頼《たの》んでくれてたら私だってなんとかしたでしょうし、本当は大して行きたくもなかったのに、私のやることにとにかく不満があったからそれを口実に家出したんだと思います」

「妹を連れていったのは、本当に我々に対するあてつけですよ」

母親とその婚約者の話を、藤沢先生は表情のない顔で黙《だま》ってうなずいて聞く。理佐は青い顔をして、二人の言い訳を耳に泥《どろ》が入ってきたような気分で(5)聞き流していた。

「子供が親に学校の入学金を振り込んでくれと〈もっとちゃんと頼む〉とは、具体的に何をすることだったんでしょうか？」

頭を下げて泣いて頼むとか？　と藤沢先生は少し間を置いて続ける。理佐からしたらなんでもないようなことを訊《き》き返《かえ》したように思えたけれども、母親とその婚約者は(6)答えられなかった。その場にいる誰《だれ》も何も言わないまま時間が流れるに任せていると、母親は沈黙《ちんもく》に耐《た》えかねたように、それはまあ、そんなことじゃなくいろいろありますけど、と濁《にご》すように言った。

「とにかくだ、君を大学に行かせてやれる条件ができたんだ。それを黙って聞け」

意地を張るんじゃない、と母親の婚約者は言った。理佐は［A］をひそめてその男の顔を見ずにはいられなかった。

「本当にかわいげがないな。姉も妹も」

かわいげがあると思われたって迷惑だからだ、と理佐は言い返したかったが、まだこの二人が姉妹を連れ戻《もど》しにやってきた本当の目的を聞き出せていないような気がしたので、そうするのはやめた。(7)ごめんなさい、と母親が呟《つぶや》く声が聞こえて、理佐は情けなくなった。この人、男なだけじゃない、とその両肩《りょうかた》を持って揺《ゆ》さぶりたくなった。

「離婚《りこん》したお父さんが亡くなったのよ」

そうなのか、と理佐は感慨《かんがい》もなく思う。この男を二十歳年をとらせただけのような人だった。気分で子供をかわいがったり、叱《しか》ったりする人だった。声と体の大きい男の子供のような人で、どんなささいなことでも、家族のために何かを我慢《がまん》するということができない人だった。祖父からアパートを譲《ゆず》り受《う》けていたが、若い女に貢《みつ》ぐために［B］束［C］文で処分したことが発覚して離婚した。

「その少し前に、お父さんの伯母《おば》さんっていう人が亡くなってて。その人は子供がなかったから、お父さんは遺産を相続していたの」理佐はうなずきながら、なんとなく話が見えてくるのを感じた。「わかるわよね？　べつにすごい額とかじゃないけど、それであなたは大学に行けるの。それですべて解決でしょ？」

理佐は今度はうなずいたりはせず、少し迷ったあげく、すごい額じゃないって、いくらなの？　と訊き返す。

「なんでそんなことが知りたいんだ？」

「私にもらえる権利があるんなら知りたい」

「姉妹二人ともで二百万円」

「そうなの」

姉妹二人あわせて、もらえる遺産が二百万。実感のわかない金額だった。理佐の行こうとしていた短大の授業料は、一年間で六十五万ほどだった。残りはどうするつもりなのだろう。

「全部もらえるの？」

理佐がたずねると、母親とその婚約者は［D］。その様子から、そうではないのだろうと理佐は悟《さと》った。彼らにとって大事なのは、理佐を進学させることではなく、残りの金の使い道なのだろう。

こちらに来てから、理佐はお金のやりくりのことではさんざん悩《なや》んだし、これからも問題は山積している。冷蔵庫を買ったのもやっとの思いだった。扇風機《せんぷうき》はそれより安くて周辺は涼《すず》しいから良かったものの、冬を越《こ》せるかどうかは今のところわからない。

生活にかかるお金も問題だが、※まだ小学三年の律は、これからも何かと②物入りだろう。そば屋の店員と水車小屋の番をしながら、それらをすべて自分が購《あがな》えるのかと考えると、理佐はほとんど意識を失いそうになる。※浪子さんが、理佐の働きは評価してくれているものの、理佐が律と二人で暮らしていることについて、ときどき不安がるのもよくわかる。律が強くて賢《かしこ》い子供だというのは、二人で暮らすようになってから実感するようになったけれども、まだ子供だというのなら、確かに律は子供なのだ。
その子供のこれからの人生を、自分自身の意地や独立心に巻き込んでいいのだろうか？　いくら母親が、その子を夜に閉め出すような男と付き合っているとはいっても。

（津村記久子『水車小屋のネネ』〈毎日新聞出版〉より）

※十全……少しも欠けたところがなく、すべて完全なこと。
※水車小屋……水車の力でそば粉を挽《ひ》いており、理佐はこの小屋の管理も任されている。
※浪子さん……そば屋のおかみさん。

問1　――線部①②の意味として最も適切なものを、次のア～オの中からそれぞれ一つ選び、記号で答えなさい。

①「渋々《しぶしぶ》」
ア　遠慮《えんりょ》がちな様子。
イ　いやいやながらする様子。
ウ　びっくりして呆気《あっけ》にとられた様子。
エ　おびえて慎重《しんちょう》になる様子。
オ　イライラした様子。

②「物入り」
ア　困難が多い。
イ　時間がかかる。
ウ　お金がかかる。
エ　多感な時期をむかえる。
オ　親の愛情が欲しくなる。

問2　この場面はいつごろのことですか。最も適切なものを、次のア～エの中から一つ選び、記号で答えなさい。
ア　一月　イ　五月　ウ　九月　エ　十二月

問3　――線部(1)「藤沢先生がさらに座るように勧める」とありますが、先生はなぜ座るように勧めたのですか。その理由として最も適切なものを、次のア～オの中から一つ選び、記号で答えなさい。
ア　せっかくわざわざ遠方からいらしたご両親に、ゆっくりしてもらいたいと考えたから。
イ　この学校では面談の決まり事として席をすすめることがマナーだと決まっていたから。
ウ　自分はきちんとした教師であることをアピールして、好感度をあげたかったから。
エ　時間かせぎをしないと理佐が暴走して大変なことになるのではないかと恐れたから。
オ　ちゃんと事情を聞いてからでないと二人を引きわたすわけにはいかないと考えたから。

問4　――線部(2)「とても母親らしい口調」とありますが、なぜそのような口調になったのですか。その理由として最も適切なものを、次のア～オの中から一つ選び、記号で答えなさい。
ア　母親らしい振舞《ふるま》いを強調することで、担任教師に信用してもらおうと考えたから。
イ　普段は意識していないが、公的な場であることから意識せざるをえなかったから。
ウ　婚約者に対して自分が母親らしくあることをさりげなく伝えたか

ったから。

エ　娘に対して母親らしいことを何もしてあげられなかったことを申しわけなく思ったから。

オ　感情が高ぶってしまったため、自然と母親としての本能が目覚めてしまったから。

問5　――線部(3)「不本意に感じた」とありますが、なぜ理佐はこのように感じたのですか。「家出」と「独立」の違いがわかるように、その理由を説明しなさい。

問6　――線部(4)「要求を引き出す」とはどのようなことですか。本文中の言葉を使って、「こと」に続くように答えなさい。

問7　――線部(5)「聞き流していた」とありますが、なぜそのようにしたのですか。その理由として最も適切なものを、次のア～オの中から一つ選び、記号で答えなさい。

ア　自分はまちがっていないので、聞く必要がないと思ったから。

イ　藤沢先生は味方になってくれないので、心細くなったから。

ウ　白々しい言いわけに、まともに反論する気持ちがなくなったから。

エ　家族でもない婚約者のことばに、無性に腹が立ってきたから。

オ　本当のことを言われて、言い返せるだけの言葉がなかったから。

問8　――線部(6)「答えられなかった」とありますが、なぜ答えられなかったのですか。その理由を説明しなさい。

問9　［A］に入れるのに最も適切な言葉を、ひらがな二字で答えなさい。

問10　――部(7)「ごめんなさい」とありますが、これは誰に向けて言った言葉ですか。最も適切なものを、次のア～オの中から一つ選び、記号で答えなさい。

ア　理佐　　イ　婚約者　　ウ　藤沢先生

エ　自分　　オ　姉妹

問11　［B］・［C］に入れるのに最も適切な漢数字をそれぞれ答えなさい。

問12　［D］に入れるのに最も適切なものを、本文中から七字でぬき出しなさい。

四　次の文章を読んで、あとの問に答えなさい。（作問の都合上、一部表現を改めています。）

人間はだれも、「経験」をはなれては存在しない。人間はすべて、「経験を持っている」わけですが、ある人にとって、その経験の中にある一部分が、特に貴重なものとして固定し、その後の、その人のすべての行動を支配するようになってくる。すなわち(1)経験の中のあるものが過去的なものになったままで、現在に働きかけてくる。そのようなとき私は体験というのです。

それに対して経験の内容が、絶えず新しいものによってこわされて、新しいものとして成立し直していくのが経験です。(2)経験ということは、根本的に、未来へ向かって人間の存在が動いていく。一方、体験ということは、経験が、過去のある一つの特定の時点に※凝固《ぎょうこ》したようになってしまうことです。

だから、どんなに深い経験でも、そこに凝固しますと、これはもう体験になってしまうのです。これは一種の経験の過去化というふうに呼ぶことができましょう。過去化してしまっては、経験は、未来へ向かって開かれているという意味がなくなってしまうと思うのです。

（中略）

……絶えず、そこに新しい出来事が起こり、それを絶えず※虚心坦懐《きょしんたんかい》に認めて、自分の中にその成果が蓄積《ちくせき》されていく。そこに「経験」というものがあるので、経験というのは、あくまで未来に向かって開かれていく。というのは、つまりまったく新しいものを絶えず受け入れる用意ができているということです。それが経験ということのほんとうの深い意味だと思うのです。

（森有正《もりありまさ》『生きることと考えること』より）

生きているものを「　A　」と呼び、硬直化《こうちょくか》した死んでいるものは「　B　」と呼んで区別しようというのが、※森有正が最も大切にした思想です。そしてこの「経験」こそが、私たちの生を未来に向かって開いてくれるものなのだ、と言っているのです。

「苦労が身になる」人と「苦労が※勲章《くんしょう》になる」人

「苦労が身になる」という言葉がありますが、「経験」をした人は苦労が身になりますが、一方「体験」止まりの人は、苦労は身にならずに「勲章」になります。

(3)苦労が「経験」になっている人は、よほどこちらが質問しない限りは、自分からは苦労話をしないものですが、「体験」の人の場合は、こっちが聞いてもいないのにうんざりするぐらい苦労話をしてくれます。

「苦労が身になる」というのは、まさに身になってしまったわけですから、もはやその苦労は本人の一部になっている。そういう人からよく聞くのは「あの苦労があったからこそ、　C　」という言葉です。苦労が勲章のように外側にぶら下がっている人は、「苦労は買ってでもしろ」と言ったりしますが、その苦労で当の本人は実質的には変化・成長していなかったりします。

「身になる」というのは、「質」的に深い変化がその人に起こることです。ですから、その出来事がたとえ小さなものだったとしても、「経験」として深まることで、いろんなことにつながる※普遍性《ふへんせい》が獲得《かくとく》されます。ですから、自分がそうなったことのない他人の状態についても、その人の思いや、その人にとって今は何が必要かというようなことが、自分の「経験」から適切につかめるようになるのです。「体験」止まりの場合には、「自分はそうなったことありませんので、分かりません」で終わってしまう。

ですから、(4)深まっていない「体験」に基づいて「この人の状況は、自分のあの体験と似たようなものだから、同じだろう」と決め付けて、「そういう時は、こうすればいいのよ！」とアドバイスしたりすることは、共感とは似ても似つかぬ「ピント外れの親切」や「ありがた迷惑《めいわく》」になってしまいます。「体験」には、「経験」のように普遍性がないので、他のことには応用が利かないのです。

今話したように、「経験」が個人の中で深められていくと、その出来事の特異性や個人的な要素は次第に薄《うす》らいでいって、最終的に普遍性を獲得《かくとく》するものになります。

地下水脈

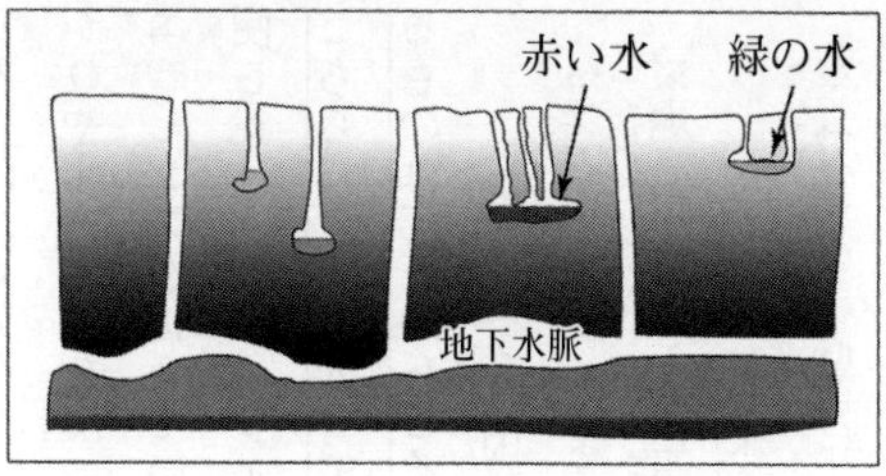

上の図を見てください。

この図は、その普遍性を地下水脈にたとえています。一番深い所を流れる地下水脈に、個人の「経験が深められて到達《とうたつ》するかどうか、その掘《ほ》り下《さ》げ方がとても大きな違《ちが》いを生むわけです。

しかし、地下水脈にたどりつく前に、途中《とちゅう》には緑の水や、赤い水などもある。赤い水が溜《た》まった所にたどり着いてそこで止まってしまった人は、「ここから掘ると赤い水が出てくるぞ」といい、緑の水が溜まっている所で止まった人は「こっちは緑の水が出てくるぞ」と言う。井戸を掘った場所の違いで、違う色の水が汲《く》み上《あ》がってくる。(5)これが、いわゆる専門性ということがはらむ問題点なのです。けれども、最も深いところまで掘り切った場合には、どの場所から掘ったとしても必ず［D］に当たる。どこから掘ろうが同じ水を汲み上げてくることになる。この地下水脈に共通して流れているものが、普遍的な真実であろうと私は考えます。「経験」の質を高めるということは、すなわち「経験」を掘り下げていって、個々の専門性や個別性の壁《かべ》を突《つ》き抜《ぬ》けて、普遍性まで到達するということなのです。

歌舞伎《かぶき》の坂東玉三郎さんが興味深いことを言っています。

玉三郎　……この※型《かた》はこれを表しているんだと分かった瞬間《しゅんかん》から、その型というものを取り外すことが出来るようになるんです。

三　浦　ああ、そうか。そこをもう少し話してください。それは、自由になるということですね。

玉三郎　そうです。知らずにやっている型というのは、もう、とても不自由ですよね。

三　浦　なぜそうしているのか、分からないでやっている……。

玉三郎　そう。ところが、顎《あご》なら顎のこの角度はこういうことを表しているんだということが分かると、そうじゃない角度の表現も出来るようになるんです。

（中略）

（月刊『ダンスマガジン』臨時増刊「三浦雅士《みうらまさし》氏との対談」より）

型が重視される歌舞伎の世界で長年経験した彼だからこそいえる、実に凄《すご》い言葉だと思います。彼の自在な表現の秘訣《ひけつ》は、ここにあるんだろうなと思います。

［E］型や理論をたくさん学んでも、その型の奥に潜《ひそ》む※エッセンスを汲み取れるかどうかによって、(6)それが後々大きな違いを生みます。何でも初心者のうちは、型をたくさん習ってそれを型通りにやろうとして、ものすごくギクシャクしてしまう。ここで言われているように、いつその型から本質だけを頂いて、型の細部を捨てることができるようになるのか。枝葉に囚《とら》われることなく、幹《みき》のところのエッセンスをつかみ取るつもりで学ぶことが、何事につけても大事だと思うのです。

この地下水脈まで到達した人はみな、時代も専門も超えて、何か共通するものを感じ取っています。ですから、ある人は画家であったり、詩人であったり、哲学者《てつがくしゃ》であったりしますが、地下水脈から汲み取ってきている人は、みな同じことを言っています。私はこの講義を通じていろいろなジャンルの人の言葉を資料として使わせていただいているわけですが、それがたとえば専門家が浅い所から汲んできた赤や緑の水についての記述よりも、詩人の一節のほうがよほど本質を言い当てていたりすると思うからなのです。

さて、この一番下の地下水脈から汲み上げてきたもの、この深さから来た言葉というものは、非常にシンプルで分かりやすいものになっているのが特徴《とくちょう》です。平易《へいい》な言葉を使っていながらも、密度が濃《こ》い。逆に、内容の浅いものほど、言葉は［F］になります。それは※内輪《うちわ》の人にしか通じない。そういう言葉を並べ立てられると、読んだり聞いたりする方は「自分がバカなのかな」なんて感じさせられたりします。しかし、それはほとんどの場合、錯覚《さっかく》です。

本当によく分かっている人は、その物事をよく※咀嚼《そしゃく》しているから、分かりやすい言葉を使っても、自在に話したり書いたりも出来る。しかも、エッセンスを捉《とら》えているので、型から自由ですから、いろんな喩《たと》えを駆《く》使《し》したり、別ジャンルのことを関連付けたりすることが可能なのです。(7)こちらにスッと入ってくるような言葉で書いたり言ったりしてくれているものは、だからこそかえって信用出来るものではないかと思います。

(泉谷閑示《いずみやかんじ》『「普通がいい」という病』〈講談社現代新書〉より)

※凝固《ぎょうこ》……こり固まること。液体や気体が固体に変わることもいう。
※虚心坦懐《きょしんたんかい》……心に不満や不信など、重苦しい感情がなく、落ち着いている様子。
※森有正《もりありまさ》……直前に引用されている文章の著者で、哲学者・フランス文学者。
※勲章《くんしょう》……本来は、国が功労のあった人に授《さず》ける、名誉《めいよ》を記すためのしるしのことをいう。
※普遍性《ふへんせい》……すべてのものに通じる性質。
※型《かた》……芸能などで、望ましい水準とされる動作や態勢《たいせい》のこと。
※エッセンス……物事の本質。
※内輪《うちわ》……身内だけで、外部の人を交えないこと。
※咀嚼《そしゃく》……物事や文章などの意味をよく考えて味わうこと。

問1　――線部(1)「経験の中のあるものが過去的なものになったままで、現在に働きかけてくる」とありますが、「過去的なものになる」とはどういうことですか。次の【　】内に当てはまる語句を十字以上、十二字以内でぬき出しなさい。

経験の中のあるものが、【　　　　】されること。

問2　――線部(2)「経験ということは、根本的に、未来へ向かって人間の存在が動いていく」とありますが、森有正は、「経験」という語をどのような意味で使っていますか。四十字以上、五十字以内で説明しなさい。

問3　［A］・［B］に入る言葉を、本文中からそれぞれ一語でぬき出しなさい。

問4　――線部(3)「苦労が『経験』になっている人は、よほどこちらが質問しない限りは、自分からは苦労話をしないものです」とありますが、なぜですか。その理由として最も適切なものを、次のア～オの中から一つ選び、記号で答えなさい。

ア　苦労して成長した経験を心から誇《ほこ》りに思っているので、胸の中に大切に取っておいて口には出さないから。

イ　苦労の経験は自分の中で変化しているので、同じ苦労話を他人に伝えることに意味はないと理解しているから。

ウ　自分がどんなに熱心に苦労話を伝えたところで、相手にはそれを理解する能力がないと分かっているから。

エ　苦労によって確かに成長することは出来たが、もう思い出したくないくらいに辛《つら》い記憶になっているから。

オ　苦労をきちんと経験に出来た人は、その経験を自分の内で変化させて、もう忘れてしまっているから。

問5　[C]に入る内容を自分で考えて答えなさい。

問6　——線部(4)「深まっていない『体験』に基づいて～『ありがた迷惑』になってしまいます」について、次の問に答えなさい。

Ⅰ「ありがた迷惑」と同じ意味の言葉を、五字以内で書きなさい。

Ⅱ　筆者がこのように言うのはなぜですか。その説明として最も適切なものを、次のア～オの中から一つ選び、記号で答えなさい。

ア　若い人には、年長者からのアドバイスは受け入れがたいので、何を言ってもいやな顔をされるに決まっているから。

イ　自分と他者が同じ経験をすることは有り得ないので、どんなに経験が深まっても、適切なアドバイスは出来ないから。

ウ　きちんと深められていない体験は変化をしないので、いつまでたっても他人のものには当てはまらないから。

エ　経験をどんなに深めても自分の体験したことしか分からないはずなのに、分かったような顔をしてアドバイスをしているから。

オ　相手と自分の状況《じょうきょう》をきちんと理解して適切なアドバイスをしたとしても、相手が共感してくれるとは限らないから。

問7　——線部(5)「これが、いわゆる専門性ということがはらむ問題点なのです」とありますが、「専門性ということがはらむ問題」にあたる例を自分で考えて答えなさい。

問8　[D]に入る言葉を、本文中にある言葉を使って六字で答えなさい。

問9　[E]に入る言葉として最も適切なものを、次のア～オの中から一つ選び、記号で答えなさい。

ア　あえて　　イ　むしろ　　ウ　どんなに

エ　まったく　　オ　少なからず

問10　——線部(6)「それが後々大きな違いを生みます」とありますが、どのような違いがありますか。「型」という言葉を使って三十五字以内で説明しなさい。

問11　[F]に入る漢字二字の言葉を、自分で考えて書きなさい。

問12　——線部(7)「こちらにスッと入ってくる～かえって信用出来る」とありますが、なぜですか。五十字程度で説明しなさい。

明治大学付属八王子中学校（第一回）

—50分—

〈注意〉　字数には、句読点《くとうてん》も記号も一字として数えます。

一　次の文章を読んで、あとの各問いに答えなさい。なお、文中の言葉の下の〔　〕の中はその言葉の意味とする。

【「僕《ぼく》（ポン）」は、大学を卒業した後、アルバイトをしながら売れないお笑い芸人を続けている。かつての相方「てっちゃん」にくわえ、「サク」ともコンビを解消し、一人で活動をしているが、なんとか売れようと、企画《きかく》会社の社長であり、お笑いライブに来ていた「吉沢《よしざわ》さん」に声をかけたところ、彼に会社に来るように伝えられた。】

二日後、吉沢さんの会社を訪《おとず》れた。

間違《まちが》えたかなと思うぐらい、ぼろぼろの雑居ビルだった。だけど確かに、住所もビル名も合っている。

五階建てのその建物にエレベーターはない。階段で三階に上がると、キャップをかぶったおじさんがいた。

業界〔芸能界〕の人かな。

僕はちょっと会釈《えしゃく》したが、おじさんはそれには気づかずに階段を下りて行った。

吉沢さんが出てきて、僕に軽く手を上げる。

「ああ、きたきた。……えーと。ごめん、何て呼べばいい？」

こめかみを掻《か》きながら苦笑いする吉沢さんに、僕は言った。

「本名は本田ですけど、ポンでいいです」

「ポンね。じゃ、とりあえず、そこに積んである箱、下に運んでくれる？」

「……箱、ですか」

部屋の隅《すみ》に、大きさの揃《そろ》わない段ボール箱がいくつも乱雑に置かれている。デスクの上には書類やファイルが散らばっていた。

「実は会社たたむことになってさ」

「えっ」

「明日までにここ、引き揚《あ》げなきゃいけないんだけど、挨拶《あいさつ》回りでばたばたしてたんで荷物の整理がつかなくてね。今はこの会社、俺《おれ》ひとりでやってるようなもんだから、今日はポンが来てくれて助かったよ」

これは……これは、ドッキリかなんかだろうか。

無名の芸人に①意地悪な設定を仕掛《しか》けて、どう反応するかって。

そうだ、きっとそうに違いない。そうであってほしい。

だとしたら、どんなリアクションをしたらウケる？

そんなことを虚《うつ》ろに考えながら、僕は「はぁ」と気の抜《ぬ》けた返事をするしかなかった。

言われるまま、茶色い段ボール箱に腕《うで》を伸《の》ばす。けっこうな重量だ。箱の角を手のひらの中央に置いて安定させ、中指や薬指でしっかり抱《かか》えて階段に向かった。

「なんか、手慣れてるねえ」

ちょっと意外そうに、吉沢さんが言った。

②僕は吉沢さんのほうを見ず、平淡《へいたん》に答える。

「僕、プロなんで」

荷物運びの。

階段を下りると、さっきのキャップのおじさんが少し先に立っていて「こっち」と手招きした。路上に軽トラックが停《と》めてあり、荷台にはすでに、廃棄《はいき》されるのであろうキャビネットと小型冷蔵庫が載《の》っている。業界じゃなくて、業者の人だったらしい。僕は脱力《だつりょく》した。段ボール箱を運び終わり、軽トラックが行ってしまうと、今度はゴミの分別を任された。燃えるゴミとプラゴミ、瓶缶《びんかん》を分け、古い雑誌をまとめて紐《ひも》でくくる。

「なんかさあ、もう、ゴミって捨てるのも大変だよね」

吉沢さんはいまいましそうに言いながら、書類の整理をしている。その言葉はサクや事務所に捨てられた僕へのあてつけか。そんなふうに思えるぐらいに、心がねじ曲がっていた。

あの話は。あの話は、どうなってるんだ。

手を動かしながら、僕は悶々《もんもん》としていた。この状況《じょうきょう》がドッキリじゃないことぐらい、わかっている。

ゴミがあらかた片付き、床掃除《ゆかそうじ》を済ませると、吉沢さんが「もういいよ」と言った。午後二時だった。昼飯も食べていない。

「あとは俺しかわかんないから、自分でやる。ありがとう、お疲《つか》れさん」

吉沢さんは、缶コーヒーをひとつ、僕によこした。デスクの隅に何本か転がっていたやつだ。これが、今日の「仕事」の報酬《ほうしゅう》。

③僕はおずおずと訊《たず》ねた。

「………あの、バクチキ〔テレビ番組の名前〕のプロデューサーに紹《しょう》介《かい》してくれる話って」

吉沢さんは目を見開き、ええっと叫《さけ》んで笑い出した。

「まさかと思うけどなんか勘違《かんちが》いさせた？　俺はやってみたいかって言っただけだろ。あんなの世間話だよ」

僕は泣きそうになりながら食い下がる。

「でも、無名なヤツが一晩で有名になるっていう夢のある商売だって、励《はげ》ましてくれたじゃないですか」

「もちろんそうだよ。実力と運があればね」

……実力と、運。

ポン重太郎はどちらも持ち得ていないのだと、はっきり言われたみたいだった。

僕が涙《なみだ》をこらえていると、吉沢さんはぽつんと言った。

「本当に難しいんだよ。人を笑わせる仕事って」

くたびれたシャツの襟《えり》が汚れている。

吉沢さんだって、人を笑わせたくてこの会社を経営してきたんだろう。笑えない自分にもがきながら。成功している知り合いを横《よこ》目で見ながら。

僕は缶コーヒーを握《にぎ》りしめ、④吉沢さんに深くお辞儀《じぎ》をして部屋を出た。

翌週の土曜日、僕は新幹線で青森に向かっていた。

僕はやっぱりダメだ。ぜんぜん、ダメだ。

そもそもの始まりからしてダメだ。

大学祭でちょっとウケたからって、内定〔会社からの採用通知〕を蹴《け》って養成所に入ったってところから、ダメダメのスタートだ。

今回のことだってまったく同じだ。いつもは気弱で自信なんかないくせに、少しばかりうまくいったと思うと急に気が大きくなって。吉沢さんがうまく取り次いでくれてバクチキのレギュラーになれるなんて思っていた。そんな甘《あま》い世界じゃないことぐらい、充分《じゅうぶん》すぎるぐらい知ってるはずなのに。

自分がバカすぎて、消えてしまいたくなった。
⑤もうきっぱり手を引く時なのかもしれない。
ミツバ急便の正社員試験を受けて、もう少し安定した暮らしを手に入れるのもいい。身分不相応な夢なんか追わずに、焦燥感《しょうそう》にかられる〔あせる〕ことも傷つくこともなく、汗水《あせ》流して働いて、休みの日はビールを飲んで。そのほうがずっと幸せじゃないか。

それとも、青森に戻《もど》るか。

親にしてみれば、あっけなく夢破れて帰ってきた息子《むすこ》なんて、近所の笑いものかもしれないけど……。いや、これでやっと笑ってもらえるならそれもいいのか。

「よくないだろ」

僕は小さく声に出して自分にツッコミを入れる。

スマホを取り出し、ツイッター〔短い文章を投稿《とうこう》できるウェブサービス〕を開いた。あれから僕は何も投稿していない。

最後にツイート〔ツイッターへの投稿〕した文面を目でたどる。

「久しぶりのライブ、最高だった。その後さらに最最最高なことが起きた。人生って思わぬところで急展開するもんだよな。見返すチャンスがやってきた。今後のポン重太郎に、乞《こ》うご期待！」

見返すチャンス。

あのとき勢いで打ち込《こ》んでしまったそのツイートをあらためて読むと、その言葉が引っかかった。

僕は、サクを見返したかったのだろうか。

そんなことが原動力になっていたんだろうか。


それともサクだけじゃなくて、この不条理な世の中に？
⑥間違っていた。
この日僕がすべきツイートは、「今日、ライブ会場に来てくれたお客さんたち、本当にありがとう」ってことだったのに。

僕はその投稿を削除《さくじょ》し、スマホをズボンのポケットに入れて目を閉じた。

ステージに立ったときのわくわくと高まる気持ち、客席との一体感を思い出す。お客さんの表情。揺《ゆ》れた肩《かた》。体が甘く疼《うず》いた。

そうだな、サク。

エンタメってそういうことだよな。提供するほうも受け取るほうも、一緒《いっしょ》に楽しいって。

やっぱり僕は、お笑いが好きなんだ……。

故郷に続く新幹線は僕を運びながら、ゆりかごみたいに揺れている。

（中　略）

駅前の居酒屋で、僕とてっちゃんは乾杯《かんぱい》をした。

中学校の先生を続けているてっちゃんは、ソフトボール部の顧問《こもん》をしているという。日に焼けた笑顔《えがお》が健康的だった。

肴《さかな》をつまみながら、僕たちはいろんな話をした。

メインは東京での僕についてだった。コンビ解散のときのこと、事務所を出てからは、宅配便のドライバーをしていること。

「サイン書くほうじゃなくて、サインもらう仕事してるよ。伝票に」

その言葉にてっちゃんは弾《はじ》けるように笑ってくれて、それが僕を安心させた。ここで憐《あわ》れまれたりスルーされたりしたら、そこから本音を話せなくなっていたかもしれない。

二時間ぐらい飲んだあと、僕らは店を出た。

夜空に、すっきりと輝《かがや》く弓のような形の月が見えた。堂々とした満月とはまた違う、清らかな美しさがあった。

僕はその光を見上げながら立ちすくむ。

「……月って、自分があんなふうに光ってるなんてきっと知らないんだろうな。教えてやりたいな」

てっちゃんは、ちょっとおどけた表情で僕に体を寄せた。

「元・相方としてツッコませてもらうけど」

「え？」

「それはポン、おまえだろ！」

思わずてっちゃんのほうを向いた僕に、てっちゃんはゆっくりと続ける。

「俺から見たら、⑦キラキラしてるよ。ポンは気づいてないと思うけど」

「僕が？」

「うん。ポンは自分のことぜんぜんダメだって思ってるかもしれないけど、俺は友達として誇《ほこ》りに思ってるよ。ひとりで東京に出て、誰の助けも借りずに自活して、夢を抱《いだ》き続けて。すごいよ、ポンは」

「だって……だって、その夢はぜんぜん叶《かな》えられてないじゃないか」

「叶えなかったらダメなのかな。夢を持ってるっていうことそのものが、人を輝かせるんじゃないかな」

レゴリス〔月に積もっている砂で、月の輝きを増す働きをしている〕。

ああ、そうだ。僕は思い違いをしていた。

レゴリスは、きれいに見せるために手をかけたまやかしの化粧《けしょう》じゃない。もともと月に「備わって」いるものなんだ。

不意にそんなことがすとんと腑《ふ》に落ちて、僕は思わずため息をついた。

うわべだけのお膳《ぜん》立てじゃなくて、青森を出たときから僕が携《たずさ》えているありのままの想《おも》いが僕を輝かせてくれるなら……。

⑧やっぱり僕はまだ……いや、もう一度、お笑いをやってみたい。

別れ際《ぎわ》にしみじみと、てっちゃんが言った。

「話せてよかったなあ、ずっと気になってたから。ありがとな」

そのまま、こっちのせりふだった。

手を振《ふ》り合ってひとりになると、僕はサクの留守番電話を思い出した。

同じだな。「ずっと気になってた」って。

それはきっと、サクがお笑いをやめると言ったとき、僕がちゃんと心のうちを話さなかったからだ。ただ「わかった」って、その一言だけで。

僕は本当は、サクに言いたいことがいっぱいあった。ちゃんと気持ちをぶちまければよかった。サクだって、それを聞きたかったに違いない。

なんでだよ。なんで僕のこと、そんなにあっさり見捨てるんだよ。

ふざけんなよ、勝手すぎるだろ。

裏切りやがって。自分ばっかりいい思いしやがって。

一緒にコンビ組もうって言ってきたの、そっちじゃないか。

僕はすごく楽しかったんだ。おまえと出会えて、すごくすごく嬉《うれ》しかったんだ。

サクがいなかったら、養成所だって続けられなかったかもしれない。

⑨お笑いってほんとにいいなって思えたのは、サクが隣《となり》でそれを教えてくれたからだ。

そう、サクのおかげなんだよ。

だから……だから今ならきっと言える。本心で。

がんばれよ、サク。応援《おうえん》してるから。僕もがんばる。
僕はスマホを手に取り、電話のアイコンに指をあてた。

(青山美智子『月の立つ林で』〈ポプラ社〉による。一部表記・体裁《ていさい》を改めた)

問一 ――①「意地悪な設定」とありますが、なぜ「意地悪」といえるのですか。この理由として最も ふさわしいものを次から選び、記号で答えなさい。

ア　わずかな時間で大量の荷物を整理しなければならないという、荷物運びが得意な「僕」にとっても厳しい状況であったから

イ　芸人の道が開ける機会と思わせておいて、実際は荷物の整理を手伝わせるという、期待を裏切るような設定であったから

ウ　無名のお笑い芸人がいきなり荷物運びをさせられるという、面白《おもしろ》いリアクションをするのが難しい設定であったから

エ　相手は社長であるとはいえ、はじめて会った人に荷物の整理を手伝うよう命じられるという、不愉快《ゆかい》な状況であったから

問二 ――②「僕は吉沢さんのほうを見ず、平淡に答える」とありますが、このときの「僕」の心情の説明として最もふさわしいものを次から選び、記号で答えなさい。

ア　期待していた話をしてくれない吉沢さんの褒《ほ》め言葉を素直《すなお》に受け止められないでいる

イ　いつも宅配の仕事をしているのだから荷物運びなど簡単だと自分に言い聞かせている

ウ　仕事を紹介してくれる吉沢さんのために、プロとしてしっかり働こうとやる気を出している

エ　荷物運びはずっと得意なことだったのに、それを知らなかった古沢さんにがっかりしている

問三 ――③「僕はおずおずと訊ねた」とありますが、このときの「僕」の心情の説明として最もふさわしいものを次から選び、記号で答えなさい。

ア　きちんとした報酬を出してくれない吉沢さんへの怒《いか》り

イ　どうせ約束は守られないだろうという半ばあきらめた気持ち

ウ　いよいよ仕事を紹介してくれるのだろうという確信

エ　真実を聞きたいが、知ってしまうこともこわいと思う気持ち

問四 ――④「吉沢さんに深くお辞儀をして」とありますが、このときの「僕」の心情の説明として最もふさわしいものを次から選び、記号で答えなさい。

ア　お笑いの仕事を紹介してくれたことに対して感謝している

イ　同じ目標をもっていた吉沢さんのつらさを感じとっている

ウ　会社をたたむことになってしまった吉沢さんを憐れんでいる

エ　吉沢さんへの怒りはおさまらないが、礼儀は必要だと思っている

問五 ――⑤「もうきっぱり手を引く時なのかもしれない」とありますが、「手を引く」とはこの場合どうすることですか。これを説明した次の文の空欄《くうらん》ア・イにあてはまる言葉を、それぞれ五字以内で考えて答えなさい。

［　ア　］を［　イ　］こと。

問六 ――⑥「間違っていた」とありますが、何が間違っていたのですか。この説明として最もふさわしいものを次から選び、記号で答えなさい。

ア　自分の力不足をかえりみず、お笑い芸人として売れない原因が、すべてかつての相方にあると決めつけていたこと
イ　大切にするべきだった相方のことを見下していたのに、関係を解消した今になって見返してやろうと考えていたこと
ウ　お笑い芸人として成功したいという自分の初心を忘れ、自分の芸に自信をなくして弱気になってしまったこと
エ　お笑いに対する純粋《じゅんすい》な気持ちを忘れ、昔の相方や世間に対して見返してやりたいという思いが先走っていたこと

問七　――⑦「キラキラしてるよ」とありますが、これと同じ内容を表した次の文の空欄にあてはまる言葉を文中から七字で抜き出して答えなさい。

［　　　　］をもって輝いていること。

問八　――⑧「やっぱり僕はまだ……いや、もう一度、お笑いをやってみたい」とありますが、なぜ「もう一度」なのですか。この理由として最もふさわしいものを次から選び、記号で答えなさい。
ア　お笑いをやりたいという素直な思いを取り戻して、再び挑戦《ちょうせん》しようとする決意をかためたから
イ　コンビではなく一人の芸人として、新しいお笑いを追求しようとする意志を新たにいだいたから
ウ　これまでお笑いに注いできた努力を思い出し、再びコンビを結成して挑戦していきたいと思ったから
エ　ずっと心残りだったてっちゃんとのわだかまりを解消し、気持ちを入れ替《か》えてやり直そうと決めたから

問九　――⑨「お笑いってほんとにいいなって思えた」とありますが、「僕」が思うお笑いの良さを表した言葉を、文中から二十一字で探し、最初の五字を抜き出して答えなさい。

問十　本文に関する説明として最もふさわしいものを次から選び、記号で答えなさい。
ア　自分に問いかけるような言葉をはさみ、「僕」の心情をくわしく描《えが》くことで、お笑いに取り組む「僕」の気持ちの変化をていねいに表現している
イ　吉沢さんやてっちゃんといった人物のせりふを多く盛り込むことで、「僕」がまわりの人物に振り回される様子をユニークに描いている
ウ　先生として活躍《かつやく》するてっちゃんの様子や夜空の月を魅力《みりょく》的に描くことで、売れずになやみ苦しんでいる「僕」との対比をあざやかに演出している
エ　「……」という表現をくり返し用いることで、「僕」がお笑いを続けていくことへの不安をだんだんと強めていく様子を的確に表現している

二　次の文章を読んで、あとの各問いに答えなさい。なお、文中の言葉の下の〔　〕の中はその言葉の意味とする。

『ヘヴン』という小説がある。川上未映子《かわかみみえこ》さんが書いた名長編で、中学生の壮絶《そうぜつ》な「いじめ」がテーマになっている。
この作品の中に、加害者と被害者《ひがいしゃ》が一対一で話し合う場面がある。いじめられている主人公が、ばったり出会った加害者グループの一人を捕《つか》まえて、勇気を振《ふ》りしぼって話しかけるという場面だ。主人公は震《ふる》える

声で問いかける。どうして君たちは、ぼくに対して、こんなひどいことができるんだ、と。

　ネタバレになるから詳《くわ》しくは書かないけれど、結論から言うと、主人公は加害者の男子生徒にコテンパンに言い負かされる。その言い負かされ具合があまりにも圧倒的《あっとうてき》で、読んでいて悲しくなったり、腹が立ったり、とにかく感情がぶれにぶれて、正直、読むのがしんどい場面だ。

　実は、ぼくは授業や講演の中で、ときどきこの小説を採り上げてワークショップ（体験型の講座）を開く。そして参加者に短い作文を書いてもらう。テーマは「いじめられている子を励《はげ》ます」というものだ。

　すると多くの参加者は、「いじめられる側」に同情し、「いじめる側」を許せないと怒《いか》る。本当にメラメラと怒りの炎《ほのお》が見えるくらいにヒートアップする人もいる。

　でも、提出された作文を読むと、だいたい六割から七割近くの人は、「いじめる側」の肩《かた》を持つ（この比率はぼくの経験値によるもの）。正確に言うと、理屈《りくつ》としては「いじめる側」が言っていることに近い文章を書いてくる。心情的には「いじめられる側」に同情していても、出来上がる文章は「いじめる側」に近くなるのだ。

　どうしてこんなことが起きるのか。たぶん、①「言葉がないこと」が関係している。

　「人を励ます言葉」というと、どんなフレーズ（言葉）を思いつくだろうか。

　ワークショップで出てくる不動のトップ3は「がんばれ」「負けるな」「大丈夫《だいじょうぶ》」。他にもいろいろ出るけど、この三つの地位が揺《ゆ》らぐことはない。

　でも、よくよく考えると、「がんばれ」と「負けるな」は、人を叱《しか》りつける時にも使う。「叱咤激励《しったげきれい》」という四字熟語があるように、日本語では「叱咤」と「激励」はコインの表裏の関係にある。

　一方、「大丈夫」というのも、最近では「no thank you」の意味で使われることが多い。「コーヒーもう一杯《いっぱい》飲みますか？」「あ、大丈夫です～」といった感じだ。

　ぼくらが「励まし表現」の代表格だと思っている言葉は、時と場合によっては、「人を叱る言葉」や「人と距離《きょり》をとる言葉」に姿を変える。どうやら日本語には、「どんな文脈にあてはめても、『人を励ます』という意味だけを持つ言葉」というのは存在しないらしい。

　ワークショップでも、「いじめられる側」に同情する主旨《しゅし》で書きはじめられた文章が、後半に進むにつれて「こんな奴《やつ》に負けないでがんばれ」という論調になっていくパターンが多い。

　これは裏返すと、「自分を強く持て」ということなんだけど、受け取り方によっては、「いじめられるのはあなたが弱いからいけない」というメッセージにもなる。

　「弱いからいけない」――実はこれ、課題小説の中で「いじめる側」が言ってる理屈と、ほとんど同じなのだ。

　いまから振り返ってみれば、東日本大震災《だいしんさい》というのは、普段《ふだん》ぼくらが使っている②「励まし言葉」ではまったく対応できない事態だったのだろう。ひたすら堪《た》え忍《しの》ぶ被災者に「がんばれ」は相応《ふさわ》しくない（もう限界までがんばっていた）。「負けるな」というのも変だ（被災に「勝ち負け」は関係ない）。「大丈夫だよ」もおかしい（実際「大丈夫」ではなかった人たちがたくさんいた）。

そうこうしているうちに、どこからともなく「ひとりじゃない」というフレーズが出回るようになった。被災者を孤立《こりつ》させず、連帯しようという思いを込《こ》めた新しい「励まし言葉」だったと思う。

でも、これも使い方次第《しだい》では「苦しいのはあなただけじゃない（③）」という意味になりえてしまう。

多くの人に向けられた言葉は、どうしても④編み目が粗《あら》くなる。一口に「被災者」といっても、実際にそこにいるのはさまざまな事情を抱《かか》えた一人ひとりの人間だ。だから、ひとつの言葉が全員の心にぴったりと当てはまるなんてことがあるはずない。「その言葉は今の心情にそぐわない」という人がいれば、そのたびに言葉を探すことが必要だ。

もちろん、震災は言葉だけでなんとかなる問題じゃない。だからといって、言葉は二の次でいいわけでもない。

さっきのワークショップで気づいてほしいのは、「どんな場面でも人を励ませる便利な言葉なんてない」ということ。そんな「ドラえもんの秘密道具」みたいな言葉は存在しない。

でも、不思議なもので、ぼくたちは普段から「誰《だれ》かの言葉に励まされる経験」をしている。やっぱり「言葉が人を励ます」ことは確かにあるのだ。

だから、「言葉は無力だ」と絶望することはない。⑤言葉を信じて、「言葉探し」を続けたらいい。

とは言ってみたものの、そもそも「言葉を信じる」というのは、一体どういうことなのか。こういうことは、実際に「言葉を信じた人たち」が遺《のこ》した言葉から学ぶしかない。

⑥昔の患者《かんじゃ》はある意味でみんな詩人だったんじゃないかな。自分じゃ気が付かないだけで。挫《くじ》けそうな心を励まし、仲間をいたわる言葉をもっていたからね。

この言葉を記したのは、ハンセン病回復者の山下道輔《やましたみちすけ》さん（一九二九～二〇一四年）。長らく国立ハンセン病療養所《りょうようじょ》で生活されていた方だ。

ハンセン病療養所には、過去にこの病気を患《わずら》い、治癒《ちゆ》した後もいろいろな理由で、ここ以外に生活の場所がない人たちが暮らしている。

「いろいろな理由」というのは、例えば病気の後遺症《こういしょう》があって介助《かいじょ》や医療的ケアを必要としたり、長期間の入所を強《し》いられたため社会で生活する術《すべ》がなかったり、地域社会から差別されて「帰ってくるな」と言われたりと、本当に「いろいろ」だ。

日本では長らく患者を隔離《かくり》する政策がとられ、多くの患者たちが療養所に収容された。「遺伝する」とか「伝染《でんせん》する」とか、誤解や偏見《へんけん》を持たれたこともあって、患者たちはとても差別された。有効な治療法が確立・普及《ふきゅう》した後も、差別は続いた。

壮絶な差別から身を守るために、身内に差別が及《およ》ばないように、療養所では偽名《ぎめい》を使う患者も多かった。場合によっては、身内から本名を捨てさせられることもあった。

山下さんは一九四一年に一二歳《さい》で療養所に入所した。それから二〇一四年に亡《な》くなるまで、実に七〇年以上も療養所で暮らし続けた。ハンセン病関連の資料を集めた「ハンセン病図書館」の主任を務めていて、「歴史を伝える」ことに人生をかけた人だった。

山下さんが入所した頃《ころ》の療養所は、ひどいところだった。社会からの差別もあったし、横暴な医療者や職員もいた。現在なら「人権侵害《しんがい》」とされることもたくさんあった。「療養所」のはずなのに食事も医療も乏《とぼ》しくて、患者たちも農作業をしたり、土木作業に携《たずさ》わったり、重症者介助を手伝ったりして働かないと、施設《しせつ》自体が立ちゆかなかった。

そんな中でも、患者同士の友情があり、愛情があり、笑いと涙《なみだ》の人情劇があり、職員の目を盗《ぬす》んで何かを企《くわだ》てようとする攻防戦《こうぼうせん》があった。もちろん、複雑でややこしい人間関係もあったし、ケンカやいさかいもあった。

陳腐《ちんぷ》な言い方だけれど、そこでは、ぼくたちと変わらない「等身大の人間たち」が生活していた。

一九四九年の冬。山下さんの友人が亡くなった。療養所の外の畑に芋《いも》を盗みに行って捕まり、袋叩《ふくろだた》きにされたのだ。盗みはよくない。でも、敗戦後の療養所は食糧《しょくりょう》事情が悪くて、みんなお腹《なか》を空《す》かせていた。彼は自分が面倒《めんどう》をみている重症患者に食べさせるために、あえて芋を盗みに行ったのだ。

傷ついた彼が療養所に戻《もど》ってきて、どうなったか。許可なく外に出たことをとがめられ、監房《かんぼう》に入れられた(当時のハンセン病療養所には監禁施設があった)。それが祟《たた》ったのだろう。彼はその時の傷がもとで死んでしまった。絵を描《か》くのが好きな人だった。

昔の患者は私物をほとんど持てなかった。身元を隠《かく》している人も多い。遺族もわからなければ遺品もない。ということは、「その人が生きていたという事実」が遺らないということだ。そんなの悲しすぎる。だから、山下さんは友人のために追悼詩《ついとうし》を詠《よ》んだ。

強い北風の吹く明方／／鍔《つば》のない戦闘帽《せんとうぼう》を斜《はす》に被《かぶ》った友は、それまで糞尿《ふんにょう》をふんばりださんとしてたのに……／／泡《あわ》を噴《ふ》き、消え絶えた小さな懐炉《かいろ》を下腹の上で握《にぎ》りしめたまま、かつての日、己《おのれ》が描《えが》いた「冬の窓」の懸《か》かったがくに貌《かお》をそむけて逝《い》った……

「果てに……亡友瀬羅《せら》へ」『山櫻《やまざくら》』一九五〇年一月号

詩を詠んだって、死んだ友人は帰ってこない。

患者への差別が消えてなくなることもない。

それでも山下さんは、誠心誠意、この詩を詠んだ。

せめて言葉で遺しておけば、いつか、誰かが、彼のことを思い、彼のために祈《いの》ってくれるかもしれない。

「言葉を信じる」というのは、きっと、こういうことなんだろう。

自分の力ではどうにもならない事態に直面して、それでも誰かのために何かをしたくて、でもどうしたらいいかわからなくて、それでも何かしたくて……という思いが極《きわ》まったとき、ふと生まれてくる言葉が⑦「詩」になる。

山下さんが言う「詩人」というのは、きっと、そういう言葉の紡《つむ》ぎ手のことだ。

昔のハンセン病療養所には、そんな「詩人」たちがたくさんいたのだろう。過酷《かこく》な差別を生き抜《ぬ》くために、お互《たが》いに支え合うための言葉が交《か》わされていたんだと思う。

なにか酷《ひど》い出来事が起きたとき、「言葉は無力だ」と言われることがある。何を言っても「きれいごと」だと批判される。

あの震災の後も、「文学なんか役に立たない」と言われた。「つべこべ言わず、ボランティアするなり、支援《しえん》物資送るなり、身体を動かすべき」とも言われた。

ぼく自身、「言葉に関わる仕事」に引け目を感じた。

でも、山下さんの言葉は「どんなに困難な状況《じょうきょう》でも、言葉で人を励ますことを諦《あきら》めなかった人たち」がいた事実を伝えている。大切な人を支えるためには、やっぱり言葉が必要になるのだ、ということを教えてくれている。

実を言うと、ぼくは大学院生時代の二年間、山下さんの図書館でボランティアをしていた。山下さんの「歴史を伝える」ことへの執念《しゅうねん》に触《ふ》れて、学者になることを志した。

だから、山下さんの言葉は、ぼくにとっては家宝みたいなものだ。

ちなみに、戦後の障害者運動は、ハンセン病患者たちが差別に立ち向かったことが原点（のひとつ）なんて言われている。

（⑧）人たちだからこそ、世間の差別に対しても、黙《だま》らずにいられたんじゃないか、と思う。

第一話で、ぼくは「この社会に『言えば言うほど息苦しくなる言葉』が増えてきた」と指摘《してき》した。

たくさん「ある言葉」というのは目立つから、すぐに気がつきやすい。対して、「ない言葉」は見つけにくい。そもそも「ない」のだから、気がつきにくいのは当たり前だ。

でも、そうした⑨「ない」ものに想像力を働かせることも必要だ。「ない言葉」は、その都度、模索《もさく》していくしかない。だから、「励まし言葉」を探し続けようと思う。そのことを地道に続けてみようと思う。

あの震災が予期せず不意にやってきたように、言葉で大切な人を支えなければならない場面は、誰にでも、不意にやってくるのだから。

（荒井裕樹『まとまらない言葉を生きる』〈柏書房〉による。一部表記・体裁《ていさい》を改めた）

問一　――①「『言葉がないこと』」とありますが、どんな言葉がないのですか。文中から十八字で探し、最初の五字を抜き出して答えなさい。

問二　――②「『励まし言葉』ではまったく対応できない事態」とありますが、この説明として最もふさわしいものを次から選び、記号で答えなさい。

ア　すでにつらい状況に耐《た》えている人ばかりで、「励まし言葉」が必要とされていない事態

イ　苦しい状況にいる被災者に対して、ありきたりな言葉では励ますことができない事態

ウ　災害の規模があまりにも大きく、全員を励ますことをあきらめなければならない事態

エ　被災者を孤立させないためにも、皆で連帯しようとすることが何より大事だった事態

問三　（③）にあてはまる言葉として最もふさわしいものを次から選び、記号で答えなさい。

ア　（だから落ち込まないで）　　イ　（だけど気持ちはわかります）

ウ　（だからガマンしましょう）　　エ　（だけどあなたは違《ちが》います）

問四　――④「編み目が粗くなる」とありますが、このたとえが表していることとして最もふさわしいものを次から選び、記号で答えなさい。

ア　多くの人に向けられた「励まし言葉」であるために、それが自身の心情にあてはまらないという人もいるということ

イ　多くの人を励ますための言葉なので、どんな人にでも伝わるようなおおざっぱな言い回しになるということ

ウ　多くの人を励まそうと考えられた新しい言葉は、全員の心にぴったりとあてはまることを目指しているということ

エ　多くの人に向けて作られた言葉であるので、誰にでも分かりやすいぶん、面白《おもしろ》みがなくなってしまうということ

問五　――⑤「言葉を信じて、『言葉探し』を続けたらいい」とありますが、筆者はこの主張のために、どのように話を展開してきましたか。その説明として最もふさわしいものを次から選び、記号で答えなさい。

ア　あらゆる場面で人を励ますことのできる言葉は、一生懸命《けんめい》に探せばきっと見つかるものだと訴《うった》え、「言葉は無力だ」と絶望する人たちにも希望を持たせようとしている

イ　「ドラえもんの秘密道具」といった分かりやすいたとえを用いることで、「励まし言葉」が決して万能《ばんのう》で便利なものではないことを伝え、読者の正確な理解を求めている

ウ　震災やいじめのようなつらい状況に十分に対応できる「励まし言葉」がないことを一度認めたうえで、それでも「言葉が人を励ます」ことがあるという事実を強調している

エ　「がんばれ」や「大丈夫だよ」といった言葉が人々を強く励ますという事例を示し、そうした「言葉を信じる」ことはどういうことかという問いにつなげようとしている

問六　――⑥「昔の患者はある意味でみんな詩人だったんじゃないかな」について、山下さんもまた亡くなった友人のために詩を詠みましたが、この理由についての筆者の考えを説明した次の文の空欄《くうらん》にあてはまる言葉を文中から十四字で探し、最初の五字を抜き出して答えなさい。

□を遺しておくため。

問七　――⑦「『詩』」とありますが、山下さんの考える「詩」がどのようなものかを表した部分を、これより前の文中から二十字で探し、最初の五字を抜き出して答えなさい。

問八　（⑧）にあてはまる言葉を次から選び、記号で答えなさい。

ア　歴史を伝えることを第一に考えてきた

イ　「言葉は無力だ」と言われてきた

ウ　仲間のために言葉を諦めなかった

エ　つらいことばかりの戦争を経験してきた

問九　――⑨「『ない』ものに想像力を働かせることも必要だ」とありますが、この説明として最もふさわしいものを次から選び、記号で答えなさい。

ア　つらい出来事が起こったときのために、普段から「ない言葉」を探し、表現力を磨《みが》いておく必要があるということ

イ　「言えば言うほど息苦しくなる言葉」を打ち消してくれるような勇気づけられる言葉を探していくべきだということ

ウ　これまで耳を傾《かたむ》けられてこなかった患者たちの声をしっかりと受け止め、社会に知らしめることが大事だということ

エ　ひとりひとりを励ますのにふさわしい言葉があると信じて、それを地道に探し続けていくことが大切だということ

問十　本文に関する説明として**ふさわしくない**ものを次から一つ選び、記号で答えなさい。

ア　すでにがんばっている人に「がんばれ」と言ったり、無責任に「大丈夫」と言ったりすることは、励ますこととは正反対の結果を招く可能性がある。そのため、相手に合わせて言葉を探していくことが必要であると言えるだろう

イ　言葉は役に立たないと言われることがあるのは、今の日本の詩や

文学が無力であるからだろう。だが、かつてハンセン病患者の人々が支え合ったように、互いを思う言葉が再び生まれるようになれば、それらの意義も見直されるはずだ

ウ　ハンセン病の人々が言葉を紡ぎ、その思いが社会に広く伝わっていったように、仲間の中で生み出された言葉であっても、多くの人々のもとに届くことがある。また、それが広がりとなって、社会を変えていくことにもなるのだ

エ　「被害者」や「恵まれない人々」といった言葉は、個別の事情を切り捨てて多様な背景をもつ人々を一まとめにしてしまうことがある。こうした言葉を安易に使い続ける限り、本当の意味で他者を励ますことはできないだろう

三　次の傍線部のカタカナを漢字に直し、漢字は読みをひらがなで答えなさい。

① 明八の文化祭では大人もドウシンに帰る。
② 記念品を参加者にキントウに配る。
③ たまごの焼き加減をゼッサンする。
④ 生徒会長にシュウニンする。
⑤ 新入生が制服のスンポウを測る。
⑥ 『明八の歴史』という本が売れたので重版する必要がある。
⑦ 迷信にまどわされてはいけない。自分を信じなさい。
⑧ 余計な仕事は後回しにする。
⑨ 重要な書類に署名する。
⑩ この地図の縮尺は二万五千分の一だ。

明治大学付属明治中学校（第一回）

—50分—

注意　字数制限のある問題については句読点・記号を字数に含《ふく》めること。

一　次の文章を読んで、あとの問いに答えなさい。ただし、【　】は語句の意味で、解答の字数に含《ふく》めないものとします。

ここでは私たちの知識の中にある「あいまい」な部分のことについてお話をしましょう。

ぜったいに真（真か偽《ぎ》かのどちらかしかないばあい）だとか、たしからしい（真や偽に程度の区別がつけられるばあい）ということは、形のうえからいえば、みんな一つの文（または判断）やいくつもの文（または判断）が結びついてできた複雑な文や判断について言われたことなのです。しかし、「あいまいさ」ということは、文や判断の中で使われている語の意味（または概念《がい》）についていわれることなのです。

たとえば、ものの名まえというものは特別のただ一つだけのものをさすとはかぎりません。「犬」という語は、あなたたちの中のだれかの家にいるコリーのポピーだけをさすことばではなくて、ポピーと似ているすべての動物をさすことができます。しかし、これらのすべての動物が、あなたのおうちのポピーちゃんと同じ姿をしているわけではありません。犬とよばれる動物の中には、ブルドッグ、ドーベルマン、チン、シェパードなど、そのほかたくさんのちがった［ 1 ］があります。見ただけですぐに犬だとわかるのもいれば、犬だかオオカミだかわからないようなのもいます。「音楽」ということばは、バッハやモーツァルトの音楽をさすと同時に、ジャズもさすでしょう。浪《ろう》曲（なにわぶし）が音楽かどうかということになると、音楽だと言う人もあり、音楽でないと言う人も出てきます。「ジャズなんか音楽じゃないよ。」と言う人にとっては、音楽ということばがさすものは、もっともっとせまくて、バッハかベートーベンの音楽に似たものだけが音楽とよばれているのでしょう。

もちろん、薬の名まえのように、どれもこれも同じような規格【定められた標準】にあったものだけにつけられた名まえもありますが、このように、はっきりときまったものだけをさす語はあんがい少ないのです。私たちが使っている大部分の語は、そのさすもののあり方が同じではないのです。だれでもがそれとわかる標準になるようなものが中心にあって、まれにしか出会わないようなもの、円の中心から遠くにあるものは、だんだんと標準型からはずれて、おしまいにはほかの名まえでよばれるものとの区別をつけることがむずかしくなってきます。

また、ある語は犬や音楽とのあいだの似かたとはちがった点から似たものを考えて、まったくちがったものを同じことばでよんでいます。「美しい花」と「美しいおこない」、「偉《い》大な山の峰《みね》」と「偉大な英雄《ゆう》」などという言い方のときに「花」と「おこない」、「山の峰」と「英雄」のそれぞれのものの中には、ものとして似たものはなに一つありません。しかし、これらのものにぶつかったとき私たちがいだく気持ちとか、それらから受ける感情などが似ているので、同じことばでよんでいるのです。

ものの名まえというものは、もののあいだにある似た点をひとまとめにして名づけるのですが、この似かたは、そんなにはっきりしているものではありませんし、また、似ているのが、ものの中の特ちょうではなくて、私たちの気持ちにすぎないけれども、これを一つの語でよぶばあいもあります。

また、語がさしているありさまが何をもとにして言っているのかが、あいまいなばあいもあります。

一ぴきの犬が一ぴきの馬のまわりをぐるぐるとまわって走っています。しかし、馬は犬が動くにつれて犬の方に鼻づらを向けてまわります。いったいこの犬は馬のまわりをまわっているのでしょうか。[2]という意味では、まわっていますが、しかし、一度も[3]という意味では、まわっていないといわなければならないでしょう。

あなたの前にぜんぜん見知らぬ子どもが急にあらわれて、「ぼくは自由だよ。」と言ったとしましょう。あなたには、この子が何を言っているのかわかりますか。学校の授業が終わったので自由だ、と言っているのか、あるいは、わるものどもにとじこめられていたへやからぬけ出して来たので、そう言っているのか、これだけではわかりません。こんなわからないことばを使って「自由とはなんだろう。」と考えたり「アメリカは自由の国だ。」とか「ソビエトの国は自由の国だ。」などと言ったのでは、いっそうなんのことかはっきりしないにきまっています。

推論【推理した論】の規則のばあいには、世界じゅうのどのような人でも、この規則は正しい、この推論はまちがいだということについての意見は、まったくぴったりと合います。だれが考えても「[4]」ということには、なんのあいまいさもありません。

また「たしからしい」知識のばあいでも、ふつうのばあいはみんなの考える「らしさ」はだいたい同じようなものです。また、ひじょうに複雑なことがらについては、たしからしさのわけについての人びとの知識が同じであれば(同じような知識をもつならば)だいたい同じような意見になるでしょう。

ところが、①語の意味のあいまいさをなくすことは、たいへんむずかしいことなのです。あいまいさをなくすためには、世界じゅうにあるものや、できごとの一つ一つにちがった名まえをつけ、一つ一つの名まえについてはすべての人間がこれを使う、ということが必要でしょう。しかし、そのためには私たちは何億どころか無限の語をおぼえなければならないことになってしまいます。

したがって人間は、やはり同じようなものをひとまとめにしてよぶという、大ざっぱなやり方でことばを使うほうが、むだがないし、第一、そうしかできないでしょう。そうなると標準型にどのようなものをきめるか、どのような気持ちを標準にして美しいとか偉大とか言うか、ということをきめるのは人びとのかってで、薬の名まえとか自然科学の中の学術【学問】用語などのわずかなもののほかは、なかなか共通な標準など求められそうにもないのです。

それに、薬の名まえや数学の用語などは、私たちの生活の中から生まれてきたものではないので、共通なものを定めやすいのです。しかし、私たちのものの感じ方や気分を表すことばは、それぞれの国の伝統や社会のあり方に深いつながりを持っていますから、世界じゅうが一つの文化、一つの社会にならなければ、共通のものは求められないということになります。また、生活がいろいろとちがえば、ある国ではひじょうに注意を向けるものやできごとでも、ほかの国ではほとんど注意を向けないということもありましょう。

英語のジェントルマンにあたる日本語がないということは、ある人をジェントルマンとよぶことのできるような見方が日本人のあいだにないことをしめしています。「紳《しん》士」と訳したのでは、意味がちがってしまうのです。反対に、日本語では自分のことを「私」「ぼく」「おれ」「わし」「あたし」などと、いろいろちがったことばでよびますが、英語ではI(アイ)、ドイツ語ではIch(イヒ)と言います。また、フランス語ではJe(ジュ)と言いますし、ロシア語ではЯ(ヤー)というふうに、それぞれ一種類の語しか使いません。②これは日本語を使うときに区別しなければならないような社会的な身分の区別が、ほかの国ではないか、または、ひじょうに弱いことを表しています。

そこでわかってくることは、私たちのことばは私たちの社会生活のあり方や、私たちの国の歴史によって大きく影響《えいきょう》されているということです。ことばは社会や歴史によってつくられてきた面を持っていて、世界じゅうのすべての国民や民族に共通なものは、思ったよりも少ないのです。そして私たちは、一定の社会のことばの③色めがねで世界をながめていますし、またこまかいところでは、ひとりひとりによって少しずつちがった意味で語を使いながら世界をながめているのです。

いままでお話したことから出てくるたいへんだいじなことは、私たちが使う語のさすものが、じっさいの世界の中にもあるのだと考えるのは、まちがいだということなのです。しかし、これはいまでも多くの人びとがしらずしらずのうちにもっている考え方です。

④これは二つの意味でまちがいです。第一には、私たちの使っている語は、原則として一つ一つのものの名まえではなくて、似たものの類の名まえであり、しかも、どういう立場から見るかによって似た点もちがってきますから、一つ一つのもののほかにこのような語がさしているものがあると考えるのはおかしいことです。

つぎの図を見てください。

a

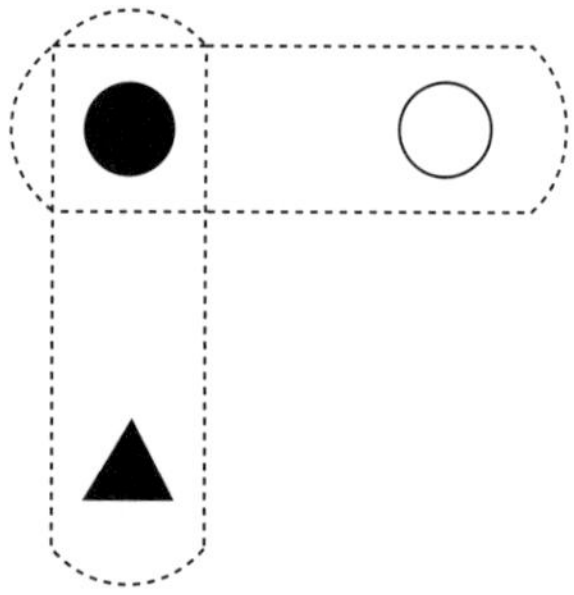

b

図の中にあるのは、[5]と[6]と[7]の三つです。しかし私たちはaのように似ている点をまとめて[8]という語をつくり、またbのようにまとめて[9]という語をつくることができます。あとの二つの語がさすものが独立にあるとすれば、⑤この図の中に五つものがあることになるでしょう。

第二には、じっさいの世界にあって語の中にないものが考えられ、語だけあって、じっさいの世界にないものがあり、じっさいの世界の区分と語による区分とが同じでないばあいなどがあります。ですから、語で表されたものは、かならず世界のどこかに存在していると考えたり、私たちのことばを通じて考えられたものが、じっさいの世界のすべてだと考えたりすることはまちがいです。私たちの感覚は、ある一定限度のしげきにしか反応しないようにできていますから、世界にはぜんぜん私たちに知られないようなものが無数にあるということも考えられましょう。また「無名兵士」などという語は、じっさいの兵士はそれぞれ名まえを持っているのですから、それ以上に無名兵士にあたるものが独立にあるわけではありません。

このようなことは、みなさんにとってはあたりまえのことと思われるかもしれませんが、かえって過去の哲《てつ》学者とよばれる人びとの多くがおかしてきたまちがいであり、あるばあいには、みなさんもうっかりと落ちこんでしまうわなのようなものです。なぜなら、私たちのふだんのことばづかいは、このようなわなに落ちいりやすいようにできているのです。「美の発見」とか「真理をさがし求める」とか「美しい絵」「悲しい手紙」「良い本」「真の日本人」などという例は、このようなものの一つの例にすぎません。「悲しい手紙」は手紙が悲しいという性質をじっさいもっているのではなくて、その手紙を読んだ人の気持ちが悲しいのです。ですから、べつの人が同じ手紙を読んで、反対にうれしくなることだってあります。「美しい絵」のばあいにも「良い本」や「真の日本人」のばあいにも、少しずつ持つ気持ちはちがいますが、同じことが言えましょう。

ところが、このような表し方はすべて自分の気持ちをものの中にあるかのように表しています。悲しみも、美しさも善良さも真理もみんな、ものの側にあるように表現します。そこで何か私たちの外に真とか善とか美というものがあるように思って、真や善や美を発見するために、チルチル、ミチルのようにはるか遠くに出かけるのです。しかし、ほんとうはこのような［10］は、遠い世界のかなたにではなくて、私たちの家の中にいるのでした。

もちろん、私たちは真理【道理】や美や善をさがすのに、じっさいに遠くまで旅行するのではありません。⑥ただ遠くへ旅行すると同じようなものの考え方をしてしまうのです。

ほんとうにものをさがすときには、まず手近《てぢか》な、さがしやすいところからはじめて、だんだんと遠くまでさがして行くものです。遠くに旅行するには、前もってそこへ行く道をいろいろとさがし、出発の方向をきめ、しかもとちゅう、いつも、つぎつぎと道をさがしながら行くものです。そのように真理を求めるときにも、まず真理という語が手近に毎日使われるいろいろなちがった意味をよりわけて、はっきりさせなければなりません。もし、それらに共通なものがあれば、（ことばが共通だというのではなくて）それがじっさいにどういうことであるかを少しずつ明らかにしていくのがよいでしょう。チルチルとミチルが、ふしぎな魔《ま》法の力で一足飛びにとちゅうをとび越《こ》えて、生まれる前の国や死者の国へ行ったように、とちゅうで注意ぶかくしらべることをわすれて「真理とは」「真理とは」と心あせって問いつづけても、むだでしょう。このような学問のしかたからは、じっさいとは縁遠《えんどお》いお説教か、あるいは一時の熱心な気持ちがさめれば、色あせて、ふつうの鳥になってしまう机《き》上の空論しか残らないでしょう。

あなたたちの中のだれかは「私たちって、なんのために生きているのかしら。」と、ため息をついたことはありませんか。そして「もし私に人生の目的を知ることができたらなあ。」と考えたことはありませんか。ここまではいいのです。しかし、そのあとで、もしもあなたが、人生には目的があるんだから、「だれか知っているはずだ」と考えて、えらい哲学者や宗教家のところへ聞きに行ったとします。そして「人生の目的は幸福に生きることだ。」とか「人生の目的は他人を愛することだ。」とか「ほんとうの自分自身をつくりあげることだ。」などと、いろいろおそわっても、そしてあなたが一刻もはやく人生の目的を知りたいと思って、ひとりで満足せず、多くの哲学者のところをぐるぐるまわり歩いたとしても、けっきょく、あなたは人生の目的などわからないで失望したり、へんな信仰にこって、他人にめいわくをかけるようなことになりがちです。

もともと「目的」とは、私たちが「そうしたい」ことなのです。かならずそこへ行きつく以外にないような到《とう》着点が目的ならば、だれも目的など気にしないはずです。到着点が気になるのは、そこがはたして自分が望んでいるところかどうかを区別することができるから気になるのです。そして「そうしたい」のは「それが私にとって良いことだから、そうしたい」のです。しかし、何が良いことかは、私たちが何かやりはじめたあとでわかってくるものです。何もやらないならば、何がいいかわかりません。もしあなたが大学へでも入学するときに、面接の先生から「あなたは［ 11 ］」と聞かれても、あなたがぜんぜん学問のことについて知らなければ、答えようがないでしょう。なんでもいいから学問をしはじめてくると、はじめてやりたいことがしだいしだいにはっきりとした形をとってきます。そして、このようにつぎつぎに何かをやっているうちに、あなたの学校での目的、そしてやがて社会へ出てからの目的、としよりになってからの目的などが、つぎつぎとはっきりした形をとりはじめてくるのです。そして、これがあなたの人生の目的だったのです。何もしないで、人生の目的という大まかな、はっきりしない目的を追っていることは、じつは「人生には目的がある。」とか「目的を知る。」という言い方が、ひとりでにあなたの考え方をまげてしまったのでしょう。

このように、もし私たちが正しくものごとを考えようとするならば、正しく推論することも、またできるだけ正しい判断をくだすことも必要ですが、それとともに、私たちが使っている語の意味（概念と言うことと同じです。）を、はっきりさせることも必要です。

[A] こうして、自分の気持ちを前のことばとはべつのことばで言いなおしてみると、前のことばが、どういうことを表すために使われていたのかがわかってきます。ですから、ことばの意味をはっきりさせるということは、一度ことばから離《はな》れて、じっさいのものごとをよく考えてみて、もう一度、もっとよいことばでこれを表すことなのだと言っていいと思います。

[B] このように、ことがらをできるだけそのとおりに表すような、べつのことばにうつしなおして考えるということは、あいまいな語や概念でものを考えないで、あいまいな語や概念を多くの文または判断でよく説明してから考える、ということにもなります。抽《ちゅう》象的ということばは現実の世界のことがらから離れて、頭の中で世界の中の骨組みだけをぬき出したというような意味によく使われます。ふつうには、じっさいのできごとに役立たないとか、現実のなまのままの感覚を失ったもの、というあまりよくないひびき【意味合い】を持っているようです。しかし、これはまちがった感じ方で、たとえば、

$$\frac{\partial^2\psi}{\partial x^2}+\frac{\partial^2\psi}{\partial y^2}+\frac{\partial^2\psi}{\partial z^2}+\frac{2m}{\hbar^2}(E-V)\psi=0,$$

（シュレーディンガーの方程式）

$$N_3(t):\equiv:N_2(t-1).v.N_1(t-1).(\exists x)t-1(N_1(x)\cdot N_2(x))$$

（ある神経回路のはたらきを表わした論理式）

のような数字の式や論理学の式は、たしかにじっさいに使われていることばでなくて、あまり親しみのない記号で書かれています。しかし、それは習慣からきた表面だけのことで、このような式で表されているものは、じつは現実の世界の中でいつもはたらいているものなのです。

[C] 別なことばで言いかえると、たとえば「人生の目的を知りたい。」と私が考えたとき、一度いま言ったことばをぜんぶ忘れて、自分の気持ちをもう一度、「人生」とか「目的」とか「知る」などということばにまよわされないように、たしかめてみるのです。そうして、たと

えどんなに複雑で、おもしろみのないことばでもいいのですから、自分のほんとうの気持ちを、べつなことばでできるだけそのとおりに表してみるのです。どうせ、ことばなしには自分の感情にも形をあたえることはできないものです。しかし、美しい言い方や、ものにたとえた言い方でくらまされているほんとうの気持ちを、美しいことばづかいなどすてて、できるだけそのとおり表してみるのです。

D　ことばの意味をはっきりさせるということは、ことばの文法上の解釈《しゃく》や、語の起こりの歴史を知ることではありません。辞書をひいて、いろいろな言いかえ方を知ることでもないのです。ことばの意味をはっきりさせるというのは、そのことばが、どういうじっさいのことを表すために使われているかを知ることです。

これにたいして、ふだんのことばで書かれたつぎのような文章、

「自我が自我の内をかえりみることに深入りすればするほど、この自我はますますやつれてゆき、ついには、あけぼの【夜明け】の神アウローラの夫のように不死のゆうれいとなった。この自我はちょうど、キツネにおせじを言われて、うちょうてん【得意の絶頂】になり、くわえていた骨をなくしてしまったカラスに似ている。反省がたえず反省することによって思想は迷路にふみこんでしまって、一歩進むごとに思想はすべての内容から遠ざかっていった。……」（キェルケゴールの『イロニーの概念』から）

の意味を考えてみましょう。これはキェルケゴールというデンマークの名高い哲学者が、フィヒテというドイツの名高い哲学者の哲学を批評した文章です。みなさんには、なんのことかわからないかもしれません。さいわい哲学を勉強している私には、かれが何を言おうとしているのかはわかります。しかし、いま、じっさいに私たちが行っている日々の行動や生活と、どのように結びつくかをはっきりと知ることができるほど、じゅうぶんにはわかりません。じつは、この文章そのものが、そのような形で説明されていないのです。「自我」とか「反省」とか、そのほか多くの［12］なことばが使われているだけではなくて、このようなことばの意味が、この文だけではあいまいだからです。前にあげた数学や論理学の式は、［12］かもしれませんが、じっさいの生活の中で、かなり正確にはたらいています。後の例は、ふだんのことばで書かれてありますが、多分に［13］でありあいまいさを持っているといえるでしょう。

私は何も、すべて数学やへんな記号で表したほうが、正確だと言っているのではありません。ただ、ふだん私たちが使ってきたことばを、前にお話したようなしかたで、もっとはっきりさせることが必要で、こうすることが私たちの考え方をいっそう正確にしていくのだと考えているのです。

あいまいな、大ざっぱなことばで議論をしていると、［14］に反対したくなるものです。また、おたがいに、ことばのうえでわかりあったような気がしても、こまかい点では一つもわかりあっていないばあいもあります。「道徳は人間にとって必要だ。そして道徳は手や足で教えるものではない。良いとか悪いとかは口ではっきり言えるものだ。だから口で教えるための道徳教育は必要だ。」と、ある人は言います。「道徳が人間にとって必要なのはあたりまえだ。しかし、道徳はそれだけ別にして口だけで教えられるものではない。だから道徳教育を別にやるのは不

必要だ」と、ほかの人が答えます。

しかし、このふたりのことばの中に使われている「 15 」は、ほんとうに「いままで言ったことからかならず、ひとりでにつぎのようなことが言われる。」ということでしょうか。どうも、この「 15 」は、それほど論理のうえで正確ではないようです。というのは、それまでに言われている(たとえば点をうってあるような)語の意味が、あいまいで、言われていることの中の論理のすじみちを見つけ出すことができないからです。「教える」ということばは自転車に乗ることにも、しょうぎをさすことにも、ダンスをすることにも、歴史を知ることにも、哲学についても、みんないうことができますし、小さい子どもたちに教えるというばあいと、大学生に教える、犬に教えるなど、みんな、じっさいに表しているものはちがっているはずです。ほかのことばのばあいでも同じです。こんなにあいまいなことばで議論して、反対したり賛成したりすることは、ほんとうにむだな話です。道徳教育というものが、何かほかの目的のために使われるならば話はべつですが、ほんとうにみなさんのためを思って言っているならば、こんなあいまいな議論をやめて、もっとはっきりとした問題をつかまえて、一歩一歩すすんでいくべきではないでしょうか。みなさんが求めているのは、ほんとうは⑦そういうことなのだと思います。

ことばの意味をはっきりさせるということは、それ自身はっきりとした基準がなくて、あるばあいには、ひじょうにむずかしく、またあるばあいには、ばかばかしい気もして、こんなことに頭を使うことにがまんしきれなくなるでしょう。人間には、もっとほかにやることがあるはずだと考えるかもしれません。

しかし、じっさいは気持ちのもち方の問題だけで、けっして時間のかかるものではありません。日本人はむかしから理くつを言わないことが良いこととされていましたが、いまのような社会ではこれはかえって欠点になっています。もちろん、すじのとおらない理くつはよくはありませんが、たとえへりくつでも多くの人のへりくつをあつめると、あんがい正しい理くつが出てくるものです。正しくとも正しくなくとも、理くつを言うという気持ちがたいせつで、この気持ちをもっていれば、へりくつがだんだんと正しい理くつになってくるものです。

私たちも、大いに理くつを言いたいものです。いま、みなさんが言いはじめている理くつは、多くのばあいへりくつかもしれません。しかし、少しでも正しい理くつを言おうとする気持ちがあれば、かならず正しい理くつが生まれてきます。その正しい理くつのうえに正しい生活や人生がつくられていくでしょう。ただし注意しなければならないのは「正しい理くつ」というのはそんなにかんたんに言えるものではないし、「へりくつ」または「誤った理くつ」を「正しい理くつ」に成長させていくためには、論理の筋道だけでなくて、そのなかに使われることばの意味の正しい理解が欠くことのできない条件だということを心がけることです。そしてことばの意味の正しい理解のためには、いろいろな多くの経験にぶつかり、それを偏《へん》見なしにみつめて、どういうことばでそれらを表現したらいいか、ということを十分に考えてみることが必要です。

この本が、みなさんのへりくつを正しい理くつにまで成長させることに役立てば、こんなよろこばしいことはありません。いまの論理学がはっきりときまった真理を、みなさんに教えることができるはんいは小さいものです。そのまわりには、あいまいな意味の世界がとりまいています。これをできるだけはっきりとさせるのは、みなさんのこれからのしごととして残されています。

(沢田允茂《さわだのぶしげ》『考え方の論理』〈講談社学術文庫〉より・一部改変)

問一　文中の[1]にあてはまる言葉を考えて、漢字二字で答えなさい。

問二　文中の[2]、[3]にあてはまる内容を考えて、十七字以内で答えなさい。

問三　文中の[4]にあてはまる内容として最適なものを、次のア～エから選び、記号で答えなさい。

ア　pならばqだ。ところがqではない。だからpではない。

イ　pならばqだ。しかしqではない。なぜならpだからだ。

ウ　pもしくはqだ。ところがqではない。だからpではない。

エ　pもしくはqだ。しかしqではない。なぜならpではないからだ。

問四　――部①「語の意味のあいまいさをなくすことは、たいへんむずかしい」とありますが、その理由を筆者はどのように説明しているか、百字以内で答えなさい。

問五　――部②「これ」、④「これ」、⑦「そういうこと」の指示内容を答えなさい。

問六　――部③「色めがね」の意味として最適なものを、次のア～エから選び、記号で答えなさい。

ア　歴史観　　イ　人生観　　ウ　先入観　　エ　世界観

問七　――部⑤「この図の中に五つものがあることになるでしょう」とありますが、これに従って文中の[5]～[9]にあてはまる言葉を、それぞれ四字以内で答えなさい。ただし、[5]、[6]、[7]の解答の順は問いません。

問八　文中の[10]にあてはまる言葉として最適なものを、次のア～エから選び、記号で答えなさい。

ア　赤い鳥　　イ　青い鳥　　ウ　白い鳥　　エ　金の鳥

問九　――部⑥「ただ遠くへ旅行すると同じようなものの考え方をしてしまう」とは、ここではどのようなことを意味しているか答えなさい。

問十　文中の[11]にあてはまる内容を考えて答えなさい。

問十一　文中のⒶ～Ⓓの段落を、適切な順に並び替《か》えなさい。

問十二　文中の[12]～[14]にあてはまる言葉として最適なものを、次のア～オから選び、記号で答えなさい。ただし、同じ記号は二度使えません。

ア　抽象的　　イ　意欲的　　ウ　気分的

エ　比喩《ゆ》的　　オ　客観的

問十三　文中の[15]にあてはまる言葉を答えなさい。

問十四　この文章における筆者の主張を、百字以内でまとめなさい。

□二　次の1～10の文中の(カタカナ)を漢字で書きなさい。

1　(シヤ)を広げる。

2　(ユウビン)を出す。

3　(リッキョウ)をわたる。

4　大学を(ソウセツ)する。

5　市民の(ケンリ)を守る。

6　(リンカイ)公園で遊ぶ。

7　選挙の(トウヒョウ)に行く。

8　歴史的な（ケンゾウ）物を見る。
9　（アタタ）かな気候。
10　穴に（クダ）を通す。

森村学園中等部（第一回）

—50分—

※　記述で答える問題は、特に指定のない場合、句読点《くとうてん》や符号《ふごう》は一字として数えるものとします。

一　次の文章を読んで、あとの問いに答えなさい。

春の田植えで植えられたあと、イネは水田で育てられます。畑で栽培《さいばい》される作物は、水の中で育てられることはありません。「なぜ、イネは、水の中で育てられるのか」という〝ふしぎ〟が興味深く抱《いだ》かれます。イネには、水の中で育てられると、主に、①四つの〝ひみつ〟の恩恵《おんけい》があります。

一つ目は、水には、土に比べて温まりにくく、いったん温まると冷めにくいという性質があることです。ですから、水田で育てば、イネは夜も温かさが保たれた中にいられます。暑い地域が原産地と考えられるイネにとって、これは望ましい環境《かんきょう》です。

二つ目は、水中で育つイネは、水の不足に悩《なや》む必要がないことです。ふつうの土壌《どじょう》に育つ植物たちは、常に水不足に悩んでいます。そのため、私たちは、栽培植物には「水やり」をします。栽培植物に水を与《あた》えないでいると、すぐに枯《か》れてしまいます。

しかし、自然の中で、栽培されずに生きている雑草は、「水やり」をされなくても育っています。ですから、「ふつうの土壌に育つ植物たちは、ほんとうに、水の不足に悩んでいるのか」との疑問が生じます。これは、容易に確かめることができます。

雑草が育っている野原などで、日当たりのよい場所を区切り、毎日、一つの区画だけに水やりをします。すると、その区画に育つ雑草は、水をもらえない区画の雑草と比べて、［　Ⅰ　］。自然の中の雑草は、成長するために、水を欲しがっていることがわかります。

三つ目は、水の中には、多くの養分が豊富に含《ふく》まれていることです。水田には、水が流《なが》れ込んできます。その途上《とじょう》で、水には養分が溶《と》け込《こ》んでいます。そのため、水田で育つイネは、流れ込んでくる水の十分な養分を吸収することができるのです。

このように、水の中は、イネにとって、たいへん恵《めぐ》まれた環境なのです。水の中で育てば、イネには主に三つもの〝ひみつ〟の恩恵があります。これで十分かもしれませんが、これだけではありません。水田で栽培するという方法には、四つ目のものすごい〝ひみつ〟の恩恵が隠《かく》されているのです。

「連作」という語があります。これは、同じ場所に、同じ種類の作物を二年以上連続して栽培することです。多くの植物は、連作されることを嫌《いや》がります。連作すると、生育は悪く、病気にかかることが多くなるからです。

連作した場合、うまく収穫《しゅうかく》できるまでに植物が成長したとしても、収穫量は前年に比べて少なくなります。これらは、「連作障害」といわれる現象です。連作障害の原因として、主に二つが考えられます。

一つ目は、病原菌《びょうげんきん》や害虫によるものです。毎年、同じ場所で同じ作物を栽培していると、その種類の植物に感染する病原菌や害虫がそのあたりに集まってきます。そのため、連作される植物が、病気になりやすくなったり、害虫の被害《ひがい》を受けたりします。

　二つ目は、植物の排泄物《はいせつぶつ》によるものです。植物たちは、からだの中で不要になった物質を、根から排泄物として土壌に放出していることがあります。連作すると、それらが土壌に蓄積《ちくせき》してきます。すると、植物の成長に害を与えはじめます。

　三つ目は、土壌から同じ養分が吸収されるために、特定の養分が少なくなることによるものです。「三大肥料」といわれる窒素《ちっそ》、リン酸、カリウムの他に、カルシウム、マグネシウム、鉄、硫黄《いおう》などが植物の成長には必要です。

　これらは、肥料として与えられる場合が多いのです。しかし、これ以外に、モリブデン、マンガン、ホウ素、亜鉛《あえん》、銅などが、ごく微量《びりょう》ですが、植物の成長に必要です。必要な量はそれぞれの植物によって異なりますが、連作すると、ある特定の養分が不足することが考えられます。

　これら三つの連作障害の原因は、水田で栽培されることで除去されます。水が流れ込んで出ていくことで、病原菌や排泄物が流し出されたり、養分が補給されたりするからです。水田で育てば、こんなにすごい恩恵があるのですから、他の植物たちも「水の中で育ちたい」と思うと考えられます。

　でも、水の中で育つためには、そのための特別のしくみをもたなければなりません。「どのような、しくみなのか」との疑問が生まれます。

　そのしくみをもつ代表は、レンコンです。レンコンは、泥水《どろみず》の中で育っていますが、呼吸をするために穴をもっています。あの穴に、地上部の葉っぱから空気が送られているのです。

　実は、イネもレンコンとまったく同じしくみをもっています。イネの根には、顕微鏡《けんびきょう》で見なければなりませんが、レンコンと同じように小さな穴が開いており、隙間《すきま》があるのです。正確には、イネは根の中に隙間をつくる能力をもっているのです。

　というのは、イネは、水田では、その能力を発揮して、根の中に隙間をつくります。しかし、同じイネを水田でなく畑で育てると、その根には、水田で育つイネの根にできるような大きな隙間はつくられません。必要がないからです。②イネは、置かれた環境に合わせて、生き方を変える能力をもっているのです。

　[A]、水がいっぱい満ちている水田で育っていると、困ったこともあります。イネは、水を探し求める必要がないので、水を吸うための根を強く張りめぐらせません。そのため、水田で栽培されているイネの根の成長は、貧弱《ひんじゃく》になります。

　根には、水が不足すると水を求めて根を張りめぐらせるという、③〝ハングリー精神〟といえるような性質があります。ですから、田植えのあと、水をいっぱい与えられて、ハングリー精神を刺激《しげき》されずに育ったイネの根は貧弱なのです。

　もしそのままだと、秋に実る、垂れ下がるほどの重い穂《ほ》を支えることができません。イネは、倒《たお》れてしまうでしょう。イネは倒れると、実りも悪く、収穫もしにくくなります。そのようになると、栽培する人たちは困ります。

　[B]、イネの根を強くたくましくするために、イネに試練が課せられます。④夏の水田をご覧ください。田んぼに張られていた水は、抜《ぬ》かれています。水田の水が抜かれるだけでなく、田んぼの土壌は乾燥《かんそう》させられています。

ひどい場合には、乾燥した土壌の表面にひび割れがおこっています。

イネは水田で育つことがよく知られているので、この様子を見ると、「イネに水もやらずに、ほったらかしにしている」と勘違《かんちが》いをされることもあります。「ひどいことをする」と腹を立てる人がいるかもしれません。

でも、それはとんでもない誤解です。水田の水を抜き、田んぼの土壌を乾燥させるのは、水が不足すると水を求めて根を張りめぐらせるという、イネのハングリー精神を刺激しているのです。そうしてこそ、イネは、秋に垂れ下がる重いお米を支えられるほどに根を張り、強いからだになることができます。

土壌の表面のひび割れも、無駄《むだ》にはなっていません。ひび割れて土に隙間ができることで、この隙間から、地中の根に酸素が与えられます。それは、根が活発に伸《の》びるのに役に立つのです。［C］、イネは、秋の実りを迎《むか》えるのです。

イネの栽培におけるこの過程は、「中干し」とよばれます。この過程を経てこそ、秋に垂れ下がるほどの重いお米を支えるからだができあがるのです。ですから、中干しは、イネの栽培の大切な一つの過程なのです。

私たち日本人には、「田園風景」という言葉から思《おも》い浮《う》かぶ景色があります。そこには、山や畑があり、一面の水田が広がっているものが多いでしょう。この風景の中にある水田には、イネがみごとに同じような背丈《せたけ》に成長しています。イネは、そろって成長するように栽培されているのです。

このように栽培されるためには、いろいろな工夫がなされています。「どのような工夫がなされているのだろうか」とか、「成長をそろえることは、何の役に立つのだろうか」との〝ふしぎ〟が浮かんできます。

近年のイネの栽培では、A田植えをせずに田んぼにイネのタネを直接まく「直播《じかま》き」という方法が多く試みられています。しかし、日本の伝統的な稲作《いなさく》では、B苗代《なわしろ》で育てた苗《なえ》を水田に植える「田植え」という方法が行われてきました。

イネの苗の成長をそろえるためのa最初の工夫は、田植えで植える苗を育てるためのタネを選別することです。その方法は、少し塩を含んだ水にタネを浸《ひた》すのです。栄養の詰《つ》まっていないタネは浮かびます。

発芽したあとの苗がよく育つタネは、栄養を十分に含んでいるので、重いのです。そのため、少し塩を含んだ水に浸すと沈《しず》みます。そこで、沈んだタネだけが、苗代で苗を育てるために用いられます。

イネの苗の成長をそろえるためのb二つ目の工夫は、苗代で育てることです。発芽した芽生えは苗代で育ちますが、ここで芽生えの成長に差が生じることがあります。極端《きょくたん》に成長が遅《おく》れるような苗は、田植えには使われません。ですから、田植えでは、同じように元気に成長した苗が植えられることになります。

「なぜ、わざわざ田植えをして植えるのか」との疑問がもたれます。これは、確実に決められた本数の苗が田んぼでそろって成長するためです。田植えでは、苗代で育った苗の中から、同じように成長した元気な苗を、たとえば、一箇所《いっかしょ》に三本ずつをセットにして植えられます。そうすれば、確実に三本の苗を育てることができます。

もし苗を植える代わりにタネをまけば、すべてが発芽し、それらの苗が、同じように成長するとは限りません。発芽しないタネがあったり、極端に成長が遅れる苗などが混じっていたりします。田植えをすることによって、そうなることを避《さ》けているのです。

でも、もう一つ大切な理由があります。同じように成長した苗を選んで植えることができれば、田植えが終わったあとの水田では、苗の成長がきちんとそろいます。このように成長すれば、すべての株がいっせいに花が咲《さ》き、それらはいっせいに受粉し、いっせいにイネが実ります。そうすると、いっせいに株を刈《か》り取《と》ることができます。

稲刈《いねか》りは、一面の田んぼでいっせいに行われます。もし未熟なものと成熟したものが混じっていると、未熟なものは食べられませんから、いっせいに刈り取ることはできません。稲刈りで、いっせいに成熟した穂を刈り取るためには、イネは成長をそろえることが大切なのです。そのために、田植えが行われているのです。

（田中修『植物のひみつ　身近なみどりの〝すごい〟能力』〈中公新書〉より）

問一　――①「四つの〝ひみつ〟の恩恵《おんけい》」とありますが、次から四つの恩恵には**当てはまらない**ものを一つ選び、記号で答えなさい。

ア　常に水に恵《めぐ》まれているため、水不足になる心配がないこと。
イ　外気温の変化の影響《えいきょう》を受けにくく、安定した温度を保ちやすいこと。
ウ　流《なが》れ込《こ》む水によって、成長に必要な養分が常に補給されること。
エ　豊富な水のおかげで、病原菌《びょうげんきん》や害虫による被害《ひがい》を受けにくいこと。
オ　連作障害の原因が除去されることで、連作が可能になること。

問二　［Ｉ］に入る言葉として、最も適当なものを次から選び、記号で答えなさい。

ア　水不足が解消されます
イ　成長が確実によくなります
ウ　成長に大きな違《ちが》いはないことが分かります
エ　逆に枯《か》れてしまうことさえあります

問三　――②「イネは、置かれた環境《かんきょう》に合わせて、生き方を変える能力をもっている」とありますが、その具体的な内容として適当なものを次から**二つ**選び、記号で答えなさい。

ア　植物の多くは水の中では育たないが、イネとレンコンだけは特別な能力を持っているため育つことができる。
イ　イネはレンコンと同様に、水の中でも呼吸できるような特別なしくみを身につけるように改良されてきた。
ウ　水田で育つイネの根はレンコンと同じ構造を持っているが、畑で育つイネの根はその構造を持っていない。
エ　イネは水の中で育てられると、地上部の葉っぱから根の中の隙間《すきま》に空気が送られるようになる。
オ　畑で育つイネは、空気を取り入れる必要がないため、根の中に隙間はつくられない。
カ　イネはレンコンに比べると、それほど空気を必要としないために根の中の隙間が極めて小さい。

問四　［Ａ］～［Ｃ］に入る言葉として適当なものを、それぞれ次の中から選び、記号で答えなさい。

ア　しかし　　イ　というのは　　ウ　つまり
エ　こうして　　オ　そこで　　カ　すなわち

問五　――③「〝ハングリー精神〟といえるような性質」について、次の問いに答えなさい。

(1)　これは、イネという生物のどのような性質について述べたものですか。その説明として最も適当なものを次から選び、記号で答えなさい。

ア　か弱い生物が必死に生き延びようとして、思いがけない能力を発揮する性質。
イ　生物が厳しい環境の中に置かれると、逆に強さやたくましさを身につける性質。
ウ　周囲の環境の変化に合わせて、生物が成長の仕方を自在に変化させる性質。
エ　単独ではか弱い存在にすぎない生物が、集団になると強い生命力を見せる性質。

(2)　「ハングリー精神」とは、本来英語で「お腹がすいている」という意味を持つハングリー(hungry)に由来する言葉ですが、「ハングリー精神」を示す事例として最も適当なものを次から選び、記号で答えなさい。

ア　飢饉《ききん》に相次いで見舞《みま》われた江戸《えど》時代、農民たちの苦境を見かねた将軍徳川吉宗《とくがわよしむね》は、冷害に強い作物の栽培《さいばい》を奨励《しょうれい》し、それをきっかけにサツマイモの栽培が東日本でも広まったと言われている。
イ　野口英世《のぐちひでよ》は、貧しい農家に生まれ、幼い頃《ころ》、やけどで左手にハンディキャップを背負ったが、その苦しい境遇《きょうぐう》をバネにして人一倍努力を重ね、後に、黄熱病の研究で偉大《いだい》な業績を残した。
ウ　二〇二二年のサッカーワールドカップで、日本代表の前評判は低く、予選突破《とっぱ》は絶望視されていたが、本番では強豪国《きょうごうこく》を相手に奇跡的《きせきてき》な勝利をおさめ、サッカーファンのみならず日本中を熱《ねっ》狂《きょう》させた。
エ　東日本大震災《だいしんさい》直後の極限状況《じょうきょう》の中、パニックや暴動が起きることもなく、食料支給時にも整然と順番を守る日本人の行動には、海外のメディアから驚《おどろ》きとともに称賛《しょうさん》が寄せられた。

問六　――④「夏の水田をご覧ください。田んぼに張られていた水は、抜《ぬ》かれています」とありますが、夏に水田の水が抜かれるのは何のためですか。その目的を四十字以上五十字以内で説明しなさい。

問七　══A「田植えをせずに田んぼにイネのタネを直接まく『直播《じかま》き』という方法」、B「苗代《なわしろ》で育てた苗《なえ》を水田に植える『田植え』という方法」とありますが、森村君はこの二つの方法を比較《ひかく》するために、次のような表をノートにまとめてみました。

	A　タネを直接まく「直播き」という方法	B　苗を水田に植える「田植え」という方法
手間・労力	手間や労力はそれほどかからない。	手間も労力もかかる。
イネの成長	（　ア　）する。	すべてのイネが同じようにそろって成長する。
収穫《しゅうかく》	成熟した稲穂《いなほ》と未熟な稲穂が混在し、いっせいに刈《か》り取《と》ることができない。	（　イ　）ことができる。

①　（ア）に入る語句を、本文中から三十三字で求め、最初と最後の五字をぬき出しなさい。
②　（イ）に入る語句を、本文中から十五字で求め、ぬき出しなさい。

問八　――a「最初の工夫」、b「二つ目の工夫」とありますが、両者に共通するのはどのようなことですか。それを説明した次の文中の（　）に入る言葉を、十五字以上二十五字以内で自分で考えて答えなさい。

「どちらの工夫も、イネの成長をそろえるために（　　　　）点で共通している。」

問九　この文章の話の進め方や表現の特徴《とくちょう》を説明したものとして、適当なものを次から**二つ**選び、記号で答えなさい。

ア　最も言いたいことが最初に提示され、次にそれを裏付けるような具体例が数多く挙げられた後、最後にイネという植物が私たちの暮らしに与《あた》えた影響にも触《ふ》れている。

イ　文章の前半と後半とで対比する内容を書くことで、人間の視点から見たイネという植物の良いところと悪いところを読者にも考えさせ、無理なく結論へと導くように話が進められている。

ウ　イネという植物の〝ふしぎ〟や〝ひみつ〟について、「一つ目は」「二つ目は」のような項目《こうもく》を立てた表現や、人間にたとえた表現を用いることで、読者が親しみやすく理解できるように話が進められている。

エ　イネという植物の〝ふしぎ〟や〝ひみつ〟を、イネとは対照的な生態を持つ他の植物と対比させることで解き明かし、専門的な知識をわかりやすい言葉に改めながら話が進められている。

オ　イネの成長から収穫に至るまでの過程に沿って話が進められ、イネの〝ふしぎ〟や〝ひみつ〟を紹介《しょうかい》するとともに、人間がそれを巧《たく》みに利用して工夫してきた栽培法をあわせて紹介している。

二　静岡県の三島市で育った「ゆり」は英語教師になることを目指しており、津田梅子《つだうめこ》が創立した学校に入学するため面接試験に臨んだ。以下はそれに続く文章である。読んで、あとの問いに答えなさい。

三島の英語教師の発音と津田先生のそれはあまりに違《ちが》った。無理もない。津田梅子先生といえば、六歳《ろくさい》にして岩倉使節団と共に女子留学生五人の一人としてアメリカに派遣《はけん》され、十一年間も西洋人と同じように暮らしていらっしゃった方だ。ほとんど日本語も忘れてしまったというのに帰国後、こちらの文化や風習を努力で取《と》り戻《もど》し、再び渡米《とべい》して、名門ブリンマー女子大で学んだという超人的《ちょうじんてき》な活力の持ち主である。彼女《かのじょ》が日本女性の教育を向上させようと創立した女子英学塾《じょしえいがくじゅく》は開校四年ですでに全国にその名が轟《とどろ》いている。卒業すれば必ず英語教師の資格をもらえるという触《ふ》れ込《こ》みで、少しでも異国の文化に胸をときめかせたことのある娘《むすめ》なら、夢見る憧《あこが》れの学校だ。そんなわけで教師や両親に勧《すす》められてやる気まんまんで臨《のぞ》んだ入学試験だったが、面接にはなんの手応えもなく、その日はうなだれて、付《つ》き添《そ》いの父と一緒《いっしょ》に三島に帰った。旧家を継《つ》いで一帯の土地を管理する父だけれど、もともとは慶應《けいおう》出で学問の道に進みたがっていた。ゆりの受験には一緒になって張り切っていた分、慰《なぐさ》める言葉が見つからないのか、鬱《ふさ》ぎ込《こ》む娘を前にオロオロするばかりだった。

絶対に落ちた、と鬱々《うつうつ》と過ごしていたが、どういうわけか合格通知が届いた。両親は喜んでくれたが、①祖母はおめでとうも何もなく、暗い顔でゆりの髪《かみ》を撫《な》でた。

「あなたはこの髪で女としては大変に苦労するだろうからね。万が一のために、一人でも生きていけるようにしなければなりませんよ。津田先生の言うことをしっかり聞いて、必ず英語教師のお免状《めんじょう》を頂くんですよ」

ゆりの髪は生まれつき細かく波打っている。いつもひっつめにして*隠《かく》しているので、それを知るのは家族だけだ。油なしには櫛《くし》も通らない。髪を梳《す》いてくれる母にも毎日ため息をつかれていたから、ゆりは絶望感もなく、そうか、自分は醜《みにく》いのか、と受け入れていた。じゃあ、せめて賢《かしこ》い人間にならねばと、きゅうきゅう音が出るほど髪をきつく結《ゆ》わえて、十一人もいる兄弟姉妹の誰《だれ》にも負けないよう勉強を頑張《がんば》ってきたのである。

明治三十七(一九〇四)年の九月、家族に見送られて汽車に乗り、女子英学塾にゆりは晴れて入学した。

(中略)

「*ミス・ツダは、もともとは武士の娘なの。②英語だけじゃなく、礼儀《れいぎ》にもとっても厳しいらしいのよ。おしゃれ、遅刻《ちこく》、泣くこと。この三つが本当にお嫌《きら》いだって聞くわ。それだけはやっちゃダメ。授業もあの通りぜんぶ英語だし、お怒《いか》りのときは教壇《きょうだん》をバンバン叩《たた》くんですって。宿題もすごく多いし、抜《ぬ》き打《う》ちの試験もあるのよ。入学した時の人数、卒業までには半分くらいまで減るっていう噂《うわさ》よ」

ひええ、とゆりは黙《だま》り込《こ》んだ。早くも三島に帰りたくて仕方がない。

「あ、そうだ。一人だけ、西洋人みたいな若い女の先生がいたじゃない？　すごくおしゃれじゃなかった？　ほら、あの背が高い人。ブローチとネックレスつけてた人。あんなおしゃれ、よくミス・ツダが許したわねえ。この九月からの着任だって」

そういえば、外国人の先生に混じって、そんな若い先生もいた気がする。Ⅰ全校生徒を前にした入学式での津田先生のお話が怖《こわ》すぎて、他のことまで気が回らなかったのだ。

——学問をする女性は、今の日本ではまだまだ異端《いたん》です。みなさんは、一挙一動、日本中から注目されています。だから、全てにおいて謙虚《けんきょ》でつつしみ深く、前に出過ぎないことを心がけてください。勉強する女は傲慢《ごうまん》で出たがりだなんて、文句がつけられないように振《ふ》る舞《ま》ってくださいね。皆《みな》さんの振る舞い次第で、これからの日本女性たちの生き方が拓《ひら》けるのですから。

確かにそうだ、と頷《うなず》きつつも、一方でなんだかやる気が吸い取られていくのを感じていた。英語さえ身につければ、まっすぐな髪でなくても、胸を張って生きていけるとばかり思い込んでいたのだが。でも、津田先生のお姿を見たら、それも呑《の》み込《こ》まざるをえなかった。清楚《せいそ》な風貌《ふうぼう》で黒髪をきりりとまとめ、ふくよかな身体にきっちり着付けた袴姿《はかますがた》、形の良いおでこは光っていて大和撫子《やまとなでしこ》そのもの。立ち居振る舞いも隙《すき》がなく、英語なまりは残るけれど調子に乗っている風もない。それに、生徒たちもいかにも欠点のなさそうな賢そうな子ばかりだった。同世代だけではなく落ち着いた人妻風の女性も大勢いた。

(中略)

入学して一ヶ月が過ぎた頃《ころ》である。その夜も、誰もいないのを確かめてから、ゆりは浴室の洗面台の前で髪をほどいた。英語の授業には一向に慣れないし、宿題や予習をこなすのもやっとで、その上、何故か日曜日は礼拝という集まりまである。気を抜くと洗面器に頭を突《つ》っ込《こ》んでうたた寝《ね》してしまいそうなほど疲《つか》れていた。

「まあ、なんて可愛らしい御髪《おぐし》なんでしょう！」

大きな声にぎょっとして、振《ふ》り向《む》くとそこに立っていたのは、よりによってⓐこの姿を一番見られたくない相手だった。あの、入学式の日から生徒たちの間で話題になっていた西洋帰りの河井道先生である。

　こんなところを誰かに目撃《もくげき》されたら、巻き毛がバレるよりずっと大変なことになる。ゆりは怖《こわ》いのと、ドキドキするのとで、身じろぎもできなかった。先生は面白《おもしろ》そうに目を輝《かがや》かせて、ぐいぐい近づいてくる。

　二十七歳の道先生は背が高く、がっしりとした体つきで、ただでさえ、ものすごく目立つ。着任したのはゆりの入学と同時期なのに、すでに全生徒の憧れの的だった。ミス・ツダと正反対に、アメリカ人そのままのような装いや立ち居振る舞いで、最新流行の膨《ふく》らんだ袖《そで》に豊かなスカートを穿《は》きこなし、必ずブローチかネックレスをつけている。

（中略）

「きゃあ、やめて。ご覧にならないでください!!　誰にもおっしゃらないでください！」

ⓑ半泣きで叫《さけ》んでも、道先生は首を傾《かし》げて、ニコニコ笑っている。

「なぜかしら？　そのままの御髪でとても素敵なのに」

そう言うなり、手を伸《の》ばして、いきなりこちらの髪に触れた。恥《は》ずかしさと緊張《きんちょう》で、ゆりは肩《かた》をすくめた。

「無理にまっすぐにするのがそもそも、あなたには似合わないんですよ。最初に見た時から、おばあさんみたいな髪型で、変だわ、って気になっていましたの。その巻き毛を生かしたスタイルにすればいいじゃありませんか？　アメリカでは最新流行よ。その髪、あなたにぴったりする風に結って差し上げるわ。今から、私の部屋にいらっしゃいな。きっと綺《き》麗《れい》にして差し上げてよ」

③先生の顔をまじまじと見た。自分なんかに目を留めていたなんて信じられない話だ。最新流行とか、綺麗とか、ゆりにはそぐわない言葉ばかり。何より、こんな時間に先生のお部屋に呼ばれるなんて夢じゃなかろうか。取り巻きの目が怖かったが、A廊下《ろうか》の電気ランプの灯りを頼《たよ》りに、どんどん先を行く道先生についていった。

（中略）

「ねえ、どれがお好き？　これなんか、あなたにとても似合いそうじゃなくて？」

そう言って、道先生は花の柄《がら》がついた水色のリボンを手にした。

「こんな素敵なリボン、私なんかが、いただくわけには……」

「あら、いいことはなんでもシェアしなければなりません」

「シェア？」

ⓒ舌にのせたら、しゅわしゅわ泡《あわ》になって溶《と》けそうなその言葉を、ゆりは味わった。分け合う、という意味を持つ単語だと思い出したのはしばらくしてからである。

「そうです。光はシェアしなければ。光を独《ひと》り占《じ》めしていては、社会は暗いままですわ」

（中略）

頭の上でリボンがシュッシュッと擦《す》れる音がした。ハイできた、と手鏡の前に、背中を押《お》し出《だ》される。そこには、波打つ髪を半分だけ降ろし、後頭部をふんわりと持ち上げた、西洋人形のような娘が、頰《ほお》を薔薇色《ばらいろ》に染めて立っていた。自分を醜いと思って過ごしてきた膨大《ぼうだい》な時間を思うとなんだか悔《くや》しい気もするが、すぐに忘れてしまった。ゆりはくるくる回り、自分の姿に見とれながらも、卑屈《ひくつ》な言葉が口をついて出る。

「でも、まっすぐな髪じゃないって知られてしまったら、誰もお嫁《よめ》さんにもらってくれなくなるんじゃないですか？」

「私は結婚《けっこん》も恋愛《れんあい》もするつもりはないけれど」

道先生はさらりと口にした。④そんな生き方や考え方があっていいのか、とゆりは目を丸くした。

「男の人の顔色を窺《うかが》って、自尊心をなくしてビクビク振る舞うのはよくありませんよ。神様のもとでは、女も男もみんな平等なのだから。堂々としていらっしゃい」

「え、女性と男性が平等⁉」

ゆりは目をパチクリさせた。勉強ができようが、性格が良かろうが、女は男に疎《うと》まれたらおしまいだと教えこまれて生きてきたのだ。

「そうよ、キリスト教の教えでは、基本的にみんなが平等です。性別も国籍《こくせき》も地位も年齢《ねんれい》も関係ないわ。あなたも私も、神様の前では、対等な姉妹なのよ。そもそも神様は女性でも男性でもありません」

へえ、とゆりはつぶやいた。ただ言われるがままにこなしていた日曜日礼拝の時間が、急にⅡとっつきやすいものに感じられた。ⓓほんの少し前までは*耶蘇《やそ》と忌《い》み嫌《きら》われていた宗教だから、心のどこかで警戒《けいかい》もしていたのだ。

「だからね、先生というより、お姉さんと思ってくれても構わないんですよ。ほーら、ご覧なさい。あなた、とても美しいじゃない？」

先生の言う通りだった。*姿見の中のゆりは美しい。でも、隣《となり》にいる河井先生は、もっともっと素敵だ。なんだか自分と先生が本当の姉妹のように思えて、うっとりした。先生の側にいれば、怖いものなんてこの先何もないような気さえする。B廊下のランプがさっきまでよりずっと優しくこちらを照らしていた。

（柚木麻子《ゆずきあさこ》『らんたん』〈小学館〉より）

※ 問題作成の都合上、原文の表記を一部改めたり、文章の一部を省略したりしたところがあります。

（注）*ひっつめ……髪《かみ》を後ろにひとつにたばねたヘアスタイル。
*ミス・ツダ……津田梅子《つだうめこ》先生のこと。
*耶蘇《やそ》……イエス・キリスト。転じてキリスト教を指す。
*姿見……全身を映す大型の鏡。

問一 ――①「祖母はおめでとうも何もなく、暗い顔でゆりの髪《かみ》を撫《な》でた」とありますが、この時の「祖母」の心情を説明したものとして最も適当なものを次から選び、記号で答えなさい。

ア 孫娘《まごむすめ》が有名校に合格した喜びよりも、容姿に恵《めぐ》まれない孫の将来を案ずる思いの方がまさり、心を痛めている。

イ 娘と共に合格を喜んでいる両親の傍《かたわ》らで、大切な孫が自身の元を離《はな》れていくことに対してさびしさを感じている。

ウ 兄弟姉妹の中で最も学力に秀《ひい》でたゆりを応援《おうえん》してやりたいと思いつつも、女性が学問をすることには賛同できないでいる。

エ 英語教師になれば孫も幸せになれると思うが、入学試験にさえ手こずっていた孫には難しいのではないかと諦《あきら》めている。

問二 ――②『英語だけじゃなく、礼儀《れいぎ》にもとっても厳しいらしい』とありますが、「ミス・ツダ」が生徒たちに礼儀を厳しく指導するのはなぜですか。その理由を説明した次の文の（　　）に当てはまる語句を本文中から十五字で求め、ぬき出して答えなさい。

「ミス・ツダ」が生徒たちに厳しくするのは、将来社会で活躍《かつやく》する自身の生徒たちの行いや言動が「学問を修めた女性」として人々に印象を与《あた》え、（　）を決定づけると考えているからである。

問三　═Ⅰ「気が回らなかった」・Ⅱ「とっつきやすい」の本文中の意味として最も適当なものを次から選び、それぞれ記号で選びなさい。

Ⅰ「気が回らない」

ア　肝心《かんじん》なことを見落とす　イ　十分に理解しない

ウ　関心を持たない　エ　細かなところに意識が向かない

Ⅱ「とっつきやすい」

ア　分かりやすい　イ　親しみやすい

ウ　たやすい　エ　挑戦《ちょうせん》しやすい

問四　――③「先生の顔をまじまじと見た」とありますが、この時の「ゆり」の様子を説明したものとして、最も適当なものを次から選び、記号で答えなさい。

ア　巻き毛を見られてしまい動揺《どうよう》したが、あこがれの「道先生」と二人きりでいる時間にうっとりし、先生の顔に見入っている。

イ　自分が日頃から気にしていたくせ毛を指摘《してき》された上に自室に呼ばれて、そこでしかられるのではないかと、先生を疑っている。

ウ　あこがれの「道先生」に自分の負い目だったくせ毛を褒められたことに驚《おどろ》き、信じられない気持ちで先生の顔を見つめている。

エ　昔から容姿に自信が持てなかったが、道先生の手によって自分も美しくなれるのではないかと期待を込《こ》めて先生を見ている。

問五　――④「そんな生き方や考え方があっていいのか、とゆりは目を丸くした」とありますが、「そんな生き方」が指す内容を明らかにして、この時の「ゆり」の心情を七十字以上八十字以内で説明しなさい。

問六　本文の～～ⓐ～ⓓの内容や表現を説明したものとして**適当でない**ものを次から一つ選び、記号で答えなさい。

ア　ⓐ「この姿を一番見られたくない相手」という表現からは、生徒には人気だが厳しいと評判の「道先生」に見つかることを最も恐《おそ》れていた「ゆり」の不安気な気持ちが読みとれる。

イ　ⓑ「半泣きで叫《さけ》んでも、道先生は首を傾《かし》げて、ニコニコ笑っている」という表現からは、悲鳴を上げて抵抗《ていこう》する「ゆり」と、ゆりの髪《かみ》に興味津々《きょうみしんしん》の「道先生」の対照的な様子がうかがえる。

ウ　ⓒ「舌にのせたら、しゅわしゅわ泡《あわ》になって溶《と》けそうな」という表現からは、「シェア」という言葉の響《ひび》きに心地よさを感じ、ひかれていく「ゆり」の様子がイメージされる。

エ　ⓓ「ほんの少し前までは耶蘇《やそ》と忌《い》み嫌《きら》われていた宗教」という表現からは、キリスト教がかつての日本では禁じられ、信者たちが弾圧《だんあつ》されていたという歴史的背景が読みとれる。

問七　――A・B「廊下《ろうか》のランプ」とありますが、この物語における「ランプ」の役割や効果について説明したものとして最も適当なものを次から選び、記号で答えなさい。

ア　「廊下のランプ」は主人公「ゆり」の好奇心《こうきしん》を例えており、他の生徒たちの視線を気にしながらも、「道先生」についていく「ゆり」の冒険心《ぼうけんしん》を暗示している。

イ　「廊下のランプ」は「ミス・ツダ」に対する「ゆり」の罪悪感を表しており、厳しい「ミス・ツダ」の存在がいつも「ゆり」の意識の内にあることを読者に印象付けている。

ウ　「廊下のランプ」は「ゆり」を導く「道先生」の存在を例えており、

「ゆり」にとって「道先生」がその後大きな心の支えになっていくことを暗示している。

エ　「廊下のランプ」はキリスト教を例えており、光を照らし人々を救うキリスト教の教えが将来にわたって「ゆり」に影響《えいきょう》を与えることを示唆《しさ》している。

問八　本文に登場する二人の女性教師について、次の問いに答えなさい。

(1)　次のア～エの写真はこの物語が描かれている時代に活躍した女性たちのものである。このうち、本文に登場した「津田梅子《つだうめこ》」・「河合道」の写真を本文の内容を手がかりにして選び、それぞれ記号で答えなさい。

ア

イ

ウ

エ

(2)　次の表は「津田梅子」・「河合道」についてそれぞれまとめたものです。読んで①・②の問いに答えなさい。

人物名	共通点	功績	教育観（生徒への教育方針）	教育者として生徒に伝えていた言葉
津田梅子	海外留学を経験し、日本女性の地位を確立するために、キリスト教の教えの元に、女子教育に力を注いだ。	一九〇〇年女性に高等教育を授ける学校として女子英学塾《じょしえいがくじゅく》を設立	学問をする女性代表として生徒たちには「他人からの評価」や「常識」は常に意識すべきであると指導した。	（　a　）（女子英学塾の開校式で生徒の前で語った言葉）
河合道		女子英学塾を退職後、一九二九年自宅を開放して校舎とし、恵泉女《けいせんじょ》学園《がくえん》を設立	生徒に対しても（　b　）と教えた。	「汝《なんじ》（あなた）の光を輝《かがや》かせ」（河合道が好んで生徒に伝えていた聖書の一句）

①　（　a　）には「津田梅子」が教師として生徒に語っていた言葉が入ります。本文の内容や彼女《かのじょ》の教育観を参考にして最も適当なものを次から選び、記号で答えなさい。

ア　「神の前に愛と奉仕《ほうし》の精神をもつことを目的とします。」
イ　「学問を究《きわ》め、活用し、模範的《もはんてき》な国民を育成するのだ。」
ウ　「愛に満ちあふれたすばらしい女子を教育することが大切です。」
エ　「all-round women（完璧《かんぺき》な婦人・女性）となるよう心がけねばなりません。」

②　二人には共通点もありますが教育観、特に教育者として生徒に

伝えていた「他者からの評価」や「社会常識」についての考え方は対照的です。本文の内容を踏《ふ》まえたうえで（ｂ）に入る言葉として最も適当なものを次から選び、記号で答えなさい。

ア「他人からの評価」や「常識」にとらわれるよりもむしろ自分らしさを大切にせよ。

イ「他人からの評価」や「常識」を尊重しながらも自分の好きなことを究《きわ》めなさい。

ウ「他人からの評価」や「常識」よりも大切なのは、愛する夫と一生を添《そ》い遂《と》げることだ。

エ「他人からの評価」や「常識」は時代によって変わるものだから自分の信念を持ちなさい。

三　次の①～⑧の――部のカタカナを漢字になおし、⑨～⑫の漢字の読み方をひらがなで書きなさい。

① 気象エイセイで観測を行う。

② 消化キカンを調べる。

③ 大陸をジュウダンする。

④ 案の良し悪しをケントウする。

⑤ スクリーンに写真をウツす。

⑥ 朝と夜ではカンダンの差が大きい。

⑦ お月見に団子をソナえる。

⑧ ケンポウ記念日を制定する。

⑨ 図書館の蔵書を整理する。

⑩ 自転車を無造作に停める。

⑪ 若干名募集《ぼしゅう》する。

⑫ 待てば海路の日和あり。

山手学院中学校（A）

—50分—

※字数制限のあるものは、句読点および記号も一字とする。

一　次の文章を読んで、あとの問いに答えなさい。

藤井製桶所《せいおけしょ》の上芝雄史《うえしばたけし》さんが持っている①資料によると、明治、大正の頃には輪竹《わだけ》（たがにするための竹）の業者の組合、樽《たる》の底をあつかう業者の組合、フタをあつかう業者の組合があり、さらに樽は樽でも酒樽と醤《しょう》油《ゆ》樽をつくる業者の組合は別々に存在していました。また、木取《きど》り商《しょう》といって、桶専門の材木問屋《ざいもくどんや》さんもいました。

組合が別々にあることからわかるように、かつての桶づくりの仕事は完全に分業化されていました。また、それぞれ専門分野として作業を分担しなければならないほど、桶や樽関連の仕事が多かったことが想像できます。

桶の材料は、桶づくりを依頼《いらい》する造り酒屋や醤油屋が木取り商から買って桶師《おけし》にわたします。桶師は造り酒屋の敷地《しきち》に出入りして桶をつくります。桶師は出職《でしょく》といって道具を持って全国をわたり歩き、桶づくりの「手間」だけでお金をかせぐしくみでした。

ご飯をいれるおひつや洗面桶など生活に使う小さな桶づくりは小仕事《こしごと》といい、こんこん屋、とんとん屋とも呼ばれる町の桶屋さんが担当しました。「［　②　］から棺桶《かんおけ》まで」といわれるほど、桶は人が一生を通じてつきあう生活必需品《ひつじゅひん》でした。

明治時代の記録を見ると全戸数の一〇〇軒に一軒《けん》が桶屋だったことがわかり、これは二つか三つの町ごとに必ず一軒は桶屋があった、という計算になります（小泉和子編『桶と樽——脇役の日本史』法政大学出版局より）。

赤ちゃんが産湯《うぶゆ》をつかう産湯桶、毎日井戸から水をくむつるべ、水桶、たらい、おひつ、食べ物を入れて運ぶ岡持《おかも》ち、風呂桶《ふろおけ》（浴槽《よくそう》）、洗面器用の小桶、手桶、棺桶、日常のさまざまな場面で桶が使われていましたから、これだけ桶屋があったのも当然かもしれません。

桶を締《し》めるたがについては、今でも使われている慣用句がたくさんあります。

箍《たが》がはずれる　［　③—A　］

箍がゆるむ　［　③—B　］

箍をしめる　［　③—C　］

たががはずれたりゆるんだりすると、たちまち桶や樽がばらばらになってしまいますが、昔の人は人間の規律や秩序《ちつじょ》をこれになぞらえたわけで、なんともいいセンスですね。

さて、この頃の木桶の一生には、大きなサイクルがありました。江戸時代、数ある職業の中で、かせぎが良かったのは酒蔵でした。木桶づくりにはお金がかかりますが、まず、お金を持っている酒蔵が新桶を注文します。ここが木桶のサイクルのスタートです。

［　④　］

　木桶に逆風が吹《ふ》き始めたのは、時代が昭和に入ってからのことです。大桶を使うサイクルが狂《くる》い始めたのです。

　⑤—A、スタートの鍵《かぎ》をにぎる酒蔵が、新桶をつくらなくなりました。

　第二次世界大戦中、そして戦後と、酒蔵は厳しい状況《じょうきょう》に置かれていました。食べるものがなくて餓《う》え死にする人がたくさんいた時代、米を発酵《はっこう》させてアルコールにするお酒が超《ちょう》ぜいたく品だったことは間違《まちが》いなく、つくる量を極端《きょくたん》に制限しなければなりませんでした。なんとか酒蔵を絶やさないために、数軒《すうけん》の酒蔵を合併《がっぺい》してほそぼそと製造を続けたところも少なくありません。

　戦争が終わり、GHQ《ジーエイチキュー》（連合国最高司令官総司令部）の統治が始まりますが、アメリカからみた日本の醸造《じょうぞう》発酵の世界というのは、ひとことでいうなら⑥「クレイジー」だったようです。

　たとえば醤油なら、原料を仕込んでから一年以上経たなければ商品（醤油）ができないという悠長《ゆうちょう》さ。仕込んだ大豆や小麦のうち、四〇パーセントがしぼりかすになってしまう効率の悪さ。さらに、木桶は「不潔」であるとして、極力使わないように、と保健所が指導してまわりました。

　そしてもっとも影響《えいきょう》が大きかったのは、酒づくりで起こる欠減《けつげん》の問題でした。

　欠減というのは、酒を仕込んで完成するまでの間に蒸発して減ってしまう分のことです（樽で仕込むウイスキーやワインの世界ではこれを「天使の分け前（エンジェルズシェア）」と呼び、お酒がおいしくなるために天使にあげる分、ととらえます）。

　「桶が酒を飲む」といわれるくらい、木桶は木の肌で酒を吸います。また、樽と違って密閉されていないため、蒸発して減ってしまう分も加わって、ホーローやステンレスなどのタンクと比べて、欠減が大きくなります。⑤—B木桶でつくると酒蔵が損をするというわけです。

　不潔だのなんだのと言われたうえに損をするんじゃ、割に合わない……、酒蔵が一斉《いっせい》に木桶からホーロータンクに切りかえていきました。

　当然、酒の味はがらっと変わります。

　当時、消費者から「戦後の酒はうすっぺらい」「味がない」「カドがある」など、さまざまなクレームが寄せられたという記録が残っています。これは一〇年ほど続きましたが、やがて消費者も慣《な》れたのか、クレームも減っていきました。

　⑦当時は、アルコールであればなんでもいい、という時代でした。三増《さんぞう》酒《しゅ》、合成酒といわれる粗悪《そあく》な酒をみんな喜んで飲みました。三増酒は戦時中に生まれたお酒で、米と米麹《こめこうじ》でつくったもろみに、水でうすめたアルコールやぶどう糖を足し、酸味料やうまみ調味料で味を整えたものです。もとのもろみの三倍の量になるので三増酒。こういうお酒がはやりました。

　当時の状況からすれば無理もないことですが、日本酒本来のつくり方、味でなくてもいいという人が多かったため、いつしか本来の酒の味が忘れられていったのです。

　これは醤油も同じでした。戦時中、食糧難《しょくりょうなん》を乗り切るために脱脂《だっし》大豆《だいず》を塩酸で分解し、これに甘味料《かんみりょう》やカラメル色素を加えた「アミノ酸醤油」が出回ります。また、南の国から入ってくるココヤシのかす（油をしぼった後のもの）で麹をつくり、これと醤油のしぼりかすを使って醤油をつくる「新式醤油」が登場します。いよいよ食糧がなくなってくると、塩水に醤油のしぼりかすで色をつけた「代用醤油」も出回りました。

⑤-C 戦後も、激しい食糧不足は続きます。その時に、今も醤油を主力商品とする食品メーカー、キッコーマンの研究員が、醤油のもろみにアミノ酸液を加えて一緒に発酵させる新式二号という製法を発明しました。この醸造方法は、日本の醤油醸造業を救ったといわれる画期的な方法でした。五〇日間で完成し、味もそれなりに満足のいくものです。アミノ酸液を加えて速醸《そくじょう》するというと、現在だとイメージが良くないかもしれませんが、この発明が「日本の醸造業はクレイジーだ、とても原料大豆を支援《しえん》することはできない」といっていたGHQを動かし、醸造してつくる醤油業界に原料大豆をまわしてもらえることになったのでした。この技術のおかげで現在の醤油業界が生き残ることができた、といわれています。

藤井製桶所の上芝雄史さんによると、こういった蔵元が抱《かか》えていた事情以外にも、当時、戦争で失った家を再建したい人が多く、木材が高騰《こうとう》したことも、木桶の減少に影響したといいます。

木材の高騰と逆に、軍需《ぐんじゅ》産業がなくなったことで、鉄が余って安くなりました。こうして戦時中に軍艦《ぐんかん》をつくっていた会社が、次の活路としてホーロータンクをつくるようになったのです（ホーローは、鉄などの金属のまわりをガラスでコーティングしてつくられます）。このホーロータンクも戦後のいっとき多くつくられましたが、現在では一社しか製造するところが残っていません。

生活の道具として使われてきた小さい木桶は、プラスチックが登場してから取って代わられ、生産量がガクンと減りました。

さて、酒蔵から始まる桶づくりのサイクルがとだえたことに加え、そもそもの話として、木桶は一度つくれば一〇〇～一五〇年もちます。ということは、単純に計算しても、次回の注文は早くて一〇〇年後、ということになります。

手入れが大変、不潔、欠減で損をする、時代遅《おく》れ、というイメージがついてしまった木桶は、すっかり過去の遺物というあつかいになってしまいました。木桶を使い続けていることは、すなわち設備を整える余裕《よゆう》がない証拠《しょうこ》のようなもので、はずかしい、できることなら秘密にしたい、人に見せたくない、という風潮《ふうちょう》になっていきます。

「お金がないから仕方なく木桶を使い続け、機会があれば近代的な設備に変えたい」そう思っている蔵元が、なぜわざわざ高いお金をかけて新しい木桶を注文するでしょうか。

⑤-D なかには、絶対に昔からのつくりを変えたくないという強い思いと誇《ほこ》りを持って木桶を守ってきた蔵元もありましたが、相当の変わり者、少数派とみられていたことは間違いありません。

⑧こうしたさまざまな事情が重なって木桶の注文は激減し、桶屋は仕事をうばい合うようになりました。より安くしあげるために質の悪い仕事をする桶屋もあったため、ますます桶のイメージが悪くなり、業界全体が衰退《すいたい》していきます。

藤井製桶所の次男として生まれた上芝雄史さんは戦後生まれですが、木桶の衰退とともに歩んできた人生であった、ともいえます。

「木桶は時代の流れからズレたんですね。第二次世界大戦が終わってからの一〇年で、桶屋の数は一〇〇分の一になりました」

（竹内　早希子『巨大おけを絶やすな！　日本の食文化を未来へつなぐ』〈岩波ジュニア新書〉より・一部改）

問一　――線部①「資料によると」とありますが、筆者はこの資料からどのようなことを読み取りましたか。最もふさわしいものを選び、記号で答えなさい。

ア　当時は様々な組合が存在することから、一つの桶を作る上で作業を分担し、素早く多数の注文をさばいていたということ。

イ　当時は様々な組合が存在することから、桶の種類ごとに専門的な職人がおり、それぞれが一つの桶を作り上げていたということ。

ウ　当時は様々な組合が存在することから、人々は用途によって桶を使い分けるなど桶の需要《じゅよう》が大きく、よく売れたということ。

エ　当時は様々な組合が存在することから、分業化することで利益が出ると江戸時代の人々は信じていたということ。

問二　空らん［②］にあてはまる語を、本文中より漢字二字でぬき出して答えなさい。

問三　空らん［③―A］～［③―C］にはそれぞれ上にある慣用表現の意味が入ります。その組み合わせとして最もふさわしいものを選び、記号で答えなさい。

①　ゆるんだ秩序《ちつじょ》や決まり、気持ちを引きしめること。

②　緊張が解けてハメをはずしてしまうこと。また、それまでの秩序がなくなること。

③　秩序がなくなること。緊張がゆるんだり年をとって鈍《にぶ》くなったりすること。

ア　A　①　B　②　C　③

イ　A　①　B　③　C　②

ウ　A　②　B　③　C　①

エ　A　③　B　②　C　①

問四　空らん［④］に入るように次の文を正しい順に並べかえ、記号で答えなさい。

ア　場合によっては醤油屋で使われた後に、味噌《そ》屋に行くこともあります。

イ　醤油には塩分があるので、塩の効果で木桶は腐《くさ》りにくく、塩分が固まって隙間《すきま》をうめるためにもれづらくなり、技術の高い桶職人がつくった桶であれば、さらに一〇〇年近く使うことができます。

ウ　そうなったら、大桶を一度解体し、ばらした板を削《けず》って組み直し、次は醤油屋に引き取られます。

エ　酒蔵が新しい桶でお酒を醸《かも》しているうちに、二〇年から三〇年たつと木桶からお酒がしみ出すようになってきます。

オ　もちろん、醤油屋から味噌屋に行かないパターンや、醤油屋が新しい桶をつくるパターンもあります。

問五　空らん［⑤―A］～［⑤―D］にあてはまる語の組み合わせとして最もふさわしいものを選び、記号で答えなさい。

ア　A　まず　B　もちろん　C　つまり　D　そして

イ　A　そして　B　まず　C　もちろん　D　つまり

ウ　A　つまり　B　もちろん　C　まず　D　そして

エ　A　まず　B　つまり　C　そして　D　もちろん

問六　――線部⑥「クレイジー」とありますが、なぜアメリカはそのように見ていたのですか。最もふさわしいものを選び、記号で答えなさい。
ア　日本の醸造業の悠長さを見て、日本が戦争に負けた要因はこのような楽観的な心理にあると考えたから。
イ　原料を加工し完成までにかかる時間が長すぎるうえ、長期にわたり使われる木桶が不潔に思えたから。
ウ　醤油や酒造りの方法が江戸時代と同じでは、今後日本の醸造業の発展は見込めないと考えていたから。
エ　洗いもせず何十年も使い続ける木桶で作られた醤油や酒を、何の疑問も抱かずに売買することに驚いたから。

問七　――線部⑦「当時は、アルコールであればなんでもいい、という時代でした」とありますが、なぜそのように思われていたのですか。ふさわしいものはA、ふさわしくないものはBと答えなさい。
ア　戦中・戦後の食糧や物資不足のなかで、酒の品質は問うことはできず、飲めるだけでも恵まれているような状況だったから。
イ　戦後、GHQの指導により木桶を使わないよう指導された酒蔵が、木桶からホーロータンクに設備をかえるまで酒が造れなかったから。
ウ　戦後の貧しい時代に、作る過程で欠減する酒はぜいたく品で、酒蔵は欠減をうめるために薄めた酒を造らざるをえなかったから。
エ　木桶でつくった本来の酒の味よりも、清潔なホーロータンクでつくった新しい酒の味を人々が好むようになったから。

問八　――線部⑧「さまざまな事情」に含まれないものを一つ選び、記号で答えなさい。
ア　醤油が五〇日でできるようになった。
イ　戦争で多くの人が家を焼失した。
ウ　プラスチック製品が出回った。
エ　戦後、鉄の価格が安くなった。

問九　次のやりとりを読んで、あとの問いに答えなさい。

やしお　桶って、温泉にあるのとかおすしを作る時の桶くらいしか知らなかったけど、戦争前まで、もっと生活に密着したものだったんだね。
ゆきこ　①「桶師」の絵って、きっと見たことがあると思うよ。ほら。
やしお　あー、知ってる！これって、桶を作ってたんだ！
ゆきこ　室町時代に、板を組み合わせて円筒状《えんとうじょう》にし、外側に竹で編んだたがをかける「結桶」が生まれたんだって。
やしお　結桶の登場で、何がそんなに変わったの？
ゆきこ　本文で話題になっているような大きな桶が作れるようになって、お酒を大量生産することができるようになったんだって。
やしお　そうなんだ。じゃあ他にも②桶が大きくなったことで大量生産できるようになったものがきっとあるはずだね。
ゆきこ　調べてみたら、こうして大量生産ができるようになったことで、食生活にも大きな変化があったみたい。私たちが今考えている「日本食」も、桶の大型化なしには生まれていなかったかもしれないね。
やしお　でも、そうして大活躍していた桶も、戦後に衰退してしまったんだね。
ゆきこ　残念だよね。③今、SDGsなんていうことが盛んに言われているように、桶は最先端の知恵なのかもしれないのにね。

(1)　――線部①「桶師」を表す絵として最もふさわしいものをあとのア～ケより選び、記号で答えなさい。

(2)　――線部②「桶が大きくなったことで大量生産できるようになったもの」としてあてはまらないものを一つ選び、記号で答えなさい。

ア　醤油　　イ　味噌　　ウ　酢　　エ　米

(3)　――線部③「今、SDGs～桶は最先端の知恵なのかもしれない」とゆきこが言うのはなぜですか。本文の内容をふまえて、あなたの考えを五十字以上六十字以内で述べなさい。

図は国立国会図書館デジタルコレクションより引用。ただしクの図は東京国立博物館ホームページより引用した。

ア

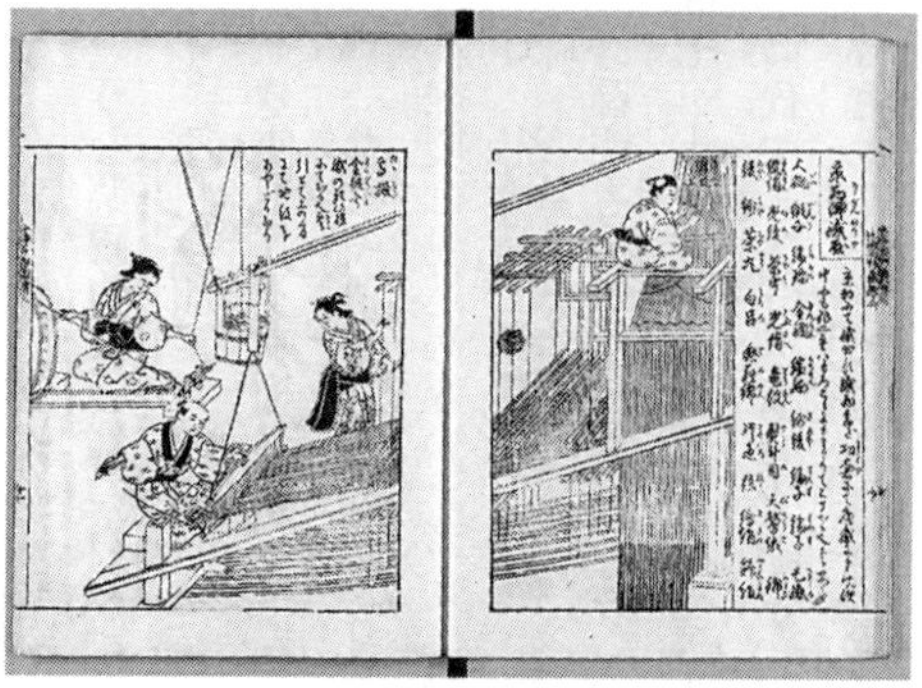

イ

ウ

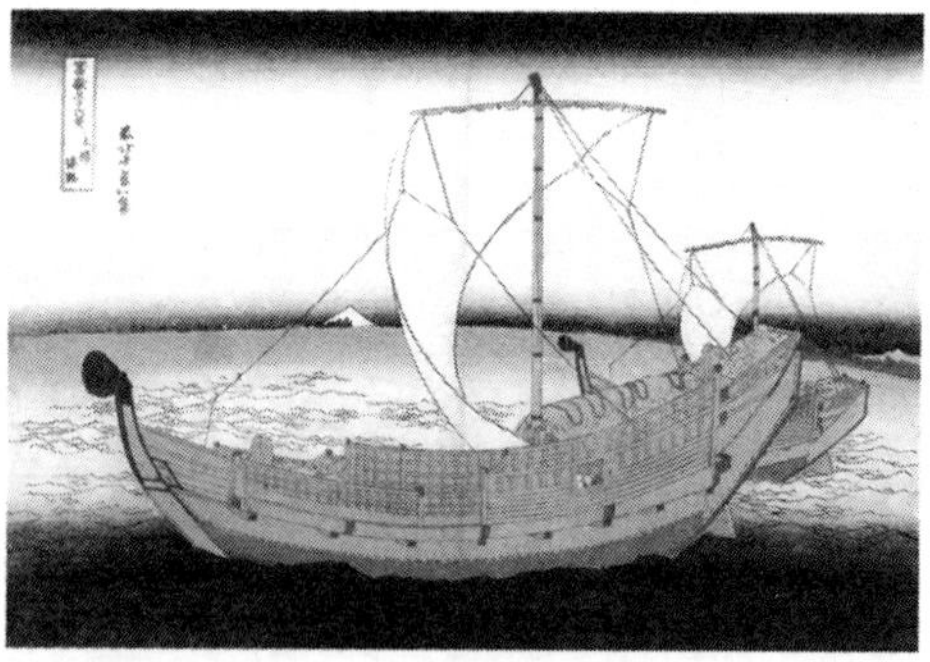

オ

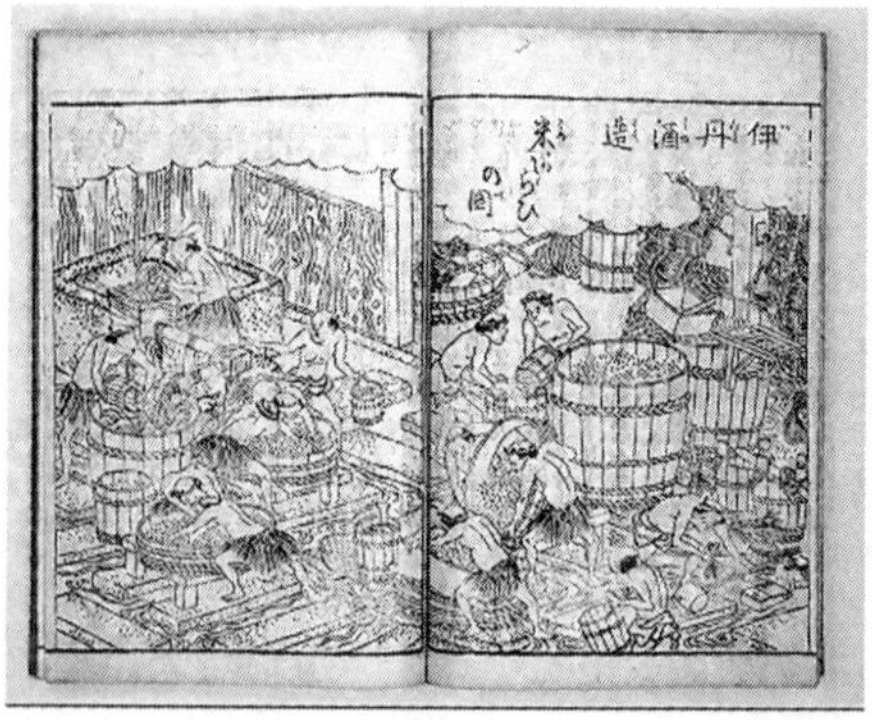

エ

カ

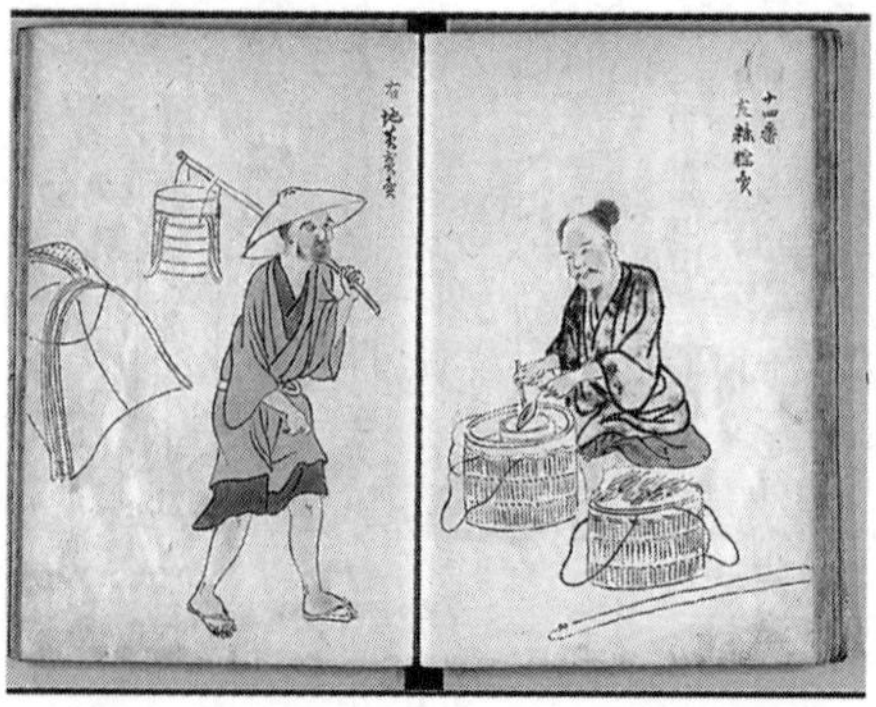

キ

ク

ケ

二　次の文章を読んで、あとの問いに答えなさい。(一部乱暴な表現がありますが、原文の表現を生かしそのまま掲載《けいさい》しています。)

「オヤジが死んだあとの一家を支《ささ》えたのは海軍工廠《こうしょう》※1で働いていた一番上の兄貴だった。逸見《へみ》は海軍と工員さんの町だった。二番目の兄貴も長男にならって軍艦《ぐんかん》づくりの工員さんになった。

俺《おれ》は大人には逆《さか》らってばかりだったが、一番上の兄貴だけには頭があがらなかった。ちっせぇときに父親を亡《な》くした末っ子の俺にはオヤジがわりだったからだ。俺は一番上の兄貴を『とうちゃん』と呼んでいた。おふくろが『バアさん』で兄貴が『とうちゃん』だ」

『とうちゃん』の話は、うんと小さなころ、お母さんに毎晩読んでもらった絵本みたいに、何度聞いてもあきなかった。

①お祖父《じい》ちゃんとボクは、おとうさんがいないってところが似ているなぁ。本当のおとうさんが死んじゃってもお祖父ちゃんがあんまりさみしくなかったのは、『とうちゃん』がいたからかなぁ。おかあさんが『バアさん』で一番上のおにいちゃんが『とうちゃん』ってなんかおもしろいなぁ。兄弟八人ってどんな感じなのかなぁ……。『とうちゃん』の話を聞きながら、ボクはとりとめのないことを考えていた。

それまでなにも考えずに生きてきたボクだったけど、あのころから、いつもなにかしらを考えていた気がする。

「とうちゃんは、休みの日になると釣《つ》りに出かけていた。大家族の晩のおかずを調達できる［②］の趣味《しゅみ》だった。ときどき、俺もいっしょに連れて行ってくれた。

安浦《やすうら》の漁師から船を借りて、とうちゃんの手漕《てこ》ぎで沖に向かった。船といっても、二、三人乗ったらいっぱいの小さな伝馬船《てんません》※2だ。

とうちゃんは船を沖合に突《つ》き出ている岩につないで釣りをした。そこらは、ウミウたちの漁場でもあった。黒い羽の鳥たちは、岩から海中に飛び込《こ》んで魚をつかまえていた。俺はウミウに劣《おと》らず潜水《せんすい》が得意だった。海に潜《もぐ》っては、クチバシならぬミツマタでベラやクロダイを突いていた。

ウミウたちの巣は、岩よりもっと沖の猿島《さるしま》の切り立った崖《がけ》の上にあった。

※③

崖がウミウのフンで白く染まっていたほどだった。猿島の原生林の緑が痛いくらいに目に沁《し》みた。白い砂浜が陽《ひ》を受けてきらきら光っていた。きれいな砂浜には人っ子一人いない。東京湾《わん》に浮《う》かぶ猿島は砲台《ほうだい》が築かれた要塞《ようさい》だったから、一般人《いっぱんじん》の立ち入りは禁止されていたんだ。
軍都横須賀《よこすか》には、猿島みたいに入っちゃいけない見てはいけない、写真をとったりしたら警察にしょっぴかれる、という場所がいたるところにあった。とうちゃんと吉倉《よしくら》の海岸から伝馬船でワタリガニをとりに出たときは、うっかり軍港内に入りこんじまって、兵隊さんに、撃《う》つぞ！とおどされて、命からがら逃げ帰ったなんてこともあったな」

青い空を背にした真っ白い富士山、というお気に入りの風景に気分がいいのか、お祖父ちゃんの口はいつもより滑《なめ》らかに動いていた。滑らか過ぎて話が横道にそれてきたので、ボクは「ほかのおにいちゃんやおねえちゃんたちは」と声をはさんだ。ほうだいとか、ぐんこうとかの、よくわからない話よりも、お祖父ちゃんの家族の話が聞きたかったのだ。

楽しい夢でもみているような顔つきでしゃべっていたお祖父ちゃんは話の［　④　］を折られ、なんだ、というように口を閉じた。

ほかのおにいちゃんやおねえちゃんたちは？　ボクがもう一度たずねると、お祖父ちゃんは、天を目指してすっと立ち上がっている富士山から視線をはずした。片方の眉《まゆ》をあげ、なにかむずかしいことでも考えているような顔つきでしばらく黙《だま》りこんだ。

「上の姉貴二人は俺がまだ子どものときに嫁《よめ》にいったからなぁ……」

記憶《きおく》を空からたぐり寄せるように、お祖父ちゃんは視線を上げた。空は高く、ぴるるるるーと鳴きながらトビが旋回《せんかい》していた。

「一番下の姉貴は給料がはいると安浦館《やすうらかん》に連れてってくれたり、今川焼きを買ってくれたなぁ」

「やすうらかん、って？」

「あ」

お祖父ちゃんが耳をこちらに傾《かたむ》けた。

「やすうらかんって、なに」

「昔、そういう名前の映画館があったのよ」

「とうちゃんのほかのおにいちゃんたちも、どっか連れてってくれたの」

お祖父ちゃんは首を振《ふ》った。

「兄貴たちは、末っ子のことなんか眼中《がんちゅう》になかったんじゃねーか」

「がんちゅう？」

「俺はみそっかすだった、ってことよ」

みそっかすの意味はわからなくてもニュアンスは通じる。それでも、ボクにはうらやましいことにちがいなかった。

⑤「いいなぁお祖父ちゃんは」ボクは思っていたことをそのまま口にした。「おにいちゃんがいっぱいいて」

「よかぁねえよ」お祖父ちゃんは眉の間にシワを寄せた。「兄貴なんていりゃあいいってもんじゃないぞ。悪さしたのがバレてとうちゃんに殴《なぐ》られるのはまだしも、二番目の兄貴にも殴られたからな。ヘタすりゃあ三番目や四番目の兄貴にも」

それは、かなりイヤだ。ボクはお祖父ちゃんに同情した。でも、よくよく考えると、それもこれも自分のせいなのだ。

「お祖父ちゃんがロクなことしてなかったからでしょ」

「そうでもないぞ」お祖父ちゃんが言い返した。「ちっとはいいこともしたぞ」

お祖父ちゃんはちょっとムキになっていた。

「いいことってなによ」

ボクはちょっと疑っていた。

「バアさんの手伝いだ」

強い口調で言いはるお祖父ちゃんは、なんだか子どもみたいだった。

「バアさんといっしょに山に拾いに行ったもんよ、枯《か》れ木をな。ガスなんてねーんだから、あのころ。かまどだから。飯炊《た》くのも風呂《ふろ》わかすのもマキだった。水道もなかったからなー。井戸だったのよ。知ってるか、井戸水ってのは、夏はひゃっこくて冬はあったけぇんだぞ。

それでもな、横須賀は他と比べて進んでたんだ。海軍がいたからな。水道がひけたのも早かったし、鉄道が敷《し》けたのも早かった。横須賀駅ができたのが明治二十二年だ。横須賀は東京湾の守りの要《かなめ》だったから、鉄道がなかったらいざというときに物資や軍隊を輸送することができない、ってことだろうな」

どこかの扉《とびら》が開いてしまったようにお祖父ちゃんはしゃべり続けた。

「国道なんかも早くから開通していたな。今の十六号線だ。あれは有事用だから立派だった。有事、ってのは、戦争用ってことだな。横須賀は軍都だったからな」

ぐんとがなんのことかはわからなかった。でも、八歳《さい》の子どもでも、せんそうという言葉は知っている。
⑥「せんそうがあったの」
「あぁ」

「いつ、せんそうがあったの」

お祖父ちゃんはゆっくりとまばたきをした。

「俺が若いころだ」


ガラス玉みたいに透《す》き通った眸《ひとみ》の先には富士山があったけれど、お祖父ちゃんの目は富士山を突き抜《ぬ》けてもっと遠くにあるものを見ているようだった。

「三番目と四番目の兄貴は戦争に行って帰ってこなかった」
⑦―A「……かえって……こなかったの」
「あ？」

お祖父ちゃんはなんだか上の空だった。なにかほかのことに気を取られているみたいだった。
⑦―B「……ほかのおにいちゃんたちは？」
お祖父ちゃんがのろのろとボクに目を向けた。

「とうちゃんと二番目の兄貴は海軍工廠で軍艦をつくる仕事をしていたし、二人とも兵隊さんにとられるほど若くはなかった」

「とうちゃんと二番目のおにいちゃんは行かなかったんだね」

「そうだ」つぶやくようにお祖父ちゃんが言った。「とうちゃんは七十二まで生きた。俺は、とうちゃんより十年も長く生きている」

あのとき、ボクが聞きたかったのは、お祖父ちゃんは戦争に行ったのか、ということだった。けれど、お祖父ちゃんは、

「俺も高等小学校を卒業したあと、海軍工廠見習い教習所に入所した」と話しはじめた。

いつになく生《き》まじめな口調だったので、ボクは口をはさむことができなかった。

「造船部で学んで工場に配属された。戦争が激しくなっていたから、傷ついた軍艦の修理が多かった。っても、横須賀海軍工廠の仕事はそれだけじゃないぞ。戦艦信濃《せんかんしなの》※3を空母に改装する工事もやったからな」

お祖父ちゃんはなんだか誇《ほこ》らしげだった。

⑧「信濃は、当時、世界最大の航空母艦《ぼかん》だった……」

そう言って、お祖父ちゃんは、なぜかため息をついた。

言葉が途切《とぎ》れた一瞬《いっしゅん》の間《ま》に、ボクは声をすべりこませた。

「お祖父ちゃんは戦争に行った？」

お祖父ちゃんが目をすがめてボクを見た。

「召集《しょうしゅう》されて、不入斗《いりやまず》の陸軍練兵所に入った」

ボクの頭に最初に浮かんだのは、海軍じゃないんだ…ってことだった。

『れんぺいじょ』という言葉のイミもわからなかった。

「れんぺいじょ、って」とボクは聞いた。

「兵隊になる訓練をする場所だ。訓練してる間に、戦争が終わった」

⑨「よかったね。お祖父ちゃんも戦争に行かなかったんだね」

お祖父ちゃんはなにも聞こえなかったようにボクから目をそらした。

そして、よっこらしょ、と掛《か》け声をかけてゆっくりと切り株から立ち上がった。

（花形　みつる『徳治郎とボク』〈理論社〉より）

※1　工廠…兵器や弾薬《だんやく》などを製造、修理した工場。

※2　伝馬船…木造の小型和船。

※3　空母…航空母艦の略。航空機を搭載《とうさい》し、その発着や整備をする軍艦。

問一　——線部①「お祖父ちゃん」とありますが、次の図は、この一家を「お祖父ちゃん」を中心に整理した家系図です。図の中の空らん［①］～［③］にあてはまる、「お祖父ちゃん」が使用している本文中の人物を呼ぶ表現として適切なものをそれぞれ選び、記号で答えなさい。なお、家系図の［　］は男性を表し、［　］（点線）は女性を表します。

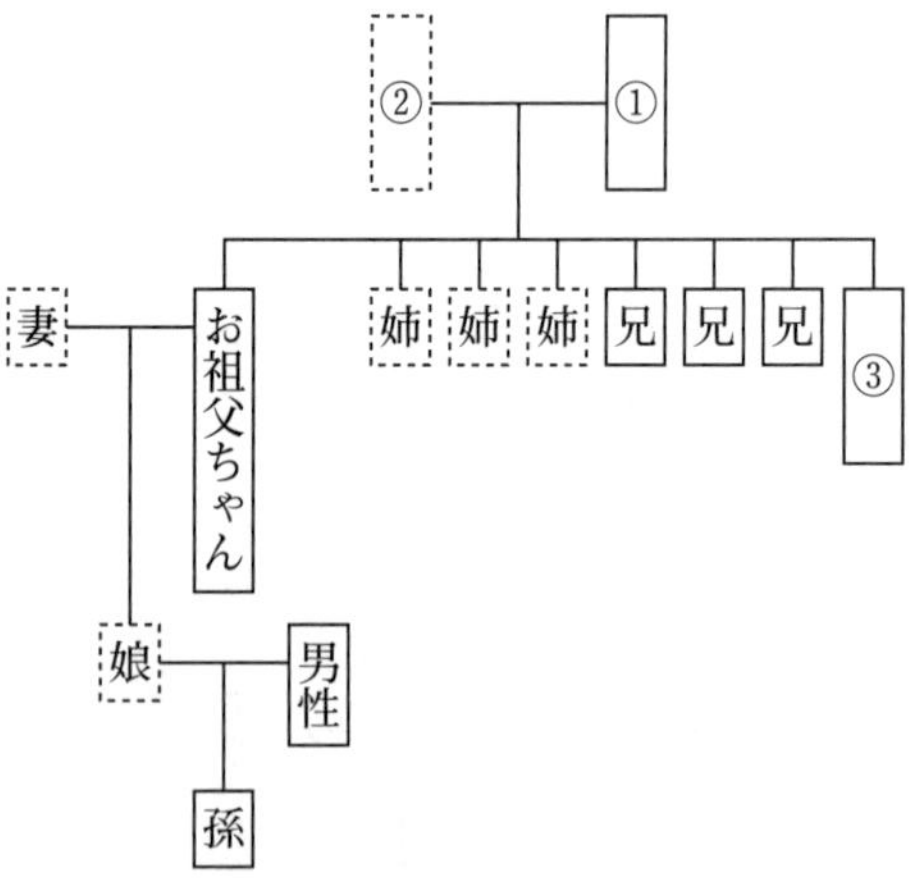

ア　おとうさん
イ　オヤジ
ウ　とうちゃん
エ　おかあさん
オ　バアさん

問二　空らん［②］にあてはまる四字熟語として最もふさわしいものを選び、記号で答えなさい。

ア　朝三暮四　　イ　一石二鳥　　ウ　一期一会　　エ　二束三文

問三　「※③」が付されている部分の文章表現についての説明として最もふさわしいものを選び、記号で答えなさい。

ア　風景を具体的に描写し、そこでの行動も詳細《しょうさい》に説明することで、思い出の情景を生き生きと表している。

イ　様々な生き物の名前を登場させることで、一般人が立ち入らないような場所への恐怖感《きょうふ》をやわらげている。

ウ　戦争や死を意識させるような場所と、そこで生きる生き物たちの姿を対比させ、命の尊さを強調している。

エ　実際に存在する地名や生物名を用いることで現実味を出し、「お祖父ちゃん」の記憶《きおく》力の良さを伝えている。

問四　空らん［④］にあてはまる語として最もふさわしいものを選び、記号で答えなさい。

ア　骨　イ　腰《こし》　ウ　膝《ひざ》　エ　鼻

問五　――線部⑤「『いいなぁお祖父ちゃんは』～『よかぁねえよ』」とありますが、ここでの「ボク」と「お祖父ちゃん」の気持ちの違《ちが》いを説明したものとして最もふさわしいものを選び、記号で答えなさい。

ア　「ボク」は兄弟がおらずさびしさを感じているが、「お祖父ちゃん」は兄弟がいても父親を亡《な》くしたさびしさを埋《う》めることはできないと思っている。

イ　「ボク」は兄や姉がいないので「お祖父ちゃん」にあこがれを抱《いだ》いているが、「お祖父ちゃん」は末っ子で兄たちから殴られる立場を不満に思っている。

ウ　「ボク」はおとうさんがいない点で「お祖父ちゃん」に親近感を持っているが、「お祖父ちゃん」は「ボク」と親密な関係を築くことは避《さ》けたいと思っている。

エ　「ボク」は「お祖父ちゃん」が「みそっかす」だったということが気になって仕方がないが、「お祖父ちゃん」は二度と思い出したくない思い出だと思っている。

問六　――線部⑥「『せんそうがあったの』」とありますが、「せんそう」がひらがなで書かれている理由として最もふさわしいものを選び、記号で答えなさい。

ア　「ボク」が考えている戦争は、子どもが考えているようなかわいいものであることを示すため。

イ　「ボク」はまだ「戦争」という漢字を習っておらず、その内容を一切知らないことを示すため。

ウ　「ボク」は出来事の名前としては戦争を知っているが、まだ深くは知らないということを示すため。

エ　「ボク」が教科書で見た戦争と、「お祖父ちゃん」が体験した戦争は別のものであることを示すため。

問七　――線部⑦―Ａ「……かえって…こなかったの」、⑦―Ｂ「……ほかのおにいちゃんたちは？」の「…」が表す「ボク」の気持ちを理由をふくめて簡潔に説明しなさい。

問八　――線部⑧「そう言って、お祖父ちゃんは、なぜかため息をついた」とありますが、次の説明を読み、「ため息の理由」を五十字以上六十字以内で説明しなさい。

軍艦信濃は、日本海軍が建造した航空母艦計画に基づき、横須賀海軍工廠で一九四〇年五月に起工した大和《やまと》型戦艦三番艦を、ミッドウェー海戦以降の戦局の変化に伴《ともな》い戦艦から航空母艦に変更《へんこう》したものである。一九四四年航空母艦として竣工《しゅんこう》※し、空襲を避けるために未完成のまま横須賀から呉《くれ》へ回航される。十一月二十九日、信濃は紀伊《きい》半島潮岬《しおのみさき》沖合で、アメリカ潜水艦アーチャーフィッシュの魚雷攻撃《ぎょらいこうげき》を受け、四本が命中。浸水《しんすい》が止まらず、転覆《てんぷく》して水没《すいぼつ》した。竣工から沈没《ちんぼつ》まで艦命《かんめい》はわずか十日間であった。

（ＮＨＫアーカイブス「特集〝巨大〟空母信濃」をもとに作成）

※竣工…工事が完了《かんりょう》すること。

問九　――線部⑨「お祖父ちゃんはなにも聞こえなかったようにボクか

ら目をそらした」とありますが、このときの「お祖父ちゃん」の心境を説明したものとして最もふさわしいものを選び、記号で答えなさい。

ア　戦争を経験していない世代からすれば、戦争で死なずにすんだのは良いこととなるが、兵隊としての訓練を受けていた身からすれば、仲間や兄弟たちは戦死して自分だけが生き残っているということになる。この思いの差を解消するのは困難なため、「お祖父ちゃん」は「ボク」の言葉に返事をすることができなかった。

イ　一番上と二番目の兄は海軍工廠で仕事をしていたので、「お祖父ちゃん」も海軍への誇りを持ち働いていたが、陸軍に配属されて訓練をすることとなった。「お祖父ちゃん」にとって不本意であったこの出来事を思い出したくないため、「ボク」の言葉に返事をすることができなかった。

ウ　「お祖父ちゃん」は年を重ねているため、ときどき戦争の記憶と現実の記憶の区別がつかなくなってしまっている。「ボク」との会話も上の空になってしまうことがあり、果たして自分は戦争に行かなくて良かったのか考えているため「ボク」の言葉に返事をすることができなかった。

エ　「お祖父ちゃん」の兄弟の中には、戦争に召集され帰って来なかった兄弟もいた。自分だけが八十歳を過ぎるまで生き残ってしまったことに罪悪感を抱き、戦地におもむくことがなかったことを「ボク」に逃げたと思われることが恐ろしくなって、「ボク」の言葉に返事をすることができなかった。

問十　「ボク」が現在から過去を回想しているとわかる一文を本文中よりぬき出し、はじめの四字を答えなさい。

三　次の――線部について、カタカナは漢字になおし、漢字は読みをひらがなで答えなさい。なお、漢字はていねいにはっきりと書くこと。

① 犬は鼻がよくキく。
② 試験で実力をハッキする。
③ あごでサシズするのは良くない。
④ 小学生タイショウの陸上教室。
⑤ テンランカイに行く。
⑥ キカイ体操の選手。
⑦ ケンアクなふんいきだった。
⑧ 今日は校庭がカイホウされる日だ。
⑨ 二十日までの消印有効です。
⑩ 一目散に逃げた。

麗澤中学校（第一回ＡＥコース）

—50分—

一　次の①～⑧の各文について、傍線部《ぼうせんぶ》のカタカナを漢字に直しなさい。また、⑨・⑩については、二字の熟語が四つ完成するように、空欄《くうらん》に当てはまる漢字を書きなさい。

① 困難を乗りこえようと勇気をフルい起こす。
② 資格試験の合格通知がユウソウされてきた。
③ この辺りは実り豊かなコクソウ地帯だ。
④ 競歩大会でオウフク二十キロの道を歩きとおした。
⑤ ジョウシキあるふるまいができる人物でありたい。
⑥ 彼《かれ》の人がらの良さは私がホショウします。
⑦ ソンケイする人にほめてもらえて心がうき立つ。
⑧ 全員で力を合わせてジョセツ作業を行った。

⑨
灯
↓
給 → □ → 絵
↓
性

⑩
乱
↓
混 → □ → 音
↓
談

二　次の文章を読んで、後の問いに答えなさい。

〈文章1〉

1　※社会契約《けいやく》で成立している国家においては、「人格による支配」ではなく「法による支配」が行われます。たとえば絶対王政のように、王という人間がいて、その命令にみんなが従うというのではなく、法というルールのもとでみんなが平等に扱《あつか》われるべきだ、ということです。

2　では、法はいかにつくられるべきかという問題が出てきます。※ルソーは直接民主制をイメージしているのですが、みんなが参加する人民集会（議会）のなかで、何か対処すべきことが出てきたとします。それを議論するさいには、個々人は自分の都合や利害を率直《そっちょく》に表明する必要があります。互《たが》いの事情がわかったうえで、ではどうすることが一部の人だけではなくどんな人にとっても利益になるのかということを、みんなで考え合って議論し法として決定します。こうして、何かの法案がたしかに共同の利益となり、「みんなが欲《ほっ》すること」、すなわち「一般意志《いっぱんいし》」だということに合意が得られれば、それが法になる。そうして決められた法以外のことは、もちろん個々人の自由にゆだねられます。「一般意志」の原語はvolonté générale（ヴォロンテ・ジェネラール）、「みんなが欲すること」という意味なのです。

3　そして、議会で話し合って取り出される「一般意志」は法として具体化されますが、これは国家の最上位の規範《きはん》となって、行政の長である国王も法に従わなくてはなりません。ですから、A「一般意志の最高指揮」という※契約条項《じょうこう》の言葉は、じつは「人民の主権」を表す言葉だったのです。

4　この考え方のポイントは、法の正当性の根源は「一般意志」であって、多数の賛成がそのまま正当であることを意味しない、というところです。もちろんいろいろと話し合った結果、一つに結論がまとまらないことも当然あるわけで、そのときは最終的に多数決で決めるしかありません。［Ⅰ］多数決というのは、あくまでも「決めるための方法」でしかないのです。ぼくなりにこの考え方を意味を広げたり易しく言いかえたりして説明してみると、こんなこともいえそうです。――ある法について、それは一部の人たちを苦しめるものであって「一般意志」に反する悪法であると考える人がいるかもしれません。その場合には、「とりあえず多数決で決まったその法には従うけれど、それは一般意志ではないと私は考える」と主張を続けて、それに同意する人が増えていけば法が変わることもありうる、ということにもなるでしょう。

5　これはまた、B「一般意志」と「全体意志」とは違《ちが》うということも意味します。すべての「個別意志」を集計した結果である「全体意志」（これもルソーの言葉です）は、しばしば少数派を犠牲《ぎせい》にした多数派の意志になりがちです。多数派工作をしたり※党派的利害を押《お》し出したりして、C一部の人たちの利益をみんなの利益であり「一般意志」であると称《しょう》して法にしてしまうことが起こりうる。これは、まさしく民主主義の根本問題です。

6　ルソーはこのことを危惧《きぐ》していました。もし「一般意志」の原則が①建前《たてまえ》だけになり、少数の人びとの声がまったく反映されなくなれば、社会契約自体が解体し、破棄《はき》されかねない。［Ⅱ］国家の分裂《ぶんれつ》、内乱状態になりかねない、と述べています。さらにぼくなりに想像してみると、何をしてもどうせ無駄《むだ》だという政治的無関心に陥《おちい》ったり、あるいは、強い者が弱い者から奪《うば》うという弱肉強食の状態に舞《ま》い戻《もど》ってしまったりするかもしれません。ですから、このような党派的な利害を押し出すことがないように、ルソーは、議会のなかに階級や党派がないことが最も望ましく、もしあるのなら、四つか五つ以上の複数が並存《へいそん》していて、それぞれの力が分散していたほうがよいだろうと述べています。

7　しかし何よりも大切なことは、法案が自分を含《ふく》めての「一般意志」たり得《う》るかをちゃんと考えて判断し、それを志向するような道徳性をもった市民がいなくてはならない。そうでなければ真の意味での②自治は成り立たない。だから、※エミールのような人間が必要となるのです。エミールは、いまやいろいろな立場の人間がいることを知り、それぞれの人への共感能力＝あわれみの力をもっています。『エミール』のなかでは、エミールが市民としてじっさいに議会に出るシーンは書かれていませんが、もしそういう場面があれば、彼《かれ》はさまざまな立場の人たちに耳を傾《かたむ》け、「自分も含むみんなにとって利益になること」を実現しようとするでしょう。

（西研《にしけん》『ルソー　エミール　―自分のために生き、みんなのために生きる』〈ＮＨＫ「100分ｄｅ名著」ブックス〉による

※設問の都合により、文章ならびに表記は一部変更《へんこう》されています）

※注　「社会契約」…社会や国家を成立させる、人民どうしの契約。十七世紀に生まれた、人民どうしが契約を結ぶことによって社会や国家が成立するという考え方がもとになっている。

「ルソー」…十八世紀のフランスの哲学者《てつがく》。『社会契約論』、『エミール』などの著者。

「直接民主制」…国民が代表者を立てずに直接政治決定を行う制度。

「契約条項」…ルソーが『社会契約論』の中で挙げている社会契約の内容。

「党派」…思想や主義が同じ人々の集まった団体。

「エミール」…ルソーの教育小説『エミール』の主人公。

〈文章２〉

「生きているっていいな」と心から思えるようになるために、人間には二つのことが必要です。「自分の自己実現」と、「社会の自己実現」です。「自分の自己実現」は、自分が心の深いところで本当に「やりたい」と思うことを何らかの形で実現することです。

人間はいろいろな経験をしながら、やりたいことを見つけていきます。たとえば仕事について考えてみましょう。もちろん、実際に自分がやりたい仕事に就《つ》けるかどうかは偶然《ぐうぜん》もありますから、完全な形で実現することは難しいかもしれません。選択肢《せんたくし》の中で、なるべく自分が面白《おもしろ》いと思える仕事を選んでいるのだと思います。生きていくために、生活のために仕方なく働くこともあるでしょう。最初は満足できない仕事でも、働きながらその仕事の自分にとっての意味を少しでも見つけられれば、自己実現欲求をある程度満たすことができます。

では、自分がやりたいことは、どのようにして見つけられるのでしょうか。何かをしているとき、どうしてかわからないけれど自分が生き生きとしてくるなら、それが、本当にやりたいことだと私は思っています。

そしてもう一つ、「社会の自己実現」です。これは、社会がその構成要員をできるだけ多く幸せにできるような社会になっていくことを指しています。実は人間は、自分の自己実現と社会の自己実現を結びつけて考えられる唯一《ゆいいつ》の動物なのです。

人間は、自分だけが幸せになるのではなく、みんなで上手に支え合って、みんなが生き生きとして幸せになっていけるような社会を目指す努力をしない限り、結局、自分も幸せになれないのです。

みなさんは、「自分だけが幸せ」と、「自分も含むみんなが幸せ」、どちらが幸せだと思いますか。子どもにたずねられたら、どのように答えますか。改めてこう問われると後者だとなるでしょうが、いま、世の中を見渡《みわた》すと、「自分が幸せならいいじゃないか」と思っている人が多いように見えるかもしれません。少し考えてみましょう。

たとえばあなたはお金に困っていないとします。そして目の前に、何日も食事をしていない人や何か苦しみを抱《かか》えている人がいるとします。そのときあなたはどう思うでしょうか。実際にその人を前にして、「お前が苦しいのはお前がちゃんと努力しないからだ」「　Ｘ　だ」などと言って済ませることができるでしょうか。あなたが困っていなければいないほど、そんなことはできないでしょう。自分に何ができるかを考え、実際に手を差し伸《の》べると思います。

それは本能のようなものです。人間は、周りで苦しんでいる人がいると、自分だけ上手《うま》くいっても幸せだと感じられない動物なのです。長い歴史の中では殺し合いや戦争も繰《く》り返してきましたが、大きな視点で見れば、互いに助け合い、支え合ってきたからこそ、生物として生き残ってきたのです。

「目の前に困っている人がいたら放っておけない」というのはある種の共感能力です。人間には本能的にそれが備わっていると私は考えています。

もしあなたが、とても大変な状況《じょうきょう》に追いやられているとしたら、あるいは、激しい競争のなかで勝ち抜《ぬ》いた人だけが評価され、負けた人は「お前が努力しなかったからだ」と虐《しいた》げられるのを見てきたとしたら、この大切な共感能力が発揮できなくなっているかもしれません。でも、根っこの部分には、きっと共感能力が眠《ねむ》っているはずなのです。
　そして、その共感能力を発揮することで、「自分の自己実現」の内実が「社会の自己実現」に近づいていくことになるはずです。

（汐見稔幸《しおみとしゆき》『教えから学びへ　教育にとって一番大切なこと』〈河出新書〉による
※設問の都合により、文章ならびに表記は一部変更されています）

問一　傍線部《ぼうせんぶ》①「建前」・②「自治」の本文中の意味として最も適当なものを次の中からそれぞれ一つずつ選び、記号で答えなさい。

①「建前」
ア　支持者の少ない思想。　イ　現実に合わない考え方。
ウ　表向きの方針や主張。　エ　時代遅《おく》れの願望や価値観。

②「自治」
ア　自分たちの定めた目標を時間をかけて達成すること。
イ　自分たちに関わる事柄《ことがら》を自分たちの判断で処理すること。
ウ　自分たちが考えた計画をすぐに実行に移すこと。
エ　自分たちが引き受けた任務を効率的に進めること。

問二　傍線部Aに「一般意志の最高指揮」とありますが、これは具体的にどういうことですか。説明として最も適当なものを次の中から一つ選び、記号で答えなさい。

ア　人民が個々に持つ要望は国家にとって最も重視すべきものであり、国家には人民の要望を全てかなえる義務があるということ。
イ　人民によって決定された国家の方針は何よりも正しく、その方針にもとづいて判断すれば人間が間違うことはないということ。
ウ　人民の意志は国家の中で最も優先すべきものであり、人民の意志によって制定された法の内容は変更してはいけないということ。
エ　人民の意志は何よりも国家への影響《えいきょう》力が強く、暴走すれば国家を分裂させる原因にもなるので注意すべきであるということ。
オ　人民の議論によって制定された法は国家で最も拘束《こうそく》力があり、どのような立場の人も等しく従う必要があるということ。

問三　空欄《くうらん》［Ⅰ］・［Ⅱ］に入る語として最も適当なものを次の中からそれぞれ一つずつ選び、記号で答えなさい。ただし、同じ記号は一度しか選べないものとします。

ア　ただし　イ　むしろ　ウ　つまり
エ　それとも　オ　ところで

問四　傍線部Bに「『一般意志』と『全体意志』とは違う」とありますが、これについて二人の児童が話しています。空欄［a］・［b］に入る内容の組み合わせとして最も適当なものを後の中から一つ選び、記号で答えなさい。

Aさん　「一般意志」と「全体意志」は似ているように思えるけれど違うんだね。具体的にはどんな違いがあるのかな。
Bさん　身近な例で考えてみるとわかりやすいんじゃないかな。たとえば、「［a］」という状況で形成されているのが、「一般意志」だよね。
Aさん　うん、そうだと思う。では、「全体意志」の方はどうだろう。
Bさん　「全体意志」は個人の意志や欲求の集計だよね。たとえば「　b　」というようなことではないかな。

Aさん　なるほど。ルソーが重視したのは、「一般意志」の方だね。その社会に属する全ての人が救済される法をつくるためには、私たちは「一般意志」というものをよく理解しなければいけないね。

ア　a　球技大会で行う三種目のうちどれを選ぶかそれぞれの希望を聞いたところ、バスケットボールの希望者が最も多かった
　　b　日曜日に何をするかクラスのみんなに聞いたところ、『ゆっくり自分の趣味《しゅみ》を楽しみたい』という意見が多く集まった

イ　a　旅行で山に行きたい人よりも海に行きたい人が多かったため、山に行きたい人がやむをえず自分の意見を取り下げた
　　b　仲の良い友人四人で遊ぼうとしたが、何をして遊ぶかについて相談したところ、四人はそれぞれ異なる意見を示した

ウ　a　給食の時間に流す音楽についてリクエストを受けつけて、その中から全員が知っていそうな有名な曲を独断で選んだ
　　b　クラブの備品で必要なものを一人一人に聞いたうえで、全員で共有できそうな道具をいくつか購入《こうにゅう》することにした

エ　a　テニスチームを作ったときに予定を確認し、全員が無理なく参加できる活動方針を選手たちが話し合って決めた
　　b　図書室の本を放課後整理しようという提案に、図書委員たちから『用があるので早く帰りたい』という意見ばかりが集まった

オ　a　町をきれいにするためにクラスで意見を出し合い、『毎月第二日曜日にみんなでごみ拾いをする』という結論で一致《いっち》した
　　b　雰囲気《ふんいき》の良いクラスを作るためにすべきことを議論し、『朝、顔を合わせたら声を出してあいさつすること』で合意した

問五　傍線部Cに「一部の人たちの利益をみんなの利益であり『一般意志』であると称して法にしてしまう」とありますが、このような問題が起こらないようにするためには、どうすることが重要ですか。それを説明した次の文の空欄　a　～　c　に入る言葉を、指定された字数に従って〈文章1〉の中から抜き出して答えなさい。

　a（八字）　を無視せずに耳を傾け、また特定の　b（五字）　に利益が集中しないように力を分散させる一方で、市民の中に一般意志の実現を目指すような　c（三字）　を育むこと。

問六　空欄　X　に入る語として最も適当なものを次の中から一つ選び、記号で答えなさい。

ア　疑心暗鬼《あんき》　イ　首尾一貫《しゅびいっかん》　ウ　自暴自棄《じき》
エ　温故知新　オ　自業《じごう》自得

問七　次に示すのは、〈文章1〉・〈文章2〉を読んだ児童がその内容についてまとめたレポートの一部です。読んで後の問いに答えなさい。

［「法による支配」において大切なこと］
◎法案が「一般意志」たり得るかを判断する。
↓そのために必要なことは何か。
・さまざまな立場の人たちに対して　a（九字）　こと。

（手本：ルソーの小説『エミール』の主人公・エミール）

⇦

［　b（二十一字）　］社会をつくっていくことを目指す。＝互いに救済しあう。

〈〈文章1〉・〈文章2〉の内容で重要だと考えたところ〉

①　「一般意志」にもとづく法をつくるためには、法案についての議論の際に、それぞれが個人の都合や利益を主張することはひかえるように心がけ、全ての人に共通する利益のことだけを考えていかなければならない。

②　個人が心からやりたいと思うことを実行するのが「自分の自己実現」だが、人間は、他者と助け合って全ての人が生き生きと過ごすことを目指す「社会の自己実現」に、「自分の自己実現」を関連づけて考えることができる。

③　多数決は法の決定のための手段であって、多数決の結果が必ずしも「一般意志」であるというわけではなく、多くの人が賛成したとしても、一部の人にとっては不利益な法が成立してしまうということもありうる。

④　人間は本能的に争う生物であり、自分さえ幸せであればよいという考えの人が多いので、困っている人がいたら放っておかずに手を差し伸《の》べ、全ての人に利益がいきわたる方法を考える精神を育てなければならない。

⑤　自分のことだけ考えるのではなく、さまざまな他者の話を聞いて、法案が自分を含めた全ての人にとって本当に利益になるのかどうかを考えることで、真の自治を行わなければならない。

(1)　空欄［　a　］・［　b　］に入る言葉を、指定された字数に従って、それぞれ〈文章2〉の中から抜き出して答えなさい。

(2)　〈〈文章1〉・〈文章2〉の内容で重要だと考えたところ〉について、〈文章1〉・〈文章2〉に述べられている内容と**合わないもの**を①〜⑤の中から**二つ**選び、それぞれ記号で答えなさい。

三　次の文章は、神社で働いている奥山希美《おくやまのぞみ》が、この神社の最高位の神《かん》主《ぬし》である宮司《ぐうじ》と話をしている場面である。読んで後の問いに答えなさい。

「奥山さんは、※神職に就《つ》かれて四年でしたね」

ふいにたずねられて、希美は見上げていた顔を戻《もど》した。

「はい。そうです」

「だいぶ自信がつきましたか」

「いえ、全然」

答えたとたん、胸がちくりと痛んだ。続いた宮司の言葉で、さらに胸をえぐられたようになった。

「昨年は七五三の行事も一人で立派になさったし、ずいぶん成長されたと思いますよ」

「立派なんかではないです」

希美はかぶりをふった。心の中にあるかさぶたがあぶり出されたように感じた。普段《ふだん》はまるで気にならない、というよりもまんまと忘れおおせているかさぶただ。それが、七五三の行事以降、見え隠《かく》れしている。正確にはそれより少し前、※美里《みさと》から「※正野池《しょうのいけ》」という名前をきいたときからだった。かさぶたは、あんまり長い間姿を見なかったので、うまく治癒《ちゆ》してくれたのかと思っていたが、そうではなかった。確かに希美の中にあって、［　X　］のだ。そして再び、希美をせせら笑うように脅《おびや》かし始めた。

「※祝詞《のりと》をつっかえてしまいました」

希美は正直に告白した。子どもの成長に対して、「心正しく」と言いたかったのに、「正しく」が出なかった。正しくない自分にそんな資格などないと思ったからだ。

うまく隠していたことが、神職に就いたことで、あぶり出されてしまった。真っ白な世界だからこそ、自分の中にある黒さが際立《きわだ》ってしまう。あるいはほかの職業に就いていたのなら、こんなにも気にならなかったのかもしれない。神の前に頭《こうべ》を垂れる時間は、自分を見つめる時間でもある。自分が否応《いやおう》なく突《つ》きつけられる。汚《けが》れた行為《こうい》を思い出す。が、そういったところで、なんの意味も持たない。この職を選んだのは、ほかでもない自分だからだ。そして、自分がかかえていかなければならないものは、神職の世界にふみこめばふみこむほど、汚れて感じられることが、苦しかった。

「奥山さんは、中学生のころ神社に行ったのがきっかけで、神職を目指したのだと言っておられましたね」

「はい」

好ましい記憶《きおく》を導き出すような宮司の声に、希美はうなだれるようにうなずいた。

「祖母が連れていってくれたんです」

祖母は、自分の※リウマチが軽くなったお礼参りに行きたいと言っていたが、あれはおそらく表向きの理由だった。当時不登校を続けていた希美を、なんとか外に出したいという思いがあったのだろう。しぶしぶ連れ出された形だったが、まさかそこにあんな衝撃《しょうげき》が待っていようとは思いもよらなかった。希美は帰宅後、高熱を出してしまったくらいだ。久しぶりに日光を浴びたせいだったのかもしれないが、熱が下がったあとは、不思議なほど気持ちが晴れ晴れとしていた。

「私は、中学校二年生から三年生にかけて、学校へ行けない時期があって、見かねた祖母が誘《さそ》い出してくれたんです」

「そうですか」

話すのに、少々力を要したが、宮司のすんなりとした言い方が意外に強い支えとなって、希美の心にわずかなゆるみができたようだった。そのせいか、ずっとからまっていた言葉がほどかれた。

「私は神にお仕えするには、弱い人間かもしれません」

言ってしまったとたん、A希美はくちびるをかみしめた。言葉が違《ちが》う。本当は、汚《きたな》いと言うべきなのだ。自分に降《ふ》りかかるいじめの刃《やいば》から逃げたくて、ほこ先をほかに向けようとした。そしてそれが見つかるや、引きこもってしまった。しかも、すべてをぶちまけて。

希美はかぶりをふった。弱いなどという言葉は、ずるい隠れ蓑《みの》でしかないのだ。守られるべきものだという錯覚《さっかく》がつきまとう。ここまできても、自分をかばう愚《おろ》かさが、自分ながらに情けなかった。

「ずるいんです。神職の資格なんかないんです」

絞《しぼ》り出すように希美は言った。

中学校二年生のあの時期、いじめの標的になった希美は、なんとか回《かい》避《ひ》したかった。思いついたことは、いじめを分散させることだった。もっと※みさきがやられれば、自分への攻撃《こうげき》が減るのではないかと思った。

自己中心的で浅はかな動機だ。

だからあの日、ハエ入りのビニール袋《ぶくろ》をみさきの机の中に入れようとした。

そんな自分に、神に仕える資格などない。声を震《ふる》わせる希美に、宮司はすっと焦点《しょうてん》を外すように言った。

「※ものがたいあなたのことだから、真面目《まじめ》に引きこもったのでしょうね」

砂でも払《はら》い落とすような軽い声に、希美はこくんとうなずいた。

「はい。十か月間、家から一歩も出ませんでした」

十一月の半ばに部屋の扉《とびら》を閉めてから、祖母に連れ出される翌年の九月半ばまで。季節は大方ひとめぐりするころだった。外へ出たときには、足がふらついた。筋肉はすっかりそげ落ちていたのだ。

それに日差しもまぶしかった。ほとんど昼夜逆転の生活をしていた希美にとって、自然光の刺激《しげき》は思いがけず強かった。

ともかくとても駅までも歩けそうになかったので、一週間ほどお参りを延ばしてもらい、自宅で筋トレをしたほどだ。生活の習慣も朝型に変えた。

「十か月とは、まるでもう一度お母さんの胎内《たいない》に戻ったようでしたね。よい修行《しゅぎょう》をしました。①資格は充分《じゅうぶん》ですよ」

宮司は笑った。なんとなくはぐらかされたような気になって希美も力なく笑うと、今度は引きしまった声で、包みこむように言った。

「あなたは自分を弱いと言いましたが、人間は、もともと弱く生まれついているものですよ」

希美は顔を上げる。

「それは当たり前のことなのです。人は弱い。善いとか悪いとかの前に、弱いのです。それがずるくあらわれることもあるし、情けなく見えることもある」

宮司の言葉にB希美は目を細めた。宮司の口元に、小さな光が見えたような気がしたのだ。木もれ日が揺《ゆ》れるようなやわらかい声で、宮司は続ける。

「まず自分の弱さを自覚している時点で、奥山さんは神職としての充分な資格があると思いますよ」

I「……、ありがとうございます」

希美はうなだれるようにうなずいた。

「〝叩《たた》き出し〟の儀式《ぎしき》はね」

宮司はご神木に手を置いた。

「本当は、そんな人間の中の弱さのための儀式だと思うのです。わかりやすいように、私たちを苦しめた『魔《ま》』を退治する物語にしていますが、本当は、私たちの中にある弱さと対峙《たいじ》する儀式なのです。同じたいじでも意味が異なる」

「［　Y　］と対峙」

希美は同音の単語の意味を思い起こした。悪いものを打ちはらうこと、と、相対して向きあうこと。

「では、魔、というのは、本当はないのですか？」

希美は宮司を見つめた。※波多江《はたえ》と同じように、魔の存在そのものを、宮司は認めていないのだろうか。

希美の問いに、宮司は静かに首をふった。

「いいえ、魔はいます。それもそこらじゅうに」

自分の周囲にぐるりと目をやった。

「そこらじゅうに？」

「ええ。ウイルスといっしょです。空気中にはいろんな種類のウイルスがうようよしているでしょう。健康なときには感染《かんせん》しにくいけれども、弱っているときには、病気になりやすい。魔も同じようなものです。我々の周りに無数にいる。しかも、もともと、我々だって魔を持っている。いずれの人もです」

救いを求めるように見つめた目を、宮司はじっと見据《す》えた。

「腸内細菌《さいきん》と同じですよ。ある程度持っておかないと、もっと悪いものが入って来たときに戦えないでしょう」

医学の話のようになったが、かえってわかりやすかった。

「汚い魔が体の中にあったって、バランスが取れていればいいんです。極端《きょくたん》に言えばね。②厄介《やっかい》なのは、人の心が弱っているときです。質《たち》の悪い魔は、そこをねらいすましたように、すっと取りつく。本人にもわからない間にね。魔がさす、という言葉はじつによく言い得ていると思いますよ。まさに蚊《か》にでも刺《さ》されたくらいの、さりげなさなのですから」

希美は泣きたいような気持ちになった。あのときの自分も、魔に操《あやつ》られていたのだろうか。弱っていた心をねらわれたのだろうか。

夕暮れの教室が胸に迫《せま》ってきて、希美はくちびるをかみしめる。

「でも私は、謝罪をしていません。胸のうちで自分がやってしまったことをくりかえすばかりで、誰《だれ》にもあやまっていません」

（中略）

「大丈夫《だいじょうぶ》ですよ、奥山さん」

宮司の言い方は、激励《げきれい》にしては平坦《へいたん》だった。けれどもそれは、祝詞を読み上げるときの、張りのある声だ。すっと心に入ってくる。希美は頭を垂れた。

「人間は弱いばかりでもない。強さだってちゃんと持っています。あなたにも強い思いがある。それを伝えられるときが必ず来ます」

……、必ず。

目の前にすっと明かりがさした。思い出すたびに、暗闇《くらやみ》にふさがれていた場所にぽっと、小さな光がともった。まぎれのない真実の光を、希美が見たような気がしたとき、宮司は言った。

「光はね、闇の中で生まれるのです」

すべてを了解《りょうかい》しているような深い目が、そこにあった。

「闇を見た奥山さんには、同時に光も見つけられたはずです」

Ⅱ「……、はい」

希美は深くうなずいた。今自分は、まぎれもなくそこにいる。自分が見つけた光の中にいる。

「私だって、この年になるまでにたくさんの失敗をしてきました。魔が差した、では言い訳できないような醜態《しゅうたい》をさらしたこともあります。ここだけの話ですがね。ふふっ」

くだけた語尾《ごび》に顔を上げると、宮司はにっこりと笑っていた。その笑顔は、少し俗《ぞく》っぽい感じで、なんとも※チャーミングだった。つられてC希美もくちびるをゆるめる。

「さて、今夜から全職員泊《と》まりこみになりますが、なるべく今日はゆっくりしてください。とはいえ、我《わ》が家ではそうもいかないでしょうが」

毎年、宿直室には男性職員が泊まり、女性職員は、敷地《しきち》内にある宮司の自宅にお世話になることになっていた。

「いいえ。どうぞよろしくお願いします」

文字通り招き入れてくれるような声に、希美はすでにゆっくりした気分になっていた。

すると宮司は思いついたように顔を上げ、またいたずらっぽく笑った。

（まはら三桃《みと》『ひかり生まれるところ』〈小学館〉による
※設問の都合により、文章ならびに表記は一部変更《へんこう》されています）

※注　「神職」…神社の祭事や事務を行う人。
「美里」…希美の妹。
「正野池」…希美の中学時代の同級生。
「祝詞」…神主が読み上げる祈《いの》りの言葉。
「リウマチ」…関節や筋肉が痛み、こわばる病気。
「みさき」…希美の中学時代の同級生。
「ものがたい」…律儀《りちぎ》な。
「波多江」…希美の同僚《どうりょう》。
「チャーミング」…好ましく魅力《みりょく》的であるさま。

問一　傍線部《ぼうせんぶ》①「はぐらかされた」・②「厄介」の本文中の意味として最も適当なものを次の中からそれぞれ一つずつ選び、記号で答えなさい。

①　「はぐらかされた」

ア　自分の態度をたしなめられた。
イ　本心を理解してもらえなかった。
ウ　自分の悩《なや》みをからかわれた。
エ　話の重要な部分をごまかされた。

②　「厄介」

ア　追いつめられて、どうにもならない。
イ　扱《あつか》いにくくて、わずらわしい。
ウ　理不尽《りふじん》で、絶対にあってはならない。
エ　危険な状態で、余裕《よゆう》がない。

問二　空欄［X］に入る言葉として最も適当なものを次の中から一つ選び、記号で答えなさい。

ア　うき足立っていた　　イ　手を広げていた
ウ　腹をさぐっていた　　エ　息をひそめていた
オ　首をかしげていた

問三　傍線部Aに「希美はくちびるをかみしめた」とありますが、このときの希美について説明した次の文の空欄［a］～［c］に入る言葉を、指定された字数に従って、空欄［a］・［b］は本文中から抜き出して、空欄［c］は本文中の言葉を使い、空欄に合う形で答えなさい。

> 自分の心の中にある［a（二字）］部分を隠して、自分が［b（八字）］であるかのような言葉を選んでしまったことを愚かだと自覚し、我ながら［c（五字以内）］と感じている。

問四　傍線部Bに「希美は目を細めた」とありますが、希美がこのような表情をしたのはなぜですか。理由として最も適当なものを次の中から一つ選び、記号で答えなさい。

ア　宮司が一度終わらせた話題を再び持ち出してきた意図がわからず、どのように反応すればよいのか迷ってしまったから。

イ　自分のことを宮司が励《はげ》まし、元気づけてくれているのだと気づいて、その宮司のやさしさを心からうれしく思ったから。

ウ　宮司の口にする言葉が、過去におかしてしまったあやまちに苦しむ自分にとっての心の指針になりそうな気がしたから。

エ　宮司が話を本題にもどして重要なことを話し出したのを見て、ようやく知りたかった答えを聞けると思ったから。

オ　自分がかかえているつらい過去について宮司に気をつかわせ、助言までしてもらっているのを申し訳なく感じたから。

問五　空欄［Y］に入る二字熟語を答えなさい。

問六　傍線部Cに「希美もくちびるをゆるめる」とありますが、このときの希美の心情の説明として最も適当なものを次の中から一つ選び、記号で答えなさい。

ア　宮司が神社の責任者という立場にありながら、重大な失敗をしてきた経験を気軽に希美に話したことにあきれている。

イ　宮司が大きな失敗を重ねてきたことを聞いて、自分だけが罪悪感をかかえる必要がないことを理解し、安心している。

ウ　宮司が自身の失敗談を笑い話にして、大げさな表現で希美に語る態度をこっけいに感じ、落ち着きを取り戻している。

エ　希美の心を軽くするために、話したくはない宮司自身の失敗の経験をあえて教えてくれたことをありがたく思っている。

オ　かた苦しさのない様子で、数多くの失敗をしてきたことを話す宮司の表情をほほえましく思い、親しみを覚えている。

問七　次に示すのは、二人の児童が本文の朗読をするにあたり、内容を確認《かくにん》している場面です。読んで後の問いに答えなさい。

Aさん　上手に朗読するためには、登場人物の心情や人物像をしっかり理解しなければいけないね。まず主人公の希美がどのような人物なのかを確認しよう。

Bさん　希美は、中学時代にいじめのほこ先を他人に向けさせようとするという行動をしてしまったんだよね。その行動は間違っているけれど、今でも自分を責めて、祝詞を読むときも、「正しくない自分」が「心正しく」などとは言えないと考えているよ。

Aさん　自分のあやまちに対して言い訳せずに真剣《しんけん》に悩んでいる様子から考えると、希美は、根は［a（三字）］で律儀《りちぎ》な感じの人物だね。朗読をするときは、希美のそうした性格をふまえて読むべきだね。ただ、登場人物の心情の変化に合わせて、読む調子も変えていかなければいけないんじゃないかな。

Bさん　なるほど。たとえば、波線部Ⅰの「……、ありがとうございます」という言葉を言ったときと、波線部Ⅱの「……、はい」という言葉を言ったときとでは、希美の心情は変化しているよね。

Aさん　どちらも「うなずいた」というしぐさとともに言っているセリフだけれど、心情は異なるんだね。波線部Ⅰのときの希美は、［b］けれど、波線部Ⅱのときは、［c］よね。

Ｂさん　それぞれの心情を表現して読まなければいけないということだね。一方で、希美の心を救う宮司の言葉にも注目したいな。どんな考え方をしている人物なのかをとらえて、朗読の参考にしよう。

Ａさん　自分を「弱い人間」だという希美に対して、宮司が自分の弱さと［d（八字）］ことが大切であることを伝えているところが印象に残ったよ。

Ｂさん　宮司は、人間は［e］存在であるという考え方の持ち主なんだよね。それを希美に話したうえで、希美も今の強い思いを持ち続けていれば、いつかそれを相手に伝えられるはずだとも言っているね。これは希美にとって大きな救いの言葉だったと思う。

Ａさん　宮司のそうした人間に対する考え方や、希美に対するあたたかな態度が伝わるような朗読をしたいね。

(1)　空欄［a］・［d］に入る言葉を、指定された字数に従って、それぞれ本文中から抜き出して答えなさい。

(2)　空欄［b］・［c］に入る内容の組み合わせとして最も適当なものを次の中から一つ選び、記号で答えなさい。

ア　b　宮司に自分のあやまちを知られたことをはずかしく思い、うかつに自分の悩みを打ち明けたことを後悔《こうかい》している
　　c　宮司の激励を通して、神職を選んだ自分の生き方は間違っていなかったと確信し、自分を誇《ほこ》らしく思い始めている

イ　b　希美を高く評価する宮司の言葉に喜びを感じながらも、まだ自分の強さを認められず自分を信じ切れずにいる
　　c　希美の苦しみをやわらげようとしてくれた宮司の真意を理解して感動し、宮司に対する好意をいっそう深めている

ウ　b　問題を根本から解決する方法を教えてくれず、表面的なぐさめの言葉しか言わない宮司の態度に、がっかりしている
　　c　宮司の有益な助言のおかげで、長年の苦しみから抜け出すことができそうだと感じ、晴れやかな気持ちになっている

エ　b　希美の抱える悩みや迷いにまともに取り合わないまま、無責任な助言をしているように見える宮司に反発している
　　c　希美が過去のあやまちから立ち直ることを願っている宮司の思いを理解し、その思いに応《こた》えようと張り切っている

オ　b　宮司のやさしい言葉に感謝しながらも、その言葉を完全には受け入れることはできず、苦しさを晴らせないでいる
　　c　自分のみにくさや罪悪感に悩む中で、自分がどのように生きるべきかを見いだしたように感じ、前向きになっている

(3)　空欄［e］に入る内容を、「魔」・「強さ」という語を必ず使い、五十字以内で説明しなさい(句読点等も字数に含《ふく》む)。

早稲田実業学校中等部

—60分—

二　次の文章を読んで、後の問いに答えなさい(現在では一般的に使われない表記・表現も出てくるが、原文を尊重した)。

インセンと知りあったのは、パリ大学で勉強していたころで、私たちはおなじ女子学生寮《りょう》にいた。インセンがおねえさんで、いもうとの名はインインだった。ほぼ二年ちかく、おなじ寮にいたのに彼女《かのじょ》たちの名字を知らないことが、いま考えるとふしぎなのだけれど、中国人だった彼女のインセンという名を漢字でどう書くのか知らないのは、もっとふしぎな気もする。たぶん、彼女にたずねたことはあるのだろうけれど、あとにもさきにも漢字で書いたことはまったくなかったから、忘れてしまったのだろう。もともと彼女たちは*南シナにいたのを、日本軍が攻《せ》めてくるというので一家そろって*越南に逃《に》げたまま、ハノイからパリに留学していたのだった。

*医学部の準備課程の学生だったインセンは、ふとめの体格で、色が黒く、度のつよいめがねをかけているせいもあって、まだ二十一歳《さい》というのに、どこかオバサンじみていた。ひとつちがいのいもうとのインインのほうが、身だしなみがいいというのか、おしゃれなのか、歩きかたなども、インセンのぼとんぼとんといった感じはなかった。

寮費が安いこともあって、その学生寮には、当時、パリの他の寮には入れてもらえなかったもとフランス植民地出身の学生がたくさんいたから、値段が安いと聞いただけでとびこんできたフランス人の学生なんかは、寮生の肌《はだ》の色の*ヴァラエティーにびっくりして、「こんなところ、とてもいられないわ」といって逃げ出すこともあった。一九五〇年代の前半は、[1]まだそんな時代だった。また、ヴェトナム人の学生がたくさんいて(ちょうどそのころ*ディエンビエンフウの戦争に負けてヴェトナムを失ったばかりのフランス人の側からいえば、ひどい学生寮だったかもしれない)、ドン・ガックとか、ゴ・ビンとか、*シラブルの少ない彼女たちの名をおぼえるのは難しかった。しぜん、ヴェトナム人はヴェトナム人で、*マルティニック島から来ていたフランス名をもった黒い人たちは彼女たちで、あるいは東アジアの私たちというふうに、かたまって行動することが多かった。

そのことは、でも、肌色の違《ちが》いというよりは、食べものが違うから、といったほうが真実に近いのではなかったか。寮の経営者たちも、みんなが食堂に降りる朝と夜の食事どきには、なるべくおなじ国の人間がいつもおなじテーブルにすわらないよう気をつかっていたけれど、部屋は、だいたい、おなじ階にふりあてられていた。ひとつの階におよそ十人いて、廊下《ろうか》のすみにあるガス台を共同で使っていた。みんな昼はたいてい学生食堂に行ったから、たったひとつのバーナーをいっしょに使うのは、日曜日だけ、そしてインセンとインイン姉妹の部屋は私のいた三階の部屋のななめ向かいだったから、私たちは[2]フライパンをはさんで親しくなった。

お医者さんになりたいインセンの勉強がどうも捗《はかど》っていないらしいと、ある日、私に教えてくれたのは、韓国《かんこく》から来ていたマリー・キムだった。彼女もおなじ階の住人で、インセンがある日、マリーの部屋に来て、つくづく大学がいやになったと話したのだという。こんどの試験に通らなかったら、医学部は全面的にあきらめなければならないので、彼女は必死なのだった。もし、だめだったら、と私はマリーにたずねた。インセンは、ハノイに帰るの？

　それがだめなのよ。マリー・キムはそういってきのどくそうな顔をした。インドシナの戦争がアメリカのせいで*こんなになってしまったから、両親のところに帰るわけにもいかないんですって。マリーも、もとは北朝鮮《きたちょうせん》の生まれなのを、戦争で南に逃げたのだったから、インセンは、日本人の私にはいわないことも、彼女にはうちあけるんだ、そう思うと3すこしさびしかった。じじつ、インセンは、軽い近視の私がたまにめがねをかけているのをみると、いやな顔をしていった。メガネ、かけないでよ。日本のヘイタイを思い出すから。

　ふだんはのんびりした顔をして、階段や廊下で顔をあわせると、ハアッという、鼻から抜《ぬ》けるような声を出して、ニタッと笑いながら挨拶《あいさつ》をするインセンの境遇《きょうぐう》が、じつはどれほど苛酷《かこく》な苦労や困難や孤独《こどく》のかさなりを意味するのか、ぬくぬくとはいえないまでも親の仕送りで暮らしていたあのころの私には、考える力もなかった。その年の冬はaことさら寒かったのだが、私たちはインセンの部屋におそくまで電灯がついているのに気づいて、祈《いの》るような気持だった。

　冬がおわるころ、インセンは試験に失敗して進学をあきらめ、いもうとのインインは無事、薬学部に進んだ。ちゃっかりしたインインは、入学とほとんど同時に婚約《こんやく》まで発表して、夏までには結婚《けっこん》するとはしゃいでいた。マリー・キムが私をさそいに来て、私たちはインセンの部屋をたずねた。4インインのいないときをねらって、私たちはインセンをなぐさめるつもりだった。

あはは。b神妙《しんみょう》な顔をして部屋に入っていったマリーと私を見て、インセンはあかるい声でお茶をいれてくれた。そんな顔しなくていいのよ。わたしは元気だから。試験におちたからといって、5わたしがだめになったわけじゃないもの。そういわれても、マリーと私はとても笑えなかった。だって、インセン、マリーが真剣《しんけん》な声でたずねた。滞在《たいざい》許可はどうするの。インセンは平然としていた。生きようと思ったら、どこだって、どうにかなるよ。勉強には失敗したけど、それが終りじゃないもの。どちらがはげまされているのか、わからなかった。

　秋が来て、みんなが寮に戻《もど》ってきたとき、インセンが、まだインインといっしょにいたころの二人部屋をもらっていることに私たちは安心した。寮費をどうまかなっているのか、そこまではおたがいに話さなかったけれど、やがてインセンは、どこからかキルティングをした木綿布をたくさん買ってきて、中国服の仕立てをはじめた。どこでならったの、と私が訊《き》くと、いつものハアッという鼻にかかった声を出して、ばかだねえ、というふうに私をにらんだ。こんなことぐらい、親におそわったから、できる。おもわずためいきがでるような、細かい、美しい針目で、彼女は綿入れの上下を、つぎつぎに縫《ぬ》いあげていった。文学部でcうだつのあがらなかったマリー・キムと私は、インセンの部屋を訪ねるたびに、彼女の手さきに見とれた。

　私が帰国することになった年の六月に、インセンも結婚が決まった。相手は、大学に近いモン・サン・ジュヌヴィエーヴの坂道でヴェトナム料理店を営んでいる、やはりヴェトナム生まれの中国人青年だった。インセンは、医者になるかわりに、レストランの女主人の道をえらんだのだった。

学生寮のホールで行なわれたインセンの結婚式には、マリー・キムと私も招待された。中国人の神父さんが来て、式のあと、みんなで踊《おど》った。白いサテンの美しい中国服を着たインセンが、夫になった青年と軽々と美しいステップを踏《ふ》むのを見て、6私たちは、もういちど、インセンにはかなわないと思った。

（須賀敦子「インセン」による）

＊南シナ…中国の南沿岸部。
＊越南…ベトナム。首都はハノイ。
＊医学部の準備課程…医学部に入るための学習をするコース。
＊ヴァラエティー…多様性。
＊ディエンビエンフウの戦争…植民地の独立をめぐりベトナムとフランスとの間で展開された戦い。インドシナ戦争。
＊シラブル…音節。
＊マルティニック島…当時のフランス植民地。
＊こんなになってしまった…ベトナムが南北に分断されたことを指す。

問1　――線a「ことさら」、b「神妙な」、c「うだつのあがらなかった」の本文中の意味としてもっともふさわしいものを次の中からそれぞれ選び、記号で答えなさい。

a「ことさら」
ア　とりわけ　　イ　めずらしく　　ウ　いつも通り
エ　それなりに　　オ　いま思えば

b「神妙な」
ア　すました　　イ　すがすがしい　　ウ　しおらしい
エ　思わせぶりな　　オ　取りつくろった

c「うだつのあがらなかった」
ア　うとまれていた　　イ　将来に迷っていた
ウ　勉強ばかりだった　　エ　ぱっとしなかった
オ　周囲の目を気にしていた

問2　――線1「まだそんな時代だった」とあるが、どのような「時代」だったと「私」は考えているか。その説明としてもっともふさわしいものを次の中から選び、記号で答えなさい。

ア　アジアがまだ貧しく留学生自体がまれだった時代。
イ　戦争のため東洋人への差別意識が高まっていた時代。
ウ　植民地出身者が市民として認められなかった時代。
エ　人種差別の意識が平然とあらわされていた時代。
オ　西洋が植民地政策の正当性を強調していた時代。

問3　――線2「フライパンをはさんで親しくなった」について、以下の設問に答えなさい。

(1)　具体的にはどのようなことか。次の説明文の［　］に入る漢字二字の言葉を自分で考えて答えなさい。

［二字］を通して仲良くなったということ。

(2)　この部分からわかることの説明としてもっともふさわしいものを次の中から選び、記号で答えなさい。

ア　肌色の近さがアジア人の強固な仲間意識につながっていたということ。
イ　同じアジアの文化を共有する者同士が連帯していたということ。
ウ　西洋人と親しくするとアジア人の仲間には入れなかったという

こと。

エ　偏見《へんけん》から身を守るためにアジア人同士で団結していたということ。

オ　アジア人はやはり西洋の気候風土にはなじめなかったということ。

問4　――線3「すこしさびしかった」とあるが、「私」は何が「さびしかった」のか。その説明としてもっともふさわしいものを次の中から選び、記号で答えなさい。

ア　日本と中国の関係を考えれば、インセンの不信感ももっともであると納得できてしまったこと。

イ　過去にこだわり現在を見ようとしない態度が、インセンのような若い世代にまでしみついていたこと。

ウ　国籍《こくせき》や人種といった自分ではどうしようもない要素で、インセンとの親しさが左右されてしまったこと。

エ　インセンが戦争で過酷な体験をしてきたにもかかわらず、自分にはその事実を隠《かく》していたこと。

オ　インセンの関心は日本以外に向いており、仲間意識は自分の一方的な思いこみにすぎなかったこと。

問5　――線4「インインのいないときをねらって」とあるが、その理由としてもっともふさわしいものを次の中から選び、記号で答えなさい。

ア　幸福なインインの前でインセンをなぐさめるという、だれにとっても気まずい状況《じょうきょう》を避《さ》けたかったから。

イ　天真爛漫《てんしんらんまん》なインインが、インセンの気持ちを考えずにはしゃぎまわってしまうことが予想できたから。

ウ　優しいインセンがインインに気を遣《つか》って空元気を出すのは、痛々しくて見ていられないと考えたから。

エ　インセンの沈《しず》んだ声を聞かせて、インインの幸せな気分にわざわざ水を差すことはないと思いやったから。

オ　ちゃっかりしたインインが、インセンを差し置いて幸せになろうとしていることに反発を感じていたから。

問6　――線5「わたしがだめになったわけじゃないもの」とあるが、インセンがこのように述べる理由としてもっともふさわしいものを次の中から選び、記号で答えなさい。

ア　自身の能力が劣《おと》っていたわけではなく東洋人差別の結果だから。

イ　試験で個人の人間性や能力のすべてが決まるわけではないから。

ウ　もともと医師ではなく手仕事の技術を生かしたいと思っていたから。

エ　戦争中の辛《つら》さに比べれば落第なんてたいしたことではないから。

オ　医師にこだわらなければ中国で不自由なく生活することはできるから。

問7　――線6「私たちは、もういちど、インセンにはかなわないと思った」とあるが、「私」はインセンのどのようなところに感心したのか。その説明としてふさわしいものを次の中から二つ選び、記号で答えなさい。

ア　苦境にも負けずに前向きな考え方を持ち続けているところ。

イ　逆境を楽しむことができる精神的な強さを備えているところ。

ウ　苦しい状況を支えてくれる多くの友人に恵まれているところ。

エ　反骨心があり周囲を見返すためには努力を惜しまないところ。
オ　自分自身の才覚を生かして実際に幸福をつかんでしまうところ。
カ　豊富な人生経験から失敗こそが好機なのだと知っているところ。

問8　本文についての説明としてもっともふさわしいものを次の中から選び、記号で答えなさい。
ア　対照的な中国人姉妹の生き様は、自由と平等を建前にした西洋社会が厳しい能力主義の社会でもあることを物語っている。
イ　国家間の過去のしがらみから解き放たれたアジアの若い世代の生き方を通して、差別や偏見が残る西洋社会を暗に批判している。
ウ　ひとりの中国人留学生をめぐる話の背後には、戦争がどれほど個人の生を損《そこ》なうかという大きな問題が提示されている。
エ　異国でたくましく生きる中国人女性の姿を見つめつつ、偏見や先入観から自由でいられない人間の姿をも誠実に描《えが》いている。
オ　人種も国籍も様々な若者の交流を描き、大戦後の西洋社会で古い価値観が刷新されたことを伝える貴重な回想録になっている。

[二]　次の[I]、[II]の文章を読んで、後の問いに答えなさい。解答の字数については、句読点等の記号も一字として数える（なお問題の都合上、一部表記を改めている）。

[I]　資本主義*社会で生産される「商品」は、人々の生活に本当に必要か、本当に重要かどうかよりも、それがいくらで、どれくらい売れそうか――言い換《か》えると、どれくらい資本を増やすことに貢献《こうけん》してくれるか――が重視されます。

流行するとタピオカドリンク店や高級食パン店が町中に乱立してはあっという間に消えるのは、その典型例です。また、マスクや消毒液がコロナ禍《か》で足りなくなりました。感染症《かんせんしょう》流行に対する備蓄《びちく》*の必要性は専門家によって指摘《してき》されていたにもかかわらず、そのような1〝無《む》駄《だ》な〟商品を資本は作ってこなかったのです。

個々のメーカーを責めているわけではありません。これが資本主義なのです。企業《きぎょう》としては、平時には需要《じゅよう》*が限られていたマスクよりも、もっと「売れる」商品を作らなければなりませんでした。ところが、いったんマスクが売れるとなれば、スポーツ用品メーカーやファッションメーカーなど畑違《はたけちが》いの企業が続々と参入し、マスク市場は飽和《ほうわ》*状態に。今度は余って、叩《たた》き売りされました。とにかく「儲《もう》かりそう」なモノを生産するのが資本主義の基本ですから、これも当然の成り行きと言えるでしょう。

ただし、「儲かるモノ」と「必要なモノ」は必ずしも一致《いっち》しません。この点についてマルクス*は、「商品」には2つの顔があると指摘しています。

一つは、「使用価値」という顔です。「使用価値」とは、人間にとって役に立つこと（有用性）、つまり人間の様々な欲求を満たす力です。水には喉《のど》の渇《かわ》きを潤《うるお》す力があり、食料品には空腹を満たす力があります。マスクにも、感染症の拡大を防止するという「使用価値」があります。生活のために必要な「使用価値」こそ、資本主義以前の社会での生産の目的でした。

しかし、資本主義において重要なのは、商品のもう一つの顔、「価値」です。

「商品」になるためには、市場で貨幣《かへい》と交換《こうかん》されなければなりません。

交換されない椅子《いす》は、座れるという「使用価値」しか持たない、ただの椅子です。それに対して、「商品」としての椅子は、市場で1万円の値札がつき、500個の卵や2枚のシーツなど別の物と同じ価格で交換されるわけです。なぜでしょうか？

椅子や卵、シーツの「使用価値」は、全然違います。卵と椅子、どっちが役に立つでしょうか？　お腹が減っていたら卵かもしれませんし、仕事をしなければいけないときは椅子の方が役に立ちそうです。「どっちが役に立つか」と使用価値を比較《ひかく》しても、一向に、なぜどちらも1万円なのかが理解できません。有用性だけでは、なぜそれが5000円ではなく、1万円なのかがわからないのです。

椅子や卵、シーツはどれも同じ「価値」を持っていて、それが1万円として表現されている。マルクスによれば、この「価値」は、その商品を生産するのにどれくらいの労働時間が必要であったかによって決まるのです。つまり、椅子や卵、シーツにも同じだけの労働時間が費やされているから、同じ価値を持つものとしてどれも1万円で交換される――これが、「労働価値説」です。

（中略）

「価値」と「使用価値」も、言葉が似ているので混乱しそうです。でも、まったく別物であることは、空気のように、それなしに人間が生きることのできない使用価値の大きなものが無料である一方で、ダイヤモンドのように使用価値の小さなものが非常に高価であることからもわかるでしょう。空気は人間の労働なしに存在するので「価値」はありません。一方、ダイヤモンドの採掘《さいくつ》には多くの労働が投入されるので「価値」は大きくなるのです。「使用価値」の効能は、実際にそのものを使うことで実感できますが、[2]「価値」は人間の五感では捉《とら》えることができません。マルクスも「まぼろしのような」性質だと言っています。日常生活では商品に「値札」をつけて、かろうじてその＊輪郭《りんかく》をつかむことができますが、目に見えない不思議な力が、身近な商品にはあるのです。

Ⅱ　「商品」の持つ2つの顔を区別すると、資本主義が様々な＊矛盾《むじゅん》や不合理を生み出すメカニズムをすっきり説明することができます。

資本主義のもとでは、いくらで売れそうか、どれくらい儲かりそうかが大事です。つまり、価格という形で現れる「価値」の側面ばかりが優先され、＊肝心《かんじん》の「使用価値」は二の次になる。例えば、地球やお財布のことを考えれば、環境《かんきょう》に配慮《はいりょ》した素材を使って、長く使える商品を作るべきです。ところが、実際には、＊ファストファッションのように、環境負荷を無視して、安さを追求した洋服で、私たちのクローゼットはあふれかえっています。「儲かるモノ」（価値の側面）と「必要なモノ」（使用価値の側面）がここでは＊乖離《かいり》しているのです。

「価値」に振《ふ》り回されているのは消費者ばかりではありません。資本の側が「売れそう」だと思って作っても、ヒットしなければ大量の在庫を抱《かか》えて倒産《とうさん》してしまうこともあるでしょう。それなりにヒットしたとしても、タピオカや高級食パンのように、＊追随《ついずい》する企業がたくさん現れて＊供給過多になれば、やはり売れなくなって、経営難に陥《おちい》る可能性があります。

（中略）

「使用価値」のために物を作っていた時代は、文字通り、人間が「物を使っていた」わけですが、「価値」のためにモノを作る資本主義のもとでは立場が逆転し、人間がモノに振り回され、支配されるようになる。この現象をマルクスは「物象化」と呼びます。人間が労働して作った物が「商品」となるや否や、不思議な力で、人間の暮らしや行動を支配するようになるというわけです。

なぜそのような3不思議な事態が生じるかというと、人々はお互《たが》いが作るものに*依存《いそん》しているにもかかわらず、社会全体としては誰《だれ》も生産を調整していないからです。みながバラバラに労働しているせいで、自分が作っているものが完全に無駄なものだったり、逆に、みんなが必要としているものなのに全然足りなかったりする。結局、作った商品を市場に持って行って、それがどのように他者に評価されるかを見ながら、何をどれくらい作るかを後追い的に決めなければなりません。

（斎藤幸平『ゼロからの「資本論」』〈ＮＨＫ出版新書〉による）

* 資本…経済活動を行うための、元となる資金。
* 備蓄…万一に備えて、たくわえておくこと。
* 需要…ある商品を買おうとすること。
* 飽和…最大限度まで満たされている状態。
* マルクス…ドイツの経済学者（1818～1883年）。
* 輪郭…物事の大体のありさま。
* 矛盾…つじつまの合わないこと。
* 肝心…大切なこと。
* ファストファッション…最新の流行を取り入れながら低価格に抑《おさ》えた衣料品、またそれを売る会社。
* 乖離…はなればなれになること。
* 追随…あとにつきしたがって行くこと。
* 供給過多…欲しい人は少ないのにもかかわらず、その商品がたくさんあること。
* 依存…他のものをたよりとして存在すること。

問1　――線1「〝無駄な〟商品を資本は作ってこなかった」とあるが、筆者はどのような商品のことを「〝無駄な〟商品」と言っているのか。指定された字数で言葉を入れて、説明文を完成させなさい。なお、「使用価値」という言葉を必ず用いること。

［十五字以内］ので、資本を増やすことに貢献《こうけん》しない商品。

問2　――線2「「価値」は人間の五感では捉えることができません」とあるが、それはなぜか。[Ⅰ]文中の内容をふまえ、指定された字数で言葉を入れて、説明文を完成させなさい。なお、「労働時間」という言葉を必ず用いること。

商品の価値は［三十字以内］によって決まるものだから。

問3　――線3「不思議な事態」とあるが、それはどういうことか。指定された字数で言葉を入れて、説明文を完成させなさい。なお、[C]には「変動」という言葉を必ず用いること。[D]には[Ⅱ]文中から十五字以上二十字以内で言葉を抜《ぬ》き出し、最初と最後の五字を答えなさい。

生産活動の目的は、[A]［十五字以内］から

B（十五字以内）□□□□□□□□□□□□□□□へと変化したが、

C（十五字以内）□□□□□□□□□□□□□□□できないので、

D（抜き出し）（最初の五字）□□□□□～（最後の五字）□□□□□状況《じょうきょう》になったということ。

三　次の問いに答えなさい。

問1　①～⑦の文中にある――線のカタカナを漢字に、漢字をひらがなに直しなさい。ただし、カタカナに送りがなが含《ふく》まれるものは送りがなをひらがなで答えること。

①　他人にキガイを与《あた》えるような人にはなるな。

②　新商品を売るため、センデン活動にいそしむ。

③　飛行機のソウジュウシになって、空を飛びたい。

④　検査の結果、消化キカンに異常が見つかった。

⑤　学級会の司会をツトメルのは、いつも委員長だ。

⑥　二つの国の間で安全ホショウ条約が結ばれた。

⑦　空気がきれいな土地で養生する。

問2　次のことわざ・慣用句の□に入る語をそれぞれ考え、二回以上使われているものを、後のア～キから二つ選び、記号で答えなさい。

・□も□も出ない（できることが全くない状態のこと。）

・□は□ほどにものを言う（言葉を使わずに気持ちを表現するということ。）

・□に□を置く（心を落ち着かせること。じっくり思案すること。）

・□と□の先（非常に距離《きょり》が近いこと。）

・□□をおどろかす（世間に衝撃《しょうげき》を与えること。世間の関心をひくこと。）

ア　目　イ　鼻　ウ　耳　エ　口

オ　胸　カ　手　キ　足

浅野中学校

—50分—

【注意事項《じこう》】　問題文には、原文(原作)の一部を省略したり、文字づかいや送りがなを改めたりしたところがあります。

一　次の——線部①～⑧のカタカナの部分を漢字で、⑨・⑩の漢字の部分をひらがなで書きなさい。いずれも一画一画をていねいに書くこと。

参列者が氏名を①キチョウする。

電源の②フッキュウ作業を行う。

本の③インゼイを受け取る。

電車の運転士が④ケイテキを鳴らす。

地図の⑤シュクシャクが大きい。

⑥おミヤゲに果物を持参する。

⑦ネンピの良い車を買い求める。

被害者《ひがいしゃ》に対する⑧シャザイの気持ちを表す。

昔の⑨名残をとどめる。

早朝の⑩快い風を全身に浴びる。

二　次の文章を読んで、後の問いに答えなさい。

戦争が泥沼化《どろぬまか》し緊迫《きんぱく》の度を増してくるなか、「私」(琴子《ことこ》)の通う都内の学校では集団疎開《そかい》についての緊急の集会が開かれ、疎開の申請《しんせい》期限は二日間とされた。疎開とは空襲《くうしゅう》による被害を少なくするため、都会に集中している住民を地方に分散することである。

「疎開に行くって決めた?」

翌朝ユキちゃんがうちに訪ねてきて、わざわざ私を表に呼び出した。

「あたりまえじゃない」

私はうそをついた。

「集団疎開?」

「それ以外何があるのよ。ユキちゃん、もしかして迷ってんの?」

「わたし、行きたくないのよ。田舎は不便だし、蛇口《じゃぐち》からお水も出ないっていうよ。蛇《へび》や虫も苦手だし、すぐお腹はゆるんじゃうし、嫌《いや》なのよ」

「あんた……そんなこと言って、大丈夫《だいじょうぶ》?」

私がさも大げさに四方を見回すと、ユキちゃんは怯《おび》えたようにうつむいて、もんぺのひもの端《はし》を指先でつまんで、落ちつかぬ様子でしごきはじめた。

「兵隊さんがどんな思いで戦ってるか知ってるの?　うちのお兄ちゃんだってね——」

「そりゃ悪いと思ってるけど、お母さんや弟と離《はな》れるなんて、考えられないよ。わたしだけ助かったって、お家や家族が焼けちゃったら、生きていけるわけないもの。なのに、もうお父さんにハンコつかれちゃった」

衝撃《しょうげき》が走った。先を越《こ》された。うちのゴタゴタを知っていて、自慢《じまん》しにきたのか?

「みんなで共倒《ともだお》れになるよりは由岐子《ゆきこ》だけでも、だなんて、お父さんは無責任」

そう言ってユキちゃんはふにゃふにゃと泣き出した。①泣きたいのは私の方なんだよ。

▼「これは強制ではないんだから。あくまで各家庭の自主性に任せられている。集団疎開したいのでお願いします、と頼《たの》む家が申請を出すんだ」

「それはお父さんの考え。あたしはお願いしたいのです」

その晩、食卓《しょくたく》を挟《はさ》んでまたもや私は父と睨《にら》み合った。

「すると何があってももう人のせいにはできなくなる。自ら選んだことだから」

「人のせいになんてする気ないもの。この国が勝つまでのたった半年のことじゃないですか。少国民は聖戦完遂《せいせんかんすい》のために疎開をするの。アジアの仲間を欧米《おうべい》列強の毒から解放して、大東和共栄圏《きょうえいけん》を守るため、私はみんなと一緒《いっしょ》に、注1銃後《じゅうご》で鍛錬《たんれん》する疎開戦士になりたいの」

「そういう受け売りの言葉は僕《ぼく》にはわからない。ソカイセンシ、とはなんだ。肥の匂《にお》いのする田舎できみは何と戦う。カエルと相撲《すもう》でも取るかい」

父の言葉はゆっくりとして静かなままだが、瞳《ひとみ》は私を射抜《いぬ》くように見つめ、その白い額の皮膚《ひふ》には、脈打つように血管が浮《う》いている。父は私を注2牽制《けんせい》するとき、名前や「おまえ」と呼ぶのをやめ、冷たく「きみ」と言った。父にそう呼ばれると私の肌《はだ》はあわだった。

「お父さん、じゃあそれをそのまま先生の前で言ってよ。私たちは学校でそういうふうに習っているの。教えられたように考えないと、先生に怒《おこ》られちゃうの。うちのお父さんがこんなふうに言いますから、なんて言ったら、おまえの家族は非国民だ、なんてみんなの前で言われて、大変なことになるの。そしたらあたしはどうしたらいいの？　お父さんは楽だわ。あたし一人を相手に、家の中で皮肉を言えばいいだけだもん」

「……そうだな。それは言う通りだ。きみたちは難しい時代に生きている」

そう言って父は、目を伏《ふ》せた。▲

自分はまるでその時代に生きていないように、ひと事らしくものを言う父が憎《にく》らしかった。しかし私も本音を言えば、すべて自分の体裁の問題なのである。あの泣きみそのユキちゃんですら、集団疎開組なんだもの。そのユキちゃんに、行くって言ってしまったんだもの。だからいまさら実は東京に残るとか、縁故《えんこ》を頼《たよ》るだなんて、とてもじゃないけど言えません――とは言えなくて、

「みんなで共倒れになるよりは、と思わないの？」

と、ついでにもう一つ受け売りの言葉。

父の顔が歪《ゆが》んだ。しまった。これは口が滑《すべ》った。

「あなたを私たちと共倒れにさせようなんて、思っちゃいないわ」

横から母がたまらず言葉を挟んだ。違《ちが》う、これは私が思ったことじゃなく、ユキちゃんのお家の人が――けれど私の口は、滑りはじめると止まらない。

「あたしだって、何かの役に立ちたいんです。男の子に産んでくれれば、兵隊になれたのに。お国のために立派に死ねるのに」

「そういうことを言うおまえこそ、僕たち親を裏切っている」

②低く絞《しぼ》り出す父の声には、私の体を切り裂《さ》いても足らぬほどの怒《いか》りが

にじんでいるように思えた。

　私たちをすし詰《づ》めにして、汽車は動き出した。

　見送りのホーム側の窓から子供たちが身を乗り出して、客車は片側の車輪が線路から浮くのではないかと思うほど傾《かたむ》いていた。私の頭上でめちゃくちゃに帽子《ぼうし》を振《ふ》る子の肘《ひじ》で突《つ》つかれながらちらりと外を見ると、万歳《ばんざい》をくり返す人だかりの中の母がじっと私だけを見つめていた。私は目の玉を寄せ、舌の先をあごにつくほど長く伸《の》ばして母に手を振って見せた。寄せていた目を戻《もど》したころには、群衆の影はもう遠くなり、母の姿はわからなくなっていた。鼻の奥《おく》に、注3銘仙《めいせん》にしみついた注4樟脳《しょうのう》の匂いがつんとよみがえった。

　結局父は、私の説得によってではなく、しめ切りがすぎて三日後の夕方に家にやってきた担任の曽根《そね》先生の説得に応じるかたちで申請書に判子をついた。各家庭の自主性に任せる、というのが単なる建前だということは、ブラウスを汗《あせ》でぐっしょり濡《ぬ》らして玄関《げんかん》に立った曽根先生の差し迫《せま》った顔をみれば明らかだった。押《お》し黙《だま》った両親の前でとぎれとぎれに語る先生の若い声は、客間の壁越《かべご》しに聞き取るにはか細すぎたが、誰《だれ》かからふきこまれたらしい「愛情のしるし」という言葉だけが幾度《いくど》か鮮《せん》明《めい》に発されたのはわかった。

　父は、国の勝利のためでもなく、東京を戦火から守る気迫もなく、まして曽根先生の説得に心を打たれたからでもなく、ただかたちどおりに私への愛を試されて、自らの考えを転がした。安全な疎開地に我が子を送り込《こ》まないのは、親としての愛がない、と喉元《のどもと》に細い刃《やいば》を当てられたのが決め手になった。「私には私の愛が」と言い返すことはなかった。

③父は、負けたのだ。

　けれど父の敗北は、その時はじまったことではない。

　父は音楽学校で西洋音楽の講師をしながら、交響《こうきょう》楽団やレコード録音で演奏するピアノやクラリネットの奏者であった。敵性音楽として英米由来の音楽に規制がかかりはじめた後も、クラシック音楽の多くは同盟ドイツ、イタリアの作曲家のものが多いため、父は変わらず教壇《きょうだん》に立ち、演奏会にも出て、その生活に大きな変化は起こらないように思えた。しかし、開戦以来私たちの気分に寄り添《そ》い、心を摑《つか》んでいたのは、父の専門分野ではなくもっぱら行進曲や軍歌、戦いを注5鼓舞《こぶ》する流行歌だった。ラジオをつければ、映画館に行けば、著名な作家による歌詞や曲に、人気の歌手が声を張り上げ、はるか遠くの戦況《せんきょう》について教えてくれ、英雄《えいゆう》たちをたたえた。沸《わ》き立つような高揚《こうよう》と一体感。自分たちはひとつ。同じ目標に向かって難局を突破《とっぱ》し、弱きものと立ち上がり、虐《しいた》げられたものを救い出し、注6身を挺《てい》する仲間同士、と思うと、自然に口が動き、リズムを取り、涙《なみだ》があふれ出ていた。劇場で隣《とな》り合わせた見知らぬ人とも手を取ってひしと抱《だ》き合いたいような気持ちだ。世界が今まさに変わりつつある。自分たちが、変えて行く。すすめ。すすめ。すすめ。私はなんていい時代に生まれたんだろう、と脳みそが痺《しび》れた。誰から歌えと強いられたわけじゃない。もっと、もっともっと、もっと歌いたい。もっと激しい、もっと震《ふる》える感動を！　そんな私たちの渇《かわ》きに応えるように、軍歌は次々と量産された。音楽は私たちをひとつにする。音楽は役に立つ。音楽は儲《もう》かる。レコード会社は競い合い、新聞社は高い賞金を掲《かか》げて歌詞を公募《こうぼ》した。そのうち名の知られた作曲家ばかりでは追いつかなくなり、父のところにも作曲の依頼《いらい》がくるようになった。

父は反戦論者などではなかった。お世話になった先輩《せんぱい》や、レコード会社の人たちに頼まれて、やってみましょう、と引き受けた。猛々《たけだけ》しく血なまぐさい歌詞も、父にとっては音とリズムの並びでしかなく、それに対する注7忌避《きひ》も傾倒《けいとう》もとくにない様子だった。曲を書けばそれなりのお金になって、良い副収入となった。母は建具屋さんを呼び、開閉がむつかしくなっていた注8納戸《なんど》の戸を直し、父は前の年に歯医者の表で盗《ぬす》まれたまま諦《あきら》めていた自転車を新調した。

はじめのうちは、単純なものだ、僕などにも書けるのだから、と父は笑っていた。

「そもそも難しくしてはならないんだ。そういうものを求められていないのだから」

自分の本分は別にあると思っていたのだ。演奏会に出て、時が止まったように注9ブラームスやシューベルトを弾《ひ》く。

しかし、いくつも曲を書く仕事を重ねていくうちに、父の中にも片手間にできなくなる瞬間《しゅんかん》がやってきた。作曲に工夫を凝《こ》らし、基本に立ち返り、自分の思う理想を創り上げようとする欲求がめらめらと立ち昇《のぼ》ってきたのだ。それはしかし、レコード会社の役員たちにはことごとく不評で、「伝わりづらい」「もっとわかりやすく、激しく胸を突くメロディを」と修正を求められた。

父は、自分が歴史に名を残すような芸術家でないことくらい知っていた。何も軍歌に変革を起こそうなどと大それたことを考えたわけもないだろう。ただ、ものをこしらえる人の内側には、我が手で編み出すものを自らの信じる「善きもの」へと導かずにはいられない、あどけないほどの渇望《かつぼう》と、まっ白な衝動がある。自らの目が、耳が、ひとたび「否《いな》」と暴いてしまえば、誰にどんなに喝采《かっさい》を浴びたとしても、その手に立ち戻り、終止符《しゅうしふ》を打つことは耐《た》えがたいのだ。

父はすっかりそれら時局的な音楽の仕事に、光を失ってしまった。自身が信じる「善きもの」と、求められるものの圧倒的な溝《みぞ》の深さに失望し（また、その溝を決して埋《う》めることの叶《かな》わない、父自らの作曲の手腕《しゅわん》に対しても）、軍歌そのものを単純だなどと評することもなくなった代わりに、自分がこしらえたものについて私たちに語ることもなくなった。それでも頼まれた作曲や演奏の仕事は続けていたようだ。それは、我が家にまだ直さなければならない建具があるからではなく、もう一台自転車が必要だったからでもない。ただ父は、抗《あらが》うことの煩《わずら》わしさに背を向けたのだ。音楽のことしか考えてこなかった自分のような人間が、大きな流れのさまたげになることなどできないと思い込んでいた。さまたげて抗うには、あまりに軽すぎる。弱すぎる。ただ、美しい音の調べの行き来しか知らない、④浮薄《ふはく》な蝶《ちょう》。

あらゆる娯楽《ごらく》や芸術が贅沢《ぜいたく》で不徳なものとして敵視されていく世相のどさくさで、音楽人たちは「この国の音楽の灯を絶やさぬために」という殺し文句を発明した。注10国威《こくい》発揚のための音楽の量産や演奏に協力するのは（断じて金儲けではなく）音楽家共通の責務である、という大義名分が完成されていく中で、父は反発も拒絶《きょぜつ》も試みぬままに、ただ、自分の本意ではないものを、人から無理に押し付けられているという弱々しい幻想《げんそう》に浸《ひた》っていた。しかし、退屈《たいくつ》で、やりがいがなく、誇《ほこ》りを傷つけられる日々と引き換えに、そんな目にあうのは自分のせいではなく、不本意ながらそうせざるを得ない状況《じょうきょう》のせいだという、気楽な注11諦観《ていかん》を手に入れたのだ。

そんな父をよそに、私はラジオから聞こえてくる軍歌を揚々と口ずさみ、耳で覚えた伴奏《ばんそう》を父のピアノでじゃんじゃか弾き鳴らしたりしていた。中には知らず知らず、父の作った曲を歌っていたこともあったかもしれない。

父の憂鬱《ゆううつ》をそっと汲《く》んでいたのは兄だった。父が仕事から戻るころになると、兄はさりげなくラジオを消した。私が抵抗《ていこう》すると、「課題があるから」と言って、バイオリンを取り出した。兄にバイオリンを取り出されてしまうと、うちではもう術《すべ》がない。パガニーニ、メンデルスゾーン、サン＝サーンス、サラサーテ、そして父が帰宅するときにはいつもうっすらと、兄の奏でる様々な曲が家の中に流れていた。⑤しかしまあ、よく飽《あ》きもせずに練習するね」と父は苦笑いしながら着替《きが》えを済ませ、幸福そうに居間の揺《ゆ》り椅子《いす》に身を沈《しず》めていた。

私の集団疎開の件において、父は今度こそ「［A］」というものが実にどこまで貫《つらぬ》けるのか、試してみようとしていたのかもしれないが、最後はやはりあっけなく、「［B］」という鎮痛薬《ちんつうやく》に手をかけた。戦わずして負ける苦々しさは知っていたかもしれないが、逆らって、いじめられて、無駄死《むだじ》にしても悔《く》いはないと言い切れるほどの強固な思惑《おもわく》が父の内側にないこともすでに明らかだった。そして、「東京が火に飲まれたとき、せめて我が子だけでも助けるための親の愛」という名目のもとに合意したのだろうが、私は望み通り疎開地行きの汽車に乗れたにもかかわらず、父に捨てられたような気がしていた。

いつの間にか日は暮れ、客車の中は興奮のるつぼと化していた。行先は宮城県の山あいの村と聞いていた。森や田んぼや美しいせせらぎに囲まれて、川では手づかみで魚が獲《と》れ、山にはあちこちに木の実がなり、温泉が湧《わ》き出す場所もあるという。誰もが父母と別れた感傷も忘れ、大掛《おおが》かりな修学旅行に出かけて行くような気分だった。さっきまで母親にしがみついていたユキちゃんでさえ、家から持たされたビスケットをうれしげに配りながら、小鳥のような声を上げて友人ともみ合っている。

一晩中おしゃべりしよう。向こうに着くまで絶対に寝《ね》ない。朝まで起きてられるもの。いや寝るね、いや寝ないね、寝たらどうする？　⑥これよりもっといいものあげる。いいものって何。いいものはいいもの——私は、なぜかその輪には入ることができず、ひとり通路を隔《へだ》てた座席の窓際で、うとうとしはじめた。レールの上を廻《まわ》る車輪が、終わらないワルツのようなリズムを刻んでいる。

【西川美和《にしかわみわ》「うつろいの秋」（『ＭＯＮＫＥＹ　vol.25（２０２１‐２２秋冬）』〈スイッチ・パブリッシング〉掲載）による】

注1　銃後～直接戦闘《せんとう》に加わっていない一般国民。または、戦場となっていない国内。
注2　牽制～相手に圧力をかけて押さえつけること。
注3　銘仙～安価で丈夫な絹織物。
注4　樟脳～防虫剤《ぼうちゅうざい》などに用いられる薬剤。
注5　鼓舞する～はげまし、奮い立たせる。
注6　身を挺する～自ら進んで自分の身体を差し出す。
注7　忌避も傾倒も～嫌がることも熱中することも。
注8　納戸～衣類・調度品などをしまっておく部屋。
注9　ブラームスやシューベルト～有名な西洋の音楽家。パガニーニ、メンデルスゾーン、サン＝サーンス、サラサーテも同様。

注10　国威発揚〜国の威力を盛んにして周囲の国に示すこと。
注11　諦観〜あきらめること。

問一　――線部①「泣きたいのは私の方なんだよ」とありますが、なぜですか。その理由としてもっとも適切なものを、次のア〜エの中から一つ選び、記号で答えなさい。

ア　「私」が父親と意見が合わずに言い争いをして疎開を決められないでいる間に、先にユキちゃんは自分の望み通りに父親から承認をもらって疎開を決めたことがねたましかったから。

イ　ユキちゃんは疎開には行きたくないという弱音を吐《は》くことで気持ちを晴らすことができるが、「私」はユキちゃんに対してであっても疎開には行きたくないという本音を言えないから。

ウ　ユキちゃんの父親が子どもだけ疎開させて、親としての義務をはたさないほど無責任である以上に、「私」の父親は娘《むすめ》の思いを無視して自分の考えだけで疎開させるほど無責任だから。

エ　ユキちゃんは家族と離れて疎開などしたくないと思っているのに勝手に父親に疎開を決められて苦しんでいるが、「私」は「私」で父親から疎開することが認められなくて困っているから。

問二　本文の▼　▲ではさまれた部分から読み取れる、父親に対する娘の心情をまとめたものとしてもっとも適切なものを、次のア〜エの中から一つ選び、記号で答えなさい。

ア　父親がこだわっているのは、娘の安全などではなく自らの体面であり、心の底では何が何でも命だけは助けてほしいと願っている娘の本心を無視して論理をふりかざす父親の姿勢に娘はさびしさを感じている。

イ　父親が、受け売りの言葉を使う娘に対して、理屈に基づいた持論を展開することで冷静な判断を求める一方で、娘はその父親の言葉に冷たくあしらう姿勢を感じ取って疎外感といらだちを感じている。

ウ　父親は、娘のことを誰よりも愛していると言っても結局は他人を言い負かすことを優先し、娘は、受け売りの言葉を借りてでも国のために役立ちたいという思いを父親がくみとってくれないことにいきどおっている。

エ　父親が、他人の意見をあらゆる角度から検討し折り合いをつけるふりをしても、論破することだけに集中するあまり、娘の主張に全く耳を傾けず娘の言葉を無視し続けることに対して、娘は無性に腹が立っている。

問三　――線部②「低く絞り出す父の声には、私の体を切り裂いても足らぬほどの怒りがにじんでいるように思えた」とありますが、このときに「父」はどのようなことに対して「怒り」を覚えていますか。**五十字以上六十字以内**で答えなさい**（句読点・記号も一字に数えます）**。

問四　――線部③「父は、負けたのだ」とありますが、このときの「父」の「負け」とはどういうことですか。その説明としてもっとも適切なものを、次のア〜エの中から一つ選び、記号で答えなさい。

ア　親として子どもを手放す気がなく、都内で同居し続けようとしたのに、子どものためには集団疎開を認めるべきという主流の意見を受け容れざるをえなかったこと。

イ　都内で家族が同居することの正当性にあくまでこだわり、集団疎開をすすめる学校関係者に理解させようとしたが、説得力のある曽根先生の発言に降参したこと。

ウ　家族の同居のためには周囲に働きかけようとは考えていたが、落ち着きのない表情をした曽根先生の立場を心配し、持論の主張を取り下げたこと。

エ　当初は家族の同居が子どものためになると考え、集団疎開に否定的であったが、娘の将来を真面目に考えた結果として従来の考えを改めたこと。

問五　――線部④「浮薄な蝶」とありますが、その具体的な説明としてもっとも適切なものを、次のア～エの中から一つ選び、記号で答えなさい。

ア　時代の中で人々から非難をうけてでも自分が美しいと信じる曲を作ることは早々にやめ、人々の戦意を高めて国家体制を支える作曲で生計を立てることに重きを置き、軽やかに現実に順応した父の様子を蝶にたとえている。

イ　戦時下で人々に評価される人気の高い曲よりも芸術性の高い曲を作ることしか関心を持たず、世間の人たちに支持されるような作曲活動に背を向ける現実離れした父の姿をふわふわ飛ぶ虫にたとえている。

ウ　音楽家としての生き方を譲《ゆず》らず軍歌であっても自分の望む出来を追求していた父が、戦争のための曲が求められていく時代に流されて、作曲を通じた音楽の理想の実現をあきらめて現状を容認してしまう様子を皮肉っている。

エ　世間からもてはやされ、戦時下の国家のためになる曲で収入を得て戦時下でも豊かな生活を求めると同時に、音楽として自分が「すばらしい」と心底思える曲を作ることも追求するようなどっちつかずの父を鋭《するど》く批判している。

問六　――線部⑤「しかしまあ、よく飽きもせずに練習するね」とありますが、このときの「父」についての説明としてもっとも適切なものを、次のア～エの中から一つ選び、記号で答えなさい。

ア　戦時下の音楽をとりまく状況をよしとしていなかった父は、時局に合わない曲を演奏する息子に対して表面上はあきれた風をよそおいつつも、音楽の美しさを追い求める姿勢に実は共感を覚えている。

イ　軍歌に親しんで戦時体制に順応している娘とは対照的に、芸術家としての本分にこだわる父は、時局におもねらずに軍歌そのものの演奏技術の向上に努める息子に対して違和感を覚えている。

ウ　人々が熱狂する軍歌などにはわき目もふらず専門性の高い曲の練習にひたすら打ち込む息子に、芸術としての音楽をひたすら追求しつづける自分の後継者《こうけいしゃ》としての姿を見出し安心感を覚えている。

エ　時代の流れの中で娘が楽しそうに軍歌を歌う姿も、芸術家としてバイオリンの演奏に精を出して自分の道を追い求める息子も、それぞれの立場で音楽を愛している状態に対して幸福感を覚えている。

問七　［A］・［B］に入る言葉としてもっとも適切なものを、次のア～エの中からそれぞれ一つずつ選び、記号で答えなさい。

A　ア　正義　イ　世間体　ウ　大義名分　エ　自主性

B　ア　不本意ながら　イ　善きもの　ウ　非国民　エ　そもそも

問八　――線部⑥「私は、なぜかその輪には入ることができず」とありますが、なぜですか。その理由としてもっとも適切なものを、次のア～エの中から一つ選び、記号で答えなさい。

ア　疎開に異議を唱え続けていた父の冷たい態度に対して反発心がある一方で、父の作品には愛着を感じていたが、それを本人に伝えられなかったことに加え、見送りに来てくれた母とも素っ気ない形で別れたため、それぞれの親との別れ際に素直に感情を表していた子供たちの満ち足りた表情を見ることで、後ろめたい気持ちが生まれてきたから。

イ　意地っ張りな父と口論をしてまで自分の信念を貫いた結果として疎開することになったが、時代の波に流されて右往左往する周囲の大人たちや、そのような大人たちの言動を信じ切り、車内で楽しげにさわぐ子供たちの幼い様子を冷静に見ることで、今までの疎開に対する信念や、自分が生きている社会の行く末に対する疑問が生じてきたから。

ウ　疎開の希望は通ったものの、それは父が持論を変えて時局に応じた結果であるため、失意を感じていたのに加え、周りの子供たちがそれぞれの親の存在を支えにして慣れない土地での共同生活に期待を持ち、車内ではしゃいでいるように見えるのとは異なり、理解し合えたという実感を持てないままに自分の親と別れたことが心残りだったから。

エ　強情な父が最後に折れることによって疎開は実現したが、音楽活動を続ける父や、見送りの時に銘仙を着ていた母の姿が思い出され、都内に残した親の安否が気になる一方で、それぞれの親との別れを忘れて旅行気分で車内で遊ぶ子供たちを見ると、銃後で国を支える役割をみんなで協力して果たすことができるのかどうかが不安になったから。

三　次の文章を読んで、後の問いに答えなさい。

▼情報社会と言うと、絶えず情報が新しくなっていく、変化の激しい社会をイメージする人が多いかもしれません。しかし、私の捉《とら》え方はまったく逆です。情報は動かないけれど、人間は変化する。これを理解するために、私がよくもち出すのがビデオ映画の例です。

たとえば同じビデオ映画を、二日間にわたって、一日五回、続けて十回見ることを強制されたとしましょう。一種類の映画を二日間で十回見ることを強制されたとしましょう。そうすると、どんなことが起こるでしょうか。

一回目では画面はどんどん変わって、音楽もドラマティックに流れていく。映像は動いていると思うでしょう。二回目、三回目あたりは、一度目で見逃《みのが》した、新しい発見がいろいろあるかもしれません。そして「もっと、こういうふうにしたら」と、見方も玄人《くろうと》っぽくなってきます。

しかし四回目、五回目になると、だんだん退屈《たいくつ》になるシーンが増えてくる。六、七回目ではもう見続けるのが耐《た》えがたい。「なぜ同じものを何度も見なきゃいけないんだ」と、怒《おこ》る人も出てくるでしょう。

ここに至ってわかるはずです。映画はまったく変わらない。一回目から七回目まで、ずっと同じです。では、何が変わったのか。見ている本人です。人間は一回目、二回目から七回目まで、同じ状態で見ることはできません。

ここまで書けば、もうおわかりでしょう。情報と現実の人間との根本的な違いは、情報はいっさい変わらないけれど、人間はどんどん変わっていくということです。

しかし、人間がそうやって毎日、毎日変わっていくことに対して、現代人はあまり実感がもてません。今日は昨日の続きで、明日は今日の続きだと思っている。そういう感覚がどんどん強くなってくるのが、いわゆる情報社会なのです。

どうしてか。現代社会は、「a＝b」という「同じ」が世界を埋《う》め尽《つ》くしている社会だからです。記号や情報は作った瞬間《しゅんかん》に止まってしまうのです。

テレビだろうが動画だろうが、映された時点で変わらないものになる。それを見ている人間は、本当は変わり続けています。でも、「自分が変わっていくという実感」をなかなかもつことができない。それは、私たちを取り囲む事物が、情報や記号で埋め尽くされているからです。

困ったことに、情報や記号は一見動いているように見えて、実際は動いていない。だから余計に、人間は自分の変化を感じ取りにくくなるのです。▲

（中略）

私が大学に入学する頃《ころ》、世間には大学に入るとバカになるという「常識」がありました。こうしたことを言うのは、世間で身体を使って働いている人たちでした。そうした発言の真の意味は、いまではまったくわからなくなってしまったと思います。座って本を読んでいると、生きた世間で働くのが下手になってしまう。これはそういう意味だったはずです。こうした記憶《きおく》があるから、私はいまでも身体を多少でも動かすのです。

座って机の前で学べることもたしかにあります。しかし応用が利くことは「身についた」ことでしかあり得ません。

①日本の教養教育がダメになったのも「身につく」ことをしなくなったからでしょう。

私が東京大学出版会の理事長をしていた時、一番売れたのが『知の技法』という本です。知を得るのに［A］一定のマニュアルがあるかのようなものが、東大の教養学部の教科書で出て、ベストセラーになりました。

［B］

しかし、教養はまさに身につくもので、技法を勉強しても教養にはなりません。ただ勉強家になるだけです。それを昔は「畳《たたみ》が腐《くさ》るほど勉強する」と言いました。それでは運動をコントロールするモデルは脳の中にできあがりません。

知識が増えても、行動に影響《えいきょう》がなければ、それは現実にはならないのです。江戸時代には陽明学というのがありました。当時の官学は朱子《しゅし》学《がく》で、湯島聖堂がその本拠地《ほんきょち》です。

林大学頭《はやしだいがくのかみ》という東京大学総長のような先生がいて、畳の上に座って、先生の講釈《こうしゃく》を聞く。朱子学にはそんなイメージがあります。

陽明学はそれとは違います。知行合一《ちこうごういつ》を主張する。知ることと、行なうことは一つだ、一つでなければいけない。ここで言う知は文であり、行は武のことですから、文武両道[注1]と知行合一は同じことを言っています。

一般《いっぱん》に、知ることは知識を増やすことだと考えられています。だから「武」や「行」、つまり運動が忘れられてしまう。

知ることの本質について、私はよく学生に、「自分ががんの告知をされたときのことを考えてみなさい」と言っていました。「あなたがんですよ」と言われるのも、本人にしてみれば知ることです。「あなた、がんですよ。せいぜい保《も》って半年です」と言われたら、どうなるか。

宣告され、それを納得した瞬間から、自分が変わります。世界がそれまでとは違《ちが》って見えます。でも世界が変わったのではなく、見ている自分が変わったんです。つまり、知るとは、自分が変わることなのです。

　自分が変わるとはどういうことでしょうか。それ以前の自分が部分的に死んで、生まれ変わっていることです。

『論語』の②「朝《あした》に道を聞かば夕べに死すとも可なり」という言葉があります。朝学問をすれば、夜になって死んでもいい。学問とはそれほどにありがたいものだ。普通《ふつう》はそう解釈されています。でも現代人には、ピンとこないでしょう。朝学問をして、その日の夜に死んじゃったら、何の役にも立ちませんから。

　私の解釈は違います。学問をするとは、[C]が落ちること、自分の見方がガラッと変わることです。自分がガラッと変わると、どうなるか。それまでの自分は、いったい何を考えていたんだと思うようになります。

　前の自分がいなくなる、たとえて言えば「死ぬ」わけです。わかりやすいたとえは、恋《こい》が冷めたときです。なんであんな女に、あんな男に、死ぬほど一生懸命《いっしょうけんめい》になったんだろうか。いまはそう思う。実は一生懸命だった自分と、いまの自分は「違う人」なんです。一生懸命だった自分は、「もう死んで、いない」んです。

　人間が変わったら、前の自分は死んで、新しい自分が生まれていると言っていいでしょう。それを繰《く》り返すのが学問です。ある朝学問をして、自分がまたガラッと変わって、違う人になった。それ以前の自分は、いわば死んだことになります。それなら、夜になって本当に死んだからって、いまさら何を驚《おどろ》くことがあるだろうか。『論語』の一節は、そういう反語表現だというのが私の解釈です。正しいかどうかはわかりません。

確固とした自分があると思い込んでいるいまの人は、この感じがわからない。[D]変わることはマイナスだと思っています。私は私で、変わらないはず。だから変わりたくないのです。それでは、知ることはできません。

　でも、先に書いたように、人間はいやおうなく変わっていきます。どう変わるかなんてわからない。変われば、大切なものも違ってきます。だから、人生の何割かは空白にして、偶然《ぐうぜん》を受け入れられるようにしておかないといけません。後述しますが、人生は、「ああすれば、こうなる」というわけにはいきません。

　現代の人たちは、偶然を受け入れることが難しくなっています。なぜか。都市化が進んできたからです。私の言葉で言えば「脳化」です。

　戦後日本の特徴《とくちょう》を一言で言えば、都市化に尽きます。戦後の日本社会に起こったことは、本質的にはそれだけだと言ってもいいくらいです。③都会の人々は自然を「ない」ことにしています。

　木や草が生えていても、建物のない空間を見ると、都会の人は「空き地がある」と言うでしょう。人間が利用しない限り、それは空き地だという感覚です。

　空き地って「空いている」ということです。ところがそこには木が生えて、鳥がいて、虫がいて、モグラもいるかもしれない。生き物がいるのだから、空っぽなんてことはありません。それでも都会の人にとっては、そこは「空き地」でしかないのです。

　それなら、木も鳥も虫もモグラも、「いない」のと同じです。なにしろ空き地、空っぽなんですから。要するに木が生えている場所は、空き地に見える。そうすると、木のようなものは「ないこと」になってしまうわけです。

（中略）

岡山県の小さな古い神社で、宮司《ぐうじ》さんが社殿《しゃでん》を建て直したいと思いました。その宮司さんが何をしたかというと、境内に生えている樹齢《じゅれい》八百年のケヤキを切って売った。その金で社殿を建て直しました。八百年のケヤキを保たせておけば、二千年のケヤキになるかもしれません。大勢の人がそれを眺《なが》めて心を癒《いや》すことでしょう。でも、それを売ったお金で建てた社殿は、千年はぜったいに保ちません。これがいまの世の中です。

社会的・経済的価値のある・なしは、現実と深く関わっています。いまの社会では、自然そのものに価値はありません。観光業では自然を大切にしていると言いますが、それはお金になるからです。お金にならない限り価値がないということは、それ自体には価値がないということです。なぜ価値がないかというと、多くの人にとって、自然が現実ではないからです。現実ではないものに、私たちが左右されることはありません。つまり、現実ではない自然は、行動に影響を与えないのです。

不動産業者にとっても、財務省のお役人にとっても、地面に生えている木なんて、切ってしまうだけのものです。誰かに切らせて、更地《さらち》にする。どうして切るかというと、本来「ない」はずのものだからです。

そこに木が生えているから、家の建て方を変えよう。川や森があるから、町のつくり方を工夫しよう。そう思うなら、木や川、森はあなたにとって現実です。でも、更地にする人にとっては、木は「現実ではない」。現実ではないのですが、実際には生えていますから、邪魔物扱《じゃまものあつか》いをして切ってしまう。まさしく木を「消す」のです。

頭の中から消し、実際に切ってしまって、現実からも消すのです。不動産業者もお役人も、自分が扱っているのは「土地そのもの」だと思っている。土地なんですから、更地に決まってるじゃないですか。

E 地面の下に棲《す》んでるモグラや、葉っぱについている虫なんて、まったく無視されます。「現実ではない」からです。

こういう世界で、子どもにまともに価値が置かれるはずがありません。子どもの先行きなど、誰もわからないからです。子どもにどれだけの元手をかけたらいいかなんて計算できません。さんざんお金をかけても、ドラ息子になるかもしれない。現代社会では、そういう先が読めないものには、利口な人は投資しません。だから、自然と同じように、子どももいなくなるのです。

いや、子どもはいるじゃないか。たしかに、子どもはいます。しかし、それは空き地の木があるのと同じです。いるにはいるけれど、子どももそれ自体には価値がない。現実ではないもの、つまり社会的・経済的価値がわからないものに、価値のつけようはないのです。

木を消すのと同じ感覚で、いまの子どもは、早く大人になれと言われています。都市は大人がつくる世界です。都市の中にさっさと入れ。そうすれば、子どもはいなくなりますから。

都会人にとっては、幼児期とは「やむを得ないもの」です。はっきり言えば、必要悪になっています。子どもがいきなり大人になれるわけがない。でも、いきなり大人になってくれたら便利だろう。都会の親は、どこかでそう思っているふしがある。

ところが田畑を耕して、種を蒔《ま》いている田舎の生活から考えたら、子どもがいるというのは、あまりにも当たり前のことです。人間の種を蒔いて、ちゃんと世話して育てる。育つまで「手入れ」をする。稲《いね》やキュウリと同じで、それで当たり前です。そういう社会では、④子育てと仕事との間に原理的な矛盾《むじゅん》がないわけです。具体的にやることも同じです。「ああすれば、こうなる」ではなく、あくまで「手入れ」です。

（養老孟司《ようろうたけし》『ものがわかるということ』〈祥伝社〉による）

注1 文武両道～本文での「文」は「本を読んだり人と会ったりして頭に入力すること」、「武」は「入力情報を総合して出力すること、運動すること」の意味で使われている。

問一 筆者の考える「情報社会」とはどのようなものですか。本文の▼▲ではさまれた部分をふまえ、その説明としてもっとも適切なものを、次のア～エの中から一つ選び、記号で答えなさい。

ア 多くの情報が絶えず流動的に変化し、その変化に合わせようと人間が変わり続ける社会。

イ 情報も人間もいっさい変わらないのに、絶えず大きく変化していると思いこまされる社会。

ウ 情報はそれほど変わらないけれど人間は変化し、一方で変化することを自ら嫌悪《けんお》する社会。

エ 多くの情報に埋め尽くされるなかで、本来変わっていく人間の本質が意識されない社会。

問二 ――線部①「日本の教養教育がダメになったのも『身につく』ことをしなくなったからでしょう」とありますが、この一文についての説明としてもっとも適切なものを、次のア～エの中から一つ選び、記号で答えなさい。

ア 日本の教養教育は知識の伝授に偏《かたよ》っていて、病気になったときのことを想像させるなどして危機意識を喚起《かんき》しないことが問題である。

イ 日本の教養教育は知識の伝授に偏っていて、教育される人間の行動が変わるという段階まで至っていないことが問題である。

ウ 日本の教養教育は知識の伝授に偏っていて、武道やスポーツ、ダンスなどの体育教育が不十分であることが問題である。

エ 日本の教養教育は知識の伝授に偏っていて、学問体系の違いを身体表現とともに十分に教えていないことが問題である。

問三 [B]は、次のア～エの四つの文から構成されています。四つの文を論理的に並べかえ、その順番を、「 → → → 」の形式に合わせて記号で答えなさい。

ア 知が技法に変わったからです。

イ どういうふうに知識を手に入れるか、それをどう利用するかというノウハウに、知というものは変わってしまった。

ウ 技法というのはノウハウです。

エ この本はなぜ売れたのか。

問四 [C]に入れるのにもっとも適切な**六字**の言葉を補い、「が落ちる」まで含めた慣用句を完成させなさい。

問五 ――線部②「朝に道を聞かば夕べに死すとも可なり」とありますが、この言葉の「一般の解釈」と「筆者の解釈」の違いについての説明としてもっとも適切なものを、次のア～エの中から一つ選び、記号で答えなさい。

ア 普通は、朝、学問をすることができれば、夜になって死んだって構わないということと解釈し、筆者は、朝、学問をしている人間も夜には死んでしまうことがあり、確固とした自分などというものはこの世のどこにも存在しないのだと解釈している。

イ　普通は、朝、学問をしている人がその日の夜にあっけなく死んでしまうこともあるように、この世界は常に変化していると解釈し、筆者は、朝、真理を聞くことができればその日の夜に死んでも悔《く》いがないくらい、教養は大切なものだと解釈している。

ウ　普通は、朝、人間の生きるべき道を学ぶことができたならば、夕方死んでも心残りはないということと解釈し、筆者は、朝、学問をして人間がそれまでと全く違う人になるとそれは死んだのと同じようなことなのであると解釈している。

エ　普通は、人間の生きるべき道を聞いて会得《えとく》できれば、夕方死んでも心残りはない、ということと解釈し、筆者は、先のことはわからないのだから偶然や変化に対応できるように常日頃《つねひごろ》から余裕を持っているべきであると解釈している。

問六　[A]・[D]・[E]に入れるのにもっとも適切な言葉を、次のア～オの中からそれぞれ選び、記号で答えなさい。なお、同じ記号を二度以上用いることはありません。

ア　むしろ　　イ　あたかも　　ウ　さすがに

エ　まして　　オ　けっして

問七　――線部③「都会の人々は自然を『ない』ことにしています」とはどういうことですか。**三十字以上四十字以内**で説明しなさい（**句読点・記号も一字に数えます**）。

問八　――線部④「子育てと仕事との間に原理的な矛盾がないわけです」とありますが、そう言えるのはなぜですか。本文全体をふまえ、その理由を**四十字以上五十字以内**で説明しなさい（**句読点・記号も一字に数えます**）。

問九　次の会話文は、本文を読んだ生徒たちが「わかるということ」をテーマに、話し合っている場面です。**本文の内容に合わない発言**を、次のア～エの中から一つ選び、記号で答えなさい。

ア　筆者が主張しているのは、体験学習の重要性なんじゃないかしらね。どれだけ本を読んでも、いくら言葉を尽くして説明してもらっても、実際に体験してみて学ぶことには及ばないわよね。百聞は一見にしかず、って昔から言うじゃない？

イ　それに加えて、繰り返し体験することが大切、っていう話だよ。同じビデオ映画でも繰り返せば繰り返すほどそのたびごとに見逃した新しい発見がいろいろあるって言ってただろう？
　素人の見方から玄人《くろうと》の見方に、知は深まっていくんだよ。

ウ　わかるということは暗記するというだけではなく、その意味を理解して応用できるということだと思うんだよ。変化に対応できるというのは生きていく上で大切なことって言っていたよね？　対応するためには応用できないと。

エ　それからさ、自分が変わるためには、偶然を受け入れられるようにしておく必要があるとも言っているよね。筆者は、都市化のために偶然を受け入れることが難しくなってきたと考えているけれど、そうであれば、都市化によって「わかる」という体験を得にくくなっていると言えそうだね。

麻布中学校

—60分—

◆次の文章を読み、設問に答えなさい。

コツコツコツ……。ユリ先生が黒板に文字を書く音を、みんなが黙《だま》って聞いている。四月に入ったばかりだが、校庭の桜は散り始めていた。

今日は学級委員を決める日だ。三年生になると、クラスで男女二人が学級委員として選ばれて、クラスをまとめる役割を担《にな》うことになる。立候補が一番優先されるが、誰《だれ》も立候補しなかった場合は、他の人を推薦《すいせん》してもいいとユリ先生が話していた。

黒板には縦書きで「学きゅういいん決め」という言葉と、その左側に男子、さらに左に女子と書かれていた。

「はい、じゃあ学級委員だけど、男子から決めちゃおうか」

先生がこちらを振《ふ》り返る。守《まもる》は手のひらの汗《あせ》をズボンで拭《ぬぐ》い、手を挙げる準備をする。

「学級委員やりたい人！」

「はい」

思わず声がうわずり、それを誤魔化《ごまか》すために守は手を挙げたまま軽く咳《せき》をした。

「えっと、田口守《たぐち》くんね」

クラス替《が》えから一週間も経《た》っていなかったため、先生は座席表を見てそう言った。黒板の男子と書かれた下のスペースに田口守、と守のフルネームが書かれた。

「はい、田口くんは手を下ろして大丈夫《だいじょうぶ》よ」

先生は守の方を見てニコッと笑い、立候補してくれてありがとう、と言った。

「じゃあ、他にやりたい人はいないかな。このままいなければ田口くんにやってもらうことになるけど」

そう言って先生はクラスを見渡《わた》した。①他に誰も出ないでくれ、という思いが、守の頭の中でぐるぐると回った。

——学級委員、立候補しなさいね。

お母さんの言葉が蘇《よみがえ》った。立候補はできたけれど、誰か別の人に決まってしまったらと思うと、急に不安になってくる。

「はい！」

誰かが手を挙げたのがわかった。去年違《ちが》うクラスで、守が話したことのない男の子だった。

「僕《ぼく》は山田達哉《やまだたつや》くんがいいと思います」

「え、推薦？　立候補するんじゃなくて？」

「達哉くんはやさしいから、いい学級委員になると思います」

彼《かれ》はそれだけ言って座《すわ》ってしまい、先生は困ったように笑った。

「今は立候補の時間で、推薦はなしなの」

「僕も！」

別のところからも声が上がる。先生に指されてもないのに、その子は話し出した。

「僕も達哉くんがいいと思います。みんなにやさしいから」

「ちょっと、推薦の時間じゃないって言ったでしょ？　推薦は立候補がない時に特別にやることなんだから」

それから先生は困ったように座席表を見渡した。

「山田、達哉くんね、山田くんは学級委員に立候補する気、ある？」

すると、達哉くんと呼ばれた男の子は座ったまま、笑顔《えがお》で首を振った。

「田口くんがやりたいんだから、それが一番いいと思います」

「そう？」

先生はどこかホッとしたような表情になり、他に立候補がいないかを確認《かくにん》した。結局それから立候補は出ず、守が学級委員をやることになった。女子は立候補する人がいなかったため、推薦で決まった。しかし守を推薦してくれた子は、クラスに一人もいなかった。

けれどこれで、お母さんに怒《おこ》られなくて済む。そう思いながら一日を終え、トイレに寄ってから教室に戻《もど》ると、中から女子たちのaモり上がる声が聞こえた。里中《さとなか》さんという、毎日違う色のリボンを頭につけて取り巻きに囲まれている女子のグループだった。

「美紗都《みさと》、やれば良かったのに」

「えー？　学級委員？」

話題が学級委員のことだとわかり、聞いていいのか分からず、守は少し廊下《ろうか》に留《とど》まることにした。

「だってぴったりじゃん」

「確かにやりたかったんだけどー」

里中さんはピンク色のリボンを軽く触《さわ》り、それから言った。

「だって男子、あの真面目メガネでしょ？　達哉くんだったらなぁ」

「ちょっと真面目メガネはピッタリすぎだって」

それからクスクスと笑い声が続き、しばらく待っていると話題が移ったので、守は何事もなかったかのように教室に戻り、帰り支度《じたく》をした。里中さんとは去年同じクラスだったが、陰《かげ》で真面目メガネと呼ばれていることを、守は知らなかった。

家に帰ってから在宅勤務をしているお母さんの部屋をノックし、パソコンの画面に釘付《くぎづ》けのお母さんに、守は今日の出来事を報告した。無事に学級委員になれたこと、だけど男子は達哉くんを推薦する声が多かったことだけを伝え、真面目メガネと呼ばれていたことは黙っておいた。

「そう。無事決まって良かった。私立入試と違って都立入試では※①内《ない》申点《しんてん》も重視されるらしいから、学級委員やっていたら有利になると思う」

守と喋《しゃべ》る時、お母さんはいつも真顔で、だから嬉《うれ》しいのか悲しいのかが分からない。

「達哉くんが推薦された時どうしようかと思って」

「やさしいからって言われてたのね？」

「そう」

「じゃあ守、あんたもこれからみんなにやさしくしないとね。学級委員なんだから、誰か一人だけと仲良くしちゃだめだよ」

パソコンを見ていたお母さんが、この時初めて守の目を見てくれた。

「②うん、わかった」

「真面目があんたの取《と》り柄《え》なんだから」

――あの真面目メガネ。

里中さんの声が頭の中で蘇り、けれど守はそれに気づかないふりをした。

「僕、頑張《がんば》るよ」

（中略）

※②宿舎長と一組のバスに乗っていた教頭先生のお話を聞いて入舎式を済ませ、これから泊《と》まる部屋に荷物を置いた。

翔吾《しょうご》くんと唯人《ゆいと》くんは、守が班長を務める班にいる。それは、守がこの二人と仲が良いからではない。この二人がクラスで仲が良い人がいないからなのだ。翔吾くんはクラスで避《さ》けられているし、唯人くんは教室ではいつも本ばかり読んでいる。守はクラスメイトのためになれるならと引き受けているが、翔吾くんはどうやら守とそこまで仲良くしたいわけではないらしい。こういうことで、守は傷ついたりしない。だって翔吾くんは達哉くんと仲良くしたくて、※③その達哉くんは林間学校に来られないのだ。代わりに守をあてがわれたとしても、嬉しいわけがない。

廊下から、早見《はやみ》先生の渋《しぶ》い声が聞こえてきた。女子部屋は女のユリ先生、男子部屋は男の早見先生が担当するらしい。

「みんな荷物は置いたかな？　そしたら飯ごう炊《すい》さんの用意をして外に出てください」

外に行くと、出て右側の広場で飯ごう炊さんの準備が始まった。家にある炊飯器とは違う飯ごうにお米を入れながら、本当にご飯が炊《た》けるのだろうかと信じられないような気持ちになった。火を起こすのは大変だからということでカセットコンロが用意されており、ご飯を炊くのと並行《へいこう》してカレー作りもみんなでやった。

守の班は唯人くんと翔吾くんと、あとは女子が三人いる。カレーの具材は分担して持ってくることになっていて、守は玉ねぎ担当だった。工作の時間に牛乳パックを開いて作ったまな板に、材料を置いていく。

「あれ、にんじんは？」

他の具材は揃《そろ》ったが、にんじんだけが見当たらなかった。

「にんじん持ってくるの、誰？」

そう班のみんなに問いかけたが、返事はない。仕方なくしおりを取り出して、事前に決めた分担を調べる。するとにんじんは翔吾くんの担当だった。

「忘れちゃった」

守に指摘《してき》されるのを見越《こ》してか、翔吾くんはそのタイミングでやっと名乗り出た。

「えー？」

「忘れたのー？」

女子たちが困ったように言った。守も困っていた。料理をすることすら不安なのに、材料が揃っていないなんて。なんでだよ、と怒ってしまいそうになるのを、守はグッと堪《こら》えた。

③みんなにやさしいと言われている達哉くんだったら、こんな時どうするだろう。サッカーが下手な守にも、やさしくパスを出してくれる、やさしい達哉くんだったら。

「悪い」

そこまで悪いと思っていなさそうな翔吾くんに怒るのをやめ、守はじっと考える。にんじんがないのは仕方がない。けれどにんじんがないカレーになってしまうのは困る。どうしたらいいんだろう。

そこまで考えて、守は班のみんなに声をかける。

「先にご飯炊くのとか、できることを進めててくれない？　にんじんはちょっと待ってて」

はーい、という声を背中に、守は他の班を回り始めた。

ピンク色の三角巾《さんかくきん》をつけた里中さんに、守はゆっくり声をかける。

「あの、にんじんちょっとだけくれませんか」

「え？」

里中さんの班はもう具材を切り終わっていた。

「うちの班、にんじん忘れちゃって、困ってて、ちょっとだけでいいから、くれないかな」

「えー？」

どうする、とヒソヒソ話が目の前で繰《く》り広げられ、守は翔吾くんが忘れたのだと言ってしまいたくなる。けれど、守は学級委員だ。みんなにやさしくしないといけない。

「他の班からももらうつもりだから、本当にちょっとでいいから」

本当はこの班から半分くらいもらえればいいなと思っていた。けれどこの反応を見る限り、たくさんもらうのは難しいだろう。

「じゃあ、ちょっとね」

里中さんはしょうがないといった様子で、切られたにんじんを三切れくれた。

他の班にも同じように言って回り、どうにかみんなに行き渡る量のにんじんを集めることができた。

自分の班に戻ると、みんなは他の具材を切り終わっており、ご飯も炊き始めていた。

「遅《おく》れてごめん」

自分が謝《あやま》る理由はよく分からなかったが、守はそう言ってにんじんを差し出した。みんなは特に感謝する様子もなく、これで材料揃ったねと鍋《なべ》に具材を入れ始めた。

「俺《おれ》、にんじん嫌《きら》いなんだよな」

その時、翔吾くんが小さい声でそう言ったのを、守は聞いてしまった。苦手なにんじんを食べなくても済むように、翔吾くんはわざとにんじんを忘れたのだろうか。それを守が、勝手に他の班から集めてきてしまったのだろうか。やさしいつもりでやったことなのに。

そんな考えが一瞬《いっしゅん》だけ過《よ》ぎったが、守はそれ以上考えないことにした。

外がまだ明るいうちにカレーが出来上がり、それからご飯も炊き上がった。班ごとのいただきますをしてから口に入れると、自分たちで作ったからか、うちでお母さんが作るカレーよりも美味《おい》しかった。けれどしおりにそんなことを書いたらお母さんを悲しませてしまうから、守はその気持ちを誰にも話さなかった。

（中略）

九時から各部屋の班長が集まる反省会がある。反省会には班の人全員のしおりを集めて持って行かなくてはならない。

「十分後、僕が反省会にしおり持っていくから、みんなしおりは今日の記録のところ埋《う》めといて」

「あーい」

みんなロッカーからしおりを持ってきて、今日の記録を埋めていく。守は昼間※④の記録を読み返した。

――切られた木から、血が流れているみたいなにおいがしました。

あの時は勢いで書いてしまったが、これはちょっと怒られてしまう気がする。木から血は流れないのだから、ふざけていると思われそうだ。④そう思って守は記録の文章を消しゴムで消した。代わりに「青々としたにおいがした」※⑤とユリ先生が言っていたことをそのまま書き込《こ》んだ。それから星空観察が楽しかったですと書いたが、守の本当の気持ちは、その文章を読んでも誰にもわからないだろうと思った。

反省会はクラスごとに班長たちと担任の先生で行われた。里中さんのパジャマはピンク色でフリルが付いていて、守は自分のチェック柄《がら》が子供っぽく見えて少し体をbチヂめた。

全員分のしおりを集めてから、今日の出来事を担任の先生と話した。今日危なかったことや、怪我《けが》した人がいなかったかなどを聞かれた。シャワーで沁《し》みた※⑥小さなやけどのことを、守は特に話さなかった。他にも怪我をした人は特にいなかった。

「林間学校、先生も初めて来たからドキドキしていたんだけど、みんなが無事に過ごせて良かったです」

ユリ先生は心からそう思っているように言った。それから明日の予定を一通りしおりで確認し、最後にひとりずつ今日の思い出を発表することになった。

「自然がたくさんで面白《おもしろ》かったです」「星空が綺麗《きれい》でした」「お母さんのお弁当がおいしかったです」

そんな感想の後で守が話す番になった。

「班のみんなで飯ごう炊さんができて楽しかったです」

守はそう言った。木から血が流れているように思ったことや、飯ごう炊さんでにんじんをみんなの班から集めたこと、星空観察で里※⑦中さんの譬《たと》えがとても素敵《すてき》だと思ったことは、どれも守の中では大きな思い出だったけれど、みんなの前で発表することはしなかった。

「じゃあ明日も予定はたっぷりだけど、みんな怪我しないように注意して一日を過ごしましょう」

ユリ先生がそう言って、反省会が終わった。

部屋に戻るとすぐ消灯時間になった。夜更《よふ》かしをしないようにと早見先生に言われたが、守たちは思った以上に疲《つか》れ切っていたようで、布団《ふとん》に入るとすぐに眠《ねむ》ってしまった。

（中略）

リュックを背負ってレジャーシートをみんながしまうと、色鉛筆《いろえんぴつ》の黄緑色にそっくりな芝生《しばふ》が一面に現れた。班ごとに一列に並んだのを確認して、ユリ先生がにっこりと笑う。

「みんなが集合してからすぐに静かになってくれたので、先生はとても助かりました。協力してくれてありがとう。午後は、しおりにもある通り写生会をします。早見先生が前から画用紙を配るので、一人一枚ずつ取って後ろに回してね」

渡された画用紙から一枚取り、守は後ろに回した。画用紙の少しざらざらした表面を、撫《な》でるように触ってみる。

「水彩《すいさい》絵の具は持ってきてるよね。そう、チューブと筆だけをゴムでcタバねて、筆洗いはペットボトルの下の部分だけを切り取ったやつをお家《うち》で用意してもらったよね。忘れたものがある人は後で先生のところに来てください」

昼ごはんの時に確認したところ、守の班は完璧《かんぺき》だった。少し得意な気分で、守は先生の目をじっと見る。

「描《か》くものは自由です。自分が描きたいもののところでレジャーシートを敷《し》いて、首かけの画板を使って描いてください。あ、でも一つだけ決まりがあります」

ユリ先生がポケットに入れていたしおりを取り出す。

「えっと、テーマは、⑤菅平《すがだいら》の自然にしかないもの、です。だからたとえば近くに生えているお花とか、木を描いてみるとかね。学校では見られないものを観察して、絵にして持って帰りましょう」

それからユリ先生は、友達とは離《はな》れて座ることや、水は広場の端《はし》っこにある水道から持ってくること、先生から見えない場所までは行かないことなどを注意し、自由時間になった。

何を描こうかと広場を探していると、木の上の方から鳥の鳴き声がした。朝聞いたのとよく似た鳴き声で、けれど守にはそれがどんな鳥だかわからなかった。見上げると、名前も知らない鳥が羽ばたき、澄《す》んだ青空をまっすぐに横断した。守の目は空に釘付けになった。守のマンションから見える空は、他の建物に四角く囲まれており、電線が何本も引かれている。けれど、すでに鳥がいなくなっているこの空を遮《さえぎ》るものは、何もなかった。

守は広場の真ん中に走りだした。この空は、菅平でしか見られない。両手に収まらないほど大きな空を眺《なが》めながら、守は確信した。

水道で筆洗いに水を入れ、守は自分の場所に戻る。もう一度空を見上げ、この青はどうやったら表現できるだろうと思うと、自然とワクワクした。

――学校では見られないものを観察して、絵にして持って帰りましょう。

A【ユリ先生の言葉が頭をよぎる。この空を持って帰ることができたら、誰に見せたいだろう。一番に思い浮《う》かんだのは、骨折してここに来られなくなってしまった達哉くんだった。】バスが出発する時、お母さんたちに紛《まぎ》れてみんなに手を振っていた、松葉杖《まつばづえ》をついた達哉くん。一ヶ月《かげつ》前に交通事故に遭《あ》って骨折してしまい、林間学校には参加することができない達哉くん。

B【画板を首から下げ、画用紙をクリップで留めた。大きな筆を取り出し、パレットに青と水色をちょっとずつ出して、水を加えていく。そうやって自分で作った青空色を、画用紙の真ん中から広げていく。達哉くんは今、どうしているのだろうか。

水色を少し足し、白の絵の具も取り出す。水に溶《と》かして画用紙に薄《うす》く塗《ぬ》り重ねると、本当に空を持って帰れるような気がした。】

自分が骨折してしまったのに、翔吾くんを庇《かば》う達哉くんはやさしいと、守は思う。達哉くんは運動ができて、クラスの人気者だ。ただ運動ができるだけではない。運動ができる子は、運動ができない守のようなクラスメイトにもやさしい。守は達哉くんが誰かを邪険《じゃけん》に扱《あつか》うことが多い。けれど達哉くんは、運動が苦手なクラスメイトにもやさしい。守は達哉くんが誰かをいじめたり、そもそも誰かにつめたくしたりするところも見たことがなかった。

⑥守のやさしさと達哉くんのやさしさは、一体どこが違うのだろう。

――学級委員なんだから、誰か一人だけと仲良くしちゃだめだよ。

⑦お母さんの言葉が、守のやさしさの基準だった。誰か一人だけと仲良くしてはいけない。みんなにやさしくするためには、守は一人でいないといけない。けれど達哉くんは一人じゃない。友達がいながらも、他の子にもやさしくしている。

「……温度？」

　空を描いていた筆の動きが、一瞬止まる。達哉くんと守のやさしさの違いは、温度なんじゃないんだろうか。

　守のやさしさは、誰か一人と仲良くならないことで、ある意味でみんなを拒絶《きょぜつ》することで、誰にでも手を差し伸《の》べることができる、つめたいやさしさだ。だから守には特定の仲の良い友達がいないし、自分はそういう友達を作ってはいけないと思う。けれど達哉くんのやさしさは、誰もこばまずみんなを受け入れる、あたたかいやさしさだ。

　体温が高い人と低い人がいるように、やさしさの温度も人によって違うのだろう。守のやさしさにあるつめたさを見抜《ぬ》いてしまうから、翔吾くんは守をこばむのかもしれない。けれど、それでも良かった。守にはどんな温度であれ、やさしい人でいることが重要なのだから。

　――空と地面をひっくり返したみたい。

　昨日の里中さんの発言を思い出し、青空を地面とひっくり返したらどうなるのだろうと守は考える。C【青空はよく見ると、薄い水色から青への※⑧グラデーションになっていた。水彩絵の具を注意深く混ぜながら、守は空を画用紙に写しとる。】

　そうして出来上がった青空は、結局画用紙の大きさに切り取ったので四角くなってしまったが、とてもよく描けたと守は満足だった。

　ユリ先生が、ちょっと聞いてください、とdカクセイ器越しに声を上げるのが聞こえた。守は顔をあげて、先生がいる方に目をやった。

「そろそろ描き終わった人もいると思います。絵が描けたという人は私か早見先生にチェックしてもらって、ＯＫが出たら提出してください」

　⑧裏に名前と題名書いておいてね、と先生は続けたが、守は自分の絵を見直すことに夢中になっていた。青空と絵を見比べながら、そっくりに描けたと嬉しくなる。

　ユリ先生が話すのをやめたので、⑨守はテストが早く解き終わった時と同じように、画用紙を持ってユリ先生のところに歩いて行った。

「できました」

　そう言って提出すると、いつも笑顔のユリ先生の表情が、みるみる曇《くも》っていくのが守にもわかった。

「あの、できたんですけど」

「ねえ田口くん、これ、画用紙を全部青く塗っただけじゃない。どういうこと？」

　注意されることなんて滅多《めった》にない守は、言葉をうまく返すことができない。

「いや、これ、あの」

「先生、菅平の自然にあるものって言ったよね？　それなのに何、これ。こんなの絵じゃないでしょう。画用紙を全部おんなじ色に塗るだけなんて。ねえ、いつも真面目な田口くんがふざけるなんてどういうこと？　誰かにやれって言われたの？」

先生の眉毛《まゆげ》は困ったように下がっている。自分がいじめられているかのような先生の言い方に、守は思わず反論する。

「達哉くんが」

「何、山田くんがどうかしたの？」

「達哉くんはあったかくて、でも、僕はつめたくて、だけどどっちも、やさしくて」

「何が言いたいの？」

守の後ろに何人か並び始め、先生は困惑《こんわく》を隠《かく》せないようだった。

「う、うう」

⑩気づくと、守は大粒《おおつぶ》の涙《なみだ》を流していた。並んでいるクラスメイトが、守を遠巻きに見ている。

学級委員になってから、クラスメイトに涙を見せるのは初めてだった。学級委員になってからというもの、守は、この行動は学級委員に相応《ふさわ》しいのかを考えるようになって、先生に怒られないように、みんなにやさしくすることばかり気にしていた。林間学校に来てからだって、みんなに邪険に扱われても、荷物の準備を手伝った。

――守くんって、みんなにやさしいんだね。

※⑨唯人くんにそう言われたこと、達哉くんのやさしさのこと、普段《ふだん》は見られないまんまるの青空のこと、それを持って帰って見せてあげたくなったこと、守と達哉くんのやさしさが違うこと……。絵の具の色を全部混ぜ合わせたみたいに、守の感情はぐちゃぐちゃの汚《きたな》い色になってしまう。先生にちゃんと説明しないといけないのに、守は一つも言葉にできない。

「やだ、ちょっと、ごめん。そんなつもりじゃ……。言い過ぎちゃったよね。ごめん、先生も今ちょっとテンパ※⑩っちゃってて。いいよ、この絵で。うん。裏に題名だけ書いておいてね」

先生は慌《あわ》てたようにそう言って、守を解放してくれた。ポケットからハンカチを取り出して涙を拭《ふ》き、自分のレジャーシートの場所まで戻る。

書いたばかりの絵の裏面に、「青空　三年二組　田口守」と書いた。

本当だったら「やさしいたつやくんへ」と書きたかった。達哉くんの名前の漢字は、僕たちはまだ習っていない。

「あれ、やさしいって、どう書くんだろう」

そう考えたところで、守は「やさしい」という漢字の書き方をまだ習っていないと気づいた。やさしいの書き方を、三年生の僕たちはまだ知らない。知らない漢字を何年後に教えてもらえるのか、僕たちは知らない。

D【やさしいという漢字を習う頃《ころ》には、さっきうまく言えなかった気持ちも、説明することができるようになるのだろうか。

これまで守は、世界には言って良いことと悪いことの二つしかないと思っていた。先生や親に怒られるから言ってはいけないことが、守にはたくさんあった。けれど、まだわからないから言えないこともあるのかもしれないと、やさしいの書き方を知らないことで初めて気がついた。】

泣いてしまうなんて学級委員としては失格だったけれど、⑪守は晴れやかな気持ちだった。

【真下みこと「やさしいの書き方」
（『小説宝石　2023年9月号』〈光文社〉掲載）より】

〈語注〉

※①内申点…出身校から受験校に伝えられる評価のこと。

※②宿舎長…守の学年は東京から長野県にある菅平《すがだいら》へ林間学校に来ている。宿舎長とは、林間学校が行われる宿舎の責任者のこと。

※③その達哉くんは林間学校に来られない…本文以前の場面に、翔吾くんの母親が原因で達哉くんは交通事故にあい、林間学校に参加できなくなったことが書かれている。

※④昼間の記録…中略部分（181行目）に、菅平の自然にふれた守が、その時に感じたことをそのまましおりに記録したことが書かれている。

※⑤星空観察…中略部分（181行目）に、みんなで星空観察をしたことが書かれている。

※⑥小さなやけど…中略部分（181行目）に、飯ごう炊さん中にできたらしいやけどに守が気づいたことが書かれている。

※⑦里中さんの譬え…中略部分（181行目）に、星空観察をした里中さんが「空と地面をひっくり返したみたい」と発言したことが書かれている。

※⑧グラデーション…色が少しずつ移り変わっているさま。

※⑨唯人くんにそう言われたこと…中略部分（223行目）に、学級委員として気を配る守に対して、唯人くんが「みんなにやさしいんだね」と言ったことが書かれている。

※⑩テンパっちゃってて…「気持ちに余裕《よゆう》がなくなっていて」という意味。

〔設問〕解答はすべて、解答らんにおさまるように書きなさい。句読点なども一字分とします。

一　――線①「他に誰も出ないでくれ」（26行目）とありますが、守がそのように思うのはなぜですか。説明しなさい。

二　――線②「うん、わかった」（89行目）とありますが、守はどのようなことがわかったのですか。説明しなさい。

三　――線③「みんなにやさしいと言われている達哉くんだったら、こんな時どうするだろう」（134〜135行目）とありますが、ここからは守にとって達哉くんがどのような存在であることがわかりますか。説明しなさい。

四　――線④「そう思って守は記録の文章を消しゴムで消した。代わりに『青々としたにおいがした』とユリ先生が言っていたことをそのまま書き込んだ」（192〜194行目）とありますが、この時点で守は自らの表現に対してどのように向き合っていますか。その説明としてふさわしいものを、次のア〜エの中から一つ選んで記号で答えなさい。

ア　本当に思ったことだとしても、先生に怒られる可能性のある表現を用いてはならず、本当の気持ちは伝わらなくても、先生の反感を買わない表現を選ぼうと思っている。

イ　ふざけて書いたことを発表してしまうと、みんなを失望させてしまうので、学級委員らしくあるべきだという期待に応えるためにも、先生の表現を借りようとしている。

ウ　どんな内容を書いたとしても、本当の気持ちを伝えることなどできないのだから、どうせならあたりさわりのない表現にすることで、その場をやり過ごそうとしている。

エ　自分らしい表現を用いなければと思ってむりやり書いた文章よりも、大人の表現の方が現実をうまく表していることに気づき、自分の子供っぽさにうちのめされている。

五　――線⑤「菅平の自然にしかないもの」（243行目）とありますが、守が描きたいと思ったものは何ですか。文中から十四字でぬき出しなさい。

六　A【　　】（263～265行目）、B【　　】（269～274行目）、C【　　】（304～306行目）について、この場面で守はどのようなことをしようとしているのですか。目的がわかるように説明しなさい。

七　――線⑥「守のやさしさと達哉くんのやさしさは、一体どこが違うのだろう」（282行目）、――線⑦「お母さんの言葉が、守のやさしさの基準だった」（284行目）とありますが、「達哉くんのやさしさ」は「お母さんの言葉」とどのような点で違っていますか。「点」という言葉につながる形で、文中から十五字でぬき出しなさい。

八　――線⑧「裏に名前と題名書いておいてね、と先生は続けたが、守は自分の絵を見直すことに夢中になっていた」（314～315行目）、――線⑨「守はテストが早く解き終わった時と同じように、画用紙を持ってユリ先生のところに歩いて行った」（317～318行目）とありますが、この時の守の様子の説明としてふさわしいものを、次のア～エの中から一つ選んで記号で答えなさい。

ア　自分の描いた絵が先生に受け入れられるか心配になるあまり、名前と題名を書くように言われた指示をそっちのけにし、手直しを加えられる場所がないかを必死に探している様子。

イ　自分の描いた絵の仕上がりに気を取られるあまり、名前と題名を書くように言われた指示をそっちのけにし、先生が満足してくれるかどうかにも意識がおよばなくなっている様子。

ウ　自分の描いた絵がどう評価されるか知りたくなるあまり、見せに来るよう指示されるのが待ちきれず、早く先生に見せて評価を確かめたい気持ちをおさえられなくなっている様子。

エ　自分の描いた絵に自信を持つあまり、見せに来るよう指示されるのが待ちきれず、他の生徒にとってもお手本になる絵だと先生からほめてもらえると思って気がはやっている様子。

九　――線⑩「気づくと、守は大粒の涙を流していた」（341行目）とありますが、守が「大粒の涙を流し」たのはなぜですか。その理由としてふさわしいものを、次のア～エの中から一つ選んで記号で答えなさい。

ア　これまで、学級委員としてみんなをまとめる努力をしてきたが、先生にはいじめられているのではないかと誤解されたから。

イ　これまで、学級委員として相応しいようにみんなにやさしくふるまってきたが、それを先生に評価してもらえなかったから。

ウ　先生に自分の絵を理解してもらえなかったので、絵にこめた思いを説明しようと思ったが、うまく言葉にできなかったから。

エ　先生に自分の絵を評価してもらえるか不安に思いながら提出したところ、ふざけて描いたと思われ、怒られてしまったから。

十　――線⑪「守は晴れやかな気持ちだった」（376～377行目）とありますが、泣いてしまった守が「晴れやかな気持ち」になったのはなぜですか。D【　　】（369～375行目）に注目して説明しなさい。

十一　この作品では、守は絵を描くことで自らの表現に対する姿勢が変化しています。それについて以下の問いに答えなさい。

(1)　自らの表現に対する守の姿勢は絵を描く前後でどのように変化していますか。説明しなさい。

(2)　自らの表現に対する守の姿勢が変化したのはなぜだと考えられますか。守が絵を描く場面（231～318行目）をよく読んで説明しなさい。

十二　═══線a「モ」（56行目）、b「チヂ」（199行目）、c「タバ」（234行目）、d「カクセイ」（309行目）のカタカナを、漢字で書きなさい。

栄光学園中学校

—50分—

一　次の文章を読んで、あとの問に答えなさい。

正しくあろうとしてしまう態度に次いで、いまの世の中で大事だとされているのは、客観的なものの見方ではないでしょうか。知識も情報も客観的な考えに向かわなければ説得力がありません。だから、「あれはよいがこれは悪い」と人それぞれに唱える際、法律あるいは統計に代表される数値や科学的知見が「客観的事実」として持ちだされます。それらは「これ以上さかのぼることができないような事実」であり、それを参照しさえすれば確実なことが言える、と思われています。しかも、それらは目で確認《かくにん》でき、疑問の余地もないような明確な記述でなければいけません。というのは必ず誰《だれ》もが「確かにそうだ」と確認できるような「可視化」(注1)された形でないと客観的な認識は共有されないからです。

客観という言葉が含《ふく》む厳密さに人は安心します。多様な情報が溢《あふ》れる時代ならなおさらです。なぜなら「これ以上さかのぼることができないような事実」なので、迷ったときはそこに戻《もど》ればよいという安心感を与《あた》えてくれるからです。

しかし、この心の落ち着きは曲者《くせもの》です。というのは人間は楽なことが好きだからです。いつかの時点から安堵《あんど》が高じて「それに寄りかかりさえすれば大丈夫《だいじょうぶ》だ」と思い始め、「厳密な事実」を言い訳に使うようになるからです。物事を検証するのではなく、他者を責めるための取り回しのよい道具として扱《あつか》い始めます。「だから私は正しく、おまえは悪いのだ」と言うために客観性を用いるようになりさえする。

つまり客観的事実から［①］が生じてしまうわけです。事実がどうであるかよりも、自分が「これが現実だ、これが正しい」と思いたがっている事実のほうが大事になってくる。客観性を物事への問いかけではなく、答えにしたとき、自分が騙《だま》されてしまうという〝事実〟について見えなくなってしまうのです。

誰しも客観的なものの見方を大事にしているけれど、肝心《かんじん》の客観性とはいったい何なのだろう。そういうことについて考えるようになったきっかけは、戦争体験者への取材でした。

広島と長崎で二回被爆《ひばく》された山口彊《やまぐちつとむ》さんという方がいらっしゃいました。僕《ぼく》は山口さんの話の聴《き》き取《と》りを行い、自伝『生かされている命——広島・長崎「二重被爆者」、90歳《さい》からの証言』(講談社、現在は文庫として『ヒロシマ・ナガサキ　二重被爆』〔朝日新聞出版〕刊行)としてまとめるお手伝いをしました。

二重被爆した人は一六五人いると推定されています。実際のところどれだけの人が被爆したかは、それこそ客観的なデータがありません。山口さんは長崎の三菱《みつびし》造船所に製図工として勤めており、出張先の広島で被爆しました。たいへんな火傷《やけど》を負いながらも、街が壊滅《かいめつ》した状況《じょうきょう》報告と安否を実家に知らせるために長崎に戻り、会社に出勤した直後、再び被爆しました。

話を聞く中で「山口さんに出会えて本当によかった」と思ったことがあります。もちろん稀有《けう》な体験をされた方に直《じか》に話をうかがえたこともありますが、それだけではありませんでした。

山口さんの話の中に織《お》り込《こ》まれた生々しい情感や感性に触《ふ》れることができた。どれほどの惨事《さんじ》に遭遇《そうぐう》しようとも、そのとき自分のできることに努め、ひたすら生きることに向けて歩みを進めてきた。生に徹《てっ》してきた人の熱を感じられたことが、僕にとって最大の喜びだったのです。でも、その喜び(注2)は怖気《おぞけ》を震《ふる》うような話を通じて得られたものでした。

一九四五年八月六日の朝、明るい夏の空はいつも通りの日中の暑さを感じさせ、そこに「もうひとつの太陽」と山口さんが表現した原爆《げんばく》の白光が炸裂《さくれつ》しました。爆風《ばくふう》に吹《ふ》き飛《と》ばされ、気絶した山口さんが意識を取り戻した後、街を見回すと空の青さはかき消え、一転してのどす黒い空と黒い雨があたりを包んでいました。ひどい火傷を負った山口さんは港近くから街中の会社の寮《りょう》へと向けて歩き始めたそうです。

夏の夕刻であればまだ明るい。しかし、その日の広島は真っ暗で、焼ける家屋以外の灯《あか》りはまったくなかったといいます。闇《やみ》の中、川沿いを歩き続けたところ、向こうからひとりの大人を先頭にした子供の集団がやって来ました。おそらく小学校の教師と生徒たちだと山口さんは見当をつけました。

服と呼べるようなものは身につけておらず、布切れがまとわりついているのみ。幽霊《ゆうれい》のように手の甲《こう》をこちらに向け、指先からは腕《うで》の皮膚《ひふ》が手袋《てぶくろ》のように垂れ下がり、性別も定かではなかったそうです。

「定かではなかった」と言い終えた後、目に留めたひとりの子供について、山口さんは「かろうじて膨《ふく》らんだ胸で女の子だとわかった」と続けました。そのとき僕は山口さんの眼《め》に映った少女の姿をはっきりと見たのです。

そして、恐《おそ》ろしいことに彼女《かのじょ》たちは「一言も話さず。悲鳴も漏《も》らさず」幽鬼《ゆうき》のような格好で、山口さんの右を静かに過ぎ、闇の中へ去って行ったというのです。山口さんの左手には川が流れ、燃える街の炎《ほのお》に水面は煌々《こうこう》と照らされ、口々に「熱い」「助けて」と叫《さけ》ぶ人たちが次々と水の中へ入っては沈《しず》んでいき、やがてぷかりと浮《う》かぶと流れていった。その様子は「筏《いかだ》のようだった」そうです。

「恐ろしいことに」といったのは、教師と子供たちの集団が一言も発していなかったからです。普通《ふつう》なら映画で見られるような(注3)阿鼻叫喚《あびきょうかん》の姿がリアルだと思ってしまいます。実際のところはそうではありませんでした。②けれども、だから「恐ろしい」と思ったのではありません。

山口さんは被爆した際、左耳の鼓膜《こまく》が破れました。史実を客観的に捉《とら》えようとする態度からすれば、体力も限界に近づいていた山口さんの「左側の川から聞こえた溺《おぼ》れる人の声というのが、実は右側をすれ違《ちが》った集団の呻《うめ》き声《ごえ》だったのではないか」と「実際」の状況を検分し、推論しようとするでしょう。③でも、それは違うと気づいたのです。

その日の広島のその時その場にいたのは、世界中でたったひとり山口さんだけでした。

山口さんが見聞きした以外に世界はなかった。

すれ違う彼女たちは一言も発さず、そして鼓膜の破れた左からは人々の悲鳴が聞こえた。それ以外の世界はなかったのです。

たったひとりで「一言も話さず。悲鳴も漏らさず」に闇へと歩み去る一団を見送ったその眼と耳の澄《す》ませ方に広島で起きた本当の恐ろしさが伝わってきました。

客観的になど語りようのない出来事が本当に起きたのだと、そのとき身震《みぶる》いとともに理解しました。むしろ頭ではなく、怖気を震うことのみで把握《はあく》したのです。

そのときの体感を通じて手渡《てわた》すしかない事実がそこにあった。僕にできるのは、その断片《だんぺん》をなんとかつかまえ、文字に焼き付けることでした。

こうしたエピソードから「客観性などあてにならない」とか「結局は主観でしかない」と言いたいわけではありません。④ひどく混乱した状況を冷静に考える上で客観性はとても重要です。だからこそ思うのは、そんな大事なものを独善的な言動や言い訳といった個人的な事情のために用いる必要はまったくない、ということなのです。

正直なところ、正しくあろうとして客観性を呼び出すことに僕らは疲《つか》れてはいないでしょうか。

一日の言動を振《ふ》り返《かえ》ると、ちゃんとした基準やきちんとしたルールに添《そ》えず、「ああ、前もって考えた通りできなかった」とか「あれほど言ったのになぜ間違えたのか？」と自他を責めることに忙《いそが》しい自分を発見できるでしょう。どれほどのエネルギーを割《さ》いても、つまるところ自分の正しさと誰かの正しさがあって、すり合わせようとすればするほど逸《そ》れていく。思《おも》い描《えが》いた正しさの数だけ(注4)齟齬《そご》が生まれる。客観的に正しくちゃんとしようとすればするほど、正しさをめぐる争いそれ自体は止《や》むことはありません。

おそらく客観性が大事なのは、それが広場のようなものだからで、そこに各人の思う「こういう事実があります」を置いて、その上で話し合える余裕《よゆう》をもたらすためにあるのではないかと思うのです。客観性は決して自分や他人を押《お》さえつける武器ではないのです。

そしてもうひとつ客観をめぐっての問題があると、最近とみに感じていることがあります。それは客観性を大事に取り扱うことと、寄りかかることの違いがわからないため、僕らは自信をどんどん失っているということです。

いつしか自分の思いや感覚を他者の価値観と引き比べるようになり、自分が純粋《じゅんすい》に感じ取ったものを貶《おとし》めるようになっています。正しさは常に自分の外にあると思うならば、自分の感覚とそこから生まれた考えを(注5)スポイルするようになるのは自然の成り行きです。「正解は常に自分の外にある」と思《おも》い込《こ》むようになって以来、自分の感覚に蓋《ふた》をするようになってしまったのです。

だから「何かおかしいな」と感じても、「いやいや、やはり(注6)ファクトがないと」「(注7)エビデンスがはっきりしない限り、何も言えない」と現に自分が率直《そっちょく》に感じたことを否定してまで「客観」にこだわろうとするのです。

自分の感覚をもとに考えるよりも、「客観的にはこう考えられる」というモードになってしまうのは、自分の中から生まれた考えよりも、他人に向けた正しさの表明というアリバイづくりを大事にしているからではないでしょうか。そこでの正しさは、他人の視線を気にするがゆえの「間違えたことを言えない」程度であり、本当にそうだと心から思っているわけでもない。

自分で考えるほどに正しさから外れるリスクが高まる。なおのこと自分で考えないで済むために、他人事《ひとごと》の客観に寄りかかっていく。そうなると活《い》き活《い》きと生きられなくなってしまいます。⑤あれこれと迷って生きることを常の姿にしたとき、その瞬間《しゅんかん》がもう二度と訪《おとず》れない、同じことの繰《く》り返《かえ》しがない現実に対し遅《おく》れてしか対応できないからです。

僕らの重用している客観は、どうも常に「いま・ここ」で起きている問題を他人事としてよそよそしく捉えてしまうほうに力を発揮しています。いわば、「いま・ここ」にいる生者の世界をわざわざ「この世に足場のない幽霊」の目で捉えようと努力している。自分が現にいま立っている事実を見失ってまで足場のないところを求めてしまう。

いまここで吹く風、いまここで咲《さ》く花以外に客観的に吹く風や咲く花があるでしょうか。

世界はいつも退《の》っ引《ぴ》きならない在りようで、本当なら自らの生を他人事にはできないはずです。もしかすると、客観的に語れてしまう「世界一般《いっぱん》というものがある」という考えが多くの不幸の始まりなのかもしれません。その不幸は主観は独善だと戒《いまし》め、客観性(注8)への信奉《しんぽう》をいつしか信《しん》仰《こう》に格上げし、そうして他人の思考に(注9)隷従《れいじゅう》し、隷従した同士がいがみ合う、という流れを生み出します。

では、主観的に吹く風も客観的に咲く花もないとしたら、どうやって人はこの世界を知り、語ることができるのでしょう。

それについての正解を僕は知りません。ただ客観的な正しさに行きつけないから、そこが行き止まりかというと、そんなことはないでしょう。

むしろ「正解」を追ってしまうとき、新たな発見はなくなります。

生きているものの眼から見ることは、物事を他人事にする安易さを許さない。「おまえはちゃんと立っているのか。おまえの立っている場所はどこなのだ？」と自らに問い、ハッと我に返るときにのみ世界は姿を表す。それは自分が正しいと客観を盾《たて》に独善を掲《かか》げるときにはまったく見えません。物事を見るとは、外の知識を通じて見るのではなく、ただ自分が観《み》ることであり、そして見る自分を観ることでもあるのでしょう。

（尹雄大《ユン・ウンデ》『やわらかな言葉と体のレッスン』〈春秋社〉）

問題作成にあたり、表記を改めたところがあります。

(注1)可視化　目に見えるようにすること。
(注2)怖気を震う　恐ろしくて体が震えること。
(注3)阿鼻叫喚　非常にむごたらしい状態のこと。
(注4)齟齬　物事がくいちがうこと、うまくかみ合わないこと。
(注5)スポイルする　こわす、損《そこ》ねる、だめにする。
(注6)ファクト　事実。
(注7)エビデンス　証拠《しょうこ》、根拠《こんきょ》。
(注8)信奉　かたく信じて従うこと。
(注9)隷従　他に付き従って言いなりになること。

問一　空欄《くうらん》[①]に入る言葉として最も適当なものを次の中から選び、記号で答えなさい。

ア　一般性　　イ　厳密性　　ウ　消極性
エ　独善性　　オ　楽観性

問二　傍線部《ぼうせんぶ》②「けれども、だから『恐ろしい』と思ったのではありません。」とありますが、筆者はなぜ「恐ろしい」と思ったのですか。

最も適当なものを次の中から選び、記号で答えなさい。

ア　教師と子供たちの集団の様子が客観的な事実として受け取られるのではなく、彼らに遭遇した山口さんの、その時の体感そのままに筆者の中に浮かびあがってきたから。

イ　教師と子供たちの集団が一言も発さなかったという体験談から、山口さんの左耳の鼓膜が破れていたことがより鮮明《せんめい》に伝わって、原爆の悲惨《ひさん》さを改めて実感できたから。

ウ　教師と子供たちの集団だけでなく、川で溺れて亡《な》くなる人々も見たという生々しい体験談を聞いたことで、筆者も山口さんの経験をありありと感じることができたから。

エ　教師と子供たちの集団の様子は想像を絶するほど悲惨なものであり、山口さんが語る原爆の体験は客観的に捉えようとして理解できるものではないと気付かされたから。

オ　教師と子供たちの集団の様子や行動を、自身もひどいやけどを負って、体力も限界に近づいていた状態でも冷静に観察していた山口さんの姿勢に強い衝撃《しょうげき》を受けたから。

問三　傍線部③「でも、それは違うと気づいたのです。」とありますが、筆者は、山口さんの体験をどのようなものとして受け止めたのですか。

問四　傍線部④「ひどく混乱した状況を冷静に考える上で客観性はとても重要です。」とありますが、そう言えるのは筆者が「客観性」をどのようなものだと捉えているからですか。それが分かる一文の最初の五字を抜《ぬ》き出《だ》しなさい。（字数には句読点等もふくみます。）

問五　傍線部⑤「あれこれと迷って生きる」とは、どういうことですか。

二　次の文章を読んで、あとの問に答えなさい。

　小学六年生の玉田《たまだ》アオイは、席替《せきが》えで転校生八神《やがみ》カンナの隣《となり》になった。カンナが「子ども食堂」と呼ばれる無料の食事施設《しせつ》に入るのを偶然《ぐうぜん》見たことをきっかけに、ふたりは親しくなっていく。「子ども食堂」に頻繁《ひんぱん》に通うカンナには、厳しい貧困《ひんこん》という背景があることも、アオイは分かってきた。一方、感染症《かんせんしょう》流行の影響《えいきょう》で、アオイの父の店「玉田カレー」は客が激減し、一時休業を余儀《よぎ》なくされた。家計の悪化、姉の高校受験の問題などが重なり、不安定な日々を過ごすアオイであった。

　夏休み中のある日、カンナからアオイに一週間後に祖父のもとに引《ひ》っ越《こ》すことが唐突《とうとつ》に告げられた。急な別れにショックを受けるアオイであったが、一方のカンナは現状からの脱出《だっしゅつ》が可能になったことで、嬉《うれ》しくてたまらない様子であった。

　ちなみにカンナは、以前「玉田カレー」を訪れて、アオイお気に入りの「お子さまカレー」をごちそうされている。

それから、あっという間に木曜日になってしまった。

朝、寝《ね》ぼけまなこでキッチンに行くと、お父さんが洗いものの手を止めて、

「アオイ、今日店に行くけど、いっしょに行くか？」

と、きいた。

「えー。何時ごろ？」

めんどくさいなあ、と思った。

お父さんは、休業中のはり紙をしたあとも、ときどき店をのぞきにい

く。お母さんに「もったいない」と言われながら、電気もガスも水道も止めていない。

「切っちゃったら、ほんとうにおしまいになりそうだから」

そんなことを言っていた。

でも、わたしをさそったのは初めてだ。

「何時でもいいよ。アオイも気分転換《てんかん》になるかな、と思ってさ」

実際、わたしはすっかり落ちこんでいた。

カレンダーを見るたびにため息をついて、でもなにもできない。

家にいたって苦しいだけではあった。

「じゃあ、十一時ごろに行こ」

「オッケー。じゃあ、その予定で」

お父さんは、また水道の蛇口《じゃぐち》をひねってから、思いだしたようにわたしに言った。

「そうだ、洗濯《せんたく》終わってんだった。ほしてくれるか？」

「うん、いいけど」

また、めんどくさいな、と思いながら洗面所に行き、洗濯機のフタをあけた。

お金持ちは、乾燥《かんそう》までやってくれる洗濯機を買うんだろうな。そう思って、はーっとため息をつく。

お父さんの分まで働く、と息まいていたお母さんはほとんど家にいなくて、夜はクタクタみたいだし、お姉ちゃんは、「塾《じゅく》、減らしたから、もっとがんばらないと」と、以前にもまして勉強するようになった。いつもスキッパー(注1)をききながら、ときどき新曲を口ずさんでいる。

『♪ずっとずっと暗やみのなかをかけていた。やっと見えたよ、ひとすじのあかり。あかりのなかにきっとある、ぼくの居場所――』

わたしの居場所は、どこにもない気がした。


十一時になって、お父さんが「そろそろ行くか」と声をかけてきた。

急いで夏休みの宿題をバッグに入れ、店に向かう。

しめきった店内は、熱気がこもってムッとしていた。お父さんが窓をあけ、ドアもあけて、風を通す。

「やっぱり店はいいなあ」

そう言って、うーんとのびをする。

なにが、店はいいなあ、よ。店を再開してから言ってちょーだい――

お母さんがここにいたら、きっとそう言う。

お父さんは電気をつけ、窓ガラスをふきはじめた。

しかたなく、わたしも店内のテーブルを全部ふき、おくのテーブルに宿題を広げた。

ノートに日づけを入れ、木曜日、と書いたとたんにドキドキした。

カンナの引っこしは、明日だ……。

もしかして、もう会えないかもしれない。会いにいきたいけれど、家を知らない。それに、きっと準備でいそがしくしているだろう、いきいきと、はりきって……。
①あーあ、あーあ。
らくがきをしたり、消しゴムをはじいたりしていると、コンコンとドアをたたく音がして、たちまちお父さんの声がひびいた。

「おお、いらっしゃい！」

以前のお客さんかな？　と顔をあげたら、カンナが笑顔《えがお》で立っていた。

「わっ、カンナ！」

はねるようにして、かけよった。

「休業中ってはってあって、あれ？って思ったんだけど、ドアがあいてるし、のぞいたらアオイの頭が見えて」

「わー、会えてよかったー。引っこし、明日なのに、家を知らないから……」

「ありがと。もうね、家はダンボール箱の山。っていうほど、荷物ないけどね」

カンナが、ふふっと軽く笑う。どんよりしているわたしとちがって、ずいぶんすっきりした顔だった。

お父さんが、わざとか？って思うくらいに大きな声で言った。

「カンナちゃんが引っこすからって、アオイがしょげちゃってさ」

「もう！　よけいなこと言わないでよ」

ほおをプッとふくらませて、きつく言ったのに、お父さんはそれを無視した。

「こんなあまったれとなかよくしてもらって、ありがとよ」

「あ、いえ、こちらこそ……」

カンナが店を見回して、「今、休業中なんですか？」ときいた。

「じつは、そうなんだ」

お父さんが頭をかく。カンナがわたしをちらりと見た。②気まずくて、小さくなった。

この前会ったとき、もう休業していたのに、休むかも、としか言えなかった。わたしなりに見栄《みえ》をはっていたのだ。

そんなわたしの気持ちも考えないで、お父さんはぺらぺらとしゃべり続けた。

「カンナちゃんに言うのもなんだけど、お客が減っちゃってね。店をあけた分だけ赤字でさ。けど、あきらめてないよ。またイチからやり直すつもりで、ただいま研究中ってとこかな」

「イチからやり直すって、うちといっしょですね」

カンナとお父さんが笑顔を交《か》わす。

「そうだね。おたがいに、まっさらな気持ちで再出発だね」

「再出発できるの？」

わたしは、わざといじわるな言い方をした。

「そりゃあ、わからないけどさ」

お父さんは、けろりとそう答え、「そうだ」と手を打った。

「カンナちゃん。冷凍《れいとう》したお子さまカレーがあるから、食べてくか？」

「いいんですか？」

「もちろんだよ。店をしめた日に残ってたのを冷凍したから味は落ちるけど、ごはんもあるしね。ま、そのへんに座《すわ》って待っててよ」

お父さんがキッチンに入って、エプロンをつけ、オレンジのバンダナを巻いた。
③それを見ていて鼻のおくがツンとした。毎日、下校時にここにきて、お父さんとふたりですごした時間が、急によみがえってきた。
ああ、もう。せっかくカンナが訪ねてきてくれたのに、気持ちが暗いほうへ、暗いほうへと引きずられていく。

それをさとられないように、少しすまして、わたしはカンナと向かいあった。

カンナがゆっくりと口を開いた。

「あのさ、あたし、明日の朝、九時には出発しちゃうんだ。それで、アオイにだけは会っておきたくて」

わかっていても、心臓がドクンとはねた。

「う、うん。ありがと」

もっと言いたいことがあるはずなのに、頭のなかがまっ白だ。

「わたし、お水入れてくるね」

にげるようにキッチンに行くと、お父さんが、

「アオイ、ついでにカレーも運んでくれるか」

と言った。カレーの入った密閉容器が、電子レンジの光の下で、くるくる回っている。それを見ながら、笑顔でいなくちゃ、と自分に言い聞かせる。

チン！　と高い音がした。

「よし、できたぞ！」

お父さんが、ごはんをお皿にもって、カレーをそえた。それとお水もいっしょにトレーで運ぶ。

「さ、食べよっか」

「ありがと。いただきまーす」

なぜだか大好きなはずのお子さまカレーが、ちっともおいしくなかった。スプーンでくちゃくちゃまぜているだけで、なかなか減らない。

でも、カンナは、ぱくり、ぱくりとおいしそうに食べて、スプーンを置いた。

「ごちそうさま。あー、おいしかった。幸せー」

ふわーっと胸をそらし、それから両ひじをテーブルについて、食べあぐねているわたしに、はずんだ声で話しかける。

「あたしね、ほんっとに、ワクワクしてんだ。だって、じいちゃんちに行ったら、ふつうの暮らしができるんだよ。自分の部屋だって……」

わたしが暗い顔をしていたのだろうか、カンナが、ぷつっと話すのをやめた。

「ごめん。こんな気持ち、アオイにはわかんないよね」

え？　わたしにはわからない？

わたしにとって、カンナは大切な友だちだった。カンナの気持ちもわかっているつもりだった。けれど、カンナは――。

心のなかに、黒いあぶくがぷくりとういた。

「ふうん。そんなふうに、わたしのことを思ってたんだ」

「え。そうじゃないよ、そうじゃないけど」

④あわてるカンナを、わたしはふし目がちに見つめる。

ふっとカンナの顔つきが変わった。いつも教室で見ていた、あのツンとしたすまし顔。近寄りがたい雰囲気《ふんいき》……。

「うん、やっぱり、アオイにわかるわけがないんだよ」

カンナはポケットをさぐり、百円玉を一枚出した。

「だってアオイは、あたしから見たらとってもめぐまれてるもん」

ひと息にそう言って、⑤テーブルの上に百円玉をコトリと置く。

「こんだけしかないけど、タダで食べるのは気をつかうから」

ゆっくりと立ちあがり、よくひびく声で、「ごちそうさまでした！」と、お父さんに頭をさげる。

お父さんが、ぎこちない笑顔で声をかけた。

「カンナちゃん、またいつか、なっ」

「はい。ありがとうございました」

わたしを見ないまま、カンナはドアに向かう。

バタン。空気が小さくふるえた。

わたしは、だまってお皿を片づけた。お父さんはなにもきかない。わたしもなにも言わない。

百円玉だけが、テーブルの上にそのまま残っていた。


その夜、よくねむれなくて、何度も何度も寝返《ねがえ》りをうった。

窓はあけていても、風はほとんど入ってこない。

「ねえ、エアコンつけようよ」

たまらず、勉強中のお姉ちゃんに言った。

だけど、「だめ」と、お姉ちゃんが首を横にふる。

「電気をむだに使わない！」

「お姉ちゃんだって、暑いと頭に入んないでしょ」

「玉田カレー、休業中なんだよ、わかってる？」

「もう！」

タオルケットをけとばしながら、わたしはベッドをごろごろ転がった。

ほら、うちだって貧乏《びんぼう》じゃん。なにが、アオイはめぐまれてる、よ。

カンナだって、わたしのこと、ちっともわかってないくせに――。

「心のなかでカンナに文句を言って、顔をごしごしこすった。

むしょうに泣きたかった。

わたしはカンナが大好きだったのに……。

やりきれなくて、はね起きた。そしてまた、ばたんと寝転がる。お姉ちゃんに、「うるさい！」とどなられながら、そんなことを何度もくり返した。


（あんずゆき『アゲイン』〈フレーベル館〉）

（注1）スキッパー　問題文よりも前に、「スキッパーは、今、人気ナンバーワンのボーイズグループだ。ガリ勉のお姉ちゃんでさえ、いつもその音楽をきいている」とある。

問一　傍線部①「あーあ、あーあ。」とありますが、このときアオイはどのような気持ちでしたか。

問二　傍線部②「気まずくて」とありますが、アオイが「気まずく」感じたのはなぜですか。

問三　傍線部③「それを見ていて鼻のおくがツンとした。」とありますが、それはなぜですか。

問四　傍線部④「あわてるカンナ」とありますが、なぜカンナは「あわて」たのですか。次の空欄に合うように七十字以内で答えなさい。（字数には句読点等もふくみます。）

［　七十字以内　］ことによって、思いもよらず、アオイからとげのある反応を示されたから。

問五　傍線部⑤「テーブルの上に百円玉をコトリと置く。」とありますが、このときのカンナの気持ちの説明として最も適当なものを次の中から選び、記号で答えなさい。

ア　アオイとは思った通りに話が運ばず、二人の仲をこじらせてしまったので、何もしないで仲直りはできないという思いがある。
イ　アオイの家庭も自分の家庭と同様に生活の状況が厳しいことを考えたことで、わずかであってもお金を払《はら》いたいという思いがある。
ウ　アオイとの環境《かんきょう》の違いを実感し、気持ちに隔《へだ》たりが生じたことで、一方的にごちそうされるわけにはいかないという思いがある。

エ　アオイとは別に、おいしいカレーをふるまってくれたアオイのお父さんには、せめてものお礼をさせてほしいという思いがある。

オ　アオイがおいしいカレーを毎日無料で食べられる恵《めぐ》まれた立場にあることを、はっきりわからせてやりたいという思いがある。

三　次のカタカナの部分を漢字に直しなさい。

1　道をさえぎっているショウガイを取りのぞく。

2　力士がドヒョウ入りをする。

3　職業はハイユウだ。

4　土地の争いをチョウテイする。

5　大阪までのリョヒを支払う。

6　都市がフッコウする。

7　人間のヨクボウはきりがない。

8　紙のウラに書く。

9　身のチヂむ思い。

10　空きかんをヒロう。

海城中学校(第一回)

―50分―

注意書き　字数指定のある問いは、句読点なども字数にふくめること。

一　次の文章を読んで後の問いに答えなさい。

ホテルマンである「俺《おれ》」は、ホテルの筆耕士(宴会場《えんかいじょう》で行われるパーティーや披露宴《ひろうえん》の招待状の宛名《あてな》書きなどをする仕事)を長年務めてきた遠田康春《とおだやすはる》が亡《な》くなり、新たにその跡《あと》を継《つ》いだ書家遠田薫《かおる》の書道教室を、あいさつと仕事の依頼《いらい》をかねて訪《おとず》れた。


「遠田薫さん?」

床《とこ》の間《ま》のほうへと長机のあいだを進む男の背に、俺は遠慮《えんりょ》がちに呼びかけた。

「あん?」

とちょっと振《ふ》り返った男は、生徒が筆を走らせている半紙が目の端《はし》に映ったようで、

「うおーい、へのへのもへじ書いてるんじゃねえ」

と三年生ぐらいの男の子の頭をぐしゃぐしゃ撫《な》でた。

「バレた」

と男の子は笑う。「若先《わかせん》、戻《もど》ってくんの早いよ」

わかせんというのは、若先生の略だろう。この男が遠田薫だったか。女にモテそうなうえに書の腕前《うでまえ》も達者なのか。しかも生徒にも慕《した》われている様子だ。容姿や才能の配分に不公平が生じているのではないか、と内心で天への恨《うら》み言《ごと》をつぶやいていたら、

「ねえねえ、そのひとだあれ?」

と教室後方から女の子の声がした。これまた小学校中学年ぐらい、もう一人の同じ年ごろの女の子と並ぶ形で、庭がわの長机を一緒《いっしょ》に使っている。[1]二人は俺を見てくすくす笑った。職場でも子どものお客さまと言葉を交《か》わす機会はさほどないので、どう応答したらいいかわからない。とりあえず軽く頭を下げたら、女の子たちのくすくすが激しくなった。ふいの(注)闖入者《ちんにゅうしゃ》にテンションが上がっているのだろうとは思ったが、困惑《こんわく》した。

「夏休み初日で、こいつら気もそぞろなんだよ」

と遠田は言い、文机《ふづくえ》に向かってどっかと腰《こし》を下ろした。生徒たちに俺を紹介《しょうかい》する気はないらしい。突《つ》っ立っていてもしょうがないので、俺も[2]遠慮がちに遠田のかたわらに正座した。

「おら、ちゃっちゃと書け。書いてとっととどっか遊びにいってくれ」

「だってさあ、バランス取るのむずかしいよ」

「若先がなかなか花丸くれないんじゃん」

子どもたちが口々に文句を言い、

「手本書いてやっただろうが。適当になぞれや」

と遠田が応戦する。
[3]書道教室とはこんなににぎやかでいいかげんなものなのだろうか。驚《おどろ》いて推移を見守っていると、子どもたちはひとしきり騒《さわ》いだことで気がすんだのか、勝手に集中力を取り戻して半紙に向かいはじめた。そのあいだ遠田はといえば、梵天《ぼんてん》つきの耳かきで耳掃除《そうじ》をしていた。生徒の自主性に任せると言えば聞こえはいいが、いつもこの調子で指導などろく

すっぽしていないのではと疑念が湧《わ》いた。筆とともに自身の硯《すずり》の横に置いてあった耳かきを、遠田が視線もやらず迷いなく手に取ったからだ。こんな男が書道教室の跡継ぎとは、草葉の陰《かげ》で康春氏が泣いていそうだ。

俺の疑念と非難の眼差《まなざ》しを察知したのだろうか。耳掃除を終えた遠田は、耳垢《みみあか》を落とした半紙を丸め、文机のそばにあった屑籠《くずかご》にぽいと捨てると、立ちあがって教室内をまわりはじめた。生徒たちの手もとを覗《のぞ》きこみ、ときに筆を持つ手に手を添《そ》えてやって、「だいたいこんな感じ」と筆づかいを伝授する。

ようやく俺が思い浮《う》かべていた書道教室のありさまに近くなってきた。座《すわ》ったままのびあがって観察したところ、子どもたちはみんな「風」と書いているようだ。たしかに、バランスを取るのがむずかしそうな気がする。生徒のなかには一年生ではと思《おぼ》しき小柄《こがら》な男の子も一人いて、あの子は書道云々《うんぬん》以前に、「風」という漢字をまだ習っていないのではと気が揉《も》めたが、遠田はそんなことにはおかまいなしだ。

「ほい、手首ぷらーん。そうそう。リラックスしたまま筆先に気持ちを集中させて、『いまだ！』ってときに半紙に下ろせ」

「『いまだ！』っていつ？」

と、小柄な男の子が中空で手首を揺《ゆ》らしながら尋《たず》ねた。

「筆をちんこにたとえると、『もうしょんべん漏《も》れそう！』ってぐらい気合いが充満《じゅうまん》したときだ」

「バカじゃん、若先」

小柄な男の子はあきれたような眼差しを遠田に向け、

「あたしたちそんなもんないんだけど」

と後方の長机から女の子たちも抗議《こうぎ》の声を上げた。

「不完全なたとえをして悪かった。筆を膀胱《ぼうこう》だと思ってほしい」

「ボウコウってなに？」

「そうか、おまえらおしっこ我慢《がまん》しないから、存在に気づいてないんだな。体んなかにある、しょんべん溜《た》まるところだよ」

「ほんとバカじゃないの、若先」

教室のあちこちでブーイングが起きる。

まったく同感だ。4書への冒瀆《ぼうとく》もはなはだしい。五分も経《た》たず前言撤回《てっかい》したくはないが、俺が思い浮かべていた書道教室のありさまでは全然ない。

遠田はブーイングを気にする様子もなく、ひととおり生徒たちの「風」を見てまわり、

「なにかがたりないっていうか、堅《かた》いんだよなぁ」

と敷居《しきい》をまたいで仁王《におう》立ちした。「いったいどういう『風』を思い浮かべて書いてんだ？」

「どういうって……」

5「風は風だよね」

教室のあちこちで困惑の囁《ささや》きが交わされる。

「漠然《ばくぜん》と書いてるから、面白味《おもしろみ》がねえんだよ」

と遠田は断じた。「いつも言ってるだろ。手本なんか参考程度にしときゃいい。大事なのは文字の奥《おく》にあるもんを想像することだ。『朝顔』って書くことになったら、『どんな色の花を咲《さ》かせてる朝顔かな。もしかしたら小便用の便器かも』って、文字を通して自分が伝えたいことはなにかを考えてみるんだ」

「よくわかんないけど、おしっこから離《はな》れてよ」

女の子のうちの一人が顔をしかめ、

「すまん」

と素直《すなお》に謝《あやま》った遠田は、なにを思ったか六畳《じょう》間と八畳間の掃《は》きだし窓をすべて開け放った。

熱と乾《かわ》いて埃《ほこり》っぽい庭土の香りがドッと室内になだれこむ。

「暑いー！」

「熱中症《ねっちゅうしょう》になったらどうすんの」

生徒たちは悲鳴を上げたが、人工の冷気が夏の威力《いりょく》にかき乱され、薄《うす》まっていくのを体感し、どこかはしゃいでいるようでもあった。

「ほら、これが夏の風だ」

遠田がそう宣言するのを見はからったように、暑気を切り裂《さ》いて一陣《じん》の風が吹《ふ》き抜《ぬ》け、庭の桜の葉を、そして生徒たちの手もとの半紙を、さわさわと揺らした。

「どんな風だった？」

窓を閉めながら遠田が尋ねると、

「ぬるかった」

「そうかな、けっこう涼《すず》しかったよ」

と生徒たちは口々に答える。

「じゃ、いま感じたことを思い浮かべながら、もう一度『風』って書いてみな」

遠田は再び文机に向かって腰を下ろした。6「そういう習慣をつけときゃ、そのうち真夏にも冬の『風』を書けるようになる」

エアコンが「一からやりなおしだ」とばかりにゴウゴウと音を立てる。7でも生徒たちは気を取られることなく、また涼しくなっていく部屋のなかで真剣《しんけん》に半紙に向きあい、それぞれの夏の「風」を書きはじめた。


納得《なっとく》のいく書を書きあげたものが、つぎつぎと遠田に見せにくる。最終的には生徒全員が文机のまわりに集結した。

遠田は一人一人の書を丁寧《ていねい》に眺《なが》め、

「うん、軽《かろ》やかでいい感じの風が吹いてる。この『虫』みたいな部分の角っちょは、つぎからもう少し筆を立てて書くようにしたほうがいいかもな」

「夏の蒸《む》し暑さがよく出てるじゃねえか。だが、そこを重視しすぎて、二画目のハネがちょっともたついちまったな。ま、滞留《たいりゅう》する風もたまにはあるってことで、よしとするか」

などと感想を述べつつ、各人の書に朱墨《しゅずみ》で大きく花丸を描《えが》いて返した。正座した生徒たちは、自分以外の書の講評にも耳を傾《かたむ》け、遠田の言葉にうなずいたり笑ったりする。

素人《しろうと》の俺の目にも、窓からの風を感じたあとの生徒たちの字は生き生きと躍動《やくどう》して見えた。もちろん、生徒たちの長机にある、遠田が手本として書いた「風」とはレベルがまるでちがう。遠田の手本は、夏の嵐《あらし》のような猛々《たけだけ》しさを秘《ひ》めながらも、いわゆる「習字のお手本的なうまい字」だった。それに対して生徒たちの「風」は、いびつだったりたどたどしかったりする。

でも遠田は、手本に無理に近づけるためのアドバイスはしなかった。

8俺もいつしか文机ににじり寄って、生徒たちが遠田に差しだす半紙に夢中で見入った。それぞれが感じた夏の風が、思い思いの形で文字にこめられていた。まとわりつくような「風」。清涼《せいりょう》でホッと一息つける「風」。やっぱりエアコンの利《き》いた部屋のほうがいいなという「風」。

俺は感心した。なるほど、「風」という一文字だけでも、こんなに多種多様で自由なものだったのか。書道とはこんなにのびのびと気楽に取り組めるものなのか。なにより、遠田に書を褒《ほ》められ、改善点を教えてもらう子どもたちの、誇《ほこ》らしげで楽しそうな表情といったらどうだ。

　たとえや指導法に少々下品だったり型破りではと思われるところはあるが、遠田は書道教室の先生として、9やはり逸材《いつざい》なのだろうと察せられた。書家としてのレベルは、俺にはよくわからない。ただ、手本の文字が力強く端整《たんせい》で、目を惹《ひ》かれるものなのはたしかだ。

　へのへのもへじを書いていた男の子の「風」は、あらゆる線がなんだか震《ふる》えていた。

「こりゃあ……」

　と遠田は言った。「おまえもしかして、吹く『風』じゃなく、引く『カゼ』を思い浮かべながら書いたんじゃないか」

「すげえ！　なんでわかったの若先！」

　へのへのもへじの男の子は手を叩《たた》いて喜び、まわりの子たちは「そのカゼじゃないよ！」と口々に叫《さけ》んで笑い転げた。小学生の笑いのツボがわからなかったが、それはともかく、なぜ遠田がカゼだと見抜いたのか、俺も知りたい。

「やっぱりな。悪寒《おかん》って感じがする」

　と遠田は言った。

「オカンってなに？」

「ママのこと？」

「『ママ』って呼んでんのかよ、だっせえ」

「じゃあなんて呼ぶの」

「『母ちゃん』だろ」

「嘘だあ。あんたが『ママ』って呼んでるの見たことあんだからね」

　子どもたちの会話はどんどん脱線《だっせん》していったが、遠田はいたってマイペースで、10震える「風」にもゆったりと花丸を描いたのち、

「カゼ引いたとき、熱が高いのに寒くてぶるぶるすんだろ。あれが悪寒だ」

　と律儀《りちぎ》に説明した。「俺がすごいんじゃなく、悪寒っぽさを伝えてきたおまえの字がすごいんだよ。その調子で、今度から『風』の一字には吹く風の意味をこめろ。いきなり反則技かましてくんじゃねえ」

11「はーい」

　へのへのもへじの男の子は照れ笑いしたが、いたずらが成功してうれしそうでもあった。

　全員の書を確認《かくにん》し終えた遠田は、

「よっしゃ、また来週な。気をつけて帰れや」

　と立ちあがった。生徒たちは、

「ありがとうございましたー」

12と正座したまままきちんと礼をし、半紙をぱたぱた振って墨を乾かしながら長机に散った。帰り仕度《じたく》ができたものから、㊟三々五々、教室を出ていく。


（三浦しをん『墨のゆらめき』〈新潮社〉）

㊟　闖入者…突然《とつぜん》入ってきた者。
三々五々…少しずつまとまって行動するさま。

問一　――線部1「二人は俺を見てくすくす笑った」とあるが、この時の女の子たちの説明として最も適当なものを次の中から選び、記号で答えなさい。

ア　どぎまぎしている「俺」の様子がおかしくてたまらず、笑ってはいけないと思いつつもおさえられないでいる。

イ　見慣れない「俺」が突然現れたことに興味がわいてきて気持ちがたかぶり、思わず笑いが出てしまっている。
ウ　何の紹介もあいさつもなく入ってきた「俺」に反感を持ち、あざけるような笑い方でその気持ちを表現している。
エ　急に現れた「俺」のことが気になり、書道に気が乗らないこともあって、笑いかけて注意をひこうとしている。

問二　――線部2「遠慮がちに遠田のかたわらに正座した」とあるが、この時の「俺」はどう思っているか。次の中から最も適当なものを選び、記号で答えなさい。

ア　自分を好奇《こうき》の目で見てくる生徒たちに早く素性《すじょう》を明かしたいのだが、自分に対して自信がない上に、紹介される前にこちらから声をかけるわけにもいかないので、なるべく目立たないようにしようと思っている。
イ　教室の様子をすぐにでも見たいのだが、遠田と会ったばかりで緊《きん》張《ちょう》していることに加え、遠田からも生徒たちからも突然の訪問を歓《かん》迎《げい》されていないように感じられ、このまま居続けていいのか不安に思っている。
ウ　生徒たちに関心を持たれていることは感じ取りつつも、子どもとの接し方に慣れていない上に、まだ自分がどういう用事で来たのかがわかってもらえていないこともあって堂々とふるまえず、気まずく思っている。
エ　遠田の教室でのふるまいを早く確認したくて仕方がないものの、生徒たちの不真面目な様子に困惑したことに加え、来たばかりで教室の雰囲気《ふんいき》が十分につかみきれていないので、まずは様子を見ようと思っている。

問三　――線部3「書道教室とはこんなににぎやかでいいかげんなものなのだろうか」とあるが、「俺」はどのような様子を見てこのように思ったのか。次の中から最も適当なものを選び、記号で答えなさい。

ア　おしゃべりをしながらも書くことには常に熱心な生徒たちが、やる気の感じられない指導者に対して、さほど違和《いわ》感を持つこともなく、口では文句を言いながらも慕っているように見える様子。
イ　失礼な言動を繰《く》り返す生徒たちを指導者が注意せず、大人に対する礼儀を教えないばかりか、生徒の取り組みに関心すら持っておらず、基本的な指導をおろそかにしているように感じられる様子。
ウ　生徒たちが真剣に書道に取り組もうとしないばかりか、指導者もそれを気にとめず、常識とかけ離れた指導ばかりすることで、自分の並外れた才能を見せつけているように感じられる様子。
エ　生徒たちが書くことに集中せずに余計なことばかりしている上に、指導者もそれを正そうとせず、書についての指導も粗《あら》っぽく雑なものであるため、軽くあしらっているように見える様子。

問四　――線部4「書への冒瀆もはなはだしい」とあるが、「俺」は遠田のどのような点について「冒瀆」だと感じているのか。次の中から最も適当なものを選び、記号で答えなさい。なお、「冒瀆」という言葉は「神聖なものをけがすこと」を意味する。

ア　はしたない言葉を意味もなく連発し、書道の格式の高さを教えようとしない点。
イ　道具や書くときの心構えを、ことさらに品のない言葉でたとえて悪びれもしない点。

ウ　書を軽んじる思いを隠《かく》そうともせずに、不適切な言葉ばかりを口にしている点。
エ　静かに書に集中すべき場なのに、生徒が汚《きたな》い言葉で悪態をつくのを容認している点。

問五　――線部5「風は風だよね」とあるが、この言葉から、遠田の言葉に対する生徒たちのどのような反応が読み取れるか。次の中から最も適当なものを選び、記号で答えなさい。

ア「どういう『風』」と言われても、初めから遠田の言うことなどまじめに聞く気持ちはなく、どうでもいいこととしてみんなで知らない振りを決めこんでいる。

イ「どういう『風』」と言われても、風は風に決まっているではないかと思い、わけのわからないことばかり言う遠田のことを困った人だという目で見ている。

ウ「どういう『風』」と言われても、同じ吹く風にもいろいろな風があるのだということには気づけず、何を聞かれていてどう答えたらよいかわからずにいる。

エ「どういう『風』」と言われても、風は目に見えないので、形として思い浮かべることができず、どう字に表したらよいのかもわからなくてとまどっている。

問六　――線部6「そういう習慣をつけときゃ、そのうち真夏にも冬の『風』を書けるようになる」とあるが、どういうことを言おうとしているのか。「そういう習慣」とはどのような習慣であるかが明確になるように、次の書き出しに続けて、六〇字以上、八〇字以内で説明しなさい。

文字を書くときに

問七　――線部7「生徒たちは気を取られることなく、～真剣に半紙に向きあい」とあるが、ここには生徒たちのどのような様子が表れているか。次の中から最も適当なものを選び、記号で答えなさい。
ア　これまでは季節による風の違《ちが》いに注意を向けたことがなかったが、夏の風を自分の肌《はだ》で感じたことによって、他の季節の風との違いを文字で書き表す意欲がわいてきて、これまでにない程のやる気を見せている。
イ　これまでは自分の中にある思いをうまく形にできなかったが、夏の風を受けたことによって、自分の表現したいことが明確になり、その思いを忘れないうちに書こうという強い気持ちをみなぎらせている。
ウ　これまでは特に何かを考えることもなく文字を書いていただけだったが、不意に遠田に窓を開けられたことによって、仕切り直しをしようという気分になり、本気で書に取り組もうと決意を新たにしている。
エ　これまではただ半紙に文字を書くだけだったが、実際に夏の風を感じたことで、その体験にもとづいたそれぞれの夏の風を文字で表現しようと意気ごむようになり、周囲をかえりみない程に集中している。

問八　――線部8「俺もいつしか文机ににじり寄って、生徒たちが遠田に差しだす半紙に夢中で見入った」とあるが、この時の「俺」の気持ちはどのようなものか。次の中から最も適当なものを選び、記号で答えなさい。

ア　これまで自分には適切だと思えなかった遠田の指導を受け、その前よりも明らかに良くなったように見える生徒たちの作品に、いつのまにか関心を引き付けられている。

イ　指導法には疑問を感じてしまう遠田の手本から、生徒たちは何かを吸収することができたのかどうか、作品を見て確かめてみたいという気持ちが生まれている。

ウ　遠田の指導にはやや型破りな印象があるものの、先ほどよりはずっと手本に近づいてきた生徒たちの作品を次々と目《ま》の当たりにして、いつしか心を奪《うば》われている。

エ　独りよがりなところの目立つ遠田の指導から、どうにかして何かを学ぼうとする生徒たちの熱意にふれ、どれほど上達したのか自分の目で確かめたいと思っている。

問九　――線部９「やはり逸材なのだろうと察せられた」とあるが、なぜ「俺」はそう思うのか。次の中から最も適当なものを選び、記号で答えなさい。

ア　書道の奥深さを力強く端整な手本の文字を通じて子どもたちに伝え、子どもたちもまた遠田の手本にあこがれを持ち、少しでも近づこうと努力しているから。

イ　書道は気楽に取り組めば十分であるということを子どもたちに伝え、子どもたちもまた遠田の言葉に従って、上達することを目指さずに楽しんでいるから。

ウ　書道は自分なりの表現を追求しなければならないことを子どもたちに伝え、子どもたちもまた遠田の助言を受けて、自分の個性を見つけ出そうとしているから。

エ　書道の楽しさや自分なりに表現することの大事さを子どもたちに伝え、子どもたちもまた遠田のそうした指導を受け止めて、実に生き生きとしているから。

問十　――線部10「震える『風』にもゆったりと花丸を描いた」とあるが、この時の遠田の気持ちはどのようなものか。次の中から最も適当なものを選び、記号で答えなさい。

ア　吹く「風」ではなくわざと病気のカゼを思い浮かべたのは良くないが、それを自分なりに実感をこめて表現できていることは認めてあげたいと思っている。

イ　吹く「風」ではなく病気のカゼによる悪寒をいたずら心から思い浮かべているのは問題だが、あえて褒めることで手なずけてしまった方が良いと感じている。

ウ　吹く「風」ではなく病気のカゼによる悪寒を思い浮かべて書いた子の字の方が、他の子たちの文字と比べてもはるかに出来ばえが良く、ひそかに感心している。

エ　吹く「風」ではなく病気のカゼを思い浮かべたために、「風」の字のあらゆる線が震えてしまって出来ばえは良くないが、それも大目に見ようと考えている。

問十一　――線部11「へのへのもへじの男の子は照れ笑いしたが、いたずらが成功してうれしそうでもあった」とあるが、この時の男の子の気持ちはどのようなものか。次の中から最も適当なものを選び、記号で答えなさい。

ア　わざと指示に背《そむ》いた自分の字が褒められて、あまりに幼稚《ようち》ないたずらをしたことを恥《は》ずかしくも思いつつ、いたずらを受け止めてくれてありがたいと思っている。

イ　自分なりに気持ちをこめて書いた字の出来ばえを褒められて、どこか照れくさくもありつつ、あえて遠田の言うとおりにしなかった意図が伝わりうれしく思っている。

ウ　思い浮かべたことが伝わる字であることを褒められて、どこかくすぐったい気持ちもありつつ、自分の遊び心に遠田が気づいてくれたことに喜びを感じている。

エ　遠田に自分の字の意図していなかった点について褒められて、きまりが悪いという思いもありつつ、悪ふざけの内容が遠田に伝わったことには面白さを感じている。

問十二　——線部12「正座したままきちんと礼をし」とあるが、生徒たちのこの様子からどのようなことがわかるか。次の中から最も適当なものを選び、記号で答えなさい。

ア　バカなことや下品なことを言う遠田に対して、生徒の方が大人で、節度をわきまえ礼儀正しくふるまうことを当然だと思っていること。

イ　書道教室の生徒たちは、いいかげんなところもあるし品のないことも言う遠田に、親しみだけではなく敬意をもって接していること。

ウ　いいかげんに見える遠田も実はしつけには厳しく、書道教室の生徒たちは、遠田に叱《しか》られないように緊張感をもって過ごしていること。

エ　書を書き上げた生徒たちは、一刻も早く遠田の許しを得てすぐにでも遊びに行けるように、行儀よくあいさつをしようとしていること。

二　次の文章を読んで後の問いに答えなさい。

(熟達を探求していく)プロセスには普遍《ふへん》的な要素がある。だから1別の領域で探求してきた人と話をする時、同じ学びの話をしているように感じられることがある。

将棋《しょうぎ》の羽生善治さんとお話をした時に「すべての手を考えるのではなく、考えるべき手が二つ三つほど浮《う》かんできてその手をaケントウします。それらは直感で上がってきます」とおっしゃっていた。競技者が没頭《ぼっとう》している時に、考えるより勘《かん》で決めた方が早く論理的な結果を生む状態と同じだ。

また映画監督《かんとく》の北野武さんは「いい役者は自分から見たカメラと監督から見たカメラの二つを持ってる。その次にいい役者は自分のカメラだけのやつだ。一番ダメな役者は中途半端《ちゅうとはんぱ》に監督から見たカメラを意識しているやつだ」とおっしゃっていた。スポーツで言えば、無意識で行っていた選手が客観的になり、考え始めた時にスランプにハマる「考え始めの谷」と同じである。

具体的な技能が領域を跨《また》ぐことは少ない。ハードルがうまく跳《と》べても、料理がうまく作れるとは限らないし、マネジメントがうまくできるとも限らない。しかし、ある世界で技能の探求を通じて得た「学びのパターン」は他の世界でも応用可能だと私は考えている。

昨今、人間の能力に関して知見が蓄積《ちくせき》されていく中で、努力の価値が疑われつつある。人間の行先は遺伝子と環境《かんきょう》要因によって決まっているという意見もあり、そうであれば努力は意味をなさない。

人間についての謎《なぞ》が解明されるにつれ、人間の可能性を信じることが難しくなった。可能性とは、別の言い方をすれば、2振《ふ》れ幅《はば》のことである。「可能性がある」とは「未来はどうなるかわからない」ということだ。

だからあらゆることがはっきりするならば可能性はなくなっていく。

また人間の卓越《たくえつ》した技能を機械が再現できないことが、人間の神秘性を支える一つの理由だったが、少しずつ人間の技能が勝てる領域は小さくなってきた。実際に、複雑性が高いため、当面は人間を超《こ》えるのは難しいだろうと言われた囲碁《いご》の世界でも人工知能に人間が敗れた。身体操作は複雑だから、歩行ひとつとっても機械は満足にできないと言われていたが、自由に走る四足ロボットが登場し、二足走行も数年前と比べかなりスムーズになっている。身体操作の領域でもいずれ追い越《こ》されるのだろう。

ひとつの技能を極《きわ》めていくことは、目的とされるものに最適化することでもある。例えば仕事とは何かの機能を果たすことであり、良い仕事をするには仕事の役割に自らを最適化することが求められる。ネジを締《し》める時に、ドライバーを使うのが最も効率が良いように、いつも安定して質の高いパフォーマンスがbハッキできることが良いこととされてきた。だが、その最適化だけを求める技能は機械にとって換《か》わられつつある。

どの分野でも問われ始めたのは、人間にしかできないことは何か、だ。合理性を追求してきたのは私たち自身なので3皮肉ではあるが、機械にやらせるのが最も合理的であるとしたら人間は何をやるべきなのだろうか。新しい技術に対して投げかけられる「何の役に立つのか」という問いはこちらに投げ返された。人間の存在意義とはなんだろうか、という問いだ。

私は熟達こそが「人間にしかできないこと」を理解する鍵《かぎ》になると考えている。機械と人間の最大の違《ちが》いは「主観的体験」の有無《うむ》だ。私たちは身体を通じて外界を知覚し、それを元に考え行動している。思考し行動する部分はいずれ機械が行えるようになるかもしれないが、知覚は身体なしでは行えない。本書では身体の例を多用している。私自身のバックグラウンドがアスリートであることも影響《えいきょう》しているが、人間と機械を分ける決定的な差だと考えるからでもある。自分の身体で外界と内部の変化も感じ取り、試行錯誤《さくご》しながら上達し、上達している自分を内観する。この一連のプロセスから得る「主観的体験」こそが人間にしかできないことではないか。

熟達していく過程で、私たちは夢中という状態に入る。この状態では外界の感じ取り方も変容し、リアリティがcイッソウ高まる。熟達のプロセスで遭遇《そうぐう》する夢中の瞬間《しゅんかん》こそが人間の生きる実感の中心だと私は考えている。それは他ならぬ「私」を通して、世界を感じていくプロセスでもある。4考える私より、感じて動く私に「人間にしかできないこと」が潜《ひそ》んでいるのではないか。

この夢中に連なる熟達の道だが、そこには孤独《こどく》がどうしても付きまとう。技能が向上していけばオリジナルを追求せざるを得なくなるから仕方がないことかもしれない。

私たちは社会で生まれ、育っていく。個としてはか弱い私たち人類の生存戦略は、群れで力を合わせて生きていくことだった。他の動物と比《ひ》較《かく》して未熟な子供の期間が圧倒的《あっとう》に長い人間は、その時間を使って社会という群れの中で生きていく能力を育む。孤立《こりつ》したまま成長すれば、生き抜《ぬ》くことすら難しいだろう。

5群れに適応している我々は孤独に弱い。他者に認められたいとdネガうことも、他者を喜ばせたいと思うことも、仲間はずれにされてeキズつくことも、群れに属していることで起きる。群れの中では、集団内での評判が自らの生存と遺伝子を残すことに影響しているからだろう。

孤独感を和《やわ》らげるわかりやすい方法は、集団に受け入れられることだ。どこかに所属し、なんらかの役割を見出《みいだ》すことで私たちは安心する。だが、辛《つら》いのは、6何かを極めても、他者に認められるとは限らない。

そもそも正当な評価などない。勝ち負けがはっきりしているスポーツのような世界は、まだ評価しやすい。だが、世の中の多くの領域は何を基準にするかがとても難しい。評価基準が時代と共に変わってしまうこともよくあるだろう。

他者が正しいかもしれないし、自分が正しいかもしれない。多くの人に評価されたとしてもそれが正しいのかどうかもわからない。皆《みな》が散々に否定したのに評価がひっくり返ったことは、歴史上山ほどある。結局何が正しいのか答えは出ない。

7他者の承認《しょうにん》が欲《ほ》しくても、それを直接追いかけると翻弄《ほんろう》されてしまう。追いかけているうちに自分のやり方が正しいのかどうかもわからなくなってくる。初心者の段階ではわかりやすいが、段階を経るとこうすればいいという方法はなくなり、自分に合ったやり方を選ぶしかなくなる。正しいことをやったからうまくいくわけでもなく、うまくいったから正しいわけでもない。たまたま最初がうまくいかなかっただけなのに、反省して正しいやり方を諦《あきら》めてしまうかもしれない。たまたま一度うまくいったやり方を正しいと思い込《こ》んで、間違えたやり方に固執《こしつ》してしまうかもしれない。結果だけで、いい決定だったとか悪い決定だったと世間からの評価が下る。何一つ正解がなく誰《だれ》も教えてくれない中で、この方向だと自分で見当をつけて進んでいかなければならない。

結局、その時に尋《たず》ねる相手は自分自身しかいない。

外部に答えを求めるならば、孤独は辛いものとなる。だが、孤独でなければ得られないものもある。人間は社会性を持つ生き物で、かならず周囲の影響を受ける。人間は他者に同調することを避《さ》けられないのだ。オリンピックの決勝のような舞台《ぶたい》ですら、トップスプリンター同士の足の回転のリズムがシンクロすることが知られている。リズムだけではなく、相手の動きや、話し方、考え方にも影響される。集団にいると、どんなに意識しても集団に自分がすり寄っていくことになる。当然、常識とされるものも似通っていくのだ。

孤独でいれば、集団に対しての同調から距離《きょり》を取ることができる。集団の「当たり前」に影響されにくくなるのだ。「当たり前」に影響を受けるからこそ私たちは逸脱《いつだつ》した行為《こうい》をせず円滑《えんかつ》に社会を回していられるが、裏を返せば集団に同調することで、他との差異がなくなっていくとも言える。集団と折り合えているならば、少なからず集団の中央値に寄っているはずなのだ。孤独は人をオリジナルな存在にする。一人の人間が独創的なアイデアを孤独の時間に生み出した例は、歴史上たくさんある。孤独だからこそ、今までにない何かが生まれたのだ。

他者といる時、私たちの注意は他者に向かう。誰かと一緒《いっしょ》にいるということは、そこに注意が向かうということだ。人間の意識は、外に向かっている間は内側には向かない。寂《さび》しさはなくなるかもしれないが、自分と向き合うことはできない。自分を知るためには、他者との関わりを断《た》つ時間が必要だ。自分自身を理解し、自分の見方の癖《くせ》に気がつくには自分の内側に目を向ける必要がある。8とても行動的で社交的なのに、自分のことを驚《おどろ》くほどわかっていない人がいる。それは外的世界を理解することと、自分の内側を理解することが根本的に違うからだ。

孤独の時間は今まで気づかなかったことを浮かび上がらせる。何かに対し面白《おもしろ》いと感じる時、なぜ自分はそれを面白いと思ったのだろうかという問いかけを行うこともできる。風が吹《ふ》いて心地《ここち》よいと感じる自分を観察することもできる。だが、外に注意を向けていれば、自分が感じていることに気づかない。熟達の道をいくと、孤独が怖《こわ》くなくなっていく。それは夢中になる喜びがあるからだ。人は夢中になると、他者からどの程度離《はな》れているかを忘れている。9逆説的だが孤独を恐《おそ》れず集中していくことで孤独感は和らぐ。夢中になっている時間は孤独を認識《にんしき》する自我《じが》すらなくなるからだ。

（為末大『熟達論　人はいつまでも学び、成長できる』〈新潮社〉）

問一　〰〰線部a〜eのカタカナを漢字に直しなさい。

問二　——線部1「別の領域で探求してきた人と話をする時、同じ学びの話をしているように感じられることがある」とあるが、「同じ学びの話」と感じられるのはなぜか。次の中から最も適当なものを選び、記号で答えなさい。

ア　ある世界で確かな技能を身につけた人の考えは、成功したという点で他の領域の成功者の考えと似てくるものだから。

イ　ある領域で自分ならではの認識を深めた人の考えは、ある程度の工夫を加えれば違う世界でも使えそうであるから。

ウ　一つの世界で高みを追求してその大事な部分をつかめた人の考えは、他の世界にも当てはめて生かせるものであるから。

エ　一つの領域で何かをつかみとれた人の考えは、違う分野においてもそのまま使い回せることが時にはあるものだから。

問三　——線部2「振れ幅」とあるが、ここでいう「振れ幅」とはどういうことを表した言葉か。次の中から最も適当なものを選び、記号で答えなさい。

ア　遺伝子と環境要因の違いによって決まってしまう人それぞれの能力の差。

イ　人工知能の発達で無限の可能性を持つようになった機械と人間の技能の差。

ウ　同じように努力をしたとしても、個々の人によって変わってくる結果の違い。

エ　その人の努力によって変わってくる、人間が将来的に生み出せる成果の違い。

問四　——線部3「皮肉ではあるが」とあるが、どのような点が「皮肉」なのか。次の中から最も適当なものを選び、記号で答えなさい。

ア　機械よりも優《すぐ》れていたはずの人間が作業効率を求めた結果、機械に任せて人間は手出ししない方がよいという考えに行き着いた点。

イ　合理的なものを追求すればするほど、あらゆる面で人間よりも機械の方がまさっているということが明らかになってしまった点。

ウ　様々な分野で質の高い仕事をするために、人間にしかできないことよりも機械だからこそできることが優先されるようになった点。

エ　これまでは人間が機械をうまく使いこなしてきたが、今後は機械が行う作業を人間が手助けするという形になりかねなくなった点。

問五　——線部4「考える私より、感じて動く私に『人間にしかできないこと』が潜んでいる」とあるが、なぜそのように言えるのか。次の中から最も適当なものを選び、記号で答えなさい。

ア　単に思考し行動することは機械にもできるが、夢中になって身体を動かすことで世界を多様なものに変化させるのは、人間であるからこそ可能なことだから。

イ　人間は身体を使って世界を感じ取るが、自分自身の感覚をたよりにしながら何かに夢中になっていくという過程は、機械には起こり得ないものだから。

ウ　人間が身体的な経験を通して物事に夢中になり、リアリティを持って世界を感じ取ることは、機械が世界を大づかみにとらえることとは決定的に異なるから。

エ　機械は思考を通して世界を感じ取るが、人間は自分の身体で何かを感じ取ったり夢中になったりするのであり、それこそが人間にしかできないことだから。

問六　――線部５「群れに適応している我々は孤独に弱い」とあるが、なぜか。次の中から最も適当なものを選び、記号で答えなさい。

ア　人間は他の動物と比較して未熟な子供の期間が圧倒的に長く、その期間中に、孤立してはとうてい生きてはいけないのだということを植え付けられてしまうから。

イ　人間には他者に認められたい、他者を喜ばせたいという思いがあり、仲間はずれにされれば辛い思いをするように、生まれつき孤立を恐れる性質を持っているから。

ウ　人間は、個としては弱く、集団として協力しなければ生き抜くことが難しいので、集団内での評判を気にかけて孤立しないように生きていこうとするものだから。

エ　人間は社会性を持つ生き物で、集団の中にいると必ず周囲の影響を受けてしまうので、孤立してでも自分独自の道を追求して生きていくような生き方が難しいから。

問七　――線部６「何かを極めても、他者に認められるとは限らない」とあるが、そうなるのはなぜか。次の中から最も適当なものを選び、記号で答えなさい。

ア　本質をつかんだという自分の中の手ごたえは信用できるのに対し、正しさをめぐる他者の評価がひっくり返ったことは歴史上多くあり、そちらは信用ならないものでしかないから。

イ　何かを評価する時には、他者と自分のどちらが正しいのか決定できないために、自分としてはそのものの本質をつかんだつもりでも、それが実は見せかけにすぎない場合もあるから。

ウ　評価の基準というものは勝ち負けがつく世界以外はあいまいであり、本質をつかんだと思う自分もそれを批評する他者も、それぞれの基準を振りかざして評価しているだけだから。

エ　評価するための基準があいまいだったり時代によって変化したりするために、自分としてはそのものの本質をつかんだつもりでも、他者が理解してくれない可能性が常にあるから。

問八　――線部７「他者の承認が欲しくても、それを直接追いかけると翻弄されてしまう」とあるが、その結果どうなってしまうと筆者は述べているか。次の中から最も適当なものを選び、記号で答えなさい。

ア　世間の評価を正しさの判断基準にするために、わかりやすい成果が出るかどうかということしか考えられなくなり、そこに至るまでの過程を大事にしなくなってしまう。

イ　世間からの評価を気にするために、一時的な評判の良し悪《あ》しに振り回されることになり、自分が本当に適切な方法を選べているのかが判断できなくなってしまう。

ウ　世間から評価されることを重視するために、誰もが認める方法と自分なりの方法との間でどっちつかずになり、自分なりの方法が大事だということを忘れてしまう。

エ　世間で評価されている方法を探そうとするために、他者から過度に影響を受けるようになり、自分なりのやり方を考える必要が出てきてもうまく選べなくなってしまう。

問九　――線部８「とても行動的で社交的なのに、自分のことを驚くほどわかっていない人がいる」とあるが、「自分のことを驚くほどわかっていない」状態が生まれるのはなぜか。次の中から最も適当なものを選び、記号で答えなさい。

ア　他者に関心を持ち、他者について多くのことを知っている人であっても、自分に注意を向けることがその分おろそかになってしまい、自分自身を十分理解できていない場合があるから。

イ　他者のことに関しては詳《くわ》しくて常に注意と関心を向けることをおこたらない人であっても、自分自身に関しては興味を持てずに、まったく我《わ》が身をかえりみようとしない場合があるから。

ウ　他者に働きかけて自分のペースに巻きこむことが得意な人であっても、他者の気持ちを受け止め期待にこたえるのに必死で、自分の本当に求めているものを見失ってしまう場合があるから。

エ　他者に強い関心を持ち、他者を理解することには優れている人であっても、自分のことを理解するのはそれとはまた別の能力であり、その能力に関して言えば欠けている場合があるから。

問十　――線部９「逆説的だが孤独を恐れず集中していくことで孤独感は和らぐ」とあるが、どういうことか。次の中から最も適当なものを選び、記号で答えなさい。

ア　他者への同調から距離を取り、むしろ夢中になることで自分自身をオリジナルな存在へと高めていく喜びを感じることができれば、結果として孤独であることを楽しめるようになるということ。

イ　他者との関わり方にばかり注意を向けるのではなく、自分が面白いと思うものに対して意識を集中することで、結果的には自分が孤独な状況に陥《おちい》っていることにすら気がつかなくなるということ。

ウ　孤独を避けて周囲の人々に合わせようとするよりも、自分にしかできないような独創的なやり方を追求していった方が、かえって高い評価を得ることができて孤独からも解放されるということ。

エ　孤独を恐れて他者に同調していくのではなく、むしろ自分自身がこの世界を感じ取る過程を大切にし、その喜びに没頭することで、結果的には孤独を感じることすらなくなるということ。

問十一　══線部「そこには孤独がどうしても付きまとう」とあるが、「熟達の道」を進んでいくと、なぜ「孤独」が付きまとうのか。次の書き出しに続けて、六〇字以上、八〇字以内で説明しなさい。

集団の中で人間は

ただし、次の二語を必ず使うこと。

同調　オリジナル

開成中学校

—50分—

※　字数の指定のある問題は、テン・マル・カッコなどの記号も一字として答えなさい。

一　次の文章を読んで、後の問いに答えなさい。

埼玉県所沢《ところざわ》市にある国立身体障害者リハビリテーションセンター学院の学生さんに聞いた話です。

事故などで膝《ひざ》から下を両脚《りょうあし》とも切断した人のリハビリにプールで泳ぐというメニューがあるそうです。最初は水に入っても誰《だれ》もが短くなった大腿部《だいたいぶ》を使ってバタ足をするそうです。ただし下脚《かきゃく》がないバタ足では水をほとんど捉《とら》えられませんから推進力がほとんどない。水にプカプカ浮《う》かぶだけです。しかしそうやって数時間あるいは数日間プールの水に浸《つ》かって動いているうちに変化が起こる。特に指導をしなくてもたいがいの人の身体《からだ》はそれまでの上下動ではなく大腿部を左右に揺《ゆ》らすような動きになる。やがて魚が水の中を泳ぐような、背と腰《こし》をくねらせる水平運動がはっきりとあらわれてくるそうです。

たいへん驚《おどろ》きました。誰かが考えたとか教えたというわけではない。まったく新しい動きが現われてくるのです。水の中で動いてみることで、下脚のない全身はそれまでしたことのなかったオリジナルな動きを創造する。この動きは水にある「泳ぎを支える」性質の一つを示している。周囲の環境《かんきょう》のなかには行動を可能にしているさまざまな性質があるわけです。行為《こうい》することであらわになるこの「環境の意味」のことを、生態心理学では「アフォーダンス」といいます。英語の動詞アフォード[1](与える)を名詞化した用語です。水には足で蹴《け》る以外に、その中で身体を横に揺らすことで利用でき、動物の身体を推進する性質がある。いろいろなアフォーダンスがあるのです。

例えばロッククライマーは岩場の小さな凹凸《おうとつ》が自分の体重を支えられるかどうかを見分けています。そのようにして選ばれた凹凸がクライマーの「垂直方向への移動」を支えるアフォーダンスなのです。そのままで動物の行為の可能性の一つを意味している。物と生きもののすることを同時に意味すること。それがアフォーダンスです。

スポーツの世界でも独特につくられた「環境」の意味を、アスリートの身体は究極まで探《さぐ》っているはずです。アスリートの身体と周囲の環境の接触面《せっしょくめん》で開けてくる可能性、それがスポーツだと思います。(中略)

[2]アフォーダンスがあるなと私が思えるようになった一つのきっかけがあります。ずいぶん前ですが、進行性の眼《め》の病気で二〇歳《さい》ごろに失明した男性の歩行訓練に付いて歩いたことがあります。最初の課題はリハビリテーションセンターの屋内を歩き回ることでした。身体の両側へと杖《つえ》を振《ふ》り分けて床《ゆか》を叩《たた》き音をたてリズムを作りながら歩くような訓練を何日間もします。

なんとか自分一人で歩けるようになると、横に曲る小さな廊下《ろうか》がいくつか分岐《ぶんき》している広い廊下を歩きながら、小さな廊下が横に抜《ぬ》けているところで止まるという訓練をします。

この男性は立ち止まって、抜けた廊下のほうに向き杖でそっちの床を叩いて「こちらが抜けていますね」と言ったり、「向こうから風が来ました」などと言いながら交差している廊下を発見できました。なぜかわからないけど、はっきりあるという感覚が生じる前に、なんとなく顔が抜けている廊下のほうを向いているというようなこともありました。周囲のきわめて微細《びさい》な音や風の変化に敏感《びんかん》になるためのトレーニングをしていたわけです。

しばらくして、いよいよ屋外の訓練がはじまりました。建物のドアを開けて外に出るその男性の後に付いて私も屋外に出ました。その時です、建物入口の扉《とびら》が開いた途端《とたん》に、うわーんと唸《うな》るような、どこまでも広がる音が外にあることを感じたのです。しばらく聞いているとその中にアイドリング中の車の音や少し離《はな》れたところを歩いている革靴《かわぐつ》の足音、100mほど離れたところにあるテニスコートのボールの音とかが聞こえてきました。

ほかにもいろいろな音が聞き分けられたのですが、それよりも外の空気全体が唸るように、全身を包み、降りかかってくるような感じがして、街を歩くとはこういう音の中にいることなのだということをはじめて実感したのです。周囲の空気にはさまざまな出来事の振動《しんどう》が満ちている。空気中に満ちている多様な振動やその微細な変化を、失明した人たちは感じとっている。そして、自分が今どこにいるのかとか、周囲に何があり、何が起っているのかを発見している。この環境についてのきわめて無垢《むく》な感覚を研《と》ぎすますことができてはじめて、単独で歩ける視覚障害者になれるわけです。

街の各所には独特な路《みち》の交差部の音や、街全体を包囲するような川や、街をつらぬく列車の音などがある。どの視覚障害者もそれぞれ生活しているところで、それらの多様な音を生活のために利用しています。失明するということは光を失うことですが、同時に振動の世界に深く触《ふ》れることでもあるのです。

私の場合、この失明者に付いて歩くという経験がスポーツへの興味とつながっています。3

スポーツのどの種目も特殊《とくしゅ》な環境を過酷《かこく》なかたちで構築することで成立しています。ハードルがいくつも置かれた走路をできるだけ速く走り抜けること。急斜面《しゃめん》をスキーで滑走《かっそう》し、そのまま空中に投げ出され、できるだけ遠くへ飛び、転倒《てんとう》しないこと。高速の滑《すべ》りをもたらすように磨《みが》かれた氷上を、薄《うす》い金属のエッジに乗って疾駆《しっく》し、コーナーを減速せずに回ること。鎖《くさり》の先に付いた重い金属玉を身体を急回転させて遠くへ飛ばすこと。直径4m55cmの小さな円の中で体重が150kg近い大男どうしがわずか70cm間隔《かんかく》で思いっきりぶつかり合うこと……。日常ではあり得ない危険と困難に満ちた環境こそがスポーツと呼ばれる何かをつくり出しています。

アスリートといわれる人たちはそこでの不自由さを十分に味わい尽《つ》くし、困難さのなかにあるわずかな光明、つまり不自由さの中のわずかな自由を見いだし、活《い》かしきっている人たちだと思います。その「絶壁《ぜっぺき》の自由」こそがスポーツの醍醐味《だいごみ》だと思います。アスリートたちがその苦しみを歓喜《かんき》に変えてしまう出来事こそがスポーツなのです。

（佐々木正人『時速250kmのシャトルが見える　トップアスリート16人の身体論』〈光文社新書〉による）

問一　――1「与える」とありますが、ここでのリハビリの話において、具体的に「何が何に何を与える」のですか。次の〔　〕①～③に入る適切な言葉を答えなさい。ただし、①は五字、②は七字で本文から抜き出して答えなさい。

〔①〕にある性質が〔②〕に〔③〕という行動を与える。

問二　――2「アフォーダンスがあるなと私が思えるようになった」とありますが、筆者がそう思えるようになった理由を六〇字以内で説明しなさい。

問三　――3「失明者に付いて歩くという経験がスポーツへの興味とつながっています」とありますが、筆者にとって「失明者に付いて歩くという経験」と「スポーツ」はどういう点で共通していますか。「アフォーダンス」という言葉を用いて五〇字以内で説明しなさい。

〔二〕「僕《ぼく》」(＝「堤《つつみ》」)は、小学校の時の同級生である「翔也《しょうや》」に街《まち》で声をかけられ、十五年以上ぶりに再会します。次の文章は、翔也の会社の事務所について行くことになった「僕」が、小学校時代のことを回想する場面から始まります。これを読んで、後の問いに答えなさい。

小学校の高学年だったと思う。父の転勤で、僕は滋賀の山奥《やまおく》に住んでいた。

人口の少ない町で、各学年多くて三クラスくらいしかなかった。そういう環境に引っ越《こ》してくる子どもは大変だ。どうしたって目立ってしまう。場の空気や子ども同士の上下関係を慎重《しんちょう》に読まなくてはいけない。僕は転校が多かったので、人の顔色を読んだり、当たり障《さわ》りのない関係を築いたりするのには長《た》けていた。自分がどう見えるかということも、早い時期から把握《はあく》していた。

けれど、田舎《いなか》の空気はそれまでいたどこの街より粘着《ねんちゃく》質で保守的だった。人々は思っていた以上に細かい部分にまで注目してきた。村と言っていいようなその町に住んでいる限り、①イッキョイチドウは人の目にさらされていた。そして、始終さまざまな噂《うわさ》が飛び交《か》っていた。

僕の母親は息が詰《つ》まると、父にしばしば文句を言っていた。その気持ちはよくわかった。まるで、肺に少しずつ澱《おり》が溜《た》まっていくようにだんだんと息がしにくくなるのだ。僕だけリコーダーの色が違《ちが》ったり、自分が話している時に教室の隅《すみ》で誰《だれ》かが笑ったりする度《たび》に、②コキュウが浅くなった。標準語の発音が嫌《いや》みにとられないように、そこの方言を覚えるまではなるべく口数を減らした。

一度、異物だとみなされたら、もう終わりだった。テストですらわざとあまりいい点数を取らないようにしたくらいだ。1ただ、僕には一つ安心があった。それが、同じクラスの翔也だった。翔也も転校生のようだった。

翔也には父親がいなかった。母親は出戻《でもど》りだとか、大阪で水商売をしていたとか、いろいろな噂があった。不倫《ふりん》の末に子どもができてしまい、一人で育てられなくなり実家に帰ってきたとも言われていた。

翔也は色素が薄《うす》く、外見が目立っていた上に気も小さくて、喋《しゃべ》るとすぐ声が裏返った。育ちのせいかは知らないが、遠足の時に蝶《ちょう》を追って迷《まい》子《ご》になったりと、一風変わったところのある子どもだった。何より、彼《かれ》からは「可哀《かわい》そうな」オーラが滲《にじ》みでていて、子どもからすればそれは「苛《いじ》めて下さい」と言っているようにしか見えなかった。正直、僕でさえ、もっとうまく立ち回ったらいいのにと苛々《いらいら》したくらいだ。

ただ、確実な標的が他に一つあれば、こちらに矢が飛んでくることはない。僕は教室の片隅《かたすみ》でぼんやりと窓の外を眺《なが》めている翔也を見ては、人知れずほっと息をついていた。

（中略）

僕らの学校の裏には小高い丘《おか》といった程度の山があった。そこは鬱蒼《うっそう》とした木々に覆《おお》われていて昼でも暗かった。一番奥には小さなお社があって、古ぼけた塚《つか》を祀《まつ》っていた。

子どもたちは七不思議だの幽霊屋敷《ゆうれいやしき》だのと怖《こわ》い話が好きなものだが、その森と塚は特に恐《おそ》れられていた。

塚には鵺《ぬえ》という怪鳥《かいちょう》が封《ふう》じ込《こ》められていると言われていた。昔、鵺は都を夜な夜な飛び回り、帝《みかど》を悪夢で苦しめたので、③タイジされた。鵺の死体はうつほ舟《ぶね》に入れられて流された。その舟が流れついたのが、この町だと言われていた。祟《たた》りを恐れた人々は鵺を丁重《ていちょう》に埋《う》め、祀った。けれど、人間を呪《のろ》った鵺は夜になると闇《やみ》から力を得て土から蘇《よみがえ》り、森の中を叫《さけ》びながら飛び回る。鵺に見つかってしまうと鋭《するど》い爪《つめ》と嘴《くちばし》で引き裂《さ》かれ、運良く逃《のが》れられたとしてもその鳴き声を耳にしたものは呪われて三日以内に悪夢を見て死ぬ。そう、まことしやかに語り継《つ》がれていた。今ならば、暗くなってから森に入らないようにと、大人たちが作った嘘《うそ》だとわかるのだが。

森にはカラスがたくさんいて不気味だった。いつでもぎゃあぎゃあと鳴いていた。なぜか奇形《きけい》の犬や猫《ねこ》がよく捨てられていた。日が落ちた森の奥から恐ろしい鳴き声が聞こえてきたという子もいた。

僕はその伝説を聞いて育ったわけではないけれど、それでも、鵺の話を一度でも聞いたら充分《じゅうぶん》なくらいその森はおどろおどろしい気配に満ちていた。委員会などがあってどうしても帰りが遅《おそ》くなる日は、校舎の中にいてもなるべく森の方を見ないようにした。黒々とした森が背後に迫《せま》りくるのを感じながら早足で帰った。

大人になってから調べたら、鵺とは頭が猿《さる》で、胴《どう》が狸《たぬき》、尾が蛇《へび》、手足が虎《とら》のキメラのような想像上の生き物とあった。僕らは恐竜図鑑《きょうりゅうずかん》で見た肉食の巨大《きょだい》な鳥を思い浮《う》かべていた。僕は鵺の死体が入っていたという「うつほ舟」というものが妙《みょう》に気になった。「うつほ」という言葉の響《ひび》きに、ぽかんとした恐ろしさを感じたのだった。

翔也は絵や工作が好きで、よく一人でこっそり鵺の絵を描《か》いていた。けれど、ひどい弱虫で、クラスの誰《だれ》かに上履《うわば》きや筆箱を森に投げ込まれたりすると昼間でも取りに行けず、靴《くつ》箱の前に敷《し》いてあるすのこに座り込んでいつまでも泣いていた。

正直、泣いた顔ばかり思いだす。それと、伸《の》びきったTシャツの襟元《えりもと》から覗《のぞ》く骨ばった鎖骨《さこつ》。その向こうで揺《ゆ》れる水面。カルキの匂《にお》い。

そうだった、思いだした。翔也と二人きりになることがあった。プールの時間だ。

僕と翔也はいつもプールを休んでいた。僕は父の知り合いの医師に診《しん》断書《だんしょ》を書いてもらっていて（注・「僕」は五歳《さい》のころに胸に火傷《やけど》を負い、その痕《あと》を他人に見られたくないため、嘘《うそ》の診断書を書いてもらっていた）、翔也はいつも水着を忘れてきて怒《おこ》られていた。

翔也は泣き腫《は》らした顔で、光る水飛沫《しぶき》をぼんやりと見つめていた。茶色い眼《め》は虚《うつ》ろで何を考えているかわからなかった。仲良くしていると思われて、苛めのとばっちりを受けたら嫌《いや》なので、僕は少し離《はな》れたところから呟《つぶや》いた。

「なんでさ、眼とか髪《かみ》とか茶色いの？」

翔也はびくっと細い肩《かた》を震《ふる》わして、おずおずと僕の方を見た。僕は顎《あご》で前を向いたまま話せと促《うなが》した。翔也が慌《あわ》てて前を向く。

「気持ち悪い？」

「そうは言ってない」

僕がぶっきらぼうに言うと、翔也は少し黙《だま》って足元を這《は》う蟻《あり》に視線を落とした。長い睫毛《まつげ》が影《かげ》をつくる。

「父さんがハーフなんだ、もう会えないけど。だから、受け継《つ》いじゃったんだって、母さんが言ってた」

「髪とか染めたらよかったんじゃないの？　今更《いまさら》だけどさ」

翔也はなんだかいびつだった。個性的なパーツが無理やり細く青白い顔に収められていた。昆虫《こんちゅう》のような長い手足がアンバランスについている。そうかと思えば、睫毛や肌《はだ》は女の子のようだった。そういうちぐはぐさが見まいとしても目に入ってくるのだ。鬱陶《うっとう》しいほどに。

「そんなことしても無駄《むだ》だよ。結局どこを変えたって、この町で生まれ育った奴《やつ》はぼくをよそ者として見るんだ。どこかしらに文句をつけてくる、ぼくがぼくである限り気に障るんだよ」

その気持ちはよくわかった。転校ばかりしていると受け入れられるのに必死で、本当の自分をいつしか見失っていく。けれど、どんなに自分を殺しても完全に溶《と》け込《こ》むことはできない。

「確かにな」と小さな声で言うと、僕は水の中ではしゃぐクラスメイトを見つめた。2どうして人って水に入るとあんなに声が高くなるのだろう。

ぷちりと小さな音がした。横を向くと、翔也が指で蟻を一ぴき一ぴき潰《つぶ》していた。

「ぼく、知っているよ。堤くんの秘密」

水音と甲高《かんだか》い音が遠のいた。心臓が耳の奥で鳴りだす。雲が晴れたのか視界が光で霞《かす》む。

「ちらっと見えたんだ。身体検査の時に。そんな顔しなくても大丈夫《だいじょうぶ》だよ。ぼくも同じようなものだから。ここにね、タトゥーがあるんだ。これだけは見られたくないから、プールをさぼってるんだ。父さん、タトゥー職人でさ、去年会った時にいれてくれたんだ、自分のことを忘れないようにって。でも、会ったことがばれて母さんが怒っちゃって。それで、もう会えない」

翔也は④シンセイな儀式《ぎしき》みたいに胸の辺りをちょっと触《さわ》ると、ぷちぷちと蟻を潰し続けた。

僕は何も言えずに黙《だま》ったままだった。

翔也が「安心した？　秘密の交換《こうかん》だよ、絶対言わないでね」と笑った。笑顔《えがお》のまま、そっと指の匂いを嗅《か》ぐ。

「蟻の血って酸《す》っぱい匂いがするよね」

白さを増した視界の中で、翔也の眼はガラス玉のように見えた。

蛹の死体が入っていたうつほ舟の「うつほ」とは、空っぽとかがらんどうを意味する言葉のことだったと、その時に気付いた。

（中略）

そう、僕は彼の秘密をばらしたのだ。

翔也がいけないのだ。泣き虫でグズのくせに、あんなものを作ってしまうから。

僕と秘密を共有したつもりで、いい気になっていたから。

プール学習の度に話しかけてくる翔也が疎《うと》ましかった。けれど、秘密をばらされるのが怖くてついつい言葉を交《か》わしてしまった。

翔也はプールの時以外は話しかけてこなかった。からかわれたり、プロレス技《わざ》をかけられている時でも決して助けを求めたりはしなかった。僕に気を遣《つか》っていたのだろう。自分の臆病《おくびょう》さを見抜《ぬ》かれた気がして、苦い気分になった。確かに僕は皆《みな》の前で話しかけられたとしても無視しただろうし、間違ってもかばったりなんかしなかっただろうから。わかっているからこそ、苛立ちが募《つの》った。

プールに反射する光に目を細めながら、僕に笑いかける翔也が不気味に思えた。怖かったのだ、翔也が僕を恨《うら》んで秘密をばらしてしまうのが。助けてくれないことを責めもせず、笑っていられる翔也が何かを企《たくら》んでいるように見えて気が気じゃなかった。

夏休みになって、あの色素の薄い目から離れると、やっと息がつけた。けれど、休みが明けて教室に入った途端《とたん》、僕は呆然《ぼうぜん》とした。

見慣れない光景が広がっていた。

翔也の机の周りに人が集まっていた。

その真ん中には白い鳥の模型があった。小さく切った無数の割り箸《ばし》で組み立てられていた。3大きく羽を伸《の》ばして、今にも飛び立ちそうに生き生きとしている。

いつも乱暴な男の子も口をあけて見惚《みと》れている。女の子たちは遠巻きにしながらも「何あれ、すごい、すごい」と騒《さわ》いでいた。遠藤《えんどう》さんという気の強い女の子が「翔也、あんた本当に自分で作ったの？」と高い声で言った。

「そうだよ、そんなに難しくなかった」

翔也が小さな声で答えると、男の子の一人が「じゃあ、ヘリコプターとかさ、虎とかも作れる？」と訊《き》いた。翔也はそっと頷《うなず》いた。

「すげえ」と歓声《かんせい》がわく。人に囲まれて背を丸めていたが、翔也は少し頬《ほお》を上気させて明らかに得意そうだった。

翔也の作った鳥の模型は文句なく図画工作の最優秀《ゆうしゅう》賞に選ばれた。そればかりか、県の小学生コンクールに出展されることになったと担任の先生が言った。

僕は怖くなった。翔也は夏休みが明けてから一度も泣いていなかった。休み時間を使って、クラスメイトが頼《たの》んでくる模型を黙々《もくもく》と作り続けていた。木工用ボンドの酸っぱい匂いの中で、規則正しく手を動かす翔也はロボットのようだった。

このままでは、苛めが僕に回ってきてしまうと思った。

その恐怖《きょうふ》に抗《あらが》えるものなんてひとつもなかった。

体育の時間の後だった。教室に戻ってきた翔也は後ろから羽交《はが》い締《じ》めにされた。

正面に回り込んだ子が体操服をまくりあげようとした。翔也は抵抗《ていこう》した。はじめてのことだった。金切り声をあげて、足を交互《こうご》に蹴《け》りだしながら渾身《こんしん》の力を込めて逃れようとした。蹴り飛ばされた子が大げさな悲鳴をあげると、わっとみんなが押さえにかかった。

翔也は蹴ったり殴《なぐ》られたりされると、すぐに床《ゆか》に膝《ひざ》をついた。ぐったりとした体に手が伸びて、体操服が引きはがされた。

白く細い胸に、青黒い鳥が翼《つばさ》を広げていた。

歴史の教科書に載《の》っていた壁画《へきが》のような渦巻《うずま》き文様の鳥だった。

一瞬《いっしゅん》、辺りはしんとなった。その鳥は濃《こ》い空気を放っていた。昼間の光とは⑤イシツな。

「鵺だ！」と誰かが叫《さけ》んだ。

「こいつ鵺の痣《あざ》があるぞ、呪われてるんだ」

周りにいた子が一斉《いっせい》に後ずさりした。

上半身裸《はだか》の翔也は目を見開いたまま、首を振った。自分を取り囲む子たちの顔をぐるっと見回し、一番後ろにいた僕のところで視線を止めた。突き抜けられそうなほど虚ろな眼だった。僕は慌てて目を逸《そ》らした。

翔也は胸に描かれた鳥を抱《だ》くようにしてうずくまった。

その日から、翔也の存在は消された。もう誰も話しかける人はいなくなった。町では翔也の父親がヤクザがらみの人間だったという噂がたってしまい、大人たちまでが関わりを避《さ》けようとした。刺青《いれずみ》のある子だから何をするかわからないと陰口《かげぐち》が飛び交った。

子どもたちの間では、翔也は恐ろしい鵺の呪いを受けているから、触ったり口を利《き》いたりしたら不幸になると噂がたった。翔也の作った鳥の模型は壊《こわ》され、机の中も靴箱の中もいつもめちゃくちゃにされた。下校中には石をぶつけられ、生傷が絶えなかった。それなのに、翔也自身は誰からも見えていないように扱《あつか》われた。給食当番もさせてもらえないし、プリントも回ってこない、手をあげても指名されることもなかった。

泣かされていた頃《ころ》の方がまだ、ましだったろうと思う。僕自身もこんなことにまでなるとは思っていなかった。翔也はあの時以来、一度も僕を見ることはなかった。やがて、学校を休みがちになっていった。

僕はまた父の転勤が決まり、三学期にはもう違う学校に移ってしまった。

最後の日も翔也の席は空っぽだったのを覚えている。

（中略）

「ねえ、堤くん、鵺の森に入った？」

何のことを言っている？　乾《かわ》いた唇《くちびる》をひらいたが、声がでなかった。

翔也は構わず続ける。

「おれはね、入ったんだ。森は黒かったよ、夜の闇よりずっとね。でも、怖くなかった。母さんは神経がおかしくなっちゃって、学校も家も、おれの居ていい場所なんかなかった。だから、行ったんだ、鵺の塚の前に。命を捨てたいと思ったんだ。どうせなら、みんなが畏《おそ》れるものに奪《うば》われたかった。4そして、森で鵺を見た」

煙草《たばこ》の白いけむりが流れて、消えた。

「そう、おれは鵺を見たんだ。カラスの群れが一目散に逃《に》げて、ぎゃあぎゃあ騒いでいたよ。鵺は恐ろしく禍々《まがまが》しかった。何よりも闇が似合っていた。ぬめるような空気を放っていた。おれみたいな中途半端《ちゅうとはんぱ》なまがいものじゃない、完全なる異端《いたん》だったよ。あまりに圧倒《あっとう》的で美しくさえあった。なあ、禍々しさやいびつさだって、極《きわ》めれば充分に人を惹《ひ》きつけるんだ」

僕は一歩後ろにさがった。翔也の言っていることが、よく、わからなかった。

「わかんない？　苛められていた頃、おれはこのタトゥーを彫《ほ》った父さんならおれを理解してくれると思っていた。いつか、自分と同じ人たちのところへ行けると夢見た。けど、鵺を見た時思った。もう、一人でいいと。わかったんだ。どこに行っても同じなんだ。みんなカラスと一緒《いっしょ》で怖いだけなんだよ。だから、必ず仲間外れを作る。共同体なんて、そんなもんさ。わずかな違いを見つけだされるのを恐れて生きるのなら、おれは一人でいい。恐れられる方がずっといい。鵺はずっと一人で、畏れられて、理解なんてされないんだ。けど、忌《い》み嫌《きら》われてもあんなに堂々としていられるんなら、それでいい。そう思ったら目の前がひらけた。堤くん、ひらけた世界って見たことがないだろう？　拒絶《きょぜつ》されて、死の淵《ふち》まで行って、そうしなきゃ気付けないものはあるんだよ。そして、君はそのチャンスを逃《のが》したんだ」

翔也は立ちあがって階段を降りてきた。

「おれはその時得たもので、今も生きながらえている。だからさ、おれは怖くないんだ。自分の恐怖心や闇すら覗けない奴なんか恐れない。周りと違うって言われても、そんなの当たり前だって思えるんだ。たった一人になっても」

【千早茜「鵺の森」（『おとぎのかけら　新釈西洋童話集』〈集英社〉所収）による】

問一　――1「ただ、僕には一つ安心があった」とありますが、ここでいう「安心」とはどのようなことですか。説明しなさい。

問二　――2「どうして人って水に入るとあんなに声が高くなるのだろう」とありますが、ここでの「僕」の気持ちを説明しなさい。

問三　――3「大きく羽を伸ばして、今にも飛び立ちそうに生き生きとしている」とありますが、このように感じた「僕」の気持ちを説明しなさい。

問四　――4「そして、森で鵺を見た」とありますが、鵺を見る前と見た後で「翔也」の気持ちはどのように変化しましたか。説明しなさい。

問五　＝＝①～⑤のカタカナを漢字に直して答えなさい。

学習院中等科(第一回)

—50分—

〔注意〕字数が決まっている問いについては、「、」や「。」も一字と数えます。

一　次のぼう線部のカタカナを漢字で書きなさい。

① 命をスクう。
② イチョウが弱っている。
③ 災害にソナえる。
④ パソコンをドウニュウする。
⑤ キントウに分ける。
⑥ キズグチを洗う。
⑦ エンゲキを見る。
⑧ ヒミツを守る。
⑨ ソウリツ記念日。
⑩ タンジョウビをむかえる。

二　次の文章を読んで、後の問いに答えなさい。

　小学六年生のぼく(ユウ)は、マスク着用の厳しい規則に反発したトモノリたちとともに、かくれてマスクをはずしていました。ただ仲間のアッシは祖母と同居することになったため、マスクをはずすことに加わりませんでした。またユウと幼なじみのサエコは、中学受験を考えていて、マスクをはずしたユウたちを、無責任だと責めていました。やがて年が明け、中学受験が終わり、マスクを取りまく状況(じょうきょう)も変わります。

　塾(じゅく)の特別進学クラスは、受験が終わると解散になる。だから、もうサエコが塾に来ることはないし、一緒(いっしょ)に帰るチャンスもないだろう——と思っていたら、駐輪場(ちゅうりんじょう)で声をかけられた。

　塾長に頼(たの)まれて、春季講習のチラシに載(の)せる『合格者の声』のインタビューを受けていた。それが終わったあとも応用クラスの授業が終わるまで居残って、ぼくを待っていた。

「用事ってほどじゃないんだけど、ユウくんに謝(あやま)りたいことがあって」

(1)「……そんなの、あるっけ?」

「去年の暮れ、マスクをはずす人は無責任だって言ったの、覚えてるよね」

　ぼくは自転車を駐輪場から出しながら、うなずいた。

　忘れるわけがない。だから、サエコが謝る理由がわからない。むしろ、こっちがお礼を言いたい。あの一言がなければ、ぼくはトモノリたちと一緒に本気でアッシと絶交して、あいつにもっと悲しい思いをさせていたかもしれない。

　でも、サエコは「ごめん」と【Ａ】を下げた。「無責任とか、ひどいこと言って……ほんと、ごめん」

「全然ＯＫだけど、そんなの」

「でも、熱とか咳(せき)とかの症状(しょうじょう)があるのにマスクしないのはだめだけど、症状がなかったらわかんないもんね、いま自分が感染(かんせん)してるのかどうかなんて」

それはそうなのだ、確かに。

「知らないうちに感染してて、たまたまマスクをはずしたタイミングで誰(だれ)かにうつしちゃったとしても……わざとやったわけじゃないんだもんね、絶対に。無責任だとか、あなたのせいだとか、そんなこと言えないし、言っちゃだめだと思う。ほんと」

どう返事をしていいかわからなくなったので、「帰ろう」と自転車を漕(こ)いだ。サエコも自分の自転車を漕いで、ぼくに並ぶ。

「ユウくん、卒業式どうするの？」

マスクのこと——。

「はずす？」

「うん、まあ、はずす……と思う」

ニュースでは、「はずすのが基本」という表現だった。「はずしてもいい」よりも一段階上がっている。

でも、サエコは微妙(びみょう)に責めるように「ウイルスがうつるかもしれないし、うつすかもしれなくても？」と言った。それ、たったいま自分から謝ったばかりなのに。

答えに詰(つ)まって、「そっちは？」と訊(き)き返した。「サエコはどうするの？」

「わたしは、マスクするよ」

迷う間もなく言った。

「はずすのが基本なんだけど……それでも？」

「知ってる。でも、『はずすのが基本』と『必ずはずしなさい』は全然違(ちが)うでしょ？　わたし、やっぱりうつしたくないし、うつされたくないから、基本の外にはみ出して、マスクする」

「……一人でも？」

ぼくの言葉に、サエコはフフッと、(2)ちょっと寂(さび)しそうに笑って言った。

「人数、関係なくない？」

ない——まったく。

オレ、ばかだ、ほんとにガキだ、サイテーなヤツ、と落ち込(こ)んだ。自分にビンタしたくなった。

そんなぼくをフォローするように、サエコは笑いながら軽く言った。

「あと、前歯のワイヤー、見せたくないしね」

最後の最後まで、(3)サエコはぼくよりずっとオトナだった。

サエコが入学するのは女子大の附属(ふぞく)中学なので、ぼくたちはもう同じ教室で過ごすことはない。幼なじみとはいっても、こんなふうに話すのはこれが最後かもしれない。

今度はいつ会えるだろう。そのときには歯列矯正(きょうせい)は終わっているだろうか。

前歯にワイヤーがついてるところ、ちょっとだけ見てみたかったな——。

ふと思ったあと、(4)急に恥(は)ずかしくなった。

え？　いまのって……エッチなことになっちゃうの……？

一人でドキドキするぼくをよそに、サエコは斜(なな)め上の空を見て、言った。

「でも、みんなはマスク取っちゃうんだろうね。あたりまえだよね、ずーっとがまんしてたんだから。絶対に気持ちいいよね」

　ぼくもそう思う。

「でも、引き換(か)えに、ウイルスも広がって、日本中の学校で感染爆発(ばくはつ)になっちゃうかもしれないけどね」

　ぼくも、そう思った、いま。

「だから、もう、発想変えたわけ。自分はマスクをまだしばらく続けるけど、それを人に押(お)しつけるのは、やめた。人にうつすのは無責任とか誰かのせいとか、そういう発想で生きてたら、これからは、なんか、生きていくのがツラくなりそうだし……」

　確かに、これからはいろんな考え方が変わっていくのだろう。元通りになる、でいいのだろうか。

　世界が無事に元に戻(もど)って、めでたしめでたし――？

　じゃあ、いまは間違いの世界――？

　ぼくたちのやってきたことや考えてきたことは、未来には「ヘンな時代があったんだなあ」と笑われてしまうのだろうか。

　*コバセンがこのまえ、申し訳なさそうに教えてくれた。いまつくっているぼくたちの卒業アルバムは、前半と後半とで雰囲気(ふんいき)がまったく違うらしい。

　三年生までの前半は、運動会や校外学習や合唱大会のスナップ写真が並ぶ。誰もマスクなんて着けていない。でも、後半の三年間は、スナップ写真は全部マスク姿で、そもそも学校行事の写真がほとんどない。

　クラスの集合写真は、特別にマスクなしで撮影(さつえい)した。でも、マスクをはずした気持ちよさよりも、私語厳禁のプレッシャーのほうが強くて、こわばった顔になってしまったのが自分でもわかった。みんなもそうだと言っていた。

　いつか、ぼくに子どもができて、その子がアルバムを見て「ねえパパ、なんでみんなマスクしてるの？」と訊いてきたら、ぼくはどう答えるだろう。「ヘンなの」と笑われたら、「だよなあ、ヘンだったよなあ」と一緒に笑えるだろうか。

　それとも、世界はもう元には戻らず、ぼくの子どももマスクをしていて、アルバムの前半の写真を見て、不思議そうに「なんでみんなマスクしてないの？」と訊くだろうか。

　息が詰まる。マスクのせいだけでなく。

　サエコの自転車は、ほんの少しぼくより前を走っている。

「あのさー、ちょっといい？」

　背中に声をかけた。返事はなかったし、こっちを振(ふ)り向いたわけでもなかったけど、かまわない、(5)いままで誰にも言えなかった弱音を吐(は)いた。

「なんか、苦しいんだよね、いつも。マスクとかウイルスのことを考えると、オレ、苦しくなっちゃうんだよね……」

　サエコは前を向いたまま、「わたしも」と言った。「わたしも、苦しくなる」

　よかった。ぼくだけではなかった。

「オレ、未来のこと考えると、よくわかんなくなって、苦しいの」

「わたしは逆だなあ。昔のことを考えるほうがキツい」

「昔って、いつぐらいの昔？」

「四年生とか、五年生とか、六年生の一学期とか、二学期とか、あと……いま」

サエコの自転車のスピードが上がった。

ぼくも追いかける。

「もしもウイルスがなかったら、いま、どんな三学期なんだろう、って。そういうのをずっと考えてる。わたしはどんな四年生で、どんな五年生で、どんな六年生だったんだろう……って、考えれば考えるほどわからなくなって、息ができなくなって、苦しい」

わかる、すごく。

上り坂に差しかかるまでは、まだだいぶ距離（きょり）がある。助走をつけるには長すぎるけど、サエコはペダルをさらに強く踏（ふ）み込んでいく。

言葉が切れ切れになって、聞こえづらくなった。

でも、「パラレルワールド*」という言葉は耳に届いた。

誰か、映画かドラマ、つくって――。

続けて、確かにそう言った。

わかる。すごくわかる。

ウイルスのなかった、マスクの要（い）らない三年間のパラレルワールドがあるなら、ぼくだって見てみたい。できれば、そっちに飛び移っても……移らないかな、やっぱり……。

坂道になった。ぼくたちは二人並んで上っていく。息が荒（あら）くなる。もう、なにもしゃべる余力はない。

沈黙（ちんもく）のなか、途中（とちゅう）からはサドルからお尻（しり）を浮（う）かせた立ち漕ぎをして、なんとか最後まで上りきった。

地面に足をついて、しばらく肩（かた）を大きく上下させたサエコは、まだ息が整いきる前に、言った。

「いつか同窓会したいね」

「……うん」

「その頃（ころ）には、いろんなこと、懐（なつ）かしくなってるといいね」

「……だよな」

また自転車を漕ぎ出した。そこからは、たいした話はしなかった。さっきの重すぎる本音にお互（たが）い消しゴムをかけるみたいに、サエコもぼくも、ゲームやアニメのことばかり、途切れずに話しつづけた。

交差点でサエコと別れたあと、胸の奥（おく）をぽかぽかと温めてくれたのは、その数分間の【Ｂ】会話だった。


【重松清「反抗期」（『おくることば』〈新潮文庫〉所収）による】

＊コバセン　ユウたちの担任。
＊パラレルワールド　平行世界。

問一　波線⑴には「ぼく」のどのような気持ちが込められていますか。最も適当なものを次から選び、その記号を書きなさい。
ア　言われたくないことだったので、めんどうな気持ち。
イ　謝られることはなかったので、不思議な気持ち。
ウ　心当たりがあるが、改めて言われ照れくさい気持ち。
エ　おこっているので、話しかけられて不快な気持ち。
問二　【Ａ】に入る適当な言葉を漢字一字で書きなさい。
問三　波線⑵のようにした理由を、四十字以上五十字以内で書きなさい。
問四　波線⑶での「オトナ」の意味として最も適当なものを次から選び、その記号を書きなさい。
ア　相手のことも思いやれること。

イ　自分の意見をつき通せること。
ウ　反発されてもおこらないこと。
エ　進路がもう決まっていること。

問五　波線(4)の理由を一行で書きなさい。

問六　波線(5)の内容として最も適当なものを次から選び、その記号を書きなさい。
ア　中学でサエコと別れるのがつらいこと。
イ　卒業アルバムの内容が不満だということ。
ウ　マスクをはずすのが不安だということ。
エ　未来のことを考えると苦しくなること。

問七　【Ｂ】に入る言葉として最も適当なものを次から選び、その記号を書きなさい。
ア　ドキドキする　　イ　なつかしい
ウ　どうでもいい　　エ　ためになる

問八　この文章を「ぼく(ユウ)が～物語。」という一文でまとめなさい。ただし「～」に入る言葉は三十字以上四十字以内とします。

三　次の文章を読んで、後の問いに答えなさい。

私たち人類が今のように農耕を行ない定住し始めたのは1万年ほど前だと言われています。それまでの100万年ほどは、少人数のグループで移動しながら狩(か)りや採集で食べ物を集める狩猟(しゅりょう)採集生活を送っていたと考えられています。1万年という時間は、長いようですが生物の体のつくりを変えるには短すぎます。したがって、私たちの身体や脳はいまだ約100万年続いた狩猟採集社会に適応していると言われています。これが「私たちのからだには狩猟採集社会のこころがつまっている」と言われる理由です。

狩猟採集生活がどんなものだったかは、近年まで狩猟採集生活をおくっていたナミビアのクン族などの研究からおおまかな様子がわかっています。狩りや採集や調理、育児を集団で協力して行なっていたと想像されています。

多くの狩猟採集社会で共通しているのは「平等性」です。群れのメンバーは公平に扱(あつか)われます。獲物(えもの)を多くしとめたからといって、分け前が多くなるわけではありません。この平等性は群れのメンバーが安定して生き残るために合理的なしくみです。もし、獲物をしとめた人だけが食べ物にありつけるようにしたらどうなるでしょうか。元気なときにはそれでいいでしょうが、ひとたび怪我(けが)や病気をしてしまえば、その時点で食べ物が手に入らなくなって餓(う)えてしまいます。怪我や病気はどんなに気を付けていても避(さ)けがたいことです。(1)そんな社会ではとても安定的に子孫を残していくことはできないでしょう。狩猟採集社会の平等性は、集団のメンバーが安定して子孫を残す(つまり増えていく)ための重要なしくみです。

この平等性を維持(いじ)するために、クン族は並々ならぬ努力をしています。なによりも大事なことは協力的で偉(えら)ぶらないことです。クン族の逸話(いつわ)でこんな話があります。もし狩りに行って大きな獲物をしとめることができた場合、その人は決して大喜びで帰ってきたり、自ら手柄(てがら)を宣伝するようなことはしません。普段(ふだん)と同じように帰ってきて、仲間のところに加わります。自分からは言い出さず、仲間が狩りの成果を聞いてくれるまで待ちます。聞いてくれたとしても、「なんにも見つけられなかったよ……まあほんのちっぽけなものならあったかな」と、できるだけ大したことではないふうを装いながら、(2)自慢(じまん)にならないように気を付けて成果を報告するそうです。

私たちの目から見ると、そこまで気を使わなくても……と思わなくはないですが、そうしてしまう気持ちはわかるのではないでしょうか。もし、偉ぶってしまって嫌(きら)われてしまったら、次に自分が獲物を捕れなかったときには助けてもらえないかもしれません。そうなれば、自分も自分の家族もみんな餓えてしまいます。狩猟採集生活者にとって、仲間から嫌われないこと、仲間外れにされないことは生きていくうえで何よりも大切なことだったのでしょう。

人間はこのような社会で１００万年を過ごしてきました。したがって、人間の考え方も*倫理(りんり)観もいまだこの狩猟採集生活に適応していると考えられています。みんなに協力的で、偉ぶらず、自慢しないのが尊ばれます。これは現代社会でも同じではないでしょうか。たとえ本当に偉かったり自慢するだけの成果を残していたとしても、それを偉そうに自慢をする人は嫌われ、偉ぶらず謙遜(けんそん)している人の方が人格者として評価されます。それも私たちが狩猟採集生活の心をいまだに有していることを示しているのかもしれません。

私たちが協調性を重んじて、隣人(りんじん)と仲が良くないと悩(なや)むのは(3)この考え方の名残(なごり)だとみなすことができます。いわば時代遅(おく)れの本能が残っているのです。たしかに狩猟採集社会では仲間外れにされることは死活問題です。しかし、今やそうではありません。協力性は社会制度の中に組み込(こ)まれています。現代社会では、たとえ世界中の人から嫌われていたとしても生きていく権利が保障されています。人間関係にまつわる悩みのほとんどは、生死には関係なく、いわば気持ちの問題です。

このような悩みを解決するには、(4)学ぶことより他はないかと思います。生物としての進化のスピードは社会の進化に比べて圧倒(あっとう)的に遅(おそ)いので、進化に任せていては社会変化についていけません。一方で、人間の考え方は学ぶことで変えることができます。本能が求めることの理由を学べば、【Ａ】によって本能に逆らうことができます。

たとえばバンジージャンプがあります。あれは誰(だれ)がどう見ても命を危険にさらす行為(こうい)です。人間の本能は恐怖(きょうふ)を感じて*忌避(きひ)するでしょう。ところが人間は(全員ではないでしょうが)、ひもがついていれば安全だと確信して、飛び降りることができます。もっと極端(きょくたん)な例では、*殉教(じゅんきょう)者など、自分の命ですら信念のために投げ出すことができる場合もあります。人間以外の生物では、決して真似(まね)できないことでしょう。

人間は学習によって本能を超(こ)えた行動ができる今のところ唯一(ゆいいつ)の生物です。論理的に考えて役に立たない、意味のない悩みは捨ててしまうことが可能です。悩みというのは現実が本能にそぐわない状況で生じるものです。悩みの解決にはまずその悩みをもたらした生物的な由来を理解することです。そして本当に悩む価値のあることなのかどうかを*吟味(ぎんみ)することです。その結果、現代社会を生きる上で悩む必要のない問題だと理性が判断するのであれば、そんな悩みは無視して、もっと自分が大事だと思うことに時間を使う方がいいですし、人間にはそれが可能です。

　生物としての人間全体の話に戻(もど)ります。生物としての人間は他の個体と協力することによって大きな社会を作り出しました。さて今後、人間はどうなっていくのでしょうか。

　人間の協力性を可能にしたのは、人間のもつ「共感能力」だと言われています。つまり他の人の気持ちになって考えられるということです。これによって他者の望むことを察知し、協力関係を築くことができます。この共感能力は人間が増えることに大きく貢献(こうけん)しましたが、最近の傾向(けいこう)として、この共感能力は人間のなかでますます強化されてきているように思います。つまり人間は【 B 】なってきています。

　近年、ウシやブタなど動物の肉を食べることについてしばしば問題視されるようになってきています。食肉の問題のひとつは温暖化などの環境(かんきょう)負荷(ふか)が大きいことだと言われています。たとえば100gのタンパク質を生産するのに、大豆であれば2・2㎡で済むところを、ウシを放牧した場合は164㎡と70倍以上の広い土地が必要になります。また冗談(じょうだん)のような話ですが、ウシのゲップはメタンを含んでおり、このメタンが大きな温室効果をもたらしているとされています。

　さらに食肉には倫理的な問題があると指摘(してき)されています。私たちと同じほ乳類であり、ある程度の知能をもったウシやブタを殺して食べることが許されるのかという問題です。私自身は肉が大好きですので、普段から何の疑問も抱(いだ)かずにウシもブタも食べています。特に罪悪感を抱くことはありません。ただ、それはよくよく考えてみると、罪悪感を抱かなくて済むようなシステムができ上がっているからのように思います。

　たとえば、スーパーの肉売り場ではウシやブタの肉の切り身がきれいにパックされて並んでいます。そこに生物としての姿はもうありません。骨や血液、皮膚(ひふ)、毛、臓器など元の生物の特徴(とくちょう)はきれいに取り除かれています。どこか人目につかない場所で生身の動物から肉を切り離(はな)す作業が行われています。マグロの解体ショーはよく見世物になっていますが、あれは魚だからまだ許されているように思います。ウシやブタの解体を見たい人はあまりいないでしょう。私たちは、自分と同じほ乳類を殺すこと、さらには解体することに少なからぬ抵抗(ていこう)感を持っていることを示しています。

　これは人間という生物の特性からすれば当然のことです。私たちは少産少死の戦略を極めた生物ですので命を大切にします。それも自分だけではなく、他の人の命も大切です。それは人間が大きな協力関係の中で生きているからです。私が生きて増えるためには、他の人の協力が必要です。したがって、人を殺すということには大きな抵抗感を持つようになるのは当然です。そしてこの抵抗感は、人間以外の人間とよく似た生物、たとえばほ乳類などであれば(人間ほどではないにせよ)適用されてしまうようです。

　(5)これは仕方のないことのように思います。ほ乳類の体のつくりは人間とよく似ています。ネズミでも、体温、皮膚、骨、血管があり、切ると血が出ます。内臓もほとんど人間と同じセットがそろっています。ふるまいも人間と似ています。イヌやネコを飼っている人であれば、そのしぐさやふるまいに人間らしさを感じることも多いでしょう。人間の家族と同じように扱(あつか)っている人も多いのではないでしょうか。彼(かれ)らは人間ではありませんが、やはり喜怒哀楽(きどあいらく)があり、好き嫌いもあり、かわいくて時にやさしさも見せます。そのような動物を殺して食べることに忌避感を持つのは当然のことでしょう。

ウシやブタも変わりありません。家でペットとして飼うことはあまりないのでよく知られていないだけで、牧場に行けば人懐(なつ)っこいウシがいますし、ブタをペットとして飼っている人もいます。彼らにもきっと人間と同じような喜怒哀楽があることでしょう。むしろそうしたウシやブタの人間らしさを知らないおかげで、平気で食べることができているのかもしれません。もし小型のウシやブタがペットとして広く飼われるようになったら、もう人間はウシもブタも食べられなくなるのではないでしょうか。そこまでいかなくても、自分が家族のように大事にしているイヌやネコと、今晩のおかずのウシやブタは同じ生物だと一度でも意識してしまうと、どんどん食べにくくなっていくように思います。実際に近年、動物食を控(ひか)える選択(せんたく)をする人が増えているという統計結果もあります。私たちは少しずつ、他の動物へも【Ｃ】の範囲(はんい)を広げているように思います。

(市橋伯一『増えるものたちの進化生物学』〈ちくまプリマー新書〉による)

＊倫理　人として守り行うべき道。
＊忌避　嫌ってさけること。
＊殉教　自らの信念に命をささげること。
＊吟味　よく考えて選ぶこと。

問一　波線(1)「そんな社会」とはどのような社会か、一行で書きなさい。

問二　波線(2)の理由として筆者の主張と合っているものを次からすべて選び、その記号を書きなさい。

ア　その人がなんにも見つけられなかったから。
イ　偉ぶってしまうと仲間に嫌われてしまうから。
ウ　自慢することは人として良くないことだから。
エ　ちっぽけなものしか見つけられなかったから。
オ　仲間との助け合いを失うことになるから。

問三　波線(3)「この考え方」とはどのような考え方か、二十五字以上三十五字以内で書きなさい。

問四　波線(4)について、筆者が学ぶことをすすめている理由を二十字以上三十字以内で書きなさい。

問五　【Ａ】に入る言葉として最も適当なものを次から選び、その記号を書きなさい。

ア　社会　　イ　理性　　ウ　関係　　エ　進化

問六　【Ｂ】に入る言葉として最も適当なものを次から選び、その記号を書きなさい。

ア　だんだん弱く　　イ　ますます自分勝手に
ウ　どんどんやさしく　　エ　しだいに強く

問七　波線(5)「これ」の内容として最も適当なものを次から選び、その記号を書きなさい。

ア　人間に害を加える生物は殺されても仕方がないと考えてしまうこと。
イ　人間は今でもほ乳類を食べ物として認識することに抵抗があること。

ウ　人間によく似た生物を殺すことには抵抗感が生まれてしまうこと。

エ　イヌやネコをまるで家族のように扱ってしまう人もいること。

問八　【Ｃ】に入る言葉を、文章中から二字で探して書きなさい。

鎌倉学園中学校（第一回）

—50分—

〔一〕 次の――線部を漢字に直して答えなさい。

1 患者《かんじゃ》にトウヤクする。
2 ショクムに専念する。
3 食料をチョゾウする。
4 一線をしりぞく。
5 神々をまつる。

〔二〕 次の――線部の意味に当てはまる慣用句を例にならって平仮名《ひらがな》で答えなさい。

（例）
相手が強すぎてとてもかなわない。
（答え）
はがたた

1 何の根拠《こんきょ》もないうわさが広まる。
ね□□□□
2 電話のやりとりだけではものごとがはかどらず決着がつかない。
ら□□□
3 自分のことは問題にせずに放っておいて人を非難する。
た□□□
4 彼《かれ》の熱心さにみんなはとても感心しおどろいた。
し□□□
は□□□
5 かくさず本心をさらけ出して話す。

〔三〕 次の文の□A・Bに入る同音異義語をそれぞれ漢字で答えなさい。

1 とんでもない暑さに□A□する。□B□に線を引く。
2 休校の□A□を延長する。人体はさまざまな□B□から構成される。
3 昔の生活を□A□する。人の欲には□B□がない。
4 □A□なく日々を送る。労働の□B□として賃金を受け取る。

〔四〕 次の文章を読んで後の問いに答えなさい。（字数指定がある場合、句読点・かぎかっこ等の記号は一字として数えること。）

「故意にしたってほんとかしら？」げんはどうしても母に話をよく聴《き》いておきたかった。

「よくわからないの。」母は明らかに気をつけてものを云《い》っていた。「自分じゃ故意だなんてことないって云い張っているんだけれど、学校のほうじゃそうだろうと思うって云うのよ。対手《あいて》の子もたしかに足をひっぱられたんだって云うし、――だけど私にはどうもよくわからない。」

「学校のほうって、学校の誰《だれ》がそう云うの？」

「担任の先生よ。」

「先生そこに見ていたの？」

「いいえ、そうじゃないらしくてよ。」

「それじゃなぜ故意だと云うの？　1故意にしたって云うだけの根拠《こんきょ》になるようなことがあったの？」

「よくわからないのよ。なにしろ碧郎《へきろう》さんときたら何を訊《き》いてもだめなのよ、ろくに口も利《き》かないんですもの。まあ興奮していたんだろうからしかたがないと思うけれど、私が駈《か》けつけて行っても、まるでつんけんしていてね、とりなしてあげようと思ってもかえって一々私に食ってかかるのよ。先生もそばにいてあっけにとられちまうし、2私も情《なさけ》なかったわ。……きっと碧郎さんはおとうさんに来てもらいたかったのね。それを私なんかが出かけて行ったんで、気に入らなかったのかもしれないわ。……うちの中ならまだしも、学校なんてところでああして子によそよそしくされると、まったく後からきた母親、二度目の母親なんてものは面《めん》目《ぼく》まるつぶれだ。つくづくいやなもんだと思った。」

　こうした不平と悲嘆《ひたん》といやみは聴きなれているけれど、やはり新しく聴かされるたびに、げんは気もちがわるい。嘆《なげ》きよりさきに事の次第《しだい》をきちんと聴かせてもらいたいのだ。むろん母の云っていることはよく理解できた。それだけ聴けば、碧郎がこんな眼《め》つきで母を見、こんなふうな身のこなしでこんな声でものを云ったろう、そして母はそれに対してどう感じ、どういう態度をしたか、両方のしかた言いかたをほぼ間違《まちが》いなく察することができた。きょうこのことばかりではない、それはいつもいつもくりかえされていることだったから、推察に難《かた》くなかったのである。3歯痒《はがゆ》い。碧郎もいけないのだし、母もいけない。どっちも悪い人でないのに、一ツ間拍子《まびょうし》が合わないとたちまち憎《にく》らしいほどの感情になってしまう。たまたま拍子《ひょうし》のうまく行ってるときは、母は碧郎をさっぱりしているいい子だと云う。でも、そういうときは大概《たいがい》げんにいけなくて、「あなたは□意地がわるい」というようなことを云っている場合なのだった。なぜ二人の子がいちどに一緒《いっしょ》に快く思われることがないのか不思議だとげんは思う。母のほうから云えば、子供たちはなぜ二人一緒にいい子にならなくて、ときどき片方ずついい子になるのだかわからないと云うだろう。

　とにかく、げんが母の嘆きや愚痴《ぐち》のなかから聴いたいきさつは、きょうの昼休み中に、一人の子が鉄棒にぶらさがってい、そのまわりに何人かの一年生がそれぞれ何かして遊んでいた。そこへ碧郎がこちらからも一人と前後して駈けて行った。鉄棒へかかるつもりだったのだ。と、鉄棒の子と碧郎と二人が折り重なって倒《たお》れころがった。そのとき、「あっ、ああっ！」というような声をそばのみんなが聴いている。碧郎はすぐ起きて立ったが、その子は片手をついて立とうとして立てず、「痛い痛い」と叫《さけ》んでいた。碧郎が手を貸したが、「痛い」と云って受けつけなかった。みんなが寄って抱《だ》き起《おこ》そうとしたけれどだめだった。先生に知らせ、先生が抱いて連れて行った。校医が骨折と診《み》、その子の宅へ電話して母親に話し、学校の近処《きんじょ》の外科《げか》へ先生つきそいで連れて行った。碧郎は午後の授業を受けていたが、医者から先生が帰って来ると同時に図書室で調べられた。そしてうちへ電話で知らせが来、母が出かけて行ったという順序なのだ。故意ということが出てきたのはその子が、碧郎が自分の足をひっぱって鉄棒から落《お》した、と云いきったからだという。

「それなら故意というのではなくて、過失じゃないの？　ふざけて駈けだして来て、鉄棒の子にぶつかったはずみというのじゃないの？　故意だなんて大袈裟《おおげさ》だわ。」げんは考え考え云った。

「と、そうあんたは云いたいでしょうね。」へんな口調で母が云うな、とげんは思った。「ところがね、動機があるのよ。いえ、あるって先生がおっしゃるのよ。そこが困るところなのよ。あのね、その子は優秀《ゆうしゅう》な子なのよ、担任ばかりが認めるのではなくてどの先生にも褒《ほ》められる子なのよ。それでね、きょう午前中の国語の時間に碧郎さん指されて答えたんだけど、うまい答《こたえ》でなくてその子に揚足《あげあし》とられたのね。その揚足が上手にやられたもんだから、みんながわあっと笑った。だからあの人、しょげててれたところへも一度、――なあんだ、＊おやじに訊いて来なかったのか、とやられたっていうの。それでかあっとして、教室ってこと忘れちまって、黙《だま》れってどなったっていうのよ。それが根にあったかもしれないって話なの。」

4 げんは聴いているうちに膝《ひざ》がぎりぎり固くなった。碧郎の気もちは手に取るようにわかる。自分だってどなるだろう。だが、それで故意に鉄棒にぶらさがっている対手の足をひっぱって落し、腕《うで》を折るようなことを、――いや、腕が折れたことは偶然《ぐうぜん》かもしれないとしても、そんなことをやるだろうか。やらない。碧郎はそんな子じゃない。絶対にやりはしない。そんなしんねりと意地の強い子でもなし、それがa肝《きも》に銘《めい》じるくらいならむしろ頼《たの》もしいのである。碧郎はがっと怒《おこ》るけれど、そのときだけのことが多い子なのだ。いつまでも立腹をおぼえていることもあるが、それは思いだしたとき一時《いっとき》立腹がたちかえってくるだけで、すぐまた何でもない性格なのだ。人に怪我《けが》をさせる魂胆《こんたん》があるほどしっかりものではないのだ。それかと云って、思いつきで悪意が閃《ひらめ》くような鋭《するど》い才があるのでもない。そんなことはしない、と云うよりし得ない碧郎だった。「それが動機だなんて、あんまりひどいわ、こじつけみたいだわ。」

気がつくとげんは、母と学校の言い分を一緒くたにしてなじっている語気だった。はたして母はちらりと微笑《びしょう》して云う。「あんたたちきょうだいはよく似ているわね、身贔屓《みびいき》が強いのよ。誤解のないように聴いておいて頂戴《ちょうだい》。クラスの子たちが云うんですって、碧郎さん、できないからひがんだんだって。」

「だっておかあさん、故意だなんて――」

「いやあね、ほんとに困るわ。一人はじきにむかっ腹たてて事件を起すし、一人はじきにぽろぽろ泣くし、私、話してくれって云うから話したまでで、あんたに泣かれちゃ困るじゃないの？」それはそうだった。碧郎は学校で腹を立て、そのいきさつをうちで聴いているげんが泣きだすのでは母は困るにちがいない。でも、げんは涙《なみだ》がこぼれていた。

（幸田　文『おとうと』による）

＊おやじに訊いて来なかったのか――碧郎の父親は文筆家である。

問一　□に入る漢字として最も適切なものを次の中から選び、記号で答えなさい。

ア　片　イ　大　ウ　底　エ　横

問二　――線部a「肝に銘じる」の本文中の意味として最も適切なものを次の中から選び、記号で答えなさい。

ア　心にとどめてよく考えること。
イ　心にきざみこんで忘れないこと。
ウ　心を楽にしてこだわらないこと。
エ　心を広くかまえて動じないこと。

問三　――線部１「故意にしたって云うだけの根拠になるようなことがあったの？」とありますが、本文中でその根拠になるようなこととして考えられていることを二つ、それぞれ三十五字以上四十五字以内で説明しなさい。

問四　――線部２「私も情なかったわ」とありますが、このように母親が言う理由を説明したものとして最も適切なものを次の中から選び、記号で答えなさい。

ア　学校からの連絡《れんらく》を受けてあわてて駆《か》けつけたのに、二度目の母親ということでよそよそしくされてさみしく思ったから。

イ　母親として話を聞こうとしたりなだめたりしたのに、反抗的《はんこうてき》な態度をとられて先生の前で恥《はじ》をかかされたと思ったから。

ウ　碧郎は本当の親である父親に来てほしかったのだろうと思い、継《まま》母《はは》である自分が学校に行ったことは失敗だったと思ったから。

エ　碧郎はとげとげしい態度をとるばかりで何を聞いても口をきいてもらえず、せっかく学校に行ったのに損をしたと思ったから。

問五　――線部３「歯痒い」とありますが、このときのげんの気持ちを説明したものとして最も適切なものを次の中から選び、記号で答えなさい。

ア　碧郎と母親は決してお互《たが》いに憎み合っているというわけではないのに、ちょっとした食い違《ちが》いが起こっただけですぐに関係が悪くなってしまうのをもどかしく思っている。

イ　碧郎と母親はどちらも自分のよくないところは分かっているのに、あるきっかけで感情が高ぶるとつい相手を憎む感情を抑《おさ》えられなくなってしまうのをもどかしく思っている。

ウ　母親は碧郎のことをさっぱりしていていい子だと思っている時もあるのに、そういう場合は自分がいい子になれず、同時にいい子になることができないのをじれったく思っている。

エ　母親も碧郎もふだんはお互いのことをよく理解しているのに、ささいなことで相手のことを誤解して憎たらしいほどの気持ちになってしまうことをじれったく思っている。

問六　――線部４「げんは聴いているうちに膝がぎりぎり固くなった」とありますが、このときのげんの気持ちを説明したものとして最も適切なものを次の中から選び、記号で答えなさい。

ア　授業で恥をかかされた上に父親のことを悪く言われた碧郎の悔《くや》しさを思い、また母親までもが碧郎が故意にけがをさせたかのように話していることに怒《いか》りを感じ、いらだっている。

イ　みんなの前で揚《あ》げ足《あし》をとられて恥《は》ずかしい思いをした碧郎のことを思い、またわざとけがさせたりするほどの勇気のない碧郎が故意にやったとされていることを不審《ふしん》に思って、いらだっている。

ウ　授業中にうまく答えられなかったことを優等生にからかわれた碧郎の悔しさを思い、また碧郎の性格が理解されずに罪をなすりつけられていることに悔しさを感じ、いらだっている。

エ　授業中に恥をかかされた碧郎のことを思い、また腹を立てて仕返しをするほど根にもつ性格ではない碧郎がわざと相手を鉄棒から落としたとされていることを不当に思って、いらだっている。

問七　本文から読み取れる「母親」と「げん」を説明したものとして最も適切なものを次の中から選び、記号で答えなさい。

ア　母親は私情を交えずに担任の先生の話を受け止め、碧郎が故意に友人をけがさせたことはあり得ることだと思っている。一方げんは母親の話を聞いて冷静に事実を判断しようと思っているが、どうしても私情が入って事実をありのままに受け取ることができずにいる。

イ　母親は碧郎のことよりも自分の気持ちを優先させ、事の次第よりも先に学校での碧郎の態度に対する不平や悲嘆をげんに話そうとしている。一方げんは碧郎のことを第一に考え、先生やクラスのみんなに碧郎の言ったことを信じてもらうためにはどうしたらよいかがわからず悩《なや》んでいる。

ウ　母親は担任の先生から聞いた話をそのままげんに話し、碧郎が級友にけがをさせたのが故意かどうかはわからないと思っている。一方げんは担任の先生やクラスの子たちが言っていることは勝手な思い込《こ》みだと思い、碧郎が濡《ぬ》れ衣《ぎぬ》を着せられてしまっている事態を悲しんでいる。

エ　母親は担任の先生の言っていることはもっともらしいと思い、級友にけがをさせたのは故意ではないという碧郎の言葉を嘘《うそ》だと受け取っている。一方げんは碧郎の性格からして故意にしたはずはないと思い、碧郎をかばおうとしない母親に対して不満を感じている。

五　次の文章を読んで後の問いに答えなさい。

*九・一一は二重の意味で日本に結び付けられました。ひとつは「アメリカが不意打ちにあった」ということで「*パールハーバー(真珠湾《しんじゅわん》)」が想起され、もう一つは自爆攻撃《じばくこうげき》だということでアメリカ人たちに「*カミカゼ」の悪夢を蘇《よみがえ》らせたのです。

それだけではありません。あのツインタワービルが二棟《にとう》とも崩落《ほうらく》してしまって、後に巨大《きょだい》な廃墟《はいきょ》ができました。それは無に帰した地ということで「グラウンド・ゼロ」と呼ばれました。けれども、じつはその名は第二次大戦中に初めて行われた原爆実験《げんばくじっけん》の跡地《あとち》の「空白」を表現したもので、ヒロシマとナガサキの廃墟に対しても使われました。ただしそのことはアメリカ人の記憶《きおく》にはなかったようです。憶《おぼ》えていたなら、アメリカ人に甚大《じんだい》なショックを与《あた》えたこのような*惨禍《さんか》を、アメリカはかつて世界のいたるところで作り出してきたのだということに思い至ってしまうでしょう。それでは戦争に向かう国民意識は形成できません。自分たちが犠牲者《ぎせいしゃ》だと思えるとき、その国民は戦争することを「正義」だと思い込むことができます。このとき多くのアメリカ人は、不意の悪夢のような手段でアメリカが攻撃され、グラウンド・ゼロの惨禍がもたらされたという事実に茫然自失《ぼうぜんじしつ》し、その悲しみを怒りに転化して、「テロとの戦争」という*呵責《かしゃく》なき戦争に乗り出す政府を熱く支持したのです。そして、そこにこめられた「悪に対する憎悪《ぞうお》」には、第二次大戦時の対日戦の遠い記憶が重なっていたということです。

これは1表現の問題とそれにともなう意識の問題で、ふつうはほとんど素通《すどお》りされますが、何をどう言い表すのかというのは、最初に出来事を意味づけ、人びとの理解に方向づけを与える決定的な行為《こうい》なのです。そして実際に、2この事件に際してアメリカ政府は「これは戦争だ」とわざわざ言ったのですが、それによってアメリカは国家としてこの「テロリストたち」と*対峙《たいじ》するということを表明したわけです。

戦争というのは何度も言ってきたように、国家間の武力衝突《ぶりょくしょうとつ》でした。武装集団がいたとしても、それは取《と》り締《し》まりの対象ではあっても、国家が軍事行動をする戦争の相手とはみなされませんでした。それにもかかわらず、「これは戦争だ！」と断定することは、この種の事件を国家に対する攻撃とみなして国家が「応戦」する、という宣言になります。不意打ちだから宣戦布告はなく、この攻撃ですでに戦争は始まっていることになる。そして相手は「[A]の*卑劣《ひれつ》な攻撃をしてきたテロリスト集団」です。けれども、この集団には国家のような領土がありません。だから集団そのものがこの「戦争」では攻撃の対象になります。そしてその集団はどこかの国にいる。となると、アメリカはその国を攻撃することになる。するとその国にとっては、攻撃は主権侵害《しゅけんしんがい》です。この場合、武装集団が「敵」なのか、彼らが潜伏《せんぷく》する国が「敵」なのか？　これまでの観念からすれば、戦争は国家間行為です。しかし、この場合は「敵」が非国家的集団です。だとすると、戦争はもはや国際法的行為ではなくなります。つまり、この行為は国際法の*埒外《らちがい》にあることになる。あるいは、国家間関係を前提とした国際法秩序《こくさいほうちつじょ》は失効したことになる。要するに、「テロとの戦争」は従来の国際法では扱《あつか》えません。言《い》い換《か》えればそれは3国際法の「例外状態」なのです。そしてアメリカはその「例外状態」を宣言したということです。

(中略)

「テロとの戦争」の原理的な点に戻《もど》りましょう。これは論理的に考えると大変おかしな話になります。国家間戦争の場合は、当事者が国家同士で対等ですから関係は対称的《たいしょうてき》だと言います。ところが「テロとの戦争」では、国家が国家ではない集団を相手にするというわけですから、関係は非対称です。だからアメリカの政治学者はこれを「非対称的戦争」と呼ぶのです。アメリカの政治学者だけではありません。今では世界の知識生産の中心がアメリカで、そこで作られた知識が英語をいわば標準語として世界に広がりますから、アメリカで出てきた考えが、学会やメディアを通じて世界に広められ、結果としてアメリカ的な観点が世界の「標準」として受け入れられることになります。科学の動向はおおむねそうなっているし、とりわけ記述的・分析的《ぶんせきてき》な政治学などでは、アメリカの国家政治の解説やそれを正当化する言説が、そのまま専門的記述として標準になってゆきます。アメリカ政府が「テロとの戦争」と言えば、それを[B]にして「テロとの戦争」とは何かを解説し、それはグローバル化に伴《ともな》う世界の変容によって生まれた「非対称的戦争」なのだ、とか解説するのが政治学や国際関係学だということになっています。そういう領域の学者たちが専門家としてメディアの解説に登場するわけです。だから、そこで実際何が起こっているのか、グローバル化した世界で最強になった国家が、言語戦略をも駆使《くし》してどのような形で世界統治を貫《つらぬ》こうとしているのか、そこにどんな問題があるのか、といった問題は見過ごされてしまいます。世界中の学者やメディアはたいていそれに追従しますから、結局はみんなアメリカ政府が供給した枠組《わくぐ》みに従ってしかものを考えない、語らないということになります。

「テロとの戦争」という表現は4そういう認識枠組《にんしきわくぐ》みの典型です。国際秩序を無視する「テロリズム」に対して「戦争」で対応するというのはじつは異常なことです。戦争とは敵味方があり、双方《そうほう》が武力で相手の屈服《くっぷく》を目指し、どちらにもその権利があるという「対称的」な事態のはずですが、「テロリスト」というのは国家に対抗《たいこう》する権利のない集団で、それに対して国家が「戦争」を発動するという事態は、5「戦争」の概念《がいねん》を変えてしまうだけでなく、「国家」のあり方をも変えてしまいます。少なくともこのときから「戦争」は、国家間抗争《こっかかんこうそう》ではなく、国家が「非常事態」だからということで「敵」を名指しして軍事行動を起こす、そういう事態だということになります。

*ウェストファリア体制以来の国家間戦争の場合には、対等な国家同士の戦争なので、相手を認め合うことから生じる基本的なルールがありました。不意打ちはしない、つまり宣戦布告をして戦争状態を明示するとか、適当なところで手を打って講和するとか、捕虜虐待《ほりょぎゃくたい》をしないとか、非戦闘員を攻撃したり殺戮《さつりく》*したりしないとかいったことで、それが戦時の国際法になっていました。だから戦争と平和には明確な区切りがあることになります。けれども、「テロリスト」というのは国家でないだけでなく、初めから犯罪者だと規定され、捜査《そうさ》とか逮捕《たいほ》や裁判を省略して、ともかく殲滅《せんめつ》しなくてはならない対象だとされます。そのための「戦争」だというわけです。そうなるとルールなしで、戦争を発動した国家は殲滅のために何でもできることになります。「敵」は初めから「無法者」だとみなされ、そのうえどこにいるかわからない、だいたいどんな連中かもわからない、そういう「敵」を［C］で叩《たた》き潰《つぶ》すために国家の軍事力が動員されるわけです。そして空爆《くうばく》だけでなく、誘拐《ゆうかい》、拷問《ごうもん》、即決《そっけつ》処刑《しょけい》その他のあらゆる手段が、国家の「正義」の執行《しっこう》として正当化されます。

これまでは戦争は、国家が国民を動員して犠牲《ぎせい》を強《し》いるわけですから、それを納得《なっとく》させる理由が必要でした。ある程度国民の同意をとりつける必要があり、それなりの「正義」を立てなければ戦争はしにくかったのです。けれども「テロリスト」が相手だとなると、*ジャスティフィケーションは予《あらかじ》めあることになります。敵は許しがたい犯罪者で、そんな者たちを地球上に存在させてはいけない、それを攻撃することは予め正義なのだ、となります。裏返せば、抹消《まっしょう》したいものを「テロリスト」と名付ければ、国家の最大の威力《いりょく》の行使である戦争を正当化できるということです。そして、敵はエイリアンのようなもので普通《ふつう》の人間ではないから、どんな人権を認める必要もない、そのことにa異論を唱える者たちは犯罪者の味方だ、といった乱暴な論理が振《ふ》りかざされて、「戦争」そのものが犯罪に対する正義の執行だとされてしまいます。

これまで国家は、内部の暴力を独占《どくせん》して、国家だけが暴力を使う事が可能でした。それ以外の暴力行使は犯罪として取り締まられます。だから、国家は暴力を正当化された戦争において使ってきたし、国内に関しても秩序を守るために一定の暴力を用いる、そんなふうにして暴力を独占してきました。

しかし、そうであるがために、秩序を維持《いじ》したり、国外からの侵害に対して防衛したりすることが、正当に行われなければならないというのが国家に対する束縛《そくばく》でもありました。暴力を独占しているがゆえにその行使に関してはさまざまな制約があって、国家は不正であってはいけないわけです。不法な無制限な暴力の行使はあってはならないし、むやみに人を殺してもいけない、そういった制約がありました。ところが、「テロリスト」相手ということでその制約は取《と》り払《はら》われてしまったのです。6これが「テロとの戦争」の目立たない特徴《とくちょう》です。

（西谷　修『戦争とは何だろうか』〈ちくまプリマー新書〉による）

*九・一一――二〇〇一年九月十一日に起こったアメリカ同時多発テロ事件。
*パールハーバー――ハワイのアメリカ軍根拠地《こんきょち》。一九四一年十二月に日本軍が奇襲《きしゅう》攻撃をし、戦争が始まった。
*カミカゼ――旧日本海軍の特攻隊《とっこうたい》の呼称《こしょう》。

＊惨禍――災害や戦争などのむごたらしい被害《ひがい》。
＊呵責――罪をきびしくせめ、くるしめること。
＊対峙――対立する二者がたがいにゆずらずに向かい合うこと。
＊卑劣――ずるく、品がないこと。
＊埒外――範囲《はんい》の外。
＊ウェストファリア体制――十七世紀ヨーロッパで三十年戦争後に成立した新しい国家秩序。
＊殺戮――多くの人をむごたらしく殺すこと。
＊ジャスティフィケーション――正当化のための根拠。

問一　[　]A・Cに入る四字熟語として最も適切なものをそれぞれ次の中から選び、記号で答えなさい。

A　ア　針小棒大　イ　言語道断
　　ウ　朝三暮四　エ　単刀直入
C　ア　問答無用　イ　臨機応変
　　ウ　大同小異　エ　二足三文

問二　[　]Bに入る言葉として最も適切なものを次の中から選び、記号で答えなさい。

ア　無下《むげ》　イ　鵜呑《うの》み　ウ　等閑《なおざり》　エ　掌《たなごころ》

問三　――線部a「唱える」とありますが、この漢字を使った熟語の音を表したものを次の中から選び、記号で答えなさい。

ア　ショウサン　イ　ショウケイ
ウ　オンショウ　エ　テイショウ

問四　――線部1「表現の問題とそれにともなう意識の問題」とありますが、これを具体的に説明したものとして最も適切なものを次の中から選び、記号で答えなさい。

ア　九・一一を「パールハーバー」と結びつけることで、アメリカ人がテロに対する憎悪をかきたてられるようになること。
イ　九・一一を「カミカゼ」と結びつけることで、アメリカ人がテロとの戦争を恐《おそ》れるようになること。
ウ　ツインタワー跡地を「グラウンド・ゼロ」と表現することで、アメリカ人が原爆の惨禍を思い出すようになること。
エ　ツインタワー跡地を「グラウンド・ゼロ」と表現することで、アメリカ人が新しい戦争を予感するようになること。

問五　――線部2「この事件に際してアメリカ政府は『これは戦争だ』とわざわざ言った」とありますが、この理由を説明したものとして最も適切なものを次の中から選び、記号で答えなさい。

ア　「これは戦争だ」とわざわざ言うことによって、現在起きている事態が緊迫《きんぱく》したものであることを明らかにして人びとに危機感をもたせるため。
イ　「これは戦争だ」とわざわざ言うことによって、戦争が避《さ》けられないものであることを国外に表明し自分たちの行為が正当なものであると認めさせるため。
ウ　「これは戦争だ」とわざわざ言うことによって、テロとの戦いが戦争といえるかどうかという問題を素通りしたまま国家として戦うことを可能にするため。
エ　「これは戦争だ」とわざわざ言うことによって、アメリカが卑劣な武装集団によって突然《とつぜん》に攻撃されたことを示し戦争に対する国民の支持を得るため。

問六　――線部3「国際法の『例外状態』」とありますが、これを説明したものとして最も適切なものを次の中から選び、記号で答えなさい。

ア　「テロとの戦争」は敵が国家ではないため、アメリカは国家と国家との戦争についての取り決めである国際法に違反《いはん》して戦争を始めたということ。

イ　「テロとの戦争」は戦争の相手が国家ではないテロリスト集団であるため、国家と国家との関係について取り決めた国際法が適用されないということ。

ウ　「テロとの戦争」は、敵が国家ではなく単なる武装集団に過ぎないため、従来の国際法の観点から考えると戦争だとは認められないということ。

エ　「テロとの戦争」は国家と国家との関係について定めた国際法から外れてはいるが、一方的に攻撃を受けた点で例外的に戦争だと判断できるということ。

問七　――線部4「そういう認識枠組み」とありますが、これを説明したものとして最も適切なものを次の中から選び、記号で答えなさい。

ア　メディアや学会を通じてアメリカ政府が自分たちの認識の枠組みを世界中に流通させた結果、世界中にアメリカと同じ政治の仕組みが広がってアメリカの世界統治がしだいに完成するということ。

イ　アメリカ政府やアメリカの学会、メディアが発信する「テロとの戦争」のような言葉は簡潔でわかりやすいため、人びとはそのような言葉で表された認識の仕方を簡単に受け入れてしまうということ。

ウ　アメリカ政府が発表した「テロとの戦争」という言葉が学会やメディアを通じて世界中に広まり、人びとはそのあらかじめ与えられた言葉に従って「九・一一」という事件の意味を考えているということ。

エ　アメリカから出てきた考え方を学者やメディアは標準的なものとして無批判に受け入れるため、結果として人びとはアメリカから世界に広がった見方の枠の中でしかものごとを認識しないということ。

問八　――線部5「『戦争』の概念を変えてしまう」とありますが、これを説明したものとして最も適切なものを次の中から選び、記号で答えなさい。

ア　国家が対等な権利をもつ他の国家に対して行うものだった戦争が、国家が犯罪者と規定した国家ではない集団を殲滅させるものになる。

イ　国民を動員する理由が明らかにされなければできないものだった戦争が、正当な理由も国民の支持もないまま行えるものになる。

ウ　武力を行使して相手国を屈服させようとするものだった戦争が、国家が権力を行使して犯罪者を取り締まることを指すようになる。

エ　対立的な関係にある国どうしが暴力を使って戦うものだった戦争が、必ずしも敵対的とは言えない集団に対して発動するものになる。

問九　――線部6「これが『テロとの戦争』の目立たない特徴です」とありますが、これを説明したものとして最も適切なものを次の中から選び、記号で答えなさい。

ア　いままでの戦争は国と国とが相互《そうご》に認め合う関係のもとで行われていたが、「テロとの戦争」では、国家が一方的に敵とみなした相手を攻撃するようになったということ。

イ　いままでの戦争は対等な相手国を尊重して一定のルールのもとで行われていたが、「テロとの戦争」では、国家が暴力を制限なしに使うようになったということ。

ウ　いままでの戦争では国家が一定のルールの範囲内で秩序維持のために暴力を行使していたが、「テロとの戦争」では国家が暴力を独占して行使するようになったということ。

エ　いままでの戦争では国民の同意が得られる範囲で暴力を行使していたが、「テロとの戦争」では、国家が制約なく暴力を行使するようになったということ。

六　次のA、Bの文章を読んで後の問いに答えなさい。（字数指定がある場合、句読点・かぎかっこ等の記号は一字として数えること。）

（A）

元号とは「時間の区切り方」の一つです。いま日本では西暦《せいれき》と元号の両方が使われていますが、ふだん私が使うのは圧倒的《あっとうてき》に西暦です。

先の戦争が終わって何年たったのか。昭和と平成に区切られた元号で考えていては、計算が困難です。ある事件が日本で起きたとき、世界で何が起きていたのかを知るにも元号は不向き。だから僕《ぼく》にとって西暦は大事な道具です。

ただ、元号は不便だから西暦だけあればよいという意見にはくみしません。むしろ複数の時間軸《じかんじく》を持っていることは、文化的に豊かなことなのではないかと考えます。

世界では、様々な国々が様々な形で時間の区切りを活用しています。英国には王朝に即《そく》してエリザベス様式やビクトリア様式という時代区分があり、それぞれの時代に独特の文化や精神があると考えられています。米国では10年（decade《ディケイド》）を基準に、50年代ファッションとか60年代ポップスと使っています。

日本には元号があり、明治45年生まれだった僕の父は「私は明治人だ」と言い続けました。わずか半年あとに生まれれば大正生まれになっていたはずなのに、明治を自身のアイデンティティーの支えにした。人間は特定の時代に自分を帰属させることで安心感を得るのかもしれません。

ある元号を口にすると、その時代イメージをありありと思い浮《う》かべられる。そういう元号は明治以外にもあり、一種の文化資産と言えます。

平成も明確な時代イメージを持つ元号として記憶されるでしょう。それは、落ち目の時代として、です。日本の国運が頂点から低落へと一変した時代が、平成でした。

平成が始まった１９８９年には、日本は米国を超《こ》え世界一の経済大国になるという夢がありました。しかしそのわずか30年後のいま、主要先進国の座から滑《すべ》り落《お》ちようとしている。短期間に驚くほど大きく国力が下がったのです。

世の中が変わったことを集団的に合意するための伝統的な装置。それが時代の区切りなのでしょう。日本にだけあるのではない、味のある文化的な仕掛《しか》けだと思います。

（内田　樹）

（B）

元号がいいか、西暦がいいか。そのとき注目されるのは「利便性」でしょう。役所で申請《しんせい》をするとき西暦がないと不便だとの声はよく聞きます。逆に年配の方々には元号の方がなじみやすい、といった事情もあるでしょう。

元号や西暦といった社会的な道具について考えるとき、便利であることは確かに「望ましい」ことですが、「必須《ひっす》」ではありません。留意すべきは「便利でないこと」ではなく「使えない人がいること」でしょう。ユニバーサル（普遍的《ふへんてき》）かどうかです。いま自治体で西暦表記が広がっている一因も、外国人が使えないことへの配慮《はいりょ》です。たとえば今回、政府は免許証《めんきょしょう》の有効期限で西暦表記も併記《へいき》する決定をしました。しかし米国で働く私の友人は「生年月日を西暦にしてほしい」と言います。米国では日本の免許証がＩＤカードとして使える場面があるのですが、元号だといつ生まれたのかを米国人が理解できず、証明に使えないというのです。

日本が経済大国だった時代は遠く去りました。日本人は今後、今まで以上に世界中の人々に助けてもらったり、世界中の様々な場所を舞台《ぶたい》に成長させてもらったりしなければいけなくなるのです。

その際に増えるのは、日本で発行された公的文書を外国で提出する機会です。海外の機関に自分の業績を証明するとき元号は、外国人に分かってもらう際の障壁《しょうへき》になる。外国人に提示する可能性のある公的な文書には西暦を併記すべきだと私は考えます。

それでも今後、元号の存在感が薄《うす》まっていくばかりになるとは限りません。グローバル化が深まり、中国の台頭などで周辺環境《しゅうへんかんきょう》も変わっていきます。日本の文化的な独自性を表すものとして、元号を自身のアイデンティティーの支えとして再評価する意識が台頭するかもしれません。

今回、日本の伝統を大事にする立場から、新元号の発表を早めるなどの声が出ました。同じく元号重視の視点から、新元号への瞬時《しゅんじ》の整然とした移行を求める声もあります。双方の要請《ようせい》を同時に満たそうとすれば、改元に要する負担は過重になります。結果的に「西暦を使う方がいい」と考える人を増やし、元号離《げんごうばな》れをも促《うなが》しかねません。

（楠　正憲）

（文章ＡＢともに二〇一九年一月二二日付『朝日新聞』朝刊
「オピニオン＆フォーラム　元号使っていますか？」より）

問一　西暦の利点について、Ｂのみに書かれていることを二十字以上三十字以内で書きなさい。

問二　元号が果たすことのできる役割について、ＡとＢとに共通して書かれていることを十五字以上二十五字以内で書きなさい。

暁星中学校(第一回)

―50分―

◆ 次の文章は、上岡伸雄『風の教室』(中公文庫)の一節である。これを読んで、後の問いに答えなさい。

七月の初め、学芸会のグループ分けが決まった。

劇を希望したのはぼくのほかに二十人くらい。ガンモとヤッちゃん、それにカズや長谷川たちのグループも「楽器はできないから」という理由で劇に来た。何だか体育会系の劇になりそうだ。リーダーは読書好きのやつがいいということで、男子は立崎、女子は高橋に決まった。

ほかはみんな合唱・合奏だった。リーダーは本西と堀井に決まった。本西がピアノがうまいのはみんなよく知っていたし、堀井も「楽器はいろいろできる」と転校してきたときに言ったからだ。ほかには相沢や福原、岡、上峰などがこちらに入った。(ア)イガイだったのは、賢介もこっちに回ったことだ。ぼくと同じように、小さいときにちょっとピアノを習ったくらいで、たいして楽器はできないと思っていた。だから、冷やかし半分にきいてみた。

「本西と一緒になりたかったのか?」

「おれ、本西のことなんか好きじゃねえよ」

賢介はこう言って、ぼくを蹴飛ばそうとした。それから付け加えた。

「最近、(イ)アネキと一緒にギターを習ってるんだよ。だから、ちょっとこっちをやってみたくなったんだ」

へえ、受験を控えた賢介がギター? ぼくはちょっと信じられなかった。


ちょうどこのころ、母さんがM中学の学校説明会に行き、パンフレットをもらってきた。

「そりゃあね、国立の付属校に入ってくれたら、家計も助かるけど、あそこはすごく難しいからね。まあ、M中学なら家から近いし、わりとレベルも高いし、いいかしらね」

そんなことを言いながら、ダイニングのテーブルにパンフレットを置き、ぼくに見せようとする。

塾に行く(ウ)ジコクまであと一時間。ぼくは宿題が終わっていなかったので、ダイニングのテーブルで宿題をやっていた。それなのに母さんに話しかけられて、邪魔だなあと思ったけど、鉛筆を持つ手を止めた。

リビングからは弟がやっているテレビゲームの電子音楽の音がピコピコ聞こえてくる。

「でも、ここだってどんどん偏差値高くなってるからね。今の成績じゃダメよ。がんばらないと」

「わかってるよ」

こういう話ってうざったいんだよなあ、とぼくは思った。ぼくは相変わらず塾のA組に入れない。だからこうやって勉強してるのに、その勉強をさえぎって、①こういうことを言われるんじゃかなわない。

「M中学だって、塾のA組に入れなきゃ無理よ。このところすごくがんばって、進学の実績を上げている学校だからね。ほら、お父さんとお母さんの行った大学にも、これだけ進学しているわ」

母さんはそう言いながら、ぼくにパンフレットの「卒業生の進路」のところを見せた。ところを見せた。ぼくはパンフレットを受け取って、パラパラと見始めたた。校長先生の挨拶とか、授業のカリキュラムなんかにはあまり興味がない。校舎はきれいかなとか、どんなクラブ活動ができるのかなとか思って、写真のところをめくっていた。そうしたら、ひとつの写真に②目が釘づけになった。中学生たちが楕円《だ》のボールをパスしている写真だ。

③「あっ、ラグビー部があるんだ」

「あら、ほんと。へえ、中学校には珍しいわね。まあ、中高一貫校だからね。でも、まさか入るつもりじゃないでしょ？　ラグビーなんて、体の大きい人がやるスポーツよ」

④「そんなことないよ、身長百六十センチくらいで日本代表の人もいるんだって。ポジションによるんだよ」

「そういう人は運動神経抜群なのよ。あなたには無理、危ないし。熊沢先生のタッチラグビーは安全だって言うから、賛成したんだからね」

まあ、確かに、このところ放課後にラグビーをやってきても、母さんは文句を言わなくなった。父さんが賛成してくれるようになったからだろう。でも、中学でラグビーをやるとなると、話が違うらしい。

「テニス部がいいじゃない。お父さんとお母さんもやってたし。⑤ほら、テニス部もあるわよ」

そう言って、母さんはテニス部の載っているページを開き、写真を見せた。

いつもこうだ。母さんはすぐにぼくをテニス部に入れたがる。サッカー少年団に入りたてのころ、中学校でもサッカーをやりたいと言ったときも、「サッカー部は運動神経抜群の子が入るのよ、あなたにはテニスがいいわよ」と言った。父さんからは「おまえは運動神経が鈍いんだから、がんばって運動しろ」とよく言われるんだけど、そのくせサッカーやラグビーに興味をもつと、母さんから「運動神経が鈍いんだからやめろ」って言われるんだ。これって変じゃないか？

父さんと母さんは同じ大学のテニスサークルに入っていた。それで知り合って、結婚したんだ。母さんはそのせいで、子どもにもテニスをやらせたがる。行く大学も、父さんと母さんが行った大学を勧める。ということは、ようするに父さんがやったスポーツをやり、父さんが行った大学に行き、父さんのようなサラリーマンになれということだ。

ちょっと前までは、父さんと母さんの行った大学に行きたいと思っていた。やるスポーツもテニスでいいかと思っていた。父さんと母さんの卒業した大学には何度か連れて行かれたし、テニスサークルの集まりにも行ったことがある。大学のキャンパスはきれいだし、学園祭でお店をやっていた学生たちは㋓シンセツだったし、テニスサークルの人たちもいい人たちばかりだった。だから、この大学でテニスをやるのがいいんだとなんとなく思っていた。でも最近、⑥それが本当にいいのかどうかよくわからなくなってきた。

第一、「運動神経が鈍いからテニス」というのは、ちょっと違うんじゃないかって思うようになった。だって、運動神経が鈍ければ、テニスだってやっぱり下手なんだ。テニスなら上手になれるってわけじゃない。父さんと母さんは、ぼくの親だから、運動神経はよくない。母さんなんてかなりひどい。本人は「わたしは強い球は打てなかったけど、後衛《こうえい》でしぶとく粘ったのよ」なんて言っている。でも正直言って、母さんのテニスは当てて返しているだけだ。

⑦こんなことを考えるようになったのは、去年、父さんと母さんのテニスサークルのOB会に行ってからだ。OB同士の試合があったんだけど、

いかにも運動神経がよさそうで、テニスもうまい男の人と女の人がフウフでペアになっていて、すべての試合に勝った。それはすごくかっこよかった。それに対して、父さんと母さんのペアは全部負けた。本人たちは「全然練習していないからしょうがない」と言ってたけど、とにかくかっこ悪かった。ようするに、父さんと母さんはテニスが下手同士で結婚したってことなんだ。それがわかってしまうと、なんだかテニスに興味がもてなくなってきた。

将来の仕事だって、自分が何をやりたいのかよくわからない。漫画を描くのは好きだけど、カンタンに漫画家になれるわけじゃないのはわかっている。それに、ぜひともこういう漫画を描きたいっていうイメージもない。父さんのようなサラリーマンとなると、会社でどんな仕事をしているのかまったくわからないし、興味ももてない。だから、将来こういう大学に入って、こういう会社に入ろうっていう希望は何もない。今だって何のために勉強しなくちゃいけないのか、中学受験しなくちゃいけないのか、よくわからないんだ。

誰かがアッシーに、「どうして勉強しなきゃいけないんですか？」ときいたことがある。こんなことは六年生になる前にさんざん先生たちや親たちと話してきたことだ。それでも、アッシーは体育会系で、子どものときは全然勉強しなかったようなことを言うから、どんなことを言うのかきいてみたくなったんだろう。アッシーの答えはこうだった。

「大きな人間になるためだな」

「先生みたいに？」

そうガンモが［A］をいれると、みんな笑った。

「だからさ、幅の広い人間っていうことだよ。いろんなことに興味をもち、いろんなことを知っている人。そういう人のほうが、何も知らない人よりも心が豊かだ。人生のいろんなキョクメンに対応しやすいし、間違った選択をしなくなる」

アッシーにしては平凡な答えのような気がして、みんなちょっと［B］抜けしたみたいだった。アッシーは続けた。

「それに、勉強しておいた方がいろんな可能性が広がるしね。たとえば子どものときにスポーツ選手になると決めて、ドリョクする。それはとてもいいことだけど、それでまったく勉強をしなくなったら、スポーツ選手以外のものになる可能性を失ってしまう。それじゃ、ほかのものになりたくなったときにコマっちゃうだろ？」

「先生は小学校の頃、野球の選手になるって決めて、勉強しなかったんですよね？」

とカズがたずねた。

「そうだ。だから、小学校の先生になりたいと思ったとき、大学を入り直したり、いろいろと遠回りしなきゃならなかった。だから、最初から勉強しておけばよかったって本当に思うんだよ」

なんだ、自分が勉強しなかったからそう思うのか、とぼくは思った。

「みんな、これからだんだんと、こういうことをやりたいとか、こういう職業にツきたいとか、いろいろと考えるようになるだろう。職業によっては、こういう大学のこういう学部を出てなきゃいけないとか、こういう資格試験を通らなきゃいけないとか、いろいろあるんだ。何かになりたいと思ったとき、その資格を取れる学校に入ってなかったり、それまで何も勉強してなかったとしたら、ゼロからやり直さなきゃいけないかもしれない」

うな気がした。
アッシーはクラスを見回した。賢介や本西のことをとくに見つめたよ

「たとえば中学受験についても、先生は悪いことだとは思わない。公立中学だって充分にいいと思うけど、がんばって私立や国立に行こうとするのも、いいことだと思うんだ。だって、そういう中学校に入っておくと、高校や大学の選択肢が広がるからね。もちろん、公立だってがんばれば同じなんだけど」

アッシーがそのとき言ったのは、だいたいこういうことだったと思う。ぼくはM中学のパンフレットを見ながら、⑩そのときのアッシーの言葉を思い出していた。そして思った。

少なくともM中学に入れば、ラグビーをやれるという選択肢は広がるんだな。

（上岡伸雄『風の教室』〈中公文庫〉）

問１　―――㋐〜㋙について、カタカナを漢字に直しなさい。

問２　―――①「こういうことを言われるんじゃかなわない」について、このときのぼくの気持ちとして最も適切なものを次から選び、記号で答えなさい。

ア　成績を上げようと勉強しているのに、成績が下がってしまっているので何も言えない

イ　成績を上げようと勉強しているのに、もっと勉強をがんばれと言われるのはたまらない

ウ　成績を上げようと勉強しているけれど、成績が上がっていないので母親には張り合えない

エ　成績を上げようと勉強しているときに、受験校や偏差値の話をするタイミングの良さに感心する

オ　成績を上げようと勉強しているときに、成績を上げるための助言をしてくれるのだから聞くしかない

問３　―――③「あっ、ラグビー部があるんだ」について、―――⑩「そのときのアッシーの言葉を思い出していた」を踏まえて、このときのぼくの気持ちを説明しなさい。

問４　―――④「そんなことないよ」について、このときのぼくの気持ちとしてあてはまらないものを次から一つ選び、記号で答えなさい。

ア　ラグビーという競技に対する母さんの思い込みを取り除きたい

イ　ラグビー部に入りたいということを母さんに悟られないようにしたい

ウ　ラグビーを危険な競技だとしか思っていない母さんに魅力を伝えたい

エ　身長が小さくても十分活躍できる競技であることをわかってもらいたい

オ　ラグビーにあまり関心がない母さんに少しでも詳しく知ってもらいたい

問５　―――⑤「ほら、テニス部もあるわよ」について、このように言われたときのぼくの気持ちとして最も適切なものを次から選び、記号で答えなさい。

ア　中学校は自分の将来の進路に合わせて選ぶべきであり、テニス部があるかどうかで決めるのはおかしい

イ　ラグビーは運動神経が優れていないとできず、テニスは鈍くてもできるというのは、テニスに対して失礼だ

ウ　父や母と同じようにぼくもテニス部に入れようとするのはいいかげんやめてほしいし、この話題はうんざりだ
エ　父や母と同じようにぼくもテニス部に入ろうと思っているし、テニスのことを考えると受験をがんばれそうだ
オ　進学先に悩み、やりたいこともまだはっきりと決まっていないぼくの興味を引こうとしてくれるのはありがたい

問6　——⑦「こんなこと」について、——⑥「それ」の指す内容を踏まえて自分の言葉で六十字程度で説明しなさい。

問7　——⑧「何のために勉強しなくちゃいけないのか」について、アッシーの考えを五十字程度で説明しなさい。

問8　［A］、［B］にあてはまる語として最も適切なものをそれぞれ次から選び、記号で答えなさい。

［A］　ア　活　イ　口　ウ　茶々　エ　手　オ　メス

［B］　ア　冊子　イ　障子　ウ　調子　エ　拍子　オ　様子

問9　——⑨「なんだ」の意味として最も適切なものを次から選び、記号で答えなさい。

ア　我に返る　イ　合点がいく　ウ　興覚めする　エ　気が動転する　オ　投げやりになる

問10　本文の内容として正しいものを次から一つ選び、記号で答えなさい。

ア　賢介はいろいろな楽器のできる堀井にその技術を教わりたいと思い、学芸会では合唱・合奏のグループに立候補した
イ　M中学の受験の難しさを説くことで学習意欲を高めようとしてくれる母さんに、もっと上位校を目指すぼくは反発している
ウ　ぼくが中学でラグビーをやることに母さんが文句を言わなくなったのは、父さんがこの競技をやることに賛成してくれたからだ
エ　アッシーは野球選手を目指していたので、小学校では全く勉強をしておらず、小学校の先生になるために改めて勉強をやり直した
オ　両親の出身大学はキャンパスがきれいで学生も優しかったが、ぼくが今興味を持っていることがなさそうなので志望がゆらいでいる

問11　——②「目が釘づけになった」とあるが、あなたの「目が釘づけになった」ときのことを教えてください。

慶應義塾普通部

—40分—

※字数を数える場合は、句読点・かぎかっこ等も一字と数えます。

一　次の文章を読み、問いに答えなさい。

なんでそんな吐瀉物《としゃぶつ》みたいな名前を付けるんだ、と中学生の時から貴《たか》志《し》は思っていたし、1貴志の周囲の中学生たちはより思っていた。三鷹《みたか》ロスゲレロス。ロス・ゲレロスとは、los guerrerosと書き、スペイン語で「戦士たち」という立派な意味があるのだ、ということは大学でスペイン語の授業に出るようになって知ったのだが、わかりにくすぎるわ、と貴志は苦情を言いたくなる。中学生にそんな意図が理解できるわけがない。というか、そもそも三鷹をバカにしようと決めてかかっている連中がそんなことを調べるわけもないのだ。だからこそ、無難な名前でいてほしかったのだが、三鷹は「ロスゲレロス」とうっかり名乗りを上げてしまった。

三鷹は、名前がそんな様子で、かつ、強かったということがないので、貴志を何度か窮《きゅう》地に立たせてきた。2一度目は、三鷹が国内プロサッカーリーグの三部から二部に昇《しょう》格した中学二年の時だった。貴志の母親が職場でバックスタンドホーム側自由席のチケットをもらってきたので、一人で観《み》に行き、そこで巨漢でスキンヘッドのディフェンダーである3若生《わこう》の忍耐《にんたい》強い守備と視野の広いパスに感嘆《たん》したまではよかったが、他の選手が不慣れすぎて結局試合には0—3で負けた。貴志はそれでも、自分の家から自転車で二十分という範《はん》囲にホームがあるサッカークラブが二部にまで昇格してきたことはうれしかった。しかし不都合だったのは、近いところにスタジアムがあるせいで、中学校の連中もまた、三鷹の試合結果を知っていたり、テレビ放映を観たりしていたということだった。

試合の次の日、貴志は学校で、4特に三鷹ロスゲレロスを「観に行ってよかった」という話をしたいわけではなかったけれど、「観た」という話ぐらいはしようと思っていた。それで、他にも「観た」という生徒がいたなら、DFにいい選手がいた、とほんの少しだけいいことを言おうと思っていた。あわよくば、あと何回かは、今シーズン中に観に行ってみようと思った、と打ち明けようと思っていた。そしてその相手と、スタジアムに行くことができればいいなと思っていた。男子でも女子でもよかったけれども、できれば女子だとうれしいなとぼんやり考えていた。

しかし、一時間目の休み時間に貴志を待ち受けていたのは、サッカー部の磯山《いそやま》の、三鷹なんだあれ、という尖《とが》った声だった。声がでかくて運動神経がいい磯山は、クラスの中心的な存在で、特に全体に向けて強く発表するということをしなくても、その意向はなんとなくクラス全体に伝わっているというタイプだった。

「親が券くれたし、キックオフが練習の後だったから部のやつと行ってみたんだけどさ、なんだあれ。ぜんぜんだめじゃん。簡単に自陣《じん》に押《お》し込《こ》まれるしさ、キーパーだめだめすぎて打ったら入るみたいな状態でさ、おれでも入れられるわあんなん」

磯山の言葉に、5その周囲にいた男の生徒たちはどっと笑って、おれもテレビで観たけどひっどかった、とか、券くれても行かねー、とか、センターバックにハゲのおっさんいた、などと口々に言い始めた。貴志は、ハゲじゃねえよスキンヘッドだ、もしくは坊主《ぼうず》だ、と若生について反論をしたかったけれども、磯山たちは定位置である教室の後方でげらげら笑っていて、貴志はそこからは離《はな》れた前方の席に座《すわ》っていたので、何も言うことができなかった。

　磯山の言うことはもっともではあったけれども、でも何もそこまで、と貴志は思った。しかし、磯山はサッカー部ではレギュラーだったし、ただの塾《じゅく》通いの帰宅部だった貴志に反論の隙《すき》があるようには思えなかったし、あえて話をしにいくにしても、磯山や、磯山の周囲に控《ひか》えている笑い声のでかい男たちにどんなふうにやりこめられるかわからなかったので、貴志は口をつぐんだ。

　二度目の窮地は、シーズン最後に訪《おとず》れた。結局貴志は、学校では一切《さい》三鷹の話はしないまま、周囲を注意しつつ三鷹の浮《ふ》上を願いながら、そのシーズンはできるだけスタジアムに足を運んだ。若生は相変わらず孤《こ》軍奮闘《とう》していたが、チームは結局大して良くはならず、三鷹は初めて二部に昇格した年に最下位でシーズンを終え、あっさり三部に降格した。貴志は、自分でも意外なほど落胆《たん》して、しばらく食事に味がないという日々を送った。弱いチームなのは知ってただろ、と自分に言い聞かせていたのだが、身体がなぜか立ち直ることを拒《きょ》否していた。

　三鷹が三部に降格した中三の時は、学校の廊《ろう》下に三鷹の選手が登場する人権啓《けい》発のポスターが貼《は》られるようになったのだが、生徒たちは皆《みな》、誰《だれ》これ？　という様子だった。一学年に一人ぐらいは貴志と同じように足を止めて眺《なが》める生徒がいたかもしれないが、貴志はとにかく、自分以外にそのポスターに目を向けている生徒は一人も知らなかった。

　貴志は、三鷹が二部から三部への降格を決定させた日以来、なるべく三鷹のことを考えないようにして、二年の時に試合に行ったことも注意深く話さないようにして、自分は一度も三鷹ロスゲレロスには関わったことがないという態《てい》を装《よそお》っていた。自分でそれが*注唾棄《だき》すべき態度だということは自覚していたが、そもそも貴志が三鷹の試合に行ったことを知っているのは貴志の家族だけだったので、[6]誰も「このヘタレが」と貴志を罵《ののし》ることはなかった。むしろ、貴志の変節を最も謗《そし》り、気にしているのは貴志自身だった。

　そうやって、三鷹ロスゲレロスをなかったことのように過ごしていた貴志の前に、三鷹は特に[7]悪びれもせず、学校で掲《けい》示されているポスターという形で姿を現した。貴志は、保健室の前に貼られているそれから、必ず目を逸《そ》らして廊下を行き来していたのだが、同時に、くそ弱いチームが！　などと言われて破られたり落描《が》きなどをされたりするのではないか、という心配も発生していた。そしてある日、それが抑《おさ》えられなくなった貴志は、ポスターを貼ってある壁《かべ》の前にある保健室の主である高山先生に、ポスターをもらえないだろうか？　と相談したのだった。高山先生は、べつにいいけど、次のやつに貼り換《か》える時にね、と答えた。貴志が、破られたり落描きされたりしたくないんですよね、[8]と呟《つぶや》くと、高山先生は、そういうこと自体だめだけど、特に若生はいい選手だから、そんなことされたらかわいそうだよね、と言った。初めて、現実に対面している人の口から若生の名前を聞き、貴志が驚《おどろ》いて黙《だま》っていると、高山先生は、若生は一部の自分の好きなチームに十代の頃《ころ》からいたのだが、大きな怪我《けが》をして一年ほど試合に出なかったことがあって、その後もしばらくはそのチームにいたものの、素《す》早さがやや衰《おとろ》えて、控えに回ることが多くなってきたので三鷹に移籍《せき》したのだ、と説明してくれた。監督《かんとく》のライセンスの勉強もしているらしくて、三鷹に移籍したのはその取得に協力的だったからだそうだ、と高山先生は語り、ポスターが掲示されている間は破ったり落描きをさせたりはしない、ということも貴志に請《う》け合った。貴志は、自分以外にポスターを欲《ほ》しがった生徒はいますか？　と高山先生にたずねたが、先生は、今のところはいないね、と首を横に振《ふ》った。

　ポスターの貼り換えの時期が来て、先生は約束通り貴志にポスターをくれたのだが、貴志は部屋には貼らなかった。三鷹は、三部でもあまりさえない成績で、中位をさまよっていたからだった。三部で中位なんてもう、また二部に昇格するのに何年かかるのだろうと思っていた。三鷹がいつ、自分がクラスで好きだと話しても恥《は》ずかしくないチームになってくれるのか、貴志には見当もつかなかった。だからといってポスターを捨てる気にもならず、貴志はポスターを細く丸めてゴミ箱と本棚《だな》と壁の間の隙間に立てて置いていた。特に眺めることもなかったが、かといって捨てるということもなかった。

　高校に入ってからの貴志は、家からかなり離れた学校に通い、地元に接することもほとんどなくなっていたので、三鷹ロスゲレロスのことはほとんど考えなくなり、代わりにFCバルセロナだとか、FCバイエルンのことを考えるようになった。どちらのチームも強かったので、貴志の心は三鷹のことを気にしていた時よりはずいぶんらくになった。高校の友人たちは、みんな海外のサッカーが好きだった。貴志の好きなチームは、しょっちゅう勝っていて、いつもその国の最高のリーグの1位か2位で、超《ちょう》人的ですばらしい選手たちがいて、優れた監督がいて、別のことに関してはともかく、サッカーについて貴志が心を悩《なや》ませることはほとんどなかった。テレビの前で[9]ただすげえと言っていればよかった。

　一方で三鷹は、貴志が高校一年の時に三部を2位の成績で終え、二部の21位との入れ替え戦に勝《か》って、また二部に昇格した。

　高校に入って、ほとんど地元のことにかまわなくなった貴志だったが、入れ替え戦での三鷹の三部から二部への再昇格は、初めての二部昇格の時と同じぐらい大きなニュースになっていた。街灯に三鷹の旗が少しずつ飾《かざ》られるようになったり、駅前のコンビニでグッズが売られるようになったり、市長が三鷹の緑と白のストライプのユニフォームを着て監督と対談する様子が市民だよりに載《の》ったり、貴志の家の隣《となり》に住む池山さんという老夫婦が、日曜日に三鷹のユニフォームを着て出かけていく様子が見られたりするようになった。

　入れ替え戦は、たいそう感動的な試合だったのだという。ホームでの第一戦を0―1で落とした三鷹は、アウェイでも前半に一点リードされながら、後半に三点をとって逆転し、二部三部の入れ替え戦に勝利した。後半の三点のうち二点は、若生を起点としたセットプレーによるもので、若生の正確な位置にボールを蹴《け》る技術によって、球を渡《わた》された側がさして難しいことができなくても得点できるような場面を作っていたのだそうだ。

　という話を、貴志は隣《りん》家の池山さん夫婦の奥《おく》さんと、自分の母親との玄《げん》関先での立ち話で知った。そして、若生がその入れ替え戦を最後に選手を引退したことも知った。そうやって貴志は、中二の時に好きだった若生がプレーする姿を見る機会を失ったことに気付いた。

　隣の家の奥さんの熱心さにあてられた様子の母親は、サッカー行ってみようかな、どうなの？　ぜんぜん知らなくても楽しい？　と貴志にたずねてきたけれども、貴志は、さあ、と答えただけだった。あんたも行ってたよね、行かないの？　と訊《き》かれた貴志は、黙って首を横に振った。自分は一度三鷹を見捨てた人間なのだ。三鷹のことを語る資格は、もはや自分にはないのだ。

（津村記久子『ディス・イズ・ザ・デイ』〈朝日新聞出版〉より）

＊注　唾棄…つばをはき捨てるようにさげすむこと。

※出題の都合上、本文の一部を改稿《こう》しています。

問一　1貴志の周囲の中学生たちはより思っていた　とありますが、貴志に比べて周囲の中学生が「より」思っていたのはなぜですか。その理由がわかる部分を本文中から探し、「～から」に続くように二十字以内でぬき出しなさい。

問二　2一度目　とありますが、貴志はどのような状態を「一度目」の「窮地」と考えていますか。最も適切なものを一つ選び、記号で答えなさい。

ア　孤独に生きていくという覚悟《ご》を求められること。
イ　主導権争いに敗北してつらい状況《きょう》におちいること。
ウ　大切に思っているものを手放さなければならなくなること。
エ　自分自身の本当の気持ちを裏切る発言をすること。
オ　少数派として身の置きどころがない思いをすること。

問三　3若生の忍耐強い守備と～結局試合には0―3で負けた　とありますが、のちに若生はチームの勝利のためにどのようなプレーをしましたか。それがわかる一文を本文中から探し、最初の五字をぬき出しなさい。

問四　4特に三鷹ロスゲレロスを「観に行ってよかった」という話をしたいわけではなかった　とありますが、それはなぜですか。最も適切なものを一つ選び、記号で答えなさい。

ア　特別な魅力《み》のあるチームと思われていないことはわかっているから。
イ　弱いチームのファンだと思われると何かと面倒《どう》だと考えたから。
ウ　学校の友人みんながサッカーに興味をもっているわけではないから。
エ　二部に昇格したとたん応援《えん》しだすのは軽薄《はく》かもしれないから。
オ　三鷹を自分だけのものにしておきたいという気持ちが強かったから。

問五　5その周囲にいた男の生徒たちは～口々に言い始めた　とありますが、彼《かれ》らの様子を示す四字熟語として最も適切なものを一つ選び、記号で答えなさい。

ア　舌先三寸　　イ　付和雷《らい》同　　ウ　呉越《ごえつ》同舟《しゅう》
エ　一心同体　　オ　四面楚《そ》歌

問六　6誰も「このヘタレが」と貴志を罵ることはなかった　とありますが、「ヘタレ」とは臆《おく》病で情けない人物を指す俗《ぞく》語です。貴志は自分のどんなところをヘタレであると考えているのか、五十字以内で書きなさい。

問七　7悪びれもせず　とありますが、どのような様子のことですか。最も適切なものを一つ選び、記号で答えなさい。

ア　ふがいない成績で期待に応《こた》えられていないのにも関わらず開き直って。
イ　応援してくれるファンに対し申し訳なく思う気持ちを隠《かく》そうともせず。
ウ　三鷹から目をそらそうとする貴志の態度を厳しく非難するかのように。
エ　弱いチームと思われ馬鹿にされていることをまるで気にしないふうで。

オ　これまで周囲の非難の声から三鷹を守ってきた貴志の苦労も知らずに。

問八　[8]と呟くと　とありますが、ここから貴志のどのような様子がうかがえますか。最も適切なものを一つ選び、記号で答えなさい。

ア　無神経な同級生への怒《いか》りがため息交じりにこぼれ出る様子。
イ　隠していた本音がついうっかり独り言のようにもれ出る様子。
ウ　実は心配するつもりはなく気が入らず小さな声で話す様子。
エ　先生に共感してもらおうとあえて思わせぶりに語る様子。
オ　三鷹への思い入れを気づかれぬようさりげなく言う様子。

問九　[9]ただすげえと言っていればよかった　とありますが、これとは対照的に、三鷹の試合を観るときには貴志はどのようなことを楽しみにしていたのでしょうか。適切なものを二つ選び、記号で書きなさい。

ア　中学生と大差ない実力に親近感を抱《いだ》けること。
イ　家族や友人と共通の話題で盛り上がること。
ウ　自分なりに選手の良さを見つけて応援すること。
エ　ポスター等のグッズが無料で手に入ること。
オ　弱いからこそまれに勝ったときに大きな喜びを得ること。
カ　実際にスタジアムに足を運んで観戦すること。
キ　地域の一員としての誇《ほこ》りを持てること。

問十　[10]自分は一度三鷹を見捨てた人間なのだ　とありますが、貴志にそう自覚させた決定的な事実はどのようなことでしたか。「〜という事実」に続くように十五字以内で書きなさい。

二　次の文章は、東京の窓をテーマにした写真集の、写真家自身による序文です。文章を読み、問いに答えなさい。

昔からずっと、散歩の折に住宅の窓を眺《なが》めては、その家での生活がどのようなものであるのか、どんな人がどんな心持で日々の暮らしを送っているのかを、想像することが好きだった。窓ガラスは、内部と外部を隔《へだ》てるものでありながら、自分にとっては、つかのま姿かたちの見えない誰《だれ》かと繋《つな》がるスクリーンのような存在だった。仕事や旅行で主に欧《おう》米諸国を訪《おとず》れる機会が多かった頃《ころ》は、例によって窓を眺めていると、クリアなガラス越《ご》しに食卓《たく》やリビングが見通せて、[1]気後《おく》れしつつも部屋の内装や調度品に見入っていた。

コロナ禍《か》で海外を訪れる機会がなくなった二〇二〇年、東京で散歩をしていると、ふと家の中を見通せることの少なさを実感した。それまでは気付かなかったのだが、東京で眺める窓の多くは、すりガラスや型板ガラス、フロストガラスと呼ばれる類の不透《とう》明なガラス窓で、欧米諸国に比べてプライバシーへの配慮《りょ》が如《にょ》実に表れている印象を受けた。もちろん、庭に面していたり高さがあったり、人目の届かない範《はん》囲にはおよそクリアなガラスが設置されているのだが、道路や隣《りん》家に面した窓は、古民家であれば粉《ふ》末状の鉱物による吹き付け加工が施《ほどこ》された不透明なガラスを使っていることが多く、近年の建物であってもシートを貼《は》ったような曇《くも》りガラスが多く見られた。

不透明なガラス越しに透《す》けて見える日用品の数々は抽《ちゅう》象化され、そこに息づく人々の生活の模様となり、音や匂《にお》い、ひいては人柄《がら》までをも伝える一種の肖《しょう》像画のように思えた。窓枠《わく》に沿ってトリミング*注1された抽象的な模様から、顔を合わせたこともない〝東京の誰か〟の朧《おぼろ》げな表情を読み取れる。本来であれば、周囲からの視線を避《さ》ける機能を果たすべき不透明なガラスは、その目的とは裏腹に、抽象的であるがゆえにこちらの想像を膨《ふく》らませ、2結果的に内面をあらわにしているようにすら感じられた。特にコロナ禍の時期においては、誰しも自宅で過ごす時間が増えたことによって、自《おの》ずと人それぞれの個性が今まで以上に部屋の中に反映されるようになったことも影響《えいきょう》しているのかもしれない。

それにしてもいったいなぜ、東京には不透明なガラスが多く見られるのだろうか。

二〇二〇年四月から二〇二二年十一月までの約二年半、私は十万枚近くの不透明なガラスを東京都内で撮《さつ》影しながらその疑問について考えを巡《めぐ》らせ、関連するいくつかの文献《けん》にも目を通した。すると、住宅密度の高さと国民性の関係、それから日本特有の建築様式による影響があるのではないかという推測が浮《う》かび上がってきた。

まず東京都は、統計上世界有数の住宅過密地域であり、建物同士の間隔《かく》や道路から建物までの距離《きょり》は近く、人々が密集して暮らしていると言える。

医学者・精神科医で京都大学名誉《よ》教授の木村敏（一九三一―二〇二一）は、著書『人と人との間』において、日本人は西洋人と比較《かく》して、対人関係の気遣《づか》いを重視する性質があることを指摘している。気遣うこと。＊注2慮《おもんぱか》ること。互《たが》いを曝《さら》け出さずに曖昧《あいまい》なまま、付かず離《はな》れずの距離から察し合うこと。

非常に密集した都市の中で、そのような性質を持った人々が暮らすとき、自ずと窓は不透明であることが選ばれた。そんなことが言えるのではないだろうか。あくまで個人的な推測ではあるものの、〝光は通すが像は通さない〟ガラスは、東京で暮らす人々にとって、〝近すぎず遠すぎず〟の関係性を実現するにふさわしい3マテリアルであり、その窓が並ぶ街並みから私は、世間の目を意識した上で、自己と他者を［Ａ］せずとも曖昧模糊《こ》とした境界線をすっと引くような関わり合いのただ中で生きていることを実感するのである。

つづいて、日本特有の建築様式による影響についても考えてみたい。鉄骨造《てっこつぞう》を主流とする近代建築よりも前の時代において、4西洋建築と日本建築は構造的に大きく異なっており、前者が石や煉瓦《れんが》を積み上げる組《そ》積造《せきぞう》であるのに対し、後者は木材で柱や梁《はり》＊注3を組んで建てる軸《じく》組み構造が採用され、窓の成り立ちもまた、その差異の影響を大きく受けていると言われている。

英語の「Window」は、古代北欧語で「風の穴」という意味であると言われており、石や煉瓦を積み上げた壁《かべ》を基礎《そ》構造とした西洋建築においては、内と外を明確に区別する壁がまず存在し、そこに風や光を取り入れるために最小限の穴を開けたものが窓だった。つまり、閉じた空間に対して外の情報を得るために〝開いて〟いくという目的意識が西洋の窓の起源にあったように思える。

それに対して、日本語の「窓（まど）」は「間所（まと）」が語源であると言われており、柱と柱の間に存在する〝場所〟のことを意味していた。建物は柱と梁で構成されていて、柱と柱の間は全て開口部だったため、日本の建築にはもともと壁というものが存在していない。平安時代には、そういった開かれた空間を〝閉じて〟仕切るための戸として、独立した移動可能な間仕切り「衝立障子《ついたてしょうじ》」や、柱と柱の間に収まる壁のような間仕切り「板障子」などが誕生した。そして鎌倉《かま》時代、武家独自の住宅様式である書院造りと共に編み出された「明かり障子」は、格子《こう》状の木枠に紙を貼った引き違《ちが》いの建具で、従来の障子とは異なり、外光を取り入れることを可能にした。さらに南蛮《ばん》貿易によって伝来したガラスの技術を用いて、江戸時代には大名や豪《ごう》商のあいだで「ガラス障子」が普及《ふきゅう》する。その後大正時代に入ると一般《ぱん》家庭でもガラスが使われるようになり、次《し》第に現代の「窓」へと変容を遂《と》げることになる。

つまり、元来日本における窓は、開け放たれた場所を〝閉じる〟ための戸をルーツとしていて、西洋建築の窓とは逆の目的意識を潜《せん》在的にもっていたのではないか、と私は考えている。

光のみを透過し、曖昧で柔《やわ》らかなシルエットを立ち上がらせる不透明なガラスが現代の東京に多く見られるのは、窓の原風景として「障子」が日本人の心に宿っているからではないだろうか。また窓の成り立ちとして、〝開ける〟を目的意識とする西洋建築と、〝閉じる〟意識を起源とする日本建築の違いが、現代の窓に影響を与《あた》えている可能性もあり得るだろう。日本においては「障子」すなわち「間戸(所)」が現代の窓の原型となっていることで、私たち日本人は潜在的に戸の〝閉じる〟性質を窓に求めているのかもしれない。

小説家でフランス文学者の堀江敏幸(一九六四—)は著書『戸惑《まど》う窓』で「窓とは本来、平面でありながら不可視の奥《おく》行きを現出する絵画のようなものではなかったか。」と述べている。透過と反射が共存する窓ガラスという被《ひ》写体は、ガラス面を中心として内と外にあるもの両方を映し出しているという点において、立体的な平面物だと言える。また、不透明なガラスを通してみる物の数々は、時間帯による光の反射や、見る距離感によって姿かたちを変えて、具象と抽象の間を行き交《か》い、揺《ゆ》らぎ、その色や模様から〝見知らぬ誰か〟の表情を想像できる余白を与えてくれる絵画のような存在でもあるだろう。そういった意味でも、物理的には同じ窓であっても、内から見ている窓と外から見る窓は全く異なる窓だと言えるのではないだろうか。

通り過ぎる日常に溶《と》け込《こ》む不透明な「窓」という存在を、今こうして改めて見つめてみると、スクリーンに映し出される多種多様な表情の個性に驚《おどろ》かされ、次第に見ているこちらが見られているのではないかという錯《さっ》覚に陥《おちい》り、その怖《こわ》さに立ち止まってしまう。

「窓」とはなにか？

暑さや寒さ、雨風を凌《しの》ぎたいけれども、外の陽《ひ》を取り入れたい。屋内の環《かん》境を求めながらも、屋外の恩恵《けい》にあやかりたいという、人間の相反する欲望を満たした矛盾《むじゅん》の産物は、同時に、「人」ひとりひとりと「社会」とを繋ぐ〝結節点〟としての役割も担《にな》っているように思える。

入り組んだ文化の＊注4レイヤーを持ち、建物がひしめき合う東京において、ある種のシンボルとも言える不透明な窓に私は人々の表情を見た。窓を見つめることは、見知らぬ誰かと見つめ合うことに等しいと感じた。

この静かな［B］の行き交いが、「東京」という街で生きる人々の肖像画になり得ることを、心から強く願っている。

（奥山由之『写真集　windows』〈赤々舎〉序文より）

＊注1　トリミング…不要な部分を取り除いて整えること。
＊注2　慮る…周囲の状況《きょう》などをよく考えること。
＊注3　梁…柱をつなぐために水平にわたす材木。
＊注4　レイヤー…層、階層。
※出題の都合上、本文の一部を改稿《こう》しています。

問一　気後れしつつも[1]　とありますが、筆者が「気後れ」する理由を述べた次の文の空らんにあてはまる言葉を本文中から十字で探し、ぬき出しなさい。

　日本人である筆者は、［　　］があることがあたりまえの環境に慣れているから。

問二　結果的に内面をあらわにしているようにすら感じられた[2]　とありますが、どのような意味ですか。最も適切なものを一つ選び、記号で答えなさい。

ア　はっきりとは見えないということが、かえってそこで暮らす人々の人物像を思い起こさせる。
イ　窓に映る他人の生活の模様が鏡となって、逆に自分の心の内側を意識させるようになる。
ウ　ガラスによって抽象化された生活品を通して、生活する誰もがメッセージを発信している。
エ　生活の様子を隠《かく》そうとすればするほど、むしろその実態がありありと示されるようになる。
オ　不透明なガラスに隔てられているからこそ、人々の生活の中身が誰の目にも明らかになる。

問三　マテリアル[3]　とありますが、この言葉の意味として最も適切なものを一つ選び、記号で答えなさい。

ア　距離　　イ　発想　　ウ　標本　　エ　素材　　オ　芸術

問四　［A］にあてはまる言葉として、最も適切なものを一つ選び、記号で答えなさい。

ア　比較　　イ　分断　　ウ　交換《かん》　　エ　混同　　オ　理解

問五　西洋建築と日本建築は構造的に大きく異なっており[4]　とありますが、それぞれの建築において、窓はどのような目的意識をもって作られたのですか。六十字以内で説明しなさい。

問六　〝見知らぬ誰か〟の表情を想像できる余白を与えてくれる絵画[5]　とありますが、筆者は本文中で、不透明なガラスから見える生活を何にたとえていますか。漢字三字でぬき出しなさい。

問七　［B］にあてはまる言葉として、最も適切なものを一つ選び、記号で答えなさい。

ア　想像　　イ　感情　　ウ　視線　　エ　時間　　オ　文化

問八　本文の内容に合っているものを二つ選び、記号で答えなさい。

ア　曇りガラスの窓は、風雨から身を守りつつ強烈《れつ》な外光を避けたいという人間の欲望により広まった。
イ　不透明な窓を見てそこに住む人のことを想像していると、こちらも向こうから見られているような気持ちになる。
ウ　窓に代表される建築様式の差が、日本人と西洋人との気質の違いを生み出した。
エ　多くの人に東京の不透明な窓を眺めてもらい、そのひそやかな美しさや意義に気づいてほしい。

オ　窓を外側から見つめるときは、内側からも見つめ返されていることを忘れてはならない。

カ　明かり障子が発明されたことで、のちに日本の窓が人と社会を繋ぐ役割を果たすようになった。

三　次の傍《ぼう》線部を漢字に直しなさい。

1　飛行機のソウジュウ席を見学する。

2　大学でフランス語をオサめる。

3　心からシャザイする。

4　愛情がメバえる。

5　サンマのホウリョウを願う。

6　地図と方位ジシンで進む道を確認する。

7　ズツウがおさまった。

8　ソッセンして掃除《そうじ》をする。

9　シンゼン大使に選ばれた。

10　勝利をイワった。

攻玉社中学校(第一回)

—50分—

一　次の1～5の傍線部の漢字の読みをひらがなで答えなさい。

1　峡谷に出かける。
2　困苦に耐えて大成する。
3　全幅の信頼を置く。
4　直ちに持ち場につく。
5　皆目わからない。

二　次の1～5の傍線部のカタカナを漢字で答えなさい。

1　試験合格というロウホウが舞い込んだ。
2　コウシュウの面前で批判される。
3　ショサの美しい人。
4　勇気をフルって立ち向かう。
5　イシツブツを届ける。

三　松尾芭蕉の紀行文である『おくのほそ道』は、元禄二年三月から九月にかけて、江戸から奥州・北陸をめぐり美濃の大垣に至るまでの約百五十日の旅を記録しています。次のA～Eの俳句は『おくのほそ道』に収められています。これらの俳句を、詠まれた順番に並べ替えなさい。また、詠まれた場所(地域)を、図の中から選びそれぞれ記号で答えなさい。

A　荒海や佐渡によこたう天の河
B　蛤《はまぐり》のふたみにわかれ行《ゆ》く秋ぞ
C　行く春や鳥啼《な》き魚の目は泪《なみだ》
D　あらとうと青葉若葉の日の光
E　五月雨の降り残してや光堂

四　次の文章を読んで、あとの問いに答えなさい。

　ジローは自他ともに認めるお調子者であり、その明るさから人に頼み事をされやすく、それを断ることもなかった。中学三年生の夏休み、部活動最後の大会を終えたジローは、学校代表として駅伝大会に出るように頼まれ、その翌日から練習に参加し始めた。大会本番、ジローは3区を走ることになった。

大田から受け取った襷《たすき》は重かった。この一瞬に俺たち以上のものをかけているのだ。いい加減なことばかりやってきた大田にとって、この駅伝の持つ意味は大きい。駅伝にかかわっていた時間は、大田にとって唯一中学生でいられた時間だったにちがいない。いや、まだこの時間は続く。上の大会に進んで、あと少し大田にこういう思いをさせてやりたい。

そう意気ごんではみたけど、駆け出して500メートルも行かないうちに、俺は後ろにいた三人に抜かれた。記録会でも俺よりずっと速かったやつらだ。こいつらと同じように走っては、最後までもたない。俺は軽く腕を揺らして、①はやる気持ちを抑えた。

3区はなだらかなコースだから、勝負をかけてくる学校も多い。だけど、ペースを崩すな。桝井《ますい》がスタート前に言ったことを思い出して、俺は一歩一歩足を進めた。俺を抜いたやつらはずいぶん前に進んでいるけど、これでいいのだ。まだ五位なのだから落ち着いていこう。今の俺は自分のペースがわかっている。ど素人だったころの俺とは違うんだ。焦って台無しにするな。大事に走らなくてはいけない。これは記録会でも試走でもなく、本番なのだ。

俺が走る道の横には田んぼが広がっている。来週に稲刈りをする家が多いのだろう。刈られるのを待っている稲穂が［A］と日の光を受けている。いい風景だ。田舎から早く出ていきたいと言っているやつらも多いけど、俺はこの地域を気に入っていた。すぐ間近に川があり山があり田んぼがあって、それぞれ季節ごとに違う香りがする。②俺は思いっきり田んぼの香ばしい匂いを吸い込んだ。

1キロ地点を俺は試走より一割ほど速いペースで通過した。いいペースで走っているはずだ。しかし、1キロ通過直後のゆるいカーブで後ろにいた集団にとらえられた。そして、カーブを曲がり切り体勢を立て直そうとしたところで、あっけなくその集団に抜き去られてしまった。

いくらなんでも抜かれすぎだ。俺を抜いた集団は六人。二位でもらった襷は、もう十一位まで落ちている。ペースを守ったって、こんなに後ろに追いやられたんではどうしようもない。俺は何とか取り戻そうと、ピッチを上げた。だけど、前を行くみんなも同じようにスピードを上げている。これ以上離されたら、やばい。何とかしなくては。けれど、いくら加速しても追いつかない。どこの学校だって必死なのだ。いろんなことを乗り越えているのは、俺たちだけじゃない。前との距離は、俺の走力でどうにかできる範囲を超えている。③俺は焦りと不安で心臓が速くなるのを止められなかった。

こんなの謝ったってすまないよな。みんなが懸命に練習していた姿を思うと、泣きたくなった。設楽《したら》や大田が繋《つな》いできたものを俺が崩してしまう。二人とも試走以上のいい走りをしたのに、俺がそれを無駄にしてしまう。そう思うと、逃げたくなった。だから、［B］引き受けるんじゃなかったんだ。

「岡下とか城田にはさ、なんて言って断られたんだ?」

夏休みの終わり、暑さと練習の厳しさでバテそうになった俺は桝井に訊《き》いてみた。みんながどんなふうにうまいこと断るのか知りたかったのだ。

「岡下にも城田にも頼んでないよ」

「［Ｉ］」

「なんだってって?」

　俺と同じ練習をしたはずなのに、桝井は涼しい顔のまま首をかしげた。冷却装置でもついているのかと思うほど、桝井は真夏でもさらりとしている。

「どうやって駅伝を断ったのかと思ってさ。三宅って気が弱そうなのに、いざという時には断るんだな」

　少し勇気を出して拒否すれば、後々しんどい思いをしなくてすむのだ。断るのは一瞬、引き受けたら一生だな。暑さに参ったせいか、俺はほんの少し後悔しそうになっていた。

「三宅にも安岡にも駅伝の話すらしてないよ。大田に声かけて渡部に声かけて、それでジロー。他には頼んでないけど」

「［Ⅱ］」

　渡部と俺の間に、足の速いやつなんて何人もいる。みんなに断られて、いく当てがなくなって回ってきたと思っていた俺は驚いた。

「［Ⅲ］」

「ジローならやってくれるだろうと思ったし」

「だって、誰にも断られてないんだろう?」

「そうだって言ってるじゃん」

「俺が三番目?」

　ストレートで俺のところに依頼が来るなんて、不思議だ。俺が何度も訊くのに、桝井は笑い出した。

「そうだってば」

「［Ⅳ］」

「まあ、ジローなら簡単に引き受けてくれるだろうって期待したのは確かだけど、だからってジローに頼んだわけじゃないよ」

「［Ｖ］」

　他に俺に駅伝を頼む理由などあるだろうか。俺は桝井の顔を見つめた。

「うーん、ジロー楽しいし、明るいし。ほら、ジローがいるとみんな盛り上がるだろ」

「そんなの走ることに何も関係ないじゃん」

「そうだな。でも、うまく言えないけど、④やっぱりジローはジローだから」

　いつも的確に答える桝井が困っている。でも、桝井の言いたいことはわかった。

　高校に大学にその先の世界。進んで行けばいくほど、俺は俺の力に合った場所におさまってしまうだろう。力もないのに機会が与えられるのも、目に見える力以外のものに託してもらえるのも、今だけだ。速さじゃなくて強さでもない。今、俺は俺だから走ってる。

「ジロー、がんばれ!」

「あと1キロだよ!」

「ジロー、ファイト。ここからここから」

　広い道に出ると、沿道には応援をする人が溢《あふ》れていた。俺にもいろんな声が届く。クラスメートの声、バスケ部の後輩の声、仲のいいやつらのおばちゃんやおじちゃんの声まで聞こえてくる。

「ジロー、しっかり! 前、抜けるよ」

あかねちゃんが叫ぶのも聞こえた。俺の告白を断ったって、あかねちゃんは俺を応援してくれるのだ。

「ちょっと、真二郎、あんた真剣に走りなさいよ！」

もちろん、一番でかい声を出しているのは母親だけど。

渡部が言ったとおり、⑤俺は何一つ損なんかしていない。いつもの調子で引き受けたからこそ、今ここにいられるのだ。俺は身体《からだ》に神経を向けて、自分の残っている力を確認した。いける。ここから残り１キロ弱。ペースを上げても走りきれる。元気がいい走り。上原に褒められたように、思い切りのいい走りをしよう。俺は前を走る集団を見すえて、⑥腕を大きく振った。

息を切らしながら走っているうちに、中継所が近づき渡部の姿が見えた。唯一俺が苦手とするやつで、唯一俺を心配してくれるやつ。今はどうだろう。走れもしないくせに引き受けてと、やきもきしながら見ているだろうか。いや、そんなことはない。俺が俺らしくやりさえすれば、渡部は認めてくれるはずだ。

「ジロー。いいぞ、そのままそのまま。ここまで」

渡部は手を振りながら、叫んでいる。早くあの手に襷を渡さなくては。俺は集団の中に突っこむのも気にせず、一心不乱に渡部をめがけて走った。

「頼む」

「了解」

渡部は手早く襷を受け取って、すぐさま駆け出した。これでもう大丈夫だ。渡部に襷をつないだとたん、⑦俺の身体も心もすっとほぐれていった。

（瀬尾まいこ『あと少し、もう少し』〈新潮文庫〉）

問一　［A］・［B］を埋めるのに最も適当な語を次の中からそれぞれ選び、記号で答えなさい。

ア　ほいほい　イ　どしどし　ウ　きらきら
エ　わざわざ　オ　じりじり

問二　［Ⅰ］～［Ⅴ］に次の会話文をあてはめたとき、どのような順番になりますか。［Ⅰ］と［Ⅳ］を埋めるのに最も適当なものを次の中からそれぞれ選び、記号で答えなさい。

ア　じゃあ、何だ？
イ　そっか。あいつら短距離だもんな。じゃあ、三宅や安岡？　あの辺はなんだって？
ウ　渡部の次が俺？
エ　すぐに俺に頼むなんて、そんなに断られるのが嫌だったのか？
オ　どうして俺なの？　たいして走るの速くないのに

問三　――線部①「はやる気持ち」とは、どのような気持ちを表していますか。その説明として最も適当なものを次の中から選び、記号で答えなさい。

ア　良い順位で襷をつなぎ自分も速く走れることを仲間に認めさせたいという気持ち。
イ　周りに惑わされず自分のペースを守りながら慎重に走ろうという気持ち。
ウ　上の大会に進むために自分を抜いたやつらに追いつかなければならないという気持ち。
エ　本番の大会なのだから記録会や試走よりも良い記録を出そうとい

う気持ち。

オ　記録会で自分より速かった三人を見返してやろうという気持ち。

問四　――線部②「俺は思いっきり田んぼの香ばしい匂いを吸い込んだ」とありますが、このときのジローの状況を説明したものとして、最も適当なものを次の中から選び、記号で答えなさい。

ア　普段あまり見ることのない故郷の景色を改めて眺めることで、自身の郷土愛に気付かされている。

イ　自分が生まれ育った土地の匂いを体に取り込むことで、周囲から応援をうけた気になっている。

ウ　稲刈り前の独特な匂いから秋の気配を感じ取り、自然豊かな故郷の情景に改めて感じ入っている。

エ　自分が慣れ親しんだ風景を見渡し大きく息をすることで、落ち着いてペースを守ろうとしている。

オ　周囲の様子や鼻孔をくすぐる匂いにふと気を取られてしまい、走りに集中できなくなっている。

問五　――線部③「焦りと不安」の説明として最も適当なものを次の中から選び、記号で答えなさい。

ア　中継所が近づいてきたので、先頭に追い付くための手段をいよいよ投じるべきではないかということ。

イ　このまま当初の予定通りペースを守り続けていては、良い結果を迎えられないのではないかということ。

ウ　ピッチを上げこれまでのペースを崩してしまったために、襷がつながらないのではないかということ。

エ　自分がこのまま順位を落としてしまうと、みんなから批判されるのではないかということ。

オ　前の走者にさらに差をつけられたら、皆の頑張りをふいにしてしまうのではないかということ。

問六　――線部④「やっぱりジローはジローだから」にはどのような期待が込められていると考えられますか。その説明として最も適当なものを次の中から選び、記号で答えなさい。

ア　ゴールした後に倒れるくらい、全力を出し尽くして走ってほしい。

イ　精一杯応援して、必死に走っている皆を笑顔で迎え入れてほしい。

ウ　たとえ遅くても、見ている人に感動を与えるような走りをしてほしい。

エ　みんなで駅伝を走り切る上で、ムードメーカーの役割を果たしてほしい。

オ　仲の良い友人が多いので、沿道で応援してくれる人を集めてほしい。

問七　――線部⑤「俺は何一つ損なんかしていない」とありますが、どういうことを表していますか。その説明として最も適当なものを次の中から選び、記号で答えなさい。

ア　なんとなく引き受けた駅伝なのに、思いがけず自己の成長の機会となったことを実感しているということ。

イ　大田や桝井ほどには駅伝に対する思い入れがない自分だから、もし悪い結果でもあまり気にしないということ。

ウ　たとえ上の大会に出場できなくても、自分が全力を出したのなら責任は誘った人にあるということ。

エ　自分の走りができず仲間に迷惑をかけてしまったけれど、自分が責められることはないということ。

オ　上の大会に出場できなかったとしても、自分にとっては駅伝の選手に選ばれたという名誉だけが残るということ。

問八　――線部⑥「腕を大きく振った」という表現は本文中でどのようなことを表現していますか。その説明として最も適当なものを次の中から選び、記号で答えなさい。

ア　とにかく残りの一キロ弱を全力疾走するために、これまでの抑えた走り方をやめて持てる力を出し切ろうとする必死さを表している。

イ　様々なことに思い悩むのではなく周囲を明るくする自分のよさに気付き、普段通りおどけてふるまえるようになったことを表している。

ウ　集団に抜かれてしまったことで不安な気持ちに押しつぶされそうになったが、自分らしくあることの大切さに気付いた心情の変化を表している。

エ　駅伝の走者として走ることを通して自分に過度な自信が持てるようになり、これまでにない力がみなぎってきたことを表している。

オ　襷をつなぎ最後まで走りきるためにペースを守っていたが、たとえ襷がつながらなくても自分自身のために全力で走る決意をもったことを表している。

問九　――線部⑦「俺の身体も心もすっとほぐれていった」とありますが、この描写はどのようなことを表していると考えられますか。その説明として最も適当なものを次の中から選び、記号で答えなさい。

ア　これまで頑張ってきた駅伝が終わり、目先の目標がなくなってしまったジローの喪失感。

イ　最後の頑張りによって、最終結果が悪くても責められることがなくなったジローの解放感。

ウ　どんなに疲れていても、周囲からの声援が力となることを体験したジローの高揚感。

エ　集団に抜かれ精神的に追い詰められても、一度も諦めずに走り抜いたジローの充実感。

オ　緊張や重圧を乗り越え、襷を無事につなぐという役目を果たしたジローの安堵感。

問十　次の会話文は、この文章を読んだ中学一年生が話し合っている場面です。本文と合致する意見を述べている生徒一人を選び、記号で答えなさい。

Aさん　「大田さんから襷を受け取った時のジローさんは、怖かったと思うんだ。予想以上に良い順位で大田さんから襷を受け取ったんだよ。ジローさんはもっと気楽な順位で本当は襷を受け取りたかったんじゃないかな。」

Bさん　「もともと足の速いランナーが集まる区間に、足の遅いジローさんが配置されているんだよ。どんなに抜かれても、気にしていなかったんじゃないのかな。多分、最初から諦めていたと思うよ。」

Cさん　「走り始めた頃は足の速い生徒のことは気にせず、自分のペースを守ることだけに意識を働かせていたんじゃないかな。心に余裕があったから周囲の風景を見たり感じたりできたんだよ。結果的に試走よりも早いペースで走れていたしね。」

Dさん　「集団に追い抜かれた時、ジローさんは絶望の底にいたと思うんだ。自分のせいで負けてしまうって。だからペースを必死にあげたんだよ。でも追いつかない。だから自分を駅伝に誘った桝井さんを恨みながら走っていたんだ。恨みがジローさんに力を与えたのかも。」

Eさん「最後にジローさんが力を発揮できたのは声援のおかげだね。一番大きな声を出していたお母さんもそうだけど、やっぱりあかねさんの声援が大きな力になったんじゃないかな。告白を断られたとはいえ、かっこいい姿を見せれば、もう一度チャンスがあるかもって思うからね。」

五　次の文章を読んで、あとの問いに答えなさい。

建築の世界で、妙な現象が進行しつつある。雑誌が信用を失いつつあるのである。正確に言えば、雑誌にのっている写真が信用を失いつつある。誰も、その写真を信じようとはしない。そして実は、この現象、建築に限った話ではない。

最大の理由は、コンピューターによる画像処理技術の進歩である。一度撮った写真をどんな風にでも加工することができるようになった。［　Ⅰ　］、紹介される建築作品の手前に立っている電柱が邪魔だなと思ったならば、消してしまうことができる。後ろに立っているビルが醜くてめざわりだと思ったならば、消去して、かわりに青い空を背景にペーストすることができる。抜けるような青空だけを背景にすっくと作品が建っている純粋な風景が欲しければ、それがなんなくできてしまうのである。

この程度なら、すなわち①背景のタッチアップだけならば、まだ罪は軽いかもしれない。おそろしいのは、建築作品自体の画像処理である。建築主の要望で選択した屋根の色が気にくわないので、茶色の屋根を、クールなシルバーに画像変換し、印刷してしまうなんてことも可能である。［　Ⅱ　］、建築基準法の高さ制限のせいで、作品がズングリムックリしてしまったので、縦横の比率を少し変えて、建築を細長く、スレンダーに変形して、雑誌に紹介するなどということも可能になった。

その手の画像処理が、現実の建築雑誌でどこまで行われているかは、僕もわからない。［　Ⅲ　］、問題は、現実にどこまで行われているかではなくて、行われていても不思議ではないし、しかたがないと、誰もが感じていることなのである。ではなぜそんな風に、みんな諦め気味なのだろうか。なぜ誰も、これを問題視しないのだろうか。

理由は単純である。建築雑誌が［　Ｘ　］で、編集されているからである。真実か虚偽かという価値基準に支配されているメディア(たとえば報道)では、このような画像処理は決して許されない。編集者の首が飛んだり、社長が謝罪するほどの話である。ところが、建築雑誌で一番問題とされていたのは、真実ではなく、美であった。美のためなら真実は犠牲にしてもいいという風土があった。それゆえ、コンピューターの画像処理が今のようなレベルに達する以前から、似たようなことはいくらでも行われていた。フィルターを使って、色を変えてしまったり、極端な望遠レンズや広角レンズを使って、画像を歪《ゆが》ませてしまうことは、［　Ａ　］に行われていたのである。しかも、これは二流の建築家がやるゴマカシではなくて、一流の建築家ほど、これらの画像処理に熱心であった。

二〇世紀最高の建築家と呼ばれるル・コルビュジエが、画像処理の達人であったことは、よく知られている。彼はしばしば、写真の上にエアブラシなどの技法を用いて手を加え、平然として作品集に掲載した。彼の作品の背景の建物や山は消去され、すっきりとした青空のバックが捏《ねつ》造《ぞう》された。シャープな影によるメリハリがお好みで、明るい壁面と暗い壁面の境界に定規で線を引き、影の部分を暗く塗りつぶすのも得意技であった。最高の建築家が平気でこんなことをする。しかもそのことが、彼の建築家としての評価を下げることは一切ない。それが建築という世界だったのである。

それは単に、ジャーナリズムの姿勢の問題ではない。ジャンル全体の姿勢、価値基準の問題なのである。建築とは、美、正確には［B］な美という価値基準によって支配されたフィールドであった。建築物が美しいか、醜いかという判断が、すべてに優先された。そのこと自体が問題なのではない。そのようなフィールドが、二〇世紀にはもっぱら写真というメディアに依存せざるを得なかった。そこにこそ問題があったのである。なぜなら、②写真自体がきわめて曖昧で、いい加減なメディアであったからである。このメディアは、何物をも自由に捏造することが可能なメディアであった。捏造と真実との境界が、極端に曖昧なメディアであった。捏造と真実との境界を攪《かく》拌《はん》する特殊な能力を持つメディアであった。コンピューターによる画像処理技術の進歩は、この曖昧さに拍車をかけたにすぎない。そんな危険なメディアが、建築という危険なフィールドと結託したわけだから、こんな危なっかしいことはない。

この写真というメディアの捏造活動に歯止めをかけるには、二つの方法しかない。ひとつは真実という基準の支配するジャンルの媒体として用いること。すなわち報道写真として、③真実という基準の支配によって、たがをはめること。もうひとつの方法は、写真芸術という、自立した世界を用意してやることである。そこでは、被写体の美(捏造の起点)が問われるわけではなく、捏造の結果だけが問われる。そのような場がひとたび用意されてしまえば、捏造という概念自体が意味を喪失することになるのである。

しかし、この二つの方法が適用できないフィールドにおいて、写真を媒体として用いることは、きわめて危険、かつ無意味な選択であった。たとえていえば、それは写真を用いて美人コンテストを行うようなものである。一次選考に写真を利用することはあっても、最終選考に写真を用いる美人コンテストというものはない。写真はいかようにも美女を捏造することができるからである。写真を用いて仮に選んだ美女達を、最終的には同一の舞台の上に立たせて、肉眼で眺める。美を基準とする領域においては、そのような方法のみが、有効性を持つはずなのである。

ところが残念ながら建築を移動させることはできない。様々な建築物を美女のようにして、同一の舞台の上に立たせて見比べることはできない。ゆえに、しかたなく建築は写真に撮られ、写真の形式で評価され、比較されることになったのである。写真だけを用いて、「美女コンテスト」を行わざるを得なかったのである。そこに二〇世紀の根本的な矛盾が存在した。そしてコンピューターによる画像処理技術は④この矛盾を加速し、露呈させる役割を担ったというわけなのである。

では今後、この美女コンテストはどこに向かうのだろうか。まず予想されるのは、情報量を増やし、媒体を複数化しようという動きである。写真だけならば、捏造がいくらでも可能である。しかしムービーを併用すれば、捏造はかなり困難になるであろうという推測である。

　しかし、この方向には、明らかに限界が存在する。いくら媒体を複数化したとしても、美という基準と、ヴィジュアル・メディアの間の断絶を完璧に埋めつくすことは不可能である。この問題を解決する唯一の方策は美という基準を見直すこと。美に替わる、新しい基準を発見することしかない。

　その徴候はすでに、様々な形で出現しつつある。結果としての美ではなく、ものを作るプロセス自体を評価し楽しむという傾向は、そのひとつである。建築雑誌や美術雑誌が、そのプロセスを読ませること、追体験させることに、ページをさきはじめたのである。建築家やアーティストもまた、結果としての美を競うのではなく、そこにいたるプロセス自体を競いはじめた。そのプロセスは様々である。使い手の意見を聞きながら、使い手が施工にも参加して建築を作る「参加型建築」のプロセスをうりにする建築家が登場した。あるいは、今まで誰も使ったことがない珍しい素材を、試行錯誤を重ねながら、なんとか使いこなしたというプロセスがテーマとなる建築が登場するようになった。どちらの場合もできあがりを写真で見ただけでは、その良さ、その特徴のすべてを理解することは難しい。プロセスのドキュメンテーションを一緒に読んではじめて、その価値がわかるという仕組みである。えっ、そんな風にして作ってあったんですかと［ a ］を打つのである。

⑤要は写真の時代が終わりつつあるのではなく、美女コンテストの時代が終わりつつあり、美の時代が終わりつつあるということなのである。視覚的な美というものは、いかようにでも捏造できる。舞台に並べて、誰が誰より美しいと論じることは意味がない。大切なことは、舞台からひきずりおろして実際につきあってみること。同じひとつの時間、ひとつのプロセスを共有することなのである。そういう体験の重みだけが、人間にとって意味を持つということを、他でもない、コンピューターが教えてくれたのである。

（隈研吾『負ける建築』〈岩波現代文庫〉）

問一　［ I ］～［ III ］にあてはまる語として最も適当なものを次の中からそれぞれ選び、記号で答えなさい。

ア　しかし　　イ　なぜなら　　ウ　ゆえに
エ　ところで　　オ　あるいは　　カ　たとえば

問二　［ A ］・［ B ］にあてはまる語として最も適当なものを次の中からそれぞれ選び、記号で答えなさい。

ア　日常的　　イ　印象的　　ウ　視覚的
エ　象徴的　　オ　論理的

問三　［ a ］にあてはまる身体の一部を表す語をひらがなで書きなさい。

問四　［ X ］にあてはまる文として最も適当なものを次の中から選び、記号で答えなさい。

ア　虚偽という価値基準ではなく、現実という価値基準
イ　美醜という価値基準ではなく、真実という価値基準
ウ　現実という価値基準ではなく、虚偽という価値基準
エ　真実という価値基準ではなく、美醜という価値基準
オ　純粋という価値基準ではなく、装飾という価値基準
カ　装飾という価値基準ではなく、純粋という価値基準

問五　――線部①「背景のタッチアップ」とありますが、本文で述べられている「背景のタッチアップ」とは**言えない**画像処理を施している

のはどれですか。最も適当なものを次の中から選び、記号で答えなさい。

加工前

この建物が中心となる建築物です

ア

イ

ウ

エ

オ

問六　――線部②「写真自体がきわめて曖昧で、いい加減なメディアであった」とありますが、このように言うのはなぜですか。その理由として最も適当なものを次の中から選び、記号で答えなさい。

ア　写真は、誰が撮影しても被写体をある程度美しく写せるものだから。

イ　写真は、被写体の真実を写したものであるかどうか見極めにくいから。

ウ　写真は、被写体の本当の姿を絶対に切り取ることができないから。

エ　写真は、撮影者の意図に関係なく被写体に説明を与えてしまうから。

オ　写真は、被写体をいくらでも複製する手段となるから。

問七　――線部③「真実という基準の支配によって、たがをはめること」とは、どういうことを表していますか。その説明として最も適当なものを次の中から選び、記号で答えなさい。

ア　真実を伝えるために写真の加工は許容すること。

イ　写真に写されたものはすべて真実であると見なすこと。

ウ　写真の中には真実などないという前提をくつがえすこと。

エ　写されたものが真実であると保証された写真だけを用いること。

オ　被写体の真実の姿を伝えるために一切の加工を許さないこと。

問八　――線部④「この矛盾」とは、どういうことを表していますか。その説明として最も適当なものを次の中から選び、記号で答えなさい。

ア　美醜の基準など存在しないはずなのに、それがあたかも存在しているものと見なして建築物に順位付けを行うこと。

イ　人が何を美しいと感じるかはそれぞれ異なるのに、一人だけの基準によって建築物に優劣を付けていること。

ウ　建築物を評価するためには実物を見なければいけないのに、実物そのものを見ないで評価していること。

エ　建築物の優劣は総合的な尺度で計らなければならないのに、外見上の美しさだけで決めていること。

オ　現代の技術をもってしても建てられない建築物であるのに、その建築物を写した写真が存在していること。

問九　――線部⑤「要は写真の時代が終わりつつあるのではなく、美女コンテストの時代が終わりつつあり、美の時代が終わりつつあるということなのである」とはどういうことを表していますか。その説明として最も適当なものを次の中から選び、記号で答えなさい。

ア　写真だけでは物事を評価することはできないので、実際に見たり触れたりできるものだけを評価の対象とするようになってきているということ。

イ　時代の変化につれて人間が感じる美しさも変化してきているので、より現代的な基準へと合わせるようになってきているということ。

ウ　美という基準によって人間に優劣を付けることは個人の尊厳にかかわる問題なので、世界各国で中止が相次いでいるということ。

エ　美しさというものは物事の一面でありどのようにでも捏造できるものなので、総合的な基準で物事を評価するようになってきているということ。

オ　これまで美しいとされてきたものにも必ず欠点はあるので、それらを現代の基準で再評価する気運が高まりつつあるということ。

問十　本文の趣旨と合致するものとして最も適当なものを次の中から選び、記号で答えなさい。

ア　現実の建物は、様々な制約により設計図通りに建築することが難しい。しかし、コンピューターの技術が進歩したため、建築家は自らの作品を写真などの視覚的な媒体を通して、設計図通りに表現できるようになった。

イ　建築物は、同一条件の下で比較することができないため、写真によってその美醜を評価されてきた。しかし、写真に写る美しさとはきわめて不確かなものであるため、評価者の実体験の中での評価が行われるようになりつつある。

ウ　建築家の評価は、設計した建物以外に、その建物を捉えた写真を美しく見せる技術も重視されてきた。しかし、視覚的な美しさは平等な基準ではないため、建物の本質を表している設計図を重視しなければならない。

エ　建築家は、美しさという価値基準を何よりも優先して設計を行ってきた。しかし、その価値基準の下で設計された建物は実生活には支障が生じることも多いため、より生活に根ざした建物を設計するようになった。

オ　これまで写真は、被写体の真実の姿を捉えることができると人々は考えてきた。しかし、写真は静止した対象にしかその効果を発揮できないため、被写体をより多面的に捉えられるムービーを用いることが多くなってきた。

問十一　══線部「他でもない、コンピューターが教えてくれたのである」とありますが、これはどういうことですか。八十字以内で説明しなさい。但し、「かえって」という言葉を必ず用いなさい。

佼成学園中学校(第一回)

—50分—

一 次の——線部について、漢字をひらがなに、カタカナを漢字に直しなさい。

① 薬を常備する。
② 同盟国と協議する。
③ 真相は早晩明らかになるはずだ。
④ 国交が絶える。
⑤ 銀行にお金を預ける。
⑥ 金品のジュジュ。
⑦ セイゾウ業につく。
⑧ ジュウオウに駆け回る。
⑨ 年賀状をスる。
⑩ クダに水を通す。

二 次の問いに答えなさい。

問一 次の1～4の□に当てはまる身体の一部を表す漢字一字を、下の(　)の中の意味を参考にして、それぞれ答えなさい。

1 □をあかす。(相手を出しぬいてあっと言わせる。)
2 □を割る。(本心をうちあける。)
3 □を洗う。(悪い行いをやめてまじめになる。)
4 □をそろえる。(お金を不足なくまとめる。)

問二 次の1～3の═線部はどこにかかりますか。——線部ア～オの中から最も適当なものをそれぞれ選び、記号で答えなさい。

1 知らぬまに　遠くの(ア)　空から(イ)　入道雲が(ウ)　むくむくと(エ)　わいてきた(オ)。
2 当時から　私の(ア)　中学校は(イ)　伝統の(ウ)　ある(エ)　学校だった(オ)。
3 たとえ　どんなに(ア)　苦しくても(イ)　すぐに(ウ)　逃げ出しては(エ)　いけない(オ)。

問三 次の1～3の——線部と同じ種類・用法のものを後の中からそれぞれ選び、記号で答えなさい。

1 とても根気のいる作業だ。
ア それなら私のを使ってください。
イ 兄の本を借りる。
ウ 自転車の後ろについて行きなさい。
エ 君の言うことなら聞いてみてもいい。

2 先生は熱心に教えてくれる。
ア あの選手はひそかに練習しているようだ。
イ 雨はいつの間にか雪に変わった。
ウ 夏休みも終わったのにまだセミが鳴いている。
エ 明日には熱も下がるはずだ。

3 彼は年下ながらりっぱな男だ。
ア 歩きながら食べるのはよくない。
イ 昔ながらの商店街を通る。
ウ 追いつめられながらも逆転した。
エ 涙《なみだ》ながらにうったえる。

三　次の文章を読み、後の問いに答えなさい。(句読点や記号も一字にかぞえること。本文の行末にある数字は行数です。)

小学五年生の島愛里(「わたし」)は、夏休み前に学校に行けなくなってしまった。そして迎《むか》えた夏休みだったが、四月から来た転校生の長野昇人が二度、「わたし」の家にやってきた。一度目は「わたし」の母親に対して、島さんが不登校になったのはぼくのせいだと謝罪をするため。二度目は「わたし」に対して、高校野球の試合を見に行こうと誘《さそ》うため。予想外の長野くんの行動に戸惑《とまど》いながらも、「もう夏休みだから」という言葉に納得《なっとく》し、二人で高校野球の試合を見に行った。そこで、「わたし」は学校に通っていた頃《ころ》の話を始める。

四年生までは、何の問題もなかった。学校は楽しかった。不登校なんて、それこそ人ごとだった。

でも五年生になって、クラス替《が》えがあった。担任は岡崎先生になった。四十代の女の先生だ。そして長野くんが転校してきた。

一学期の初日。始業式があったその日だけで、クラスがどうなるかは、何となくわかった。男子のリーダーは川本歩くんで、女子のリーダーは飯田真衣さん。二人を中心に動く。ほぼ全員がそう思ったと思う。受け入れたと思う。

それを乱したのが、長野くんだ。

一学期の二日め。岡崎先生はさっそく学級会を開いて、クラス委員を決めた。

クラスのリーダーイコールクラス委員、ではない。低学年のころはそうだったけど、去年あたりから感じが変わってきた。面倒なクラス委員なんてやるだけ損。私立中学に行こうとしてる子がやればいい。そんな空気になったのだ。

このクラスで言えば。やっぱり川本くんと飯田さん。二人は頭もいいし、私立にも行きそう。だからその二人がやってくればいい。それがベスト。きれいにまとまる。

で。

誰か委員長に立候補する人は？　と岡崎先生がみんなに訊《き》いた。

はい。と手を挙げたのが、何と、長野くんだ。昨日、転校のあいさつをしたばかりの、長野くん。

さすがにみんな驚《おどろ》いた。岡崎先生も驚いた。

ぼく、やります。と長野くんは言った。やりたいです、ではなく、やります。

①立候補は推薦《すいせん》よりも優先されるべきだ。にしても。

ほかには？　と岡崎先生は言った。

手は挙がらなかった。川本くんも飯田さんも、挙げなかった。推薦されてたら、二人ともやってたと思う。でも立候補するつもりはないのだ。それはカッコ悪いから。

長野くん、やる気があってとてもいいです。と岡崎先生はまずほめた。そして続けた。ただね、やるにしても、二学期からにしたらどう？　ほら、長野くんはまだ来たばかりでみんなのことをよく知らないし、みんなも長野くんのことをよく知らないから。一学期はみんなと勉強したり遊んだりして、二学期になったときにまた考えてみればいいんじゃないかな。先生はそう思うんだけど。

ぼくはすぐにやりたいです。と長野くんは言った。二学期になったら、もういいと思っちゃってるかもしれないし。

でもねぇ、ちょっと早すぎるような気がするんだけど。もしぼくがダメだったら、途中《とちゅう》で替えてください。それでいいです。

まあ、そこまで言うなら。と岡崎先生も折れるしかなかった。みんな、長野くんが委員長ということで、いいかな？

いいです。と川本くんが言った。そこで発言するあたりがリーダーだ。だったらまかせてみましょうよ、という感じ。リーダーのぼくはそれでいい、とみんなに知らしめる感じ。

じゃあ、委員長は長野くんということで。次に副委員長を決めます。

みつば東小の場合、クラス委員は二人。委員長と副委員長。委員長は男子で副委員長は女子と決められてるわけではない。女子も委員長になれる。実際になることは、あまりないけど。

誰かが飯田さんを推薦してすんなり決定。そんな流れになると思ってた。ならなかった。飯田さん自身が、何と、わたしを推薦したのだ。島さんがいいと思います、と。

別に悪気はなかったのだろう。わたしがよかったのではなく、誰でもよかったのだ。わたしは三年生のときに副委員長をやったことがある。飯田さんはそれを覚えてたのかもしれない。推薦する女子として、島愛里はちょうどよかったのだ。

それはまた、自分はやる気がないという、飯田さんの意思表示でもあった。わたしはかなり困った。飯田さんを推薦するわけにはいかない。それをしてしまうと、やり返した感じになる。険悪な空気になる。

投票でわたしが飯田さんに勝つことはないだろう。そうなれば、副委員長はやらなくてすむ。でもあとがツラい。飯田さんに恨《うら》まれるかもしれない。今回推薦されたくらいだから、どうせ二学期も推薦されるだろう。そこでは副委員長をやらされるだろう。だったら、今ここで抵抗《ていこう》することに意味はない。

誰かが飯田さんを推薦してくれるのを、わたしは待った。飯田さんでなくてもいい。誰かが誰かを推薦してくれるのを待った。もう手は挙がらなかった。挙げる必要はないのだ。挙げなければ、わたしに決まるのだし。

ほかに推薦者もいないようだから。と岡崎先生は言った。島さん、やってもらえる？

いやです。絶対にやりません。と強く断る自分を想像しながら、わたしは力なく言った。②じゃあ、やります。

二学期にクラス委員をやると、短い三学期もこのままで、ということになりかねないので、やるなら一学期にやってしまったほうがいい。そう自分に言い聞かせて、わたしは五年一組の副委員長になった。

そして、後悔した。

長野くんは、思った以上にダメな委員長だった。副委員長のわたしから見れば、ということだ。岡崎先生から見れば、最高の委員長だったかもしれない。初めは不安を覚えてたはずの先生も、すぐに長野くんを信用した。学期途中での交替《こうたい》なんて、考えもしなかったにちがいない。

長野くんは熱心だった。あまりにも熱心すぎた。岡崎先生の指示をクラスのみんなに忠実に伝え、守らせた。

例えば先生が職員室で長野くんに、静かに自習させなさい、と言う。すると長野くんが教室でみんなに、静かに自習してください、と言う。そして一言もしゃべらせない。例えば先生が長野くんに、掃除《そうじ》をサボらせないようにしなさい、と言う。すると長野くんがみんなに、掃除は絶対にサボらないでください、と言う。そして一人もサボらせない。そんな感じ。

長野くんは、副委員長のわたしにもそうすることを求めた。男子はおれが見るから、女子は島さんが見てよ、と言った。またそんなことを、みんなの前で言うのだ。よく言えば、裏表がない。悪く言えば、気が利《き》かない。みんなは、気が利かない、をとった。あいつ何なの？　になった。島も何なの？　になった。

委員長が川本くんだったらなぁ、とわたしは何度思ったことだろう。川本くんなら、同じことをもっとうまくやってたはずだ。岡崎先生からの指示も聞いて。最低限のことだけをみんなに伝えて。先生には、みんなが言うことを聞いてくれなくて、と軽めに言って。みんなには、おれが先生に怒《おこ》られちゃうからさ、と軽めに言って。そういうのを、本当に（１）やって。でも陰《かげ》では舌を出して。

長野くんは、そんなふうに立ちまわることができなかった。はっきりと先生の側に立つのが委員長だと、そう思いこんでるみたいだった。

長野ウゼー、島ウゼー、という声があちこちから聞こえてくるのに時間はかからなかった。みんな、その言葉を隠《かく》さなくなった。男子だけでなく、女子までもが言うようになった。長野くんは知らん顔をしてた。まちがったことはしてないんだから気にすることないよ、とわたしには言った。それもまた、みんなの前で言うのだ。勘《かん》弁《べん》してほしかった。

上には岡崎先生と長野くん、下にはクラスのみんな。③わたしは完全に板挟《いたばさ》みになった。そうとらえてるのはわたしだけ、というところがまたツラかった。長野くんはわたしが女子をまとめられないことを不満に思ってるはずで、クラスのみんなはわたしを長野派と見てるはずだった。そして岡崎先生は。どうせ何も見えてない。

わたしは見事にきらわれた。幼稚園のころからずっと、みんなにきらわれないようにしてきたつもりなのに、（２）きらわれた。巻きこまれてそうなることもある。自分の力ではどうにもならないこともある。そのことがショックだった。

六月の初め。学校のトイレに入ってたときに、飯田さんがほかの数人に言った。

まさか島さんがああなるとはね。推薦なんかしなきゃよかった。

わたしは個室から出られなくなった。飯田さんは、たぶん、わたしがそこにいるのを知ってて、わざとそう言った。気づかずに言ったように見せたのだ。そう見せたとわたしが思うことまで、計算してたかもしれない。

飯田さんたちは、次の授業の始まりを告げるチャイムが鳴り終わるころに、ようやくトイレから出ていった。

④わたしは、すぐには出ていけなかった。五分ほど遅れて、教室に戻った。

もちろん、授業は始まってた。副委員長が何やってるの！と岡崎先生に怒られた。

返事はしなかった。だって、トイレにいたとは言えない。まず、飯田さんに対して言えない。そして、女子だから、言えない。そういうことを察してくれないのが、岡崎先生だ。自分もかつては女子であったことを、もう忘れてるのかもしれない。

島さん、返事をしなさい！

それでもわたしは返事をしなかった。ではどうしたかと言うと。机につっぷして、泣いた。あーあ、やっちゃった、と思った。泣いてるのに、どこか冷静だった。⑤外側からも内側からも、ひどく冷やされてる感じがした。

その次の日からだ。学校に行かなくなったのは。

（　中　略　）

「ほんと、ごめん」

「いいよ、別に」と言う。言ってしまう。「わたしが勝手に行かなくなっただけだし」

「でも原因をつくったのはおれだから」

「いいって」

初めてこう考える。原因をつくったのは、長野くんだろうか。

確かに長野くんはやり過ぎた。がさつといえばがさつだった。でも自分で言ったように、まちがったことはしてない。自習時間に静かにするのは当たり前のことだ。掃除をサボらないのも、当たり前のことだ。先生にじゃなく、同じ児童に注意されるから腹が立つというだけの話。勝手なのは、腹を立てる側だ。タバコのポイ捨てを注意されて、うるせえ、とキレるようなもの。そう見ることもできる。

「何で、委員長をやろうと思ったの？」と尋《たず》ねてみる。

「うーん」長野くんは考え、答《こたえ》になってないことを言う。「おれ、前んとこでは、長野じゃなかったんだよね。名字」

「じゃあ、何だったの？」

「コタニ。小さいに谷で、小谷。親が離婚《りこん》したんだよ」

「あぁ。そうなんだ」

「うん。だから引っ越してきた。こっちが母ちゃんの地元だから」

地元。住めば地元。お母さんがみつばの出身なら、半分は地元だったわけだ。

「長野は母ちゃんの名字。えーと、旧姓《きゅうせい》ってやつ。まだそうなって四ヵ月だからさ、慣れそうで慣れないよ。長野って呼ばれても、すぐには気づけなかったりする。自分でも小谷って言いそうになるし」

こんなこと訊いちゃいけないよなぁ、と思いつつ、訊く。

「何で離婚しちゃったの？　お母さん」

「何でだろう。よくわかんない。隠してるわけじゃなくて、ほんとにわかんない、ほら、そういうことって、あんまり話してくんないから。でもケンカはよくしてたよ、離婚する一年ぐらい前から」

お母さんが長野くんを引きとったのなら。悪かったのはお父さん、なのだろうか。

「でさ、こっちではもう乱暴なことはしないでって、母ちゃんに言われたんだよね」

「してたの？　乱暴なこと」

「乱暴なことをしてたつもりはないんだけど。ケンカとかはよくしてた」

「ケンカって、口ゲンカとかじゃなくて」

「殴《なぐ》り合いもしてたよ。前いた片見里《かたみざと》ってとこは、もろ田舎《いなか》だからさ、そういうことがなくもなかったんだよね。まあ、だいたいは、殴り合ったらお互いすっきりするんだけど、なかにはすっきりしないやつもいて、そんなやつの親が学校に文句を言うの。で、おれの母ちゃんが謝りに行く」

「へぇ」とだけ言う。

それは乱暴だよ、と言いそうになるが、言わない。

「こっちは全然ちがうなぁ、と思ったよ。みんな、おとなしいよね」

「おとなしいかもしれないけど。いやな子もいるよ」

「それも思った。陰で何かされそうだなって。片見里では、そういうことはなかったんだけど」そして長野くんは言う。「で、とにかくさ。もう高学年だし、おれ、母ちゃんのためにも、何ていうか、いいやつになろうと決めたんだよね」

「いいやつ？」

「うん。勉強の成績はよくないから優等生にはなれないけど、委員長にならなれるかもって思った」

「それで立候補？」

「そう。推薦されんのは無理だけど、立候補はできるんだから、なれるじゃん」

一言で言えば、単純。もう一言足せば。高学年なのに、単純。

「ただ、これまで委員長なんてやったことないから、よくわかんなくてさ。とりあえず先生の言うことを守ればいいだろうと思ったんだよね。片見里では怒られてばっかいたけど、言うことを聞いとけば怒られないだろう、みんなにも言うことを聞かせれば絶対に怒られないだろうって。そしたら、何か、変な感じに」

「なったね」

「ほんとにわかんなくなったよ、どうすればいいやつになれるのか。で、そんなら自分がやるべきだと思うことをやろうっていうんで。島さんちに行って、謝った」

「ウチのお母さん、何て言った？」

「来てくれてありがとうって。こっちの親だから片見里以上にムチャクチャ言われるだろうと思ってたけど、全然そんなことなくて。ちょっと驚いた。説明がヘタすぎてちゃんと伝わってないのかとも思って、もう一回言ったよ。ぼくのせいですよって。そしたら、そんなことないよって言ってくれた。そんなことあるんだけど」

何だろう。⑥何か、ほっとした。よかった、と思った。そこで長野くんを責め、叱《しか》りつける親じゃなくてよかった。長野くんに、こっちのお母さん、だと思われなくてよかった。

（小野寺史宜『今日も町の隅《すみ》で』〈ＫＡＤＯＫＡＷＡ〉より）

問一　（１）・（２）に当てはまる言葉として最も適当なものを次の中からそれぞれ選び、記号で答えなさい。

（１）
ア　速《すみ》やかに
イ　軽《かろ》やかに
ウ　穏《おだ》やかに
エ　健《すこ》やかに

（２）
ア　あっさり
イ　ひっそり
ウ　うっかり
エ　こっそり

問二　――線部①「立候補は推薦よりも優先されるべきだ。にしても」とありますが、「にしても」の後に続く内容として最も適当なものを次の中から選び、記号で答えなさい。

ア　あまりにもカッコ悪すぎる。
イ　さすがの転校生。期待が高まるぞ。
ウ　これでは岡崎先生の思いどおりだ。
エ　さすがに早すぎるんじゃないかと思う。

問三　――線部②「じゃあ、やります」とありますが、このときの「わたし」の心情の説明として最も適当なものを次の中から選び、記号で答えなさい。

ア　自分にはクラス委員など務まるわけがないと自覚しているが、学級会の空気には逆らうことができず、引き受けるしかないとあきらめている。
イ　意外にも飯田さんに推薦してもらえたことが嬉しく、何もかも人任せな自分を変えるべく、クラス委員として頑張っていきたいと思っている。
ウ　自分以外の人間がクラス委員になるべきだと思っているが、転校生である長野くんとなら、もしかしたらやっていけるのではないかと期待している。
エ　自分がクラス委員に適任でないことは自覚しているが、せめてクラスのみんなの期待には応《こた》えなければならないと思い、自分を奮い立たせようとしている。

問四　――線部③「わたしは完全に板挟みになった」とありますが、これはどういうことですか。その内容が具体的に説明されている一文を文中からぬき出し、初めの七字を答えなさい。

問五　――線部④「わたしは、すぐには出ていけなかった」とありますが、それはなぜですか。その理由として**適当でないもの**を次の中から一つ選び、記号で答えなさい。

ア　どんな顔をして教室に入ればいいのかがわからず、困惑していたから。
イ　自分がトイレにいたことを飯田さんたちに知られるのが気まずかったから。
ウ　飯田さんに待ち伏せされているかもしれないということが不安に思われたから。
エ　飯田さんから陰険な方法で自分に敵意が向けられてきたことが怖かったから。

問六　――線部⑤「外側からも内側からも、ひどく冷やされてる感じがした」とありますが、このときのわたしの心情の説明として最も適当なものを次の中から選び、記号で答えなさい。

ア　周囲からの冷たい視線を感じると同時に、泣いてはいけない場面で泣いてしまっている自分にあきれ、自分自身を冷ややかに見つめている。
イ　クラスのみんなから冷ややかな目で見られ、周囲の期待に応えられない自分を情けなく思い、この先の学校生活に絶望している。

ウ　岡崎先生から厳しい言葉をかけられ、何か言い返したいものの何も言い返せないという悔しさがこみ上げ、自分自身を見失っている。

エ　クラスのみんなが見ている中で泣いてしまったことで、かえって冷静に自分自身を見つめ直すことができ、この後どのように振る舞えば自分が得になるかを計算している。

問七　～～線部「ぼく、やります」とありますが、なぜ長野くんはクラス委員に立候補したのですか。その理由を三十字以内で答えなさい。

問八　――線部⑥「何か、ほっとした」とありますが、それはなぜですか。最も適当なものを次の中から選び、記号で答えなさい。

ア　自分が不登校になったのは長野くんのせいでもあったが、自分には長野くんを責める気持ちはなく、事を荒立てたくなかったから。

イ　母は長野くんのせいで不登校になったという「わたし」の自己中心的な考えを正し、長野くんの誠実さも評価してくれていたから。

ウ　母は「わたし」のことを理解していて、責任を感じて謝罪に来た長野くんのことも叱らず、感謝の気持ちまで示してくれていたから。

エ　これまで熱心過ぎるあまり周囲から孤立していた長野くんに共感できなかったが、母に対して謝っている姿を見て、その人柄の良さに気づけたから。

四　次の文章を読み、後の問いに答えなさい。（句読点や記号も一字にかぞえること。本文の行末にある数字は行数です。）

かつて私の家に、贈答品《ぞうとうひん》として入浴剤《にゅうよくざい》の詰《つ》め合わせが送られてきたことがある。「別府《べっぷ》の湯」「草津《くさつ》の湯」「箱根の湯」などと書かれた袋《ふくろ》に入浴剤が入っており、風呂《ふろ》に溶《と》かすと、それぞれ異なった色と香《かお》りで温泉気分が味わえる。ところが、「別府の湯」の袋の裏側を見ると、小さな字で「本品は別府温泉を再現したものではありません」と打消し表示が記載《きさい》されている。「実際の温泉とは無関係なんだ」と思うと、温泉気分も半減してしまった。

「別府の湯」は、日本有数の温泉地域である「別府」を商品名に組み込《こ》むことによって、商品イメージを高めている。「実際の別府温泉はこんな感じなんだ」と思いながら入浴する①消費者は、まんまとだまされたことになる。

その後、実際に別府を訪《おとず》れてみると、別府温泉の泉質が多様であることがわかった。別府では、街のあちこちに湯けむりがあがっており、硫黄《いおう》の臭《にお》いも随所《ずいしょ》で感じられる。温泉は高温の水がどんな岩石層を抜《ぬ》けて地上に達しているかによって泉質が決まるので、別府のように多数の源泉があると、場所ごとに色も臭いも、そして肌触《はだざわ》りもさまざまなのである。これでは、別府温泉を再現しようにも、どの泉質を再現したらよいのかわからない。

別府温泉が多様であると知っていれば、「別府の湯」という表示を見たとき、「あれ、別府のどこの泉質を指しているのだろう」と疑問をもったにちがいない。知識があるとフェイク※1にだまされにくいことも、こうした事例でよくわかる。

もうひとつ、知識があるとだまされにくい例をあげよう。商品をPRする広告によくみられる「特許取得」である。

特許とは、ある企業《きぎょう》が開発した新製品を、別な企業がまねして生産して利益をあげることを一定期間防止する制度である。新製品の開発には通常多額の資金が必要なので、新製品を一定期間独占《どくせん》的に販売《はんばい》して開発資金の回収を認める仕組みになっている。こうした制度がなければ、企業はリスクのある新製品開発に躊躇《ちゅうちょ》してしまい、社会の発展が阻害《そがい》されてしまう。特許には、企業同士の公正な開発競争を促《うなが》す目的があるのだ。

　企業同士の開発競争を促す特許が、なぜ消費者向けの広告に記載されているのだろうか。それは、特許庁が新製品としての価値を認めたときに、特許が取得できる仕組みになっているからである。そこで、広告主は「特許取得」という言葉で、「特許庁が認めたすばらしい新製品」というイメージを消費者に抱《いだ》かせようとするのである。

　ところが、②特許庁が認める「新製品としての価値」は多様である。消費者は購買《こうばい》にあたって「商品の性能がよい」ことを判断基準にするが、特許で認められる価値は「企業における価値」であり、商品性能に限らない。たとえば、「安く作れる」「早く作れる」などの製造方法に関する価値でも特許がとれる（製造特許と呼ばれる）。

　広告に「特許取得」という文言を見たら、特許番号が書かれているので検索《けんさく》してみるとよい。私が調べた範囲《はんい》では、半分以上が製造特許であった。商品性能に関する特許もあるにはあるのだが、「それは消費者が求めている商品性能ではないのでは」と疑問に思うものばかりが目立った。

　たとえば、健康維持《いじ》に貢献《こうけん》するはずのサプリメントの特許が、「成分がもつ臭いを減らす方法」であった。水と一緒《いっしょ》にすぐに飲み込んでしまうサプリメント成分の臭いが減っても、消費者が期待する価値には遠く及《およ》ばないだろう。

（１）、広告でよく見かける「○○賞受賞」も同様である。おいしいお菓子《かし》を探して「○○賞受賞」を見つけても、その賞が商品パッケージのデザインコンテストの賞であったならば、おいしいお菓子を見つける手がかりにはならない。何に与《あた》えられている賞なのかに注意を払《はら》う必要があるのだ。

　③「別府の湯」も「特許取得」も、言葉がもつ意味合いの多様さを利用したフェイクである。広告主は、ウソや法律違反《いはん》にならない範囲で消費者を惑《まど》わす言葉を使い、※2首尾《しゅび》よく消費者が思惑《おもわく》に沿った誤解をしてくれるのを期待しているのだ。こうしたフェイクに対抗《たいこう》するために、本章では言語がもつイメージ作用の歴史的意義を認識《にんしき》したうえで、個々の言葉がもつイメージが人々のあいだで多様に変化している現実を理解していく。

　言語の意義を探《さぐ》ることにも、ヒトと動物の比較《ひかく》が役に立つ。すでに前章で、ヒトが他者の話を信用するのは、たがいに協力関係にあるからだと述べた。私たちは、他者が自分に有益な情報をもたらしてくれると思うからこそ、他者の話に耳を傾《かたむ》けるし、より能率のよい情報交換《こうかん》の手段である〝言語〟を身につけてきたのである。

　動物行動学の研究では、古くからチンパンジーなどのヒトの近縁《きんえん》種《しゅ》（大型霊長類）に言語を学ばせる試みがなされている。初期の試みは失敗に終わったが、それは言葉を発声する仕組みが大型霊長類に未熟であることが原因であった。今日では、研究者と一緒に生活する中で〝絵文字〟を使った会話を訓練すれば、「主語＋動詞＋目的語」の簡単な文なら理解できることがわかっている。

大型霊長類でも協力関係の中で生活するようになれば、かたことの言語を身につけられるので、言語獲得《かくとく》に協力関係が重要であること、大型霊長類が前言語レベルの知能を有することは明らかになった。けれども、その言語学習の効率は、ヒトに比べ非常に低い。つまりヒトは、言語に必要な協力性や発声機能などの諸機能を、かなり高度に整えた状態で生まれてくると言える。それらの諸機能は、ヒト特有の生活に必要だったがゆえに、ヒトだけに進化したのである。

※3マイケル・コーバリスらは、言語が現れる前のコミュニケーションはジェスチャーなどの〝身ぶり〟で主になされていたと主張している。大型霊長類の発声機能が未熟であることから、声よりジェスチャーのほうが使いやすかったという可能性は高い。

そこで、ジェスチャーから言語に発展するところで何が起きたかを考えてみよう。④言語が生まれることによって、表現の幅《はば》が広がった反面、ウソがつきやすくなったのである。

たとえば、「このあいだ私はマンモスをとってきた」ということを伝えるのに、初期段階では、とってきたマンモスの立派な牙《きば》を掲《かか》げて〝マンモス〟を理解させていただろう。それが、〝マンモス〟に相当するジェスチャーが生まれ、牙を掲げなくともすむようになった。

確かに、ある特別なジェスチャーが〝マンモス〟を意味することを知らせるときには、そのジェスチャーをしながら、マンモスの牙を指さすような段階があっただろう。それが、マンモスの意味が集団内に浸透《しんとう》すると、「マンモスの牙」のような証拠《しょうこ》が必要ではなくなってくる。証拠がなくとも何かを伝えられるという方法は、ウソを容易にするのである。

（　中　略　）

さらに言語は、もっと大きなウソに相当する〝虚構《きょこう》〟ももたらした。この過程も少し丹念《たんねん》にみていきたい。

言語の特徴は、今ここで直面している現実世界以外を表現できることである。つまり、「丘《おか》の向こうにマンモスがいるぞ」とか、「去年雨が降ったあとにここにマンモスがいたんだ」とか、「また雨が降るとここにマンモスが来るにちがいない」などの、直面していない現在の推測、過去の想起、未来の予測を表現できる。言語がもつ時制や仮定法などがこれを可能にしている。

私たちは、発話文を聞くことによって、今現在は直接体験していない、現在・過去・未来の様子を、直接体験に準じるかたちで想像できる。だからこそ、自分自身は体験していない他者の多くの体験が、他者と共有でき、それらの過去の体験をパターン化して記憶《きおく》し、未来に起きる事象を高い確率で予想できるのだ。これが、協力集団の作業効率を大幅に高めた。

人類が類縁《るいえん》のチンパンジーと大きく異なって、文明社会を築く道に進むことができたのは、前章までに述べてきた協力性と、本章に掲げる⑤想像力をヒトが身につけたことが大きな基本要因になっている。両者が揃《そろ》ったところで、言語の発展が急速に起きて、社会に知識の蓄積《ちくせき》が起き、文明構築につながったのだ。

（２）、この想像力が高まったことによる※4弊害《へいがい》もある。もともと想像力は、情報が少なく不確実な現実を補うものであった。たとえば、「昨日は丘の東側にマンモスがいたが、今日は西側にマンモスがいる。夜のうちに移動したのだ。ならば、移動の経路あたりにワナを仕掛《しか》けたらマンモスがとれるだろう」などと働くのである。ところが、東側のマンモスと西側のマンモスは別なマンモスならば、「移動した」という想像は誤りであり、ワナ仕掛《じか》けは失敗である。

想像内容はあくまで現実に準じるものであり、確実な現実と思わないほうがよい。想像力が高すぎると、想像世界を現実のように思う弊害が生じる。

たとえば、三〇〇〇年前に起きた火山の大噴火《だいふんか》の様子を人から伝え聞けば、身近なことのように感じ、経験の共有化ができる。これこそ、想像力のなせるワザである。ところが、大噴火が一〇〇〇年に一度程度の災害であれば、自分が生きるうえでは問題にならない。それにもかかわらず、大噴火を過度に心配してしまうことになる。これが高い想像力の弊害である。理想を言えば、現実から遠いありそうもない経験ほど、想像内容がぼんやりと薄《うす》らいでいけば便利そうだが、人間の想像はそうはなっていない。

火山の大噴火の様子を伝承することには利点があるものの、「それが起きると死んじゃうんだ」と想像すれば不安が高じる。そこで人間は、※5ファンタジーによる対処を発達させてきた。（３）、「山を守る神様」を想像世界に登場させ、「その神様が頑張《がんば》っている限りは大噴火しない」などという物語を作成し、それを想像した未来と重ね合わせて安心するのだ。

物語によって築かれた〝虚構（フェイク）世界〟の存在を、現実と同様に信じることによって未来への不安が軽減し、適度に現実と※6対《たい》峙《じ》できるのである。この役割を伝統的に宗教が果たしてきたことは、言わずもがなだろう。

一方のチンパンジーは、気楽なものである。自分の死期がせまっていても、動じない。長年チンパンジー研究を重ねてきた京都大学元教授の松沢哲郎は、研究仲間のチンパンジーであるアユムの死に立ちあった。アユムの病状は重く、もはや長くはないことを本人も明らかに悟《さと》っているのだが、明るくふるまっている。

これは人間の〝から元気〟とは異なる。松沢は、アユムは自分が存在しない未来世界を想像しないので悲嘆《ひたん》にくれることが少ないのだと、チンパンジー研究から判断している。逆に言うと、人間は想像力が高いからこそ未来に絶望してしまうが、想像力がゆえに物語が作成できて未来に慰《なぐさ》みや希望も見出《みいだ》せる、ということだ。

⑥良くも悪くも人類は〝想像するサル〟なのである。人間は、未来を想像して文明の構築に成功した反面、〝虚構〟を信じ合って広める習性をもってしまったのである。

（石川幹人『だからフェイクにだまされる　進化心理学から読み解く』〈ちくま新書〉より）

＊　本文は設問の都合上、一部表記を改めてあります。

※１　フェイク……………にせもの。
※２　首尾よく……………うまい具合に。都合良く。
※３　マイケル・コーバリス……ニュージーランドの心理学者。
※４　弊害……………害となる悪いこと。
※５　ファンタジー…………空想によって生み出された世界。
※６　対峙……………向き合うこと。

問一　（１）〜（３）に当てはまる言葉として最も適当なものを次の中からそれぞれ選び、記号で答えなさい。

ア　しかし　イ　また　ウ　たとえば　エ　つまり

問二　――線部①「消費者は、まんまとだまされた」とありますが、それはどういうことですか。その説明として最も適当なものを次の中から選び、記号で答えなさい。

ア　「別府の湯」と書かれた入浴剤に、消費者は別府温泉そのもののイメージを持ってしまったということ。

イ　実際の別府温泉に入るよりも、入浴剤を入れたお風呂《ふろ》に入る方が満足感を得られると錯覚《さっかく》してしまったということ。

ウ　入浴剤の硫黄の臭いが強ければ強いほど、本物の別府温泉の泉質に近いはずだと思ってしまったということ。

エ　「別府」というブランドイメージが高まることで、「別府の湯」が一番優れた温泉だと勘違いしてしまったということ。

問三　――線部②「特許庁が認める『新製品としての価値』は多様である」とありますが、特許庁が認める価値が多様だと言えるのはなぜですか。その理由を三十五字以内で答えなさい。

問四　――線部③「『別府の湯』も『特許取得』も、言葉がもつ意味合いの多様さを利用したフェイクである」とありますが、これはどういうことですか。その説明として最も適当なものを次の中から選び、記号で答えなさい。

ア　いずれの場合もウソや違反ではないが、広告主は消費者が都合よくイメージを取り違えて誤解することを期待しているということ。

イ　いずれの場合も消費者をだまそうとする巧妙《こうみょう》な手口を使った広告であり、世の中にはそうした広告があふれかえっているということ。

ウ　いずれの場合もコンテストの受賞歴を巧《たく》みに使いながら、消費者に好印象を残すようなイメージ戦略がとられているということ。

エ　いずれの場合も商品の効用や性能をいつわることで、商品に対する過度な期待を消費者に抱かせてしまっているということ。

問五　――線部④「言語が生まれることによって、表現の幅が広がった反面、ウソがつきやすくなった」とありますが、言語やジェスチャーが生まれることでウソがつきやすくなったのはなぜですか。その理由を二十字以内で答えなさい。

問六　――線部⑤「想像力」とありますが、次に示すのは四人の生徒が「想像力」についての話し合いをしている場面です。本文の内容と**合わない発言**を次のア〜エの中から一つ選び、記号で答えなさい。

ア　「Aさん」　僕たち人間は、昔起こったことを直接体験することはできないけど、言葉でそれを共有して想像することができるんだね。

イ　「Bさん」　確かにね。過去に起こった出来事がわかれば、未来に起こりそうなことも予測することができるもんね。

ウ　「Cさん」　でも、人間は想像力が高いから、起こりもしないような悪いことまで想像してしまうことがあるよね。

エ　「Dさん」　だから、人間が想像するものは現実にはありえないものばかりで、私たちを困らせてるんだよね。

問七　――線部⑥「良くも悪くも人類は〝想像するサル〟なのである」とありますが、これはどういうことですか。その説明として最も適当なものを次の中から選び、記号で答えなさい。

ア　人類はこの世に存在しないものまで想像できるため、未来に希望を持つことができるが、一方では想像力が作り上げた虚構の世界から抜け出せなくなってしまっているということ。

イ　人類は高い想像力によって野性的な本能を失ったが、未来を想像する力によって豊かな社会を営むことには成功したということ。

ウ　人類は未来を想像して物語を作ったり、文明を築き上げたりしたが、一方では高い想像力によって未来に絶望することもあれば、虚構を広め合ってしまうこともあるということ。

エ　人類は優れた言語能力と想像力によって高度な文明を築き上げたが、そのことによって虚構の世界を信じることができなくなっているということ。

問八　現在、フェイクニュースといわれる不確かな情報が社会問題となっていますが、あなたはこの問題についてどのように考えますか。自由に述べなさい。

駒場東邦中学校

—60分—

注意…『、』『。』『「』『」』も一字に数えます。

◆ 次の文章を読み、後の問いに答えなさい。

中学一年生の轟《とどろき》虎之助《とらのすけ》は、ケーキ作りを趣味《しゅみ》にしている。昨年卒業した兄の龍一郎《りゅういちろう》は、在校時サッカー部のキャプテンで学校の有名人だったが、虎之助は兄とちがって背が低く、顔立ちが女子っぽい。ある日の放課後、剣道部《けんどう》に所属している一学年上の黒野《くろの》に呼び止められ、生徒会室に連れて行かれる。

三階の廊下《ろうか》に出て、先輩《せんぱい》といっしょに角を曲がる。手洗い場の流しを通りすぎ、パソコン室のとなり、生徒会室の扉《とびら》を、黒野先輩はノックした。

生徒会室？

「連れてきましたー」

「入って」

A凛《りん》とした声。黒野先輩はドアを開け、ぼくを見た。

「どうぞ、お先に」

ためらいながらも、おずおずと中に入るぼく。

「轟虎之助くん」

アルトの声（低めの女性の声）で、その人が女子だとわかった。

背が高い。薄暗《うすぐら》い部屋に窓からの1ギャッコウで、顔はよく見えない。

だれだろう。

「電気くらい、つけとけよ」

そう言って、黒野先輩が蛍光灯《けいこうとう》のスイッチを押《お》した。部屋にいた女子の顔が照らされる。

短くした髪《かみ》に、きりっとした眉《まゆ》。涼《すず》し気《げ》な一重《ひとえ》のまぶた。するどい瞳《ひとみ》。きゅっと結んだ口元。スカートではなくスラックス（ズボン）をはいていて、それがひどく似あっている。

ぼくは、その人がだれかに気づいて、ぎょっとした。

「祇園寺《ぎおんじ》先輩……」

先輩は2イガイそうに眉をあげた。「私《わたし》のこと、知ってるんだ？」

「いや……まあ」

生徒会長の名前くらい、さすがに知っている。

祇園寺羽紗《うさ》。

新船《あらふね》中学校生徒会長兼《けん》剣道部副部長。有名人だ。ボーイッシュな（少年のような）雰囲気《ふんいき》と整った3ヨウシから、学校中の女子たちのあこがれの的となっているカリスマ。通称《つうしょう》「ウサギ王子」……。

そんな人が、ぼくなんかになんの用だろう？

「ウサギ王子よ、轟虎之助はたいそういそがしいらしい」

黒野先輩がそう言って、パイプ椅子《いす》に腰《こし》かける。

「さっさと用事をすませて、4カイホウしてやりましょう」

祇園寺先輩はうなずいた。「ああ、そうだね……うん、わかってる」

そう言って、視線を落とす。足元をじっと見つめ、先輩はだまりこんでいる。

沈黙《ちんもく》が苦しくなって、ぼくはたずねた。

「あの……ぼく、なにかしましたか？」

「いや、そうじゃない。ちょっと、頼《たの》みたいことがあって」

祇園寺先輩は首を横にふってそう言うと、ぼくをまっすぐに見た。

「これから言うことは、5タゴン無用。私たちだけの秘密にしてほしい」

その目力というか、気迫《きはく》のようなものに、ぼくは何度もうなずく。

「あと、こうやって私たちが会っていることも、もちろんだれにも言わないで」

「わ、わかりました」

ぼくの返事に、祇園寺先輩はちいさく息をついた。

それから、きゅっとくちびるをひき結んで、また視線を落とす。

再び沈黙。

しびれを切らしたように、①黒野先輩がため息をついた。

「……轟虎之助。祇園寺先輩はさ、おまえさんに頼みがあるんだと」

祇園寺先輩が6サッキのこもった目でそっちをにらむ。関係ないぼくまで思わずすくみあがってしまうほどの迫力。しかし、涼しい顔で、黒野先輩は続けた。

「タルトタタン（リンゴを用いたケーキ）の作り方を、教えてほしいそうだ」

「え……？」

タルトタタンの作り方を教える？　ぼくが？

祇園寺先輩の顔を見ると、それこそ、リンゴのようにまっ赤になっている。

「作れるんだろ？　タルトタタン。このまえそう言ってたよな。教えてやってくれ」

黒野先輩が言う。ぼくはたずねた。

「な、なんで、ぼくなんですか？」

祇園寺先輩は言った。

「知りあいには頼めないから。きみと私に7セッテンはない……今までは。これからは隠《かく》しとおせばいいし。だから、表面上、私たちは知らない者同士ということにしてほしいの」

どうして、そこまで秘密にしたいんだろう。

その疑問が顔に出ていたのかもしれない。祇園寺先輩は、自嘲的《じちょうてき》に笑って言った。

「私なんかが、ケーキを焼いていたら、へんでしょ」

「どうしてですか？」

べつに、いいんじゃ。だれがケーキ焼いても。

それに、祇園寺先輩は……女子じゃないか。

ボーイッシュとか、「ウサギ王子」とか、言われているけれど、女子にはかわりない。

タルトタタンくらい、作っても、なにもおかしくないでしょ？

もちろん、そんなのは性差別だ。わかってる。男子だろうが女子だろうが、ケーキを焼きたければ焼けばいい。あまいものが食べたいなら食べればいい。

それをなんだかんだ言う人がいるなら、そっちのほうがおかしい。

よけいなお世話、というやつだ――そのことは、ぼくがいちばんよく知っている。

だけど、それでも……。

女子なら、ケーキを焼いても、どうこう言われたり、しないでしょ？

②「スイーツ男子」より「お菓子《かし》作りが好きな女子」のほうが、ずっと理

解されやすい。

そんなふうに言おうかとも思ったけど、言えなかった。

先輩がひどく思いつめた顔をしていたから。

「……とりあえず、ライン（メッセージを送るためのソフト）のＩＤ（連絡先を示す文字列）を交換《こうかん》しとこうか」

黒野先輩が言って、ポケットからスマホを取りだした。

《数日後、虎之助と黒野はタルトタタンの材料を買って祇園寺の家に向かう。》

会計を終え、ぼくは黒野先輩についてスーパーを出た。学校の近くだし、どうしても人の目が気になってしまう。きょろきょろしてしまう。

そんなぼくの様子を見て察したのか、黒野先輩が言った。

「だいじょうぶ。だれにも会わない」

「……いや、わからない、でしょ？」

「いいや、会わない。おれといっしょにいれば、めんどうなことは起こらない。だから安心していい。楽しく行こうぜ」

そう言って、すこし猫背《ねこぜ》ですたすたと歩いていく黒野先輩。

ぼくはそれからもびくびくしていたけれど、けっきょく祇園寺先輩の家に着くまで、だれにも会わずにすんだ。黒野先輩はインターフォンを押すと、低い声で言った。

「警察だ。おとなしくドアを開けろ」

なんだろうね、この人。

『わかった。今開ける』

平然とこたえる祇園寺先輩の声。

黒野先輩はぼくのほうをふり返って、顔をしかめた。

「おい、あいつノーリアクションだよ」

一応うなずいておく。

しばらくして、ドアが開いた。顔を出した祇園寺先輩はＴシャツにハーフパンツをはいている。ラフな格好だ。ぼくが会釈《えしゃく》すると、先輩はちいさくうなずいた。

「よく来た。入って」

「おじゃましまーす」

黒野先輩がそう言って、玄関《げんかん》でスニーカーをぬぎ、そそくさと家にあがる。

ぼくもそれに続いた。

「王子、親御《おやご》さんは？」

「王子って言うな。ふたりとも出かけた」

「ほうほう。タルトタタン焼き放題ですね。轟虎之助、洗面所こっちだぜ」

黒野先輩は何度も来ているのだろうか。なれている感じがする。

念入りに手を洗って、それからキッチンに通された。

よそのお宅のキッチンって、なんだか緊張《きんちょう》する。ガスコンロじゃなくてＩＨ（電子コンロ）だ。

「じゃ、さっそくはじめようぜ、シェフ」

黒野先輩が言った。どこから出してきたのか、漫画《まんが》を読んでいる。

「シェフじゃないだろ」

あきれたように祇園寺先輩が肩《かた》をすくめる。「こういう場合は、パティシエ（お菓子職人）だ」

そういうこと？

ぼくはカバンからレシピを印刷した紙と、ケーキの型を取りだす。

「えっと、祇園寺先輩」

ぼくは言った。

「基本的には、レシピどおりに作るだけです。だから、教えられることはとくにないです。レシピも、ネットで適当に[8]ヒロってきたやつだし」

先輩はうなずいた。

「はずかしながら、レシピどおりに作るってこと自体が、すでに私にはむずかしいんだ」

真剣《しんけん》な顔だった。ぼくはなんて答えればいいのかわからなかった。

「……じゃあ、はじめましょうか」

まず、リンゴを四つ切りにして、皮をむき、芯《しん》を取る。鍋《なべ》にバターと砂糖を入れて、リンゴがしんなりしてくるまで炒《いた》める。水気が出てきたら弱火にして、一時間ほどこげないように混ぜながらあめ色になるまで煮《に》つめる。

というわけで、リンゴの皮むきがはじまったのだけれど、祇園寺先輩の手つきを見るに、もうしわけないけど納得《なっとく》してしまった。不器用だ。皮をむいているだけなのに、実が半分くらいになりそう。それを黒野先輩があおるあおる。

「へいへい、ウサギ王子。知ってます？　皮をむくのは、実を食べるためなんだぜ？」

「うるさい。包丁投げるぞ」

祇園寺先輩はリンゴから目を離《はな》さずにおそろしいことを言う。けらけら笑う黒野先輩。

「っていうかさ、ピーラー（皮むき器）あるじゃん。ピーラー使えよ」

「あれは一度指をスライスしたから二度と使わない」

ぼくは気になっていたことをたずねた。

「どうして、タルトタタンを作りたいんですか？」

先輩の答えは端的《たんてき》だった。「食べたいから」

「自分で？　だれかにあげたいとか、そういうことじゃなくて？」

黒野先輩が笑う。

「きみだって、自分が食べるために焼いているんじゃないのか？」

ぼくはとまどった。そうだけど、そうなんだけど……。

「だったら、食べに行くとか、買ってくるとか、すればいいんじゃ」

リンゴと格闘《かくとう》しながら、祇園寺先輩は言った。

「試《ため》したけどお店の味じゃだめだった。それに、人に見られたらはずかしいし」

ぼくはだまりこんだ。ケーキを食べるのは、はずかしいことなんだろうか。

「ケーキを食べるやつははずかしいやつなのか？」

黒野先輩が代わりにたずねる。「はずかしいやつ」ってすごい表現だ。

「そうじゃない」

手元から視線をあげて、祇園寺先輩が言う。

「でも、私みたいなやつが、ケーキが好きだと、へんでしょ。イメージがこわれる」

その声にはきりきりと痛みの[9]ケハイがあって、だけどぼくには、先輩がなぜそこまで自分のイメージにこだわるのか、さっぱりわからなかった。

「そんなのとっととこわせばいいって、ずっと言ってるんだけどな」

黒野先輩はそう言って、漫画のページをめくった。

リンゴを煮つめている間に、タルトの生地《きじ》を作る。鍋を混ぜるのは黒野先輩に任せた。

「こがすなよ、黒野」

「皮むきも満足にできない王子に、言われたくはないな」

薄力粉《はくりきこ》、塩、砂糖をボウルにふるい入れ、冷たいバターをくわえて切るように混ぜる。そこに、水で溶《と》いた卵黄《らんおう》をすこしずつ入れ、混ぜながらまとめていく。

「あ、こねる感じじゃなくて、切るように……」

祇園寺先輩の手つきを見ながら、ぼくは言う。粉が飛び散っている。

「なかなかむずかしいね」

そう言って、10ヒタイの汗《あせ》を袖《そで》でぬぐう祇園寺先輩。

「リンゴ、あめ色になってきたぞ」

「わかりました。火を止めちゃってください」

「ＩＨだけどな」

「黒野、揚《あ》げ足《あし》をとるなよ」

あめ色に煮つまったリンゴをケーキの型に敷《し》きつめる。そのとき、先に汁《しる》を入れておく。これがカラメルになる。リンゴの上に三ミリほどにのばしたタルト生地をのせ、フォークでまんべんなく穴をあける。そして百九十度に熱したオーブンで、一時間半、焼く。

「一時間半。長いな」

黒野先輩は言った。オーブンのふたをしめて、スイッチを入れる。

「でも、なんとなく、やりとげた気分だ」

祇園寺先輩の言葉に、黒野先輩が肩をすくめる。

「まあ、王子にしては及第点《きゅうだいてん》だろ」

「えらそうに言わないの」

祇園寺先輩は紅茶をいれてくれた。

それから、ケーキが焼けるまで、ぽつぽつとぼくらは話をした。

なんでもないような話。どうでもいい、くだらない話。

だけど、時間とともに、それは大切な話に変わっていく。

「私さ、むかしから、男勝《おとこまさ》りって言われてたんだ」

祇園寺先輩はそんなことを言った。

「男子相手にけんかもしたし、スポーツも得意だったし。ほら、見た目もこんなだし。名前はウサギなのに、ライオンみたいだって、みんなに言われてた」

ぼくはうなずいた。

「ぼくは虎なのにハムスターみたいだって言われます」

「まじでよけいなお世話だな」

うんざりしたようにそう言って、黒野先輩が紅茶をすする。

ぼくは、気になっていたことをたずねた。

「あの……だけど、先輩はどうして、そこまで自分のイメージにこだわるんですか？」

祇園寺先輩はしばらくだまっていた。黒野先輩もなにも言わない。

聞いちゃまずかったかなと、心配になってきたころ、ようやく祇園寺先輩は口を開いた。

「私はさ、うれしかったんだよ。小三で剣道をはじめて。どんどん強くなって。ボーイッシュだとか、かっこいいとか、そういうふうに言われるのが」

紅茶をひと口飲んで、先輩は続けた。

「誇《ほこ》らしくてならなかった。べつに女子らしくなくていいんだって、いや、こういう女子もいるんだって、私が生きていることで、[11]ショウメイできている気がした。羽紗を見てると勇気が出るって、自由でいていいんだって思えるって、そんなふうに言ってくれる子もいた」

大切な思い出をなぞるように、そう言う祇園寺先輩。

「だけど……」と、ぼくは言いよどんだ。

先輩はだまってぼくの言葉を待っている。だけど、なんだろう。言っていいのかな。失礼かもしれない。迷っていると、黒野先輩が笑った。

「そうだな。あんまり、今の王子は自由には見えないよな」

そのとおりだった。

今まで作りあげてきたイメージを守ろうとするあまり、ケーキを食べることすら、自分にゆるせずにいる。少なくとも、それを他人に知られたくないと思っている。

「そうだね。こんなのはもう、呪《のろ》いみたいなもの」

祇園寺先輩はしみじみとうなずいて言う。

それからちいさく笑った。なつかしむように、だけどかなしそうに。

「六年生のころ、友だちになった女の子がいたの。世間一般《いっぱん》に言われている意味で、つまりはそれも偏見《へんけん》だけど、女の子らしい女の子だった。フリフリしたかわいい服を着て、絵を描《か》くことと、お菓子作りが好きで。その子が私にタルトタタンの味を教えてくれた」

そう言って、祇園寺先輩は、ぎゅっと眉間《みけん》にしわをよせる。

「その子の家で、その子が作ってくれたタルトタタンを食べたとき。こんなにおいしいものがあるのかって、そう思った。だから、そう伝えた。そしたら、あの子、ほっとしたように笑って、言ったんだ」

――私さ、羽紗ちゃんのこと、ちょっとこわいって思っていたけど、気のせいだった。

――なあんだ。やっぱり羽紗ちゃんも女の子なんだ。

「その声はひどく弾《はず》んでいて。だけど③私はぶんなぐられたようなショックを受けた」

ぼくは黒野先輩の顔をちらりとうかがった。とくに感想はないようだ。もしかすると、すでに知っている話なのかもしれない。祇園寺先輩は続けた。

「それから、私はその子と距離《きょり》を置いた。ううん、その子だけじゃない。あまいものや、女の子らしいとされるものからも、ますます距離を置くようになった」

私は「らしさ」にとらわれたくなかったんだ――そう、先輩は言った。

自由でありたかった。そんな自分のことが好きだった。

「……だから、やっぱり女の子じゃんとか、女の子らしいところもあるんだねとか、言われたくなかった。そういう目で見られるくらいなら、死んだほうがまし」

思いつめた顔で、先輩は言った。

ぼくは、いつになくしずかな、なにか、[12]シンセイなものにふれたような気持ちになった。

心はしんとしていて、だけど、そこのほうではふつふつとなにかが燃えている。

らしさ。

男の子らしさ。女の子らしさ。自分らしさ。

ボーイッシュ女子。スイーツ男子。

虎は虎だから。羽紗は羽紗だから。

轟くん、かわいいし。ケーキ焼く男子とか、アリよりのアリっしょ。今はいろんな趣味があっていいと思う。羽紗を見てると勇気が出る。自由でいていいんだって思える。なあんだ、やっぱり女の子なんだ……。

いろんな言葉が、声が、ぼくの内側で響《ひび》いては消える。

黒野先輩が言った。

「『ボーイッシュな女子らしさ』にとらわれてないか?」

ぼくはおずおずとうなずいた。祇園寺先輩はちいさく笑った。

「そうだね。④わかってるんだ。本末転倒《ほんまつてんとう》だってことは。私はけっきょく、べつのらしさにとらわれていて、ぜんぜん自由なんかじゃない。でも……」

紅茶の入ったマグを両手で包むように持って、先輩は続ける。

「無理なの。私、女の子みたいって、女の子らしいって、そう言われるの、ほんとにこわい。そんなの、その人の偏見だってのも、わかってる。だけど、だめなんだよ。そう言ってくる人たちは、私のことを『無理して男子ぶってる女の子』っていうふうに見る。そういうありふれた話に落としこもうとする。それが、ほんとうにいやなんだ」

黒野先輩は言った。

「人は、枠組《わくぐ》みから外れたやつがいるのがこわいんだよ。だから、自分がわからないものに出会うと、おかしいって言って攻撃《こうげき》したり、わかりやすいでたらめに押しこんで、わかった気になったり、する」

くっくと笑う先輩。ぼくはなにも言えなかった。

焼きあがったタルトタタンをすこし冷まして、ケーキ型から外す。ぼくたちはそれを切り分け、一切れずつお皿に取った。黒野先輩がいそいそと、あめ色のリンゴを頰張《ほおば》って笑う。

「ふぐふぐ。すばらしいね」

祇園寺先輩は、Bおごそかな表情でタルトタタンを口に運んだ。

ひと口。もうひと口。

しずしずと味わうようにそれをかんで、こくんとのみこむ。

「……おいしい」

先輩はつぶやいた。そうして、泣きそうな声で続けた。

「ばかみたい。こんなおいしいのに。むかつく」

そのまま、祇園寺先輩はうつむいて、なにかを考えこんでいた。ぼくはやっぱり、なにも言えなかった。だまってタルトタタンを食べた。リンゴとカラメルの香り。

あまずっぱい味が口いっぱいに広がって、だけど、今日はただただ、かなしい。

帰り道。

黒野先輩と別れたあと、学校の近くを歩きながら、ぼくは龍一郎（虎之助の兄）のことを考えた。

サッカー部のキャプテン。13ブンブ両道の優等生。あの人はいつもぼくに言う。

「人がなんて言おうと関係ない。自分の道を行けよ」

でも、龍一郎はきっと、ぼくが歩いている道の14ケワしさを知らない。ぼくの歩幅《ほはば》を、体力を、道に落ちているちいさな石のひとつひとつが、はだしの足をきずつける感触《かんしょく》を……それは、おたがいにそうなのかもしれないけれど、少なくともぼくは、⑤だれかに「人がなんて言おうと関係ない」なんて、言えない。

人になにかを言われることは、つらい。

自分の道を歩いているだけで、その道に勝手な名前をつけられるのは、歩き方に文句をつけられるのは、どんなに好意的でも笑われるのは、ほんとうにつらい。

祇園寺先輩の思いつめた表情。ウサギ王子の抱《かか》えた秘密。

——女の子みたいって、女の子らしいって、そう言われるの、ほんとにこわい。

そうだ。

⑥ぼくらは自分のままでいたいだけ。そうあるように、ありたいだけ。それを、関係のないだれかに、勝手なこと、言われたくなかった。

ポケットでスマホがふるえる。ぼくはそれを取りだして、ラインアプリを開いた。

「今日はありがとう。いろいろぐちを言ってしまってごめん」

祇園寺先輩からのメッセージ。

ぼくはしばらく考えて、ちいさくうなずいた。フリック入力（スマホなどで文字を入力する方法）で、画面に文字をつむぐ。

「先輩。また、タルトタタンを焼きに行ってもいいですか？

⑦ぼくは、もっと先輩と話がしたいです」

既読《きどく》はすぐについた。だけど、返信はなかなか来なかった。

「あれ、虎じゃん。どこ行ってたの？」

その声に顔をあげると、クラスメイトの女子たちがこっちを見ていた。部活帰りだろうか。数人、かけよってきて、勝手に頭をなでてくる。

「家、こっちのほうじゃないよね？　お出かけ？　いいなあ」

「……秘密」

ぼくはかわいた声で答える。すると、女子のひとりが言った。

「あれ？　なんか、あまいにおいがする。もしかしてケーキ焼いた？」

ぼくは無視する。女子たちがキャッキャと言いあう。

「においますね」

「においますねえ」

「どこで焼いたんだろ。よそのおうち？」

「よそのおうちって、だれのおうちよ」

「そりゃあ……あれですよ、彼女《かのじょ》、とか」

C黄色い笑い声。はじけるような笑顔《えがお》。無邪気《むじゃき》にはしゃいでいる、自覚のない加害者の15ムれ……。

ぼくは歯を食いしばった。

背中を向けて、その場を立ち去る。一刻も早く。

「あれ、待ってよ虎。なに？　おこっちゃった？」

　頭の中がぐらぐらする。胸のおくでなにかが燃えている。ちりちりとのどをこがす、不愉快《ふゆかい》な熱。口の中に残っているタルトタタンの味。断りもなく頭をなでてくる手の感触。どこからかこだまする、今にも泣きそうな祇園寺先輩の声。

　――ばかみたい。こんなにおいしいのに。むかつく。

「虎ちゃん、かわいい顔が台なしですよ～？」
「ほんとほんと！　ほら、いつもみたいに笑って！」
ぼくはふり返って、さわいでいる女子たちをにらみつける。
それから、大きく息を吸いこみ、精いっぱいの声でさけんだ。

⑧今までずっと押さえこんできた思いが、明確な言葉となって夕日の下に響く。

　女子たちの表情が固まるのを見ながら、ぼくは思った。

　強くなりたい。ゆれないように。
自分が自分であるために、闘《たたか》えるように。

【村上雅郁《まさふみ》「タルトタタンの作り方」（『きみの話を聞かせてくれよ』〈フレーベル館〉所収）より】

問1　══線部1～15のカタカナを漢字に直しなさい。

問2　～～線部A「凛《りん》とした」、B「おごそかな」、C「黄色い笑い声」とありますが、この言葉の本文中の意味として最も適切なものを次の中からそれぞれ一つずつ選び、記号で答えなさい。

A「凛とした」
ア　抑揚《よくよう》のない
イ　引きしまった
ウ　かぼそい
エ　かろやかな
オ　優雅《ゆうが》な

B「おごそかな」
ア　近寄りがたく重々しい
イ　とまどいおびえた
ウ　明るくはればれとした
エ　いつも通り落ち着いた
オ　おだやかで充実《じゅうじつ》した

C「黄色い笑い声」
ア　ばかにしたような笑い声
イ　元気いっぱいの笑い声
ウ　照れたような笑い声
エ　ほがらかな笑い声
オ　かん高い笑い声

問3　――線部①「黒野《くろの》先輩《せんぱい》がため息をついた」とありますが、それはなぜですか。二十五字以内で答えなさい。

問4　――線部②「『スイーツ男子』より『お菓子《かし》作りが好きな女子』のほうが、ずっと理解されやすい」とありますが、それはなぜですか。三十字以内で答えなさい。

問5　――線部③「私《わたし》はぶんなぐられたようなショックを受けた」とありますが、その理由として最も適切なものを次の中から一つ選び、記号で答えなさい。

ア　自分の中では心地《ここち》よく誇《ほこ》りでもあった男勝《おとこまさ》りであることが、友だちの女の子にとってはこわい印象を与《あた》えていたことに気付かされたから。

イ　友だちの女の子に作ってくれたケーキが美味《おい》しいと伝えただけで、今の自分のありように関わらず、やはり女の子だと当たり前のように決めつけられてしまったから。

ウ　今まで性別を気にせず好きなように過ごし、自由でいたいと思っていたが、友だちになった女の子と仲良くするには自分を変えないといけないと思ったから。

エ　いくらかっこいいキャラクターを演じ、女の子らしさから逃《のが》れようとしても、自分は女子であるという事実は変えることができないと分かったから。

オ　自由であるために強くあろうと心掛《こころが》けてきたが、今回あまいケーキを食べたことで、苦労して作り上げたそのイメージを壊《こわ》してしまったことに気が付いたから。

問６　――線部④「わかってるんだ。本末転倒《ほんまつてんとう》だってことは」とありますが、祇園寺《ぎおんじ》がどのようになったことが「本末転倒」なのですか。八十字以内で答えなさい。

問７　――線部⑤「だれかに『人がなんて言おうと関係ない』なんて、言えない」とありますが、その理由として最も適切なものを次の中から一つ選び、記号で答えなさい。

ア　虎之助《とらのすけ》はそもそも自分のイメージを他人に決めてほしいと思っており、龍一郎《りゅういちろう》のように周囲を気にせず一人で自分の道を歩めるほどの強さを持っていないから。

イ　龍一郎は優等生であるためなかなか自分の心情を理解してくれないが、虎之助は普通の人にはなじみのない趣味《しゅみ》を持っているため、その趣味を周囲に認めてもらう必要があるから。

ウ　虎之助はいつも比較《ひかく》されてきた優等生の龍一郎に劣等感《れっとうかん》を抱《いだ》いており、兄の言うことをそのまま受け入れて自分の言葉として口にするのは気が進まないから。

エ　龍一郎は優等生で周囲に認められ、他人の言葉に左右されず意志を貫《つらぬ》き通せるが、生きづらさを抱《かか》えている虎之助は周囲の小さな言葉にも影響《えいきょう》を受けてしまうから。

オ　龍一郎は弱い立場にある人の気持ちが分からず鈍《にぶ》いところがあるが、虎之助は人の本音を気にしてしまい、好意的な意見ですら素直《すなお》に受け取れないほど自分に自信がないから。

問８　――線部⑥「ぼくらは自分のままでいたいだけ」とありますが、虎之助が「ぼくら」と思ったのはなぜですか。四十五字以内で答えなさい。

問９　――線部⑦「ぼくは、もっと先輩と話がしたいです」とありますが、このときの虎之助の心中の説明として最も適切なものを次の中から一つ選び、記号で答えなさい。

ア　祇園寺先輩のはっきりしない生き方にとまどいを覚え、心に浮《う》かんだ自分の疑問をたずねてみたいと思っている。

イ　自分が今までより強くなることで、見た目とちがって傷つきやすい祇園寺先輩を守ってあげたいと思っている。

ウ　正直に内面を打ち明けてくれた祇園寺先輩のことが頭を離《はな》れず、

この恋愛《れんあい》感情に似た気持ちを伝えたいと思っている。

エ　自分よりも男らしく生きる祇園寺先輩に憧《あこが》れ、もっと親しくなって対等に話せる間柄《あいだがら》になろうとしている。

オ　祇園寺先輩の今までの葛藤《かっとう》や本当の気持ちに触《ふ》れ、自分の中で形をなしてきた思いを先輩に伝えようとしている。

問10　――線部⑧「今までずっと押《お》さえこんできた思いが、明確な言葉となって夕日の下に響《ひび》く」とありますが、この箇所《かしょ》から分かる虎之助の変化はどのようなものですか。本文全体をふまえて、女子たちに対する「今までずっと押さえこんできた思い」がどのようなものか分かるようにして、百字以上、百二十字以内で説明しなさい。

問11　……線部から読み取れることとして適切なものを、次の中から**二つ**選び、記号で答えなさい。

ア　周囲から「ウサギ王子」（1ページ目下段）と呼ばれる祇園寺羽紗《うさ》をはじめ、轟虎之助《とどろき》、その兄である龍一郎は、いずれも本人の性格と名前に含《ふく》まれる動物のイメージが一致《いっち》していないため、人から理解されにくいという悩《なや》みを抱えている。

イ　「なんだろうね、この人」（3ページ目上段）、「そういうこと？」（4ページ目上段）のように、会話文以外でも祇園寺や黒野の思っていることがはさみこまれ、物語にリズムと面白味《おもしろみ》を与えている。

ウ　「きみだって、自分が食べるために焼いているんじゃないのか？」（4ページ目下段）、「ケーキを食べるやつははずかしいやつなのか？」（4ページ目下段）のように、黒野は他人の心中を察知して発言し、話を展開する役割を持っている。

エ　タルトタタン一つを取っても、「お店の味じゃだめだった」（4ページ目下段）と言うように、自分自身の作り方にこだわる祇園寺は、既製品《きせいひん》の味で満足してしまう多くの人々に対して、もどかしさを感じていることが読み取れる。

オ　「ケーキ型から外す」（7ページ目下段）、「それを切り分け、一切れずつお皿に取った」（7ページ目下段）という一連の流れは、人間は誰《だれ》もが最初は「型」に従っているが、いずれは一人立ちしていかねばならないという虎之助の強い信念を示している。

カ　「においますね」（8ページ目下段）、「においますねえ」（8ページ目下段）という女子たちの言葉は、「ケーキのあまいにおいがする」と「何かを隠《かく》しているのではないかと感じる」という二つの意味を持っている。

問12　本文を読んだAさんとBさんが次のような話し合いをしました。これを読み、後の問いに答えなさい。

Aさん「この文章、とても他人事とは思えなかったな。いろんな意味で」

Bさん「うん、自分のこととして考えてしまった」

Aさん「私が気になったのは、7ページ目下段の黒野先輩のこのセリフ」

> **「人は、枠組《わくぐ》みから外れたやつがいるのがこわいんだよ。だから、自分がわからないものに出会うと、おかしいって言って攻撃《こうげき》したり、わかりやすいでたらめに押しこんで、わかった気になったり、する」**

Aさん「クラスにマニアックな（一つの事に異常なまでに熱中する様子）趣味を持っている人っているじゃない？」

Bさん「いる、いる」
Aさん「自分たちにはその人の趣味が理解しきれないから、へんなやつだと決めつける」
Bさん「で、結局、自分たちが正しい側にいると思うんだよね」
Aさん「そう」
Bさん「そういえば、私も何かと『受験生らしくしなさい』って言われて腹が立ったな。自分は自分のやり方で勉強しているのに」
Aさん「『受験生らしさ』って型にはまらなくても、自分なりに努力していればそれでいいのにね」
Aさん「この文章には性別をめぐる問題が出てくるけれど、それだけじゃないよね。社会や身の回りを見渡《みわた》すと、黒野が言うことと同じことがあちこちで起こっている」
Bさん「本当にそうだ」
Aさん「たとえば【　　　★　　　】というのも同じパターンだよね」
Bさん「さすが、鋭《するど》い」
Aさん「受験が終わったら色々な体験にチャレンジしようね」
Bさん「うん、一緒《いっしょ》にね」

問い
Aさんとbさんの話し合いが成立するように、あなたが考える11ページ目下段の□の具体例を、前後の文脈をふまえて、【★】に入る形で答えなさい。字数指定はありませんが、解答用紙の枠内に一行で収めること。

サレジオ学院中学校（A）

—50分—

［注　意］問題で字数指定のあるものは、句読点・記号も一字に数えます。

一　――線①～⑦のカタカナを漢字に直しなさい。また、――線⑧～⑩の漢字は、その読みをひらがなで答えなさい。

① ブツギをかもす発言。
② サッコンの物価上昇について考える。
③ 主役が舞台をコウバンする。
④ おおぜいの人が広場にサンシュウする。
⑤ ツウカイなコメディ映画。
⑥ 長年王座にクンリンしている。
⑦ ムゲに断るのも相手に悪い。
⑧ 群がるのを好まない性格。
⑨ 間口の広い研究をする。
⑩ 体裁を気にしすぎるのはよくない。

二　次の文章を読んで、後の問いに答えなさい。

ヒトは自分のことを「自分」と認識《にんしき》しているし、誰もが自分には「こころ」があると実感している。自分が存在しているという自己の実感がないと、たぶん普段の社会生活はできないだろう。では動物はどうだろう。実はこの問いに答えるのはかなり難しい。

近代哲学の父と呼ばれるデカルトは、人間は精神と肉体からなると捉《とら》えた。彼は、ヒトの精神には自己や「こころ」はあるが、動物にはそれらはないと考えた。この考えはその後の近世西洋哲学の基盤《きばん》となり、現在まで続いている。

デカルトがヒトだけが自己やこころを持つと考えた根拠は、言語を持つヒトだけが自己の存在を認識できる「自己意識」を持つとみなしたことにある。逆に言語を持たず本能に基《もと》づく紋切《もんき》り型の行動しか取れない動物は、自己を振り返ることができず、自己意識はないとした。この考えに基づいて、現在でも動物とは異なり自己意識を持つヒトは特別な存在だ、とする考えが主流である。しかし、魚を含めた脊椎《せきつい》動物が、かなり柔軟《じゅうなん》に振る舞うことや本能だけでは到底《とうてい》説明できない行動が、次々と明らかにされている。さらに言語なしには思考ができないとの考えも、最近は疑問視されはじめている。

1970年にまさにこの人間中心主義の考えに異議を挟《はさ》むような大きな発見がなされた。この年にチンパンジーが鏡に映る自分の姿を自分だと認識できること（鏡像自己認知）を証明した論文が出たのである。デカルトの考えでは、自己意識のない動物には鏡像自己認知ができないはずである。①この発見はデカルトの考えの反証になるかもしれず、持つ意味は相当に大きい。とはいえチンパンジーはヒトに一番近い動物であり、この発見は広く受け入れられている。さらに今世紀に入りイルカ・ゾウ・カラスの仲間でも鏡像自己認知が発見されていった。いずれも脳が大きく社会性の発達した「賢い」動物であった。そのため、まだなんとか受け入れられたようだ。そして2019年、我々は魚類の一種ホンソメワケベラ（以降ホンソメ）にも、鏡像自己認知ができることを発見したのである。魚の鏡像自己認知は魚が自己や自己意識を持つ可能性を、さらにほぼ全《すべ》ての脊椎動物にも自己意識や自己がある可能性を意味する。この発見は、従来の西洋哲学やキリスト教などの人間中心主義という西洋的価値観の土台をひっくり返しかねない。

動物が鏡に映る自分の姿を見て自分だとわかるのは、どうすれば示せるだろう。ヒトなら質問して答えてもらえるが、動物ではそうはいかない。また彼らの振る舞いを見て、きっと自分だと思っているようだという推論では話にならない。それは科学ではない。客観的なデータを論理立てて示し、そうしか考えられないという事実を示す必要がある。

チンパンジーで最初になされた実験はマークテストと呼ばれる方法に基づいている。まずチンパンジーが鏡像を自分だと認識できたと思われるまで、十分に鏡を見せる。［　　　］最初にチンパンジーがこの行動をした時、この実験をしたギャラップ教授は飛び上がるほど喜んだそうである。

私は大学生になった時からサークル活動として南日本の海岸や沖縄のサンゴ礁《しょう》の海に潜《もぐ》り魚の行動や生活を見てきた。卒論や博士論文の研究テーマも魚の行動・生態・社会に関するものである。動物行動学では魚は本能に基づき単純な行動をする、と長い間みなされてきた。しかし、サンゴ礁やアフリカのタンガニイカ湖に潜って魚たちの暮らしぶりを見ていると、彼らは物事をよくわかっているし、様々な感情も持っていることがわかってくる。自分の観察や経験から、これまでの動物行動学が魚の動きは本能に基づいており単純だとする考えはおかしいし、魚はこちらが思っている以上に物事を理解していると確信するようになった。そして2010年頃から、魚の賢さについての研究を始めたのである。

その頃、魚の様々な「賢い」振る舞いが少しずつわかってきた。例えば、魚も「A>BかつB>CならばA>C」という一種の②三段論法ができる。2016年に我々自身もシクリッドという魚がこの能力を持つことを明らかにした。また、ヒトは互いに親しい相手をその顔で区別する。同じように社会性のある魚類も顔の違いで相手を識別できることがわかってきた。魚が知り合いの個体を顔で素早く正確に識別するのだ。ヒトとよく似ている。この魚の顔認識に基づく個体識別を発見したのは、我々の研究室である。これらの魚の認知能力は20世紀には予想もされていなかった。これらの能力は本能に基づいたものではないし、決して単純ではない。

このような成果が明らかになってくると、魚は本能で行動するとの従来の捉え方は間違いだろうとの疑問が浮かんできた。ひょっとすると魚も自己意識があるのではないか、つまり鏡像自己認知ができるのではないかと考えた。ただし、この仮説を考えた2014年頃、魚が鏡像自己認知できると考える研究者は世界中で誰もいなかった。

③鏡像自己認知の研究にホンソメを使ったのには理由がある。掃除《そうじ》魚とも呼ばれるホンソメは、魚の体表についている小さな寄生虫を取って食べるので、寄生虫に似た模様やシミに注意を払うのだ。実際、ホンソメの尾鰭《おびれ》近くにつけた寄生虫のような印を直接見つけると、すぐに水槽《すいそう》の底で擦《こす》り落とそうとした。詳《くわ》しくは後で述べるが、印が気になり擦り落とそうとするこの性質がこの実験で大事なのである。だからホンソメを

実験対象とした。

チンパンジーと同じようにマークテストを行なった。ホンソメに十分に鏡を見せた後、自分では見えない喉《のど》に寄生虫に似た茶色い印をつけた。はじめに印をつけていない実験前には、鏡があっても喉はまったく擦らないことを確認する。そして茶色い印を喉につけた本番の実験である。鏡で喉の印を見たホンソメは、なんと喉を頻繁《ひんぱん》に擦ったのである。私は喉を擦る行動を初めてビデオで見た時、椅子《いす》から転げ落ちそうなほど驚いた。その印を水槽の底に擦りつけるのは、チンパンジーが手で触るのと同じ意味を持つ。現在、実験した28匹中27匹が喉につけた印を底の砂や石で擦っている。つまり、ほとんどの個体は鏡の姿は自分だと認識していたのである。対照実験として、④鏡がなく喉の印が見えない時はどうするのかも調べてみた。印が痒《かゆ》いとか痛いといった刺激《しげき》で擦る可能性も残っているからだ。しかし予想通り、鏡がなく印が見えないとまったく擦らないのだ。つまり、鏡に映る自分の体に寄生虫のような印を目で見た時、初めてそれを擦ったのである。これでホンソメは鏡に映る姿が自分だと認識することがほぼ証明された。さらに擦った後、寄生虫が取れたかどうかを、すぐに鏡を使って確かめるような行動さえ見られたのである。喉の印を擦ることの意味もわかっているようだ。⑤えらいことになってきた。魚に鏡像自己認知ができるのである。

もし、自分の体についた印を寄生虫だと認識し、取り去ろうと擦ったのなら、同じ印でも寄生虫とは思えない印なら擦らないだろう。痛くも痒くもなく、どうでもいい単なるシミならわざわざ擦る必要はないからだ。そこで実験した。茶色い印と同じように印をつけるが色だけが違う。⑥青と緑色の印で実験したが、こんな色の寄生虫はいない。

その結果は、ホンソメは青や緑色の印はまったく擦らなかったのである。もちろん喉の青や緑の印は鏡で見えている。それでも擦らないのは、擦り落とす必要がないと捉えていることを示している。逆にいうと茶色い印を擦ったのは単に痒いからではなく、視覚で認めた寄生虫を擦り落とそうという目的を持ち、意図して行動していた可能性が高いことを示している。ホンソメのマークテストの結果は、この魚が自己意識を持ち鏡像を自分と認識していると結論できる。

魚類に鏡像自己認知ができれば、多くの鳥類や哺乳類《ほにゅうるい》にもそれができてもおかしくはない。しかし、今のところ鏡を見て自分がわかることが確認されているのは、チンパンジー、ゴリラ、オランウータンなどの大型類人猿《るいじんえん》、ゾウ、イルカ、カラスの仲間くらいであり、身近なイヌやネコ、ブタなどの家畜、ニホンザルをはじめ多くのサル類にもできないとされている。魚にできるのに、これら動物にできないのはどうしてだろう？

動物がマークテストに合格するかどうかは、印に関心を向けることが大事である。青や緑色といったホンソメにとって意味のない印を使うと、彼らは印に無関心でありマークテストに合格しない。茶色の印は寄生虫だとみなしたから擦ったのである。実はイヌ・ネコやブタ、サル類はじめ多くの実験では、動物にとって意味のない印が使われていたのだ。それでは、自分についた印を見ても触ろうとしないのも無理はない。つまり、無意味な印を使ったため多くの場合、実験が失敗である可能性が高いのだ。今後、意味のある印を使った実験がなされれば、もっと多くの動物で鏡像自己認知が確認されていくと私は予想している。

【幸田正典「魚も鏡の姿を自分とわかる：賢いのはヒトだけじゃない」

(『最前線に立つ研究者15人の白熱！講義　生きものは不思議』〈河出書房新社〉所収)】

問一　――線①「この発見はデカルトの考えの反証になるかもしれず」とありますが、「デカルトの考え」とは、どのような考えですか。最も適切なものを次の中から一つ選び、記号で答えなさい。

ア　ヒトは言語なしでも思考できるため自己や「こころ」を持つと言えるが、動物は本能でしか行動しないため、自己や「こころ」がないとする考え。

イ　ヒトは鏡像自己認知ができるため自己や「こころ」を持つと言えるが、動物は鏡像自己認知ができないため、自己や「こころ」がないとする考え。

ウ　ヒトは社会生活を営むことができるので自己や「こころ」を持つと言えるが、動物は社会を作ることがないため、自己や「こころ」がないとする考え。

エ　ヒトは言語を持ち自己を振り返ることが出来るため自己や「こころ」を持つと言えるが、動物は言語を持たず自己を振り返れないため、自己や「こころ」がないとする考え。

問二　以下のア〜エを空欄《くうらん》[　]に当てはまるように並べかえて、その順番を記号で答えなさい。

ア　もし鏡を見た時、はじめて本人が額《ひたい》の印に気付き、鏡の中の自分の額の印ではなく直接自分の額の印を触ったなら、鏡に映った姿は自分だと、正しく認識していることになる。

イ　次に、気付かれないようにして、鏡がないと見えない額などに印をつける。

ウ　そして、鏡がないと本人は印に気付かず触らない、ということを確認した後で鏡を見せるのだ。

エ　というのは、この認識がなければ、鏡を見て自分の額の印を触る行動は取れないからだ。

問三　――線②「三段論法」とは、二つの前提から結論を導き出す方法のことです。次の中から論理的に**明らかに誤っているもの**を一つ選び、記号で答えなさい。

ア　鳥は卵を産む。にわとりは鳥だ。だからにわとりは卵を産む。

イ　A大学の就職率は高い。私はA大学の学生だ。だから私は就職できる。

ウ　十は五より大きい数だ。三は五より小さい数だ。だから十は三より大きい数だ。

エ　私は朝食にご飯かパンを必ず食べる。今日の朝食はパンを食べない。だから今日の朝食はご飯を食べる。

問四　――線③「鏡像自己認知の研究にホンソメを使ったのには理由がある」とありますが、なぜ「ホンソメを使った」のですか。その理由として最も適切なものを次の中から一つ選び、記号で答えなさい。

ア　ホンソメには寄生虫を擦り落とそうとする性質があるので、他の動物と同等の「賢さ」が存在すると推測されるため、鏡像自己認知を確認する実験の成功率が高まると考えたから。

イ　ホンソメには寄生虫のような印に関心をむける性質があるので、鏡を見てそのような印が付いていることに気が付いた際、他の動物のように無関心な状態にはならず、鏡像自己認知を確認しやすいと考えたから。

ウ　ホンソメには寄生虫に似た模様やシミに注意を払う性質があり、意味のある印に対して反応するという行動が確認しやすいので、同様の反応を示す他の動物に行った実験との比較《ひかく》をすることが簡単だと予測されるから。

エ　ホンソメには他の魚に付いている寄生虫を食べる性質があるので、鏡に映った魚を自分ではなく他の魚だと間違えたならば、鏡に映る寄生虫のような印を食べる行動をとると予測されるから。

問五　――線④「鏡がなく喉の印が見えない時はどうするのかも調べてみた」とありますが、筆者はなぜこの実験を行ったのですか。その目的として最も適切なものを次の中から一つ選び、記号で答えなさい。

ア　鏡が見える時と見えない時の実験結果を比較することで、ホンソメの行動が印をつけられた刺激に対する反応であることを確認するため。

イ　条件を一つだけ変えて実験し、変える前と後の結果を比較することで、ホンソメが本能に基づいて喉を擦っているということを確認するため。

ウ　条件を一つだけ変えて実験し、変える前と後の結果を比較することで、ホンソメが鏡で自分の姿を確認したうえで喉を擦ったのだということを確認するため。

エ　鏡が見える時と見えない時の実験結果を比較することで、ホンソメが体を擦ろうとする中で、鏡は重要な条件ではないということを確認するため。

問六　――線⑤「えらいことになってきた。魚に鏡像自己認知ができるのである」とありますが、「魚に鏡像自己認知ができる」ことを「えらいこと」になったと筆者が考える理由を本文全体を踏まえ七十字以内で答えなさい。

問七　――線⑥「青と緑色の印で実験した」とありますが、筆者はなぜこの実験を行ったのですか。その目的を五十字以内で説明しなさい。

三　ゴールデンは、父親と二人きりの生活を離れ、親戚《しんせき》のおばさんであるヴァルの家で暮らすことになった少年です。ヴァルの車に乗せられて彼女の家に到着すると、同い年の従姉妹《いとこ》であるエマが迎えてくれ、スーツケースをゴールデンの部屋まで運んでくれました。それに続く次の文章を読んで、後の問いに答えなさい。

久しぶりに来たヴァルの家は、全体的に小さくなったようにゴールデンには感じられた。赤い扉《とびら》を開けるとすぐのところにあるホールも、右手にある階段も、奥のキッチンに続く廊下《ろうか》も、もっと広かったように記憶していたが、それは自分がいまの半分ぐらいの体の大きさだったからかもしれない。

エマがスーツケースを持ってどんどん二階に上がっていくので、ゴールデンもそれに続いた。エマは二階の廊下の奥にある部屋のドアを開け、スーツケースを床《ゆか》に下ろした。

「ここがあなたの寝室」

それは窓から家の前の通りが見える、とても明るい部屋だった。シングルベッドにはグレーと黒のチェックのカバーがかけられ、小さなテーブルと背の高いクロゼットもある。

エマが部屋から出て行くのと入れ違いにヴァルが入って来て言った。

「がらんとしているけど、要《い》るものがあれば何でも言ってね。徐々《じょじょ》にそろえていきましょう」

「ありがとうございます」

ゴールデンが礼を言うと、ヴァルはまた鼻の上に皺《しわ》を寄せて笑った。そしてゴールデンの頭の上に手を乗せ、くしゃくしゃっと髪を撫《な》でると下の階に降りていった。

一人になったゴールデンは、自分の部屋の前にあるバスルームに直行した。手を洗うためだ。ポンプ式のハンドソープを洗面台の上に見つけ、手のひらでソープをしっかり泡立てて、「ハッピー・バースデー」を頭の中で二回歌い終わるまで、指の間まできっちりと念入りに洗った。蛇《じゃ》口《ぐち》をひねって手をゆすいでいると、ドアの向こうから声がした。

「タオル、ないでしょ。ちょうど洗濯したところだったから」

ゴールデンが濡《ぬ》れた手でドアを開けると、エマがタオルを手にして立っている。

エマはタオルをゴールデンに手渡し、自分の部屋のほうに戻って行った。ゴールデンは手を拭《ふ》いてから、これはエマが素手で持っていたタオルだということに気づいた。それに、さっきドアの取っ手も触ってしまっている。ゴールデンはもう一度ソープで手を洗った。そして、タオルではなく、トイレットペーパーをちぎって手を拭き、便器に落として流した。

ゴールデンは自分の寝室に戻り、スーツケースを開けようとして、それもヴァルの車のトランクに転がっていたことを思い出した。ゴールデンは再びバスルームに行き、洗面台の下の戸棚を開けて殺菌《さっきん》スプレーを探した。が、見つからない。バス用クリーナー、漂白剤《ひょうはくざい》、消臭《しょうしゅう》スプレー、それら一つ一つのボトルを手に取り、夢中で何であるかを確認しながら、ハッとした。

こうやってこの家のものに触れれば触れるだけ、彼の二つの手は汚れていくのだった。

取り出したボトルをすべて戸棚の中に戻し、ゴールデンはまた蛇口をひねって手を洗い始めた。「ハッピー・バースデー」を頭の中でまた二回歌ってから、よろよろと寝室に戻ってベッドに腰《こし》かけた。そうやって彼が座っているベッドも、部屋のドアも、床も、壁も、窓も、何もかもがすでに汚れていた。①ここはもう安全基地ではないのだ。

ゴールデンがベッドの上で頭を抱《かか》えていると、またドアをノックする音がした。

「下に降りて来ない？　母さんが紅茶を入れたから」

ゴールデンはベッドから腰を上げてドアを開き、エマの後ろについて階下に降りて行った。

居間に入ると、知らない男性がソファに座っていた。車の中でヴァルが話していたジェイだ。ジェイはソファの背をリクライニングさせてふんぞり返って座っていたが、ゴールデンが部屋に入ってきたのを見て、真《ま》っ直《す》ぐに座り直した。

「ようこそ、ゴールデン。さ、座って」

ゴールデンはジェイが指さした彼の隣のスペースではなく、一人掛けのソファのほうに歩いて行って、前方にちょこんと腰を乗せた。

「父さん、砂糖抜きでいいんだよね」

エマがそう言ってジェイに紅茶のマグカップを渡した。

「ああ、サンクス。ちょっと腹が出てきたからね、しばらく糖分を控《ひか》えることにする」

　ジェイはそう言って紅茶を受け取った。ゴールデンが最後にこの家に来たのは、小学校の二年生か三年生ぐらいのときで、あの頃、エマは別の男性を「父さん」と呼んでいた。

「ゴールデン、紅茶がいい？　それとも、オレンジジュース？　コーラもあるけど」

　居間とひと続きになったキッチンのカウンターの向こうから、ヴァルが聞いた。

「……オレンジジュースをください」

　ゴールデンは、本当は何もいらないと言いたかった。でも喉《のど》が渇《かわ》いていたのも事実だったし、疫病《えきびょう》から身を守るには水分をたくさん取るのが必要だと父親が言っていたのを思い出した。

　エマがオレンジジュースのグラスをゴールデンに渡した。ヴァルは大きな白い皿にエクレアやらブラウニーやらのお菓子を載《の》せてきて、ティー・テーブルの上に載せる。

「好きなものを取って食べてね。近くのベーカリーで売ってるんだけど、エクレアがおいしくてお勧《すす》め。今夜はローストチキンを焼くからね」

　ヴァルがそう言ってゴールデンに笑いかける。②ほとんど反射的に皿に手を伸ばそうとしたジェイの手を止め、エマが「チッチッ」と舌を鳴らしながら人差し指を立てて振った。そして自分はエクレアを手に取り、がぶりとかぶりつく。

　ゴールデンはマスクを外してオレンジジュースを少し飲み、またマスクで口と鼻をしっかりと覆《おお》った。

「大丈夫なんだよ。もう、それを取っても」

　ジェイが言った。ヴァルもエマも、じっとゴールデンのほうを見ている。

「いいえ、僕は大丈夫です」

「だから、もうそれが無くても君は大丈夫なんだよ」

　ジェイが繰り返すと、③ヴァルが咎《とが》めるような厳しい目つきでジェイを睨《にら》んでいた。

「……いいえ、僕は大丈夫です」

　ゴールデンは一人掛けのソファの上で身を固くして答えた。

「大丈夫、大丈夫って、何なのそれ。本当に大丈夫なら何をしようといいじゃない。取っても大丈夫だし、取らなくても大丈夫。どっちでも、何でもOKなのが大丈夫ってことでしょ」

　エマがおかしそうに言った。そしておいしそうにエクレアを平らげ、自分の指についた白いクリームをぺろぺろと舌で舐《な》めている。

　ゴールデンはその様子を見ていて気分が悪くなり、ティー・テーブルにグラスを置いて、「すみません」と謝り、部屋に戻った。

　ローストチキンの夕食は、ゴールデンにとってさらに拷問《ごうもん》のような体験になった。お腹が空いているから食べたいのに、外側の人間の手が肉や野菜に触れたと思うと食べたくなくなり、食べたいのに食べたくないという④矛盾《むじゅん》がゴールデンの胃の中で暴れ、二階のバスルームに走って吐《は》いた。ふらつきながら必死の思いで一階のキッチンに戻ったときには、「ごめんなさい。もう食べられません」と言うことしかできなかった。

　ゴールデンは這《は》うようにして階段を上り、倒れ込むようにベッドに横になった。少しすると、またドアをノックする音がする。

「どうぞ」と答えると、エマが入ってきた。小袋に入った菓子パンやポテトチップスをいくつも抱えていた。エマはそれらをベッドの上にばらばらと落とし、ベッドの脇《わき》にしゃがんで、⑤自分の目をゴールデンの目の高さと同じにして言った。

「これなら食べれるんじゃない？　密封《みっぷう》されてるから、誰の手も触ってないし、安全だよ」

エマはそう言って立ち上がり、部屋から出て行った。

「安全」という言葉を彼女が口にしたのがゴールデンには気になった。どうして知っているんだろう。ゴールデンはそう思いながらベッドから起き上がり、ポテトチップスの小袋を次々と開け、中身を貪《むさぼ》るように食べた。

ほんの少しオレンジジュースを飲んだきりだったので喉が渇き、しばらく我慢《がまん》していたけど耐《た》えられなくなってキッチンに降りて行こうと思った。が、ヴァルとジェイが強い口調で何かを言い合っている声が聞こえたので、ゴールデンは階段の途中で立ち止まった。

「あの年ごろの三年間は、私たちにとっての十年ぐらいの長さと言っていい。⑥それだけの時間が空白になっているのだから、もとの生活に戻るのは大変なことだと思う。だから、あんまり強引に彼を急《せ》かすようなことを言わないでくれる？」

「だって、もうマスクなんてしている人間は一人もいないんだから、世の中は変わったんだって教えたほうが本人のためだよ」

「それはあなたに言われなくてもわかってる。でも、一気に教えて混乱させたくないから」

「そんなことを言ったって、学校に行けば全部わかるんだし」

「すぐにあの子を学校にやるのは無理です。時間をかけて、少しずつもとの生活に戻さないと拒否反応が起きるって＊セラピストも＊ソーシャルワーカーも言ってるんだから」

「でも、外に出てきたいまこそ、真実を教えるチャンスじゃないのか？　子どもは大人が思っているより環境に順応する力があると思うよ」

ゴールデンはしばらくそこに座って二人の会話を聞いていた。でも、ジェイがこちらのほうに歩いてくる物音が聞こえたので、急いで自分の寝室に戻り、またベッドに横になった。

もうマスクなんてしている人間は一人もいない。

学校に行けば全部わかる。

ゴールデンの頭の中にジェイの言葉がこびりついていた。ゴールデンと父親が田舎《いなか》の家に引きこもったときには、世間の人はみんなマスクをしていたし、二メートル以上は互いに近づくことも許されなかった。学校だってずっと休みで、もう二度と校門が開くことはないかもしれないと父親は予想していた。それぐらい今回の疫病は危険で、モンスターのように次々と人間たちを襲《おそ》って世界の人口を減らし、やがていまの世界は終末を迎えると父親はゴールデンに教えた。モンスターを家の中に入れないためには、外側の人々を遮断《しゃだん》するしかないのだと。厄介《やっかい》なことに、あのモンスターはいつも人間と一緒にやってくるからだ。

階段を上って来たジェイが寝室のドアを閉める音を聞いてから、ゴールデンはまたバスルームに行った。そして蛇口をひねり、自分の両手で水をすくって飲んだ。

水を飲む前に手を洗っていなかったことに気づいた。が、もうどうでもいいと思った。ゴールデンは外側の人間たちが洗ったグラスでジュースを飲んだし、ドアやベッドに触れた手でポテトチップスを食べた。いまさら手なんか洗っても意味はない。⑦何もかも、もう手遅れだった。

壁の向こう側からやけに陽気な音楽が聞こえてきた。エマが音楽を聴きながらベッドを揺《ゆ》さぶっているのだろう、マットレスが軋《きし》む音もする。

水の底から鳴っているようなくぐもった歌声だった。大丈夫だ、オー、ベイビー、大丈夫だよ、オー、ベイビーとか言っている。大丈夫ってのは何だってOKってことだ、と言っていたエマの言葉をゴールデンは思い出した。

もっと魚を捕らなくては、もっと米を食べなくては、と、くぐもった男声と一緒になってエマも歌い始めた。ゴールデンの父親もまったく同じことを言っていた。肉食をしたらモンスターの餌食《えじき》になる。だから、魚や野菜や米を食べなければならないのだった。ゴールデンの父親は、一日中コンピューターの前に座って、YouTubeで米の栽培法の動画を見ていた。

「アイ・アム・ゴールデン」

いきなりエマがそう言った。僕が隣の部屋で聞いていると知っていて、そう歌ったんだろうか？　それとも、そういう歌詞なのか？　ゴールデンは壁に耳をつけてその歌を聴いていた。とてもダンサブルな曲だったから、知らず肩が左右に揺れてしまう。ほら、やってくる、ほら、聞こえるだろう、もうそこまで。エマは壁の向こう側で朗《ほが》らかな声で歌い続ける。

じっとそれを聴いていたゴールデンの目に涙がたまってきた。

何も知らずにこんな歌詞を歌っているエマが不憫《ふびん》だった。エマも、ヴァルも、ジェイも、これから自分たちの身に起こることがまったくわかっていない。

ゴールデンはベッドに仰向《あおむ》けになり天井を見つめた。ゴールデンは田舎の家に監禁《かんきん》されていたから、世の中のことなんてまったく知らないと彼らは思っている。でも実は、そうではなかった。ゴールデンは父親と一緒にずっとBBCニュースやskyニュースを見ていたので、ロックダウンが解除されたことも、人々がマスクを外していることも知っていた。

それらはすべて政府が決めたことだ。疫病がなくなったからではない。ロックダウンが解除されても疫病にかかっている人はたくさんいる。それなのに、政府は人々にマスクを外させ、感染者の数も記録しなくなり、ワクチンの提供もやめる。メディアもまったく疫病のことを報道しなくなった。そうやって、一丸となって疫病はなくなったかのように見せかけているのはなぜなのか。

人々はその答えを知らない。

ゴールデンはそれを考えると胸が潰《つぶ》れそうになった。ゴールデンの父親や、彼がいつも見ていたYouTubeの動画を作っていた人だけが、その恐ろしい答えを知っていたからだ。ゴールデンの父親が病院に隔離《かくり》されたのもそのせいだ。真実を知っている人間の存在は社会にとって都合が悪いから、いつだって頭がおかしいことにされてしまう。

ゴールデンは声を殺して*嗚咽《おえつ》していた。どんどん、どどん、ど、ど、と大地から叩《たた》き出すようなドラムの音に合わせて、⑧オー、ベイビー、大丈夫だよ、オー、ベイビーとエマはまだ陽気に歌っている。

【ブレイディみかこ「汚れた手」

（『MONKEY　vol.30（2023夏秋）』〈スイッチ・パブリッシング〉掲載）】

＊セラピスト………専門的な知識や技術によって心身を治療《ちりょう》する人。
＊ソーシャルワーカー…生活相談員。
＊嗚咽…………むせび泣くこと。

問一　――線①「ここはもう安全基地ではないのだ」とはどういうことですか。その説明として最も適切なものを次の中から一つ選び、記号で答えなさい。
ア　家の中の掃除が行き届いておらず、すべてのものが散らかっていてきたならしく見えるヴァルの家は、精神的な安定を望めそうにない環境であるということ。
イ　父親と離れて一人でやってきたヴァルの家は、すべての人々が自分を歓迎していないかのように思われる孤独な環境であるということ。
ウ　ヴァルの家は自分が極端《きょくたん》なきれい好きであることをまったく理解してくれそうにない人たちばかりで、とうていうまくやっていけそうにない環境であるということ。
エ　これまで住んでいた家とは違って、これから暮らすことになるヴァルの家は、「モンスター」を十分に遮断することができない不安な環境であるということ。

問二　――線②「ほとんど反射的に皿に手を伸ばそうとしたジェイの手を止め、エマが『チッチッ』と舌を鳴らしながら人差し指を立てて振った」とありますが、エマがジェイの手を止めた理由の説明として、最も適切なものを次の中から一つ選び、記号で答えなさい。
ア　健康を気にしているジェイが、普段通りにエクレアやブラウニーを食べようとするのを防ぐため。
イ　ジェイが触れることで、エクレアやブラウニーが汚れたとゴールデンが感じてしまわないようにするため。
ウ　新しく家にやって来たジェイの事を、まだ、父親として認めていないということをそれとなく伝えるため。
エ　自分が独り占《じ》めして食べたいエクレアを、ジェイに先に食べられてしまわないようにするため。

問三　――線③「ヴァルが咎めるような厳しい目つきでジェイを睨んでいた」とありますが、この時のヴァルの心情の説明として最も適切なものを次の中から一つ選び、記号で答えなさい。
ア　無理にゴールデンを自分の隣に座らせようとした上、マスクを外すように促《うなが》す威圧《いあつ》的な態度のジェイに対し嫌気《いやけ》がさしており、そうした性格を娘のエマのためにも早く改めてほしいと考えている。
イ　情勢をかんがみれば、人が他人の家に来た時にマスクをし続けたいと思うことは当たり前のことだと考えており、マスクを着ける権利を奪おうとするジェイの理不尽《りふじん》さを許すことができずにいる。
ウ　自分もマスクはしなくてよいと考えているが、無理に外させることで何らかの不都合が生じるのではないかと心配し、マスクを外すことを急がせようとするジェイをたしなめようとしている。
エ　ゴールデンの発した「大丈夫」という言葉の意味をわざとすり替え、それならマスクをとっても「大丈夫」じゃないかと伝えてゴールデンをやりこめようとするジェイの大人げなさにあきれている。

問四　――線④「矛盾」と熟語の構成が同じものを次の中から一つ選び、記号で答えなさい。
ア　道路　イ　東西　ウ　美化　エ　国営　オ　消火

問五　――線⑤「自分の目をゴールデンの目の高さと同じにして言った」

とありますが、この時のエマの心情の説明として最も適切なものを次の中から一つ選び、記号で答えなさい。

ア　ゴールデンの状況を理解していることを示し、彼に歩み寄ろうとしている。

イ　人と違った行動をとるゴールデンを面白がって、からかおうとしている。

ウ　ゴールデンが夕食を食べないことを不審《ふしん》に思い、理由をさぐろうとしている。

エ　他人の家に来たのに、わがまま放題のゴールデンのことを見下している。

問六　――⑥「それだけの時間が空白になっている」とありますが、ゴールデンはどのような状態に置かれていたのですか。そうなった原因も含めて、二行以内で説明しなさい。

問七　――線⑦「何もかも、もう手遅れだった」とありますが、どういうことですか。その説明として最も適切なものを次の中から一つ選び、記号で答えなさい。

ア　もう学校でも社会でもマスクをしている人間など一人もおらず、だれも疫病の心配などしなくなっているため、いくら外側の人間に対しモンスターの危険性を訴《うった》えても、耳を傾けてくれる人など誰もいないということ。

イ　すでに外側の人間は疫病に襲われてしまっていて、人口は激減し、世界は終末に向かい始めてしまっているため、自分一人がそれに抵抗しても、世界はもう取り返しのつかないところまで来てしまっているということ。

ウ　もうすでに自分は外側の人間の世界に足を踏み入れてしまっており、いまさらどうあがいても安全基地にいたころのような生活に戻ることはできないため、やがては自分も疫病にかかってしまうかもしれないということ。

エ　自分はすでにヴァルの家に順応し始めており、外側の人間が触れた物をすべて避《さ》けなくてはいけないような生活はすぐにでもやめて、エマたちと一緒に普通の生活を送りたいとまで考えるようになっているということ。

問八　――線⑧「オー、ベイビー、大丈夫だよ、オー、ベイビーとエマはまだ陽気に歌っている」とありますが、この時のゴールデンのエマに対する心情の説明として、最も適切なものを次の中から一つ選び、記号で答えなさい。

ア　疫病にかからないように十分注意を払っている自分に対し、もうそんな心配をする必要がないということをしつこく言ってくるエマのことを腹立たしく思っている。

イ　隣の部屋で自分の名前を呼んでくれるエマに対して少しずつ好意を感じ始めており、彼女と一緒にならマスクを外して学校に行ってもかまわないと考えている。

ウ　学校をずっと休んでいる自分と違って、日々を楽しく過ごしているエマに対して嫉妬心《しっとしん》を感じており、できることならば彼女と立場を交換してしまいたいと感じている。

エ　政府にだまされて疫病がなくなったと信じ込み、疫病が流行する前の生活を当然のように送って自分の命を危険にさらしているエマのことをあわれに思っている。

芝中学校(第一回)

—50分—

一　次の①〜⑤の［　］に当てはまる言葉を語群から選び、漢字で答えなさい。

① ［　］場感のある映像作品だ。
② 他人の意見を無［　］判に取り入れてはいけない。
③ あの人は［　］力がある。
④ その差は［　］然としている。
⑤ そこは［　］線道路である。

《語群》
バ　カン　リン　レキ　ヒ

二　次の①〜⑤の［　］に当てはまる漢字一字を自分で考えて答えなさい。

① 母は［　］いまれな才能を持っている。
② この役目は私には［　］が重い。
③ 思案に［　］れる。
④ この部屋は掃除《そうじ》が行き［　］いている。
⑤ 地道な努力が事業を成功に［　］いた。

三　次の文章を読んで、後の問いに答えなさい。

最近、「したい」ことがわからない、という若者が増えています。おそらく[注1]承認《しょうにん》不安があるために、自分のしたいことをがまんし、他人に対して同調ばかりしてきたため、「したい」という欲望が見えなくなり、意欲も生じにくくなっているのでしょう。しかし、そのような人であっても、幼児期にさかのぼれば、きっと「したい」こともいろいろあったにちがいありません。

もともと子どもは好奇心旺盛《こうきしんおうせい》で、なんでも「やってみたい」「試《ため》してみたい」という欲望を持っているものです。少なくとも、身体が自由に動かせるようになり、外界のさまざまな対象に目を向けるようになれば、世界は未知なる興味深い場所として目に映ります。道端《みちばた》に咲《さ》く花や虫、得体のしれない物など、なんでも関心を抱《いだ》き、不思議そうな顔で凝視《ぎょうし》したり、つかんで母親のところへ持ってきますし、見知らぬ場所にさえ、ずんずんと進んで探索《たんさく》しようとするでしょう。

このような行動ができる子どもは、[注2]親和的承認が満たされている可能性が高いと思います。やったことのない行動は、どうなるかわからない怖《こわ》さ、スリルをはらんでいますし、それをすれば叱《しか》られるかもしれない、という不安もある。ですから、そのような行動をしても大丈夫《だいじょうぶ》、という安心感が必要なのです。親密な大人による親和的承認は、この安心感を与《あた》えてくれるため、子どもたちは未知なる世界へと飛び出していけるのです。

自分の「したい」遊びを思う存分にしている子どもは、他人の目を気にすることなく、その遊びに没頭《ぼっとう》します。いくら話しかけても、まるで聞こえていないかのように、こちらを見向きもせず、自分の取り組んでいることに夢中になるのです。

こうした「したい」ことに没頭することは、子どもが自分の「したい」ことを拡《ひろ》げ、主体的な意志をもった人間になる上で、とても貴重な体験と言えます。「したい」ことを存分にすることは、したいことを増やし、本当にしたいことを自覚していく力になるからです。たとえば、大人になったとき、自分のしたいことを楽しみ、集中して問題に取り組める人間になるかもしれないし、夢や理想を抱き、それを実現しようと邁進《まいしん》できる人間になる可能性もあるでしょう。

もちろん、自分のしたいことだけに没頭するわけにはいきません。他人の迷惑《めいわく》にならないように、周囲と協調して生きることも必要です。それが適度にできれば、①周囲の人にも認められ、承認不安に苦しむことなく、「したい」こともできるはずです。しかし、必要以上に他人の目を気にし、周囲に配慮《はいりょ》しすぎれば、自由の実感は失われてしまいます。

したがって、子どもがなにか関心のあること、興味のあることを試《ため》そうとしたとき、十分にさせてあげたほうがよいでしょう。少なくとも、幼児期から小学校低学年頃《ごろ》までは、こうした体験を十分にすることが必要です。そうでなければ「したい」ことは増えないし、「しなければならない」ことばかりが雪だるま式に増えていき、それは強い承認不安と過度の自意識を生んでしまいます。

たとえば、親の期待や要求、命令が多すぎれば、子どもは「したい」ことをあきらめ、「しなければならない」ことだけで頭が一杯《ぱい》になります。子どもが「したい」と思ったことをしようとする度《たび》に、親に注意され、止められ、勝手にやろうとすれば不機嫌《ふきげん》になるようなら、やがて「したい」という思いが生じても、同時に不安が生じてブレーキがかかるようになり、親の顔色をうかがうようになるでしょう。こうなると②「したい」という思いを回避《かいひ》するようになり、「したい」ことがわからなくなるかもしれません。

幼稚園《ようちえん》や保育園、小学校などで集団行動を優先しすぎたり、根拠《こんきょ》の不明確なルールを頑《かたく》なに守らせれば、やはり同じような問題を生み出します。そして、相手の要求に従わなければ認められない、愛されない、という不安を抱《かか》えた人間となるのです。

このような子どもは、親や学校の要求を最優先するため、表面的には「いい子」で優等生になりがちですが、心の奥底《おくそこ》に不安を抱えており、後年、自己不全感に苦しむようになります。そう考えると、自分のしたいことを自覚し、主体的に行動できる、そんな人間に育てるためには、やはり「したい」ことに没頭できる時間が必要なのです。

思春期は最も承認不安の嵐《あらし》が吹《ふ》き荒《あ》れる時代と言えます。それは、自意識が強くなり、アイデンティティ[注3]を気にしはじめる時期でもあるからです。

③本来、学校は多様な人間が集《つど》う場所なので、さまざまな価値観や考え方、感受性に出会い、多様なあり方を学べます。それはお互《たが》いの考えや感じ方を認め合い、自由に生きる上で、とても重要な経験となるでしょう。自由を認め合い、自由に生きる能力を身につける場として、学校は重要な役割を担《にな》っているのです。

ところが、現在の学校は多様性よりも同一性が重視されています。同じような考え、行動、価値観が求められ、同調せざるを得ない雰囲気《ふんいき》に満ちているのです。

もちろん、社会で共に生きていくためには、最低限のルールや価値の共有は必要ですが、学校がルールの根拠を示さないまま、無意味な校則を守らせたり、平等性を強調して同じような行動ばかりさせていれば、子どもたち同士の間でも同質性を求めあい、異質な言動を排除《はいじょ》する傾向《けいこう》が生まれてくるかもしれません。周囲に忖度《そんたく》し、横並びを重視する大人の姿勢は、子どもにも影響《えいきょう》を与えてしまう可能性があるのです。

そもそも思春期の子どもは自意識が強いため、承認されるための安定した評価基準にすがりやすい傾向を持っています。その結果、学校内の価値基準に同調したり、場の空気を過剰《かじょう》に読みこみ、異質な存在でないことを示そうとします。思春期はもっとも注4空虚《くうきょ》な承認ゲームにはまりやすい時期なのです。

この時期はクラス内でも小グループに分かれ、どこかのグループに属さなければ学校で居場所がなくなるため、グループの仲間からの承認は優先事項《じこう》となります。こうしたグループには、閉鎖的《へいさてき》で排他的《はいたてき》な傾向が強いものも多いため、後から入《はい》り込《こ》むのは容易ではありません。

しかも最近のグループ化には、おしゃれでいけてるグループから地味でオタクなグループまで、いくつかの差別的な階層があり、グループ間での交流はほとんどないという、スクール・カーストと呼ばれる現象がしばしば見られます。こうなると、ますます所属グループの承認だけが大事になってくるのです。

このような空虚な承認ゲームには、承認を得るための明確な価値基準がありません。仲間で共有している価値観は曖昧《あいまい》で流動的なものであり、リーダー格の人間の気ままな言動に左右されやすいのです。

そのため、仲間の注5集団的承認を維持《いじ》するには、同調し、忖度した行動を取るしかありません。それは別に価値ある行為《こうい》ではないので、達成感もありませんし、求められるキャラを演じ続け、自己不全感に苦しむ子もいます。また、ちょっとしたきっかけで仲間外れになったり、いじめにあうこともあり、その結果、不登校になったり、心を病《や》んでしまうことさえあるのです。

こうした危機を乗《の》り越《こ》え、思春期を注6サバイブできたとしても、他人の顔色ばかりうかがって、自分の「したい」ことを十分にしてこなかったツケが回ってきます。④主体的な意志が未成熟で、自分のしたいことがわからなくなってしまうのです。昨今《さっこん》、「したい」ことがわからない若者が増えている背景には、家庭における過度の要求や期待の影響だけでなく、同質性が求められがちな学校生活の影響もかなり大きいような気がします。

（山竹伸二『ひとはなぜ「認められたい」のか
——承認不安を生きる知恵』〈ちくま新書〉より。）

〈注〉
1　承認不安——自分が周囲の人たちに認められているのか、認めてもらえるのか、という不安。
2　親和的承認——家族などの親密で信頼《しんらい》できる人に認められること。
3　アイデンティティ——自分が自分であると自覚すること。また、その自分の価値を他者に認められること。
4　空虚な承認ゲーム——周囲からの承認を得るために、一定のルールの中でかけひきをする状況《じょうきょう》を、ゲームに例えている。また、閉じた集団における独特なルールや雰囲気に本来価値はないので、「空虚」と表現している。
5　集団的承認——自分が所属する集団の人に認められること。
6　サバイブ——生き残る・耐《た》え抜《ぬ》く、という意味。

問一　――線部①〈周囲の人にも認められ、承認不安に苦しむことなく、「したい」こともできるはずです〉とありますが、そのために必要なことは何ですか。30字以上35字以内で説明しなさい。

問二　――線部②〈「したい」という思いを回避するようになり、「したい」ことがわからなくなるかもしれません〉とありますが、家庭において、このような状況が生じる原因を、誰が、誰に対して、どうすることかの三つを明らかにして、25字以上30字以内で説明しなさい。

問三　――線部③〈本来、学校は多様な人間が集う場所なので、さまざまな価値観や考え方、感受性に出会い、多様なあり方を学べます〉とありますが、筆者は、その学びが十分に達成されていない現状があると考えています。その理由を、30字以上40字以内で説明しなさい。

問四　――線部④〈主体的な意志が未成熟で、自分のしたいことがわからなくなってしまう〉とありますが、このような状態にならないためには、どのような生活を送る必要がありますか。本文全体をふまえて、80字以上100字以内で説明しなさい。

四　次の文章を読んで後の問いに答えなさい。

伽凛《かりん》は小学六年生の女の子で、中学入試の時期を迎えています。三つ年上の姉の杏珠《あんじゅ》は、中学受験に失敗し、不登校になっています。

埼玉《さいたま》境《さかい》学園特進コースと東大宮《ひがしおおみや》女子学園の合格発表は同日だった。その日は塾《じゅく》で、伽凛はいつもどおり夜九時半に帰宅した。電車の中、心の中でずっと自分と話していた。

東大宮女子は手応《てごた》えがあったから、きっと合格してるって。埼玉境は少し不安だけど、六割取れていれば合格のはず。うん、大丈夫《だいじょうぶ》。万が一落ちていたとしても、いいじゃん。だって、受かっていたとしても通う学校じゃないんだから。

「ただいまー」

スニーカーを脱《ぬ》ぐと、伽凛はまっさきにダイニングへ入った。母は食卓《しょくたく》の椅子《いす》に座《すわ》って、おかえり、と振《ふ》り返《かえ》る。あれ？　と思う。その表情が、笑っているけど、こわばっているように見えた。

「結果出てんでしょ？　どうだった？」

背負っていた重いリュックを下ろしてフローリングに放《ほう》り出《だ》し、伽凛は母の隣《となり》に座った。

「うん、出たよ」

「見たんでしょ？　受かってた？」

「えっとね、伽凛」

背中がゾクッとした。これってダメなフラグ？

「わかった、埼玉境がダメだった？　そうでしょ？」

聞くのが怖《こわ》いから、先に言った。そんなの想定内だと言うように。すると、母は一つ頷《うなず》いた。

やっぱり……。

そっか、やっぱり落ちたんだ。でも、でも。

「東大宮女子は……合格してたよね？」

「それがね、ダメだったみたい」

「えっ？　嘘《うそ》でしょ？」

「何度も確認《かくにん》した」

「待って、ちょっと待って。おかしいよ、それ。絶対におかしい。もう一回ちゃんと見て。番号、ほんとに間違《まちが》えてない？」

「じゃ、一緒《いっしょ》に」

母の手にはすでにスマホが握《にぎ》られていた。テーブルの上の東大宮女子学園で保護者に配られた合格発表の案内のプリントのＱＲコードを読み取って、サイトを開いた。伽凛も小さな画面を覗《のぞ》き込《こ》み、受験番号が入力されていくのを確認した。

クリックを押《お》すと、あっさりと画面が切り替《かわ》わった。まだ心の準備が、と言う間もなく、『不合格』という大きな文字が目に飛び込んできた。

埼玉境学園特進コースも確認したが、不合格だった。

「伽凛、気持ち変えていこう。どっちも難しい学校だもの。簡単ではないのはわかっていて受験したんじゃない。埼玉境の本科ならまだしも、特進コースは、女子学芸中と同じくらいの偏差値《へんさち》だし、東大宮女子だって」

「なんでなの!?　こんなことってある？　だってＡ判定だったんだよ？　まあまあ手応えだってあったの！　そりゃ……ちょっと自信なかったところもあったけど」

いったいどこで点数を落としたんだろう。埼玉境学園は……捨て問だと思った時計算ができなかったのがまずかったのか。平面図形かもしれない。やり方はあっているはずだから、計算をミスった？　理科は、社会は、そうだ国語の物語文で躓《つまず》いたのかも……。

「受験ってそういうものなのよ。お母さん自身も、経験してきた。前に話したことがあったと思うけど、お母さんも中学受験したでしょう。桜《おう》鳳《ほう》中学を受けて、自分ではけっこうできたと思ったけどダメだったって。杏珠だってそう……どこかで杏珠に期待しすぎてたのよね……あの子には申し訳ないことしちゃった。何が言いたいかっていうと」

「もういい！　時間ないんだから！」

伽凛はリュックを持って、受験部屋である和室に入った。ライトをつけて、リュックからさっきまで塾でやっていたテキストを引っ張り出す。

「帰ってきたばっかりじゃない。お風呂《ふろ》に入ったら」

「ほっといて」

さっき塾で解けなかった平面図形、これをやっておこう。

「ショックかもしれないけど、一月に練習できてよかったよ。でも、次は本番だから。第一志望、女子学芸中のままでいい？　正直、過去問との相性《あいしょう》を考えると、埼玉境のほうがよかったくらいなのよね？　それでもダメだったっていうのは……あ、そうだ、第一志望の女子学芸中は変えなくてもいいとして、一日《ついたち》の午後校や二日校は練り直したほうが」

「ああ、えっと、なんだっけ、これって補助線を引くんだよね……直線ＡＢを延長させて、直線ＣＤと交差する点がここで」

「無理しすぎるとダメなの。受験って、最終的にはメンタルに左右されるの。とくに中学受験なんて、①そうなの。だって、子供がすることなんだもの。ドラゴン注1の先生も八女《やめ》注2先生も、受験をよくわかっている人はみんな口を揃《そろ》えて言うわ。お母さんも杏珠の時に、よくわかった、だから」

「うっさい！　静かにして、問題解いてるんだから！」

「大事な話でしょう。杏珠だって、ずっと強気だったけど」

「杏珠、杏珠って！　あたしはお姉ちゃんとは違う！」

握っていたシャーペンを壁《かべ》に投げつけると同時に、「伽凛！」母親の声が一瞬《いっしゅん》にして怒声《どせい》に変わった。

「そういう言い方しないで。杏珠だって頑張《がんば》ってきたんだから、バカにするような言い方はやめて」

「違うよ！　バカになんかしてない！」

　伽凛は母を鋭《するど》い目で睨《にら》んだ。

「いい加減にして」

「それ、こっちが言いたいよ。伽凛、お姉ちゃんのことをバカにしたことなんてないよ。お母さんでしょ、お姉ちゃんのこと、失敗したって思ったり……。あたしはお姉ちゃんとは違うってこと！　お姉ちゃんはお姉ちゃん、あたしはあたし……それを言いたいだけなのに、お母さんは」

　全然わかってくれないじゃん。

　視界がプールの中みたいに揺《ゆ》らいだ。目からぼろぼろと涙《なみだ》が溢《あふ》れて、鼻水が流れ出てくる。

「伽凛」

「無理してないんだから、無理って言わないで。女子学芸に行きたいの……全力出すから、もっと必死になるから、お願いだから、頑張らせてよ。勝手にブレーキかけないでよ」

　喋《しゃべ》っているうちに嗚咽《おえつ》になって、伽凛はしゃくり上げながら、両手で顔を覆《おお》った。悲しいんじゃない。悔《くや》しいとも違う。②この喉《のど》の奥《おく》のほうを強く締《し》め付《つ》けられるような痛みを、四十字以内で説明しなさいって問題が出たら、どう答えたらいいんだろう。

　お母さん？　違う？

　すぐそばに人の気配がする。

　目を塞《ふさ》いでいた両手を外した。伽凛は顔を上げた。

「どれ？」

　姉だった。おもむろに跪《ひざまず》いて、伽凛の手元を覗き込んだ。

「えっ」

「わかんない問題、どれ？」

　そう訊《き》かれて、伽凛は平面図形を指さした。

「ああ、これ。よく出るよね。補助線、二本引かなくちゃいけないのはわかる？」

　机の上に転がっていた鉛筆《えんぴつ》を手に取り、伽凛は一本の線を図形の中に引いた。うん、そう、と姉が頷く。

「……お姉ちゃん」

「お母さん、わたしさ、中学受験楽しかったんだよ。大変だったけど、その時は勉強好きだったし、できる問題が増えると自信がついたし、なによりさ、お母さんの期待に応《こた》えたかったから、いい点数取って、偏差値が上がって、お母さんが喜んでくれたら最高に嬉《うれ》しかったんだよ。結果的には、力が足りなかったから、期待に応えられなかったんだけど」

　姉は淡々《たんたん》と言いながら、平面図形にもう一本の補助線を引いた。

「杏珠、そんなふうに思わないで」

「たぶん、わたしと伽凛、③同じこと思ってるんだ」

同じ？　伽凛は姉の横顔を見た。姉もこちらを見て、少し笑って、目を伏《ふ》せた。

「お母さん、ずっと杏珠に申し訳ないって思ってるの。プレッシャーをかけすぎちゃったせいで、知らないうちにあなたを追《お》い詰めていたんだよね」

「それ、違うよ」

「違う？」

　母は姉に訊き返した。

「たしかにプレッシャーはきつかった。でも、期待されないのはもっとつらい。だから、お母さんにお願いがある。こんなわたしだけどさ、もう少しだけ期待してくれないかな。わたし、お母さんに期待してもらえないと、頑張れないみたい。わかってるよ、親のためじゃなく、自分のために頑張らないといけないんだって。自分のための勉強、すべて自分のためって、わかってる。来年には高校生になるのに、何を子供みたいなことを言ってるんだってことも、わかってる。だから言えなかったけど、やっぱり、本当のところ、そうなんだよ……お母さんに期待してほしいんだってこと」

「……杏珠」

「そのうち見つけるから。自分のために頑張れること、必ず見つけるから、だからもうちょっとだけ、期待して」

「もう！　バカね……あんたってば」

母の呆《あき》れたような声が、姉を遮《さえぎ》った。

「期待しているに決まってるでしょう。ずっと期待してるわよ。あなたが……あなたたちが、あなたたちらしい人生を送って、楽しみ尽《つ》くしてくれること、生まれた時から、ずっと、ずっと」

母は強い口調でそう言ってから、なんだろうね、と額に手を当てて、ため息を吐《つ》いた。

「……難問だな、人を育てるって」

母の声が、少し笑って、でも苦しげに掠《かす》れた。

大人になっても、難問にぶつかることがあるんだ。

そんなことを思いながら、伽凛は平面図形に目を向ける。これも難問だけど……あっ。

姉が引いた補助線。そっか、ここに引けばいいんだ。

④たった一本の線によって、さっきまで見えなかった新しい図形がわかるようになっている。

たぶん、ちょっとしたことなんだ。なかなか気づけないけど、ほんのちょっとしたことで、見えないものが見えてくるんだ。

（尾崎英子『きみの鐘が鳴る』〈ポプラ社〉より。）

〈注〉1　ドラゴン――塾の名前。

2　八女先生――塾の先生の名前。

※解答の際、「伽凛」は「かりん」、「杏珠」は「あんじゅ」と書いても構いません。

問一　――線部①〈そう〉とありますが、〈そう〉が指す内容とはどのようなことですか。30字以上40字以内で説明しなさい。

問二　――線部②〈この喉の奥のほうを強く締め付けられるような痛み〉とありますが、これはどういうことですか。50字以上60字以内で説明しなさい。

問三　――線部③〈同じこと思ってるんだ〉とありますが、これはどういうことですか。25字以上35字以内で説明しなさい。

問四　――線部④〈たった一本の線によって、さっきまで見えなかった新しい図形がわかるようになっている〉とありますが、これは、〈図形〉だけではなく、〈伽凛〉が自分の本心に気づいたとも考えられます。では、それはどのようなことですか。気づく前の気持ち、きっかけ、気づいた内容の三つがよく分かるように、80字以上100字以内で説明しなさい。

城西川越中学校(第一回総合一貫)

―50分―

注意　(1)　指定された字数で解答する際は、特別な指定がない限り、句読点や記号も一字とします。ただし、ふりがなを書く必要はありません。
(2)　問題の本文に関しては、設問の都合上、表記を改めた所があります。

□一　次の文章を読み、後の問いに答えなさい。

日々、銀行口座の残高が減り、気力は削られていった。転職活動を始めて三ヶ月になるが、良い結果はさっぱりでない。この状態が続いたら、自分はどうなってしまうのだろう……。

パーカーのフードを深く被り、遠山健一《とおやまけんいち》は人波を避けながら歩いた。街にいる人のうち、何者でもないのは自分だけだ。高校生の集団、スーツ姿の会社員、レジを打つ店員、工事現場の作業員、定年後と思われる老人――。彼らは自分のことを、どこの誰だと説明できるだろう。それができない自分の行く末だけが、［　Ⅰ　］、ゆらゆらと頼りなく揺らめいている。

不安だ、と、健一は思った。

左にあるオフィスビルの入り口には、テナント企業を示すプレートが並ぶ。下から富士《ふじ》マーケティング、青木《あおき》クリニック、ケイオーリフト、ワンエレファント、株式会社ハルガ、オールミット、久石《ひさいし》工業、ムテキコンテンツ、株式会社ロムクリア――。通り過ぎた先にも、同じようなオフィスビルが並び、同じようにいくつもの会社が入居している。

健一の住むこの名古屋《なごや》市だけで、十万を超える事業所があるらしかった。大小の差はあっても、それぞれの事業所には、それぞれの仕事がある。それぞれの従業員たちはみんな、社会を構成する一員として立派に働いている。

［　Ⅱ　］気分で入ったそのコーヒーショップも、全国チェーンの大きな会社だ。カウンターで働く人たちの他にも、経理や人事や営業の仕事をしている人がいるのだろう。健一の求めるデザイン部門も、あるかもしれない。

早くどこかの会社に入って、デザインの仕事がしたい……。

パーカーのフードを外して見回した店内に、デザインされてないものなどなかった。コーヒーのカップにも、メニュー表にも、商品を宣伝するPOPにも、感じのよいデザインが施《ほどこ》されている。店員の帽子やエプロンや、椅子《いす》やテーブルやゴミ入れや、カウンターで注文している客の服やカバンも、すべて誰かがデザインしたものだ。

世界にはこんなにデザインが溢《あふ》れているのに、自分はこの三ヶ月、その仕事をまったくできていない。

①この状態がいつまで続くのか、目処《めど》も何もない。キャリアは一年を超え、ようやくデザイナーという肩書きに慣れてきたところなのに……。

「お待たせしましたー。ご注文をどうぞー」

「……ホットコーヒーの、……Sで」

自分の順番が回ってきたので、健一は久しぶりに声をだした。

「はい。サイズはSでよろしかったでしょうか？」

健一の声が小さかったのか、スタッフに聞き返された。

「……はい。Sで」

「ホットコーヒーのS、ありがとうございます」

居心地の悪さを感じながら会計をし、コーヒーを受け取った。席について、周りを見回し、誰も自分に注意を払っていないことを確かめる。

不安だ、と、健一はコーヒーカップを見つめた。

就職できないのも不安だし、今コーヒーを飲んだら熱すぎて火傷《やけど》するんじゃないか、というのも不安だ。自分が頼んだのはコーヒーのSだが、そのSは【X】のSと思われているんじゃないか、だからスタッフがSを強調したんじゃないか、と、あり得ないことまで心配してしまう。

まさかこんなことになるなんて……。

健一にとって②それは、A青天の霹靂《へきれき》だった。迷ったり悔やんだり、ということではなく、ただ当たり前にあった一本の道が、突然途切れてしまったのだ。

デザインの専門学校をでた健一は、広告制作会社「アド・プラネッツ」、略してアドプラに勤めていた。社員総勢十数人の小さな会社だが、不況のなかでも、なんとかうまくやっていたし、この先もここで働くものだと思っていた。

終身雇用の時代はとっくに終わったと知っているけれど、そもそも健一にとって未来とは、一年後とか、せいぜい三、四年後のことだ。指示された仕事をやって、やり直しを求められたらやり直して、OKがでたら終わりで、ときどき褒《ほ》められることがある。仕事とはそんな感じのことの繰り返しで、その先に何があるかなんて、あまり考えたことがない。

あるとき、アドプラのメイン顧客《クライアント》が、テレビのニュースに取りあげられるような不祥事《ふしょうじ》を起こした。仕事をしているとそういうこともあるのか、という、ぼんやりした感想を健一は持った。

その日を境に、アドプラの仕事量が、わかりやすく減っていった。やがて一人、二人と社員が辞めていき、しかも優秀と思われる人から順に辞めるので、何か普通ではないことが起こっている、と理解が追いついてきた。

このままではまずいのかもしれない。でも新人に毛が生えたような自分に、できることなどない。うっすらとした不安のなか、辞めた先輩デザイナーの仕事を引き継ぎ、健一はそれまでよりもかえって忙しい生活を送っていた。

「なので遠山くん、パイプ椅子を用意しておいてもらえる？」

「はい、了解です」

その日、会社全体で、ミーティングがあるということだった。

社員全員となると大会議室でも椅子が足りなくて、これまでだったら五、六個、椅子を運び込む必要があった。だけど今は退職してしまった人がいるので、一、二個で足りそうだ。

夕方、外回りの営業の人が会社に戻ってくると、マネージャーの号令で、全員がばらばらと会議室に入った。ほどなくして入ってきた社長の権田《ごんだ》に続いて、もう一人、かっちりしたダークスーツ姿の男性が姿を見せた。

あれは誰だろう、と社長の隣に座ったその人を観察したが、見覚えがなかった。社長に目を戻すと、いつになく緊張した表情をしている。

「……今日、みなさんに、集まってもらったのには、理由があります」

震える声で言った社長は、おもむろに立ちあがった。

「……実は、この会社は今日で倒産します。大変申し訳ない」

深々と頭を下げる社長を、唖然《あぜん》として見つめた。

「残念ながら……、会社の資金が続かなくなり……、今後の事業継続は、断念せざるを、得ません」

［Ⅲ］気分だった。会社というものは倒産することがある、とは知ってはいたが、その瞬間がこんなふうに訪れるなんて、想像すらしていなかった。

「質問は、後ほど受けつけますので、まずは説明をさせてください」

ゆっくりと着席した社長は、手元の資料に目を落とした。

「債務総額は、約九千万円です。債務超過の主な理由は売上減・利益減による資金不足になります」

気丈《きじょう》に振る舞っている、というのだろうか。最初こそ声を震わせていた社長だが、そこからは凛《りん》とした態度で説明を続けた。

「本日をもって、株式会社アド・プラネッツは倒産となり、社員のみなさんを解雇せざるを得ません。給与はこの後、給与明細とともに手渡しします。予告のない解雇になるので、解雇手当一ヶ月分を、給与に加えて支給します」

メモを取るべきなのかもしれないが、それをする者は誰もいなかった。

「離職票は、この場に間に合わなかったので、数日後に郵送します。みなさんはそれをハローワークに持参し、失業手続きをし、失業手当等を受けとってください。退職金についても、共済から支払われますので、それぞれ手続きをお願いします」

社長の説明はよどみなく続いた。

会社にある私物を、本日中に整理し持ち帰ってほしい。この後は、社長の代理人である弁護士が会社の倒産処理をする。明日以降は、代理人の立ち会いがなければ会社に入れない。継続中の仕事をどうするかは、役員が得意先と調整する。例えばフリーランスとして継続して参加するかどうか、当人の都合で決めてよい——。

「このたびは、わたしの力不足でこのようなことになり、大変申し訳ないと、思っています。しかしこれ以上事業を続けていくと、損失ばかりが膨《ふく》らみ、みなさんに給与を支払えなくなるおそれがあったので、倒産を決断しました。どうか理解してください」

隣に座る先輩のため息が聞こえた。健一は呆然《ぼうぜん》と社長の顔を見ていたが、半分位の社員は下を見ている。

「補足説明をさせていただきます」

ずっと黙っていたダークスーツ姿の男が口を開いた。

「当職がこの会社の破産処理を受任した、弁護士の鈴村《すずむら》と申します。これ以降、権田社長は当事者能力を失い、この会社の管理責任者は、当職になります」

当職というのは聞き慣れない言葉だったが、当方とか小生《しょうせい》とか吾輩《わがはい》とか、そういう類いの言葉だろう。

「権田社長は、会社の借り入れ債務の連帯保証を個人でしており、つまり、個人財産を供出して、今回の責任を取られています。社員の給与や解雇手当が支給されないまま倒産するケースも多いなか、この会社で、それが支払われるのは、経営者の努力の結果として、認めていただけると幸いです」

隣でそれを聞く社長は、じっと目を閉じていた。

「それでは、質疑応答に移ります。ご不明点のある方は、挙手願います」

ご不明点、と言われても、健一にはわからないことだらけだった。一体、どうしてこんなことになってしまったのか……。明日から自分はどうすればいいのか……。というより今、怒るべきか、悲しむべきか、自分の気持ちがよくわからない。

先輩たちも同じようで、会議室内はざわつくばかりだった。だがやがていくつか、失業手当に関してと、退職金についての質問があった。会社都合での解雇だから、失業手当はすぐにでるらしい。退職金についても、アドプラは退職金共済を利用しているため、少ないながらも規定どおりの額が支払われる。

今日この後の、私物の搬出《はんしゅつ》についての質問もでた。今日中に持ち帰るのは不可能だという人がいて、後日、弁護士の立ち会いのもと会社を開けることが決まった。あとはメールアドレスがいつまで使えるか、とか、継続中の仕事についての確認が続いた。

二十時近くになると質問も出尽くし、③会議は終了となった。

〈中略〉

不安だ、と健一は思う。

自分はいまだ、どこにも、何にも、所属できていないし、その見込みもない。失業手当は、今月で給付が終わってしまう。

忘れていたコーヒーに口をつけると、すでに冷めてしまっていた。自分は一体、ここで何をしているんだろう……。

健一はぼんやりと、今日ここに来た理由を思いだした。

登録した転職サイトの求人案件には、あらかた応募し尽くしてしまった。だから今日は、駅などに置いてあるタウン誌の求人広告を探しにきた。場合によっては、アルバイトをしなければならないし、あらゆるタウン誌を集めようと、街にでてみたのだ。

駅やコンビニで集めた多くのタウン誌が、健一のリュックに入っていた。冷めたコーヒーを口にしながら、取りだしたそれを、ぱらぱらとめくってみる。

そんなに都合よく目指す求人は見つからないだろうな、と思っていたのだが、そのとおりだった。めくってもめくっても、契約社員やアルバイトの募集が多くて、健一が目指すものはない。二冊目も、三冊目も、同じような感じだ。だけど――、

――デザイナー募集　即戦力求ム　服装自由。

サハラ砂漠の真ん中で、ふいに金貨を拾ったような気分だった。誌面の片隅《かたすみ》の切手一枚分くらいの④小さな広告だったが、「デザイナー募集」の文字が輝いて見える。

信じられない気分だったが、考えている暇はない、とも思った。広告にはメールアドレスだけが書いてある。t、e、n、s、h、i……、と、そのアドレスをベタ打ちし、広告を見て応募した、ということだけを書く。

ぴろりーん、と、スマートフォンがメールの送信完了を告げた。

もっと長い文章を書けばよかったのかもしれないが、誰かに先を越されたくなかった。だけどどうだろう……。たまたまこの求人を見て、デザイナーの応募をする人間が、何人もいるとは思えない。これは会社の求人広告というより、家庭教師募集とか、迷い犬探してます、とか、そ

ういうものに似た匂いがする。

　ぴろりーん、と音がして、スマートフォンがメール受信を伝えた。さっきメールをだしてから、まだ一分も経っていなかったが、それは確かに、健一に宛《あ》てた返事だった。

　——明日の十四時にお越しください。

　まじでか、と健一は思った。

　十数文字の簡素な返事だったが、金貨に続いて［Ⅳ］気分になった。この三ヶ月近く、誰にも必要とされなかった自分がついに、誰かに必要とされている！

　だけどこれ本当なんだろうか、と、疑いの気持ちが湧《わ》いたあたりで、今度は住所の書かれたメールが届いた。

　坂戸《さかど》通り一—一—一　秀徳《しゅうとく》レジデンス一〇一号——。

　さっきのメールからまだ十数秒しか経っていないし、住所の他には何も書かれてなかった。もしかしたら、先方も急いでいるのかもしれない。

　健一は慌てて、明日の十四時に指定の住所に伺う旨《むね》を、返信した。

　この三ヶ月は、なんの進展もなかったが、一分か二分で、こんなに話が進むこともある。

　残っていたコーヒーを飲み干し、健一は立ちあがった。もしかしたらコーヒーのSは、【Y】のSなのかもしれない、などとバカなことを考えながら。

（中村航『広告の会社、作りました』〈ポプラ社〉）

問一　［Ⅰ］～［Ⅳ］に当てはまる言葉として最も適当なものを、次のア～オの中から一つずつ選び、それぞれ記号で答えなさい。ただし、同じ記号は一度しか選べません。

ア　雷撃を浴びたような　　イ　逃げるような
ウ　宝箱を掘り当てたような　　エ　ろうそくの炎のように
オ　ほっぺたが落ちるように

問二　——部①「この状態」について説明した次の文章の空らんに入る言葉を、それぞれ本文中から指定字数で抜き出しなさい。

〔　a　七字　〕をしたいけれども、転職活動の結果が〔　b　七字　〕ので、〔　c　二字　〕だと感じている状態。

問三　【X】・【Y】に当てはまる言葉の組み合わせとして最も適当なものを、次のア～オの中から一つ選びなさい。

ア　【X】サイズ　【Y】採用
イ　【X】失業者　【Y】失格者
ウ　【X】採用　【Y】失業者
エ　【X】失格者　【Y】サイズ
オ　【X】失業者　【Y】採用

問四　——部②「それ」とありますが、その内容を「会社」という言葉を必ず用いて説明しなさい。

問五　——部A「青天の霹靂」、B「凛とした」の本文中の意味として最も適当なものを、次のア～オの中から一つずつ選び、それぞれ記号で答えなさい。

A「青天の霹靂」

ア　よく晴れた日
イ　心の中に隠しごとが全くないこと
ウ　無罪であることが明らかになること
エ　急に生じた大事件
オ　急な雷鳴

B「凛とした」

ア　おどおどした様子
イ　しっかりした様子
ウ　たるんだ様子
エ　勇ましい様子
オ　他人行儀な様子

問六　――部③「会議」とありますが、会議が行われている時、健一はどのようなことを考えていましたか。説明しなさい。

問七　――部④「小さな広告」とありますが、次のア～エについて、これを見た健一の気持ちとして当てはまるものには○を、当てはまらないものには×を、それぞれ答えなさい。

ア　とにかくすぐに応募する必要があるという気持ち。
イ　デザイナーの仕事をあきらめなければならないという気持ち。
ウ　仕事内容や条件を確認してから、じっくり考えようという気持ち。
エ　希望通りの募集があったことに、びっくりする気持ち。

□二　次の文章を読み、後の問いに答えなさい。

サルからヒトへ

一八七一年にダーウィンが人間の進化論(『人間の起源』)を発表したとき、多くの人々は人間がサルから進化してきたことに嫌悪感をもち、なかなか受け入れようとしませんでした。多くの論争がありましたが、結局、具体的な証拠がそろってはじめて、①彼の主張が受け入れられるようになりました。ニュートン力学が近代物理学の基礎となったように、ダーウィンの進化論が近代生物学の出発点となったといえるでしょう。人類は、二本足で歩行する類人猿から、まずホミニッド(ホモ、ラテン語で「人間」を意味する)へと進化し、ホモ・ハビリス(「器用な人」猿人)、ホモ・エレクトス(「立つ人」原人)を経て、ホモ・サピエンス(「賢い人」現代人の祖先)となりました。いずれも、骨の化石(脳の大きさや背丈)、道具(石器の精度や種類)、生活(集団の大きさや住居)など、残された遺品を調べることにより、段階的に進化してきたことがわかってきたのです。

さて、人類の最初の科学は、いったい何なのでしょうか。

ある人は、道具の使用ではなく、道具の「製作」が科学の始まりと主張しています。ラッコでもサルでも道具を使っていますから、積極的に道具を作ることの方に科学の芽があるという意見です。もっとも、チンパンジーは、小枝の葉を取り払った長い枝でシロアリの巣をつつくそうですから、これも道具の製作になるのかもしれませんが。およそ二〇〇万年前のヒトに、ホモ・ハビリス(器用な人)という名がついたのは、石器を工夫したあとがはっきりわかるからです。一〇〇万年前ころには、尖った石器を作ってナイフとし、それで象や野牛の牙《きば》や骨を削ってより鋭い道具を作っていました。この道具により、②ヒトはそれまでハイエナのように死んだ動物を食べていた時代から、積極的に狩りをするようになったのです。

人類最初の「ハイテク革命」

また、「火の使用」が科学の始まりと主張する人もいます。火を手に入れたのは、雷で起こった森の火事のような偶然だったのでしょう。しかし、その火を使って(ア)ダンをとり、動物の皮をなめして着物とし、食べ物を料理するようになったことは大きな変化です。また、火の使用によって、鉄や銅を溶かすような化学反応を手にするようになりました。アシモフは、火の使用こそ人類最初の「ハイテク革命」だと言っています。およそ五〇万年くらい前のことです。

興味深いことに、死者を弔《とむら》うという「宗教」が生まれたのも、洞窟《どうくつ》の壁に絵を描くという「芸術」が生まれたのも、五〇万年から二〇万年前くらいで、火の使用とほぼ同時なのです。精神世界の発達が急速に進んだのでしょう。

時間と空間の区切りと天文学

道具や火は具体的な物そのもので、生活と密着しています。では、目には見えない抽象的な「時間」を測るようになったのは、いつごろでしょうか。むろん、一日の長さは太陽の運動で、一月の長さは月の満ち欠けでわかりますから、その長さはかなり昔から知っていたに違いありません。問題は、一日をさらに細かく測る時計をどのように工夫したかということです。

そのヒントについては、既に紀元前四〇〇〇年のころに気づかれていました。朝から昼にかけて樹の影が短くなってゆき、いつも同じ方向で最も短くなってから、夕方に近づくにつれだんだんに長くなってゆくからです。その影は右回りで動き、いつも同じ速さで動くこともわかってきました。それなら、地面に棒を差し込み(これを「ノモン」といいます)、回りに円を描いて影がどの位置にくるかで時間がわかることになります。③「日時計」が発明されたのです。私たちの時計の針が右回りになっているのは、日時計が北半球のエジプトで発明されたから、と考えられます(南半球では日影は左回りに動きます)。エジプト人は、影が映る円を一二に分割したので、昼間一二時間、一日二四時間となりました。

この日時計の発明は、もう一つ重要な発見につながりました。ノモンの影が最も短くなるときの太陽の方向を南、影の方向を北、それに直角で太陽が登る方向を東、太陽が沈む方向を西と、空間を決まった方向に区切ることができるようになったからです。こうして、時間と空間という、座標系が決まりました(現在使われている日時計は、いつも影の長さが同じになるように、ノモンを北の方向に傾けてあります。この日時計は、紀元前七〇〇年ころにエジプトで使われるようになったそうです)。

一年を区切る

一方、季節がゆっくり変化しつつ、数百日で繰り返す一年の区切り方は、一日単位では数が多くて面倒です。そこで月の満ち欠けを数え、満月から満月までの二九日または三〇日を一月とすれば、一年はほぼ一二カ月に区切れるので数えやすくなります。こうして、月の満ち欠けを基準とする暦がつくられました。これを「太陰暦」と呼んでいます。

［Ａ］、一年は地球が太陽の回りを一周する時間ですから、月の満ち欠けと直接関係がありません。だから、一二カ月の年や一三カ月の年があり、(イ)フクザツになってしまいます。

エジプトでは、約三六五日ごとに規則的にナイル川が氾濫《はんらん》することに気がついていました。また、同じ季節に、東の空からシリウスが昇り始めることも知っていました。地球から見れば星が貼りつけられているように見える天球を、太陽が一回りする時間ということになりますね。この間に新月が一二回あることから一年を一二カ月とし、一月を三〇日と等配分したため、五日分だけを最後の月に押しつけました。これを「太陽暦」といい、現在私たちが使っている暦（カレンダー）の原型になっています。少しずつ修正がありましたが、本質的には、エジプトで発明された暦が五〇〇〇年間も使われてきたというわけです。

一週間はなぜ七日か

一日・一月・一年という時間の区切りは、太陽や月の運動から得られました。いわば、天文学がもとになっているのです。では、もう一つの時間の区切りである「一週間」は、どのような理由で七日となったのでしょうか。人間は、適当な間隔で休みをとらないと疲れて仕事の(ウ)ノウリツが上がりません。そこで一週間ごとに「安息日」をもうけたのですが、それが七日になったのは、やはり天体の動きが関係しています。私たちの肉眼で見て、遠くの星に対して動いているように見える星は、太陽と月、そして水星・金星・火星・木星・土星の五つの惑星ですね。そこで、この宇宙は、地球が中心にあり、そのまわりを七つの星が回っていると考えました。それ以外の星は天球に固定され、天球全体がゆっくり回転していると想像したのです。だから、「一週間は七日」は、紀元前一八〇〇年頃のバビロニア※1人たちの宇宙観（この「天動説」は一七世紀まで信じられていました）を反映しているといえるでしょう。

このように、人の生活に役立てようと暦がつくられましたが、それは、月や太陽の動き、惑星の運動、星の見える位置などのくわしい観測が基礎になっているのです。天文学が「最古の科学」といわれるのはこのためです。

天文学と占星術

七つの動く星が天球上を動く場所は決まっており（なぜだかわかりますか）、ギリシャ時代に、その(エ)ミチスジが一二の星座に分けられました。そうすると、太陽は、ほぼ一カ月ずつかけて星座を移っていくことになります。また他の惑星も星座をゆっくりわたってゆきます。その位置関係から、惑星や星がおよぼす効果をあれこれ想像したのが「占星術」です。このように歴史をたどってみると、占星術から天文学が生まれたのではなく、天文学に寄生して占星術が生まれたことがわかると思います。そして、現在では、地球の歳差《さいさ》運動（地球の自転軸の方向がコマのように首ふり運動をすること）のため、ギリシャ時代から星座一つ分だけ太陽や惑星の方向がずれていて、占星術※2の種本《たねほん》の星座の位置とは異なっています。さらに、天王星、海王星、冥王星《めいおうせい》という三つの惑星が発見されたのに占星術には登場しません。それなのに、なぜ今も占星術を信じている人が多いのでしょうか。

数学の始まり

私たちは、通常一〇進法を使っています。一、十、百、千という数え方や、一から十までが何度も繰り返す数え方です。手の指の数が十本のため、最も直感的に数えやすいからですね。また、計算も簡単です。ところが、④時間や角度では、一二とか(その倍数の二四や)六〇が単位になっていますね。イギリスでは、かつてお金の数え方も一二進法でした(日本では、エトが一二で一回りしますね)。

なぜ、そんな数え方をしているのかは、エジプトやバビロニアで天文学が大いに発展したことから理解できると思います。エジプト人やバビロニア人は、数学にも大きな寄与をしたのです。科学と数学の発展が、二人三脚であるよい証拠ですね。

エジプトでは、ピラミッドの建設やナイル川の氾濫後の土地の境界線の引き直しのために、幾何学《きかがく》が発展しました。日時計を発明して、方向を正確に定めることができたからです。ピラミッドの底辺の正方形は、正確に東西南北に平行になっています。また、日時計の影の動きを一二等分したのでした。一方、バビロニア人たちは、六〇進法で数の体系をつくっていました。時間の、六〇秒で一分、六〇分で一時間という、六〇が一つとなって次の単位に上がる数え方のことです。角度も同じ六〇進法になっています。時間は、太陽の方向や天球上の動きという、角度の測定と深く関連しているからです。

[B]、なぜ、一二とか六〇という数が選ばれたのでしょうか。その理由は、これらの数が多くの数で割り切れるからです。一二なら、二、三、四、六ですね。六〇は、さらに一〇、一二、一五、三〇でも割り切れます。古代の人にとっては、割り切れない数は分数で表さなければならないので、やっかいに感じたのでしょう。また、一年はほぼ一二カ月で、一カ月はほぼ六〇の半分の三〇日です。一二や六〇が、天の運動と何か関係があると考えたからかもしれません。

その他の文化の起源

ギリシャ時代になるまでに、いくつかの学問やその基礎的な部分が開発されていました。ここでは、おもしろそうな分野をいくつか紹介しましょう。

紀元前二六〇〇年ころ、高さ六〇メートルものピラミッドが造られています。これは、いわば建築学の始まりといえるでしょう。最も大きいクフ王のピラミッドは、底辺の一辺が二三三メートルあり、高さは一四七メートルもあります。これは、東京ドームをはるかに越える大きさです(エジプトの王を「ファラオ」と呼ぶのは、「大きな家」を意味するエジプト語をギリシャ語に翻訳したものです)。こんなにも巨大なピラミッドの建設のためには、巨大な石(一個重さ二トン半)を持ち上げる道具、それを運ぶ船やトロッコのような道具の発明があったと思われます。周辺の技術が発達してこそ、巨大な建築が可能になるのですから。

お酒を作る技術は、紀元前二〇〇〇年ころには発見されていました。果物が腐ったり、米や小麦が水につかったりしたとき、お腹がへったり喉《のど》が乾いた誰かが、思わず飲んだら味がよく、心地よい気分になったことで偶然見つけたのでしょう。アルコールは、酵母の作用で米や麦や果物が、糖とでんぷんに分解されたときにできるとわかったのは、ずっと後のことですが、お酒つくりは四〇〇〇年の歴史があるのです（なんと、紀元前一八〇〇年ころ、ビールを飲み過ぎた酔っぱらいが犯した犯罪を処罰する規則が議論されていたそうです）。［　C　］、小麦を粉に引いて水を加え、同じく酵母を入れてしばらく置くとパンができます。こうして、(オ)コクモツを食べやすくする発酵の技術が始まったのです。

文字の発明がもたらしたもの

一方、文字の発明は文化の伝達・記録にとって欠かせないものです。文字が初めて発明されたのは紀元前三五〇〇年くらいですが、徐々に一定の様式に統一され、簡略化されて人々の間に（むろん、ごく少数ですが）広がってきました。文字が発明されると、書物が作られ、書物を集めた図書館が建設されました。図書館に集められたさまざまな書物から、私たちは歴史を解読できるようにもなったのです。そのため、文字が発明されて以後を「有史時代」、文字がなかった時代を「先史時代」と呼んでいます。紀元前一五〇〇年までに、世界中で三種の文字が確立しています。エジプトのパピルス※3に書かれた象形《しょうけい》文字（ヒエログリフ）、バビロニアの粘土板に刻まれた楔形《くさびがた》文字、そして中国の亀の甲《こう》や牛の骨に記された漢字の原型（甲骨《こうこつ》文字）です。いまだに使われているのは漢字だけで、はじめの二つの文字はあまりにフクザツなので使われなくなりました。

文字によって、まず書かれたのは物語でした。それまでは、口伝えに語られてきた物語（口承《こうしょう》文学）が文字に書きとめられ、いつでも楽しめるようになりました。シュメール※4の王ギルガメシュが不死の薬草を探し求めて旅をする物語は、紀元前二五〇〇年に書かれたと考えられています。エジプトでは、パピルスにさまざまな病気の治療法（魔術的な方法とともに、病気に効く植物や動物の処置も書かれている）が記録されています。薬学・医学の始まりといえますね。中国では、天文気象や軍事行動などについて、帝《みかど》が占った内容や結果が書かれています。［　D　］政治資料です。

むろん、文字が発明されたとき、同時に数の書き方も発明されました。数字の発明が、数学そして科学の基礎になったことは言うまでもありません。しかし、はじめ数字は記録のためにのみ使われ、計算はソロバンのような道具を通じてしか行われませんでした。その理由は、ゼロ（0）を知らなかったからです。ゼロには二つの役割があります。一つは何もないことを示し、もう一つは位《くらい》取りに使われます。紙の上で計算するためには、位取りのゼロを知らなければなりませんね。［　E　］、紀元前四〇〇年ころ、インドでゼロが発見されるまで、⑤数字は計算には使われなかったのです。

このように、文字は人々の文化の中身を豊かにし、知的な可能性を広げました。そのような歴史の背景のもとに、ギリシャの文化が花開いたのです。

（池内了『科学の考え方・学び方』〈岩波ジュニア新書〉）

※1「バビロニア」……現在のイラク南部に当たる地域。
※2「種本」……本を書く際に、参考にするための原本。
※3「パピルス」……古代エジプトで用いられた一種の紙。
※4「シュメール」……バビロニア南部に当たる地域。

問一　――部㋐～㋔のカタカナを漢字に改めなさい。

問二　――部①「彼の主張」とありますが、これを具体的に述べている部分を以下の空らんに当てはまるように、本文中から十三字でぬき出しなさい。

□という主張。

問三　――部②「ヒトはそれまで～なったのです」とありますが、それはなぜですか。説明しなさい。

問四　――部③「『日時計』が発明されたのです」とありますが、これによってどのようなことが可能になりましたか。「～こと。」に続く形で、本文中から二つぬき出しなさい。

問五　[A]～[E]に当てはまる言葉として最も適当なものを次のア～オの中から一つずつ選び、それぞれ記号で答えなさい。ただし、同じ記号は一度しか選べません。

ア　いわば　　イ　だから　　ウ　では
エ　ところが　オ　また

問六　――部④「時間や角度では～いますね」とありますが、その理由として最も適当なものを、次のア～オの中から一つ選び、記号で答えなさい。

ア　手の指の数が十本のため、最も直感的に数えやすいから。
イ　ピラミッドの底辺の正方形は、正確に東西南北に平行になっているから。
ウ　一二や六〇は、多くの数で割り切ることができるから。
エ　割り切れない数は、整数で表さなければならないから。
オ　一二や六〇は、天の運動と何も関係が無いと考えられたから。

問七　――部⑤「数字は計算には使われなかったのです」とありますが、それはなぜですか。十字以上二十字以内で説明しなさい。

問八　本文の内容に合うものを、次のア～オの中から一つ選び、記号で答えなさい。

ア　現在のカレンダーのもとになった「太陰暦」は、一年を一二カ月、一月を三〇日と等配分し、五日分だけを最後の月に押し付けたものである。
イ　クフ王のピラミッドは、底辺の一辺が一四七メートルあり、高さは二三三メートルもある。
ウ　酵母を利用して小麦を食べやすくする技術は、ギリシャ時代の前に始まっていた。
エ　紀元前一五〇〇年までに、パピルスには楔形文字が書かれ、粘土板には象形文字が刻まれた。
オ　死者を弔う「宗教」や、洞窟の壁に絵を描くという「芸術」は、火の使用からしばらくして生まれた。

三　【資料①】、【資料②】、【会話文】を読んで、後の問いに答えなさい。

【資料①】稲刈り体験会のチラシ

稲刈り体験会

● 日時　2023年11月23日（木・祝日）11時30分～
　※11時25分には昇降口前にお集まりください。係の者が X 。
● 実施場所 城西川越中学校 駐車場裏田んぼ
● アクセス

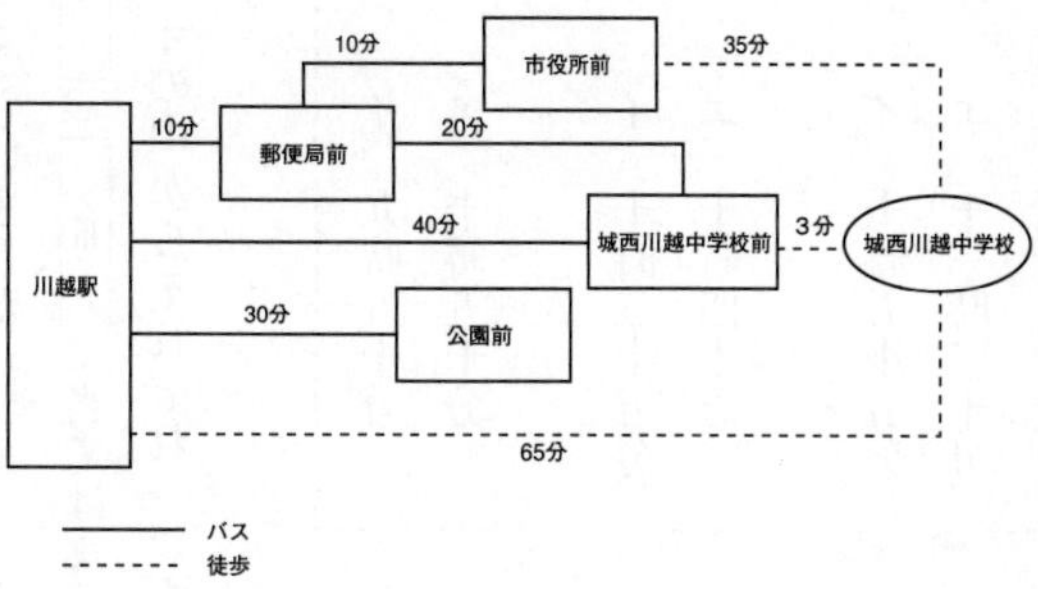

【資料②】バス時刻表

川越駅発

〔平日〕

9時	5	(20)	35	(50)
10時	5	(20)	35	(50)
11時	5	(20)	35	(50)

〔休日〕

9時	5	<u>20</u>	25	(50)
10時	5	<u>20</u>	25	(50)
11時	5	<u>20</u>	25	(50)

○印→城西川越前行き
下線→公園前行き
無印→郵便局前行き

郵便局前発

〔平日〕

9時	30	40	(50)
10時	30	40	(50)
11時	30	40	(50)

〔休日〕

9時	0	20	40	(55)
10時	0	20	40	(55)
11時	0	20	40	(55)

無印→市役所前行き
○印→城西川越前行き

【会話文】

小学生　川越駅から、城西川越中学校まで行きたいのですが、行き方が分からなくて……。教えてもらえますか？
Bさん　もちろん。この道を真っ直ぐ進んで……。
Aさん　ちょっと待って。ここから歩くと、一時間以上かかるよね。バスを利用する行き方を教えてあげた方がいいと思うよ。一緒にバス停まで行こう。
小学生　バス停に到着したけれど、沢山のバスがありますね。どのバスに乗ればいいですか。
Aさん　現在の時刻は十時だから、十時五分発のバスがいいかな。
Bさん　このバスだと、城西川越中学校まで行けないよ。
Aさん　どうして？
Bさん　時刻表の右下を見て。無印は、郵便局行きって書いてあるよ。
Aさん　本当だ。十時五分発のバスだと、途中までしか行けないね。でも、今の時間帯だと、城西川越中学校まで一本で行けるバスは無いようだね。 I 発なら、途中で乗り換えすることなく行けそうだね。
小学生　十一時三十分から稲刈り体験会があるので、少なくとも、**十一時二十五分**には城西川越中学校に到着したいです。
Aさん　十一時二十五分までに到着するには、郵便局前で乗り換えをする行き方が良さそうだね。じゃあ、十時五分発のバスに乗って……。あっ、バスが出発してしまったよ。
Bさん　もう十時五分を過ぎているね。次のバスは、 II 発だね。
小学生　わかりました。 II 発のバスに乗ります。ありがとうござ

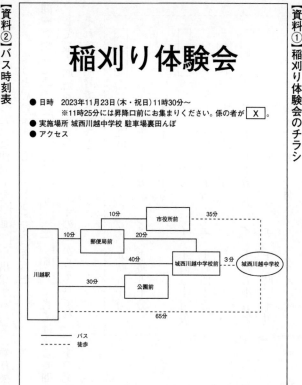

いました。

Bさん　まだバスが来るまで時間があるから、郵便局前発のバスの時刻表も確認しておこう。

Aさん　十時四十分発のバスがいいかな。でも今日は観光客が多いから、郵便局から市役所前までの道が特に混んでいそうだよね。間に合うかな。

Bさん　［Ⅲ］発なら、バスはその道を使わないから、間に合うんじゃないかな。

小学生　わかりました。郵便局前を［Ⅲ］に出発するバスに乗り換えようと思います。ありがとうございました。

問一　【会話文】の［Ⅰ］、［Ⅱ］、［Ⅲ］に当てはまる時間として最も適当なものを、次のア～オの中からそれぞれ一つずつ選び、それぞれ記号で答えなさい。

［Ⅰ］
ア　九時二十分　　イ　九時五十分
ウ　十時二十分　　エ　十時五十分
オ　十一時二十分

［Ⅱ］
ア　十時二十分　　イ　十時二十五分
ウ　十時三十五分　　エ　十時四十分
オ　十時五十分

［Ⅲ］
ア　十時五十分　　イ　十時五十五分
ウ　十一時　　エ　十一時二十分
オ　十一時三十分

問二　【資料①】の［X］に当てはまる敬語表現として最も適当なものを、次のア～オの中から一つ選び、記号で答えなさい。

ア　ご案内になられます　　イ　おいでになります
ウ　ございます　　エ　いらっしゃいます
オ　ご案内します

問三　【会話文】に――部「十一時二十五分」とありますが、この時間に「小学生」はどの場所にいるように指示をされていますか。【資料①】からぬき出しなさい。

四　次の①～⑤の［　］に当てはまる漢字一字をそれぞれ書き、慣用表現を完成させなさい。また、意味として最も適当なものを、後のア～オの中から一つずつ選び、それぞれ記号で答えなさい。

①　雨降って［　］固まる
②　［　］とすっぽん
③　一［　］千秋
④　あとは野となれ［　］となれ
⑤　井の中の蛙大［　］を知らず

ア　非常に待ち遠しいこと。
イ　比べられないほど、差があまりにも大きいこと。
ウ　もめごとが起こったあとは、前よりもよい状態になるということ。
エ　狭い知識や考えにとらわれて、広い世界があることを知らないこと。

オ　目先のことが解決すれば、あとはどうなってもかまわないということ。

城北中学校(第一回)

—50分—

注意　解答するときには、句読点や記号も一字と数えます。

□　次の文章を読んで、後の問いに答えなさい。(設問の都合上、本文の一部を変更《へんこう》してあります。)

二〇歳《さい》の樋口和子《ひぐちわこ》(作中では皆《みな》に「ワコ」と呼ばれている)は、一九九二年三月に製菓《せいか》専門学校を卒業した。学校の和菓子《わがし》科で女子はワコ一人だけで、和菓子の世界は「男の世界だから苦労する」と先生からも言われていたが、浅草にあるお菓子屋の奥山堂《おくやまどう》に就職し、和菓子作りの修業《しゅぎょう》を始めて九ヶ月《かげつ》ほどになる。

ある日、同期の小原《こはら》から、その日に餡《あん》を包む饅頭《まんじゅう》の数を伝えられたが、実はそれは自分より先に職場の人たちに認められていくワコに対して焦《あせ》りを感じている小原による嘘《うそ》だった。その嘘のせいで、ワコは「じょうよ饅頭」と呼ばれる山《やま》の芋《いも》でできた饅頭を百五十個余分に包餡《ほうあん》してしまう。次の場面は、じょうよ饅頭を多く作ったことが判明して、現場を取り仕切る鶴ヶ島《つるがしま》に謝罪する場面である。

ワコは慌《あわ》てて謝《あやま》る。

「すみませんでした」

すると、鶴ヶ島の白目だけになった細い目がワコを捉《とら》えた。

「てめえ、仕事を舐《な》めてんだろ。だから、女の菓子職人なんてあり得ねえって言ってんだ。どうせ、嫁《よめ》に行くまでの腰掛《こしか》けのつもりなんだからよ」

これまでも女だということで差別され続けてきた。出勤するのが嫌《いや》だと感じる朝もあった。しかし、今の言葉だけは許せない。思わず、ぐっと睨《にら》み返《かえ》す。

「なにか言いたいことがあるのか?」

しかし失敗したのは自分だ。すぐに目を伏《ふ》せてしまう。

「おい、ハマ」

鶴ヶ島が隣《となり》にいる注1浜畑《はまはた》に呼びかけた。だが、その視線はワコを捉えたままである。

「このじょうよ饅頭を蒸《む》せ」

浜畑が驚《おどろ》き、弾《はじ》かれたように鶴ヶ島の横顔を見た。

「え、三百個全部ですか?」

「そうだ」

鶴ヶ島は相変わらずワコに顔を向けている。

「蒸し上がったら、俺《おれ》を呼べ」

ワコは包餡の作業台に戻《もど》ると、今度は注2浅野《あさの》に謝った。

「いったいどうしたんだ、あんなに数を間違《まちが》えるなんて?」

浅野に数を確認《かくにん》しなかった自分も悪い。もう一度、「すみません」と頭を下げた。

小原は黙《だま》って餡玉切りをしている。

浅野はそれ以上なにも言わず、「一緒《いっしょ》に黒糖饅頭を百五十つくろう」とだけ言った。

「はい」

ワコは応えて、手を動かし始めた。

しばらくして、「ワコ！」と蒸し場にいる鶴ヶ島から声が掛《か》かる。急いで向かった。

「おまえ、雷門《かみなりもん》の前に立って、じょうよ饅頭を百五十個売ってこい。店売りと同じく一個三百円で売るんだ。消費税分は勘弁《かんべん》してやろう」

鶴ヶ島が続ける。「ただし、奥山堂の名前はいっさい出すな。その作務衣《さむえ》も脱いで、私服で売ってこい」

「あたしがですか？」

ワコは再び小原を見やる。彼《かれ》は手を止めて、じっと下を向いていた。

鶴ヶ島が言い放つ。

「いいか、全部売り切るまで帰ってくるな」

浅野に手伝ってもらい、じょうよ饅頭を並べた大きなボックスを太ひもで首から下げて、店の裏口から出る。う、重い。でも、自分の責任なんだ……。スタジャンにジーンズ姿のワコは、しょんぼりと雷門に向かう。ふと、先ほどの鶴ヶ島のひと言が思い起こされた。①ワコは心を奮い立たせる。負けてたまるか！　全部売り切ってやる！年《とし》の瀬《せ》で、たくさんの参拝客、観光客が雷門通りを行《い》き交《か》い、仲《なか》見世《みせ》へと吸《す》い込《こ》まれていった。それとすれ違《ちが》うように、お参りを終えた人たちが雷門から出てくる。これだけの人が通るんだ、売れるかもしれない！　ⓐ淡《あわ》い希望も芽生えた。

雷門の傍《かたわ》らで、駅弁を売るようにボックスを下げているのだが、しかし誰《だれ》も振《ふ》り向《む》きさえしてくれない。じっと立っていると足もとから冷気が伝わってきた。ボックスには紙にマジックで〈おいしい！　じょうよ饅頭　1個300円（消費税サービス）〉と書いた紙をテープでとめている。浅野のアイディアである。

ワコは試みに、「お饅頭です」と言ってみる。しかし、それは蚊《か》の鳴くような声だった。今度は意を決して、「お、お饅頭でぇ、えす!!」と声を張り上げた。しかし緊張《きんちょう》のため、威嚇《いかく》するようになってしまう。近くを通った若い男性が、ぎょっとしてこちらに顔を向けた。ワコと目が合うと、逃《に》げるように立ち去る。

ワコは恥《は》ずかしさで顔を紅潮させつつも、「おいしいお饅頭ですよー」と声を出し続けた。「じょうよ饅頭ってなんだ？」とか、「ひとつ三百円なんて、ずいぶん高いわね」といった声が時折耳に入るだけで、ひとつも売れない。

それでも一時間以上経《た》った頃《ころ》だろうか、「じょうよ饅頭って、山の芋のお饅頭だよね？」と、年配の眼鏡をかけた女性が声をかけてきた。

「はい、そうです」

ワコは夢中で応える。

彼女《かのじょ》はボックスを覗《のぞ》き込《こ》むと、「あら、おいしそ」と笑《え》みを浮《う》かべた。

初めての好感触《こうかんしょく》に、「おひとついかがでしょう？」とすかさず売り込む。

「じゃ、ひとつもらおうかしらね」

「ありがとうございます！」

抑《おさ》えきれずに明るい声が出てしまう。

代金を受け取ると、ワコはトングで女性の手にじょうよ饅頭をひとつ載《の》せた。

「あら、おいしい！」

ひと口食べた女性の感想に、「ほんとですか？」思わず訊《き》き返《かえ》していた。

「やだよ、あんた。自分でつくったお饅頭を褒《ほ》められて、〝ほんとですか？〟ってことはないだろ」

「あ、いえ、そうじゃなくて……」

自分のお菓子をおカネを払《はら》って買ってくれるところを目にするのも、おいしいという声を耳にするのも初めての経験だった。それは、まさに天にも昇《のぼ》るような心地《ここち》である。ワコはしばらく、じょうよ饅頭をぱくつく女性の姿を一心に見つめていた。この饅頭は自分が蒸したわけではない。餡子《あんこ》も自分で炊《た》いたわけではなかった。生地《きじ》をつくり、包餡しただけだ。なのに、こんなにも嬉《うれ》しくて仕方がない。だったら、すべて自分でつくったお菓子を食べてもらうって、いったいどんな気分なんだろう？

「お饅頭食べたい！」

五歳くらいの男の子の声がした。眼鏡の女性が饅頭を食べる姿を見て、羨《うらや》ましくなったのだろう。

「おいしいよ」

と眼鏡の女性が男の子に向かって言う。

すると、母親らしい若い女性が、「ヒロトは、餡子なんて好きじゃないでしょ」とⓑたしなめる。けれど、ヒロトというその男の子は、「食べたーい」ときかなかった。

「仕方ないなあ」

母親がひとつ買ってくれる。

「ありがとうございます！」

母親から饅頭を受け取った男の子が、「おいしい！」と声を上げる。口の横に餡子を付けた男の子を見て、ワコは胸がいっぱいになった。

「私もひとつもらおうか」

年配のステッキをついた紳士《しんし》から声がかかる。

「こっちにもひとつ頂《ちょう》だい」

「俺もひとつ」

たちまち周りに人垣《ひとがき》ができた。

「ありがとうございます」「ありがとうございます」ワコは急にいそがしくなって慌てる。けれど、それは②幸福ないそがしさだった。

「ちょっとあなた、ここで商売する許可を取ってますか？」

突然《とつぜん》そう質問される。ワコが見やると制服を着た若い警察官だった。すぐ近くの交番からやってきたのだろう。

「あのう……あたし……」

ワコには応えるすべがない。

女性客のひとりが、「なによ、あんた！　お饅頭くらい売ったっていいじゃないのよ！」と警官に嚙《か》みついた。

「そうよ、おいしいお饅頭を頂こうって時に、ⓒ無粋《ぶすい》なこと言わないの」

「いや、しかし、許可がないと」

思わぬ反発に遭《あ》って、警官はしどろもどろだ。だが、すぐにワコのほうに向き直った。

「とにかくあなた、一緒に来て」

そのまま交番に連行されてしまったワコは、③なにを訊かれてもだんまりを決め込んだ。店に迷惑《めいわく》をかけるわけにはいかない。大きなボックスを膝《ひざ》の上に置いてパイプ椅子《いす》に座《すわ》り、無言のままでいる。

多くの人波が、外を往《ゆ》き過ぎた。

先ほどの警官と、彼の上役らしい年配の警官が並んで立ち、こちらを見下ろしている。年配の警官が、「黙ったままで、いつまでこうしているつもりなんだね？」と、何度目かの同じ言葉を投げかけてくる。その時だった。

「あれ、ワコ、どうした？」

作務衣姿の浅野が交番の中を覗き込んでいた。

「どうしてるかと思って、様子を見にきたら、おまえ、交番て……」

すると上役の警官が、「あなたですか、この女性にあんなところで饅頭を売らせたのは？」と、浅野に詰問《きつもん》する。

「いえ、そういうことじゃないんですけど……あの……」

すると浅野がなにか思いついたような顔になり、「新人が度胸をつけるための研修なんです」と、出任せの言い訳をした。

「この並びにある奥山堂の者です。本当に申し訳ありません」

老舗《しにせ》の名店の者であることは、浅野の作務衣の胸に入ったネームで証明され、ふたりは目こぼししてもらった。「あそこで商売するには、道路使用許可の申請《しんせい》手続きが必要なんだからね」と再び念を押《お》されてから。

「なあワコ、じょうよ饅頭が三百って、ほんとは小原から嘘を伝えられたんだろ？」

店に向かって歩きながら浅野が言う。首からボックスを下げたワコは、はっとして大柄《おおがら》な浅野を見上げた。

「みんな薄々《うすうす》気づいてるよ。小原を締《し》め上《あ》げて吐《は》かせ、クビにすれば簡単だ。けどな、小原の親父《おやじ》、小原菓寮《かりょう》の社長とうちの高垣《たかがき》社長はゴルフ仲間でな。自分のせがれを仕込んでくれって頼《たの》まれてんだ。いわば預りもんなんだよ。あいつは。だからそうもいかないんだ」

浅野は小さく息をついてから、「小原のやつ、自分で変わろうとしないと、一生ダメなまんまだろうな」とため息のように呟《つぶや》く。

ふたりでしばらく無言のまま歩いた。浅野がふと、ボックスに並んだ饅頭を見やって、「きれいにできたな」と優《やさ》しく言ってくれる。

「じょうよ饅頭ってな、基本を問われるお菓子だ。簡素だけど、いや、簡素だからこそつくった者の技量が問われる。山の芋の処理の仕方、粉との混ざり具合、そうした総合的な技術の集積から成る饅頭だ」

彼が笑った。

「――って、工場長からそう言われたよ、新入りの頃にな。俺が初めて生地からつくったじょうよ饅頭をハマさんところに持っていったら、蒸してくれなかったんだぜ」

目の下のまつ毛が長い浜畑の顔を、ワコは思い浮かべた。

「ハマさんは、俺よかひとつ上なだけだが、腕《うで》が認められて早くから蒸し方《かた》、焼き方を任せられてる。だから、プライドが高い」

浅野さんは、あたしを励《はげ》まそうとしてくれてるんだ。

「生地の具合を見、粉の加え方を塩梅《あんばい》し、空気を抱《だ》かせて、抱かせて混ぜる。すると、蒸した時、饅頭はふっくらと膨《ふく》らむ。皮が破れる寸前までな。ワコのつくったのは、そんなじょうよ饅頭だ。もちろん、ツルさんにも分かったはずだ。だからハマさんに蒸せって命じたし、外で売ってこいって無茶《むちゃ》なことも言ったんだろう。商品に成り得るものだって認めたから。それに、もしかしたら……」

　と浅野が少し考えてから口を開く。

「……もしかしたら、ツルさんは、ワコに対して理不尽《りふじん》な仕打ちをすることで、小原の目を覚まさせようとしたのかも」

　あのツルさんが……。

「ひとつもらおう」

　浅野がボックスから饅頭を摘《つ》まみ上《あ》げる。

「おっと、カネはあとでちゃんと払うからな」

　彼はひと口食べるごとに、「うまい、うまい」と言ってくれた。

　店の作業場では、注3曽我《そが》が待っていた。どうやら、交番から確認の電話があったらしい。

「おまえたちはいったいなにをやっているんだ⁉」

　鬼《おに》の形相で怒鳴《どな》る。

「おい、ツル！　おまえ、どういうつもりで、こんなことをさせた⁉」

　鶴ヶ島が無言で目を背《そむ》けている。

「おまえは奥山堂のお菓子をなんだと思っているんだ⁉」

　その言葉に反発するように、鶴ヶ島が勢いよく曽我を見る。しかし、やはり黙ったままでいた。

　今度は曽我がワコに顔を向けた。こんなに恐《おそ》ろしい表情の曽我を見たことがなかった。いまだにボックスを駅弁売りのように首から下げたままのワコは、ぽかんとするばかりだ。

「すぐにその饅頭を捨ててこい！」

　ワコはなにを言われたのか理解できないでいた。

「外気に当てて乾燥《かんそう》し、路上の埃《ほこり》を被《かぶ》ったお菓子を売りつけるなんて、おまえは奥山堂の信用を傷つけかねないことをしたんだぞ！　そんなものさっさと捨ててしまえ！」

　曽我の言うことはもっともだ。しかし……。

「嫌です」

　とワコは言い返した。

「なんだと？」

　さらに怒気《どき》を帯びた曽我の声は低くなった。

「お菓子を捨てるなんて嫌です！」

　さらにワコは言う。

「〝おいしい〟って……お客さまから……、〝おいしい〟って言っていただいたお饅頭なんです」

　ワコの頬《ほお》を涙《なみだ》が伝う。悔《くや》しかった。

　曽我が背後を振り返って、「小原、おまえが捨ててこい！」と命令した。小原が、びくりと身体を震《ふる》わせてから、「はい」と聞こえるか聞こえないかの声で返事し、ワコのほうにやってくる。

　小原がボックスを奪《うば》おうとすると、「イヤ！」ワコは身体を反転させた。小原と揉《も》み合《あ》う形になり、床《ゆか》にじょうよ饅頭がこぼれ落ちた。

「嫌です……捨てるなんて嫌です……」

　ワコは泣いていた。小原がおろおろしながら饅頭を拾い集めている。ワコは、作業場で泣いている自分が情けなくて仕方がない。捨てたくないなら、どうしたい？　また戻って売りたい？　自分で食べたい？　駄々《だだ》をこねているのは分かっていた。それでも、突《つ》っ立《た》ったまま泣きやむことができない。

　ふいに鶴ヶ島が、誰に向けてでもなく語り始めた。とても静かな口調だった。

「生まれた家が貧しくてな、俺は中学を出ると働かなきゃならなかった。甘《あま》いもんが食べられるだろうって、それだけで金沢《かなざわ》の菓子屋に住み込みで勤めたんだ。その店は流れ職人が入れ代わり立ち代わりやってきて、小僧《こぞう》の頃は泣かない日がないくらい厳しい扱《あつか》いを受けた。なにしろ入れ代わりが激しいもんだから、誰に付けばいいのかも分からない。俺は泣きながらも、必ず一人前になってやるんだって決心した。そのためには、仕事はとにかく自分で覚えていくしかない。目で盗《ぬす》むのはもちろん、少ない給料をやり繰《く》りしながら職人が酒を飲むのに付き合ったり、酔《よ》った職人を介抱《かいほう》することで親しくなって、つくり方や配合を教えてもらった。だから俺は、酒が飲めない頃から赤ちょうちん[注4]に出入りしてた。そうした店の焼き鳥やおでんが晩飯だった」

いつの間にか作業場のみんなが鶴ヶ島の話に耳を傾《かたむ》けているようだ。ワコも④肩《かた》を震わせながら聞いていた。

「勤め始めて四年もすると、すっかり仕事に慣れ、俺は次なる店の門を叩《たた》いていた。そうやって北陸だけでなく関西、関東と渡《わた》り歩《ある》いた。菓子は地域によってずいぶんと違う。東と西では甘さだって異なる。京の菓子は雅《みやび》な味だ。俺の師匠《ししょう》は、そんな中で出会った職人たちだ。誰というのではない、名もなく腕のよい職人とその菓子に接することで自分の技術を磨《みが》いてきた」

鶴ヶ島が曽我に顔を向けた。

「工場長、あんたもそのひとりだ」

曽我はなにも言わなかった。

「工場長が俺に教えようとしているのは、職人たちの扱い方だ。組織をどうまとめるかってことだ。今話したとおり、俺は自分の腕を磨くことだけを考えて生きてきたからな。そういう意味では、いろいろ学ばせてもらったよ。おかげで――」と鶴ヶ島が、しゃがんだままの小原を見やる。「性根《しょうね》の曲がったやつを目覚めさせるため、ひと芝居《しばい》打つことになったり。もっとも、やり方が荒《あら》っぽくて、ワコにはかわいそうな役を振っちまったが」

どういうこと？　それじゃ、今度のことは、浅野さんが言ってたとおりだったの？　――

「もしかしたら、ツルさんは、ワコに対して理不尽な仕打ちをすることで、小原の目を覚まさせようとしたのかも」

鶴ヶ島が珍《めずら》しく優しげな表情をワコに向ける。

「悪かったな」

ワコは戸惑《とまど》いながら、もはや涙が消えていた。

「ツル」と曽我が声をかける。「おまえが⑤あえて憎《にく》まれ役《やく》になってくれたのを知りながら、怒鳴りつけてすまなかった」

鶴ヶ島が、曽我のほうを向いた。

「奥山堂の菓子をなにより大事にしているあんたは、ワコに菓子を捨てろと言うに違いない、と俺は考えた。修業を始めて九ヶ月ほどであんなじょうよ饅頭をつくっちまう娘《むすめ》が、あんたに菓子を捨てろと言われ、どんな反応をするのか？　実は興味があった」

今度は彼が、ワコに視線を寄越《よこ》す。

「俺なら、売れ残った菓子、汚《よご》れた菓子は迷わず捨てる。ところがワコは、菓子を捨てるのが嫌だと泣いた」

ワコは泣いたことが恥ずかしくて、またうつむいてしまう。

「俺は今さっき〝悪かったな〟と、確かにおまえに謝った。一方でこうも思う。⑥おまえの考え方は、あまりにも青く、ひとりよがりだ。それに作業場で、絶対に涙を見せるべきではない」

彼が相変わらずこちらを眺《なが》めていた。

「⑦小僧の俺も、作業場では泣かなかったぞ。それが職人だ」

ワコははっとする。職人――ツルさんが、そう言ってくれた。

鶴ヶ島が、ゆっくりと足もとのほうを見やった。そこでは、まだ小原がしゃがみ込んでいる。

「おまえはどうなんだ小原？　おまえはこれから、菓子とどうやって付き合っていくつもりだ？」

小原が、くずおれるようにがくりと両手を床についた。

今度は、曽我が小原に向けて告げる。

「⑧おまえの採用を決めたのは私だ。コネでおまえを預かったつもりはないぞ」

仕事を終え店の裏口を出ると、外に小原が立っていた。

「みんなの前で泣いちゃって、カッコ悪い」

ワコは照《て》れ隠《かく》しに舌を覗かせると、彼の横を通り過ぎようとした。

「どうして饅頭の数で俺が嘘の伝令したことを、工場長に言いつけなかったんだ？」

小原が言う。

「そうやってクビになって、実家のお店に帰りたかった？」

ワコが言葉を返すと、彼が鼻で笑った。

「実家に帰ったって、俺の居場所なんてあるもんかよ」

小原がちょっと考えてから言葉を続けた。

「俺には兄貴がいた」

「いた？」

と訊くと、「交通事故で死んじまったんだ」と応える。

「出来のいい兄貴で、みんなが店を継《つ》ぐもんだと思ってた。ところが俺にお鉢《はち》が回ってくると、〝あいつなんかに……〟って陰口《かげぐち》が聞こえてきてな」

「それですねてるんだ」

「うんざりなんだよ、兄貴と比べられるのが！」

怒鳴ったあとで彼が黙《だま》り込《こ》んだ。そうして再び口を開く。

「俺の嘘の伝令はワコが黙ってくれてても、みんなには分かってたんだな」

それには応えず、ワコは言った。

「小原君て、やっぱりお菓子が好きなんだよね」

意外そうに彼がこちらを見る。

「さっき、お饅頭が床に落ちたら、手で汚れを払いながら拾ってたでしょ。これから捨てにいくはずのお饅頭なのに」

小原は無意識に自身がしたことに、今になって驚いていた。

「そういやあ、そうだな」

小原が声を上げて笑い出す。

「なにやってんだ、俺……」

⑨笑い続けている彼の目尻《めじり》に涙が滲《にじ》んでいた。

お菓子は廃棄《はいき》されてしまった。けれど、お客に食べてもらえるのがあんなに嬉しいなんて。それがワコの中に強く残った。

（上野歩《うえのあゆむ》『お菓子の船』〈講談社〉より）

注1「浜畑」…奥山堂で包餡された饅頭を蒸す、蒸し方という作業を任されている職人。

注2「浅野」…奥山堂でワコに包餡のアドバイスなどをしてくれている先輩《せんぱい》。

注3「曽我」…奥山堂の工場長。

注4「赤ちょうちん」…居酒屋のこと。居酒屋の軒先《のきさき》に赤いちょうちんがつるされていることからこう呼ばれる。

問1 〰〰ⓐ～ⓒの本文中での意味として最もふさわしいものを次の中からそれぞれ選び、記号で答えなさい。

ⓐ「淡い」
ア　かすかな　イ　弱気な　ウ　根拠《こんきょ》のない　エ　鮮《あざ》やかな

ⓑ「たしなめる」
ア　厳しくしかる　イ　ひどく困惑する
ウ　穏《おだ》やかに注意する　エ　即座《そくざ》に尋《たず》ねる

ⓒ「無粋な」
ア　人の気持ちがわからない　イ　正しいけれども不愉快《ふゆかい》な
ウ　周りの状況《じょうきょう》を無視した　エ　頑固《がんこ》で融通《ゆうずう》がきかない

問2 ――①「ワコは心を奮い立たせる」とありますが、このときのワコの気持ちの説明として最もふさわしいものを次の中から選び、記号で答えなさい。

ア　自分の失態により鶴ヶ島を失望させてしまったので、饅頭を売り切ってお菓子職人として認めてもらおうという気持ち。

イ　ミスをしたことに責任を感じており、店に迷惑をかけないために何としてでも饅頭を売り切って誠意を見せようという気持ち。

ウ　鶴ヶ島に差別的な発言をされたことを思い出して悔しくなり、饅頭をすべて売り切って見返してやろうという気持ち。

エ　無関係の浅野にまで責任を負わせる鶴ヶ島に憤《いきどお》りを感じ、必ず饅頭を売り切って浅野の立場を守ろうという気持ち。

問3 ――②「幸福ないそがしさ」とありますが、どのような点が「幸福」なのですか。30字以内で説明しなさい。

問4 ――③「なにを訊かれてもだんまりを決め込んだ」とありますが、それはなぜですか。その説明として最もふさわしいものを次の中から選び、記号で答えなさい。

ア　警官に連行されて店に迷惑をかけてしまうことに動揺《どうよう》しているから。

イ　この状況をどうにかして打破しようと必死で考えているから。

ウ　黙って待っていればそのうち浅野が来てくれると思っているから。

エ　奥山堂で働いていることを知られないように意識しているから。

問5 ――④「肩を震わせながら」とありますが、「肩を震わせ」るという様子から、ワコがどのように思っていることが読みとれますか。その説明として最もふさわしいものを次の中から選び、記号で答えなさい。

ア　だまされた自分は悪くないのに理不尽に叱責《しっせき》する曽我に対して憤るとともに、上司に逆らって作業場で泣いている自分を情けなく思っていること。

イ　作業場で駄々をこねて泣きわめいたことを後悔《こうかい》するとともに、そんな自分を慰《なぐさ》めようと気遣《きづか》う鶴ヶ島の昔語りが胸に響《ひび》きありがたく思っていること。

ウ　自分が製作に関わった饅頭を捨てるように言われて悔しがるとともに、どうしたらよいかわからず泣くことしかできない自分をふがいなく思っていること。
エ　お客様においしいと言われたお菓子を捨てるように言われて落胆《らくたん》するとともに、追い打ちをかけるような鶴ヶ島の語りで孤独《こどく》を感じ寂《さび》しく思っていること。

問6　――⑤「あえて憎まれ役になってくれた」とありますが、これは鶴ヶ島がどうしたことについて述べているのですか。50字以内で説明しなさい。

問7　――⑥「おまえの考え方は、あまりにも青く、ひとりよがりだ」とありますが、ワコの考え方のどのような点が「青く、ひとりよがり」なのですか。その説明として最もふさわしいものを次の中から選び、記号で答えなさい。
ア　常に最大限よい商品を提供するという職人の本分よりも、客においしいと言ってもらえたことへのよろこびを優先して考えてしまう点。
イ　外で売ることで饅頭の品質が落ちることに気づかなかった落ち度も、客においしいと言われたことで帳消しになると考えてしまう点。
ウ　店の評判を落としかねないお菓子であっても、自分が作ったものである以上は最後まで大切に扱うのが職人だと考えてしまう点。
エ　店を守るという使命にもとづいた曽我の言葉を無視して、自分の立場を危うくしてでも、お菓子を守りたいと考えてしまう点。

問8　――⑦「ワコははっとする」とありますが、ここからワコのどのような様子を読みとることができますか。40字以内で説明しなさい。

問9　――⑧「おまえの採用を決めたのは私だ。コネでおまえを預かったつもりはないぞ」とありますが、この言葉で曽我はどのようなことを小原に伝えようとしたのですか。その説明として最もふさわしいものを次の中から選び、記号で答えなさい。
ア　誠実にお菓子作りに向き合わず、コネに甘えるような人間を採用してしまった自分の行いを後悔しているということ。
イ　コネで採用したのではなく、自分が見込んで採用したのだから、それに見合う働きができるように努力するべきだということ。
ウ　社長と懇意《こんい》にしている者の息子《むすこ》でも、採用を決めたのは工場長である自分なのだから、自分の指示には従うべきだということ。
エ　社長とコネがあることに負い目を感じることなく、才能を見いだして採用した自分の前で自信を持って働けということ。

問10　――⑨「笑い続けている彼の目尻に涙が滲んでいた」とありますが、このときの小原の気持ちを80字以内で説明しなさい。

問11　次の文章は、とある中学校の生徒たちが本文末尾《まつび》の太線部について話し合っているものである。読んで、空欄《くうらん》［◆］に入る言葉を自分で考えて50字以内で書きなさい。

生徒A：ワコが作ったじょうよ饅頭は結局廃棄されてしまったけれど、自分で作ったお菓子を誰かに食べてもらえるうれしさはワコの心に残ったみたいだね。
生徒B：問題文はそこで終わっているけれど、この先ワコはどうなっていくんだろう？
生徒C：文章の途中《とちゅう》で、「生地をつくり、包餡しただけだ。なのに、こんなにも嬉しくて仕方がない。だったら、すべて自分でつくったお菓子を食べてもらうって、いったいどんな気分なんだろう？」（87行目）とワコは考えていたよね。このことから考えると、ワコはこれから［◆］と予想できるよ。

□二 次の――線部のカタカナを、漢字に直しなさい。

1 秘境をタンボウする。
2 運動をして肩がイタくなる。
3 季節ごとの電力負荷《ふか》をヘイジュン化する。
4 今聞いた話はナイミツにしてほしい。
5 ダンチョウの思いで別れを告げる。
6 タグいまれな素質を持つ。
7 新しい校舎をケンセツする。
8 エンソウ会を開催《かいさい》する。
9 先生は彼にアツい信頼《しんらい》を寄せている。
10 毎月ザッシを購入《こうにゅう》する。

城北埼玉中学校（第一回）

—50分—

〔注意〕　○出題の都合《つごう》上、一部省略があります。
○特に漢字の書き取りは、トメ・ハネにも注意すること。
○字数に制限がある問いに対しては、その指示をよく確認すること。

一　次の傍線《ぼうせん》部のカタカナを漢字に、漢字をひらがなに改めなさい。

1　あの馬はキショウがあらい。
2　旅をしてケンブンを広める。
3　マドギワは暖かい。
4　この書はカイシンの出来だ。
5　定石どおりにことを進める。
6　式が厳かにおこなわれる。
7　軽く会釈をかわす。

二　次の文章を読んで、後の問いに答えなさい。

私は祖母と二人で※土蔵に住んでいたが、めったに淋《さび》しいとか怖《こわ》いとか思うことはなかった。祖母が用事で他家に出掛けた夜などは、一人で土蔵に寝《ね》ていたが、別段淋しいとも思わないで眠《ねむ》った。鼠《ねずみ》が枕許《まくらもと》を走り廻《まわ》っても、賑《にぎ》やかでいいと思うくらいであるから、怖さということは知らなかった。1祖母がそのように仕付《しつ》けてくれていたのであろう。

幽霊《ゆうれい》とか、お化けに興味を持つようになったのは小学校へ上がってからである。〝ぱた、ぱた、ぱた、ぱた、おすわどん〟と言いながら、両手を前でだらりと下げて、幽霊の恰好《かっこう》をしてみせることがはやったのは、小学校の一、二年頃のことであろうか。私たちは毎日のように日が暮れるまで校庭で遊んでいたが、そろそろ家に帰ろうという時になって、誰《だれ》か一人が〝おすわどん〟をやると、みんなわれもわれもというように〝おすわどん〟をやった。やらないでいると怖かったので、自分から進んでお化けの方になったのである。暮色《ぼしょく》の立ち籠《こ》め始めた校庭にはたくさんのお化けができた。そして、みんな〝おすわどん〟をやりながら、多少うそ寒い気持で家に引き上げて行った。

ぱた、ぱた、ぱた、というのは、団扇《うちわ》をあおぐ音で、おすわどんというのは団扇をあおぎながら出て来るお化けの恨《うら》みの対象になっている人物の名前らしかった。何か恨みでも持っている女の怨霊《おんりょう》なのであろう。

私たちは幽霊やお化けの話を聞きたがった。怖くはあったが、興味があった。私たちより五、六歳年長の本家の若い叔父《おじ》が、子供たちを集めては、よくお化けの話をして聞かせた。私たちは彼《かれ》の廻りに集《あつま》ると、お化けの話を期待した。

——お前ら、傘《かさ》のお化けというのを知っているか。

相手の口からそんな言葉が出ると、女の子供たちは、それだけで悲鳴をあげて逃《に》げ去ったものである。

子供たちは子供たちで、お化けの話は怖くはあったが、根本的には、それに信用をおいていないところがあった。怖くはあったが、お話の怖さであった。ひとつ目小僧《こぞう》も、傘のお化けも、その異様な姿を、自分の瞼《まぶた》に描《えが》いて、2それに怖さを感じていたに過ぎないのである。

本当の怖さというものは、お化けなどではなくて、滝とか、淵《ふち》とか、そういった場所に一人で行った時感ずる、自分の他には誰も居ないといった思いであったようだ。自分の他には誰も居ないが、と言って、自分一人ではない。眼には見えないが、何か別のものが、そこには居るのである。滝の精霊《せいれい》であり、淵の精霊である。

子供たちにとっては、お化けの方はお話の怖さであったが、滝や淵の精霊の方は、それを［1］として受け取っていた。私たちは一日中川で真裸《まっぱだか》になって遊び呆《ほう》けているくせに、いざそこを引き上げるとなると、※われがちに着物を抱《かか》えた。一番あとに、ひとり取り遺《のこ》されるのが怖かったのである。

私の郷里の村は、狩野川《かのがわ》台風で有名になった狩野川の上流に沿っている。そして村の中でその狩野川の本流に、猫越《ねっこ》川とか、長野川とかいった支流が流れ込んでいる。現在はもちろん町制が布《し》かれ、天城湯ヶ島《あまぎゆがしま》町という立派な名前を持っているが、町になる以前は、上狩野村湯ヶ島である。そしてその湯ヶ島の集落で、共に天城山系から流れ出す三本の川は落合《おちあ》っている。

狩野川の本流には猫越淵、大淵、宮ノ淵、おつけの淵、支流の長野川にはへイ淵、巾着《きんちゃく》淵といった淵があった。淵は本流にある方が大きかったが、私たちは、家が支流の長野川に近かったので、泳ぐのも、魚を獲《と》るのも、蟹《かに》受けを伏せるのも、みな長野川に於《お》いてであった。めったに本流には行かなかった。そこは他の集落に属する水域であり、他の集落の子供たちの縄張《なわばり》であった。

泳ぐのはへイ淵専門であった。へイ淵は男の子の水浴び場、巾着淵は女の子たちの水浴び場であった。男の子と女の子の水域は※截然《せつぜん》と別れていた。

狩野川台風以後、へイ淵は淵としての形を失ってしまったが、私たちが夏休みの間、毎日のように泳ぎに行っていた頃《ころ》は、小さくはあったが、急深の、※インキ壺のような淵であった。一、二年の幼い頃は淵の裾《すそ》で遊び、少年になると、そのインキ壺に岩の上から跳《と》び込んだ。そして、唇《くちびる》が紫《むらさき》色になり、足の裏が白くなると、冷えきった体を、流れの中にころがっている石に抱《だ》きついて暖めた。腹を暖めたり、背を暖めたりした。河童《かっぱ》が甲羅《こうら》を乾かしているのと少しも異らなかった。大きい河童も居れば、小さい河童も居た。

従って、へイ淵は私たちの毎日の遊び場であり、川瀬の中に沈《しず》んでいる石の、どれが滑《すべ》るか滑らないかまで知っていた。それなのに、そこを引き上げる時は、一番あとに遺《のこ》されるのが厭《いや》で、われ先に着物を抱えたものである。

——おれ、へこ帯を置いて来た。

途中で、着物を着る時になって、そんなことを言い出すのが居た。そして、一人で引返《ひきかえ》して行き、駆《か》け戻《もど》って来ると、

——出なかった!

必ず、そんなことを言った。大勢で居れば怖くも何でもない水浴び場であったが、一人で行くと、何かが出て来るかも知れない[1]不気味な場所であったのである。

私もまた、何回かへイ淵の岸に一人で[2]立たざるを得ないことがあったが、人の気のないへイ淵は全く異ったものに見えた。明るい陽光の降っている真昼は真昼で、暮れ時は暮れ時で、それぞれに不気味であった。淵の水の色も、川瀬の音も、異ったものに感じられた。

一人で淵に行った時感ずる言い知れぬ※畏怖《いふ》感は、ふいに何ものかによ

ってわし摑《づか》みにされそうな、そんな怖さであったと思う。どの淵にも主《ぬし》が居るというようなことが言われていたが、主といった形があるものの怖さではなくて、もっと別のもののような気がする。何となくそこに漂《ただよ》っているものの怖さなのであって、精霊とでも言った方がぴったりする。

――おい、坊《ぼう》！

振《ふ》り返っても、誰も居ない。姿は見えないが、何ものかにわし摑みにされていて足は動かない。

――こっちへ来な。

逃げようにも体は身動きできなくなっている。助けてくれと叫《さけ》ぼうとするが、声は出ない。謂《い》ってみれば、このようなことが起《おこ》りそうな怖さなのである。

※柳田《やなぎた》国男に「山の人生」という有名な随《ずい》筆がある。その中で神かくしのことに触れて、神かくしに遇《あ》った人は大抵《たいてい》暮れ方に村はずれに出て行って、そのまま帰って来なくなっている。そういう事件について、昔の人は、いけない時刻に田圃《たんぼ》などへ出て行くからそういうことになるのだという言い方をしている。そうした点から考えると、昔の人は、人間が先祖帰りするいけない時刻というもののあるのを知っていたようである。つまり、そのいけない時刻に身を置くと、ふいに原始時代の心が立ち戻って来て、山に向《むか》って歩いて行くようなことになる。――その随筆では、神かくしなるものを、3このように解釈《かいしゃく》している。今日の〝蒸発〟も同じことかも知れない。

柳田国男は空間のことについては、はっきりと触れていないが、いけない時刻というものがあるなら、いけない空間というものもあってよさそうな気がする。暮色が迫って来る時刻をいけない時刻とするなら、[2]の拡《ひろが》りなどは、※さしずめいけない空間ということになりそうである。

何年か前に、この有名な随筆を読んだ時、私は幼い頃に一人で淵の畔《ほとり》に立った時の怖さを思い出した。そしてなぜあのように言い知れぬ恐怖感に襲《おそ》われたか不思議に思っていたが、もしかしたら、それはいけない時刻に身を置いたことから※生起《せいき》するものではなかったかと思った。幼い者にとっては、[3]というものはいけない空間であり、[4]というのはいけない時刻であったかも知れない。そして幼い者だけが持つ原始感覚は、その空間と時刻の組合せが誘発《ゆうはつ》しようとしているものを鋭敏《えいびん》に感じ取っていたのではないか。――もちろん、これは私の勝手な想像である。柳田先生在世《ざいせい》なら、伺《うかが》ってみるところであるが、先生は小説家というものは勝手なことを考えるものですねと、笑っておっしゃるかも知れない。

それはともかくとして、幼い頃は一人で淵の畔りに立つと怖かったものである。幽霊やお化けの怖さではなく、ふいに魂《たましい》でも摑まれそうな一種独特の畏怖感だったのである。

【井上《いのうえ》　靖《やすし》「山火事」（『幼き日のこと・青春放浪』〈新潮文庫〉所収）】

※土蔵……外壁《がいへき》を土壁として漆喰《しっくい》などで仕上げられるもの、蔵とよばれることが多い。

※われがちに……我先に

※截然……区別や差がはっきりしているさま。

※インキ壺……インクを入れておく机上用の小容器。

※畏怖感……おそれおののく気持ち。

※柳田国男……1875~1962。民俗学者。
※さしずめ……結局のところ。
※生起……事件や現象が現れ起こること。

問1 傍線1「祖母がそのように仕付けてくれていたのであろう」とありますが、「祖母」がどのように「仕付けてくれていた」と「私」は思っていますか。次の形に合うように、本文中の言葉を使い、二十字以内で答えなさい。(句読点、カッコなども字数に数えて答えなさい。)

[　二十字以内　]ように仕付けてくれていたと思っている。

問2 傍線2「それ」の指す内容として最も適当なものを次から一つ選び、記号で答えなさい。

ア　話の中に出てくるお化けが、実際に存在すること。
イ　お化けの話を聞いて、ひどくおびえている自分。
ウ　自分なりに想像した、話の中に出てくるお化けの姿。
エ　実際に存在するかのように聞こえるお化けの話。

問3 空欄1に入る語として最も適当なものを次から一つ選び、記号で答えなさい。

ア　実感　　イ　迷信　　ウ　異常　　エ　驚《きょう》異

問4 「私」の郷里のことについて、正しいものには○、間違っているものには×を記しなさい。

ア　天城山系から流れ出した狩野川から枝分かれしたのが猫越川、長野川である。
イ　男の子が主に遊んだのは、本流のヘイ淵であった。
ウ　「私」の郷里の村で、本流である狩野川に猫越川、長野川といった支流が合流している。
エ　他の集落の子供たちや、男の子、女の子の水域ははっきりと分かれていた。

問5 次の傍線部をそれぞれ言い切りの形にしたとき、波線1「不気味な」の言い切りの形と同じになるものを次から一つ選び、記号で答えなさい。

ア　海が深くなる。　　イ　今日、課題図書を読んだ。
ウ　波が高ければ遊泳禁止。　　エ　母は陽気で元気な人だ。

問6 波線2「立たざるを得ない」の意味として最も適当なものを次から一つ選び、記号で答えなさい。

ア　立ってはならない。　　イ　立たなければならない。
ウ　立とうとした。　　エ　どうしても立てない。

問7 波線3「そうな」と同じ用法ではないものを次から一つ選び、記号で答えなさい。

ア　明日は雨が降りそうだ。
イ　弟は悲しそうな目をしていた。
ウ　兄は明日京都へ行くそうだ。
エ　あまりのくやしさに涙が出そうになった。

問8 傍線3「このように解釈している」とありますが、どのように解釈しているのですか。次の形に合うように、**いけない時刻**、**先祖帰り**、という二つの言葉を使い、二十五字以内で答えなさい。(句読点、カッコなども字数に数えて答えなさい。また、**いけない時刻**、**先祖帰り**、という二つの言葉を使う順序は問いません。)

人間が[　二十五字以内　]と解釈

している。

問9　空欄2に入る語を本文中から二字で抜《ぬ》き出して答えなさい。

問10　空欄3に入る語として最も適当なものを次から一つ選び、記号で答えなさい。

ア　土蔵　　イ　校庭　　ウ　山　　エ　淵

問11　空欄4に入るものとして最も適当なものを次から一つ選び、記号で答えなさい。

ア　朝日が昇《のぼ》る頃とか昼頃

イ　夕暮れ時とか人々が寝《ね》静まった頃

ウ　午下《ひるさ》がりとか暮色の迫《せま》る頃

エ　深夜とか夜が明ける頃

三　次の文章を読んで後の問いに答えなさい。

私にもこんな経験があります。ある日、小学生の息子から電話がかかってきました。何事かと思って出ると「父さん、公園で遊んでいたら、ムクドリが倒《たお》れて動かないよ」と［Ⅰ］た声で［Ⅱ］てきます。ムクドリとは黄色いくちばしが特徴《とくちょう》で、全長24センチ程度の、それこそどこにでもいる鳥です。話を聞いてみると、近所の公園で友達と遊んでいたところ、地面に落ちて［Ⅲ］ているムクドリを友達が発見。息子が生き物を好きなことを知っていた友達から「どうしたらいいの？」と聞かれたのですが、どうしたらいいのか分からず、私に電話をしてきたということでした。

「ねえ、このままだと死んじゃうと思うんだけど、どうしたらいいのかな？」

電話口からは[1]「何とかしてあげたい」という思いが伝わってきます。私は、野生の生き物はばい菌《きん》や寄生虫を持っていることがあるので、触らないように［Ⅳ］た上で、[2]そのままにしておくよう指示しました。ただ、息子は「放っておいていいの？」という疑問も持ったようです。それに対しては、助けずにそのままにすることへの説明をしなければいけないな、とも思ったのでした。

伝えたかったのは、野生の生き物、特に元々その地域にすんでいた生き物たちは、その場所で自然のままに生き、死んでいくのが本来の姿であり、人が必要以上に手を加えることは避《さ》けた方がいいということでした。今回は、死にかけたムクドリというかなり気の毒な対象だったこともあり、「助けてあげたい」という気持ちも理解はできるのです。ただ、そのムクドリがそのまま死んでも、昆虫《こんちゅう》などが死体を食べ、さらに微《び》生物《せいぶつ》に分解されていきます。死体も生態系の一員なのです。息子には、「ムクドリが死んでも無駄《むだ》になるわけではないし、それで他の生き物の命が助かっている。助けたい気持ちはとても大事だけど、死体でさえも他の生き物にとっては大事な食べ物なんだから、それを横取りしてしまうのはやめておこう」と伝えました。

野外では、傷ついた生き物や、鳥の子育ての季節に地面に落ちたヒナを見ることがあります。どうしたらいいのか分からない人は少なくなく、保護団体や役所には毎年のように問い合わせが来ているようです。共通して注意するべき点がいくつかあります。

まず鳥や動物を保護するというのは、[a]シンセツ心からでも、法律違反《いはん》になる可能性があります。鳥獣《ちょうじゅう》保護管理法という法律では、その8条で、

「鳥獣及《およ》び鳥類の卵は、捕獲《ほかく》等又《また》は採取等（採取又は損傷をいう）をしてはならない」と定めています。一般《いっぱん》の人が無断で鳥を保護することは、この捕獲や採取とみなされる恐《おそ》れがあります。

また、保護のつもりでも、人が捕《つか》まえることは、生き物に大きなストレスを与《あた》えるといわれています。私たちの気持ちを言葉や表情で野生の生き物に伝えることはできません。生き物たちにしてみたら、巨大《きょだい》な生物から捕まえられているのと同じことです。鳥のヒナの場合は、近くに親鳥がいることも少なくありません。捕まえて保護すれば、親鳥とヒナを引き離《はな》すことになります。

仮に持ち帰っても、きちんと育てるには、その生き物についての知識や、場合によっては[b]センヨウの設備が必要です。簡単なことではありませんし、無事にまた野生に[c]フッキできる保証もありません。一度人に馴《な》れてしまった生き物は、自分では餌《えさ》をとったりすみかを探したりできないかもしれません。「かわいそうだから」と保護して、持ち帰った生き物を飼いきれないからと野外に放つのは無責任です。先ほどのムクドリのように、自然の中では常に「生き死に」があり、たとえ死んでも、他の生物に食べられたり、分解されたりすることで、自然の中で栄養を回すという役割を果たしています。傷ついた生き物などがいても、安易に手を出す前に一瞬《いっしゅん》立ち止まって、こうしたことを考えてみてはいかがでしょうか。

鳥ではありませんが、米イエローストーン国立公園では２０１６年、生後間もないバイソンの赤ちゃんを、[d]カンコウ客が「寒そう」だからと、車に乗せて保護する「事件」がありました。公園のフェイスブックアカウントによると、赤ちゃんバイソンを群れに再び引き合わせて合流させようとしたけれども、うまくいかなかったことなどが書かれています。動物の場合、一度引き離された親子を再び元の状態に戻《もど》そうとしても、母親が育児放棄《ほうき》などをすることは珍《めずら》しくありません。さらに、この赤ちゃんバイソンは繰《く》り返し沿道のカンコウ客や車に接近するなど、一歩間《ま》違《ちが》えば事故につながる危険な状況《じょうきょう》だったそうです。

[3]公園は、最終的に赤ちゃんバイソンを安楽死させる道を選びました。その上で、公園から赤ちゃんバイソンを外に出すには、必要な検査を受けなければならなかったが、その検査を行える態勢にはなかったことや、たとえ赤ちゃんバイソンを保護しても、公園の事務所では育てることはできないことなどを説明しています。

せめて傷つき苦しんでいる生き物を助けてやることは出来ないものでしょうか。しかし、[4]それも簡単な話ではありません。

環境《かんきょう》省が２０１８年にまとめた報告「行政における傷病鳥獣救護の考え方と地域の取組み事例」という報告書では、傷ついた生き物（鳥獣）を保護する前提として、同じ環境省の「鳥獣の保護及び管理を図るための事業を実施《じっし》するための基本的な指針」を引用しつつ、おおむね以下のように説明しています。

・鳥獣は、自然環境の中で他の生物を食べながら、生と死を繰り返している。生態系は野生生物の生と死によって成り立っていて、自然のけがや病気によって鳥獣が死ぬことも、生態系の重要な要素の一つである。

・一方で、人には鳥獣の命を大切に思う気持ちがある。けがや病気の鳥獣を助けることは、もともと人道的な行為《こうい》として行われてきた側面もある。

・けがや病気の鳥獣を助ける際には、これらの考え方を踏《ふ》まえた上で、絶滅《ぜつめつ》の恐れのある種の保全や、環境の状態を知る指標として活用すること、けがや病気がなぜ起きたのかや、どうしたら予防できるのかといった、生物多様性の保全に役立つことに重点を置いて対応を検討する。

簡単にまとめてしまえば、命を大切に思う気持ちは人として自然なものであるけれども、生き物の生死も含《ふく》めて生態系が存在していることを踏まえ、生き物を助ける際にも「生物多様性の保全」という視点が重要であるということです。報告書では、「鳥獣」として、鳥類と哺乳《ほにゅう》類だけを対象としていることに注意が必要ですが、爬虫《はちゅう》類や魚など他の生き物でも、この考え方は参考になります。

都道府県に対して実施したアンケートでは、けがや病気の鳥獣を助ける事業の課題として「資金・施設・人材の確保が困難」と答えた自治体が半分の24にものぼりました。仮に全ての生き物を分け隔《へだ》てなく助けようとしても、人もお金も足りていない様子がうかがえます。

【中略】

人が野生の生き物に餌を与えたり馴れさせたりすることで、距離《きょり》が近づいたり接触《せっしょく》の機会が増えたりすることは、事故や病気をもらう[5]リスクを高めます。大型動物であれば駆除《くじょ》しなければならなくなるかもしれません。餌を食べる一部の動物だけが増えてしまう恐れや、餌を求めて集まった場所で病気が広がり、生態系に悪影響《えいきょう》が出るリスクもあります。本当に生き物や生態系を大事にしようと思うのであれば、自己判断での餌やりは果たして正しいことでしょうか。ある生き物はあなたにとってはかわいいと感じられても他の人には迷惑《めいわく》だったり、場合によっては怖《こわ》いと感じたりする存在かもしれません。好きだからといって隣人《りんじん》が家の前に大量の生ゴミを出してカラスを集めてしまったり、ペットフードをばらまいてノラネコに勝手に餌やりを始めたりしたらどうでしょうか。やはり多くの人はよい気持ちはしないのではないかと思います。生き物を自分の都合だけで、[6]周囲への悪影響も考えずに「大事にする」ことは、人間同士のトラブルにもつながる恐れがあります。

また、生き物が傷ついた姿を見て助けたいと思っても、助ける生き物には優先度があったり、助ける側の資源に限界があったりするという事実も、忘れないでいて欲しいと思います。中には絶滅の恐れがあり、助けるべき優先度が高い生き物もいますが、そういう場合も素人判断は禁物です。種が分からなければ、自治体などに通報し、専門家の判断にゆだねてその場を離れる勇気も必要です。

お腹を空かせた生き物に何かを与えたい、傷ついた生き物を助けてあげたい、そんな気持ちは自然なもので、決して否定されるべきものとは思いません。しかし、人と野生の生き物の間には引くべき一線があり、それを越《こ》えた先に[7]幸せな未来はないこともまた事実です。好きだからこそ、そのままの姿を片思いで見守る気持ちも大切なのです。

(小坪《こつぼ》　遊《ゆう》『「池の水」抜《ぬ》くのは誰《だれ》のため？　暴走する生き物愛』〈新潮新書〉)

問1　空欄Ⅰ～Ⅳの中に入る語句として正しいものを後の語群の中から

それぞれ一つずつ選び、記号で答えなさい。ただし、同じ記号を二回以上用いてはならない。

語群

ア　倒れ　　イ　まくし立て　　ウ　念押《ねんお》しし
エ　手を加え　　オ　焦《あせ》っ

問2　傍線a～dと同じ漢字を含《ふく》む語を後の語群の中からそれぞれ一つずつ選び、記号で答えなさい。ただし、同じ記号を二回以上用いてはならない。

a　シンセツ　　b　センヨウ　　c　フッキ　　d　カンコウ

語群

ア　帰国　　イ　容易　　ウ　新刊　　エ　観葉　　オ　危害
カ　期間　　キ　進学　　ク　寒気　　ケ　心機　　コ　信用
サ　親権　　シ　必要

問3　傍線1『何とかしてあげたい』」とありますが、どのような気持ちですか。次の形に合うように本文中から四文字で抜き出しなさい。

□□□□気持ち。

問4　傍線2「そのままにしておくよう指示しました。」とありますが、そのように答えた理由として適当でないものを次から一つ選び、記号で答えなさい。

ア　野生の生き物はばい菌や寄生虫を持っていることがあるから。
イ　その場所で自然のままに生き、死んでいくのが本来の姿だから。
ウ　死体でさえも他の生き物にとっては大事な食べ物になるから。
エ　野外で傷ついた生き物を助けるのは保護団体や、役所の仕事だから。

問5　傍線3「最終的に赤ちゃんバイソンを安楽死させる道を選びました。」とありますが、その理由として最も適当なものを次から一つ選び、記号で答えなさい。

ア　生後間もないバイソンの赤ちゃんにとって、寒すぎる環境は適していなかったから。
イ　母親のバイソンが赤ちゃんバイソンの育児を元々放棄していたから。
ウ　外に出すための必要な検査ができず、公園の事務所で育てる態勢も整っていないから。
エ　群れから離れたバイソンの赤ちゃんは安楽死させることが法で定められているから。

問6　傍線4「それも簡単な話ではありません。」とありますが、その理由として最も適当なものを次から一つ選び、記号で答えなさい。

ア　命を思う気持ちは人それぞれ程度に差があるため、助けてあげることを全員に強要することはできないから。
イ　野生生物の生死は生態系の重要な要素でもあることを理解したうえで「生物多様性の保全」に基づき対応するべきだから。
ウ　傷ついた生き物を保護するためには、行政の許可が必要で、許可が出るまでの期間放置しておくことは、逆に死に至る危険性があるから。
エ　全ての生き物を分け隔てなく助けるだけの人材はいるのだが、その施設や予算が足りていないため、どうすることもできないから。

問7　傍線5「リスク」とありますが、言い換《か》えた語として最も適当なものを次から一つ選び、記号で答えなさい。

ア　必然性　　イ　絶対性　　ウ　危険性　　エ　先天性

問8　傍線6「周囲への悪影響も考えずに『大事にする』こと」とありますが、そのことが具体的に書かれている箇所《かしょ》を、次の形に合うように本文中から十四字で抜き出し、最後の六字を記しなさい。

□□□□□□こと。

問9　傍線7「幸せな未来」とありますが、あなたは人間と野生の生き物の「幸せな未来」とはどのような関係を築くことだと考えますか。次の条件に合うように記しなさい。

条件①　どのような関係かを文頭に記すこと。

条件②　その関係を築くためにしてはいけないことと、するべきことを記すこと。

条件③　字数は五十字以上、八十字以内にすること。（句読点、カッコなども字数に数えて答えなさい。）

問10　次に示す会話は、この文章を読んだ五人の生徒が、「埼玉県にある地元の森へカブトムシが帰ってくるにはどうしたら良いか」について話し合っている場面です。本文を踏まえた意見として合致《がっち》するものにはAを、そうでないものにはBを記しなさい。

ア　村上君　「ここの森にも昔はカブトムシがたくさんいたらしいけど、今はあんまり見られなくなったな。そういえば、九州のおじいちゃんの家の近くの森にカブトムシがいるから、帰省した時に大量につかまえてきて、この森に放してカブトムシを増やしてみるというのはどうだろう。」

イ　内田君　「子供たちも喜ぶし、森の再生にもつながるはずだよ。僕《ぼく》もこの間、知り合いのおじさんからもらった大量の鈴虫《すずむし》を飼いきれなくなってここの森に放してあげたんだ。しばらくきれいな声で鳴いていたよ。」

ウ　川島君　「でも、今現在この森に暮らしている地域の生き物たちの暮らしや自然のバランスを壊《こわ》してしまうことにはならないかな。カブトムシが樹液を占領《せんりょう》してしまって他の虫のエサが不足してしまうかもしれないよ。」

エ　木村君　「それなら、樹液を買って来てこの森の木に塗《ぬ》ってあげれば解決だね。今回はカブトムシを増やすことが目的なんだからカブトムシが住みやすい環境を作り上げることを最優先にしよう。」

オ　森田君　「九州のカブトムシがこの森に順応できるかはわからないし、この森に元々残っている地元のカブトムシの生活を圧迫《あっぱく》してしまう可能性もあるよね、まず専門家の意見を聞きに行ってみようよ。」

巣鴨中学校（第Ⅰ期）

—50分—

注意事項　字数指定のある問題は、句読点やかぎかっこなどの記号も字数にふくめます。

一　次の1～10の――部のカタカナを、それぞれ漢字に改めて答えなさい。

1　布をサイダンする。
2　ショウジョウが授与《じゅよ》された。
3　オンシに良い報告ができた。
4　水害に備えて堤防《ていぼう》をホキョウした。
5　フショウした選手が復帰する。
6　台所のショウメイを取り替《か》える。
7　事態をしばらくセイカンする。
8　シャワーをアびてさっぱりする。
9　体をソらせてストレッチをする。
10　街の中心でアキナいを始める。

二　次の文章を読んで、後の問いに答えなさい。

じつは近年、海洋汚染がストランディング（注・クジラなどの海洋生物が、浅瀬で座礁《ざしょう》したり、海岸に打ち上げられる現象）に関係しているのではないかという説が注目されている。中でも、世界的に問題視されているのは、①プラスチックごみの影響《えいきょう》だ。

プラスチックごみは、（中略）分解しにくい素材であるため、ひとたび自然界に拡散して海に入ると、長期間海を漂《ただよ》い、②「海洋プラスチック」となる。海中の酸素をX減少させたり、湧昇流《ゆうしょうりゅう》（季節風や貿易風などの風、地形変化、潮流の影響で海洋深層水が海の表層近くへわき上がる現象。この現象によって栄養塩の豊富な深層水が光の届く表層に運ばれ、植物プランクトンが繁殖《はんしょく》できる）の阻害《そがい》などを招き、海洋生物の生存環境を脅《おびや》かす。

海洋プラスチックの約7割が、河川《かせん》から運ばれてくるというデータもある。これはつまり、私たち人間の生活圏《けん》でプラスチックの悪循環《じゅんかん》の第一章が始まっていることを示している。

たとえば、自動販売機《はんばいき》の脇《わき》に設置されたごみ箱からあふれ出ているペットボトルや、道端《みちばた》にポイ捨てされたプラスチック製品が、大雨の日に側溝《そっこう》や河川へ流入し、海へ流れ込《こ》んでいく。そして、海へ流れ込む途中《とちゅう》で、あるいは海へ流れ込んだあとで、プラスチック製品は、日光や物理的な摩擦《まさつ》によって小さな破片《はへん》になり、海洋プラスチックとして蓄積《ちくせき》されていくのである。

直径5ミリメートル以下の小さなプラスチック片を、魚類や貝類などが飲み込むと、消化器官や内臓を傷つけて、それ自体が死因になることもある。海鳥やウミガメでは、大型プラスチックを飲み込んだことで胃《い》潰瘍《かいよう》になるなどの障害が報告されている。さらには、人の便からもマイクロプラスチックが検出されており、汚染は海と陸の両面で広がっているのがわかる。

（中略）

海洋プラスチックは、それ自体が海洋生物の内臓や組織にダメージを与《あた》えるだけでなく、③もう一つ、より深刻な問題をはらんでいる。プラスチック片には、残留性有機汚染物質「ＰＯＰｓ（Persistent Organic Pollutants）」が吸着し、濃縮《のうしゅく》することがわかっているのだ。

環境中に排出《はいしゅつ》された化学物質の中には、大気汚染や水質汚濁《おだく》の原因になったり、長期間にわたって土壌《どじょう》に蓄積した結果、④生態系や人の健康に影響を及《およ》ぼすような環境汚染を引き起こすものがある。これを環境汚染物質と総称《そうしょう》する。

その中で、「分解されにくい」「蓄積されやすい」「長距離《きょり》移動性がある」「有害性がある」化学物質のことをＰＯＰｓと総称する。２００４年５月には、ＰＯＰｓの減少を目指すことを目的とした「ストックホルム条約」が発効されている。そうした条約ができるくらい、危険性の高い物質ということである。

一般《いっぱん》に、ＰＯＰｓは食物連鎖《れんさ》を介《かい》して、小さな生物から大きな生物へと移行し、そのたびにどんどん濃縮されていく。したがって、海の食物連鎖の頂点に位置するクジラやイルカなどの哺乳《ほにゅう》類は、高濃度にＰＯＰｓを含《ふく》んだ餌《えさ》を日常的に口にしていることになる。

それだけでも問題だが、加えてＰＯＰｓが高濃度に吸着した海洋プラスチックを飲み込んでしまう機会が増えれば、より多くのＰＯＰｓが体内に蓄積されていく。

ＰＯＰｓが体内に高濃度に蓄積されると、免疫《めんえき》力が低下することがわかっている。その結果、感染症《しょう》にかかりやすくなったり、発がんや内分《ないぶん》泌《ぴつ》機能の異常（甲状腺《こうじょうせん》、副腎《ふくじん》、下垂体から成長ホルモンや性ホルモンを正常に分泌できなくなる）などにもつながる可能性が示されている。

実際に、国内でストランディングした海の哺乳類のうち、ＰＯＰｓが体内に高濃度に蓄積した個体では、健康な個体では通常かからないＹ感染症（日和見《ひよりみ》感染症）にかかっているものもいる。

とくに、子ども（幼体）のほうがＰＯＰｓの影響を強く受けやすい傾向《けいこう》がある。なぜなら、現在知られているＰＯＰｓのほとんどが脂《あぶら》に溶《と》けやすいため、海の哺乳類の場合、脂質《ししつ》の多い母乳を介して、母親から子へ大量にＰＯＰｓが移行するためと考えられている。極端《きょくたん》にいえば、毒の入った母乳を子どもに与えていることになる。

免疫システムが確立されていない幼体へ、大量の環境汚染物質が吸収されると、本来なら自分の免疫力で退治できる弱毒性の病原菌《きん》にも感染しやすくなり、死亡するリスクが増える。

⑤皮肉なことに、子どもに乳を与えれば与えるほど、母親に蓄積したＰＯＰｓ量は減るのである。調査中ではあるが、幼体が単独でストランディングする背景には、おそらくＰＯＰｓの何らかの影響があるのではないかと、私は思っている。

（中略）

海洋プラスチックの中でも、直径５ミリメートル以下のプラスチック（マイクロプラスチック）片の影響は、これまで見過ごされてきた。世界的に見ても、その分布域や材質、有害性などについての把握《はあく》が追いついていない。

しかし、私たちの調査では、国内でストランディングしたクジラやイルカから、直径５ミリメートル以下のプラスチックが発見された。（中略）

これまでＰＯＰｓは、前述したように食物連鎖を介して順次移行し、⑥食物連鎖のトップに君臨する海の哺乳類の体内に常に高値で存在していることは紹介《しょうかい》した。

しかし、海洋プラスチックからのＰＯＰｓが、生物の体内へ取り込まれる可能性があるというのはこれまで見落とされていた。

（中略）

海洋プラスチックは、ストランディングする海の哺乳類に限らず、他の生物の体内からも続々と発見されている。２０５０年には、海洋プラスチックの蓄積量が、魚の総量を上回るかもしれないという推計も報告されている。

それはすべて、私たち人間社会に責任がある。

現在、私たちは生活のあらゆる場面で、プラスチック製品を使用している。それにより、生活の利便性が高まり、快適な暮らしを送ることができているのは間違《まちが》いない。そんな人間社会の営みが、他の生物や環境を脅かす結果になっているとしたら、極論として、

「もう［　Ｚ　］ねえ」

と、周囲の研究者たちとよく話す。正直、そのくらい地球全体にとって大問題なのである。しかし、そうした問題の突破口《とっぱこう》を見つけ、他の生物と上手に共存できる明るい未来を切り開くことも、研究者の務めでもある。

（田島木綿子《たじまゆうこ》『海獣学者《かいじゅう》、クジラを解剖《かいぼう》する。海の哺乳類の死体が教えてくれること』〈山と溪谷社〉による）

問１　――部Ｘ「減少させたり」は、内容として、後のどの言葉につながっていきますか。その答えとしてふさわしいものを、次のア～エから一つ選び、記号で答えなさい。

ア　わき上がる　　イ　繁殖できる　　ウ　招き　　エ　脅かす

問２　――部Ｙ「ない」と、文法的に同じ「ない」をふくむ文を、次のア～エから一つ選び、記号で答えなさい。

ア　プラスチックがストランディングに関係しているのではない。
イ　排出された化学物質が大気汚染の原因であるのは間違いない。
ウ　海洋プラスチックの蓄積量が魚の総量を上回るかもしれない。
エ　人類が心がければ他の生物たちと共存することも難しくない。

問３　――部①「プラスチックごみ」について、次の⑴・⑵の問いに答えなさい。

⑴　「プラスチックごみ」が、海洋汚染によるストランディングに影響を与えているということは、どういう事実によって裏付けられつつあるのですか。その事実を述べた一文を、本文中から探し、その初めの十字をぬき出して答えなさい。

⑵　「プラスチックごみ」に問題のあることがわかっていても、私たちがプラスチックを使うことをやめられないのは、なぜだと考えられますか。その理由となる言葉を、本文中から連続する二つの文で探し、その初めの文の、初めの十字をぬき出して答えなさい。

問４　――部②「海洋プラスチック」とは、何がどうなったものですか。本文中の言葉を使って、四十五字以内で答えなさい。

問５　――部③「もう一つ、より深刻な問題をはらんでいる」とありますが、それはどういう問題ですか。その答えとしてふさわしいものを、次のア～エから一つ選び、記号で答えなさい。

ア　分解されにくく蓄積されやすいプラスチックが、長距離移動性を獲得《かくとく》することで、世界の全ての海にまん延してしまうという問題。
イ　汚染物質が食物連鎖を介して小さな生物から大きな生物へと移行し、クジラやイルカの体内にどんどん濃縮されていくという問題。

ウ　汚染物質が吸着し、濃縮したプラスチック片を生物が飲み込むことで、生物の体内に汚染物質が蓄積される可能性があるという問題。

エ　汚染物質は脂に溶けやすいため、プラスチック片を飲み込んだ母親から子へと、母乳を介して汚染物質が移行していくという問題。

問6　――部④「生態系や人の健康に影響を及ぼす」とありますが、具体的には、生物の何がどうなることにつながってしまうのですか。その答えとなる言葉を、本文中から十字以内で探し、ぬき出して答えなさい。

問7　――部⑤「皮肉なことに」とありますが、どういうことが皮肉なのですか。その答えとしてふさわしいものを、次のア～エから一つ選び、記号で答えなさい。

ア　強い生命力のある大人より、か弱い子どものほうがいつも犠牲《ぎせい》になってしまうこと。

イ　子どもを大切に育てる行為《こうい》が、母親の側が健康になることにしかなっていないこと。

ウ　親子で共に暮らしたいのに、子どもだけが単独でストランディングしてしまうこと。

エ　子どもに乳を与える愛情が、子どもを死に至らしめる行為にしかなっていないこと。

問8　――部⑥「食物連鎖のトップに君臨する海の哺乳類」の生存が脅かされていることは、海を含む地球全体の食物連鎖のトップに君臨する、私たち人類にとっても他人事《ひとごと》ではありません。そのことのきざしがうかがえる一文を、本文中から探し、その初めの十字をぬき出して答えなさい。

問9　[Z]にふさわしい言葉を、次のア～エから一つ選び、記号で答えなさい。

ア　私たち人類が絶滅《ぜつめつ》するしか解決法はない

イ　地球なんていっそ壊《こわ》れちゃえばいいんだよ

ウ　クジラやイルカには我慢《がまん》してもらうしかない

エ　プラスチックに代わるものを開発するしかない

問10　海洋プラスチックを減らすために、私たちは生活の中で、どういうことに取り組まないといけないのですか。本文の内容をふまえ、「プラスチック」という言葉を必ず使って、五十字以内で答えなさい。

三　次の文章を読んで、後の問いに答えなさい。

日課のようになっている夜の散歩道で、ちいさな空き地を見つけた。たまたまその晩目に留まったというだけで、いつからそこが空き地になっていたのかはよくわからないのだが、高い建物のあいだに[A]浮《う》かぶ紺色《こんいろ》の空白はきれいだった。しかし、ここには何があったんだっけ。しばし立ち止まって記憶《きおく》を手繰《たぐ》ると、そうだ個人経営の小料理屋があったのだと思い出す。友人の送別会などで数度利用したことがある。昨年(注・二〇二〇年)の春の緊急《きんきゅう》事態宣言のときに、臨時休業しますという貼《は》り紙があって、以来営業が再開されることはなく、その後徐々《じょじょ》に建物が朽《く》ちてゆくのを見ていた。なのに、①もう跡形《あとかた》もない。そのあっけなさにたじろぎながら、一枚だけ写真を撮《と》った。そういえばこの店で一緒《いっしょ》に飲んだ東京の友人とも、この一年でずいぶん疎遠《そえん》になった。仙台《せんだい》のまちなかに出来た四角い空き地がふと、もうひとつの空き地と重なる。

東日本大震災《だいしんさい》発災から三週間後、友人とふたりで、津波に襲《おそ》われたまちを訪ねた。報道などで、「壊滅《かいめつ》した」と語られたその場所には、それでもそこで暮らしを立て直そうとする人たちがいた。彼《かれ》らは水に浸《つ》かった部屋の泥《どろ》をぬぐい、空き箱や何かを代用した即席《そくせき》のテーブルを囲んで語りあう。街跡を歩き、大切な何かを探しながら、倒《たお》れているものがあれば［B］起こし、屋敷《やしき》跡を片付けて、ときに花を手向《たむ》ける。

わたしたちはよくそういう人たちの話を聞かせてもらった。ボランティアで力仕事を手伝いに来たはずなのに、それがまったくの不得手で、結局することがなかったのだ。現場に着いてから気づくという体《てい》たらくはさておき、②所在なさげにしている学生を見つけて放っておけない人たちが声をかけてくれる。あんだ、［C］こんなどごさ来たのに、かわいそうだ。そう言って食卓《しょくたく》やお茶飲みの席に招いてくれたり、片付けものの手を束《つか》の間止めて、立ち話で心境を語ってくれたりする。宮城や岩手の沿岸部で幾度《いくど》となく聞いた、「かわいそう」という言葉の持つやさしさは衝撃《しょうげき》的で、③わたしが育った東京のそれとはずいぶん異なった。彼らが他者を憐《あわ》れむときには、関係性上の段差はほとんど意識されない。当然のように目の前にいる者の境遇《きょうぐう》を測り、共感し、いまできることを提案する。おかげでわたしたちは、彼らの横にただ居させてもらえた。当時声をかけてくれたのが、たいがいおじいさんやおばあさんだったのは、実は彼ら自身も所在がなかったからのような気がしている。復旧、復興を押《お》し進める担《にな》い手とは見なされず、あの状況《じょうきょう》をじっと見守っていた人たち。

宮城県石巻市《いしのまき》では、大きく傾《かたむ》いた家でひとり片付けをしているおじいさんに出会った。水を吸って重そうな畳《たたみ》を移動しようとしていたので思わず声をかけたら、あんだらには持でねえ、と笑われた。いちおう挑戦《ちょうせん》してみたものの、［D］まったく力が足りない。しかたないのでボランティアセンターに連絡《れんらく》すると、すぐに屈強《くっきょう》なチームが来てくれて、あっという間に畳は片付けられた。帰り際《ぎわ》にボランティアさんのひとりが、この家は直せるんですか？と尋《たず》ねると、おじいさんは、もう壊《こわ》すしかないのさ、と答えた。そして、④じゃあなんのために？という素朴《そぼく》な問いかけには応じないという感じで、どうもな、と笑って彼らに手を振《ふ》った。その後、炊《た》き出しでまわってきた豚汁《とんじる》をもらい、縁側《えんがわ》で一緒に食べていると、おじいさんは、ここは母ちゃんがいた場所だからな、五十年以上もお世話になったんだもの、と教えてくれた。だからきれいにしてお礼しねばなんねえのさ。ちゃんとお別れしねばね、これがらを生きてはいげねえ。おじいさんの言葉に、⑤ああこういうことが必要だったのか、と腑《ふ》に落ちる。もう壊すしかない家だけれど、せめて別れを告げたいし、そのための時間を持ちたい。⑥そうしてきっと、次に進める。

その一ヶ月後、またおじいさんの家を訪ねた。相変わらず斜《なな》めに傾いてはいるけれど、中は壊れた家具たちがきれいに拭《ぬぐ》われ、並べ直されて、かつての生活が想起できるまでに整えられていた。軒下《のきした》には干されたゴム手袋《てぶくろ》が揺《ゆ》れていて、庭の片隅《かたすみ》の花壇《かだん》には植えたばかりの花が咲《さ》いている。毎日ここへ通い、コツコツ作業するおじいさんの姿が浮かぶ。きれいになりましたね、と声をかけると、部屋の奥《おく》にいたおじいさんが出てきて、引き出物で貰《もら》ったのであろうウサギの絵がついた鍋《なべ》のセットをくれた。

それから数ヶ月後に再訪すると、おじいさんの家はすっかり更地《さらち》になっていた。まるでそこには何もなかったかのようにのっぺりと平らになった地面を見て、わたしはとてもさみしくなった。そこへ、おじいさんが自転車に乗って現れる。息子《むすこ》の家さ住むごどになったのさ、と［E］様子で言って、ちゃんときれいになってよがっだなあ、と更地を見つめてほほえむ。無事におじいさんの日常が次の場所へと移されたことが伝わってきて、はい、とわたしも頷《うなず》いた。

ここにいた人たちもおじいさんのようにちゃんとお別れができたのだろうか、と暗闇《くらやみ》に浮かぶ出来立ての空き地を前にして思う。突然《とつぜん》はじまったふつうじゃない日々に店を失って、先行きの見えなさに焦《あせ》りながら、いまも生活をつなぐのに必死かもしれないけれど。被災《ひさい》地域で壊れた家々の撤去《てっきょ》が進み、あちこちに屋敷跡の四角い空き地が出来た頃《ころ》、家を失った人びとが、その最後がどのようであったかを口々に語っていたのを思い出す。もちろんお別れができた人もそうでない人もいたけれど、見送りができた、別れの時間が持てたという実感は、多くの人びとにとって大切なものとなり、その後の生活を支えてきたように思う。

⑦この一年あまりで、世界中に無数の空き地が出来た。かつてそこにあった営みと、混乱のさなかで迎《むか》えざるを得なかったはずの別れの時間を、ひとつひとつ想像したい。

【瀬尾夏美《せおなつみ》「おじいさんの空き地」
（『ベスト・エッセイ2022』〈光村図書出版〉所収）による】

問1　［A］～［D］にふさわしい言葉を、次のア～エから一つずつ選び、記号で答えなさい。

ア　そっと　　イ　やはり　　ウ　ぽっかりと　　エ　わざわざ

問2　——部①「もう跡形もない。そのあっけなさにたじろぎながら、一枚だけ写真を撮った」とありますが、この時の筆者の気持ちと、ほぼ重なる気持ちを表した言葉を、この——部①より後の本文中から一文で探し、その初めの十字をぬき出して答えなさい。

問3　——部②「所在なさげにしている」とは、筆者たちも結局、どうしていたということにすぎないのですか。その答えとなる言葉を、「ということ。」に続くように、本文中から四十字以内で探し、その初めと終わりの五字をぬき出して答えなさい。

問4　——部③「わたしが育った東京のそれとはずいぶん異なった」とありますが、東京の人とその人たちとの違《ちが》いとは、どういうことでしたか。その答えとしてふさわしいものを、次のア～エから一つ選び、記号で答えなさい。

ア　東京の人は、自分にとって得にならない人助けなどしないが、その人たちは、目先の損得感情に左右されることなく、関わりを持った全ての人を助けたいと思っているということ。

イ　東京の人は、日々の生活に忙《いそが》しく、困っている人を見ても同情の気持ちを持つゆとりがないが、その人たちは、慈愛《じあい》にあふれており、人を助けたいと常に思っているということ。

ウ　東京の人は、助けてあげられないのなら同情しても意味がないと考えるが、その人たちは、助けにならないとしても、やさしさを向けることで支えになりたいと考えるということ。

エ　東京の人は、自分に縁もゆかりもない人を助けようなどとふつう思わないが、その人たちは、見ず知らずの人に対しても仲間として受け入れ、思いやりをかけてくれるということ。

問5　——部④「じゃあなんのために」の後に省略された言葉を、本文の内容に合うように、十五字以内で考えて答えなさい。

問6　――部⑤「ああこういうことが必要だったのか」とありますが、「こういうこと」とは、何ですか。その答えとなる言葉を、本文中から二十五字以内で探し、ぬき出して答えなさい。

問7　――部⑥「そうしてきっと、次に進める」とありますが、次に進むこととは、何がどうなるということですか。その答えとなる言葉を、「ということ。」に続くように、本文中の言葉を使って、二十字以内で答えなさい。

問8　[E]にふさわしい言葉を、次のア～エから一つ選び、記号で答えなさい。

ア　しれっとした　　イ　ケロッとした
ウ　しんみりした　　エ　スカッとした

問9　――部⑦「この一年あまりで、世界中に無数の空き地が出来た」とありますが、緊急事態宣言以降にできた空き地に対して、被災地での体験を経た筆者は、どういうことを問いかけるようになりましたか。その答えとなる言葉を、「ということ。」に続くように、本文中の言葉を使って、八十字以内で答えなさい。

逗子開成中学校(第一回)

—50分—

注意　1　字数制限のある問題では、句読点やかっこ、その他の記号も一字として数えます。
　2　問題文には、設問の都合で、文字・送りがななど、表現を改めたり、省略したところがあります。

□一　次の各問に答えなさい。

問一　次の①～⑮の各文の——線部のカタカナを漢字で書き、——線部の漢字の読み方をひらがなで書きなさい。

① 風の音に秋のケハイを感じた。
② 環境問題はシンコクな状況だ。
③ アットウ的な強さで優勝した。
④ チーム一丸となってダンケツする。
⑤ 侵略の動きに対しケイカイを強める。
⑥ 王の命令にフクジュウする。
⑦ ビミョウな雲の動きを観察する。
⑧ ドクトクなアイデアを持つリーダーだ。
⑨ 証券会社でカブを買う。
⑩ 他人の失敗をセめるな。
⑪ 仲介役を買って出る。
⑫ 運転を自動的に制御するシステム。
⑬ 和やかな空気に包まれた。
⑭ 危険を冒しつつも溺れている子供を救った。
⑮ 卑劣な行いに憤りを感じる。

問二　次の①～⑤の各文でそれぞれ言い表していることわざとして最も適切なものを、後の選択肢ア～カから一つずつ選び、答えなさい。また、そのことわざの(　)に入る適切な漢字一字をそれぞれ書きなさい。

① 同じアパートに住む響子《きょうこ》さんが好きだ！　……でも僕なんて相手にしてくれないだろうな……。
② うちの会社の経営が危ないという噂《うわさ》を聞いて、本当に驚いたよ。
③ 生徒たちに、お前達は才能があるぞとほめて俳句コンテストにチャレンジするよう励ましたのに、一人も応募してこなかった。
④ ついにボクシング世界チャンピオンとの試合が決まった！　自分が新チャンピオンになること間違いなしだ。そうすればテレビのインタビューを受ける機会も増えるだろう。トークの技術を磨いておかねば……。
⑤ もともとお酒は飲めない父のもとに、お中元としてビール一ダースが届けられた。

ア　(　)吹けど踊らず　　イ　寝耳に(　)
ウ　取らぬ狸《たぬき》の(　)算用　　エ　火のない所に(　)は立たぬ
オ　無用の(　)物　　カ　高嶺の(　)

□二　次の文章は、伝統的文化が残されていたインドの辺境の町ラダックに魅了された西洋人である筆者が、近代的な西洋文化の流入により変化していく町の様子を目の当たりにし、思いを述べたものである。これを読んで、後の各問に答えなさい。なお、文章は設問の都合で省略したところがある。

西洋人が非西洋文化を、現存する社会ではなく理想の社会と比べたあげく、非西洋文化は劣るものだと決めつけるのを、私はこれまで何度も見てきた。たとえば人類学者たちは、伝統的なラダックにおける階級の不平等と、理想である完全な平等とを比べる。彼らの属する西洋社会での貧富の差が、ラダックのそれよりずっと大きいことは忘れている。西洋人はまた、無意識に、伝統社会と「開発」によって約束されている理想的な社会とを比べ、現に「開発」が世界中の社会で引き起こしてきた問題を無視している。

ヨーロッパや北アメリカで私が講演すると、人はよく同じような質問をする。屈託《くったく》のない、はち切れんばかりのラダックの人たちの笑顔、伝統美術、建築、風景の美しさ、それと対照的に近代化されたところでの、ひどく寒々としたありさまや精神的な貧しさの写真を見た後で、人びとはこう言う。「どうしてラダックの人たちは、伝統的な生活を放棄しようとするのでしょうか？　彼らは変化を求めているに違いありませんよ。彼らの伝統文化には何か欠陥があって、それが彼らに伝統的な社会を捨てさせようとするのです。昔の暮らしが、そんなに素晴らしかったはずがありません」


〈中略〉

もしラダックをこれから開発しようとするなら、ここの住民にいかにして欲望を抱かせるかという問題を解かなければならない。それ以外に動機づけることは不可能である。

――ラダック開発官　一九八一年

はじめて私がラダックにやってきたころ、人びとの欲望のなさに驚かされた。開発官の見解にもあるように、人びとは単なる利益のために、とりわけ余暇や楽しみを犠牲にすることには関心がなかった。当時、いくらお金を出すといっても人びとが交換に応じないので、旅行客は困惑していた。［　a　］、数年後には、「開発」を経験した結果として、金儲《もう》けに熱中するようになった。新しい欲求がつくられたのである。

開発の使者としての観光客、広告、映画は、ラダックの人びとの伝統的なやり方は時代遅れで、近代科学の助けを借りれば、天然資源を利用してもっと多くの生産が可能になる、と暗に語りかけていた。開発は不満と貪欲《どんよく》さを刺激し、一〇〇〇年以上にわたって人びとの要求を満たしてきた経済を破壊する。ラダックの人びとは伝統的に、身近で得られる資源を驚くような知恵と技術によって利用し、快適でうらやましいほど安全な生活を実現していた。自分たちの持っているもので満たされていた。①だが今では、持っているものだけでは十分とは言えなくなった。

開発の波がラダックに押し寄せてから十六年ぐらいのあいだに、貧富の差は拡大し、女性は自信と力を失った。失業とインフレが出現し、犯罪が激増し、さまざまな経済的、心理的要因に刺激されたために、人口は急増した。家族や共同体の絆《きずな》が緩《ゆる》み、自給自足から徐々に外部の世界に依存する経済に変わるにつれ、人びとは土地から切り離されてきた。
②*1真鍮《しんちゅう》の壺《つぼ》がピンク色のプラスチックのバケツに代り、現代風の安物の靴が好まれ、ヤク*2の毛の靴が捨てられるのを見て、私は当初恐ろしさに似た思いを感じた。［　b　］自分の美的な好みを押しつける権利はないし、人にあれがいい、これがいいという権利もないことにすぐ気がついた。近代世界の侵入は醜《みにく》く、好ましくないかもしれないが、たしかに物質的な利益をもたらした。私は数年を経て、やっとこれら個別の事

柄をひとつにつなぎ合わせ、ラダックの文化の構造的な解体という過程の側面として見るようになった。新しい靴、コンクリート製の住宅などが増加するといった日常の小さな変化を、経済への依存や伝統文化の拒否、環境の劣化を、開発全体の一部分としてとらえるようになった。

こうした関係がますます明らかになるにつれ、私は「開発」に疑問を抱くようになった。この計画的に実行される変化は、技術進歩と経済成長を通じて生活水準を引き上げることになったが、生活をよくした部分よりは悪くしたことのほうが多いように思える。欲望をつくり出すことが、この大きな変化の重要な部分であることに気づいた。世界のほかの地域と同じように、ラダックの開発も大規模で構造的な社会改造を要求する。その前提条件として、舗装《ほそう》道路や西洋式の病院、学校、ラジオ放送局、飛行場、そしてもっとも重要な発電所などの社会基盤施設に対し、莫大《ばくだい》な投資を連続的に行う必要がある。これらはすべて途方もない支出となるばかりでなく、大量の労働力の投下と管理をともなう。こうしたたいへんな努力によって、③既存《きそん》のものが改善されたかどうかが問われることは、どの段階においても見られない。それはまるで、開発の前のラダックには社会的な基盤がまったく存在せず、ゼロから出発したというに等しい。医療も教育もなく、通信手段もなく、交通も交易《こうえき》もないというようなものである。網目状に入り組んだ道路や小径《みち》や交易路、[c]広大に発達した灌漑《かんがい》水路網は、一〇〇〇年以上も維持されてきた。これらの生きて機能している文化や経済システムなどの表*3徴《ひょうちょう》は、まるで存在していないような扱いを受けてきた。ラダックは西洋の手本であるアスファルトとコンクリートと鉄によって、造り変えられているのである。

ラダックは、今日までほとんど完全な形で生きつづけてきた最後の自給経済社会のひとつとして、開発の全体の過程を観察できる、またとない場である。近代世界との衝突は、特に急激であった。[d]今体験している変化は特異なものでもなんでもない。本質的に同じ過程が、世界の隅々まで影響をおよぼしている。

（ヘレナ・ノーバーグ＝ホッジ『懐かしい未来——ラダックから学ぶ』〈ヤマケイ文庫〉）

注　＊1　真鍮……楽器や仏具に使用される合金。
＊2　ヤク……チベット高原を中心に生息するウシ科の動物。
＊3　表徴……外部にあらわれたしるし。

問一　本文中の[a]～[d]について、次の(i)・(ii)の各問に答えなさい。

(i)　この四つの空欄の中で、一つだけ他と異なる言葉が入る空欄がある。それを一つ選び、記号で答えなさい。

(ii)　また、(i)で選んだ空欄に入る言葉として最も適切なものを、次の選択肢ア～エから一つ選び、記号で答えなさい。

ア　やはり　　イ　しかし　　ウ　つまり　　エ　そして

問二　本文中には「開発」と、カギカッコ（「　」）をつけて開発を表記している箇所がいくつかあるが、この表記の仕方には筆者のどのような意図が込められているか。それについて表している言葉として最も適切なものを、次の選択肢ア～エから一つ選び、記号で答えなさい。

ア　断定　　イ　無視　　ウ　賛同　　エ　皮肉

問三　——線部①「今では、持っているものだけでは十分とは言えなくなった」とあるが、ラダックの人びとがこのようになったのはなぜか。

本文中の言葉を用いて、三十字以内で簡潔に説明しなさい。

問四　――線部②「真鍮の壺がピンク色のプラスチックのバケツに代り、現代風の安物の靴が好まれ、ヤクの毛の靴が捨てられるのを見て、私は当初恐ろしさに似た思いを感じた」とあるが、筆者がこのように感じたのはなぜか。説明しなさい。

問五　――線部③「既存のものが改善されたかどうかが問われることは、どの段階においても見られない」とあるが、開発者たちが自らの開発がラダックに改善をもたらしたのかどうか検証することがない理由について説明しているものとして、最も適切なものを次の選択肢ア～エから一つ選び、記号で答えなさい。

ア　西洋人は自らの文化が優れていると信じこみ非西洋文化の価値を否定しているため、開発が状況を悪化させたなど夢にも思っていないので、検証の必要性など全く感じていないから。

イ　西洋人にとっては開発にともなう自分たちの利益だけが問題なのであり、開発が発展をもたらしたかなど実はどうでもいいことなので、検証について全く関心を持とうとしないから。

ウ　西洋人は開発が逆にラダックの状況を悪化させたことに気づいているため、検証することを避け、非西洋文明の価値をことさら否定することで自分たちの罪を隠そうとしているから。

エ　西洋人は自分たちの文化を広めることで世界中に多大な影響力をもつことを重要視しており、非西洋文明の犠牲はやむをえないものと考え、検証の必要性について無視しているから。

問六　本文の内容に合っているものを次の選択肢ア～エから一つ選び、記号で答えなさい。

ア　階級社会に生きるラダックの人々はもともと体制の不平等性への不満と旧文化に対する疑念が心の底に根づいており、それが西洋文化を積極的に受け入れる基盤となった。

イ　従来の伝統的な生活技術を維持したうえでさらに西洋近代科学技術が加われば多くの利益が生まれるとする思想は、ラダックの人々を開発へと駆《か》り立てる原動力になった。

ウ　開発を否定的なものと断定せず、伝統的文化が失われていくことに感傷的な気持ちをはさむことなく、現地で生きていく人々にとって何が大切かを考える必要がある。

エ　近代化の波が押し寄せてからは、人々の生活レベルが逆に下がってしまったうえに経済格差が発生し、地域以外の様々な機構と連携していく体制に組み込まれていった。

問七　筆者がラダックでの生活をもとに描いたこの作品は『懐かしい未来』という題名だが、この題名から、筆者は私たち読者に対してどのようなことを訴えていると考えられるか。その説明として最も適切なものを、次の選択肢ア～エから一つ選び、記号で答えなさい。

ア　古いラダックの伝統文化は、逆に近代文明の問題点を改め私たちが新しい未来をつくるヒントになりうるということ。

イ　古い伝統文化を改善し、近代文明を採り入れていくラダックの姿は、未来を作る上での理想的な例になるということ。

ウ　近代文明の流れの中で未来を生きる私たちにとって、ラダックの古い伝統文化は良き思い出になりつつあるということ。

エ　近代文明によってラダックの古き良き伝統文化が破壊された悲劇は、未来まで私たちが語り継ぐ必要があるということ。

三　次の文章を読んで、後の各問に答えなさい。なお、文章は設問の都合で省略したところがある。

> 関ヶ原の合戦で豊臣家の恩に報いるという正義のため徳川家康と戦い、敗れた石田三成（治部少輔《じぶのしょう》）は病の身ながら逃げ落ち、以前自分が領主を務め、冷害の際に租税を取らず百石の米を与えて救った古橋村に流れ着き、三珠院という寺に身を隠した。しかし、すでにこの付近にも徳川方より「三成をかくまう者がいたら一村ごと処刑する」とのおふれが回っていた。本文は、三成と寺の老僧の善説との会話から始まる。

「なにごとも、ご運でござりまする」

「運ではない。おれは左様《さよう》なものは信ぜぬ」

「では？」

何を信ずるのか、と老僧は炉の上の鍋の加減を見つつ、思った。

「義をのみ、信じている。*1孔子は仁を説き、*2孟子は末世なるがゆえに義を説いた。義のみが、世を立て乱をふせぐ道であると説いた。義は不義に勝ち、義のあるところかならず栄える、と説いた。しかし、このたびの戦いは逆である」

「逆で」

「左様、不義が勝った」

三成はやがて腕を脇腹から落とし、おしつぶされたような姿勢でねむった。

（どうするか）

老僧は、鍋越しに三成の寝姿を見、息を忘れたようにして思案した。

訴え出るか、かくまうか、である。

が、老僧はやがて立ち、三成のからだに法衣をかぶせてやった。

（災難だと思おう）

老僧は、運の信者である。三成がこの寺に逃げこんできたのは、老僧にとって悪運であった。善悪ともに運命には人間はさからえない、と老僧の属している仏法は教えている。さからえぬ以上*3甘受《かんじゅ》せよ、と仏法は言う。なにごとも*4業《ごう》であり、因果《いんが》である。業も因果も人力ではいかんともしがたく、すでに人のすべての運命は前世できまっている。

（前世で、わしはそれほどの悪をしたのか）

老僧は、三成の足もとで折れくずれた。ふたたびうまれかわるという来世こそこのようなことがあってはならない。その来世での幸《よ》き運をつくるために、いま宿業《しゅくごう》のたねを蒔《ま》いておくべきであった。三成を、せめてかれの健康が回復するまでかくまおうと思った。

二日経った。

おそるべきことがおこった。誰が見たのかこの三珠院にゆゆしき落ち武者がかくまわれていることが、村中の話題になった。

「治部少輔さまであるらしい」

と、人々は察し、ささやきあったが、ただこの災難を怖《おそ》れるのみで訴《そ》人《にん》して出ようという者はない。三成から蒙《こうむ》った百石の恩が、まだ記憶になまなましかったからである。

ここに、与次郎大夫という者がいる。土地の大百姓で、三成がかつてこの村を巡視したとき、

——そちが、与次郎大夫か。

とひとことだけ、声をかけた男であった。このことに感激し、三成に

対して格別な感情を抱いている。与次郎大夫は、村と三成を、同時に救おうとした。

　まず妻を離別し、子供ともども実家にかえらせた。連座の災難からまぬがれさせるためであった。その上で三珠院をおとずれ、僧善説に申し出た。

「寺は、人の出入りが多うございます」

　かといって村のなかの自分の屋敷でかくまうと、*5露顕《ろけん》したときに村の迷惑になる。与次郎大夫の思案では、村里からやや離れた山中の岩窟《がんくつ》に三成を移し、そこで病いを養わせることであった。露顕した場合の罪は、自分ひとりがひきうけるという。

　老僧は、吻《ほっ》とした。与次郎大夫の[a]申し出をほめ、

「*6往生《おうじょう》のあとは極楽にゆけるだろう」

　といった。〈中略〉

　三成は、この村から二山ばかり奥に入った与次郎大夫の持ち山に移り、山中の窟《いわや》を居《きょ》にした。与次郎大夫は、三成の看病に専念した。

（世には、ふしぎな人間もいる）

　と、三成は、この百姓の甲斐甲斐《かいがい》しさを見るにつけ、いま一つの人の世を知る思いがした。三成は、与次郎大夫の社会にはいない。少年のころに秀吉に見出されたあと、権力社会に生きてきた。二十代以後はその社会のなかでももっとも中核の、いわば権力の梃子《てこ》をにぎり、諸大名の*7生殺与奪《せいさつよだつ》をさえ自由にするほどの位置で世を送ってきた。

（義というものは、あの社会にはない）

　関ヶ原の合戦なかばにして三成はようやくそのことを知った。利があるだけである。人は利のみで動き、利がより多い場合は、豊臣家の恩義を古わらじのように捨てた。*8小早川秀秋などはその最たるものであろう。権力社会には、所詮《しょせん》は義がない。

（孟子は、誤っている）

　と、三成はおもった。孟子は列強のあいだを周遊し、諸侯に会い、義を説いた。義こそ国家、社会、そして文明の秩序の核心であると説いた。三成は孟子を読み、豊臣家の*9家宰《かさい》として豊臣家の秩序をたもつ道は孟子の義であるという信念を得たが、①なんとそれは空論であったことであろう。

（いや、孟子を恨むことはない）

　とも思う。孟子もまた争乱の世に生き、権力社会にはそういう観念や情緒が皆無であることを知り、みずから空論であると気づきつつも②無いものねだりをして歩いたのであろう。

（しかし人間には義の情緒はある）

　そこに、与次郎大夫がいる。

　痩《や》せた、顔色のわるい、貧相な中年の百姓である。この取り柄《え》もなさそうな男が、死と一家の滅亡を賭けて三成をかくまい、このように看病してくれている。〈中略〉

「与次郎大夫、すまぬ」

　と、三成がいったとき、この百姓は、あのとき百石を頂戴《ちょうだい》つかまつらねば村の者はみな飢え死んだでございましょう。その御恩がえしでありまするゆえ、左様な[b]お言葉をかけられますな、と泣くようにいうのである。

（この可愛らしさ。おれの居た社会には、それがない）

と、三成は思った。三成でさえそうであった。口では義を唱えながら、実際には西軍に参加する諸侯に利を啖《くら》わせ、*10巨封《きょほう》を約束することによって味方につけようとした。

(しかも)

ここに不安がある。もし関ヶ原に三成が勝った場合、③そのあとどの程度自分が潔いか、自分に自信がない。石田幕府をつくることはないにしても、鎌倉幕府における北条執権政権ほどのものはつくりあげたであろう。〈中略〉

(すべてが、利さ)

自分は利に敗れた。と思ったとき、ほとんど叫びたいほどの衝動で、

④(それにくらべ、おまえの心はどうなっているのだ)

と、三成は与次郎大夫に問いかけたい思いであった。

岩窟のなかで、ようやく体が癒《い》えた。二日目に与次郎大夫は村に帰り、噂をかきあつめて夕刻もどってきた。

隣村まで知れているという。隣村は三成の旧領ではなかった。

隣村には、捜索隊の宿所がある。かれらがここへ押しよせるのは時間の問題であろうと与次郎大夫はいった。

「お遁《に》げあそばせ」

と、この百姓は三成を叱咤《しった》した。三成は動かなかった。

⑤「そのほうの義を、義で返したい」

と、三成はいった。いまここで遁げれば与次郎大夫は処刑されるであろう。

(司馬遼太郎『関ヶ原』〈新潮文庫〉)

注　*1　孔子　*2　孟子……ともに古代中国の思想家。戦乱の世で、仁義(思いやり、悪を恥じる道徳)の重要性を説いた。

*3　甘受……仕方がないものとして受け入れること。

*4　業……前世(この世に生まれる以前の人生)の行いの報い。

*5　露顕……隠していたことがあきらかになること。

*6　往生……この世を去ること。

*7　生殺与奪……対象を生かしたり殺したり、どのようにでも思うままにすること。

*8　小早川秀秋……関ヶ原の戦いで裏切り行為を働き、豊臣軍敗北のきっかけを作った人物。

*9　家宰……家の仕事を家長になりかわって務める人。

*10　巨封……巨大なほうび。

問一　本文中の[a]・[b]に入る言葉として最も適切なものを次の選択肢ア～エからそれぞれ一つずつ選び、記号で答えなさい。

[a]……　ア　けなげな　イ　もっともな　ウ　ほがらかな　エ　おだやかな

[b]……　ア　面目《めんぼく》ない　イ　元も子もない　ウ　さりげない　エ　もったいない

問二　本文中に登場する老僧についての説明として最も適切なものを次の選択肢ア～エから一つ選び、記号で答えなさい。

ア　三成を助けることで自身に迫る死の危険におびえるも、仏の教えを思い命がけで三成を守る覚悟を決めたが、与次郎大夫の申し出を聞き、命が助かったと素直に喜んでいる。

イ　三成をかくまうことで自身に危険が及ぶ恐怖と来世に報いを受け

る恐怖との板挟《いたばさ》みに苦しんでいたが、与次郎大夫の申し出によりそれらが解消され、胸をなで下ろしている。

ウ　三成が回復するまではかくまうが、その後は徳川方に引き渡すのもやむをえないと考えていた矢先、与次郎大夫の申し出を受け、嫌な役回りをせずにすみ嬉しく思っている。

エ　来世に自分が受ける報いを恐れ、しぶしぶ三成を助けざるをえないと思っていたが、与次郎大夫の申し出を聞き自分を恥ずかしく思い、与次郎の勇気に心から感動している。

問三　――線部①「なんとそれは空論であったことであろう」とあるが、三成がこのように考えたのは、人々のどのような姿を見たからか。それについて最も具体的に述べている一文をこの――線部より前から探し、最初の五字を抜き出して答えなさい。

問四　――線部②「無いものねだりをして歩いたのであろう」とあるが、三成は孟子についてどのように考えていたのか。その説明として最も適切なものを次の選択肢ア～エから一つ選び、記号で答えなさい。

ア　権力に生きる者に義を説くことは虚《むな》しいと知りつつも、不可能を可能にすべく挑戦することが大切だったのだと考えている。

イ　権力に生きる者に義を説くことは無意味だと知りつつも、信念を捨てきれずかたくなにすがりついたのだと考えている。

ウ　権力に生きる者に義を説くことはつらいと思いつつも、厳しい試練を経て自己の成長につなげようとしたのだと考えている。

エ　権力に生きる者に義を説くことは困難だと思いつつも、夢はきっとかなうと信じて疑わなかったのだと考えている。

問五　――線部③「そのあとどの程度自分が潔いか、自分に自信がない」とあるが、どういうことか。その説明として最も適切なものを次の選択肢ア～エから一つ選び、記号で答えなさい。

ア　戦に勝利し自分がすべてを決定できる立場になった瞬間、あさましい欲望にとらわれてしまい、自身が権力者の座にしがみつこうとしたのではないかと考えている。

イ　戦に勝利した後に利益の分配が問題になるが、諸大名の不満が出ないように、個人的な好き嫌いにとらわれず公平にとりしきることはできなかったのではと考えている。

ウ　戦に勝利した後は自分が最高権力者となるが、自身にはその実力に乏しいことを痛感しているので、結局は尻込みして身を引くことになったのではないかと考えている。

エ　戦に勝利した後は、諸大名が重んずる考え方に沿って政治を行わなければならないが、結局は自分が信じてきた孟子の教えを強制したのではないかと考えている。

問六　――線部④「それにくらべ、おまえの心はどうなっているのだ」とあるが、この言葉から読み取れる三成の心情についてわかりやすく説明しなさい。

問七　――線部⑤「そのほうの義を、義で返したい」と三成は言ったが、このように三成が決意するに至ったのはなぜか。三成自身が関ヶ原の合戦を戦った理由を踏まえて説明しなさい。ただし、「利」という言葉を必ず用いること。

聖光学院中学校（第一回）

—60分—

［注意］字数指定のある問題では、句読点やカッコなども字数に含《ふく》みます。

一　次の①～⑤の文の――線部のカタカナを、それぞれ漢字に直しなさい。

① 夜の上野駅のホームには、ケイテキが鳴り響《ひび》いていた。
② 寂《さび》しげな自分の姿が、寝台《しんだい》特急のシャソウに映っている。
③ この海峡《かいきょう》のエンガン付近は、カモメの繁殖地《はんしょくち》として知られている。
④ その女性は、ヒツウな表情を浮《う》かべながら桟橋《さんばし》で船を待っていた。
⑤ 私はひとり、雪が降り積もるゲンカンの大地を旅する。

二　次の①～⑤の文の～～線部は、（　）内の意味を表す言葉です。例にならって、□にあてはまる言葉をひらがなで答えなさい。ただし、□には［　］内の文字数のひらがなが入ります。

例	時間がないので話のさ□だけでも聞かせてください。（中心となる部分）［二］　→〈答〉わり

① 窮地《きゅうち》に陥《おちい》った彼《かれ》は、こ□な手段を用いて難を逃《のが》れた。（一時しのぎの）［二］
② 彼は私のき□に触《ふ》れる、熱のこもった演技をした。（心を打つ）［三］
③ 文章の一部をか□する。（やむをえず省略する）［三］
④ 集まった人を見回して、お□に立ち上がった。（ゆっくりと）［三］
⑤ 部下が作成したお□な書類の件で注意する。（その場しのぎでいい加減な）［三］

三　次の文章は、冬森灯《ふゆもりとも》の『すきだらけのビストロ　うつくしき一皿』の一節である。「山吹《やまぶき》くん」（「僕《ぼく》」）と「織絵《おりえ》さん」は二人で美術館を訪《おとず》れたが、目当ての絵を見ることができなかった織絵さんは落ち込《こ》んでしまった。そのため、「僕」は指輪を渡《わた》してプロポーズをするタイミングをつかめずにいた。二人は、美術館からの帰り道に織絵さんが見つけた風変わりなレストランに入ることにした。問題文は、そのあとの場面である。これを読んで、あとの問いに答えなさい。

変わった店だという印象は、サーカステントの中をのぞき込《こ》むと、いっそう強くなった。

ここは本当に野外のテントなんだろうか、プチホテルの一室とか映画のセットではなく？

イルミネーションの光る入口から一歩足を踏《ふ》み入れると、ふかふかした絨毯《じゅうたん》に驚《おどろ》いた。靴《くつ》のまま踏むのが申し訳ないような毛足の長い濃紺《のうこん》の絨毯には、花かご模様が織られている。室内に並ぶ棚《たな》や椅子《いす》は見るからにアンティークだ。よく手入れされ、どれもはちみつをかけたようにつやつやしている。テントを支える中央のポールにはシャンデリアがきらめき、ところどころに置かれたスタンドライトや大小のランタンが、室内をあたたかく照らしている。円筒形《えんとうけい》のストーブには青い炎《ほのお》がゆらめき、その横にある深い緑色のヴェルヴェットのソファで、織絵《おりえ》さんはすっかりくつろいでいた。

とりわけ目を惹《ひ》くのは、一枚の絵画だ。

クラシカルな猫脚《ねこあし》の棚の上で、ぱっと目を惹く赤が、どんな照明よりも、部屋を明るくしていた。織絵さんはうっとりと絵を見つめていた。

描《えが》かれているのは、赤い室内に佇《たたず》むふたりの音楽家らしき女性たちだ。ひとりは小型のギターを、もうひとりは楽譜《がくふ》を手にしている。傍《かたわ》らのテーブルには花や果物、菓子《かし》が置かれ、赤い背景には葉や花のような線と、アーチ模様が装飾《そうしょく》的に描かれている。

コートを掛《か》け、①少し迷いながら、小箱を鞄《かばん》の中へ滑《すべ》らせた。

ほどなく＊1ギャルソンがやってきて、僕《ぼく》たちは白いクロスに覆《おお》われた楕《だ》円形《えんけい》のテーブルに着いた。

「旬《しゅん》のフルーツシャンパンです。洋梨の風味をお楽しみください」

織絵さんが頼《たの》んでくれていたらしい。金色のシャンパンの中、三日月のような洋梨が、ほの白い肌《はだ》に泡《あわ》をまとってきらめいている。グラスに鼻を近づけた織絵さんが、いい香り、と呟《つぶや》いた。

続いて並べられた皿には、どれから手をつけようか迷うほど、前菜が盛り付けられていた。

「左から、ゴボウのポタージュ、秋ナスのベニエ、芽キャベツとブロッコリーのソテー、ホウレンソウとくるみのキッシュ、サーモンのテリーヌです。ごゆっくりお召《め》しあがりください」

ほどよく色付いたバゲットがふたりの間に置かれるのをじりじりと待ち、僕たちは乾杯《かんぱい》した。

洋梨とシャンパンを一緒《いっしょ》に口に含《ふく》むと、洋梨特有の魅惑《みわく》的な香りがシャンパンの華《はな》やかさと重なり合って、極上《ごくじょう》の香水《こうすい》のように薫《かお》った。

デミタスカップに入ったポタージュには、カリカリに揚《あ》げたゴボウの薄切《うすぎ》りが添《そ》えられ、まろやかなゴボウの滋味《じみ》があふれた。ニンニクと唐《とう》辛子《がらし》が利《き》いた芽キャベツとブロッコリーは、歯応えもよく食欲をそそる。薄い衣《ころも》のついた揚げナスは、表面はさっくり、中はとろりとして、スパイスの利いた塩で食べると異国の味がした。あたたかなキッシュからはほのかにチーズの香りが立ちのぼり、ホウレンソウの甘《あま》みとくるみの歯ざわりが、絶妙《ぜつみょう》なバランスで口を満たした。イクラを添えたサーモンのテリーヌもいい。淡《あわ》いオレンジ色のテリーヌは口の中でふわふわとほどけ、ぷちっと弾《はじ》けるイクラの食感も楽しい。

「おいしいね」

「うん、おいしい」

その言葉以外思い付かず、僕と織絵さんは、ひとことだけで会話した。この一皿で十分に満足しそうなほど魅入《みい》られて、言葉を忘れた僕たちは、料理を夢中で口に運んだ。

「おいしい食べ物飲み物に、すてきな作品。最高だね」

織絵さんは、さっきの落ち込みぶりが想像できないほど上機嫌《じょうきげん》になり、食事の合間も、棚の上の絵をたびたび観《み》ていた。あの絵がよほど気に入ったらしい。

「山吹《やまぶき》くんはどう？」

絵のことだと気づくまで、時間がかかった。

「いい絵だね」

「それだけ？　さっきはあんなにいろいろ話してたのに」

織絵さんは口を尖《とが》らせるようにして、先を促《うなが》してくる。仕方なく視線を絵に移したが、話せることなんて思い浮《う》かばない。この絵について調べようがないからだ。美術館と違《ちが》って、作品名も画家もわからない。よく見ればどこかにサインがあるのかもしれないが、ここからは見えなかった。織絵さんにそんなつもりはないのだろうが、②試《ため》されているようで、手のひらにじっとりと汗《あせ》がにじむ。

黙《だま》りこくる僕を、織絵さんがいぶかしげに見た。

もしかすると彼女《かのじょ》は、気づいているのだろうか。僕が虚勢《きょせい》を張っていることを。もし気づいているのだとしたら、さっさと謝《あやま》ってしまった方がよいだろうか。A取り繕《つくろ》う余地はあるだろうか。

言うべきか。言わざるべきか。

こめかみのあたりから、汗がつうと流れ落ちる。

「もしかして、山吹くんて、美術を」

「ごめん！　わからないんだ」

間髪《かんはつ》を容《い》れず僕は頭を下げた。

今日は記念日なんかじゃなく、忘れたくても忘れられない、悲しい日になるのかもしれない。

「わからないんだ、絵のことなんて。美術館で話したのは、あの場で必死に調べたこと。ごめん。本当はなにもわからないんだ」

③織絵さんは、瞳《ひとみ》をゆらして、視線を落とした。

＊

④「おや、なにかお口に合いませんでしたか？」

テントの入口から、ギャルソンがするりと入ってきた。すっかり空になった皿を片付けてテーブルを整えると、小さく咳払《せきばら》いする。

「お待たせいたしました。本日のスペシャリテ、マエストロのプレジール＊2は、巨匠《きょしょう》のよろこびに思いを馳《は》せた一皿。お料理は、仔牛《こうし》のポワレ、パレット仕立てでございます。やわらかな仔牛肉を、色彩《しきさい》ゆたかなソースでお楽しみください」

目にも鮮《あざ》やかな一皿だ。

皿の中央に並んだ数切れが、仔牛のポワレらしい。断面はきれいな薔《ば》薇《ら》色で、上部にはパン粉のようなものがまぶされている。その周囲を、絵の具を筆でぽってり置いたような、⑤色とりどりのソースが囲んでいた。赤や黄緑、黄色、白、紫《むらさき》に濃茶《こいちゃ》。余白にはクレソンや青い小花が彩《いろど》りを添えている。

小さなローストビーフの塊《かたまり》を思わせる仔牛肉は、ナイフがすんなり通った。最初のひとくちは、ソースをつけず、そのまま食べてみる。ほどよい弾力《だんりょく》があって、とてもやわらかい。嚙《か》むたびにあふれてくる肉汁《にくじゅう》には癖《くせ》がなくて、パン粉のさくさくと軽《かろ》やかな歯ざわりになじみ、いつまでも味わっていたくなる。

ソースをまとわせて食べると、味の印象がそれぞれに変わった。

トマトの赤いソースは爽《さわ》やかな酸味が肉の味わいを深めてくれ、黄緑のソースに混ざる砕《くだ》いたピスタチオの風味はあっさりした肉にほどよいコクを加えてくれた。バターの香る黄色いソースや、ワインとチーズの香る白いソースは重厚感《じゅうこうかん》で、紫と濃茶のソースはベリーとバルサミコの個性的な甘みと酸味で、肉のうまみをぐっと前面に引き出してくれる。

ギャルソンおすすめの赤ワイン、サン・テミリオンは重すぎず、果実感ある味わいが肉とソースの味わいをさらに深めて、体の奥底《おくそこ》から深い満足感がしみじみと湧《わ》いてくる。

「おいしいね」

織絵さんが小さく呟いた。

「うん、おいしい」

もしかしたらこれは僕たちが一緒に食べる、最後の食事になるかもしれない。そんな悲しい食事だとしても、料理は、沁《し》みわたるように、おいしかった。

B奇《き》をてらうわけでもなく、無理に味をつけるのでもなく、素材の味を自然に引き出して、よりおいしくしている、そんな真っ当な料理に思えた。

「私も、わからないな」

織絵さんがぽつりと呟く。言葉の意味を確かめようとした時、入口からCおずおずと声がした。

「お楽しみいただけましたか？」

大きな身をよじって、コックコートに身を包んだシェフが、テントに入ってきた。

もごもごと挨拶《あいさつ》を述べていた彼《かれ》は、僕らの皿がほとんど空になっているのを見ると、にんまりと頬《ほお》を盛りあげて、饒舌《じょうぜつ》になった。

「ここに飾《かざ》った作品から想像を広げておつくりしました。〈色彩の魔術《まじゅつ》師《し》〉と呼ばれた彼にちなんで、たくさんの色を召しあがっていただこうと思いましてね。画家がよろこびを描き出す源、パレットのように仕立てました。彼の作品を見ると私はどうにも動き出したくなって、ソースが予定より多くなってしまったんですが」

その〈色彩の魔術師〉というフレーズには聞き覚えがあった。美術館へ向かう電車の中で、織絵さんから聞いたような気がする。誰《だれ》のことだったろうか。

「わかります、その感じ」

織絵さんが頷《うなず》くと、シェフはうれしそうに赤い絵に近づき、織絵さんと僕を呼び寄せる。

「ほら、ここのテーブルに、果物とかお菓子が描かれているでしょう。茶色い長方形のはガトーショコラじゃないかと思うんですよ。それで仔牛肉にチョコレートのソースを添えようとしたんですが、店の者に、肉よりデザートがいいと言われましてね」

シェフと織絵さんにならって、僕も絵と向き合った。ガトーショコラの横には、赤いハートが描かれている。ケーキかなにかだろうか。ふと赤く塗《ぬ》られた床の隅《すみ》に、文字があるのに気づいた。Hからはじまる文字の後半は、マティスと読める。

その瞬間《しゅんかん》、〈色彩の魔術師〉とはアンリ・マティス*3のことだとも、織絵さんがここへ来てからあんなに上機嫌だった理由も、⑥すべてがつながった。

織絵さんとシェフは、並んで絵を見つめながら、楽しそうに言葉を交《か》わす。

「この黄緑色の皮をした果物はなんでしょうね。洋梨かな」

「でもお嬢《じょう》さん、これ丸いでしょう。青りんごかもしれませんよ。それより、この背景に描かれた模様。これ見ると私、エピってパンが食べたくなるんです。麦の穂《ほ》の形をしたパンでしてね、ベーコンを挟《はさ》んで焼いたのなんて、たまらないですよ。黒胡椒《こしょう》たっぷりで、ワインと合わせるとなお」

絵と直接関係のない話をしているのに、織絵さんはひどく楽しそうに見える。

そこで僕は、自分がなにか重大な間違《まちが》いを犯《おか》していたんじゃないか、と気づいた。知識や背景で取り繕うよりも、こんなふうにただ素直《すなお》に絵と向き合えばよかったんじゃないか、と。

「シェフは、美術がお好きなんですね」

「もちろん。美術も、音楽も、芸術全般《ぜんぱん》が大好物です。心のごちそうですからね。私はね、心が満ち、お腹《なか》も満ちたら、それは世界で一番おいしい料理なんじゃないかって、思うんですよ」

「その一番ってただひとつじゃなくて、いっぱいありそうですね。うれしいことや楽しいことは、ひとつでも多い方がいいもの。たくさん一番を見つけられたら、それだけ世の中がすてきな場所に思えそう」

「世の中ってやつには、憂《うれ》いが多いですがね。すばらしい芸術と、おいしい料理があれば、憂《う》き世《よ》を乗り越《こ》えていける気がするんです。だから、店の名は、つくし、とつけました。わかります？」

織絵さんと僕はしばし考える。

もしかして、と口にした僕に、シェフの包み込むようなまなざしが注がれた。

「憂き世の中につくしがあると、憂き世は、う『つくし』き世に、なる？」

シェフは大きく頷きながら、大きなクリームパンのような手で、僕の手をぎゅっと握《にぎ》った。

「心もお腹も満ちる一皿を、お届けしたいと思いましてね」

テントの外から、小さな咳払いが聞こえた。

「その一皿、ただちにお願いしたいものです。お客さまがお待ちですよ」


シェフは、ギャルソンと入れ替《か》わるように外へ出ると、鼻歌を歌いながらキッチンカーへのんびり歩いていく。その背中が、大きく見えた。

「デザートをお持ちいたしました。和栗《わくり》のモンブランに、柿《かき》のガトーショコラ。エスプレッソとお召しあがりください」

銀のポットから、あつあつのエスプレッソを注ぐギャルソンを、織絵さんがのぞき込んだ。

「あの作品、どうしてここにあるんでしょう？　私たち、あの作品が観たくて美術館に行ったんです。でも展示替えでもうそこにはなかった。それが、どうしてここに？」

ギャルソンは、織絵さんと僕を順繰《じゅんぐ》りに見て、にやりと笑った。

「それは驚きますね。もしこれが本物なのであれば」

「ああなるほど、複製画なんですね」

僕のひとことをギャルソンは肯定《こうてい》も否定もせず、ただ笑《え》みを浮かべていた。たしかに、美術館に飾られるような作品が、街の片隅《かたすみ》の店にあるはずはない。彼が立ち去ったあとも、織絵さんはまだ疑っているようで、絵にじっと目を凝《こ》らしていた。

「真贋《しんがん》を見分けるのはプロでも難しいっていうけど、この作品にはなにかを感じるんだけどな。本物にだけ宿る、特別な気配みたいなものを」

織絵さんの感じるそのなにかは、僕が美術館で感じたことと、似ているだろうか。あの濃密《のうみつ》な、深いところがかがやいているような、あの感じと。

「この絵が、織絵さんが観たかった絵なんだね」

改めて、赤い背景に佇むふたりの女性の姿を見てみる。

「うん。私、山吹くんと⑦こんなふうになれたらいいなって思ってて。一緒に観たかったの」

描かれたふたりは、友人か音楽仲間のように見える。少なくとも、愛や恋《こい》といった雰囲気《ふんいき》ではなさそうだ。

僕は鞄の中の指輪を思った。残念ながら、出番はないらしい。

エスプレッソの苦みを全身で味わいながら、ガトーショコラをつつく。柿のねっとりした甘みと、洋酒の利いたほろ苦いチョコレートケーキが互《たが》いを引き立てて、大人びた味わいがした。

「私もいろいろわからないよ。おいしいソースがどうできるのかも、あの絵がなぜここにあるのかも。だけど、おいしいし、楽しい。わからないって、窓を閉めることじゃなくて、むしろ開くことなのかも。わかったときの楽しさやうれしさを、未来に預けるみたいなこと」

織絵さんはガトーショコラをあっという間に食べ終え、モンブランに取りかかる。その目が一瞬、大きく見開かれたように見えた。

「もしかすると、一生わからないのかもしれない。芸術には答えがないから。触《ふ》れるたびに新しい発見に出逢《であ》う気がする。だから、飽《あ》きないのかも。ずっとわからないから、少しでもわかりたくて、ずっと面白《おもしろ》く感じる」

織絵さんが語るのは、彼女自身のことのように思えた。

僕には彼女こそ、わからないから、少しでもわかりたくて、ずっと面白く感じられる。

「この絵も？」

「うん。同じ場所にいても、お互いに別な場所を見つめているところが好きなの。そういうひととなら、面白い毎日を過ごせそうな気がする。今日気づいたのは、正面を向いたこのひとが、ちょっと山吹くんに似てること」

「えっ」

「微笑《ほほえ》んでるけど、なにか企《たくら》んでそうな感じが、そっくり」

織絵さんがこの絵に見ていたのは、音楽家だとか女性同士という表面に描かれたことではなくて、もっと本質的な、ひとの在り方みたいなものらしい。僕はやっぱり、彼女のことがわからないと思った。そして、たぶんずっと、面白いと感じるだろうと。

モンブランにフォークを刺《さ》し入れると、予想外のさっくりとした手応えがあった。栗のクリームと生クリームに埋《う》もれて、さくさくのメレンゲが姿を現す。それは秘密の宝物のようだった。

僕は、鞄の中の小箱に手を伸《の》ばす。織絵さんに似合うだろうと選んだアクアマリンは、幸せな結婚《けっこん》という意味を持つそうだ。

「テーブルの上に赤いハートが描かれてるね。信頼《しんらい》の証《あかし》かもしれないよ」

織絵さんは、あのとろけるような笑顔《えがお》を僕に向けた。

「知識や背景を知るのも楽しいけど、私、山吹くん自身の言葉の方が、ずっと好き。さっき言おうと思ったの。もしかして山吹くんて、美術をもっと楽しめるんじゃないって」

織絵さんは絵の中のハートを見て、目を細めた。

どんな反応や返事がくるのか、僕にはわからない。

だけど、それを未来に預けてみようと思う。

ほんの少しだけ、絵の奥《おく》に秘《ひ》められたあのなにかが、わかったような気がした。

このあふれるような、言葉にできない想《おも》いの欠片《かけら》を、画家たちは筆に込めて、描き込むのではないだろうか。渦巻《うずま》くような、うねるような、かがやく思いを、永遠に留《とど》めるために。

僕の差し出す手のひらの上、リボンの結ばれた小箱に、織絵さんが目を見開いた。

⑧きっといま、絵画が、生まれる。

（冬森灯《ふゆもりとも》『すきだらけのビストロ　うつくしき一皿』〈ポプラ社〉による）

（問題作成上の都合から一部原文の表記を改めた）

（注）＊1　ギャルソン……食事を運ぶ店員のこと。

＊2　スペシャリテ……ここでは、コース料理の中心となる一皿。

＊3　アンリ・マティス……フランスの画家。

問一　～～線部A「取り繕《つくろ》う」、B「奇《き》をてらう」、C「おずおずと」について、これらの言葉を本文中と同じ意味で使っている文として最もふさわしいものを、次のア～オの中からそれぞれ一つずつ選び、記号で答えなさい。

A「取り繕う」

ア　来店したお客さんの体型に合うように、スーツのサイズを丁寧《ていねい》に取り繕う。

イ　晴れた日には、ひなたで毛並みを取り繕う猫《ねこ》の姿をよく見かける。

ウ　牛乳をこぼしたことを笑顔《えがお》で取り繕う弟の姿が、かわいくて微笑《ほほえ》ましい。

エ　失敗した時には、思い切って取り繕うような誠実な姿勢が大切だ。

オ　エアコンを取り繕うためにやってきた電気屋さんに、冷たいお茶を出す。

B「奇をてらう」

ア　彼《かれ》は自分の心の中にある奇をてらうために座禅《ざぜん》の修行《しゅぎょう》に励《はげ》んでいる。

イ　九回裏の攻撃《こうげき》で逆転を狙《ねら》うバッターに奇をてらう思いで声援《せいえん》を送った。

ウ　寝《ね》ている最中に地震《じしん》で起こされた母は、奇をてらうような声で叫《さけ》んでいた。

エ　些細《ささい》なことでけんかしたまま、奇をてらうこともできずに親友は転校してしまった。

オ　単に注目を浴びたいという理由で、奇をてらう行動をとる人の気持ちが分からない。

C「おずおずと」

ア　ひさしぶりの休みなので車をおずおずと飛ばしてドライブする。

イ　楽しみにしていた誕生日のケーキをおずおずと待っている。

ウ　とっくに締《し》め切りを過ぎた算数の宿題を、先生におずおずと提出した。

エ　クリスマスプレゼントをもらった弟は、喜びのあまりおずおずと飛び跳《は》ねた。

オ　大切な試合でミスをした悔《くや》しさでおずおずと泣く僕《ぼく》を、みんながなだめてくれた。

問二　――線部①に「少し迷いながら、小箱を鞄《かばん》の中へ滑《すべ》らせた」とありますが、このときの「僕」の心情について説明した文として最もふさわしいものを、次のア～オの中から一つ選び、記号で答えなさい。

ア　もしかしたら、このあと指輪を渡《わた》すことができるかもしれないと思っている。

イ　このまま指輪を織絵《おりえ》さんの鞄の中に入れてしまっても良いのだろうかと思っている。

ウ　未練はあるものの、指輪のことはもう考えたくないと思っている。

エ　織絵さんに渡す大切な指輪なので、なくさないように気をつけようと思っている。

オ　このレストランでは、指輪を渡す機会は訪《おとず》れないだろうと思っている。

問三　――線部②に「試《ため》されているようで、手のひらにじっとりと汗《あせ》がにじむ」とありますが、このときの「僕」の心情について説明した文として最もふさわしいものを、次のア～オの中から一つ選び、記号で答えなさい。

ア　今までは織絵さんの趣味《しゅみ》に一生懸命《いっしょうけんめい》に合わせてきたが、食事の席でまで自分に趣味を押《お》しつけてくる織絵さんの態度に我慢《がまん》の限界が来て、怒《いか》りが湧《わ》き上がっている。

イ　美術館ではお金に余裕《よゆう》があるようなそぶりを通してきたが、上品なレストランの雰囲気《ふんいき》に圧倒《あっとう》され、見栄《みえ》を張っていたことがばれてしまうのではないかと慌《あわ》てている。

ウ　美術館では予習してきた内容を堂々と語って格好をつけていたが、美術の知識がないことが織絵さんに既《すで》に気づかれていたという予想外の展開に戸惑《とまど》っている。

エ　美術に詳《くわ》しいふりをして織絵さんにいいところを見せようとしてきたが、この絵について話せる情報は何もなく、このままでは幻滅《げんめつ》させてしまうと焦《あせ》っている。

オ　自分が織絵さんに見合う相手であることを示そうと頑張《がんば》ってきたが、織絵さんの即興《そっきょう》の質問が、自分の知識不足を責めていることを感じ取り、もうプロポーズはできないと諦《あきら》めている。

問四　――線部③に「織絵さんは、瞳《ひとみ》をゆらして、視線を落とした」とありますが、このときの織絵さんについて説明した文として最もふさわしいものを、次のア～オの中から一つ選び、記号で答えなさい。

ア　山吹《やまぶき》くんへの信頼《しんらい》が揺《ゆ》らぐ事態に直面して衝撃《しょうげき》を受け、言葉を失っている。

イ　山吹くんが美術のことを好きなふりをして自分をだましていたと気づき、怒りを覚えている。

ウ　山吹くんにはもっと自分の言葉で美術について語ってほしい、という思いを飲み込《こ》んでいる。

エ　山吹くんは自分に合わせて美術館に付き合ってくれていたのだと気づき、罪悪感を覚えている。

オ　山吹くんは美術の好みが自分と根本的に合わないのではないかと悲観している。

問五　――線部④に「おや、なにかお口に合いませんでしたか？」とありますが、どうしてギャルソンはこのように声をかけたのだと考えられますか。二十字以内で説明しなさい。

問六　――線部⑤に「色とりどりのソースが囲んでいた」とありますが、このような料理を作っているシェフの思いはどのようなものですか。その説明として最もふさわしいものを、次のア～オの中から一つ選び、記号で答えなさい。

ア　意のままに絵を描《えが》き出すことで見る人を魅了《みりょう》したマティスのように、色とりどりのソースを用いた特別な料理を作ることで、人々を日常から解放する魔術師《まじゅつし》でありたいという思い。

イ　マティスの作品に触発《しょくはつ》されて作った、色とりどりのパレットに見立てた料理が、食べた人々の心と体を満たし、辛《つら》いこともある日常を喜びに満ちた日々に変えたいという思い。

ウ　多彩《たさい》な色彩を駆使《くし》して人々を楽しませるマティスの絵画のように、さまざまな好みを持った人々の個性に合わせて自分らしく生きていくことの喜びを提供したいという思い。

エ　マティスが様々な色を用いたのと同様に、自分が作る料理もパレットのように色鮮《あざ》やかに配色することで、このレストランを人々に喜びを与《あた》える美術館の代わりにしたいという思い。

オ　画家が喜びを描き出す源であるパレットをモチーフにした料理が看板メニューのレストランなので、織絵さんのような絵がわかる人にこそ、この料理を堪能《たんのう》してほしいという思い。

問七　――線部⑥に「すべてがつながった」とありますが、それはどういうことですか。その説明として最もふさわしいものを、次のア～オの中から一つ選び、記号で答えなさい。

ア　織絵さんが真剣《しんけん》に絵と向き合う人だと気づいたことで、絵がわからないと言った「僕」の発言になぜ落胆《らくたん》していたのかがはっきりしたということ。

イ　この料理が織絵さんが見たかったマティスの作品を元にしていると気づいたことで、彼女《かのじょ》のことが好きな「僕」の心の中でも、ようやく料理と絵画が芸術的喜びとして調和したということ。

ウ　きちんと絵に向き合えば見えなかったものが見えてくると気づいたことで、織絵さんが「僕」の嘘《うそ》にも気づかないふりをして楽しそうに振《ふ》る舞《ま》ってくれていた理由がわかったということ。

エ　絵の中の料理について想像を膨《ふく》らませる楽しさに気づいたことで、今までは美術がわからないと逃《に》げてしまっていた「僕」も織絵さんの気持ちを理解できるようになったということ。

オ　棚《たな》の上の絵がマティスの作品だと気づいたことで、先ほど美術館で目当ての作品がなくて落ち込んでいた織絵さんの心の変化に、「僕」も納得《なっとく》できたということ。

問八　――線部⑦に「こんなふうになれたらいいな」とありますが、織絵さんがこのように思うのはどうしてですか。「こんなふうに」の内容を明らかにしながら、六十字以内で説明しなさい。

問九　――線部⑧に「きっといま、絵画が、生まれる」とありますが、どういうことですか。三十字以内で説明しなさい。

四　次の文章を読んで、あとの問いに答えなさい。

①欲求が人間を不自由にする。それはどういうことだろうか。別の例を使って考えてみよう。

たとえば「私」が空腹になって、ハンバーガーを食べたいと欲求したとする。このとき、実際にハンバーガーショップに行って、ハンバーガーを買って食べることができれば、「私」は自分の欲求を叶《かな》えることができる。

［ A ］、そもそも「私」は、空腹になること自体を自分で望んでい

たわけではない。空腹を満たすためにハンバーガーショップに行くか否《いな》かは、自分で選択《せんたく》することができる。だが、そもそも自分が何かを食べたいと思うということを、自分で選択したわけではない。つまり食欲という欲求は、この意味で、「私」が自分で選んだものではなく、自分の意に反して強制されたものなのだ。だからこそ、食欲に従って行為《こうい》することは、自分で選んだわけではないものに支配されることを意味する。つまりそれは「**他律的**」に行為することである。

これと同じことが、友達の秘密を暴露《ばくろ》したい、という欲求にも言える。私たちは飲み会の席でつい注目を集めたいと欲求する。しかしその欲求は、「私」が自分で選んだものではなく、「私」に対して強制的に課せられたものに過ぎない。だからこそ、この欲求に従って友達の秘密を暴露するという行為は、自分の自由を放棄《ほうき》すること、他律的に行為することを意味するのである。そして、そうした他律性を乗り越《こ》えるためには、欲求とは異なる行動原理によって、つまり義務に従って行為することが必要である。

そうであるとすると、友達に本音を言えるためには、その友達がこうした欲求に抵抗《ていこう》することができる、という信頼《しんらい》が必要である。*1カントは、このように欲求に屈《くっ》することなく義務に従って行為することを、「**自律性**」と呼ぶ。そして、自律性こそが人間の自由に他ならない。

[B]、②私たちが従うべき義務とはいったいどのようなものなのだろうか。友達の秘密を暴露してはならない、ということは、一つの義務である。義務は、それが欲求を乗り越えさせるものである以上、欲求から導き出されるものであってはならない。では、義務はどこにその根拠《こんきょ》を持つのだろうか。ここからがカント哲学《てつがく》の難解な部分ではあるが、できるだけ簡略化して彼《かれ》の論理を再構成してみる。

義務とは一つの規範《きはん》である。規範には大きく分けて二つの種類がある。一つは、「私」に対して、あるいは特定の人々に対してだけ当てはまる規範であり、もう一つは、すべての人々に当てはまる規範である。前者は特定の人々を特別扱《あつか》いする規範であり、後者はすべての人々に等しく当てはまる規範である、と言える。後者は、やや形式的な言い方をするなら、普遍《ふへん》的な妥当《だとう》性をもった規範である、と表現することもできる。

[C]、「私以外の人は嘘《うそ》をついてはいけない」という規範について考えてみよう。この規範は、自分を特別扱いする規範だろうか、それともすべての人々に等しく当てはまる規範だろうか。明らかに前者である。もしも「私」がこの規範に従って行為するなら、「私」以外のすべての人は正直なのに、「私」だけは嘘をつくことができるのだから、きっと「私」は多くの利益を享受《きょうじゅ》することができるだろう。では、この規範は「私」を自由にしていると言えるだろうか。

「私」が自分の利益を追い求める、ということは、「私」が自分の欲求に支配されていることを意味する。欲求は人間を不自由にする。そうである以上、この規範が「私」を自由にしているとは言えない。自分だけを例外扱いする規範を望むとき、「私」は依然《いぜん》として自分の欲求の奴隷《どれい》になっているのであり、他律的に生きていることになるからである。

[D]、自律的な人間が従うべき義務とは、すべての人々に等しく当てはまる規範でなければならない。たとえば、先ほどの嘘の例でいうなら、自律的な人間が従うべき規範は、「嘘をついてはいけない」と定式化されなければならない。自分だけを例外扱いしてはいけないのだ。

整理しよう。人間には本音が言える友達が必要である。③友達に本音を言えるためには、友達が自律的であることを信頼できなければならない。人間が自律的であるためには普遍的な義務に従うことができなければならない。したがって、そうした義務に従って行為できる人間同士が、真の友情を交《か》わすことができる、ということになる。「友達の秘密を暴露してはいけない」という規範もまた、こうした道徳的な義務の一つなのである。

カントは、このように相手に対して本音を言うことができる関係を、「**道徳的友情**」と呼ぶ。それは、互《たが》いに欲求に対して抵抗することができ、普遍的な義務に従って行為することのできる者同士の、友情である。

＊2前章で紹介《しょうかい》した＊3アリストテレスは、友情を愛によって結びつくものとして捉《とら》えていた。しかし、私たちが何を愛するかは、私たちには決められない。したがって愛だけでは友情を完全に自律的にすることはできない。それに対してカントは、友情を成り立たせる感情として、愛とともに「**尊敬**」を挙げている。道徳的友情とは、愛と尊敬によって形成される関係性なのだ。

もしかしたら、愛と尊敬はよく似た概念《がいねん》であるように思われるかも知れない。しかし、カントにとって両者はまったく異なる概念である。

愛とは、他者の目的を、「私」の目的とする感情のことである。要するに、相手のことを自分のことのように思う、ということだ。他者が喜ぶことを「私」も喜び、他者が悲しむことを「私」も悲しむ。そのように他者に共感する、あるいは同情することが愛に他ならない。他者を愛するということは、他者が「私」から区別された、「私」と無関係な人物であると見なすことではなく、他者を「私」とある意味で同一視することなのである。

カントは、こうした意味での愛を「**引力**」に喩《たと》えている。すなわちそれは「私」と他者の間にある隔《へだ》たりを解消しようとする働きであり、互いに近づき、できることならば一つになろうとすることなのである。

これに対して尊敬は、④他者を「私」の目的のための手段として利用することはできない、という感情のことである。カントは、どのような人間も単なる手段として扱われてはならない、と考えた。それが人間の尊厳である。そうした尊厳を尊重することは、他者を自分の道具や駒《こま》にすることを、自分に禁じることに他ならない。

なぜ、人間には尊厳があるのだろうか。カントによれば、それは、人間が自律的な存在だからである。人間以外の動物は、衝動《しょうどう》的な欲求に従って生きているだけであり、不自由である。それに対して人間は、道徳的な義務に従うことができ、その点で自律的であり、自由である。この自由こそが人間の尊厳の根拠なのだ。

したがって、他者を尊敬するということは、他者の自律性を尊重することに等しい。そしてそれは、他者が自分の思い通りにならないということ、他者には「私」が侵《おか》すことのできない自由があるということを、認めることである。それは、ある意味では、他者を「私」から隔たったものとして受け入れることでもあり、「私」と他者の間に距離《きょり》を維持《いじ》することを意味する。このような観点から、カントは、尊敬を「**斥力**《せきりょく》」に喩えている。斥力とは、二つの物体が遠ざけ合う力に他ならない。

前述の通り、友達の秘密を暴露しない、という規範は、友情に課せられる一つの義務である。このような義務に従って行為できる人間を、私たちは尊敬する。飲み会の席であっても、決して友達の秘密を語らない人は、それだけで尊敬に値《あたい》するのだ。そして、そのように尊敬するからこそ、「私」はその人間を道具のように扱ってはならないと感じる。そうした尊敬がなければ友情は成立しないのである。

カントによれば道徳的友情は、こうした、引力としての愛と斥力としての尊敬が均衡《きんこう》することによって、成立する。彼は言う。「友情(その完全性においてみられた)とは、⑤二つの人格が相互《そうご》に等しい愛と尊敬とによって結合することである」。これこそカントの考える理想的な友情に他ならない。

カントはアリストテレスの友情論をどのように訂正《ていせい》したのだろうか。それは、友情が愛だけでは成り立たない、としたことだろう。なぜなら愛は自由ではないからである。私たちは、ただ相手を愛しているだけでは、依然として欲求に従っているし、他律的かも知れない。そして、そのように自分の感情に無抵抗《むていこう》でいるなら、状況《じょうきょう》が変われば、友達の秘密を暴露したいという欲求にも勝てなくなり、それによって友情を破綻《はたん》させてしまうかも知れない。だからこそ、友情には欲求に抵抗する力、愛に抵抗する別の力が必要なのだ。それが、相手の自律性を尊重するということ、すなわち友達への尊敬なのである。

この意味において、カントは友情が自律的な関係であるという⑥伝統的な友情観を、根本的にアップデートしたと言えよう。

(戸谷洋志《とやひろし》『友情を哲学《てつがく》する　七人の哲学者たちの友情観』〈光文社新書〉による)

(問題作成上の都合から一部原文の表記を改めた)

(注)＊1　カント……ドイツの哲学者《てつがく》。

＊2　前章……本文より前の箇所《かしょ》を指す。

＊3　アリストテレス……古代ギリシャの哲学者。

問一　[A]～[D]にあてはまる言葉を、次のア～エの中からそれぞれ一つずつ選び、記号で答えなさい。ただし、同じ記号は二回以上使えないこととします。

ア　したがって　　イ　しかし　　ウ　たとえば　　エ　では

問二　――線部①に「欲求が人間を不自由にする」とありますが、それはなぜですか。その説明として最もふさわしいものを、次のア～オの中から一つ選び、記号で答えなさい。

ア　人が自らの欲求に従ううちに、文化的な秩序《ちつじょ》が崩《くず》れて社会全体が窮屈《きゅうくつ》なものになるから。

イ　自分が何を求めるのかも、実は第三者の意図によってあらかじめ決められているから。

ウ　自らの意志で選択《せんたく》した行為《こうい》が、かえって自らの行動の可能性を狭《せば》めることになるから。

エ　自分の望みを満たしているつもりでも、その欲求を持つこと自体は自分で選択できないから。

オ　人のむき出しの欲望の中には倫理《りんり》的でないものもあり、常に自省する必要に迫《せま》られるから。

問三　――線部②に「私たちが従うべき義務」とありますが、その具体例として最もふさわしいものを、次のア～オの中から一つ選び、記号で答えなさい。

ア　どんなに早くから並んでいたとしても、会員でなければ入場してはならない。

イ　入院している患者《かんじゃ》は、勝手におやつを食べてはならない。

ウ　怖《こわ》い先生が見ているところでは、礼儀《れいぎ》正しくしなければならない。

エ　たとえ家族のためだとしても、嘘《うそ》をついてはならない。

オ　生徒は、先生用の通用口を使ってはならない。

問四　――線部③に「友達に本音を言えるためには、友達が自律的であることを信頼《しんらい》できなければならない」とありますが、それはどうしてですか。その説明として最もふさわしいものを、次のア～オの中から一つ選び、記号で答えなさい。

ア　お互《たが》いに自律的な人間であることを認め合うことができないと、本当の友情と言えないから。

イ　友達だとしても、自分の欲求から自由になっていない人は、自分の利益を優先してしまうから。

ウ　友人の自律性を信頼するという普遍《ふへん》的な義務に従うことが、友情を育むために不可欠だから。

エ　本音を言いたい気持ちをお互いに持っていることが確認《かくにん》できて、初めて相手を信用できるから。

オ　感情のコントロールをすることができないような相手とは、友人関係を維持《いじ》できないから。

問五　――線部④に「他者を『私』の目的のための手段として利用する」とありますが、そのような状況《じょうきょう》を表している慣用表現を、次のア～オの中から一つ選び、記号で答えなさい。

ア　反故《ほご》にする　　イ　だしにする　　ウ　袖《そで》にする

エ　こけにする　　オ　二の次にする

問六　――線部⑤に「二つの人格が相互《そうご》に等しい愛と尊敬とによって結合する」とありますが、それはどういうことですか。六十字以内で説明しなさい。

問七　――線部⑥に「伝統的な友情観を、根本的にアップデートした」とありますが、それはどういうことですか。八十字以内で説明しなさい。

成城中学校(第一回)

—50分—

注意　文字数の指定のある問題は、句読点などの記号も一字に数えます。

一　次の問いに答えなさい。

問1　次の――について、漢字をひらがなに、カタカナを漢字に直しなさい。(ていねいにはっきりと書くこと)

①　筋ちがいの話をする。　②　つばめのスを見つける。

③　キョジュウチを書く。　④　松をイショクする。

⑤　イジュツが進歩する。

問2　次の①・②の各文の□にはそれぞれ同じ漢字が一字入る。その漢字を答えなさい。

①　物語の□章を読み終わる。
　　勝負の世界は年功□列ではなく実力主義だ。

②　成分が□質で高い強度を持つ。
　　平□寿命《じゅみょう》が高くなる。

問3　次の意味を持つ慣用表現をあとのア～オの中からそれぞれ一つ選び、記号で答えなさい。

①　ためらう　②　緊張《きんちょう》する

ア　へそを曲げる　イ　かたずを飲む　ウ　くだをまく

エ　しらを切る　オ　二の足をふむ

問4　次の各文の□に入る慣用表現として最も適切なものをあとのア～オの中からそれぞれ選び、記号で答えなさい。

①　いつもは□成城健児くんも、先生との面談ではとても緊張したようで、口数が少なかった。

②　成城健児くんは□から、秘密を打ち明けてもきっと誰《だれ》にも話さないだろう。

ア　口がかたい　イ　口が重い　ウ　口が軽い

エ　口が悪い　オ　口がうまい

問5　――「むしろ」の使い方が適切なほうを次のア・イから選び、記号で答えなさい。

ア　この子は僕《ぼく》の母の妹の子どもだから、むしろ僕のいとこにあたる。

イ　僕は部屋の中でゲームをして遊ぶことよりも、むしろ体を動かして外で遊ぶほうが好きだ。

問6　次の――について、働きが他と異なるものを次のア～エの中から一つ選び、記号で答えなさい。

ア　今日も海がおだやかだ。　イ　あの人が太郎《たろう》くんです。

ウ　空を渡《わた》り鳥が飛んでいく。　エ　私はリンゴが食べたい。

二　次の文章を読んで、あとの問いに答えなさい。

心理学においては、やる気、意欲をモティベーション(動機づけ)と呼びます。学ぶことに対してやる気のない状態では、何事においても成果は出せません。しかし、そうは言っても、さまざまな原因で、やる気がなくなってしまうことがあります。やる気を出すには、やる気がどのように生じるのか、そしてどうすればやる気が出るのかというメタ認知《にんち》的知識が役立ちます。

心理学では、ある行動に対するやる気の源泉として、三つの要素が考えられてきました。第一に、「〜したい」という欲求、第二に「〜は楽しい」という感情、そして第三に、ポジティブなとらえ方(認知)です。

これを、高校で英語を学習するという状況《じょうきょう》に当てはめて考えてみましょう。第一に、「自分の能力をもっと発揮したい」(自己実現欲求)、「よい成績をとって先生に認められたい」(承認欲求)といった欲求から、やる気が湧《わ》いてくることがあるでしょう。①これらは、「喉《のど》が渇《かわ》いたので水を飲みたい」といった生理的欲求とは異なるものであり、心理的な欲求です。第二に、「英語の学習は楽しい」といった感情が、やる気を高めます。そして第三に、「英語の力は将来役に立つ」(価値)、「がんばれば、英語の力をつけることができるだろう」(期待)というようにポジティブにとらえることができれば、やる気が高まるということです。この期待は自己効力感と呼ばれ、先ほど出てきた楽観とも関係しています。

こうした、②欲求、感情、認知の三つの要素は、個々ばらばらに働くものではなく、一つの要素が他の要素に影響《えいきょう》を及《およ》ぼします。たとえば、「英語の力は将来役に立つ」ととらえれば、英語学習により多くの価値を見《み》出《いだ》すことになり、結果として、英語を学ぶことが楽しくなりそうです。また、「がんばれば、英語の力をつけることができるだろう」と認知すれば、「自分の能力を発揮したい」という欲求も高まりやすいでしょう。

一方、こうしたポジティブな影響とは逆に、否定的な考え方をすれば、他の要素にもネガティブな影響が及びます。たとえば、「こんなことを勉強しても、自分の将来にはあまり関係ない」「がんばって勉強しても、どうせ自分はできるようにならないだろう」と認知すれば、学ぶ楽しさも感じられないでしょう。

私たちが何かを学ぼうとする時、何を目指して学ぶかという学習の目標を、キャロル・ドゥエックは大きく二つに分類しました。一つはラーニングゴール(習得目標)であり、もう一つは、パフォーマンスゴール(遂行《すいこう》目標)です。

ラーニングゴールとは、ドゥエックによれば、新たな学びによって自分の能力を伸《の》ばすという目標です。つまり、自分が成長することに主眼を置くものです。一方、パフォーマンスゴールとは、自分の能力に対して高い評価を得るという目標です。こちらは、成長ではなく、他者からの評価に主眼を置いています。

ラーニングゴールに基《もと》づいて学ぶ人は、新たな学びによって自分の能力を伸ばすことを目指すため、難しいことにも挑戦《ちょうせん》意欲を持ちますし、失敗は課題解決の手掛《てが》かりであるととらえ、失敗を嫌《いや》がりません。他方、パフォーマンスゴールに基づいて学ぶ人は、自分の能力に対して高い評価を得ること、低い評価を避《さ》けることが目標となるため、評価に悪影響を及ぼしかねない、失敗する可能性のある難しい課題には挑戦しようとしません。

ドゥエックは、この二つの学習目標の背景には、異なる知能観があると考えました。ラーニングゴールの背景には増大的知能観が、そしてパフォーマンスゴールの背景には固定的知能観があるととらえたのです。増大的知能観に立てば、自分の能力はこれから伸びると考えられるため、他者からの評価よりも新たな学びそのものを大切にします。一方、固定的知能観に立てば、能力自体は伸びないと考えてしまうため、学ぶことそのものよりも、現在の能力を他者に対していかに高く見せるかに重点を置くわけです。

このことは、学校での学びに限定されません。仕事をはじめとする生活全般《ぜんぱん》における学びにも適用されます。「学ぶことで頭はよくなる」「新たな学びによって成長できる」と考え、③ラーニングゴールを持つことが、挑戦意欲を高めてくれるでしょう。

何かを学ばなければならないのに、「やる気が出ない、困った」と感じた時こそ、一段上から自分を見つめ、メタ認知を働かせて、やる気の出ない原因を探《さぐ》ってみることが、解決策を見つけるのに役立ちます。自分の考えをふり返るメタ認知的モニタリングを試《ため》してみるとよいでしょう。

メタ認知的モニタリングによって、「自分にはどうせ無理だ」「失敗するのが怖《こわ》い」という諦《あきら》めや不安がやる気の出ない原因だとわかれば、少し自信をつけることが必要です。そのためには、目標のハードルをいったん下げてみることも一つの方法です。あえて、ごく簡単なところから着手してみるとよいかもしれません。小さなことであっても、「できた！」という成功体験を少しずつ積み重ねていくことが肝心《かんじん》です。こうした方向づけ、すなわち④メタ認知的コントロールが「自分にもできる」という認知の変容につながり、感情や欲求にもよい影響を与《あた》えるでしょう。その結果、やる気が高まることが期待できます。

あるいはまた、「よい成績がとれなければ、学んだことはすべて無駄《むだ》になる」ととらえているためにやる気が出ないのだとわかったならば、「本当にそうか？」と問い直してみるとよいでしょう。そして、「目標に向かって学習を積み重ねていれば、たとえその目標が達成できなくても、学んだ成果は自分の中に確実に残る」という、心理学的に見ても妥当《だとう》な考え方へと改善することが大切です。メタ認知を働かせて、そのように考え方を変えていけば、たとえ目標達成の可能性が低い場合でさえも、「がんばってみよう」という気持ちになりやすいものです。

楽しいから、好きだからそれをするというのは、自分の中から湧き起こる「内発的動機づけ」です。しかし、常に内発的動機づけが起こるとは限りません。そこで知っておきたいのは、⑤「外発的動機づけ」をうまく使う方法です。外発的動機づけは、金銭や物品などの物的報酬《ほうしゅう》、あるいは、よい評価やほめ言葉などの社会的報酬によってやる気を引き出すことです。また、こうした報酬とは逆に、罰《ばつ》による外発的動機づけがあります。たとえば、「成果をあげなければ、自分に対する評価を下げられる」「約束を守らなければ、罰金を科される」といったものが罰に当たります。

外発的動機づけは望ましくないと思われがちですが、必ずしもそうではありません。必要だとわかってはいても、なかなか行動できない場合には、最初のきっかけを作るために、あえて外発的動機づけを使うことが有効である場合もあります。たとえば、「ここまでの課題を終わらせないと、今日のテレビは見てはいけない」と自分で決めることなどが、これに当たります。内発的動機づけが不十分な時の補いとして外発的動機づけを活用することは、むしろ賢明《けんめい》な方法と言えます。そして、このことをメタ認知的知識として知っておけば、他者のみならず自分自身に対しても有効な動機づけ方略として用いることができます。

ただし、⑥外発的動機づけとして他者から罰を用いられると、反発感や無力感などの副作用が生じることがあるため、注意が必要です。私たちは、もともと自分の行動は自由意志で決めたいという欲求を持っています。それなのに、他者から罰を予告されると、自分がコントロールされていると感じます。これは、愉快《ゆかい》なことではありません。さらに、他者からの外発的動機づけは、ある行動をとるようにと、行動の方向性を指示されるため、強制感が強く、自分の自由が奪《うば》われるように感じてしまいます。結果として、奪われそうになった自由を取り戻《もど》すために、指示とは逆の行動をとりたくなるのです。たとえ、その指示あるいは提案が、よかれと思って出されたもので、本当は自分のためになるものだとわかっていても、無意識のうちに反発心が生じてしまうのです。これが心理的リアクタンスと呼ばれるものです。

したがって、外発的動機づけを用いる場合には、できれば、それを自分で決めるという形をとることが望ましいでしょう。たとえば、課題を終わらせないと今日のテレビは見てはいけないといった罰を自分で決めることがこれに当たります。あるいはまた、自分が設定した罰では効力がないという場合には、自分で罰を決め、家族や周囲の人に協力を仰《あお》いで、厳しく取り締《し》まってもらうのもいいでしょう。要は、⑦自分の意思で罰を設定すれば、それが外発的であろうとも、他者からコントロールされているという感覚にならず、心理的リアクタンスを引き起こさずに済むというわけです。

自分が主体となって考え、決めたという感覚は、何事においても大切です。私たちの能動性の基本は、外部からコントロールされるのではなく自らが主体であるという行為《こうい》主体性(agency)にあります。アルバート・バンデューラは、自分の考えや行為を省察するメタ認知能力が人間の行為主体性の特徴《とくちょう》の一つであるとしています。

私たちが行為主体性を感じるためには、自分の行為に伴《ともな》って結果が生じる(随伴《ずいはん》する)という認知が必要です。たとえば学習においては、自由度が高まるほど、すなわち、学習の対象や範囲《はんい》(何をどこまで学習するか)、学習の進め方、時間配分などが学習者に委《ゆだ》ねられているほど、学習者の行為主体性は高まります。その結果、自己調整による学習が行われるようになります。学習者自身が自らの学習を調整しながら能動的に学習目標の達成に向かう学習は、自己調整学習と呼ばれています。行為主体性に基づく学びは、もちろん意欲的な学びでもあるため、効果が期待できます。

こうしたことをふまえると、何が自分のやる気を引き出すかを日頃《ひごろ》からよく観察しておき、自分にとって有効な方法で動機づけを行うことが大切です。頭を働かせる認知活動においても、このような自己動機づけのためのメタ認知的知識を豊富に備えておくとよいでしょう。

(三宮真智子『メタ認知　あなたの頭はもっとよくなる』〈中公新書ラクレ〉による)

問1　――①「これらは、『喉が渇いたので水を飲みたい』といった生理的欲求とは異なるものであり、心理的な欲求です」とあるが、「生理的欲求」にあたるものを次のア～オの中から**すべて**選び、記号で答えなさい。

ア　お腹《なか》が減ったので、何か食べたい。
イ　時間がなくても、あの番組だけは見たい。
ウ　体が疲《つか》れてきたから、もうそろそろ眠《ねむ》りたい。
エ　勉強をがんばってきたから、合格して喜びたい。
オ　中学に入学したら、新しい友だちと仲良くしたい。

問2　――②「欲求、感情、認知の三つの要素は、個々ばらばらに働くものではなく、一つの要素が他の要素に影響を及ぼします」とあるが、「三つの要素」の関係を説明したものとして**適切でないもの**を次のア

〜エの中から一つ選び、記号で答えなさい。

ア　一つの要素が他の要素に作用することでやる気が高まり、成果が期待できる。

イ　一つの要素が他の全ての要素と組み合わさることで、初めてやる気が高まる。

ウ　一つの要素が他の要素と組み合わさることで、やる気を維持《いじ》できることがある。

エ　一つの要素で高まったやる気は、他の要素が加わることで逆に低下することがある。

問3　――③「ラーニングゴールを持つことが、挑戦意欲を高めてくれるでしょう」とあるが、どういうことか。それを説明した次の文の[A]・[B]に入る言葉を、それぞれ指定の字数で答えなさい。ただし、[A]には「能力」、[B]には「失敗」という言葉をそれぞれ用いること。

ラーニングゴールは[A（十五字以上二十五字以内）]ものなので、ラーニングゴールを持つと挑戦意欲が湧くだけでなく[B（十字以内）]ということ。

問4　――④「メタ認知的コントロール」とあるが、その説明として最も適切なものを次のア〜エの中から選び、記号で答えなさい。

ア　客観的に自分と他者の行動を比較《ひかく》することで失敗の原因を考え、自分の欲望を抑制《よくせい》しながら他者の行動を真似《まね》ること。

イ　自分の諦めや不安といった感情を冷静に見極《みきわ》め、それらを抑《おさ》えながら困難な課題にも果敢《かかん》に挑戦していくこと。

ウ　客観的に自分を見つめ直すことでうまくいかないことの原因を探り、自身の考え方や行動を変えていくこと。

エ　やる気が出ない原因を冷静に分析《ぶんせき》し、諦めや不安を解消するために新たな楽しみを見つけようとすること。

問5　――⑤「『外発的動機づけ』をうまく使う方法です」とあるが、「うまく使う方法」とはどのようにすることか。最も適切なものを次のア〜エの中から選び、記号で答えなさい。

ア　内発的動機づけがうまく働かない場合に外的な報酬や強制力を程《ほど》よく加えて、物事に取り組もうという気持ちを引き出すこと。

イ　うまくいかないと思ったときに目標を低く設定し、外発的動機づけでも取り組めるような状況を作って物事に挑戦しやすくすること。

ウ　罰を与えるような動機づけは選択せずに、代わりに物的報酬や良い評価によってやる気を出すこと。

エ　達成すべき目標をさらに高く設定し、目標を達成するたびに報酬を受け取ることでやる気を維持していくこと。

問6　――⑥「外発的動機づけとして他者から罰を用いられると、反発感や無力感などの副作用が生じることがあるため、注意が必要です」とあるが、「副作用」という表現は何を意味していると考えられるか。それを説明したものとして最も適切なものを次のア〜エの中から選び、記号で答えなさい。

ア　無理にでも目的を達成させる面がある一方で、自分で努力することを諦めさせてしまう懸念《けねん》があるということ。

イ　すぐに効果が現れる面がある一方で、長期的には効果が薄《うす》れて逆にやる気を失わせてしまう懸念があるということ。

ウ　内発的動機づけを補う面がある一方で、内発的動機づけを必要としないほど強く影響が残る懸念があるということ。

エ　取るべき行動が明確になる一方で、自分の行動の方向性を指示されることに対する抵抗《ていこう》感が生まれる懸念があるということ。

問7　――⑦「自分の意思で罰を設定すれば、それが外発的であろうとも、他者からコントロールされているという感覚にならず、心理的リアクタンスを引き起こさずに済む」とあるが、それはなぜか。その理由を説明した次の文の［　］に入る言葉を、ここより前の本文中から二十字で抜《ぬ》き出しなさい。

行為主体性の根源ともいえる「［　］」が満たされるから。

問8　次の対話は本文を読んだ生徒たちが話し合っている場面です。これを読んで、あとの問いに答えなさい。

生徒A―本文の最後に、学習におけるメタ認知について述べられているね。

生徒B―筆者は、学習においては自由度が高まるほど学習者の行為主体性は高まり、その結果、自己調整による学習が行われるようになって効果が期待できると言っているよね。

生徒C―自由度が高まるほど学習者の行為主体性は高まるって筆者は言うけど、主体的に勉強に取り組むのって実際には難しいよ。

生徒A―確かに難しいけれど、だからこそ筆者は最後に、動機づけのためのメタ認知的知識を豊富に備えておく必要があると言っているんじゃないかな。

生徒B―なるほどね。その上で学習者が自らの学習を調整しながら［X］的に学習目標の達成に向かう学習が、自己調整学習と呼ばれていて、そういう学びは効果が期待できると筆者は言っているんだね。ということは、［Y］ということなんだね。

生徒C―そうか。行為主体性のためには行為に伴って結果が生じるという認知が必要で、どんな結果でも学んだ成果は自分の中に残るという考え方が大切なんだね。そういうことなら、僕もがんばってみようかな。

(1)　［X］に入る言葉を漢字二字で本文中から抜き出しなさい。ただし、対話文中に用いられている言葉は用いないこと。

(2)　［Y］に入る発言として最も適切なものを次のア～エの中から選び、記号で答えなさい。

ア　効果的な学習のためには、まず自己動機づけが必要で、外発的動機づけを使いこなすことで行為主体性を実感しながら学習することが重要だ

イ　効果的な学習のためには、自分の学習によって結果が生じるという認知のもと、学習内容を調整しながら主体的に目標達成に向かうことが重要だ

ウ　効果的な学習のためには、具体的な学習目標を立てることなく、学習内容の自由度を高めながら自分の好きなものを好きなだけやる主体性が重要だ

エ　効果的な学習のためには、行為主体性を感じることが大切で、行為主体性を高めるためには周囲から設定してもらった学習目標を次々に達成することが重要だ

三　次の文章を読んで、あとの問いに答えなさい。

ある日、主人公の御蔵鈴美は学校を遅刻《ちこく》したために指導室に呼ばれることになる。指導室に向かう途中《とちゅう》で、同学年の菊池比呂も一緒《いっしょ》に呼ばれていることを知る。本文はその場面である。

放課後一人、指導室に向かう。

ついていこうかと八杉さんたちは言ってくれたけど、①丁寧《ていねい》に軽い調子で断った。高二ともなると、みんなけっこう忙《いそが》しい。吉川高校は一応進学校だから、塾《じゅく》に通っている人も大勢いる。習い事に本気で取り組んでいる人も多い。その合間に遊びにも買い物にも行かなきゃならないし、部活もある。SNSにもけっこう時間を取られる。余計な時間などない。ぼんやりしている暇《ひま》も無為《むい》に過ごす一時もないのだ。

「いいよ、いいよ。一人で行ってくる。みんな塾があるんでしょ」

「ほんとに？　大丈夫《だいじょうぶ》？」

「もち、大丈夫」

「怖くない？　トノサマ」

「ギリ、平気」

「そっか。まっ、ヤスリンからマルヒ情報を聞いたばっかだからね」

ヤスリンは八杉さんの愛称《あいしょう》だ。八杉凜子を縮めただけだが、響《ひび》きが可愛《かわい》いと八杉さんは気に入っている。

「マルヒ情報って、それ関係ある？」

「ビミョーにあるんじゃね？　ほら、何となく相手の弱み、握《にぎ》った感じしない？」

「弱みか……。何か真剣《しんけん》勝負っぽいね」

「そうだよ、真剣勝負。鈴美、がんばんべ」

そんな疑問符《ぎもんふ》だらけの会話を交《か》わして、わたしは八杉さんたちに手を振《ふ》った。そして、北館の階段を今、上っている。

八杉さんたちには平気なんて言ったけど、ほんとはちょっとどきどきしている。

何を尋《たず》ねられるか。

どこまでちゃんと答えられるか。

胸がざわつく。

「あっ」

②背後で小さな声がして、空気が揺《ゆ》れる。振《ふ》り向いて、わたしも息を呑《の》み込《こ》んだ。

「菊池さん……」

踊《おど》り場に菊池さんが立っていた。踊り場の壁《かべ》には大きな窓がついていて、光が存分に差し込んでくる。冬の晴れた日なら、今の時間、光は濃《こ》い赤味を帯びて、踊り場はオレンジ色に染まる。けれど、これから夏を迎《むか》える時期は、まだ眩《まぶ》しい剛力《ごうりき》な光が窓ガラスをぎらつかせていた。

③光を背負って、菊池さんは黒っぽいシルエットになっている。手足の長さがさらに際立《きわだ》ち、周りが白く発光して、光と影だけの幻想《げんそう》的な世界が現れた。

わたしは一瞬《いっしゅん》、ここが学校であることも、片森先生に呼び出されたことも、今朝の出来事も、八杉さんたちのことも忘れた。階段の途中で立ち止まり、突然《とつぜん》現れた異世界に見惚《みと》れていた。

その世界から菊池さんが進み出てくる。

「ああ、やっぱり御蔵さんだ」

菊池さんは、さらりとわたしの名前を呼んだ。驚《おどろ》いた。まさかこうもあっさり名前を呼ばれるなんて、思ってもいなかった。何故《なぜ》、わたしの名を？

「指導室に呼ばれたんだね」

「あ……うん。あの、菊池さんも？」

「そう」

「遅刻したから、だよね」

「だろうね」

わたしより二段下で足を止め、菊池さんはほんの僅《わず》か首を傾《かたむ》けた。

「突然、片森先生から指導室に来いって言われた。御蔵さんも？」

そこで、わたしは気が付いた。

わたしが菊池さんの名前を出さなければ、痴漢《ちかん》の話なんかしなければ、菊池さんの遅刻はただの遅刻で、指導室に呼び出されたりはしなかった、と。わたしが菊池さんを変にかばったから、さらなる迷惑《めいわく》をかけてしまった、と。

やっと気が付いた。何という迂闊《うかつ》さだろう。

謝《あやま》らなければと焦《あせ》る。助けてもらったのに、厄介《やっかい》事に巻き込んでしまった。ちゃんと謝らなくちゃ。

謝っちゃえば楽だから、あの男に謝ろうとしたでしょ。

坂の途中での菊池さんの一言、棘《とげ》を含《ふく》んだ一言がよみがえってきて、わたしの喉を塞《ふさ》ぐ。謝っちゃえば楽だから……。

④詫《わ》びの言葉は使い勝手がいい。使い方は簡単なのに便利な機器みたいだ。「ごめんなさい」「申し訳ありません」「ごめん。ほんと、ごめんね」「すみませんでした」「ね、許してくれる」。わたしたちは、けっこう無造作に謝る。謝ることで関係を繋《つな》いだり、その場を収めたり、波風をたてなかったり、楽になったりする。

たいした言葉じゃないと思ってた。安易に使っていた。菊池さんの一言が胸に刺《さ》さってきたのは、わたしの安易さ、わたしの卑屈《ひくつ》さ、わたしのいい加減さを指摘《してき》されたからだ。自分の判断ではなく、ただその場から逃《のが》れたくて謝ろうとした姑息《こそく》さを看破されたからだ。

でも今は違《ちが》う。

わたしは喉を塞いだものを息と一緒に呑み下した。

今は謝らなくちゃいけない時だ。安易に詫びることが罪なら、謝るべき人に謝らないままやり過ごすのも罪になる。

わたしはもう一度、息を呑み込んだ。喉にすうっと空気が通る。

「ごめんなさい」

二つの声が重なった。一つはわたしの、そして、もう一つは……。

「どうして」

わたしは下げていた頭を戻《もど》し、菊池さんを見詰《みつ》めた。

「菊池さんが謝るの」

「御蔵さんこそ、どうして謝ったりするの」

「あたしは、余計なこと言ったから……」

「余計なことって、なに」

菊池さんは顎《あご》を突《つ》き出し、つっけんどんな口調で問うてきた。乱暴なほど硬《かた》い調子だ。いつものわたしなら、この口調だけで怯《ひる》んでしまっただろう。慌《あわ》てて目を伏《ふ》せ、できるならその場から逃《に》げ出したはずだ。けれど、今はどうしてだか怖くない。むしろ、こんなに早く再会できてよかったと安堵《あんど》というか、ちっちゃな喜びの芽が胸にある。再会できて、

⑤自分の過《あやま》ちに気が付いて(遅《おく》ればせながら、だが)、謝る機会を得た。よかった。ほっとする。そして、嬉《うれ》しい。

菊地さんにまた逢《あ》えて、嬉しい。

「あのね、実は……あたしがね、片森先生にしゃべったの」

校門での経緯《けいい》を菊池さんに告げる。⑥相変わらずのもたもたしたしゃべりだったが、菊池さんは戸惑《とまど》いも苛立《いらだ》ちも眼《め》の中にうかべなかった。黙《だま》って、わたしの話に耳を傾けてくれた。

「あの……だから、ごめんなさい」

もう一度、頭を下げる。

ふっ。菊池さんが息を吐《は》いた。その音が頭の上で震《ふる》えた。

「御蔵さんて、いい人なんだね」

それは棘も抑揚《よくよう》もない物言いだった。⑦平たくて、冷えている。わたしはゆっくりと身体を起こした。

「いつも自分が悪いみたいに感じちゃうんだ。それで、謝っちゃう。そういうの、辛《つら》いよね」

辛くない？　じゃなかった。悪いみたいに感じちゃうの？　じゃなかった。疑問じゃなく断定だった。

空気の通っていたはずの喉に、また何かが閊《つか》えた。

「……どういう意味、それ……」

「まんまだよ。いつだって、あたしが悪いって思ってる。あたしがしっかりしてないからだ。あたしがしゃべったからだ。あたしがしゃべらなかったからだ。そうやって、何でもかんでも自分のせいにしちゃう。そういうの辛いよ。辛くないわけないもの」

菊池さんが階段を上る。わたしの横を通り過ぎる。

「よく似てる」

呟《つぶや》きが聞こえた。聞こえた気がした。空耳かもしれない。

菊池さんはそのまま階段を上りきり、廊下《ろうか》を歩いていった。

今朝と同じだ。わたし一人が残されて、立ち尽《つ》くす。

いや今朝とは違う、わたしは腹を立てている。⑧菊池さんに怒《いか》りを覚えていた。脈が速くなる。額に汗《あせ》が滲《にじ》むほど体温が上がる。指先まで血の流れを感じる。耳の底で血の流れる音を捉《とら》える。濁《にご》った風の音にそっくりだ。

なんで決めつけるのよ。

血の流れる音の奥《おく》で、わたしの声が振動《しんどう》した。

なんであたしのことをわかったみたいな言い方するのよ。いったい、何様のつもり？　あたしを見下してんの。

声にならない罵声《ばせい》は身体を巡《めぐ》り、息さえ粘《ねば》りつかせる。それがさらに、喉に閊えていく。

呼吸困難を起こしそうだ。それくらい腹が立つ。

わたしは手すりを摑《つか》み、一足一足階段を進んでいった。こんなに腹が立つのに、言われた通り指導室に向かっている。

⑨それがさらに、怒りを掻《か》き立てた。

抗《あらが》うことを知らない従順な生徒、素直《すなお》ないい子、まじめないい人。

いい人ってなによ。

そっちだって謝ったじゃない。「ごめんなさい」って言ったじゃない。

あれは何よ。何のつもり？

菊池さんに怒りの矢が飛んでいく。

二階の廊下に立つと、その菊池さんの背中を目が捉えた。指導室の前にいた。
ノックをする前に、ちらっとわたしに視線を向けてきた。
わたしは視線を受け止め、奥歯《おくば》を噛《か》み締《し》めた。
(あさのあつこ『ハリネズミは月を見上げる』〈新潮文庫〉による)

問1　――①「丁寧に軽い調子で断った」とあるが、このときの鈴美の考えを説明したものとして最も適切なものを次のア～エの中から選び、記号で答えなさい。
ア　八杉さんたちの申し出は自分にとって都合が良いと思ったものの、自分のプライドを守るためにも皆《みな》には遠慮《えんりょ》してほしいということを分かってもらいたいという考え。
イ　八杉さんたちの申し出はありがたいが巻き込《こ》むのも申し訳ないので、先生からの呼び出しはどうってことないと装い、皆の好意を拒《きょ》否《ひ》してはいないと伝えようとする考え。
ウ　八杉さんたちの申し出は表面的なものでしかないことは分かっているが、それを見抜《ぬ》いていることを直接的に伝えるのは気まずいので、何となく伝わるようにしたいという考え。
エ　八杉さんたちの申し出は心強いと思ったものの、それを頼《たよ》りにすることは単なる甘《あま》えに過ぎないと反省し、先生からの呼び出しなど気にならないという強い自分を演じようとする考え。

問2　――②「背後で小さな声がして、空気が揺れる。振り向いて、わたしも息を呑み込んだ」とあるが、この描写《びょうしゃ》はどのようなことを表現していると考えられるか。その説明として最も適切なものを次のア～エの中から選び、記号で答えなさい。
ア　朝から続いていたお互《たが》いの不信感が消えて、柔《やわ》らかな空気に包まれたということ。
イ　疑問に感じていたことがお互いに解決して、柔らかな空気に包まれたということ。
ウ　予想もしていなかった遭遇《そうぐう》にお互いが驚《おどろ》き、張り詰《つ》めた空気に変わったということ。
エ　朝から抱《いだ》いていた苛立《いらだ》ちをお互いに隠《かく》せず、張り詰めた空気に変わったということ。

問3　――③「光を背負って、菊池さんは黒っぽいシルエットになっている。手足の長さがさらに際立ち、周りが白く発光して、光と影だけの幻想的な世界が現れた」とあるが、このときの「菊池さん」の描写によってどのようなことが表現されていると考えられるか。その説明として最も適切なものを次のア～エの中から選び、記号で答えなさい。
ア　白い光の世界に浮《う》かぶ黒いシルエットによって手足の長さを強調することで、モデルのように映《は》えている菊池さんの姿に鈴美がうっとりしていることを表す。
イ　階段の踊り場で光を背負っているせいで顔がはっきりわからずに、白い光の世界から声だけが聞こえる謎《なぞ》めいた状況に鈴美が困惑《こんわく》していることを表す。
ウ　階段の踊り場に立って人気者としてスポットライトに照らし出されているように見える菊池さんに、鈴美が見入っていることを表す。
エ　光と影の対照によって菊池さんの存在を際立たせ、不思議な情景の中にいる菊池さんに鈴美が魅了《みりょう》されていることを表す。

問4　――④「詫びの言葉は使い勝手がいい。使い方は簡単なのに便利な機器みたいだ」とあるが、鈴美はどのようなことを考えているのか。

その説明として最も適切なものを次のア～エの中から選び、記号で答えなさい。

ア　謝る言葉はどのような場面でも簡単に使えて、使うことで誰かに迷惑をかけるわけでもないため、謝る必要がない場面でも後ろめたさを感じながらついつい使っていたということ。

イ　謝る言葉は本来であれば相手のことを思って初めて使うべき言葉であるのに、あまりにも便利な言葉であるために相手の感情とは無関係にやたらと使っていたということ。

ウ　謝る言葉は様々な場面で簡単に使えて、たいていの場合はその言葉だけで自分を助けることができるために、言葉の重さを感じることなく安易に使っていたということ。

エ　謝る言葉はたいした言葉ではないが、効果的に使うことで相手との信頼《しんらい》関係を深めることに役立つために、状況をよく考えることなく手軽に使っていたということ。

問5　――⑤「自分の過ちに気が付いて(遅ればせながら、だが)、謝る機会を得た」とあるが、「自分の過ち」について具体的に述べた箇所《かしょ》を、ここより前の本文中からひと続きの二文で抜き出し、最初の五字を答えなさい。

問6　――⑥「相変わらずのもたもたしたしゃべりだったが、菊池さんは戸惑いも苛立ちも眼の中にうかべなかった。黙って、わたしの話に耳を傾けてくれた」、⑦「平たくて、冷えている」とあるが、鈴美は菊池さんに対してそれぞれどのような印象を抱いていると読み取れるか。最も適切なものを次のア～エの中からそれぞれ選び、記号で答えなさい。

(1)　――⑥「相変わらずのもたもたしたしゃべりだったが、菊池さんは戸惑いも苛立ちも眼の中にうかべなかった。黙って、わたしの話に耳を傾けてくれた」

ア　鈴美の不器用で間が抜けたような態度について馬鹿《ばか》にするようなこともなく、相手に寄り添う優《やさ》しさがある。

イ　鈴美の不器用で間が抜けたような態度について不快さを表情に出すことなく、相手から話を引き出す巧《たく》みさがある。

ウ　鈴美の不器用で間が抜けたような態度について一切感情も示さないところに、相手へ無言の圧力をかける威圧《いあつ》感がある。

エ　鈴美の不器用で間が抜けたような態度について責めない姿を装うところに、相手が話しやすい雰囲気《ふんいき》を作り出す狡猾《こうかつ》さがある。

(2)　――⑦「平たくて、冷えている」

ア　突き放してくるような調子で、鈴美からの反論を許さない厳しさを示している。

イ　全てを見透《みす》かしているかのような態度に、鈴美に対する同情の気持ちが込められている。

ウ　共感も同情も感じられない雰囲気で、鈴美の気持ちを無視して言いたいことだけを口にしている。

エ　ほめ言葉とも皮肉とも分からないニュアンスで、鈴美に感情を交えずに伝えている。

問7　――⑧「菊池さんに怒りを覚えていた」とあるが、鈴美が怒りを覚えたのはなぜか。菊池さんの行為について具体的に記した上で、その理由を四十字以上五十字以内で説明しなさい。

問8　――⑨「それがさらに、怒りを掻き立てた」とあるが、このときの鈴美の心情を説明したものとして最も適切なものを次のア～エの中から選び、記号で答えなさい。

ア　鈴美のこれまでの生き方に対して、その辛さも知らずに「いい人」という一言で表現する菊池さんを腹立たしく感じる一方で、これから別の生き方を選んで見返そうと意気込んでいる。

イ　「いい人」と言われたことで菊池さんに対して腹を立てたものの、別の生き方もできずに菊池さんから言われた通りの「いい人」としてしか行動できない自分に対して不甲斐《ふがい》なく思っている。

ウ　鈴美の生き方に対して一方的にまくし立てる菊池さんに腹立たしさを感じたが、他人のことは何でも見通せるように接する菊池さんの態度を注意できない自分に対しても許せないと思っている。

エ　鈴美のこれまでの生き方を否定するような菊池さんの言い方に腹立たしさを覚えたものの、結局謝ることでしか解決方法を見いだせない自分の生き方に呆《あき》れている。

世田谷学園中学校（第一回）

—50分—

〔注意事項《じこう》〕解答の際には、句読点やカギカッコなどの符号《ふごう》も字数にふくむものとします。

◆ 次の文章を読んで、後の問いに答えなさい。

中学三年生の雅之《まさゆき》君は元イラストレーターのホームレスのバンさんと、多摩《たま》川の河川敷《じき》で知り合う。最初は警戒《けいかい》をしていた雅之君であったが、バンさんの巧《たく》みな言葉遣《づか》いや多面的なものの見方に惹《ひ》かれ、たびたび絵の手ほどきを受けるようになる。以下の文章は二人の交流を描いたものである。

バンさんは笑いながら雅之君の横にきて、「なにを描《か》いてるんだ？」と覗《のぞ》きこんだ。

雅之君は正直に答えた。目の前のヒルガオを描こうとしていること。でも、花びらの色が出せそうにないこと。

バンさんは「ほう」とうなずき、しばらく雅之君のすることを見ていた。ひげだらけの口が動いたのはそのあとだった。

「同じ色にしなくたっていいんじゃないか」

「はあ……でも」

「絵なんだから」

「色を作れないのが悔《くや》しいんですよ」

するとバンさんは雅之君のパレットに手を伸《の》ばしてきた。

「混ぜるものが違《ちが》うんだよ。①別に、絵の具じゃなくたっていいんだ」

「え？」

雅之君は絵筆とパレットをバンさんに渡した。いつも通りの［ Ⅰ ］とした汚《よご》れた手でバンさんは受け取った。

バンさんはヒルガオの群落のところまで歩いていき、数枚の葉をちぎって戻《もど》ってきた。指先でそれをつぶし、緑の草汁《くさじる》を白い絵の具に何滴《なんてき》か㋐タらした。そして筆先でぐるぐると混ぜていった。

「これで描いてごらん。おそらくこっちの色だから」

思いもよらなかったこの色作りを、雅之君はⒶ口を開けたまま見ていた。こんな方法があるなんてまったく知らなかった。そして閉まらないその口からは、さらに「わっ」と声が漏《も》れることになった。画用紙に筆をつけたとたん、望んでいた色がそこに現れたからだ。

「すごい」

「絵の具だからって、他の絵の具と混ぜなければいけないなんて考えたらだめだぞ。お茶を混ぜることもあれば、石の粉を使う時もある。なんだってありだよ。方法は自分で開拓《かいたく》していくんだ」

②すごいよ、すごい、すごい、と繰《く》り返す雅之君の横で、バンさんは草むらにじかに腰《こし》を降ろした。あくびをしながら雅之君の描く絵を見ている。そしてごろりと横になった。陽射《ひざ》しが心地よかったのか、バンさんはそのうち寝息《ねいき》を立て始めた。こんなところでバンさん……と雅之君は戸惑《とまど》ったが、絵を描くのに邪魔《じゃま》になるわけでもないので、そのまま放っておいた。

どれだけ時間がたったのだろう。雅之君はヒルガオを描くことに没頭《ぼっとう》していて、バンさんが隣《となり》で昼寝をしていることを忘れていた。

「たかちゃん……」

唐突《とうとつ》な声だった。

雅之君の絵筆がとまった。振《ふ》り向くと、自分の手を枕《まくら》代わりに寝入ったバンさんはもう一度、「たかちゃん」と発した。

閉じられているバンさんのまぶたが、夢を見ているように動いていた。③雅之君は首筋や耳が熱くなり、バンさんから顔をそむけた。絵の具がぽたぽたとズボンに落ちた。バンさんの声は続く。

「たかちゃん、ここにいるから」

どうしたらいいかわからず、雅之君は立ち上がろうとした。すると、はっ、と息を吸いこむような音に続き、バンさんが咳払《せきばら》いをした。

なにも気づいていないふりをして、雅之君は折り畳《たた》み椅子《いす》に座り直した。絵の具を筆につけ、再びスケッチブックに向かう。

バンさんはしばらくなにも言わなかった。何度かあくびをし、雅之君の隣でただじっとしていた。それからおもむろに「うまいなあ」とつぶやいた。

「なにが？」

「いや、君の絵だ」

「でも……」

なにか言われる予感がし、雅之君は振り向かなかった。

「そう。でも、なんだよな。うまいんだが、やっぱり見たままの絵だ。そういう方向でやっていくなら、それはそれでいい。だけど、うまい絵ということだけで競うなら、上には上がいる。世の中には写真と見まがうような絵を描く人がいるからな。どうだ？　この道で食っていこうと思ってるのか？」

さあ、と雅之君は首をひねった。それを考えないわけではなかったが、まだなんとも、というのが本音だった。

「まあ、そんなに早く人生を決める必要もないんだけどな。ただ、君の絵はまっとう過ぎる。責任感が強過ぎるのかな。その分、視野が狭《せま》くなってる」

はあ、と雅之君。

「植物ってのは、こういう生き物なんだぞ。知ってたか？」

バンさんは［Ⅱ］と立ち上がると、ヒルガオの群落の横の茂《しげ》みまで歩いていき、すこし迷ってから背丈《せたけ》のある雑草を引き抜《ぬ》いた。川砂の下から［Ⅲ］と長い根が出てきた。

「地下で頑張《がんば》っている足腰の方が大きいだろう。それなのに絵描きは、いつも上半分しか描かない。もし君が見たままを再現する絵描きになりたいのなら、一度根まできちんと細密画でやってみな。それはそれで目が新しくなる。そうやって自分のスタイルってものを探す旅に出るんだよ」

バンさんはそれだけを言うと、何度か背伸びをして「うおーっ」と意味のわからない唸《うな》り方をした。それから空《あ》き缶《かん》でふくらんだ袋《ふくろ》を肩《かた》にかついだ。

「楽しんでな。なにごとも」

雅之君が「はい」と答えると、バンさんは鼻歌でメロディらしきものをなぞりながら遊歩道の方へと歩いていった。雅之君は小さな声で「どうも」とささやき、去っていくバンさんの背中に向けてぺこりと頭を下げた。

雅之君の足下《あしもと》に、バンさんの抜いた雑草が残された。

ヒルガオの花びらはどうでもよくなっていた。雅之君のなかで、植物そのものの印象が変わっていた。これまで自分が強調しようとしていた植物の可憐《かれん》さはどこかに消え、生き物としてのなまなましい存在感が迫《せま》ってきた。草の根の形なんて知っていたはずなのに、それは初めて見る生き物だった。まるでこの星に潜《ひそ》んで生きるため、姿を変えた宇宙生命体のようにも感じられるのだ。

新鮮《しんせん》だった。意図的にデフォルメしてもいいから、雅之君はこの感じ、この方向で植物をとらえ直してみようと思った。細密画でありながらイメージを㋑ユウセンする、新たな感覚の萌芽《ほうが》。

わずかな水溜《みずた》まりのなかで、ザリガニが泥《どろ》の輪を作った。まわりは干上がっている。雅之君はザリガニの尻尾《しっぽ》をつかんでバケツに入れると、また流れまで運んでいった。すると途中《とちゅう》で深い泥にはまり、制服のズボンを汚した。泥だらけのバスケットシューズは自分で洗うつもりだったが、ズボンは自信がなかった。母親がぶち切れた時の、半ば悲鳴のような声を雅之君は覚悟《かくご》した。

バンさんに会わなくなったのも、母親のその声がきっかけだった。

橋の下にいる雅之君を偶然《ぐうぜん》見かけたという近所の人から、ご丁寧《ていねい》にも電話がかかってきたらしい。母親は問いつめてきた。しばしの沈黙《ちんもく》のあと、雅之君は答えた。ホームレスのバンさんと空き缶をつぶしていたと。

迷いはあったが、雅之君が正直なことを言ったのには理由があった。教室でも美術部でも、雅之君が一人浮《う》いていることを母親は常々心配し、口にした。だから、親しい人ができた、安心していいよという意味で言ったのだ。しかし母親は「なぜあんな人たちと！」と叫《さけ》び、そのまま顔を覆《おお》って泣きだしてしまった。

「なんで？　自分がなにをやっているのかわかってるの？」

雅之君はⒷうろたえた。ホームレスにいい感情を持っていない人たちがいることを雅之君は知っていた。雅之君だって、バンさんと初めて言葉を交《か》わした時は恐《こわ》かったし、緊張《きんちょう》した。でも、ここまでの反応を見せる母親が雅之君には理解できなかった。まるで犯罪者呼ばわりだった。バンさんとつき合っていると言った自分までも、母親は許さないといった目の色で見るのだった。

「だって、絵も教えてもらったし」

「なんでホームレスに絵を教えてもらうのよ！　なんのために美術部に入っているの？　どうしてなにもかもそうなの！」

母親の顔は憤《いきどお》りで茹《ゆ》だっていた。

「だいたい、なんでいっしょに缶をつぶしているわけ？」

どう答えればいいのか、雅之君は言葉が浮かんでこなかった。ただ、バンさんを㋒タズねていった時に、みんなが缶をつぶしていた。だから手伝ったとしか言いようがなかった。

「缶がたくさんあったから。手伝おうと思って」

「そういうの、偽善《ぎぜん》っていうのよ」

「だって……」

「ああいう人たちを助けようとか、どうしようとか、そんな運動やって社会にたてつくような人間にならないでちょうだいよ。もう、信じられないわよ。学校で友達《ともだち》もできないくせに。馬鹿《ばか》にされてるくせに！」

母親は自分の言葉に興奮したのかまた泣きだし、そのままテーブルに突《つ》っ伏《ぷ》した。雅之君も涙《なみだ》がこぼれて仕方なかった。実の母親だけに、テーブルの向こうとこちら側の、その④途方《とほう》もない距離《きょり》感に息が詰《つ》まりそうになった。

　母親は(エ)キタクした父親にもまくし立てた。父親は難しい顔でビールを呑《の》み、雅之君をそばに座らせた。父親は母親のように取り乱しはしなかったが、逆にひとつひとつの言葉を重そうに放った。⑤雅之君はまたうなだれることになった。

「人として、こういう見方が間違っているのは、お父さんにもわかるよ」

　父親はそういう前置きをした。

「こんな時代だから、生きてりゃいろいろある。ホームレスになってしまう人もいるだろう。でも、はっきり言おう。一生懸命《けんめい》真面目《まじめ》に働いていれば、人はホームレスなんかにはならない。これは事実だ。どこかであの人たちには(オ)ユダンというか、怠惰《たいだ》な時期があったんだろう。もちろん、だからといってあの人たちを見殺しにするような国ではないけどね」

　そんなふうには言って欲《ほ》しくないと雅之君は思った。植物の根といっしょだった。見えない人には見えない。でも、自分には見えていると思った。

「あの人たちが盗《ぬす》みを働いているという噂《うわさ》もある。やむにやまれずの場合もあるだろう。お父さんだって同情はするよ。でも、お前には一切関係ないことだ。お前は学校にも塾《じゅく》にも行っているんだから、まずそこで友達を作れ。その方がいい。だからあの人たちには今後一切近づくな」

　父親はそう言って約束を迫った。雅之君は無言で下を向いていた。なにか言い返そうとすると、母親のように泣きだしそうだった。自分のことを悪く言われるより、空き缶を集めるしか生活の糧《かて》がないバンさんたちが、犯罪者呼ばわりされていることがたまらなくいやだった。⑥でも、それを訴《うった》える言葉が雅之君にはなかった。どうにもならず、雅之君は父親の顔を見た。

「なんだ、その目は」

　父親の声が大きくなった。雅之君はまた下を向いた。

「約束できないなら、お父さんの方からその人に言いに行かないといけないな。あるいは警察に相談するか」

　警察？

　父親はいったいなにを考えているのだろうと雅之君は思った。

　だが結局、雅之君は父親の圧力に折れたのだった。力なくうなずき、「もう会いません」と小さな声で答えた。


　どこから流れてきたのか、軽自動車がひっくりかえっていた。フロントガラスが(カ)ワれ、運転席にまで泥が堆積《たいせき》していた。

　雅之君は軽自動車のなかを覗き、それから橋の方を見た。

　この水の力。大気のエネルギー。濁流《だくりゅう》は土手ぎりぎりまできたのだから、橋の下にブルーシートの小屋が残っているはずもなかった。バンさんたちもきっとどこかに避難《ひなん》したに違いない。それでも、もしまたこのあたりにバンさんたちが戻ってきているとすれば、雅之君が考えつく場所は橋の下しかなかった。

　泥を踏《ふ》みながら、雅之君は一歩ずつ橋に近づいていく。

　親と約束した以上、あれ以来河川敷には足を踏み入れていない。それは雅之君にとって大きな我慢《がまん》だった。そしてその分だけ、雅之君は憑《つ》かれたように絵を描き続けていた。

　受験勉強で目の色を変える同級生が多いなか、雅之君は美術部の部室で夏休みの大半を過ごした。家にいるより平和だったし、絵に向かうことでささくれ立っている自分から目をそむけることができた。

雅之君は、⑦バンさんに教えてもらったものの見方を、技術として具体化することに熱中していた。その方向性のみを自分の㋖シシンにし、作品を描き続けた。校庭の隅《すみ》の植えこみから雑草を引き抜いてきては絵筆を握《にぎ》った。大胆《だいたん》に描かれた根が躍《おど》り、花や葉を脇《わき》に押《お》しやった。だれが見ても新しい印象を受ける植物たちの姿がそこにあった。

美術部員たちの間でも雅之君の作品は徐々《じょじょ》に㋗ヒョウバンになっていった。普段《ふだん》は押し黙《だま》っている雅之君だけに、その絵を囲むみんなの声はかえって大きくなった。男子女子ともに「すごいね」と集まってくる。顧《こ》問《もん》の先生も熱を㋘オびた口調になった。

「理科の資料図みたいだけれど、描く側の目で生まれ変わっている。こりゃ、アートだ。おい、雅之、どこで思いついた？」

バンさんとの間で起きたことを話そうとは思わなかった。話せば興味本位でいろいろ訊《き》かれるに決まっている。雅之君は笑みを浮かべながらも、新たに得た「目」についてはなにも語らなかった。

ただ、孤立《こりつ》しがちだった雅之君にとって、周囲のこの変化はとても大きな意味を持ち始めた。日々の色合いが絵の具を並べたように鮮《あざ》やかになっていった。生涯《しょうがい》をこの道にかけてもいいと雅之君は初めて思った。

顧問の先生は雅之君の作品を何枚か選び、コンクールに送った。雅之君の胸のなかには、いつの間にか⑧夜明けの金星みたいな輝《かがや》きが宿るようになった。もうこうなったら、親がなにを言おうとバンさんにまた絵を見せに行こうと思った。

そこに突然《とつぜん》の濁流をぶつけてきたのが今回の台風だった。十年に一度の大型台風だとテレビは報じていた。多摩川の土手沿《ぞ》いには消防車が並び、警戒水位を越《こ》えた場合は強制避難もあり得ると繰り返しアナウンスしていた。

そして、警告された通りの大型台風がやってきた。激しい雨が半日も降り続き、家が揺《ゆ》れるほどの風が吹き荒《ふあ》れた。まさか逃《に》げ遅《おく》れていることはないと思ったが、雅之君はバンさんたちの安否を気づかった。暴れ狂《くる》う風の音を聞きながら、雅之君はまんじりともできない夜を過ごした。

⑨台風が去り、天高い青空が現れても、雅之君の胸のなかにはまだ強い風が吹いていた。橋の下がどうなっているのかとても心配だった。あの場所だけでも見に行こうと雅之君は思った。親の顔がちらついたが、とにかくそれは自分で決めたことだった。

そんななか、ちょうど給食の時間にそれは起きた。

美術部の顧問の先生が「金賞！　金賞！」と叫びながら教室に駆《か》けこんできた。なにごとかと担任の教師は立ち上がった。教室もざわめいた。すると顧問は、雅之君の絵がコンクールで一位を取ったこと、副賞としてパリに短期留学できる㋙シカクを得たことなどを©興奮冷めやらぬ口調で語った。教室のすべての生徒が立ち上がり、一人離《はな》れて座っていた雅之君に拍手《はくしゅ》を送った。

橋はすぐ目の前にあった。バンさんと顔を合わせたら、どんな言葉をかければいいのだろう。そればかりを考えていた雅之君は、風景がすっかり変わってしまった橋の前で立ち尽《つ》くしていた。

橋の下には流木が積み重なっていた。凄《すさ》まじい量だった。そこにあるゴミや灌木《かんぼく》、自転車などが引っかかり、無惨《むざん》なオブジェとなって空間の半分をふさいでいた。人影《ひとかげ》はどこにもなかった。風が吹く度に、その巨大《きょだい》な残存物は［Ⅳ］と奇妙《きみょう》な音を立てた。生まれたくなかった怪《かい》物《ぶつ》が、自身の姿を知って泣いているかのように。

苦しげな命を宿したかのようなその音のなかで、雅之君は一人のホームレスがバンさんについて語っていたことをふいに思い出した。

「生きてりゃ、あんたと同じぐらいになる息子さんがいたんだってよ」

⑩そう聞かされた時、雅之君はバンさんの息子さんの名前を知っていると思った。だからもう、バンさんは他人ではないのだ。それなのに、自分はずっとここに来なかった。

怪物の泣き声に引っ張られるかのように、ゴミ溜《た》まりと化した橋の下に雅之君は入っていった。陽光がさえぎられる。そのとたん、冷たく暗い、濡《ぬ》れた空気の塊《かたまり》が雅之君を呑みこんだ。

雅之君の足がまた止まった。

ここで暮らさなければいけない人たちの気持ちを、だれか本気で考えたことがあるのだろうか。雅之君はそう思った。制度だとか、福祉《ふくし》だとか、そんなことじゃなくて、ここで暮らさなければならない人たちの気持ちを。

父親が放った、「盗み」という言葉。なぜかそれも思い出される。⑪雅之君はこめかみのあたりにぴりぴりとした震《ふる》えを感じた。

盗みって……。

ひょっとしたら、バンさんはなにひとつ盗めない性格だったからこそ、空き缶をつぶす人になってしまったのではないか。

雅之君は残存物の横をゆっくりと歩いた。すると、ぶつかり合った流木の下に、ブルーシートの切れ端《はし》があった。流木と鉄のフェンスに挟《はさ》まれ、ずたずたにちぎれて引っかかっていた。そしてその下には、透明《とうめい》なボウルが挟まっていた。

雅之君は腰をかがめ、ボウルを引きずり出した。そのあたりにはまだ泥水が溜まっていて、小魚たちが背を出して［Ⅴ］ともがいていた。雅之君は何匹《なんびき》かをすくい取ってボウルに入れると、ゴミだらけの斜面《しゃめん》を下りて流れまで運んでいった。

母親の声が頭によみがえった。偽善、という言葉だった。

そうなのかもしれない。いや、きっとそうなんだと、雅之君は自分のことを思った。

浅瀬の水にボウルごと浸《ひた》すと、魚たちは泥を吐《は》くように舞《ま》い、四方に散っていった。雅之君はしばらくボウルをそのままにしておき、水を張るようにして持ち上げた。濁《にご》り水がボウルで揺れている。⑫自分の顔もゆらゆらと、そこであいまいに揺れている。

ふいに、込《こ》み上げてくるものがあった。

ひどいのは父親でも母親でもない。橋の下で暮らす人たちの気持ちを考えない世間でもない。一番汚《きたな》いのは、他人の知恵を黙って使い、短期留学までしようとしている自分だ。

「盗んだのは……僕《ぼく》だ」

それだけをつぶやくと、雅之君はⅲ息を殺して泣き始めた。

ボウルのなかの自分の顔に、涙が落ちていく。

（ドリアン助川『多摩川物語』〈ポプラ文庫〉―一部改変―　による）

(注)　デフォルメ……変形して表現すること。
萌芽……新しい物事が起こりはじめること。
灌木……背の低い木。

オブジェ……物体、対象物。

問一 〜〜線㋐〜㋙の片仮名を漢字に直しなさい。

問二 ——線ｉ「ささくれ立っている」・ⅱ「まんじりともできない」・ⅲ「息を殺して」とありますが、その本文中の意味として適当なものをそれぞれ次のⅰ〜ⅲの中から一つずつ選び、記号で答えなさい。

ⅰ「ささくれ立っている」
ア　激しい怒りで気が立っている。
イ　圧力に屈《くっ》してくじけそうになっている。
ウ　気持ちが荒れてとげとげしくなっている。
エ　これから先のことを心配している。
オ　やる気を失い投げやりになっている。

ⅱ「まんじりともできない」
ア　声が出せない。　　イ　何もやる気が起きない。
ウ　涙が止まらない。　　エ　食欲が出ない。
オ　少しも眠《ねむ》れない。

ⅲ「息を殺して」
ア　息をしないようにして。　　イ　声をたてないようにして。
ウ　人には見られないようにして。　　エ　全く動かないようにして。
オ　感情を抑《おさ》えるようにして。

問三 ——線Ⓐ「口を開けたまま」・Ⓑ「うろたえた」・Ⓒ「興奮冷めやらぬ口調で」とありますが、その内容や心情に当てはまる表現をそれぞれ次のア〜オの中から一つずつ選び、記号で答えなさい。

Ⓐ「口を開けたまま」
ア　思わず声を出して　　イ　あっと驚《おどろ》いた気持ちで
ウ　ぞっとした気持ちで　　エ　お腹を抱えて笑い
オ　あきれてものが言えず

Ⓑ「うろたえた」
ア　呉越同舟《ごえつどうしゅう》　　イ　四面楚歌《しめんそか》　　ウ　周章狼狽《しゅうしょうろうばい》
エ　臥薪嘗胆《がしんしょうたん》　　オ　背水之陣《はいすいのじん》

Ⓒ「興奮冷めやらぬ口調で」
ア　空元気《からげんき》を出して　　イ　居丈高《いたけだか》になって
ウ　天邪鬼《あまのじゃく》のように　　エ　有頂天《うちょうてん》で
オ　長広舌《ちょうこうぜつ》で

問四 [Ⅰ]〜[Ⅴ]に入る適当な言葉を次のア〜オの中からそれぞれ一つずつ選び、記号で答えなさい。
ア　ビューッ　　イ　ずるずる　　ウ　よろよろ
エ　ぴちゃぴちゃ　　オ　ごつごつ

問五 ——線①「別に、絵の具じゃなくたっていいんだ」とありますが、ここでバンさんはどういうことを伝えたかったのですか。その説明として適当なものを次のア〜オの中から一つ選び、記号で答えなさい。
ア　色づくりには誰《だれ》もが驚くような奇抜《きばつ》な発想が大事だということ。
イ　絵の具で表現できないときには植物を使って色を作ることが最適だということ。
ウ　理想の色を作り出すには狭い考え方の枠《わく》にとらわれてはいけないということ。
エ　写実的な絵を描くには豊富な知識と複雑な作業が必要だということ。
オ　人に一目置かれる作品を作るには大胆な色の組み合わせが不可欠

だということ。

問六　――線②「すごいよ、すごい、すごい」とありますが、雅之君はなぜこのように言ったのですか。その理由として適当なものを次のア～オの中から一つ選び、記号で答えなさい。

ア　バンさんが色を作り上げた方法はあまりに意外で、さらには理想的な色を作り出していたから。

イ　バンさんの作り出した絵の具の配色があまりに鮮やかで、絵を最大限に引き立てているものだったから。

ウ　バンさんの描いた写実的な表現はあまりに精密で、自分では及びもつかないものだったから。

エ　バンさんの絵の具の組み合わせ方はあまりに絶妙《ぜつみょう》で、自分にとって理想的な色使いであったから。

オ　バンさんの色の作り方はあまりに巧妙で、自然の美しさをより引き立てているものであったから。

問七　――線③「雅之君は首筋や耳が熱くなり、バンさんから顔をそむけた」とありますが、それはなぜですか。その理由として適当なものを次のア～オの中から一つ選び、記号で答えなさい。

ア　バンさんが今では会えない家族の名前をつぶやいた気がして、雅之君は何もできない自分を腹立たしく思ったから。

イ　バンさんが今まで隠《かく》していた秘密を聞いてしまった気がして、雅之君はこのことが周りに広まらないか不安に思ったから。

ウ　バンさんがもらした寝言に、雅之君は彼の秘めた事情を盗み聞きしてしまった気がして、ひどくきまりが悪い思いをしたから。

エ　バンさんが友達だと言いつつも自分の名前を間違えたので、雅之君は本当に仲が良いと思われているか不審《ふしん》に思ったから。

オ　バンさんが突然わけのわからない言葉を繰り返したので、雅之君はさすがに気味が悪く不快に思ったから。

問八　――線④「途方もない距離感に息が詰まりそうになった」・⑤「雅之君はまたうなだれることになった」とありますが、母親と父親のバンさんに対する考え方として適当なものをそれぞれ次のア～オの中から一つずつ選び、記号で答えなさい。

ア　自分と違う世界の人間とはいえ、同じ人間としてバンさんの境遇《きょうぐう》を理解し、ホームレスの人権や権利を守ろうとするような考え方。

イ　ホームレスの境遇に対して同情しているように振る舞いつつも、バンさんを自分たちとは違う世界の人間として切り捨てるような考え方。

ウ　ホームレスになってしまったのは責められるべき一面がある一方で、同情すべき点もあるというバランスのとれた考え方。

エ　過酷《かこく》な環境《かんきょう》に身を置くバンさんを気の毒に思いつつも、ホームレスになるのはその人自身が選んだ生き方なのだと認めるような考え方。

オ　世間体《てい》を考え、ホームレスと聞いただけでその人の事情に一切配慮することなく、一方的に異質なものとして排除《はいじょ》するような考え方。

問九　――線⑥「でも、それを訴える言葉が雅之君にはなかった」とありますが、雅之君が言葉には出さずに抱えている思いはどのようなものですか。それが端的《たんてき》に表現されている連続した二文をこれより前の本文中からぬき出し、最初の五字を答えなさい。

問十　――線⑦「バンさんに教えてもらったものの見方を、技術として具体化すること」とありますが、それはどのようなことですか。その説明として適当なものを次のア～オの中から一つ選び、記号で答えなさい。

ア　自分の内に隠されている内面的な世界と向き合うことで、今でしか描けない心の叫びを表現すること。

イ　目には見えない部分をクローズアップすることで、それを見る人たちに新しい印象を植え付けること。

ウ　ものをみるときに表側からではなく裏側からみることで、隠された対象の本質を見抜くこと。

エ　情熱や感性の赴《おもむ》くままに自分らしい絵を描くことで、他人の評価を気にせず自由に描くこと。

オ　自分が描きたい対象に対して、普通の人が見落としがちな見えない部分にも目を向けることで、その本質を表現すること。

問十一　――線⑧「夜明けの金星みたいな輝きが宿るようになった」とありますが、これはどのようなことを意味していると考えられますか。その説明として適当なものを次のア～オの中から一つ選び、記号で答えなさい。

ア　バンさんが教えてくれたものの見方を自分の作品に取り入れることができるようになり、雅之君の絵に対する興味や関心が以前よりも強いものになっているということ。

イ　自分の絵がコンクールに送られ、周囲の人々も好意的な評価をしてくれるようになったことで雅之君は社交的になり、日々の生活も楽しくカラフルなものに変化したということ。

ウ　それまで孤独で人との関わりを避けてきた雅之君だったが、美術部の顧問の先生や部員たちに作品を評価されるようになり、人の意見に左右されずに行動する勇気を得たこと。

エ　絵を描く際に自分のものの見方を反映し得るという思いを雅之君が持つとともに、その絵がきっかけで周囲からの評価を受け、さらには将来への希望も芽生えたということ。

オ　将来的に画家として一人前に成功できるという自信を雅之君が得るとともに、そのヒントを与えてくれたバンさんのことを実際の肉親以上に慕《した》うようになっているということ。

問十二　――線⑨「台風が去り、天高い青空が現れても、雅之君の胸のなかにはまだ強い風が吹いていた」とありますが、これはどういうことですか。その説明として適当なものを次のア～オの中から一つ選び、記号で答えなさい。

ア　雅之君の心の中では、バンさんたちが台風で家を失っただけでなく、行方不明になってしまったのではないかという不安がずっと渦《うず》巻いていたということ。

イ　雅之君の心の中では、自分が得た絵の描き方に対する手ごたえをバンさんに早く伝えたいという気持ちがありつつも、それ以上にバンさんたちの安否が気になっていたということ。

ウ　雅之君の心の中では、勝手に河川敷に行かなくなったことをバンさんに謝りたかったという気持ちがありながら、やはりバンさんたちの無事を確認したいと思っていたということ。

エ　雅之君の心の中では、自分がコンクールで金賞を取ったことを師匠《ししょう》であるバンさんに早く報告したいという気持ちとともに、バンさんたちの生死が心配で仕方なかったということ。

オ　雅之君の心の中では、親の命令で河原に行かなくなった経緯《けいい》を説明したいと思う気持ちとともに、それ以上にバンさんたちが無事かどうか一刻も早く知りたいと思っていたということ。

問十三　――線⑩「そう聞かされた時、雅之君はバンさんの息子さんの名前を知っていると思った。だからもう、バンさんは他人ではないのだ。それなのに、自分はずっとここに来なかった」について、次の(1)～(3)の問いに答えなさい。

(1)　雅之君がバンさんの息子さんの名前を聞いた経緯はどのようなものですか。その説明として適当なものを次のア～オの中から一つ選び、記号で答えなさい。

ア　バンさんが雅之君に色の混ぜ方をひとしきり話したあと、雅之君の質問に答える形で息子について話をした。

イ　バンさんが雅之君に絵の描き方について説明したあと、自分の過去について真剣《しんけん》な態度で話し始めた。

ウ　バンさんが雅之君に色の作り方を教えたあと、草むらに横になって寝言のように「たかちゃん」とつぶやいた。

エ　バンさんが雅之君に絵の具の使い方について説明したあと、寝ぼけたような様子で子どもの話を始めた。

オ　バンさんが雅之君に色の作り方について話したあと、絵が好きだった「たかちゃん」について話し始めた。

(2)　ここでの雅之君の気持ちはどのようなものだと考えられますか。その説明として適当なものを次のア～オの中から一つ選び、記号で答えなさい。

ア　バンさんがかつて自分の前でたまたま子どもの名前を発したことを思い出し、彼の過去に触《ふ》れていながらも距離を置いてしまったことに対して後悔《こうかい》と申し訳なさを感じる気持ち。

イ　バンさんが以前自分の前で「たかちゃん」に対して詫《わ》びるような言葉を偶然発したことを思い出し、その際のきまりの悪さから意図的に無視してしまった自分に対して反省している気持ち。

ウ　バンさんがかつて寝言で自分の子どもの名前を言っていたことを思い出し、それほどまでに自分に対して心を開いてくれたバンさんと絶交してしまった自分を情けなく思う気持ち。

エ　バンさんが以前子どものことについて話してくれたことを思い出し、自分はもはやバンさんの家族と言ってもいい存在なのに、そのことから目を背けていた自分をみじめに思う気持ち。

オ　バンさんがかつて自分の前で「たかちゃん」と眠りながら言っていたことを思い出し、自分は「たかちゃん」の代わりになるべきだったのにそれができなかったことを悔しく思う気持ち。

(3)　バンさんの雅之君に対する接し方からはどのようなことがうかがえますか。(1)・(2)を踏まえた説明として適当なものを次のア～オの中から一つ選び、記号で答えなさい。

ア　雅之君の絵に対する姿勢に幼くして失ってしまった自分の息子の姿を発見し、苦い記憶《きおく》がよみがえることを恐れつつも、バンさん自身が持つ絵への情熱を自然と雅之君へのアドバイスに注ぎ込んでいること。

イ　雅之君の姿に自分のせいで亡くなってしまった息子の姿を投影《とうえい》し、雅之君に絵の描き方を教えることによってかつての自分が抱いていた息子への罪悪感を取り払い、精神的に立ち直ろうとしていること。

ウ　雅之君の面影《おもかげ》に不本意ながら離れ離れになってしまった自分の子どもと共通するものを感じ、雅之君に絵の描き方だけでなくものごとの見方も伝えることで、擬《ぎ》似《じ》的な親子の関係性を作ろうとしていること。

エ　雅之君の姿に今はもう会うことのできない自分の子どもの姿を重ね、絵の技術的なアドバイスだけでなく楽しんで描くことの大切さや絵を通じて表現することの意味について伝えようとしていること。

オ　雅之君の絵に対する情熱に若くして亡くなってしまった自分の息子と共通するものを感じ、雅之君に多様な色の作り方を教えることで彼を芸術の世界へ導き、ゆくゆくはパリへ留学させようとしていること。

問十四　――線⑪「雅之君はこめかみのあたりにびりびりとした震えを感じた」とありますが、それを感じた理由を、次のように記しました。［X］の中に当てはまる漢字二字を、本文中から抜き出して答えなさい。

・ホームレスを偏見の目で見る父親や世間の人々に怒りを覚えていたが、自分にも似たような［X］の要素があることを感じたから。

問十五　――線⑫「自分の顔もゆらゆらと、そこであいまいに揺れている」とありますが、この表現から読み取れる雅之君の気持ちはどのようなものですか。バンさんとの関係性に着目して、百字以内で説明しなさい。

問十六　この文章で語られている「根」とは何だと考えますか。また、「根」が表しているものとの関わり方についてどう考えますか、あなたの具体的な経験にもとづいて説明しなさい。

高輪中学校(A)

—50分—

一　次の問いに答えなさい。

問一　次の傍線部のカタカナは漢字に直し、漢字は読みをひらがなで答えなさい。

1　将来は新しい文化を生み出すソウゾウ的な仕事をしたい。
2　コウソウビルが立ち並ぶ。
3　ヒョウリ一体とは、二つのものが密接で切り離せないことをいう。
4　税金をオサめることは国民の義務の一つだ。
5　遊園地でカンラン車に乗る。
6　チューリップのカブを植えた。
7　優勝した団体にトロフィーを授ける。
8　沿道には見物客が多くいた。

問二　漢字の読みには音と訓がありますが、次の1～3の熟語はどの読みの組み合わせですか。ふさわしいものを後のア～エからそれぞれ一つ選び、記号で答えなさい。

1　台所　　2　雨具　　3　目頭

ア　音と音　　イ　音と訓　　ウ　訓と訓　　エ　訓と音

問三　次の1～3のことわざの意味を後のア～オからそれぞれ一つ選び、記号で答えなさい。

1　えびで鯛《たい》を釣《つ》る　　2　たなからぼた餅《もち》　　3　花より団子《だんご》

ア　地道な努力が実を結ぶこと。
イ　名目よりも実利を重視すること。
ウ　思いがけない幸運が舞い込むこと。
エ　冗談が本当のことになってしまうこと。
オ　わずかな負担で大きな利益を得ること。

二　次の文章を読んで、後の問いに答えなさい。ただし、字数に制限がある場合は、句読点や記号も字数に含まれるものとします。

1いまはとくに若い人の中に「SDGs(注)疲れ」や「サステナブル(注)疲れ」が広がっているという話も聞くようになりました。高校や大学でSDGsを積極的に取り上げるようになると、良い成績を取りたい若者はそれを避けて通ることはできません。さらに就職活動をする学生は、企業説明会でもSDGsセミナーのようなものを受けることがあるそうです。社会の持続可能性に無関心な人間は高く評価されないのではないか、というプレッシャーを感じてしまったとしても無理はないでしょう。

そういうストレスを与えるのは、大学や就職活動の場だけではありません。SDGsの影響もあって、近年は「サステナブル」を謳《うた》う商品も増えました。それを使っていると「いい人アピール」ができるので、たとえばステンレス製のストローのような脱プラスチック商品など、サステナブルな持ち物の写真を頻繁《ひんぱん》にSNSにアップする人もいるようです。それはそれで個人の自由ですが、いちいちそれを見せられるほうはなんとなく「みんなも使えば?」というプレッシャーを感じます。

そういう人の中には、直接「まだプラスチックのストローなんか使ってるの?」と批判めいた調子で言ってくる人もいるでしょう。「正義」を背負った人が自分の日常生活に介入《かいにゅう》してくるのは、気持ちのいいものではありません。

また、自分で自分に2「こうあらねばならない」とプレッシャーをかけている人もいると思います。脱プラスチックや省エネなど、環境への負《ふ》荷《か》を軽くするための「エコ」な生活スタイルを徹底しなければならないと自分に言い聞かせて、その不便さに耐《た》えている。それこそ家庭ゴミの分別だけでも、厳密にやろうとすると「これはどっちなんだ?」といちいちネットで検索して調べたり、パッケージの金属部分と紙部分を分けるために解体したりなど、けっこうなストレスになるでしょう。毎日のことですから、完璧《かんぺき》を目指していたら疲れてしまうのも当然です。

社会のために、あるいは次世代のために、「何かいいことをしたい」と考えるのは人として当たり前のことですが、疲れを感じるまでやったのでは、その行動そのものがサステナブルになりません。良いことをしたいなら、それを続けられる範囲で「ぼちぼち」やったほうがいいでしょう。3世の中には時間が解決する問題もたくさんあるのです。

根が真面目な人ほど「ぼちぼち」の加減がわからず、やれることを全力でやろうとするのかもしれません。欲求を抑えて4自己犠牲《ぎせい》を払うことに美徳を感じる人もいるでしょう。とくに日本の場合、昔から「奉仕《ほうし》の精神」を尊ぶ精神的土壌《どじょう》もあります。自分を犠牲にして「いいこと」をしたくなる気持ちもわからなくはありません。

でも、5「みんなを幸せにしたい」と願うとき、その「みんな」には自分自身も入っていることを忘れないでほしいのです。国連も、ＳＤＧｓというプロジェクトを通じて、地球上の「誰ひとり取り残さない」と誓《ちか》っています。途上国の貧しい人々や独裁者の圧政に苦しむ人々のことを思い浮かべる言葉ですし、そうやって取り残されている人々が多いのは確かですが、「誰ひとり」と言う以上、日本のような先進国で暮らす私たちも取り残されてはいけません。自分の日常生活を犠牲にするのは、自分自身をＳＤＧｓから取り残しているようなもの。その時点で、「みんな」を幸せにはできていないのです。

だから、まずは自分自身が楽しく生きること。それができて初めて、人のために何かできるようになるのではないでしょうか。

それに、誰にも全体が見えていない世界では、その献身《けんしん》が本当に社会の持続可能性を高め、人々を幸福にするのかどうか、じつのところわかりません。なにしろ、法律をすべてきちんと守っても、誰かがどこかで不幸になっているのかもしれないのです。複雑な世界では、良かれと思ってしたことが、めぐりめぐって人に迷惑をかけることもあるでしょう。たとえば、徹底した省エネにこだわるあまりに、猛暑の真っ最中でもエアコンを使わず熱中症で倒れたりすれば、コロナ禍《か》(注)で逼迫《ひっぱく》している医療に余計な負荷をかけることになりかねません。

いまのＳＤＧｓブームには、6そういう危うさがあるように思います。とりわけ日本の場合、ＳＤＧｓといえば脱炭素や脱プラスチックといった環境問題ばかり注目されますが、一七の目標を見ればわかるとおり、これは「環境」の持続可能性だけを考えているわけではありません。そこには「環境」のほかに、「経済」「社会」という大きな柱があります。環境への負荷を下げるための取り組みばかりに集中した結果、逆に経済や社会への負荷を高めてしまうこともあるでしょう。実際、プラゴミの分別収集は自治体の経済的な負担を高めています(国からの補助金も税金です)。

そもそも人類は、(７)的な発展を追求した結果として、(８)問題に直面しました。ですから、その両方の持続可能性を高めるのはきわめて難しい。たとえば二酸化炭素の排出量をめぐる国際的な議論も、常に9「総論賛成、各論反対」のようなものになります。

ＳＤＧｓが目指す環境、経済、社会という三つの分野での持続可能性をどれも完璧に高めようとすれば、必ずどこかで優先順位をめぐるケンカが起こるでしょう。どの分野でも、完全に筋を通すことなどできません。10どこかで「キレイゴト」を引っ込めて、「大人の事情」に基づく調整が必要になる。ＳＤＧｓとはそういうものだからこそ、完璧を目指さずに「ぼちぼち」やっていくしかないのです。

また、大学で学生たちを相手にしている身としては、いまのＳＤＧｓブームが結果的に若い世代を苦しめることになりはしないかと心配になります。次代を担《にな》う人たちの負担を増やしてしまうとしたら、それこそ（11）の持続可能性が損《そこ》なわれてしまいます。

しかしサステナブルな社会を築きたいなら、若い世代が生き生きと暮らせるようにするのが大人の役目でしょう。ゴミのブンベツに神経をすり減らす前に、12まずは世の大人たちがフンベツをもってＳＤＧｓそのものをしっかりとブンベツし、これから何をすべきかを考えなければいけないと思います。

（酒井　敏『カオスなＳＤＧｓ　グルっと回せばうんこ色』〈集英社新書〉より）

（注）ＳＤＧｓ……「持続可能な開発目標」のこと。世界中の環境問題・差別・貧困・人権問題といった課題を、世界のみんなで二〇三〇年までに解決していこうという一七の計画・目標がある。

サステナブル……持続可能であること。

逼迫……ゆとりがなく、苦しくなること。

問一　――1「とくに若い人の中に『ＳＤＧｓ疲れ』や『サステナブル疲れ』が広がっている」とありますが、それはなぜですか。ふさわしいものを次の中から一つ選び、記号で答えなさい。

ア　ＳＮＳの利用が必須《ひっす》であり、ＳＤＧｓに関する「正義」を突きつけられることが他の世代よりも多いから。

イ　前世代の大人たちの負の遺産を、自分たちが解決しなければならないという理不尽《りふじん》な目にあっているから。

ウ　社会の持続可能性に興味、関心を持つことが自身の評価に直結するという環境下で重圧に耐えているから。

エ　若者は「ぼちぼち」物事に取り組む加減がわからず、真面目に完璧を目指し日常生活を送ろうとするから。

問二　――2「こうあらねばならない」とありますが、これを具体的に言いかえている部分を文中から四〇字以内で抜き出し、始めと終わりの五字を答えなさい。

問三　――3「世の中には時間が解決する問題もたくさんあるのです」とありますが、ここで想定される具体例としてふさわしいものを次の中から一つ選び、記号で答えなさい。

ア　学力を伸ばすには、焦《あせ》って闇雲《やみくも》に行うのではなく落ち着いた集中できる状況下での学習が有効である。

イ　農作物や森林を育《はぐく》むためには、人が手を入れるばかりではなく自然の力にまかせることも必要である。

ウ　街中にゴミが落ちていても、それを回収する人の仕事を奪わないように放っておくことが最善である。

エ　重い病気であっても、薬や医療に頼るのではなく十分な栄養と睡眠でゆっくり治していくべきである。

問四　――4「自己犠牲」とありますが、自己犠牲を払った生活を筆者が否定的に考えているのはなぜですか。文中の言葉を使って五〇字以内で答えなさい。

問五　――5「『みんなを幸せにしたい』と願うとき」とありますが、そのときには第一に何を心がけることが大事だと筆者は考えていますか。文中から一五字以内で抜き出して答えなさい。

問六　――6「そういう危うさ」とありますが、これはどのような危うさですか。文中の言葉を使って五〇字以内で説明しなさい。

問七　（　）7・8・11に「環境」「経済」「社会」いずれかの語をあてはめたとき、ふさわしい組み合わせを次の中から選び、記号で答えなさい。

ア	7：環境	8：経済	11：社会
イ	7：経済	8：環境	11：社会
ウ	7：社会	8：経済	11：環境
エ	7：環境	8：社会	11：経済
オ	7：経済	8：社会	11：環境
カ	7：社会	8：環境	11：経済

問八　――9「『総論賛成、各論反対』のようなものになります」とありますが、これはどういうことですか。その説明としてふさわしいものを次の中から一つ選び、記号で答えなさい。

ア　人類全体で二酸化炭素の排出量を減らさなければならないということには賛成するが、そのために自国や自身の活動が制限されることには反対するということ。

イ　人類の二酸化炭素の排出量を減らさなければならないという考え方には賛成するが、経済発展の余地がある途上国にはその理屈は押しつけられないということ。

ウ　人類の二酸化炭素の排出量を減らすという大きな目標については賛成するが、そのために経済活動を停止するという小さな目標については反対するということ。

エ　人類として二酸化炭素の排出量を減らしていく必要があることに表向きだけ賛成しながら、環境を自国の発展より優先する政策を実現する気はないということ。

問九　――10「どこかで『キレイゴト』を引っ込めて、『大人の事情』に基づく調整が必要になる」とありますが、ここでいう「大人の事情」とはどういうことですか。文中の言葉を使って説明しなさい。

問一〇　――12「まずは世の大人たちがフンベツをもってSDGsそのものをしっかりとブンベツし、これから何をすべきかを考えなければいけない」とありますが、これはどういうことですか。その説明としてふさわしいものを次の中から一つ選び、記号で答えなさい。

ア　世の大人たちは家庭ゴミの分別以上に重要なSDGsの課題があることをよく理解した上で、若い世代にその課題を伝えていく必要があるということ。

イ　世の大人たちはSDGsの意義や道理についてしっかり判断し、その取り組みにおいて何が必要で何が優先されるべきか思慮《しりょ》深く考えていく必要があるということ。

ウ　世の大人たちはSDGsの目標のうち環境問題にだけ目を向ける

のではなく、環境・経済・社会のいずれも取り残さずに持続可能性を高める方法を模索《もさく》する必要があるということ。

エ　世の大人たちは現在の自分たちの生活を守るのではなく、未来の若い世代の生活をよりよくするために、自分たちが実践すべきSDGsのプロジェクトを見極《みきわ》めていく必要があるということ。

問二　本文の内容の説明としてふさわしいものを次の中から一つ選び、記号で答えなさい。

ア　SDGsが日本では「奉仕の精神」と結びつき、若者に大きな影響を及ぼすようになったことをSNSを例に分かりやすく説明している。そして、本来SDGsは世の大人が率先して取り組むべきだと述べている。

イ　SDGsの内容は途上国や独裁国家の人々が対象と思われがちだが、先進国の人々も含まれることを若者を例に説明している。そして、世界規模で考えるよりまず自身の幸福を追求することが大切だと述べている。

ウ　日本におけるSDGsブームの危険性を、若者が受けているストレスを糸口として具体例を交えながら説明している。そして、SDGsの達成には負担を過度に増やさないよう調整することが必要だと述べている。

エ　SDGsには環境・経済・社会に関わるものがあるが、先進国では環境ばかりが注目されることを日本を例として挙げ説明している。そして、他の分野にも目を向けないと今後経済衰退の恐れがあると述べている。

三　次の文章を読んで、後の問いに答えなさい。ただし、字数に制限がある場合は、句読点や記号も字数に含まれるものとします。

高校を卒業した十八歳の山下理佐は、家庭の問題から自分の独立に合わせ、八歳の妹・律を連れて家を出た。理佐は地方の山間《やまあい》にあるそば屋に就職し、住み込みで働くこととなる。そのそば屋では、水車を使い、石臼《いしうす》でそば粉を挽《ひ》いている。その石臼とそば粉の管理を、ネネと呼ばれる十歳になる鳥に手伝わせていた。ネネはヨウムという種類で、人の言葉を話し、理解することができる。

理佐は姉妹二人で暮らすことについて、周囲の大人たちから何か言われないかと気を張って生活していたが、律の小学校の担任である藤沢静子先生から、五月の家庭訪問で、親元を離れ、姉妹二人だけで暮らし続けることについて心配であると告げられてしまう。理佐は、藤沢先生に認められるよう、律をしっかり生活させていかなければならないと考えていた。次の文章は、その後、六月になったある日の出来事である。

藤沢先生が水車小屋を訪ねてきたのは、その日に理佐が水車を動かしに行ってすぐのことだった。やはり小雨の降っている日で、藤沢先生は、白と青の大きな(注)市松模様《いちまつもよう》の傘を差していた。1開け放した水車小屋の戸の向こうからやってくる藤沢先生の姿は不吉だったが、傘はいいなと理佐は針を動かしながら思った。縫《ぬ》い物については、退屈した様子のネネに何度か、それ何？　とたずねられたので、これとこれをくっつけている、と理佐は(注)身頃と背の二枚の生地《きじ》をネネの目の前で重ねたり離したりした。そしてばらばらの状態のものを最後に示して、実際に肩を縫い合わせて生地がつながったところをネネに見せると、おおぉおおぅ、とネネは感心したように首を回した後、頭を振《ふ》った。二枚の布が一枚になったということはなんとなくわかるようだ。

　こんにちは、こんにちは、と挨拶《あいさつ》を交わし、少しだけお時間よろしいでしょうか？　と藤沢先生が水車の音に負けじと、2気持ち背伸びをして必死な様子で言ってきたので、はい、と理佐はうなずいて、生地と裁縫《さいほう》道具を持って入り口から遠い方の丸椅子《まるいす》へと移動し、自分の座っていた椅子を藤沢先生に勧《すす》める。

「五、六時間目は図画工作の連続授業で、今日は他校から専門の先生が来てくださっているため、抜け出してきました」

　授業はどうしたんだろう、という理佐の内心の疑問の先回りをするように、藤沢先生は会釈《えしゃく》をしながら椅子に腰掛《か》ける。やはり声が小さいので藤沢先生のいる方向に頭を傾《かたむ》けないとはっきり話が聞こえないのだが、藤沢先生の声の通り自体はよかった。

「昨日、律さんの様子はどうでしたか？」

「まあ、なんだかふさいでました。いやなことがあったみたいで。でも理由を言わないので」

　理佐が言うと、藤沢先生は、そうでしたか、とうなずく。

「何かあったんですよね？」

「クラスの男子と言い合いになったんです。それで手を上げられて」

　昼休みに、律は頭を何度か叩《たた》かれたらしい。それで理科の教科書を投げつけてやり返した。でもそれはその男子には当たらなかったので、今度は国語の教科書を振りかざしてその男子の腕に背の部分をぶつけた。律は複数回頭を叩かれた蓄積《ちくせき》で、男子は教科書の固い背の部分をぶつけられた一発の痛みで、双方《そうほう》泣き出した。急いでクラスの女子が職員室にいた藤沢先生を呼びに行った。

「言い争いの内容も聞きました。律さんに先に悪態《あくたい》をついたのは男子の方です。だから、そんなことを言ってはいけないとよく言って聞かせました」

「何を言われたんですか？」

　3ネネだってお母さんとくらしてないけどさ、こんなにいい子だよね！という昨日の律の言葉を思い出す。4理佐は、緊張で手が冷たくなってくるのを感じて、手元にあるコーラス会の衣装の生地を極端なしわにならない程度にぎゅっと握りしめる。

「律さんがご両親と暮らしていない、っていうことなんですけれども」

　理佐はうつむく。指先に持った針のやり場がわからない。今縫っているところを一気に縫ってしまおうと思っていたし、机のない状態で椅子に座って縫い物をしている間、針山はじゃまなので出していない。

「私の方からも、お母様の連絡先をうかがってから何度か電話をかけまして、5一度もお話はできておりません。とはいえ」

　針のやり場に困った理佐は、仕方なく生地の縫い代《しろ》の部分に一時的に待ち針のように通す。針に関する懸念《けねん》を片づけると、6今度は水車が動く音がやたら大きく聞こえてくる。

7「どうしても難しいでしょうか？」

　藤沢先生の問いに、理佐はやはりごまかすことはできないと理解して、言葉を選んで話し始める。

「うちはもともと母親と律と私の家族なんですけど、帰したくないんです、少なくとも今は」理佐は、おそるおそる顔を上げて藤沢先生の顔を見つめる。肯定《こうてい》も否定も滲《にじ》ませない、白い壁のような静かな顔付きだった。「母親の婚約者が律にきつく当たるので、私が高校を卒業して独立するのに連れてきました。律はその人に怒鳴《どな》られたり、頭を叩かれたこともあったそうですし、その人の機嫌《きげん》が悪いと夜に家から閉め出されたりもしていました」

理佐は、母親の無関心な声音《こわね》を思い出して、そのことに傷付きながらも続ける。

「母親はそのことをまったく婚約者に注意せず、好きにさせている様子でした。だから連れてきました」

藤沢先生はうなずく。何かを続けたらいいのかもしれないけれども、すぐには言うことが見つからなかったので、理佐は再び頭の中に言葉を探し始める。水車が回る音はいっそう大きく聞こえて、視界の中でネネがそわそわし始め、音もなく止まり木から台の上に飛び降り、戸の向こうの(注)じょうごを覗《のぞ》き込み始める。そして、あからさまに苦しそうに首をひねる。

理佐は相変わらず何を続けたらいいかわからず、代わりに藤沢先生が口を開く。

「事情はわかりました。一度お母様とすべてを明らかにして話し合われた方が……」

「空っぽ！」

理佐と藤沢先生に背を向けていたネネが、突然叫《さけ》んだ。理佐ははっとして、わかった！　と返事をして、丸椅子に生地を置いて立ち上がり、雨の中小屋を出ていく。藤沢先生がついてくる気配がしたけれども、それにはかまわず、物置から素早く(注)割烹着《かっぽうぎ》と三角巾《さんかくきん》とスカーフを出して身に着け、ポンプを押して手を洗って拭《ぬぐ》い、水車の装置がある方の部屋へと入っていく。

先にじょうごを覗き込むと、ネネはネネなりに藤沢先生と理佐に気を遣《つか》って「空っぽ！」を言うのを先延《の》ばしにしていたようで、そばの実がいつも以上に少なくなっているのがわかる。理佐は、部屋の隅に積まれているそばの実の袋の所に駆け寄り、持ち上げようとする。

「すみません！　手伝ってください！」

少しでも早くじょうごにそばの実を補給したかったので、出入り口に立っている藤沢先生に頼むことにする。藤沢先生は驚いたような顔をしてうなずき、そばの実の袋の理佐が手にしていない側を持ち上げる。

藤沢先生が割烹着を着ていないことを考えて、理佐は自分のほうが水車の内部装置と石臼の側に寄っていくように後ろ歩きをし、もう大丈夫です！　と声をかけ、割烹着の中のハサミで袋のてっぺんを切り落として持ち上げ、そばの実をじょうごに注ぎ入れる。

我ながら馬鹿力が出たな、と思いながら、無事そばの実が石臼に吸い込まれていく様子を確認して、理佐は安堵《あんど》する。

「あの」藤沢先生は、いつのまにかまた戸口《とぐち》の所に戻って話しかけてきた。「力がとてもお強いんですね」

これまでとはまったく違う話をされて、理佐は少し呆気《あっけ》にとられながら、高校の時、倉庫で働いていたからですかね、と答える。

「文房具の倉庫なんで、すごく重いものとかは持たないんですけど」

「いえ。私は力が弱いんで、うらやましいです」

そう言いながら藤沢先生は、割烹着と三角巾とスカーフを物置にしまった理佐についてネネがいる方の部屋に入ろうとして立ち止まる。

「どうぞ。またこの鳥が知らせてくれるまで話せますんで」

この鳥、というのが何を示しているのかがわかるのか、ネネは、ネネ！　と叫ぶ。藤沢先生は首を横に振る。

8「今日のところはこれで帰ります。応対してくださってありがとうございました」

藤沢先生は深くお辞儀《じぎ》をして、白と青の市松模様の傘を差して帰っていった。

そばの実を挽き終わり、夕方の店の仕事に戻ると、浪子さんが、あの人、りっちゃんの先生なんだよね？　とたずねてきた。水車小屋に来る前にそば屋に寄り「山下律さんのお姉さんはどちらにいらっしゃいますでしょうか？」と丁寧にたずねてきたので、どちら様か訊《き》くと、律の担任だと答えたのだという。

「かき揚げそば食べていってくれたんだけど、おいしかったです、って何回も言ってくれてさ、丁寧な人だね」

「そうだったんですか」

9理佐は、藤沢先生がやってきたことを律に話そうか話さないでおこうか考えながら、10去っていく市松模様の傘のことを思い浮かべていた。

（津村　記久子『水車小屋のネネ』〈毎日新聞出版〉より）

（注）市松模様……色の違う二種類の四角形を互い違いにならべた模様。

身頃……衣服で、身体の前と後ろを覆《おお》う部分の総称。

じょうご……口の小さいものに液体などを注ぎ入れる時に使う、あさがおの花のような形をした器具。

割烹着と三角巾……調理時や清掃時に衛生のために用いるエプロンと頭を覆う三角形の布のこと。

問一　――1「開け放した水車小屋の戸の向こうからやってくる藤沢先生の姿は不吉だった」とありますが、理佐がこのように感じた理由を四〇字以内で説明しなさい。

問二　――2「気持ち背伸びをして必死な様子で言ってきた」とありますが、これは藤沢先生のどのような様子を表しているのですか。ふさわしいものを次の中から一つ選び、記号で答えなさい。

ア　水車の音ばかりが大きく聞こえる中、自分の言葉に相手が集中して耳を傾ける義務があることを、遠回しに伝えている様子。

イ　生徒の家を訪問することで、自分が緊張していることを悟《さと》られないために、平常心でいることを心がけようとしている様子。

ウ　時間が限られた中でも大切な話を相手にしっかり届けようとして、水車の音に負けないように、精一杯の努力をしている様子。

エ　自分の話が軽々しく受け取られないように、座っている相手に自分を大きく見せて、教員の威厳をしっかりと示そうとしている様子。

問三　――3「ネネだってお母さんとくらしてないけどさ、こんなにいい子だよね！」から読み取れる律の心情を、四〇字以内で答えなさい。

問四　――4「理佐は、緊張で手が冷たくなってくるのを感じて」とありますが、このときの理佐の心情の説明としてふさわしいものを次の中から一つ選び、記号で答えなさい。

ア　律が不在であるタイミングを狙って学校のことを話しに来たことに対して反発を覚え、律を守るためにも弱気になってはいけないと自分を奮い立たせている。

イ　律は様々な事情を理解できる賢い妹だが、まだ八歳の子供のため、自分の独立心や意地に彼女を巻き込んではいけなかったと振り返って、深く反省している。

ウ　律にちゃんとした生活をさせようと精一杯自分なりに頑張っているつもりなのに、学校で生じたことの原因がこの生活にもあると指摘されるのではないかと身構えている。

エ　金銭的にも、精神的にも余裕はなかったが、律と二人で支え合いながら懸命に生活していたため、それを確かめもせず、ただ批判しようとする大人たちに怒りを覚えている。

問五　――5「一度もお話はできておりません」とありますが、理佐はその理由をどのように考えたでしょうか。文中の言葉を使って簡潔に説明しなさい。

問六　――6「今度は水車が動く音がやたら大きく聞こえてくる」とありますが、理佐はなぜこのように感じたのですか。ふさわしいものを次の中から一つ選び、記号で答えなさい。

ア　先生に話すことで、姉妹の抱える問題に大きな変化が生まれるのではないかと心強く感じたから。

イ　先生に嘘をついてごまかそうとしていたことがすべて知られてしまって、不安になっているから。

ウ　学校で起きた律のトラブルに関して、先生が本当に味方をしてくれようとしているのかわからなかったから。

エ　先生に話すのがためらわれていたことを明かす時が来たと思い、静かで張り詰めた雰囲気《ふんいき》になっているから。

問七　――7「どうしても難しいでしょうか？」とありますが、どのようなことが難しいのでしょうか。簡潔に答えなさい。

問八　――8「今日のところはこれで帰ります」とありますが、このときの藤沢先生の心情の説明としてふさわしいものを次の中から一つ選び、記号で答えなさい。

ア　自分の意見を全く受け入れようとしない様子の理佐に対して、もう一度母親と連絡を取った上で、再度大人と暮らす必要があることを説こうと思っている。

イ　親元に律を帰す気持ちはないという理佐の強い意志を聞いて、世間一般のありふれた説明では、もはや理佐の心は動かせないと悟り、説得をあきらめようとしている。

ウ　二人だけで生活をしていくという理佐の並々ならぬ覚悟に触れ、この姉とならば、きっと律はうまくやっていけるだろうと思い、もはや自分の支えは必要ないと確信している。

エ　教え子の律が若い姉と二人で暮らしているということに当初は不安を感じていたが、たくましく働く理佐の生活力に触れ、二人の事情についてもう一度じっくり考えてみようとしている。

問九　――9「理佐は、藤沢先生がやってきたことを律に話そうか話さないでおこうか考えながら」とありますが、このときの理佐の心情の説明としてふさわしいものを次の中から一つ選び、記号で答えなさい。

ア　当初は律に話さずにいようと思っていたが、藤沢先生の人柄《ひとがら》に対する理解が進んだことで、話してみようかと思っている。

イ　当初は律に話そうと思っていたが、藤沢先生から聞かされた現実的な重い話によって、話すのをやめようかと思っている。

ウ　当初は律に話すべきだと思っていたが、藤沢先生の教員の立場での言動がうとましく、話したくなくなったと思っている。

エ　当初は律に話すつもりはなかったが、藤沢先生の真剣な様子に影響され、律にも家の問題に向き合わせたいと思っている。

問10　――10「去っていく市松模様の傘のことを思い浮かべていた」とありますが、この表現から、藤沢先生は理佐から見てどのような先生として映っていると考えられますか。その説明としてふさわしいものを次の中から一つ選び、記号で答えなさい。

ア　教師としての仕事はこなし、生徒のことを大切にしながらも、自分の範囲外の仕事はしない先生。

イ　生徒思いではあるが、決して押しつけがましくなく、自然体でさりげない優しさを持っている先生。

ウ　生徒のことは情熱を持って関わり、家庭の問題にも介入して、自分のやり方に自信を持っている先生。

エ　生徒やその家族にまで助言をする優しさはあるが、実行力はともなっておらず、頼りなさを感じる先生。

問二　次の中から「ネネ」に関する表現の説明としてふさわしいものを一つ選び、記号で答えなさい。

ア　人語を理解するネネが若い二人を何かにつけて励《はげ》ましていることが、律の「こんなにいい子だよね！」という言葉からよくわかり、家庭訪問をした藤沢先生にもその様子は伝わった。

イ　人語を自由に操《あやつ》るネネには人並み以上の知性が備わっており、そんなネネが理佐の言葉に「おおぉおおぅ」と感嘆《かんたん》の声を上げたことが、一人ではないという勇気を理佐に与えることとなった。

ウ　人語を話すネネの行動や言葉には、停滞しかけた場の空気を一変させる効果があり、特に「空っぽ！」という叫びは、結果として藤沢先生に自分の姿勢を見直すきっかけをもたらすことになった。

エ　人語でコミュニケーションをとれるネネには二人の家族としてのプライドがあり、理佐が「この鳥」と言ったときの「ネネ！」という叫びは、そのことを藤沢先生にも理解させるきっかけとなった。

筑波大学附属駒場中学校

—40分—

〔注意〕本文には、問題作成のための省略や表記の変更《へんこう》があります。

一　次の文章を読んで、後の問いに答えなさい。

　カブトムシにあって他のほとんどの昆虫《こんちゅう》にない特徴《とくちょう》の一つは、言うまでもなく、オスの大きな角です。彼《かれ》らが角を持つ理由は、彼らの餌《えさ》と関係があります。カブトムシやクワガタムシなどを採るために私たちが広大な林の中から良い樹液《じゅえき》場を探《さが》すのは苦労しますが、いくら虫たちが優《すぐ》れた嗅覚《きゅうかく》を持っているとはいえ、彼らにとっても餌場を見つけ出すのは容易ではありません。たくさんの木があっても、樹液の出る木はわずかにしか存在《そんざい》しません。樹液場は餌場であるだけでなく、オスとメスの出会《であ》いの場でもあります。そのため、樹液場には多くのカブトムシが群がることになります。オスはせっかく見つけた餌場やメスを勝ち取るために、他のオスと戦う必要があります。けんかの際は、大きな武器を持つオスほど勝率が高く、結果的に多くのメスと交尾《こうび》し、多くの子を残すことができます。カブトムシやクワガタムシのみならず、ヤセバエやケシキスイなど、樹液場に来る昆虫の多くが武器を持っているのは偶然《ぐうぜん》ではありません。どの種類も、貴重《きちょう》な餌場を勝ち取るために、①ライバルと戦うための武器を進化させてきたのです。

　カブトムシのけんかをよく観察してみてください。最初にオスは必ず相手の体の下に角を入れようとします。相手を木の幹からすくい上げ、引きはがすためです。相手も引きはがされないように、頭部を下げて応戦します。しかし、一瞬《いっしゅん》の隙《すき》を突《つ》き、相手の体の下に角を挿入《そうにゅう》するやいなや、勢いよく頭部を後方にひねり、相手を投げ飛ばします。このように、瞬間的な爆発《ばくはつ》力で相手を投げ飛ばすようなけんかのスタイルは、ヘラクレスオオカブトなどの外国のカブトムシにはあまり見られません。熊手のような形をした日本のカブトムシのオスの頭部の角は、そのような戦いにもってこいの形をしていることから、けんかの様式と角の形はリンクして進化してきたと考えられます。

　ところで、図鑑《ずかん》などには、カブトムシがクワガタムシを投げ飛ばしている写真や絵がよく登場します。私も子どもの頃《ころ》に、カブトムシをノコギリクワガタなどのクワガタムシと対戦させて遊んだことがあります。しかし、本来カブトムシの角はクワガタムシなどの他の昆虫を投げ飛ばすためのものではありません。あくまでも、同種のオスを打ち負かすために進化してきた武器です。そもそもカブトムシとクワガタムシの活動のピークのシーズンはずれているため(クワガタムシがカブトムシを避《さ》けるためと言われています)、両者が野外で出会う機会は、カブトムシのオスどうしが出会う機会に比べれば多くありません。そのため、クワガタムシvsカブトムシのような異種《いしゅ》間対決は、最強の昆虫を決めたい子どもにとって夢がありますが、進化という視点《してん》に立つと、残念ながら②それほど意味のある実験とは言えません。それよりも、同種どうしが対決したときの行動を観察する方が、武器の進化について多くの情報が得られるはずです。

　ここで、カブトムシはなぜオスしか角を持たないのか疑問に思う人もいるかもしれません。メスどうしが樹液場で頭部を押《お》し合いけんかするシーンを見かけることがあるので、メスが角を進化させても良さそうに思えます。しかし、カブトムシだけでなくクワガタムシやシカ、カニなど、他の動物を見ても、より大きな武器を発達させているのはメスではなくオスの方です。これには、③武器を作るコストが関わっています。けんかに勝つためには大きな武器が必要ですが、それを作るためには多くのエネルギーが必要です。メスが大きな武器を作ろうとすると、繁殖《はんしょく》に割《さ》くエネルギーが目減りし、産卵《さんらん》数が減ることになります。そうなると、自分の遺伝子《いでんし》を残すうえで不利になります。一方、精子は卵よりも“安価”に生産できます。また、たとえ作れる精子の数が少々減ったとしても、大きい武器を持てば、オスはより多くのメスと交尾できる可能性が高まります。メスは交尾相手の数が増えても産卵数は増えませんが（そもそもカブトムシのメスは一度しか交尾しません）、オスは、交尾相手の数が増えれば増えるほど、残せる子の数が増えてゆきます。つまり、オスは、大きい角を持つことで、それを作るためのコストを上回る利益が得られます。これこそが、多くの動物で、オスの方がより発達した武器を進化させた理由です。

（小島《こじま》 渉《わたる》『カブトムシの謎《なぞ》をとく』〈ちくまプリマー新書〉より）

問一 ――①「ライバルと戦うための武器を進化させてきたのです」とありますが、日本のカブトムシのばあいは、ライバルと戦うための武器を、どのように進化させてきたのですか。

問二 ――②「それほど意味のある実験とは言えません」とありますが、それはなぜですか。理由として正しいものを、次のア～オからすべて選び、記号で答えなさい。

ア　カブトムシとクワガタムシとの戦いは、長い期間で何度も観察すべきだから。

イ　カブトムシとクワガタムシの活動時期のピークを合わせて観察すべきだから。

ウ　カブトムシとクワガタムシとの戦いは、自然界ではめったにないことだから。

エ　クワガタムシの角に見えるものは、実際はアゴが発達してできたものだから。

オ　カブトムシの角は、同種のオスとの戦いに使うことを目的とするものだから。

問三 ――③「武器を作るコストが関わっています」について、次の(1)(2)に答えなさい。なお、「コスト」とは費用や労力のことです。

(1)　カブトムシのオスが角を進化させたのはなぜですか。武器を作るコストとの関わりから説明しなさい。

(2)　カブトムシのメスが角を進化させなかったのはなぜですか。武器を作るコストとの関わりから説明しなさい。

㈡　次の慣用句を、カタカナは漢字に直し、文字の形、大きさや配置を整えて一行で書きなさい。

トんでヒにイるナツのムシ

㈢　次の文章を読んで、後の問いに答えなさい。

「テストがかえってきてね」

きみは、いった。ざぶとんを、かってに、引っぱってきて、すわる。

ほんとはクッションなんだけど、なかのわたがへたれて、ざぶとんのように、ひらたくなっている。

「どうだった？」

　ぼくは、いって、おもいきって、なべの火をとめた。れいぞうこをあけて、麦茶を出す。

「だめだったあ」

　きみは、いった。①「作者の気もちが、わかってないって」

「あはは」

　ぼくは、いって、ちゃぶだいに、グラスをふたつ、おいた。「それね」

「それって？」

「いや、おじさんが子どものころから、よくいわれてたことさ。国語のしけんでね」

　ぼくは、麦茶をのんだ。じぶんで、煮出《にだ》したものなので、ひじょうにうまい。「あったこともないやつの気もちなんて、わかるわけねーだろーって」

「やっぱり、わかんないよね？」

「そりゃ、わからないよ」

　ぼくは、いって、手をひらひらさせて、麦茶をすすめた。「作者だって、わかってないんだから」

「ふぐ」

　きみは、むせた。麦茶をのんで、なにか、いいかけたのだ。「いま、なんていったの」

「書いたひとも、わかってない、って。なにがいいたいかなんて」

「そんなことは、ないでしょう」

　きみは、いった。なんだか、気のどくなおじさんを見るような目になって。

「作家だけじゃないんだよ。だいたい、じぶんが、なにを話してるかなんて、わかってないのさ」

　ぼくは、いった。

「おじさん、じぶんがなに話してるか、わかってないの？」

「おじさんが、じゃなくて、ひとは、みんなそうなんだ」

Ⓐ「そうかなあ」

「じゃあねえ」

　ぼくは、いった。「きみが、きょう、話したことを、おもいだしてごらん」

「なんでもいいの？」

　きみは、かんがえて、いった。「あさごはんのとき、おかあさんに、きょうのオムレツ、どうって、きかれて」

「うん」

「おいしいよ、って」

「いいね。それで、いつもより、おいしかった？」

「まあ」

　きみは、すこし、とまどったように、いった。「ふつう」

「でも、ふつうとは、いわなかった」

Ⓑ「そうだね」

「それは、どうして？」

　ぼくが、きくと、きみは、考えこんだ。庭で、ねこの声がした。「なんか、ほんとに、オムレツのできぐあいを、ききたいわけじゃないと、おもったんだ」

「じゃあ、ほんとに、ききたかったことは、なんだろう」

「たとえば、さめてなかった？　とか」

Ⓒ「へえ。それは、どうして」

「呼《よ》んでも、ぼくが、なかなか、起きてこなかったんだよね」

「なるほどねえ。じゃあ、おかあさんが、オムレツどう、ってきいたとき、ほんとは、呼んだら、はやくきなさいよ、って、いみだったのかもしれない」

「まあね」

　きみは、いった。

「だったら、おいしいよって、こたえた、そのことばのいみは」

　ぼくは、いった。②「めんどくさいなあ、かもしれない」

「えー」

　きみは、びっくりしたかおをした。「でも、ありえる。いや、ありえた」

「ふふ」

　ぼくは、わらった。きみは、むいしきに、麦茶のコップのふちを、がじがじしていた。

「でも、そしたら、ことばってなに？」

　きみは、息つぎするように、いう。「オムレツどう、って、いうことばが、はやく起きてきなさい、といういみで、おいしいよ、っていうことばが、めんどくさいっていういみで、いったひとも気づいてなかったとしたら、ことばって、なんのためにあるの？」

「まあ、ことばのいみなんか、わからなくて、とうぜんということさ」

「じゃあ、テストでも、わからなくて、いいんだ」

　きみは、目をかがやかせた。

「いくない」

「えー」

　きみは、いった。「なにそれ」

「ことばのいみなんて、わかりはしないけど、わかろうとしなくていいわけじゃない、ということさ」

　ぼくは、いって、ろうかに出て、書斎《しょさい》とは名ばかりの、本だらけで、いばしょもない、しごとべやにいき、一冊《いっさつ》、ぬきだしてきた。そうして、ページをひらいて、きみに、さし出した。

　　うしろで何か　　松井啓子《まついけいこ》

ひとりでごはんを食べていると
うしろで何か落ちるでしょ
ふりむくと
また何か落ちるでしょ

ちょっと落ちて
どんどん落ちて
壁《かべ》が落ちて　柱が落ちて

ひとりでに折り重なって
最後に　ゆっくり
ぜんたいが落ちるでしょ

手を洗《あら》っていると

膝《ひざ》が落ちて　肩《かた》が落ちて
なんだかするっとぬけるでしょ

ひとりでごはんを食べていると
うしろで何か落ちるでしょ

きみは、じっと本に目をおとしていた。そして、かおをあげ、ぼくと目があうと、はっと、うしろをふりかえった。「ああ、びっくりした」

あはは、と、ぼくは、わらった。「うしろで、なにがおちたんだろうね？」

「うーん」

きみは、いった。「なんだろう。でも、きっと、書いてるひとも、わかってないのかも」

「そういうこと」

「でも、きっと」

きみは、本をとじて、ちゃぶだいのうえにおいた。「このひとのうしろで、なんだか、わからないけど、かくじつに、なにかが、おちたんだ。それは、まちがいないんだね」

ぼくは、不覚にも、③すこし、じーんとしてしまった。それをごまかすように、書斎《しょさい》に立って、もう一冊《いっさつ》、ぶあつい本を、きみに、もってきた。

じゃがいものそうだん　石原吉郎《いしはらよしろう》

じゃがいもが二ひきで
かたまって
ああでもないこうでも
ないとかんがえたが
けっきょくひとまわり
でこぼこが大きく
なっただけだった

きみは、ふふっと、わらった。そして、ぶあつい本を、おくと、ちゃぶだいが、ごつんと鳴った。

「そういえば、そのテストは、どんなもんだいだったの」

ぼくは、きいた。

「えーとね」

きみは、おもいだし、おもいだし、いった。「海のうえをとんでいた、そのカモメを見たとき、主人公は、どうして涙《なみだ》をながしたのでしょう。(一)～(四)から、あてはまるものを、えらびなさい」

「なんてこたえた？」

「(四)自由な気もちになったから」

「せいかいは？」

「(二)平和をかんじたから」

「たしかに、あてられる気がしない」

ぼくは、わらった。「まあ、それでも、ああでもない、こうでもない、と、すこしでも、近いものをえらぼうとするのは、わるいことじゃない」

「なんか、④さっきの詩の、じゃがいも、みたいだね」

きみは、いった。ほんとだなあ。それが、わかっただけでも、国語は、一〇〇点をあげていい。

きみがおとなになるまえの詩集』〈福音館書店〉より）

（斉藤《さいとう》　倫《りん》『ぼくがゆびをぱちんとならして、

問一　——①「作者の気もちが、わかってない」とありますが、「きみ」にそう言った人は、どのような考えのもとに「作者の気もち」がわかるはずだとするのですか。

問二　——Ⓐ「そうかなあ」／Ⓑ「そうだね」／Ⓒ「へえ。それは、どうして」のそれぞれについて、発言した人物を次のア・イから選び、記号で答えなさい。

ア　ぼく（おじさん）

イ　きみ

問三　——②「めんどくさいなあ、かもしれない」とありますが、「きみ」の、おかあさんへの「おいしいよ」という答えが、どうして「めんどくさいなあ」という意味になりえるのですか。

問四　——③「すこし、じーんとしてしまった」とありますが、「ぼく」が「すこし、じーんとしてしまった」のはどうしてですか。詩〔うしろで何か〕をふまえて答えなさい。

問五　——④「さっきの詩の、じゃがいも、みたいだね」とありますが、何の、どのようなところが「さっきの詩の、じゃがいも、みたい」なのですか。

東京都市大学付属中学校（第一回）

—50分—

【注意】国語の問題では、字数制限のあるものは、特別な指示がない限り句読点等も一字に数えます。

一　次の文章を読んで、後の問いに答えなさい。

「アニミズム」という言葉を聞いたことがありますか。イギリスの民族学者タイラーが一八七一年に、原始宗教の特色を表す言葉として、はじめて用いました。①すべてのものはアニマ（魂《たましい》）を持っている、という考え方で、文明の発達していない民族特有のものだとされてきたのです。したがって、現代では通用しない古い時代の遅《おく》れた精神状態だと決めつけられて、評判が悪かったものです。なにしろ、動物や植物はもちろんのこと、石や水や土や道具などにも、そして自然現象にも命や魂や心があり、人間と話をしたり、精神的な交流ができるとする感覚ですから。

ところが最近では「アニミズム」が見直されてきています。それは②自然に対して、現代の主流である理知的な、科学的な見方ではない、深い見方として、再評価されているのです。また、アニミズムは決して文明が遅れている状態ではなく、現代人である私たちも身につけている人間らしさの現れだと考えられています。

たとえば、きれいな花が咲《さ》いているのを見たら「ラッキー」と叫《さけ》んだり、蠅《はえ》が顔の周りを飛び始めたら、「あっちへ行け」と追い払《はら》ったり、まるで生きもの同士が会話している雰囲気《ふんいき》です。そもそも花を摘《つ》んで飾《かざ》ったり、鉢《はち》植えの花を育てるのも、花と目を合わせるのを楽しんだり、花に挨拶《あいさつ》することもあるぐらいですから、アニミズムだと言えるかもしれません。ペットを飼っている人は、飼っているというよりも家族の一員として一緒《いっしょ》に暮らしているという気持ちではないでしょうか。これもアニミズムでしょう。

つまり「アニミズム」という西洋由来のカタカナ言葉を使うから、何か特別な感覚のように感じますが、これまで説明してきたように、「生きもの同士」という感覚です。これは日本人だけでなく、人間なら誰《だれ》でも持ち合わせているものなのです。百姓《ひゃくしょう》の「稲《いね》の声が聞こえるようになれ」という教えも、日本人の伝統的な天地有情《うじょう》の自然観なのです。生きものに限らず、山も水も土も生きているだけではなく、魂（精神）を持っているという感覚は農業が狩猟《しゅりょう》採集の時代から引き継《つ》ぎ、さらに深めて来たものではないでしょうか。そこで私はアニミズムを「万物《ばんぶつ》有魂《ゆうこん》観」と訳しています。

ところが現代では生きものの生や命まで、科学的に解析《かいせき》し、操作できるという考え方が強くなっています。蛙《かえる》を見て「わっ、かわいい」と言うよりも、「それはトノサマガエルで、絶滅危惧種《ぜつめつきぐしゅ》ＩＢ類です」と言う方が科学的かもしれません。これでは生きものと情が通わなくなっていくでしょう。このことへの反省から、かつて生きものだけでなく、天地自然の諸々《もろもろ》と話をしていた時代の感覚・感性が見直されて来ているのです。

「草木も生きている」と言えば、反対する人はいないでしょう。ところが「草にも命がある」と言うと、違和感《いわかん》を感じる人が増えてきます。さらに「草木には魂が宿っている」と言えば、多くの人が眉《まゆ》をひそめ「それは宗教的な見方ですね」と反応します。

ここには(1)生、(2)生命・いのち、(3)魂・霊性《れいせい》、の三層があることがわかります。もとは一つだったものが、現代社会では三層に分かれてしまった、と言ってもいいでしょう。草木が芽生え、葉を伸《の》ばし、花を咲かせ、実を稔《みの》らせるのは、「生」そのものです。しかし、その生の根源には、その生を生まれさせ、支え、終わらせ、そして再生させる何かがあるはずだと感じ、そう思う時にそれを「いのち」と命名したのです。さらにその「いのち」は、生のときも、生を失った後も存在し続ける、もっとたしかな、それでいて姿ははっきりしないものの力で貫《つらぬ》かれているような気がするとき、その存在を「たましい」(霊性)と呼んだのです。

ただ近年気になるのは、「生命」が科学的に説明できるものとして、「いのち」から分離《ぶんり》していっていることです。まるで「いのち」から［A］を抜《ぬ》き取ったものが、「生命」であるかのような説明を科学がしがちなのは、薄《うす》っぺらな思想ではないでしょうか。

「いのち」や「たましい」のない生きものは、生きものではなかったのです。お玉杓子《たまじゃくし》の死骸《しがい》を前にして、そこにはもうお玉杓子の「生」も「いのち」もありませんが、済まなかったと詫《わ》びて声をかける時、お玉杓子の「［B］」はそこにまだ存在しているような気がします。「生」と「いのち」の名残《なごり》として、そこで私の詫びを聞いているという気がするのです。

(中略)

「稲の声が聞こえるようになれ」という百姓の教えも、擬《ぎ》人《じん》法と言うよりは、アニミズムと言った方がいいかもしれません。稲の表情から、稲が何を求めているかを読み取るというのなら、やはり人間の能力で読み取るのですから、人間が主役です。科学的に観察したり、分析したりして、稲の状態を知ることとあまり変わりません。そうではなく、稲が出している声が、聞こえてくるのですから、稲が主役で、百姓は受け身です。

つまり「声を聞いてやろう」と思っているうちは、人間が主体ですから、稲の声は聞こえないでしょう。むしろ受け身になって、稲の声に耳を傾《かたむ》けているときに、稲の方から声がするのです。そういう感じになるのです。もちろんその声は、自分の身体の中で、人間の声に翻訳《ほんやく》されます。

稲の葉が、虫(コブノメイ蛾《ガ》や稲苞虫《イネツトムシ》など)に食べられているのを目にすると、悲鳴が聞こえるのです。日照りが続いて水が極端《きょくたん》に少なくなって、田んぼの中でも特に乾《かわ》いた部分の稲は葉が巻き始めます。じっと耐《た》えているように感じるのです。もちろん、爽《さわ》やかな夏の風にそよいで、葉が複雑な模様を描《えが》いているときは、まるで踊《おど》っているように見えます。風の音を、稲が歌っているように聞こえる時があります。

それにしても年寄りはなぜ「稲の声が聞こえるようになれ」と私に言ったのでしょうか。たぶん、人間がえらそうに技術を行使するのではなく、稲を主役に立たせて、人間は受け身になって耳を傾けなさい。そうするなら、稲という生きもののもっと深いところまで感じることができるよ。③そういう境地になるなら、田んぼのことも水のことも、そして天地のこともわかるようになるよ、と教えてくれようとしたのではないでしょうか。それなのに、若かった私は心の中で「何と［C］科学的で、時代遅れの発想だ」と思ったのでした。つくづく反省しています。

面白《おもしろ》い実験があります。米の食味テストで、あまり味に差のないごはんを二つ用意します。一方はその百姓の田んぼで穫《と》れた米です。それを明かして食べてもらうと、ほとんどの百姓がわが家の米の方がおいしいと答えます。ところが、次に目隠《めかく》しして、どちらがわが家の米かわからないようにして食べてもらうと、わが家の米がおいしいという比率は50%に近づきます。これは何を物語っているのでしょうか。

　人間はごはんに限らず食べものを舌だけで味わっているのではありません。わが家の米を食べるときには、田んぼに通ってその稲の手入れをした記憶《きおく》が甦《よみがえ》ります。田んぼの風景が目の前に広がり、夏の涼《すず》しい風が思い出されます。我《わ》が子のように育てた米ですから、おいしく感じるはずです。これも立派なアニミズムでしょう。

　私の妻が食事をしながら④「わが家でとれた食べものは、みんな物語があるよね」と言います。私も「そうだな」と応じます。みんな田畑で、私たちと一緒に、生きものだった時を過ごして、こうして、最後は私たちの身体の中に入っていくのですから。

　しかし百姓でなくても、食べものを前にすると「これはどこで穫れたものかな」と思うことが多いでしょう。それは別に「産地表示」を求めているのではありません。その食べものは生きものだったときに、どういう自然の中で、どういう自然のめぐみを受けて育ったのか、そして自身も自然のめぐみとして、この食卓《しょくたく》に上がったいきさつを物語として伝えようとしている、とあなたが感じているからです。そう感じるからこそ、「きみはどこから来たの。どのように育ってきたの」とあなたは尋《たず》ねるのです。

　食べものを食べることは、生きものを殺して、その命をもらうことです。その生きものと話をする最後のひとときが食卓なのです。ぜひ、そういう会話をしてほしいと思います。

　残念ながら、工業製品にはこういう気持ちが湧《わ》きません。「この時計はどこで、だれがどういう気持ちで製造したのだろうか」と想像することすらなくなりました。まだ時計が職人の手でつくられていたときには、そういう感覚もあったでしょう。しかし大量に同じ製品が工場生産されるようになると、関心は性能と価格とデザインとブランドだけになりました。

　じつは、食べものも同じような道をたどっているのです。⑤品質と価格と安全性だけが表示され、評価されつつあります。「中身がよければ、どこでとれたものでもいいんです」と言われつつあります。生きものの生を「中身」とか、「品質・価格・安全性」などの性質で表現できるでしょうか。妻が言う「物語」とは、生きものが語る「物語」なのです。これこそ、食べものアニミズムの豊かな世界です。

　アニミズムが現代人にとっても、かけがえのない豊かな文化だと見直されてきた理由のひとつは「心の理論」が一九七〇年代に生まれたからです。あなたはなぜ、友だちの気持ちがわかるのですか。友だちの表情や言葉や行動や仕草から、読み取っているからでしょう。どうやら他の動物にはこうした能力はないことがわかってきました。みなさんの相手の心を読む能力は人間だけのものです。このように人類は進化してきた、と言われています。

　ところがみなさんは、この相手の心を読み取る能力を動物や植物や、そして物にも使ってしまうのです。あなたが生きものを好きなのは、生きものの中に通い合うものを感じるからなのです。これこそ、アニミズムの正体なのではないでしょうか。約五万年前から、人類には死んだ人の墓に花を添《そ》える習慣が始まりました。「あの人が好きだった花を供えよう」という気持ちは現代でも続いています。こうしたアニミズムが生まれたからこそ、虫や草だけでなく、雲や雨や太陽や山や川にも心や意図を読み取るのです。「どうして、こんなに雨が降らないんだ。そろそろ降ってくれ」と本気で空を見上げて祈《いの》るのです。まるで空に意志があるかのように、相手にしているのです。

私たちが「物語」を生みだすのも、そして宗教までつくりあげて信仰《しんこう》するのも、こういう能力を備えてしまったからなのです。「擬人法」という表現の仕方は、決して昔の古い習慣などではなく、現代にいかす大切なものなのです。

⑥この能力・感覚と習慣がなかったなら、日本人に限らず人間が自然を好きになったり、自然にひかれたりすることなどはなかったでしょう。これからもこの感覚と習慣をもっともっと大事にしていかねばならないと思います。

（宇根豊『日本人にとって自然とはなにか』〈ちくまプリマー新書〉より）

問1　空らん［Ａ］にあてはまる最もふさわしいことばを次から一つ選び、番号で答えなさい。

1　精神性　　2　多様性　　3　論理性　　4　偶然性《ぐうぜんせい》

問2　空らん［Ｂ］にあてはまる最もふさわしいことばを文中より四字でぬき出しなさい。

問3　空らん［Ｃ］にあてはまる最もふさわしいことばを漢字一字で答えなさい。

問4　――線①「すべてのものはアニマ（魂）を持っている、という考え方」とありますが、この考え方を何と言っていますか。文中より漢字五字でぬき出しなさい。

問5　――線②「自然に対して、現代の主流である理知的な、科学的な見方」とありますが、この見方を強めていくとどうなっていくと筆者は言っていますか。文中より十六字でぬき出しなさい。

問6　――線③「そういう境地」とありますが、それはどのようなものですか。最もふさわしいものを次から一つ選び、番号で答えなさい。

1　稲を主役として人間の技術で稲の生育を守ろうとするもの。
2　稲が発する声を人間の考えにそって理解しようとするもの。
3　稲を主役にすえることで稲に寄り添っていこうとするもの。
4　稲の生育と共に自己の内面性の成長を目指そうとするもの。

問7　――線④「わが家でとれた食べものは、みんな物語があるよね」とありますが、ここで示されている具体的な物語はどのようなものですか。「というもの。」に続くように三十五字以内で説明しなさい。

問8　――線⑤「品質と価格と安全性だけが表示され、評価されつつあります」とありますが、それはどのようなことですか。その説明として最もふさわしいものを一つ選び、番号で答えなさい。

1　生産者や産地が明記され、食べものの物語が価値として評価されるということ。
2　食べもののもつ物語の価値を認めず、商品の性質だけが評価されるということ。
3　生きものの命とひきかえに食べものがつくられ、その安全性が評価されるということ。
4　食べものの付加価値が重視され、生産者の声を伝えることが評価されるということ。

問9　――線⑥「この能力・感覚」とありますが、それはどのようなものですか。「能力や感覚。」に続くように文中より十七字でぬき出しなさい。

問10　本文の内容として最もふさわしいものを次から一つ選び、番号で答えなさい。

1　現代の理知的な見方において、生の根源には、生を生まれさせ、支え、終わらせるいのちがあるとし、それは生の時も生を失った後も存在し続ける確かなものの力で貫かれているとしている。

2　稲の状態を科学的に観察、分析したりして知ることは、人間だけに与《あた》えられた能力であり、そうした力を使って稲が何を求めているかを読み取ることは大切なことであるとしている。

3　自ら育て収穫《しゅうかく》した米とそうではない米とを食べ比べたとき、多くの生産者は自ら育てた米の方がおいしいとするが、目隠しをして食べると米に対する物語が消え味も変わるとしている。

4　食べものが食卓に上がってくるまでのいきさつに、あれこれ思いを巡《めぐ》らしてそれを感じとることは、かつて天地自然の諸々と話をしていた時代の感覚・感性に通じることであるとしている。

二　次の文章を読んで、後の問いに答えなさい。

「巧」

ならんで歩きながら、豪は何度かグラウンドに目をやった。

「おまえ、なんで入学してすぐ、野球部に入らんかったんじゃ？」

入学式から六日たっていた。式が終わってすぐ、入部届をくばってもらった。これに入部希望クラブ名、本人と保護者の氏名を記入し、捺印《なついん》して学校に提出すれば、その日からクラブ活動に参加できるのだ。豪は、入学式から帰ってすぐに届を書いた。巧も当然、そうするものと思っていた。だから、その夜おそくかかってきた電話にはびっくりした。一瞬《いっしゅん》、息がつまったほどだ。

「入部届、［A］」

巧は、そう言った。一瞬つまった息をはきだしてから、豪は、なんでじゃと聞きかえした。

「なんでもいいだろ。ともかく明日、出したりするなよ」

「じゃ、［B］」

「いつまでに出せばいいんだっけ？」

新田東中の生徒は全員、なんらかのクラブに所属すること。ただし、一週間の猶予《ゆうよ》期間をあたえる。そのあいだにクラブを見学して決めること。一度決めたクラブは最低一学期間は続けること云々《うんぬん》。『生徒の心得』という小冊子に書いてあったと思う。服装から、勉強のやりかた、休日のすごしかたまで細かい字でびっしり書いてあった。ばかばかしいと思いながら、クラブ活動に関係あるところだけは読んだ。

受話器をにぎりなおして、豪は答えた。

「一週間は、出さんでええんとちがうか」

「じゃ、一週間待て」

「待ってどうするんじゃ」

なんのために一週間待つのかわからない。

「一週間待って、そのあいだ、なにをするんじゃ」

「自主トレ」

それだけで、電話はきれた。

ツィーン、ツィーンと電子音が耳に響《ひび》く。

「なんなんじゃ、巧、どういうことなんじゃ」

きれた電話から答えがかえってくるわけもなかった。それでも声に出してたずねてしまった。

中学では、野球部に入ると決めていた。決めていたというもんじゃない。野球をするために中学に行くぐらいの思いはあったはずだ。少なくとも豪は、巧とバッテリーを組んで野球をすることを目的にしていた。中学校の三年間だけじゃない。それから先もずっとそのつもりだった。まだ十三歳《さい》にもなっていない。将来の自分の姿など、影《かげ》も見えなかった。しかし、巧の球を受けること、受け続けること。キャッチャーとしての自分の姿だけはたしかに見える。巧の球には、それだけの魅力《みりょく》があった。はじめて見たのは去年の夏。少年野球県大会の会場だった。豪のいた〝新田スターズ〟は、二回戦で負けた。

「豪、次の試合に出るピッチャー見てみぃや。一回戦見たかぎりでは、①ちょっとはんぱじゃないぞ」

帰り支度《じたく》をしていたとき、監督《かんとく》から声をかけられた。正直、かんべんしてくださいよという気持ちだった。八月である。炎天下《えんてんか》で二試合戦って、くたくたに疲《つか》れていた。帰りのバスが来るまで木かげでアイスクリームでもなめていたかった。それでも監督の言葉にしたがったのは、野球もこれで最後という思いがあったからだ。中学に入ったら勉強に重点をおくと母に約束していた。適当に楽しめるクラブに入って、勉強も適当にやって、それでいいと思っていた。

しかし、めったに人をほめない監督が、ちょっとはんぱじゃないと真顔で言った。そう言わせたピッチャーを見とくのも思い出になるかなと、なっとくした。

午後一時からの二回戦第二試合。真夏の熱と光に、めまいがするようなグラウンド。そこで、巧の球に出会った。マウンドにいる少年が同い年だとは信じられなかった。身体だけをくらべれば、自分のほうがはるかに大きい。縦縞《たてじま》のユニフォームを着たピッチャーは、華奢《きゃしゃ》にさえ見えた。それなのに、あの球はなんなのだろう。バットにかすりもせず、ボールがキャッチャーのミットにおさまる。その音が聞こえるような気がした。

――あ、あのボール受けてみたい。

バッターとして打ちかえすのではなく、キャッチャーとして受けてみたい。身体の奥《おく》から思いがせりあがってくる。五、六球に一度、受けそこねて前にこぼすキャッチャーが、②はがゆかった。

自分ならあんなまねはしない。一球、一球に心を集中して、ていねいに球をつかまえる。自分なら、もっと……せりあがってきた感情が、心臓といっしょに激しく鼓動《こどう》する。生まれてはじめての経験だった。

次の日の準々決勝も、準決勝も見た。一週間後の決勝戦もひとり見に行った。バスで二時間以上の道程も、八月の熱も気にならなかった。県大会だけではない。中国大会まで見に行った。広島まで、巧の球だけを見に行ったのだ。十月だった。

――あの球を受けてみたい。

秋の日差しの中で、また強烈《きょうれつ》にそう思った。思っても手立てがあるわけではない。あきらめるよりほかなかった。自分の中に芽生えた強烈な思いをすててしまう。自分がちっぽけなつまらない人間だと感じてしまう。母がよく使う③『せつない』という言葉の意味が、生々しい感覚としてせまってきた。

広島から帰って、しばらく落ちこんでいた。だから、巧が、新田に越《こ》してくると聞いたとき、それがほんとうだと確かめたとき、本気で神様を信じようと思った。新田神社に行って④五百円玉を二枚、賽銭《さいせん》箱に投げこんだ。おしいなんて思いもしなかった。

巧の球を受けること、受け続けること。

巧に出会って、はじめてその球を自分のミットに捕《と》らえたときから決めた。まず、中学に入って、本格的にバッテリーを組むのだ。だから、一日も早く野球部へ入部届を出して、練習したかった。巧が自分のことをどう考えているのかわからない。しかし、野球よりほかにやることなんてないはずだ。少なくともそのことだけはわかっていた。なのに、一週間待てと巧は言ったのだ。巧が言うから理由も聞かず待った。六日待った。

今日は土曜日。明後日の月曜日が入部届のタイムリミットだ。豪のいる四組でもほとんどの者が入部先を決めていた。〝新田スターズ〟の仲間だった東谷や沢口も、とっくに野球部に入り、今もグラウンドで走っている。豪は少しあせっていた。

「巧」

カバンをわきにかかえ、両手をポケットにつっこんだまま、巧は返事もしない。こういう態度には慣れっこになったから腹はたたない。

「ちゃんと教えてくれてもよかろうが。なんで、わざわざ一週間ものばさんとあかんかったんじゃ」

巧の足がとまる。身体が九十度動いて、目尻《めじり》のあがったきつい目がまっすぐに豪に向かいあった。巧は、他人としゃべるとき、絶対に視線をそらさない。思わず相手が身をひくような目つきをする。その目にもだいぶ慣れてきた。

⑤「自主トレだって、言っただろう」

たしかに放課後、公園でふたり、トレーニングをやっていた。走りこみ、柔軟《じゅうなん》体操、キャッチボール、ストレッチ。

「だってな、自主トレなんてもんは、プロの選手がキャンプインに向けてするもんなんじゃろ。おれらがそんなまねせんでも、早う入部届出したら、グラウンドでちゃんと練習できるがな」

豪は、グラウンドの方向に少しあごを動かした。動きにそうように、巧の目がひろいグラウンドに向く。

「そりゃまあ、おまえがなにか考えて届を出さんかったんならええけど、ちょっと説明というか」

「不安だったんだよ」

豪の言葉をひとことでたち切って、巧がまた歩きだす。

「は？　なんじゃと、なんて言うた？」

「だから、ちょっと不安になったんだよ」

ふあん、フアン、不安。今聞いた言葉の意味がよくわからない。

「おい、ちょっと、巧。待てよ、ふあんて、このふあんか？　安心でないて意味の」

豪は、指で空中に不安という字を書いてみた。

「ほかに、どういう字があるんだ。ばかなこと聞くなよな」

不安。どこにでもごろごろ転がっている言葉だけど、巧が口にするなんて信じられなかった。自分に対する絶対的な自信。うぬぼれでなく、ひとりよがりでなく、自分の中にあるものを信じきる力。そんなものを巧は持っていた。こいつでも、不安になったり、こわかったり、迷ったりするのかと、意外だった。

「うそじゃろう」

思わず大きな声が出た。巧がふりむく。そばを通っていた何人かの女生徒もふりかえった。そして、きゃはっという笑い声をあげる。

「ひとりで、なに大声出してんだ」

「だって、なんでおまえが不安になったりするんじゃ。そりゃ、新田の野球部は部員も多いし、練習わりにきついて聞いとるけどな。けど、おまえの実力だったら、そんな不安にならんでもえかろうが。おれ、おまえの言うとることがようわからん」

言いながら、⑥巧の眉がかすかによって、ほおが少し赤くなったのに気がついた。

(あ、怒《おこ》らせたかな)

そう思ったとき、巧がポケットから手を出した。手首から先が動く。赤い小さなものが飛んできた。よけるひまはなかった。右肩《みぎかた》に当たる。鈍《にぶ》い痛みがした。はねて落ちようとする赤いものを右手で受けとめる。丸いミニキャンディーだった。目にしみるほど真っ赤な紙につつまれている。かたい。顔に当たっていたら、そうとう痛かっただろう。むろん、巧が、無防備の顔をねらうわけはなかった。そのくせ、顔の近く、けっこうドキッとさせられる場所を選んで、まっすぐに当ててきた。かなり怒っているのだ。

「巧、怒ってるんか」

「当たり前だ。なんで、そんなあほな勘《かん》ちがいするんだ」

「勘ちがい？」

「おれが不安だと言ったのは、自分のことじゃなくてあちらさんのことだよ」

あちらさんというのが、野球部のことだとはわかった。わからないのはその先だ。豪は大またで巧に近づき、横にならんだ。待っていたように巧がひとつ、息をつく。

「グラウンドがずいぶんひろく見えるだろう」

「ああ、そうじゃな。新田中のグラウンドはここらへんでもひろいほうじゃけん。けど、それがどうした？」

「だから、おれも入学してすぐ入部届、出すつもりだったんだけどな。練習してるの見たら、やたらグラウンドがひろく見えるだろ。それでちょっと不安になってさ。だから、どういうふうに言えばいいかなあ」

巧がだまりこむ。自分に説明する言葉を一生懸命《けんめい》さがしていると感じたから、豪もだまって待つことにした。

「うん、ようするにグラウンドもひろい。ひろいけど、めいっぱい動けばひろすぎるってほどじゃないだろ。今もそうだけど、グラウンドがひろいっていうよりがらんとして見えたのは、練習してるやつらの動きが、鈍くて、ちんたらしてたからなんだ。春なんて、しっかり基礎《きそ》体力つけとかなくちゃいけない時期なんだぜ。でなきゃ、夏の試合なんてもたないもんな。そういうの、ちょっと不安だろうが」

つまり、野球部の練習に不安があるから、この一週間近く自分たちなりのトレーニングをやってきた。巧はそう言うのだ。

「わかったか」

「よく、わかった」

「ならいいけど。今度から、いちいち説明なんかさせるな。かったるくてしょうがないだろ。それと、月曜日には入部届、忘れんなよ」

「月曜日に出すんじゃな」

「しょうがないだろ。いつまでも、ふたりでやってるわけにいかないし、あったかくなったから、グラウンドの連中も少しはましな動きになったんじゃないの」

こんな会話、野球部のメンバーに聞かれたら、おおごとじゃな。なんとなくおかしくなる。

「なに、にやついてるんだよ」

「いやいや、べつに。じゃあ今日も昼飯食ったら、公園に行くわな」

「当然」

豪はキャンディーを口に入れた。ソーダの味がした。

「まだ、あるぞ」

今度は黄色いキャンディーのつつみがわたされる。

「おほっ、こんなん、いっつも持ってきとるんか」

「おれ、糖尿病《とうにょうびょう》だからな、甘《あま》い物がいるんだ」

キャンディーが、のどの奥に転がり落ちそうになる。

「糖尿病って、そんな、うそじゃろ」

「うそだよ」

にやりともしないでそう言うと、巧は足早に歩きだした。

⑦速球に目の慣れた打者に対し、タイミングをはずすスローボールを投げるように、巧は時々、こんな冗談《じょうだん》を言う。

ソーダ味のつばをのみこんでから、豪は、つまんねえ冗談とつぶやいてみた。

（あさのあつこ『バッテリーⅡ』〈角川文庫〉より）

問1　空らん［Ａ］・［Ｂ］にあてはまる最もふさわしいものをそれぞれ次から一つずつ選び、番号で答えなさい。

1　いつだすんじゃ？　　2　もうだしたか？
3　ださないのか？　　4　出すのやめるよ
5　出さんでええんか　　6　出すの待てよな

問2　次の一文はもともと本文中にあったものですが、どこに入れるのがふさわしいですか。あてはまる部分の直前の五字を答えなさい。

巧はたぶん開きもせずにすてたのだろう。

問3　――線①「ちょっとはんぱじゃないぞ」という監督のことばを聞いた豪についての説明として最もふさわしいものを次から一つ選び、番号で答えなさい。

1　自分はほめられたことなどないので、ひそかな対抗心《たいこうしん》からそのピッチャーの実力を確かめてやりたくなった。
2　野球をあきらめなければならない自分と相手を比べることで、羨望《せんぼう》や嫉妬《しっと》の対象として強く興味をひかれた。
3　くたくたに疲れているにもかかわらず、自らの選択《せんたく》を変えることにもつながる才能を見てみたいと感じた。
4　最後に記念的な意味で、監督のいうピッチャーを見ておくのも悪くはないだろうというぐらいに思った。

問4　――線②「はがゆかった」とありますが、この「はがゆい」と同じような意味のことばとして最もふさわしいものを次から一つ選び、番号で答えなさい。

1　いらだたしい　　2　わずらわしい
3　まぎらわしい　　4　ふてぶてしい

問5　――線③「『せつない』という言葉の意味が、生々しい感覚としてせまってきた」とありますが、このときの豪がせつなくなっているのはどうしてですか。その理由として最もふさわしいものを次から一つ選び、番号で答えなさい。

1　自分の希望を言っても母親が許してはくれそうにないから。
2　自分と巧とでは才能に大きな差があると感じてしまうから。
3　自分の気持ちを巧にうまく伝えられないと思っているから。
4　自分の願いなどどうやってもかないそうにないと思うから。

問6　――線④「五百円玉を二枚、賽銭箱に投げこんだ」とありますが、ここで豪はどのようなことを願ったと考えられますか。次の空らん［Ⅰ］・［Ⅱ］に入ることばを、それぞれ文中より八字～十二字でぬき出しなさい。

［Ⅰ］とわかったので、［Ⅱ］ことができるよう願った。

問7　――線⑤「自主トレだって、言っただろう」とありますが、巧が自主トレをしようとしたのはどのような思いからですか。その説明として最もふさわしいものを次から一つ選び、番号で答えなさい。

1　きつい練習に負けないだけの体力をつけ、入部後は自分や豪が一年の中心になってやろうという思い。
2　今のままでは練習についていけるか自信がなかったので、ひそかに体力をつけておきたいという思い。
3　部の練習ぶりにばくぜんと不安を感じ、自分や豪だけはもっと厳しい練習をしておきたいという思い。
4　だれにも負けない体力をつけて、顧問《こもん》や上級生たちから一目おかれる存在になってやろうという思い。

問8　――線⑥「巧の眉がかすかによって、ほおが少し赤くなった」とありますが、このときの巧の気持ちとして最もふさわしいものを次から一つ選び、番号で答えなさい。

1　豪にからかわれてしまったので、ひどく焦《あせ》っている。
2　豪の態度が投げやりなので、少し怒りを感じている。
3　豪に痛いところをつかれたので、やや動揺《どうよう》している。
4　豪が真意を理解してくれないので、いらだっている。

問9　――線⑦「速球に目の慣れた打者に対し、タイミングをはずすスローボールを投げるように」とありますが、これは巧のどのような言い方をたとえた表現ですか。最もふさわしいものを次から一つ選び、番号で答えなさい。

1　相手をばかにするように上からものを言うこと。
2　人をくったような思いがけない発言をすること。
3　相手の思いに配慮《はいりょ》せず思いつきで発言すること。
4　自分の考えを相手に悟《さと》られまいとごまかすこと。

問10　本文では巧は自信家で気の強い人物として描《えが》かれています。それは、他人に対するどのような態度にあらわれていますか。文中より最もふさわしい二十五字の一文をぬき出し、はじめの四字を答えなさい。

三　次の詩を読んで、後の問いに答えなさい。なお、問題を作成するにあたり、表記を改めたところがあります。

したたり止《や》まぬ日のひかり
うつうつまはる《(わ)》水ぐるま
あをぞらに《(お)》

越後《えちご》の山も見ゆるぞ
さびしいぞ
一日《いちにち》もの言は《わ》ず
野にいでてあゆめば
菜種のはなは
遠きかなたに波をつくりて
いまははや
しんにさびしいぞ

（室生犀星『抒情小曲集・愛の詩集』より）

問1　この詩はもともと二連構成の詩です。第二連はどこから始まりますか。はじめの三字をぬき出しなさい。

問2　この詩はいつの季節をよんだものですか。最もふさわしいものを次から一つ選び、番号で答えなさい。

1　春　2　夏　3　秋　4　冬

問3　――線「うつうつまはる水ぐるま」とありますが、この「水ぐるま」の説明として最もふさわしいものを次から一つ選び、番号で答えなさい。

1　激しく音を立ててものすごい速さで回っている。
2　水の中ではしゃぐ子どもたちの力によって回っている。
3　今にも止まりそうになりながらぎこちなく回っている。
4　止まることなくゆっくりとしたリズムで回っている。

問4　この詩の表現の特徴《とくちょう》として最もふさわしいものを次から一つ選び、番号で答えなさい。

1　表現技法をまったく使わないことで心情を直接的に述べている。
2　定型詩ではないが部分的には一定のリズムを意識してよんでいる。
3　はっきりとは感情を述べずに情景から心情を描《えが》き出している。
4　一行ごとに文を切ることで説明的にならないように工夫《くふう》している。

問5　この詩では主題としてどのようなことが描かれていますか。最もふさわしいものを次から一つ選び、番号で答えなさい。

1　のどかな自然の景色と対比して描かれる作者の際立《きわだ》つ孤独《こどく》。
2　自然の雄大《ゆうだい》さの中で寂《さび》しくも一人で生きる作者のたくましさ。
3　自然の静寂《せいじゃく》さと力強さが調和して生まれる作者の感動。
4　楽しい日々と寂しい日々が繰《く》り返されることへの作者のむなしさ。

四　次の各問いに答えなさい。

問1　次の各文の――線のカタカナを漢字で書きなさい。

1　我々はクマのセイタイをもっと知るべきだろう。
2　日本人選手のＭＶＰ受賞はカイキョだ。
3　少子化が経済にシンコクな影響《えいきょう》を与え始めている。
4　日常のいそがしさから早くカイホウされたい。
5　コロナ後も感染《かんせん》の防止にツトめなければならない。

問2　次のＡ～Ｅには上下左右と組み合わせて漢字を作ることができる共通の部首が入ります。その部首の説明として最もふさわしいものを後の１～10からそれぞれ一つずつ選び、番号で答えなさい。

（注１）同じ番号をくり返し使うことはありません。
（注２）組み合わせて成り立つ漢字はすべて小学校までに習う字です。
（注３）同じ意味を表す部首は形が異なっていても同じと見なします。

【例】

	士	
生	心	相
	青	

[答え]　0　できる漢字　志・想・情・性

	才	
化	A	分
	次	

	主	
寺	B	走
	聿	

	火	
少	C	多
	重	

	田	
市	D	北
	巴	

	土	
兄	E	林
	且	

0　気持ちや心の動きなどに関するもの。
1　建物やその中、その付属物などに関するもの。
2　神や神がもたらす幸い・災《わざわ》いなどに関するもの。
3　道や町などに関するもの。
4　水やその状態などに関するもの。
5　お金やそれにかかわる行い・状態などに関するもの。
6　衣服やその状態・動作などに関するもの。
7　米や麦などの実りなどに関するもの。
8　草や草で作るものなどに関するもの。
9　身体の各部やその状態などに関するもの。
10　女性や親族などに関するもの。

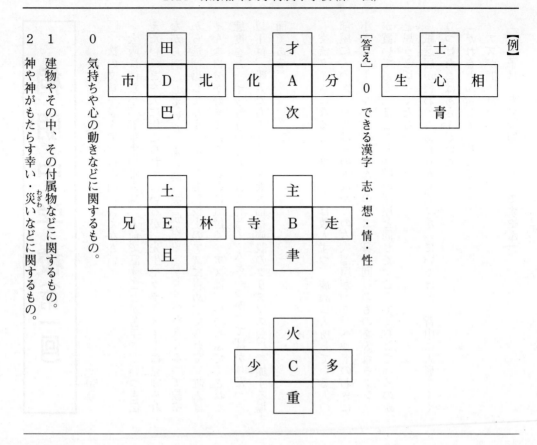

桐朋中学校(第一回)

—50分—

一　次の文章を読んで、後の問に答えなさい。

大阪に住む小学五年生の唯人《ゆいと》は、人前で話すことが苦手で、いつも伝えたいことを人に伝えられずにいるが、先生やクラスメイトに見守られながら過ごしていた。ある時、緊張《きんちょう》のあまりしゃべれなくなって教室から逃《に》げ出してしまったことを転校生のアズに責め立てられて、唯人はそんな自分が好きではないことに気付く。アズは、いつもふてくされた態度をとってクラスになじもうとせず、人とぶつかってばかりだった。以下は、唯人たちのクラスが老人福祉施設《ふくししせつ》のクリスマス会に参加する場面である。

交流タイムになると、唯人たちは数人ずつ、施設に入所している人の部屋に入った。そこは女の人ばかりの六人部屋だった。ベッドのわきに小さなテーブルとおばあさん用のイス。身の回りのものを入れるタンスが置いてある。ほとんど病院の部屋と同じだ。ここでくらしているのかと思うと切なくなる。

紙芝居《かみしばい》が終わったあたりから気になっていたけど、背中に人形をくくりつけたおばあさんがいた。

「だれをおんぶしているんです?」

アズが聞いた。

「この子はうちの大切な子どもですやん」

それは、古ぼけたミルク飲み人形だった。おばあさんは、後ろに手を回して、赤んぼうをあやすように、人形のおしりをぽんぽんとたたいている。

イスにすわろうとしたおばあさんを手伝って、アズがおんぶひもをほどいて、人形を手わたすと、おばあさんはぎゅっと胸にだきしめた。

「ええ子やな。ほんまにええ子、ええ子。あんたはうちの[Ⅰ]やで」

幸せそうにつぶやいた。

まるで本物の赤んぼうみたいに、人形を自分のベッドにねかせると、おばあさんはアズの顔をじいっと見た。

「おや。あれま! あんたはよし子ちゃんやないの。よう帰って来てくれたなぁ」

おばあさんはアズの手をにぎりしめた。アズはちがいますと言いかけたのに、おばあさんはもう、アズの手を放そうとはしなかった。

ちょっとマズイんやないか、この人……。

唯人は心配になってきた。

「あっ、はい、よし子です」

アズが[Ⅱ]をくくったように返事をすると、おばあさんは安心したらしく、笑顔《えがお》を見せた。

おやつタイムになると、施設の計らいで子どもたちにもフルーツゼリーが配られた。

お年寄りたちに、施設の職員の人たちが手際《てぎわ》よくエプロンを身に着けさせた。食べこぼしを受けるための大きなポケットがついたビニール製のエプロンだ。

折りたたんであったパイプイスを起こして、唯人たちはおばあさんと向かい合った。

「さあさあ、母さんの分もお食べ」

おばあさんは自分のスプーンでゼリーをすくって、アズのカップに入れようとした。するりとゼリーは落ちて、エプロンのポケットに入った。おばあさんはポケットに手を入れてゼリーをつかもうとしたけど、うまくつかめるはずもなく、悲しそうな様子だった。

アズが近くにあったウエットティッシュでおばあさんの手をふいた。

「いいの、いいの。①今日はお母さんのためにあたしがこのゼリーを作ったんですよ。だから、お母さんに全部食べてほしいんです」

「おや、そうかい。じゃ、いただこうかね」

「どうぞ、どうぞ。ゆっくりめしあがってください」

アズはうまいこと調子を合わせていた。

「よし子ちゃん、今夜はとまっていけるやろ？」

「えっ、ええ」

「もうどこにも行かんといてな」

「はい。心配しないでください」

アズはもう迷うことなくよし子ちゃんになりきっていた。

ゼリーを食べ終わって、おばあさんはベッドに横になろうとした。

「あたしがねかせましょうか」

アズはおばあさんから人形を受け取ると、自分のひざの上にのせた。手も足もくたんくたんとたよりなく折れ曲がって目だけパッチリと開けている、おばあさんの宝物。

うさぎおいし　かのやま

こぶなつりし　かのかわ……

人形の頭をなでながら、アズがそうっと歌い始める。そうしているうちに、おばあさんはもう、とろとろとねむりについた。唯人はアズの歌に引きこまれていった。

ふっと、唯人のかすかな記憶《きおく》がよみがえってきた。

母さんが歌っていた、ふるさと。

唯人は知らず知らずのうちにアズの歌に合わせてくちびるを動かしていた。歌だなんてとても言えない、ほとんどだれにも聞き取ることのできない小さな小さな声だった。

「唯人くんの歌、初めて聞いたわ」

アズに聞かれてテ(a)れくさくなった。

「あっ、やめないでよ。いい声なんだから」

アズは真顔でそう言った。

おばあさんの横に人形を置くと、アズはぽつりと言った。

「なんかさぁ……、あたし、悲しくなってきちゃった」

「ん？」

「だって、自分のことはわすれちゃってるのに、［Ⅲ］のことはわすれないなんて」

アズは心を痛めているみたいだった。

「きっと……」

「きっと、しまってあるんやで」

唯人はどうにかしてアズにこたえたいと思って、一生懸命《いっしょうけんめい》に考えた。

「えっ」

「心の中の一番大事なとこに」

「そっか、そうだよね。②だから、あたし、今日はよし子ちゃんでいいんだ」

納得《なっとく》がいったのか、アズは素直《すなお》にうなずいていた。

よかった。うまいこと伝わったみたいや。

唯人がほっとしていると、文香《ふみか》が近づいて来た。

「あんた、なかなかええとこあるやん」

いつもの上から目線の言い方じゃなかった。

「ほんまに感心するわ。ちょっと見直したかもしれん」

さっきからアズがおばあさんにやさしくしているのを見て、本気でそう思ったようだ。いいと思ったらいいと言う。文香ははっきりしている。

アズは返事を迷っていた。思いもかけず、文香からそんなふうにみとめられて、どう返したらいいのかわからないのだろう。バツが悪そうに横を向いてしまった。

「けどなぁ、『あっ、はい、よし子です』って、けっさくやな」

文香は笑いながらまわりの子に話していた。


帰りのバスの中でも、文香は、「よし子です」のフレーズがツボにはまったらしく、おかしそうに何度も言って、アズのことをいじろうとした。

それは愛情表現みたいなものだった。*浩也《ひろや》が言っていた「バクハツ」と同じで、からかっているようにも見えるけど、アズのことをみとめているからこそ、そんなふうにみんなの中に引きこもうとする文香のやり方だった。


文香はおもしろがって、しつこくみんなをあおっていた。

「おや。あれま!」

お調子者の佑太《ゆうた》がすぐに食いついて、文香のあとに続いた。

「よし子ちゃんやないの」

さらに他の子たちが声を合わせた。

「あっ、はい、よし子です!」

みんなはどっと笑いこけた。手をたたく子もいた。

「なんでやねん」

「あはは。けっさくや」

ギャグは大ウケして、バスの中はもり上がった。悪意のないいじり。けどそれは紙一重《かみひとえ》。相手に受け入れられなかったらアウトだ。こんなとき、アズだって適当に笑っていたら文香たちと仲間になれるのかもしれないのに、とうてい無理なことだった。そんな洗礼を受けるのはごめんだとかたくなにこばんでいる。

あんなギャグ、アズには通じひんな。どないしよ。もうそろそろヤバイやろ。

アズを助けたい。

そのとき強く思った。

「や、や、やめ……」

言いかけたけど、続かない。

おれが言わなあかん。

けど言われへん。何もできひん。

笑いの中心にいる文香を止めるなんて、そんなこと、おれにはできっこないんや。

唯人は助けを求めるように、みのり先生のほうを見た。先生は「よし子ちゃん」の事情を知らないから、またいつものバカさわぎくらいに思っているのか、だまってシートにもたれていた。施設bホウモンが無事に終わって、ほっとしているのかもしれない。

アズは前のほうにすわっていて、唯人の位置からはすがたが見えない。けれど唯人には、今アズがどんな顔をしているかcソウゾウできた。もうバクハツ寸前のアズの顔。

「お、おい、ふ、ふ、ふみ……」

唯人はじりじりした。

出てこい。声、出てこい。

のどのおくにつかえている何かをはき出したい。アズをかばってやりたい。こんなとこでまた文香とけんかなんかしてほしくない。③それよりも何よりもあのおばあさんの前で「よし子ちゃん」を演じたアズの善意がふみにじられていくように思えた。

くそ！　言われへん。

おれはなんちゅういくじなしなんや。くやしくてたまらん。

唯人の中で、イラ立ちだけがどんどんふくらんでいく。

「どうした、唯人くん、具合が悪いん？」

となりにすわっている里菜《りな》が心配そうに顔をのぞいてきた。

唯人は額の汗《あせ》をぬぐった。④きんちょうしていやな汗が出ていた。

そのとき、

「なあ、よし子ちゃん」

文香がシートベルトを外してアズに近づくと、うれしそうに肩《かた》をちょんとつついた。

「文香さん、ちゃんとすわってて」

注意するみのり先生。

「何なの！」

文香の手をはらいのけるアズ。

ほぼ同時に、唯人が立ち上がった。

「お、おい！」

力いっぱいさけんでいた。

「も、もう、ええかげんにしといてくれ！」

バスの中は静まり返り、みんなが一斉《いっせい》に声のするほうを見てきた。それが唯人だとわかると、だれもが信じられないという顔になった。

唯人は、あわててシートにこしを下ろした。にぎりしめていたげんこつをゆるめ、自分のほおに手を当てた。顔がカッカッと熱い。

「うそやろ！」

「唯人やんか。唯人がおこった？」

「ありえへんで」

「おれら、やり過ぎたんか」

みんながわやわやと言い始めたけど、唯人にはもう聞こえなかった。

⑤一番おどろいていたのは唯人自身だった。

学校に着いて、窓の外を見ると、アズがバスから降りて走りだしていた。教室にランドセルを取りにもどらないで、家に帰ってしまったのだ。

（志津栄子『雪の日にライオンを見に行く』〈講談社〉による）

＊浩也が言っていた「バクハツ」……アズが急に怒り出すことを、浩也が「バクハツ」と呼んだのにならって、他のクラスメイトもそう呼んでいた。

問一　［Ⅰ］を補うのにふさわしいことばを本文から漢字二字でぬき出しなさい。

問二　［Ⅱ］を補うのにふさわしいことばを漢字一字で答えなさい。

問三　――線部①について。アズがこのように言った理由として最もふさわしいものはどれか。次の中から選び、記号で答えなさい。

ア　おばあさんがアズを子どもあつかいしていることを利用して、わざとあまえるようにしてわがままを聞いてもらおうと思ったから。

イ　ゼリーをこぼして落ちこんでいるおばあさんの姿を見るのが心苦しくて、話題を変えることで失敗を忘れてほしいと思ったから。

ウ　アズを本当の子どもだと思いこんでいることは否定しないで、おばあさんの分のゼリーは自分で食べてもらおうと思ったから。

エ　アズがおばあさんのために作ってきたゼリーだということを伝えて、なるべくこぼさないように食べてほしいと思ったから。

問四　［Ⅲ］を補うのにふさわしいことばを次の中から選び、記号で答えなさい。

ア　ふるさと　　イ　おやつタイム　　ウ　母さん　　エ　子ども

問五　――線部②について。アズがこのように考えた理由をわかりやすく説明しなさい。

問六　――線部③について。この時の唯人の思いをくわしく説明しなさい。

問七　――線部④について。この時の唯人について説明したものとして最もふさわしいものはどれか。次の中から選び、記号で答えなさい。

ア　アズを傷つけようとする文香を止めたいと思う一方で、自分がかばうことでアズが余計にからかわれるのではないかと不安におそわれている。

イ　クラスメイトがアズをからかっているのを止めるというふだんの自分ならできないことを無理にやろうとして、精神的に追いつめられている。

ウ　今にも言い争ってしまいそうな文香とアズの勢いにおされながらも、二人のけんかを止められるのは自分だけだと気持ちを奮い立たせている。

エ　クラスメイトにいくじなしだと思われることをおそれて、アズを助けるためのことばを続けられずにいる自分の弱さに怒りをつのらせている。

問八　――線部⑤とあるが、唯人に自分でもおどろくような行動をさせたものは何なのか。最もふさわしいものを次の中から選び、記号で答えなさい。

ア　無責任な大人の態度への不信感

イ　弱い者いじめに対する憎《にく》しみ

ウ　級友の軽はずみな言動への憤《いきどお》り

エ　けなげなアズに対する恋心

問九　═線部a～cのカタカナを漢字に直しなさい。

□二　次の文章を読んで、後の問に答えなさい。

不幸じゃなくても、赤裸々《せきらら》じゃなくても、エッセイは書ける。わたしはもう五年近く、そう念じるようにしてエッセイを書いている気がする。

エッセイ、随筆《ずいひつ》、と意識して書くようになったのは、高校で文芸部に所属してからのことだ。しかし、小学生のころからわたしは「作文コンクール」と言われるようなものに熱心に取り組んでいた。

小学生のわたしは、いまよりずっと目つきが悪かった。日焼けして肌《はだ》が浅黒く、しかし運動はからきしできず、ピアノの教室もすぐにやめてしまい、だからといって家にゲーム機があるわけでもない。漫画《まんが》がそんなに好きでもないから絵を描くのも得意ではない。勉強だって、田舎《いなか》の小学校の中ではできるほうでも、わたしよりできる子は何人もいる。

勉強は、ふつう。運動は、ピアノは、絵は、ゲームは、できない。そういうわたしは学級委員長であることだけが自分の誇《ほこ》りであるような生徒だった。「男子、そこ、ホウキちゃんとやって！」と言い、先生に褒《ほ》められることだけが、自分が認められたような気がしていた。先生の手伝いを率先《そっせん》してやって、みんなが引き受けたがらない役割や仕事を引き受けて、そうして「みんながしないこと」をする自分が特別だと信じていた。①そういう子だった。

「ちょっと残って書いてみない？」

あれは小学二年生くらいだろうか。夏休み前の終業式に先生からそう声を掛《か》けられたとき、だから、とてもうれしかった。国語の宿題で出した作文を、コンクールに出すために少し直さないかと言われたのだ。ほかの子はたぶん、はやく帰りたかったんだと思う。わたしの担任の先生は本当にいい先生だった。

わたしの作文がよい作文だったからそう声を掛けてくれたのか、保育園から既《すで》に友人関係がaコウチクされている小さな小学校に、入学直前に越《こ》してきて馴染《なじ》めずにいるわたしを気にかけてくれていたのかは定かではない。けれど、とにかくあの、暑い夏の教室で、先生とふたりきりで向かい合って原稿用紙に＊まとまるくんを走らせては鉛筆で書き足す。②あのとき、はじめてわたしは本当に特別になった気がした。

そうして直して出した作文が入賞した。たしか佳作《かさく》とか、そのくらいだったと思う。小さな村の作文コンクールはそもそも競争率が低いのに、それでも一位は取れなかった。昔からわたしは、とにかくとことん作文で一位が取れない人間なのだ。

しかし、そんなことを当時はまったく気にしていなかった。最優秀賞も入賞も、ひとしく宝物だった。母も祖父母も、賞状を持って帰るととても褒めてくれた。お寿司《すし》食べようか、というくらい喜んでくれた。「ああ、わたしは作文だ。わたしは作文が得意。もっと作文が得意になりたい」そればかり思っていた。

読書感想文コンクール、詩のコンクール、思い出のなんとかコンクール……応募《おうぼ》できるものはできるだけ応募するようになった。先生が見てくれたり、母が見てくれたりして、必ず直しながら出した。そういう応募が高校に入るまで続いた。はじめは入賞するだけでうれしかったものが、次第にできるだけ上の賞が欲しくなった。しかし、どう頑張《がんば》っても一位になることはなかった。

③わたしが学生として応募をする限り、もう、一位は取れないんだろうな、と、ある日絶望した。作品集が送られてきて読んでみると、わたしの上にある作品のほとんどが「できなかった逆上がりができるようになった」「弟がbコッセツしてはじめて介護をした」「友達とけんかをして仲直りした」「亡くなったおばあちゃんとの思い出」「けがをした猫をたすけた」などというものだった。どんなコンクールでもそうだった。

わたしはそのつど、星空がきれいだったこと、おじいちゃんのおでこのしわがいっぱいで面白かったこと、終業式のからっぽになった机が好きだということを書いていた。それで一位が取れないのはなんというか(なるほど)だった。わたしの作文には、エピソードが足りないのだ。みんなもっと苦労していたり、傷ついていたり、人助けをしていたり、赤裸々だったりした。

けれどわたしには、とりたてて不幸もなければ、苦労もなく、赤裸々に明かさなければいけない秘密もなかった。正確に言うと、言いたい意地悪なことはたくさんあったけれど、それを(書くべき)とは思えなかった。

不幸、あるいは［Ⅰ］でなければいい作文は書けないのか。そういう極端《きょくたん》な気持ちに、その頃は襲《おそ》われた。とはいえ、目つきの悪いわたしは、作文に書くために自分を［Ⅰ］にすることはできなかった。目つきが悪いまま、不幸でも赤裸々でもない話を書き続けるほかなかった。

中学生の頃にはもう一位を取ることはあきらめていたが、東日本大震災が起きていよいよ本当にあきらめた。あきらめたころ、わたしの住んでいる岩手県で一番大きな随筆賞をいただいた。岩手日報随筆賞というもので、学生対象の奨励賞《しょうれい》もあったのに、一般の人たちも含めての一番の大会賞だった。

春の雨が降るなか教科書を買いに行き、わたしの本名である「れいん」にとやかく言ってくる大人って本当にうるさいな、と思ったことを率直に描いたものだった。審査員《しんさ》のみなさんは、びっくりするほど褒めてくれた。くやしい、と言われることがこんなにうれしいのだということもその時に知った。

エッセイに大切なことは四季と五感であること、石ころひとつで四枚書ける人が作家にふさわしいこと、④自分の中で煮《に》えたぎっていることはまだ書くべきではないこと、自分の中のとっておきのエピソードほど、そう簡単に書かないこと。わたしはそれから毎年この随筆賞の合評会《がっぴょう》に参加して、たくさんメモを取った。わたしがずっと思っていたような違和感《いわかん》を解いてもらえるとてもcキチョウな機会だった。

わたしはいまもエッセイを書きながら(でもこれはきっと、お手本のエッセイではないのでしょうね)と常に思っている。(でも、それでいいさ)とも思っている。エッセイの書き方講座を依頼《いらい》されることもあるのだけれど、わたしは賞を取れるエッセイを書くことができないから、講座を持つつもりはない。

たくさん応募したからこそ思うが、世の中にあふれる、特に学生向けのエッセイ・作文コンクールは、本当はよい作文を求めているのではなかったりする。［Ⅱ］を開けてみると「エピソードトークの募集」や、「主催者《しゅさい》の理念にマッチする適切な人間」の募集のように思う。それは、予算をつけて賞を運営する以上当然のことだと今はわかる。しかし、それに消耗《しょうもう》してしまったわたしは、あなたの大事なエピソードをそんなにかんたんに寄越《よこ》してやるなよ、と思ってしまう。

ごくまれに、母校の部活に顔を出している。新入部員の初めて書いたエッセイを読ませてもらう機会があるたびに、とてもへとへとのうんざりになる。努力、苦労、人間関係のトラブル。それらがほとんどなのだ。かつて前述《ぜんじゅつ》の合評会で一般から募集した作品を拝見した時も同様だった。介護、亡き親、過去の仕事自慢《じまん》。そればかりなのだ。努力、苦労、人間関係を書いた若者たちが、大人になって介護、亡き親、過去の仕事自慢を書く。それはとても退屈《たいくつ》なことだとわたしは思った。たしかに作文によって自分の人生を省《かえり》みることは大切だけれど、文章表現ができることの豊かさはもっといろんな色でひかるはずだ。

友達と喧嘩《けんか》したエッセイを書く生徒に「これ、その喧嘩相手に見せられる？」と言うと、たいてい青ざめる。そうして「それよりも、このロ*シアンブルーのおなかの描写《びょうしゃ》、とってもおもしろいからこれだけで四百字書きなよ」というと、今度はぽっと赤くなって「これでいいんですか」と言う。これでいいどころか、これだからいいじゃん。ロシアンブルーのおなかが曇天《どんてん》みたいだってことの方が、見せられない相手のいる原稿よりずっといい。エッセイは腹いせのためでも自己dキュウサイのためでもなく、⑤くだらないと思うようなことを眺《なが》めて、ちょっといいなって思うための額縁《がくぶち》なんだからさあ。

さあ、エッセイを書いてください。と言われた時にきっとみんな思うのだ。（なにか特別な体験はないか）（なにか面白いエピソードはないか）と。そうして差し出されるエピソードは似通っていく。全員もっと面白い体験が本当はあるのに、その面白さを、一番の本人がかたくなに信じない。

だれにでも通じる濃いエピソードを出そうと焦《あせ》り、まだ自分の中でも整理がついていないかもしれない、人の死、大きな失敗を書いたりもする。しかしそういった、⑥読んだ方からすれば「感動しました」「書いてくれてありがとう」以外の感想がすべて暴力になるかもしれないような作文は、本当に良い作文なのだろうか。わたしは（書くことで特別な体験になる）（書くことで面白くなる）と本気で信じている。

たまに、「くどうさんはエッセイを書ける勇気があってすごいですね」と言われることがあって、わたしはそのたびに⑦こころの大広間に大の字になって「あーあ、やってらんねえぜ」と言う。赤裸々に曝《さら》け出しながら暮らしていてすごいですね、と言いたいのかもしれないが、わたしはそもそも、勇気が必要なことなど一つも書いていない。

親が見て悲しむもの、書いて誰かが悲しむものは、できるだけ書かないよう努力をしているつもりで、（これは！）と胸をぎゅっとつかみたくなるような物事のことは、まだまだ、何にも書いていない。エッセイに書いていない、書いてたまるかよと思いながら大事にしている思い出や気持ちが、わたしには本当に山ほどある。

⑧エッセイは赤裸々でなければいけないのだろうか。赤裸々ならほんとうにおもしろいのだろうか、ちゃんと隠《かく》しまくっているわたしのエッセイをあなたが赤裸々だと思うとき、そのなにが赤裸々なのだろうか。赤裸々って、なんなのだ。そもそも、赤裸々って文字が怖い。裸《はだか》つ赤いなんて。ひりひりしている。エッセイを書くときなるべくひりひりしたくない。暮らしているだけでひりひりすることはいくらでもあるのだから、エッセイを書くときと読むときくらい、いいきもちでいたいじゃないのさ、といまは思う。

【くどうれいん「なにが赤裸々」（『群像ウェブ2023．06．10』掲載）による】

＊　まとまるくん……消しゴムの商品名。
　　ロシアンブルー……猫の品種名。

問一　‖線部a～dのカタカナを漢字に直しなさい。

問二　――線部①「そういう子だった」とあるが、「わたし」は自分をどういう子だったと思っているか。説明しなさい。

問三　――線部②で「わたし」が「本当に特別になった気がした」のはなぜか。その説明として最もふさわしいものを次の中から選び、記号で答えなさい。

ア　先生と一緒に努力した経験がもとで作文で賞をもらって、自分自身に誇れるものができたから。

イ　他の人とただ違うというだけではなく、自分は作文が得意だったことを確認することができたから。

ウ　一つのことに長い時間向き合って、しかも何度もやり直すほど努力したのは初めてのことだったから。

エ　たんに「みんながしないこと」をしているのではなく、他の人ができないことをしている実感があったから。

問四　――線部③について。「もう、一位は取れない」のは「わたし」自身にだけ問題があるのではなく、別の理由も挙げられている。それが書かれている**段落**を探し、その最初の五字をぬき出しなさい。

問五　［Ⅰ］を補うことばとして最もふさわしいものを次の中から選び、記号で答えなさい。

ア　善人　　イ　幸福　　ウ　不利　　エ　自然　　オ　特異

問六　――線部④とほぼ同じことをいっている部分を、次の［　］にあてはまる形で**これより後の**本文から二十字以内で探し、ぬき出しなさい。

［　　　　　　］こと。

問七　［Ⅱ］を補うのにふさわしいことばを二字で答えなさい。

問八　――線部⑤とはどういうことか。本文中のことばを用いて、くわしく説明しなさい。

問九　――線部⑥の例として最もふさわしい部分を**これより後の**本文から二十字程度で探し、ぬき出しなさい。

問十　――線部⑦の理由として最もふさわしいものを次の中から選び、記号で答えなさい。

ア　同じようなやりとりを何回もくり返すことに、うんざりしてしまったから。

イ　エッセイがどうあるべきかを考えていない人との仕事は、たえられないから。

ウ　自分も特別な体験を包みかくさず書いていると思われることが、やりきれないから。

エ　その場かぎりのほめ言葉をかけられて、かえって仕事へのやる気が失われてしまったから。

問十一　――線部⑧について、次の各問に答えなさい。

(1)　多くの人が、いいエッセイの条件は赤裸々であることだと考えているのはなぜか。本文の内容をふまえて説明しなさい。

(2)　筆者はエッセイがどのようなものであってほしいと考えているか。その例としてふさわしいものを次の中から選び、記号で答えなさい。

ア　秘密を赤裸々に明かすエッセイ

イ　コンクールで賞がとれるエッセイ

ウ　友達と喧嘩したことについてのエッセイ

エ　どんな人にとってもお手本になるエッセイ

オ　ロシアンブルーのおなかの描写についてのエッセイ

藤嶺学園藤沢中学校(第一回)

―50分―

一　次の①～⑧の――線の漢字はひらがなに、カタカナは漢字に直しなさい。

①　体裁を整える。
②　ひっそりとした境内。
③　率直な感想。
④　著しい特徴《とくちょう》。
⑤　センモン家の意見を聞く。
⑥　事態のシュウシュウがつかない。
⑦　安全をホショウする。
⑧　試合のテンカイが早い。

二　次の1・2のそれぞれの問いに答えなさい。

1　次の漢字の総画数を算用数字で答えなさい。

①　退　②　局　③　興　④　糸

2　次の①～④の(　)にあてはまるものを、それぞれあとのア～ウの中から選び、記号で答えなさい。

①　他のお客様が(　)から、お静かにお願いします。
　ア　ご迷惑《めいわく》いたされます　イ　迷惑申し上げます
　ウ　迷惑されます
②　たいへん混雑しておりますので、しばらく(　)ください。
　ア　お待ち　イ　お待ちして　ウ　お待ちいたして
③　北海道に(　)ことがありますか。
　ア　まいられた　イ　おいでになった　ウ　まいった
④　社長が明日そちらにごあいさつに(　)。
　ア　いかれます　イ　いらっしゃいます　ウ　うかがいます

三　次の文章を読み、あとの問いに答えなさい。
(特に指示がない場合、句読点や記号は一字に数えます)

「わたし、ここがいい。これから、ここで暮らす。友達もできたんだよ。大縄跳《なわと》びだって、二重跳びだって、教えてもらえる。お父さんやお母さんといるより、ずっと楽しいよ。あのね、橋を渡《わた》ってると、風が吹《ふ》いてくるの。水の匂《にお》いがするし、たまに海の匂いもする。橋から叫《さけ》ぶと、向こうの橋にいる友達に声が届くんだよ。魚が泳いでいるのだって見える。世田谷の家に戻《もど》ったって、エレベーターで上がったり下がったりするだけじゃない。わたしはここがいい。①エンジと一緒《いっしょ》に住む」

ギイギイと音が聞こえるのには、なんとなく気付いていた。誰《だれ》かが階段を上ってきたんだ。お父さんもそっちを気にする素振《そぶ》りを見せた。だけど今は、ふたりとも、それどころじゃなかった。

直後、轟音《ごうおん》が家中に響《ひび》いた。なにかが階段を転げ落ちたのだ。なにかって――。

先に動いたのはお父さんだった。ものすごく早かった。襖《ふすま》を開け、階段を覗《のぞ》き込《こ》んだ。

「オヤジ!」

叫《さけ》んだ。

続いて千恵《ちえ》が覗き込むと、エンジが階段の下にうずくまっていた。

千恵も叫《さけ》んだ。

「エンジ！　ねえ！　エンジ！」

いろいろあった。全部は覚えてられなかった。救急車がやって来た。うわんうわんとサイレンを鳴らしてた。近所の人が集まってきた。もちろんシゲさんも来た。前から救急車に乗ってみたいと思ってたけど、いざ乗ってみたら、中を観察する余裕《よゆう》なんかなかった。

「骨に異常はないですね」

レントゲンを見ながら、お医者さんは言った。②お父さんは息を吐《は》いた。本当に、本当に、たくさんの息だった。（ア）

「じゃあ大丈夫《だいじょうぶ》なんですか」

「大きな怪我《けが》ではないのは確かです。ただ、お年がお年ですから、簡単ではないかもしれません。お父さまはおひとりでお住まいですか」

「ええ、わたしは離《はな》れて住んでまして」

お医者さんとお父さんがそんな話をしてる最中、後ろのベッドに寝《ね》転がっていたエンジが手招きした。

迷いつつ、千恵はそちらに向かった。

「③道具箱を片付けておいてくれ」

妙《みょう》なことを言われた。

「え……」

「あれがあると、ばれちまうかもしれないからな。階段の下に転がってる」

「道具箱、なにに使ったの」

「投げ落とした」

「なんで」

「息子と孫娘《まごむすめ》がああだこうだ言ってんのは好きじゃねえ。本当のことをいうと、俺《おれ》はなんともねえんだ」

エンジは、お父さんとお医者さんの姿を横目で確認してから、痛い痛いと訴《うった》えていた右膝《ひざ》を曲げ、足を浮かせてみせた。足は軽々と動いた。そしてエンジは笑った。してやったりという顔だった。

ようやく、からくりに気付いた。

階段から落ちたのはエンジじゃなかったんだ。階段を何段か上ったあと、道具箱を放り投げた。それから慌《あわ》ててエンジは階段の下まで行って、うずくまった。よくもまあ、そこまで頭がまわったものだ。呆《あき》れつつ、感心した。（イ）④なぜか泣くような顔になってしまったけど。エンジは、口に人差し指を当てた。黙《だま》ってろってことだ。千恵は頑張《がんば》って、笑い声を抑《おさ》えた。

やがてお母さんがやってきた。家族全員が集まった。まるでエンジが今にも死ぬみたいだった。エンジはそんな厳粛《げんしゅく》な雰囲気《ふんいき》の中、全員を呼び寄せた。

「俺になにかあったら、あの家は売ってくれ」

「怖《こわ》いこと言わないでください」

お母さんの顔は真っ青で、声はうわずっていた。

そんなの初めて見た。びっくりした。

「あそこは二十七坪《つぼ》ある。狭《せま》いが、角地だから、そこそこ値がつくだろう。千恵の学費くらいは出るはずだ。千恵の好きなところに行かせてやれ」（ウ）

エンジ、と千恵は叫《さけ》びたかった。学費なんてどうでもいいよ。あんまり会えないし、仲がいいのかどうかわからないけど、エンジがこの町でずっと生きていてくれる方がいいよ。だって、ここはエンジの町なんだよ。エンジが死んだおかげで私立中学校に行けるんなら、わたしは行かなくていいよ。どんなに強く思っても、言葉は出てこなかった。

⑤、千恵は唇《くちびる》を嚙《か》んだ。そのうち鉄錆臭《てつさびくさ》い味が広がった。様子に気付いたのはお母さんだった。

「どうしたの、千恵。唇を切ってるわ」

「なんでもない」

「剝《む》けかかった唇の皮を、むりやり取ったんでしょう」

「うん」

違《ちが》うけど、そういうことにした。

「気を付けないと。女の子なんだから」

「うん」

「ほら、ハンカチで血を拭《ふ》いて」

「どうでもいい！」

大声を出したのは、お父さんだった。

「血なんかどうでもいい！」

「だけど――」

「血なんか放っておけばとまる！　今はそんなことを話すときじゃないだろう！」

「でも――」

「うるさい！　黙ってろ！」

お父さんがそういう乱暴な言葉を使うのは初めて聞いた。お母さんはびっくりしていた。千恵も同じだった。⑥お父さんは明らかに怒《おこ》っていた。お母さんと喧嘩《けんか》したときとは比べられないくらいだった。

オヤジ、とお父さんは言った。

「下らないことを気にすんな。うちの家計が面倒《めんどう》なのは確かだけど、俺がなんとかするんだよ。あんただって、そんな覚悟《かくご》で俺やオフクロを養ってきたんだろうが。千恵のことも、家のことも、俺の責任だ。あれは俺の家なんだ」

エンジは目を丸くしていたけど、そのうち真面目な顔になった。

「できるのか」

「当たり前だ。頑張るさ」

そうか、とエンジは呟いた。いつもの、団扇《うちわ》を扱《あつか》っているときの調子だった。（エ）

「変なことを言って悪かったな」

【橋本　紡「永代橋」（『橋をめぐる　いつかのきみへ、いつかのぼくへ』〈文藝春秋〉所収）より】

問一　――部①「エンジ」から見て、千恵はどのような関係にある人物ですか。本文中から二字でぬき出して答えなさい。

問二　――部②「お父さんは息を吐いた。本当に、本当に、たくさんの息だった。」とありますが、このときの「お父さん」の心情としてもっともふさわしいものを次の中から一つ選び、記号で答えなさい。

ア　父親の無事を医者から知らされ、心の底から安心している。

イ　父親に余計な心配をかけさせられて腹立たしく思っている。

ウ　父親が無事だと信じられず、自分を落ち着かせようとしている。

エ　父親のことで医者に嘘《うそ》をつかれて、いやな気持ちになっている。

問三　――部③「道具箱を片付けておいてくれ」とありますが、なぜこのように言ったのですか。四十字以内で考えて答えなさい。

問四　――部④「なぜか泣くような顔になってしまったけど」とありますが、なぜそうなったのですか。その説明としてふさわしくないものを次の中から一つ選び、記号で答えなさい。

ア　「エンジ」が体を張って守ろうとしてくれたものが、「わたし」だと気付いたから。

イ　「エンジ」のしかけた「からくり」に気付いて、今までの緊張《きんちょう》が一気にほどけたから。

ウ　「エンジ」が実はケガをしていないということがわかって、安心したから。

エ　「エンジ」の頭の回転に感心しつつも、一歩間違《まちが》えば危険な状況《じょうきょう》になったから。

問五　⑤に入ることばとしてもっともふさわしいものを次の中から一つ選び、記号で答えなさい。

ア　嬉《うれ》しくて　　イ　悔《くや》しくて　　ウ　切なくて　　エ　恐《おそ》ろしくて

問六　――部⑥「お父さんは明らかに怒っていた」とありますが、その理由を説明したものとしてもっともふさわしいものを次の中から一つ選び、記号で答えなさい。

ア　「千恵」が唇から血が出たという小さなことでさわいでいるから。

イ　「お医者さん」が出血している「千恵」に手当てをしないから。

ウ　「エンジ」に家庭内のことで余計な口出しをされたと感じたから。

エ　「お母さん」が大事な話の途中《とちゅう》に関係ない話を始めたから。

問七　本文からは次の一文がぬけています。文が入るのにもっともふさわしい場所を本文中の（ア）～（エ）の中から一つ選び、記号で答えなさい。

少しだけ千恵も笑ってしまった。

四　次の文章を読み、あとの問いに答えなさい。（特に指示がない場合、句読点や記号は一字に数えます）

ジュースを飲んだら空き缶《かん》が残りますね。それをポイとゴミ箱に捨てる。その先、そのゴミがどこでどのように処分されているのかを知らなくても、私たちが学校で、家で、街で出したゴミは誰かがどこかに持っていってくれています。

だからいままで、みんな知らん顔をしてすんでいました。少なくとも、自分たちの生活している範囲《はんい》には、ゴミがあふれていない。ゴミが①なっているのです。ところがいま、ゴミの行き先がパンクしつつあります。もう②無関心ではいられなくなった。ものがあふれる、現代の使い捨て時代では、ものとおなじだけゴミもあふれているのです。ゴミが増えたから、ゴミ焼却炉《しょうきゃくろ》を新しくつくったり、新しいゴミ埋立《うめた》て地を増やすという、まるでいたちごっこが、日本中で繰《く》り広げられています。しかし、それには必ず限界があるのです。

じゃあ、ゴミ問題を解決する手立てはあるのだろうか。私たちは何をすればいいのだろうか。ゴミ問題の根本的な解決策を考える前に、まずなぜこんなにゴミが増えてしまったのだろうか。そんなところから、考えることをはじめてみたいと思います。

私たちは一週間に何回かビニールの袋《ふくろ》に入ったゴミを出します。ゴミ収集所にゴミを持っていくとわかるのですが、普通《ふつう》の家から持ち出されるゴミがびっくりするほど多いんです。ビニール袋に一杯《いっぱい》入ったものがいくつもいくつも積み上げられている。いったい何がその中に入っているのか。とにかく大変なかさだし、重さでしょう。ゴミは、生活すれば当然出るものだといえば出るものです。しかし、あんなにたくさん出さなければ本当に生きていけないのでしょうか。いまの私たちの暮らしがあたりまえだと思えば、たくさんのゴミが出るのもあたりまえなんですが、ちょっと振《ふ》り返ってみると、③戦時中、あるいは戦後しばらくはこんなにゴミの量は多くなかったんです。

むかし、私が子どもだったころは「石炭箱」に※コールタールを塗《ぬ》って作られた木製のゴミ箱がぽつんと家の角に置かれていて、そこにゴミを入れました。そして実はそこに入れるゴミなんてほとんどなかったんです。まず、いまのように紙くずがたくさん出る生活でもなかったし、清涼《せいりょう》飲料水を飲むという生活でもなかった。喉《のど》が乾《かわ》けば水を飲み、お茶を飲みましたから。いまは、瓶《びん》、缶に入った飲み物を飲む生活になっているから、当然空き缶、空き瓶が出るわけです。その空き瓶も、回収してもう一度使うという瓶だったらゴミにはならないんだけれども、品目ごとにそれぞれ違ったデザインをして形が違っていれば、回収して使うのはコストがかかるというわけで、ガラスゴミになる。缶も、アルミ缶、スチール缶と、飲んだ後はゴミになってしまう。

食べ物でも、④私たちがいまスーパーマーケットに買い物に行けば、なんでもトレイにのり、あるいはビニールでパックされていますね。それをスーパーのビニール袋に入れて持って帰ってくる。むかしは八百屋さんで新聞紙にくるっと丸めて「まいどありぃ」という形で買っていた。魚でも、古新聞に包んだ魚の切り身を分けてもらってくる。

ひとつには、人々の生活のペースが変わったということでしょうね。八百屋さんや魚屋さんや肉屋さんと冗談《じょうだん》をいいあったりしながら、ゆっくり買い物なんかしていられない。包装してもらうあいだ、待つのも惜《お》しい。パックされた品物をさっさと選ぶ形にしたほうが、買うほうにも売るほうにも合理的だ。

しかしやはりゴミは増えます。台所のゴミ箱をのぞいてみてもらえばわかりますが、包装用のビニールや紙のゴミが、ほんとに多い。

だいたい、「スーパーのビニール袋」なんてのもむかしはなかったんですね。しかしこれも生活の変化で、家から買い物カゴを持って出掛《か》けるというのではなく、勤め帰りに駅のそばのスーパーで買い物をすませる、というようなケースが多くなったからでしょうか。そこでどのスーパーでも、袋に入れてくれるようになったんですね。

もっとも、スーパーのビニール袋は、ゴミを出すときにもういっぺん使うからいいじゃないかと思うかもしれない。それはそうです。しかし、その、ゴミ袋と化したスーパーのビニール袋に入っているゴミとはなにか？　スーパーで過剰《かじょう》包装されたときの、ビニールや紙です。こうしてゴミ袋は増える。私たちの生活の体系が、ゴミを出すように出来上がってしまっているのです。

買い物の量についてもそうです。いまは食べ切れないほど買って帰ってきて、だから食べ残しがどんどん出て、それらはゴミ袋へ直行するのです。いま私たちは、ゴミの出る材料にかこまれて、なおかつ必要以上のものを買って食べているわけです。そして食べるよりは食べ残す。食べられる部分も工夫せず捨ててしまう。それがゴミとなっています。そういう生活が、台所からゴミをどんどん増やしてきたのです。世界には飢《う》えた人たちがいるのにと思うと、ため息がでます。

台所のゴミだけではなくて、大型ゴミもどんどん出ています。むかしは、電気洗濯機《せんたくき》にしてもテレビにしても、それまでの生活の中になかったものだから、買いたくて欲しくてやっとのことで手に入れた。だから大事に使いました。非常に貴重なものだ、いつまでも使いたいという思いがあったから、そういう商品は「耐久消費財《たいきゅうしょうひざい》」と呼ばれていたんです。ところがいまは、テレビにしても洗濯機にしてもオーディオにしてもすぐにモデルチェンジし、新しい製品がどんどん出る。まだまだ使えるものでも捨てていって、つぎつぎ買い替えていくわけです。

家具でもそうです。ちょっと古くなってくると、新しいものに目がいきます。古くなった、くすんだものは捨てられる。だから大型ゴミを捨てる場所には、そういうものが積み上がっていますね。⑤まだ使えるのにもったいないと思うものがいっぱい出されている。こうやってゴミの量はどんどん増えてきました。

（槌田　劭『地球をこわさない生き方の本』〈岩波ジュニア新書〉より）

※コールタール：石炭を高温で乾燥《かんそう》させた時に出る茶色状の液体。防腐剤《ぼうふざい》として使用された。

問一　[①]にあてはまることばを次の中から一つ選び、記号で答えなさい。

ア　少なく　　イ　いらなく　　ウ　見えなく　　エ　増えなく

問二　――部②「無関心」とありますが、これと似たような意味で使われている表現を本文中から四字でぬき出して答えなさい。

問三　――部③「戦時中、あるいは戦後しばらくはこんなにゴミの量は多くなかったんです」とありますが、その理由としてふさわしくないものを次の中から一つ選び、記号で答えなさい。

ア　あまり紙くずが出る生活ではなかったから。
イ　使った瓶や缶をリサイクルしていたから。
ウ　八百屋などで新聞紙を活用していたから。
エ　清涼飲料水ではなく水やお茶をよく飲んでいたから。

問四　――部④「私たちがいまスーパーマーケットに買い物に行けば、なんでもトレイにのり、あるいはビニールでパックされていますね」とありますが、スーパーマーケットでこのような売り方をされているのはなぜですか。「～から」につながるように本文中から十六字でぬき出して答えなさい。

問五　――部⑤「まだ使えるのにもったいないと思うものがいっぱい出されている」とありますが、「まだ使える」ものを買いかえてしまう理由を「～から」につながるように本文中から二十四字でぬき出して答えなさい。

問六　ＳＤＧｓの取り組みの一環《いっかん》として、二〇二〇年七月一日からレジ袋の有料化が始まりました。本文の内容を参考に、レジ袋の有料化に対するあなたの考えを一〇〇字程度でまとめなさい。

獨協中学校(第一回)

―50分―

注意・字数指定のあるものは、句読点「。、」および「 」や( )なども一字と数えること。なお、一マスには一字しか入れられません。
・文末表現は、「こと」、「から」など、問いにふさわしい形にし、文の終わりには句点「。」をつけなさい。

□一 次の――のカタカナを漢字に改めなさい。
① いいユメを見た。
② キュウギ大会に出場する。
③ 子どもウンチンを払《はら》って乗車する。
④ エンゲキ部に入る。
⑤ ケンキュウ者が集まる。

□二 次の①～⑤の‖のカタカナを漢字に改めたとき、同じ漢字を――で用いるものを、ア～オからそれぞれ選び、記号で答えなさい。
① 身のケッ白を明らかにする。
ア 受験をケッ心する。　イ ケッ管が浮《う》き出ている。
ウ 団ケツして行動する。　エ 清ケツな環境《かんきょう》を保つ。
オ 不可ケツな人材だ。
② コウ路を南にとる。
ア 道路コウ事がおこなわれている。　イ コウ空機が飛ぶ。
ウ 真っコウ勝負をする。　エ コウ価な食材を使う。
オ コウ果があらわれる。
③ キ付金が集まる。
ア 世キの大勝負に出る。　イ キ船が海上を行き交う。
ウ キ生虫が卵を産む。　エ キ機的な状況《じょうきょう》をむかえる。
オ キ少価値のある石を手に入れた。
④ 驚《おどろ》いて悲メイをあげる。
ア 会社のメイ運をかける。　イ 公メイ正大な人。
ウ 同メイ関係を強化する。　エ 友人の考えに共メイする。
オ 有メイ無実な状態になる。
⑤ 物事のハイ景を探る。
ア ハイ句を作る。　イ 人間はハイで呼吸する。
ウ 作品をハイ見する。　エ ハイ水の陣《じん》でのぞむ。
オ 惜《お》しくもハイ戦となった。

□三 次の文章を読み、後の問いに答えなさい。

私たちの脳・身体は皮膚《ひふ》によって外側の環境世界から区別され、そのような脳・身体のなかに私たちの心がある。したがって、脳・身体や心が皮膚の外側にまで広がることはありえない。私たちはふつうこのように考えているだろう。この見方ははたして正しいのだろうか。脳・身体や心が皮膚の外側にまで広がっていくことは、本当にありえないのだろうか。

たとえば、高齢《こうれい》になり、足腰《あしこし》が弱くなったため、杖《つえ》をついて歩くようになったとする。杖をついて歩くことに慣れてくると、杖の先に地面の様子が感じられるようになってくる。杖を握《にぎ》る手に杖が感じられ、それを通して地面の様子が推察されるのではなく、杖の先に直接地面の様子が感じられるのだ。それは手で地面に触《さわ》ったときに、地面の様子が手に感じられるのと似たような感覚である。［１］

このような感覚をもつようになると、杖は自分の手と同じように、自分の身体の一部になったのだと言ってよいのではないだろうか。私の身体は杖と一体化して、皮膚の外にまで広がったのである。［２］

つぎに、心の拡張を見るために、筆算をする場面を考えてみよう。紙と鉛筆《えんぴつ》を使って325×47の掛《か》け算をするとしよう。私たちはまず、ひとケタの数字どうしの掛け算を行って、その結果を紙のうえに鉛筆で書く。それが終わると、つぎにひとケタどうしの足し算を行って、その結果を書くという作業を繰《く》り返す。①このようにして筆算を行うとき、325×47の掛け算はいったいどこで行われているのだろうか。それは当然、頭のなか(つまり脳)で行われていると思われるかもしれないが、本当にそうであろうか。［３］

たしかに、ひとケタの数字どうしの掛け算や足し算は、脳で行われている。しかし、それ以外の計算も脳で行われているのだろうか。暗算を行うときは、すべての計算が脳で行われ、その最終結果がただ紙のうえに書き出されるだけだと考えてよいだろう。それにたいして、筆算を行う場合は、そうではない。そのような暗算ができないからこそ、筆算を行っているのである。そうだとすれば、筆算では、計算は主として紙のうえで行われ、脳ではひとケタの数字の掛け算と足し算が行われるだけだと考えるべきではないだろうか。紙のうえに鉛筆で数字を書き並べていくことが、ここでの計算の主たる部分なのである。

紙と鉛筆で計算が行われているとすると、計算は心の活動であるから、心は紙と鉛筆にまで広がっていると言って②差しつかえない。心は皮膚で囲まれた脳・身体を超《こ》えて、紙と鉛筆にまで広がっているのである。皮膚で囲まれた脳・身体に紙・鉛筆を加えた全体によって、心が実現されるのだと言えよう。

紙と鉛筆を用いて筆算が行えるようになると、杖が身体と一体化して身体の一部となるように、紙と鉛筆は脳・身体と一体化してその一部となる。そして紙と鉛筆は計算という心の働きを担うので、それらは拡張した脳・身体によって実現される拡張した心の一部となる。［４］

身体の外部にあるものが心の働きを担うことはたくさんある。電卓《でんたく》は、私たちが数を入力しさえすれば、あとの計算をすべてやってくれる。コンピュータは、文書の作成、表計算、メールのやりとりなどの知的活動の重要な部分を担ってくれる。さきほどまでの話に従えば、私たちはこのような知的機械と一体化していることになる。知的機械が私たちの脳・身体の一部になり、私たちの心が知的機械にまで広がる。それゆえ、知的機械が行う知的活動は、私たちの心が行う知的活動の一部となる。

③私たちの脳・身体と心は、道具や機械との一体化によって、皮膚を超えて外部にまで広がる。では、それはいったいどこまで広がるのだろうか。今日、私たちはじつに多様な道具や機械を使って生きている。私が電車で通勤していれば、電車も道具のひとつとなる。では、杖と同じように、電車も私の脳・身体の一部だということになるのだろうか。

そう言ってかまわないだろう。もちろん、まだまだ大きな抵抗《ていこう》を感じるであろうが、通勤の電車は私の［Ｘ］である。それは比喩的《ひゆてき》な意味ではなく、文字どおりそうなのだ。通勤の電車は私の［Ｘ］の延長であり、私の身体と一体化して、私の身体の一部となっているのである。

④しかし、さらに考えを進めると、奇妙《きみょう》な感じがしてくる。すなわち、この電車で通勤しているのは私だけではない。だとすると、その電車で通勤しているすべての人たちにとって、電車はその人たちの身体の一部となるのだろうか。つまり、電車はその人たちの身体の共有部分で、その人たちの身体はそこで重なりあっているのだろうか。これはかなり奇妙なことであろう。なぜなら、身体は各人別々で、重なりあうことはないはずだからである。

　たしかに身体はふつう重なりあうことがないが、注1結合双生児《そうせいじ》のように、身体を一部、共有する者もいる。身体の部分的な共有が可能であることを考えれば、電車を多くの人たちが共有する身体の一部と見ることも、それほど奇妙なことではないだろう。電車が［X］と同じような働きをするのなら、電車は身体の一部であり、同じ電車で通勤する人たちは電車を身体の一部として共有している。こう見ることも、けっして不可能ではないだろう。電車が事故で動かなくなれば、この人たちはみな、困る。まさに「共有の［X］」が動かなくなったのである。

　では、これと同様のことが、知的機械についても言えるのだろうか。複数の人が同じ知的機械を使っていれば、その知的機械は複数の人たちの心の共有部分となり、その人たちの心は知的機械のところで重なりあっていることになるのだろうか。今日では、世界中の人々がパソコンやスマホでインターネットにアクセスして、情報の収集や発信などを行っている。インターネットは世界共通の注2「知的インフラ」である。だとすると、インターネットは世界中の人々の心の共有部分であり、そこで世界中の人々の心が重なりあっていることになるのだろうか。これもまた、とてつもなく奇妙なことである。というのも、心もまた各人別々で、重なりあうことはないと思われるからである。

　しかし、つぎのような例を考えてみると、必ずしもそうとは言えない。

［Y］

　このように心の部分的な共有が可能だということを考えれば、同じ知的機械を使用する人たちは、その知的機械を心の一部として共有しているのだと見ることも、それほど奇妙なことではなくなるだろう。インターネットは世界共有の知的インフラなので、世界中の人々はインターネットを心の一部として共有しており、そこで心が重なりあっている。このように見ることも、けっして不可能ではないだろう。身体と同じく、心もまた部分的な共有が可能なのである。

（信原幸弘《のぶはらゆきひろ》『「覚える」と「わかる」　知の仕組みとその可能性』〈ちくまプリマー新書〉より）

注1　結合双生児……体が結合している双子《ふたご》のこと。
注2　知的インフラ……知的基盤《きばん》。

問1　次の一文は本文中の［　］1～4のいずれかに入ります。この一文を入れるのに最もふさわしいところを選び、1～4の数字で答えなさい。

まず脳・身体が皮膚の外にまで広がり、その皮膚の外のものが心の働きを担うことによって、心は皮膚の外にまで広がるのである。

問2　——①とありますが、筆算による「325×47の掛け算」はどこでどのように行われると筆者は考えていますか。その考えをまとめた次の一文の［　］に入る言葉を、六十五字以内で答えなさい。

[六十五字以内]ことで、筆算による325×47の掛け算は行われる、と筆者は考えている。

問3　――②より後の本文から、「差しつかえない」と同じ意味を表わす言葉をぬき出し、五字で答えなさい。

問4　――③の例としてふさわしいものを次の中からすべて選び、記号で答えなさい。

ア　人間が電卓に数を入力すれば、電卓が計算してくれる。

イ　雷《かみなり》の音に驚くと、人間の身体は震《ふる》える。

ウ　コンピュータを使えば、人間はメールでメッセージのやりとりをすることができる。

エ　紙をリサイクルすれば、人間のために再利用することができる。

オ　鉛筆ではなくパソコンで文章を書くと、人間は疲《つか》れてしまう。

問5　本文中にある四カ所の[X]には、体の一部を表わす同じ言葉が入ります。その言葉を漢字一字で答えなさい。

問6　――④とありますが、なぜ筆者は「奇妙な感じ」を抱《いだ》いているのですか。次の書き出しに続けて、五十五字以内で答えなさい。

電車を身体の一部だとした場合、[五十五字以内]から。

問7　[Y]には次のア～エの文を並べかえたものが入ります。ア～エを意味が通るように並べかえて、記号で答えなさい。

ア　現実のケースをよく考えてみると、両親は別々の悲しみではなく、同じひとつの悲しみを共有しているのだと見たほうが実情にそくしているように思われる。

イ　子供を事故で亡くした両親がその悲しみを分かちあうことがある。

ウ　つまり、悲しみを共有の部分として、両親の心はそこで重なっていると言えるのである。

エ　このとき、両親は同じ悲しみを抱いているのではなく、あくまでも別々の悲しみを抱いているのだろうか。

問8　次のア～オのうち、本文の内容にあてはまるものには○、あてはまらないものには×をつけなさい。

ア　外側の環境世界から区別された私たちの脳や身体のなかにのみ、私たちの心があると言える。

イ　手で握った杖の先で直接地面を感じられるようになった場合、杖は自分の身体の一部になったのだと言ってよい。

ウ　知的機械を使用した活動が、世界共通の仕組みとなっていることについて、私たちは警戒《けいかい》しなければならない。

エ　インターネットは世界で共有している知的インフラなので、個人が独占《どくせん》することは許されない。

オ　同じ知的機械を使用している人々が、その知的機械を心の一部として共有していると考えることは可能である。

[四]　次の文章[I]・[II]を読み、後の問いに答えなさい。

[I]

昔、京都に博雅《はくが》というふえふきの名人がいました。天子様《てんしさま》につかえて、注1三《さん》位《み》の位《くらい》をいただいていましたので、人よんで博雅の三位といいました。

[1]

ある晩、この博雅のうちへ、ふくめんをしたどろぼう①が四、五人はいりました。その物音にふと目をさました博雅はいそいでふとんから身を起こすと、そっと音のしないように板じきの板をあげて、床下《ゆかした》へもぐりこみました。おくさんや娘《むすめ》さんは、その晩しんせきへとまりにいってちょうどるすでした。

どろぼうは、だれも人のいないのをいいことにして、あっちこっちを②［A］あたりしだいにあけちらして、だいじなものをみんな持ちだしていってしまいました。

博雅は、どろぼうがいってしまったころを見はからって、床下からはいだしました。見ると、自分の着物はもちろん、おくさんや娘さんの着物まで、一枚のこらず持っていってしまいました。床の間《とこま》にかけておいたかけものもありません。しまっておいたお金もありません。

「ははは……。よくこれだけきれいに持ってゆけたものだ。」

かなしむかと思いのほか、博雅はこういって大口をあけてわらいだしました。

「なあに、かまわない。なまじっか、ものを持っているからわるいのだ。持ってさえいなければ、取ろうといったって取られるものじゃあない。人間はなんにも持っていないのがいいのだ。——どれあけがたまでもう一眠《ひとねむ》りしようか。」

こういって、博雅は注2ぼうぼうを見てまわったのち、また自分の部屋へかえってきて寝床《ねどこ》にはいろうとしました。そしてなにげなくまくらもとの注3厨子《ずし》だなを見ると、そこにふだんからひじょうにだいじにしていた竹の細ぶえがのこっていました。博雅はそれを見ると、飛びあがって喜びながら、

「ありがたいありがたい。このふえをいっしょに持ってゆかれたものとばかり思っていたのに、さすがのどろぼうもこれには気がつかなかったものとみえる。これさえあればほかのものはみんななくなってもおしくない。」

こういって、その細ぶえを手に取りあげました。そうすると、きゅうに口へあててふいてみたくなりました。そこで博雅は立ちあがって、庭にむかった雨戸をあけはなすと、しずかにふえをふきはじめました。そとは青い月夜でした。［２］

博雅は自分のふくふえの音に聞きほれて、およそ二、三十分もむちゅうになってふいていましたろうか、うしろでなぜか人のいる気配がしたので、きゅうにふえをやめてふりかえってみました。見ると、そこに見知らぬ男が一人、たたみに両手をついてひかえていました。博雅はXギョッとしていずまいを正しました。そのようすに、相手の見知らぬ男は、心持ちうしろへひざを注4いずらしながら、うやうやしく博雅にむかって一礼しました。そして、

「Yさぞおおどろきになったこととぞんじます。わたくしはさきほどこちらをあらしてまいったどろぼうでございます。」といいました。

「どろぼう……。」と、博雅は思わず、Zおどろきの声をあげました。

「はい、どろぼうでございます。そのどろぼうが、じつはこうしておわびにあがったのでございます。」

こういって、そのどろぼうだという男ははじめて顔をあげました。見ると、顔じゅう目と鼻と口だけをのこして、あとは一面ひげむじゃらな、見るからものすごい男でした。

「こうもうしただけではおわかりになりますまいが、じつはさきほどどなたもいらっしゃらないのをさいわい、ほしいもののありたけを、みんな手下四人といっしょに持ちだしてゆきました。そして車に乗せて自分

の住みかへ持ってまいろうと、一丁[注5]ほどもひきだしたころでございましたろうか、ふいにうしろのほうでなんともいえないいいふえの音が聞こえました。はじめはなんの気もなく聞いておりましたが、そのうちに、だんだんそのふえの音にひきつけられて、しまいには、一歩もまえへすすめなくなりました。

それで、じいっと耳をすまして聞きいっているうちに、いままでしてきた自分のわるいおこないが、あなたのおふきになるその清いふえの音にたいしてはずかしくなってまいりました。いままで眠っていた良心が、先生のふえの音によびおこされたのでございます。そう気がつくと、わたくしは矢《や》もたてもたまらなくなりました。子分のとめるのもきかずに、むちゅうになって先生のお宅のまえまでかけもどりました。そして案内もこわずに、こうしてここまではいってきてしまいました。

先生、どうかわたくしのいままでしてきた罪をおゆるしください。そしてあらためて弟子の一人におくわえになって、ふえの一手[注6]でもお教えください。お願いでございます。」

こういって、そのどろぼうだと名のる男は、真心を顔にあらわしてたのみました。博雅は、その心根に感じました。そこで、さっそく罪をゆるして③弟子の一人にしてやりました。ところがおぼえのはやいことといったら、あとから弟子になったくせに、ほかの弟子たちをおいぬいて、またたくうちに上達をしてゆきました。そして四、五年うちには、博雅の数ある門弟[注7]のなかでも、五本の指におられるくらいのじょうずになりました。七年目には一ばん弟子になりました。十年たつうちには、もうおししょうさんの博雅も、教える曲譜《きょくふ》がなくなってしまったほどでした。

［ 3 ］

ある年、用光は用があってきょうの土佐《とさ》へかえりました。そのかえり道に、船で淡路島《あわじしま》の沖《おき》へさしかかったとき、海賊船《かいぞくせん》におそわれました。用光は、いま殺されようとするときになって、海賊の頭をよんで、

「わしはじつはふえふきだが、一生のなごりにふえを一曲ふき終わるまで、殺すのを待ってくれまいか。」とたのみました。

［ 4 ］

「よろしい。」と頭はいってゆるしてくれました。そこで用光は、心しずかに、自分のすきな短い曲をふきはじめました。すると、ふしぎなことに、いままでギラギラ光る太刀をひきぬいてひかえていた海賊の頭が、その刀をさやにおさめるとどうじに、そこへしゃがんで首をたれて聞きほれてしまいました。そして用光が一曲ふき終わるのを待って、

「先生、あなたほどの名人を殺してしまうのはもったいない。どうぞこのまま船に乗っていてください。」といって、そのまま用光を難波の津《つ》（いまの大阪《おおさか》）までおくってきてくれました。あとで用光は、このことを先生の博雅に話したところが、先生は、

「そうか、④おまえの腕《うで》まえも名人の域にたっしたわい。」といって、たいそうほめてくださいました。

のちに、用光は、ししょうの博雅にかわって朝廷《ちょうてい》につかえて、長くその名をのちの代にまでのこしました。

【小島政二郎《こじままさじろう》「ふえ」（『赤い鳥5年生』赤い鳥の会編〈小峰《こみね》書店〉所収）より】

※　作問の都合上、原文にある記号の表記を一部改めました。

注1　三位……朝廷から与《あた》えられる位の一つ。

注2　ほうぼう……色々な場所。方々。

注3　厨子だな……両開きの扉《とびら》を持つ棚《たな》。
注4　いずらし……座ったままずらすこと。
注5　一丁……約一〇九メートル。
注6　一手……一曲。
注7　門弟……弟子、門下生。

Ⅱ

その用光が注1相撲《すまい》の使《つかい》として西国へ注2下向《げこう》しましたときに、注3紀伊国《きいのくに》のあたりでしたか、海賊が現れて、ここで死んでしまうにちがいないと思われましたので、注4褐衣《かちえ》・冠《かんむり》をきちんと整えて注5屋形の上に出てすわっておりましたところ、海賊の舟《ふね》が漕《こ》いで近寄ってきたので、そのとき、用光は注6篳篥《ひちりき》をとり出して、恨《うら》めしく思っている音色でいいようもなくすばらしく吹《ふ》き鳴らしましたところ、⑤海賊どもはそれぞれ悲しみの気持がおこって、用光に褒美《ほうび》をさえ与えて、舟を漕いで離《はな》れて行ってしまったということです。

それほど注7道理をわきまえない武士でさえ、(海賊が)情をかけるほどに吹いて聞かせたのもめずらしく、[※]。

(『今鏡(下)』竹鼻績《たけはないさお》　全訳注〈講談社〉より)

注1　相撲の使……相撲《すもう》をとる人を集めるために遣《つか》わされた人。
注2　下向……都から地方へ行くこと。
注3　紀伊国……現在の和歌山県と三重県南西部のあたりの地名。
注4　褐衣……武官などが着用する上着。
注5　屋形……屋形船の略。
注6　篳篥……ふえの一種。
注7　道理をわきまえない武士……ここでは用光のこと。

問1　次の一文は[Ⅰ]の文章中の[　]1～4のいずれかに入ります。この一文を入れるのに最もふさわしいところを選び、1～4の数字で答えなさい。

用光《もちみつ》というのが、この人の名でした。

問2　――①とありますが、「どろぼう」たちに家のものを盗《ぬす》まれた後の博雅の様子の説明として、ふさわしいものを次の中からすべて選び、記号で答えなさい。

ア　「どろぼう」たちがあまりにもきれいに家のものを盗んでいったので、笑いがこみ上げてきた。
イ　「どろぼう」が家に入ったが、自分や家族には危害が加えられず、胸をなでおろした。
ウ　眠りたい気持ちが強かったので、家のものがなくなってしまったことを残念に思わなかった。
エ　家のものを盗《と》られてしまったが、大切にしていたふえが残っていたことを喜んだ。
オ　ものを持っていない方が人間にとってよいと考え、気にしないことにした。

問3　――②とありますが、「かたっぱしから」という意味になるように、[A]に入る漢字一字を答えなさい。

問4　――X・Y・Zとありますが、これについて次の(1)(2)に答えなさい。

(1)　この中に一つだけ驚いた内容が異なるものがあります。その異なるものをX・Y・Zのいずれかの記号で答えなさい。

(2) (1)で選んだ記号について、どのようなことに驚いているのか、二十字以内で答えなさい。

問5 ――③とありますが、博雅が「どろぼう」を「弟子の一人」にしたのはなぜだと考えられますか。その理由として最もふさわしいものを次の中から選び、記号で答えなさい。

ア 「どろぼう」の隠《かく》されたふえの才能を見抜《ぬ》き、罪をゆるして自分の流派で育てたいと思ったから。

イ 「どろぼう」の頼《たの》み方が真剣《しんけん》であり、罪をゆるして願いを聞こうという気持ちになったから。

ウ 「どろぼう」の犯した罪は大したことではないと考え、最初から犯した罪を許すつもりだったから。

エ 「どろぼう」が必死にお願いをする姿を見て、自分の弟子の中の誰《だれ》よりも誠実な性格だと思ったから。

オ 「どろぼう」がわざわざ謝罪に戻《もど》ってきた度胸に感心し、自分を超える名人になる素質を感じたから。

問6 ――④とありますが、これはどういうことですか。五十字以内で答えなさい。

問7 次の会話文は、授業で［Ⅰ］・［Ⅱ］の文章を読んだ獨太《どくた》くんと協平くんのものです。これを読み、後の(1)〜(3)に答えなさい。

獨太　［Ⅱ］に――⑤とあるね。話の内容が少し違《ちが》うけれども、［Ⅰ］の「どろぼう」にもこの海賊たちと同じようなことがあったよね。

協平　そこなんだけれども、ぼくには分からないことがあるんだ。「どろぼう」は博雅の家に盗みに入ったのに、どうしてそのあと博雅に謝ったのだろう？

獨太　それはね、［　a　］からだよ。もちろん博雅に弟子にしてもらいたい気持ちもあると思うけどね。

協平　なるほどなぁ。……ところで、先生によると［Ⅰ］の後半部分の元になったお話の一つが［Ⅱ］だということだったね。違いを話し合えと言われたけれど、ぼくには同じような話に見える。どこが違うのだろうか？

獨太　たとえば、終わり方に違いがあるのではないかな。［Ⅰ］の後半は用光の才能やその後に注目する書き方をしていて、［Ⅱ］は最後に「［　※　］」とあるように、海賊に関することで終わっているね。

協平　先生が授業で、話し手がその話をどう評価したかを話の最後に示す「話末評語《わまつひょうご》」という用語があることを教えてくれたけれども、同じような話でも、どこに注目して語り終えるかで、伝えたいメッセージが変わるってことなのだね。

獨太　うんうん、勉強になるよね。……［Ⅰ］の用光のように、一芸を修得しておくと人生の助けになることがあるよね。そのことをあらわすことわざに「芸は［　b　］を助ける」というものがあるけれども、ぼくも何か一つのことに打ち込《こ》んでがんばってみようかな。

(1) ［　a　］に入る言葉を、六十字以内で答えなさい。

(2) ［　※　］に入ると考えられる言葉を、次の中から一つ選び、記号で答えなさい。

ア 海賊というものは、一切芸術を理解しないものでした。

イ また昔の海賊は、やはりこのような情があったのでした。

ウ　どんなことであっても、芸の師匠《ししょう》というものはあってほしいものです。

エ　色々の芸の道に通じている人は、このような徳をかならずあらわすものでした。

オ　海賊の心というものは、みな風情を解さず残念なことでした。

(3)　[b]に入る漢字一字を答えなさい。

灘中学校

一日目　―40分―

◎解答に字数制限のある場合、句読点などの記号も字数に数えます。

一　次の文章を読んで、後の問いに答えなさい。

焼肉屋でランチをした帰りのレジにちいさな籠《かご》があって、そこにカラフルな飴玉《あめだま》がたくさん入っていた。透明《とうめい》なフィルムに包まれた飴玉には、黄色、黄緑色、水色、オレンジ色、紫色《むらさき》、薄桃色《うすもも》、透明があって、どれもとても淡《あわ》い色できらきらしていた。

普段《ふだん》、焼肉屋のレジのこういうお口直しは貰《もら》わない。おいしい焼肉を食べたあとは口直しなんてもったいない、できるだけ長く口内をその余韻《よいん》にしておきたいと思ってしまうのだ。しかしその日は透明な包み紙に包まれている飴になぜか猛烈《もうれつ》にこころ惹《ひ》かれた。おそらくぶどう味だろうと思い、ミドリがお会計の小銭《こぜに》を受け取っている隙《すき》に紫色の飴玉をひとつ貰うと、Xレシートを貰い終えたミドリも同じ色の飴玉を手に取った。お店の自動ドアを出て、車に乗りこむまでのほんの数十秒の間で、わたしたちは飴玉を口に含《ふく》んだ。

「ぶどうあじあじだ。」

とわたしが言うと、彼《かれ》は聞き間違《まちが》えたのかという顔で首をかしげた。

「ぶどうあじあじだよ。ぶどうの味じゃなくて、1ぶどう味の味がするの、わかる？」

あー、と彼は飴を左右の頬《ほお》に移動させながらその味を確かめているようだった。ぶどうあじあじだよ、これが。なんかすっごく久しぶりにこういう味食べる気がしてうれしいなあ。ふふ、本当にぶどうあじあじだ。わたしは口の中でころころ飴を転がしながらにこにこ車に乗りこんだ。

わたしが小学生だったころの駄菓子屋《だがしや》には、まさにぶどうあじあじのように、いちごあじあじや、メロンあじあじのお菓子がたくさんあったような気がする。その果物そのものではなく、あくまで「いちご味」の味や、「メロン味」の味なのだ。わたしはそれを人工甘味料《じんこうかんみりょう》がどうとかY目くじら立てるつもりはない。「あじあじ」たちのことも、それはそれでとても好きだ。

もうずいぶん前から、果物のお菓子は果汁《かじゅう》をそのまま詰《つ》めこんだように濃縮《のうしゅく》されたジュースを飲んでいるような味に進化したように思う。特にグミ。もはやその果物を超《こ》えてしまっているのではないかと思うくらい、果汁の酸味や甘《あま》みが濃《こ》い。飴も、ガムも、アイスも、ジュースも、みんなみんな「ぶどうあじあじ」から「ぶどうそのもの」を求めて進化してしまった。だからいま、お菓子売り場でこうした「ぶどうあじあじ」のものを探すほうが難しい。

ぶどうあじあじからは、どんくさいサービス精神を感じる。みんなが大好きなぶどうの味をがんばってすこしでも再現してみようと思います！　と言わんばかりの、それでいてそこまでうまくいっていない不器用さのようなものもあり愛《いと》[Z]しい。

包み紙のシンプルさも、ぶどうあじあじの魅力《みりょく》を最大限に引き出してくれたのかもしれない。2たとえばつやつやの巨峰《きょほう》のような絵が描《か》かれた濃い紫色の包み紙からぶどうあじあじの飴が出てきたら、たぶんちゃんとがっかりするだろう。七色の飴が何も描かれていない包み紙に包まれているからよかったのだ。

わたしたちは紫色だからおそらくぶどうだろう、と信頼《しんらい》してその飴を口へ入れて、ぶどうあじあじに「やっぱりぶどう！」と喜ぶ。わたしがお菓子に求めているうれしさは、きらっとひかる薄紫の「やっぱりぶどう！」くらいがちょうどいい。

【くどうれいん「ぶどうあじあじ」
（『桃《もも》を煮《に》るひと』〈ミシマ社〉所収）による】

問一　――線部1「ぶどう味の味」とはどのような味ですか、答えなさい。

問二　――線部2「つやつやの～がっかりするだろう」とありますが、どうしてですか。理由を答えなさい。

問三　～～線部X「レシート」のように、「ート」で終わる外来語はたくさんあります。1～5の意味になるそのような言葉を、（　）内の文字数になるように答えなさい。

1　警報（四字）　2　支援《しえん》（四字）　3　スポーツ選手（五字）
4　遠くはなれた所から行うこと（四字）　5　旅券（五字）

問四　～～線部Y「目くじら立てる」とありますが、次の1～6の「目」を使った言葉に、〔Ⅰ〕〔Ⅱ〕の語群にある言葉を正しくつなぎ、慣用句を完成させなさい。〔Ⅰ〕〔Ⅱ〕の言葉は同じものを何度使ってもかまいません。

1　裏目　2　大目　3　駄目《だめ》
4　目頭　5　目先　6　目鼻

〔Ⅰ〕が　と　に　へ　を
〔Ⅱ〕押《お》さえる　押す　変わる　使う
付く　出る　見る

問五　問題文中の［Z］について、次の問いに答えなさい。

A　［Z］に、「お」「を」「う」のいずれか一つを入れて、正しい表現を完成させなさい。

B　次の1～5の文の□に「お」「を」「う」のいずれか一つを入れて、正しい表現を完成させなさい。

1　運動会の開会式で、き□つけの号令をかける。
2　元日に早起きをして、初も□でに出かけてきた。
3　生活が苦しくて月々の返済がとどこ□っている。
4　不正を働いていたことが、お□やけになった。
5　やむ□えず急停車いたしますのでご注意ください。

二　次の俳句は新年から春夏秋冬の順でならんでいます。［1］～［6］に入る語として最も適当なものをそれぞれ後のア～シから選び、記号で答えなさい。ただし、同じものはくり返して使えません。

［1］のすずやかに粥《かゆ》透《す》きとおる　谷本元子
紅白の枝差《さ》し交《かわ》す［2］浄土《じょうど》　野間口一夫
［3］の花長《なご》うして雨ふらんとす　正岡子規
［4］のどの花となく雫《しずく》かな　岩井英雅
葉洩《はも》れ日《び》の粒《つぶ》の不揃《ふぞろ》い［5］園　片山由美子
白［6］のひかりの棒をいま刻む　黒田杏子

ア　あじさい　イ　梅　ウ　さくら　エ　山茶花《さざんか》
オ　歯朶《しだ》　カ　すずしろ　キ　椿《つばき》　ク　葱《ねぎ》
ケ　向日葵《ひまわり》　コ　藤《ふじ》　サ　葡萄《ぶどう》　シ　紅葉《もみじ》

三　次の□に入るひらがな三字の適当な言葉を答えなさい。なお、□の言葉は上と組み合わさって一つの言葉になります。ただし、同じ言葉はくり返して使えません。

（例）葬儀《そうぎ》にはみな黒□の服装で参列していた。　答　ずくめ

1　おため□ではなく、心から君に親切にしているのだ。
2　この事業からは、ゆき□上《じょう》、手を引くわけにはいかない。
3　事件のあらましについては、現場への道□話そう。
4　となりの家とは、長年にわたり家族□のつき合いがある。
5　友達と遊ぶ約束をしていたのに、待ち□をくわされた。

四　次の各文の□に入る言葉として、最も適当なものをそれぞれ後のア～オから選び、記号で答えなさい。ただし、同じものはくり返して使えません。

1　あんなに会いたがっていたのだから、□来ないことはあるまい。
2　彼女《かのじょ》は□とりすました感じの良家のおじょうさんだった。
3　彼《かれ》の参加を認めるか認めないかは、運営側にとっても□できない問題だ。
4　ここまですすめてきたからには□あともどりはできませんよ。
5　社員たちの言い分を聞いていた社長は、□口を開いた。

ア　いささか　　イ　おもむろに　　ウ　なおざりに
エ　もはや　　オ　よもや

五　和語と漢語では、和語「みぎひだり」・漢語「左右《サユウ》」、和語「あとさき」・漢語「前後《ゼンゴ》」のように順序が逆になるものがあります。そのようなものを次の1～4の語群からそれぞれ一つずつ選び、対応する漢語とともに答えなさい。

1　いきしに　　うりかい　　やまかわ　　よるひる
2　あけしめ　　かちまけ　　のりおり　　みちひき
3　あにおとうと　　あねいもうと　　ちちはは　　めおと
4　うえした　　たてよこ　　にしひがし　　ゆきき

六　次の〔例〕とⅠ～Ⅲの漢字しりとりは、1～4の〔条件〕を満たしています。これについて、後の問いに答えなさい。

〔例〕漢[A]―[A]作―作[B]―[B]景―景[C]―[C]議
Ⅰ　法[A]―[A]注―注[B]―[B]角―角[C]―[C]胸
Ⅱ　街[A]―[A]明―明白―白[B]―[B]力―力[C]―[C]破
Ⅲ　母[A]―[A]得―得[B]―[B]情―情実―実[C]―[C]師

〔条件1〕それぞれのA・B・Cの漢字を適切な順序で並べると、三字熟語になります。

〔条件2〕どの漢字も、すべて音読みです。

〔条件3〕どの漢字も、読み方は毎回同じとは限りません。

〔条件4〕三字熟語は、次のア～オのいずれかの意味です。

ア　季節の感じをよく表している事物。
イ　影絵《かげえ》が映し出される器具で、「思い出が次々と心の中に現れる」時のたとえとして用いられる言葉。
ウ　自分の考えの中に入れないでおくこと。

エ　だしぬけに行動に出るさま。

オ　武道やスポーツで重んじられる三つの要素をならべたもの。

問一　Ⅰ～Ⅲの[A]～[C]に入る漢字をそれぞれ答えなさい。

※〔例〕では、A「詩」・B「風」・C「物」。

問二　Ⅰ～Ⅲの[A]～[C]に入る漢字を並べかえて、三字熟語をそれぞれ答えなさい。

※〔例〕では、「風物詩」。

問三　問二で答えた三字熟語の意味として、最も適当なものをそれぞれ〔条件4〕のイ～オから選び、記号で答えなさい。

※〔例〕で答えた「風物詩」の意味は「ア」。

二日目　―70分―

◎解答に字数制限がある場合、句読点などの記号も字数に数えます。

□一　次の文章を読んで、後の問いに答えなさい。

Aちゃんはなかなかに<u>リハツ</u>[A]な人で、ちょっとした受験が必要な小学校にそれほど受験勉強もせずに進学しました。本人の希望で空色のランドセルをお母さんから買ってもらい、意気揚々《いきようよう》と彼女《かのじょ》の小学校生活は始まりました。しかし、早速《さっそく》そこでちょっとした事件がもちあがります。もう一人、空色のランドセルを選んだ子がたまたまいて、ランドセルの色がバッティングしてしまいます。そして、そのもう一人の空色のランドセルの子、クラスでお友だちも多く、ちょっとボス的なBちゃんに目をつけられてしまうのです。

そもそもAちゃんが夢中なのは、怪獣《かいじゅう》や昆虫《こんちゅう》で、彼女の愛読書は、『おもしろい！　進化のふしぎ　ざんねんないきもの事典』です（そのシリーズの第2弾《だん》か第3弾だったような気がします）。ですから、ランドセルの色がバッティングしたことなどは当然ながら1<u>彼女は気にも留めていません（あるいはそもそも気づいていなかったかもしれません）</u>。

しかしもう一人の空色のランドセルの子は「空色ランドセルがかぶった事件」をきっかけにAちゃんを強烈《きょうれつ》に意識してしまったようで、BちゃんのAちゃんへの猛《もう》アタックが始まりました。早熟で社会性の高いBちゃんは、お友だちというよりは取り巻きと言ったほうがよいような同級生も何人かいて、そうした女の子も巻《ま》き込《こ》んでAちゃんの気を惹《ひ》くための小さな策略が張《は》り巡《めぐ》らされます。

Aちゃんにいっしょに帰ろうと誘《さそ》っては、いざ帰宅の段になると今日は別の子と帰るからいっしょに帰らないと言ってみたり、大阪弁で言うなら自分になびかないなら「はみご」（仲間はずれにすること）にするぞとほのめかします。そうかと思うと急に何かをくれたりと、ともかく巧《たく》みに駆《か》け引《ひ》きをして、Aちゃんの自分への関心を少しでも大きくして、濃密《のうみつ》な関係を持とうとするのです。しかし、そもそも怪獣と昆虫に夢中なAちゃんに対して2<u>そうした手練手管</u>はうまく通用せず、ことごとく彼女の戦略は外れてしまいます。

ついに堪忍袋《かんにんぶくろ》の緒《お》が切れたBちゃんは、もっと露骨《ろこつ》な実力<u>コウシ</u>[B]に出ます。何かの順番で並んでいたAちゃんが躓《つまず》いて<u>タイレツ</u>[C]から少しはみ出して、元の位置に戻《もど》ろうとしたときに、「ちゃんと順番を守りなさいよ。」と他の自分の取り巻きの女の子たちとはやし立ててもう一度一番後ろから並ばせようとし、いやだと言って抵抗《ていこう》するAちゃんを無理やり後ろに行かせてとうとう泣かせてしまいます。また、別の機会にはA

ちゃんの髪《かみ》の毛《け》がきちんと結ばれていないのを見て、「その団子みたいな髪をどうにかしたらどう？　そんな髪で学校に来るのはみっともない。」と揶揄《やゆ》したりと、そういったことがくりかえされたようです。

しかし、時々は泣かされることはあっても、なかなかに気の強いAちゃんはたいていは負けずに言い返し、しかももっと別のことに夢中のAちゃんは、すぐにそんな事件のことは忘れてしまって、結局は、Bちゃんのいじわるは期待したほどのダメージをAちゃんに与《あた》えることができませんでした。

同じ方面に帰るのがBちゃんのグループだけだったので、とうとうAちゃんは一人で下校することになってしまいますが、通学電車で、たまたま怪獣好きの二年生の男の子と知り合いになり、怪獣の話で盛り上がって、いつもその生徒と下校するようになります。そうしたなかで、学校での出来事か、下校中のことかはわかりませんが、BちゃんDイッパに囲まれてなにかまたまた難癖《なんくせ》をつけられていた時に、この男の子が「馬《ば》鹿《か》というやつが馬鹿だ。」とか言って大声でかばってくれるということもあったようです。

そうこうしているうちにBちゃんもちょっかいを出すのを諦《あきら》めて、一年生が終わった時には3先生たちの配慮《はいりょ》でクラス替《が》えになってBちゃんとは別の(怪獣や虫好きの子どもが多い)クラスになり、Bちゃん事件はいつの間にか立ち消えになったようでした。

Bちゃんもなかなかのつわものですが、Aちゃんもなかなかのつわものです。Bちゃんのちょっかいについておおよそは歯牙《しが》にもかけず、結局はBちゃんのことをそれほど特別に意識もせぬままにスルーしてしまったのですが、そんな彼女が4大泣きしてうちに帰ってきたことがありました。

虫好きのAちゃんは学校の花壇《かだん》で青虫をみつけ、うちで飼おうと思って持って帰ってきました。お母さんが「青虫さんは学校の花壇でみんなと過ごしていたほうが幸せだから帰してあげなくちゃあだめ。」と諭《さと》すと、ちょっと涙《なみだ》ぐみながら納得《なっとく》し、あくる日にマッチ箱に入れて花壇に帰しに行くことになりました。

Aちゃんは、この青虫さんとのお別れが名残《なご》り惜《お》しくて、最後に一目お別れをしようと、マッチ箱を登校途中《とちゅう》の電車のなかで開けてしまいます。すると、青虫がマッチ箱から零《こぼ》れ落《お》ちてしまい、混み合っている電車のなかでどこにいったかわからなくなってしまいました。お母さんの顔を見た途端《とたん》、それまで形になっていなかった気持ちがあふれだしてしまったのか、「つぶされてしまったわ!」(この「わ」は、女の子の言葉使いの「わ」ではなくて、関西弁などで使うような詠嘆《えいたん》と少し怒《いか》りのこもった「わ」です)と、大声で泣きながら、彼女は訴《うった》えました。小一時間近くもなかなか彼女は泣き止《や》まず、お母さんも困り果ててあれこれなだめすかしていたのですが、5「きっと無事に電車を出て今頃《いまごろ》はお外の花壇にたどり着いているわよ。」というお母さんの苦《くる》し紛《まぎ》れの慰《なぐさ》めがなんとか効いたようで、「そうかな〜」と訝《いぶか》しがりながらではありますが、ようやく泣き止んだそうです。

Bちゃんが採用した対人戦略をとりあえずは、いじわるコミュニケーション(略していじコミ)と呼んでおこうと思います。女の子の間では、小学一年生でも、こうしたバトルは始まっていると同僚《どうりょう》の先生からお聞きしたことがあります。[6]女の子にとって一〇歳《さい》というのが一つの鬼門《きもん》だとも、別の児童精神科を[E]センモンにしている先生からずいぶん前に聞いたことがあるのですが、自分自身の臨床《りんしょう》経験からもそれは当たっているような気がしています。いじコミによって成立する社会が一応の完成をみるのが、女の子の場合は一〇歳頃ではないか、その時に最大多数がいじコミを習得するなかで、それに乗れない子が孤立《こりつ》して事例化することがあるのではないかとも考えられます（男の子同士の場合はこれよりもかなり遅《おく》れて、暴力を含《ふく》むもう少し非文化的なかたちで、発現するのが[F]テンケイと考えられます）。

いじコミというのは、適度な量のいじわるをお互《たが》いの社会的[G]カイソウ（子ども社会のなかでの大げさにいえばスクールカーストのようなもの）や個人的力量に応じて小出しにジャブ＊打ちしながら、自分の子ども社会における立ち位置を決めていく技術のことです。たぶん、幼稚園《ようちえん》の終わりか、小学校の低学年では、Bちゃんのように早熟な子はもうじゅうぶんにそれを意識しながら行動しはじめていて、自分が何をしたいかが、他人が自分をどう思っているのかよりも主要な関心事になる＊ADHDやASDの傾向《けいこう》のある子は、だんだんとこのいじコミの世界からはじきだされてしまうことになるのでしょう。

上手にいじコミすることは、［X］を避《さ》けて［Y］を保つという点では相当に文化的な[H]イトナみともいえます。京都や英国など長い伝統的な文化がはぐくまれている[I]チイキでは、鋭敏《えいびん》な感性がないと察知できないいじコミ力を養わないと一人前の市民とは認知《にんち》されないといったこともあり、洗練されれば高度な対人スキルに仕上がるコミュニケーション技術の側面があるように思われます。

（兼本浩祐《かねもとこうすけ》『普通《ふつう》という異常　健常発達という病』〈講談社現代新書〉による）

＊注　ジャブ打ち――言葉による軽い攻撃《こうげき》や牽制《けんせい》（もとはボクシングでの戦法）。
ADHDやASD――それぞれ「注意欠陥《けっかん》多動性障害」、「自閉症《じへいしょう》スペクトラム障害」を略した言い方。

問一　――線部A～Iのカタカナを漢字に直しなさい。

問二　――線部1「彼女は気にも留めていません」とありますが、それはなぜですか。理由を答えなさい。

問三　――線部2「そうした手練手管」とありますが、それはどのようなことですか、答えなさい。

問四　――線部3「先生たちの配慮」とありますが、「先生たち」はどのように考えたのですか、答えなさい。

問五　――線部4「大泣きしてうちに帰ってきた」とありますが、「大泣き」したいきさつを百字以内で説明しなさい。

問六　――線部5「きっと無事に電車を出て今頃はお外の花壇にたどり着いているわよ」とありますが、この発言にはお母さんのどのような意図がありますか、答えなさい。

問七　――線部6「女の子にとって一〇歳というのが一つの鬼門だ」とありますが、それはどのようなことを言っているのですか。問題文中の言葉を使って答えなさい。

問八　文中の［X］・［Y］に入れるのに最も適当なものを次のア～カからそれぞれ選び、記号で答えなさい。

ア　一時的な友情　　イ　強制的な支配　　ウ　社会的な関係
エ　絶対的な自由　　オ　直接的な暴力　　カ　物理的な距離《きょり》

二　次の文章を読んで、後の問いに答えなさい。

三月半ば、*軍艦島《ぐんかんじま》上陸のために長崎へ降り立った。はるばる北海道からのツアーなのだが悪天候で上陸が叶《かな》わなくても振《ふ》り替《か》えはしないという。

1半ば賭《か》けにも似た旅の途中《とちゅう》、明日の天気予報を見ればどれも「雨」とある。上陸出来なくても、遠巻きに島を一周するというのだけが慰《なぐさ》めで、それでもいいと言ってはいたが旅行代金は北海道から夫婦《ふうふ》ふたりで八万円だ。上陸したい。口に出せば叶うだろうか、いやここは祈《いの》ろう。

行ったり来たりの思いと祈りが通じてか、2翌朝は眩《まぶ》しいほどの快晴、海はべた凪《なぎ》だった。

現地には軍艦島クルーズの会社が数件あり、上陸時間は限られている。港と島のあいだは常に船が行ったり来たり。船に乗《の》り込《こ》み、どんどん近づいてくる島影《しまかげ》は、なんとなく軍艦に見えなくもない。ＤＶＤやテレビ番組などで見知った島影とはちょっと違《ちが》う。それもそのはず、軍艦に見える絶好の撮影《さつえい》ポイントというのは、ぐるりと回り込んだ沖からのものだった。

そして上陸――廃墟《はいきょ》好きが高じて、とうとう軍艦島まで来てしまったと思った瞬間《しゅんかん》、3旅行代金が頭から消えた。

上陸後はガイドさんに案内されながら、島にまつわるお話を伺《うかが》う。船着き場のすぐそばには、一週間前に高波で倒《たお》れ、手が着けられない状態だというコンクリートの壁《かべ》があった。島は絶えず変化している。歩いて見学が出来るのは炭鉱の建物があった側だという。坑道《こうどう》の入り口に続く階段が青空の下、露出《ろしゅつ》している。

ガイドさんがゆっくりと静かに話す。

「この坑道入り口から入った人と、無事に出てこられた人の数は一致《いっち》しないのです。」

北海道にも複数の炭鉱があったし、生まれ育った釧路《くしろ》にも数年前まで炭鉱が存在していたというのに、廃墟だ廃墟だと逸《はや》る心に、4ついそうした現実は埃《ほこり》を被《かぶ》って眠《ねむ》ってしまっていたらしい。

ガイドさんの言葉にはことさら切々とした感情は込められておらず、それゆえにこちらに伝えたいことがらの重みが伝わってくる。

現在の島は、長く個人の所有地であったゆえ残っている姿だという。過剰《かじょう》な人口を支えた島の、坑道入り口、海底からベルトコンベアーで地上に運ばれてくる石炭、工場を見下ろす高い場所にあるのは重役用の住宅だ。重役の居住区から眺《なが》める長崎の夜景は、今と同じく星空のように美しかったろうか。

炭鉱に働く人とその家族が住んでいたのは、沖を望む海側だったようだ。いま上陸見学できる場所は、島民の住宅建物から五十メートルほど手前まで。当然、生活空間だったところには入ることができない。いちばん見たいものは遠くから眺めるのみ。

ビデオを観《み》れば、島を去る際に持ち出されなかった家具や家電、人形や生活道具がそのままの場所に残っている画像が出てくる。

上陸して目にする物はみな、呼吸をしていなかった。すべてが過去形、すべてが無機物。そんな言葉が頭に浮《う》かび、通り過ぎて行く。空の青さが疎《うと》ましくなってきた最終地点で、ガイドさんが言った。

「週末になると、たくさんの方々がこの島を訪《おとず》れます。炭鉱のあたりをご案内しているときは気づかないのですが、島民の住宅部分が見えるここまでやってくると分かるんです。百人二百人というみなさまを一度にご案内するのですが、毎回おひとりかおふたり、ここで写真も撮《と》らなければ驚《おどろ》きもせず、黙《だま》ってアパートを見つめている方がいるんです。そんなときは『すみませんが、もしかして。』とお声がけいたします。今まで外れたことはありません。十人お声がけすれば十人が、元島民あるいは島民のお子さんでした。」

5軍艦島上陸ガイドはそのお話で締《し》めくくられるのだった。スマホ片手にわぁわぁ言いながら画像を撮っていた手がだらりと下がる。

正直なことを言うとあのとき、文章では伝えきれない風のにおいを嗅《か》いだ。

決して、物見遊山《ものみゆさん》で行くなと訴《うった》えているわけではない。一度観て損はないし、是非《ぜひ》ともあのガイドさんと過ごす時間を体験して欲《ほ》しいとも思う。己《おのれ》の文章表現の拙《つたな》さを棚《たな》に上げつつ「いっぺん観てみて。」と。

ビデオには映らない「何か」があるからこそのガイド付き上陸なのだろう。持ち帰る感情はひとりひとり違《ちが》っていいのだという包容力が、6ガイドさんの口調をより平坦《へいたん》なものにしていた。

【桜木紫乃《さくらぎしの》「軍艦島にて」

（『ベスト・エッセイ2020』〈光村図書〉所収）による】

＊注　軍艦島――長崎市にある端島《はしま》の通称《つうしょう》。

問一　――線部1「半ば賭けにも似た旅」とありますが、このように言えるのはなぜですか。理由を説明した次の文の□に入る言葉を自分で考えて答えなさい。

旅行の目的がかなうかどうかは□であるから。

問二　――線部2「翌朝は眩しいほどの快晴、海はべた凪だった」とありますが、これは筆者にとってどのようなことを意味しますか、答えなさい。

問三　――線部3「旅行代金が頭から消えた」とはどういうことですか、答えなさい。

問四　――線部4「そうした現実」とありますが、ここで筆者が言っているのは、「炭鉱」のどのような「現実」のことですか、説明しなさい。

問五　――線部5「軍艦島上陸ガイドはそのお話で締めくくられるのだった」とありますが、この話を聞いて、筆者は軍艦島をどのようなところだと感じるようになったのですか、答えなさい。

問六　――線部6「ガイドさんの口調」とありますが、ガイドさんの語りはどのようなものだったのですか。本文全体をふまえて答えなさい。

三　次の詩を読んで、後の問いに答えなさい。

夜の舟《ふね》　　細見和之《ほそみかずゆき》

午前二時
私が寝《ね》ようとしていた矢先である
「タウ！」の叫《さけ》びとともに
娘《むすめ》は飛び起きてひとしきり泣いた
二歳《にさい》になった上の娘はプチ反抗期《はんこうき》で
何ごとにも「タウ、タウ」（□、□）を繰《く》り返《かえ》す
夢のなかでまでいったい何を否認《ひにん》していたのか
娘の泣き声に

さきに休んでいた妻も起き出して
1長い夜がはじまった
娘を抱《だ》いて妻があやしはじめる
「船だよ、船だよ」──
娘はすこし落ちついてきたようだ
それを見て妻が調子をあげる
「船だよー、おっきな船だよー」
「タウ！」
娘の言葉がピシャリと放たれた
船はどうやら小さいようだ
「じゃあ、モーターボートだ、エンジン全開！」
「タウ！」
エンジンもいけないらしい
2娘はいまでは泣き出しそうな気配だ
これで生まれたばかりの下の娘まで泣き出せば
妻の小舟は阿鼻叫喚《あびきょうかん》である

妻は右手でオールを漕《こ》ぐ仕草をしながら問いかける
「どこ行こう？　バータンとこ？」

「タウ！」

「コウくんとこ？」

「タウ！　タウ！」

いずれもあまりに近場である

そこで私が寝酒《ねざけ》に酔《よ》った口を挟《はさ》む
「東京のアーちゃんとこー？」
「タウ！」
「アメリカは遠すぎるよ、アメリカは遠すぎるよ」
妻が心細げに口走る
二歳の娘に「アメリカ」が分かるはずがない
彼女《かのじょ》もだいぶ疲《つか》れて混乱していたのだろう
けれども
私が覚えているのはそこまで
3あえなく私は睡魔《すいま》の海に攫《さら》われてしまった

目を覚ますと
眩《まぶ》しい光を反射して
むっちりとした娘の足が
私の目の前に横たわっていた
4行く先不明の妻の舟は
それでも
5朝の港にたどりついていた

（細見和之『家族の午後─細見和之詩集』〈澪標〉所収による）

問一　二か所の□には、同じ言葉が入ります。その言葉を考えて答えなさい。

問二　──線部１「長い夜がはじまった」とありますが、「長い」と感じるのはなぜですか。理由を答えなさい。

問三　――線部２「娘はいまでは泣き出しそう」なのはなぜですか。理由を具体的に考えて答えなさい。

問四　――線部３「私は睡魔の海に攫われてしまった」とありますが、これはどういうことを表現していますか。これについて説明した次の文の［　Ａ　］［　Ｂ　］に入る言葉をそれぞれ答えなさい。

［　Ａ　］という語からの連想で「睡魔」を「海」にたとえ、［　Ｂ　］ことを表現している。

問五　――線部４「行く先不明の妻の舟」とありますが、これは妻のどのような様子を表していますか、答えなさい。

問六　――線部５「朝の港にたどりついていた」とはどういうことですか、答えなさい。

日本大学豊山中学校（第一回）

—50分—

〔注意事項《じこう》〕答えを書くときには、「、」や「。」やかぎかっこなども一字と数えます。

一　次の問いに答えなさい。

問1　――線を漢字に直しなさい。ただし、送りがなの必要なものは、それもふくめて書きなさい。

①　他国とドウメイを結ぶ。
②　タンジョウ日会を開く。
③　長ねぎをキザム。

問2　――線の読みを、ひらがなで答えなさい。

①　賃貸住宅に住んでいる。
②　城門の守衛になる。
③　俵型のおにぎりを作る。

問3　それぞれの□には同じ漢字が入ります。その漢字を答えなさい。

終□　□論　団□　□末

問4　「場所」と熟語の読み方（訓読みと音読みの組み合わせ）が同じものを、次から選びなさい。

ア　着物　イ　青空　ウ　新聞　エ　手本

問5　ことわざと意味の組み合わせとして正しいものを、次から選びなさい。

ア　羽をのばす…仕返しをして、心を晴らすこと。
イ　足を洗う…あまりのおそろしさに、にげ出すさま。
ウ　舌を巻く…非常に感心して、おどろくさま。
エ　さじを投げる…あきらめずに、集中して取り組むこと。

問6　次の一文の意味を変えずに、「なぜなら」を使って二つの文に直しなさい。

きのうの夜はとても寒かったので、すぐにねむれなかった。

二　次の文章を読んで、後の問いに答えなさい。（出題の都合上、本文の一部を省略しています）

●感性の肝《きも》

「ものをつくるうえで大切なのは感性だ」というが、①そもそも感性とは何なのか。

日本人は、漠然《ばくぜん》としたイメージだけで「感性」という言葉を大事にしすぎているように思う。何かわからないながらも、とにかく大事にしなくてはいけないと包み込《こ》んで棚《たな》に上げて祀《まつ》ってしまい、結局、みんなその実体がわからないままになっている、そんな感じがある。

「感性」という言葉でくくられているものを冷静に分析《ぶんせき》して整理していくと、もちろんその人の持つ感覚的なものもあるが、それ以上に、その人の*バックボーンにあるものが基盤《きばん》になっているのではないかと考えられる。

作家としては、いつも自分で新しい発想をして、自分の力で創作しているという意識でやっている。しかし実際には、僕《ぼく》がつくる曲は、僕の過去の経験、知識、今までに出会い聴《き》いてきた音楽、作曲家としてやってくることで手に入った方法、考えたこと、それらの蓄積《ちくせき》などが基になって生まれてくるものだ。さまざまなかたちで自分の中に培《つちか》われてきたものがあるからこそ、今のような創作活動ができているわけだ。[1]

「創作は感性だ」「作家の思いだ」と言い切ってしまうほうが作家としては恰好《かっこう》がいいが、残念ながら自分独自の感覚だけでゼロからすべてを創造するなんてことはあり得ない。

とすると、僕は漠然とした感性なるもので創造をしているわけではないということになる。

作曲には、論理的な思考と感覚的なひらめきを要する。

論理的思考の基になるものが、自分の中にある知識や体験などの集積だ。何を学び、何を体験して自分の血肉としてきたかが、論理性の根本にある。

感性の九五パーセントくらいは、実はこれなのではないだろうか。

つまり、その論理性に基づいて思考していけば、あるレベルに達するものはいつでもできるはずだということになる。気分が乗った乗らないという次元に関係なく、きちんと仕事をしたらしたなりの成果を上げられる。

だが、問題は②それさえあればものづくりができる、作曲ができるということではないところだ。肝心《かんじん》な要素は、残りの五パーセントの中にある。それが作り手のセンス。感覚的ひらめきである。創作にオリジナリティを与《あた》えるその人ならではのスパイスのようなもの。これこそが〝創造力の肝〟だ。

ものづくりにおける核心《かくしん》は、やはり直感だと僕は思う。こっちの方向に行ったら何か面白いものができそうだというのは、直感が導くものだ。直感の冴《さ》えが、作品をどれだけ素晴らしいものにできるか、よりクリエイティブなものにできるかという鍵《かぎ》を握《にぎ》っている。

ところが、もっと突《つ》き詰めていけば、その直感を磨《みが》いているのも、実は自分の過去の体験である。ものをつくるということは、ここからここまでは論理性でここからが独自の感覚だと割り切れるようなものではなくて、自分の中にあるものをすべてひっくるめた*カオス状態の中で向き合っていくことだ。

論理や理性がなければ人に受け入れてもらえるようなものはつくれないが、すべてを頭で整理して考えようとしても、人の心を震《ふる》わせる音楽はできない。秩序《ちつじょ》立てて考えられないところで苦しんで、もがいて、必死の思いで何かを生み出そうとする。その先の、自分でつくってやろう、こうしてやろうといった作為《さくい》のようなものが意識から削《そ》ぎ落とされたところに到達《とうたつ》すると、人を感動させるような力を持った音楽が生まれてくるのだと思う。

論理性と感覚的直感との兼《か》ね合いを九五パーセントと五パーセントといったが、これは僕自身が置かれている状況《じょうきょう》によっても感じ方が変わる。

自分の勉強不足を感じて、もっといろんなことを見たり聴いたりして吸収して経験知を蓄《たくわ》えなければいけない、と痛感しているときにはそちらの比重が増して、「九九パーセントくらいは蓄積がものをいうんじゃないか」と思う。

逆に、作曲活動に入って苦しみ悩《なや》んでいるときには、「蓄積で書けりゃあ、苦労はしないよ。直感が大事なんだよ」という気分になる。絶えず揺《ゆ》れ動いているのだ。

うまく核心をとらえることができると、つくっているものが納得《なっとく》いくものになる。 2

実のところ、これが難しい。そのセンス、直感の＊啓示《けいじ》のようなものをいかにしてつかみとるかというところで、誰《だれ》もが悩む。僕もまた、そこで日々苦しんでいるといえる。

【中略】

●頭で考える良さを超《こ》えたもの

北野武監督の映画『ＢＲＯＴＨＥＲ《ブラザー》』（二〇〇一年）のときの話。

この映画の世界観を感じ取るために、僕はロサンジェルスのロケ現場に出向き、撮影《さつえい》に立ち会い、さてどんな音楽にしたものかと思案を続けていた。作曲に入る直前までは、エレキギターとオーケストラの組み合わせでいこうと考えていて、実際、レコーディングのために、有名なギタリストのスケジュールを押《お》さえてもらったりもしていた。

ところが、作曲に入って二日目に、ふと「これは違うな……ギターじゃないぞ」と感じた。そこから面白いようにインスピレーションが湧《わ》きはじめた。

結局、出来上がったのはジャズィーな中にエスニックなリズムのグルーブ感が加わった曲。フリューゲルホルンといってトランペットよりやや音色の柔らかなものと、オーケストラとの組み合わせになった。 3

後から考えてみると、イメージを描《えが》いていた段階は、「こうやればきっと面白いものができる」と頭で考えた範疇《はんちゅう》の良さでしかなかった。そこには、こんな著名なギタリストを使ったら話題性も充分《じゅうぶん》だ、といったビジネス的な意識もあったかもしれない。

だが、頭の中で考えた良さと、僕が実際につくりたいと思ったものはまるで違った。右の入り口から入るか、左から入るか、くらいの違いだ。

A 、僕自身の中では突然《とつぜん》、百八十度何かが切り替《か》わったわけではない。この映画のためにいい音楽を作る、という目的は一つだ。その到達点を目指して自分を追い込んでいったとき、見えてきたのは違う景色だったのだ。つくりたいものというのは、最初から全貌《ぜんぼう》がしっかり見えているわけではない。別の道に変わってしまうことはしばしばある。このときも、僕自身の直感が、「こっちを行くんだ！」と叫《さけ》んでいたとしかいいようがない。

頭で考えていたものを＊凌駕《りょうが》するものが生まれてくるとは、こういうことだ。このひらめきをうまくつかまえられると、その曲づくりは間違いなくうまくいく。

一人の人間の個性といっても、そこにはさまざまな要素がある。感覚的な部分も、理論的な部分もある。＊俗《ぞく》っぽい部分もあれば、知性的であろうとする部分もある。自分自身すごく好きな部分もあれば、ものすごく嫌《きら》いな部分もある。これぞ僕の持ち味だと自信のある部分も、逆にここが弱点だという部分もある。ものをつくるというのは、そういう多様な面を併《あわ》せ持った自分を総動員させながらも、本人が意識しているものを剝《は》ぎ取ったところに*妙味《みょうみ》が出るものなのではないだろうか。

　そのためには、その時々の自分の限界まで行ききることが必要で、その行ききった先に、何か新しく魅力《みりょく》的なものが待っている。そんなふうに思う。自分が考えているものの範疇で勝負していたら、③月並みなものしか生まれてこないだろう。

●確信に変わる瞬間《しゅんかん》

迷路の中で音を見つける悦《よろこ》び、これは音楽家として最高の悦びといってもいい。

　作っている音楽が〝確信に変わる瞬間〟がある。ギターからフリューゲルホルンに切り替えようと思いついたときも、その一例だ。曲を仕上げる過程で、視界が開けたような感じになっていく。それがいつ訪れるかは自分でもわからないのだが、「よし!」と思える瞬間、「飛び越《こ》えた」といえる瞬間がやってくる。〝腑《ふ》に落ちる瞬間〟といってもいいだろう。

　曲づくりに入って、この確信に変わる瞬間までが最も苦しい。自問自答の繰《く》り返しだ。

「これでいいのかなあ?」

「いいんだよ。どこもおかしくないじゃないか」

「しかし、どうもピンとこない……」

「理論的にもミスはない。これでいい。メロディーも悪くないじゃないか……」

　こういう段階は、まだ腑に落ちていない。理詰《りづ》めで自分を納得させようとしてもダメだ。たとえ映画のための音楽が二十数曲全曲できていても、これでいけるという実感が持てない。

　苦境を打開するために、過去に気になった音楽をもう一回聴きなおしてみたり、飲みに行って気分転換《てんかん》を図ったり、いろいろジタバタしてみる。これが効く、という決定的なものはいまだ見つからない。

　最近では、結局はひたすら考えるしかないという心境になっている。考えて、考えて、自分を極限まで追い詰めていくしかないのではないか、といった感じだ。何かが降りてくる、その瞬間を自分自身が受け入れやすくすることに時間と力を注ぐ。つまりは自分の受け入れ態勢を整える状況づくりをすることなのかなあ、といった思いである。

　そこまでは毎回、非常に苦しい状態が続く。

④その扉《とびら》がポンと開いてしまえば、後はスムーズだ。曲数が多くても、時間がなくても、完全に集中して突き進んでいける。全部が一気にクリアに見えだす。

　そこでガラリと違ったものになることもあるが、余分な音を入れすぎていたのを取ってすっきりさせたとか、一音直したとか、ほんのちょっと変わるだけかもしれない。それでもまったく別物になる。やっと自分の作品になる。4

　自分の曲の、最初の聴衆は自分だ。だから、自分が興奮できないようなものではダメだ。自分がいいと思って喜べるようでないと、聴く人の心を動かすことは到底できない。最初にして最高の聴き手は、自分自身なのである。

僕は、満足いく曲ができると嬉しくて興奮して、「ちょっと、聴いて、聴いて」と周りにいる人を呼んで聴かせる。聴かせないときは、自分自身が素直に喜べていないときだ。心底納得《なっとく》のいくものができていないということになる。非常にわかりやすい。自分が喜んでいると、やっぱりみんなに聴いて欲しくなる。

（久石譲《ひさいしじょう》『感動をつくれますか？』〈角川ｏｎｅテーマ21〉）

＊バックボーン…考えなどの背景。
＊カオス…さまざまな要素が取り入れられ、ごちゃごちゃした状況。
＊啓示…さとし示すこと。
＊凌駕…他をしのいでその上に出ること。
＊俗っぽい…いかにもありふれていて、品位に欠ける。
＊妙味…何とも言えない味わい。優れたおもむき。

問1　本文には、次の一文がぬけています。入る場所として最も ふさわしいものを、1～4から選び、数字で答えなさい。

【もし僕がクラシックを勉強してこなかったら、あるいはミニマル・ミュージックに影響《えいきょう》を受けていなかったら、つくる音楽のスタイルも今とは異なるだろう。】

問2　――線①「そもそも感性とは何なのか」とありますが、「感性」に関する筆者の考えとしてふさわしくないものを、次から選びなさい。

ア　「感性」というのは、さまざまな形で自分の中に培われてきたものが基盤になっている。

イ　日本人は、「感性」というものの実体がわからないまま大事にしすぎている。

ウ　創作活動には、今まで自分が聴いてきた音楽や考えてきたことなどが影響してくる。

エ　自分独自の感覚だけでゼロからすべてを創造するためには、時間を必要とする。

問3　――線②「それ」が指す内容を、本文中から五字で書きぬきなさい。

問4　［Ａ］に入る語として最もふさわしいものを、次から選びなさい。

ア　いわば　　イ　もっとも　　ウ　おまけに　　エ　むしろ

問5　――線③「月並み」の意味として最もふさわしいものを、次から選びなさい。

ア　目新しさがなく、ありふれていること。

イ　誰もがおどろくほど、とても素晴らしいこと。

ウ　自己満足だけで、全てが終わってしまうこと。

エ　すぐれているように見えても、実際はふつうなこと。

問6　――線④「その扉がポンと開いてしまえば」とありますが、「扉がポンと開（く）」とは、どのようなことのたとえですか。「音楽」という語を用いてわかりやすく説明しなさい。

問7　筆者の意見として最もふさわしいものを、次から選びなさい。

ア　日本人は、学び取った知識や技術ではなく、自分の実体験を基にして作られた「感性」をもっと大事にして行動すべきである。

イ　豊富な知識と体験を基にものづくりをしていけば、面白いようにインスピレーションが湧き、必ず自分の納得するものができあがる。

ウ　ものづくりにおける論理がなければ、人に受け入れてもらえるようなものはつくれないが、それだけでは人の心を震わせる音楽はできない。

エ　聴く人の心を大きくゆり動かすためには、最初の聴衆である過去の自分が、心の底から納得できるような曲でなければいけない。

三　次の文章を読んで、後の問いに答えなさい。

人口減少により廃校《はいこう》が決まった谷川小学校の六年生は愛梨《あいり》・優作・十夢《とむ》の三人しかいない。六年生三人と担任のよし太、副担任の香澄《かすみ》は卒業式にタイムカプセルを埋《う》めることにした。

よし太が明るく言った。

「もうこの時間は何するか一年前から決めてたよね。せーの」

「タイムカプセル！」

と三人が声をそろえる。正解、とよし太は笑顔で返し、机の上に銀色の筒《つつ》を置いた。一年ぶりに見るタイムカプセルだ。

ふたを開けるとよし太がうながした。

「じゃあ、まず十夢くんから」

「僕《ぼく》、最後に入れていい？」

と十夢が頼《たの》んだので、「それやったら愛梨ちゃんから」とよし太が仕切りなおした。

愛梨がＤＶＤを手にした。文化祭で踊《おど》ったダンスと歌を録画したものだ。愛梨は小さく息を吐《は》いて心を整え、ゆっくりと筒にＤＶＤを入れた。

それを見届けてから、よし太が指示を出した。

「じゃあ、つぎは優作くん」

優作は手に持った用紙をビニールに入れた。模試の結果表だ。それを愛梨のＤＶＤの上に置いた。

よし太がこちらに目を移した。

「つぎは香澄先生お願いします」

わかりました、と香澄はさっきの封筒《ふうとう》をビニール袋《ぶくろ》に入れた。

愛梨が興味深そうに訊《き》いた。

「香澄先生は何入れることにしたん？」

香澄はにこりと答えた。

「希望調書のコピーよ」

「なんなんそれ」と愛梨がぽかんとした。

「新学期から先生がどうしたいかというの書いて提出する書類よ」

子供達は怪訝《＊けげん》な顔をしていたが、よし太は香澄の真意に気づいたらしい。

「そっか、それいいですね」

としきりにうなずいている。

香澄が封筒を入れると、じゃあ僕の番や、とよし太が背広の内ポケットから何かをとりだした。香澄と同じく封筒だ。

十夢が尋《たず》ねた。

「よし先生は何にしたん？」

よし太が口ごもった。

「……えっーと、八年後のみんなに宛《あ》てた手紙」

愛梨が不服そうに言った。

「何それ、手紙って一年前によし先生がボツにした案やん。みんな一年間一生懸命《いっしょうけんめい》考えて作品作ったのに」

よし太が身振《みぶ》り手振りで　A　する。

「僕もめちゃ考えたけどぜんぜん浮《う》かばんかってんもん。これでかんべんしてや」

「はい、はい、もうそれでええよ」

と優作がうるさそうに断ち切り、よし太は面目なさそうに手紙を入れた。

「じゃあ最後は十夢くんの番かな」

とよし太がいきなり毅然《きぜん》とふるまった。①今の減点を挽回《ばんかい》したいらしい。

香澄は十夢の手元を見たが何も持っていない。荷物にも画板がない。

「あれっ十夢くん画用紙は？」

「あの絵を入れるのは止めたんだ」

香澄は困惑《こんわく》した。十夢はこの日のために一年間校舎の絵を描《えが》きつづけてきた。なのになぜそれを止めたのだ？

「じゃっ、じゃあ何入れるん？」

とよし太が　B　しながら尋ねた。

十夢は無言で踵《きびす》を返し、悠然《ゆうぜん》と歩き出した。教室のつきあたりで立ち止まり、椅子《いす》の上に立った。そして、黒板にかけられたビニールシートに手をかけた。今朝から気になっていたものだ。

十夢がこちらに顔を向け、こう宣言した。

「僕はこれを入れる」

とシートをとりはずした。

その黒板に描かれたものに、②香澄は目を奪《うば》われた。

そこには、校舎の絵が描かれていた。

チョークを使って、丁寧《ていねい》に校舎が描き込《こ》まれている。瓦《かわら》屋根、板《いた》壁《かべ》、窓、扉《とびら》、花壇《かだん》、さらには校庭のグラウンド、鉄棒、のぼり棒、どれもこれも細かく、その質感までもが表現されている。とてもチョークで描いたものとは思えない。

よし太が歓喜《かんき》の雄叫《おたけ》びを上げる。

「これなんなん！　めちゃすげえやん！」

その反応に、十夢が表情をゆるめた。

「③これ黒板アートって言うんだ。これを写真に撮ってタイムカプセルに入れるから」とロッカーからカメラと印刷機を持ってきた。

香澄はそこで気づいた。

「そうか、昨日の夜これを描いていたのね」

「うん、二人にも手伝ってもらってね」

と十夢が、愛梨と優作に笑いかけた。どうりであんなに時間がかかっていたわけだ。

よし太と香澄が黒板アートを鑑賞《かんしょう》している間に、子供達が準備を整えた。脚立《きゃたつ》にカメラを据《す》え、十夢がファインダーをのぞき込んだ。

愛梨、優作を座らせ、そのうしろによし太と香澄が中腰《ちゅうごし》で待ちかまえる。校舎の絵が見えるように調整し終えると、十夢が手を上げた。

「いくよ」

とシャッターを押《お》し、かけ足で愛梨のとなりに座った。その直後にシャッターが下りる。十夢は写真のできばえを確認すると、満足そうな笑みを浮かべた。

写真が刷り上がった。それを見て、五人は同時に感激の声を上げた。校舎の絵も綺麗《きれい》に見えるし、みんなが笑顔を浮かべている。タイムカプセルに入れるにはふさわしい一枚だ。

十夢が冷やかすように言った。

「優ちゃん、ちゃんと笑えてるね。笑顔の練習したかいあったね」

優作が［C］面した。

「おまえ、そんなん今言わんでええねん」

そんな努力をしていたのか、と香澄は微笑《ほほえ》ましく思った。

十夢は写真をビニール袋に包み、タイムカプセルに入れた。よし太がふたをきつくしめた。④これで完成だ。

「できた」

と十夢が言い、愛梨、優作も充実した顔を浮かべている。六年一組の集大成だ。

すると、十夢が黒板消しをよし太に手渡した。

「じゃあよし先生、これで絵消して」

よし太が目を剥《む》いた。

「ええの？　こんな綺麗な絵やのにもったいないやん」

十夢がかぶりをふった。

「黒板アートは消すために描くものだから。あと最後によし先生に消して欲しいからこれにしたんだ」

よし太の特技は黒板消しだ。それでこの一年を締《し》めくくらせてあげたい。そう考えてこんな手の込んだことをしたのだ。

その心配りに香澄はうるっとした。でもとっさのまばたきでそれをおさえる。もうなれたものだ。

よし太の目も涙《なみだ》がにじんでいたが、香澄の視線に気づいた。鼻の上にしわを作り、強引に涙をおさえ込んでいる。勝負は忘れていないらしい。

気分を一新させるように、よし太が陽気な声で言った。

「じゃあ遠慮《えんりょ》なく消させてもらう。これが僕の最後の仕事や」

とよし太が黒板を消しはじめる。校舎の絵が少しずつなくなっていく。学校が消えていく……廃校という抽象《ちゅうしょう》的な言葉が、今目の前で現実になっている。子供たちも黙《だま》ってその様子を眺《なが》めていた。

「……終わった」

とよし太が手を止めた。そこには緑一面の黒板があった。どこにも消し残しはない。毎日毎日、この汚れのない黒板で、よし太は子供達を迎《むか》えていた。

十夢、愛梨、優作が泣いていた。

この何もない黒板を見て、よし太の自分達への想《おも》いを感じたのかもしれない。

しばらくの間、全員でその美しい黒板を眺めていた。

（浜口倫太郎《はまぐちりんたろう》『廃校先生』〈講談社文庫〉）

＊怪訝…不思議で納得《なっとく》がいかないさま。

問1　［A］・［B］に入る語として最もふさわしいものを、それぞれ次から選びなさい。

ア　苦笑　　イ　動転　　ウ　非難　　エ　弁解

問2　――線①「今の減点」とありますが、どういうことですか。説明しなさい。

問3　――線②「香澄は目を奪われた」とありますが、それはなぜですか。その理由として最もふさわしいものを、次から選びなさい。

ア　絵を見ただけで、これまで校舎で過ごしてきた日々を一気に思い出すことができたから。

イ　愛梨と優作の二人に協力してもらって描いたことがわかり、その仲の良さに感動したから。

ウ　チョークで描いたとは考えられないほどに、細部まで丁寧に表現されていたから。

エ　全体がカラフルに描かれており、チョークだけで表現できるとは思えなかったから。

問4　――線③「これ黒板アートって言うんだ」とありますが、「黒板アート」にしたのはなぜですか。その理由として最もふさわしいものを、次から選びなさい。

ア　よし太の特技である黒板消しで、この一年間の幕を閉じてほしいと考えていたから。

イ　一年間かけて校舎の絵を描き続けたが、画用紙では納得のいく作品ができなかったから。

ウ　最後に自分一人の力だけではなく、愛梨と優作と協力して作品を仕上げたかったから。

エ　廃校になる学校を描くには、最後は消される黒板アートがふさわしいと話し合ったから。

問5　［　C　］にあてはまる色を、漢字一字で書きなさい。

問6　――線④「これで完成だ」とありますが、完成したタイムカプセルを開けるのはいつだと考えられますか。本文中から一語で書きぬきなさい。

問7　この作品の内容を説明したものとして、最もふさわしいものを次から選びなさい。

ア　優作は十夢と練習をした笑顔以外に、感情を表現することは最後までできなかった。

イ　よし太が校舎の絵を消すことで、子供たちは学校がなくなることを実感している。

ウ　香澄は大げさに喜んだり涙を流したりと、気持ちをおさえるのが苦手な人物である。

エ　十夢はみんなと協力して黒板アートを作ったので、いつまでも消したくなかった。

本郷中学校(第一回)

—50分—

注意　字数指定のある問題は、特別の指示がない限り、句読点、記号なども字数に含みます。

一　次の①～⑤の——線部について、カタカナの部分は漢字に直し、漢字の部分はその読みをひらがなで答えなさい。なお、答えはていねいに書くこと。

① 新しいチームが台頭してきた。
② 彼とはあいさつをよくカわす仲だ。
③ 成長とともにニュウシが生えてきた。
④ とてもイサギヨい決断だ。
⑤ 実力のある彼にシラハの矢が立った。

二　次の文章を読んで、後の問いに答えなさい。

臓器移植にまつわる状況そのものは何らかの形で「よりよいもの」になるに越したことはないし、実際そうした努力がなされているのであるが、それを理解するために、臓器移植独自の問題を見てゆこう。二一世紀現在、臓器移植にまつわる問題は世界的にも注目されている。なぜならそれは、豊かな人びとと貧しい人びととの間の格差問題や、国家を超えた公平性の問題という側面を持つからである。たとえば、アメリカでは臓器のレシピエント[注1]として登録されるためにはお金がかかるし、任意[注2]加入の保険についても、臓器移植が適用外のものも少なくない。そうしたなか、貧困層の人は臓器不全を患《わずら》っていても、なかなか臓器移植をしてもらえず、貧しい境遇に生まれたせいで他人よりもすぐに死にゆく人もいる。二〇〇二年に公開された映画『ジョンQ——最後の決断』(原題：*John Q*)はそうした社会状況をフィクションとして映画化したものであり、富裕層と貧困層との間に横たわる健康格差、そして、生きのびる機会の不平等の問題が世に知られるところとなった。しかし、こうした問題は一国内だけにとどまるものではない。先進国の豊かな人たちが他国へ渡り、臓器移植を受けるための医療ツーリズム[注3]も問題視されている。

これは、病人やその家族といった当事者たちからすれば、□気持ちでそのチャンスに飛びついているわけだし、なかには「親が幼い我が子に臓器移植を受けさせるために財を投じて海を渡る」といった美談もある。もちろん、それは生命を救うという意味で倫理的ではあるのだが、1どの立場からそれを眺めるかによって見え方が変わってくる。そして立場を変えれば、それは反倫理的な面が姿を見せているかもしれないのだ。海外への臓器移植目的の渡航とは、簡単にいってしまえば、或《あ》る国Aの国民が大金をもって別の国Bで臓器を買うようなものであり、臓器移植を求めるB国の人たちが並んでいる行列に、マネー[注4]をひっさげたA国の人が割り込むようなものである。もちろん、だからとって□思いでB国まで出かけて一財を投じるA国出身の病人やそのサポーター[注5]が間違っているとはいえない。つまり、誰も間違っていないのだが、より改善すべき方策があればそうするに越したことはない。では、どうしたほうがよいかといえば、それはA国において「脳死後に[注6]ドナーとして臓器を提供します」という意志を持った人が増えることである。

実は、このA国の立場には旧来の日本も含まれている。実際、多くの国において臓器提供者(ドナー)はそれを希望する人たちに対して不足気味であり、二〇〇八年の国際移植学会では「移植が必要な患者の命は自国で救える努力をすること」という主旨のイスタンブール宣言が出された。これは、海外渡航移植に頼っていた日本にも該当するハナシであり、[2]臓器移植法の改正の背景ともいえるものである。日本ではそもそも一九九七年に臓器移植法が施行されたが、その時点においては、脳死後の臓器提供には本人の書面による意思表示が必須《ひっす》であった(その後、家族の承諾《しょうだく》も必要であるが)。しかし、それではなかなか提供可能な臓器数が増えなかったこと、そして前述のイスタンブール宣言や、二〇一〇年のWHO(世界保健機関)の総会において、海外に渡航して臓器の提供を受けることを自粛するよう各国に求める新たな指針が承認されたこともあり、日本国内での臓器提供者数の確保はいまなおわれわれに突きつけられた課題ともいえる。こうした背景のもと、臓器移植のハードルを下げるような臓器移植法の改正が二〇〇九年に成立し、二〇一〇年七月に全面施行となった。改正後の臓器移植法では、①本人の意思が不明な場合でも家族の承諾があれば脳死状態の患者から臓器摘出が可能となり、②一五歳未満の脳死患者からの臓器摘出も可能となった(もちろん保護者の同意が不可欠であるが)。さらに、③運転免許証における意思表示の仕方にオプトアウト方式が導入されるなど、これらの改正によってより多くの臓器が国内で確保されることが今後見込まれる。しかし、こうしたやり方は国際的協調関係や功利主義[注7]という観点から正当化できても、「個人の生」という点で本当にそれでいいのかという懸念がつきまとう。

上記③の[3]オプトアウト(opt-out)とは、オプトイン(opt in)の対義語である。後者は或る選択肢を積極的に選ぶことで参加を表明するもので、それは明確な同意を表わすのに対し、前者は、或る選択肢を選ばないことを表明することで、そこから脱退する意志を表明するものである。よって、臓器移植におけるオプトアウトでは、「私は、臓器を提供しません」という選択肢に〇をつけない限りは、「脳死後の臓器提供に反対の立場をとっていません」という意思表示をしていることになる。つまり、明確な(拒絶の)意思表示をしていなければ、それは推定上の同意とみなされるわけなので、脳死もしくは心臓停止後に臓器が摘出されることを妨《さまた》げないのだ(もちろん、その後は書面による家族の承諾が必要とされるが)。しかし、そうした意志表示の方法へと変化させた理由は、もちろん「臓器提供に同意している、ことになる人」を増やすためである。

認知心理学[注8]には「**デフォルト効果**」というものがある。これは、最初に何をデフォルト(初期設定)とするかによって、人びとの選択がそれに左右されるというものである。通常、われわれは、リスク[注9]があるようかもしれないような状況や、明確な答えを持たない曖昧《あいまい》な状態において、積極的にそこへ飛び込もうとはしない。こうしたとき、「もし、この現状を否定し、別の選択肢を望む人は〇をつけてください」といっても、なかなか〇をつけることはできない。すると、初期設定である現状に同意していることになってしまう。さらにここでは、「移植に賛同しますか?」ではなく「移植に反対なのですか?」という質問フレームのもと人びとへ問いかけ、デフォルトに留まるよう誘導しているともいえる。これは「**フレーミング効果**」というもので、論理的にもしくは意味的に等しいものであっても、選択肢の表現の仕方や枠組みの違いが選好や選択へ影響を与えるというものである。

そう考えると、臓器移植法改正後に臓器提供者数が増えるであろうことも理解しやすくなる。デフォルトを「臓器提供に同意する」としたうえで、「〈提供しません〉に○をつければ〈臓器移植に同意しない〉ということになりますが、○をつけますか？」とすれば、そこでは人はどう判断するだろうか。そもそも、脳死が生きているかどうかは未解決問題であるし、脳死状態が延々と続くことへの不安や疑問、そして臓器移植の効用などを考慮した結果、唯一無二の解答を出せる人などはほとんどいないように思われる。そこに「〈臓器移植に同意しない〉ということになりますが、どうしますか？」という問い方をすること、すなわち「拒絶しますか？」と問いかけるような拒絶フレームを用いることで、「よく分からない問題だしなあ。別に臓器移植に積極的に反対したり拒絶したいわけじゃないし……」となり、判断保留のまま、〈提供しません〉に○をつけることなく、結果、[4]臓器移植に同意したことになる人が増え、国内での臓器移植手術の拡大が可能となり、しかも、誰の選択の自由も侵害していないのでメデタシメデタシ、ということになるわけである。実際、文化的に似通ったお隣同士の国でも、こうした方式による違いから同意率への極端な差が生じている(二〇〇三年の調査によれば、オーストリアは同意率が一〇〇%近いのに対し、隣国ドイツではわずか一二%にすぎないなど)。

これは、パターナリズム(父権的介入主義)のように、或る正しい(と思われる)選択を推奨《すいしょう》しながらも、押しつけることなくあくまで本人自身に選択の余地、すなわち本質的価値であるところの「自由」を保障しつつその選択を当人に委《ゆだ》ねるという点で、**リバタリアン・パターナリズム**と呼ばれるやり方である。自由を侵害することなく、しかし、人びとや社会を良い方向へと導こうとすることで、人びとを自由な行為主体として尊重しながら、社会全体をより良い方向へ変えていこうとするもので、これは功利主義の洗練バージョンともいえるであろう。

しかし、こうしたやり方が「禁煙」や「過度な飲酒の制限」であればともかく、臓器提供のケースで人びとを「良い方向」へ導くとき、それは導かれるその個人にとって「良い」、ではなく、社会にとっての「良い」という印象を受ける。「脳死状態になったらもはや人格ではないのだから、他人のために臓器を摘出してもらい、それで他人を救う意思を示すよう導くことは善いのだ！」とリバタリアン・パターナリズムが主張したとしても、そもそも、「脳死のとき、自分は死んでいるのか」が分からない人も多いわけで、「もしかしたら生きているかもしれない自分から臓器が摘出されるとき、本当にそれは自分にとって善いのだろうか」という疑問を持っていて当然である。「死んでいるか生きているか分からない人から臓器を摘出することは善いのだろうか……」という疑問や悩みを軽く扱い、「君にとってはともかく、他人にとっては善いし、社会全体にとっても善いし、君は同意したくないわけじゃないんだからいいじゃないか」というのであれば、それは個人軽視の全体主義[注10]でしかない。しかも、その責任は、自由に選べる形で「脳死後の移植に同意したことになる」という点で、個人に押しつけられるわけである。つまり、脳死状態になったとき、「この人は、拒絶の意思を示さなかったのだから、臓器摘出するのは構わないし、それはこの人の責任だね」とならざるをえないよう誘導されているのだが、[5]本当にその誘導の仕方が倫理的に正しいかは議論の余地があるだろう。

(中村隆文《なかむらたかふみ》『「正しさ」の理由――「なぜそうすべきなのか？」を考えるための倫理学入門――』〈ナカニシヤ出版〉)

※問題作成の都合上、小見出しを省略したり、問題文の表記を一部改めたりした箇所があります。

注1　レシピエント……(臓器を)移植される者のこと。

注2　任意加入の保険……契約するかしないかが本人に任されている保険のこと。

注3　医療ツーリズム……外国に行き治療を受けること。

注4　だからとって……ここでは、「だからといって」のことだと思われる。

注5　サポーター……支援者のこと。

注6　脳死……脳の機能が停止すること。現代医療では治療のしようがなく、やがて心臓が停止する。

注7　功利主義……ここでは、できるだけ多くの人びとに最大の幸福をもたらすことが善であると考える立場のこと。

注8　認知心理学……知覚、記憶、思考などの人間の心の活動を情報処理の観点から研究する学問のこと。

注9　リスクがあるようかもしれないような状況……ここでは、「リスクがあるかもしれないような状況」のことだと思われる。

注10　全体主義……個人の自由や社会集団の自律性を認めず、個人の権利や利益を国家全体の利害と一致するように統制を行う思想または政治体制のこと。

問一　問題文中の二つの空らんには同じ言葉が入ります。その言葉として最も適当なものを次のア～エの中から一つ選び、記号で答えなさい。

ア　天にものぼる　　イ　後ろ髪《がみ》を引かれる

ウ　藁《わら》にもすがる　　エ　身の縮む

問二　――線1「どの立場からそれを眺めるかによって見え方が変わってくる」とありますが、ここではどういうことですか。その説明として最も適当なものを次のア～エの中から一つ選び、記号で答えなさい。

ア　海外で臓器移植するという患者にとっては生きるための倫理的な行為が、貧しいために渡航手術を受けられず、国内で臓器移植を待つ患者からすれば、国内の貧富の差の問題から目をそむけた独りよがりな行いに見えるということ。

イ　移植のための渡航という国外の富裕層にとっては生きるための当然の行いが、彼らを受け入れる国の移植希望者からすれば、自分たちに配分されるはずの臓器を横取りし、生きる可能性をせばめる非道徳的ふるまいに見えるということ。

ウ　海外で移植手術を受けるという患者にとっては生きのびるための自然な行為が、彼らを受けいれる国の政府にとっては、海外渡航による臓器の提供を禁じるWHOの指針に反するため、解消すべきめんどうな問題に見えるということ。

エ　渡航して貧困層から臓器を移植するという富裕層にとっては生きのびるためにさけられない行為が、彼らを受け入れる国民からすれば、国家間の経済格差につけ込む許しがたい行いであり、政府が法改正により対応すべき課題に見えるということ。

問三　――線2「臓器移植法の改正」とありますが、その目的はどのようなものですか。適当な部分を問題文中から十八字で抜き出し、最初の五字で答えなさい。

問四　――線3「オプトアウト(opt-out)」とありますが、これはどのようなものですか。その事例として最も適当なものを次のア～エの中から一つ選び、記号で答えなさい。

ア　ウェブ上で「この広告の表示を停止する」をクリックしないでいると、広告を配信しつづけることを了承していると判断されること。

イ　個人としては賛成していなくとも、多数決で決まったことを根拠として、文化祭のクラスの企画への参加を強制されること。

ウ　電話での商品の売り込みに、「要《い》りません」ではなく「結構です」と返答したら、購入に同意したとみなされてしまうこと。

エ　契約者が未成年の場合、本人ではなく保護者のサインがあれば、本人とのアパートの賃貸契約が成立したと考えられてしまうこと。

問五　――線4「臓器移植に同意したことになる」とありますが、なぜ「同意したことになる」のですか。八十字以内で説明しなさい。ただし、「デフォルト」と「拒絶フレーム」という言葉を用いること。

問六　――線5「本当にその誘導の仕方が倫理的に正しいかは議論の余地があるだろう」とありますが、なぜ筆者はそう考えるのですか。その説明として最も適当なものを次のア～エの中から一つ選び、記号で答えなさい。

ア　臓器提供希望者数の増加という社会全体の利益のために、個人の選択権を一部制限することは、個人の自由を最大限尊重することを目的としたリバタリアン・パターナリズムに反しているから。

イ　脳死と判定された場合、身体の処置にかかわる疑問や悩みを無視したまま、一律に臓器の摘出を強要してしまうことには、個人の尊厳よりも社会全体の利益を優先する危うさがあるから。

ウ　脳死状態になったら臓器の摘出を認めるように個人の選択を誘導するオプトアウト方式が導入されたが、脳死状態が人の死か否かに関する倫理的な議論がまだ十分になされてはいないから。

エ　臓器移植に関して一見個人の自由な選択権を認めているようだが、実際は個人に責任を負わせつつ社会の利益に沿うような選択をさせているため、個人の自由を侵害しているおそれがあるから。

問七　次に示すのは、この問題文を読んだ四人の生徒が、＝＝線「メデタシメデタシ」を話題にしている場面です。問題文の言おうとしていることに最も近い発言を次のア～エの中から一つ選び、記号で答えなさい。

教師――「メデタシメデタシ」という表現の特徴について、気づいたことや考えたことを話し合ってください。

ア　生徒A――「メデタシメデタシ」がカタカナ表記になっていますね。そうすることで、この表現に読者の注意を向けているのでしょう。この状況が、誰の選択の自由も侵していないよい決着だ、と筆者は訴えているのだと思います。

イ　生徒B――「メデタシメデタシ」という表現は、「メデタシ」が繰り返されている点が重要です。国内での臓器移植手術の拡大が可能となったことと、誰の選択の自由も侵していないことが、共によい決着だということを「メデタシ」を重ねることで表現しているのでしょう。

ウ　生徒C――なるほど。誰の選択の自由も侵害せず国内の臓器移植手術が拡大したことに注目すべきという点には賛成です。ただ、このカタカナ表記は、表面上はよい決着のように見えるけど、実際はそうではないと考える筆者の批判意識のあらわれではないでしょうか。

エ　生徒D――いやいや。そうではなく、文章に軽快さを出すためだと思います。「目出度《めでた》し目出度《めでた》し」よりも「メデタシメデタシ」の方が読者に軽やかな印象を与えることができます。文章にリズムが生まれ、テンポよく読むことができます。

三　次の文章は、如月《きさらぎ》かずさの小説『給食アンサンブル２』の一節です。これを読んで、後の問いに答えなさい。

中間テストが終わっても、牧田《まきた》たちが部活にもどってくる気配はなかった。

公民館の文化祭はもう来週末に迫《せま》っている。練習開始前の音楽室で、おれが［A］していると、顧問の吉野《よしの》先生がひさびさに部活に顔を見せた。ところが音楽室の中には入ってこようとはせずに、廊下からおれのことを手招きしてくる。

おれが廊下に出ると、吉野先生は声をひそめて話しかけてきた。

「練習前に邪魔《じゃま》しちゃってごめんね。三熊《みくま》くんに教えてもらったんだけど、金管パートの牧田さんと、それから一年生の子も何人か、最近ずっと部活に出てきてないんだって？」

思ったとおり牧田たちの話だった。すぐに解決するつもりだったから、吉野先生にはまだ報告はしていなかった。それなのに余計なことをと、おれは胸の中で三熊を非難した。

「それでね、わたし、牧田さんたちに話を聞いてみたんだけど……」

「牧田はまだ、おれが部長を辞めないかぎり部活にはもどらないといってるんですか？」

長々その話をしたくなくて尋ねると、[1]吉野先生は虚《きょ》をつかれたような顔でぎこちなくうなずいた。しかしすぐに明るい表情になって続ける。

「けどね、そのことについて牧田さんたちとよく話しあってね、部長の信任投票をすることにしたらどうかって提案してみたの。そうしたら、牧田さんたちもその条件ならまた部活にきてもいいっていってくれてね」

「信任投票？」

要はおれが部長を続けていいか、部員による投票で決めようということだ。吉野先生は「名案でしょう？」とでもいいたげな顔をしている。

おれはその顔を冷ややかに見つめかえした。

「信任投票をして、おれが部長を続けられると思ってるんですか？」

吉野先生が「えっ？」とつぶやいて笑顔を消した。そして［B］と言葉を取り繕《つくろ》う。

「わたしは、高城《たかぎ》くんは吹奏楽部のために頑張《がんば》ってくれてるから、みんなも高城くんを支持してくれると信じてるけど、もし、もしもね、投票の結果が残念なことになっちゃったら、そのときは副部長の三熊くんとかに部長を譲《ゆず》るしかないんじゃないかな。だって牧田さんたちがもどってきてくれないと、金管パートは練習もできないんでしょう？」

おれは失望が顔に表れないように努めた。吉野先生はおれのことをわかってくれている。味方でいてくれている。そう考えていたのは、どうやら間違いだったようだ。

この状況で信任投票を拒絶《きょぜつ》することはできないだろう。そうなればおれは確実に部長を辞めることになる。吹奏楽部を変えることはできなくなる。

おれは廊下から音楽室の中を見わたした。おれと目が合った一年の部員が、おびえたように視線をそらした。

もっと早いうちに見切りをつけるべきだったのかもしれない。ここにはおれの味方なんてひとりもいない。そんな場所でおれひとりがいくら頑張ったところで、あのときおれが感動したような演奏をできるようになるわけがない。どうしていままでそれに気づかなかったんだろう。

「失礼します」

おれは吉野先生に会釈《えしゃく》をして音楽室の中にもどった。そして乱暴に荷物をまとめて帰ろうとすると、そこで三熊がおれのことを止めた。

「高城、どこに行くのさ」

「部長はおまえがやればいいだろう」

三熊の顔を見ずにそれだけ言葉をしぼりだすと、おれは大股《おおまた》で音楽室を出た。吉野先生が慌ててなにかいったのが聞こえたけど、返事をせずに立ち去った。

おれのことを追いかけてくるやつはひとりとしていなかった。

（中　略）

翌朝、おれはトランペットを持たずに登校した。怒りといらだちはおさまるどころか、時間がたつにつれてますます強く激しくなっていた。

教室につくとすぐに、大久保《おおくぼ》が話しかけてきた。

「部長、昨日は、あのさ……」

おれはじろりと大久保の顔をにらみつけた。大久保がはっとしたように言葉を止める。

その反応に満足してカバンの中身を机に移しはじめると、すぐに「そういう態度ってないと思う！」と怒った声が投げつけられた。声の主は大久保とおなじ打楽器パートの小宮山《こみやま》だった。いつもおとなしいやつだから、そんな声も出せるのかとすこし驚《おどろ》いた。

「大久保くんは、高城くんのことを心配してたんだから。それに、わたしも……」

おれはふん、と鼻で笑った。心配していたなんてどうせ口だけだ。信用できるわけがない。ほんとうはおれがいなくなってせいせいしていたんじゃないのか？

大久保と小宮山はおれと話すのをあきらめて自分の席にもどった。まもなく三熊も教室に入ってきたが、おれが無視して教科書をにらんでいると、なにもいわずに自分の席に座《すわ》った。

午前の授業が終わり、おれは給食当番の仕事で給食を取りにいった。給食室で目についた保温食缶を持ちあげ、大股で教室に帰る。

おれのいらだちは限界を越《こ》えそうになっていた。なんでもいいから思いきり殴《なぐ》りつけて壊《こわ》してしまいたい。そんな凶暴《きょうぼう》な衝動《しょうどう》をこらえながら保温食缶を運んでいると、となりのクラスの牧田の姿が目に入った。

牧田は給食の配膳《はいぜん》が始まるのを待ちながら、おなじ班のやつと笑顔で話していた。憎悪《ぞうお》をこめた眼差しで牧田をにらみつけながら、おれがとなりの教室の前を通りすぎた、そのときだった。廊下が急に滑《すべ》って、おれは前のめりに倒《たお》れてしまった。

廊下に落ちた保温食缶が耳障《みみざわ》りな音を立てた。落ちたはずみで蓋《ふた》がはずれ、中身のクリームシチューが大量に床に広がる。その惨状《さんじょう》を呆然《ぼうぜん》と見つめ、それから足もとに視線を移すと、だれかの落としたプリントがひらひらと揺れていた。

「くそっ！」

おれは□をついて保温食缶を殴りつけた。殴った拳がひどく痛んで顔をしかめる。けれど怒りはまったくおさまらなかった。もっと何度も殴りつけてやりたかった。

雑巾《ぞうきん》を手に駆《か》けつけたクラスメイトに、おれは「触《さわ》るな！」と声を荒《あら》げた。そしておびえて動きを止めた相手から雑巾を奪《うば》い取り、押《お》し殺した声で告げる。

「おれのミスだ。おれひとりで片づける」

廊下にこぼれたクリームシチューを、おれは乱暴にぬぐいはじめた。手伝いに出てきた連中が、ひとりまたひとりと教室に帰っていった。

ほかのクラスの給食当番が、大きくおれのまわりを避《さ》けて通りすぎていった。廊下にはいつくばって掃除《そうじ》を続けていると、おれはひどくみじめな気分になった。くそ、どうしてこんなことになるんだ。どいつもこいつもどうしておれの邪魔ばかりするんだ。おれの邪魔をするな！

おれは再び「くそっ！」と怒鳴《どな》って、力いっぱい廊下をこすった。そのときふいに現れたべつの手が、こぼれたクリームシチューを雑巾でぬぐいだした。はっとして顔を上げると、そこにいたのは三熊だった。

「手を出すなっていってるだろ」

「出すよ。ひとりじゃ時間かかっちゃうでしょ。それに、吹奏楽部の仲間なんだからさ」

気まずそうな笑顔でそういわれて、おれは言葉をなくしてしまった。おれがぽかんとその顔を見つめていると、三熊が教室のほうを振りかえっていった。

「慎吾《しんご》、この保温食缶、教室に持っていって配りはじめてくれる？」

教室から顔を出してこちらの様子をうかがっていた大久保が、「わかった！」とこたえて保温食缶を取りにきた。大久保はおれをはげますように笑いかけて、保温食缶を運んでいく。

おれが手を止めているあいだも、三熊はせっせと掃除を続けていた。そんな三熊の姿をながめているうちに、おれは無意識につぶやいていた。

「……どうしておれは、おまえみたいになれないんだろうな」

[2]三熊が驚いた顔でこっちを見た。おれも思いがけない自分の言葉にうろたえていた。

けれどその言葉は、嘘偽《うそいつわ》りのないおれの本心なのかもしれない。おれが三熊のように親切でやさしく、協調性のある人間だったら、いまみたいに部長の責務を放りだして、吹奏楽部を去るようなことにはなっていなかった。きっと理想的な部長として仲間たちに慕われ、目標に向かっていっしょに頑張ることができていた。

木管パートの練習風景を見て、妙《みょう》に胸がざわついたのは、[3]三熊のことがうらやましかったせいなのかもしれない。三熊のようにはなれないことがくやしかったのかもしれない。

ひそかにうらやんでいたことが恥《は》ずかしくて、おれが廊下を見つめたままでいると、三熊が静かに口を開いた。

「ぼくだって、高城みたいにはなれないよ。ぼくには実力も、みんなを引っ張っていく力もないしさ。それに高城みたいに強くもないから、だれかとぶつかったりするのは苦手なんだ。だから高城の味方をしたくても、みんなに反発されるってわかってると、なかなか勇気が出せなくて、そのせいで高城につらい思いをさせちゃってごめん」

「おれの味方なんて無理にすることないだろ。おまえはおれの方針に反対なんだから」

視線をそらしてこたえると、すぐに三熊が「そうじゃないよ！」といいかえしてきた。

「たしかに、高城はいっきに部の改革を進めようとするから、それには反対したけど、ぼくも吹奏楽部の空気を変えて、もうちょっと真面目に練習がしたいとは思ってたんだ。夏のコンクールの結果もくやしかったし、単純にもっといい演奏ができるようになりたいから。ほかのみんなの反応が心配で、高城に協力するどころか、邪魔ばっかりしちゃってたけど……」

「おまえが、おれとおなじ気持ちだったっていうのか？」

耳を疑っているおれに、三熊が［ C ］とうなずいてみせた。そしてまっすぐおれを見つめて言葉を続ける。

「すこしずつ、変えていこうよ。すぐには無理だと思うけど、これからはぼくもちゃんと協力するから」

三熊の眼差しから、強い意志が伝わってくるのを感じた。今朝、小宮山に言葉をかけられたときのように、鼻で笑うことはできなかった。目頭が急に熱くなって、おれはゆがんだ顔を三熊に見られないようにうつむいた。

三熊が「これでもう平気かな」といって立ちあがった。途中からほとんど三熊ひとりに掃除をさせてしまっていた。三熊のあとについて教室にもどる途中、おれはその大きな背中に、「三熊」と声をかけた。

「悪かった。ありがとう」

三熊が目を丸くして振りかえり、おおらかな笑顔を見せた。

教室にもどると、おれの席にはすでに給食が運んであった。量が減ったのはおれのせいだから、責任を取ってクリームシチューは遠慮《えんりょ》するつもりだったのに、その器もしっかりトレイに載《の》っていた。器に入っているクリームシチューの量は、普段《ふだん》の半分もなかった。

食事が始まったあと、おれはそのクリームシチューを食べながら、注1小学校時代のことを思いだしていた。いやがらせでほんのわずかしかよそってもらえなかったクリームシチューは、怒りで味がわからなかった。けれどきょうのクリームシチューの味は、いつもよりやけにあまく、そして温かく感じられた。

給食の器から顔を上げると、となりの班の三熊と目が合った。すこしずつ、変えていこうよ。三熊の声が頭の中で響《ひび》いた。

おそらくおれが部長を続けることはできないだろう。それでも三熊と協力して、すこしずつ頑張ってみよう。あのときおれが感動したような素晴らしい演奏を、吹奏楽部のみんなといっしょにできるように。

はにかむ三熊にぎこちなく笑《え》みをかえして、4おれは残りわずかなクリームシチューを大切に味わった。

放課後の音楽室には、ひさしぶりに吹奏楽部の部員が全員そろっていた。牧田たちもきているのは、吉野先生が提案した部長の信任投票がこれから行われるからだ。

「それじゃあ、いま配ったメモ用紙に、高城が部長を続けてもいいなら○を、そうじゃないなら×を書いてこの箱に入れてください。なまえは書かなくていいから。高城はなにかつけくわえたいことある？」

三熊に尋ねられて、首を横に振ろうとしたところで、おれは注2浅見《あさみ》との会話を思いだした。もしも無駄だったら、あとで文句のひとつもいってやろう。おれはそう決めると、思いきって口を開いた。

「おれは、小六のときに聴いた高校の吹奏楽部のコンサートがきっかけで、吹奏楽をやりたいと思うようになった。そのとき聴いた演奏はほんとうに素晴らしくて、心の底から感動して、おれも中学に入ったら、吹奏楽部でこんな演奏がしたいって、ずっとそう考えていた」

いきなり話しはじめたおれに、部員たちはぽかんとしていた。こんなことを明かしても、やっぱり意味なんてないんじゃないか。そう疑いながらも、おれはさらに話を続けた。

「だけど、うちの吹奏楽部は練習熱心じゃなくて、去年のアンサンブルコンテストでも夏のコンクールでも、満足な演奏ができなくてくやしかった。だからなんとかしてみんなの意識を変えて、もっと真剣に練習に取り組めるように、この部を改革したかったんだ。そのせいでなごやかだった部活の空気を壊してしまって、迷惑をかけてすまなかった」

これまでおれは、部内に味方はひとりもいないと思っていた。けれど三熊は、おれとおなじ思いを抱いてくれていた。もしほかにもそういうやつがいるのなら、そいつにはおれがどうして改革を進めようとしたのか、その理由をわかってもらいたかった。

話を終えたとき、部員の大半はまだ戸惑ったままだった。おれが恥ずかしくなって顔を背《そむ》けると、三熊のうれしそうな声が聞こえた。

「そんな話、初耳だよ。もっと早く教えてくれたらよかったのに」

三熊のほうを見ないまま、おれは「すまん」と短くこたえた。すると三熊が「ぼくもちょっといいかな」と部員たちに向かって手を挙げて、緊張《きんちょう》気味に話しだした。

「これまでいいだせなかったけど、ほんとうはぼくも、もうちょっとしっかり練習をしたいなって思ってたんだ。いまのたのしいふんいきも好きなんだけど、もっとたくさん練習をして、いい演奏がしたいな、って。だから、ぼくはまだ、高城に部長を続けてほしいと思ってます」

思いがけない三熊の言葉におれは驚いていた。まわりとぶつかるのは苦手だといっていたのに、反感を買うのがわかっていながら、おれを支持することを表明してくれるなんて。照れくさそうな顔でこちらを向いた三熊に、おれは心の中で感謝した。

部員たちによる投票が始まった。数分後には部長でなくなっている可能性が高いのに、おれは不思議と落ちついていた。結果がどうなろうと、おれがすべきことは変わらない。

5 新たな決意を胸に、おれは投票が終わるのを待った。

【如月かずさ「クリームシチュー」（『給食アンサンブル２』〈光村図書出版〉所収）】

※問題作成の都合上、文章を一部省略しています。また、一部表記をあらためたところがあります。

注１　小学校時代のこと……当時児童会長をしていた高城は、児童会の仕事をしない副会長の女子児童を注意したが、そのことに腹を立てた女子児童が高城の悪口を言いふらしたことにより、クラスメイトからいやがらせを受けていた時期があった。

注２　浅見……高城のクラスメイト。部活の悩みを相談してアドバイスをもらったことがあった。

問一　［Ａ］～［Ｃ］にあてはまる言葉として最も適当なものを次のア～クの中から一つずつ選び、記号で答えなさい。なお、同じ記号は一度しか使えません。

ア　のそのそ　　イ　わいわい　　ウ　おろおろ　　エ　むざむざ

オ　じりじり　　カ　おずおず　　キ　そわそわ　　ク　じわじわ

問二　□　にあてはまる言葉を、次の（語群）の中の漢字を組み合わせ、二字で答えなさい。

（語群）　様・態・失・気・乱・狂・心・悪・子・憎

問三　――線1「吉野先生は～ぎこちなくうなずいた」とありますが、このときの吉野先生の心境を説明したものとして最も適当なものを次のア～エの中から一つ選び、記号で答えなさい。

ア　吹奏楽部の顧問であるのに普段から部活動に顔を出していないため、そもそも部長の高城に会うのが気まずい上に、高城のせいで部活動にやってこない牧田たちの話をしないといけないので気後れしている。

イ　牧田たちを吹奏楽部に戻すために提案して了解を得た「部長の信任投票」について、これから高城に話さなければならないが、余計なことをするなと高城に非難されそうで、話すことにためらいを感じている。

ウ　部活に来ていない牧田たちから直接聞いてきた話について、自分が説明する前に高城がその内容を言い当てたことを思いがけなく感じるとともに、高城の言ったとおりだと認めづらいため、ばつが悪くなっている。

エ　自分の話を途中でさえぎり話しかけてきた高城の態度に対して驚きを感じるとともに、高城がショックを受けないようにしようとせっかく遠回しに伝えていたのに、その意味も無くなってしまいむなしくなっている。

問四　――線2「三熊が驚いた顔で～うろたえていた」とありますが、このときの三熊と高城について説明したものとして最も適当なものを次のア～エの中から一つ選び、記号で答えなさい。

ア　三熊は、真面目に練習したいという高城の考えに協力していこうと思っている自分の本心に高城が気づき、副部長として認めてくれていたことを知り、ありがたく感じている。高城は、優柔不断なところはあるものの周りに気がつかえる三熊のことを副部長として認めてはいたが、その胸に秘めていた思いをクラスメイトが周りにいる中でつい口にしてしまったため、弱音をはいたと思われるのではないかと感じ、恥ずかしくなっている。

イ　三熊は、部員がうち解け仲良くなることを優先して吹奏楽部の改革に協力してこなかったことに、高城が怒っていると思っていたが、実は高城から評価されていたと知り、驚いている。高城は、真剣に練習することよりも仲良く楽しく練習することに重きを置く三熊の考えは間違っていると思っていたのに、実は三熊の考えが正しかったと認めるような発言をしてしまった自分に驚き、困惑している。

ウ　三熊は、クリームシチューを片付けながらも高城から怒られるのではないかと内心ひやひやしていたが、高城から怒られるどころか自分のことを認める発言をされ、うれしくなっている。高城は、自分がこぼしたクリームシチューを部員に声をかけながら勝手に片付けている三熊をいまいましく思う一方で、不意に三熊のやさしさや協調性を認める発言をしてしまい、あわてふためいている。

エ　三熊は、演奏の実力もあり自分にない強さを持っていて一目置いている高城が弱音をもらしただけでなく、その高城から自分のようになりたいと言われたことに驚きを感じている。高城は、副部長なのに周りのことを気にして何もしてくれない三熊に対して不満に思っていたはずなのに、実は自分にはない優しさや協調性を持つ三熊をうらやましく思っていたことに気づき、驚きとまどっている。

問五　――線３「三熊のことが～かもしれない」とありますが、高城が三熊の本当の思いを知ったうえで三熊のことを頼もしく思っていることが感じられる表現があります。その部分を問題文中から五字で抜き出し、答えなさい。

問六　――線４「おれは残りわずかな～大切に味わった」とありますが、このときの高城について説明したものとして最も適当なものを次のア～エの中から一つ選び、記号で答えなさい。

ア　吹奏楽部の件もあり、自分の不注意で給食のクリームシチューをこぼしてしまった失敗を素直に認めることができず、片付けを手伝おうとしたクラスメイトの厚意を踏みにじってしまったが、三熊がうまく取りなしてくれたことにより大きな問題にならずに済んでほっとするとともに、三熊に感謝している。

イ　自分の怒りが一因となりクリームシチューをこぼした上、片付けを手伝おうとしたクラスメイトに当たり散らしてしまったにもかかわらず、自分のことを気づかってくれた三熊のやさしさをうれしく思うとともに、自分の思いに賛同してくれる同志の存在に気づき、そのありがたさをかみしめている。

ウ　吹奏楽部の改革に協力的ではなかった三熊に対していらだちを感じていたため、自分がこぼしたクリームシチューを片付けようとした三熊に対してはじめは反発してしまったが、後になって素直に謝ることができ、また感謝の気持ちも伝えられたため、今後は三熊と仲良くやれそうだと有頂天になっている。

エ　いやがらせをされた小学校のときとは違って、今回は自分に非があるにもかかわらず、クラスメイトが片付けを手伝おうとしてくれたり、三熊や大久保が率先して片付けを手伝ってくれたりした上に、クリームシチューまでよそっておいてくれたので、友達の大切さをあらためて実感している。

問七　――線５「新たな決意を胸に、おれは投票が終わるのを待った」とありますが、ここに至るまで高城の気持ちはどのように変化したと考えられますか。「新たな決意」に至るまでの過程とその内容を明らかにしながら、八十字以上百字以内で説明しなさい。

武蔵中学校

—50分—

一　次の文章は大正時代の北海道を舞台《ぶたい》にした小説です。これを読んであとの質問に答えなさい。

私達《たち》の附属《ふぞく》小学校は、その頃《ころ》はまだ生徒の数が少《すく》なくて、四年生まで男女一つ教室だった。烏帽子《えぼし》の上を折って、その折った先をわきで止めて、そこに毛糸の房《ふさ》を垂らしたような学帽《がくぼう》が、私達《たち》と市内のほかの小学校の生徒とを一目区別していた。その毛糸の房《ふさ》が、四年生までは赤で、五年生からは白に変《かわ》った。同時に教室は男生徒ばかりになった。四年生になると、同じ教室の半分を占《し》めている女生徒の列が、急に自分達《たち》の注意を惹《ひ》きはじめて来たことを、私達《たち》はうすうす感じていた。

四月の新学期の第一日、私達《たち》は朝礼の運動場から、長い廊下《ろうか》を、教室に向《むか》って帰って来た。私達《たち》の心も、外の世界も、すべてが一変して新しかった。先頭が、廊下《ろうか》に向《むか》って展《ひら》いている、新しい教室の窓のあたりにさしかかると、自然、皆《みな》の足は早くなって、一時に列が乱れ出すのを誰《だれ》もどうすることは出来《でき》なかった。戸が開くと同時に、わッという歓声《かんせい》が誰《だれ》からともなくあがった。どやどやと雪崩《なだ》れるように一《ひ》とかたまりになって部屋のなかに駆《か》け込んだ。てんでに、新しくきまった自分達《たち》の席について、机の上蓋《うわぶた》をガタガタ云《い》わせたり、椅子《いす》にかけたり立ったり繰り返《かえ》してみながら、物珍《めず》らしそうに口々に何か云《い》っていた。後ろの方がいいとか、前の方がいいとか、そういうことを云《い》い合っていた。汚《よご》れた机の上に、ナイフの尖《さき》で彫《ほ》った文字やものの形を見つけ出して、興《きょう》がっているのもいた。そうかと思うと、小さな机をさかさまにして、なかのゴミなどを払《はら》い、いち早く掃除《そうじ》にかかっているものもあった。*女生のなかにそういうのが多く見られた。今日から一年間、わが*伴侶《はんりょ》となるそのものへの愛着が、もう彼等《かれら》のうちに兆《きざ》し始めていることが、微笑《ほほえ》ましくわきから眺《なが》められるのだった。

それらのなかにあって、私はひとりきわめて物静かだった。今度の席も私にとっては新しくて新しくなかった。それは、教壇《きょうだん》に向《むか》って一番左の列の、一番後ろにあたっていた。そして私はこの前の教室にいた時からずっとそこにきまっていた。私は、その古くて新しい席について、黙《だま》って室内の*喧噪《けんそう》を見廻《みまわ》しながら、充分《じゅうぶん》満足であることが出来《でき》た。級長というものは常にこうでなければならない、と云《い》ったような構えた心でいたわけではない。私は一体に普段《ふだん》から、おとなしい物静かな生徒であったのだ。

私の表面のおとなしさ、物静かさというものは次のことからも来ていた。大抵《たいてい》の地方に於《お》いてそうであるように、その北国の町でも、*師範《しはん》の附《ふ》属《ぞく》小学校というのは町の多くの小学校のなかにあって特別な色彩《しきさい》を持っていた。役人や学者や物持ちや、町での上層階級の子供を最も多く集めているという特色である。毎年の中等学校の入学者の率が一番いいとか、春秋の二期に催《もよお》される学芸会がほかとは比較《ひかく》にならぬ派手やかさであるとか、他府県の展覧会に出品する児童代表は大抵《たいてい》この学校から選ばれるとか、そういったような目立ったことは、すべて右の特色から来ていた。子供の私がひそかに考えていたところによれば、いいとこの家の子達《たち》は、総体としてはやはり出来《でき》がよかった。大抵《たいてい》の先生は、どっちかといえばいいとこの子達《たち》に多く目をかけ勝《が》ちだったが、概《がい》して彼等《かれら》の方が貧しい家の子よりもいい成績をあげているのは、あながち先生の依怙贔屓《えこひいき》のためばかりではないことを、公平に見て、彼等《かれら》の反対物である私自身認めなければならなかった。そしてそれはまことにその筈《はず》なのであった。——私は少年雑誌の、貧しい家の子の立身出世物語を*耽読《たんどく》しながら、そのなかに、口では云《い》い現わせぬ嘘《うそ》のあることを、ぼんやり感じ取っていた。物語の事実そのものは信用しながら、それらを取《と》り扱《あつか》う大人の記者の、誇張《こちょう》、余計な感情というものを、子供心にも感じていた。

このような学校に私がいるということは間違《まちが》いであったか？　そうとはいえなかった。貧しい*寡婦《かふ》の一人息子《むすこ》である私が、その学校へ途中《とちゅう》から転じて来たのにはわけがあった。ほかの小学校へ入って、丁度一年たったある日、私は母と話をした。——「おっ母《か》さん、附属《ふぞく》はね、授業料がいらんのだって。」「授業料がいらんて？　附属《ふぞく》が。どうしてまた、そりゃ。」「どうしてか知らんけど、裏の佐々木《ささき》の春雄《はるお》さんがそう云《い》ってたよ。」「附属《ふぞく》は、お前、お金持《かねもち》の子供の学校だよ。先生もたくさんで、何から何まで行き届いたもんだそうな。すりゃ、ほかより授業料が高くたって、安い筈《はず》なんぞありゃしないよ。」——その矛盾《むじゅん》している理由は私には答えられなかった。*庁立と市立との違《ちが》いから来るのだということは、私には答えられなかったが、それが事実とわかっては、母も私の転校を熱心に望まないわけにはいかなかった。毎月の終《おわ》りに、小さな袋《ふくろ》に入れて、十銭を持って行かねばならぬ定めは私には苦痛だった。時によっては先生は、教壇《きょうだん》の上から、後《おく》れてまだ授業料を納めぬ二三《にさん》の者のことを、意地わるく名ざして云《い》った。私の名は何時《いつ》だってそのなかにあった。しかし学校から帰って、そのことを母に云《い》うことも私には出来《でき》なかった。首尾《しゅび》よく試験が受かって転学を許されると、私は今までにも増しておとなしい子になり、よく勉強した。新しい学校の子供達《たち》は、美しくて*怜《れい》悧《り》だった。多くのことにおいて私は引け目を感じなければならなかった。私は勉強して彼等《かれら》に勝つのほかはないのだった。学業成績の上で彼等《かれら》を引《ひ》き離《はな》して行くことは、思って見ただけで、心臓の血が一時に止まりまた激しく流れ出す、復讐《ふくしゅう》にも似たような興奮だった。

——教室中がにわかにしーんとなった。靴音《くつおと》がして、先生方が入って来たのである。

生徒は私の号令で、起立し、一礼し、席についた。受持《うけも》ちの青木先生は、新学期の挨拶《あいさつ》をし、二人の新しい*「教生《きょうせい》先生」を皆《みな》に紹介《しょうかい》した。師範《しはん》学校の四年生である教生《きょうせい》先生は、一学期毎《ごと》に交代する。それがすむと、青木先生は、誰《だれ》かを探すような眼《め》で教室の一方を見やって、

「高山に桜田、こっちへ来て。」と言った。すぐに列のなかから男生と女生が一人ずつ出て、教壇《きょうだん》の下の所に立った。先生は、新学年からの新しい友としてその二人を紹介《しょうかい》し、「仲良くしてよく勉強するように」と繰《く》り返《かえ》して云《い》った。

先生の話している間中、赤くなって、うつむいて、もじもじしていた二人が、席へ戻《もど》ってからも、私達《たち》は激しい好奇心《こうきしん》で彼等《かれら》をじろじろ見ていた。とくに私は強く注意を惹《ひ》かれた。彼等《かれら》の一人に私は本能的に競争者を感じた。私は教室内での私の特別な存在を彼等《かれら》に*知らしめたくてうずうずしてい、さっき号令をかけた時なども声がふるえそうだった。私が競争者を感じたのは、男生の高山武雄《たけお》の方にだった。彼《かれ》のような洋服の小学生というものはその頃《ころ》はまだ珍《めずら》しかった。彼《かれ》が*才はじけた少年であることは一目で知れた。それに私は、一週間ほど前の新聞で、新《あらた》に

この地に赴任《ふにん》した大学教授の高山氏について知っている。

一方女生の桜田は又《また》、高山とは別な意味で、何という特別な存在であったことだろう。高山と桜田とが並んで立っている間、私達《たち》はその異様な対照に思わず眼《め》を見張らさせられた。彼女《かのじょ》の*風体《ふうてい》は私よりももっとみじめだった。どんなに貧しくても私は袴《はかま》をつけていたが、彼女《かのじょ》にはなかった。*にこにこ絣《がすり》の着物は垢《あか》で光っていた。脛《すね》がまる出しの着物は、なんぼ子供でも余りに短かすぎ、帯にはさんだ手拭《てぬぐ》いの白さだけがへんに新しかった。顔はでこぼこの感じで醜《みにく》く、眼《め》がやや釣《つ》り上《あが》っていた。全体が寒さにかじかんで、伸《の》び切れずにいるというふうだった。彼女《かのじょ》は戸《と》まどいしたもののように、間違《まちが》った所に引き出されでもしたもののように、そこにそうして立っていた。

私は羞《は》じて、自分の顔が赤くなって行くのがわかった。桜田はどうして転学して来たか？　私自身の場合と同じ理由からであろうことを、私だけが感じたのである。

新入生の桜田は、それから暫《しばら》くの間、陰《かげ》でいろんなことを言われねばならなかった。第一に彼女《かのじょ》の名前がおかしかった。「桜田」という、美しいとも云《い》える名字の下に続く名が、「もい」というのだった。桜田もい、ではなんとなく姓名《せいめい》として筋が通らぬと思われた。それに「子」をつけて、もい子、と呼んだならば一層おかしくはないか。すぐに腕白《わんぱく》な連中が、肩《かた》と肩《かた》とを組んで、「もい子！　もい子！」と怒鳴《どな》りながら彼女《かのじょ》の前まで押《お》して行って、そこでわーッと叫《さけ》んで逃《に》げる、というようなことをやるようになった。

ある日、昼の弁当を開く時間だった。お湯が配られてしばらくして、しんとなった時、最も茶目《ちゃめ》な一人が、突然《とつぜん》、自分の食べている箸《はし》を頭の上に高くかざして、

「いも子！」と、大きな声で叫《さけ》んだ。びっくりして皆《みな》が見ると、その箸《はし》の先には、円い大きな芋《いも》の子が一つ、ぷっつり突《つ》き刺《さ》さっていた。

わッとばかり、笑い声やら怒鳴《どな》る声やらがあたりに起《おこ》った。喜んで、箸《はし》で弁当の縁《ふち》を叩《たた》き出《だ》すものもあった。物音は次第《しだい》に広く大きく高まって行って暫《しばら》くは鎮《しず》まらなかった。わあわあ笑う声のなかに、「芋《いも》子！芋《いも》子」の声があった。みんなあるいはずけずけと、あるいは盗《ぬす》み見《み》するように、桜田もいの方を見た。桜田は、左手で食べかけの弁当に蓋《ふた》をして、右手に箸《はし》を持ったまま、赤くなってしばしうつむいていた。

その日以後、意地わるの子達《たち》は、昼毎《ごと》に桜田の弁当のおかずをのぞき込《こ》むことを楽しみにするようになった。彼女《かのじょ》自身が弁当のおかずに芋《いも》の子を持って来たのを見つけたならばさぞやおかしかろう。その時は容易に来なかったが、しかしその観察は無駄《むだ》ではなかった。彼等《かれら》は日々の桜田の弁当のおかずについて、眼《め》を輝《かがや》かせ声をひそめて語りあった。漬《つけ》もの以外を報告することが出来《でき》る日は稀《まれ》であった。*生味噌《みそ》がそのままの形で飯の*副食物たり得るということの発見は、彼等《かれら》にとっては一つの驚異《きょうい》だった。

私は彼等《かれら》の仲間には入らなかった。しかしある朝の運動場での発見の如《ごと》きは、さすがの私といえど、ひとり自分だけの胸に秘《ひ》めておくということは到底《とうてい》出来《でき》なかった。朝礼に列《なら》んだ時、桜田は私の隣《とな》りの列で、私のすぐ前にいた。私は彼女《かのじょ》の背中をぼんやり眺《なが》めていた。私は彼女から発散する一種のにおいに顔をしかめた。それは垢《あか》で黒く光っているような、不潔な衣類からのにおいだった。それは同級の誰彼《だれかれ》にいつも云《い》われて、彼女《かのじょ》が嫌《きら》われ、憎《にく》まれることの原因の一つになっているものだった。

お下《さ》げにした赤ちゃけた髪《かみ》には一筋の藁《わら》の切れっぱしのようなものがくっついている……と、私はあるものを見つけて思わず眼《め》を見張った。彼《かの》女《じょ》の襟《えり》のところに、灰色の、米粒《こめつぶ》の小さいようなものが附着《ふちゃく》していて、どうやらそれがもぞもぞと動いているらしいのを見た時、私はぞっとした。私は虱《しらみ》というものをまだ見たことがなかったが、今それがその虫に違《ちが》いないと断定しないわけにはいかなかった。

　桜田はひとりぼっちで、無口だった。ふだんはそうおどおどしている風もなく、人を正面からじいっと見詰《みつ》めるというような癖《くせ》があった。私は彼女《かのじょ》を見る時いつも苛立《いらだ》たしさやもどかしさを感じた。またいじらしいような親しさと、憎《にく》らしさとを同時に感じた。それらは自分にも分《わか》らぬもやもやした妙《みょう》な気持《きもち》であった。私は彼女《かのじょ》の上に自分の半面を見ているのだった。その家の境遇《きょうぐう》から云《い》うならば、私達《たち》は教室内での二人の異端者《いたんしゃ》として特に目立っていた。——私の彼女《かのじょ》に対するこの気持《きもち》は、やがてもっと複雑なものに深まって行かねばならなかった。

　新学期になってから二度目の*綴《つづ》り方《かた》の時間だった。前週、私達《たち》が書いた作品に対してその日は先生の講評がある。入って来た先生の手に私達《たち》の作品の包みを見ると、私の胸はもう軽く躍《おど》った。青木先生は綴《つづ》り方《かた》には特別熱心な先生だった。そして私は綴《つづ》り方《かた》と図画とが大好きであり、またよく出来《でき》る生徒とされていた。教室内での私の派手な存在は、主としてその事に依《よ》ってさえいた。綴《つづ》り方《かた》の時間に私の作品が皆《みな》の前で読まれ、図画の時間に私の作品が、後《うしろ》の壁のラシャ紙の上に貼《は》られるということは、これまで殆《ほとん》ど一度も外れっこなしのことだった。

　先生はにこにこしながら、今度のみんなの綴《つづ》り方《かた》には非常にいい文があったと云《い》った。それを読みましょうと云《い》って、何枚も重ねてある一番上のを手にとった。何時《いつ》ものことながら私の胸は躍《おど》らずにはいなかった。今度の「冬の夜」という課題作文は、私には特に自信があったから。

　「もらい湯」と、先生は先《ま》ずその文の題を読んだ。

　もらい湯？　もらい湯とは何だろう。私はまずその題に驚《おどろ》かされた。課題はたしかに冬の夜であった。もらい湯などというのではなかった。が、それは兎《と》も角《かく》、最優秀作として読み上げられる作が、私のでないことだけは今や明らかだった。私の胸は忽《たちま》ち今迄《まで》とは違《ちが》った高鳴りをして、顔がほてって来た。しかし先生は委細かまわず読み進んで行った。誰《だれ》の作だろう？　内容なんぞはどうでもよくて、私はただそれだけが知りたかったが、先生はまた作者など誰《だれ》でもいいと云《い》ったふうに、いかにも惚《ほ》れぼれとした顔と声とで読んで行くのだった。もらい湯など云《い》っても何のことだか知らぬものが、この教室には多かったことだろう。一日の労働を終えた百姓達《ひゃくしょうたち》の、冬の夜の、もらい湯の姿がそこには描《えが》かれていた。まこと、それは*生《い》けるが如《ごと》くに描《えが》かれていた。暗い、凍《こお》るような夜、提灯《ちょうちん》を下げて、かなり離《はな》れている隣《とな》りの家までもらい湯に行く。途中《とちゅう》で提灯《ちょうちん》が消え、かじかむ手に息を吹《ふ》きかけながらマッチを擦《す》る。その家へ行って、さきに湯に入っている者の上《あが》るのを待ちながら休んでいる。湯につかって、いい気持《きもち》になっている者と、外に待つ者との話声《はなしごえ》までが耳に聞《きこ》えるようだ。「家へ帰って見ると、肩《かた》にかけた手拭《てぬぐ》いが凍《こお》ってかたくなっていて、まるで棒鱈《ぼうだら》のようだった。」——その一句で先生はその文を読み終えた。それから、ゆっくりと、「これは、桜田もいさんの文です。」と云《い》った。

　一瞬《いっしゅん》、全教室はあッと息を呑《の》んだ。少《すく》くとも私にはそう思われた。何かしきりにほめ言葉を云《い》っている先生の声など、私の耳にはもう入らなかった。しかし私の熱した頭には、今読み聞かされた文の世界が、眼《め》に見えるような生き生きとした姿で残っていた。どんなに口惜《くや》しくても自分がこの文の作者に及《およ》ばないことを私は認めないわけにはいかなかった。冬の夜、という課題に囚《とら》われることなく、平気でもらい湯とつけて、しかも誰《だれ》よりもよく冬の夜の情景を生かしている、その自在さに先《ま》ずA兜《かぶと》を脱《ぬ》いだ。私などは冬の夜と云われれば*後生《ごしょう》大事とどこまでも冬の夜で、*寒念仏《かんねんぶつ》の声とか夜鳴きうどんの声とか、鼠《ねずみ》が台所でガタリと云《い》ったというような、せいぜい寒そうな材料を取《と》り揃《そろ》える以外に能はないのだ。

　しかし、それから間もなく、桜田もいが絵に於《お》て、作文に於《お》てよりもより優《すぐ》れた才能を示し、作文では追いつけもしようが、絵では到底《とうてい》比較《ひかく》にも何にもならぬということを知らされては、私はただ茫然《ぼうぜん》とするよりほかにはないのだった。

　その頃《ころ》はまだクレヨンというものはなくただの色鉛筆《いろえんぴつ》だった。新しい教生《きょうせい》先生の長山先生は*臨画よりは写生画に力を入れた。そして桜田はその写生画に於《お》て最も遺憾《いかん》なくその才能を発揮した。五色か六色の安っぽい色鉛筆《いろえんぴつ》を使って、素朴《そぼく》な自分自身の眼《め》でとらえた自然を、これも安っぽい、ペラペラな画用紙の上に再現した。*稚拙《ちせつ》で破格で、荒削《あらけず》りで、新鮮《しんせん》で、何ともいえぬ魅力《みりょく》があった。同じ色でも彼女《かのじょ》が使うと私達《たち》とはその色沢《しきたく》がまるでちがって来るみずみずしさだった。*舶来《はくらい》の、十五色一組の色鉛筆《いろえんぴつ》に、画用紙も生意気にもワットマン紙などを使って、臨画の時だけはどうにか器用にやってのけていた生徒などは全くB顔色《がんしょく》がなかった。丁度*自由画の説が*唱道されはじめていた頃《ころ》で、その説の熱心な共鳴者であったのであろう、長山先生はすっかり興奮してしまい、あそこへもここへも機会あるごとに桜田の作品を持って出かけ、彼女《かのじょ》の天才を称《しょう》し、その天才を*発揮せしめた自分の図画教育上の確信を述べたのだった。彼女《かのじょ》の図画作品は、私達《たち》の教室には勿論《もちろん》、教員室にも、児童作品展覧室にも飾《かざ》られた。それは教育上の参考資料として遠く東京にまで送られ、何かの雑誌の口絵《くちえ》に載《の》ったとも云《い》われた。師範《しはん》学校の生徒達《たち》の同好者の集《あつま》り、ポプラ画会が、町で公開の展覧会を開いた時には、特に彼女《かのじょ》の色鉛筆《いろえんぴつ》作品も三四点掲《かか》げられた。

　すべてのなかで、一番みじめなことになったのは、勿論《もちろん》私であった。この汚ならしい、虱《しらみ》たかりの小娘《こむすめ》のために、私は一ぺんで王座から転げ落《お》とされてしまった。二人の新入生を見た時、私が直感した競争相手というのは、実はこの小娘《こむすめ》の方であったのだ。教授の息子《むすこ》、高山武雄《たけお》の如《ごと》きはもの数でもないことが次第《しだい》に明らかになって行った。同時に、時が経《た》てば経《た》つほど、桜田もいは恐《おそ》るべきで、到底《とうてい》太刀打《たちう》ち出来《でき》ぬ相手であるということも明らかになって行った。彼女《かのじょ》は綴《つづ》り方と図画のみならず、ほかの学科だってみな人並以上なのだ。ただ授業時間中に、「わかっている人」と先生に訊《き》かれて、ほかの者達《たち》のように、「ハイ、ハイ、ハイ」と、金切声《かなきりごえ》で叫《さけ》んで手を挙げることをしないというだけなのだ。

　桜田が女だということは、私にとってはむしろ幸いであったろう。もしも彼《かれ》が男であったならば、私はもっとたまらなく切ない競争心と*敵愾《てきがい》心《しん》に、胸を焼いたに違《ちが》いないのだ。私の負けることの口惜《くや》しさは、女なんぞに負けて、ということとは違《ちが》っていた。むしろ私は、次第《しだい》に諦《あきら》めて、男生では私、女生では桜田、という気持《きもち》に落ち着こうとしているのだった。

　桜田が有名になるにつれて、彼女《かのじょ》についての色々な噂《うわさ》が私の耳にも入って来るようになった。彼女《かのじょ》は私達《たち》の学校の在る区域に隣接《りんせつ》した村の百姓家《ひゃくしょうや》の娘《むすめ》であるということだったが、これは曽《か》つて彼女《かのじょ》の髪《かみ》の上に見た藁屑《わらくず》と、彼女《かのじょ》の綴《つづ》り方《かた》が描《えが》き出《だ》す世界からも知れることである。彼《かの》女《じょ》が附属《ふぞく》小学校の編入試験を受けた時、試験官の先生も思わず小首《こくび》をひねったということだった。口頭試問に呼び出して見ると、甚《はなは》だしい家の貧しさが身なりの上にまで余りに露骨《ろこつ》なので、この学校の性質から、彼《かの》女《じょ》自身のためにもどうかと思案させられたのである。しかし学科がいかにもよく出来《でき》るので、どうしても落《おと》すわけにはいかなかった。

私は桜田に対して、複雑な気持《きもち》を持ち続けた。敵愾心《てきがいしん》を燃やしながらも、彼女《かのじょ》に対して拍手《はくしゅ》を送らずにはいられぬ気持《きもち》を始終経験した。彼女《かのじょ》がC何かで味噌《みそ》をつければいいなどと考えたことは一度だってなかった。誰《だれ》よりも私こそ彼女《かのじょ》の仲良しになれる、またならねばならぬのだということを、感じていた。彼女《かのじょ》を傷つけず、しかし私は彼女《かのじょ》を追《お》い抜《ぬ》きたかったのだ。私は素直《すなお》な蟠《わだかま》りのない気持《きもち》で、まっすぐ彼女《かのじょ》の顔を見ることが出来《でき》なかった。物心ついて初めて味わった苦しみだった。

（島木健作《しまきけんさく》『随筆《ずいひつ》と小品』昭和十四年刊による。
かなづかいと漢字表記は改めたが、表現については原文を尊重した。）

＊女生……女子生徒。
＊伴侶《はんりょ》……仲間。つれ。
＊喧噪《けんそう》……人の声や物音がやかましいこと。
＊師範《しはん》……教員養成学校。
＊耽読《たんどく》……夢中になって読みふけること。
＊寡婦《かふ》……夫と死別して再婚《さいこん》しないでいる婦人。
＊庁立……北海道庁立。
＊怜悧《れいり》……利口なこと。
＊教生《きょうせい》……教育実習生。
＊知らしめたくて……知らせたくて。
＊才はじけた……利口な様子が表れた。
＊風体《ふうてい》……身なり。姿。
＊にこにこ絣《がすり》……安物の布地。
＊副食物たり得る……おかずとなることができる。
＊綴《つづ》り方《かた》……作文の授業。
＊生《い》けるが如《ごと》く……生きているかのように。
＊後生大事《ごしょう》……とても大切なものとすること。
＊寒念仏《かんねんぶつ》……真冬の夜に念仏を唱えて寺にお参りすること。
＊臨画……手本を見てかいた絵。
＊稚拙《ちせつ》……子供っぽくて劣《おと》っていること。
＊舶来《はくらい》……外国から来た物。
＊自由画……題材も手法も自由に選んでかく絵。
＊唱道……言い出すこと。
＊発揮せしめた……発揮させた。
＊敵愾心《てきがいしん》……敵と張り合い、倒《たお》そうとする闘志《とうし》。敵対心。

問一　「師範《しはん》の附属《ふぞく》小学校というのは町の多くの小学校のなかにあって特別な色彩《しきさい》を持っていた」とあるが、「特別な色彩《しきさい》」とはどのようなものですか。

問二　「私は今までにも増しておとなしい子になり、よく勉強した」とあるが、それはなぜですか。

問三　「私は羞《は》じて、自分の顔が赤くなって行くのがわかった」とあるが、桜田を見て「私」がはずかしくなったのはなぜですか。

問四　二重傍線部《ぼうせんぶ》A～Cの語句の本文中での意味として最もふさわしいものを、それぞれ(ア)～(エ)から一つ選び、記号で答えなさい。

A「兜《かぶと》を脱《ぬ》いだ」

(ア)　驚《おどろ》いた　(イ)　感心した

(ウ)　警戒心《けいかいしん》が薄《うす》れた　(エ)　降参した

B「顔色《がんしょく》がなかった」

(ア)　思いどおりにいかず不機嫌《ふきげん》になった

(イ)　力を見せつけられて元気がなくなった

(ウ)　見向きもされない平凡《へいぼん》な存在になった

(エ)　自分に関係がないと無関心をよそおった

C「味噌《みそ》をつければいい」

(ア)　喧嘩《けんか》をしかけてくればいい　(イ)　失敗して恥《はじ》をかけばいい

(ウ)　自分の負けを認めればいい　(エ)　得意になっていればいい

問五「私は一ぺんで王座から転げ落《お》とされてしまった」とあるが、どういうことですか。

問六「敵愾心《てきがいしん》を燃やしながらも、彼女《かのじょ》に対して拍手《はくしゅ》を送らずにはいられぬ気持《きもち》を始終経験した」とあるが、どういうことですか。

□二　次の各文のカタカナを漢字に直しなさい。

①　毎年キョウリに帰る。

②　かろうじてメイミャクを保った。

③　ジュウオウに飛び回る。

④　こまめに水分をホキュウする。

⑤　ジュンシンな気持ちを持ち続ける。

⑥　雑草がムラがって生えている。

⑦　紛争《ふんそう》のチョウテイに乗り出す。

⑧　経験豊かな監督《かんとく》のロウレンな指揮。

明治大学付属中野中学校（第一回）

—50分—

注意　字数指定がある問いでは、句読点・記号なども一字として数えます。

一　次の文章を読んで、後の問いに答えなさい（字数指定がある問いでは、句読点・記号なども一字として数えます）。

飲料会社のサントリーが①［　　］ちがいに見える森づくりを始めることにしたのは、森の大きな変化がすっかり進行した2000年前後、21世紀に入るころのことです。森づくりは、②地下水を使ってほとんどすべての飲み物をつくっている会社の事情から始まります。サントリーは、地下水が足りないから水道水を使いましょう、ということをしません。だから、地下水は会社の生命線だったのです。

サントリーが誕生したのは、かろうじて19世紀と呼べる1899年。そのときの社名は「鳥井《とりい》商店」といい、日本で初めてウイスキーづくりに挑戦《ちょうせん》しました。その挑戦は、つくりたいウイスキーに適した水を探し求めることでもありました。

地下水は自然の影響《えいきょう》を強く受けていて、くみ上げる場所によって味も性質もちがいます。サントリーの天然水やウイスキーは、全国各地にある工場ごとに味がちがうことを商品の特色としています。

みなさんが飲むジュース（清涼《せいりょう》飲料水）は、なるべく均一な味であることを求められ、甘《あま》みや香《かお》りをつけることがほとんどなので、地域ごとの水の味のちがいはわかりません。ミネラルウォーターの「天然水」ならば、「奥大山《おくだいせん》」「南アルプス」など、くみ上げられている③地域ごとに飲みくらべると、味のちがいが感じられるかもしれません。

そのため、くみ上げた地下水の品質管理や、水の性質の調査や研究は、ずっと続けていました。ただ、水が豊かと信じられている日本において、地下水そのものがかれてしまう可能性は、だれも考えてはいませんでした。

あるとき、④そのことに危機感を持つ社員があらわれました。山田健さんです。山田さんは当時、社内でコピーライターという仕事をしていました。宣伝やコマーシャルなど、サントリーの商品や事業の魅力《みりょく》を伝える文章を書くのが主な仕事です。山田さんは飲み物をつくる仕事をしていたわけでもなく、水に関わっていたわけでもありませんでした。

ただ山田さんは、上流に井戸《いど》を掘《ほ》ったために下流の地下水がかれた歴史を、子ども時代から身近に知っていたのです。山田さんが子どものとき、住んでいた家のすぐ裏には川がありました。その川には江戸時代までは温泉がわき出ていて、「川湯」として知られていました。

明治時代になって、深い井戸を掘る技術が出てくると、少し上流で大きな温泉宿が井戸を新しく掘りました。すると川の温泉はかれてしまいました。その後も、温泉は上流へ上流へと移動して掘られつづけ、温泉場の中心は上へ上へと移っていったといいます。

温泉は地下で温められた地下水を使っています。

⑤「地下水にたよっているウチの会社で、もし上流に何か起きたらどうなる?」と、山田さんの頭の中には子ども時代の記憶《きおく》がよみがえりました。1990年代の終わりごろ、社内で「地下水がかれるかも」と危機感を持つ人はいませんでした。いえ、おそらくいまでも、⑥日本中の多くの人が考えもしないかもしれません。季節や地域によるちがいはあっても、

毎年多くの雨が降る日本で水がかれてしまうイメージはピンときません。

山田さんは、コピーライターやデザイナーなど一緒《いっしょ》に働いている仲間に声をかけ、この危機感を力説し、地下水を守るための事業を会社に提案しようと呼びかけました。宣伝のプロですから、⑦効果的にうったえることは得意でした。2000年のことです。

広告づくりをする仲間とつくった企画《きかく》が、「サントリー天然水の森」でした。これは、すべての工場の地下水に関わる森の手入れをして、工場でくみ上げる量より多くの水を育てて、地下水を長く安定して利用できるようにしよう、という提案でした。水源地域にある森はたいてい水源かんよう保安林に指定されています（かんよう〈涵養〉とは水が自然にしみこむように少しずつ養い育てること）。そこには天然林（伐採《ばっさい》されたことはあるが自然の姿をとどめる森）だけでなく、人工林も多くふくまれていました。本来ならばするべき手入れがされないで、長らく荒《あ》れた状態になっている人工林が多いことを知った山田さんは、ならば、そ⑧の手入れを自分たちの会社がかわりにやればいいんじゃないか、とあとから思い返せばとても単純に考えたのでした。

山田さんたちのチームは、社長をはじめ会社の幹部の人たちに⑨この案を説明することになりました。よいアイデアであり、とても大事な提案だと自分たちは思っていましたが、⑩同時に不安でもありました。木材を生産するわけでもなければ、住宅や家具などをつくるわけでもない飲料会社が本格的な森の手入れをするという提案を、会社の幹部たちが受け止めてくれるだろうか？　という不安でした。この事業はお金がもうかる仕事ではありません。逆に、お金を使わなければできないことばかりになるのははっきりしていたからです。

会議には、山田さんの上司が出席して、「天然水の森事業案」を説明してくれました。ふたを開けてみれば、だれからも「そんな金ばかりかかる事業はいかん」とか「林業の会社ではないのに、なぜ森づくりをするのか」といった意見や質問は一つも出なかったこと、最後は「反対する理由はありませんな」という社長の一声で、「天然水の森事業案」が通ったと上司が知らせてくれました。山田さんたちのチームは、ホッとし、そしてこれからの事業に期待を寄せました。

水は地球をめぐる間に、さまざまな状態に変わっています。海などからのぼった水蒸気が雨雲となって⑪やがて雨として地上に落ちてくる間に、雨は大気中のさまざまなよごれを取ってきます。雨上がりの空が、いつもより少し澄《す》んできれいに思えるのは、実際に、雨が大気のよごれを取ってくれるからなのです。

大気の中には、とてもたくさんの化学物質やよごれが混ざっています。残念ながら、その大部分はわたしたち人間が生み出しているものです。車の排気《はいき》ガス、工場の排煙《はいえん》、ゴミが燃やされたり、分解されたりするときの煙《けむり》やガス……。川やダムに落ちた雨にふくまれるこれらの汚染《おせん》物質は、水道水となるときには人工的にろ過して取り除かれます。

では、森に降った雨の汚染物質はどうなると思いますか？

*1林床《りんしょう》に積もった落ち葉の下にある土の層でろ過されて取り除かれるのです。土の層が終わって岩盤層《がんばんそう》にたどり着くころには、きれいな水になっています。

森の土は、天然のろ過装置というわけです。浄水場《じょうすいじょう》や家庭の水道の水をろ過する仕組みも、じつはもともと森のろ過の仕組みをまねしてつくられています。

そして、よごれが取れたきれいな水が岩盤層を通る中で、地質のミネラルを水にふくみます。それが⑫ミネラルウォーターです。地域によってくみ上げる地下水の味・性質がちがうというのは、この地層の質のちがいが水の味と性質に反映されるからなのです。

水の硬度《こうど》、という言葉を聞いたことはありますか？　硬度とは、水にふくまれるカルシウムやマグネシウムといったミネラルの量を示す指標です。地中にしみこんだ水が岩盤層を通るとき、岩盤のミネラルが溶《と》けこみます。その量の多い・少ないが硬度として表現されます。ミネラルの量が多いものを硬水、少ないものを軟水《なんすい》といいます。

硬度のちがいは、緑茶や紅茶といったお茶やビール、ウイスキーなどの味に大きく影響をあたえます。ミネラルウォーターのボトルには水の硬度が表示されているので、機会があれば見てみてください。日本の地下水は硬度があまり高くない軟水が多いです。

たとえば、紅茶をよく飲むイギリスの水は硬度が高く、同じ茶葉であっても日本の水でいれると別物になると言われます。また、日本で問題なく泡《あわ》立つ石けんをヨーロッパに持っていくと泡立ちがとたんに悪くなるというのも、⑬水の硬度のちがいが影響しています。

日本とヨーロッパで硬度がちがうのは、日本独特の地形も関係しています。

さて、山田さんたちが地下水のための森づくり事業を提案したのは、21世紀という新しい100年が始まるころでした。サントリーだけでなく、いろいろな会社が森のために何かお手伝いをしましょう、と活動を始めていました。会社があつかっているものはそれぞれちがっても、森や木に関わる事業をしていなくても、⑭森のためによいことを応援《おうえん》しよう、という動きが出てきていたのです。

そこには、大きく三つの背景がありました。

一つ目は、世界中で森の破壊《はかい》が深刻になっていることが広く知られるようになったことです。世界の森林破壊の多くは、木を伐《き》りすぎることによって起きていました。木材として売るために木が伐られることはもちろんですが、日本の戦前までと同じように毎日の生活に不可欠な燃料のためや、新しく畑や牧場をつくるために木が伐られることも多かったのです。

二つ目は、日本の森の状況《じょうきょう》も知られるようになったことです。海外とは逆に、日本は［⑮］ことで森が不健全な状態になっていることが明るみに出てきていました。人工林に欠かせない手入れがされていない真っ暗な⑯放置人工林が日本中に広がっていることが知られはじめました。

三つ目は、21世紀になるころ、⑰「社会貢献《こうけん》」という考え方が広がりだしたことです。会社は、本来お金をもうけることを目的とする組織ですが、もうけるだけではなく、社会のためになることをするのも大切だ、という考え方です。社会貢献には、福祉《ふくし》や災害ボランティア、街づくりや専門の講師の派遣《はけん》など、さまざまな取り組みがあります。その取り組みの中に、背景の最初の二つ、世界の森林問題と日本の森林問題の両方が知られることで、森を守る活動も加わるようになったのです。

大切な森が世界では破壊され、日本では手入れされずに不健全と言うならば、何か自分たちにできることはないか？　という発想が企業《きぎょう》の中に広がっていきました。地球温暖化を防ぐためにも、二酸化炭素を貯《た》めてくれる木は大切、という知識が森を守る社会貢献活動をますます盛《さか》んにしていったのです。

[Ⅰ]、山田さんたちが提案した「天然水の森事業」は、飲み物をつくる本業とは一見関わりのない森を守る事業なので、この社会貢献の考え方とよく似て見えます。[Ⅱ]社員の森林ボランティア体験や、子どもに向けての森林体験教室、*2水育《みずいく》など、社会貢献としておこなっているものもあります。

[Ⅲ]サントリーにとっての森づくりは、会社がつくるほとんどの飲み物の原料である地下水を育むためにすることなので、⑱最初から「本業」という位置づけだった点が社会貢献とは大きくちがいます。

社会貢献事業は、会社に余裕《よゆう》があるときは盛んになりますが、余裕がなくなると続かなくなったり、内容が数年で変わったりします。森づくりを会社の事業の柱にするということは、会社がある限りかならずやるべきことで、簡単にやめることはできません。

こうして、天然水の森事業がスタートすることになりました。

（浜田久美子『水はどこからやってくる？　水を育てる菌《きん》と土と森』〈講談社〉による　ただし、出題の都合上、本文を改めたところがある）

＊1　林床……森林内の地表面。
＊2　水育……子どもたちが自然のすばらしさを感じ、水や水を育む森の大切さに気付き、未来に水を引きつぐために、何ができるのか、を考えるプログラム。

問一　――線①「[　]ちがい」が「専門分野が異なること」という意味になるように、[　]に当てはまる漢字一字を答えなさい。

問二　――線②「地下水を使ってほとんどすべての飲み物をつくっている」とありますが、なぜですか。その理由を説明している連続する二文を本文中から抜《ぬ》き出し、その最初の五字を答えなさい。

問三　――線③「地域ごとに飲みくらべると、味のちがいが感じられる」とありますが、「味のちがい」が生じる理由が書かれている一文を本文中から抜き出し、その最初の五字を答えなさい。

問四　――線④「そのことに危機感を持つ社員があらわれました」とありますが、なぜその「社員」は「危機感を持」ったのですか。その理由が書かれている一文を本文中から抜き出し、その最初の五字を答えなさい。

問五　――線⑤「地下水にたよっているウチの会社で、もし上流に何か起きたらどうなる？」と考えたのは、「地下水」が「会社」にとってどのようなものだったからですか。本文中から三字で抜き出して答えなさい。

問六　――線⑥「日本中の多くの人が考えもしないかもしれません」とありますが、何について「考えもしない」というのですか。本文中から二十字以内で抜き出して答えなさい。

問七　――線⑦「効果的にうったえることは得意でした」とありますが、何を「うったえ」たと考えられますか。その内容として最も適切なものを、次の(ア)～(エ)の中から選び、記号で答えなさい。

(ア)「サントリー天然水の森」事業について、その収益力をうったえた。
(イ)「サントリー天然水の森」事業について、その必要性をうったえた。
(ウ)「サントリー天然水の森」事業について、その宣伝効果をうったえた。
(エ)「サントリー天然水の森」事業について、その管理方法をうったえた。

問八　――線⑧「手入れを自分たちの会社がかわりにやればいいんじゃ

ないか」とありますが、「山田さんたち」は本来、森の「手入れ」はどこがするものだと考えていたのですか。本文中から五字以内で抜き出して答えなさい。

問九　――線⑨「この案」について、具体的に書かれている部分を本文中から過不足なく抜き出し、その最初と最後の五字を答えなさい。

問十　――線⑩「同時に不安でもありました」とありますが、何が「不安」だったのですか。その説明として最も適切なものを、次の(ア)～(エ)の中から選び、記号で答えなさい。

(ア)　会社の中で、飲料をつくったり、原料の品質を管理したりする部門にいるわけではない人たちの提案を受け止めてくれるのかということ。

(イ)　長いこと飲料づくりをしていた会社が、本来の事業から方向転換《てんかん》してまで森づくりという異なる事業に興味を持って取り組んでくれるのかということ。

(ウ)　お金もうけを目的としている会社が、今までやってこなかった森の手入れという、お金もうけにならない事業を許可してくれるのかということ。

(エ)　森を守ることは人類共通の義務だが、利益を減らしてまで人類全体のために自然を守ろうという気持ちが会社にあるのかということ。

問十一　――線⑪「やがて」が直接かかっている部分を、次の(ア)～(エ)の中から選び、記号で答えなさい。

(ア)　地上に　　(イ)　落ちてくる間に
(ウ)　さまざまなよごれを　　(エ)　取ってきます

問十二　――線⑫「ミネラルウォーター」ができる過程を、「～できあがる。」で終わるように、本文中の言葉を用いて、三十五字以内で答えなさい。

問十三　――線⑬「水の硬度のちがい」とありますが、「水の硬度」は何を基準に決められていますか。本文中の言葉を用いて、十五字以内で答えなさい。

問十四　――線⑭「森のためによいことを応援しよう、という動きが出てきていたのです」とありますが、その理由として**適切でないもの**を、次の(ア)～(エ)の中から一つ選び、記号で答えなさい。

(ア)　社会貢献活動を盛んにするため、二酸化炭素を貯めてくれる木は大切だ、という知識が広められたから。

(イ)　世界中で、木の伐採によって森の破壊が深刻になっているということが知られるようになったから。

(ウ)　日本の森が、手入れされていないことで不健全な状態になっていることが知られるようになったから。

(エ)　社会に貢献するためには、森を守るような取り組みも大切だ、という考え方が広がりだしたから。

問十五　[　⑮　]に当てはまる言葉として最も適切なものを、次の(ア)～(エ)の中から選び、記号で答えなさい。

(ア)　木を植えない　　(イ)　木を植えすぎる
(ウ)　木を伐りすぎる　　(エ)　木を伐らない

問十六　――線⑯「放置人工林」とは、どのような「人工林」のことですか。具体的に書かれている部分を本文中から四十字以内で抜き出し、その最初と最後の五字を答えなさい。

問十七　――線⑰「『社会貢献』という考え方が広がりだした」とありますが、会社が「社会貢献」を行う際の問題点を、本文中の言葉を用いて、四十字以内で答えなさい。

問十六　[Ⅰ]～[Ⅲ]に当てはまる言葉の組み合わせとして適切なものを、次の(ア)～(エ)の中から選び、記号で答えなさい。

(ア)　Ⅰ　そして　Ⅱ　もちろん　Ⅲ　しかも

(イ)　Ⅰ　ところで　Ⅱ　でも　Ⅲ　さらに

(ウ)　Ⅰ　ところが　Ⅱ　だから　Ⅲ　けれども

(エ)　Ⅰ　さて　Ⅱ　たしかに　Ⅲ　しかし

問十九　――線⑱「最初から『本業』という位置づけだった点が社会貢献とは大きくちがいます」とありますが、どのような点がちがうのですか。その説明として最も適切なものを、次の(ア)～(エ)の中から選び、記号で答えなさい。

(ア)　サントリーによる「天然水の森事業」は、自社の森が荒れてしまうことを心配して始められた事業だという点で、森のためにいいことをしようという考えで行われる社会貢献とは根本的に異なるということ。

(イ)　サントリーによる「天然水の森事業」は、本来の目的である飲料を作ることと並行《へいこう》して行っている事業だという点で、会社のもうけにつながるから森を守ろうという考えで行われる社会貢献とは根本的に異なるということ。

(ウ)　サントリーによる「天然水の森事業」は、本来の目的である飲料を作ることの一環《いっかん》として行っている事業だという点で、森のためにいいことをしようという考えで行われる社会貢献とは根本的に異なるということ。

(エ)　サントリーによる「天然水の森事業」は、偶然《ぐうぜん》ではあるが多大な利益を生み出している事業だという点で、もうけるだけではなく森のためにいいことをしようという考えで行われる社会貢献とは根本的に異なるということ。

問二十　本文の内容に合うものを、次の(ア)～(エ)の中から一つ選び、記号で答えなさい。

(ア)　サントリーは当初、本業とは全く異なる「天然水の森事業」に非協力的だった。

(イ)　「天然水の森事業」は、会社の幹部たちが話し合って提案した事業である。

(ウ)　サントリーの飲料は、どこでも同じ味を楽しめることを重視して作られている。

(エ)　「天然水の森事業」が許可されたのは、提案された時期が良かったからだともいえる。

問二十一　次の一文は本文中から抜いたものですが、どこに入れるのが適切ですか。その**直前**の五字を抜き出して答えなさい。

一方、ヨーロッパの水は硬度が高い硬水が多いのです。

二　次の①～⑤の四字熟語の□に当てはまる漢字として正しいものを、下の(ア)～(エ)の中からそれぞれ選び、記号で答えなさい。

①　公明□大　(ア)　成　(イ)　清　(ウ)　勢　(エ)　正

②　□刀直入　(ア)　短　(イ)　担　(ウ)　単　(エ)　探

③　□口同音　(ア)　異　(イ)　以　(ウ)　委　(エ)　意

④　理路整□　(ア)　全　(イ)　然　(ウ)　前　(エ)　善

⑤ 大□晩成　(ア) 基　(イ) 器　(ウ) 気　(エ) 貴

三　次の①～⑤の□に**当てはまらない**慣用句やことわざを、後の(ア)～(エ)の中からそれぞれ一つずつ選び、記号で答えなさい。

① そんなことをしていると、いつか□ことになって、恥《はじ》をかくよ。
(ア) 馬脚《ばきゃく》を現す　(イ) 眉《まゆ》につばをつける
(ウ) 化けの皮がはがれる　(エ) ぼろが出る

② 君の提案も彼《かれ》の提案も□で決め手がない。
(ア) どんぐりの背比べ　(イ) 同じ穴のむじな
(ウ) 似たり寄ったり　(エ) 五十歩百歩

③ 財布《さいふ》をなくした上に雨まで降ってくるなんて、□だ。
(ア) 貧《ひん》すれば鈍《どん》する　(イ) 泣きっ面《つら》に蜂《はち》
(ウ) 踏《ふ》んだり蹴《け》ったり　(エ) 弱り目にたたり目

④ 彼にどんなアドバイスをしても、まるで□で改善されるきざしがない。
(ア) 釈迦《しゃか》に説法　(イ) のれんに腕押《うでお》し
(ウ) 馬の耳に念仏　(エ) ぬかに釘《くぎ》

⑤ □と言うが、やはり何事にも準備は必要だ。
(ア) 転ばぬ先のつえ　(イ) 石橋をたたいて渡《わた》る
(ウ) 備えあれば憂《うれ》いなし　(エ) 大手を振《ふ》る

四　次の①～⑦の——線部を漢字に改め、⑧～⑩の——線部の読みをひらがなで答えなさい。

① 生まれ育ったコキョウをなつかしく思う。
② 辞書をザユウに置く。
③ 月は地球のエイセイである。
④ 相手のサクリャクを見破る。
⑤ 大会に参加した人数はノベ千人だ。
⑥ 書類をユウソウする。
⑦ 「ごんぎつね」は新美南吉《にいみなんきち》のチョジュツだ。
⑧ その仕事をやれる目算がある。
⑨ 武者修行《しゅぎょう》の旅に出る。
⑩ 彼は分別がある人間だ。

ラ・サール中学校

―60分―

一 次の随筆《ずい》(エッセイ)を読んで、後の問いに答えなさい。(字数制限のある問題は、句読点も一字に数えます。)

東京に住んでいたころ、私はよく決まった用事もなく神保町《じんぼうちょう》に足を運んでいました。とりあえず適当な古書店に入ってみるのです。そこでは古書を介《かい》して、自分が予想もしなかった世界と出会うことができます。古書店ではすでに絶版となった本が溢《あふ》れており、現代の流行とまるで違《ちが》う時間が流れているようです。情報化社会の中で流行ばかりに流されそうになる時、時代を越《こ》えて大切にすべきものを確認《にん》するためにも古書店は有効なのです。

ほかにも、神保町にはレコード店も多くあるため、1古□□西の名盤《ばん》と出会うことができますし、浮世絵《うきよえ》や美術作品を取り扱《あつか》う店も存在しています。こうした店に入り浸《びた》りながら、せわしない日常と異なる時空間で遊ぶことが、私にとって最高の楽しみでした。神保町にはあらゆる専門書があり、ネジだけの専門書、マンホールだけの専門書など、奥《おく》深さを持つあらゆる古書がありました。どの世界にも進歩の歴史があり、本質を突《つ》き詰めていけば宇宙の原理原則にまで通じていくのではないか。そうした無限の可能性を古書店の森の中でいつも感じていたものです。

こうしたことはいわば、いわゆる「A普《ふ》通の寄り道」です。しかし私は、もっと「無意識的な寄り道」も好んでやっていました。無意識的な寄り道とは、あえて迷子になってみることです。例えば、目の前に到《とう》着したバスに、行先も確認せずに乗り込《こ》んでみて、適当な場所で直感的に降りてみます。するとその場は自分が意識的に寄り道した場所と違い、勝手に連れて行かれた場所となります。正式な形で、安全に迷子になれるのです(風変わりな言い方ですが)。もし山や2樹海でこうした行き当たりばったりの行動を取ると死んでしまう可能性がありますが、都市部であれば何とかして家に帰ることができるので安心してください。それでも意識的に迷子になることで、自分の野性的な勘《かん》や、普段使っていない感覚を発揮することができます。

当然ながら、どの方向に進めばいいかもわからず途《と》方に暮れながら道を歩く羽目になります。しかしそうすることで、あたかも海外で一人旅をしているような感覚にもなります。そうしたこと自体が、身体感覚としてとても新鮮《せん》なのです。私たちはどうしても何かしらの情報を先に取りこんだ上で、頭の中で予想しながら行動することが多いのですが、そうなると自分の頭の中にある情報にしか出会えなくなります。その点、迷子として歩いていると、あちこちに注意しながら移動することになります。結果、こだわりとセンスのあるお店や、面白そうな本屋さんに出会う確率が上がり、それらひとつひとつに対する感動も深くなります。あまりの感動に、店主さんに話しかけてしまうかもしれません。こんな素敵《すてき》な本屋さんには出会ったことがない、と。そうした新鮮な出会いは、互《たが》いにとって幸福なことです。

もちろん、いつも興味深い風景に出会えるわけではありません。そうした感動が何も起きないことはよくあります。ただただ困りながら疲《ひ》労するだけのこともありますが、それはそれとして後で振り返ると楽しい思い出になるものです。あるいは適当なバスに乗り込んで降りてみると、ただの住宅街だったということもあります。そういった時には、あまりキョロキョロしたりせず、さもその町の住人になったような意識で歩き続けることがコツです。

まったく知らない住宅街の中で、あたかも目的地がはっきりしているかのような歩き方をすると、どんな平凡《ぼん》な街並みでも新鮮な感覚を抱《いだ》くことができます。これは、先ほどの迷子とも少し異なる感覚です。［　B　］感覚が近いかもしれません。意図的に何かを得たり、偶《ぐう》然の出会いを期待したりするための手段ではありません。むしろ、「何かを予測して制御《ぎょ》する」という脳の仕組みから解放され、子どものような自由な境地を得るための、C感覚のリセット行為《い》のようなものです。

ミステリーツアーという言葉をご存じでしょうか。目的地が伏《ふ》せられた旅行のことです。実際にこれを企《き》画している旅行会社もあり、意外に好評だと聞いたことがあります。そうした旅も、先ほどのリセット行為に通じるところがないでしょうか。あらかじめ目的地がわかっていると先回りして情報を検索《さく》してしまいますが、Dそうした無意識の行動自体が自分自身を縛《しば》っていることがあるのです。その点ミステリーツアーでは、事前情報をあえて得ないことで、想像を超《こ》えた体験ができます。それこそが旅の本来的な3醍醐味《だいごみ》だろうと思います。瞬《しゅん》間瞬間の思考や即興《そっきょう》的な判断を繰《く》り返しているうち、普段使わなかった感覚が開かれてきて、世界が違って見えるようになるのです。

そんなミステリーツアーと異なり、迷子に準備は必要ありません。日本が安全な国だからこそ提案できる、奇妙《きみょう》な遊びだとも思います。私も独身時代にはよく意図的に迷子になったものでした。そうすることで、遊びながら東京の地理を肌《はだ》で学ぶこともできました。一人で休日を過ごす予定のある方には、ぜひ迷子になってみることをおすすめします。乗ったことのないバスや電車をぜひ当てずっぽうに利用してください。みずから迷子になり、不安になり、途方に暮れてみてください。きっと未知の感情や心理が湧《わ》き起こってくるでしょう。また、他人の存在のありがたみを感じ、ちょっとした優《やさ》しさに涙《なみだ》が出る場合だってあるかもしれません。私も、知らないお婆《ばあ》さんに駅までの道を教わりながら、地元の商店街で売っている唐揚《からあ》げをお土産《みやげ》として渡され、涙が溢れたことを昨日のことのように思い出せます。迷子においてはそのようにしていわば、弱い自分を発見するのです。

やがてそのうち、自宅へ帰る時間になるでしょう。今度は帰巣《そう》本能を働かせる番です。そのために必要なのは洞察《どうさつ》力と観察力、嗅《きゅう》覚や第六感などを最大限に働かせる、いわば強い自分です。

「迷子」というひとつの行為の中で、E弱い自分と強い自分とが固く手を結ぶこと。新しい自分が立ちあがってくるのは、そのような過程にあるのだと思うのです。まずは、いつもの帰り道を違うルートで帰宅してみてはいかがでしょう。

（稲葉俊郎『ことばのくすり　感性を磨き、不安を和らげる33篇』〈大和書房〉より）

問一　二重傍《ぼう》線部1「古□□西」の空欄《らん》に漢字を入れて四字熟語を完成させなさい。

問二　二重傍線部2「樹海」、3「醍醐味《だいごみ》」の意味を次の中から選び、それぞれ符《ふ》号を書きなさい。

2　「樹海」
ア　入り江や河口付近の木々がたくさん生えている所
イ　海藻《そう》がまるで樹々《きぎ》のように繁茂《はんも》している海
ウ　ビルが林立しているコンクリートジャングル
エ　砂漠《ばく》の中で水がわき、草木が生えている緑地
オ　森林が広がり上から見ると海のように見える所

3　「醍醐味」
ア　新鮮《せん》さ
イ　複雑さ
ウ　奇妙《きみょう》さ
エ　面白《おもしろ》さ
オ　大胆《たん》さ

問三　傍線部A「普《ふ》通の寄り道」とありますが、筆者が言っている「普通の寄り道」とはどうすることですか。六十字以内で説明しなさい。

問四　空欄Bに入れるのに最も適切な表現を次の中から選び、符号を書きなさい。
ア　見知らぬ人ばかりの雑踏《ざっとう》の中で知人に会ったような
イ　言葉のわからない海外で、一人旅をしているような
ウ　スマホの地図と周辺の様子とを見比べているような
エ　通い慣れた通学路を友人と一緒《しょ》に歩いているような
オ　すべての通行人を観客と見立てて役者になるような

問五　傍線部C「感覚のリセット行為《い》」とはどうすることですか。五十字以内で説明しなさい。

問六　傍線部D「そうした無意識の行動自体が自分自身を縛《しば》っている」とはどういうことですか。五十字以内で説明しなさい。

問七　傍線部E「弱い自分」とありますが、筆者はそれをどういう自分として説明していますか。「〜自分。」の形に合うように六十字以内で説明しなさい。

二　次の文章は、山口裕之『「みんな違《ちが》ってみんないい」のか？　相対主義と普遍《ふへん》主義の問題』の「はじめに」の一節です。これを読んで、後の問いに答えなさい。(字数制限のある問題は、句読点も一字に数えます。)

昨今、「正しさは人それぞれ」とか「みんなちがってみんないい」といった言葉や、「現代社会では価値観が多様化している」「価値観が違う人とは結局のところわかりあえない」といった言葉が流布《るふ》しています。このような、「人や文化によって価値観が異なり、それぞれの価値観には優劣《れつ》がつけられない」という考え方を相対主義といいます。「正しさは人それぞれ」ならまだしも、「絶対正しいことなんてない」とか、「何が正しいかなんて誰《だれ》にも決められない」といったことさえ主張する人もけっこういます。

こうしたことを主張する人たちは、おそらく多様な他者や文化を尊重しようと思っているのでしょう。そういう善意はよいものではありますが、はたして「正しさは人それぞれ」や「みんなちがってみんないい」という主張は、本当に多様な他者を尊重することにつながるのでしょうか。そもそも、「正しさ」を各人が勝手に決めてよいものなのか。それに、人間は本当にそれほど違っているのかも疑問です。

たしかに、価値観の異なる人と接触《しょく》することがなかったり、異なっていても両立できるような価値観の場合には、「正しさは人それぞれ」と言っていても大きな問題は生じません。たとえば、訪ねることも難しい

国の人たちがどのような価値観によって生活していても、自分には関係がありません。またたとえば、野球が好きな人とサッカーが好きな人は、スポーツのネタでは話が合わないかもしれませんが、好きなスポーツの話さえしなければ仲良くできるでしょう。サッカーが好きなのは間違っていて、すべての人は野球が好きでなければならない、なんていうことはありません。

こうした場面では、「人それぞれ」「みんなちがってみんないい」でよいでしょう。しかし、世の中には、両立しない意見の中から、どうにかして一つに決めなければならない場合があります。たとえば、「日本の経済発展のためには原子力発電所が必要だ」という意見と、「事故が起こった場合の被《ひ》害が大きすぎるので、原子力発電所は廃《はい》止すべきだ」という意見とは、両立しません。どちらの意見にももっともな点があるかもしれませんが、日本全体の方針を決めるときには、どちらか一つを選ばなければなりません。原子力発電所を維《い》持するのであれば、廃止した場合のメリットは捨てなければなりません。逆もまたしかり。「みんなちがってみんないい」というわけにはいかないのです。

そんなときには、どうすればよいでしょうか。「価値観が違う人とはわかりあえない」のであれば、どうすればよいのでしょうか。

そうした場合、①現実の世界では権力を持つ人の考えが通ってしまいます。本来、政治とは、意見や利害が対立したときに妥《だ》協点や合意点を見つけだすためのはたらきなのですが、最近は、日本でもアメリカでもその他の国々でも、権力者が力任せに自分の考えを実行に移すことが増えています。批判に対してきちんと正面から答えず、単に自分の考えを何度も繰《く》り返したり、論点をずらしてはぐらかしたり、権力を振《ふ》りかざして脅《おど》したりします。

そうした態度を批判するつもりで「正しさは人それぞれだ」とか「みんなちがってみんないい」などと主張したら、権力者は大喜びでしょう。なぜなら、もしもさまざまな意見が「みんなちがってみんないい」のであれば、つまりさまざまな意見の正しさに差がないとするなら、選択《たく》は力任せに行うしかないからです。「絶対正しいことなんてない」とか「何が正しいかなんて誰にも決められない」というのであればなおさらです。決定は正しさにもとづいてではなく、人それぞれの主観的な信念にもとづいて行うしかない。それに納得《なっとく》できない人とは話し合っても無駄《だ》だから権力で強制するしかない。こういうことになってしまいます。

つまり、「正しさは人それぞれ」や「みんなちがってみんないい」といった主張は、多様性を尊重するどころか、異なる見解を、権力者の主観によって力任せに切り捨てることを正当化することにつながってしまうのです。これでは結局、「力こそが正義」という、困った世の中になってしまいます。それは、権力など持たない大多数の人々(おそらく、この本を読んでくれているみなさんの大部分)の意見が無視される社会です。

では、どうしたらよいのでしょうか。

よくある答えは、「科学的に判断するべきだ」ということです。科学は、「客観的に正しい答え」を教えてくれると多くの人は考えています。このように、さまざまな問題について「客観的で正しい答えがある」という考え方を、普遍主義といいます。探偵《てい》マンガの主人公風に言えば、「真実は一つ！」という考え方だといってもよいかもしれません。先ほどの相対主義と反対の意味の言葉です。「価値観が多様化している」と主張する人たちでも、科学については普遍主義的な考えを持っている人が多いでしょう。「科学は［A］」などという言葉はほとんど聞くことがありません。

そして実際、日本を含《ふく》めてほとんどの国の政府は、政策を決めるにあたって科学者の意見を聞くための機関や制度を持っています。日本であれば、各省庁の審《しん》議会(専門家の委員会)や日本学術会議などです。「日本の経済発展のために原子力発電所は必要なのか」「どれぐらいの確率で事故が起こるのか、事故が起こったらどれぐらいの被害が出るのか」といった問題について、科学者たちは「客観的で正しい答え」を教えてくれそうに思えます。

ところが、実は科学は一枚［B］ではないのです。科学者の中にも、さまざまな立場や説を取っている人がいます。そうした多数の科学者が論争する中で、「より正しそうな答え」を決めていくのが科学なのです。それゆえ、「科学者であればほぼ全員が賛成している答え」ができあがるには時間がかかります。みなさんが中学や高校で習うニュートン物理学は、いまから三〇〇年以上も昔の一七世紀末に提唱されたものです。アインシュタインの相対性理論や量子力学は「現代物理学」と言われますが、提唱されたのは一〇〇年前(二〇世紀初頭)です。現在の物理学では、相対性理論と量子力学を統一する理論が探求されていますが、それについては合意がなされていません。合意がなされていないからこそ、研究が進められているのです。

最先端の研究をしている科学者は、それぞれ自分が正しいと考える仮説を正当化するために、実験をしたり計算をしたりしています。つまり、科学者に「客観的で正しい答え」を聞いても、何十年も前に合意が形成されて研究が終了《りょう》したことについては教えてくれますが、まさしく今現在問題になっていることについては、「自分が正しいと考える答え」しか教えてくれないのです。ある意味では、「科学は［A］」なのです。

そこで、たくさんの科学者の中から、自分の意見と一致《ち》する立場をとっている科学者だけを集めることが可能になります。東日本大震《しん》災で福島第一原発が爆《ばく》発事故を起こす前までは、日本政府は「原子力推進派」の学者の意見ばかりを聞いていました(最近また、そういう時代に逆戻《もど》りしつつあるような気がしますが)。アメリカでもトランプ大統領(在任二〇一七〜二〇二一)は地球温暖化に懐《かい》疑的な学者ばかりを集めて「地球温暖化はウソだ」と主張し、経済活動を優先するために二酸化炭素の排《はい》出の規制を緩《かん》和しました。

権力を持つ人たちは、もっと直接的に科学者をコントロールすることもできます。現代社会において科学研究の主要な財源は国家予算です。そこで、政府の立場と一致する主張をしている科学者には研究予算を支給し、そうでない科学者には支給しないようにすれば、政府の立場を補強するような研究ばかりが行われることになりかねません。

このように考えてくると、科学者であっても、現時点で問題になっているような事柄《ことがら》について、②「客観的で正しい答え」を教えてくれるものではなさそうです。③ではどうしたらよいのでしょうか。自分の頭で考える？　どうやって？

この本では、「正しさ」とは何か、それはどのようにして作られていくものなのかを考えます。そうした考察を踏《ふ》まえて、多様な他者と理解し合うためにはどうすればよいのかについて考えます。ここであらかじめ結論だけ述べておけば、私は、「正しさは人それぞれ」でも「真実は一つ」でもなく、人間の生物学的特性を前提としながら、人間と世界の関係や人間同士の間の関係の中で、いわば共同作業によって「正しさ」というものが作られていくのだと考えています。それゆえ、多様な他者と理解し合うということは、かれらとともに「正しさ」を作っていくということです。

これは、「正しさは人それぞれ」とか「みんなちがってみんないい」といったお決まりの簡便な一言を吐《は》けば済んでしまうような安易な道ではありません。これらの言葉は、言ってみれば相手と関わらないで済ますための最後[C]牒《ちょう》です。みなさんが意見を異にする人と話し合った結果、「結局、わかりあえないな」と思ったときに、このように言うでしょう。「まあ、人それぞれだからね」。対話はここで終了です。

ともに「正しさ」を作っていくということは、そこで終了せずに踏みとどまり、とことん相手と付き合うという面倒《めんどう》な作業です。相手の言い分を受け入れて自分の考えを変えなければならないこともあるでしょう。それでプライドが傷つくかもしれません。しかし、傷つくことを嫌《いや》がっていては、新たな「正しさ」を知って成長していくことはできません。

最近、「正しさは人それぞれ」と並んで、「どんなことでも感じ方しだい」とか「心を傷つけてはいけない」といった感情尊重の風潮も広まっています。しかし、学び成長するとは、今の自分を否定して、今の自分でないものになるということです。これはたいへんに苦しい、ときに心の傷つく作業です。あえていえば、成長するためには傷ついてナンボです。若いみなさんには、傷つくことを恐《おそ》れずに成長の道を進んでほしいと思います（などと言うのは説教くさくて気が引けますが）。

（山口裕之『「みんな違ってみんないい」のか？　相対主義と普遍主義の問題』〈ちくまプリマー新書〉）

問一　二か所の空欄《らん》Aに共通して入る最も適切な五文字を、本文中から抜《ぬ》き出して書きなさい。

問二　空欄Bに適切な漢字一字を入れ、「組織・集団などが一つにまとまっており結束が固いこと」を意味する三字熟語を完成させなさい。

問三　空欄Cに適切な漢字一字を入れ、四字熟語を完成させなさい。

問四　傍《ぼう》線部①「現実の世界では権力を持つ人の考えが通ってしまいます」とありますが、それはなぜですか。七十字以内で説明しなさい。

問五　傍線部②について、「科学者」が『「客観的で正しい答え」を教えてくれるものではなさそうです』と筆者が考えるのはなぜですか。百二十字以内で説明しなさい。

問六　傍線部③「ではどうしたらよいのでしょうか」とありますが、この問いかけに対して筆者はどうするべきだと考えていますか。六十字以内で説明しなさい。

[三]　次のⅠ・Ⅱの問いに答えなさい。

Ⅰ　次の①～⑮の傍《ぼう》線部のカタカナを漢字に改めなさい。

① 事件の原因についてセイサが必要だ。
② ピアノの素晴《すば》らしいエンソウに心打たれた。
③ 経済シヒョウを参考に株を買う。
④ この空港に鹿児島行きの飛行機がシュウコウする予定だ。
⑤ 一族のシュクガンは思わぬ形で成し遂《と》げられた。
⑥ 実情も知らない者が脇《わき》からあれこれ意見するのは愚《ぐ》のコッチョ

ウだ。

⑦ 審判がアウトをセンコクする。

⑧ ドローンをソウジュウする。

⑨ 食料を十分にチョゾウする。

⑩ 他人に口外しないようゲンメイが下った。

⑪ 反省のベンを述べる。

⑫ その絵のラクサツ価格は目の飛び出るような額であった。

⑬ 彼《かれ》はクラスの委員長としてのセキムを全《まっと》うした。

⑭ ケイテキを鳴らす。

⑮ 「ユウショウの下《もと》に弱卒なし」とたたえられた最強軍団。

Ⅱ 次の①～⑤の空欄《らん》に漢字を入れて、四字熟語を完成させなさい。

① いくら危機に直面しても社長は泰《たい》□□若《じゃく》としていた。

② 合格の秘訣《けつ》は、□□貫徹《かんてつ》の姿勢を崩《くず》さないことです。

③ 彼の厚《こう》□□恥《ち》な態度には、あきれてものが言えない。

④ 最後の最後でミスをして、まさに□竜《りょう》□睛《せい》を欠いた。

⑤ 一心に絵筆を動かす間は、□鏡□水の心境であった。

立教池袋中学校（第一回）

—50分—

一　次の文章を読んで、あとの㈠から㈦までの問いに答えなさい。

ある時期までの日本では、ハワイへの旅が「夢の旅」の代名詞になっていた。私も少年時代、テレビの番組で「クイズを当てて夢のハワイに行きましょう」という司会者の言葉を何の違和感もなく受け止めていた記憶がある。

現代では、たとえどんなに遠くであっても行って行かれないことはなくなってきたという意味において、「夢の旅」というものが存在しにくくなっているように思える。

とすれば、現代の「夢の旅」は［　A　］ではなく、［　B　］を超えた旅、過去への旅ということになるのだろうか。

かつて私の「夢の旅」は、ヴェトナム戦争時のサイゴンと、一九三〇年代のベルリンと、昭和十年代の上海《シャンハイ》に長期滞在する、というものだった。どの街も爛熟《らんじゅく》した妖《あや》しい雰囲気を持った土地のように思えたからだが、もちろんタイムマシーンにでも乗らなければ行くことはできない。その意味で、まさに正真正銘の「夢の旅」だったのだ。

しかし、もう少し現実的な「夢の旅」がないわけではない。

いつだったか、偶然つけたテレビで、壁に貼《は》った日本地図に向かってダーツを投げ、突き刺さったところに取材に向かうという番組を放送していた。それを見た瞬間、これぞ私にとっての「夢の旅」だと思った。

私は旅をするとき、出発する前にどこをどう回るかなどということを事細かく調べたりしない。多くの場合、乗る飛行機や列車がかなりいい加減なら、泊まるホテルも行き当たりばったりだったりする。

そんな私でも、さすがに目的地を決めないで旅をすることはない。いつだったか、井上陽水と話をしていて、成田空港に着いてから、さあ、どこに行こうか考えることがあると聞いて驚愕《きょうがく》した覚えがある。もっとも、そんなことをするには、ノーマル運賃の航空券を難無く買える資力が必要だが、たとえその資力があっても、私にはできないかもしれない。やはり、目的地を決めてから、成田空港に行き、あるいは東京駅に向かうだろう。だから、私の眼には、ダーツを投げて、突き刺さったところに行くというのが実に魅力的に映ったのだ。しかし、魅力的だが、なかなか実行できるものではない。

ところが、あるとき、ほとんどそれに近い旅をすることになった。

私は四人の元ボクサーが主人公の小説を書いていて、そのひとりの出身地をどこにしようかと考えながら日本地図を眺めていた。どこでもよかったのだが、北海道から東北、関東と地図を眺めているうちに、ふっと眼に留まった地名がある。

遊佐

山形県の日本海に面したところにある町だ。

私の眼に留まった理由は二つある。ひとつは、何と言ってもその字が美しいことである。軽やかで楽しげでスマートだ。もうひとつは、かつて私が一九三六年のベルリン・オリンピックについて調べたとき、日本選手団の中に、この珍しい字を姓に持った人が二人もいて強く印象に残っていたということがあった。水泳選手の遊佐正憲《まさのり》と馬術監督だった遊佐幸平の二人である。

人の姓ではユサであるのに対し、山形の町はユザと発音するらしい。どちらにしても、小説の登場人物の出身地としては悪くないところのような気がする。そこで私はその登場人物の出身地を遊佐とすることにした。まさに投げたダーツが突き刺さったところに行くというのと大して変わらない選び方で、登場人物の出身地を選んでしまったのだ。

だが、そう決めたあとで、この遊佐がどのような町なのかということが気になりはじめた。行ってみないことには、どういう町なのかわからない。仮にその町の描写が出てこなくても、実際に知っているのと知らないのとでは大きい違いが生まれてしまう。

そこで、春のある日、その遊佐に行ってみることにした。

泊まったのは、現地の方が紹介してくれた、かつての町営宿泊施設である。民宿に毛の生えたものだろうと思っていると、七階建てのホテル並みのもので、しかも当時は一泊朝食付きで四千円台という驚くべき安さだった。そればかりでなく、周辺の「風光」も「明媚《めいび》」で、最上階にある食堂からはきらめくような日本海が見え、反対側には雪を頂く鳥海山《ちょうかいさん》がそびえている。

帰りは、無人の木造駅舎から三両編成の短い列車に乗って酒田まで出ることになったが、その朝の列車では、車窓から広い田圃《たんぼ》の向こうに鳥海山の全容が見えた。

最も心を動かされたのは、朝日を浴びた鳥海山が、□ことだった。まるで双子のような鳥海山を見ながら、私の最初の「ダーツの旅」が予想以上にすばらしいものになったことを喜んだ。

【沢木耕太郎「夢の旅」（『旅のつばくろ』〈新潮社〉所収）より】

㈠ 現代の「夢の旅」について答えなさい。

① A ・ B それぞれに入るのは、

(イ) A 国内　B 国境　(ロ) A 未来　B 現在

(ハ) A 現実　B 理想　(ニ) A 空間　B 時間

② 筆者にとって現代の「夢の旅」の次に実現が難しいのは、

(イ) 遠方の地であるハワイへの旅

(ロ) テレビ番組のダーツの旅

(ハ) 空港で行き先を決める旅

(ニ) 行き先は決めるが行き当たりばったりの旅

㈡ 山形県の日本海に面したところにある町だとありますが、ここが小さい町だとわかる表現を本文中より七字で抜き出しなさい。

㈢ 悪くないと筆者が感じたのは、この地名のどのような点からですか。「～点」の形に合うように二つ答えなさい。

㈣ 選び方とは、具体的にどのような方法だったのですか。本文中の言葉を使い、「～を選ぶという方法」の形に合うように二十字以内で答えなさい。

㈤ 大きな違いとありますが、何に違いが生まれると考えられますか。あてはまらないものを選びなさい。

(イ) 登場人物の名前　(ロ) 登場人物のキャラクター

(ハ) 登場人物の話し方　(ニ) 登場人物の人生

㈥ □に入るのは、

(イ) きらめく田圃の水と一緒に目に入ってきた

(ロ)　田圃の背にぼんやりと浮かび上がっていた
(ハ)　どこまでも続く田植え直後の田圃の水に映っていた
(ニ)　赤く照らされ、田圃の緑と対照的だった

(七)　私の最初の「ダーツの旅」の魅力は、
(イ)　予想できない方法で目的地を決めるところ
(ロ)　予想していない経験ができるところ
(ハ)　予想を超えた内容の小説が生まれるところ
(ニ)　予想とはちがう目的地に行けるところ

二　次の文章を読んで、あとの(一)から(五)までの問いに答えなさい。

死んだ人間の前に現れる「とりつくしま係」は、生きているモノ以外のなにかの「モノ」にとりついて、もう一度この世を体験できる、「とりつくしま」の希望を聞いてあげる係である。

さて、翔太《しょうた》はなにをしているところかな。

あれ？　ここは？

目の前を、人が何人も通り過ぎていく。その向こうに、車が走っている。街の風景が見える。

アタシは、外に連れ出されているんだろうか。翔太はどこにいるのだろう。

翔太を探していると、アタシのレンズに見知らぬ顔がぬうっと近づいてきて、驚いた。目を細めながらアタシを見るので、目尻にたくさんの皺《しわ》ができている。

あんた、誰だい？

「これ、なかなかいいねえ」

アタシは、その人に持ち上げられた。

「そうだろう、それ、こないだ入ったところでね、いいカメラだよ。どう、久しぶりに買っていかないかい」

え、「買っていかないか」って……？

アタシは、まわりをぐるりと見わたした。たくさんの古めかしいカメラが棚に置かれている。そうか、ここは、中古のカメラ屋さんなんだ。

中古ってことは……。翔太、これは、どういうことだい？

いや、きっと、あのとりつくしま係が、とりつくカメラを間違えたんだな。なんてこと。

「こないだ、大学生くらいの若いのがきてね、お金に困ってるからそれを買ってくれって持ってきたんだよ」

「へえ、そんな若いやつが、よくこんなにいいものを持ってたもんだね」

「ばあさんに買ってもらったんだってよ。でもそのばあさんが死んじゃったんで、手放してもよくなったんだって」

「せっかくばあさんに買ってもらったものを、死んだとたん売っぱらったってこと？　なんだか薄情な話だねえ。形見にするとか、そういう発想はないものかね」

「ほんとだよな。ばあさんも浮かばれないな」

店主らしき人が、言いながら笑った。

「ケースの中に、レンズ拭きも入っててさ、そこにSSってイニシャルが刺繍《ししゅう》してあるんだよ。多分ばあさんが入れた刺繍なんだろうけどさ、このなんとも言えない手作り感が、笑えるんだか、泣けるんだか。ほら、これだよ」

アタシの目の前で、水色の布が手渡された。ああ、これは……！

間違いないよ、それ、アタシが入れた刺繍だよ。アタシは、確かに翔太のカメラにとりついたんだ。

どういうことだい、翔太。ばあちゃん、おまえが入学祝いにこれが欲しいって言うから、貯金を下ろして買ってやったんだよ。あのときは、あんなにうれしそうな顔をしていたのに。あれは、なんだったんだい。

アタシはねえ、もう一度会いたかったんだよ、翔太。おまえがカメラのレンズで覗くものを、一緒に見てみたかったんだよ。

それなのに。

ひどいねえ、こんなところに売っちまうなんて。あんまり切ないじゃないか。

アタシは、翔太の顔を思い出した。

笑ってる顔。泣いてる顔。ふてくされてる顔。甘えてくる顔。百面相みたいにいろんな顔を見せてたもんだ。

……まあ、そうだねえ……。まだ若いから、他に欲しいものがいろいろできたとしても、仕方がないかもしれないねえ。

ああ、分かった、いいよいいよ、とにかくおまえにあげたもんだ、好きにしてくれて。アタシにはもう、手も足も、おまえになにか言ってやれる口もない。

そんなことを思っていると、アタシの目の前を、水色のレンズ拭きの布がくるくるとまわった。

「いいレンズだ」

レンズを磨きながら、さっきのじいさんがアタシを眺めまわして言った。

「これ、買うよ」

え、アタシ、このじいさんに買われちゃうの……？

「まいど、ありがとうございます」

アタシは、じいさんから店の人に手渡され、ケースの中の暗闇に包まれた。

暗闇の中でゆれながら、売り買いされるモノっていうのは、無力なもんだね、と思った。

翔太は、昔から気まぐれだった。母親の佳子《よしこ》の方は生真面目だったから、あの子には、ずいぶん気をもんでたわねえ。相変わらず、やいのやいのやってるのかね、あの母子は。

急に目の前が明るくなった。ケースから取り出されたらしい。

「さて、ばあさん、いらっしゃい」

ばあさんって、なんだい。カメラになってまで年寄り扱いなのかね。もともとが中古のカメラだったから、そう言われてもおかしくない身体ではあるけどね。

アタシは、孫のために自分でイニシャルを入れた布で、全身を磨かれている。大切に扱おうとしている手つきが、伝わってくる。なんにせよ、大事にされるというのは、いいもんだ。

翔太が使う前は、どんな人が使っていたんだろうね、このカメラ。いったい何人の手を経てきたんだろう。

同じ値段で、新品のよっぽどいいものが手に入るのに、ってアタシが言ったら、この時代にしかないアナログの味が、この手ざわりが、デザインが、とか、どうのこうのって、言ってたわねえ、翔太は。「どうのこうの」が、この人にもあったから、買ってくれたのかしら。

「たいして特徴があるわけでもないけど」

そう言いながら、じいさんがアタシのレンズに息を吹きかけると、即座にくもった。よしとくれよ、と思ったとたん、じいさんは、レンズのくもりを布でゆっくりと拭った。

「孫に売られてしまったばあさんの切ない形見だからねえ、大事にしてあげないと」

おや、殊勝《しゅしょう》な。

アタシは、ほろりとしてしまった。

「ばあちゃん、すぐ泣くからなあ」

初めて、翔太がこのカメラでアタシを撮ってくれたとき、いい感じ、いい感じと微笑みかけてくれる姿が頼もしくて、アタシはほろりときちまったんだよね。そうしたら、翔太がそう言ったんだった。いつからあんなに涙もろくなってたんだろう。

「俺も同じようなこと、しちゃったからなあ」じいさんはつぶやいた。

同じようなこと……？　まあ、若いときは、いろんなことをなんにも考えないでしてしまうことも多いからねえ。こんなアタシで気が楽になれるんなら、どうぞ大事にしてやっとくれよ。

【東直子「レンズ」（『とりつくしま』〈ちくま文庫〉所収）より】

(一) 翔太はアタシから見てどのような関係にあたる存在ですか。本文中から一語で抜き出しなさい。

(二) アタシは死んだ後、何にとりつきたいと「とりつくしま係」に言ったのですか。本文中から六字で抜き出しなさい。

また、とりつきたいと思った理由は何ですか。それを述べている続きの二文を探し、最初の五字を抜き出しなさい。

(三) このじいさんに買われちゃうの……？　とありますが、

① じいさんがカメラを買うのが初めてでないことは、どの表現からわかりますか。本文中から五字で抜き出しなさい。

② アタシの想像とは異なり、じいさんがカメラをていねいに迎えていることがわかる言葉を、本文中から六字で抜き出しなさい。

(四) アタシは、翔太のしたことを最後にはどのように考えていますか。「□□□□に□□□□□□□でしたこと」の形に合う字数で本文中から語句を抜き出しなさい。

(五) 望んでいた状況ではなかったのにアタシが前向きになれたのはどうしてですか。「～から」の形に合うように答えなさい。

三 次の文章を読んで、あとの(一)から(七)までの問いに答えなさい。

テレビの中の審判が笛を吹く。セットカウント2対1、ポイントは21対18。セットもポイントも、リードはポルトガル。

日本のレシーブがセッターに返る。「早く終わんないかなあ」娘の佳《か》澄《すみ》は、目を擦《こす》りながら新聞のラテ欄を睨《にら》んでいる。このセットで日本が負けてくれれば、楽しみにしているドラマがすぐに始まるのに。そう思っていることが丸わかりだ。

一七九センチ、セッターとはいえバレー選手の中では小柄な体格の倉《くら》橋《はし》が、センターコートの真ん中――四年前、江川《えがわ》自身がチームキャプテンとして立っていた場所で、トスをあげた。

「この人、パパと同じことしている。背、ちっさいのもパパと同じ」

佳澄がそう呟《つぶや》いたのと、日本のスパイクがポルトガルのブロックに阻まれたのはほぼ同時だった。また一点、差が広がる。

江川の現役時代からずっと、男子バレーは世界では勝てないと言われてきた。日本が体格的ハンデを背負うのはどの競技でもいえることだが、バレーボールはその中でも身長の差が勝敗に直結する。チームの平均身長は十センチ以上も違うのに、□の高さは絶対に変わらない。

相手のサーブミスで、22対19。エンドラインまで下がった倉橋が、サーブを打つためにボールを受け取った。

倉橋の横顔に、汗が伝う。江川は、ぎゅっと拳《こぶし》を握りしめる。

セッターは、自分で得点を決めることがほぼない。俺もお前も背が低いから、ブロックでの活躍も難しい。だからサーブを磨け。サーブで相手を崩すことができれば、必ずいつかチャンスが生まれる——四年前、江川は、自分の控えとして初めて全日本入りした倉橋に何度もそう言った。あのとき倉橋はまだ二十歳の大学生で、身体《からだ》も薄く、顔立ちも青年というよりは少年に近かった。

こいつが全日本の中心選手になるころには、また、世界を舞台に戦えるような強いチームになっていてほしい。江川はそう願いながら、自身は世界大会においてメダルを獲得することのないまま、現役を退いた。

「あれっ」突然、佳澄がテレビの画面を指さす。「やっぱりこの人、パパと同じじゃないかも」

【倉橋、ジャンプサーブです!】

実況を務める男性アナウンサーの声が大きく弾《はじ》ける。

「えっ」

江川は思わずテレビ画面を凝視する。倉橋の放ったボールは幸運にもネットにかかり、相手セッターのすぐ隣に落ちた。

【セッターの倉橋がここでサーブポイントを決めてきました。サーブを強化しているとは聞いていましたが、セッター、しかもこの身長でジャンプサーブとは……珍しいケースですよね】

そうですね、と解説者が相槌《あいづち》を打つ中、もうすっかり青年のそれになった倉橋の横顔が、また画面いっぱいに映る。

「パパ、ドラマ、録画しといてぇ」

テレビ画面を指したまま、佳澄がふぁあと欠伸《あくび》をする。

「この人、なんか勝つ気まんまんの顔してる。長引きそうー」

セットカウント、2対1。ポイントは、22対20。

いけ、いけ。ボールを掲げる倉橋に、江川は祈りを飛ばす。かつての自分が引き受けていた祈りを、その逞《たくま》しい横顔に向かって、何度も、何度も。

【朝井リョウ「その横顔」(『発注いただきました!』〈集英社〉所収)より】

(一) 早く終わんないかなあとは、

(イ) 日本よりもポルトガルの選手たちを応援している
(ロ) 眠くなったため試合の結果はどうでもよくなった
(ハ) 日本に勝って欲しいと思うがドラマの方が見たい
(ニ) 試合の結果はどうでもいいので次の番組が見たい

(二) □にあてはまるカタカナ三字を答えなさい。

(三) 江川は、ぎゅっと拳を握りしめるとありますが、心情として最も適当なものは、

(イ) もうこの試合は厳しいかもしれない
(ロ) なんとかこの状況をしのいで欲しい
(ハ) お前も俺と同じセッターじゃないか
(ニ) お前のサーブなら点が取れるはずだ

㈣「えっ」というおどろきは江川のどのような考えがくつがえされたからですか。本文中から一文で抜き出し最初の五字を答えなさい。

㈤ 青年のそれになった倉橋の横顔からうかがえるのは、

(イ) 最後まで勝つことを諦めない表情
(ロ) 想像以上の活躍に胸がおどる表情
(ハ) 勝利を予感し達成感に満ちた表情
(ニ) 大人の余裕に満ちた頼もしい表情

㈥ かつての自分が引き受けていた祈りについて、

① 江川が「自分が引き受けていた」と思うのはどのような理由からだと考えられますか。「〜から」の形に合うように答えなさい。

② その祈りを今、倉橋に向けるのはどのような願いからですか。

㈦ 佳澄がバレーの試合をよく観せられており詳しく知っていることがわかる場面はどこですか。本文中からセリフで抜き出しなさい。

四 次の㈠から㈤までの——の部分を漢字で書きなさい。

㈠ ドラマの時代コウショウ。　㈡ シーズンがカイマクする。
㈢ 問題をテイキする。　㈣ 首をたてに振る。
㈤ カラスのなわばり争い。

五 次の文章を読んで、あとの㈠から㈢までの問いに答えなさい。

街を歩いていて、おや？　と、足より先に気持が立ちどまる。そっと手のひらをひらいて、次の一滴を待つ。「降ってきたわ」。

雨ふりは、よく、そんなふうにしてはじまった。このごろは地下道だの、アーケードだのがふえて、だれに言うともない、強いていえば、天からおとずれたものへの、声になったり、ならなかったりする、ひそかな言葉も不要になってきた。

私が働く丸の内のオフィスは八階で、降りはじめた雨をたしかめるのに、上を向かず、はるか下の舗道に目を落す。黒く濡れて、その上をひらいた傘がうごいてゆく。人影はその中にすっぽりはいってしまう。むこうの高層ビルの壁面がまだらに塗れそぼって、雨量や風向きをグラフにして見せていたりする。

それらが昔のサイレント映画を見るように、スクリーンならぬ、一枚のガラスを通して目にうつる。

雨の音を聞かなくなって久しい。私が子供のころの雨、ことに梅雨時は、自分の周囲に長々とふりつづいていた。木造の、壁までしっとり感じられるような家の中で、せめて窓辺で、あきもせず外をながめていたりした。樋《とい》をつたって流れ落ちる雨だれの音。土にしみ込む雨足。長ぐつをはいて原っぱへゆくと、あちこちに生まれた水たまりが、足に浅く、目に深かった。

東京に空地がなくなったのは、遊んでいた土地に全部、値が出たということで、つまり経済の成長とはそういうことでもあるのだろう。私のアキ時間も乏しくなった。働かなければ、ぼんやりもしていられないのである。

いちにちの勤めを終え、立ち寄った喫茶店で、たたんだ傘をテーブルに立てかけ、コーヒーを下さい、とたのんだらウェートレスに「もう雨はやみましたか？」とたずねられた。この人は朝来たまま□を見ていないのだ。私の耳の中で、言葉がやさしく濡れてきた。

【石垣りん「雨と言葉」（『朝のあかり』〈中公文庫〉所収）より】

(一)　ひそかな言葉も不要になってきたとありますが、それはなぜですか。「一日中～から」の形に合うように答えなさい。

(二)　また このように雨の感じ方が変わってしまったことを、どう表現していますか。本文中から一文で抜き出しなさい。

(三)　□にあてはまる漢字一字を答えなさい。

「私」は「雨ふり」を視覚や聴覚で感じとっていますが、本文中では他の五感を使った描写も出てきます。もう一つは何ですか。「～覚」の形に合うように答えなさい。

立教新座中学校(第一回)

—50分—

一　次の文章を読んで、後の問に答えなさい。

どのように、あるいは何をめざして生きるべきかといった問題を考えるためには、自分の願いを実現することや自分の能力をハッキ(イ)することだけでなく、「よく生きる」ということについても考える必要がありそうです。

そのことを考える上で参考になるのは、古代ギリシアの哲学者ソクラテスの考え方・生き方です。ソクラテスは自らを「知を愛する者」と呼びましたが、この「知を愛する」(ラテン文字で表記するとphilosophein)という表現から「哲学」(philosophy)という言葉が生まれました。そういう意味でもソクラテスは哲学においてとても重要な人物です。

ソクラテスは古代ギリシアの代表的なポリス(都市国家)であるアテナイ(アテネ)に生まれた人ですが、晩年、青年たちと議論をくり返し、彼らを悪い方向に導いたという理由、さらには国家が認める神々を認めなかったといった理由で訴えられ、結局、裁判で死刑の判決を受けました。そのカテイ(ロ)で行った弁明をもとに、死後に弟子のプラトンが『ソクラテスの弁明』という著作を発表しました。そこでプラトンは、裁判のプロセスやソクラテスが語ったことなどを詳しく記しています。そこに「よく生きる」とはどういうことかという問題を考える上で重要な意味をもつ文章が出てきます(以下で詳しく見てみます)。ソクラテスは「知を愛する」という自分の生き方を最後まで貫いて、結局、死に至ったわけですが、彼にとって、「知を愛する」ことと「よく生きる」こととは切り離すことのできないものであったと言えると思います。

ソクラテスは毎日広場に出かけていっては、多くの人とさまざまな問題をめぐって議論をするという生活を送った人でした。このように倦《う》むことなく事柄の真実を探究することがソクラテスにとっては「知を愛する」ということでした。なぜそのように多くの人々と、とくに青年たちと毎日のように議論したのか、その意図についてソクラテスは裁判のなかで語っています。それによると彼が行おうとしたのは、一人ひとりの人が、自分自身のことについて気づかい、すぐれたよい人になるよう、また思慮のある人になるように導くことでした。そしてここでソクラテスは、自分自身のことについて気づかうことは、①自己の「付属物」について気づかうことではないということを強調しています。自己の「付属物」についてではなく、「自己自身」について心を砕くことが何より大切なのだということを人々に説いてまわったとソクラテスは言うのです。

「よく生きる」とはどういうことかという問題を考える上で、これはとても重要な点だと思います。そのために、ソクラテスが「自己自身」と自己の「付属物」とをどのように区別していたのかをはっきりさせたいと思います。『ソクラテスの弁明』のなかでソクラテスはこの「付属物」について、「身体や金銭」という言葉でも言い表しています。したがってたとえば、美しく粧《よそお》うことに何より気をつかうことや、富を蓄えることに必死になるといったことが考えられていたと言ってよいでしょう。

[A]「自分自身について気づかう」というのはどういう意味でしょうか。そのことをソクラテスは「魂」(プシュケー)について気づかう

ことであるとも表現しています。「プシュケー」というのは、「息をする」ということとも関係し、生命の源といった意味で使われた言葉ですが、わたしたちの感情や知性の働きを支えている「心」や「精神」という意味でも使われました。

ソクラテスは、身体や金銭ではなくプシュケーについて、つまり心について気づかわなければならないという自分の説を、プシュケーによってこそ健康や富もよいものとして生かされるが、いくらお金があっても心がよくなるわけではないからだ、と根拠づけています。その人がどういう人物であるか、また健康や富が活用されるか否かは、その人の心のあり方にかかっているというのです。ソクラテスが「自己自身」と表現したのは、このプシュケーのことだと言ってよいでしょう。それが「よく」あるように気づかうことが何より大切なのだということを、ソクラテスはアテナイの人々に説いてまわったのです。人間にとって、生きていく上で何より大切なのは、プシュケーが「よく」あるように気をつかうこと、つまり「よく生きる」ことだというのがソクラテスの考えであったと言えます。

この主張は、当時の人々の生き方に対する批判を含んでいました。ソクラテスの後半生は、古代ギリシアの有力なポリスであったアテナイとスパルタとのあいだで激しく戦われたペロポネソス戦争の時期と重なります。その混乱のなかで人々は貪欲になり、権勢欲に踊らされるようになっていきました。ソクラテスの日々の活動には、この貪欲になり、ますます「自己自身」から離れていく人々の価値観に対する批判があったのではないでしょうか。ソクラテスが告訴された真の原因については、いろいろな説が出されていますが、このことも関わっていたのかもしれません。

さて、ソクラテスは魂(心)について気づかうように人々に語りかけたのですが、わたしたちは自分の心のあり方について、どのように気づかえばよいのでしょうか。どうすれば「すぐれたよい者」になることができるのでしょうか。わたしたちはそのようにすぐに結論へ行こうとしますが、ソクラテスは急ぎません。[B]、「徳の何であるかを見失っているのは、まず誰よりわたし自身なのです」という答をわたしたちに投げ返してきます。たとえ答が得られなくても、それについて問い、議論し、吟味することが求められるような、そういう問いがあるということをソクラテスは語ろうとしたのではないでしょうか。「魂(心)のよさとは何か」という問いも、②まさにそのような種類の問いであると言えるでしょう。

プラトンが書いた『ゴルギアス』という対話篇(プラトンの著作は対話の形で話が進行していきますので、このように呼ばれています)では、ソクラテスは、少しこの魂の「よさ」について語っています。

この対話篇では、三人の人物がソクラテスと対話をしますが、最後に登場するカリクレスは、現実の政治の世界ではなばなしい活躍をしている人物でした。そのカリクレスがソクラテスに対し、自然なままに生きること、[C]欲望を抑えることなく、その充足をはかることこそが正義であり、善であるということを主張します。それに対してソクラテスは、人間の欲望とはどこまでいっても満足することのない[③]のようなものであり、欲望に踊らされた人生を送るのは、決して幸福でも、善でもないと言います。そして他者への配慮をまったく行わず、ただ自分の欲望の満足だけを強欲に追い求める生き方をソクラテスは「盗人の生活」と表現しています。

ソクラテスは、ものごとをよく考え、欲望を抑えて心を秩序正しい状態に保ち、他の人への配慮を行って、互いに力をあわせることが、わたしたちがめざすべきものであるという考えをもっていたと言えます。

しかしそこで、なぜわたしたちは自分の欲望を抑え、他の人に対して配慮をしなければならないのか、という問いが浮かびあがってきます。なぜ他者に対して配慮をすることが「よく生きる」ことにつながるのでしょうか。こうした点についてソクラテスは残念ながら詳しいことを語っていません。わたしたちに残された問いであると言ってよいでしょう。

（藤田正勝『はじめての哲学』〈岩波ジュニア新書〉）

問一　傍線部イ・ロのカタカナを漢字で書くときに用いる漢字をふくむものを次の中から選び、それぞれ数字で答えなさい。

イ　ハッキする

1　会社のコウキある伝統　　2　入場行進のキシュ

3　キテンがきく青年　　4　合奏をシキする

ロ　そのカテイで行った弁明

1　被災者のカセツ住宅　　2　期限をチョウカする

3　カダイ学習　　4　イッカの団らん

問二　空欄［A］～［C］に当てはまる語を次の中から選び、それぞれ記号で答えなさい。

ア　だから　　イ　しかし　　ウ　つまり

エ　むしろ　　オ　それでは

問三　傍線部①「自己の『付属物』について気づかうこと」として**適当でない**ものを次の中から一つ選び、記号で答えなさい。

ア　自分自身を美しく着飾ること。

イ　健康を気づかった生活を送ること。

ウ　欲望に忠実に、自然のままに生きること。

エ　心を秩序正しい状態に保つこと。

問四　傍線部②「そのような種類の問い」とはどのような問いですか。「［　　　　　］～［　　　　　］問い。」の形式に合うように文中から四十五字以内で探し、最初と最後の五字を抜き出しなさい。

問五　空欄［③］に当てはまる言葉として適当なものを次の中から選び、記号で答えなさい。

ア　荒寥《こうりょう》とした庭園　　イ　底の見えない沼

ウ　孔《あな》のあいた甕《かめ》　　エ　青く澄んだ泉

問六　二重傍線部「『よく生きる』とはどういうことかという問題」に対するソクラテスの端的な答えを、文中から二十二字で抜き出しなさい。

問七　次のア～エそれぞれについて。本文の内容に当てはまるものには○、当てはまらないものには×をつけなさい。

ア　ソクラテスの「知を愛する」ことと「よく生きる」こととは一体不可分である。

イ　健康であってはじめて、「自己自身」を大切にすることができる。

ウ　人々が権勢欲に踊らされることを、ソクラテスは危ぶんだ。

エ　他者への配慮がなぜ必要かについては、ソクラテスは述べていない。

二　次の文章を読んで、後の問に答えなさい。

イ提灯を下げた出戻りの訪問者を、小春は困惑の表情を浮かべつつ家の中へ通してくれた。

さっきの六畳間の座敷では末吉が晩酌をしている最中で、そのそばでツネが遊んでいる。美しい千代紙を使って姉さん人形を折るツネを、幸八はじっと見ていた。①器用なところは父譲りなのか、縮緬紙でこしらえた髪も、千代紙で作った花嫁衣裳も目を見張るくらいに上手にできている。どう見ても、勉強についていけないような娘ではない。幸八と五左衛門が神妙な顔つきで部屋に入ってきたことで、ツネは手を止め、こちらを窺うように眺めてきた。

「どうしたんや」

夜半に再びロマい戻ってきた兄弟を、末吉が不思議そうに見つめる。

「弟がもう一度だけおまえと話したい言うから連れてきたんや。あと数分だけ、時間を割いてやってくれんか」

五左衛門は突然の訪問を詫びた後、幸八のほうを見て、「これが最後やざ」と念を押してくる。

「ほんまに、これが最後のお願いです。でもぼくは末吉さんに会いに来たわけではなく、実はツネちゃんに用があって戻ってきたんです」

幸八が言うと、盆に茶を載せて運んできた小春の足が止まり、口を半開きにしたツネが視線をこちらに向ける。

「ツネになんの用が――」

末吉が言い終わらないうちに、幸八は籠《かご》の中からいくつかのめがねを取り出し、板間に並べた。

「なんやこれ。さっき見ためがねやないか」

末吉がハウデグみをしたままめがねを顎《あご》で指し示す。

「ほうです。ほやがさっきは見本のひとつしか持ってきませんでしたが、今度は手持ち全部を持ってきたんです」

中でもいちばん小さな真鍮枠《しんちゅうわく》のものを指先で持ち上げ、幸八は、

「ツネちゃんに掛けてもらってもええですか」

と末吉のほうを見る。末吉の返事を待たずに「ツネちゃん」とニテマネきし、その小さな鼻の上に、めがねを置いてみる。

「どんな感じや」

いちばん小型なものにしても仕様が大人用なので、幸八は蔓《つる》を指先で支えてやりながらツネの言葉を待つ。めがねを掛けたツネは、せわしげに首をめぐらせ部屋の中を眺めるだけでなにも応えない。

「どうや。見え方が変わらんか」

幸八がツネの顔をのぞきこんで問いかけると、

「眩《まぶ》しい……」

ツネはいったん瞼《まぶた》を固く閉じ、そしてまたもう一度、見開いた。

行灯がひとつだけ灯る薄暗い部屋だった。「眩しい」というツネのひと言に、小春と末吉が顔を見合わせる。

「どうしたんや。なんで眩しいんや」

末吉が心配そうに目をホコらし、ツネの頬に手を当てる。だがツネは末吉の問いかけにはなにも応えず、目に虫でも入った時のように瞬《まばた》きを繰り返すばかりだ。

「おとっちゃんの顔が……いつもと違って見えるで」

そしてようやく口にした言葉は、末吉の首を傾《かし》げさせるものだった。

「なに言うてるんや。顔が違うなんてことないざ」

「ううん、違うんや。目も鼻も口も、なんでかすごく大きく見えるんや」

ツネは天井を見上げ「うちの天井、板の木目がわからんほど煤で黒ずんでいるわ」と笑い、「おっかちゃんのその前掛けに、こんな白い花の模様あったんか」と小春に近づいた。そして、小春の腰に巻かれた三幅前掛けを撫《な》でる。その場にいる幸八以外の大人たちから、②表情が消えた。小春は両手で口許を押さえたまま、さっきから動けないでいる。

「末吉さん、小春さん。ツネちゃんは勉強ができないわけやなく、黒板の字が見えてなかっただけちがいますか。もしかすると教科書の字も見えにくかったかもしれん。ほんまは聡い子やで、生まれつき目が悪かっただけやとぼくは思うんです」

霞んでいたのだ。この娘の視界は、生まれた時からぼんやりと曇っていたのだ。だがそれはこの娘にとっては当たり前のことで、両親や教師に訴えるようなことではなかったのではないか。だから誰も気づかなかった。鼻からずり落ちそうなめがねを人差し指で持ち上げながら、ツネが幸八をじっと見つめてきた。笑いかけると、はにかんだ笑みが返ってくる。

「どうや。おんちゃんの顔もこれまでとは違って見えるやろ」

「うん。肌がざらざらしてる。眉毛が毛虫みたいや」

弾んだ声を出すと、ツネは自分の両手で蔓を支えながらその場で飛び跳ねた。これまでぼやけていた視界を、初めてはっきりと捉えたのではないだろうか。ツネは襖《ふすま》の間をするりと抜けるようにして奥の間に入ったかと思うと、すぐに戻ってきて小春の前になにかを置いた。尋常小学読本の一巻だった。読本の頁《ページ》を開いたツネは、小春に読んでくれとせがんでいる。小春は困惑顔のまま頷《うなず》くと、自分は字が読めないのだとその読本を五左衛門に渡した。

「イ、エ、ス、シ――」

五左衛門がはっきりとした太い声で読み上げれば、ツネがその後について声を出す。時々はめがねを外して裸眼で読本を眺め、また掛け直しては読本を見つめるツネの様子を見て、幸八は自分が③推測したことに間違いはないと確信した。

「学校の訓導*に、周りについていくのは難しいと指摘されたんやざ。ツネ本人も学校へ行きたがらんようになった時、わしは敦賀までツネを連れて出たんや。そこに良い医者がいると聞いたもんやから……。もしかしたら、どこか体の具合が悪いのかと思うてな」
④末吉の声が上ずっていた。「医者には、頭が足りないんやて言われたざ。この子は生まれつき、他の者より知能が足らん。板書を写せんのは、なんで写さなあかんのかがわからず、写し方も理解できんのやろと医者は言うたんや」
勉強がだめならと機織りをさせてみたが、なかなか要領をつかめなかった。だから自分と小春は、それならばツネを家の中で育てようと思ったのだと末吉は喉《のど》を震わせる。

「ぼくは眼医者じゃないんで詳しいことはわからんけど、ツネちゃんは近眼やないでしょうか。近眼は、めがねを掛ければ矯正できるものや」

大阪では子供用の小さなめがねもあつらえるのだと幸八は話す。

「ほやが幸八よ、めがねみたいなおかしなもん掛けて学校へ行ったらツネは笑われるざ」

「たしかに……笑われるかもしれません」

「ほやったら」

末吉の顔が翳《かげ》った時、五左衛門がすかさず首を振る。いま笑われるくらいどうでもない。このまま学校に通わず、教育を身につける機会を得ないまま大人になれば、笑われるよりも辛いことがツネに降りかかるだろう。親は子供より先にいなくなる。末吉や小春がいなくなった後、ツネはひとりで生きていかなくてはいけないのだ。いま心ない人間に笑われたとしても、親がしっかりと守ってやればきっと耐えられる。

「これからは女にも学問が必要や、末吉」

それまで口を挟まずに静かにやりとりを見守っていた五左衛門が、強い口調で説得した。

「ツネちゃんに聞いてみたらどうやろ。めがねを掛けてでも学校へ行きたいかどうか。ぼくにはツネちゃんがどう答えるかは、わかっていますけど」

ツネは尋常小学校の読本を捨てずに手元に残していたのだ。それだけで、いままでどんな気持ちですごしてきたのかがわかるのではないか。

幸八は、東京で出逢った数学者から聞いた話を、末吉に持ちだした。負の概念の話である。負とは零よりも少ない数のことで、わかりやすくいえば赤字のことである。昨今のもの作りといえば、より便利に、人より有利に立てる道具にばかり目がいきがちだが、自分は負を補う道具も同じくらい大切だと思っている。めがねは、見えないという負を正に転じる重要な道具だ。これからの世の中、めがねは必ずなくてはならないものになるはずだと幸八は語った。

「末吉さん、この村で一緒に、⑤めがね作りをやってはくれませんか」

幸八は改めて末吉に頼みこんだ。だがそうやすやすと末吉の気持ちは変わらない。末吉の表情が、幸八の言葉で［　⑥　］ものに変わり、長い沈黙が座敷に落ちる。

「うちではあかんやろか」

沈黙を破ったのは、小春だった。ためらうようなか細い声が、末吉の座る後ろから聞こえてくる。

「女でもかまわんのやったら、うちが手伝うわ」

「おまえ、なにを勝手に」

「ほやけど……。めがねがもっと、当たり前になったらええんやない。そうやったらツネが掛けても目立たんし、ツネみたいに生まれつき見えんで勉強のできん子ぉも助かるわ」

ふたりのやりとりを、幸八は胸が詰まる思いで聞いていた。いまツネが掛けているめがねは好きに使ってくれと告げると、小春が切なげに眉を寄せる。

「末吉さん、奥さんの言うとおりです。いまはめがねを掛けた顔が風変わりに見えるかもしれんが五年後、十年後にはごく当たり前のものとして人の目に映るはずや」

幸八はこれが最後という覚悟で、末吉を見据える。めがねという道具はただの商品ではない。人の体の一部となり、生活をともにするものに違いない。人の暮らしを守る建物を造ってきた末吉であるからこそ、めがねの価値もわかるはずだ。宮大工としての技術や経験が欲しいのはもちろんだが、兄と自分はもの作りの尊さを知る末吉の心を、増永工場に宿してほしいのだ――。

これで良い返事がもらえなければ、もう席を立とう。幸八はそう覚悟を決めていた。隣に目をやると、五左衛門も真剣な表情で末吉を見つめている。

「わかった」

しばらく黙ってツネの顔を眺めていた末吉が、ぼそりと呟く。

「増永兄弟には、借りができたざ」

大工の技術がめがね作りに通用するかはわからない。だが突拍子もないことを始めようとする増永兄弟に力を貸せるとしたら、この村では自分をおいていないだろうと末吉は言い、口端を上げる。

「末吉。おまえのほかに三人は必要や。あと三人、それが難しいならせめてふたり。手先が器用で忍耐力のある男を教えてくれ」

五左衛門が膝を寄せると、末吉が身を乗り出してきて、どこぞの誰はどうかという話が始まる。小春が運んできた酒に口をつけ、⑦幸八は酔いが回っていくのを感じていた。

（藤岡陽子『おしょりん』〈ポプラ社〉）

（注）　＊訓導……小学校教諭の旧称。

問一　傍線部イ～ホについて。カタカナは漢字に直し、漢字は読みをひらがなで記しなさい。

問二　傍線部①「器用なところは父譲り」とありますが、「父」の仕事は何ですか。文中から抜き出しなさい。

問三　傍線部②「表情が消えた」とはどういう様子ですか。適当なものを次の中から選び、記号で答えなさい。

ア　ツネの言うことがまったく理解できずうんざりする様子。

イ　当たり前のことばかりを言うツネにあきれている様子。

ウ　ツネの行動に意味を見いだそうと集中している様子。

エ　ツネの意外な言動に驚きのあまり放心している様子。

問四　傍線部③「推測したこと」の内容を、「ツネは～ということ。」の形式に合うように文中から十五字以内で抜き出しなさい。

問五　傍線部④「末吉の声が上ずっていた」について。「声が上ずったのはなぜですか。その理由として最も適当なものを次の中から選び、記号で答えなさい。

ア　学校で娘がうまくいかなかった原因がようやくわかり感極まったから。

イ　学校の先生や医者に娘を馬鹿にされたことを思い出し腹が立ったから。

ウ　娘のためを思ってやってきたことが徒労であったことに落ち込んだから。

エ　娘に対する見立てが当たっていなかったことに安心したから。

問六　傍線部⑤「めがね作り」について。

〔Ⅰ〕「めがね」を末吉はどのようなものと考えていますか。文中から抜き出しなさい。

〔Ⅱ〕「めがね作り」を末吉はどう考えていますか。文中から抜き出しなさい。

問七　空欄［⑥］に当てはまる語を次の中から選び、記号で答えなさい。

ア　渋い　　イ　優しい　　ウ　冷めた　　エ　おびえた

問八　傍線部⑦「幸八は酔いが回っていくのを感じていた」とありますが、幸八の心情として適当なものを次の中から選び、記号で答えなさい。

ア　末吉との話し合いが終わり、ようやく食事の時間となったことにいら立ちと疲労を覚えている。

イ　末吉との話し合いがまとまり、めがね作りの話が進んでいくことに達成感や安堵感を抱いている。
ウ　末吉との話し合いの中で、自分が持ってきためがねの見本が役立ったことに満足感や誇らしさを感じている。
エ　末吉との話し合いが決着し、ここから先は五左衛門に任せるつもりで力が抜け、投げやりになっている。

早稲田中学校（第一回）

—50分—

注意　字数制限のある問題については、かっこ・句読点も一字と数えなさい。

□一　次の文章を読んで、後の問に答えなさい。

台湾《たいわん》出身で現在は日本の大学院生の「わたし」は、ある日、幼少期から親しんでいた張《チャン》家の五人姉妹のうち、三女の「三おばさん」の重病を知らされ、急いで台湾に戻《もど》り、病院に「三おばさん」を見《み》舞《ま》った。

わたしたちは白くて長くて死のにおいの立ちこめる廊下をとおって、三おばさんの病室に行った。三おばさんはベッドの上に半身を起こし、椅子《いす》に腰《こし》かけた張婆々《ばあさん》となにか話しこんでいるところだった。

「だれが来たか見てみて」

明るく声をかける小おばさんの背後から、わたしはひょっこり顔を出してやった。三おばさんと張婆々がいっぺんに破顔し、わたしの名を呼び、手を取った。それから矢継早《やつぎばや》に質問を繰《く》り出してきた。わざわざ帰ってきてくれたの？　だれが知らせたの？　いつ着いたの？　日本での生活はどう？　飛行機は揺《ゆ》れた？　空港から直接来たの？　博士論文は進んでる？

彼女たちの質問にひとつひとつ答えながら、わたしはこの帰国が失敗だったかもしれないとはじめて気づいた。書きかけの論文をうっちゃって、取るものもとりあえず飛行機に飛び乗り、空港に着いたその足で病院にむかったわたしの焦燥《しょうそう》と浅はかさは、［W］ようなものだった。

「そんな顔しないで」三おばさんが言った。「大丈夫《だいじょうぶ》、そう簡単に死にゃしないわよ」

わたしはうなずいた。

「膵臓《すいぞう》なの」

「うん、四おばさんに聞いた」

「もうちょっと怖《こわ》いかと思ったけど……」言葉を切り、にっこり微笑《わら》う。

「さっさと死ぬのも悪くないわ」

その笑顔《えがお》が、わたしの記憶《きおく》の底から或《あ》る朝の風景をすくい上げる。それは朝靄《あさもや》のなかで、1困ったように煙草《たばこ》をくゆらせる三おばさんの姿だった。

わたしが小学生のころ、外見には人一倍気を遣《つか》う四おばさんは数年に一度、発作《ほっさ》的なダイエット熱に浮《う》かされた。たいていはテレビや映画に出てくる女優たちの素晴《すば》らしいボディラインに感銘《かんめい》を受けての一念発起なのだが、まるで狙《ねら》いすましたかのように、いつもわたしの夏休み中にこの発作は起こるのだった。思うに、ほんとうはもっと頻繁《ひんぱん》に発作に見舞われていたのだけれど、早朝ジョギングに付き合うような物好きはわたししかいないので、夏休みまでなあなあにしていたのだろう。なんの前触《まえぶ》れもなく「明日の朝から植物園を三周まわるわ」と宣言し、わたしの都合などおかまいなしに六時に起こしに来いと命令する。〔略〕

一度だけ、三おばさんがわたしたちの早朝ジョギングに付き合ってくれたことがある。三おばさんは長年にわたって不規則な生活を規則正しくつづけていたので、朝の六時にパジャマ以外の服を着て目を開けていることなどまずありえないのだが、その日ばかりはそのありえないことが起こった。おそらく徹夜《てつや》で麻雀《マージャン》かなにかして、帰宅したばかりだったのではないだろうか。

ともあれ、あの朝、三おばさんは朝靄のたちこめる植物園にひょこひょこくっついてきたのだった。三おばさんは脚《あし》が悪いので、もちろん走りはしない。しかし能弁家の彼女に知らないことなどあるはずもなく、すぐにコーチ気取りでわたしと四おばさんに檄《げき》を飛ばしはじめた。

「ほら、もっと手を大きくふる！　胸を張る！」

大王椰子《やし》の並木道や蓮池《はすいけ》のぐるりをまわって帰ってくるたびに、石のベンチに腰かけた三おばさんは手をパンパンたたいてわたしたちに発破をかけた。

「そんなに体を上下させない！　もっとスピードをあげて！」

三周走り終えるころには(ことによると二周、いや、一周だったかもしれない)、四おばさんは怒《いか》り心頭で、[a]にべもない言葉を三おばさんに浴びせかけた。

「あー、もー、ごちゃごちゃうるさい！」口の悪さでは、四おばさんもかなりのものだ。「そんなに言うならあんたが走ってみなさいよ！」

しまった、という表情が四おばさんの顔をよぎった。わたしはドギマギした。しかし三おばさんはただ困ったように微笑《ほほえ》み、煙草に火をつけ、それからいつもの名調子で四おばさんの益体《やくたい》もないダイエットをけちょんけちょんにけなしたのだった。

病院からの帰り道に、ひさしぶりに植物園に寄ってみた。

蓮池に睡蓮《すいれん》が咲《さ》くのはもうすこし先で、朧月《おぼろづき》の照り映《は》える水面は、そこが泥《どろ》の池であることをしばし忘れさせてくれた。散歩をする人たち、東屋《あずまや》の欄干《らんかん》に腰かけて愛を語り合う若者たち、黙々《もくもく》と走りつづける人たち――夜空にそびえる大王椰子のシルエットを遠目に眺《なが》めながら、わたしはあの日のベンチを目指した。

石のベンチはまだそこにあり、人がすわっていた。

老夫婦がうちわを使って涼《りょう》をとっている。ベンチのまえをとおり過ぎながら、わたしは三おばさんがついぞ成し遂《と》げられなかったことについて思いをめぐらせた。恋愛や結婚。そして、書きかけの論文のことをすこし考えた。すると、自分が早くも三おばさんのいなくなった世界に順応しようとしていることに気づいて、悲しい気持ちになった。[2]わたしたちの心は、いつでもわたしたちの体とはちがうところに在る。わたしの体はこの国の、この街の、この悲しみのただなかに在る。でも、わたしの心はすこしばかりまえを行っている。いま駆《か》けだせば、先走った心を捕《つか》まえることができるのだろうか？　心をねじ伏《ふ》せ、頑丈《がんじょう》な鎖《くさり》で体につなぎとめ、ちゃんと躾《しつ》けることができるのだろうか？　それとも、これが生きていくということなのだろうか？

わたしはとぼとぼ歩いて両親の待つ家に帰った。まだ四月だというのに、忍冬《すいかずら》の香りは重苦しく、夜気は汗《あせ》ばむほどだった。

帰省していた九日間、わたしは毎日三おばさんを見舞った。ほかのおばさんたちからは、そんなふうに毎日来なくてもいいのにと言われた。それでも、わたしは毎日決まった時間になるとバスに乗って病院へ出かけた。そうしなければ、心においてきぼりを食ってしまうような気がした。たったの九日間ではあったけれど、せめて台湾にいるあいだだけは、自分で決めた距離《きょり》を[3]止まらずに走りきりたかった。ゴールなどない。あるのはやれるだけのことはやったのだという言い訳がましい自己満足と、東京へ戻る飛行機の予定時刻だけだった。

　わたしが病院に通いつめた日々、三おばさんの容態はずっと安定していた。このまま持ち直すのではないかとうっかり信じてしまうところだった。しかし、ほかのおばさんたちのやつれた顔を見ると、そうではないということを思い知らされた。大おばさんは三おばさんが怒《おこ》りっぽくなったと愚痴《ぐち》り、二おばさんはいつも泣き腫《は》らした目をしていた。だけど、わたしがいるあいだに三おばさんが癇癪《かんしゃく》を炸裂《さくれつ》させたことは一度もない。〔略〕

　空港へ向かうまえに立ち寄ったとき、おばさんたちはわたしが生まれたときのことを話題にしておおいに盛り上がった。〔略〕

　たぶん、わたしの存在がおばさんたちの［X］になっていた。わたしを生贄《いけにえ》にしているかぎり、気まずい沈黙《ちんもく》につけ入られることはない。だれも望まない未来をすこしだけ先延ばしにすることができた。しかし、わたしは東京へ戻らねばならなかった。

「ちゃんと勉強しなさいよ」三おばさんが言った。

「うん」

「でも、男はそれだけじゃだめ」

「わかってるよ」

「あんたにはずーっと言ってきたけど、こうと決めたらぜったいに最後までやり遂げなきゃつまんない。でも、心を乱さないかぎり――」

「『ちょっとくらい悪いことをしなさい』」4わたしは彼女の台詞《せりふ》を横取りした。「だろ？」

　三おばさんは満足そうにうなずき、ほら、やっぱりあたしの育て方は間違《まちが》ってなかったでしょ、というふうに4顎《あご》をしゃくった。

　国際電話がかかってきたのは、それから半月ほど経《た》った夜のことだった。いくぶん湿《しめ》った夜風が、窓枠《まどわく》を物悲しくゆさぶっていた。

　泣きじゃくる四おばさんの話によれば、三おばさんは、死にたくない、死にたくない、とうなされながら、最期《さいご》に涙《なみだ》をひと筋だけ流したそうだ。そんな三おばさんの姿を想像するのはとてもむずかしかった。三おばさんのことだから、煙草を一服させてもらい、あばよと笑って逝《い》くような気がしていた。とどのつまり、一九七九年のあのころは、［Y］と［Z］の見分けがまだちゃんとつく時代だったのだ。三おばさんは最後の最後まで、わたしに対して［Y］でありつづけた。

　わたしはすこしだけ泣いた。涙がとめどなく溢《あふ》れた、というほどではない。わたしにはやるべきことがあり、いつまでも［Z］でいるわけにはいかなかった。

【東山彰良「或る帰省」（『走る？』〈文春文庫〉所収）より】

問1　［W］に入ることばとして最もふさわしいものを次から選び、記号で答えなさい。

ア　三おばさんに病状の重さを告知する
イ　わたしがわざわざ帰国したことを教える
ウ　明るい雰囲気《ふんいき》の病室には不似合いすぎる
エ　日本での暮らしがうまくいっていないことを示す
オ　小おばさんとわたしがひそかに通じていることを暴露《ばくろ》する

問2　傍線部1「困ったように煙草をくゆらせる三おばさんの姿」とありますが、この時の「三おばさん」の心情を説明した次の文の

[A]・[B]に最もよくあてはまることばを、次の選択肢群からそれぞれ選び、記号で答えなさい。

置かれた状況《じょうきょう》に対し[A]と感じつつも、[B]ようにしている。

A　ア　はずかしい　　　B　ア　周囲に隠《かく》さない
　　イ　どうしようもない　　イ　場を和《なご》ませる
　　ウ　腹立たしい　　　　　ウ　気を抜かない
　　エ　もの足りない　　　　エ　表に出さない

問3　傍線部a「にべもない」のここでの意味として最もふさわしいものを次から選び、記号で答えなさい。

ア　感情のこもった　　イ　陰湿《いんしつ》な　　ウ　遠回しな
エ　いくじのない　　　オ　つきはなした

問4　傍線部2「わたしたちの心は、いつでもわたしたちの体とはちがうところに在る」とありますが、この時の「わたし」の「心」と「体」はそれぞれどのような状態ですか。「心」と「体」のそれぞれの説明に「死」ということばを必ず一度ずつ用いつつ、次の形に合うように、四十字以上五十字以内で説明しなさい。

「心」は〔　**四十字以上五十字以内**　〕状態。

問5　傍線部3「走りきりたかった」とありますが、走りきるというのは「わたし」がどうすることですか。次の形に合うことばを、本文中から五字以上十字以内で書き抜きなさい。

〔　**五字以上十字以内**　〕ること。

問6　[X]に入ることばとして最もふさわしいものを次から選び、記号で答えなさい。

ア　待合室　　イ　通過点　　ウ　避難所《ひなんじょ》
エ　中心点　　オ　会議室

問7　二か所の傍線部4「彼女の台詞を横取りした」「顎をしゃくった」から読み取れる内容として、最もふさわしいものを次から選び、記号で答えなさい。

ア　「わたし」は「三おばさん」を怖がっており、その言いつけをよく守ることで、「三おばさん」から気に入られている。

イ　他人の言うことも途中《とちゅう》でさえぎるような不良性を、「わたし」がよく受け継《つ》いだことに、「三おばさん」は納得《なっとく》している。

ウ　「三おばさん」と「わたし」の上下関係が、病気をきっかけとして入れ替《か》わり、生意気を言う「わたし」を「三おばさん」は快く感じている。

エ　「わたし」は育ての親のような「三おばさん」の考え方を自分のものとし、「三おばさん」は「わたし」の成長を誇《ほこ》りに思っている。

オ　「三おばさん」の言いつけ通り、博士論文を書き続ける以外のことには目もくれない「わたし」を、「三おばさん」は称賛《しょうさん》している。

問8　[Y]・[Z]に入ることばの組み合わせとして最もふさわしいものを次から選び、記号で答えなさい。なお、[Y]・[Z]はそれぞれ二か所ずつあり、その二か所には共通のことばが入ります。

ア　Y　大人　　Z　子供　　イ　Y　子供　　Z　大人
ウ　Y　成熟　　Z　未熟　　エ　Y　未熟　　Z　成熟
オ　Y　善人　　Z　悪人　　カ　Y　悪人　　Z　善人
キ　Y　本音　　Z　建前　　ク　Y　建前　　Z　本音

二　次の文章を読んで、後の問に答えなさい。なお本文の算用数字3、4は原文に付いている章番号であり、本文の①～⑤の傍線も原文に付けられたものです。

私は小説家です。毎日、文章を書いては、それを書きなおす暮らしをしています。それが私の、小説家としての「人生の習慣」です。

この習慣という言葉ですが、それには、良い意味と悪い意味があります。あまりよくない習慣、たとえばタバコをのむこと。それは肺ガンの原因になる、と調査研究にもとづいて医学者がいっているのですから、皆《みな》さんも大人になってタバコをのむ習慣はつけない方がいいし、お父さんにも、できればその習慣はやめてもらったほうがいい。そのような、悪い意味での習慣。

それと、もちろん良い習慣があります。たとえば、しっかり歯をみがく、という習慣。私の子供のころは戦争中で、皆さんは驚《おどろ》かれるでしょうが、しっかりした歯ブラシと歯みがき粉を――そのころは、いまのペースト状になったものなど、見たこともありませんでした――手に入れるのが難しかったのです。先生からは、指に塩をつけてみがくようにいわれました。そういう事情もあって、私の母親は子供が本を読んだり勉強したりすることを大切に思う人だったのですが、歯をみがくようあまりきびしくはいいませんでした。[1]それをよいことにして、私はしっかり歯をみがく良い習慣をつけませんでした。そのおかげで、もう永年後悔《ながねんこうかい》しています。

文章を書くこと、とくに書きなおすこと。それも、良い習慣だと思います。すくなくとも私は、自分でいったん小説を書きあげてから、幾度《いくど》も書きなおします。この習慣をつけなかったとしたら、いまも小説家として生きていることはできなかったと思うほどです。

それでは、いったん書いた文章を書きなおすことに、どのような良い効果があるのか？

それには、自分の文章を、よりよく理解してもらえるようにするという、他の人に対しての効果と、文章をより良いものにするという、自分にとっての効果とがあります。〔略〕

3

さて、もひとつ、私が皆さんにお話ししておきたいのは、子供の時に自分で勉強を伸《の》ばしてゆく、ひろげて行きもするということを、どのようにやるかです。そして、それを大人になっての、働きながら生きる勉強にどうつないでゆくか、ということです。今日は、皆さんのお父さんやお母さんたちにも来ていただいていますから、これは父母の方たちにも聞いていただきたいとねがって、私のやってきたことをお話しします。

さて私は小説家です。教育について[a]センモン的に教わったことはなく――じつは、大学で、教育概論《がいろん》というのと教育心理学というのと、ふたつの講座を大きい教室で聞いたし、教育実習にも行ったのですが――、この国で中、高校の教師をしたことはありません。メキシコシティーにはじまって、カリフォルニア大学の幾《いく》つものキャンパスで、またプリンストン大学やベルリン自由大学で教えましたが、それは[a]センモンの大学生に対してする、文学についての講義です。一般《いっぱん》的な教育とはちがいます。

そこで、私は教える側ではなくて、教わる側のこととして、自分がどのように勉強してきたかを、経験からお話しするのです。私の子供の時の学校の様子は、あらかじめ読んでいただいた私の文章にいくらか出ています。敗戦直後のことで、小学校上級から新制中学にかけての、つまりいまの皆さんの年齢《ねんれい》のころの私の村、四国の森のなかの学校には、師《し》範《はん》学校や大学で、教育のことを学んだ先生は、あまりいられませんでした。年をとられた先生たちは師範学校出身で、ずっと村にいられた方たちでしたが、戦争中に教えていられたこととは別のこと、反対のことを、平気で教えられました。生徒たちは——とくに私は——あまり良いことではありませんが、その先生たちを信用していませんでした。

そこで私は、bナマイキにも、それこそ良いことではありませんが、2自分ひとりで勉強してやろう、と思い立ったのです。そして見つけた勉強法は、教科書でも普通《ふつう》の本でもいいのですが、そこで発見した面白《おもしろ》い言葉、または正しいと思う言葉を、ノートに書きつけて覚えてゆく、というやり方でした。

また、そこに出て来る、外国語や、人の名を書きとっておいて、それを他の本で調べてみるということでした。そして、これは高校や大学に進んで、さらに自由に、さらに積極的にやったこと——そして、いまも続けていること——ですが、いまいった仕方で知ることのできた本から次の本へと、自分で読んでゆく本を見つけて、つないでゆく、というやり方でした。

4

いまも続けている、といいました。それが本当だということを、いちばん新しい例で示します。私は今度皆さんにお話しするときまった時、いくらかでも教育として役にたつ話をしたい、と思いたったのです。それは二〇〇〇年の夏のことです。そして、最近の数年に読んでは教育のことを考えた本の幾つかを、もう一度読んでみました。

それらのひとつに、これは皆さんが大学に入ったころ思い出していただきたい、という気持で著者の名と本のタイトルをいうのですが、ノースロップ・フライというカナダの学者の本がありました。それは『大いなる体系』という題で日本語にも訳されています。しかしここでは、人間の文化での言葉の役割についての、その内容の話をするのではありません。

そこに——私の訳で引用しますが——こういう一節があるのです。

《先生とは、本来、すくなくともプラトンの『メノン』以来認められてきたとおり、知らない人間に教えることを知っている誰《だれ》か、というのではありません。かれは、むしろ生徒の心のなかに①問題を②あらためて作り出すようつとめる人であって、それをやるかれの③戦略は、なによりも、生徒にかれがすでに、④はっきりとは言葉にできないけれど知っていることを認めさせることなのです。それは、かれが知っていることを本当に知ることをさまたげている、心のなかの⑤抑圧《よくあつ》の、いろんな力をこわすことをふくみます。生徒よりはむしろ3先生の方が、たいていの質問をすることの、それが理由です。》

さて、とても難しかったでしょう？　この文章を、いま皆さんが理解してくださらなくてもいいのです。いま私は、この文章を実例にして、どのように自分で勉強するか、ということの、ここに出てきた大切な単語、文節の脇《わき》に書きつけた数字でいえば③の、戦略を覚えていただこう、としているのですから。

戦略という言葉は、英語でいえば strategy《ストラテジー》です。皆さんがゲームをやる時、まず攻《せ》めてゆく大きい規模での方針をきめるでしょう。サッカーでいえば、トルシエ監督《かんとく》が試合に勝った後の談話で、まず前半は守りを固めてゆこう、後半は攻撃《こうげき》してゆこうとした、という。あれは戦略 strategy をきめた、ということなんです。そして後半になると、ゴールまぎわで、中村選手が高原選手に幾度もパスを送ります。この実際のこまかな進め方が、戦術 tactics《タクティクス》 なんです。皆さんも自分のどうしても認めてもらいたい要求をお父さんやお母さんに切り出す時、自分がはっきり言葉にしてそう考えているのじゃないけれど、胸のなかではなんとなく——これが、さきの引用のうちの④です——戦略と戦術を持って、そうするのじゃないですか？

しかも、そのことをはっきり口に出してお父さんやお母さんにいうのが、なんとなく悪い、と皆さんが感じてもいる場合、ということがこれまでにあったのじゃないですか？　それを心のなかでの抑圧、英語だと repression《リプレッション》 といいます。それが⑤。

問題という言葉の横に①と書いたのは、もともとは subject《サブジェクト》 という英語だからです。先生方は、それを主題と訳されるのが［A］でしょう。しかし、私は、いま考えるこの問題、と強める気持をこめてですけれど、もっと［A］の、問題という言葉で訳しました。

さて②と書きつけた、あらためて作り出す、という言葉にあたる英語は re-create《リクリエイト》 です。re の後にハイフン-がついていて、つまり複合語であることが示されています。〔略〕

私がなぜこんなこまかいことをいったかというと、私は子供の時、とくに辞書を熱心に引いたからです。そして英語の文章の意味をこまかく自分の頭にいれて、自分の日本語で内容がいえるようにしたのです。そしてほかの場合にも、ああ、これはあの英文でいっていたことと同じだ、と自分で判断できるようにしたからです。英語を英語のまま理解するということは、もちろんいいことです——帰国シジョの方は、実際にそうでしょう——。しかし、私はこうしたんです。私の育った環境《かんきょう》ではこうするほかなかったんですね。そうすると、英語の本を読む時間は——日本語の本でも、きちんと読むとそうですよ——長くかかりますが、あきらかに、ためになります。

柳田國男《やなぎたくにお》という学者が、先生から教えられたことをそのまま真似《まね》るような勉強の仕方をマナブ——マネブという古い言葉と同じ——、それを自分で活用することもできるようにするのがオボエル——自転車の乗り方をオボエルというでしょう——、そして教えられなくても自分で判断できることをサトルと分けました。マナブからオボエルに進まなくてはならないし、できればサトルようになりたい、といっています。

（大江健三郎・大江ゆかり『「自分の木」の下で』〈朝日文庫〉より）

問1　傍線部a～cのカタカナを漢字に直しなさい。

問2　傍線部1「それをよいことにして」の意味の説明として最もふさわしいものを次から選び、記号で答えなさい。

ア　すばらしい母の考えにしたがって
イ　良くないことだと自ら反省をしながら
ウ　歯みがき粉がまだなかったので仕方がなく
エ　母のしつけがゆるやかだったことにつけこんで
オ　良いか悪いか判断がつかないことにかこつけて

問3　傍線部2「自分ひとりで勉強してやろう、と思い立ったのです」とありますが、筆者の「勉強」に関する説明として誤っているものを次から一つ選び、記号で答えなさい。

ア　先生が教えた文章を真似て「マナブ」。

イ　次々に自分で読むべき本を見つけて読みつないでいく。

ウ　書物にのっている外国語や人名を他の本で調べてみる。

エ　英語の文章の意味を詳細《しょうさい》に理解し自分なりに日本語に置き換《か》えて「オボエル」。

オ　教科書以外の書物も読んで興味を持ったり正しいと思ったりした言葉をノートにメモする。

問4　傍線部3「先生の方が、たいていの質問をすることの、それが理由です」の「理由」の説明として最もふさわしいものを次から選び、記号で答えなさい。

ア　先生が言葉による置き換えを目的としてさまざまな事例を出しながら、生徒がまだ知らない新しい考え方を、単純化して説明するため。

イ　先生が大局的な方針をもとに具体的な発問を通して、生徒の胸の中で言語にできずにいるものに、形を与《あた》えて生徒自身に気付かせるため。

ウ　先生が学習目標を明示して勉強方法を解説することで、生徒に正解が一つでないことを理解させて、生徒から積極的に質問をできるよう仕向けるため。

エ　先生がサッカーを例にとって戦略や戦術を教えることによって、生徒が全く知らない未知の世界に言葉を与えて、生徒に知ることの本当の意味を考えさせるため。

オ　先生が戦術や戦略をうまく使って、生徒が知っている事柄《ことがら》に対する別の側面をそれとなく解説することで、本当の意味では知っているとはいえないことを分からせるため。

問5　傍線部4「サトル」とありますが、筆者の実践《じっせん》した「勉強法」のうち「サトル」にあたるものを三十字以上四十字以内で答えなさい。

問6　[A]に入る最もふさわしい語を、章番号3の本文中から二字で書き抜きなさい。

2025年度受験用
中学入学試験問題集（男子・共学校）国語編
2024年7月10日　初版第1刷発行

ISBN978-4-8403-0857-1

企画編集・みくに出版編集部
発行・株式会社　**みくに出版**
〒150-0021　東京都渋谷区恵比寿西2－3－14
TEL 03（3770）6930
FAX 03（3770）6931
http://www.mikuni-webshop.com

この印刷物(本体)は地産地消・
輸送マイレージに配慮した
「ライスインキ」を使用しています。

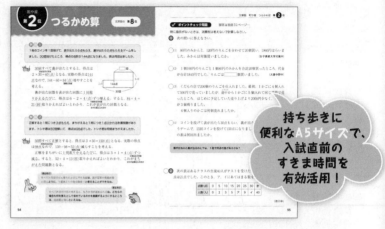

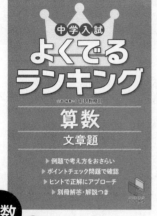

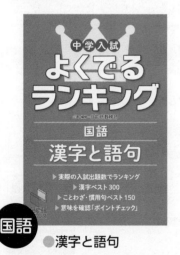

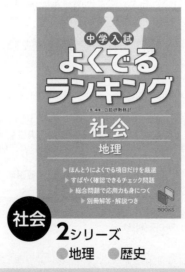

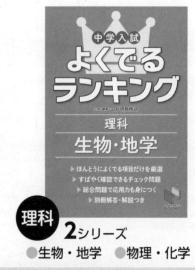